THE COLLECTION OF THE SUPREME PEOPLE'S COURT'S JUDICIAL RULES (4rd)

最高人民法院
司法观点集成

〔第四版〕

执 行 卷

①

人民法院出版社　编

人 民 法 院 出 版 社

图书在版编目（CIP）数据

最高人民法院司法观点集成. 执行卷 / 人民法院出版社编. -- 4版. -- 北京 : 人民法院出版社, 2023.6
ISBN 978-7-5109-3711-8

Ⅰ. ①最… Ⅱ. ①人… Ⅲ. ①法院－执行(法律)－法律解释－中国 Ⅳ. ①D920.5

中国国家版本馆CIP数据核字(2023)第016072号

最高人民法院司法观点集成（第四版）· 执行卷

人民法院出版社 编

责任编辑 陈晓璇 吴朔桦
装帧设计 天平文创视觉设计
出版发行 人民法院出版社
地　　址 北京市东城区东交民巷27号（100745）
电　　话 (010) 67550629（责任编辑） 67550558（发行部查询）
65223677（读者服务部）
客服QQ 2092078039
网　　址 http://www.courtbook.com.cn
E－mail courtpress@sohu.com
印　　刷 三河市国英印务有限公司
经　　销 新华书店

开　　本 787毫米×1092毫米 1/16
字　　数 1446千字
印　　张 74.5
版　　次 2023年6月第1版 2023年6月第1次印刷
书　　号 ISBN 978-7-5109-3711-8
定　　价 228.00（全2册）

版权所有 侵权必究

汇集最高法院司法观点大成
推动统一法律适用纵深发展

在中国式现代化背景下、全面依法治国进程中，最高人民法院坚持以习近平新时代中国特色社会主义思想为指导，坚持党对司法工作的绝对领导，进一步贯彻落实好党的二十大精神和习近平法治思想，以司法审判工作现代化服务保障中国式现代化，充分发挥监督指导全国审判工作、确保法律正确统一适用的职能作用，紧紧围绕“公正与效率”这个主题，履行为大局服务，为人民司法，促进厚植党执政的政治根基的职责使命，把能动司法贯穿新时代新发展阶段审判工作始终，努力让人民群众在每一个司法案件中感受到公平正义。

为准确理解和适用法律，最高人民法院根据立法法、人民法院组织法的授权，针对人民法院在审判工作中具体应用法律的问题，制定了大量刑事、民事、商事、行政、诉讼程序等司法解释，构建了多层次的司法解释框架体系。制定司法解释是法律赋予最高人民法院的重要职责，是在司法工作中确保法律统一正确实施的重要方式，为人民法院裁判各类案件提供了具体的规则。

为指导各级人民法院做好审判工作，最高人民法院还制定、印发了大量涉及法律适用问题的司法指导性文件、会议纪要、通知等，如《最高人民法院关于印发〈全国法院民商事审判工作会议纪要〉的通知》（法〔2019〕254号）、《最高人民法院、最高人民检察院印发〈关于常见犯罪的量刑指导意见（试行）〉的通知》（法发〔2021〕21号）、《最高人民法院关于虚开增值税专用发票定罪量刑标准有关问题的通知》（法〔2018〕226号），等等。这些司法政策性文件不能作为裁判依据直接援引，但应当在裁判文书的“本院认为”

部分作为说理依据。此外，在全国性审判工作会议上，最高人民法院院庭长讲话往往涉及一些重大、疑难法律适用问题阐述，也属于司法政策性文件的范畴。

为总结审判经验，发挥案例的指导作用，最高人民法院先后印发《最高人民法院印发〈关于案例指导工作的规定〉的通知》《最高人民法院关于统一法律适用加强类案检索的指导意见（试行）》，确定并统一发布对全国法院审判、执行工作具有指导作用的指导性案例，要求各级人民法院审判类似案例时应当参照。最高人民法院发布的典型案例及裁判生效的案件，也可以作为人民法院作出裁判的参考。

最高人民法院各审判庭、巡回法庭对全国法院相应的审判条线负有指导职责，也会以“答复”“法官会议纪要”“解答”等形式，总结类案审理的裁判规则，阐述对具体法律适用问题的意见或倾向性意见。这些审判业务意见虽然不具有普遍指导意义，但在不同的程度和层面反映和代表最高人民法院的司法态度和立场。

最高人民法院审判庭室在重要法律、司法解释颁布或修正后，通常会组织编写出版法律、司法解释“理解与适用”类图书，从学理分析和实务应用的双重角度，阐明法律、司法解释的精义和适用要点。这些“理解与适用”类图书是法官、检察官、律师等法律实务工作者、专家学者学习和运用法律、司法解释不可或缺的工具书。此外，最高人民法院各审判庭室及法官个人等，对审判工作中的新情况、新问题特别是疑难复杂问题的研究著述，对司法实务也具有一定影响，他们代表最高人民法院法官群体的主流观点，也具有参考性的意义，也是最高人民法院司法观点的组成部分。

为了让广大法律实务工作者能够全面、快捷、方便地查找与了解以上最高人民法院的司法观点，人民法院出版社以近十五年之功，精心打造一套集最高人民法院司法解释、司法政策文件、指导性案例、典型案例、答复、裁判文书与权威著述于一体，兼具检索与研习功能的大型法律适用工具书——《最高人民法院司法观点集成》，自 2009 年起，先后推出该书第一版、第二版、第三版和 2017~2020 年增补版。

各版次出版情况如下：

一、《最高人民法院司法观点集成》第一版

2009年年初，编辑出版《最高人民法院司法观点集成·民商事卷》（第1~3册）；2010年编辑出版《最高人民法院司法观点集成·行政、国家赔偿卷》（第4册）、《最高人民法院司法观点集成·刑事卷》（第5、6册）；2011年续编出版《最高人民法院司法观点集成·民商事卷续》（第7、8册）。

二、《最高人民法院司法观点集成》第二版

根据《最高人民法院2014年第一季度工作要点》（法办发〔2014〕2号）中要求人民法院出版社“做好《司法观点集成》（修订版）的编辑出版工作”的指示精神，人民法院出版社于2014年7月编辑出版《最高人民法院司法观点集成》第二版，含《刑事卷》《民事卷》《商事卷》《民事诉讼卷》《知识产权卷》《行政·国家赔偿卷》。

三、《最高人民法院司法观点集成》第三版

2014年以后，全国人民代表大会及其常务委员会制定了民法总则，修改了刑法、民事诉讼法、行政诉讼法、公司法等一系列重要的法律。最高人民法院也出台了若干重要的司法解释。根据《最高人民法院关于人民法院在互联网公布裁判文书的规定》，中国裁判文书网公布了大量的裁判文书。在此背景下，人民法院出版社对《最高人民法院司法观点集成》进行了全面修订，自2017年8月起陆续编辑出版《最高人民法院司法观点集成》第三版，含《刑事卷》《民事卷》《商事卷》《知识产权卷》《民事诉讼卷》《执行卷》《行政·国家赔偿卷》。

四、《最高人民法院司法观点集成》2017~2020年增补本

《最高人民法院司法观点集成》2017~2020年增补本含《刑事卷》《民事

卷》《商事卷》《民事诉讼卷》4卷，与第三版相关分卷形成无重复衔接和延伸，亦收录第三版中漏收的相关内容。

五、“民法典时代”的《最高人民法院司法观点集成》第四版

2021年起施行的民法典是新中国成立以来第一部以“法典”命名的法律，是新时代我国社会主义法治建设的重大成果。民法典完成了民商事法律规范的法典化、体系化，是我国社会主义法律体系成熟化、科学化的标志，自此我国民事法律制度迈入“民法典时代”。根据习近平总书记关于“民法典专业术语很多，要加强解读。要聚焦民法典总则编和各分编需要把握好的核心要义和重点问题，阐释好民法典关于民事活动平等、自愿、公平、诚信等基本原则，阐释好民法典关于坚持主体平等、保护财产权利、便利交易流转、维护人格尊严、促进家庭和谐、追究侵权责任等基本要求，阐释好民法典一系列新规定新概念新精神”[①]的重要指示精神，最高人民法院坚决贯彻落实党和国家重大决策部署，对标民法典立法精神和法律规定，完成对591件司法解释及相关规范性文件、139个指导性案例的清理工作，废止116件，修改111件，不再参照适用指导性案例2件；重点开展了社会关注度高、实践急需的如总则、物权、担保、人格权、婚姻家庭继承、时间效力等配套司法解释制定工作，解决新旧规范衔接适用问题，有针对性地出台了多批司法政策；并在实现司法系统全员培训的基础上，引导刑事、民事、商事、行政、诉讼程序等不同业务条线，对民法典的精神要义、基本原则、条文规范实现统一理解、准确把握，全力保障民法典得到统一实施。

《最高人民法院司法观点集成》第四版的编写根据最高人民法院贯彻落实党的二十大决策部署、推进统一法律适用工作向纵深发展的工作要求开展：

（一）注重对民法典立法精神的贯彻落实

民法典的颁布与实施，不仅对于民法适用具有重要意义，而且对于商法、刑法、行政法、程序法的法律适用等都具有很强的指引作用。在各卷编写中，

① 习近平：《习近平著作选读（第二卷）》，人民出版社2023年版，第317页。

我们从体系化、系统性角度，作出对包括刑事、民事、商事、刑民交叉、行政、行民交叉、诉讼程序等在内的不同业务条线的司法规范、审判会议意见、主流观点、裁判文书、案例评析等的全面清理，做到该更新的更新、该废止的废止、该修改的修改。

（二）注重对新制度、新规则的汇总梳理

2020年以来，民事诉讼法及其司法解释等多部法律、司法解释出台、修改，不仅扩充了各类法律关系的调整内容，调整了各审判门类案件的裁判规则，也对当事人的利益衡量产生了重要影响。各卷的编写既汇集整理了体现新制度、新规则精神实质的各类规范，又认真梳理了体现在最高人民法院裁判文书中的法律适用标准的具体内容。

（三）注重对起到规则填补作用的相关资料的收集整合

"民法典时代"的司法实践仍有许多问题在被不断检验和探索，很多新问题、新情况正在案件的裁判过程中形成规则，对立法规范作出补充、细化。各卷的编写中结合了最高人民法院司法实践，尤其是具体适用民法典条文的最新裁判案例、观点等。

六、《最高人民法院司法观点集成》第四版的编写特点

《最高人民法院司法观点集成》第四版保留了前三版和2017~2020年增补本中仍有适用参考价值的部分内容，重点以2020年以来公布的法律规范、司法解释与司法政策、最高人民法院审理的案例等为素材和依据，删旧增新，逐件修订，并选摘部分最高人民法院法官的著述，针对当前审判实务中难点、疑点、热点以及前沿问题，全面系统地总结和梳理了数千个最高人民法院类案审判实践中的裁判理念和法律适用问题，以帮助读者深入全面地理解和把握最高人民法院指导审判实践的具体方法、办案依据和裁判尺度，对办理案件提供参考、借鉴，推进审判理念现代化。

本书具有三大特点：

（一）全面

本书以最高人民法院司法裁判资源为基础，囊括了最高人民法院发布的

司法解释、司法政策精神、答复、通知、问答、会议纪要，以及指导性案例、公报案例、裁判文书、典型案例等，并选摘了部分最高人民法院大法官著述、主流观点和案例解析等，将散见于各种司法文献资料中的对审判工作具有指导性、参考性的内容进行收集、分类、归纳，内容全面、丰富。

（二）务实

本书收录了最高人民法院各庭、室、局及巡回法庭的审判指导意见和法官对实践中新情况、新问题，尤其是疑难复杂问题的研究著述，解决司法实务工作者在实际办案中遇到难点、疑点、热点以及前沿问题时寻找确定性司法依据的需求问题，对审判实务具有重要参考意义。

（三）新颖

本书对最高人民法院公布的各项司法解释、司法政策文件、指导性案例、裁判文书等的法律效力进行仔细甄别，对因新法、新司法解释等实施而废止或修改的相关规范作出了准确、合理的对应性标注；剔除失效、过时的内容，只选取现行有效的文件和资料，同时增加新内容。对比之前的版本，第四版更新率近 80%，新颖性更加突出。

《最高人民法院司法观点集成》第四版包括《刑事卷》《民事卷》《商事卷》《民事诉讼卷》《执行卷》《行政 · 国家赔偿卷》六卷。

由于我们掌握的资料有限，第四版内容可能有所疏漏；同时，由于我们水平有限，对观点的理解可能不准确，请读者指正，以便再版时及时修订。本书所梳理的最高人民法院司法观点仅供在司法实务中参考适用，并且其中有一定的滞后性，故凡与法律、司法解释有不一致的，或者今后法律、司法解释有新规定的，应当按法律、司法解释规定执行。

本书在编写过程中，引用了最高人民法院有关庭室和法官部分著述的内容，对此表示衷心感谢。

人民法院出版社

二〇二三年五月

凡 例

一、栏目设置

为深入开展统一法律适用工作，加强专业化审判体系建设，推进执行工作理念现代化，《最高人民法院司法观点集成》第四版·执行卷（以下简称执行卷）从执行工作实际出发，结合多年来的编写经验和读者反馈，对各栏目具体设定如下：

——最高人民法院司法解释。执行卷摘编最高人民法院重要的司法解释条文，为了加强条文理解，以附录形式收录相关的最高人民法院主流观点和最高人民法院法官著述等。

——最高人民法院司法政策精神。最高人民法院公布的各种审判指导意见、会议纪要、最高人民法院院长对审判工作有重要指导意义的讲话，最高人民法院各主管副院长在全国性审判工作会议上的讲话是审判工作中不可或缺的参考内容，本卷予以全面收录和摘选。

——最高人民法院答复。由最高人民法院及有关审判业务庭、局、室就下级法院及其他部门对法律适用问题或具体案件的处理问题的请示、函等所作出的答复。

——最高人民法院审判业务意见。包括由最高人民法院各审判业务庭及巡回法庭在各审判专业领域召开专业法官会议后形成的会议纪要、裁判规则等统一法律适用的成果，如"第一巡回法庭法官会议纪要""第二巡回法庭法官会议纪要""第四巡回法庭意见""第五巡回法庭法官会议纪要"等。根据《最高人民法院关于完善人民法院专业法官会议工作机制的指导意见》（法发〔2021〕2号），专业法官会议是人民法院向审判组织和院庭长履行法定职责提供咨询意见的内部工作机制，讨论案件的法律适用问题或者与事实认定高度关联的证据规则适用问题。专业法官会议讨论形成的意见供审判组织和院庭长参考。就此，执行卷对最高人民法院审判业务意见予以整理收录，还包括各审判业务庭庭长在全国性审判工作会议上的讲话。

——最高人民法院指导性案例、最高人民法院公报案例、最高人民法院裁判文书、最高人民法院公布的典型案例。根据《最高人民法院关于统一法律适用加强类案检索的指导意见（试行）》（法发〔2020〕24号），类案是指与待决案件在基本事实、争议焦点、法律适用问题等方面具有相似性，且已经人民法院裁判生效的案件。类案检索范围一般包括：第一，最高人民法院发布的指导性案例；第二，最高人民法院发布的典型案例及裁判生效的案件。检索到的类案为指导性案例的，人民法院应当参照作出裁判，检索到其他类案的，人民法院可以作为作出裁判的参考。就此，本卷全面整理收录了如下最高人民法院案件，包括：（1）最高人民法院指导性案例。由最高人民法院确立并统一发布的，对全国法院审判、执行工作具有指导作用的指导性案例，各级人民法院审判类似案例时应当参照。（2）最高人民法院公报案例。《最高人民法院公报》除登载最高人民法院裁判文书外，所选登的案例都是由最高人民法院正式选编并作为参考性案例公布的，虽然其中大部分案例不是由最高人民法院直接审理的，但通过这些案例分析提炼出的一般性规则，都得到了最高人民法院的认可，直接反映了最高人民法院对有关法律适用问题的具体意见。（3）最高人民法院裁判文书。由最高人民法院审判的、确立了一项新的裁判规则的案例，或者虽然未确立新的裁判规则，但对法律、司法解释中不够具体的规则进行了界定、解释或者例证的案例，包括在中国裁判文书网、法信网上公布的裁判文书。（4）最高人民法院公布的典型案例。最高人民法院公布的典型案例旨在以案例的形式将法律精神传播给社会大众，也是进一步彰显以公开促公正理念，切实推进司法公开工作的重要举措。

——最高人民法院大法官著述。最高人民法院大法官们在演讲、教学和撰写的文章中涉及法律适用问题的精彩内容。

——附录：最高人民法院主流观点。最高人民法院各审判业务庭组织编写的新法、新司法解释理解与适用类图书中代表最高人民法院实务观点的内容。为系统反映最高人民法院贯彻实施民法典的举措成果，全面总结新时代执行工作经验，本书特广泛收录和大量摘选了我社享有专属出版权的《最高人民法院执行司法解释条文适用编注》《最高人民法院关于人民法院办理执行异议和复议案件若干问题规定理解与适用》《最高人民法院关于执行程序中计算迟延履行期间的债务利息司法解释理解与适用》、"中国民法典适用大全丛书"等最高人民法院审判实务丛书"富矿"，以帮助读者全面快速了解最高人民法院对审判实践中重点难点问题的立场、观点，将民法典的核心精神、基本原则和具体制度贯彻落实到审判执行工作的各方面。

应予说明的是，部分司法解释修正或修订后尚未编写出版相应的新的司法解释理解与适用图书，我们选摘了这些司法解释修正或修订前的理解与适用图书中仍有参考价值的内容。在执行卷的相关部分不再逐一作出说明。

——附录：最高人民法院法官著述。最高人民法院各庭、室、局及巡回法庭的法官发表在最高人民法院审判指导类刊物上的著述。这些著述反映了最高人民法院各庭、室、局及巡回法庭的法官对一些法律问题研究、探讨的情况和倾向性意见，虽尚不具有普遍的指导意义，但具有一定的参考性。

——附录：《民事审判信箱》《执行信箱》《司法信箱》。最高人民法院各庭、室、局主办的审判指导类刊物中的栏目，其内容一般由最高人民法院各庭、室、局的业务骨干以"本书编写组"名义撰写。

二、编辑体例

执行卷分为执行工作政策与精神、执行工作一般规范、执行审查案件办理规范、其他共四章。因应人民法院执行工作领域或类案划分的一般分工，个别内容较集中的章再分为若干节，节下再分为专题，总体采用分门别类、提炼观点、串联观点的体例形式。

每个专题的题目力求简明、恰当；涉及民法典条文有新规定的，优先设置民法典的具体条文，而后是有密切关系的司法解释、司法政策精神、审判业务意见、案例文书等；所有的附录观点则皆位于上述内容之后。对每个专题均提炼出关键词，编制成“索引”，置于书末，以方便读者查阅。

本书在编辑过程中对原文做了必要的提炼，但对其中引用的法律简称、法条序号等均保留原貌，未作更动；对于最高人民法院主流观点、最高人民法院法官著述中引用的法律文件、司法解释已经修改、废止的情形，以脚注的形式作出了标注，对因民法典施行而废止的九部法律及修改的一百余件司法解释等，均作出对应新规范条文的特别注明；本书中所引用的文件和著述，除规范文件外，亦尽量注明其出处。

三、资料来源

本书大多数内容来自以下公开出版物：《最高人民法院公报》、“法律条文理解与适用丛书”“司法解释理解与适用丛书”、《最高人民法院执行司法解释条文适用编注》《人民法院办理执行案件规范（第二版）》、“中国民法典适用大全丛书”“中国审判指导丛书”，和以最高人民法院各庭、室、局及巡回法庭名义编写的著作。对作者谨致谢忱。

总 目 录

目 录

第一章 执行工作政策与精神

第二章 执行工作一般规范

一、执行管辖

二、执行的申请和受理

三、执行当事人及其变更、追加

四、执行担保

五、执行和解

六、暂缓执行与中止执行

七、终结本次执行程序与终结执行

八、执行程序和破产程序的衔接

九、迟延履行期间债务利息和迟延履行金

十、执行费用

十一、强制措施和间接执行措施

十二、刑事处罚

十三、委托执行与协助执行

十四、执行回转

十五、执行文书及送达

十六、基本流程规范

（一）执行准备与启动

（二）财产调查

（三）财产控制

（四）财产变价

（五）参与分配

（六）款物的发放与保管

（七）执行实施案件结案

十七、金钱给付请求权的执行

（一）对银行存款的执行

（二）对机动车辆船舶的执行

（三）对不动产的执行

（四）对股权、其他投资权益的执行

（五）对证券及其交易结算资金的执行

（六）对债权及收入的执行

十八、非金钱给付请求权的执行

十九、特殊案件的执行

（一）财产保全与先予执行案件的执行

（二）仲裁裁决的执行

（三）劳动人事争议仲裁裁决的执行

（四）公证债权文书的执行

（五）刑事裁判涉财产部分的执行

（六）行政案件的执行

（七）涉外案件的执行

（八）港澳台地区法院与仲裁机构作出的生效法律文书的执行

第三章　执行审查案件办理规范

一、执行异议、执行复议

（一）一般规定

（二）《执行异议和复议规定》第二十六条的适用

（三）《执行异议和复议规定》第二十七条的适用

（四）《执行异议和复议规定》第二十八条的适用

（五）《执行异议和复议规定》第二十九条的适用

(六)可以排除强制执行的情形

（七）不能排除强制执行的情形

（八）其他问题

二、执行监督

三、执行协调

第四章　其　　他

第一章　执行工作政策与精神

1. 人民法院执行工作的总体要求

关键词

执行公信力　指导思想

最高人民法院司法政策精神

（一）指导思想

坚持以习近平新时代中国特色社会主义思想为指导，全面贯彻党的十九大和十九届二中、三中全会精神，紧紧围绕统筹推进“五位一体”总体布局和协调推进“四个全面”战略布局，坚持以人民为中心的发展思想，坚持稳中求进工作总基调，落实推进国家治理体系和治理能力现代化、推进社会诚信体系建设要求，充分发挥中国特色社会主义政治优势、制度优势，充分发挥执行工作强制性特点，充分运用现代信息技术，大力加强执行规范化建设，全面提升执行公信力，推进执行工作体系和执行工作能力现代化。

（二）基本原则

——坚持正确政治方向。坚持党对人民法院工作的绝对领导，坚持以习近平新时代中国特色社会主义思想武装头脑指导实践推动工作，增强“四个意识”、坚定“四个自信”、做到“两个维护”，坚定不移走中国特色社会主义法治道路，紧紧依靠党总揽全局、协调各方的领导核心作用，进一步发展和完善中国特色执行制度，推动创造更高水平的社会主义司法制度。

——坚持以人民为中心。坚持群众路线，站稳人民立场，增进群众感情，积极回应人民群众对执行工作的新要求新期待，着力解决人民群众反映最强烈的突出问题，创新为民服务、为民解忧工作机制，努力让人民群众在每一个司法案件中感受到公平正义。

——坚持服务大局。充分发挥人民法院执行职能，确保党中央重大决策部署在人民法院得到不折不扣贯彻执行，为经济社会发展提供优质司法服务，为优化营商环境提供有力保障。

——坚持遵循执行规律。既遵循司法活动的一般规律，又尊重执行工作自身规律，建立健全符合执行权运行规律的配套改革措施、履职保障机制和执行单独考核机制，确保各项工作举措符合实际，经得起检验。

——坚持问题导向。增强工作的针对性，针对影响执行权威和执行公信力、制约执行工作质量和效率的突出问题，加大工作力度，解决实际问题，取得实际成效。

——坚持改革创新。尊重和保护基层首创精神，鼓励各地法院积极实践探索，不断积累经验，及时推广运用，实现基层探索和顶层设计的良性互动。

——坚持“标本兼治”。既要立足现实，着力解决当前执行领域的突出问题，又要坚持战略思维、系统思维，建立健全长效工作机制，从源头综合治理执行难。

——坚持“一性两化”。“一性两化”即依法突出执行工作的强制性，全力推进执行工作信息化，大力加强执行工作规范化。要准确把握人民法院执行工作是以国家强制力实现当事人合法权益的特点，依法打击规避、抗拒、干预执行的行为，形成强大的威慑力和高压态势。坚持以现代信息科技为支撑，形成现代化的执行模式。深化执行体制机制改革，完善执行监督管理体系，规范执行行为，转变执行作风，提高执行公信力。

（三）总体目标

巩固和深化“基本解决执行难”工作成果，建立健全解决执行难长效机制，全面提高执行工作水平，奋力向“切实解决执行难”目标迈进。

——确保执行工作良性循环状态和“3 + 1”核心指标高标准运行常态化。

——确保“一把手抓、抓一把手”工作机制常态化。

——确保以现代信息技术为支撑的执行工作模式常态化。

——确保对消极执行、选择性执行、乱执行等不规范执行行为严肃整治常态化。

——确保对规避执行、抗拒执行、干预执行的高压态势常态化。

——进一步推进综合治理执行难工作格局制度化机制化，把执行工作纳入国家治理体系和治理能力现代化总体框架，从源头综合治理执行难。

——进一步深化执行体制机制改革，完善执行法律体系及配套制度，逐步形成成熟、稳定的中国特色执行制度、执行机制和执行模式。

——进一步推进现代信息科技在执行领域的广泛应用、深度应用，全面提升执行信息化、智能化水平，实现执行管理监督模式、执行保障模式、执行查控模式、执行财产变现模式现代化。

——进一步转变执行理念，严格公正规范文明执行，更加注重执行方法与执行效果，切实提高执行公信力，努力实现执行工作法律效果、政治效果和社会效果的有机统一。

——进一步优化各种强制执行措施综合应用，努力实现高效、精准、精细打击规避执行、抗拒执行、干预执行及惩戒失信行为，推进社会诚信体系建设，大幅提高当事人主动履行生效法律文书的比例。

——进一步加强队伍建设，充实执行力量，优化人员结构，全面提升执行队伍“四化”水平，锻造一支对党忠诚、服务人民、勇于担当、执法公正、纪律严明的执行铁军。

——《最高人民法院关于深化执行改革健全解决执行难长效机制的意见——人民法院执行工作纲要（2019—2023）》（2019 年 6 月 11 日，法发〔2019〕16 号）。

2. 善意文明执行的重要意义和精神实质

关键词

善意文明执行

最高人民法院司法政策精神

1. 充分认识善意文明执行重要意义。执行是公平正义最后一道防线的最后一个环节。强化善意文明执行理念，在依法保障胜诉当事人合法权益同时，最大限度减少对被执行人权益影响，实现法律效果与社会效果有机统一，是维护社会公平正义、促进社会和谐稳定的必然要求，是完善产权保护制度、建立健全市场化法治化国际化营商环境和推动高质量发展的应有之义，对全面推进依法治国、推进国家治理体系和治理能力现代化具有重要意义。

2. 准确把握善意文明执行精神实质。执行工作是依靠国家强制力实现胜诉裁判的重要手段。当前，被执行人规避执行、逃避执行仍是执行工作中的主要矛盾和突出问题。突出执行工作的强制性，持续加大执行力度，及时保障胜诉当事人实现合法权益，依然是执行工作的工作重心和主线。但同时要注意到，执行工作对各方当事人影响重大，人民法院在执行过程中也要强化善意文明执行理念，严格规范公正保障各方当事人合法权益；要坚持比例原则，找准双方利益平衡点，避免过度执行；要提高政治站位，着眼于党和国家发展战略全局，提升把握司法政策的能力和水平，实现依法履职与服务大局、促进发展相统一。要采取有效措施坚决纠正实践中出现的超标的查封、乱查封现象，畅通人民群众反映问题渠道，对有关线索实行“一案双查”，对不规范行为依法严肃处理。

人民法院在强化善意文明执行理念过程中，要充分保障债权人合法权益，维护执行权威和司法公信力，把强制力聚焦到对规避执行、逃避执行、抗拒执行行为的依法打击和惩处上来。要坚决防止执行人员以“善意文明执行”为借口消极执行、拖延执行，或者以降低对被执行人影响为借口无原则促成双方当事人和解，损害债权人合法权益。

——《最高人民法院关于在执行工作中进一步强化善意文明执行理念的意见》（2019 年 12 月 16 日，法发〔2019〕35 号）。

附录：答记者问

在执行实践中，我们听到一些被执行人反映，法院在查封财产时，存在严重超标的查封的问题。对此，《善意文明执行意见》中是如何规定的？最高法院如何解决这一问题？

最高人民法院对于超标的查封的问题，首先总原则是坚决禁止超标的查封、保全，违者一律追责，严肃处理，决不姑息。最高人民法院对于禁止超标的查封有明确规定，2004 年的《查封扣押冻结规定》和 2016 年的《财产保全规定》对此作了明确要求。主要内容是：查封被执行人的财产以其价额足以清偿生效法律文书确定的债权额及执行费用为限，不得明显超标的查封。发现超标的查封的，人民法院应当依照被执行人的申请或者依职权及时解除超标的部分。其次，针对实践中超标的查封问题，人民法院也给予了当事人救济权利和程序。比如，被执行人认为人民法院查封明显超过标的的，可以向人民法院提出异议，由执行异议审查机构就是否构成超标的查封进行审查，必要时会委托评估公司对财产进行评估。在确保债权实现的基础上，以最大限度保障被执行人的合法权益。再次，就是近年来人民法院一直不断加强执行工作的监督和管理，并建立了一整套的工作机制，比如，通过信访监督的渠道，以及人民检察院检察建议函对个案的法律监督渠道，比如，通过执行指挥管理系统对执行程序中的重要节点进行监控。这些方式方法都能够有效地避免超标的查封问题出现。同时，2020 年以来，我们对人民法院特别是中、基层法院执行实施案件进行有效监督，建立了“一案双查”的监督机制，这些工作机制不断强化对下级法院案件特别是实施案件的监督，对明显超标的查封问题，也是监督的重要方面。

近年来，人民法院纳入失信名单和限制高消费等措施对打击老赖发挥了重要作用。我们发现，这次《善意文明执行意见》中提到要给予被执行人一定的宽限期，请问这中间的度如何把握？

对于超标的查封问题，有三个方面的客观因素不能忽视。第一个是，有的权证是不可分割的，是单一的，比如一栋大楼，它的债权很小，财产只有一个产权证，不可分割，只能对整个大楼进行查封。对此，有必要的时候，人民法院可以协调有关部门分层登记、分割查封。采取这种方式能够解决不必要的超标的问题。这种情况也需要相关行政部门给予配合。第二个是，案件的债权额因为利息增加这些变量因素导致它具有不确定性，为保障债权人债权，可能会多封一些。但封的财产太多，就会造成明显超标的问题。第三个因素，查封财产价值是波动变化的，比如查封上市公司的股票，它的价格不断变化的。这些因素都会导致超标的查封情况出现。为此，我们会在今后的工作中，不断细化要求、统一尺度，提升查封的准确性。

——《强化善意文明执行理念 鼓励律师深入参与执行——最高人民法院执行局相关负责人就〈善意文明执行意见〉和〈律师参与执行意见〉答记者问》，载《人民法院报》2020年1月3日。

3. 善意执行理念的贯彻和适用

关键词

善意文明执行

最高人民法院裁判文书

青岛拜登置业发展有限公司与嘉善县西塘洲际商业经营管理有限公司合同纠纷仲裁执行案［最高人民法院（2020）最高法执监420号执行裁定书］

裁判要旨：法定代表人发生变更，是否可以对变更前的法定代表人采取限制消费措施，应当具体分析变更的时间节点，并结合案件证据综合判断变更前的法定代表人是否构成实际控制人或者影响本案债务履行的直接责任人。在依法保障胜诉当事人合法权益同时，应最大限度减少对被执行人权益的影响，贯彻善意执行理念。

最高人民法院经审理认为，本案纠纷发生时，债权债务尚处于审查确定期间，肖某某在仲裁过程中向益街商业经营管理公司、赵某某转让股权、变更法定代表人的行为并非法律禁止的行为，在无其他相应证据证实的情况下，不能被视为执行中逃避债务的行为。又根据《公司法》第二百一十六条第三项关于“实际控制人，是指虽不是公司的股东，但通过投资关系、协议或者其他安排，能够实际支配公司行为的人”的规定，如果认为肖某某在转让股权后，仍能够通过投资关系、协议或者其他安排，实际支配公司行为，需要举证证明。现申诉人仅以肖某某作为酒店合作经营协议签订、履行及发生争议时的被执行人法定代表人便认为其为实际控制人或者影响本案债务履行的直接责任人，依据不足。

附录：本案解析

（一）法定代表人发生变更后前法定代表人的责任承担

根据《限制被执行人高消费及有关消费的规定》第3条第2款，当被执行人不履行生效法律文书确定的义务，人民法院可对被执行人及其法定代表人、主要负责人、影响债务履行的直接责任人员、实际控制人采取限制消费措施。该条规定的目的是通过对单位主要责任人员施压，促使单位积极履行清偿债务的义务。当法定代表人发生变更，是否可以对变更前的法定代表人采取限制消费措施？

首先，需要具体分析变更的时间节点。强制执行程序以实现已确定之私权为目的，私权之内容未确定或已实现，均无强制执行可言。本案中，肖某某在仲裁过程中向益街商业经营管理公司、赵某某转让股权，益街商业经营管理公司变更法定代表人，此时债权债务尚处于审查确定期间，还未出现不履行生效法律文书所确定义务的情形。当事人在无其他相应证据证实的情况下，不能将其视为执行中逃避债务的行为。

其次，判断变更前的法定代表人是否构成实际控制人或者影响本案债务履行的直接责任人。根据《公司法》第二百一十六条第三款的规定：实际控制人，是指虽不是公司的股东，但通过投资关系、协议或其他安排，能够实际支配公司行为的人。影响债务履行的直接责任人员，是指虽不具有法定代表人、主要负责人等特定身份，但能够通过其行为（包括作为和不作为）直接对单位的实际经营活动产生重要影响的人。本案的证据无法证明肖某某能够实际支配公司行为或者是影响债务履行的直接责任人员。

最后，根据《公司法》，变更法定代表人是法人内部管理行为，由法人自由决定，工商部门核准登记即可。强制执行必须依据有执行力的法律文书，执行机构才能够正当地行使强制执行权。执行力是一个“授权”或赋予正当性的关键概念或核心范畴，不仅为执行权的行使提供了据以立足的基础或出发点，也划定了行使这种国家强制力的正当范围或者合理的边界。在无执行力的“授权”下，应当尊重法人内部的管理行为，保证私人自治的空间与张力。因此，本案对《限制被执行人高消费及有关消费的规定》第3条第2款规定中的法定代表人不应当作扩大解释。

（二）善意执行理念的平衡作用

2016年全国执行工作会议明确提出，要树立善意执行理念，在不损害债权人利益前提下，尽量优先采取方便执行且对当事人生产经营影响较小的执行措施，尽可能保全资产的市场价值，努力实现多分共赢。

善意执行理念，同时也是比例原则在执行工作中的体现，《最高人民法院关于在执行工作中进一步强化善意文明执行理念的意见》第2条规定，“善意文明执行”就是“要坚持比例原则，找准双方利益平衡点，避免过度执行”；第21条第1款规定，各地法院积极探索根据案件具体情况对被执行人分级分类采取失信惩戒、限制消费措施，“让失信惩戒、限制消费措施更具有精确性，更符合比例原则”。比例原则主要有以下三个子原则：适当性原则，要求国家机关采取的手段应当有助于目的的实现；必要性原则，要求国家机关选取对当事人利益侵害最小的手段；均衡性原则，要求国家机关采取的手段给当事人利益造成的损失应与手段所追求的目的合乎比例。有学者认为，比例原则具有发展成为整个“法律帝国”之基本原则的趋势。也有学者认为，比例原则正在经历某种范式的转型，在辐射范围上，完成从公法、私法到其他部门法的渗透。关于比例原则能否应用于强制执行程序存在争议。那在比例原则下，为什么还需要提出善意执行理念？由于比例原则规范的是国家机关与公民之间的纵向关系，可以限制法院不适当、不必要、不均衡的执行行为，但是对平等主体之间的横向关系难有适用的余地，在执行领域难以作为平衡当事人、利害关系人利益的装置的体现。而善意执行是执行工作现代化的一种理想状态，是善治理念在执行工作中的具体体现和要求。从微观层面，需要平衡个案执行当事人的利益；从宏观层面，需要服务党和国家发展战略大局。

——刘慧卓：《青岛拜登置业发展有限公司与嘉善县西塘洲际商业经营管理有限公司合同纠纷仲裁执行案——善意执行理念的贯彻和适用》，载中国应用法学研究所主编：《中华人民共和国最高人民法院案例选》（第六辑），法律出版社2022年版，第108~114页。

4. 树立实质穿透执行理念，依法识别和精准打击规避、抗拒执行行为

关键词

实质穿透执行理念

最高人民法院司法政策精神

20. 加强“逃废债”清理惩戒机制建设。健全清理拖欠企业债务长效机制，加大强制执行力度，依法适用拘留等强制措施，树立实质穿透执行理念，依法识别和精准打击规避、抗拒执行行为，保障胜诉当事人及时实现权益，降低债权实现成本，助力企业化解债务危机。完善诚信建设长效机制，推进政府部门诚信信息与法院信息共享机制，精准适用、严格规范失信被执行人名单和限制消费等措施，完善信用修复机制，探索建立虚假诉讼失信人名单

制度，严厉制裁诉讼失信行为，促进社会诚信建设。

——《最高人民法院、国家发展和改革委员会关于为新时代加快完善社会主义市场经济体制提供司法服务和保障的意见》（2020年7月20日，法发〔2020〕25号）。

5. 人民法院规范执行行为"十个严禁"

关键词

十个严禁

最高人民法院司法政策精神

一、严禁在办理执行案件过程中"冷硬横推"及消极执行、拖延执行、选择性执行；

二、严禁明显超标的额查封、扣押、冻结财产及违规执行案外人财产；

三、严禁违规评估、拍卖财产及违规以物抵债；

四、严禁隐瞒、截留、挪用执行款物及拖延发放执行案款；

五、严禁违规适用终结本次执行程序及对纳入终结本次执行程序案件不及时定期查询、司法救济、恢复执行；

六、严禁违规使用执行查控系统查询与案件无关的财产信息；

七、严禁违规纳入、删除、撤销失信被执行人名单；

八、严禁在办理执行案件过程中违规会见当事人、代理人、请托人或与其同吃、同住、同行；

九、严禁在办理执行案件过程中"吃拿卡要"或让当事人承担不应由其承担的费用；

十、严禁充当诉讼掮客、违规过问案件及泄露工作秘密。

——《人民法院规范执行行为"十个严禁"》（2017年4月6日，法办〔2017〕54号）。

四、严禁不当交往、干预执法司法。决不允许违反"三个规定"，请托说情打招呼，不如实记录报告，不正当接触交往，充当司法掮客。

五、严禁玩忽职守、徇私枉法。决不允许办"关系案""人情案""金钱案"，有案不立、压案不查、有罪不究，违规违法办理减刑、假释、暂予监外执行。

八、严禁滥用执法司法权。决不允许逐利执法、越权执法、过度执法，滥用侦查措施、强制措施、自由裁量权，插手经济纠纷。

——《新时代政法干警“十个严禁”》(2022年2月28日)

6. 紧紧依靠党的领导，构建完善综合治理执行难工作格局

关键词

综合治理执行难工作格局

附录：最高人民法院主流观点

党中央高度重视执行工作。2016年6月，中央深改组审议通过《关于加快推进失信被执行人信用监督、警示和惩戒机制建设的意见》，这是指导破解执行难题、推进诚信体系建设、维护法律权威的纲领性文件。2019年9月，中央全面依法治国委员会出台《关于加强综合治理从源头切实解决执行难问题的意见》，为推动解决执行难系统治理、综合治理、源头治理指明了方向，提供了根本遵循。中央政法委多次对人民法院执行工作提出明确要求，作出重要部署。在党中央坚强领导下，执行工作受到前所未有的重视。2019年9月，最高人民法院印发《最高人民法院平安建设考评办法（执行难综合治理及源头治理部分）》，将建立执行工作部门协作联动机制并常态化开展工作等内容纳入考核项目，对工作不力的地方予以扣分，将强化执行联动纳入地方政府政绩考核，确保执行联动机制运行通畅。各地区各部门认真落实中央决策，纷纷出台贯彻落实意见，建立联席会议制度，将解决执行难纳入法治建设重点任务和社会治安综合治理目标责任考核，建立健全党委领导、政法委协调、人大监督、政府支持、法院主办、部门联动、社会参与的综合治理执行难工作格局，为解决执行难提供了前所未有的良好社会环境。

——最高人民法院编写组编：《习近平法治思想引领新时代人民法院工作创新发展》，人民法院出版社2023年版，第339~340页。

7. 建立健全网络查控系统，基本解决查人找物难题

关键词

网络查控系统　查人找物

附录：最高人民法院主流观点

查人找物难是执行工作的第一难，是决定执行效果的关键因素。传统执行查控模式是登门临柜模式，需要两个执行人员亲自到当地乃至全国的银行、

工商、房地产管理部门等相关协助单位一一查询控制，执行效率低下，财产覆盖范围狭窄，执行成本较高，严重影响执行办案效果。为此，自2014年以来，最高人民法院建立健全“总对总”网络查控系统，与公安部、民政部、自然资源部、交通运输部、中国人民银行、银保监会等16家单位和3900多家银行业金融机构联网，可以查询被执行人全国范围内的不动产、存款、金融理财产品、船舶、车辆、证券、网络资金等16类25项信息，并可以对证券、存款、网络资金等财产进行在线冻结或者扣划，基本实现对被执行人主要财产形式和相关信息的有效覆盖，极大提升了执行效率，实现了执行查控方式的根本变革。截至2022年6月底，全国法院通过网络查控系统累计查控案件11939.22万件，累计冻结资金22228.35亿元，查询房屋、土地等不动产信息48006.9万条，车辆16172.96万辆，证券29526.6亿股，渔船和船舶371.79万艘，网络资金849.06亿元，有力维护了胜诉当事人合法权益。

此外，各地法院在地方层面建立健全“点对点”网络查控系统，可以查控本地的财产信息，作为“总对总”系统的重要补充。比如，北京市高级人民法院与市公安局公安交通管理局车辆管理所合作，在市高级人民法院设立“京牌机动车专线查控中心”，可以在线操作京牌车辆查封、续封、解封等手续。截至2021年年底，已办理各类事项39526件，协助其他省、市法院办理各类事项25946件，极大减少执行人员往返和等待时间，节约用时超过50%。

——最高人民法院编写组编:《习近平法治思想引领新时代人民法院工作创新发展》，人民法院出版社2023年版，第340~341页。

8. 全面推行网络司法拍卖，有效破解财产变现难题

关键词

网络司法拍卖　财产变现

附录：最高人民法院主流观点

财产变现难、周期长是困扰执行工作的又一个难题。传统的司法拍卖是人民法院委托拍卖机构进行现场拍卖，存在拍卖佣金高、周期长、受众范围小、成交率和溢价率低等问题，还存在围标、串标、职业控场、暗箱操作和权力寻租等弊端。为克服传统拍卖方式存在的诸多弊端，从2012年开始，浙江、江苏等地法院率先推行网络司法拍卖，由人民法院在淘宝等网络平台对执行财产进行司法拍卖，将司法拍卖打造成一个高度公开、高度透明的环节，取得良好的社会效果。最高人民法院及时总结经验，确立以网络拍卖为原则、传统拍卖为例外的司法拍卖新模式，出台网络拍卖司法解释，从2017年1月

1日开始，在全国法院全面推行网络司法拍卖，并完善相关配套制度。实行网络司法拍卖以来，成交率、溢价率成倍增长，流拍率、降价率、拍卖成本明显下降，有效祛除权力寻租空间，斩断不法利益链条，实现了拍卖环节违纪违法“零投诉”。从2017年3月网络司法拍卖系统上线至2022年6月底，全国法院网络拍卖462.3万余次，成交117.7万余件，成交额2.01万亿元，标的物成交率达64%，为当事人节约佣金619亿元。针对司法拍卖评估环节效率低问题，创设当事人议价、定向询价、网络询价和委托评估等形式多样的评估方式，特别是网络询价，由最高人民法院确定符合条件的司法网络询价平台，依托这些平台掌握的相近财产交易信息的大数据库，对评估对象快速作出估价，既提高效率，又节约成本。财产估价方式的创新，进一步提升了评估规范化、信息化水平，提高了财产处置效率，减轻了当事人负担。

——最高人民法院编写组编:《习近平法治思想引领新时代人民法院工作创新发展》，人民法院出版社2023年版，第342~343页。

9. 建立完善失信惩戒系统，推进社会诚信体系建设

关键词

失信惩戒系统　社会诚信体系

附录：最高人民法院主流观点

当事人规避执行、抗拒执行是造成执行难的一个重要原因。我国社会信用体系尚不健全，失信成本较低，导致部分被执行人不讲诚信，通过隐匿、转移财产等手段来规避、逃避执行，甚至暴力抗拒执行。为此，2013年，最高人民法院建立失信被执行人名单制度，将有履行能力而拒不履行、逃避履行的被执行人依法认定为失信被执行人，列入黑名单，推动对失信被执行人进行联合惩戒，努力破解规避执行难题。此后不久，在中央文明办的大力支持下，与8家单位实现了联网合作，建立了联合信用惩戒系统。2016年以来，最高人民法院与国家发改委等60家单位签署文件，推进失信被执行人信用监督、警示和惩戒机制建设，采取11类37大项150项惩戒措施，对失信被执行人担任公职、党代表、人大代表、政协委员以及出行、购房、投资、招投标等进行限制。截至2022年6月底，全国正在发布中的失信被执行人有751万人，累计限制购买飞机票8947万人次，限制购买高铁动车票1238万人次，999万名失信被执行人迫于信用惩戒压力自动履行了义务。各级人民法院通过社区、巡逻车、城市广场、电视媒体、失信彩铃等多种途径、多种形式进行广泛宣传，对失信被执行人信息进行披露曝光，形成失信者寸步难行的社

会氛围，进一步提升了联合惩戒效果。江西省高级人民法院联合江西日报社、18 家银行金融机构建立“法媒银”失信被执行人曝光台，在全国首创人民法院、新闻媒体、银行金融机构联合惩戒失信被执行人新模式，得到中宣部等有关机关的充分肯定。

——最高人民法院编写组编:《习近平法治思想引领新时代人民法院工作创新发展》，人民法院出版社 2023 年版，第 343~344 页。

10. 加强执行规范化建设，将执行权关进制度铁笼

关键词

执行规范化　执行权

附录：最高人民法院主流观点

2013 年以来，最高人民法院狠抓执行规范体系建设，共出台涉及变更追加当事人、财产调查、股权执行、执行制约监督等 78 项重要司法解释和规范性文件，数量超过党的十八大前的总和，进一步加强制度建设，织密规则体系，全面规范执行工作。其中，2016 年，针对实践中存在的保全难和保全乱问题，出台《关于办理财产保全案件若干问题的规定》，合理调整了当事人申请财产保全的门槛，进一步加大财产保全的适用力度，以保全促和解、以保全促执行，从源头上缓解执行难。2016 年以来，保全执行案件数逐年攀升，保全案件总数占一审民商事案件总数的比例由 2016 年的近 10%，提高到 2021 年的近 40%，为生效法律文书的顺利执行提供了有力保障。2020 年，为严格贯彻落实中央有关完善产权保护制度依法保护产权、营造更好发展环境支持民营企业改革发展等重要文件精神，出台《关于在执行工作中进一步强化善意文明执行理念的意见》，要求各级人民法院在依法执行的基础上，进一步强化善意文明执行理念，严禁超标的查封和乱查封，依法适当采取财产变价措施，严格适用失信名单和限制消费措施，平衡保护被执行人及利害关系人合法权益，更好服务经济社会发展大局。

为贯彻落实党的十八届四中全会提出的“制定强制执行法”部署要求，根据第十三届全国人大常委会立法规划安排，最高人民法院负责牵头起草《民事强制执行法》。自 2018 年以来，全面总结执行工作经验，深入开展调查研究，广泛听取意见建议，反复论证修改，形成《民事强制执行法（草案）》，并于 2022 年 6 月提请第十三届全国人大常委会第三十五次会议审议。草案起草过程中始终坚持正确政治方向，充分发挥《民事强制执行法》在坚持和完善中国特色社会主义制度、促进国家治理体系和治理能力现代化等方面的重

要作用；坚持以人民为中心，践行善意文明执行理念，充分保护各方当事人和利害关系人合法权益；坚持立足国情，以立法方式巩固发展执行法治成果；坚持问题导向，不断提高《民事强制执行法》立法的针对性、有效性、适应性，夯实切实解决执行难的法律基础。

针对人民群众反映强烈的急难愁盼问题，进一步加强执行信访工作，相继出台有关办理流程规范、核销标准、“接访即办”机制等规范性文件，建立健全信访录入、甄别、核销、回访等工作机制。于2017年正式上线执行申诉信访办理系统，建成四级法院统一的执行信访信息化平台，实现执行信访案件实时录入、动态处理、网上流转、全程留痕，做到“件件有回音、件件有落实”，大大提升了信访案件办理效率效果。2018年以来，将执行信访案件期限内办结率作为综合评价法院执行工作的“3+1”核心指标之一，每年办结率保持在90%以上，始终保持信访工作高水平运行。自2017年4月至2022年6月30日，最高人民法院在系统中登记录入信访案件39555件，地方各级人民法院在系统中登记录入283545件，化解信访案件102898件，切实保障人民群众合法权益，有力维护了社会大局稳定。

——最高人民法院编写组编：《习近平法治思想引领新时代人民法院工作创新发展》，人民法院出版社2023年版，第344~346页。

11. 强化执行管理，确保执行权严格规范公正文明行使

关键词

执行管理　执行权行使

附录：最高人民法院主流观点

多年来，全国执行案件底数不清、体外循环、管理失范现象严重。为此，自2014年开始，全国法院对近二十年来未实际执结的执行案件进行全面清查核录，把1600余万案件录入执行案件管理系统，为实现执行案件有序、精准、全面、智能管理打下基础，彻底解决执行案件底数不清、情况不明的问题。

建立全国四级法院“统一管理、统一指挥、统一协调”的执行管理新模式，实现执行管理扁平化、集约化、可视化、规范化、智慧化。一是建成四级法院统一的执行办案平台。为解决各地法院办案系统相互独立、信息不通带来的海量案件难以监管问题，2016年，最高人民法院上线运行执行案件流程信息管理系统，2017年完成2400万余件历史案件的数据迁移，实现全国执行法官在一个系统办案。该系统通过信息化手段，将办案规则内嵌入系

统，进一步统一规范了执行办案标准和流程，强化了关键节点管控，并为加强对执行案件的即时跟踪和管理监督提供技术支撑。二是建立完善四级法院统一的执行指挥管理平台。该平台具有执行协作、款物管理、流程监督、执行考核等20多项功能，实现“一站式”执行公开、“一键式”案件督办，真正让执行管理“一竿子插到底”。比如，为解决异地执行难题，建立事项委托系统，自上线以来至2022年6月底，共进行区域执行协作613万余次，极大节约了执行成本。为建立健全执行考核机制，建立执行质效系统，实时收集各级人民法院案件办理情况的数据，定期对全国法院质效情况进行通报，表扬先进、鞭策后进。为解决款物管理难题，在全国法院全面推广“一案一账号”系统，下发系列规范性文件，统一系统建设标准，规范系统应用，将所有案款收发纳入系统监管，加强对执行款物的管理和风险防控。三是全面推进“智慧执行”App建设。2020年以来，先后推出“智慧执行”App法官端、当事人端，上线“执行头条”App，综合运用5G、大数据、人工智能等互联网新技术，实现执行信息化“法院专网＋互联网”的全覆盖应用和管理，服务执行法官移动办案，畅通当事人与法官的沟通渠道。四是建立健全执行管理机制。建立执行约谈，对存在工作不力的下级法院相关负责人，予以诫勉谈话；建立“一案双查”制度，由执行部门和监察部门联合查处违法违规执行以及管理责任落实不到位等问题；建立执行局长向上级法院述职工作机制，强化对下监管；建立专项巡查制度，2017年和2018年，分别开展两次执行专项巡查，共对788个人民法院进行实地巡查，覆盖31个省（自治区、直辖市），及时掌握工作实际、排除执行风险、解决一线困难。五是地方法院因地制宜出新招。四川法院坚持以执行指挥中心实质化运行为依托，全面加强执行工作“三统一”管理，印发《关于执行指挥中心实质化运行的实施意见》，正式建立“三统三分、三区六化”模式，相关工作取得明显成效。

重点加强对终结本次执行程序案件的管理。针对“执行不能”案件办理不规范问题，于2016年出台关于严格规范终结本次执行程序的规定，将终本案件合格率作为评价法院执行工作的关键核心指标，明确只有穷尽一切执行措施、达到规定标准，才能认定为无财产可供执行案件，建立终本案件库并定期查询、接受社会监督，建立完善严把进口、规范管理、畅通出口、有序退出的终本案件管理机制。三年攻坚执行难期间和2021年执行领域突出问题集中整治活动期间，第三方评估机构和最高人民法院分别对全国法院终本案件卷宗进行抽样检查，合格率均高于90%。

——最高人民法院编写组编：《习近平法治思想引领新时代人民法院工作创新发展》，人民法院出版社2023年版，第346~348页。

12. 开展专项执行行动，集中解决突出问题

关键词

专项执行

附录：最高人民法院主流观点

自2013年以来，在中央政法委领导下，每年持续集中开展涉党政机关执行清积专项行动，建立定期通报等长效机制，将涉党政机关案件清理情况纳入社会治安综合治理考核范围，促进党政机关带头履行生效判决，截至2021年底，执行到位金额1354亿元，90%以上案件顺利执结，彰显了党政机关带头尊法守法、法律面前人人平等的法治精神。2013年12月以来，每年元旦、春节前后集中开展涉民生案件专项执行行动，建立健全“优先立案、优先执行、优先发放”等绿色通道机制，努力维护人民群众切身利益，截至2021年底，共执行涉民生案款745.3亿元，司法救助30.9亿元，有效维护了人民群众的合法权益。2014年11月至2015年6月，联合最高人民检察院、公安部组织开展打击拒不执行判决、裁定等犯罪行为专项行动，对人民法院执行过程中发生的违法犯罪行为进行集中打击。各地法院在公安、检察机关的协作配合下，精心部署，狠抓落实，取得显著成效，有力打击了抗拒执行行为的嚣张气焰。2016年，联合最高人民检察院开展集中清理执行案款活动，共清理案件48万件，发放案款960亿元。活动结束后，最高人民法院总结各地实践经验，出台案款管理的规范性意见，全面推广借助信息化手段管理案款的长效机制，为加强案款管理、规范案款发放夯实制度之基。2020年9月下旬至2021年春节前，在全国法院集中开展“发挥执行职能、做好‘六稳’工作落实‘六保’任务”专项执行行动，继续加大对涉黑恶势力犯罪刑事涉财执行案件、职务犯罪刑事涉财执行案件、涉民生案件、涉党政机关和国有企业拖欠民营企业债务案件等的执行力度，进一步做好“六稳”工作、落实“六保”任务，服务经济社会发展大局。2021年开展执行款物集中清理专项治理行动，共清理无法定事由超过30天未发执行案款1720.74亿元，涉及案件107.44万件，基本实现全国法院所有超期执行案款全部发放完毕，全年共发放执行案款11267.28亿元，解决人民群众反映强烈的案款发放问题。

各地法院结合实践中存在的突出问题，纷纷开展专项行动，取得显著成效。安徽法院建立健全“江淮风暴”专项执行行动长效机制，坚持建打结合，以打促建，全省法院统一执行行动，全力攻克各类重点案件。福建省高级人民法院在“基本解决执行难”期间，提出开展以“亮剑八闽”为主题的集中

攻坚行动，取得明显成效，比如 2017 年部署开展侧重点不同的春夏秋冬“四大战役”，共办结涉及民生的各类案件 5057 件，执行到位标的总额 2.53 亿元，为 6622 人发放执行款 1.4 亿元。

——最高人民法院编写组编：《习近平法治思想引领新时代人民法院工作创新发展》，人民法院出版社 2023 年版，第 348~349 页。

13. 深化执行体制机制改革，推动执行工作长远科学发展

关键词

执行体制机制改革

附录：最高人民法院主流观点

深入贯彻落实党的十八届四中全会作出的关于“推动实行审判权和执行权相分离的体制改革试点”重大决策部署，先后同意广东、浙江、广西、江苏、上海、贵州、青海、海南、陕西等高级人民法院和河北唐山、四川成都、江苏苏州、广东惠州、江苏无锡、江苏宿迁、江苏镇江、河北雄安新区等中级人民法院共 17 个地方法院的试点改革方案，2016 年召开审执分离体制改革试点工作经验交流会，扎实推进改革工作。出台立审执工作协调运行的意见，加强立案、审判、执行、保全程序中的机制衔接。深化以法官为主导的执行团队模式改革，明确要求执行部门员额法官比例不低于审判业务部门，建立以员额法官为主导，法官助理、书记员、司法警察等司法辅助人员组成的团队化执行工作模式，实现执行人力资源效用最大化。创新财产担保机制，全面推广由保险公司为申请人提供财产保全责任保险的做法，解决财产保全申请人难以提供保全担保的突出问题，提升财产保全适用率；创新财产发现机制，全面推广审计调查、悬赏举报等调查措施，鼓励和支持律师代理执行案件，动员社会力量查人找物；创新反规避执行机制，创设失信被执行人名单，限制被执行人高消费，建立健全失信被执行人联合惩戒系统；创新确定财产处置参考价机制，创设网络评估机制，利用大数据平台快速便捷发现财产价值；创新财产变价机制，全面推广网络司法拍卖，进一步提高财产变现效率效果；创新执行管理指挥调度机制，扎实推进执行指挥中心建设和实体化运作，建立统一管理、统一指挥、统一协调的执行管理模式；为解决被执行人确无财产可执行、申请执行人因债权不能实现而陷入生活困境的两难问题，针对司法救助金额不足的情况，最高人民法院在批准宁波法院积极试点的基础上，探索在全国范围内引入保险机制，拓展资金来源，2018 年发放司法救助金 6.5 亿元，惠及更多生活困难的申请执行人，体现社会主义司法的温暖。

2019年6月，在实现“基本解决执行难”阶段性目标后，为进一步巩固“基本解决执行难”成果、健全解决执行难长效机制，制定发布《关于深化执行改革健全解决执行难长效机制的意见——人民法院执行工作纲要（2019—2023）》，作为指导未来五年人民法院执行工作科学发展的纲领性文件，也为全国法院深化执行改革、提升执行工作能力、健全解决执行难长效机制的重要依据和关键抓手。该意见强调，要依托执行指挥中心强化“三统一”执行管理，探索推进执行管理体制改革，支持各地法院在地方党委领导下，经最高人民法院批准，结合编制和人事管理改革，开展执行管理体制改革试点；要推进司法警察参与执行，按照“编队管理、派驻使用”原则，向执行机构派驻相对固定的司法警察，警队统一管理，执行机构调度使用，警队和执行机构共同考核、培训；要积极引入专业力量参与执行，建立健全仲裁、公证、律师、会计、审计等专业机构和人员深度参与执行的工作机制，区分执行权核心事务与辅助性事务，建立辅助事务分流机制，探索将财产查控、网拍辅助、案款发放、送达等执行工作中的辅助事务适度外包专业社会力量。

地方法院坚持先行先试、勇于探索，在执行体制机制改革方面涌现了不少好的经验做法。2012年以来，广西法院紧紧依靠党的领导，建成自治区、市、县（区）“三级建制、分级管理”的执行指挥中心体系，全区各级政法委书记、法院院长分别担任当地执行指挥中心指挥长，各联动单位一名领导担任副指挥长，执行指挥中心每年召开执行联动成员单位联席会议，研究解决执行难工作中遇到的重大问题，为全国法院执行指挥中心建设积累了宝贵经验。2020年以来，江苏法院全面建立以执行指挥中心为中枢，以“执行办案无纸化”和“执行事务中心”为依托的民事执行实施权“一体两翼”新机制，执行效能得到进一步提升。上海法院建立完善执行警务保障，根据市高级人民法院统一部署，在法警总（支、大）队内增设执行司法警察专门机构，组建执行司法警察专门队伍，共约130余人，派驻执行局，为执行工作提供有力保障。

——最高人民法院编写组编：《习近平法治思想引领新时代人民法院工作创新发展》，人民法院出版社2023年版，第350~352页。

第二章　执行工作一般规范

一、执行管辖

14. 申请执行期间如何起算

关键词

申请执行期间

最高人民法院审判业务意见［《人民法院办理执行案件规范（第二版）》］[①]

22.【申请执行时效的一般规定】

申请执行的期间为二年。申请执行时效的中止、中断，适用法律有关诉讼时效中止、中断的规定。

前款规定的期间，从法律文书规定履行期间的最后一日起计算；法律文书规定分期履行的，从规定的每次履行期间的最后一日起计算；法律文书未规定履行期间的，从法律文书生效之日起计算。

生效法律文书规定债务人负有不作为义务的，申请执行时效期间从债务人违反不作为义务之日起计算。

1111.【外国仲裁的先承认后执行】

国外仲裁机构的裁决，需要中华人民共和国人民法院承认和执行的，应当由当事人直接向被执行人住所地或者其财产所在地的中级人民法院申请，人民法院应当依照中华人民共和国缔结或者参加的国际条约，或者按照互惠

① 最高人民法院执行局于2017年编撰的第一版《人民法院办理执行案件规范》，对执行领域法律规范进行体系化整理，随着近年来《民法典》的出台、《民事诉讼法》的修正，最高人民法院在全面清理的基础上发布与《民法典》配套的司法解释。为此，最高人民法院执行局历时两年，重新编撰《人民法院办理执行案件规范》（第二版），并于2022年12月出版。

原则办理。

1115.【申请承认和执行外国仲裁的期间】

当事人申请承认和执行外国仲裁裁决的期间，适用本规范第 22 条第 1 款、第 2 款的规定。

当事人仅申请承认而未同时申请执行的，申请执行的期间自人民法院对承认申请作出的裁定生效之日起重新计算。

——最高人民法院执行局编：《人民法院办理执行案件规范（第二版）》，人民法院出版社 2022 年版，第 449~451 页。

最高人民法院答复

上海市高级人民法院：

你院（沪高法 322 号）《关于上海金纬机械制造有限公司申请执行瑞士 RETECHAktiengesellschaft 公司案管辖和申请执行期限问题的请示》收悉。经研究，答复如下：

请示的两个法律适用问题，原则均同意你院审判委员会多数人意见。《中华人民共和国民事诉讼法》第二百五十七条[①]规定："经中华人民共和国涉外仲裁机构裁决的，当事人不得向人民法院起诉。一方当事人不履行仲裁裁决的，对方当事人可以向被申请人住所地或者财产所在地的中级人民法院申请执行。"我国涉外仲裁机构仲裁裁决确定的义务人，其可供执行的财产在我国领域内的，可以由财产所在地中级人民法院执行。执行管辖权是案涉当事人正当行使民事强制执行请求权的必要条件，上海第一中级人民法院应在确定本案执行管辖后，根据《中华人民共和国民事诉讼法》关于申请执行时效期间的相关规定进行审查，依法执行。

此复

——《最高人民法院执行局关于上海金纬机械制造有限公司与瑞士 RETECHAktiengesellschaft 公司执行请示一案的答复》[2011 年 10 月 10 日，（2011）执他字第 20 号]，载江必新、刘贵祥主编、最高人民法院执行局编：《执行工作指导》2015 年第 4 辑（总第 56 辑），国家行政学院出版社 2015 年版，第 92 页。

最高人民法院指导性案例

上海金纬机械制造有限公司与瑞士瑞泰克公司仲裁裁决执行复议案［最高人民法院指导案例 37 号］

① 现为《民事诉讼法》（2021 年修正）第二百八十条。

裁判要点：当事人向我国法院申请执行发生法律效力的涉外仲裁裁决，发现被申请执行人或者其财产在我国领域内的，我国法院即对该案具有执行管辖权。当事人申请法院强制执行的时效期间，应当自发现被申请执行人或者其财产在我国领域内之日起算。

法院生效裁判认为：本案争议焦点是我国法院对该案是否具有管辖权以及申请执行期间应当从何时起算。

一、关于我国法院的执行管辖权问题

根据《民事诉讼法》的规定，我国涉外仲裁机构作出的仲裁裁决，如果被执行人或者其财产不在中华人民共和国领域内的，应当由当事人直接向有管辖权的外国法院申请承认和执行。鉴于本案所涉仲裁裁决生效时，被执行人瑞泰克公司及其财产均不在我国领域内，因此，人民法院在该仲裁裁决生效当时，对裁决的执行没有管辖权。

2008 年 7 月 30 日，金纬公司发现被执行人瑞泰克公司有财产正在上海市参展。此时，被申请执行人瑞泰克公司有财产在中华人民共和国领域内的事实，使我国法院产生了对本案的执行管辖权。申请执行人依据《民事诉讼法》"一方当事人不履行仲裁裁决的，对方当事人可以向被申请人住所地或者财产所在地的中级人民法院申请执行"的规定，基于被执行人不履行仲裁裁决义务的事实，行使民事强制执行请求权，向上海一中院申请执行。这符合我国《民事诉讼法》有关人民法院管辖涉外仲裁裁决执行案件所应当具备的要求，上海一中院对该执行申请有管辖权。

考虑到《纽约公约》规定的原则是：只要仲裁裁决符合公约规定的基本条件，就允许在任何缔约国得到承认和执行。《纽约公约》的目的在于便利仲裁裁决在各缔约国得到顺利执行，因此并不禁止当事人向多个公约成员国申请相关仲裁裁决的承认与执行。被执行人一方可以通过举证已经履行了仲裁裁决义务进行抗辩，向执行地法院提交已经清偿债务数额的证据，这样即可防止被执行人被强制重复履行或者超标的履行的问题。因此，人民法院对该案行使执行管辖权，符合《纽约公约》规定的精神，也不会造成被执行人重复履行生效仲裁裁决义务的问题。

二、关于本案申请执行期间起算问题

依照《民事诉讼法》（2007 年修正）第二百一十五条[①]规定："申请执行的期间为二年。""前款规定的期间，从法律文书规定履行期间的最后一日起计算；法律文书规定分期履行的，从规定的每次履行期间的最后一日起计算；法律文书未规定履行期间的，从法律文书生效之日起计算。"鉴于我国法律有

① 现为《民事诉讼法》（2021 年修正）第二百四十六条。

关申请执行期间起算，是针对生效法律文书作出时，被执行人或者其财产在我国领域内的一般情况作出的规定；而本案的具体情况是，仲裁裁决生效当时，我国法院对该案并没有执行管辖权，当事人依法向外国法院申请承认和执行该裁决而未能得到执行，不存在怠于行使申请执行权的问题；被执行人一直拒绝履行裁决所确定的法律义务；申请执行人在发现被执行人有财产在我国领域内之后，即向人民法院申请执行。考虑到这类情况下，外国被执行人或者其财产何时会再次进入我国领域内，具有较大的不确定性，因此，应当合理确定申请执行期间起算点，才能公平保护申请执行人的合法权益。

鉴于债权人取得有给付内容的生效法律文书后，如债务人未履行生效文书所确定的义务，债权人即可申请法院行使强制执行权，实现其实体法上的请求权，此项权利即为民事强制执行请求权。民事强制执行请求权的存在依赖于实体权利，取得依赖于执行根据，行使依赖于执行管辖权。执行管辖权是民事强制执行请求权的基础和前提。在司法实践中，人民法院的执行管辖权与当事人的民事强制执行请求权不能是抽象或不确定的，而应是具体且可操作的。义务人瑞泰克公司未履行裁决所确定的义务时，权利人金纬公司即拥有了民事强制执行请求权，但是，根据《民事诉讼法》的规定，对于涉外仲裁机构作出的仲裁申请执行，如果被执行人或者其财产不在中华人民共和国领域内，应当由当事人直接向有管辖权的外国法院申请承认和执行。此时，因被执行人或者其财产不在我国领域内，我国法院对该案没有执行管辖权，申请执行人金纬公司并非其主观上不愿或怠于行使权利，而是由于客观上纠纷本身没有产生人民法院执行管辖连接点，导致其无法向人民法院申请执行。人民法院在受理强制执行申请后，应当审查申请是否在法律规定的时效期间内提出。具有执行管辖权是人民法院审查申请执行人相关申请的必要前提，因此应当自执行管辖确定之日，即发现被执行人可供执行财产之日，开始计算申请执行人的申请执行期限。

——《最高人民法院关于发布第8批指导性案例的通知》（2014年12月18日，法〔2014〕327号）。

说明

指导案例37号上海金纬机械制造有限公司与瑞士瑞泰克公司仲裁裁决执行复议案，旨在明确涉外仲裁裁决的申请执行人，发现被执行人或其财产在我国领域内的，人民法院即有执行管辖权；申请执行的时效期间，自发现被执行人或其财产在我国领域内之日起算。这就解决了涉外执行的管辖争议问题，确立了涉外案件申请执行期间起算的具体标准，有利于法院及时、高效执行，遏制失信逃债行为，保障胜诉当事人及时实现权益，从而维护生效法律文书的尊严和权威。

附录：最高人民法院法官著述

指导案例37号裁判要点确认：当事人向我国法院申请执行发生法律效力的涉外仲裁裁决，发现被申请执行人或者其财产在我国领域内的，我国法院即对该案具有执行管辖权。当事人申请法院强制执行的时效期间，应当自发现被申请执行人或者其财产在我国领域内之日起算。该裁判要点依据《中华人民共和国仲裁法》第六十二条、《中华人民共和国民事诉讼法》第二百三十九条[①]、第二百七十三条[②]、《最高人民法院关于适用〈中华人民共和国仲裁法〉若干问题的解释》第二十九条的规定，明确了民事诉讼法体系下执行管辖确定与申请执行期间计算之间的逻辑关系，解决了涉外仲裁裁决确定的履行期间届满后，仲裁义务人系外国法人或自然人且在我国领域内无住所地，也无可供执行财产；但嗣后发现可供执行财产的情况下，如何计算申请执行期间的法律问题。下面结合有关法律和司法解释规定，围绕裁判要点中有关问题予以论证和说明。

（一）关于执行管辖权确定的问题

《中华人民共和国民事诉讼法》第二百五十七条[③]规定："经中华人民共和国涉外仲裁机构裁决的，当事人不得向人民法院起诉。一方当事人不履行仲裁裁决的，对方当事人可以向被申请人住所地或者财产所在地的中级人民法院申请执行。"《中华人民共和国仲裁法》第六十二条和《最高人民法院关于适用〈中华人民共和国仲裁法〉若干问题的解释》第二十九条将仲裁裁决的执行级别管辖确定为中级人民法院。因此，只要被执行人可供执行的财产在我国领域内，产生我国国内人民法院的管辖连接点，人民法院即对该纠纷享有执行管辖权。此外，《中华人民共和国民事诉讼法》二百六十四条[④]规定："中华人民共和国涉外仲裁机构作出的发生法律效力的仲裁裁决，当事人请求执行的，如果被执行人或者其财产不在中华人民共和国领域内，应当由当事人直接向有管辖权的外国法院申请承认和执行。"法条内容规范的是被执行人或其财产这两个管辖连接点在我国领域外时的管辖确定，属司法协助范畴。这样规定不影响当外国法人财产在我国领域内时，人民法院可以依法要求该外国法人履行我国仲裁机构作出的仲裁裁决确定的义务，这是司法管辖权作为一国司法制度重要组成部分在其本国领域内的体现，也是司法主权原则在执行工作中的体现。综上，相关法律、司法解释规定明确具体，仲裁权利人向

① 现为《民事诉讼法》（2021年修正）第二百四十六条。
② 现为《民事诉讼法》（2021年修正）第二百八十条。
③ 现为《民事诉讼法》（2021年修正）第二百八十条。
④ 现为《民事诉讼法》（2021年修正）第二百八十七条。

域外法院申请对我国涉外仲裁机构仲裁裁决的承认与执行，并不排除我国法院的执行管辖；外国法人或自然人在我国领域内能够确定住所地或有可供执行财产的，住所地或财产所在地人民法院有执行管辖权。

（二）关于申请执行期间计算的问题

依照民事执行理论，债权人取得有给付内容的生效法律文书后，如债务人未履行生效文书所确定的义务，债权人即可申请法院行使强制执行权，实现其实体法上的请求权，此项权利即为民事强制执行请求权。民事强制执行请求权隶属于民事诉讼法体系，因而具有公法性质，其存在，依赖于实体权利；其取得，依赖于执行根据（即可申请强制执行的生效法律文书）；其行使，依赖于诉讼管辖权的确定。可以说，诉讼管辖权是民事强制执行请求权的基础和前提。在司法实践中，人民法院的诉讼管辖权与当事人民事强制执行请求权不能是抽象或不确定的，而应是具体且可操作的。当仲裁裁决生效后，仲裁义务人未履行裁决所确定的义务时，仲裁权利人即拥有了民事强制执行请求权，但是，根据民事诉讼法，涉外仲裁机构作出的仲裁裁决申请执行，如果被执行人或者其财产不在中华人民共和国领域内，应当由当事人直接向有管辖权的外国法院申请承认和执行。此时，因没有发现被执行人在我国领域内有住所地或可供执行财产，人民法院对该案没有执行管辖权，申请执行人并非其主观上不愿或怠于行使诉讼权利，而是由于客观上没有发现被执行人及其财产在我国领域内，案件没有产生人民法院执行管辖连接点，导致其无法向人民法院申请执行。这种情况下，人民法院不能计算当事人申请执行期间，否则，将产生“没有管辖权的人民法院在不能受理当事人的执行申请，更不能对被执行人采取强制执行措施的情况下，却在计算当事人申请执行期间”的悖论。从司法行为的严格性和规范性可知，人民法院具有执行管辖权，是当事人取得强制执行请求权的前提；执行管辖没有确定，当事人也就没有取得向我国法院申请强制执行的权利。因此，人民法院具有执行管辖权，受理强制执行申请后，亦应在当事人取得强制执行请求权后，审查其是否在法律规定的期间内提出；而不能计算不存在权利的行使期间。申请执行期限制度的立法本意与制度目的是督促权利人关注并及时行使自己的权利，从而维护社会关系的确定性和稳定性。本案申请执行人一直积极主张权利，多次向外国法院申请执行，却都因翻译主体与《承认及执行外国仲裁裁决公约》（以下简称《纽约公约》）的要求不符而未得到承认，其不存在怠于行使自身权利的情况。事实上，申请执行人始终没有放弃要求外国法院对案涉仲裁裁决的承认与执行，三次提交由不同权威机构翻译（包括申请承认地本国翻译人员或机构）的仲裁裁决翻译件，但均被外国法院以相同理由驳回，体现出外国法院对其本国国民倾向性保护。基于司法对等原则，我国法院关于案件处理也应当考虑案件的执行现状，积极予以审查，依法立案受理。

（三）其他需要说明的法律问题

本指导案例中，当事人还提出可能重复执行和向外国法院申请执行超过《民事诉讼法》规定期间的问题。针对以上问题，说明如下：《纽约公约》解决的是"在一个国家的领土内作成的仲裁裁决，而在另一个国家请求承认和执行"的问题，原则上只要仲裁裁决符合公约约定的基本条件，都可以在任何缔约国得到承认和强制执行；且不禁止当事人向多个公约缔约国申请相关仲裁裁决的承认与执行。《中华人民共和国民事诉讼法》第四条规定："凡在中华人民共和国领域内进行民事诉讼，必须遵守本法。"因此，人民法院在执行实施与裁决程序中，适用我国国内法并无不当。《纽约公约》尊重当事人意思自治原则，被执行人可以通过的举证进行抗辩，向执行地法院提交已经清偿债务数额的证据，防止重复执行或超标的执行的问题。瑞士作为《纽约公约》的缔约国，应当遵守条约。《纽约公约》第三条约定："在以下各条所规定的条件下，每一个缔约国应该承认仲裁裁决有约束力，并且依照裁决需其承认或执行的地方程序规则予以执行。"换言之，公约规定关于执行裁决的未尽事宜以及程序性问题，均由执行地的程序法进行规范。因此，本案在瑞士法院的承认与执行，包括申请执行期间在内的程序性法律问题，均应适用该国法律，而非我国《民事诉讼法》有关规定。

——刘少阳：《执行管辖确定之后始得计算申请执行期间——上海金纬机械制造有限公司与瑞士瑞泰克公司仲裁裁决执行复议案评析》，载江必新、刘贵祥主编，最高人民法院执行局编：《执行工作指导》2015 年第 4 辑（总第 56 辑），国家行政学院出版社 2015 年版，第 88~91 页。

15. 如何理解执行管辖权转移的时点

关键词

执行管辖权转移时点

最高人民法院审判业务意见［《人民法院办理执行案件规范（第二版）》］

7.【指定执行、提级执行】

上级人民法院对下级人民法院的执行案件，认为需要提级执行、指定执行的，可以裁定提级执行、指定执行。

高级人民法院、中级人民法院对本院的执行案件，认为需要指定执行的，可以指定执行。

高级人民法院对最高人民法院函示指定执行、提级执行的案件，中级人民法院对高级人民法院函示指定执行、提级执行的案件，应当裁定指定执行、提级执行。

基层人民法院和中级人民法院管辖的执行案件，因特殊情况需要由上级人民法院执行的，可以报请上级人民法院执行。

——最高人民法院执行局编：《人民法院办理执行案件规范（第二版）》，人民法院出版社 2022 年版，第 6 页。

附录：最高人民法院主流观点

正确理解执行管辖权转移的时点，保护当事人、利害关系人的合法权益。执行实践中，为了避免以执行管辖权转移为由拒绝受理当事人、利害关系人的异议申请，出现推诿责任、踢皮球的现象，导致当事人、利害关系人无法正常行使异议权，必须对执行管辖权转移的时点作严格把握。

上级人民法院通过裁定指定执行或提级执行的，必须是上级人民法院作出的指定执行或者提级执行的裁定生效后，当事人、利害关系人就原执行法院执行行为或执行标的提出执行异议申请的，才由现执行法院处理。如果上级人民法院尚未作出指定执行裁定或指定执行的裁定尚未生效，此时当事人、利害关系人就执行行为或执行标的向原执行法院提起执行异议，原执行法院仍应予以审查处理。

人民法院委托其他法院执行的，依照相关司法解释的规定，原执行法院应当在受托法院依法立案并收到受托法院的立案通知书后，才能作委托结案处理。也只有在此时，原执行案件的管辖权才转给了受托法院，当事人、利害关系人此后就原执行法院的执行行为或执行标的提出异议的，才由现执行法院审查处理。如委托执行尚未完成，原执行法院不得以案件已委托其他法院执行为由拒绝受理当事人、利害关系人提出的执行异议。

——江必新、刘贵祥主编、最高人民法院执行局编著：《最高人民法院办理执行异议和复议案件若干问题规定理解与适用》，人民法院出版社 2015 年版，第 65~66 页。

16. 无执行管辖权的法院能否因当事人约定或默认获得仲裁裁决的执行管辖权

关键词

无执行管辖权　当事人约定　仲裁裁决

最高人民法院审判业务意见［《人民法院办理执行案件规范（第二版）》］

927.【仲裁裁决执行的一般规定】

对依法设立的仲裁机构的裁决，一方当事人不履行的，对方当事人可以向有管辖权的人民法院申请执行。受申请的人民法院应当执行。

被申请人提出证据证明仲裁裁决有下列情形之一的，经人民法院组成合议庭审查核实，裁定不予执行：

（一）当事人在合同中没有订有仲裁条款或者事后没有达成书面仲裁协议的；

（二）裁决的事项不属于仲裁协议的范围或者仲裁机构无权仲裁的；

（三）仲裁庭的组成或者仲裁的程序违反法定程序的；

（四）裁决所根据的证据是伪造的；

（五）对方当事人向仲裁机构隐瞒了足以影响公正裁决的证据的；

（六）仲裁员在仲裁该案时有贪污受贿，徇私舞弊，枉法裁决行为的。

——最高人民法院执行局编：《人民法院办理执行案件规范（第二版）》，人民法院出版社 2022 年版，第 383 页。

最高人民法院裁判文书

大庆筑安建工集团有限公司、大庆筑安建工集团有限公司曲阜分公司与中煤第六十八工程有限公司施工合同纠纷案［最高人民法院（2015）执申字第 42 号执行裁定书］

裁判要旨：《民事诉讼法》第二百二十四条[①]及《最高人民法院关于适用（中华人民共和国仲裁法）若干问题的解释》第二十九条对仲裁案件执行的级别管辖和地域管辖作出的明确规定，具有强制约束力。关于仲裁裁决的执行，其确定管辖的连接点只有两个，一是被执行人住所地，二是被执行的财产所在地。民事诉讼法属于公法性质的法律规范，法律没有赋予权利即属禁止。虽然民事诉讼法没有明文禁止当事人协商执行管辖法院，但对当事人就执行案件管辖权的选择限定于上述两个连接点之间，当事人只能依法选择向其中一个有管辖权的法院提出执行申请。民事诉讼法有关应诉管辖的规定适用于诉讼程序，不适用于执行程序。

本案的焦点问题是青岛市中级人民法院对本案的执行是否有管辖权。《中华人民共和国民事诉讼法》第二百二十四条及《最高人民法院关于适用〈中华人民共和国仲裁法〉若干问题的解释》第二十九条对仲裁案件执行的级别管辖和地域管辖作出明确规定，具有强制约束力。仲裁裁决的执行，其确定

① 现为《民事诉讼法》（2021 年修正）第二百三十一条。

管辖的连接点只有两个：一是被执行人住所地；二是被执行的财产所在地。民事诉讼法属于公法性的法律规范，法律没有赋予的权力就是属于禁止。虽然民事诉讼法没有明文禁止当事人可协商执行管辖法院，但法律对当事人就执行案件管辖权的选择限定于上述两个连接点之间，当事人只能依法选择其中的一个有管辖权的法院提出执行申请，不得以任何方式改变法律规定的执行管辖法院。《中华人民共和国民事诉讼法》有关应诉管辖的规定适用于诉讼程序，在执行程序中适用没有法律依据、法理依据。因此，当事人通过协议方式选择，或通过不提管辖异议、放弃管辖异议等默认方式来确定无执行管辖权的法院享有管辖权，均不符合法律的规定。就本案而言，被执行人大庆筑安建工集团有限公司曲阜分公司的住所地或财产所在地均不在青岛市中级人民法院管辖范围内，青岛市中级人民法院对本案执行没有管辖权。申请执行人中煤第六十八工程有限公司以被执行人称其与住所地或财产所在地的法院有特殊关系为由，不向有管辖权的法院提出申请执行，而向无管辖权的青岛市中级人民法院申请执行，青岛市中级人民法院明知自己无管辖权仍然受理本案，不符合法律的规定。本案被执行人大庆筑安建工集团有限公司曲阜分公司在法定期限内提出了执行管辖权异议，青岛市中级人民法院应当依法予以审查，并依据法律规定确定其异议是否成立。虽然在此期间，大庆筑安建工集团有限公司曲阜分公司决定撤回管辖权异议，并且还向青岛市中级人民法院提出不予执行该仲裁裁决的申请，但当事人的上述行为均不能改变法律的规定而使青岛市中级人民法院取得对本案的执行管辖权。综上，大庆筑安建工集团有限公司曲阜分公司申诉理由成立，青岛市中级人民法院和山东省高级人民法院关于本案执行管辖异议的处理缺乏法律依据，应予纠正。在法院确定执行管辖权时，大庆筑安建工集团有限公司不是本案的当事人，而是法院基于另一当事人申请追加的当事人，其无权就本案的管辖权确定提出异议。鉴于大庆筑安建工集团有限公司不是仲裁裁决案件的当事人，该仲裁裁决案件执行管辖的确定不能以其住所地或财产所在地作为根据，应以仲裁裁决案件中被执行人住所地或被执行的财产所在地作为确定执行管辖法院的根据，即被执行人大庆筑安建工集团有限公司曲阜分公司住所地或者被执行的财产所在地的中级人民法院有管辖权。鉴于青岛市中级人民法院对本案不具有执行管辖权，为方便有执行管辖权法院顺利执行本案，排除执行程序中的障碍，故青岛市中级人民法院所作出的涉及本案非财产控制措施的相关执行裁定应予以一并撤销。

——《最高人民法院（2015）执申字第 42 号》，载江必新、刘贵祥主编，最高人民法院执行局编：《执行工作指导》2016 年第 2 辑（总第 58 辑），国家行政学院出版社 2016 年版，第 118~119 页。

17. 公司证券登记结算地法院能否获得执行管辖权

关键词

公司证券登记结算地　执行管辖权

最高人民法院答复

广东省高级人民法院：

关于唐山钢铁集团有限责任公司执行申诉一案，你院《关于深圳中院执行中华乐业有限公司与唐山钢铁集团有限责任公司仲裁裁决一案的情况报告》收悉。经研究，答复如下：

经核查，唐山钢铁集团有限责任公司作为上市公司，其持有的证券在上市交易前存管于中国证券登记结算有限责任公司深圳分公司，深圳市中级人民法院（以下简称深圳中院）以此认定深圳市为被执行人的财产所在地受理了当事人一方的执行申请。本院认为，证券登记结算机构是为证券交易提供集中登记、存管与结算服务的机构，但证券登记结算机构存管的仅是股权凭证，不能将股权凭证所在地视为股权所在地。由于股权与其发行公司具有最密切的联系，因此，应当将股权的发行公司住所地认定为该类财产所在地。深圳中院将证券登记结算机构所在地认定为上市公司的财产所在地予以立案执行不当。

请你院监督深圳中院依法撤销案件及相关法律文书，并告知申请人依法向有管辖权的人民法院申请执行。同时，鉴于深圳中院对被执行人的股权已采取冻结措施，为防止已冻结财产被转移，请你院监督深圳中院做好已控被执行人财产与新的执行法院的衔接工作，避免申请执行人的权益受到损害。

——《最高人民法院执行局关于法院能否以公司证券登记结算地为财产所在地获得管辖权问题的复函》（2010 年 7 月 15 日，〔2010〕执监字第 16 号），载江必新主编：《人民法院执行工作规范全集》，人民法院出版社 2017 年版，第 18 页。

最高人民法院审判业务意见［《人民法院办理执行案件规范（第二版）》］

3.【“被执行的财产所在地”的确定】

被执行的财产为不动产的，该不动产的所在地为被执行的财产所在地。

被执行的财产为股权或者股份的，该股权或者股份的发行公司住所地为被执行的财产所在地。

被执行的财产为商标权、专利权、著作权等知识产权的，该知识产权权利人的住所地为被执行的财产所在地。

被执行的财产为到期债权的，被执行人的住所地为被执行的财产所在地。

——最高人民法院执行局编：《人民法院办理执行案件规范（第二版）》，人民法院出版社 2022 年版，第 4 页。

附录：理解与适用

（一）证券登记结算地的性质

证券登记结算机构是为证券交易提供集中登记、存管与结算服务的机构，其所在地即为证券登记结算地。证券登记结算机构通过证券登记，可以确认证券合法持有人和处分权人的资格。证券登记结算公司根据证券发行人、上市公司或证券经营机构提供的股东名册及其持股资料．将股东名册与其持股情况作出统一性认定，借此确认特定股东及持券情况，将其记载于法定表册中。证券托管，有时也称“存管”或“保管”，指托管委托人将其名下持有或受托保管的实物证券，交存给托管人实行代保管的活动。证券结算是将买卖双方及证券公司之间的证券买卖数量和金额分别予以抵销，计算应收应付证券和款项的特殊程序，以实现证券和款项的最少实际交割数量。通过上述分析可以看出，证券登记结算地实际上是证券登记结算机构对股票进行记载、对实物证券进行存放以及对证券买卖数量进行结算的地点。

（二）公司股权所在地的确定

股权有广义及狭义之分，广义的股权，泛指股东得以向公司主张的各种权利；狭义的股权，则仅指股东基于股东资格而享有的、从公司获取经济利益并参与公司经营管理的权利。从这个意义上讲，股权是指股东因出资而取得的、依法定或者公司章程的规定和程序参与事务并在公司中享受财产利益的、具有可转让性的权利。被执行人享有的股权构成被执行人的财产，股权财产价值的实现只能在该股权发行公司获得，股权的发行、转让等行为的效果实质上都是发生在发行公司的住所地。由此可知，发行公司的住所地与股权具有最密切的联系，故应将股权的发行公司住所地认定为该类财产所在地。

（三）如何以财产所在地为连接点确定管辖

股票是财产权（股权）的凭证。通过以上分析可知，权证所在地与财产所在地不是一个概念。股票所代表的财产所在地应当是该股票的发行公司的住所地，而不能是股票的托管地。否则，如将证券登记结算机构所在地视为上市公司的财产所在地，全国执行上市公司股权的案件，深圳或上海市中级人民法院都将取得管辖权。这也违反了管辖的一般原则。

（四）案涉仲裁裁决是否具备可执行性的问题

81 号裁决的第二项、第三项内容是具体明确的，完全可以执行。81 号裁决的第一项内容是：“被申请人按照 609 合同与补充协议书的规定继续履行其未履行的合同义务。”笔者认为，民事判决主文中关于“继续履行”的内容具有强制执行力。但应如何具体执行，存在以下几个难点问题：

1.81 号裁决第一项主文确认被申请人唐钢公司按照 609 合同与补充协议书的规定继续履行其未履行的合同义务。而 609 合同与补充协议书中约定中乐公司与唐钢公司双方需要分阶段分步骤履行若干相对应的复杂义务，因为原协议中约定的交货期限、交货批次、交货数量、付款时间均已时过境迁，那么在现阶段的履行中，上述履约内容应如何确定？由谁确定？是否应当由执行人员根据原合同约定内容按照原批次、数量、单价要求唐钢公司履行出卖钢坯的义务，并相应调整唐钢公司的交货时间及中乐公司的付款期限？如对上述给付内容不予明确，客观上会造成执行困难。

2. 如执行法院按照原合同内容对该裁决第一项强制执行，面临的一大难题就是执行成本过高的问题。执行人员是否有足够的能力与精力监督及促使唐钢公司按原合同及补充协议履行约定？尤其本案涉及双方互负分阶段分步骤若干相对应的复杂义务，如何取得良好的执行效果，是个非常棘手的难题。

解决继续履行类判决执行中的问题需要进一步积累实践经验，所以最高人民法院答复函文中对这一问题未予明确表态，留由执行法院审查处理。

——朱燕：《中华乐业有限公司与唐山钢铁集团有限责任公司仲裁裁决执行案——法院能否以公司证券登记结算地为财产所在地获得管辖权》，载江必新主编、最高人民法院执行局编：《执行工作指导》2011 年第 3 辑（总第 39 辑），人民法院出版社 2011 年版，第 59~64 页。

二、执行的申请和受理

18. 诉讼费是否可以申请执行

关键词

申请执行

最高人民法院裁判文书

最高人民法院认为，关于案件受理费的负担，本院（2010）民抗字第 37 号民事判决书判定“案件受理费 105534 元，双方各承担 52767 元”。诉讼中，当事人预交的案件受理费超出了生效法律文书最终确定其应当承担的数额，根据人民法院诉讼费管理的相关规定，应当向有关法院申请退还超额部分。因案件受理费退费事宜不属于本案执行事项，应当通过其他途径解决，安暨公司要求法院强制执行百达公司诉讼费的申诉请求没有事实与法律依据，本院不予支持。

——《最高人民法院（2014）执监字第185号》，载江必新、刘贵祥主编，最高人民法院执行局编：《执行工作指导》2015年第3辑（总第55辑），国家行政学院出版社2015年版，第101页。

附录：本案解析

关于安暨公司要求执行百达公司诉讼费52767元的问题，本案最终生效法律文书即（2010）民抗字第37号民事判决书中对于案件受理费的负担判定为"案件受理费105534元，双方各承担52767元。"安暨公司的此项申诉请求实际上应当是要求退还其多支付的案件受理费52767元。根据人民法院诉讼费管理的相关规定，案件受理费应当由原告或上诉人预交并由生效法律文书最终确定如何负担，如果当事人预交的诉讼费用超出了判决最终确定其应当承担的数额，该笔费用不应当由申请执行人在执行过程中直接向被执行人索取，而是应当向有关法院申请办理诉讼费退费手续。这种做法更加符合诉讼费的征收以及退还的法理，且在司法实践中可以避免因被执行人无支付能力而导致申请执行人无法取回多预交的诉讼费用部分，是最符合当事人利益的处理方式。但不可否认，在司法实践中，如因当事人没有聘请律师或对相关程序不熟悉，确实可能在办理过程中遭遇挫折。虽然该事项不属于执行局本职工作范围，但也应与相关业务庭室联系，积极协助申请执行人办理该笔费用申请退回事宜，以方便人民群众。

本案处理较为认真负责，复议案件承办人向上海市高级人民法院原审部门民一庭核实，确实安暨公司预交诉讼费相比判决最终确定其应当承担的数额多了52767元，该笔费用应由安暨公司向上海市高级人民法院申请退回。复议期间，上海市高级人民法院分别于2014年1月3日及1月8日两次通过上海法院短信平台向安暨公司法定代表人发送短信告知其申请退费事宜，上海市高级人民法院民一庭也已安排专人负责处理退费事宜，因多次联系安暨公司法定代表人未果，上海市高级人民法院执行局还委托上海市第二中级人民法院执行局代为转告。在本案申诉审查期间，合议庭约谈申请执行人时，安暨公司法定代表人承认收到了上海市高级人民法院发送的短信及短信的内容。合议庭再次告知其应该按照诉讼费管理的相关规定向上海市高级人民法院申请退费，并向其详细解释了案件受理费退费的原因、流程以及相关办理手续。因案件受理费的退费事宜不属于本案执行事项，安暨公司要求法院强制执行百达公司诉讼费的申诉请求没有事实与法律依据，不能予以支持。

——潘勇锋：《上海安暨实业工程有限公司执行申诉案评析》，载江必新、刘贵祥主编、最高人民法院执行局编:《执行工作指导》2015 年第 3 辑(总第 55 辑),国家行政学院出版社 2015 年版,第 92 页。

19. 判决互负义务的案件,双方当事人分别申请执行,应当如何处理

关键词

判决互负义务　分别申请执行

最高人民法院裁判文书

三亚志成公司等不服执行裁定申诉案［最高人民法院(2021)最高法执监 533 号执行裁定书］

裁判要旨:本案争议的焦点是执行依据判决互负义务的案件,双方当事人分别申请执行,应当如何处理的问题。对于同一执行依据的双方当事人分别申请执行,应当如何立案,以及执行条件不成立时应当如何处理已立案案件,目前并无明确规定。一般情况下,双方当事人均有权申请执行,如果执行法院分别立案,亦可合并执行,统一办理,均需审查执行条件是否成立。双方当事人需同时履行的,如一方当事人尚未履行或者无法履行,则可驳回执行申请,待条件具备后再予执行。

最高人民法院认为,本案争议的焦点是执行依据判决互负义务的案件,双方当事人分别申请执行,应当如何处理的问题。对于同一执行依据的双方当事人分别申请执行,应当如何立案,以及执行条件不成立时应当如何处理已立案案件,目前并无明确规定。一般情况下,双方当事人均有权申请执行,如果执行法院分别立案,亦可合并执行,统一办理,均需审查执行条件是否成立。双方当事人需同时履行的,如一方当事人尚未履行或者无法履行,则可驳回执行申请,待条件具备后再予执行。

就本案来说,与(2020)琼 02 执 114 号案件系同一依据而分别立案的两个案件。宝玉公司等买受人与志成公司等出让人均有权申请执行。宝玉公司等可以在未履行判决义务的情形下,向法院申请强制执行,在进入执行程序后履行相关义务,进而由法院强制执行志成公司的股权。而志成公司亦可申请强制执行,如宝玉公司等未支付转让款,法院可以变价宝玉公司等的财产支付转让款。本案在进入执行程序后,根据 115 号之二裁定、(2020)琼

02执114号执行裁定查明的事实，在相关股权被查封的情况下，宝玉公司等未将股权转让款1.09亿元支付给四被执行人，也未支付至三亚中院代管款账户，故该院裁定驳回其执行申请并无不当。三亚中院基于此事实，在处理（2020）琼02执114号案件时，亦以此为由驳回了对方当事人的执行申请，符合本案实际。海南高院复议裁定所认定的"115号裁定一方面认为本案双方互负履行义务应当同时履行，一方面又驳回其中一方的执行申请"的情形，与本案查明的事实不符，应当予以纠正。又鉴于海南高院复议裁定作出后，（2020）琼02执114号、（2020）琼02执115号案件均已恢复执行，可继续合并执行，统一处理。故本案应当撤销海南高院的相关裁定内容，维持115号之二执行裁定，不影响目前的执行现状。

本案的另外两个文书应否撤销问题。1. 关于（2020）琼02执115号通知应否撤销。申请执行人对法院驳回执行申请裁定不服的，可以自裁定送达之日起十日内向上一级人民法院申请复议。因此，（2020）琼02执115号通知赋予申请执行人对115号之二裁定提出异议的权利，缺乏法律依据，应予撤销。2. 关于55号裁定应否撤销。三申请执行人虽然异议请求是撤销115号之二裁定，但其提出异议的依据是三亚中院（2020）琼02执115号通知。55号裁定未对相关事实予以查明，未对（2020）琼02执115号通知赋予当事人异议权的合法性进行审查判断，亦未对本案当事人提出的异议进行实质审查，就根据《最高人民法院关于人民法院办理执行异议和复议案件若干问题的规定》第二条规定驳回三申请执行人的异议申请，属于认定基本事实不清，应予撤销。

——中国裁判文书网。

20. 没有给付内容的判决不能作为执行依据，债权人依据此类判决申请执行的，人民法院不应受理

关键词

没有给付内容的判决　执行依据

最高人民法院司法解释

第四百六十一条第一款　当事人申请人民法院执行的生效法律文书应当具备下列条件：

（一）权利义务主体明确；

（二）给付内容明确。

——《最高人民法院关于适用〈中华人民共和国民事诉讼法〉的解释》

（2022 年 4 月 1 日修正）。

16. 人民法院受理执行案件应当符合下列条件：

（1）申请或移送执行的法律文书已经生效；

（2）申请执行人是生效法律文书确定的权利人或其继承人、权利承受人；

（3）申请执行的法律文书有给付内容，且执行标的和被执行人明确；

（4）义务人在生效法律文书确定的期限内未履行义务；

（5）属于受申请执行的人民法院管辖。

人民法院对符合上述条件的申请，应当在七日内予以立案；不符合上述条件之一的，应当在七日内裁定不予受理。

——《最高人民法院关于人民法院执行工作若干问题的规定（试行）》（2020 年 12 月 29 日修正）。

最高人民法院审判业务意见［《人民法院办理执行案件规范（第二版）》］

34.【申请执行的实质要件】

当事人申请执行应当符合下列条件：

（一）申请执行的法律文书已经生效且该文书确定的履行义务所附的条件已经成就或者所附的期限已经届满；

（二）申请执行人是生效法律文书确定的权利人或者其继承人、权利承受人；

（三）申请执行的法律文书权利义务主体明确；

（四）申请执行的法律文书具有给付内容且给付内容具体、明确；

（五）生效法律文书确定的义务未履行或者未全部履行；

（六）属于受申请执行的人民法院管辖。

前款第 2 项规定的"权利承受人"，在法律文书生效后进入执行程序前合法承受权利的，权利承受人可直接申请执行，无须作出变更申请执行人的裁定。

法律文书确定继续履行合同的，应当明确继续履行的具体内容。

——最高人民法院执行局编：《人民法院办理执行案件规范（第二版）》，人民法院出版社 2022 年版，第 20~21 页。

附录：执行信箱

问：债权人能否依据确认之诉的判决申请强制执行？

答：根据诉讼请求的性质和内容，民事诉讼法理论将"诉"分为给付之诉、形成之诉、确认之诉。给付之诉是指原告请求法院判令对方当事人履行一定义务的诉讼。例如，原告请求法院判令被告返还借款 100 万元。形成之诉又称为变更之诉，是指原告请求法院变更其某种法律关系的诉讼。例如，原告请求法院判决撤销被告将房产无偿转让第三人的行为。确认之诉是指原告请求确认某种法律关系存在或者不存在的诉讼。例如，原告请求法院确认其与被告之间的买卖合同有效。

通常而言，只有给付之诉的判决才有执行力，可以成为执行依据。这是因为虽然给付之诉的判决已经命令被告为一定给付，但在其实际完成该给付之前，原告的请求并未得到满足。此时，原告就需要借助国家的强制力，强制被告履行。与之相对，确认之诉或者形成之诉的判决一经生效，原告的请求就已经获得满足——某种法律关系已经法院确认存在或者不存在，或者已经法院宣告变更，没有强制执行的必要。

正因如此，我国司法解释明确将“生效法律文书具有给付内容”作为受理强制执行申请的条件。根据《最高人民法院关于人民法院执行工作若干问题的规定（试行）》第十六条第一款第三项之规定，人民法院受理执行案件的条件包括“申请执行的法律文书有给付内容，且执行标的和被执行人明确”。《最高人民法院关于适用〈中华人民共和国民事诉讼法〉的解释》第四百六十三条第一款①规定，当事人申请人民法院执行的生效法律文书应当给付内容明确。

综上，没有给付内容的判决不能作为执行依据，债权人依据此类判决申请执行的，人民法院不应受理。同时，鉴于司法实务中有些诉讼并非单纯的确认之诉、给付之诉或者形成之诉，而是两者甚至三者结合，为充分维护当事人的合法权益，节约司法资源，在确定某个判决是否有明确的给付内容时，人民法院除依据裁判主文外，还可以适当结合当事人的诉讼请求、裁判事实及理由。例如，分割共有物诉讼中，原告仅请求分割，未请求交付分割所得财产，人民法院亦未判决交付的，虽然裁判主文未明言给付内容，但亦应认可此类判决具有执行力。又如，原告仅请求确认合同无效，未请求对方为其他给付，人民法院亦未判决给付的，如果裁判事实及理由中已认定对方基于无效合同取得财产，则权利人得基于该判决申请强制执行，请求对方返还相应财产。

——王赫：《执行实施部分问题解答》，载最高人民法院执行局编：《执行工作指导》2020年第4辑（总第76辑），人民法院出版社2021年版，第195页。

① 现为《最高人民法院关于适用〈中华人民共和国民事诉讼法〉的解释》（2022年修正）第四百六十一条第一款。

21. 执行依据确定的因将来违约产生的给付义务应允许当事人另诉

关键词

执行依据　将来违约　给付义务　另行起诉

最高人民法院裁判文书

伊宁市华强新型建材有限责任公司不服新疆维吾尔自治区高级人民法院（2013）新执二监字第148号执行裁定申诉案［最高人民法院（2014）执监字第80号执行裁定书］

裁判要旨：因调解书并没有明确一方当事人已经违约所应承担的责任，需要对该调解书所约定的违约责任的确定性予以判断，不属于本应在该案诉讼中应当解决而没有解决的问题，不可通过审判监督程序予以解决。本案调解书中所确定的基于双方违约责任而导致的给付义务，取决于未来发生的事实，即当事人双方在履行生效调解书过程中是否违约以及违约程度等，属于与案件审结后新发生事实相结合而形成的新的实体权利义务争议，并非简单的事实判断，在执行程序中直接予以认定，缺乏程序的正当性和必要的程序保障。为能够更加有效地保障各方当事人的合法权益，应允许当事人通过另行提起诉讼的方式予以解决。

最高人民法院认为，依法生效的调解书不仅是对当事人在自愿、合法基础上达成的权利义务协议内容的确定，而且也是具有强制执行效力的法律文书。根据《最高人民法院关于人民法院执行工作若干问题的规定（试行）》第18条[①]的规定，申请执行的法律文书应当有给付内容，且执行标的和被执行人明确。故对于可采取强制执行措施的生效法律文书所确定的内容必须具有给付性，如果一方当事人不按照确定的给付内容履行，另一方当事人可以就该确定的给付内容向人民法院申请强制执行。因此，人民法院在受理执行案件时，首先应对申请人的债权请求权是否存在予以审查，即有权对调解书等法律文书是否具有可执行性进行审查，主要包括审查法律文书是否已经生效、义务人是否在法律文书确定的期限内履行义务、法律文书确定的强制执

① 现为《最高人民法院关于人民法院执行工作若干问题的规定（试行）》（2020年修正）第十六条。

行条件是否明确等。就本案而言，调解书的主文主要有两个方面的内容：一是当事人双方互负给付义务，即被告李某负有给付原告华强公司烧结多孔砖1350万块的义务，原告华强公司负有按照单价每块0.36元给付价款的义务。可见，就调解书确定的双方互负给付义务而言，调解书具有给付内容，本案属于具有执行内容的案件。当事人一方未按调解书确定的内容履行时，另一方可以向人民法院申请执行。二是违约责任的约定。违约责任的约定体现在四个条款中，即第一条约定：每座窑存砖超过一圈时，原告支付超过部分每块0.015元；第二条约定：被告李某若不能按约定完成当月的供砖量，必须在次月内补足，若次月仍未补足则按不足部分每块0.29元补偿给原告华强公司；第三条约定：原告华强公司每月30日与被告李某结算，并在5个工作日内结清当月所购砖款，逾期每日按日万分之五承担违约金；第五条约定：双方严格履行上述协议，若原告未按约定付款，则承担未付款部分30%的违约金，若被告未供够砖数，除每块按0.29元补偿原告外，还应承担未供部分30%的违约金。由此可见，因调解书并没有明确一方当事人已经违约所应承担的责任，需要对该调解书所约定的违约责任的确定性予以判断，不属于本应在该案诉讼中应当解决而没有解决的问题，不可通过审判监督程序予以解决，且本案当事人李某已分别向新疆维吾尔自治区高级人民法院伊犁哈萨克自治州分院和新疆维吾尔自治区高级人民法院申请再审，均因不符合法律规定的条件而被驳回。本案调解书中所确定的基于双方违约责任而导致的给付义务，取决于未来发生的事实，即当事人双方在履行生效调解书过程中是否违约以及违约程度等，属于与案件审结后新发生事实相结合而形成的新的实体权利义务争议，并非简单的事实判断，在执行程序中直接予以认定，缺乏程序的正当性和必要的程序保障。为能够更加有效地保障各方当事人的合法权益，应允许当事人通过另行提起诉讼的方式予以解决。

——江必新、刘贵祥主编、最高人民法院执行局编：《执行工作指导》2016年第1辑（总第57辑），国家行政学院出版社2016年版，第36~37页。

附录：本案解析

因在调解书中确定违约责任是较为普遍的做法，本案涉及的执行法院是否有权认定违约及确定违约主体等问题具有普遍的法律适用意义，而目前法律或者司法解释都没有十分明确的规定。对该问题的处理有三种不同意见：第一种意见认为，执行法院可以认定是否违约并决定是否执行。该案调解书已发生法律效力，对各方当事人具有约束力。调解书所确认的权利义务具有给付内容，可以作为执行依据。一方当事人不履行调解书，对方当事人可以依法申请法院执行。调解书所确定的违约责任，虽然双方存在争议，但由于已经经过诉讼并经生效调解书确认，不能再行诉讼，也不符合再审条件，可以在执行程序中对相关事实进行审查认定，决定是否应当执行及采取相应的执行措施，当事人不能就是否违约问题另行起诉。第二种意见认为，执行法院无权认定是否违约，当事人可以另诉解决争议。该案调解书虽然已经发生法律效力，但其内容实质是对当事人协议的确认，没有直接的可执行内容，该调解书不能作为执行依据。对调解书确定的协议，是否存在违约事实、违约金数额如何确定等问题尚需要经过诉讼程序确认后才可执行。如果一方当事人认为对方违约，可以根据调解书确定的协议内容向法院另行提起诉讼。第三种意见认为，执行法院有权认定是否违约，当事人同时可以另行诉讼。该案调解书所确定的当事人之间的权利义务关系基本明确，为提高执行效率，应当允许执行法院在对事实进行审查后直接确定是否违约及是否执行，当事人可以对此提出异议、申请复议。谁违约、是否违约的问题并未被调解书确定，不属于再审事由，当事人也未就此问题充分行使诉讼权利，为保障当事人的程序性权利，在执行法院决定是否违约、谁违约之后，当事人可以另行诉讼。在另行诉讼期间，不中止执行。被执行人提供充分、有效的担保请求中止执行的，可以裁定中止执行；申请执行人提供充分、有效的担保请求继续执行的，应当继续执行。当事人另行取得确认是否违约的判决书后，可以再次向执行法院提出执行异议。

笔者赞同第二种意见，调解书所确认的权利义务具有给付内容，可以作为执行依据；一方当事人不履行调解书，对方当事人可以依法申请法院执行。调解书所确定的违约责任，如果双方存在争议，由于已经经过诉讼并经生效调解书确认，就调解书本身而言是不能再行诉讼，而应审查是否符合再审条件，本案的当事人李某已向法院申请再审，但均因不符合法律规定的条件而被驳回。对于具有可执行性的调解协议条款，如果与案件审结后新发生的事实相结合而形成新纠纷的，则应提起新的诉讼解决。本案由于当事人双方就履行生效调解书过程中是否违约以及违约程度，在执行程序中难以作出认定，就当事人有关违约情况的认定，取决于未来发生的事实，即当事人双方在履行生效调解书过程中是否违约以及违约程度等，属于与案件审结后新发生事实相结合而形成的新的实体权利义务争议，并非简单的事实判断，在执行程序中直接予以认定，缺乏程序的正当性和必要的程序保障。为能够更加有效地保障各方当事人的合法权益，应允许当事人通过另行提起诉讼的方式予以解决。

——何东宁、徐霖：《执行依据确定的因将来违约产生的给付义务应允许当事人另诉——伊宁市华强新型建材有限责任公司执行申诉案评析》，载江必新、刘贵祥主编、最高人民法院执行局编：《执行工作指导》2016 年第 1 辑（总第 57 辑），国家行政学院出版社 2016 年版，第 30~32 页。

22. 在申请执行人没有履行自己承担的给付义务的情况下，人民法院不能对对方所负的对待给付义务予以强制执行

关键词

申请执行人　给付义务　对待给付义务　强制执行

最高人民法院裁判文书

刘某刚、胡立杰不服湖北省高级人民法院执行裁定申诉案［最高人民法院（2021）最高法执监 408 号执行裁定书］

裁判要旨：申诉人支付股权转让款、工程款的义务与申请执行人返还 10% 股权、变更法定代表人为申诉人以及办理变更登记手续的义务存在明显的牵连关系，彼此互为对待给付。执行依据涉及此种对待给付的，在性质上属于执行依据附停止条件，即申请执行人履行自己承担的给付义务，是其申请人民法院强制执行对方所承担的对待给付义务的条件，质言之，在申请执行人没有履行自己承担的给付义务的情况下，人民法院不能对对方所负的对待给付义务予以强制执行。否则，就意味着隔断了对待给付义务之间的牵连关系，让对方丧失了用对待给付义务担保、督促申请执行人履行自己所负义务的重要保障，有失公平。因此，判断申请执行人是否可以申请人民法院执行申诉人有关股权转让款、工程款，则应查明申请执行人是否已履行返还 10% 股权、变更法定代表人为申诉人以及办理变更登记手续的义务。

最高人民法院认为，本案的争议焦点为：武汉中院受理张某、袁某某申请执行一案是否有事实和法律依据。

本案中，案涉调解书第 1.1 项内容为，张某、袁某某同意将二人于 2011 年 8 月 18 日受让的刘某刚、胡立杰持有的珞珈山公司股权，于协议签订后 10 个工作日内返还 10%股权给刘某刚，法定代表人变更为刘某刚，并办理变更登记手续。在刘某刚、胡立杰按照协议第 2.1 项的约定向张某、袁某某支付股权转让款、工程款后 5 个工作日内，张某、袁某某协助刘某刚、胡立杰到工商部门办理剩余股权的变更登记手续，根据上述内容并对案涉调解书进行体系解释可得出以下结论，刘某刚、胡立杰支付股权转让款、工程款的义务与张某、袁某某返还 10% 股权、变更法定代表人为刘某刚以及办理变更登

记手续的义务存在明显的牵连关系，彼此互为对待给付。执行依据涉及此种对待给付的，在性质上属于执行依据附停止条件，即申请执行人履行自己承担的给付义务，是其申请人民法院强制执行对方所承担的对待给付义务的条件，质言之，在申请执行人没有履行自己承担的给付义务的情况下，人民法院不能对对方所负的对待给付义务予以强制执行。否则，就意味着隔断了对待给付义务之间的牵连关系，让对方丧失了用对待给付义务担保、督促申请执行人履行自己所负义务的重要保障，有失公平。因此，判断张某、袁某某是否可以申请人民法院执行刘某刚、胡立杰有关股权转让款、工程款，则应查明张某、袁某某是否已履行返还10%股权、变更法定代表人为刘某刚以及办理变更登记手续的义务。根据查明事实，珞珈山宾馆虽已作出股东会决议，将10%股权已变更为刘某刚所有，但并未办理变更登记，而且，珞珈山宾馆的法定代表人也尚未变更为刘某刚，故武汉中院、湖北高院认定张某、袁某某已履行完毕义务错误，应予纠正。

同时，综合分析案涉调解书内容，其目的为通过案涉调解书的安排，使得刘某刚担任珞珈山宾馆的法定代表人，从而代表公司继续参加珞珈山宾馆与湖北省军区保障局之间的诉讼，最终以诉讼获得的补偿款支付刘某刚、胡立杰与张某、袁某某之间的股权交易款，并在扣除相关费用后，双方按二八比例分成，但是，根据查明情况，湖北高院已对珞珈山宾馆与湖北省军区保障局之间的诉讼作出二审判决，张某、袁某某仍然在实际控制珞珈山宾馆，并对判决确认的补偿款享有收取权利，如此时仍然受理张某、袁某某对刘某刚、胡立杰的执行申请，并对后者强制执行股权交易款，则明显违反案涉调解书原意，并会导致利益失衡和实质不公平。故武汉中院受理张某、袁某某申请执行一案没有事实和法律依据。

——中国裁判文书网。

23. 执行依据不明确的处理

关键词

执行依据

最高人民法院裁判文书

金河与王翔民间借贷纠纷执行复议案［最高人民法院（2015）执申字第52号执行裁定书］

裁判要旨：已经受理的执行案件，发现执行依据内容不明确的，

执行机构在执行程序中可以结合执行依据文义，审查确定其具体给付内容。执行程序中无法确定给付内容的，则应当提请生效法律文书的作出机构结合案件审理期间查明的情况，对不明确的执行内容予以补正或者进行解释说明。

最高人民法院认为，关于本案执行依据是否明确的问题。《执行规定（试行）》第 18 条[①]第 1 款规定了人民法院受理执行案件应当符合的条件，其中第四项为“申请执行的法律文书有给付内容，且执行标的和被执行人明确”；而《民事诉讼法解释》第 463 条[②]第 1 款明确规定：“当事人申请人民法院执行的生效法律文书应当具备下列条件：（一）权利义务主体明确；（二）给付内容明确。”可见，据以向人民法院申请强制执行的生效法律文书必须符合给付内容明确的条件。对于交付特定物的案件，就要求法律文书中应当载明特定物的名称、数量、规格等信息，以使该特定物区别于其他物。本案中，生效调解书第五项载明的是“选矿厂及采挖出的矿石”，没有指明该选矿厂及矿石的特定信息，双方当事人对执行依据指向的特定物也存在严重分歧，显属执行依据给付内容不明确。本院认为，已经受理的执行案件，发现执行依据内容不明确的，执行机构在执行程序中可以结合执行依据文义，审查确定其具体给付内容。执行程序中无法确定给付内容的，则应当提请生效法律文书的作出机构结合案件审理期间查明的情况，对不明确的执行内容予以补正或者进行解释说明。

——江必新、刘贵祥主编、最高人民法院执行局编：《执行工作指导》2016 年第 1 辑（总第 57 辑），国家行政学院出版社 2016 年版，第 50 页。

附录：本案解析

生效法律文书产生执行力还要求文书界定权利义务的内容要具体、明确，给付的范围要明确。《民事诉讼法解释》第 463 条第 1 款明确规定：“当事人申请人民法院执行的生效法律文书应当具备下列条件：（一）权利义务主体明确；（二）给付内容明确。”对于给付内容不明确的法律文书，一概不予执行或按照自己的理解“创造性”地加大力度执行，都容易引起一方甚至双方当事人的不满。

交付特定物的案件，法律文书中应当载明特定物的名称、数量、规格等

---

① 现为《最高人民法院关于人民法院执行工作若干问题的规定（试行）》（2020 年修正）第十六条。

② 现为《最高人民法院关于适用〈中华人民共和国民事诉讼法〉的解释》（2022 年修正）第四百六十一条。

信息，以使该特定物区别于其他物。本案中调解书第五项载明交付的是“选矿厂及采挖出的矿石”，没有指明该选矿厂及矿石的特定信息，导致双方当事人对执行依据指向的特定物发生严重争议。对于这种给付内容不明确的执行依据，已经裁定受理了应该如何处理的问题，执行实践中一直在积极探索：可以告知当事人向作出文书的法院或其他机构，以裁定等方式对不明确的执行内容予以补正或者说明；可以与作出执行依据的法院或者其他机构进行沟通，尽量结合案件审理期间查明的情况，明确执行依据内容。但无论何种情况下，执行的首要前提是明确执行依据，如果通过各种途径依然不能明确执行依据的给付内容，则应当裁定驳回执行申请。

——潘勇锋：《执行程序中如何处理执行依据不明确问题》，载江必新、刘贵祥主编、最高人民法院执行局编：《执行工作指导》2016 年第 1 辑（总第 57 辑），国家行政学院出版社 2016 年版，第 43~44 页。

24. 判决书中的“本院认为”部分不可以作为执行依据

关键词

执行依据

最高人民法院答复

辽宁省高级人民法院：

你院〔2003〕辽执监字第 157 号《关于营口市鲅鱼圈区海星建筑工程公司与营口东方外国语专修学校建筑工程欠款纠纷执行一案的疑请报告》收悉。经研究，答复如下：

同意你院审判委员会少数人意见。判决主文是人民法院就当事人的诉讼请求作出的结论，而判决书中的“本院认为”部分，是人民法院就认定的案件事实和判决理由所作的叙述，其本身并不构成判项的内容。人民法院强制执行只能依据生效判决的主文，而“本院认为”部分不能作为执行依据。但在具体处理上，你院可根据本案的实际情况，依法保护各方当事人的合法权益。

此复

——《最高人民法院对能否以判决主文或判决理由作为执行依据的请求致辽宁省高级人民法院的复函》（2014 年 1 月 18 日，〔2004〕执他字第 19 号），载江必新主编：《人民法院执行工作规范全集》，人民法院出版社 2017 年版，第 257 页。

附录：理解与适用

此案的焦点问题实际上涉及判决既判力的客观范围问题。最高人民法院之所以同意辽宁省高级人民法院审委会的少数人意见。主要基于以下理由：

关于判决既判力的客观范围，各国民事诉讼法都有一定的规定。如《德国民事诉讼法》第322条第1款、《日本民事诉讼法》第114条第1款都规定，原则上既判力的客观范围只限于法院在判决书主文中显示的判断。判决书主文显示的判断既包括当事人向法院提出的请求，即作为诉讼标的的法律关系，也包括法院对当事人申请的适当与否作出的判断。国外的判决书一般由主文（显示法官对当事人请求作出的最终判断，简言之就是结论）、事实、理由和其他记载事项构成。我国的判决书一般由开头（当事人、案件基本事实）、法院认定事实和适用法律及判决主文等部分组成。通常，法官在判决主文中只就当事人的诉讼请求作出结论，且该结论是在对相关事实的审查和判决理由叙述的基础上显示的。可以说是叙述在前，结论在后。然而，各国法律为什么没有规定与结论密切相关的判决理由中的判断具有既判力呢？原因有三：一是理由判断所涉及的当事人提出的诉讼请求本身，并未经当事人作为争点在诉讼中认真加以辩论，因而为了避免对未经当事人认真对待的请求作出判断而造成突然袭击，不能认可关于此的理由判断具有既判力；二是如果允许法院对当事人没有认真争执的争点作出的判断产生既判力，当事人就丧失了在今后别的诉讼中就未经争执的争点展开争执的可能，而且也不能提出与被作出了判断的争点相矛盾的主张；三是从法院的立场上说，如果法院在前诉关于结论的理由判断不具有既判力，则法院在后诉可以迅速且有效地进行诉讼指挥。总之，作为判决理由中判断对象的当事人主张，相对于诉讼上的请求而言，处于一种手段性、次元性的地位，正是基于这种判断的手段性和次元性，故不承认判决理由中的判断产生既判力。

本案原告建筑公司的一审诉讼请求是：（1）请求判决第一被告（专修学校）给付所欠工程款及滞纳金；（2）请求判决第二被告（东北大学成教学院营口分院）给付所欠工程款及滞纳金；（3）要求二被告承担诉讼费用。从原告的诉讼请求可以看出，其只要求二被告给付所欠工程价款及滞纳金，并未要求对双方所签订的还款协议的内容进行裁判。所以一审法院在判决主文中只判令被告给付原告工程款及滞纳金和利息，而没有对还款协议进行裁判，符合不告不理的原则。至于在“本院认为”部分认为还款协议合法有效，是基于对被告欠付原告工程款及签订还款协议这一事实的判断，签订还款协议的事实证明了被告欠款未还，但法院在审理中并未对还款协议的内容进行裁判，当事人也没有提出相应的诉讼请求。故该判断与判决主文中的判断是不同的，其根本区别在于：判决理由中的判断相对于判决主文中的判断而言，居于一种手段性、次元性的地位，是为了说明作出判决的理由。该种判断没有既判力，故不能作为法院强制执行的依据。

——于泓：《以判决主文或判决理由作为执行依据请示案》，载最高人民法院执行工作办公室编：《强制执行指导与参考》2004 年第 4 集（总第 12 集），法律出版社 2005 年版，第 86~88 页。

25. 当事人未经诉讼直接向执行机构主张建设工程优先权时执行机构的处理

关键词

建设工程价款优先权

附录：最高人民法院法官著述

问：未经诉讼直接向执行机构主张建设工程优先权的，执行机构应当如何处理？

答：《最高人民法院关于审理建设工程施工合同纠纷案件适用法律问题的解释（一）》第三十五条规定："与发包人订立建设工程施工合同的承包人，依据民法典第八百零七条的规定请求其承建工程的价款就工程折价或者拍卖的价款优先受偿的，人民法院应予支持。"该司法解释第三十六条进一步规定："承包人根据民法典第八百零七条规定享有的建设工程价款优先受偿权优于抵押权和其他债权。"因此，法院在执行程序中收到承包人要求行使未经生效法律文书确认的建设工程优先权申请的，可分两种情况予以处理：一是如果被执行人对其申请的工程款金额无异议，且经法院审查承包人提供的建设工程合同及相关材料合法有效，亦未发现承包人和被执行人恶意串通损害国家、集体和第三人利益的，应准许其优先受偿；二是如果被执行人对其申请的工程款金额有异议，法院应当告知承包人另行诉讼，但法院对工程变价款的分配程序须待诉讼有结果后方可继续进行。建设工程优先权覆盖的工程款具体金额应由审判机构或仲裁机构确定。这是因为，根据审执分立的原则，除非法律或司法解释特别授权，执行机构一般不得对实体问题进行裁判。从法律性质来看，承包人是否享有建设工程优先权以及优先权部分的具体金额属于实体问题，本质上应由审判机构通过诉讼程序或者由仲裁机构通过仲裁程序予以确认。

值得一提的是，在司法实践中，更常见的情况并非当事人之间就建设工程价款未经诉讼即申请执行，而是当事人经过了纠纷解决程序并获得了有关工程款的执行名义（法院的判决、仲裁机构的裁决等），但这些执行名义或者根本不确认承包人是否享有建设工程优先权，或者不对工程款中优先受偿权部分的具体金额加以明确。面对此种执行名义，执行机构往往陷入窘境。一方面，由执行机构在执行程序中确认承包人享有建设工程优先权及其具体金额，有“以执待审”“自审自执”之嫌，不符合审执分立的基本原则，也不能给当事人的权利提供充分的救济。另一方面，如果由执行机构确认优先权部分的具体金额，必然需要另行委托审计机构或者鉴定机构，对工程造价及其中的优先权部分进行审计或鉴定，这将导致如下问题：一是增加当事人诉累；二是影响执行效率；三是容易出现审计结果相互矛盾的情形。事实上，审判机构在关于工程款纠纷的裁判文书中，应当根据当事人的诉请，确认承包人是否享有建设工程优先权；如果享有，则应确认其具体金额。因此，当前在执行对建设工程优先权未予明确的执行名义时，执行机构可首先告知承包人申请再审或另行诉讼，经审判机构对有建设工程优先权的债权数额进行确认后，依确定的金额执行。

——最高人民法院民事审判第一庭编：《民事审判实务问答》，法律出版社 2021 年版，第 58~59 页。

26. 判决生效后启动执行程序前，发包人向承包人的清偿不能免除其向有执行依据的实际施工人偿还债务的义务

关键词

执行监督　执行程序启动　债务清偿　实际施工人

最高人民法院裁判文书

连云港振兴实业集团有限公司与江苏环宇交通工程有限公司、江苏海通建设工程有限公司等建设工程施工合同纠纷执行监督案［最高人民法院（2018）最高法执监 478 号执行裁定书］

裁判要旨：建设工程施工合同纠纷案件判决生效后、进入执行程序前，发包人向承包人清偿的行为不能对抗判决确定的实际施工人的执行申请。发包人自行向承包人清偿，属于履行对象错误，不能免除其向判决确定的实际施工人偿还债务的义务。

最高人民法院认为，本案争议焦点在于：一是生效判决是否明确了振兴公司给付内容；二是振兴公司向海通公司履行义务后是否可以不履行对环宇公司的给付义务。

（一）关于生效判决是否明确了振兴公司给付内容

本案的执行依据（2014）连民初字第0100号民事判决书中，本院认为部分有如下表述："因海通公司自认，涉案工程尚未与发包人振兴公司结算，也未与分包人恒言信公司结算，故对因层层违法分包而欠付实际施工人环宇公司的工程款和利息，被告恒言信公司、海通公司均有过错，依法应在各自的付款范围内承担连带责任。发包人振兴公司将涉案工程发包给有施工资质的海通公司，其只在欠付工程款范围内对实际施工人环宇公司承担责任。"该判决主文中第四项也明确"振兴公司在未付海通公司工程款范围内对上述工程欠款承担连带付款责任。"该判决中振兴公司的给付内容基本明确，即振兴公司应当在其未付海通公司工程款范围内，就欠付环宇公司工程款承担连带付款责任。从判决看，振兴公司责任限额应在多力公司欠付工程款与振兴公司未付海通公司工程款的数额之间取较小值。多力公司欠付环宇公司工程款的数额判决书已经予以了明确，振兴公司未付海通公司的工程款数额在判决主文中未予以明确，但江苏高院在复议程序中查明，（2014）连民初字第0100号民事判决对振兴公司发生法律效力之时，振兴公司尚有3626575.72元工程款未支付，各方当事人对此均予以认可。在当事人就振兴公司未付海通公司的工程款数额没有争议的情形下，执行法院在没有争议的数额范围内予以执行并无不当。

（二）振兴公司向海通公司履行义务后是否可以不履行对环宇公司的给付义务

虽然振兴公司的合同相对方为海通公司，但在环宇公司已经提起诉讼并且（2014）连民初字第0100号民事判决明确了振兴公司对环宇公司承担连带付款责任的情况下，振兴公司履行义务的对象则得到了确定。即在环宇公司的债权得到实现之前，振兴公司主动履行或者被强制履行义务的对象应当是环宇公司，振兴公司不能自由选择履行对象。生效判决已经对振兴公司的权利进行了充分保护，即振兴公司只需要在未付海通公司工程款范围内承担责任，只要振兴公司严格依照判决确定的对象和范围履行义务，就不会加重其责任。如果因为振兴公司在判决生效后向其合同相对方即海通公司履行了合同义务而免除振兴公司对环宇公司的给付义务，则会加大环宇公司债权实现的风险，与生效判决确定由振兴公司承担连带付款责任以保障环宇公司债权实现的精神不一致。由于振兴公司履行义务对象错误，生效判决未得到履行，执行法院依据生效判决对振兴公司采取执行措施并无不当。

此外，振兴公司认为其实际承担连带责任的范围应限定在振兴公司未付海通公司的工程款数额和海通公司未付恒言信公司的工程款数额中较小者的范围内。这种理解与生效判决主文精神不符。如果振兴公司认为生效判决错误，应当通过其他程序寻求救济。

——中国裁判文书网。

附录：本案解析

（一）关于执行依据的内容如何明确

执行依据是执行机构据以强制执行的依据，执行依据应当明确、具体、完整。《民事诉讼法司法解释》第463条规定："当事人申请人民法院执行的生效法律文书应当具备下列条件：（一）权利义务主体明确；（二）给付内容明确。法律文书确定继续履行合同的，应当明确继续履行的具体内容。"《人民法院执行工作规定》第18条规定："人民法院受理执行案件应当符合下列条件……（4）申请执行的法律文书有给付内容，且执行标的和被执行人明确。"《关于人民法院立案、审判与执行工作协调运行的意见》第11条规定："法律文书主文应当明确具体：（1）给付金钱的，应当明确数额。需要计算利息、违约金数额的，应当有明确的计算基数、标准、起止时间等"但实践中执行依据不明确确实造成了一部分案件难以执行，这也是司法实务中需要解决的问题。

为便于公正高效化解纠纷，执行机构在审查执行依据主文是否明确时，可以根据执行依据中查明的事实以及"本院认为"部分的论述等情况进行综合分析，对执行依据的内容进一步明确。尤其是"本院认为"部分是人民法院就认定的案件事实和判决理由所作的叙述，虽然其本身并不构成判项的内容，不能作为执行依据，但可以作为确定执行内容的重要依据。如果执行机构依职权无法确定，当事人争议较大，则可以按照《关于人民法院立案、审判与执行工作协调运行的意见》第15条规定的"书面征询审判部门的意见"等方式来处理。如果通过上述方式均无法明确执行内容，则可以裁定驳回执行申请。

本案中，判决主文中第四项明确了"振兴实业公司在未付海通建设工程公司工程款范围内对上述工程欠款承担连带付款责任"，但振兴实业公司认为"判决没有对连带责任的责任大小及责任大小的界定标准加以明确，属于执行内容不明确"。最高人民法院在执行监督案件审查过程中，引用了执行依据（2014）连民初字第0100号民事判决书中"本院认为"部分的表述，对判决的内容进行进一步的分析，从而认定该判决中振兴实业公司的给付内容基本明确，振兴实业公司责任限额应在多力水处理设备公司欠付工程款与振兴实业公司未付海通建设工程公司工程款的数额之间取较小值。多力水处理设备公司欠付环宇交通工程公司工程款的数额判决书已经予以了明确，振兴实业公司未付海通建设工程公司的工程款数额虽在判决主文中未予以明确，但当事人就振兴实业公司未付海通建设工程公司的工程款数额没有争议，执行法院在没有争议的数额范围内予以执行并无不当。结合生效判决主文、事实认定及判决理由，根据当事人没有争议的事实确定执行范围，是明确执行内容的重要方法。

（二）振兴实业公司在执行依据作出后、进入执行程序前向海通建设工程公司履行义务，不能对抗执行依据中确定的债权人环宇交通工程公司的执行申请

振兴实业公司向海通建设工程公司履行义务的行为属于履行对象错误，其向海通建设工程公司的履行行为不能视为履行本案判决的行为。民事强制执行程序是运用国家强制力实现债权人民事权利的行为。人民法院依法作出执行依据并对当事人生效后，当事人即应受到该生效法律文书确定的内容的约束，负有按照生效法律文书确定的内容依法履行的义务，而不得自行决定履行的对象、内容和方式。本案中判决生效后，振兴实业公司应受到该生效法律文书的约束，其应当向环宇交通工程公司偿还未付工程款，该义务并不能因为环宇交通工程公司是否申请法院强制执行而改变。振兴实业公司向海通建设工程公司履行义务的行为属于履行对象错误，不能视为履行本案判决的行为，执行法院依据生效判决对振兴实业司采取执行措施并无不当。

本案生效判决判项内容体现了对实际施工人权益的保护，执行程序应当与生效判决精神保持一致。《建设工程施工合同司法解释》第26条规定："实际施工人以转包人、违法分包人为被告起诉的，人民法院应当依法受理。实际施工人以发包人为被告主张权利的，人民法院可以追加转包人或者违法分包人为本案当事人。发包人只在欠付工程价款范围内对实际施工人承担责任。"该条是为保护农民工的合法权益作出的规定。因为大量的农民工在建筑业中存在，实际施工人利益的背后是广大农民工的权益，但由于建设工程的非法转包和违法分包，造成拖欠农民工工资的行为屡见不鲜。为了避免实际施工人投诉无门，切实保护农民工合法权益，该条规定在一定程度上突破了合同相对性原则，允许实际施工人以发包人为被告提起追索工程价款的诉讼，在实体上发包人对欠付工程价款承担责任有利于保护实际施工人权益，保护农民工合法权益。本案中，如果因为振兴实业公司在判决生效后向其合同相对方海通建设工程公司履行了合同义务而免除振兴实业公司对环宇交通工程公司的给付义务，则会加大实际施工人环宇交通工程公司债权实现的风险，与生效判决确定的由振兴实业公司承担连带付款责任以保障实际施工人环宇交通工程公司债权实现的精神不一致，故振兴实业公司向海通建设工程公司履行义务后，也不能免除其对环宇交通工程公司的给付义务。

——向国慧、黄丽娟：《连云港振兴实业集团有限公司与江苏环宇交通工程有限公司、江苏海通建设工程有限公司等建设工程施工合同纠纷执行监督案——判决生效后启动执行程序前，发包人向承包人的清偿不能免除其向有执行依据的实际施工人偿还债务的义务》，载中国应用法学研究所主编：《中

华人民共和国最高人民法院案例选》（第三辑），法律出版社 2020 年版，第 265~269 页。

27. 申请执行人在法定期限内向法院申请执行主债务人但未申请执行负有连带责任的担保人，在法定申请期限届满后，法院是否可以依申请人的申请强制执行连带责任人

关键词

申请执行人　强制执行连带责任人

最高人民法院答复

广东省高级人民法院：

你院《关于申请执行人在法定期限内向法院申请执行主债务人但未申请执行负有连带责任的担保人，在法定申请期限届满后，法院是否可以依申请人的申请强制执行连带责任人的请示》收悉。经研究，答复如下：

同意你院审委会多数意见。生效法律文书确定保证人和主债务人承担连带责任的，连带责任保证人与主债务人即各自独立对债权人承担全部连带债务，债权人向连带责任保证人和主债务人申请强制执行的期限应当同时开始计算。债权人在法定申请强制执行期限内只对主债务人申请执行，而未申请执行保证人的，在申请执行期限届满后即丧失了对连带责任保证人申请强制执行的权利。

此复

——《最高人民法院执行工作办公室关于申请执行人在法定期限内向法院申请执行主债务人但未申请执行负有连带责任的担保人，在法定申请期限届满后，法院是否可以依申请人的申请强制执行连带责任人的请示的答复》（2005 年 6 月 15 日，〔2004〕执他字第 29 号），载江必新主编：《人民法院执行工作规范全集》，人民法院出版社 2017 年版，第 327 页。

28. 利害关系人就登记机关根据生效判决、仲裁裁决或人民法院协助执行通知书作出的行为，人民法院是否受理

关键词

利害关系人　登记机关

最高人民法院司法政策精神

五、执行生效裁判和仲裁裁决的问题

对登记机关根据生效裁判、仲裁裁决或者人民法院协助执行通知书确定的内容作出的变更、撤销等登记行为，利害关系人不服提起行政诉讼的，人民法院不予受理，但登记行为与文书内容不一致的除外。

公司登记依据的生效裁判、仲裁裁决被依法撤销，利害关系人申请登记机关重新作出登记行为，登记机关拒绝办理，利害关系人不服提起行政诉讼的，人民法院应予受理。

多份生效裁判、仲裁裁决或者人民法院协助执行通知书涉及同一登记事项且内容相互冲突，登记机关拒绝办理登记，利害关系人提起行政诉讼的，人民法院经审理应当判决驳回原告的诉讼请求，同时建议有关法院或者仲裁机关依法妥善处理。

——《最高人民法院办公厅关于印发审理公司登记行政案件若干问题的座谈会纪要的通知》(2012年3月7日，法办〔2012〕62号)。

29. 在有关申请执行期限的法律已经修改的情况下，对申请执行期限问题的异议审查，能否参照法律修改后延长申请执行期限

关键词

超过申请执行期限　延长申请执行期限

最高人民法院裁判文书

中国长城资产管理公司沈阳办事处与沈阳东北蓄电池有限公司等申请执行期限问题复议案［最高人民法院（2011）执复字第12号执行裁定书］

裁判要旨：被执行人认为债权人向法院申请执行超过法定期限的，其异议应当在合理期限内提出。被执行人对超过申请执行期限问题长期不提出异议，且其提出异议时，《民事诉讼法》已经过2007年修改的情况下，对申请执行期限问题的异议审查，应当参照法律修改后延长申请执行期限的精神处理，对于被执行人以申请执行超过原法定期限为由提出的异议，应不予支持。

最高人民法院认为，被执行人认为债权人向法院申请执行超过法定期限的，其异议应当在合理期限内提出。被执行人对超过申请执行期限问题长期

不提出异议，且其提出异议时，《民事诉讼法》已经过 2007 年修改的情况下，对申请执行期限问题的异议审查，应当参照法律修改后延长申请执行期限的精神处理，对于被执行人以申请执行超过原法定期限为由提出的异议，应不予支持。

——最高人民法院执行局编:《执行工作指导》2013 年第 1 辑（总第 45 辑），人民法院出版社 2013 年版，第 124~127 页。

附录：本案解析

对于未在合理期限内提出异议的法律后果问题，如果有明确的法律或司法解释规定，则应当对此种异议不予审查。但我们认为，鉴于尚无法律或司法解释对异议提出的期限问题作出明确规定，仍应认为法院应当对异议进行审查，但是在审查时，相较于及时提出的异议的审查可以按照不同的原则处理。具体应坚持以下原则：对于以超过法定期限申请执行为由提出的异议，其审查应当参照适用修改后的法律关于申请执行期限的新规定处理。被执行人提出申请执行超过法定期限的异议时法律已经修改的，应当参照适用新法律中有利于保护债权人的规定，即申请执行期限为 2 年的法律规定。此种处理所考虑的理由如下：

1. 符合公平正义及诚实信用原则

（1）履行经调解书确定的债权符合当事人达成调解的意愿和诚实信用原则。实现生效法律文书确定的债权具有天然合理性。经生效法律文书确定的债权如果得不到实现，将损害社会的法治秩序。本案的执行依据是民事调解书，是基于双方的和解协议而作出的，表明当事人自愿基于交易的诚实信用原则，达成一个具有拘束力协议。基于该原则达成的调解书，是诉讼过程中各方自愿在利益上作出某种妥协让步的结果，一般以牺牲债权人的某些利益为条件，本身就体现了债权人的诚意与示弱，蕴含着债权人和平解决矛盾的态度及债务人承诺自我意志的限制与约束。故债务人更应当遵守承诺自觉、如期履行。调解书的债务人不履行债务本身就是对正义和诚信的否定。申请执行期限和诉讼时效期间的届满，并不否定权利本身的存在，债务人履行债务的，仍符合公平正义和诚实信用原则。推而广之，根据债权人的申请，已经启动执行程序并且执行多年，再允许债务人主张超过申请执行期限，同样不符合公平正义和诚实信用原则。

（2）执行制度的核心是实现生效法律文书确定的债权。其中具体的申请期限制度也应有利于达到这个目的。1991 年《民事诉讼法》规定的申请强制执行的期限很短，且当时普遍认为这个期限是不变期限，超过这个期限，当事人申请法院执行的权利就丧失了，不能再通过强制执行程序来实现自己的权利。该期限制度没有达到法治国家的标准，甚至形成了经过法院裁判确定的债权申请保护的期限，还远远短于未经裁判确定的债权申请保护的2年时效期限的状态。立法者当初可能只是出于督促债权人尽早实现债权的朴素观念，但各地实践证明，该制度已经蜕变成债务人逃避债务的合法途径。随着理论研究的深入，《民事诉讼法》适应了形势发展的需要，在2007年作出了修改，修改后的《民事诉讼法》第二百一十五条[①]规定："申请执行的期间为二年。申请执行时效的中止、中断，适用法律有关诉讼时效中止、中断的规定。"延长申请执行期限，符合执行中鼓励和解、适当宽限便于筹集资金履行的精神，同时也体现了保护债权人的原则，能使权利人有一定的自由选择空间，不轻易错过申请期限，避免生效判决确认的债权由于保护期短归于自然之债。而且，修改后的申请执行期限性质上已经属于诉讼时效，不再是过去理解的不变期间，可以适用中止和中断的制度。异议审查适用修改后的法律规定更符合保护债权人的精神，有利于纠正过去申请执行期限过短损害债权人利益的偏颇，使申请执行期限制度向有利于保护债权人利益的方向回归，更符合公平正义和诚实信用原则。

（3）有利于维护执行秩序的稳定。本案执行立案后，辽宁省高级人民法院在2005年3月30日即向被执行人蓄电池有限公司送达了执行通知书，责令该公司在2005年4月7日前履行其义务，该公司一直没有履行，在5年内也一直没有对申请人的申请执行权和法院立案执行提出异议。由于被执行人长久不行使异议抗辩权，给予申请执行人其已经放弃权利的合理预期，原申请执行人因此将债权转让给了长城资产，长城资产也支付了相应的对价。此时，蓄电池有限公司又以申请强制执行超期为由申请不予执行而法院予以保护的话，会影响、扰乱社会经济交易秩序，同样不符合公平正义和诚实信用原则。

2. 参照相关新旧法衔接法律适用的从旧兼从宽原则

历来在处理新法与旧法衔接关系的时候，都存在新法的溯及力及其适用的原则之争议。考虑到新的法律更有利于保护债权人合法权益，维护生效法律文书的效力和交易秩序的稳定，故可以确定在原则上遵循旧法的前提下，在一定条件下参照新法处理相关争议。

综上，本案确立的原则是：为了有效保护生效法律文书确定的债权人的利益，对于发生在《民事诉讼法》修改前的执行行为，债务人长期没有提出异议的，法律修改后审查执行异议案件，如果依据旧法超过申请执行期限，而依据新法没有超过申请执行期限，应当参照适用修改后的法律规定，作从宽解释，即应当按照修改后的《民事诉讼法》规定的申请执行期限衡量当时申请执行是否已经超过了期限，如果没有超过，则应保护其权利。

① 现为《民事诉讼法》（2021年修正）第二百四十六条。

——黄金龙、张丽洁：《中国长城资产管理公司沈阳办事处与沈阳东北蓄电池有限公司等申请执行期限问题复议案》，载最高人民法院执行局编：《执行工作指导》2013 年第 1 辑（总第 45 辑），人民法院出版社 2013 年版，第 116~124 页。

30. 判决中已确定承担连带责任的一方向其他连带责任人追偿数额的，可直接执行

关键词

连带责任　追偿程序　直接执行

最高人民法院答复

陕西省高级人民法院：

你院陕高法〔1995〕93 号请示收悉。经研究，答复如下：

基本同意你院报告中的第二种意见。我院法经〔1992〕121 号复函所指的追偿程序，针对的是判决后连带责任人依照判决代主债务人偿还了债务或承担的连带责任超过自己应承担的份额的情况。而你院请示案件所涉及的生效判决所确认的中国机电设备西北公司应承担的连带责任已在判决前履行完毕，判决主文中已判定该公司向其他连带责任人追偿的数额，判决内容是明确的，可执行的。据此，你院可根据生效判决和该公司的申请立案执行，不必再作裁定。

——《最高人民法院关于判决中已确定承担连带责任的一方向其他连带责任人追偿数额的可直接执行问题的复函》（1996 年 3 月 20 日，经他〔1996〕4 号），载江必新主编：《人民法院执行工作规范全集》，人民法院出版社 2017 年版，第 337 页。

最高人民法院审判业务意见［《人民法院办理执行案件规范（第二版）》］

20.【连带责任人承担责任后的直接申请执行】

生效法律文书已确认连带责任人有权追偿的数额，连带责任人承担连带责任后直接向人民法院申请执行其他连带责任人的，人民法院应当受理。

——最高人民法院执行局编：《人民法院办理执行案件规范（第二版）》，人民法院出版社 2022 年版，第 13 页。

31. 对夫妻一方享有债权的人，可申请法院强制执行配偶方名下的共有财产

关键词

被执行人的配偶　夫妻共同财产　析产

最高人民法院裁判文书

张静与高天云、张佳勋案外人执行异议之诉案［最高人民法院（2017）最高法民申2083号民事裁定书］

裁判要旨：属于夫妻共同财产的，不因登记在夫妻一方名下而改变共有性质。故对夫妻一方享有债权的人，可要求强制执行配偶方名下的共有财产。一般情况下在婚姻关系存续期间，不能分割夫妻共同财产，故夫妻共同财产被强制执行时，配偶方不能要求先析产再执行。但强制执行不能损害配偶方的财产份额。

最高人民法院经审查认为：本案再审审查的核心问题是：张静的主张是否足以排除强制执行效力。《查封扣押冻结规定》第十四条①规定，对被执行人与其他人共有的财产，人民法院可以查封、扣押、冻结，并及时通知共有人。共有人协议分割共有财产，并经债权人认可的，人民法院可以认定有效。查封、扣押、冻结的效力及于协议分割后被执行人享有份额内的财产；对其他共有人享有份额内的财产的查封、扣押、冻结，人民法院应当裁定予以解除。共有人提起析产诉讼或者申请执行人代位提起析产诉讼的，人民法院应当准许。诉讼期间中止对该财产的执行。本案中，张佳勋作为生效判决的被执行人，人民法院查封张佳勋与张静的夫妻共同财产，符合《查封扣押冻结规定》第十四条第一款的规定，并无不当。该条第二款规定，共有人可以和债权人协议分割共有财产。但张佳勋、张静并没有与债权人高天云协商一致对共有财产进行分割，故人民法院继续查封张佳勋、张静夫妻共同财产，并无不当。该条第三款赋予共有人提起析产诉讼或者申请执行人代位提起析产诉讼的权利，而非提起析产诉讼的法定义务，张静认为高天云应该积极提起析产诉讼的主张，缺乏法律依据。同时，本案亦不符合《最高人民法院关于

① 现为《最高人民法院关于人民法院民事执行中查封、扣押、冻结财产的规定》（2020年修正）第十二条。

适用〈中华人民共和国婚姻法〉若干问题的解释（三）》[①] 第四条“婚姻关系存续期间，夫妻一方请求分割共同财产的，人民法院不予支持”的例外情形，故内蒙古高院不支持张静“先析产再执行”的上诉请求，并无不当。《查封扣押冻结规定》第十四条第一款规定执行法院可以对被执行人与其他人共有的财产进行查封、扣押、冻结，第二款和第三款分别规定了在各方当事人协商一致分割共有财产以及提起析产诉讼情况下的执行方式，在不存在第二款和第三款规定的情形时，应适用第一款的规定。张静关于“该条并未对提起析产后以及协商不成又无人提起析产诉讼时是否能够继续查封作出规定”的主张不能成立。内蒙古高院二审判决认定“在对张佳勋、张静夫妻共有财产进行拍卖时，应在夫妻共有财产范围内对张佳勋所享有财产份额进行处分，不得损害张静的财产份额”，可见二审判决已经对张静的财产权益给予了适当保护，故张静关于涉案的执行行为对其造成实质性损害的再审事由亦不能成立。

——中国裁判文书网。

三、执行当事人及其变更、追加

32. 执行程序中追加被执行人属于执行审查类案件中执行异议案件的一种类型

关键词

追加被执行人　案外人执行异议

附录：最高人民法院院长信箱

您好！《关于执行程序中被追被执行人是否应当作为执行异议立案审查的咨询》收悉。经研究，答复如下：

执行程序中追加被执行人属于执行审查类案件中执行异议案件的一种类型。《最高人民法院关于执行立案结案若干问题的意见》第九条是根据民事诉讼法的相关规定，对执行异议案件的类型予以明确，除了包括《中华人民共和国民事诉讼法》第二百二十五条[②]、第二百二十七条[③] 规定的执行行为异议、

① 《最高人民法院关于适用〈中华人民共和国婚姻法〉若干问题的解释（三）》现已失效。

② 现为《民事诉讼法》（2021 年修正）第二百三十二条。

③ 现为《民事诉讼法》（2021 年修正）第二百三十四条。

案外人异议外，还包括管辖权异议、变更追加被执行人、债务人异议、不予执行仲裁裁决或者公证债权文书等。《最高人民法院关于人民法院办理执行异议和复议案件若干问题的规定》系对各种执行异议案件办理的规定，并非仅限于执行行为异议和案外人异议，如该司法解释第七条第二款系处理债务人异议的规定、第二十二条系处理某一情形下不予执行公证债权文书的规定。随后颁布施行的《最高人民法院关于民事执行中变更、追加当事人若干问题的规定》是处理民事执行中变更、追加当事人事宜的专门司法解释，以进一步弥补和完善民事诉讼法和原有司法解释对该部分内容规定的不足，特别是为了充分保障当事人的诉权，根据其他法律的相关规定，明确了当事人在某些情形下提起异议之诉的权利。因此，《最高人民法院关于人民法院办理执行异议和复议案件若干问题的规定》《最高人民法院关于民事执行中变更、追加当事人若干问题的规定》《最高人民法院关于执行立案结案若干问题的意见》之间，以及上述司法解释、规范性文件与《中华人民共和国民事诉讼法》之间，并不存在矛盾和冲突。追加被执行人依照《最高人民法院关于人民法院案件案号的若干规定》，以案件类型代字"执异"立案审查，符合法律、司法解释和规范性文件的相关规定，并不表示这类案件属于执行行为异议或者案外人异议案件。

——《关于追加被执行人是否立执行异议立案审查的答复》(2019 年 8 月 30 日)，最高人民法院院长信箱，www.court.gov.cn。

33. 执行前受让胜诉债权的权利人可以作为申请执行人直接申请执行

关键词

执行复议　权利承受人　申请执行

最高人民法院指导性案例、最高人民法院裁判文书

李鹏裕、李晓玲申请执行厦门海洋实业（集团）股份有限公司、厦门海洋实业总公司执行复议案［最高人民法院指导案例 34 号、最高人民法院（2012）执复字第 26 号执行裁定书］

裁判要点：生效法律文书确定的权利人在进入执行程序前合法转让债权的，债权受让人即权利承受人可以作为申请执行人直接申请执行，无需执行法院作出变更申请执行人的裁定。

最高人民法院认为：本案申请复议中争议焦点问题是，生效法律文书确定的权利人在进入执行程序前合法转让债权的，债权受让人即权利承受人可否作为申请执行人直接申请执行，是否需要裁定变更申请执行主体，以及执行中如何处理债权转让合同效力争议问题。

一、关于是否需要裁定变更申请执行主体的问题

变更申请执行主体是在根据原申请执行人的申请已经开始了的执行程序中，变更新的权利人为申请执行人。根据《执行规定》第 18 条[①]、第 20 条[②]的规定，权利承受人有权以自己的名义申请执行，只要向人民法院提交承受权利的证明文件，证明自己是生效法律文书确定的权利承受人的，即符合受理执行案件的条件。这种情况不属于严格意义上的变更申请执行主体，但二者的法律基础相同，故也可以理解为广义上的申请执行主体变更，即通过立案阶段解决主体变更问题。1 号答复的意见是，《执行规定》第 18 条可以作为变更申请执行主体的法律依据，并且认为债权受让人可以视为该条规定中的权利承受人。本案中，生效判决确定的原权利人 2234 公司在执行开始之前已经转让债权，并未作为申请执行人参加执行程序，而是权利受让人李晓玲、李鹏裕依据《执行规定》第 18 条的规定直接申请执行。因其申请已经法院立案受理，受理的方式不是通过裁定而是发出受理通知，债权受让人已经成为申请执行人，故并不需要执行法院再作出变更主体的裁定，然后发出执行通知，而应当直接发出执行通知。实践中有的法院在这种情况下先以原权利人作为申请执行人，待执行开始后再作出变更主体裁定，因其只是增加了工作量，而并无实质性影响，故并不被认为程序上存在问题。但不能由此反过来认为没有作出变更主体裁定是程序错误。

二、关于债权转让合同效力争议问题，原则上应当通过另行提起诉讼解决，执行程序不是审查判断和解决该问题的适当程序

被执行人主张转让合同无效所援引的《纪要》第五条也规定：在受让人向债务人主张债权的诉讼中，债务人提出不良债权转让合同无效抗辩的，人民法院应告知其向同一人民法院另行提起不良债权转让合同无效的诉讼；债务人不另行起诉的，人民法院对其抗辩不予支持。关于李鹏裕的申请执行人资格问题。因本案在异议审查中查明，李鹏裕明确表示其已经退出债权受让，不再参与本案执行，故后续执行中应不再将李鹏裕列为申请执行人。但如果没有其他因素，该事实不影响另一债权受让人李晓玲的受让和申请执行资格。

---

① 现为《最高人民法院关于人民法院执行工作若干问题的规定（试行）》（2020 年修正）第 16 条。

② 现为《最高人民法院关于人民法院执行工作若干问题的规定（试行）》（2020 年修正）第 18 条。

李晓玲要求继续执行的，福建高院应以李晓玲为申请执行人继续执行。

——《最高人民法院关于发布第 8 批指导性案例的通知》(2014 年 12 月 18 日，法〔2014〕327 号)。

说明

指导案例 34 号李晓玲、李鹏裕申请执行厦门海洋实业股份有限公司、厦门海洋实业总公司执行复议案，旨在明确债权受让人在案件进入执行程序前可以直接申请执行，无需法院裁定变更申请执行人。这就统一了裁判方式，明确解决了申请执行主体的变更问题，有利于提高执行工作效率，维护当事人合法权益。

最高人民法院审判业务意见 [《人民法院办理执行案件规范（第二版）》]

34.【申请执行的实质要件】

当事人申请执行应当符合下列条件：

（一）申请执行的法律文书已经生效且该文书确定的履行义务所附的条件已经成就或者所附的期限已经届满；

（二）申请执行人是生效法律文书确定的权利人或其继承人、权利承受人；

（三）申请执行的法律文书权利义务主体明确；

（四）申请执行的法律文书具有给付内容且给付内容具体、明确；

（五）生效法律文书确定的义务未履行或未全部履行；

（六）属于受申请执行的人民法院管辖。

前款第 2 项规定的“权利承受人”，在法律文书生效后进入执行程序前合法承受权利的，权利承受人可直接申请执行，无需作出变更申请执行人的裁定。

法律文书确定继续履行合同的，应当明确继续履行的具体内容。

——最高人民法院执行局编：《人民法院办理执行案件规范（第二版）》，人民法院出版社 2022 年版，第 20 页。

附录：最高人民法院法官著述

该案例旨在明确，生效法律文书确定的权利人在进入执行程序前合法转让债权的，债权受让人及权利承受人可以作为申请执行人直接申请执行，无需法院作出变更申请执行人的裁定，从而提高执行效率。

（一）关于变更申请执行主体的相关概念

在执行程序中，生效法律文书确定的原告和被告一般就是申请执行人和被执行人，申请执行人通常是指在被告在法律文书指定的期限内不履行或者不完全履行义务时，根据已经发生法律效力的判决书、裁定书及其他法律文书，向人民法院要求执行的人。但是，在司法实践中，由于一些法定事由的出现，使得生效法律文书确定的权利或义务发生转移，表现在执行程序中，就是申请执行人的变更与被执行人的变更及追加。在《最高人民法院关于人民法院执行工作若干问题的规定（试行）》中，对被执行人的变更与追加作了较为详尽的规定，但对于申请执行人的变更及程序却未作规定，仅有第十八条第二款中规定，申请执行人是生效法律文书确定的权利人或其继承人、权利承受人。这条规定中的“继承人”和“权利承受人”即是执行权利主体的扩张，分别针对自然人和法人。根据这一规定，申请执行人变更主要有以下情况：

1. 作为申请执行人的公民死亡，由其继承人继承其在执行程序中的权利（追索赡养费的案件除外）。

2. 作为申请执行人的法人或其他组织在执行程序中发生了合并或分立，合并或分立后的法人或其他组织为申请执行人。

3. 作为申请执行人的法人或其他组织被解散、撤销或宣告破产的，由主管机关和人民法院组织成立的清算组织为申请执行人。

4. 作为申请执行人的法人或其他组织名称变更的，由变更名称后的法人或其他组织为执行申请人。

5. 法律文书确定的债权合法转让的。《中华人民共和国合同法》第八十条[①]规定：债权人转让权利的，应当通知债务人，未经通知，该转让对债务人不发生效力。第八十一条[②]规定：债权人转让权利的，受让人取得与债权有关的从权利，但该权利专属于债权人自身的除外。经法院裁判所确认的胜诉债权，除专属于债权人人身的债权外，也应当能够转让，转让后，受让人取得债权人的地位，在义务人不履行义务的情况下，依法可以作为申请执行人向执行法院申请强制执行。

（二）关于变更申请执行主体的程序性规定

根据大陆法系民事诉讼法学的既判力界理论，执行根据的效力只能及于执行依据上的权利和义务主体。因此，申请执行人是依据所执行的有效法律文书来确定的。人民法院在受理执行案件时，首先应当对申请执行人是否适格进行形式审查，确认作为申请执行人的就是法律文书效力所及之人。只有在例外的情况，生效法律文书的既判力扩张至当事人以外的人。

关于执行法院审查后采取何种方式变更申请执行主体，我国目前法律法规无明确规定，仅有以下几个特别规定涉及此内容：

---

① 对应《民法典》第五百四十六条。

② 对应《民法典》第五百四十七条。

1.《最高人民法院关于审理涉及金融不良债权转让案件工作座谈会纪要》第十条“关于诉讼或执行主体的变更”规定：“会议认为，金融资产管理公司转让已经涉及诉讼、执行或者破产等程序的不良债权的，人民法院应当根据债权转让合同以及受让人或者转让人的申请，裁定变更诉讼主体或者执行主体。”

2.《最高人民法院关于金融资产管理公司收购、处置银行不良资产有关问题的补充通知》第三条规定：“金融资产管理公司转让、处置已经涉及诉讼、执行或者破产等程序的不良债权时，人民法院应当根据债权转让协议和转让人或者受让人的申请，裁定变更诉讼或者执行主体。”

3.［（2009）执他字第 1 号］《最高人民法院关于判决确定的金融不良债权多次转让人民法院能否裁定变更申请执行主体请示的答复》［以下简称（2009）执他字第 1 号答复］：“《最高人民法院关于人民法院执行工作若干问题的规定（试行）》，已经对申请执行人的资格予以明确。其中第十八条第一款规定：‘人民法院受理执行案件应当符合下列条件……（2）申请执行人是生效法律文书确定的权利人或其继承人、权利承受人。’该条中的‘权利承受人’，包含通过债权转让的方式承受债权的人。依法从金融资产管理公司受让债权的受让人将债权再行转让给其他普通受让人的，执行法院可以依据上述规定，依债权转让协议以及受让人或者转让人的申请，裁定变更申请执行主体。”

根据以上规定，从执行实践看，一般第三人提出申请并提供证据的，由人民法院审查，如审查合格，裁定变更第三人为申请执行主体，如审查不合格，裁定驳回申请。因此，对于变更申请执行人的确认，通常采用裁定形式作出。但以上所指的一般都是执行程序中的变更。

（三）本案例的实践意义

如前文所述，现行法律法规缺乏关于变更申请执行主体的相关规定，尤其是针对诉讼结束后，执行立案前发生债权转让的，原债权人自始至终未加入到执行程序中来，而是由权利承受人直接向法院申请执行的情形，司法实践中，对该情形，各家法院做法不一。有的法院进行形式审查后，直接将权利承受人作为申请执行人，不作变更申请执行人的裁定，只是按照一般程序向被执行人发出执行通知书；有的法院则要求，申请立案阶段，只能由裁判文书上载明的权利人申请，移交给执行部门后，再由执行部门裁定变更。

实际上，通常情况下变更申请执行主体主要是指在根据原申请执行人的申请已经开始了的执行程序中，变更新的权利人为申请执行人。从这个角度而言，执行立案前债权转让，且原债权人一直未参与执行程序，自始由权利承受人以自己名义申请执行的，虽然与严格意义上“变更申请执行主体”有着相同的法律基础，但并不完全符合“变更”的概念界定。本案中，双方当事人争议的焦点问题是债权转让合同是否有效，进而指向的程序问题是：债权转让后权利承受人直接申请执行的，执行法院未作出变更申请执行主体的裁定，仅发出执行通知书是否合法。

针对此争论，本指导案例统一了裁判方式，确认了权利承受人有权以自己的名义申请执行，只要向人民法院提交承受权利的证明文件，证明自己是生效法律文书确定的权利的承受人的，即符合受理执行案件的条件，而无需以作出变更裁定为必要条件。统一裁判方式后，不但可以简化程序，减轻人民法院工作量，也符合执行程序的效率追求。执行程序的主要目的是迅速实现债权人经过生效法律文书确定的债权，不同于审判程序，效率是执行程序基本价值取向。即使作为救济程序的执行异议和复议程序，其目的也是解决执行过程中衍生的程序和实体争议，是执行程序的下位程序，所作的是非诉审查，其价值取向毫无疑问仍是效率。因此，效率原则贯穿于整个执行程序，如果经过立案登记审查后，执行部门还须作出变更主体的裁定，则显得多余，这种做法与执行程序的效率原则也格格不入。因此，本指导案例对于方便权利承受人申请执行、提高执行效率大有裨益。

需要说明的是，本案例涉及的债权转让合同，属于金融资产管理公司转让不良债权的性质，但关于如何处理申请主体变更的结论，不仅适用于金融不良债权案件，也普遍适用于普通执行案件。司法实践中，在执行立案阶段应当认真审查受让人提交相关权证证明材料是否符合形式要求。同时，应当赋予被执行人相应的异议权，被执行人针对变更申请执行主体提出异议的，如果不涉及债权转让合同效力的，可以依照《民事诉讼法》二百二十五条①作为执行异议进行审查，并赋予当事人申请复议的权利。如果被执行人异议理由主要涉及债权转让合同效力的，应当提示被执行人提起诉讼。

——马岚：《执行前受让胜诉债权的权利人可以作为申请执行人直接申请执行——李甲、李乙申请执行厦门海洋实业（集团）股份有限公司、厦门海洋实业总公司执行复议案》，载江必新、刘贵祥主编、最高人民法院执行局编：《执行工作指导》2015 年第 1 辑（总第 53 辑），国家行政学院出版社 2015 年版，第 144~150 页。

34. 债权转让后各方均未申请变更申请执行人时是否影响执行程序

关键词

债权转让　申请变更申请执行人

① 现为《民事诉讼法》（2021 年修正）第二百三十二条。

最高人民法院裁判文书

上海超佳投资管理有限公司与中材供应链管理有限公司买卖合同纠纷案

［最高人民法院（2017）最高法执监 435 号执行裁定书］

裁判要旨：债权转让后各方均没有向执行法院提交该协议及申请变更申请执行人，原权利人始终是申请执行人。此种情况下债权转让协议之是否生效、履行的条件是否成就、是否依协议履行等，只是债权转让双方间的民事合同法律关系问题，对执行程序无直接影响。

最高人民法院认为，《民事诉讼法》第二百三十六条①规定，“发生法律效力的民事判决、裁定，当事人必须履行。一方拒绝履行的，对方当事人可以向人民法院申请执行”；第二百四十四条②规定，“被执行人未按执行通知履行法律文书确定的义务，人民法院有权查封、扣押、冻结、拍卖、变卖被执行人应当履行义务部分的财产”。本案中，中材供应链公司为生效判决确定的权利人和依法申请执行的申请执行人，上海超佳公司为生效判决确定的义务人和被执行人。在本案执行过程中，中材供应链公司与案外人苏州信文公司签订协议转让生效判决确定的债权，但协议双方均没有向执行法院提交该协议及申请变更申请执行人。中材供应链公司始终是本案申请执行人。此种情况下债权转让协议之是否生效、履行的条件是否成就、是否依协议履行等，只是债权转让双方间的民事合同法律关系问题，对执行程序无直接影响。

——中国裁判文书网。

35. 以债权受让人的身份申请执行时能否适用《执行中变更、追加当事人规定》进行审查

关键词

执行申请

最高人民法院裁判文书

深圳市摩根信通投资有限公司、中车长江（武汉）实业发展有限公司租

① 现为《民事诉讼法》（2021 年修正）第二百四十三条。

② 现为《民事诉讼法》（2021 年修正）第二百五十一条。

赁合同纠纷执行复议执行案［最高人民法院（2021）最高法执复 59 号执行裁定书］

裁判要旨：尽管债权受让人不是在执行程序中申请变更申请执行人，而是以债权受让人的身份直接申请执行，但二者的法律基础是相同的，可以理解为广义上的申请执行主体变更，即通过立案阶段解决主体变更问题。在转让人对受让人取得案涉债权持有异议的情况下，法院以受让人的权利承受人身份尚未得到转让人的书面确认为由驳回其执行申请并无不当。

最高人民法院认为：本案的焦点问题是（2020）鄂执 34 号执行裁定驳回摩根信通公司的执行申请是否符合法律规定。

根据《最高人民法院关于人民法院执行工作若干问题的规定（试行）》第 16 条规定，人民法院受理执行案件应当符合下列条件：（1）申请或移送执行的法律文书已经生效；（2）申请执行人是生效法律文书确定的权利人或其继承人、权利承受人；（3）申请执行的法律文书有给付内容，且执行标的和被执行人明确；（4）义务人在生效法律文书确定的期限内未履行义务；（5）属于受申请执行的人民法院管辖。本案主要涉及上述第二项，即摩根信通公司是否为生效法律文书的权利承受人。通常情况下，当事人对债权转让合同效力发生争议，原则上应当通过另行提起诉讼解决，执行程序不是审查判断和解决该争议的适当程序。基于此考虑，为避免执行程序因申请执行人主体资格发生争议，《最高人民法院关于民事执行中变更、追加当事人若干问题的规定》第九条规定，第三人申请变更、追加其为申请执行人时，在生效法律文书确定的债权依法转让给第三人的条件下，又增加了“申请执行人必须书面认可第三人取得该债权”这一条件。本案中，尽管债权受让人摩根信通公司不是在执行程序中申请变更申请执行人，而是以债权受让人的身份直接申请执行，但二者的法律基础是相同的，可以理解为广义上的申请执行主体变更，即通过立案阶段解决主体变更问题。在武威公司对摩根信通公司取得案涉债权持有异议的情况下，湖北高院以摩根信通公司的权利承受人身份尚未得到武威公司的书面确认为由，依照执行规定第 16 条第一款而非第一项规定驳回其执行申请并无不当。因此，摩根信通公司关于（2020）鄂执 34 号执行裁定适用法律错误的理由，本院不予支持。

——中国裁判文书网。

36. 债权转让的发生时间是否属于人民法院审查认定债权受让人能否成为申请执行人的决定因素

关键词

债权转让　债权受让人　申请执行人

最高人民法院裁判文书

林强、华夏证券股份有限公司等借款合同纠纷执行案［最高人民法院（2021）最高法执监461号执行裁定书］

裁判要旨：关于债权受让人申请变更、追加其为申请执行人的规定，虽然将“债权”表述为“生效法律文书确定的债权”，但实际并未限定“债权”转让的时间。换言之，债权转让的发生时间并非人民法院审查认定债权受让人能否成为申请执行人的决定因素，只要符合法定条件，债权受让人即可申请变更、追加其为申请执行人，人民法院亦可依法将其变更、追加为申请执行人。

最高人民法院认为：《最高人民法院关于民事执行中变更、追加当事人若干问题的规定》第九条规定：“申请执行人将生效法律文书确定的债权依法转让给第三人，且书面认可第三人取得该债权，该第三人申请变更、追加其为申请执行人的，人民法院应予支持。”该法条是关于债权受让人申请变更、追加其为申请执行人的规定，虽然将“债权”表述为“生效法律文书确定的债权”，但实际并未限定“债权”转让的时间。换言之，债权转让的发生时间并非人民法院审查认定债权受让人能否成为申请执行人的决定因素，只要符合法定条件，债权受让人即可申请变更、追加其为申请执行人，人民法院亦可依法将其变更、追加为申请执行人。而且，结合《最高人民法院关于人民法院执行工作若干问题的规定（试行）》关于人民法院受理执行案件应当符合的条件及申请人民法院执行应当提供的材料等相关规定，据以执行的法律文书生效后，债权受让人作为申请执行人参与执行一般存在两种情况，一是债权受让人向人民法院提交承受权利的证明文件，证明自己是生效法律文书确定的权利承受人，以自己的名义申请人民法院执行，此时无需人民法院作出变更申请执行人的裁定；二是据以执行的生效法律文书确定的债权人已申请人民法院执行并为人民法院受理，债权受让人向人民法院提交承受权利的证明文件等材料，申请变更、追加其为申请执行人，此即变更追加规定第九条规定的情形。根据本案原审已查明的事实，在天津高院于 2005 年 6 月 9 日作出本案据以执行的 56 号判决前，华夏公司于 2000 年 12 月 25 日将对新发公司的债权转给了华证公司，华证公司于 2014 年 11 月 27 日将对新发公司的债权转给了韩丽英，并由华夏公司和华证公司于 2014 年 12 月 12 日就债权转让事宜向新发公司发出《债权、权益转让通知》，告知新发公司原债权人华夏公司对其享有的债权相继由华证公司、韩丽英受让等相关情况。此后，韩丽英又于 2015 年 8 月 14 日将从华证公司处受让的、对新发公司的债权转给了林强，并于 2015 年 11 月 11 日向新发公司发出《债权、权益转让通知》，告知新发公司债权已由林强受让等事宜。此情形下，本案审查判断林强申请变更其为 445 号案件的申请执行人是否符合法定条件，应聚焦于其是否已依法受让案涉债权及该债权是否包含 56 号判决确定的债权，如符合该等条件，且满足原申请执行人书面认可的条件，可依法将林强变更为 445 号案件的申请执行人，如不符合前述条件，则可依法裁定驳回林强的申请。而对于该基本事实，原裁定未予查明，属认定案件基本事实不清。原裁定将变更追加规定第九条规定的债权转让时间认定为须发生于生效法律文书作出之后，属对该规定的错误理解和适用，应予纠正。

——中国裁判文书网。

37. 第三人向人民法院作出的代偿债务承诺，人民法院可追加自愿作出承诺的第三人为被执行人

关键词

第三人　债务履行承诺　追加被执行人

最高人民法院司法解释

第十八条　执行过程中，第三人因书面承诺自愿代被执行人偿还债务而被追加为被执行人后，无正当理由反悔并提出异议的，人民法院不予支持。

——《最高人民法院关于人民法院办理执行异议和复议案件若干问题的规定》（2020 年 12 月 29 日修正）。

附录：最高人民法院主流观点

第三人自愿代被执行人偿还债务的承诺，应当向人民法院作出，或者经过人民法院审查认可。第三人向人民法院作出的债务履行承诺，具有公法上的效力，人民法院可据此实施相应的执行行为。只有符合上述条件的债务履行承诺，人民法院方可追加自愿作出承诺的第三人为被执行人。如果第三人

仅向当事人承诺代被执行人履行债务，或者只在当事人与第三人之间协议约定由第三人代为履行债务，未经人民法院见证或确认的，尚不具备直接追加被执行人的条件，可由当事人和第三人自行履行。人民法院在据此追加被执行人的过程中，应当注意审查核实第三人履行债务意思表示的真实性，其是否自愿接受强制执行，只有经人民法院审查确认后，才能裁定追加第三人为被执行人。至于第三人与被执行人之间，或者与申请执行人之间是否存在其他原因关系，则不属于执行程序的处理范围。

——江必新、刘贵祥主编、最高人民法院执行局编著：《最高人民法院办理执行异议和复议案件若干问题规定理解与适用》，人民法院出版社 2015 年版，第 232~233 页。

最高人民法院审判业务意见［《人民法院办理执行案件规范（第二版）》］

73.【第三人自愿代履行的变更、追加】

执行过程中，第三人向执行法院书面承诺自愿代被执行人履行生效法律文书确定的债务，申请执行人申请变更、追加该第三人为被执行人，在承诺范围内承担责任的，人民法院应予支持。

——最高人民法院执行局编：《人民法院办理执行案件规范（第二版）》，人民法院出版社 2022 年版，第 37 页。

38. 设立中的公司是否具备司法拍卖竞买人资格

关键词

设立中的公司　司法拍卖　竞买人资格

最高人民法院答复

安徽省高级人民法院：

你院（2013）皖执他字第 00146 号《关于司法拍卖程序中竞买人资格审查问题的请示报告》收悉。经研究，答复如下：

设立中公司虽然不具有法人资格，但是可以从事设立公司所必需的民事行为。发起人为设立中公司购买财产，并以设立中公司名义参与司法拍卖的，不应仅以竞买人是设立中公司为由否定司法拍卖的效力。

此复

——《最高人民法院（2014）执他字第 4 号函》（2014 年 4 月 9 日），载江必新、刘贵祥主编，最高人民法院执行局编：《执行工作指导》2014 年第 4 辑（总第 52 辑），人民法院出版社 2014 年版，第 96 页。

附录：理解与适用

该案请示的核心问题是设立中公司有无司法拍卖的竞买资格。现将该问题分析如下：

对设立中公司法律地位的赋予，早在《法国民法典》中就已有规定，该法典第 1843 条规定："以登记前筹建中的公司名义进行活动者，应对此完成的行为所产生的债务负责，如该公司为商事公司，应负连带责任，如为其他情形，则不负连带责任。按规定，登记的公司重新承担当时被视为一开始就由该公司承担的义务。"《法国商法典》（2003 年）第 210–6 条则明确规定："在公司取得法人资格之前，以正在筹建中的公司的名义开展活动的人，对由此完成的行为负连带无限责任；公司在按照规定设立并注册登记以后承接所缔结的义务，不在此限；在此场合，此种义务视为一开始即系公司所缔结。"由此可见，筹建中的商事公司是有相应的法律地位和行为能力，并承担相应的法律责任。

又如，在德国设立中公司可以在银行开户，它享有支票和汇票能力以及在土地簿履行登记的能力。设立中公司可以用表明公司的名称加上表明设立阶段的补充字样在土地登记簿上登记，公司成立后，可以通过修正去掉补充的字样。设立中公司可以经营作为出资缴纳的公司或收购的公司。

我国《公司法》及相关法律未对设立中公司的行为能力作出较为详细的规定，但法律允许设立中公司从事一定范围的行为，比如第 28 条规定："股东应当按期足额缴纳公司章程中规定的各自所认缴的出资额。股东以货币出资的，应当将货币出资足额存入有限责任公司在银行开设的账户；以非货币财产出资的，应当依法办理其财产权的转移手续。"这里开设银行账户，办理财产转移手续都涉及设立中公司。《最高人民法院关于适用〈中华人民共和国公司法〉若干问题的规定（三）》第 3 条明确规定：发起人以设立中公司名义对外签订合同，公司成立后合同相对人请求公司承担合同责任的，人民法院应予支持。

上述分析表明，从我国法律形式上看，设立中公司由于未履行登记，未获法人资格，不具有权利能力。但从实际状态上看，它已具有行为能力、意思能力和责任能力，能够从事一定的法律行为，与社会各方直接发生各种法律关系，从而享有一定的权利，承担一定的义务和责任，处于部分权利能力状态。所以，将设立中公司认定为无权利能力，在理论上没有科学揭示设立中公司的法律性质，在实践上也极易造成混乱和麻烦。例如，公司登记时必须有其固定的住所，而发起人在租赁房屋为公司住所时均是以设立中公司的名义。如果仅因为此时公司尚未正式登记，将其视为发起人的个人行为，则发起人租赁的房屋仅能供发起人使用，不能由设立中公司使用，又怎能将其视为公司住所呢？工商管理部门如何对此进行认定呢？如果认为此种情况可视为先由公司发起人租赁房屋，工商管理部门也可视其为公司住所而予以登记，然后再由发起人私人转租给成立后的公司，则又涉及出租人同意等问题。因此，设立中公司应具有一定的法律人格，可将其视为准民商事法律主体，享有有限的法律人格，可以从事在法律上和经济上以公司设立和开业准备为目的所必需的行为。按照上述《公司法》司法解释的规定，发起人为设立公司而采取的行为，法律后果归属于设立中公司。公司成立时，此法律后果再由设立中公司转归成立后的公司；公司不能成立时，发起人对设立中公司的债务负连带责任，但在责任顺序上，设立中公司负第一顺序的责任。

最近，我国已经将设立公司的注册资本制改为注册资本认缴制，这大大降低了设立公司的门槛，使设立公司本身成为了一件很容易的事情，原来由于公司设立不成功而使之前发起人为设立公司而作出的各种行为产生法律纠纷的可能性也随之大大降低。在法规已经明确，成立后的公司要为公司设立过程中发起人的行为承担责任的情况下，就更加不宜以公司尚未成立而否定设立公司过程中行为的法律效力。

此外，我国民事立法从对合同主体瑕疵由原来的无效逐步变为效力待定、可撤销等变迁，基本确立的原则是鼓励交易、便利交易的原则，即在行为人主体条件不违背法律明确禁止的条件下，可以通过补救、追认等方式尽量使其行为合法有效，这样才有利于社会经济的发展，符合社会利益的最大化。相反，民事法律不应该站在挑毛病的角度，将没有被法律明确禁止的问题一律作为无效行为予以认定，这样既不符合民事立法的趋势，也不符合民事法律对社会利益最大化的价值追求。

结合本案情况，袁某建作为淮北中源公司的设立发起人，以公司的名义参与司法拍卖，属于为设立中公司直接注入资产的行为。设立中公司属于纯受益方，由设立后的公司享有权利，承担义务，其中不存在偷逃税费等规避法律强制性规定的问题。拍卖之前，拍卖公司已经向执行法院做了书面报告，虽然拍卖时还没有收到执行法院的允许，但是也说明其中不存在拍卖公司的串通等违规行为。目前，该案执行拍卖情况运行顺利，符合执行程序对执行财产快速变现的基本要求。相反，如果仅以设立中的公司不具有竞买资格为由撤销该案拍卖，无论是法律依据还是社会效果都不充分。因此，为设立公司需要，以设立中公司名义参与司法拍卖的，不宜仅以设立中公司不具有民事主体资格为由否定司法拍卖的效力。

——谷峻杰:《设立中的公司是否具备司法拍卖竞买人资格之探讨》，载江必新、刘贵祥主编、最高人民法院执行局编:《执行工作指导》2014 年第 4 辑（总第 52 辑），人民法院出版社 2014 年版，第 93~95 页。

39. 采取民事强制措施不得逐级变更由行为人的上级机构承担责任

关键词

民事强制措施　逐级变更

最高人民法院司法政策精神

各省、自治区、直辖市高级人民法院，解放军军事法院，新疆维吾尔自治区高级人民法院生产建设兵团分院：

近一个时期，一些地方法院在执行银行和非银行金融机构（以下简称金融机构）作为被执行人或者协助执行人的案件中，在依法对该金融机构采取民事强制措施，作出罚款或者司法拘留决定后，又逐级对其上级金融机构直至总行、总公司采取民事强制措施，再次作出罚款或者司法拘留决定，造成不良影响。为纠正这一错误，特通知如下：

一、人民法院在执行程序中，对作为协助执行人的金融机构采取民事强制措施，应当严格依法决定，不得逐级变更由其上级金融机构负责。依据我院与中国人民银行于 2000 年 9 月 4 日会签下发的法发〔2000〕21 号即《关于依法规范人民法院执行和金融机构协助执行的通知》第八条的规定，执行金融机构时逐级变更其上级金融机构为被执行人须具备五个条件：其一，该金融机构须为被执行人，其债务已由生效法律文书确认；其二，该金融机构收到执行法院对其限期十五日内履行偿债义务的通知；其三，该金融机构逾期未能自动履行偿债义务，并经过执行法院的强制执行；其四，该金融机构未能向执行法院提供其可供执行的财产；其五，该金融机构的上级金融机构对其负有民事连带清偿责任。金融机构作为协助执行人因其妨害执行行为而被采取民事强制措施，不同于金融机构为被执行人的情况，因此，司法处罚责任应由其自行承担；逐级变更由其上级金融机构承担此责任，属适用法律错误。

二、在执行程序中，经依法逐级变更由上级金融机构为被执行人的，如该上级金融机构在履行此项偿债义务时有妨害执行行为，可以对该上级金融机构采取民事强制措施。但人民法院应当严格按照前述通知第八条的规定，及时向该上级金融机构发出允许其于十五日内自动履行偿债义务的通知，在其自动履行的期限内，不得对其采取民事强制措施。

三、采取民事强制措施应当坚持过错责任原则。金融机构的行为基于其主观上的故意并构成妨害执行的，才可以对其采取民事强制措施；其中构成犯罪的，也可以通过法定程序追究其刑事责任。这种民事强制措施和刑事惩罚手段只适用于有故意过错的金融机构行为人，以充分体现国家法律对违法行为的惩罚性。

四、金融机构对执行法院的民事强制措施即罚款和司法拘留的决定书不服的，可以依据《民事诉讼法》第105条[①]的规定，向上一级法院申请复议；当事人向执行法院提出复议申请的，执行法院应当立即报送上一级法院，不得扣押或者延误转交；上一级法院受理复议申请后，应当及时审查处理；执行法院在上一级法院审查复议申请期间，可以继续执行处罚决定，但经上一级法院决定撤销处罚决定的，执行法院应当立即照办。

以上通知，希望各级人民法院认真贯彻执行。执行过程中有什么情况和问题，应当及时层报我院执行工作办公室。

——《最高人民法院关于采取民事强制措施不得逐级变更由行为人的上级机构承担责任的通知》（2004年7月9日，法〔2004〕127号）。

40. 金融机构的分支机构无法执行时，可以逐级变更上级机构为被执行人

关键词

金融机构的分支机构　变更被执行人

最高人民法院司法政策精神

八、金融机构的分支机构作为被执行人的，执行法院应当向其发出限期履行通知书，期限为十五日；逾期未自动履行的，依法予以强制执行；对被执行人未能提供可供执行财产的，应当依法裁定逐级变更其上级机构为被执行人，直至其总行、总公司。每次变更前，均应当给予被变更主体十五日的自动履行期限；逾期未自动履行的，依法予以强制执行。

——《最高人民法院、中国人民银行关于依法规范人民法院执行和金融机构协助执行的通知》（2000年9月4日，法发〔2000〕21号），载江必新主编：《人民法院执行工作规范全集》，人民法院出版社2017年版，第746页。

最高人民法院审判业务意见［《人民法院办理执行案件规范（第二版）》］

64.【涉法人分支机构的变更、追加和直接执行】

金融机构的分支机构作为被执行人的，对被执行人未能提供可供执行财

① 现为《民事诉讼法》（2021年修正）第一百一十九条。

产的，应当依法裁定逐级变更其上级机构为被执行人，直至其总行、总公司。每次变更前，均应当给予被变更主体十五日的自动履行期限；逾期未自动履行的，依法予以强制执行。

——最高人民法院执行局编：《人民法院办理执行案件规范（第二版）》，人民法院出版社 2022 年版，第 35 页。

41. 追加村委会为被执行人后可以执行各村民小组的财产

关键词

追加被执行人　村委会　村民小组

最高人民法院答复

山东省高级人民法院：

你院〔1999〕鲁高法执字第 127 号《关于山东省济南第一纺织厂与四川省成都市成华区联合毛麻纤维厂购销棉纱欠款纠纷一案执行情况的请示报告》收悉。经研究，答复如下：

根据你院的报告，被执行人成都市成华区联合毛麻纤维厂的开办单位成都市成华区联合村村委会应投入的 52.5 万元注册资金未能到位，故其应在注册资金不实的范围内承担责任；而村民小组不具备法人地位，各村民小组的财产是村委会法人的财产，因此，追加村委会为被执行人后，可执行各村民小组的财产。

但是，根据成都市成华区联合村村民委员会的反映，此案所涉的注册资金已经到位；又根据该村的村民小组反映，被冻结的款项有应发给五保户的生活、医疗费用。

本院认为：在适用法律上同意你院的意见，投资者在注册资金不实的范围内承担责任，各村民小组不是独立法人，其财产可作为村委会的财产予以执行；在认定事实上因你院的报告情况与被执行人反映的情况不符，请你院监督执行法院认真核查后，根据实际情况依法妥善处理（五保户的生活费、医疗费不应执行）。

——《最高人民法院执行工作办公室关于追加村委会为被执行人后可以执行各村民小组的财产等有关问题的答复》（2000 年 12 月 21 日，〔2000〕执他字第 28 号），载江必新主编：《人民法院执行工作规范全集》，人民法院出版社 2017 年版，第 849 页。

42. 第三人无偿占有生效法律文书指定交付的财产应如何处理

关键词

第三人　无偿占有　追加被执行人

最高人民法院答复

山西省高级人民法院：

你院《关于阳泉市城区法院执行胡满和与柴丽珍离婚一案能否追加被执行人的请示报告》收悉。经研究，答复如下：

如果法院能够认定第三人无偿占有了生效法律文书指定交付的财产，可以依照《中华人民共和国民事诉讼法》第二百二十八条[①]第三款的规定，通知第三人交出。拒不交出的，确有必要时，可将第三人追加为被执行人。

此复

——《最高人民法院执行工作办公室关于第三人无偿占有生效法律文书指定交付的财产应如何处理的答复》（2006年10月9日，〔2006〕执他字第14号）。

43. 人民法院能否直接变更被执行人的企业名称

关键词

直接变更　企业名称

附录：《人民司法》信箱

问题：甲企业诉乙企业侵犯其名称权，县法院判决乙企业在1个月内变更企业名称并赔偿损失。判决生效后，乙企业拒不履行生效判决所确定的义务。请问：执行法院能否直接裁定变更乙企业的名称？

《人民司法》研究组认为：行为作为执行标的时可以分为可替代行为的履行以及不可替代行为的履行。对于前者，被执行人拒不履行时，人民法院可以通过自行或者指派第三人代替履行的方法而实现执行依据所确定的执行内容，由此所产生的费用由被执行人承担。比如命令被执行人拆除妨碍通行的障碍物，而被执行人拒不拆除时，人民法院即可指派第三人予以拆除，由被

① 现为《民事诉讼法》（2021年修正）第二百五十六条。

执行人负担拆除的费用。而对于不可替代行为的履行，比如命某画家完成绘画合同等，则因其行为具有不可替代性，只能由被执行人完成。被执行人拒不履行的，只能追究其拒不履行生效判决的法律责任。就本案而言，生效判决虽然确定乙企业变更名称，但变更为何种名称，则只能由乙企业自己决定，他人不可代替。因此，人民法院只能对乙企业拒不履行人民法院判决的行为进行制裁，而不能直接裁定变更乙企业的名称。

——《人民司法》2005 年第 7 期。

44. 判决确定的金融不良债权多次转让，人民法院能否裁定变更申请执行主体

关键词

金融不良债权　多次转让　变更申请执行人

最高人民法院司法政策精神

十、关于诉讼或执行主体的变更

会议认为，金融资产管理公司转让已经涉及诉讼、执行或者破产等程序的不良债权的，人民法院应当根据债权转让合同以及受让人或者转让人的申请，裁定变更诉讼主体或者执行主体。在不良债权转让合同被认定无效后，金融资产管理公司请求变更受让人为金融资产管理公司以通过诉讼继续追索国有企业债务人的，人民法院应予支持。人民法院裁判金融不良债权转让合同无效后当事人履行相互返还义务时，应从不良债权最终受让人开始逐一与前手相互返还，直至完成第一受让人与金融资产管理公司的相互返还。后手受让人直接对金融资产管理公司主张不良债权转让合同无效并请求赔偿的，人民法院不予支持。

——《最高人民法院关于审理涉及金融不良债权转让案件工作座谈会纪要》(2009 年 3 月 30 日，法发〔2009〕19 号)。

最高人民法院审判业务意见［《人民法院办理执行案件规范（第二版）》］

57.【债权转让时的变更、追加】

申请执行人将生效法律文书确定的债权依法转让给第三人，且书面认可第三人取得该债权，该第三人申请变更、追加其为申请执行人的，人民法院应予支持。

——最高人民法院执行局编：《人民法院办理执行案件规范（第二版）》，人民法院出版社 2022 年版，第 31 页。

最高人民法院答复

湖北省高级人民法院：

你院鄂高法〔2009〕21号请示收悉。经研究，答复如下：

最高人民法院《关于人民法院执行若干问题的规定（试行）》，已经对申请执行人的资格以明确。其中第18条[①]第1款规定："人民法院受理执行案件应当符合下列条件……（2）申请执行人是生效法律文书确定的权利人或继承人、权利承受人。"该条中的"权利承受人"，包含通过债权转让的方式承受债权的人。依法从金融资产管理公司受让债权的受让人将债权再行转让给其他普通受让人的，执行法院可以依据上述规定，依债权转让协议以及受让人或者转让人的申请，裁定变更申请执行主体。

最高人民法院《关于金融资产管理公司收购、处置银行不良资产有关问题的补充通知》第三条虽只就金融资产管理公司转让金融不良债权环节可以变更申请执行主体作了专门规定，但并未排除普通受让人再行转让给其他普通受让人时变更申请执行主体。此种情况下裁定变更申请执行主体，也符合该通知及其他相关文件中关于支持金融不良债权处置工作的司法政策，但对普通受让人不能适用诉讼费用减半收取和公告通知债务人等专门适用金融资产管理公司处置不良债权的特殊政策规定。

——《最高人民法院关于判决确定的金融不良债权多次转让人民法院能否裁定变更申请执行主体请示的答复》（2009年6月16日，〔2009〕执他字第1号），载江必新主编：《人民法院执行工作规范全集》，人民法院出版社2017年版，第822页。

附录：理解与适用

1. 变更申请执行主体的精神蕴含在《关于人民法院执行工作若干问题的规定》中。《最高人民法院关于人民法院执行工作若干问题的规定》第18条第2项规定："人民法院受理执行案件应当符合下列条件……（2）申请执行人是生效法律文书确定的权利人或继承人、权利承受人。"该条中的"权利承受人"包括权利的概括承受人和个别承受人。个别承受即主要是通过债权转让的方式承受的。允许债权受让人申请执行，其理论上的依据是：作为实体权利的债权转让的，与该实体权利相关的诉讼权利和申请执行的权利随同转让，债权的受让人可以提起诉讼，也可以申请执行。如果债权转让前原债权人已经提起诉讼或者申请执行，债权受让人可以继续该诉讼或者该执行程序。

① 现为《最高人民法院关于人民法院执行工作若干问题的规定（试行）》（2020年修正）第16条。

该规定没有区分普通债权转让和金融不良债权转让。金融不良债权转让只是作为债权转让的一种特殊情况，其本身无多少特殊之处。与普通债权转让相比，变更诉讼和执行主体的基本法理是相同的，即都是合同法上的债权转让和民事诉讼法上的诉讼权利之处分原则。其特殊之处只是在于：对于金融资产公司收购和处置的不良债权，可以适用诉讼费减半收取和在报纸上公告即视为通知债务人的规定。而这两项特殊待遇不能适用于普通债权受让人。当然，对于所有的债权受让人申请的案件，都需要审查清楚债权转让的事实是否真实存在。债务人有异议的，允许提出异议，执行法院应当对其异议进行审查作出裁定。

2. 关于金融不良债权的有关规定中并未明确排除多次转让情况下变更申请执行主体的做法，此种情况下予以变更也符合支持金融不良债权处置的精神。《最高人民法院关于金融资产管理公司收购、处置银行不良资产有关问题的补充通知》（以下简称《补充通知》）第三条虽然只提到"金融资产管理公司转让、处置已经涉及诉讼、执行或者破产等程序的不良债权时，人民法院应当根据债权转让协议和转让人或者受让人的申请，裁定变更诉讼或者执行主体。"但对于债权受让人再将债权转让给其他普通主体，是否应当变更权利主体，并未作进一步的规定。单从该文件看，是否能在这种情况下再变更主体，不能从该文件中直接找到答案。2009 年 4 月 3 日印发的《最高人民法院关于审理涉及金融不良债权转让案件工作座谈会纪要》中间接涉及此问题。其中第五"关于国有企业的诉权及相关诉讼程序"部分提到，国有企业债务人提起的转让合同无效诉讼中，"如果受让人的债权系金融资产管理公司转让给其他受让人后，因该受让人再次转让或多次转让而取得的，人民法院应当将金融资产管理公司和该转让人以及后手受让人列为案件当事人。"第七部分"关于不良债权转让无效合同的处理"指出："人民法院认定金融不良债权转让合同无效后，对于受让人直接从金融资产管理公司受让不良债权的，人民法院应当判决金融资产管理公司与受让人之间的债权转让合同无效；受让人通过再次转让而取得债权的，人民法院应当判决金融资产管理公司与转让人、转让人与后手受让人之间的系列债权转让合同无效。"该纪要第十部分"关于诉讼和执行主体的变更"只是重申了《补充通知》的要求，但提到："人民法院裁判金融不良债权转让合同无效后当事人履行相互返还义务时，应从不良债权最终受让人开始逐一与前手相互返还，直至完成第一受让人与金融资产管理公司的相互返还。"由此可以看出，纪要肯定了多次转让债权的情形，而且没有限制转让人和受让人的主体资格，也就是说肯定了普通受让人再次转让给普通受让人的情况。鉴于此内容规定在变更主体部分，可以推断，这里默认在这种情况下可以变更执行主体。

3. 普通民事主体受让债权的合法权益也应得到平等保护。最高人民法院民二庭在《关于审理涉及金融不良债权转让案件的若干政策和法律问题》（《人民法院报》2009年4月20日、5月4日、5月11日第4版）一文中指出：权利没有公私之别，只要是合法的权益，均应受到平等保护。平等保护不同所有制主体的民事权益不仅是法律的基本要求，也是司法审判的基本原则。无论是对国有企业还是民营企业、内资企业还是外资企业、集体还是个人，在法律上一律平等保护的原则是我国法制进步的标志，是人民法院应当始终不渝地坚持的价值取向。人民法院对受让人合法权利的充分保护，就是对金融资产管理公司处置工作的大力支持；受让人能获得合法的预期回报，不仅将促进这一市场的健康稳定发展，还能使国家维护金融安全、化解金融风险的金融体制改革政策得到落实。

综上，无论是从最高人民法院有关金融不良债权转让的专门文件中推断，还是从执行工作的一般规定中，均应得出允许金融不良债权多次转让情况下变更申请执行主体的结论。但需注意把握，对于普通受让人不能适用专门适用于资产管理公司处置不良债权的特殊规定。

——黄金龙：《判决确定的债权多次转让，人民法院能否变更申请执行主体的请示与答复》，载江必新主编、最高人民法院执行局编：《执行工作指导》2009年第2辑（总第30辑），人民法院出版社2009年版，第124~127页。

45. 权利人被吊销营业执照后能否作为申请执行人

关键词

吊销营业执照　申请执行人

最高人民法院答复

天津市高级人民法院：

你院《关于迈柯恒公司和旭帝公司与南开建行存款纠纷两案有关执行问题的请示》收悉。经研究，答复如下：

一、关于天津开发区迈柯恒工贸有限公司（以下简称迈柯恒公司）和天津市旭帝商贸有限公司（以下简称旭帝公司）主体资格问题，我院认为，迈柯恒公司和旭帝公司提交给二审法院和一审法院的企业法人营业执照及法定代表人身份证明书在企业名称、地址、法定代表人、企业类型、注册资金上均是一致的，其在二审诉讼期间未作其他说明。并且在二审诉讼期间，上诉人中国建设银行天津市南开支行对迈柯恒公司和旭帝公司的主体资格问题也未提出异议。故我院（2001）民二终字第126号和（2001）民二终字第127号判决书确认的诉讼主体与参加一审诉讼的主体是一致的。

二、关于迈柯恒公司作为权利人被吊销法人营业执照后，最高人民法院仍以原名称作出判决的问题，我院认为，企业被吊销营业执照，在未经依法清算并办理注销登记前其法人资格并不当然终止，仍可以自己的名义参加诉讼。故我院二审仍以迈柯恒公司的名称作出判决并无不可。

三、关于迈柯恒公司是否具备申请执行人资格的问题，我院认为，被吊销营业执照的迈柯恒公司在审判程序中是诉讼主体，也可以作为执行程序中的申请人。如果该公司成立了清算组（包括公司股东组成的清算组），由清算组代表迈柯恒公司申请执行。

此复

——《最高人民法院执行工作办公室关于权利人被吊销营业执照后诉讼主体资格和申请执行主体资格有关问题的答复》（2004 年 4 月 8 日，〔2003〕执他字第 16 号），载江必新主编：《人民法院执行工作规范全集》，人民法院出版社 2017 年版，第 821 页。

46. 公司被吊销营业执照，不适用“未经清算自行注销情形下追加股东为被执行人承担连带责任”的规定

关键词

公司清算　自行注销　追加被执行人

最高人民法院裁判文书

光大银行重庆分行申请复议案［最高人民法院（2020）最高法执复 4 号执行裁定书］

裁判要旨：从《最高人民法院关于民事执行中变更、追加当事人若干问题的规定》第二十一条规定的内容来看，该条规定了公司在未经清算的情况下自行办理注销登记，导致公司不能清算的，有限责任公司的股东应对公司债务承担连带责任。此时，股东承担连带责任的前提是因该股东的行为导致公司不能清算而办理了注销，该股东对公司不能清算存在过错。具体到本案，根据重庆市高级人民法院认定及复议申请人陈述的事实，两被执行人是被吊销营业执照的状态而非被注销，不属于上述规定要求的未经清算即办理注销登记的情形，不应适用该条的规定。重庆市高级人民法院异议裁定认为追加被执行人通能物资公司的股东为被执行人缺乏前述规定追加的基础和前提条件，并无不当。

最高人民法院认为：本案争议的焦点问题是申请执行人光大银行重庆分行申请追加变更重庆畜产品公司、重庆国际贸易公司为被执行人是否符合法律规定。

首先，光大银行重庆分行依据《最高人民法院关于民事执行中变更、追加当事人若干问题的规定》（以下简称《变更、追加规定》）第二十一条规定要求追加被执行人的问题。从《变更、追加规定》第二十一条规定的内容来看，该条规定了公司在未经清算的情况下自行办理注销登记，导致公司不能清算的，有限责任公司的股东应对公司债务承担连带责任。此时，股东承担连带责任的前提是因该股东的行为导致公司不能清算而办理了注销，该股东对公司不能清算存在过错。具体到本案，根据重庆市高级人民法院认定及复议申请人陈述的事实，两被执行人是被吊销营业执照的状态而非被注销，不属于上述规定要求的未经清算即办理注销登记的情形，不应适用该条的规定。重庆市高级人民法院异议裁定认为追加被执行人通能物资公司的股东为被执行人缺乏前述规定追加的基础和前提条件，并无不当。

其次，本案目前是否应恢复执行的法律适用问题。根据查明的事实，重庆市高级人民法院作出终结执行裁定，实际上系基于被执行人通能物资公司确无可供执行的财产等原因终结执行，属于终结本次执行程序的情形，应适用《最高人民法院关于适用〈中华人民共和国民事诉讼法〉的解释》第五百一十九条[①]及《最高人民法院关于执行案件立案、结案若干问题的意见》第六条第三项的规定予以审查。重庆市高级人民法院在异议裁定对此问题的审查，适用法律不当。鉴于本案复议申请人光大银行重庆分行的主要诉求为追加变更重庆畜产品公司、重庆国际贸易公司为被执行人，而重庆市高级人民法院关于本案不符合《变更、追加规定》第二十一条规定的审查结论正确，故予以维持。如复议申请人认为本案具有其他应予恢复执行的情形，可另行主张。

——中国裁判文书网。

47. 被执行人企业改制时其债务问题没有征得债权人的同意，执行中可裁定追加改制后的企业为被执行人

关键词

企业改制　追加被执行人

---

① 现为《最高人民法院关于适用〈中华人民共和国民事诉讼法〉的解释》（2022 年修正）第五百一十七条。

最高人民法院答复

重庆市高级人民法院：

你院《关于贵阳特殊钢有限责任公司申请执行重庆望江制造总厂一案的请示报告》收悉。经研究，答复如下：

同意你院审判委员会第一种意见，即重庆望江制造总厂改制时其债务问题没有征得债权人贵阳特殊钢有限责任公司的意见，故根据我院《关于审理与企业改制相关的民事纠纷案件若干问题的规定》第十二条的规定，重庆市第一中级人民法院追加重庆望江工业有限公司为被执行人并无不当。鉴于本案涉及军工企业改制问题，在具体执行时可责成执行法院依法慎重处理。

此复

——《最高人民法院执行工作办公室关于贵阳特殊钢有限责任公司申请执行重庆望江制造总厂一案的请示的答复》(2005 年 1 月 7 日，〔2004〕执他字第 30 号)，载江必新主编：《人民法院执行工作规范全集》，人民法院出版社 2017 年版，第 865 页。

48. 因企业改制而承继原企业债务的主体能否被追加为被执行人

关键词

企业改制　承继债务　被执行人

最高人民法院裁判文书

大连建筑构件工程有限责任公司与大连中恒联投企业管理有限公司等借款合同纠纷执行案［最高人民法院（2020）最高法执监 266 号执行裁定书］

裁判要旨：执行程序中变更、追加被执行人应严格依照《最高人民法院关于民事执行中变更、追加当事人若干问题的规定》进行审查，不应简单参照适用，符合法定条件的人民法院予以支持；不符合法定条件的，人民法院不予支持。本案原审法院依据《最高人民法院关于审理与企业改制相关的民事纠纷案件若干问题的规定》第八条的规定直接变更改制后的主体为被执行人，但因适用该规定涉及新旧企业的债务承担等实体问题的认定，一般应通过审判程序进行审查，故在执行程序中直接适用该规定变更被执行人属于适用法律错误。

最高人民法院认为：本案的争议焦点系在执行程序中直接变更大连建筑构件工程有限责任公司（以下简称构件有限公司）为被执行人是否符合法律规定。

执行程序中变更、追加被执行人应严格依照《最高人民法院关于民事执行中变更、追加当事人若干问题的规定》进行审查，不应简单参照适用，符合法定条件的人民法院予以支持；不符合法定条件的，人民法院不予支持。本案中，大连市中级人民法院依据《最高人民法院关于审理与企业改制相关的民事纠纷案件若干问题的规定》第八条的规定直接变更构件有限公司为被执行人，因适用该规定涉及新旧企业的债务承担等实体问题的认定，一般应通过审判程序进行审查，大连市中级人民法院在执行程序中直接适用该规定变更被执行人属于适用法律错误，辽宁省高级人民法院予以纠正正确。但根据辽宁省高级人民法院查明的事实，构件公司与构件有限公司之间并非简单的名称变更，构件公司是否已经办理注销登记，构件有限公司是否无偿接受财产以及接受财产的范围等相关事实尚无法确认，不能满足适用《最高人民法院关于民事执行中变更、追加当事人若干问题的规定》第二十三条、第二十五条规定的法定要件，在执行程序中裁定变更本案债务主体及其所应承担的债务金额缺乏事实和法律依据，依法应予纠正。

——中国裁判文书网。

49. 人民法院在执行程序中能否将已参加过诉讼，但生效裁判未判决其承担实体义务的当事人追加或变更为被执行人

关键词

未承担实体义务当事人　执行程序

最高人民法院答复

青海省高级人民法院：

你院〔2006〕青执他字第 1 号《关于青海省储备物资管理局二五一处与中国建设银行李家峡支行、原建行李家峡支行劳动服务公司、原李家峡加油站借欠油料款纠纷一案的请示报告》收悉。经研究，现答复如下：

对已参加过诉讼、但生效裁判未判决其承担实体义务的当事人，人民法院在执行程序中如需追加或变更该当事人为被执行人，除非追加或变更该当事人为被执行人的事实和理由，已在诉讼过程中经审判部门审查并予以否定，否则，并不受生效裁判未判决该当事人承担实体义务的限制。根据现行法律和司法解释，人民法院有权依据相关法律规定，直接在执行程序中作出追加

或变更该当事人为被执行人的裁定。

基于以上答复意见，请你院自行依法妥善处理本案。

此复

——《最高人民法院关于人民法院在执行程序中能否将已参加过诉讼、但生效裁判未判决其承担实体义务的当事人追加或变更为被执行人的问题的答复》(2007 年 6 月 20 日,〔2007〕执他字第 5 号)，载江必新主编:《人民法院执行工作规范全集》，人民法院出版社 2017 年版，第 869 页。

50. 执行程序中被执行人无偿转让抵押财产，受让人可以被追加为被执行人

关键词

无偿转让抵押财产　追加被执行人

最高人民法院答复

山东省高级人民法院：

你院《关于执行程序中被执行人无偿转让抵押财产人民法院应如何处理的请示》收悉。经研究，答复如下：

作为执行标的物的抵押财产在执行程序中被转让的，如果抵押财产已经依法办理了抵押登记，则不论转让行为是有偿还是无偿，也不论是否通知了抵押权人，只要抵押权人没有放弃抵押权，人民法院均可以直接对该抵押物进行执行。因此，你院可以直接对被执行人已经设定抵押的财产采取执行措施，必要时，可以将抵押财产的现登记名义人列为被执行人。

此复

——《最高人民法院关于执行程序中被执行人无偿转让抵押财产人民法院应如何处理的答复》(2006 年 10 月 27 日,〔2005〕执他字第 13 号)，载江必新主编:《人民法院执行工作规范全集》，人民法院出版社 2017 年版，第 867 页。

附录：理解与适用

本案中，作为抵押物的受让人，对其所有权不能对抗债权人对抵押物所享有的优先权的问题争议不大，关键是否有必要追加受让人为被执行人？如果有必要，能否在执行程序中直接追加抵押物的受让人为被执行人？笔者对这两个问题作如下分析：

（一）关于是否有必要追加抵押物的受让人为被执行人

合议庭在讨论时，少数意见认为，可以直接对抵押物进行执行，不需将受让人铭山公司列为被执行人。应该说这种观点有一定道理，法律上也有类似的规定。比如，《最高人民法院关于适用〈中华人民共和国民事诉讼法〉若干问题的意见》第二百七十四条①规定："作为被执行人的公民死亡，其遗产继承人没有放弃继承的，人民法院可以裁定变更被执行人，由该继承人在遗产的范围内偿还债务。继承人放弃继承的，人民法院可以直接执行被执行人的遗产。"但是，就本案而言，如果不追加铭山公司为被执行人，既有法律上的障碍，也有执行实践上的不便。就法律而言，由于抵押物的所有权已经移转，抵押的设备和房地产已经从被执行人过户到铭山公司名下，根据《最高人民法院关于民事执行中查封、扣押、冻结财产的规定》第二条，执行法院只能查封登记在被执行人名下的不动产。而此时抵押财产已登记在铭山公司名下，既然铭山公司不是被执行人，从该条规定推论，又怎么能执行属于铭山公司所有并登记在铭山公司名下的财产？从实践来看，作为协助执行部门的房地产管理机关往往要求法院在查封房产时，法律文书所载明的义务人与所要查封的不动产权利人相一致，否则便可能不予协助。

（二）关于能否在执行程序中直接追加抵押物的受让人为被执行人

回答应当是肯定的。其一，从实体法上看，抵押权人对抵押物所享有的优先受偿权作为物权性质的权利，具有对世和追及效力，不管抵押物流转于何人之手，抵押权人均得追及行使其抵押权。值得注意的是，山东省高级人民法院（以下简称山东高院）在该案的请示报告中刻意强调铭山公司受让抵押物的无偿性以及转让人没有履行通知义务的瑕疵。笔者猜测，执行法院隐含的可能逻辑是，首先，因为受让人没有支付相应的对价，所以其如果在执行程序中被追加，实体权利就不会受到什么损害。其次，因为没有通知债权人，所以不影响债权人行使抵押权，从而，不能对抗执行。其实，执行法院在思维上有点误入歧途。就第一点而言，无偿还是有偿，是转让人和受让人之间的事，其所产生的法律后果只能是：转让人对于受让人是否有要求及时支付转让价款的请求权以及如果抵押物被执行，受让人是否对转让人有不当得利请求权。对于抵押权这种物上优先权而言没有任何影响。就第二点而言，执行法院可能是受《担保法司法解释》第六十七条②的影响，认为如果抵押人在转让时通知了抵押权人，则抵押权人就不能再行使抵押权。其实，《担保法司法解释》第六十七条只是规定了没有通知抵押权人不影响其行使抵押权，并不能反向推出，如果通知了抵押权人则其就丧失抵押权。因为，是否通知

① 现为《最高人民法院关于适用〈中华人民共和国民事诉讼法〉的解释》（2022年修正）第四百七十三条。

② 对应《最高人民法院关于适用〈中华人民共和国民法典〉有关担保制度的解释》第四十三条。

了抵押权人仅仅影响转让行为的效力，进而影响受让人是否合法取得抵押物的所有权。但是，对于附着在抵押物上的优先受偿权而言，没有任何影响，并不因受让人所有权取得的合法与否而影响抵押权的得丧变更。从以上两点分析可以看出，不管抵押物的继受人是无偿还是有偿，也不管抵押人在转让时是否通知了抵押权人，只要抵押权登记没有被涂销，只要抵押权人没有放弃抵押权，抵押权人行使抵押权便没有任何实体法律上的障碍。

其二，抵押物继受人属于执行力扩张的范围。按照执行力扩张理论，执行力扩张于：（1）言辞辩论终结后的诉讼标的物继承人；（2）请求标的物的持有人；（3）诉讼担当场合的被担当人。而这里的诉讼标的物的继承人既包括因原所有权人死亡，继承遗产的继承人，也包括受让标的物的继承人。将执行力向诉讼标的物的受让人进行扩张，其目的在于维持纠纷解决的实效性。当然，无论是根据执行力扩张理论上“实质说”和“形式说”的观点，在判断判决的执行力是否向具体的标的物继受人进行扩张时，还要考虑继受人是否有与前诉被告无关的独立抗辩理由。而本案中，如前所述，铭山公司对中信银行行使抵押权的请求并无实体法上的有效抗辩。

其三，抵押物的继受人欠缺程序保障利益。一般而言，人民法院只能对执行依据所确定的债务人进行执行，如对执行依据以外的第三人进行执行，则应通过诉讼程序对第三人的辩论权利予以充分保障后通过诉讼程序追加为债务人方能进行执行。但是，作为对此原则的衡平，对于一些和原债务人存在法律上的继承和连带关系并且缺乏程序保障利益的第三人，“为了维持被前诉判决作出判断的权利关系的安定性，在继承人这种程度上的程序保障方面必须作出牺牲”。也就是说，可以作为执行力扩张的范围直接在执行程序中进行追加。本案中，铭山公司即属于此。这是因为，首先，中信银行对抵押物的优先受偿权已经山东高院（1999）鲁经初字第 15 号民事判决，铭山公司即使通过诉讼也无权对此再行抗辩。其次，山东高院将铭山公司列为被执行人，也仅仅是按照（1999）鲁经初字第 15 号民事判决的确定范围对特定的抵押物执行，并不对铭山公司的其他财产执行，没有扩大原执行依据的范围。最后，该抵押物已经办理抵押登记，铭山公司在接受转让的抵押物时，就应当预知抵押物上存在的可能被债权人强制执行的法律风险，直接对抵押物强制执行并不违背其真实意思。

其四，本案在执行程序中追加被执行人从价值趋向上更符合效率原则。如果通过诉讼程序追加，债权人有可能陷入周而复始的诉讼陷阱中，因为即使中信银行再一次通过诉讼追加了被执行人铭山公司，但是很难保证铭山公司不会将涉案抵押物再次转让，如果那样的话，中信银行不得不进行无穷无尽的诉讼大战，这是有违立法本意的。目前，法学界和实践界对执行程序中行使实体裁判权诟病颇多，应该说这种批判于厘清诉讼程序和执行程序之间的关系，回归执行权力的本来面目是非常有益的。但是，在警惕执行权滥用的同时，我们还要反对学界和实践界存在的诉讼绝对化倾向，就是不加分别把执行程序中的一切纠纷全部交由诉讼程序解决，执行程序绝对地僵化地忠实于原执行依据所确定的主观和客观范围。毕竟，逻辑所演绎出来的事实不能代替事实所形成的逻辑。特别是在目前被执行人通过关联交易逃债方式花样繁多，社会对此几无良策的情况下，把能够通过执行程序解决的问题全部推给诉讼，无疑是对失信者（债务人）的奖励，对守信者（债权人）的惩罚。须知，“诉讼复诉讼，诉讼何其多，执行待诉讼，万事成蹉跎”。本案在执行程序直接追加标的物受让人节约了司法资源，也避免了债权人进行诉讼所带来的诉累。

其五，应当看到，本案确实存在立法上的疏漏，那就是缺乏直接追加标的物受让人的程序法律依据，这也正是山东高院认为此案比较棘手的一点。这就给我们提出一个问题：在目前执行法律尚不发达的情况下，能否根据实体法的规定和执行力扩张理论直接在执行程序中追加受让被执行人财产的第三人为被执行人。笔者认为，如果受让执行标的物的第三人符合以下四个条件，则可以直接在执行程序中追加：（1）债权人对于诉讼标的物的实体权利已经过原执行依据确定；（2）受让行为发生在执行程序中，按照学术语言也就是发生在既判力的基准时之后，如果发生在诉讼程序中，则应当通过诉讼程序解决。（3）不扩大原执行依据确定的执行范围，也就是受让人只能在受让财产的范围内对债权人承担给付责任。（4）被追加人缺乏程序保障的必要性。总之，不能让无辜的债权人来承担立法疏漏的后果。另外还要提及，有的同志认为只要根据抵押权的追及效力就可解决本案中追加被执行人的理论依据，没有必要套用执行力扩张理论。笔者认为不然，正如没有程序法作救济的权利是纸上的权利一样，作为实体法学的物权理论只能提供抵押权的行使为什么能够不受权利人转让的限制理论约束，而只有作为程序学的执行力扩张理论才是怎么样才能保证抵押权进行追及的正当程序依据。

——范向阳：《能否在执行程序中直接追加无偿受让抵押物的受让人为被执行人的请示案》，载最高人民法院执行工作办公室编：《执行工作指导》2006 年第 3 辑（总第 19 辑），人民法院出版社 2006 年版，第 119~124 页。

附录：《人民司法》信箱

被执行人无偿转让抵押物的，能否追加抵押物的受让人为被执行人？

问题：对债权人甲银行与债务人乙、丙公司借款纠纷一案，某高级人民法院终审判决乙公司偿还借款 500 万元及利息，丙公司作为抵押人对 500 万元借款在抵押物的价值范围内承担责任。后在执行程序中，乙公司在没有通知甲公司的情况下，将涉案抵押物无偿转让于丁公司，并办理了抵押物过户登记。请问，法院能否在执行程序中追加丁公司为本案被执行人？

《人民司法》研究组认为： 抵押权具有物上追及效力，作为执行标的物的抵押财产在执行程序中被转让的，如果抵押财产已经依法办理了抵押登记，则不论该转让行为是有偿还是无偿，也不论是否通知了抵押权人，只要抵押权人没有放弃抵押权，人民法院均可以直接对该抵押物进行执行，执行时将抵押财产的现登记名义人丁公司列为被执行人。

——《人民司法》2006 年第 12 期。

51. 能否追加被执行人享有到期债权的第三人的开办单位为被执行人

关键词

到期债权　第三人　追加被执行人

最高人民法院答复

湖北省高级人民法院：

你院鄂高法〔2004〕470 号《关于在执行程序中能否将被执行人享有到期债权的第三人的开办单位裁定追加为被执行主体的请示》一案收悉。经研究，答复如下：

同意你院第二种意见。我们认为，人民法院在执行程序中不得裁定追加被执行人享有到期债权的第三人的开办单位，因该第三人的法律地位不同于被执行人，其本身不是案件的当事人，裁定追加第三人的开办单位于法无据。且本案中，黄石市中级人民法院于 2003 年 8 月 15 日裁定追加第三人长岭黄河集团有限公司时，该公司已根据陕西省人民政府的决定实施资产分离，分离后原长岭黄河集团有限公司更名为陕西长岭集团有限公司，故黄石市中级人民法院裁定追加长岭黄河集团有限公司缺乏事实依据。因此，上述裁定依法应予纠正。

此复

——《最高人民法院对湖北省高级人民法院〈关于在执行程序中能否将被执行人享有到期债权的第三人的开办单位裁定追加为被执行主体的请示〉的答复》（2005 年 1 月 25 日，〔2004〕执他字第 28 号），载江必新主编：《人民法院执行工作规范全集》，人民法院出版社 2017 年版，第 866 页。

52. 判决中已确定承担连带责任的一方向其他连带责任人追偿数额的，可直接执行

关键词

连带责任 追偿程序 直接执行

最高人民法院审判业务意见［《人民法院办理执行案件规范（第二版）》］

20.【连带责任人承担责任后的直接申请执行】

生效法律文书已确认连带责任人有权追偿的数额，连带责任人承担连带责任后直接向人民法院申请执行其他连带责任人的，人民法院应当受理。

——最高人民法院执行局编：《人民法院办理执行案件规范（第二版）》，人民法院出版社 2022 年版，第 13 页。

最高人民法院答复

陕西省高级人民法院：

你院陕高法〔1995〕93 号请示收悉。经研究，答复如下：

基本同意你院报告中的第二种意见。我院法经〔1992〕121 号复函所指的追偿程序，针对的是判决后连带责任人依照判决代主债务人偿还了债务或承担的连带责任超过自己应承担的份额的情况。而你院请示案件所涉及的生效判决所确认的中国机电设备西北公司应承担的连带责任已在判决前履行完毕，判决主文中已判定该公司向其他连带责任人追偿的数额，判决内容是明确的，可执行的。据此，你院可根据生效判决和该公司的申请立案执行，不必再作裁定。

——《最高人民法院关于判决中已确定承担连带责任的一方向其他连带责任人追偿数额的可直接执行问题的复函》（1996 年 3 月 20 日，经他〔1996〕4 号），载江必新主编：《人民法院执行工作规范全集》，人民法院出版社 2017 年版，第 337 页。

53. 中国少年先锋队江苏省工作委员会是否具备独立法人资格

关键词

中国少年先锋队 独立法人 民事责任能力

最高人民法院答复

江苏省高级人民法院：

你院苏高法〔1999〕38号《关于中国少年先锋队江苏省工作委员会是否具备独立法人资格的请示》收悉。经研究，答复如下：

原则上同意你院的倾向性意见。中国少年先锋队江苏省工作委员会没有独立的财产和经费来源，编制也在共青团江苏委员会，其自身并不具有独立承担民事责任的能力，不具备法人资格。

——《最高人民法院执行办公室关于中国少年先锋队江苏省工作委员会是否具备独立法人资格问题的复函》(2002年3月22日，〔2002〕执他字第5号)，载江必新主编：《人民法院执行工作规范全集》，人民法院出版社2017年版，第854页。

附录：理解与适用

首先，少工委并没有登记为社团法人。少工委作为民间团体，虽有中国特色，但不能改变其只可能成为法律意义上的社团法人，因为其不是机关法人，也不可能成为企业法人。少工委没有按照民政部的有关规定办理社团法人登记，自然不能成为具有独立民事责任能力的社团法人。

其次，事实上少工委也不具有独立性。独立的法人要有独立的财产和独立的组织，但少工委不但与团省委合署办公，其工作人员也均编制在团省委，办公用房也是省行政事务管理局拨给团省委使用的房产。至于经费来源，省财政厅并没有将其作为一级预算机构，其经费由省委办公厅分配给团省委，团省委自行决定如何给少工委经费。而少工委历史上曾经以自己的名义为举行会议的需要筹措会议经费，并不能表明其有独立的财产，因此不具备独立的民事责任能力。

再次，少工委之所以力主自己具有独立的法人资格，主要是因为其没有财产，不具备偿债能力，可以免去其主管部门的责任。但这样显然不够公平。因此，少工委不具备法人资格，其债务应当由其主管部门承担。

据此分析，最高人民法院提出答复意见，认为中国少年先锋队江苏省工作委员会没有独立的财产和经费来源，编制也在共青团江苏省委员会，其自身并不具有独立承担民事责任的能力，不具备法人资格。

——刘文涛、王惠君：《关于中国少年先锋队江苏省工作委员会是否具备独立法人资格问题的请示与答复》，载最高人民法院执行工作办公室编：《强制执行指导与参考》2002年第3辑（总第3辑），法律出版社2003年版，第213页。

54. 能否仅因公司违反法定程序减资就追加股东为被执行人

关键词

违反法定程序减资　追加被执行人

最高人民法院裁判文书

丰汇世通（北京）投资有限公司与黑龙江省农业生产资料公司案外人执行异议之诉案［最高人民法院（2019）最高法民再144号民事判决书］

裁判要旨：公司在减少注册资本过程中，存在先发布减资公告后召开股东会、变更登记时提供虚假材料等违反《公司法》关于公司减资程序规定的情形，但其股东并未利用减资实施抽回出资的行为，公司权益并未因该股东的行为受到损害，资产总量并未因此而减少、偿债能力亦未因此而降低，该股东不存在抽逃出资的行为，不应当被追加为被执行人。

最高人民法院经审查认为：根据《最高人民法院关于民事执行中变更、追加当事人若干问题的规定》第十八条①的规定，作为被执行人的企业法人，财产不足以清偿生效法律文书确定的债务，申请执行人申请变更、追加抽逃出资的股东、出资人为被执行人，在抽逃出资的范围内承担责任的，人民法院应予支持。本案中，寒地黑土集团在减少注册资本过程中，存在先发布减资公告后召开股东会、变更登记时提供虚假材料等违反《公司法》关于公司减资程序规定的情形，但作为寒地黑土集团股东的省农资公司并未利用寒地黑土集团减资实际实施抽回出资的行为。省农资公司虽将其登记出资由5000万元减至3000万元，但寒地黑土集团的权益并未因省农资公司的行为受到损害，资产总量并未因此而减少、偿债能力亦未因此而降低。省农资公司的行为不属于《最高人民法院关于适用〈中华人民共和国公司法〉若干问题的规定（三）》第十二条规定的情形，不存在抽逃出资的行为，不应当被追加为被执行人。二审法院判决不得追加省农资公司为被执行人，并无不当。

---

① 现为《最高人民法院关于民事执行中变更、追加当事人若干问题的规定》（2020年修正）第十八条，内容改为："作为被执行人的营利法人，财产不足以清偿生效法律文书确定的债务，申请执行人申请变更、追加抽逃出资的股东、出资人为被执行人，在抽逃出资的范围内承担责任的，人民法院应予支持。"

——中国裁判文书网。

55. 执行程序中已缴纳或已足额缴纳出资的继受股东能否追加为被执行人

关键词

追加被执行人　继受股东

最高人民法院裁判文书

孙良芬与绥芬河市澳普尔科技投资有限公司、绥芬河市澳普尔房地产开发有限公司民间借贷纠纷执行监督案［最高人民法院（2017）最高法执监106号执行裁定书］

裁判要旨：公司财产不足以清偿生效法律文书确定的债务，如果股东未缴纳或未足额缴纳出资，执行程序中可以直接追加该股东为被执行人。该股东是指对公司负有出资义务的原始股东（如发起股东等），且在尚未缴纳出资的范围内依法承担责任。公司债权人向继受股东主张连带责任应通过诉讼方式，不得在执行程序中直接追加继受股东为被执行人。

最高人民法院经审查认为：本案焦点问题为：能否追加中信公司为被执行人，对申请执行人孙良芬承担清偿责任。

最高人民法院认为，按照《最高人民法院关于人民法院执行工作若干问题的规定（试行）》第八十条①以及《最高人民法院关于民事执行中变更、追加当事人若干问题的规定》第十七条②的规定，公司财产不足以清偿生效法律文书确定的债务，如果股东未缴纳或未足额缴纳出资，可以追加股东为被执行人，在尚未缴纳出资的范围内依法承担责任。本案中，综合澳普尔投资公司企业法人营业执照副本、工商登记档案及其与中信公司之间的股权转让合同，中信公司并非设立澳普尔投资公司的发起股东，而是通过股权转让方式

---

① 该条规定内容已被《最高人民法院关于修改〈最高人民法院关于人民法院扣押铁路运输货物若干问题的规定〉等十八件执行类司法解释的决定》（2020年修正）删除。

② 现为《最高人民法院关于民事执行中变更、追加当事人若干问题的规定》（2020年修正）第十七条，内容改为："作为被执行人的营利法人，财产不足以清偿生效法律文书确定的债务，申请执行人申请变更、追加未缴纳或未足额缴纳出资的股东、出资人或依公司法规定对该出资承担连带责任的发起人为被执行人，在尚未缴纳出资的范围内依法承担责任的，人民法院应予支持。"

继受成为澳普尔投资公司股东。中信公司受让澳普尔投资公司股权后，澳普尔投资公司注册资本仍为 1 亿元，中信公司并不具有继续缴纳出资义务。因此，中信公司并不属于上述司法解释所规定未缴纳或未足额缴纳出资的股东，不应追加该公司为被执行人。

——中国裁判文书网。

56. 被执行人吸收新股东并增资，但新股东未实缴出资的，不能追加为被执行人

关键词

吸收新股东　未实缴出资　追加被执行人

最高人民法院裁判文书

黄桂华、冯芳与朱惠芬、杨杰等执行异议之诉案［最高人民法院（2021）最高法民申 6260 号民事裁定书］

裁判要旨：公司吸收新股东并增资，但各股东认缴的资本金并未实际缴纳。该情形下，债权人对作为被执行人的债权形成于该公司增资注册之前，考虑到债权人对该公司债务人责任能力的判断应以其债权形成时该公司的注册资金以及当时的股东出资情况为依据，故人民法院判令不得追加未实缴出资的新股东为被执行人并无不当。

最高人民法院经审查认为：2014 年 3 月 6 日，森茂公司形成股东会决议，同意吸收朱惠芬等为公司股东，将公司注册资本从 40476190 元增至 122917838 元，但森茂公司资产负债表显示，增资各股东认缴的资本金并未实际缴纳。本案黄桂华、冯芳对森茂公司的债权形成于森茂公司上述增资注册之前。二审法院考虑黄桂华、冯芳作为债权人对森茂公司责任能力的判断应以案涉债权形成时该公司的注册资金以及当时的股东出资情况为依据，判令不得追加朱惠芬为江苏省南通市中级人民法院（2014）通中民初字第 00088 号案件的被执行人，并无不当。黄桂华、冯芳申请再审新提交的《证明》不足以证实朱惠芬在增资时自愿对森茂公司增资前的负债承担责任，不足以推翻原判决，不属于《民事诉讼法》第二百条[①] 第一项规定的新的证据。

——中国裁判文书网。

---

① 现为《民事诉讼法》（2021 年修正）第二百零七条。

57. 公司财产不足以清偿生效法律文书确定债务的，是否可以追加未缴纳或未足额缴纳出资的股东的受让股东为被执行人

关键词

继受股东　前股东　出资不实　被执行人

最高人民法院审判业务意见［《人民法院办理执行案件规范（第二版）》］

66.【股东出资不足的变更、追加】

作为被执行人的营利法人，财产不足以清偿生效法律文书确定的债务，申请执行人申请变更、追加未缴纳或未足额缴纳出资的股东、出资人或依公司法规定对该出资承担连带责任的发起人为被执行人，在尚未缴纳出资的范围内依法承担责任的，人民法院应予支持。

在注册资本认缴制下，股东依法享有期限利益。债权人以公司不能清偿到期债务为由，请求未届出资期限的股东在未出资范围内对公司不能清偿的债务承担补充赔偿责任的，人民法院不予支持。但是，下列情形除外：

（一）公司作为被执行人的案件，人民法院穷尽执行措施无财产可供执行，已具备破产原因，但不申请破产的；

（二）在公司债务产生后，公司股东（大）会决议或以其他方式延长股东出资期限的。

——最高人民法院执行局编：《人民法院办理执行案件规范（第二版）》，人民法院出版社 2022 年版，第 35 页。

最高人民法院裁判文书

刘莉、贾鹏与华润天能徐州煤电有限公司等案外人执行异议之诉案［最高人民法院（2021）最高法民再 218 号民事判决书］

裁判要旨：继受股东对前股东出资瑕疵是否承担责任的认定涉及实体问题，原则上不宜在公司债权人的执行程序中直接裁定追加继受股东，但如果继受股东应对公司债务承担补充赔偿责任在外观上有明显性事实证明的，可以例外。继受股东对被追加提出异议，执行异议程序有权对追加所给予的事实进行审查。

最高人民法院认为：关于是否可以在执行异议之诉程序中审理是否追加华润天能公司为被执行人。

首先，关于是否可以在执行程序中追加华润天能公司为被执行人。华润天能公司主张对继受股东责任的认定，涉及实体责任认定，应通过诉讼程序解决，不能直接在执行程序中予以追加。本院认为，《最高人民法院关于民事执行中变更、追加当事人若干问题的规定》（以下简称《执行变更追加规定》）主要解决民事执行中变更、追加当事人问题，是执行法院追加变更执行当事人的程序性法律依据。执行法院依据《执行变更追加规定》第十七条规定追加股东为被执行人，其实体法基础是未缴纳或未足额缴纳出资的股东依法应当在尚未缴纳出资本息的范围内对公司不能清偿的债务承担补充赔偿责任。由于执行程序对效率的追求，为避免执行程序中对实体权利义务判断与当事人之间的实际法律关系出现明显背离，因此，执行法院在执行程序中追加股东为被执行人，应当以股东承担责任的事实具有外观上的明显性为基础。根据《最高人民法院关于适用〈中华人民共和国公司法〉若干问题的规定（三）》第十三条、第十八条规定精神，有限责任公司的股东未履行或者未全面履行出资义务即转让股权，受让股东对此知道或者应当知道的，受让人应当与转让人就公司债务不能清偿部分向债权人连带承担补充赔偿责任。由于受让人是否知道或者应当知道转让股东未履行或者未全面履行出资义务这一事实，通常不具有外观上的明显性，因此，一般不宜在执行程序中依据《执行变更追加规定》第十七条规定，由执行法院裁定追加受让股东为被执行人。但是，本案执行法院已经在 2015 年根据有关工商档案查明了情况，华润天能公司承担补充赔偿责任具有明显性。虽然此后工商管理部门作出《撤销决定》，但本院 2017 年 5 月 26 日作出的（2017）最高法民申 933 号民事裁定书仍认为“尚不足以因此即认定华润公司不是禄恒公司股东的事实”。同时，虽然华润天能公司主张禄恒能源公司仍有财产可供执行，但其没有证据证明有关财产可以切实用于实现申请执行人的债权或者申请执行人怠于行使对禄恒能源公司的权利。申请执行人债权至今没有获得全部清偿。由于华润天能公司应承担补充赔偿责任的有关事实有工商档案材料佐证且已经有生效裁判确认，执行法院依据外观上具有明显性的事实，在申请执行人债权未能及时获得清偿的情况下，依法作出（2015）哈执异字第 6 号以及（2017）黑 01 执异 80 号执行裁定，追加华润天能公司为被执行人，驳回其异议，执行程序并无明显不当。2020 年最高人民法院对执行类司法解释进行了全面清理，因《最高人民法院关于人民法院执行工作若干问题的规定（试行）》（以下简称《执行规定》）中关于被执行主体的变更和追加等内容已经被《执行变更追加规定》等司法解释所替代，因此删除了《执行规定》相关条文，但这并不影响执行法院依据有关司法解释对追加问题作出认定。

其次，关于本案执行异议之诉程序是否可以审理追加华润天能公司为被执行人问题。本院认为，本案执行异议之诉程序可以就此进行审理。主要基于以下考虑：第一，在审理追加变更被执行人的异议之诉中，不应简单审理执行法院在执行程序中作出追加裁定是否有直接的程序法律依据，而应在实体上判定被追加的继受股东是否应承担责任。在本案执行异议之诉中，判断华润天能公司受让香港康宏国际投资集团有限公司股权后，是否承担补充赔偿责任，应适用《最高人民法院关于适用〈中华人民共和国公司法〉若干问题的规定（三）》第十八条的规定。第二，在本案执行异议之诉中对相关法律关系及时予以明确，可以提高纠纷解决效率，避免当事人另行诉讼的诉累。从 2015 年 4 月 15 日（2015）哈执异字第 6 号执行裁定作出至今，双方当事人之间的争议已经持续了 6 年多，若还要另行诉讼，将进一步拖延纠纷化解进程。第三，在本案执行异议之诉中审理，并未损害各方当事人的诉讼权利。另行诉讼虽然一般由债权人提起诉讼，但除此之外，不论是本案诉讼还是另行诉讼，并无显著差异，尤其都应当由债权人承担证明责任，举证证明补充赔偿责任成立的各项事实。在本案一、二审诉讼程序中，各方当事人已经围绕华润天能公司是否承担补充赔偿责任进行了举证、质证、辩论，诉讼权利得到了有效保障。

——中国裁判文书网。

58. 被执行公司的原股东在出资期限届满之前将股份转让的，能否追加为被执行人

关键词

股东　追加被执行人　股份转让

最高人民法院司法解释

第十九条　作为被执行人的公司，财产不足以清偿生效法律文书确定的债务，其股东未依法履行出资义务即转让股权，申请执行人申请变更、追加该原股东或依公司法规定对该出资承担连带责任的发起人为被执行人，在未依法出资的范围内承担责任的，人民法院应予支持。

第二十条　作为被执行人的一人有限责任公司，财产不足以清偿生效法律文书确定的债务，股东不能证明公司财产独立于自己的财产，申请执行人申请变更、追加该股东为被执行人，对公司债务承担连带责任的，人民法院应予支持。

第三十二条　被申请人或申请人对执行法院依据本规定第十四条第二款、第十七条至第二十一条规定作出的变更、追加裁定或驳回申请裁定不服的，可以自裁定书送达之日起十五日内，向执行法院提起执行异议之诉。

被申请人提起执行异议之诉的，以申请人为被告。申请人提起执行异议之诉的，以被申请人为被告。

——《最高人民法院关于民事执行中变更、追加当事人若干问题的规定》（2020 年 12 月 29 日修正）。

最高人民法院裁判文书

宁夏中启鑫工贸有限公司与乌海市巴音陶亥滴沥帮乌素隆昌煤矿有限责任公司、麦树理、武东等执行异议之诉案［最高人民法院（2020）最高法民申 133 号民事裁定书］

裁判要旨：被执行公司的原股东已在出资期限届满之前将各自的股份转让，并非“未依法履行出资义务即转让股权”的情形，不得追加为被执行人。

最高人民法院认为：本案为申请再审案件，应当围绕中启鑫公司的申请再审理由，对本案二审判决是否存在其主张的《民事诉讼法》第二百条[①]第二项、第六项、第十一项规定的情形进行审查。

本案中，2007 年 4 月 27 日鑫天利公司设立登记时的注册资本 35 万元已全额缴纳，2014 年 5 月 9 日及 2014 年 10 月 30 日鑫天利公司的注册资本从 35 万元增加至 1000 万元及 7000 万元，公司章程约定两次新增注册资金由其股东分别于 2019 年 5 月 9 日前及 2019 年 10 月 30 日前缴足。本案执行依据确定的中启鑫公司对鑫天利公司享有的买卖合同债权发生于鑫天利公司 2014 年 5 月 9 日、2014 年 10 月 30 日两次公司注册资本增资之间，鑫天利公司于 2014 年 5 月 9 日将公司的注册资本从 35 万元增加至 1000 万元对债权人鑫天利公司案涉交易产生公示效果和信赖基础。强制执行程序中追加被执行人是执行依据在法律、司法解释规定的前提下，在一定程度或者一定范围内对于作为执行依据的生效法律文书主文没有明确的义务履行主体的扩张。鉴于鑫天利公司的原股东麦树理、武东、李月平、隆昌煤矿公司已在出资期限届满之前将各自的股份转让，二审判决追加受让股份的袁春生为被执行人，没有追加麦树理、武东、李月平、隆昌煤矿公司为被执行人并无不当。

《诉讼费用交纳办法》第四十三条第三款规定：“当事人对人民法院决定诉讼费用的计算有异议的，可以向作出决定的人民法院请求复核。计算确有错误的，作出决定的人民法院应当予以更正。”中启鑫公司申请再审称二审判决在改判的情况下未对一审案件受理费进行处理错误。中启鑫公司就诉讼费

① 现为《民事诉讼法》（2021 年修正）第二百零七条。

用的计算提出的异议，并不属于法定再审的事由，且二审法院已作出裁定予以补正。中启鑫公司该申请再审理由不能成立。

——中国裁判文书网。

59. 执行程序中能否径行追加认缴期限未到的股东为被执行人

关键词

执行程序　径行追加　认缴期限　被执行人

最高人民法院裁判文书

李炯与杨传信、中青汇力资产管理（北京）有限公司执行异议之诉案

［最高人民法院（2020）最高法民申 4443 号民事裁定书］

裁判要旨：执行程序中变更、追加当事人的事由应严格限定于法律、司法解释明确规定的情形，《变更追加规定》第 17 条中的“未缴纳或未足额缴纳出资的股东”，系指未按期足额缴纳其所认缴出资额的股东，申请执行人以股东出资加速到期为由申请法院追加该股东为被执行人的，法院不予支持。

最高人民法院认为：本案系李炯依据《最高人民法院关于民事执行中变更、追加当事人若干问题的规定》（以下简称《变更追加规定》）第十七条的规定，认为杨传信作为中青汇力公司的股东未缴纳出资，申请追加杨传信为被执行人，并在申请被执行法院裁定驳回后提起的执行异议之诉，故其第一项关于瑕疵股权受让人承担连带责任、第三项关于股东怠于履行清算义务的理由不属于再审审查范围。本案再审审查的主要问题是，杨传信应否在未出资范围内对中青汇力公司案涉债务承担责任。《变更追加规定》第一条规定：“执行过程中，申请执行人或其继承人、权利承受人可以向人民法院申请变更、追加当事人。申请符合法定条件的，人民法院应予支持。”该条明确了执行程序中变更、追加当事人应遵循法定原则，变更追加事由严格限定于法律、司法解释明确规定的情形，以明晰审判与执行的基本界限，保障当事人的程序权利。本案中，李炯依据《变更追加规定》第十七条申请追加尚未缴纳出资的杨传信为被执行人，该条“未缴纳或未足额缴纳出资的股东”，系指未按期足额缴纳其所认缴出资额的股东。而杨传信于 2017 年 4 月 27 日受让案涉股权时，其出资认缴时间为 2044 年 1 月 1 日，依法享有缴纳出资的期限利益，不属于未按期足额缴纳出资的情形。原审法院驳回李炯的诉讼请求，并无不当。

——中国裁判文书网。

60. 股东未经法定程序而抽回出资，能否追加为被执行人

关键词

抽逃出资　被执行人　执行异议之诉

最高人民法院审判业务意见［《人民法院办理执行案件规范（第二版）》］

67.【股东抽逃出资的变更、追加】

作为被执行人的营利法人，财产不足以清偿生效法律文书确定的债务，申请执行人申请变更、追加抽逃出资的股东、出资人为被执行人，在抽逃出资的范围内承担责任的，人民法院应予支持。

——最高人民法院执行局编：《人民法院办理执行案件规范（第二版）》，人民法院出版社 2022 年版，第 36 页。

最高人民法院裁判文书

赵某某与沈某、海南盛德环凯置业有限公司追加被执行人执行异议之诉案［最高人民法院（2018）最高法民终 865 号民事判决书］

裁判要旨：盛德公司的股东会议是在一审判决作出之后才形成，其有关赵某某的垫款冲抵投资款的内容，仅具有内部效力，不能对抗盛德公司股东以外的第三人，不能作为赵某某已补足出资的证据。股东未经法定程序而抽回出资，应该追加为被执行人。

最高人民法院认为：结合上诉人赵某某的上诉事由和被上诉人沈某的答辩意见、原审第三人盛德公司的陈述意见，本案的争议焦点为：（1）赵某某对盛德公司是否构成抽逃出资；（2）一审法院将沈某列为本案唯一被告是否属于认定事实错误；（3）一审法院是否存在程序违法。

（一）赵某某对盛德公司是否构成抽逃出资

赵某某上诉主张其以代盛德公司支付项目开发资金的形式履行了出资义务，不存在抽逃出资。本院认为，赵某某的该项上诉主张依据不足，不应支持。《公司法》第二十八条规定，股东应当按期足额缴纳公司章程中规定的各自所认缴的出资额。第三十五条规定，公司成立后，股东不得抽逃出资。所谓抽逃出资，是指在公司成立后，股东未经法定程序而将其已缴纳出资抽回

的行为。第一，根据原审查明的事实，盛德公司于 2012 年 10 月 31 日成立，注册资本 1000 万元，股东为赵某某、汪某两人，2012 年 12 月 10 日，赵某某、汪某分别向盛德公司的基本账户转入 780 万元和 220 万元资金作为股东投资款即公司的注册资金，但次日该 1000 万元注册资金便分两笔转至赵某某的账户。可见，赵某某确有抽回注册资本的行为。第二，赵某某主张其将该 1000 万元中的 950 万元分两笔 450 万元和 500 万元代盛德公司支付了项目开发资金。但根据赵某某提交的证据显示，该 450 万元和 500 万元涉及的两个共管账户均系由赵某某个人与第三人共同设立，与盛德公司的项目并无直接关联，而赵某某又未能提供证据证明该 950 万元进入两个共管账户后，被进一步用于盛德公司的项目开发，形成了项目资产。因此，现有证据并不足以证明赵某某转出的 950 万元注册资金系用于盛德公司的经营业务。第三，赵某某也自认盛德公司注册登记时因股东资金紧张，经全体股东协商决定以借款的方式筹措资金以满足验资要求，待完成验资后再还给出借人。可见，赵某某缴纳出资仅系为了在完成验资后将该出资归还出借人，其并没有将该出资用于盛德公司经营活动的意思。最后，盛德公司的股东会决议是在一审判决作出之后才形成，其有关赵某某的垫款冲抵投资款的内容，仅具有内部效力，不能对抗盛德公司股东以外的第三人，不能作为赵某某已补足出资的证据。综上，依据《最高人民法院关于适用〈中华人民共和国公司法〉若干问题的规定（三）》第十二条之规定，赵某某未经法定程序抽回其在盛德公司的 780 万元注册资本，构成抽逃出资。

（二）一审法院将沈某列为本案唯一被告是否属于认定事实错误

赵某某上诉主张沈某平的法定继承人不确定是否仅为沈某、沈某正两人，一审法院仅将沈某列为本案被告，属于认定事实错误。本院认为，海口市美兰区海府街道办事处南宝社区居民委员会出具的《亲属关系证明》明确注明：沈某平的父亲沈某勇（2017 年 8 月 15 日注销户口）、母亲周某仙（2006 年 7 月 21 日注销户口）、配偶糜某英（2014 年 7 月 10 日离婚）、女儿沈某、儿子沈某正，除上述人员外无养父母或其他子女。无锡市公安局洛社派出所出具的《户籍信息证明》注明：沈某勇于 2014 年 12 月 17 日死亡，周某仙于 2006 年 7 月 20 日死亡。《离婚证》显示沈某平与糜某英于 2014 年 7 月 10 日登记离婚。因此，沈某平的法定继承人仅为沈某、沈某正两人。2018 年 2 月 8 日，沈某与沈某正签订《沈某平遗产继承协议书》，明确由沈某继承沈某平在海南省高级人民法院（2014）琼民二初字第 13 号民事判决执行一案中的全部权利。因此，赵某某关于沈某平的法定继承人不确定是否仅为沈某、沈某正两人的上诉主张与事实不符，本院不予支持。

《最高人民法院关于民事执行中变更、追加当事人若干问题的规定》第十八条[①]规定："作为被执行人的企业法人，财产不足以清偿生效法律文书确定的债务，申请执行人申请变更、追加抽逃出资的股东、出资人为被执行人，在抽逃出资的范围内承担责任的，人民法院应予支持。"第三十二条规定："被申请人或申请人对执行法院依据本规定第十四条第二款、第十七条至第二十一条规定作出的变更、追加裁定或驳回申请裁定不服的，可以自裁定书送达之日起十五日内，向执行法院提起执行异议之诉。被申请人提起执行异议之诉的，以申请人为被告。申请人提起执行异议之诉的，以被申请人为被告。"本案系赵某某对一审法院追加其为（2017）琼执恢4号一案被执行人的执行裁定不服而提起的执行异议之诉。《追加被执行人申请书》上签名为沈某平、沈某两人，落款日期为2017年7月20日，而沈某平于2017年6月3日便死亡，因此，《追加被执行人申请书》应认定为由沈某一人出具，其是唯一的申请人。一审法院依据上述第三十二条之规定将沈某列为本案的唯一被告，于法有据，并无不当。

（三）一审法院是否存在程序违法

赵某某上诉主张沈某平于2017年6月3日因病去世，一审法院依据沈某平、沈某于2017年7月20日签署的《追加被执行人申请书》追加赵某某为被执行人，属于程序违法。本院认为，《最高人民法院关于民事执行中变更、追加当事人若干问题的规定》第一条规定："执行过程中，申请执行人或其继承人、权利承受人可以向人民法院申请变更、追加当事人。申请符合法定条件的，人民法院应予支持。"沈某平、沈某均为海南省高级人民法院（2014）琼民二初字第13号民事判决执行一案的申请执行人，沈某平、沈某均有权向一审法院提出追加被执行人的申请。因此，即使《追加被执行人申请书》上沈某平的签字日期在其已过世之后而应认定为无效，一审法院仍有权依据申请执行人沈某的申请作出追加赵某某为被执行人的裁定。赵某某的该项上诉主张依据不足，本院不予支持。

——中国裁判文书网。

① 现为《最高人民法院关于民事执行中变更、追加当事人若干问题的规定》（2020年修正）第十八条，内容改为："作为被执行人的营利法人，财产不足以清偿生效法律文书确定的债务，申请执行人申请变更、追加抽逃出资的股东、出资人为被执行人，在抽逃出资的范围内承担责任的，人民法院应予支持。"

61. 因瑕疵出资而被追加为被执行人的股东，应否对追加其为被执行人之前，公司因迟延履行所负担的加倍部分债务利息承担责任

关键词

迟延履行　瑕疵出资　追加被执行人

附录：执行信箱

问： 因瑕疵出资而被追加为被执行人的股东，应否对追加其为被执行人之前，公司因迟延履行所负担的加倍部分债务利息承担责任？

答： 该问题司法实践中确实存在一定争议。一种观点认为，迟延履行利息是在被执行人未按生效法律文书指定的期间履行给付金钱义务时，对其怠于履行义务的惩戒，并用以弥补申请执行人的损失。股东在被追加为被执行人之前，其并非生效法律文书确定金钱义务的履行主体，法律对其履行该金钱义务并不具备期待可能性。股东对迟延履行也没有认识可能性和作为可能性，故不应承担被追加为被执行人之前，公司所负的履行期间的加利息。另一种观点则认为，股东被追加为被执行人之后，就应当在未履行出资范围内，承担公司给付迟延履行期间加倍利息的责任。股东未及时出资，正是公司财产不足以清偿执行债务的直接原因。

我们倾向于第二种观点。执行程序中，之所以允许将瑕疵出资的股东追加为被执行人。其理论基础一般认为有二：一是代位权原理；二是债权侵权原理。就前者而言，股东因瑕疵出资对公司负有债务，在公司财产已经不足以清偿债权人的债权时，债权人就有权要求股东在未履行出资的范围内承担责任。此时，并不需要考虑股东对公司债务的发生是否存在过错。质言之，债权人可以要求股东承担责任，是因为股东对公司负有出资义务，与债权人债权的发生原因和时点均无关联。就后者而言，系认为股东未及时出资构成对债权人债权的侵害。按照此种观点，则股东对债权人债权未及时获偿本身就具有过错，则更无排除迟延履行加倍利息的理由。特别是，股东仅需要在其对公司所负出资义务的范围内承担责任，即便该责任中包括迟延履行期间的加倍利息，亦未给股东带来额外的负担，没有超出其合理预期。故适用《民事诉讼法》第二百六十条，要求被追加为被执行人的股东，对其被追加前发生的加倍利息承担责任，与现行法蕴含的价值判断并无相悖之处。

——最高人民法院执行局编：《执行工作指导》2023 年第 1 辑（总第 81 辑），人民法院出版社 2023 年版，第 219 页。

62. 股东应否因其出资瑕疵对公司债权人承担责任

关键词

股东　债权人　出资瑕疵

最高人民法院答复

江苏省高级人民法院：

你院〔2002〕苏执监字第171号《关于南通开发区富马物资公司申请执行深圳龙岗电影城实业有限公司一案的请示报告》收悉，经研究，答复如下：

我们认为，公司增加注册资金是扩张经营规模、增强责任能力的行为，原股东约定按照原出资比例承担增资责任，与公司设立时的初始出资是没有区别的。公司股东若有增资瑕疵，应承担与公司设立时的出资瑕疵相同的责任。但是，公司设立后增资与公司设立时出资的不同之处在于，股东履行交付资产的时间不同。正因为这种时间上的差异，导致交易人（公司债权人）对于公司责任能力的预期是不同的。股东按照其承诺履行出资或增资的义务是相对于社会的一种法定的资本充实义务，股东出资或增资的责任应与公司债权人基于公司的注册资金对其责任能力产生的判断相对应。本案中，南通开发区富马物资公司（以下简称富马公司）与深圳龙岗电影城实业有限公司（以下简称龙岗电影城）的交易发生在龙岗电影城变更注册资金之前，富马公司对于龙岗电影城责任能力的判断应以其当时的注册资金500万元为依据，而龙岗电影城能否偿还富马公司的债务与此后龙岗电影城股东深圳长城（惠华）实业企业集团（以下简称惠华集团）增加注册资金是否到位并无直接的因果关系。惠华集团的增资瑕疵行为仅对龙岗电影城增资注册之后的交易人（公司债权人）承担相应的责任，富马公司在龙岗电影城增资前与之交易所产生的债权，不能要求此后增资行为瑕疵的惠华集团承担责任。

此复

——《最高人民法院执行工作办公室关于股东因公司设立后的增资瑕疵应否对公司债权承担责任问题的复函》[2003年12月11日，(2003)执他字第33号]，载江必新、贺荣主编、最高人民法院执行局编：《最高人民法院执行案例精选》，中国法制出版社2014年版，第112页。

63. 申请执行人能否扩张申请追加债务人的股东的出资人为被执行人

关键词

执行异议之诉　追加执行

最高人民法院裁判文书

边湘萍与冯雪恩、国信智玺等执行异议之诉纠纷案［最高人民法院（2021）最高法民申 6402 号民事裁定书］

裁判要旨：确定实体权利应由审判程序完成，执行程序仅是实体权利实现的过程，强制执行中追加被执行人属于未经审判确定被追加执行人的实体义务，本身已经扩张生效裁判的效力，故不能无限制扩张。由此，债权人在申请强制执行过程中，发现债务人的股东出资不足，有权申请追加该股东为被执行人，但不能进一步要求追加该股东的出资人为被执行人。

最高人民法院经审查认为，边湘萍的再审申请理由不成立。

本案中，北京仲裁委员会裁决国信润能偿还边湘萍有关本金利息，正润科技承担连带责任。边湘萍以该裁决为依据向人民法院申请执行，北京市第三中级人民法院以 173 号案件立案强制执行。在强制执行过程中，因边湘萍发现正润科技的股东国信智玺出资不足，申请追加国信智玺为被执行人。北京市第三中级人民法院遂作出 365 号判决，判决追加国信智玺为被执行人。在执行国信智玺财产过程中，边湘萍依据《最高人民法院关于民事执行中变更、追加当事人若干问题的规定》（以下简称《变更、追加当事人规定》）第十四条第二款规定，以冯雪恩对国信智玺出资不实为由，申请追加国信智玺的出资人即有限合伙人冯雪恩为被执行人。《变更、追加当事人规定》第十四条第二款规定："作为被执行人的有限合伙企业，财产不足以清偿生效法律文书确定的债务，申请执行人申请变更、追加未按期足额缴纳出资的有限合伙人为被执行人，在未足额缴纳出资的范围内承担责任的，人民法院应予支持。"本院认为，确定实体权利应由审判完成，执行仅应是实体权利实现的过程，因为申请人的实体权利对应被执行人的实体义务，执行中追加变更被执行人就是不经审判确定了被追加执行人的实体义务，本身已经扩张了生效裁判的效力，适度的扩张，可以提升效率，但不能过度扩张。原判决将该规定中的“生效法律文书确定的债务”理解为“经生效法律文书确认的基础债权债务”，对边湘萍关于追加冯雪恩为被执行人并对国信智玺的还款义务承担补充赔偿责任的诉讼请求未予支持，不属于适用法律确有错误。

——中国裁判文书网。

64. 生效判决未列债务人的配偶为当事人，法院能否查封和执行配偶的个人财产

关键词

个人财产

最高人民法院裁判文书

厉明法与刘桂萍以及王永华案外人执行异议之诉案［最高人民法院（2019）最高法民申1230号民事裁定书］

裁判要旨：民间借贷纠纷中，若债务人仅为夫妻一方，法院判决亦未确认所涉债务系夫妻共同债务且二人已经离婚的，法院不得查封和执行配偶的个人财产。

最高人民法院经审查认为：在厉明法诉王永华民间借贷纠纷一案中，刘桂萍并非案件当事人，法院判决亦未确认所涉债务系王永华与刘桂萍夫妻共同债务。刘桂萍与王永华已于2014年12月1日离婚，刘桂萍在中国建设银行七台河分行的27000元存款，系刘桂萍2016年之后的工资存款，即七台河市中级人民法院（2015）七执字第40-5号执行裁定冻结的财产均是刘桂萍离婚后的工资收入，原审法院认定执行标的系刘桂萍个人财产，并停止强制执行刘桂萍被冻结的存款，并无不当。

厉明法提供其向七台河市中级人民法院提交的申请书、七台河市中级人民法院2016年7月12日、2016年12月1日、2016年12月12日、2018年4月10日的询问笔录、2017年9月27日七台河市中级人民法院庭审笔录和2018年5月9日黑龙江省高级人民法院庭审笔录及其自己出具的证明作为新证据，用以证明刘桂萍与王永华存在恶意逃债、假离婚的事实。但上述证据不能证明刘桂萍与王永华存在恶意逃债、假离婚的事实，不足以证明原判决认定的基本事实错误或判决结果错误，不符合《最高人民法院关于适用

〈中华人民共和国民事诉讼法〉的解释》第三百八十七条[①]规定的情形，最高人民法院不予采信。

——中国裁判文书网。

65. 执行程序中能否直接申请追加次债务人为被执行人

关键词

追加被执行人　次债务人

最高人民法院裁判文书

史会民与山西临汾银光汽修实业有限公司借款合同纠纷执行案［最高人民法院（2019）最高法执监490号执行裁定书］

裁判要旨：变更、追加执行当事人应严格限定于法律、司法解释明确规定的情形。申请执行人请求次债务人代为履行债务的，应向执行法院申请执行被执行人对他人的到期债权，而非直接在执行程序中申请追加次债务人为被执行人。

最高人民法院经审查认为：本案争议焦点为史会民以银光公司对同力达公司、宣为民享有到期债权为由，申请追加二者为被执行人的主张是否成立。

变更、追加当事人是指在执行程序中变更或者追加第三人为申请执行人或被执行人的制度，系直接在执行程序中确定由生效法律文书确定的被执行人之外的第三人承担实体责任，直接关乎多方主体的切身利益，对各方当事人的实体和程序权利将产生极大影响。因此，追加当事人应严格遵循法定主义原则，即变更、追加执行当事人应当严格限定于法律、司法解释明确规定的情形。本案中，申诉人史会民以银光公司享有对同力达公司的到期债权，宣为民为担保人为由，要求追加同力达公司、宣为民为被执行人。《最高人民法院关于人民法院执行工作若干问题的规定（试行）》第六十一条[②]规定，被执行人不能清偿债务，但对本案以外的第三人享有到期债权的，人民法院可以依申请执行人或被执行人的申请，向第三人发出履行到期债务的通知。《民

---

① 现为《最高人民法院关于适用〈中华人民共和国民事诉讼法〉的解释》（2022年修正）第三百八十五条。

② 现为《最高人民法院关于人民法院执行工作若干问题的规定（试行）》第四十五条。

事诉讼法解释》第五百零一条[①]规定，人民法院执行被执行人对他人的到期债权，可以作出冻结债权的裁定，并通知该他人向申请执行人履行。由此可见，对于被执行人对他人享有到期债权，申请执行人主张执行该到期债权的，司法解释规定了专门的执行程序以及救济途径。申请执行人应当依据上述规定通过向执行法院申请执行被执行人对他人到期债权的方式，而非通过申请追加该他人为被执行人的方式来实现对到期债权的执行。《最高人民法院关于民事执行中变更、追加当事人若干问题的规定》中亦没有将被执行人对他人享有到期债权列为可以追加该他人为被执行人的情形。

——中国裁判文书网。

66. 未经清算注销登记可以依法追加清算义务人为被执行人

关键词

清算　执行异议

最高人民法院司法解释

第二十一条　作为被执行人的公司，未经清算即办理注销登记，导致公司无法进行清算，申请执行人申请变更、追加有限责任公司的股东、股份有限公司的董事和控股股东为被执行人，对公司债务承担连带清偿责任的，人民法院应予支持。

——《最高人民法院关于民事执行中变更、追加当事人若干问题的规定》（2020 年 12 月 29 日修正）。

最高人民法院裁判文书

朱永红与雅佳丽公司等执行异议之诉案［最高人民法院（2021）最高法民申 1011 号民事裁定书］

裁判要旨：公司清算时未依法通知已知债权人即注销登记，清算程序不符合法律规定。在再行清算客观已无实现可能的情况下，人民法院可以依法追加相关清算义务人作为被执行人承担清偿责任。

最高人民法院经审查认为，根据原审查明，雅佳丽公司就其与金成公司、

① 现为《最高人民法院关于适用〈中华人民共和国民事诉讼法〉的解释》（2022 年修正）第四百九十九条。

时书芳等财产损害赔偿纠纷向法院提起诉讼，一审法院于 2013 年 9 月 5 日作出（2013）蚌民一重初字第 00001 号民事判决，二审法院于 2015 年 1 月 4 日作出（2014）皖民一终字第 00114 号民事判决，雅佳丽公司同年即向一审法院申请强制执行。可见，金成公司和雅佳丽公司之间的财产损害赔偿纠纷案件，业已经过原审法院多次审理，金成公司作为当事人参加诉讼，对于原审法院判决确定的雅佳丽公司债权显然知悉。朱永红作为金成公司法定代表人称其对前述案件判决所确定雅佳丽公司的债权不知情，理据不足，不予采信。

《最高人民法院关于民事执行中变更、追加当事人若干问题的规定》第二十一条规定，作为被执行人的公司，未经清算即办理注销登记，导致公司无法进行清算，申请执行人申请变更、追加有限责任公司的股东、股份有限公司的董事和控股股东为被执行人，对公司债务承担连带清偿责任的，人民法院应予支持。

2016 年 2 月 23 日，金成公司成立清算组，由金成公司股东、法定代表人、总经理兼执行董事朱永红担任清算组负责人，公司股东郭银鸽为清算组成员，在未通知已知债权人雅佳丽公司的情况下进行清算并注销公司。金成公司虽在形式上履行了相应程序，但因未依法通知已知债权人雅佳丽公司，清算程序实质上不符合法律规定。朱永红申请再审提交的清算报告复印件显示仅对金成公司 2014–2015 两年财务状况进行审核，不能如实全面反映金成公司财务状况，亦不足以证明金成公司尚能再次进行清算。况且，在金成公司财务资料不够完整齐备且已办理注销登记的情况下，所谓再行清算客观上并无实现的可能。因此，原审法院以金成公司未经清算办理注销登记导致公司无法进行清算为由，将朱永红追加为被执行人，符合法律规定。

——中国裁判文书网。

67. 能否在执行程序中直接追加无偿受让抵押物的受让人为被执行人

关键词

执行程序　无偿受让抵押物　追加被执行人

最高人民法院答复

山东省高级人民法院：

你院《关于执行程序中被执行人无偿转让抵押财产人民法院应如何处理的请示》收悉。经研究，答复如下：

作为执行标的物的抵押财产在执行程序中被转让的，如果抵押财产已经依法办理了抵押登记，则不论转让行为是有偿还是无偿，也不论是否通知了抵押权人，只要抵押权人没有放弃抵押权，人民法院均可以直接对该抵押物进行执行。因此，你院可以直接对被执行人已经设定抵押的财产采取执行措施，必要时，可以将抵押财产的现登记名义人列为被执行人。

此复

——《最高人民法院〔2006〕执他字第13号函》(2016年10月27日)，载江必新主编:《人民法院执行工作规范全集》，人民法院出版社2001年版，第869页。

68. 以抽逃出资为由追加股东为被执行人，如何向法院申请调取证据

关键词

抽逃出资　被执行人　股东　调取证据

最高人民法院裁判文书

杨恒义与杨珍申请执行人执行异议之诉案［最高人民法院（2020）最高法民申7040号民事裁定书］

裁判要旨：根据相关法律规定，申请执行人可以依法申请追加抽逃出资的股东为被执行人，但应当承担举证责任，提交证据证明被执行人股东存在抽逃出资的行为。在没有证据的情况下，若有可靠线索指证股东抽逃出资，亦可向法院申请调取相关证据。然而，如果既无证据又无线索，仅仅主观认为股东抽逃出资，并就此向法院申请调证，法院不予支持。

最高人民法院认为，杨恒义、杨珍、陈玉坤以久业公司历任股东王军、刘贵良、段国彬、刘美晶、孙丽华及张福荣虚假出资、抽逃出资为由，申请追加前述股东为被执行人。根据《最高人民法院关于民事执行中变更、追加当事人若干问题的规定》第十七条、第十八条、第十九条之规定，作为被执行人的企业法人，财产不足以清偿生效法律文书确定债务的，股东或出资人在未缴纳或未足额缴纳出资、抽逃出资以及出让瑕疵股权的情况下，在未出资或抽逃出资范围内承担清偿责任，可以被追加为被执行人。本案中，辽宁信诚会计师事务所有限责任公司出具的验资报告证实，王军、段国彬、刘贵

良均以货币形式全额实缴出资，不存在虚假出资的情形。杨恒义等人主张前述股东以已故法定代表人张久远名义决定公司重大经营活动及发现无可供执行财产后以出让股权的形式抽逃出资，并申请法院调取公司账簿、进行审计。根据原审查明事实，杨恒义等人未提供前述股东抽逃出资的相关线索，久业公司的注册登记和股东变更亦经康平县市场监督管理局核准登记，杨恒义等人尚未完成前述股东故意实施直接针对公司资本损害行为的初步证明责任，不足以认定其申请调取的证据系认定本案基本事实所必需的主要证据。故其主观认为前述股东抽逃出资并申请法院调取证据支持其主张，缺乏事实基础和法律依据，原审法院未依申请予以调取并无不当。

——中国裁判文书网。

四、执行担保

69. 执行担保的性质以及和解协议中的担保条款与执行担保的关系

关键词

执行担保　和解协议　担保条款

最高人民法院司法解释

第一条　本规定所称执行担保，是指担保人依照民事诉讼法第二百三十一条[①]规定，为担保被执行人履行生效法律文书确定的全部或者部分义务，向人民法院提供的担保。

——《最高人民法院关于执行担保若干问题的规定》（2020 年 12 月 29 日修正）。

附录：最高人民法院主流观点

关于执行担保的性质，存在较大的争议。我们认为执行担保是一种特殊的担保，不同于担保法与物权法中的一般民事性质的担保。理由在于：第一，从条文的规定看，《最高人民法院关于执行担保若干问题的规定》第一条明确规定是“向人民法院提供担保”。第二，从法律后果看，能直接影响执行程序

① 现为《民事诉讼法》（2021 年修正）第二百三十八条。

的进行，并能在条件具备时对担保财产直接予以执行。在被执行人提供了担保后，由人民法院决定是否暂缓执行，并在被执行人超过了暂缓执行的期间不履行时，可以直接执行担保的财产。

和解协议中的担保条款与执行担保具有相似性，尤其是当和解协议的担保条款被表述为向人民法院提供担保时，更是高度类似。如何理解这两种担保的关系，存在不同的看法。一种观点认为，执行和解协议属于“附生效条件”（即履行完毕才生效）的特殊合同，在一方不履行、不适当履行或不完全履行时，申请执行人申请恢复执行的是原生效判决，和解协议本身不具有强制执行效力，当然也不能基于其中的担保条款直接执行担保人。[①] 另一种观点认为，在和解协议未得到履行时，应区分执行和解协议中担保向谁作出而有不同的法律后果。如果是向人民法院作出，则可以强制执行担保财产；如果是向对方当事人作出，则不得强制执行。[②] 基于执行担保后果的严厉性及法律对于执行和解协议效力的规定，我们倾向于第一种观点。

——江必新主编：《执行规范理解与适用——最新民事诉讼法与民诉法解释保全、执行条文关联解读（第二版）》，中国法制出版社 2018 年版，第 208~209 页。

70. 执行担保的实现方式

关键词

执行担保　担保人　被执行人

最高人民法院司法解释

第二条　执行担保可以由被执行人提供财产担保，也可以由他人提供财产担保或者保证。

第十一条　暂缓执行期限届满后被执行人仍不履行义务，或者暂缓执行期间担保人有转移、隐藏、变卖、毁损担保财产等行为的，人民法院可以依申请执行人的申请恢复执行，并直接裁定执行担保财产或者保证人的财产，不得将担保人变更、追加为被执行人。

执行担保财产或者保证人的财产，以担保人应当履行义务部分的财产为限。被执行人有便于执行的现金、银行存款的，应当优先执行该现金、银行存款。

① 肖建国、赵晋山：《民事执行若干疑难问题探讨》，载《法律适用》2005 年第 6 期。

② 丁亮华：《最新民事执行程序解读与运用》，中国法制出版社 2007 年版，第 65~66 页。

——《最高人民法院关于执行担保若干问题的规定》（2020 年 12 月 29 日修正）。

附录：答记者问

根据《民事诉讼法》第 231 条[①]，被执行人于暂缓执行期限届满后仍不履行的，人民法院有权执行被执行人的担保财产或者担保人的财产。但由于其对执行担保具体实现方式的规定较为笼统，导致司法实践中，人民法院的做法不一。有的不出裁定直接执行，有的裁定追加担保人为被执行人，有的裁定直接执行担保财产。处理方式的不统一，既有损司法权威，又增加了纠纷产生的可能性，司法解释对此应当予以回应。经反复讨论，考虑到执行担保与变更、追加执行当事人在民事诉讼法上属于不同的法律制度，《执行担保规定》明确规定，人民法院可以根据申请执行人的申请，直接裁定执行担保财产或者保证人的财产，不得将担保人变更、追加为被执行人。

——《最高人民法院有关负责人就〈关于执行和解若干问题的规定〉〈关于执行担保若干问题的规定〉〈关于人民法院办理仲裁裁判执行案件若干问题的规定〉答记者问》，载《人民法院报》2018 年 2 月 24 日。

71. 执行担保的担保期间

关键词

执行担保　担保期间

最高人民法院司法解释

第十二条　担保期间自暂缓执行期限届满之日起计算。

担保书中没有记载担保期间或者记载不明的，担保期间为一年。

第十三条　担保期间届满后，申请执行人申请执行担保财产或者保证人财产的，人民法院不予支持。他人提供财产担保的，人民法院可以依其申请解除对担保财产的查封、扣押、冻结。

——《最高人民法院关于执行担保若干问题的规定》（2020 年 12 月 29 日修正）。

附录：答记者问

《最高人民法院关于执行担保若干问题的规定》第十二条、第十三条确立

① 现为《民事诉讼法》（2021 年修正）第二百三十八条。

了执行担保期间这一全新的制度。这主要是出于以下考虑：一方面，《最高人民法院关于适用〈中华人民共和国民事诉讼法〉的解释》（以下简称《民事诉讼法解释》）第四百六十九条[①]曾经规定担保期限，但因其内涵与担保法的保证期间明显不同，实践中常常引发误解；另一方面，任何权利的行使都不能没有约束，如果申请执行人长期不主张权利，既会对担保人的生产、生活产生不利影响，还存在利用执行担保使担保人财产被长期查封，进而规避担保人的债权人求偿的可能。最终，本司法解释规定，申请执行人应当在担保期间内对担保人主张权利，否则担保人的担保责任将得以免除。

——《最高人民法院有关负责人就〈关于执行和解若干问题的规定〉〈关于执行担保若干问题的规定〉〈关于人民法院办理仲裁裁判执行案件若干问题的规定〉答记者问》，载《人民法院报》2018年2月24日。

72. 保证人在审理案件期间为被执行人提供保证的，在案件执行阶段的担保责任认定

关键词

执行　执行复议　一般保证

最高人民法院指导性案例

青海金泰融资担保有限公司与上海金桥工程建设发展有限公司、青海海西家禾酒店管理有限公司建设工程合同纠纷执行复议案（最高人民法院指导案例120号）

裁判要点：在案件审理期间保证人为被执行人提供保证，承诺在被执行人无财产可供执行或者财产不足清偿债务时承担保证责任的，执行法院对保证人应当适用一般保证的执行规则。在被执行人虽有财产但严重不方便执行时，可以执行保证人在保证责任范围内的财产。

最高人民法院认为，《最高人民法院关于人民法院执行工作若干问题的规定（试行）》第85条规定："人民法院在审理案件期间，保证人为被执行人提供保证，人民法院据此未对被执行人的财产采取保全措施或解除保全措施

① 现为《最高人民法院关于适用〈中华人民共和国民事诉讼法〉的解释》（2022年修正）第四百六十七条。

的，案件审结后如果被执行人无财产可供执行或其财产不足清偿债务时，即使生效法律文书中未确定保证人承担责任，人民法院有权裁定执行保证人在保证责任范围内的财产。”上述规定中的保证责任及金泰公司所做承诺，类似于担保法规定的一般保证责任。《中华人民共和国担保法》第十七条第一款及第二款规定：“当事人在保证合同中约定，债务人不能履行债务时，由保证人承担保证责任的，为一般保证。一般保证的保证人在主合同纠纷未经审判或者仲裁，并就债务人财产依法强制执行仍不能履行债务前，对债权人可以拒绝承担保证责任。”《最高人民法院关于适用〈中华人民共和国担保法〉若干问题的解释》第一百三十一条规定：“本解释所称‘不能清偿’指对债务人的存款、现金、有价证券、成品、半成品、原材料、交通工具等可以执行的动产和其他方便执行的财产执行完毕后，债务仍未能得到清偿的状态。”依据上述规定，在一般保证情形，并非只有在债务人没有任何财产可供执行的情形下，才可以要求一般保证人承担责任，即债务人虽有财产，但其财产严重不方便执行时，可以执行一般保证人的财产。参照上述规定精神，由于青海三工置业有限公司仅有在建工程及相应的土地使用权可供执行，既不经济也不方便，在这种情况下，人民法院可以直接执行金泰公司的财产。

——《最高人民法院关于发布第23批指导性案例的通知》（2019年12月24日，法〔2019〕294号）。

说明

指导案例120号青海金泰融资担保有限公司与上海金桥工程建设发展有限公司、青海海西家禾酒店管理有限公司建设工程合同纠纷执行复议案体现了执行程序中合理运用实体法规范的可能性和必要性，通过在执行程序中适用一般保证的规则来平衡当事人与担保人的利益。

最高人民法院审判业务意见［《人民法院办理执行案件规范（第二版）》］

91.【担保责任的承担】

暂缓执行期限届满后被执行人仍不履行义务，或者暂缓执行期间担保人有转移、隐藏、变卖、毁损担保财产等行为的，人民法院可以依申请执行人的申请恢复执行，并直接裁定执行担保财产或者保证人的财产，不得将担保人变更、追加为被执行人。

执行担保财产或者保证人的财产，以担保人应当履行义务部分的财产为限。被执行人有便于执行的现金、银行存款的，应当优先执行该现金、银行存款。

——最高人民法院执行局编：《人民法院办理执行案件规范（第二版）》，人民法院出版社2022年版，第44页。

附录：最高人民法院法官著述

（一）裁判要点的理解与说明

该指导案例的裁判要点确认：在案件审理期间保证人为被执行人提供保证，承诺在被执行人无财产可供执行或者财产不足清偿债务时承担保证责任的，执行法院对保证人应当适用一般保证的执行规则。在被执行人虽有财产但严重不方便执行时，可以执行保证人在保证责任范围内的财产。现围绕与该裁判要点相关的问题逐一解释和说明如下：

第一，《最高人民法院关于人民法院执行工作若干问题的规定（试行）》（以下简称《执行规定》）第85条[①]规定的担保属于执行担保的特殊形式，担保人承担责任的条件应当与执行担保基本一致。所谓执行担保，是指通过将被执行人的部分责任财产特定地用于清偿执行债权或者增加被执行人的责任财产范围等手段保障执行债权获得清偿的制度。《民事诉讼法》第二百三十一条[②]规定了执行担保制度，即“在执行中，被执行人向人民法院提供担保，并经申请执行人同意的，人民法院可以决定暂缓执行及暂缓执行的期限。被执行人逾期仍不履行的，人民法院有权执行被执行人的担保财产或者担保人的财产”。《执行规定》第85条规定了诉讼保全中因被保全人提供担保而解除查封，执行依据生效后被执行人未履行义务时，担保人的责任承担问题。从《执行规定》的体例上看，第85条规定在“执行担保和执行和解”部分，是对《民事诉讼法》第二百三十一条执行担保制度的解释。之所以这样规定，其观念上的前提是，财产保全也是一种执行措施，而且无论是保全本身还是保证人的保证，都是直接为了将来的执行目的。故《执行规定》第85条规定的担保，属于执行担保的一种特殊形式。在执行担保制度中，并未要求首先执行被执行人的财产，故在诉讼保全阶段被保全人提供担保的情况下，要求对主债务人执行穷尽时才可执行担保人的财产，显然是不合理的。从制度合理化和逻辑一致性的角度看，有必要适用相对宽松的一般保证规则，无需对被执行人执行穷尽时才能执行担保人。

第二，《执行规定》第85条规定的担保建立在民商事担保制度基础之上，应当适用民商事担保规则。执行担保是民商事担保制度在执行过程中适用的结果，从制度范畴来看，执行担保应属广义上的担保制度的一种，实质是由一般民事担保制度与民事执行程序相结合而产生的一种特殊担保制度。执行担保与民商事担保的基本原理是一致的，皆为义务人以自身或他人的财产为

① 现为《最高人民法院关于人民法院执行工作若干问题的规定（试行）》（2020年修正）第54条。

② 现为《民事诉讼法》（2021年修正）第二百三十八条。

将来可能发生的义务不履行做担保，都属于债的保全，二者在性质、功能和目的上均有诸多相通之处，因此，关于担保关系的一般规定同样适用于执行担保的情形，即负责执行的人民法院可以依当事人在提供执行担保时的约定来决定如何执行担保人的财产。故《执行规定》第85条虽然没有提到，但执行时还是应当区分保证人的责任是一般保证责任还是连带保证责任。如果当事人没有特别约定为连带保证责任，根据《执行规定》第85条中“被执行人无财产可供执行或其财产不足清偿债务时”的条件，应当将该保证理解为一般保证。一般保证是保证人责任最轻的一种担保方式，即使是这种方式，亦未要求对被执行人穷尽执行后才能执行保证人。因此，《执行规定》第85条中的“无财产可供执行或其财产不足清偿债务”，应当按照一般保证中不能清偿的标准理解，即只要被执行人方便执行的财产经执行不足以清偿，即可执行保证人。

第三，《执行规定》第85条规定了因担保而解除查封，为避免损害债权人的利益，提供担保的效果不应低于查封。相较执行担保中的暂缓执行，诉讼保全中执行保证的效力是解除（或放弃）对保全查封的查封，对债权人的权益影响更大，从公平的角度考虑，担保人提供保证的效果不应低于查封。在查封财产的情况下，债权人胜诉后即可要求变价财产偿还债务，如果担保人提供保证解除查封，反而要对被执行人穷尽执行后才能要求担保人承担责任，对债权人来说有失公平。担保的制度目的是保证债权实现，将《执行规定》第85条规定的无财产可供执行或其财产不足清偿债务理解为一般保证中的不能清偿，保证人承担保证责任时不再要求穷尽对被执行人的执行，更有利于实现保证的制度价值，体现了担保的目的以及对各方当事人的权利平衡。

（二）参照适用时应注意的问题

参照适用该案例时应注意正确把握一般担保中的先诉抗辩权问题。《担保法》第十七条①第一款及第二款规定了一般保证及先诉抗辩权，即“当事人在保证合同中约定，债务人不能履行债务时，由保证人承担保证责任的，为一般保证。一般保证的保证人在主合同纠纷未经审判或者仲裁，并就债务人财产依法强制执行仍不能履行债务前，对债权人可以拒绝承担保证责任”。这里的先诉抗辩权采用的是不能履行的标准。质言之，在债务人能够清偿债务时，担保人有先诉抗辩权，执行中不能执行担保人的财产。因此，判断债务人是否达到不能履行的状态，对担保人是否承担责任至关重要。《担保法解释》②第131条指出，“本解释所称‘不能清偿’指对债务人的存款、现金、有价证券、

---

① 对应《民法典》第六百八十七条。

② 已被《最高人民法院关于废止部分司法解释及相关规范性文件的决定》（2020年12月29日）废止。

成品、半成品、原材料、交通工具等可以执行的动产和其他方便执行的财产执行完毕后，债务仍未能得到清偿的状态”。这里的不能清偿对应了《担保法》第十七条规定的不能履行，对主债务人不能履行的情形作了限定，尤其是在执行阶段的标准作了限定，其核心是方便执行的财产。所谓方便执行财产，是指清偿直接、变现容易、回收便捷的财产，一般指司法解释中列举的存款、现金、有价证券、成品、半成品、原材料、交通工具等动产，但不限于动产（不能一概而论）。具体而言，土地、建筑物、企业设备、对外债权等变现周期长，一般不属于方便执行财产，但仍须以法院根据财产实际状态判断是否方便执行为准。如果债务人的方便执行财产已执行完毕，即使债务人还有其他难以回收或变现的财产没有被执行，仍构成不能清偿。

——邵长茂:《〈青海金泰融资担保有限公司与上海金桥工程建设发展有限公司、青海三工置业有限公司执行复议案〉的理解与参照——诉讼保全的执行担保中关于无财产可供执行或其财产不足清偿债务的规定，应当适用一般保证的执行规则》，载《人民司法·案例》2022 年第 11 期。

73. 在执行程序中适用《民诉法解释》第四百九十九条的要点

关键词

执行程序　到期债权　代位诉讼权

最高人民法院司法政策精神

三、被执行人的债权作为其财产的重要组成部分，是其债务的一般担保，不能豁免执行。但是执行到期债权涉及次债务人的权利保护，法律关系较为复杂，在执行程序中适用《民诉法解释》第五百零一条[①]时，应当严格遵守法定条件与程序，兼顾相关各方主体的权利保护。

在对到期债权的执行中，应当依法保护次债务人的利益，对于次债务人在法定期限内提出异议的，除到期债权系经生效法律文书确定的外，人民法院对提出的异议不予审查，即应停止对次债务人的执行，债权人可以另行提起代位权诉讼主张权利。对于其他利害关系人提出的异议符合民事诉讼法第二百二十七条[②]规定的，人民法院应当按照相应程序予以处理。

被执行人有银行存款或者其他能够执行的财产的，人民法院原则上应优

① 现为《最高人民法院关于适用〈中华人民共和国民事诉讼法〉的解释》（2022 年修正）第四百九十九条。

② 现为《民事诉讼法》（2021 年修正）第二百三十四条。

先予以执行；对于被执行人未到期的债权，在到期之前，只能冻结，不能责令次债务人履行。

——《最高人民法院关于认真贯彻实施民事诉讼法及相关司法解释有关规定的通知》（2017年12月29日，法〔2017〕369号）。

74. 当事人在执行和解协议中约定的担保条款能否构成执行担保

关键词

执行担保

最高人民法院裁判文书

于某某与内蒙古润普钢铁有限公司执行争议案［最高人民法院（2019）最高法执监77号执行裁定书］

裁判要旨：执行担保强调的是当事人或第三人向人民法院提供担保。在第三人为被执行人债务提供保证时，必须向人民法院作出明确的意思表示才能认定为执行担保，而不能仅仅以和解协议中约定了保证条款，以及协议的签订地点在人民法院，就视为第三人向人民法院承诺接受强制执行。

最高人民法院经审查认为：本案的焦点问题是，当事人在执行和解协议中约定的担保条款是否构成执行中的担保。

执行和解协议是当事人自愿协商达成的依法变更生效法律文书确定内容的民事合同。根据《民诉法解释》第四百六十七条[①]的规定，一方当事人不履行执行和解协议时，对方当事人可以申请恢复对原生效法律文书的执行；根据《民事诉讼法》第二百三十一条[②]、《民诉法解释》第四百七十条[③]的规定，在执行中，被执行人或第三人可以向人民法院提供执行担保，也可以由第三人提供保证，第三人提供保证的，应当向执行法院出具保证书。由此可知，人民法院强制执行的是生效法律文书，而不是当事人之间达成的执行和解协议，法律和司法解释所规定的被执行人或第三人可以向人民法院提供担保或

---

① 现为《最高人民法院关于适用〈中华人民共和国民事诉讼法〉的解释》（2022年修正）第四百六十五条。

② 现为《民事诉讼法》（2021年修正）第二百三十八条。

③ 现为《最高人民法院关于适用〈中华人民共和国民事诉讼法〉的解释》（2022年修正）第四百六十八条。

保证，也只能理解为是对生效法律文书确定的义务提供担保或保证。第三人向执行法院提供执行担保或保证，是在生效法律文书确定的权利义务之外，自愿加入强制执行程序中，在第三人并非生效法律文书确定的当事人的情况下，其接受强制执行，必须向人民法院作出明确的意思表示。因此，执行担保强调的是向人民法院承诺自愿接受直接强制执行，而不仅仅是担保人向申请执行人提供担保。

本案中，执行和解协议虽然约定了由润普公司为鑫马公司等被执行人提供保证的条款，但该公司没有向执行法院出具保证书，不符合法律及司法解释规定的“向人民法院提供担保”这一执行担保成立的前提条件。不能仅仅以当事人在法院主持下达成和解或者执行和解协议的签订地点在法院为由，推定执行和解协议中的保证条款构成执行程序中的担保。当然，不构成执行程序中担保，并不当然意味着不承担担保责任。对是否承担担保责任的认定处理属于审判权力，本案中的执行和解协议是否构成民事债务加入或民事担保法律关系并产生相应实体法上的后果，应当通过审判程序解决，而不适合在执行程序中直接认定处理。

——中国裁判文书网。

附录：本案解析

执行和解担保，即执行和解协议中约定担保条款，其中，比较极端的情形是，和解协议的担保条款被表述为向人民法院提供担保。执行担保的成立和其他生效裁判一样，具有强制执行的法律效力，那么执行和解担保中表述为向人民法院提供担保的情形，是否具有强制执行的法律效力，能否直接执行担保人？通说认为，执行和解协议属于“附生效条件”（即履行完毕才生效）的特殊合同，在一方不履行或不适当履行或不完全履行时，申请执行人申请恢复执行的是原生效判决，和解协议本身不具有强制执行效力，当然也不能及于其中的担保条款直接执行担保人。

《最高人民法院关于执行和解若干问题的规定》（法释〔2018〕3号）第十八条规定：“执行和解协议中约定担保条款，且担保人向人民法院承诺在被执行人不履行执行和解协议时自愿接受直接强制执行的，恢复执行原生效法律文书后，人民法院可以依申请执行人申请及担保条款的约定，直接裁定执行担保财产或者保证人的财产。”该条文是对执行和解担保作出的进一步明确，在严格符合一定条件的情况下，人民法院可以直接执行担保人的财产，其理论根源是出于对当事人意思自治的尊重。执行担保中虽然有公权力介入审查，但最终的执行范围以及担保人承担的责任，仍然源于当事人之间的契约，与民事担保责任并无明显差异。在担保人向人民法院明确表示在被执行人不履行执行和解协议时自愿接受直接强制执行的情况下，由于人民法院是对原生效裁判恢复执行，而不是强制执行和解协议，因此执行担保人财产范围不应超过原生效裁判确定的义务。一旦担保人向人民法院明确作出此类承诺，在申请执行人选择恢复执行的情况下，人民法院应当根据当事人的意思表示进行执行。在担保人作出承诺时，基于执行担保后果的严厉性考虑，人民法院应当向担保人明确说明其可能承担的担保责任。当然，也不排除第三人提供担保的意思既包括担保原生效法律文书执行，又包括担保和解协议履行两种情况，申请执行人可以选择放弃恢复执行原生效法律文书，而选择就履行和解协议提起诉讼，并要求第三人按照和解协议履行担保义务。申请执行人就履行执行和解协议提起诉讼，执行法院受理后，可以裁定终结原生效法律文书的执行。执行中的查封、扣押、冻结措施，自动转为诉讼中的保全措施。

——向国慧、魏丹：《当事人约定的担保条款不构成执行担保——于某某与内蒙古润普钢铁有限公司执行争议案》，载最高人民法院执行局编：《执行工作指导》2020 年第 3 辑（总第 75 辑），人民法院出版社 2020 年版，第 47 页。

75. 判决主文已经判明担保人承担担保责任后有权向被担保人追偿，担保人能否直接向人民法院申请执行

关键词

担保责任　追偿权　申请执行

最高人民法院审判业务意见［《人民法院办理执行案件规范（第二版）》］

19.【担保人承担担保责任后的直接申请执行】

生效法律文书已确认担保人承担担保责任后可以向主债务人行使追偿权，担保人承担责任后直接向人民法院申请执行主债务人的，人民法院应当受理。

——最高人民法院执行局编：《人民法院办理执行案件规范（第二版）》，人民法院出版社 2022 年版，第 12 页。

最高人民法院答复

四川省高级人民法院：

你院〔2008〕川执监字第 34 号《关于成都达义物业有限责任公司申请执行西藏华西药业集团有限责任公司借款合同纠纷一案的请示》收悉。经研究，答复如下：

原则同意你院倾向性意见中无须另行诉讼的意见。即对人民法院的生效判决已确定担保人承担担保责任后，可向主债务人行使追偿权的案件，担保

人无须另行诉讼，可以直接向人民法院申请执行。但行使追偿权的范围应当限定在抵押担保责任范围内。

——《最高人民法院关于判决主文已经判明担保人承担担保责任后有权向被担保人追偿，该追偿权是否须另行诉讼问题请示的答复》(2009年5月8日，〔2009〕执他字第4号)，载江必新主编、最高人民法院执行局编：《执行工作指导》2009年第3辑（总第31辑），人民法院出版社2010年版，第76页。

附录：理解与适用

（一）担保法及其相关司法解释对追偿权的权利人和义务人以及追偿权行使条件的规定

最高人民法院民二庭和研究室的答复意见已经阐述的非常清楚。《担保法》第三十一条是对保证人担保的债务清偿后可以向债务人追偿的规定，即：保证人承担保证责任后，有权向债务人追偿。第五十七条是对抵押担保人代债务人偿债后追偿的规定，即：为债务人抵押担保的第三人，在抵押权人实施抵押权后，有权向债务人追偿。也就是说，享有追偿权的权利人是担保人，包括保证人和物上保证人。结合本案而言就是达义公司。追偿权的义务人，虽然类型比较复杂，有债务人、连带债务人、反担保人以及共同担保人等，但就本案而言，追偿权的义务人就是债务人华西药业。

在明确了追偿权利人和义务人后，接下来就是追偿权行使的条件问题。担保人行使追偿权的前提条件是其实际承担了担保责任，因此，可以说担保人的该项权利是一种附条件的权利。担保人行使追偿权应以其实际承担的担保责任为限，而且这种责任必须是经过判决确认的，当然包括本案这种在审理主合同纠纷时，对担保合同中追偿权的判决。否则，担保人不能行使追偿权。

（二）本案达义公司追偿权判决情况

四川省高级人民法院（2006）川民初字第89号判决主文第二项明确判明，中信银行成都分行对达义公司提供抵押的财产在2600万元范围内享有抵押权。达义公司承担抵押担保责任后，有权向华西药业追偿。该判决非常明确的确定了追偿权利人达义公司和追偿义务人华西药业，且追偿的数额明确，因此，符合追偿的行使条件。也就是说，抵押担保人达义公司的追偿权已经为法院判决确认，根本不存在争议，因此，也就不存在另行诉讼的问题。

（三）判决确定的追偿权是否具有给付内容

从上述判决可以看出，债权人中信银行成都分行和债务人华西药业之间的借款本金和利息等是确定的，而且在判决生效后，达义公司替华西药业偿还了2700万元，对此，有中信银行成都分行出具的相关证据证明。也就是说，达义公司向华西药业行使追偿权是有给付内容的，法院受理并采取执行措施有法律依据。

（四）达义公司行使追偿的责任范围问题

判决中明确判明中信银行成都分行对达义公司提供抵押财产在 2600 万元范围内享有抵押权；达义公司承担担保责任后有权向华西药业追偿。这里明确了担保责任就是在 2600 万元范围内。如今达义公司已经实际支付了 2700 万元，超出了 100 万元，对超出部分不应属于担保责任的范围，如果继续执行，就缺乏法律依据。因此，达义公司行使追偿的范围就是在其担保的 2600 万元范围内。

综上，达义公司承担担保责任后向华西药业行使追偿权已经为四川省高级人民法院（2006）川民初字第 89 号民事判决书所确认，且具有给付内容，无须再另行诉讼；四川省高级人民法院和广安市中级人民法院受理达义公司的申请对华西药业采取执行措施符合法律规定，依法予以支持，但追偿的范围应当在其担保的责任范围内。

——董志强：《关于判决主文已经判明担保人承担担保责任后有权向被担保人追偿，该追偿权是否须另行诉讼问题的请示案》，载江必新主编、最高人民法院执行局编：《执行工作指导》2009 年第 3 辑（总第 31 辑），人民法院出版社 2010 年版，第 74~75 页。

附录：执行疑难问题问答

连带保证人承担保证责任后能否依据原执行依据直接申请对被保证人进行执行？

问：某法院受理的李某玉诉李某能、唐某勇、唐某良人身损害赔偿纠纷案，判决李某能赔偿李某玉 2 万元，唐某勇、唐某良负连带责任，并在判决中注明："唐某勇、唐某良在承担连带责任后有权向李某能追偿。"执行中，唐某勇、唐某良承担了连带责任，向李某玉支付了赔偿款。后二人依据原判决书向法院申请执行，要求李某能给付他们二人垫支的赔偿款项。对于唐某勇、唐某良的申请执行，法院能否受理？

答：连带责任人与主债务人之间因承担赔偿责任所产生的纠纷属于独立的民事实体法律关系，连带责任人在承担赔偿义务后应当通过审判程序确定应向主债务人追偿的数额，不经审判程序执行机构无权确定。但是，如果人民法院已经对主债务人与连带责任人之间的纠纷进行了一并审理，执行依据对追偿的数额具体并且确定，则连带责任人在承担责任后可直接向人民法院申请对追偿额的执行。

——《执行疑难问题问答》，载最高人民法院执行工作办公室编：《执行工作指导》2006 年第 1 辑（总第 17 辑），人民法院出版社 2006 年版，第 270 页。

五、执行和解

76. 履行执行和解协议起诉是否构成重复起诉

关键词

执行和解协议　可诉性　重复诉讼

最高人民法院司法解释

第九条　被执行人一方不履行执行和解协议的，申请执行人可以申请恢复执行原生效法律文书，也可以就履行执行和解协议向执行法院提起诉讼。

第十五条　执行和解协议履行完毕，申请执行人因被执行人迟延履行、瑕疵履行遭受损害的，可以向执行法院另行提起诉讼。

第十六条　当事人、利害关系人认为执行和解协议无效或者应予撤销的，可以向执行法院提起诉讼。执行和解协议被确认无效或者撤销后，申请执行人可以据此申请恢复执行。

被执行人以执行和解协议无效或者应予撤销为由提起诉讼的，不影响申请执行人申请恢复执行。

——《最高人民法院关于执行和解若干问题的规定》（2020年12月29日修正）。

附录：最高人民法院法官著述

既判力是依确定判决承认或否认的权利及法律关系，使之在后来的诉讼中不变的效力，包括两个方面的作用：一是消极作用，即不准进行再次诉讼（一事不再理）；二是积极作用，即拘束后作裁判。执行和解协议是否可以另诉的焦点是重复诉讼（一事不再理），而重复诉讼是既判力的消极作用的体现。

根据《最高人民法院关于适用〈中华人民共和国民事诉讼法〉的解释》第247条规定，构成重复诉讼通常需要三个要件：第一是诉讼主体具有同一性，第二是诉讼标的具有同一性，第三是诉讼请求同一性或者冲突性。笔者将第一个要件理解为主体要件，后两个要件合并理解为客体要件。

（一）狭义执行和解协议是否可以另诉的问题

1. 在具备债的同一性情况下，原则上不宜另诉执行实践中，大量执行和解协议仅约定在执行依据范围内变更给付时间、给付金额等内容，这样的执行和解协议属于狭义的执行和解协议。从实体法的角度看，一般认为，仅变更给付数量、时间的，并未改变债的同一性。债的性质的变更应属于债的同一性丧失，如买卖变为互易或赠与、劳务之债变为给付。也有观点从债的基本要素角度对债的同一性进行判断。基本条款或要素是指债务人债权人及债务标的之给付。因此，从实体法的角度看，当事人仅约定增减给付数额、时间等，没有变更债的基本要素，一般认为执行和解协议与执行依据确定的给付之债具有同一性。

从诉讼法角度看，在债具有同一性的情况下，诉讼标的一般也是同一的。所谓债，是指特定当事人间得请求一定给付的法律关系。给付是债的标的，包括作为及不作为。而按照实体法诉讼标的理论（旧实体法说）的理论理解，应当从实体法上的请求权出发来界定诉讼标的，认为诉讼标的乃是原告在诉讼上所谓一定具体实体法之权利主张。原告起诉时，在诉讼中必须具体表明其所主张之实体权利或法律关系。根据旧实体法说，既然债具有同一性，那么当事人所主张的法律关系（请求一定给付的法律关系）就具有同一性，而据该法律关系提出的主张为诉讼标的，因此，在法律关系具有同一性情况下，诉讼标的也具有同一性。此时，诉讼标的同一，可以说满足了重复诉讼的“后诉与前诉的诉讼标的相同”的客体要件。

在执行和解协议中，如果没有第三人介入，而仅仅是当事人双方签订，则满足了重复诉讼的主体要件。在实践中，也会存在案外第三人承担债务的情形（并存的债务承担或者免责的债务承担），此时，给付义务的主体或者说债的主体发生了变化，债的同一性在主体方面受到挑战，但债的标的（诉讼标的）的同一性并未变化。因此，当事人（既判力影响范围内的主体）不能就债的标的本身另行诉讼。由于债的主体变更也是基于合同关系，主体变化形成新的法律关系，仅就债务承担主体问题提起诉讼，并没有违背“禁止重复诉讼”原则。

关于第三个要件，诉讼请求同一或冲突的问题。正如判断债的同一性所存在的难题一样，我们很难就诉讼请求同一或冲突的问题给出一个界限分明的答案。对此问题的判断，依赖于社会的一般认识。因此，参考对债的同一性的一般认识，在讨论诉讼请求的同一性时，一般认为，诉讼请求仅变更了履行期限、地点或给付数量时，可以认为诉讼请求也具有同一性。

从重复诉讼的三个要件看，如果执行和解协议仅仅约定变更履行地点、时间、金额等执行依据确定内容的，如果据执行和解协议另诉要求履行和解协议，会构成重复诉讼，一般为法律所禁止。

2. 具备债的同一性时另诉的例外

当然，有一般就有例外。《最高人民法院关于当事人对人民法院生效法律文书所确定的给付事项超过申请执行期限后又重新就其中的部分给付内容达成新的协议的应否立案的批复》(〔2001〕民立他字第34号)中就有例外规定，不禁止就超过申请执行期限后达成的协议向人民法院提起诉讼。上述规定，似乎在一定情形下产生与禁止重复诉讼相互矛盾的结果。比如，在执行和解协议仅仅约定变更金额的情况下，即使超过执行期限，但诉讼标的仍与原执行依据的诉讼标的具有同一性，另行诉讼似乎也违背了禁止重复诉讼的规定。就此问题，需要结合禁止重复诉讼及“诉的利益”的理论来理解。

禁止重复诉讼的基本理由一般而言包括三个方面：一是“消除因被告迫于进行二重应诉而产生的不便”，二是“消除因法律重复审理而造成的司法资源浪费”，三是避免“因矛盾判决而造成司法秩序的混乱”。而诉的利益是为了考量“具体请求的内容是否具有进行本案判决之必要性以及实际上的效果(实效性)”而设置的一个要件。禁止重复诉讼和诉的利益理论，都着眼于解决是否可以提起诉讼的问题，两者具有关联性、互补性。结合执行和解协议，当事人就人民法院生效裁判文书所确定的给付事项超过执行期限后又重新达成协议的，在仅变更数量、期限等内容情况下，允许另诉的主要理由系存在诉的利益。也就是说，从债务人角度看，如果超过了申请执行时效，则通过对执行和解协议的诉讼，即使判决债务人承担责任，也不会构成双重给付，不会加重其负担；从债权人角度看，由于达成了执行和解协议，起诉要求债务人履行执行和解协议，可以让其债权重新获得执行力，另诉具有重大的诉的利益。此时，虽然执行和解协议所确立的债与执行依据赋予执行力的债具有同一性，也应从诉的利益考虑，例外地允许其另诉。因此，诉的利益是在具备债的同一性情况下，允许就执行和解协议另诉的重要原因，也是关键的判断标准。

——向国慧：《执行和解协议可诉性问题研究——兼析〈最高人民法院关于执行和解若干问题的规定〉相关条款》，载《中国应用法学》2021年第4期。

77. 对《最高人民法院关于执行和解若干问题的规定》有关执行和解协议诉讼问题的理解

关键词

执行和解协议　可诉性　重复诉讼

最高人民法院司法解释

第九条　被执行人一方不履行执行和解协议的，申请执行人可以申请恢复执行原生效法律文书，也可以就履行执行和解协议向执行法院提起诉讼。

第十三条 恢复执行后，对申请执行人就履行执行和解协议提起的诉讼，人民法院不予受理。

第十四条 申请执行人就履行执行和解协议提起诉讼，执行法院受理后，可以裁定终结原生效法律文书的执行。执行中的查封、扣押、冻结措施，自动转为诉讼中的保全措施。

第十五条 执行和解协议履行完毕，申请执行人因被执行人迟延履行、瑕疵履行遭受损害的，可以向执行法院另行提起诉讼。

第十六条 当事人、利害关系人认为执行和解协议无效或者应予撤销的，可以向执行法院提起诉讼。执行和解协议被确认无效或者撤销后，申请执行人可以据此申请恢复执行。

被执行人以执行和解协议无效或者应予撤销为由提起诉讼的，不影响申请执行人申请恢复执行。

——《最高人民法院关于执行和解若干问题的规定》（2020 年 12 月 29 日修正）。

附录：最高人民法院法官著述

《最高人民法院关于执行和解若干问题的规定》涉及当事人可以诉讼的条文有五条，即第 9 条、第 13 条、第 14 条、第 15 条、第 16 条。从是否可以诉讼的角度看，上述条文归结起来表达了三个意思：第一，当事人可以选择诉讼或者恢复执行。一旦选择诉讼，则执行案件终结；一旦选择恢复执行，则不能再就履行执行和解协议提起诉讼。第二，执行和解协议履行完毕，申请执行人因被执行人迟延履行、瑕疵履行遭受损害的，可以向执行法院另行提起诉讼。第三，当事人、利害关系人认为执行和解协议无效或者应予撤销的，可以向执行法院提起诉讼。执行和解协议被确认无效或者撤销后，申请执行人可以据此申请恢复执行。

（一）被执行人不履行执行和解协议时诉讼救济问题

在被执行人一方不履行执行和解协议的情况下，给予申请执行人两条救济途径的选择权：一条通往诉讼途径，另一条通往恢复执行途径，只能择一。当然，这是在程序上赋予了申请执行人选择权，到底哪条途径能使其实体权利得到实现，还需要看执行和解协议具体约定情况、实际履行情况。前面已述，执行和解协议现在采纳的是广义的概念，那么执行和解协议在实体上主要存在四种情况：一是与执行依据确定的债具有同一性的执行和解协议；二是债的更新型执行和解协议；三是代物清偿型执行和解协议；四是新债清偿型执行和解协议。另外，当事人也可以约定，当出现一定情形时，则申请执行人可以行使和解协议的解除权。

在执行和解协议与执行依据确定的债具有同一性的情况下，如果没有特别的诉的利益，一般情况下，申请执行人另诉请求履行执行和解协议，可能会被法院以构成“重复诉讼”为由不予受理或者驳回起诉。此时，当事人选择另诉的道路，事实上可能走不通。在另诉被驳回或者不予受理情形下，申请执行人回过头来选择恢复执行也是可以的，司法解释并未堵塞这一道路。

在达成债的更新型执行和解协议的情形下，由于当事人已经明确约定放弃执行依据确定的权利，确定新的权利义务，因此，即使被执行人没有履行和解协议中确定的新的义务，申请执行人在实体上也失去了继续取得原执行依据确定的权利的实体法基础。申请执行人如果申请恢复执行，被执行人可以当事人约定予以抗辩，从而实质上阻止恢复执行。申请执行人如果需要实现和解协议约定的新的权利，则需要提起诉讼或者按约定提起仲裁。

在代物清偿型执行和解协议情形下，根据传统理论，由于代物清偿协议属于实践性合同，因此，如果被执行人不履行该协议，则该协议并不成立。既然执行和解协议并未成立，则申请执行人所实际能够选择的救济途径就是恢复执行，而不是提起诉讼请求继续履行执行和解协议。

在新债清偿型执行和解协议情形下，根据新债清偿协议的精神，申请执行人一般应优先选择要求被执行人履行新债。就新的债务，债权人能否通过诉讼获得新的执行依据的问题，前文已就其利弊进行了分析。是否可以另诉，不是单纯的逻辑问题，而是实践问题，需要通过实践检验实际效果。

从上述分析可见，《最高人民法院关于执行和解若干问题的规定》貌似给了当事人另诉或者申请恢复执行的任意选择权，但实际上，在当事人对如何清偿执行依据确定的债务有明确约定的情况下，即明确约定是债的更新还是代物清偿、新债清偿情况下，当事人事实上没有程序选择自由。当然，如果当事人约定不明，则可以通过债权人实际选择来进一步明确执行和解协议的意义。选择另诉，则实际将执行和解协议定位为债的更新，不可以再申请恢复执行；选择恢复执行，则实际将执行和解协议定位为新债清偿，不宜再允许另诉。当事人约定不明时，司法解释规定的程序选择权才得到现实体现。

（二）其他诉讼救济问题

执行和解协议履行完毕，申请执行人因被执行人迟延履行、瑕疵履行遭受损害的，可以向执行法院另行提起诉讼。此时的诉讼问题，并非纯粹意义上的就履行执行和解协议提起诉讼的问题，而是与执行和解协议相关的，相对独立的诉讼。从债的角度分析，因迟延履行、瑕疵履行遭受损害形成的债，是损害赔偿之债，其原因、标的均不同于执行和解协议确定的权利义务，也不同于原执行依据所涉及的法律关系，具有相对的独立性。就此相对独立的债提起诉讼，与执行和解协议履行完毕不能恢复执行在法律关系方面是协调的，既不会导致当事人双重获利，也不会导致“重复诉讼”。

当事人、利害关系人认为执行和解协议无效或者应予撤销的，可以向执行法院提起诉讼。也就是说，如果被执行人自觉履行和解协议，申请执行人一般不能申请恢复执行原生效法律文书。申请执行人如果意图恢复执行，需要看执行和解协议是否存在无效或者可以撤销的事由。而无效或者可撤销的问题，涉及比较复杂的事实审查及实体法律适用，宜通过诉讼途径予以解决。执行和解协议是否无效或者可撤销，与原执行依据所涉及的法律关系显然不同，原执行依据解决的是给付法律关系是否成立并应受保护问题，因此，不会存在重复诉讼问题。

——向国慧：《执行和解协议可诉性问题研究——兼析〈最高人民法院关于执行和解若干问题的规定〉相关条款》，载《中国应用法学》2021 年第 4 期。

78. 执行和解协议履行不能时能否继续执行原生效裁判

关键词

执行　执行监督　和解协议　执行原生效法律文书

最高人民法院指导性案例

中国防卫科技学院与联合资源教育发展（燕郊）有限公司合作办学合同纠纷执行监督案（最高人民法院指导案例 124 号）

裁判要点：申请执行人与被执行人对执行和解协议的内容产生争议，客观上已无法继续履行的，可以执行原生效法律文书。对执行和解协议中原执行依据未涉及的内容，以及履行过程中产生的争议，当事人可以通过其他救济程序解决。

最高人民法院认为：第一，本案和解执行协议并不构成民法理论上的债的更改。所谓债的更改，即设定新债务以代替旧债务，并使旧债务归于消灭的民事法律行为。构成债的更改，应当以当事人之间有明确的以新债务的成立完全取代并消灭旧债务的意思表示。但在本案中，中防院与联合资源公司并未约定《协议》成立后 0492 号裁决书中的裁决内容即告消灭，而是明确约定双方当事人达成执行和解的目的，是为了履行 0492 号裁决书。该种约定实质上只是以成立新债务作为履行旧债务的手段，新债务未得到履行的，旧债务并不消灭。因此，本案和解协议并不构成债的更改。而按照一般执行和解与原执行依据之间关系的处理原则，只有通过和解协议的完全履行，才能使得原生效法律文书确定的债权债务关系得以消灭，执行程序得以终结。若和解协议约定的权利义务得不到履行，则原生效法律文书确定的债权仍然不能消灭。申请执行人仍然得以申请继续执行原生效法律文书。从本案的和解执行协议履行情况来看，该协议中关于资产处置部分的约定，由于未能得以完全履行，故其并未使原生效法律文书确定的债权债务关系得以消灭，即中防院撤出燕某某校园这一裁决内容仍需执行。中防院主XXX解执行协议中的资产处置方案是对0492号裁决书中撤出校园一项的有效更改的申诉理由理据不足，不能成立。

第二，涉案和解协议的部分内容缺乏最终确定性，导致无法确定该协议的给付内容及违约责任承担，客观上已无法继续履行。在执行程序中，双方当事人达成的执行和解，具有合同的性质。由于合同是当事人享有权利承担义务的依据，这就要求权利义务的具体给付内容必须是确定的。本案和解执行协议约定了0492号裁决书未涵盖的双方资产处置的内容，同时，协议未约定双方如不能缔结特定的某一买卖法律关系，则应由何方承担违约责任之内容。整体来看，涉案和解协议客观上已经不能履行。中防院将该和解协议理解为有强制执行效力的协议，并认为法院在执行中应当按照和解协议的约定落实，属于对法律的误解。

鉴于本案和解协议在实际履行中陷入僵局，双方各执己见，一直不能达成关于资产收购的一致意见，导致本案长达十几年不能执行完毕。如以存在和解协议约定为由无限期僵持下去，本案继续长期不能了结，将严重损害生效裁判文书债权人的合法权益，人民法院无理由无限期等待双方自行落实和解协议，而不采取强制执行措施。

第三，从整个案件进展情况看，双方实际上均未严格按照和解协议约定履行，执行法院也一直是在按照0492号裁决书的裁决推进案件执行。一方面，从2006年资产评估开始，联合资源公司即提出异议，要求继续执行，此后虽协商在一定价格基础上由中防院收购资产，但双方均未实际履行。并不存在中防院所述其一直严格遵守和解协议，联合资源公司不断违约的情况。此外双方还提出了政府置换地块安置方案等，上述这些内容，实际上均已超出原和解协议约定的内容，改变了原和解协议约定的内容和条件。不能得出和解执行协议一直在被严格履行的结论。另一方面，执行法院在执行过程中，自2006年双方在履行涉案和解协议发生分歧时，一直是以0492号裁决书为基础，采取各项执行措施，包括多次协调、组织双方调解、说服教育、现场调查、责令中防院保管财产、限期迁出等，上级法院亦持续督办此案，要求尽快执行。在执行程序中，执行法院组织双方当事人进行协商、促成双方落实和解协议等，只是实务中的一种工作方式，本质上仍属于对生效裁判的执行，不能被理解为对和解协议的强制执行。中防院认为执行法院的上述执行行为不属于执行 0492 号裁决书的申诉理由，没有法律依据且与事实不符。

此外，关于本案属于继续执行还是恢复执行的问题。从程序上看，本案执行过程中，执行法院并未下发中止裁定，中止过对 0492 号裁决书的执行；从案件实际进程上看，根据前述分析和梳理，自双方对和解执行协议履行产生争议后，执行法院实际上也一直没有停止过对 0492 号裁决书的执行。因此，本案并不存在对此前已经中止执行的裁决书恢复执行的问题，而是对执行依据的继续执行，故中防院认为本案属于恢复执行而不是继续执行的申诉理由理据不足，河北省高级人民法院（2017）冀执监 130 号裁定认定本案争议焦点是对 0492 号裁决书是否继续执行，与本案事实相符，并无不当。

第四，和解执行协议中约定的原执行依据未涉及的内容，以及履行过程中产生争议的部分，相关当事人可以通过另行诉讼等其他程序解决。从履行执行依据内容出发，本案明确执行内容即为中防院撤出燕某某校园，而不在本案执行依据所包含的争议及纠纷，双方当事人可通过另行诉讼等其他法律途径解决。

——《最高人民法院关于发布第 23 批指导性案例的通知》（2019 年 12 月 24 日，法〔2019〕294 号）。

说明

指导案例 124 号中国防卫科技学院与联合资源教育发展（燕郊）有限公司合作办学合同纠纷执行监督案，一方面明确申请执行人与被执行人对执行和解协议的内容产生争议，客观上已无法继续履行的，人民法院可以执行原生效法律文书；另一方面，当事人对执行和解协议中原执行依据未涉及的内容，以及履行过程中产生的争议，可以通过诉讼程序另行解决。

附录：最高人民法院法官著述

（一）执行和解协议与原执行依据债权的关系

1. 现有立法模式——附条件的替代

既然承认执行和解协议的一行为两性质说，势必不能回避一个问题，即执行和解协议与生效法律文书确定的债权之间究竟应当为何种关系。和解协议基于原执行依据确定的债权而订立，根据和解协议形成的当事人之间的新的债权债务关系与原执行债权基于相同的原因事实，如果申请执行人就该部分要求债务人同时履行原执行依据及和解协议，则构成重复受偿。据此，执行理论中对于和解协议形成的债权与执行依据确认的债权之间的关系模式也主要有以下三种：（1）替代模式，即和解协议形成的债权优于执行依据确认的债权，用前者替代后者，申请执行人只能实现和解协议形成的债权；（2）抗辩模式，即执行依据确认的债权优于和解协议形成的债权，在双方达成执行和解协议的情形下，债权人仍然有权申请实现执行依据确认的债权，和解债权仅构成对抗执行行为的抗辩事由；（3）平行模式，即执行依据确认的债权与和解协议形成的债权处于并列关系，具有同等实体法效力，债权人可以行使选择权，任意择一行使权利。而从我国现有法律规定看，二者关系大体遵循附条件的替代模式，细节的变化则是对于替代模式例外情形的扩大或限缩，表现在：《民事诉讼法》第二百三十条中规定了当事人不履行和解协议的，人民法院可以根据当事人的申请，恢复对原生效法律文书的执行。此处并未限定是申请执行人亦或是被执行人不履行和解协议；《民诉法解释》第467条则规定，当一方当事人不履行或不完全履行和解协议时，对方当事人可以申请恢复执行原生效法律文书；到了《执行和解规定》第9条，则将和解协议替代原执行依据的情形限缩为仅当被执行人不履行和解协议时，申请执行人才得申请恢复原生效法律文书的执行。可以看出，这一立法模式的变化初衷是在执行和解中基于申请执行人放弃权利甚至被迫和解，而被执行人利用执行和解制度拖延执行的情形时有发生而作出，其将选择恢复执行原生效裁判的权利单方赋予申请执行人亦是基于此种目的考虑。然而这一立法模式不可避免产生的缺陷即是，"绝对优于"的立法例无法涵括执行实践中和解债权与执行债权之间丰富、多样的关系状态。本案出现的在执行和解协议本身因客观履行不能时，申请执行人要求继续执行原生效裁判，而被执行人则坚持要求继续履行执行和解协议，此时应何去何从，即出现了法律适用上的空白。

2. 新债清偿与债的更改

不可否认的是执行和解协议具有合同的性质，在此情形下，回归民法理论体系中，对和解协议与生效裁判分别确立的债权之间的关系进行分析，从而在形成"合同僵局"情形时，解决当事人救济路径选择之困，不失为一种良性突破。有学者采用类型化分析的方法，将执行和解协议中的债权视为一种新的债权，即和解债权，认为这种新的债权不是替代原生效法律文书所确定的债权，而是两个债权并存，当和解债权履行之后，原生效法律文书所确定的债权才归于消灭。一旦和解债权得不到履行，则原生效法律文书确认的债权依然可以强制执行。这一理论对应的即为新债清偿理论。所谓新债清偿，又称为新债抵旧、间接清偿、旧债新偿或间接给付，即债务人因清偿旧债务，而与债权人成立负担新债务之契约。

与新债清偿概念对应，且有着诸多相似之处的，则是债的更改理论。所谓债的更改，也称债务更新、债务更替，经由此种契约，当事人将原债务关系消灭，而以新的债务关系替代之，其行为意思被称为更替意思，其所欲之效果被称为债务更新。债务更新与新债清偿不同之处在于当事人是否有更改之意思，即以新债务代替旧债务以消灭旧债务的意思表示。

回归到本案中的和解协议来看，该协议并不构成债的更改。本案中，中防院与联合资源公司并未约定协议成立后 0492 号裁决书中的裁决内容即告消灭，而是明确约定双方当事人达成执行和解的目的，是履行 0492 号裁决书。该种约定实质上只是以成立新债务作为履行旧债务的手段，新债务未得到履行的，旧债务并不消灭。而按照一般执行和解与原执行依据之间关系的处理原则，只有通过和解协议的完全履行，才能使得原生效法律文书确定的债权债务关系得以消灭，执行程序得以终结。若和解协议约定的权利义务得不到履行，则原生效法律文书确定的债权仍然不能消灭。可以看出，新债清偿理论，更符合本案执行和解协议设定的权利义务与原执行依据项下权利义务之间的关系本质。从本案的和解执行协议履行情况来看，该协议中关于资产处置部分的约定，由于未能完全履行，故其并未使原生效法律文书确定的债权债务关系得以消灭，即中防院撤出燕某某校园这一裁决内容仍需执行，申请执行人仍然得以申请继续执行原生效法律文书。

（二）执行和解协议约定不明造成客观履行不能时当事人救济路径的选择

从《民事诉讼法》第二百三十条的规定可以看出，当和解协议存在效力瑕疵时，即申请执行人因受欺诈、胁迫与被执行人达成和解协议的，申请执行人得向法院申请恢复对原生效法律文书的执行。但是对于因执行和解协议自身约定出现障碍，导致协议本身无法履行时，申请执行人能否申请恢复原生效法律文书的执行，包括《执行和解规定》在内的法律、司法解释等并未规定。本案执行和解协议中约定了 0492 号裁决书未涵盖的双方资产处置的内容，在交割阶段设置了 3 种方案：1. 联合资源公司在双方达成一致的情况下，转让其所有的房产所有权和土地使用权，由中防院收购。2. 中防院不同意收购联合资源公司资产的情况下，由联合资源公司收购中防院财产。3. 当 1、2 均无法实现时，双方同意由人民法院委托拍卖，并就拍卖方案、清偿范围和顺序、双方购买权进行了约定。上述方案是对未来资产若干处置方式的一种框架性安排，对双方的权利义务关系约定并不确定，联合资源公司和中防院并不存在固定的出售和购买的法律地位和权利义务，而是在特定条件成就时，双方的买卖关系及角色可以互换，由此导致特定当事人无法依据该协议请求一定给付。方案 1 设定了前提条件，即是在“双方达成一致的情况下”，联合资源公司才将所有房产所有权和土地使用权转让给中防院。在双方未能达成一致的情况下，联合资源公司并不负有在将来与中防院成立特定买卖关系的义务，即根据该条的约定，在双方无法协商一致的情况下，不能强制联合资源公司缔约，故实际上，方案 1 无法达到中防院所追求的效果。双方长达十余年未能协商一致的客观现实，也印证了这一点。并且，该协议亦未约定双方如不能缔结特定的某一买卖法律关系，则应由何方承担违约责任之内容。相反，该协议设置的方案是：方案 1 不可行时，如中防院不同意收购资产，则以方案2解决；如1、2均不可行，则按照方案3处置。但事实是，按照中防院的诉求，其一直主张按照方案1收购联合资源公司在燕某某校区的房产所有权和土地使用权，方案2自始并未进入实质磋商阶段，方案3则是交由法院拍卖相关资产。在一般执行案件中，这种约定属于当事人之间对执行措施的合意，法院可以按照合意处理，但前提必须是在法院采取措施前双方之间始终意见一致。但本案的实际情况是，0492号裁决书对于资产处置并未作出裁决，双方当事人对所约定处置的资产最基础的评估范围都存在重大争议，在此情况下，由执行法院不经审判程序，直接在执行程序中对和解执行协议涉及的资产进行强制处置，无法律依据。由此，归结于执行和解协议的部分内容约定缺乏最终确定性，导致无法确定该协议的给付内容及违约责任承担，客观上该执行和解协议已无法继续履行。

如前所析，既然本案执行和解协议符合新债清偿的性质，即当新债未履行完毕之时，旧债并不消灭，则原执行依据所确定的债权亦未消灭，此时，允许申请执行人转而选择申请继续执行原生效法律文书，既是从本案执行和解协议与原生效裁决的关系分析得出的合理结论，也是本案和解协议在实际履行中陷入僵局，导致本案长达十几年不能执行完毕时，为避免严重损害生效裁判文书债权人合法权益的必然选择。而和解执行协议中约定的原执行依据未涉及的内容，以及履行过程中产生争议的部分，相关当事人可以通过另行诉讼等其他程序解决，对此，现有法律均已设置了救济路径，并不存在障碍，于此不再赘述。

——朱燕：《〈中国防卫科技学院与联合资源教育发展（燕郊）有限公司执行监督案〉的理解与参照——执行和解协议履行不能时可继续执行原生效裁判》，载《人民司法·案例》2022年第11期。

79. 和解协议约定权利人放弃强制执行权是否有效

关键词

执行和解　强制执行权

最高人民法院裁判文书

任德果、包头市鑫地房地产开发有限公司企业借贷纠纷执行案［最高人民法院（2016）最高法执监415号执行裁定书］

裁判要旨：我国执行和解制度中，和解协议对于执行程序是否进行也具有一定的程序约束力。约定权利人放弃强制执行权的和解

协议是否具有这种程序约束力，目前尚缺乏明确的法律规范指引。鉴于双方在《协议书》中明确涉案债权由权利人通过刑事程序追索，案涉公司予以积极配合，且该公司也根据《协议书》放弃了上诉权，故原审法院认定权利人违背《协议书》的约定申请对该公司继续执行，有违诚实信用原则，裁定驳回权利人申请继续执行该公司的请求，并无明显不当。

最高人民法院认为：本案争议的焦点是当事人协议约定案涉债务与鑫地公司无关后，任德果还能否申请继续执行鑫地公司。

《民事诉讼法》第二百三十六条[①]虽然规定强制执行也可以由审判人员直接移送执行，但由当事人申请执行是原则，移送执行应适用于特殊情况的案件。根据《最高人民法院关于人民法院执行工作若干问题的规定（试行）》第19条[②]的规定，民事生效法律文书具有给付赡养费、扶养费、抚育费内容的，由审判庭移送执行机构执行。本案属借款合同纠纷，不属于应予移送执行的情形。申诉人任德果没有提供证据证明其与鑫地公司于2013年8月16日《协议书》的订立过程中，存在欺诈、胁迫、重大误解等，导致其意思表示不真实、处分权利行为无效或可撤销的情形，故案涉《协议书》应在当事人双方间具有约束力。我国执行和解制度中，和解协议对于执行程序是否进行也具有一定的程序约束力。约定权利人放弃强制执行权的和解协议是否具有这种程序约束力，目前尚缺乏明确的法律规范指引。鉴于双方在《协议书》中明确涉案债权与鑫地公司无关，任德果的债权通过对戴志刚提起的刑事程序追索，鑫地公司予以积极配合，且鑫地公司也根据《协议书》放弃了上诉权，故内蒙古高院认定任德果违背《协议书》的约定申请对鑫地公司继续执行，有违诚实信用原则，裁定驳回任德果申请继续执行鑫地公司的请求，并无明显不当，应予维持。

——中国裁判文书网。

80. 法院能否裁定确认当事人之间以物抵债的和解协议

关键词

和解协议　以物抵债

① 现为《民事诉讼法》（2021年修正）第二百四十三条。

② 现为《最高人民法院关于人民法院执行工作若干问题的规定（试行）》（2020年修正）第19条。

最高人民法院审判业务意见［《人民法院办理执行案件规范（第二版）》］

100.【以物抵债和解协议】

当事人达成以物抵债执行和解协议的，人民法院不得依据该协议作出以物抵债裁定。

——最高人民法院执行局编：《人民法院办理执行案件规范（第二版）》，人民法院出版社2022年版，第47页。

附录：《人民司法》信箱

问题：当事人之间达成和解协议，约定对被执行人的房产评估后不经拍卖程序以物抵债的，法院是否可以出具裁定书予以确认？

答：当事人之间的和解协议属于当事人之间自主达成的私法意义上的协议，原则上应当由当事人自主履行，人民法院一般并不干预。实践中，为了履行和解协议中关于已经被法院查封财产过户的约定。人民法院也可出具过户裁定和协助执行通知书，但是，不宜对和解协议的效力予以确认。

——《人民司法》2011年第13期。

81. 执行法院根据案外人与执行当事人达成的以物抵债协议作出房产过户裁定，上级法院能否以该协议导致案外人的债权无法受偿为由予以撤销

关键词

以物抵债　房产过户裁定　债权无法受偿　撤销

附录：《人民司法》信箱

问题：某银行申请执行甲公司借贷纠纷一案，执行过程中，甲公司的债务人乙公司与某银行和甲公司签订抵债协议，自愿以其所有的一栋房产抵偿甲公司所欠某银行的债务。尔后，执行法院根据以物抵债协议下达了以物抵债裁定，并向房产管理部门送达了协助过户通知书。一年之后，丙公司诉乙公司借款纠纷生效判决确定。丙公司持生效判决向执行法院的上级法院提出执行申诉称，法院以裁定的形式执行当事人之间的和解协议没有法律依据。同时，在执行法院下达过户裁定时，丙公司与乙公司债权债务关系就已经存在，乙公司将自己的全部财产与某银行以及甲公司签订抵债协议，导致其债权无法受偿，侵害了其合法权益，故要求撤销执行法院的过户裁定。请问：丙公司的执行申诉请求是否成立？

《人民司法》研究组认为：实践中为了方便执行当事人之间完成财产过户手续，不少执行法院都通过裁定帮助当事人履行和解协议。这种做法虽然不妥，但也确实是习惯做法，不能无条件地一律撤销，应视具体情况而定。比如，对案外人的财产进行强制执行，其实质就是在没有执行依据的情况下，让案外人承受强制执行所带来的痛苦，它损害的是案外人的利益，也就是说有权申诉的主体只能是被强制执行的案外人。本案中，如果案外人乙公司对此提出异议，则应撤销原裁定；如果乙公司对强制执行没有异议，从维护强制执行程序安定性的角度，不应仅根据此种情况就撤销以物抵债裁定。同时，按照我国现行法律，在债务人有多个债权人的情况下，法律并不禁止债务人对其中一个债权人先为履行，因为在其他债权人取得对债务人的强制执行依据并依法对债务人财产查封、扣押、冻结之前，债务人仍然有权自主处分自己的财产，包括向其中一个或者几个债权人进行全部或者部分履行。具体到本案，乙公司代替甲公司还债从而消灭两者之间的债权债务关系的行为也是履行债务的一种方式，除非甲公司所欠银行的债务是虚假的，否则这种履行就有效。但是，债务人的债务是否虚假，不宜由执行程序直接认定，应当由提出异议的其他债权人通过撤销权诉讼解决。因此，丙公司在执行监督程序中的请求不能成立。

——《人民司法》2009 年第 13 期。

82. 人民法院应该执行一审生效判决还是二审达成的和解协议

关键词

二审和解协议

最高人民法院审判业务意见［《人民法院办理执行案件规范（第二版）》］

109.【执行外和解】

执行过程中，被执行人根据当事人自行达成但未提交人民法院的和解协议，或者一方当事人提交人民法院但其他当事人不予认可的和解协议，依照民事诉讼法第二百三十二条规定提出异议的，人民法院按照下列情形，分别处理：

（一）和解协议履行完毕的，裁定终结原生效法律文书的执行；

（二）和解协议约定的履行期限尚未届至或者履行条件尚未成就的，裁定中止执行，但符合民法典第五百七十八条规定情形的除外；

（三）被执行人一方正在按照和解协议约定履行义务的，裁定中止执行；

（四）被执行人不履行和解协议的，裁定驳回异议；

（五）和解协议不成立、未生效或者无效的，裁定驳回异议。

执行程序开始前，双方当事人自行达成和解协议并履行，一方当事人申请强制执行原生效法律文书的，人民法院应予受理。

被执行人以已履行和解协议为由提出执行异议的，可以参照前款规定审查处理。

——最高人民法院执行局编：《人民法院办理执行案件规范（第二版）》，人民法院出版社 2022 年版，第 51 页。

附录：《人民司法》信箱

双方在二审期间达成和解协议，人民法院应执行一审生效判决还是二审达成的和解协议？

问题：刘某诉甲公司承揽合同纠纷一案，某县人民法院一审判决甲公司向刘某支付工程款若干。甲公司不服，提起上诉。后经法官主持下，双方在该案二审期间达成和解协议，甲公司遂撤回上诉。和解协议履行过程中，刘某向某县法院申请执行一审生效判决。对刘某的申请，有两种意见：第一种意见认为，双方和解协议未经法院依法确认，甲公司撤回上诉，一审判决即生效，刘某的申请应予支持。第二种意见认为，双方在二审期间达成和解协议，应当指出，和解协议虽未经法院确认，但依《合同法》规定："依法成立的合同，对当事人具有法律约束力。当事人应当按照约定履行自己的义务，不得擅自变更或者解除合同。依法成立的合同，受法律保护。"据此，人民法院对刘某的执行申请应裁定不予执行，双方应继续按和解协议履行各自义务。请问哪种意见正确？

《人民司法》研究组认为：人民法院所作出的给付判决，一旦生效便具有执行力，债权人一旦提出申请，除执行力处于中止状态或者执行依据本身无法付诸执行的情形，人民法院必须执行。而能导致执行力中止的情形，按照现行法律只有两种，即：原执行依据处于再审状态；当事人在执行程序中达成和解协议。应当指出，诉讼中的和解协议不具有阻止执行的效力。当然，本案中执行一审生效判决，并非就意味着，诉讼中的和解协议对当事人没有约束力。甲公司可以以刘某违反和解协议约定为由另行提起诉讼，要求刘某承担违约责任。

——《人民司法》2009 年第 13 期。

83. 以和解协议为基础另行起诉与执行原生效法律文书的关系

关键词

和解协议　另行起诉　执行原生效法律文书

最高人民法院答复

山东省高级人民法院：

你院《关于在人民法院判决、裁定、调解结案后，至申请执行前，当事人之间又达成了新的“协议”，如何认定其效力的请示》收悉。经研究，答复如下：

当事人之间在执行前达成的和解协议，具有民事合同的效力。但协议本身并不当然影响债权人申请强制执行的权利。债权人在法定的申请执行期限内申请执行的，人民法院应当受理。

但你院请示的案件中，负有担保责任的被执行人提出，因债权人远东国际贸易有限公司与主债务人等四方达成和解协议（简称四方协议），并且在其向人民法院申请解除保全查封时，明确表示调解书中确定的债务已经全部履行完毕，因此本案不能强制执行。鉴于我国目前尚无债务人异议之诉制度，执行法院应当在实际开始执行前对此予以审查核实。如果四方协议确实已经履行了，则说明原调解书确定的债务已经消灭，不能再以该调解书为依据强制执行；否则可以强制执行。

审查中应注意：债权人自己向法院所作的关于债务已经履行完毕的明确表示，应视为债务得到履行的确定性证据。此后其主张债务没有履行，必须提供充分的相反证据证明。同时，因按照四方协议，抵债的股票直接转让给最终债权人中融国际投资有限公司，因此关于该协议是否得到履行，应从该公司取得相关证明。

——《最高人民法院执行工作办公室致山东省高级人民法院的复函》[2003年12月1日，（2003）执他字第4号]，载江必新、贺荣主编、最高人民法院执行局编：《最高人民法院执行案例精选》，中国法制出版社2014年版，第370页。

附录：理解与适用

（一）关于执行前和解与执行中和解的关系

此案的执行和解是在申请执行前达成的。现行法律未提到执行前和解的问题。但两种和解在性质上是相同的，都是判决生效后，当事人对判决确定的债权债务关系的自行处分。执行前的和解是否得到履行，与执行中的和解是否得到履行，应当赋予相同的法律效果。因此，执行前的和解应当比照执行中的和解来处理。

（二）关于以和解协议为基础另行起诉与执行原生效法律文书的关系

这个问题可以从两个角度考虑：一是债权人另行起诉的角度；二是债务人提出异议的角度。

1. 债务人不履行和解协议的，债权人是否应依据和解协议另行起诉？

山东省高级人民法院第一种意见提到：四方协议对调解书确定的欠款关系作了再处理，形成了新的法律关系。对此如果产生纠纷，完全可以通过另一诉讼来解决。对此分析如下：

（1）这个问题涉及和解协议的效力及其可诉性问题。

应当承认和解协议有民事合同的效力。笔者以前提到"类似于实践性合同"[①]的说法，只是一种比喻，而且也是表述当时通行的理解，同时笔者还提到将来作为民事合同来理解的问题。

按照合同自由原则，当事人可以通过合同形成、变更或中止民事权利义务关系，也可以基于合同在原债务的基础上设立一种新的债权债务。和解协议就是当事人在原债权债务（当然也可以是经过法律文书确认得债权债务）基础上，所设立的一种新的债的关系。各国《合同法》中，和解协议都是一种独立的合同，许多国家的法律也对此种合同作了明确定规定。只是在我们国家，这种协议在《合同法》上是无名合同。由此也表明，和解协议本身并不一定是原债权债务关系的延续，也可能形成了一种新的债权债务关系。尽管和解协议与原合同债务具有密切联系，但仍然可以认为是两个不同的合同关系。[②]

既然和解协议可以具有合同效力，那么只要当事人之间关于和解协议本身存在争议，当然应当可以通过诉讼解决。理论上确认这种协议的合同效力及其可诉性应当是肯定的。但在审判实践中当然应当区分单纯的还款承诺和新的协议两种情况。

目前另行起诉的做法也有。但对于是否应当受理的问题，在审判部门似仍存在争议。实践中，有一种流行的观点认为：和解协议原则上只是对原债权债务关系的变更，或者说，只不过是原债权债务关系的继续，因此，既然原债权债务关系已经由法院审理完毕，当事人再以和解协议提出请求，实际

① 黄金龙：《关于人民法院执行工作若干问题的规定实用解析》，中国法制出版社2000年版，第262页。

② 王利明：《关于和解协议的效力》，载《民商法研究》（第5辑），法律出版社2001年版，第439页。

上是同一案件的重复起诉。按照一事不再理的原则，对和解协议的争议，法院不应受理。[①]但最高人民法院对有关个案的答复，已经开始明确和解协议的可诉性。

最高人民法院1997年4月16日《关于超过诉讼时效期间当事人达成的和解协议是否应当受法律保护问题的批复》中指出："超过诉讼时效期间，当事人双方就原债务达成的和解协议，属于新的债权债务关系。"这一批复对于认识执行前后执行中的和解协议问题，具有重要意义。1999年4月21日《最高人民法院执行办关于如何处理因当事人达成和解协议致使逾期申请执行问题的复函》(〔1999〕执他字第10号）中，提到和解协议可以作为另行起诉的基础：双方当事人于判决生效后达成还款协议，并不能引起法定申请执行期限的更改。但债权人可以以债务人不履行还款协议为由向有管辖权的人民法院提起诉讼。此外，最高人民法院立案庭2000年一个复函中也提到当事人在申请执行的期限经过后达成和解协议的，应允许其基于和解协议重新提起的诉讼。

这些复函，对于将所有的和解协议（无论是执行前的和解，还是执行中的和解，还是申请执行期限超过以后的和解），均理解为具有民事合同的效力及其可诉性奠定了基础。因此看来，将来一方不履行执行中的和解协议的，不能排除另一方以和解协议为基础，向法院提起诉讼，请求对方按照和解协议履行，或者赔偿因不履行而带来的损失。另行起诉应当是处理和解协议问题的最彻底的方式。

（2）尽管和解协议可诉，但在法定申请执行期限内当事人申请执行原生效法律文书的，从执行程序的角度看，是否必须或者只能责令当事人另诉，而在执行程序中无所作为呢？

应当说，《民事诉讼法》中关于和解协议的规定，并不是关于和解协议效力问题的全面规定，只是在和解协议不履行的情况下，在强制执行程序中对债权人的直接救济方式的规定。协议有效及可诉，不等于当事人不能够在执行程序中得到直接的救济——强制执行。从目前实践中另行起诉一般只局限于因达成和解后而超过申请执行的期限的，或者超过申请执行期限以后达成的和解协议的情况看，重新起诉只是在不能得到《民事诉讼法》规定的强制执行途径的有效救济的情况下的补充做法。

此外，从以协议为基础起诉后的结果的处理来看，虽然理论上说，和解协议没有影响申请执行的期限的情况下，当事人也可以另行诉讼，但如果单独另行起诉，在最终执行时应当将另行起诉的结果与原判决的执行结合起来

---

① 王利明：《关于和解协议的效力》，载《民商法研究》（第5辑），法律出版社2001年版，第439~450页。

考虑。如原判决已经执行，就不能再按照另行诉讼的判决执行；如原判决未得到执行，则应当将两个判决相互重叠的部分扣除，执行其余的数额。如果判决是以债权方不遵守和解协议而作出的损失赔偿，则应当将两个判决相互给付的部分冲抵后执行。由此看来，另行起诉的做法其实与目前法律规定的执行机构对是否实际履行了和解协议问题进行实体审查的做法殊途同归。只是另行起诉的做法更重视当事人诉讼程序上的权利保障，但同时也造成讼累。因此，我国《民事诉讼法》把协议是否实际履行与强制执行与否结合起来处理，也是有其合理性的。

另行起诉既然作为一种补充救济途径，那么这种补充救济途径是当事人可以选择的途径，对于在申请执行的法定期限内，当事人是选择向执行法院申请执行来解决，还是选择另行起诉，应当由当事人自行决定。执行法院不应当在当事人选择执行程序的直接救济手段的时候，不给予这个救济，没有理由要求当事人必须另行起诉。

2. 债权人不遵守和解协议的，债务人是否应另行起诉？

（1）和解协议是否影响强制执行的学说

山东省高级人民法院关于和解协议形成了新法律关系的第一种意见和关于执行程序只能按照调解书内容处理的第二种意见，类似我国台湾地区执行理论上有争议的两种学说：诉讼行为说和私法行为说。

诉讼行为说认为，执行契约能直接发生强制执行法上的效力，不仅当事人应受其拘束，强制执行也要受到执行契约内容的拘束，执行不得违反执行契约内容。否则当事人得以执行违法为由，向执行机关提出异议，执行机关应将其违反执行契约内容之执行为撤销或更正。

私法行为说认为，执行契约只是私法上的契约，仅能发生实体法上之拘束力，不能在强制执行上有拘束力。因而执行机关不受执行契约之拘束。执行当事人故意违反执行契约，请求执行机关强制执行的，则对被执行人负有民法上债务不履行的责任。根据这种学说，债权人申请执行生效法律文书，是公法上的行为；当事人之间达成和解协议，不能当然对抗债权人申请执行，但被执行人有另外的救济途径，可以以和解协议为基础提起诉讼，以阻止这种执行或者请求损害赔偿，这种诉讼属于债务人异议之诉。我国台湾地区执行实务上是采取私法行为说的。

私法行为说要求执行的实施权与执行中的裁判权严格分工行使。根据私法行为说，债务人主张和解协议得到了履行，以及由此所表示的原判决债务已经履行，是通过债务人异议之诉制度来解决的。这种诉讼是与强制执行分别进行的，可以对强制执行行为实施控制。对于以判决为执行依据的执行中，是指判决生效后（实际上也可追溯到诉讼中的言词辩论终结后），发生消灭或者妨碍判决书中所载的债权人的请求权的事由时，被执行人可以向有管辖权的法院提出诉讼，以阻止判决的执行。这个管辖法院在我国台湾地区明确规定为执行法院，在德国则为普通审判法院。[①]消灭债权人请求权的事由主要指：债务人已经清偿、提存、抵消、免除、混同、和解等。妨碍债权人请求的事由有：债权人同意延期、债务人同时履行抗辩权。[②]

但我国现行法实际上并未完全采纳上述之一种学说。《民事诉讼法》第二百一十一条[③]关于执行中的和解协议与恢复强制执行之间关系的规定精神是：把和解协议是否得到实际履行作为是否恢复强制执行的前提。和解协议是否实际履行视为是原判决的是否实际履行。和解协议未履行的可申请恢复执行，已经履行的不能恢复执行。这样和解协议是否履行就直接表示法律文书确定的义务是否得到履行。这实际上是诉讼行为与私法行为两说的综合，但更倾向于诉讼行为说。

我国目前显然不存在这种以阻止判决执行为目的的债务人异议之诉讼。鉴于现行《民事诉讼法》下尚无债务人异议之诉，因此有关债务人提出执行和解是否履行问题的异议，应在执行中直接予以处理。根据现行法的设计，和解协议是否得到实际履行应当作为是否恢复执行的前提，这在程序上也必将赋予执行法院对和解协议是否得到实际履行进行审查的权力。因此，该案中债务是否因执行前的和解协议的履行而消灭，应在实际开始执行前予以查明。

（三）其他有关问题

因一定条件出现，而请求撤销保全裁定，不等于不能再申请执行。调解书中说原告向法院申请解封的条款并无问题，是解除对特定财产的保全，并不影响终局执行。山东省高级人民法院第一种意见中所谓因撤销保全裁定而“从根本上失去了强制执行的基础”的论点不妥，因其混淆了强制执行的申请权与实际是否有财产可供执行的概念。对已保全的财产撤销保全，只是表明当事人放弃了对该项具体财产的控制，如果该财产因解除保全而被当事人自行处分，则失去了对该特定财产强制执行的基础，但不等于否定了当事人再对债务人的其他财产申请执行的权利。

有观点认为此案中的和解协议构成债务承担，从而自达成之日起就履行完毕的说法，笔者不同意。因协议中明确约定：上述股票转让后，远东国际与汕头新业之间的债权债务即告清偿完毕，双方债务纠纷就此了结。这就表明原调解书中的债务清偿完毕是以协议中所说的股票转让完毕为标志的，而

---

① 此外，这个概念与我们执行中审查法院外裁判文书是否能够执行、因变更被执行主体而产生争议的审查也有关系。

② 杨与龄：《强制执行法论》，中国政法大学出版社2002年版，第191页。

③ 现为《民事诉讼法》（2021年修正）第二百三十七条。

非以协议的达成为标志。

——黄金龙:《山东远东国际贸易公司诉青岛鸿荣金海湾房地产有限公司一案执行和解问题请示案》，载最高人民法院执行工作办公室编:《执行工作指导》2004 年第 1 辑（总第 1 辑），人民法院出版社 2004 年版。

84. 迟延履行执行和解协议纠纷与执行权的审查范围

关键词

迟延履行和解协议　执行权

最高人民法院裁判文书

宝通电力集团有限公司:

你公司不服河南省高级人民法院（2008）豫法执字第 00003—1 号执行裁定，向本院申诉。经研究，本院认为，河南盛润创业投资管理有限公司未按和解协议约定期限履行第三笔 2342.4 万元付款义务，是因郑州市中级人民法院另案冻结其账户所致。且该公司在账户被冻结后通过其他途径履行了该笔付款义务，并将和解协议约定的全部付款义务履行完毕。依据《最高人民法院关于适用〈中华人民共和国民事诉讼法〉若干问题的意见》第 266 条、《最高人民法院关于人民法院执行工作若干问题的规定（试行）》第 87 条的规定，本案和解协议履行完毕，应作执行结案处理。河南省高级人民法院裁定驳回你公司恢复执行的申请，并终结本案执行并无不当，应予维持。你公司的申诉请求不能成立，本院予以驳回。

特此通知

——《中华人民共和国最高人民法院驳回申诉通知书》[2011 年 6 月 16 日，（2011）执监字第 74 号]，载江必新、贺荣主编，最高人民法院执行局编:《最高人民法院执行案例精选》，中国法制出版社 2014 年版，第 404 页。

附录：本案解析

本案争议的焦点是，盛润公司在履行执行和解协议的过程中，未按和解协议约定的期限履行第三笔付款义务，法院是否应恢复原判决的执行。

申诉人宝通公司称，在和解协议约定的四笔付款义务中，盛润公司有三笔款项未按和解协议约定期限支付。经审查核实，只有和解协议中的第三笔 2342.4 万元款项，盛润公司未在约定的 2009 年 8 月 20 日前支付，此后在不足两个月的时间内，盛润公司将该笔付款义务履行完毕，其他三笔款项均按期支付，并将和解协议履行完毕。因此，本案的争议主要集中在债务人迟延履行和解协议第三笔付款义务，债权人应如何救济。

（一）现行法律规定的执行和解协议纠纷救济途径探析

我国目前关于执行和解纠纷救济程序的法律、司法解释主要有《民事诉讼法》（2007 年修正）第二百零七条[①]《最高人民法院关于适用〈中华人民共和国民事诉讼法〉若干问题的意见》（以下简称《民事诉讼法适用意见》）第二百六十六条、第二百六十七条[②]《最高人民法院关于人民法院执行工作若干问题的规定（试行）》（以下简称《执行规定》）第 87 条[③]等。除以上条文外，最高人民法院还针对在特定条件下当事人依据执行和解协议另行起诉的问题，先后作出过部分复函和批复。从上述规定和函文的内容看，现行规定对执行和解协议纠纷救济途径基本可以概括为：债务人不履行和解协议的，人民法院应根据债权人申请恢复原生效法律文书的执行，和解协议已经履行完毕的，人民法院不予恢复执行。在某些不能得到执行程序救济的特殊情形下，当事人可依据执行和解协议向人民法院提起民事诉讼。

综合上述规定的内容和法院处理执行和解案件的实践看，我国的执行和解既不同于纯粹的私法行为，又与彻底的诉讼行为的法律效力相去甚远。执行和解协议具有民事合同的形式，其内容也是关于当事人民事实体权利义务的约定。但这种协议与普通民事合同不同，执行和解协议具有一定公法上的效力，即执行和解可以阻却原生效法律文书的执行，这一结论从上述规定中“恢复原生效法律文书的执行”即可得出，如果执行和解在程序法上没有阻却执行的效力，又何来恢复原生效法律文书执行的规定？现行法律、司法解释规定的不履行和解协议纠纷的救济途径是恢复原生效法律文书的执行，也就是说，因执行和解被阻却的执行程字应继续进行，原执行程序的恢复也是因和解协议不履行所产生的公法上的后果。这一点与纯粹私法行为说主张的执行和解协议对原生效法律文书的执行没有影响，债务人应通过提起债务人异议之诉以阻止执行程序的观点不同。另外，根据《民事诉讼法适用意见》第 266 条规定，对于恢复原生效法律文书执行的案件，和解协议已经履行的部分应当扣除，这部分内容不再属于强制执行的范畴，后续进行的执行程序要受已经履行部分的约束。根据《执行规定》第 87 条的规定，和解协议已经履行完毕的，具有终结执行程序的法律效力。和解协议履行完毕与原生效法律文书执行完毕一样可以终结执行程序。所以，我国现行法律中，执行和解对执行程序进程的影响是不可否认的，执行和解对执行程序的进行与终结具有一

① 现为《民事诉讼法》（2021 年修正）第二百三十七条。

② 现为《最高人民法院关于适用〈中华人民共和国民事诉讼法〉的解释》（2022 年修正）第四百六十五条。

③ 已被《最高人民法院关于修改〈最高人民法院关于人民法院扣押铁路运输货物若干问题的规定〉等十八件执行类司法解释的决定》（2020 年 12 月 29 日）删除。

定的约束力。

但执行和解对执行程序的上述影响和约束，与诉讼行为说所主张的经法院审查认可后可强制执行和解协议的观点，不可同日而语。现有规定根本不承认执行和解协议具有强制执行的法律效力，债务人不履行和解协议的，法院不能依据和解协议对其强制执行，原则上应根据债权人申请，恢复原生效法律文书的执行，此时，执行和解协议基本上因执行程序的恢复而被废除。[①]根据现有规定，法院一旦恢复原生效法律文书的执行，当事人即得到程序救济，其既无权要求法院强制执行和解协议，也不能依据执行和解协议另行起诉，要求法院就和解协议纠纷重新作出裁判，在案件没有恢复执行的情况下，当事人才可能通过另行诉讼解决执行和解协议纠纷。而且，实践中大量执行和解协议的达成，是执行法官多次"调解"和"协调"的结果，真正由当事人自行协商达成的执行和解虽然存在，但只占一定的比例。执行法院在当事人达成和解的过程中功不可没，但法院居间调停的地位和作用一直没有得到现行法律、司法解释的正式认可，"执行调解"的概念也只限于理论探讨，尚未在法律规定层面取得明确的法律地位。因此，执行和解在解释论上基本还处在当事人自行和解的范畴。虽然实践中法院在执行和解过程中的地位越来越突出，但如果仅从现行法律规定的层面着眼，执行和解基本上处在诉讼外和解的地位。虽然执行和解具有一定程序法上的效力，但并没有完整意义上的诉讼行为的法律效力，在一些特定的情形，特别是恢复执行受阻的情形下，法院也认可当事人依据执行和解协议提起诉讼以解决争议。

鉴于《民事诉讼法》和相关司法解释的上述规定，现阶段的执行和解兼有公法和私法上的效力。执行和解协议既与纯粹的民事合同有别，也没有完全意义的公法上的效力。执行和解行为，就其法律性质而言具有两重性：一方面，它是当事人变更或消灭某种民事法律关系，从而实现法律文书确定的实体权利的民事行为；另一方面，这种和解由于发生在执行程序中，一经人民法院执行人员确认并实际得以履行，它又是当事人为消灭与人民法院之间业已存在的诉讼法律关系，从而结束执行程序的诉讼行为。[②]由于现行法律对执行和解的定位兼具公法和私法的双重色彩，理论上有关执行和解属于私法行为还是诉讼行为一直存有争议，不同的学说基于各自的立场，为立法上修改完善执行和解制度提出了各自不同的方案。应当说，《民事诉讼法》中关于和解协议的规定，并不是关于和解协议效力问题的全面规定，只是在和解协

① 有观点认为，《民事诉讼法》不仅不认可执行和解协议具有强制执行力，甚至也未赋予和解协议私法契约这种最低层次的效力。参见杨国香、张娜：《执行和解协议纠纷解决机制探析》，载《人民司法·案例》2011年第2期。

② 金俊银：《对执行和解若干问题的探讨》，载《法律适用》2005年第9期。

议不履行的情况下，在强制执行程序中对债权人的直接救济方式的规定。[①]因此，现阶段处理执行和解协议纠纷，不能单纯根据私法行为说，或者完全站在诉讼行为说一方的立场上，就执行和解协议履行中的问题简单得出结论，而应根据现行法律、司法解释有关执行和解协议纠纷救济方式的规定，审查是否应当恢复原生效法律文书的执行，或者当事人依据执行和解协议另行起诉的条件是否成就。

债务人不履行执行和解协议，债权人向人民法院申请恢复执行，是《民事诉讼法》及相关司法解释明确规定的救济程序，属于和解协议纠纷的主要救济方式。而当事人依据和解协议另行起诉，仅在部分函文和批复中有所涉及。从目前实践中的情况看，债权人依据执行和解协议另行诉讼的适用范围是有限的，重新起诉只是在不能得到民事诉讼法规定的强制执行途径的有效救济的情况下当事人可以选择的补充做法。[②]此结论是根据现有法律、司法解释、相关复函、批复作出的，至于债权人放弃申请恢复原生效法律文书的执行，直接选择另行起诉，人民法院是否应予受理的问题，实践中存有争议。是否可以赋予债权人对申请恢复原生效法律文书的执行和另行起诉两种救济途径的选择权，是执行和解理论值得深入研究的问题。

在执行和解协议兼具公法效力和私法效力的制度框架下，是否另行起诉不属于执行权的处理范围，执行权仅负责审查是否应恢复执行原生效法律文书的问题。

（三）执行权对债务人迟延履行和解协议纠纷的审查范围

执行权对是否恢复执行进行审查，必然涉及恢复执行的法律条件。《民事诉讼法》第二百零七条对该问题的规定是，“一方当事人不履行和解协议”。《民事诉讼法适用意见》第266条对该问题的规定与《民事诉讼法》第二百零七条的精神一致，但在条文的表述上有所不同，第266条规定的是“一方当事人不履行或者不完全履行在执行中双方自愿达成的和解协议”。上述条款从应当恢复执行的角度，对执行和解协议纠纷的救济途径作了规定，也是通常情况下执行权审查是否恢复执行的主要法律依据。除了规定应当恢复执行的情形以外，《民事诉讼法适用意见》第266条还从不予恢复执行的角度，对法院恢复执行作出了限制，即“和解协议已经履行完毕的，人民法院不予恢复执行”。也就是说，《民事诉讼法适用意见》第266条从正反两个方面对是否恢复原生效法律文书的执行进行了限定，人民法院在处理执行和解协议纠纷

---

① 黄金龙：《不履行执行中的和解协议的救济程序》，载《人民司法》2005年第11期。

② 卫彦明、张根大、黄金龙：《执行和解协议不履行时当事人的救济途径分析》，载江必新主编、最高人民法院执行局编：《执行工作指导》2011年第3辑（总第39辑），人民法院出版社2011年版，第78页。

时，不仅要审查当事人是否有不履行或不完全履行和解协议的情形，同时执行权的审查范围还要受到执行和解协议已经履行完毕的限制，恢复执行只有在和解协议未履行完毕的前提下，才可能作出，执行和解协议履行完毕的，则不予恢复执行。这一规定也有利于促使债权人对债务人不履行和解协议的行为，及时主张权利申请恢复执行。

《民事诉讼法适用意见》对执行权的审查范围作了以上限制，也与执行和解协议纠纷的特点及执行权的性质有关。现行规定不承认执行和解协议的强制执行力，法院不得依据协议约定，通过行使执行权保障和解协议内容全面、适当的实现，和解协议的履行只能由当事人自行完成。因此，当事人在和解协议履行过程中产生的纠纷更多体现出私法层面的特点。执行权不同于审判权，不能对一项新产生的实体法律关系进行全面的审查判断，受权力边界所限，根据上述司法解释规定，执行权只对和解协议是否履行进行审查，并决定是否恢复执行。[①]诚然，多数案件中是否履行了和解协议应当是简单清楚的，但实践中确实有一些案件，对于和解协议的履行问题存在着广泛的争议。具体地讲，和解协议是否履行的争议包括：和解协议条款的解释、是否按约定方式适当履行、是否按约定期限履行、是否全面履行。[②]这些争议与实体法上债的履行所产生的争议无实质差别，属于当事人因履行执行和解协议而产生的新债权债务纠纷。鉴于《民事诉讼法》第二百零七条只将恢复执行与和解协议的是否履行联系起来，故在执行程序中应当对是否履行进行审查判断。为维持执行机构裁判权的合理边界，也应当将审查的范围只限于是否履行完毕问题。执行机构不追究没有履行完毕的原因，而只审查是否履行完毕，当然也包括履行的程度和数额，据此决定是否恢复执行以及恢复执行的数额。[③]

此后，《执行规定》第87条规定，当事人之间达成的和解协议合法有效并已履行完毕的，人民法院作执行结案处理。该规定也将和解协议履行完毕作为执行程序终结的法定事由，但与《民事诉讼法适用意见》第266条不同

---

① 2012年8月31日修改的《民事诉讼法》第二百三十条第二款在当事人不履行执行和解协议的基础上，又增加了申请执行人因受欺诈、胁迫与被执行人达成和解协议的，人民法院可以根据当事人的申请，恢复执行原生效法律文书的规定。在立法层面扩大了恢复执行原生效法律文书的情形，同时也扩展了执行权的审查范围。本案适用的是2007年《民事诉讼法》第二百零七条和《最高人民法院关于适用〈中华人民共和国民事诉讼法〉若干问题的意见》第二百六十六条的规定，故只涉及对和解协议是否履行的审查问题。

② 卫彦明、张根大、黄金龙：《执行和解协议不履行时当事人的救济途径分析》，载江必新主编、最高人民法院执行局编：《执行工作指导》2011年第3辑（总第39辑），人民法院出版社2011年版，第78页。

③ 卫彦明、张根大、黄金龙：《执行和解协议不履行时当事人的救济途径分析》，载江必新主编、最高人民法院执行局编：《执行工作指导》2011年第3辑（总第39辑），人民法院出版社2011年版，第73页。

的是,《执行规定》第 87 条在和解协议履行完毕前增加了“和解协议合法有效”的内容。根据该条规定，人民法院通过执行和解方式结案的，需要具备“执行和解协议合法有效”与“和解协议履行完毕”两个条件，据此，执行和解协议是否有效也进入了执行权审查的视野。①

综上所述，执行和解协议合法有效且已经履行完毕的，人民法院不予恢复执行，当事人不能获得恢复执行原生效法律文书的程序救济。在这种情况下，居于主导地位的恢复原生效法律文书的执行受阻，当事人之间因执行和解履行中产生的纠纷只能通过处于补充地位的诉讼程序解决。

本案涉及盛润公司迟延履行和解协议部分付款义务的法律责任问题。现有规定不承认和解协议具有强制执行力，对于债务人迟延履行协议约定义务的行为，法院无权像执行生效判决书、调解书一样，在执行程序中直接要求债务人承担迟延履行利息或迟延履行金，只能审查决定是否恢复原判决的执行。对于和解协议合法有效且已经履行完毕的，则不予恢复执行，当事人可通过其他途径寻求救济。对此类纠纷，最高人民法院曾于 2005 年 6 月 24 日就个案作出（2005）执监字第 24—1 号《关于当事人对迟延履行和解协议的争议应当另诉解决的复函》，函文主要内容如下:“根据民事诉讼法和最高人民法院司法解释的有关规定，执行和解协议已履行完毕的人民法院不予恢复执行。本案执行和解协议的履行尽管存在瑕疵，但和解协议确已履行完毕，人民法院应不予恢复执行。至于当事人对延迟履行和解协议的争议，不属执行程序处理，应由当事人另诉解决。”上文的分析结论与该复函的意见是一致的。

具体到本案，盛润公司因郑州市中级人民法院另案冻结其公司存款 5800 万元，而未按和解协议约定的时间履行第三笔付款义务。在此次付款期限届满后、盛润公司寻找其他办法付款的过程中，宝通公司未向法院申请恢复执行。宝通公司向法院申请恢复执行，是在收到盛润公司迟延给付的第三笔款后近一个月的时间提出的，此时盛润公司最后一笔款项的付款时间尚未届至。此后盛润公司按期履行了最后一笔款项，确将执行和解协议足额履行完毕，其履行过程只存在迟延履行第三笔付款义务的瑕疵。根据《民事诉讼法适用意见》第 266 条的规定，和解协议履行完毕的，人民法院不予恢复执行，河南省高级人民法院驳回宝通公司恢复执行的请求，符合法律规定。根据《执

① 从 2012 年 8 月修改后的《民事诉讼法》第二百三十条第二款和《执行规定》第 87 条的内容来看,《执行规定》第 87 条“执行和解协议合法有效”可以包括申请执行人因受欺诈、胁迫与被执行人达成和解协议的情形。而《民事诉讼法》此次修改只增加了申请执行人受欺诈和胁迫两种情形，至于“和解协议合法有效”是否还应包括申请执行人因重大误解与被执行人达成执行和解协议等其他情形，可以继续研究讨论。本案的审查在《民事诉讼法》第二次修改之前，故对本案的评析不涉及 2012 年《民事诉讼法》第二百三十条的修改问题。

行规定》第 87 条的规定，执行和解协议合法有效且已履行完毕的，人民法院作执行结案处理。宝通公司请求恢复原判决的执行，并未对和解协议的合法性提出异议，在盛润公司将和解协议约定的付款内容全额履行完毕的情况下，河南省高级人民法院裁定终结执行，并无不当。宝通公司因盛润公司迟延履行执行和解协议的损失问题，不属于执行程序的处理范围。

——乔宇：《迟延履行执行和解协议纠纷与执行权的审查范围——宝通电力集团有限公司执行申诉案评析》，载《人民司法·案例》2012 年第 8 期。

85. 申请执行人主张和解协议无效，人民法院可否在执行程序中予以审查

关键词

和解协议　审查　无效理由

最高人民法院裁判文书

兰州市政施工有限公司申请复议案［最高人民法院（2022）最高法执复 46 号执行裁定书］

裁判要旨：1. 被执行人已经履行了案涉执行和解协议约定的支付第一笔款项的义务，申请执行人无权以该执行和解协议第一笔款项未获履行为由申请恢复对原判决的执行。2. 案涉执行和解协议经诉讼被确认无效或撤销，申请执行人有权申请恢复执行。就此，对案涉执行和解协议的效力问题不应在恢复执行程序中予以审查。

最高人民法院经审查认为，本案的争议焦点问题为：市政施工公司是否履行案涉执行和解协议约定的义务及本案应否恢复执行？对该争议焦点问题，本院分析认定如下：

从案涉和解协议的内容看，截至申请执行人申请恢复执行前，被执行人应履行的第一笔义务为于 2020 年 12 月 31 日前支付 200 万元，而吴忠交通公司享有的权利是分两期共获得 7893937 元，和解协议并未明确是由哪一被执行人履行。对此，涉及对案涉执行和解协议的解释问题。《民法典》第一百四十二条第一款规定，有相对人的意思表示的解释，应当按照所使用的词句，结合相关条款、行为的性质和目的、习惯以及诚信原则，确定意思表示的含义。根据上述法律规定，对案涉执行和解协议约定的第一期款项，由被执行人哪一方履行均无不可，主要理由有三：首先，从案涉执行和解协议的

性质和目的来看。执行和解协议系协议各方当事人通过协商一致，改变原裁判文书所确定的执行主体、内容，起到用新的债权债务关系取代已有的债权债务关系的目的。对申请执行人而言，其订立和解协议的目的在于取得和解协议所约定的支付款项，故只要能实现该目的，至于由谁支付并不影响该目的的实现。经查明，案涉执行和解协议签订后，被执行人一方市政实业公司于 2020 年 9 月 8 日通过甘肃省高级人民法院履行了 2878500 元，因此，吴忠交通公司订立执行和解协议取得第一笔执行款的缔约目的已经实现。其次，从执行和解协议履行的习惯来看。在执行实践中，由他人代付执行和解协议约定的应付款项，也是执行实践中广泛存在的做法，故即使案涉执行和解协议没有约定市政实业公司的义务，在市政实业公司实际履行了付款义务、且市政实业公司认可该付款系履行案涉执行和解协议的情况下，则该付款行为亦可认定为市政施工公司的履行行为。再次，从诚实信用原则角度来看。在吴忠交通公司已经收取案涉第一笔款项实现其签订执行和解协议目的的情况下，其再主张案涉执行和解协议约定的第一笔款项未履行，进而申请恢复执行案件，亦有违诚实信用原则。综上，本案被执行人已经履行了案涉执行和解协议约定的支付第一笔款项的义务，申请执行人无权以该执行和解协议第一笔款项未获履行为由申请恢复对原判决的执行；甘肃省高级人民法院认定市政施工公司未按案涉执行和解协议约定支付第一笔款项，事实认定错误。

至于本案执行和解协议的效力问题，依据《最高人民法院关于执行和解若干问题的规定》第十六条第一款规定：“当事人、利害关系人认为执行和解协议无效或者应予撤销的，可以向执行法院提起诉讼。执行和解协议被确认无效或者撤销后，申请执行人可以据此申请恢复执行”，如本案申请执行人认为案涉执行和解协议无效或应予撤销，可向人民法院提起诉讼。如案涉执行和解协议经诉讼被确认无效或撤销，吴忠交通公司自然有权申请恢复执行。就此，对案涉执行和解协议的效力问题不应在恢复执行程序中予以审查，甘肃省高级人民法院在本案审理过程中审查该执行和解协议的效力，与上述司法解释规定不符，适用法律错误，应予纠正。

——中国裁判文书网。

86. 府院联动在“玻璃罩”监管下实现执行松绑“输氧”

关键词

善意文明执行　执行和解　府院联动

最高人民法院公布的典型案例

某银行与龚某等资产管理合同纠纷执行案

执行要旨：被执行人龚某系属地政府重点培育拟上市企业实际控制人，因所持股权被冻结、信用受损，上市进程受阻。金华中院依托金华市府院协同构建的执行助企纾困“输氧玻璃罩”机制，共同研判公司现状、主体信用、上市进展等，经多次协调推动达成执行和解，并联合监督履行完毕，法院及时解除措施、修复信用，推动企业上市进程，为助企纾困解难、激发市场活力提供有力司法保障。

基本案情

申请执行人：某银行

被执行人：龚某等

执行法院：浙江省金华市中级人民法院

申请执行人某银行与被执行人龚某等资产管理合同纠纷一案，执行中，金华中院查封了龚某名下财产，并拟将其纳入失信被执行人名单。因龚某持股的关联公司系属地政府重点培育的拟上市企业，经营状况良好，正在申报上市流程中，龚某系该公司法定代表人及实际控制人，因所持股权冻结、信用受损，上市进程受阻。

金华中院秉承依法平等保护民营经济、善意文明执行的理念，坚持三步走策略：一是府院协同研判。争取属地党委政府支持，与相关职能部门召开联席会议，就公司现状、主体信用、上市进展、执行方案等进行充分梳理研判，为纠纷实质性化解提供有力支撑。二是灵活施策“输氧”。考虑企业上市需求，在被执行人申报财产、配合执行的情形下，法院给予宽限期，暂缓纳入失信被执行人名单、处置财产，保障企业正常经营。府院协同推进，促成双方达成执行和解。三是联合监督履行。在执行法院、属地政府、经信局、金融办等监督下，龚某诚信履行执行款约1.2亿元，某银行确认龚某履行完毕法律文书确定的义务后，金华中院依申请解除相应执行措施，龚某控股的公司已于近期披露首次公开发行股票招股说明书（申报稿），冲刺上交所主板IPO上市，预计募资8.621亿元用于扩产项目，企业上市程序顺利推进。龚某送来锦旗和感谢信，感谢金华中院“怀爱民之心，办利企之事”。

典型意义

金华法院秉持善意文明、平等保护各类市场主体产权和合法权益的执行理念，助企纾困和监督执行并举，不枉不纵。争取党委政府支持，灵活运用府院协同构建的执行助企纾困“输氧玻璃罩”机制，府院联审全方位评价企业信用、行业前景、资产负债等，对诚信且有持续增长可能的涉执民营企业，引导达成“一揽子”和解，分类实施松绑“输氧”措施，同时构建多重监管“玻璃罩”，定期审核履约相关的企业经营状况，确保纾困企业诚信履行，切实保护申请执行人合法权益，实现企业摆脱债务困境、债权人兑现债权的双赢。

——《最高人民法院发布能动执行典型案例》，载《人民法院报》2023 年 5 月 20 日。

87. 引入“临时管理人”实现企业盘活与债权人权益保障双兼顾

关键词

善意文明执行　执行和解　破产预重整制度

最高人民法院公布的典型案例

某药业公司系列欠款纠纷执行案

执行要旨：被执行企业因资金断流拖欠众多供货商货款，执行法院引入重整实务中的“临时管理人”机制，监管企业的生产经营，促成当事人达成和解，实现了企业资金不断流、企业不破产、生产不停止、工人不下岗，被执行企业得以存活、债权人利益稳步实现的目的。

基本案情

申请执行人：代某某等

被执行人：某药业公司

执行法院：河北省安国市人民法院

2020 年 12 月底，河北安国法院在执行某药业公司案件时发现该公司作为被告的案件仍有 80 多件正在审理中。安国法院立即传唤公司负责人，了解到公司因未能按约定给供货商付款，引发大规模诉讼。安国法院通过查阅账目、现场调查发现，该公司拖欠 473 名个体工商户货款达 1800 余万元，公司应收账款有 1700 余万元，公司设备、资质等生产条件都具备。如果按照传统执行思路，公司的账户资金只能清偿顺位在先的几名债权人，继续执行只能拍卖公司机器设备、房产土地等固定资产，一个经济实体也将随之消失。大部分债权人的权益将得不到保障。

安国法院秉承善意文明执行理念，坚持能动司法，果断协调正在审理中的案件，并将尚未起诉的供货商也纳入解决范围，多次组织召开债权人会议集思广益，最终确定了参照破产预重整制度，引入第三方会计公司作为“临时管理人”监管公司生产经营的执行方案：第一，委托会计公司接管公司财务，对公司进行监管，定期公示公司账目。第二，解封公司基本账户，对公司资产“活封”。第三，由法院以执行第三人到期债权的形式催收应收公司债权。第四，催收到账的案款交付公司，公司每月对供货商按照各自债权金额百分之五的比例偿还。

目前某药业公司已恢复正常生产经营，月营业额近百万元，累计偿还货款500余万元。

典型意义

安国法院通过引入“临时管理人”这一措施充分践行了习近平法治思想，贯彻了“法治是最好的营商环境”的理念；该案件用活了破产重整实务中的“临时管理人”制度，扶持企业平稳度过“疗愈期”，为经济实体发展注入了活力，让执行有力度，更有“温度”；最大限度帮助债权人足额实现债权，提高了执行效率，达到了对涉企案件执行的政治效果、社会效果、法律效果的有机统一。

——《最高人民法院发布能动执行典型案例》，载《人民法院报》2023年5月20日。

六、暂缓执行与中止执行

88. 暂缓执行的一般规定

关键词

暂缓执行

最高人民法院司法政策精神

第一条　执行程序开始后，人民法院因法定事由，可以决定对某一项或者某几项执行措施在规定的期限内暂缓实施。

执行程序开始后，除法定事由外，人民法院不得决定暂缓执行。

——《最高人民法院印发〈关于正确适用暂缓执行措施若干问题的规定〉的通知》（2002年9月28日，法发〔2002〕16号）。

附录：最高人民法院主流观点

本条规范内容是对暂缓执行制度的一般性规定，同时规定了除法定事由外，人民法院不得决定暂缓执行，体现了执行不间断原则。暂缓执行的法定事由，除了本规范第7条规定的依职权决定暂缓执行的两种情形，还包括执行担保中的暂缓执行和执行监督中的暂缓执行。

（1）本条内容与《民事诉讼法》第231条[①],《执行担保规定》第8条、第10条、第11条相关，上述条文规定了执行担保中的暂缓执行，属于暂缓执行的法定事由。执行担保中的暂缓执行，应当适用上述规定。

（2）本条规范与《执行规定》第130条[②]、第133条[③]相关。《执行规定》第130条第1款规定："上级法院发现下级法院在执行中作出的裁定、决定、通知或具体执行行为不当或有错误的，应当及时指令下级法院纠正，并可以通知有关法院暂缓执行。"《执行规定》第133条规定："上级法院在监督、指导、协调下级法院执行案件中，发现据以执行的生效法律文书确有错误的，应当书面通知下级法院暂缓执行，并按照审判监督程序处理。"上述条文规定了执行监督中的暂缓执行，属于暂缓执行的法定事由。执行监督中的暂缓执行，应当适用上述规定。

（3）本条规范内容与《最高人民法院关于如何处理人民检察院提出的暂缓执行建议问题的批复》相关，该批复内容为"根据《中华人民共和国民事诉讼法》的规定，人民检察院对人民法院生效民事判决提出暂缓执行的建议没有法律依据"。批复的内容与本条执行不间断原则的精神一致，《暂缓执行规定》施行后，批复仍然适用。

——最高人民法院执行局编著：《最高人民法院执行司法解释条文适用编注》，人民法院出版社2019年版，第258~259页。

最高人民法院审判业务意见［《人民法院办理执行案件规范（第二版）》］

110.【暂缓执行的一般规定】

执行程序开始后，人民法院可以因法定事由决定对某一项或者某几项执行措施在规定的期限内暂缓实施。非因法定事由不得决定暂缓执行。

——最高人民法院执行局编：《人民法院办理执行案件规范（第二版）》，人民法院出版社2022年版，第53页。

---

① 现为《民事诉讼法》（2021年修正）第二百三十八条。

② 现为《最高人民法院关于人民法院执行工作若干问题的规定（试行）》（2020年修正）第72条。

③ 现为《最高人民法院关于人民法院执行工作若干问题的规定（试行）》（2020年修正）第75条。

89. 暂缓执行决定的作出

关键词

暂缓执行

最高人民法院司法政策精神

第二条 暂缓执行由执行法院或者其上级人民法院作出决定，由执行机构统一办理。

人民法院决定暂缓执行的，应当制作暂缓执行决定书，并及时送达当事人。

——《最高人民法院印发〈关于正确适用暂缓执行措施若干问题的规定〉的通知》(2002 年 9 月 28 日，法发〔2002〕16 号)。

最高人民法院审判业务意见 [《人民法院办理执行案件规范（第二版）》]

111.【暂缓决定的作出】

暂缓执行由执行法院或者其上级人民法院执行机构作出决定。人民法院决定暂缓执行的，应当制作暂缓执行决定书，并及时送达当事人。

——最高人民法院执行局编:《人民法院办理执行案件规范（第二版）》，人民法院出版社 2022 年版，第 53 页。

90. 依申请暂缓执行的情形

关键词

暂缓执行　依申请

最高人民法院司法政策精神

第三条 有下列情形之一的，经当事人或者其他利害关系人申请，人民法院可以决定暂缓执行：

（一）执行措施或者执行程序违反法律规定的；

（二）执行标的物存在权属争议的；

（三）被执行人对申请执行人享有抵销权的。

——《最高人民法院印发〈关于正确适用暂缓执行措施若干问题的规定〉的通知》(2002 年 9 月 28 日，法发〔2002〕16 号)。

附录：最高人民法院主流观点

（1）本条规范第（1）项内容与《民事诉讼法》第 225 条①、《民诉法执行程序解释》第 10 条②相关。根据上述规定，当事人、利害关系人认为执行措施或者执行程序违反法律规定的，应提出执行异议。执行异议审查和复议期间，不停止执行。被执行人、利害关系人提供充分、有效的担保请求停止相应处分措施的，人民法院可以准许；申请执行人提供充分、有效的担保请求继续执行的，应当继续执行。《民事诉讼法》2007 年修订和《民诉法执行程序解释》施行后，执行措施或者执行程序违反法律规定的情形，是否暂缓（停止）执行，应以上述规范为准。

（2）本条规范第（2）项内容与《民事诉讼法》第 227 条③，《民诉法执行程序解释》第 15 条④、第 16 条⑤相关。根据上述规定，案外人对执行标的主张所有权或者有其他足以阻止执行标的转让、交付的实体权利的，可以依照《民事诉讼法》第 227 条的规定，向执行法院提出异议。案外人异议审查期间，人民法院不得对执行标的进行处分。案外人向人民法院提供充分、有效的担保请求解除对异议标的的查封、扣押、冻结的，人民法院可以准许；申请执行人提供充分、有效的担保请求继续执行的，应当继续执行。《民事诉讼法》2007 年修订和《民诉法执行程序解释》施行后，执行标的物存在权属争议的，是否暂缓（停止）执行，以上述规范为准。

（3）本条规范第（3）项内容与《异议复议规定》第 7 条第 2 款、第 3 款，第 19 条和《民诉法执行程序解释》第 10 条相关。根据上述规定，当事人互负到期债务，被执行人请求抵销，人民法院应当参照《民事诉讼法》第 225 条规定进行审查。执行异议审查和复议期间，不停止执行。被执行人、利害关系人提供充分、有效的担保请求停止相应处分措施的，人民法院可以准许；申请执行人提供充分、有效的担保请求继续执行的，应当继续执行。综合上述规范，被执行人对申请执行人享有抵销权的情形，是否暂缓（停止）执行，应以上述规范为准。

——最高人民法院执行局编著：《最高人民法院执行司法解释条文适用编

---

① 现为《民事诉讼法》（2021 年修正）第二百三十二条。

② 现为《最高人民法院关于适用〈中华人民共和国民事诉讼法〉执行程序若干问题的解释》（2020 年修正）第 9 条。

③ 现为《民事诉讼法》（2021 年修正）第二百三十四条。

④ 现为《最高人民法院关于适用〈中华人民共和国民事诉讼法〉执行程序若干问题的解释》（2020 年修正）第 14 条。

⑤ 现为《最高人民法院关于适用〈中华人民共和国民事诉讼法〉执行程序若干问题的解释》（2020 年修正）第 15 条。

注》，人民法院出版社 2019 年版，第 259~260 页。

最高人民法院审判业务意见［《人民法院办理执行案件规范（第二版）》］

112.【依申请暂缓执行的情形】

有下列情形之一的，经当事人或者其他利害关系人申请，人民法院可以决定暂缓执行：

（一）执行措施或者执行程序违反法律规定的；

（二）执行标的物存在权属争议的；

（三）被执行人对申请执行人享有抵销权的。

——最高人民法院执行局编：《人民法院办理执行案件规范（第二版）》，人民法院出版社 2022 年版，第 53 页。

91. 暂缓执行申请的审查及处理

关键词

暂缓执行　审查

最高人民法院司法政策精神

第六条　人民法院在收到暂缓执行申请后，应当在十五日内作出决定，并在作出决定后五日内将决定书发送当事人或者其他利害关系人。

——《最高人民法院印发〈关于正确适用暂缓执行措施若干问题的规定〉的通知》（2002 年 9 月 28 日，法发〔2002〕16 号）。

附录：最高人民法院主流观点

当事人或者其他利害关系人申请暂缓执行的情形，适用《民事诉讼法》第 225 条①、第 227 条②，《民诉法执行程序解释》第 10 条③、第 16 条④的相关规定。

——最高人民法院执行局编著：《最高人民法院执行司法解释条文适用编注》，人民法院出版社 2019 年版，第 261 页。

---

① 现为《民事诉讼法》（2021 年修正）第二百三十二条。

② 现为《民事诉讼法》（2021 年修正）第二百三十四条。

③ 现为《最高人民法院关于适用〈中华人民共和国民事诉讼法〉执行程序若干问题的解释》（2020 年修正）第 9 条。

④ 现为《最高人民法院关于适用〈中华人民共和国民事诉讼法〉执行程序若干问题的解释》（2020 年修正）第 15 条。

最高人民法院审判业务意见［《人民法院办理执行案件规范（第二版）》］

113.【暂缓执行申请的审查及处理】

人民法院在收到暂缓执行申请后，应当在十五日内作出决定，并在作出决定后五日内将决定书发送当事人或者其他利害关系人。

——最高人民法院执行局编：《人民法院办理执行案件规范（第二版）》，人民法院出版社 2022 年版，第 53~54 页。

92. 暂缓执行的担保

关键词

暂缓执行　担保

最高人民法院司法政策精神

第四条第一款　人民法院根据本规定第三条决定暂缓执行的，应当同时责令申请暂缓执行的当事人或者其他利害关系人在指定的期限内提供相应的担保。

——《最高人民法院印发〈关于正确适用暂缓执行措施若干问题的规定〉的通知》（2002 年 9 月 28 日，法发〔2002〕16 号）。

附录：最高人民法院主流观点

本规范第 4 条内容与《民诉法执行程序解释》第 10 条[①]相关。《执行程序解释》第 10 条规定："执行异议审查和复议期间，不停止执行。被执行人、利害关系人提供充分、有效的担保请求停止相应处分措施的，人民法院可以准许。"上述规范施行后，关于执行异议中提供担保与暂缓（停止）执行的问题，应以该规范为准。

——最高人民法院执行局编著：《最高人民法院执行司法解释条文适用编注》，人民法院出版社 2019 年版，第 260 页。

最高人民法院审判业务意见［《人民法院办理执行案件规范（第二版）》］

114.【暂缓执行的担保】

人民法院根据本规范第 112 条决定暂缓执行的，应当同时责令申请暂缓

① 现为《最高人民法院关于适用〈中华人民共和国民事诉讼法〉执行程序若干问题的解释》（2020 年修正）第 9 条。

执行的当事人或者其他利害关系人在指定的期限内提供相应的担保。

——最高人民法院执行局编：《人民法院办理执行案件规范（第二版）》，人民法院出版社2022年版，第54页。

93. 继续执行优先原则

关键词

暂缓执行　继续执行　优先原则

最高人民法院司法政策精神

第四条第二款　被执行人或者其他利害关系人提供担保申请暂缓执行，申请执行人提供担保要求继续执行的，执行法院可以继续执行。

——《最高人民法院印发〈关于正确适用暂缓执行措施若干问题的规定〉的通知》（2002年9月28日，法发〔2002〕16号）。

附录：最高人民法院主流观点

本规范第4条内容与《民诉法执行程序解释》第10条[①]相关。《执行程序解释》第16条[②]第2款规定："申请执行人提供充分、有效的担保请求继续执行的，应当继续执行。"

——最高人民法院执行局编著：《最高人民法院执行司法解释条文适用编注》，人民法院出版社2019年版，第261页。

最高人民法院审判业务意见［《人民法院办理执行案件规范（第二版）》］

115.【继续执行优先原则】

被执行人或者其他利害关系人提供担保申请暂缓执行，申请执行人提供担保要求继续执行的，执行法院可以继续执行。

——最高人民法院执行局编：《人民法院办理执行案件规范（第二版）》，人民法院出版社2022年版，第54页。

---

① 现为《最高人民法院关于适用〈中华人民共和国民事诉讼法〉执行程序若干问题的解释》（2020年修正）第9条。

② 现为《最高人民法院关于适用〈中华人民共和国民事诉讼法〉执行程序若干问题的解释》（2020年修正）第15条。

94. 依职权暂缓执行的情形

关键词

暂缓执行　依职权

最高人民法院司法解释

第三十六条　当事人、利害关系人认为网络司法拍卖行为违法侵害其合法权益的，可以提出执行异议。异议、复议期间，人民法院可以决定暂缓或者裁定中止拍卖。

案外人对网络司法拍卖的标的提出异议的，人民法院应当依据《中华人民共和国民事诉讼法》第二百二十七条及相关司法解释的规定处理，并决定暂缓或者裁定中止拍卖。

——《最高人民法院关于人民法院网络司法拍卖若干问题的规定》（2016年8月2日，法释〔2016〕18号）。

最高人民法院司法政策精神

第七条　有下列情形之一的，人民法院可以依职权决定暂缓执行：

（一）上级人民法院已经受理执行争议案件并正在处理的；

（二）人民法院发现据以执行的生效法律文书确有错误，并正在按照审判监督程序进行审查的。

人民法院依照前款规定决定暂缓执行的，一般应由申请执行人或者被执行人提供相应的担保。

——《最高人民法院印发〈关于正确适用暂缓执行措施若干问题的规定〉的通知》（2002年9月28日，法发〔2002〕16号）。

附录：最高人民法院主流观点

本条规范第（2）项内容与《民事诉讼法》第206条[①]、《民诉法执行程序解释》第396条相关。《民诉法解释》第396条[②]规定："人民法院对已经发生法律效力的判决、裁定、调解书依法决定再审，依照民事诉讼法第二百零六条规定，需要中止执行的，应当在再审裁定中同时写明中止原判决、裁定、

① 现为《民事诉讼法》（2021年修正）第二百一十三条。

② 现为《最高人民法院关于适用〈中华人民共和国民事诉讼法〉的解释》（2022年修正）第三百九十四条。

调解书的执行；情况紧急的，可以将中止执行裁定口头通知负责执行的人民法院，并在通知后十日内发出裁定书。”《民事诉讼法》第206条规定：“按照审判监督程序决定再审的案件，裁定中止原判决、裁定、调解书的执行，但追索赡养费、扶养费、抚育费、抚恤金、医疗费用、劳动报酬等案件，可以不中止执行。”根据上述规定，决定再审的案件，以中止执行为原则，不中止执行为例外。正在按照审判监督程序进行审查，尚未决定再审的，可以适用本规范依职权决定暂缓执行。

——最高人民法院执行局编著：《最高人民法院执行司法解释条文适用编注》，人民法院出版社2019年版，第261页。

最高人民法院审判业务意见［《人民法院办理执行案件规范（第二版）》］

116.【依职权暂缓执行的情形】

有下列情形之一的，人民法院可以依职权决定暂缓执行：

（一）上级人民法院已经受理执行争议案件并正在处理的；

（二）人民法院发现据以执行的生效法律文书确有错误，并正在按照审判监督程序进行审查的；

（三）当事人、利害关系人对网络司法拍卖行为提出异议的，异议、复议期间，人民法院可以决定暂缓拍卖。案外人对网络司法拍卖的标的提出异议的，人民法院应决定暂缓拍卖。

人民法院依照前款第1项、第2项规定决定暂缓执行的，一般应由申请执行人或者被执行人提供相应的担保。

——最高人民法院执行局编：《人民法院办理执行案件规范（第二版）》，人民法院出版社2022年版，第54页。

95. 暂缓执行的期限

关键词

暂缓执行　期限

最高人民法院司法政策精神

第十条　暂缓执行的期间不得超过三个月。因特殊事由需要延长的，可以适当延长，延长的期限不得超过三个月。

暂缓执行的期限从执行法院作出暂缓执行决定之日起计算。暂缓执行的决定由上级人民法院作出的，从执行法院收到暂缓执行决定之日起计算。

——《最高人民法院印发〈关于正确适用暂缓执行措施若干问题的规定〉

的通知》（2002年9月28日，法发〔2002〕16号）。

附录：最高人民法院主流观点

（1）本条规范内容与《案件审理期限规定》第9条、《执行案件期限规定》第13条相关。依据《案件审理期限规定》第9条规定，当事人达成执行和解或者提供执行担保后，执行法院决定暂缓执行的期间，以及上级人民法院通知暂缓执行的期间不计入执行期限。依据《执行案件期限规定》第13条规定，暂缓执行的期间不计入办案期限。应注意结合适用。

（2）本条规范内容与《执行规定》第135条[①]相关。该条规定了执行监督中暂缓执行的期限，即"暂缓执行的期限一般不得超过三个月。有特殊情况需要延长的，应报经院长批准，并及时通知下级法院。暂缓执行的原因消除后，应当及时通知执行法院恢复执行。期满后上级法院未通知继续暂缓执行的，执行法院可以恢复执行"。执行监督中暂缓执行的期限，应适用该规定。

（3）本条规范内容与《执行担保规定》第10条相关。该条规定："暂缓执行的期限应当与担保书约定一致，但最长不得超过一年。"执行担保中的暂缓执行期限，应适用该规定。

——最高人民法院执行局编著：《最高人民法院执行司法解释条文适用编注》，人民法院出版社2019年版，第262页。

最高人民法院审判业务意见［《人民法院办理执行案件规范（第二版）》］

117.【暂缓执行的期限】

暂缓执行的期间不得超过三个月。因特殊事由需要延长的，可以适当延长，延长的期限不得超过三个月。

暂缓执行的期限从执行法院作出暂缓执行决定之日起计算。暂缓执行的决定由上级人民法院作出的，从执行法院收到暂缓执行决定之日起计算。

——最高人民法院执行局编：《人民法院办理执行案件规范（第二版）》，人民法院出版社2022年版，第55页。

96. 暂缓执行的审查

关键词

暂缓执行　审查

① 现为《最高人民法院关于人民法院执行工作若干问题的规定（试行）》（2020年修正）第77条。

最高人民法院司法政策精神

第十一条　人民法院对暂缓执行的案件，应当组成合议庭对是否暂缓执行进行审查，必要时应当听取当事人或者其他利害关系人的意见。

——《最高人民法院印发〈关于正确适用暂缓执行措施若干问题的规定〉的通知》(2002 年 9 月 28 日，法发〔2002〕16 号)。

最高人民法院审判业务意见 [《人民法院办理执行案件规范(第二版)》]

118.【暂缓执行的审查】

人民法院应当组成合议庭对是否暂缓执行进行审查并作出决定，必要时应当听取当事人或者利害关系人的意见。

——最高人民法院执行局编:《人民法院办理执行案件规范(第二版)》，人民法院出版社 2022 年版，第 55 页。

97. 暂缓执行的监管

关键词

暂缓执行　监管

最高人民法院司法政策精神

第十二条　上级人民法院发现执行法院对不符合暂缓执行条件的案件决定暂缓执行，或者对符合暂缓执行条件的案件未予暂缓执行的，应当作出决定予以纠正。执行法院收到该决定后，应当遵照执行。

——《最高人民法院印发〈关于正确适用暂缓执行措施若干问题的规定〉的通知》(2002 年 9 月 28 日，法发〔2002〕16 号)。

最高人民法院审判业务意见 [《人民法院办理执行案件规范(第二版)》]

119.【暂缓执行的监督】

上级人民法院发现执行法院对不符合暂缓执行条件的案件决定暂缓执行，或者对符合暂缓执行条件的案件未予暂缓执行的，应当作出决定予以纠正。执行法院收到该决定后，应当遵照执行。

——最高人民法院执行局编:《人民法院办理执行案件规范(第二版)》，人民法院出版社 2022 年版，第 55 页。

98. 暂缓执行期限届满后的恢复执行

关键词

暂缓执行　期限届满　恢复执行

最高人民法院司法政策精神

第十三条　暂缓执行期限届满后，人民法院应当立即恢复执行。

暂缓执行期限届满前，据以决定暂缓执行的事由消灭的，如果该暂缓执行的决定是由执行法院作出的，执行法院应当立即作出恢复执行的决定；如果该暂缓执行的决定是由执行法院的上级人民法院作出的，执行法院应当将该暂缓执行事由消灭的情况及时报告上级人民法院，该上级人民法院应当在收到报告后十日内审查核实并作出恢复执行的决定。

——《最高人民法院印发〈关于正确适用暂缓执行措施若干问题的规定〉的通知》（2002年9月28日，法发〔2002〕16号）。

最高人民法院审判业务意见［《人民法院办理执行案件规范（第二版）》］

120.【暂缓执行期限届满后的恢复执行】

暂缓执行期限届满后，人民法院应当立即恢复执行。暂缓执行期限届满前，据以决定暂缓执行的事由消灭的，如果该暂缓执行的决定是由执行法院作出的，执行法院应当立即作出恢复执行的决定；如果该暂缓执行的决定是由执行法院的上级人民法院作出的，执行法院应当将该暂缓执行事由消灭的情况及时报告上级人民法院，该上级人民法院应当在收到报告后十日内审查核实并作出恢复执行的决定。

——最高人民法院执行局编：《人民法院办理执行案件规范（第二版）》，人民法院出版社2022年版，第55页。

99. 暂缓执行期间是否计算双倍贷款利息

关键词

暂缓执行　双倍贷款利息

最高人民法院答复

山东省高级人民法院：

根据你院《关于执行华和国际租赁有限公司与中国建设银行费县支行融资租赁合同担保纠纷一案的情况汇报》，现就有关的法律适用问题提出如下意见：

关于暂缓执行期间是否计算双倍贷款利息的问题，按照《民事诉讼法》第二百三十二条[①]的规定，被执行人未按判决履行的，即应当加倍支付迟延履行期间的债务利息。暂缓执行并未改变被执行人未按判决履行的状态，而且此案暂缓执行是因被执行人申诉，为被执行人的利益而采取的。在申诉复查期间暂缓执行已经保护了被执行人的利益，申诉被驳回的，被执行人应当承担未按判决履行的不利后果。

——《最高人民法院〔2005〕执监字第59—1号》，载江必新主编：《人民法院执行工作规范全集》，人民法院出版社2017年版，第149页。

附录：理解与适用

最高人民法院执行办经审判长联席会讨论，一致认为应当从有利于债权人的角度解释争议问题，最大限度实现债权人的合法权益。因申诉人申诉无理被驳回的，暂缓执行期间应当双倍计算迟延履行利息。此应作为今后处理类似问题的原则。

对本案的分析：

1. 关于暂缓执行期间是否计算双倍贷款利息的问题，法律没有明确规定，但在有关法律的条文中也没有排除暂缓执行期间的双倍计算。《民事诉讼法》第232条规定："被执行人未按判决、裁定和其他法律文书指定的期间履行给付义务的，应当加倍支付迟延履行期间的债务利息。"依此规定，加倍支付迟延利息的条件是"未按判决"履行义务。暂缓执行并未改变被执行人未按判决履行的状态，而且在执行中对这一争议问题的处理，应当在平衡双方利益的前提下，尽量作有利于债权人的解释。这样才能避免被执行人无理缠诉，通过申诉侵害债权人利益。

2. 最高人民法院起草的《强制执行法草案》和有关司法解释稿中，就此问题的解决方案，均提到：依被执行人的申请而暂缓执行或者中止执行的，暂缓执行或者中止执行期间的利息，由被执行人负担。这一精神应当用于指导当前的执行实践。

3. 申诉期间的暂缓执行不能解释为被执行人意志以外的原因，而应当解释为经过被执行人的努力才取得的效果，故与被执行人意志有关。而且该暂缓执行完全是因被执行人方面的原因造成的，是根据被执行人的请求为被执行人的利益采取的措施。在此期间暂缓执行本身已经是对被执行人的利益保

① 现为《民事诉讼法》（2021年修正）第二百六十条。

护措施，已经损害债权人利益。在因申诉无理被驳回后，不能再损害申请人的利益。故申诉复查期间单倍计算利息实质上并不公平。

——黄金龙:《暂缓执行期间如何计算迟延履行期间的债务利息》，载最高人民法院执行工作办公室编:《执行工作指导》2007 年第 1 辑（总第 21 辑），人民法院出版社 2007 年版，第 60~62 页

100. 证券公司进入破产程序后，刑事附带民事赔偿或者涉及追缴赃款的判决应中止执行

关键词

破产程序　刑事附带民事赔偿　追缴赃款　中止执行

最高人民法院司法政策精神

五、证券公司进入破产程序后，人民法院作出的刑事附带民事赔偿或者涉及追缴赃款赃物的判决应当中止执行，由相关权利人在破产程序中以申报债权等方式行使权利；刑事判决中罚金、没收财产等处罚，应当在破产程序债权人获得全额清偿后的剩余财产中执行。

——《最高人民法院关于依法审理和执行被风险处置证券公司相关案件的通知》(2009 年 5 月 26 日，法发〔2009〕35 号)。

最高人民法院审判业务意见 [《人民法院办理执行案件规范（第二版）》]

121.【应当中止执行的情形】

（一）申请执行人表示可以延期执行的；

（二）案外人对执行标的提出确有理由的异议的；

（三）作为一方当事人的公民死亡，需要等待继承人继承权利或者承担义务的；

（四）作为一方当事人的法人或者其他组织终止，尚未确定权利义务承受人的；

（五）人民法院已受理以被执行人为债务人的破产申请的，或者依据《最高人民法院关于适用〈中华人民共和国民事诉讼法〉的解释》第五百一十一条规定，将案件移送破产审查的；

（六）被执行人申请撤销仲裁裁决并已由人民法院受理的，或者被执行人、案外人对仲裁裁决执行案件提出不予执行申请并提供适当担保的；

（七）执行依据按审判监督程序决定再审的，但追索赡养费、扶养费、抚养费、抚恤金、医疗费用、劳动报酬等案件，可以不中止执行的除外；

（八）执行过程中发现有非法集资犯罪嫌疑的，或者执行标的物属于公安机关、人民检察院、人民法院侦查、起诉、审理非法集资刑事案件的涉案财物的；

（九）人民法院认为应当中止执行的其他情形。

裁定对部分被执行人中止执行的，不影响对同一执行案件其他被执行人的执行。

——最高人民法院执行局编：《人民法院办理执行案件规范（第二版）》，人民法院出版社2022年版，第56页。

七、终结本次执行程序与终结执行

101. 终结本次执行程序的程序标准和实质标准

关键词

终结本次执行程序

最高人民法院司法政策精神

第一条　人民法院终结本次执行程序，应当同时符合下列条件：

（一）已向被执行人发出执行通知、责令被执行人报告财产；

（二）已向被执行人发出限制消费令，并将符合条件的被执行人纳入失信被执行人名单；

（三）已穷尽财产调查措施，未发现被执行人有可供执行的财产或者发现的财产不能处置；

（四）自执行案件立案之日起已超过三个月；

（五）被执行人下落不明的，已依法予以查找；被执行人或者其他人妨害执行的，已依法采取罚款、拘留等强制措施，构成犯罪的，已依法启动刑事责任追究程序。

第二条　本规定第一条第一项中的“责令被执行人报告财产”，是指应当完成下列事项：

（一）向被执行人发出报告财产令；

（二）对被执行人报告的财产情况予以核查；

（三）对逾期报告、拒绝报告或者虚假报告的被执行人或者相关人员，依法采取罚款、拘留等强制措施，构成犯罪的，依法启动刑事责任追究程序。

人民法院应当将财产报告、核实及处罚的情况记录入卷。

第三条　本规定第一条第三项中的“已穷尽财产调查措施”，是指应当完成下列调查事项：

（一）对申请执行人或者其他人提供的财产线索进行核查；

（二）通过网络执行查控系统对被执行人的存款、车辆及其他交通运输工具、不动产、有价证券等财产情况进行查询；

（三）无法通过网络执行查控系统查询本款第二项规定的财产情况的，在被执行人住所地或者可能隐匿、转移财产所在地进行必要调查；

（四）被执行人隐匿财产、会计账簿等资料且拒不交出的，依法采取搜查措施；

（五）经申请执行人申请，根据案件实际情况，依法采取审计调查、公告悬赏等调查措施；

（六）法律、司法解释规定的其他财产调查措施。

人民法院应当将财产调查情况记录入卷。

第四条　本规定第一条第三项中的“发现的财产不能处置”，包括下列情形：

（一）被执行人的财产经法定程序拍卖、变卖未成交，申请执行人不接受抵债或者依法不能交付其抵债，又不能对该财产采取强制管理等其他执行措施的；

（二）人民法院在登记机关查封的被执行人车辆、船舶等财产，未能实际扣押的。

——《最高人民法院印发〈关于严格规范终结本次执行程序的规定（试行）〉的通知》（2016 年 10 月 29 日，法〔2016〕373 号）。

附录：最高人民法院主流观点

（二）终结本次执行的程序标准和实质标准

《最高人民法院关于严格规范终结本次执行程序的规定》（以下简称《规定》）第一条至第四条，对终结本次执行的程序标准和实质标准予以了明确。这是《规定》中最重要的核心条款。由于终结本次执行程序的条件和标准比较复杂，无法全部囊括在一个条文中，故采取了概括规定加具体细化的形式。第一条概括性地对终结本次执行程序的条件作出了规定，第二条到第四条对第一条中的有关内容作具体细化的规定。第一条中的一至五项作为终结本次执行程序的条件应当同时满足，缺一不可。其中一至四项是一般情形下的条件，第五项是特殊情形下需要满足的要件。

《规定》第一条第一项是对进入执行程序后中人民法院需要采取的常规的执行措施的规定，即：应当发出执行通知，责令被执行人报告财产。而责令被执行人报告财产应当达到的标准和完成的事项，在第二条中做了明确要求，即应当完成下列四方面的工作：一是发出报告财产令；二是对报告的财产情况予以核查；三是对逾期报告拒绝报告或者虚假报告的被执行人或者相关人员，依法采取强制措施直至启动刑事责任追究程序；四是对上述财产报告核实及处罚情况必须记录入卷。本条内容与《最高人民法院关于民事执行中财产调查若干问题的规定》进行了衔接，关于财产报告中的报告程序、核实程序以及处罚情形，在该司法解释中作出了详细规定，《规定》中的关于财产报告制度的实施应当遵照该司法解释进行。

《规定》第一条第二项要求，必须将向被执行人发出限制消费令，符合条件的还应当纳入失信被执行人名单，根据现有司法解释的规定，只要被执行人不履行生效法律文书确定的义务，就应当向其发出限制消费令，而纳入失信被执行人名单还应当符合《最高人民法院关于公布失信被执行人名单信息的若干规定》列明的条件才可以纳入。

《规定》第一条第三项要求，在穷尽财产调查措施后，人民法院未发现被执行人有可供执行的财产，或者发现的财产不能处置。这是执行案件能否终结本次执行程序的实质标准。以下两点核心要点需要把握，即：

1. 何谓穷尽财产调查措施。《规定》第三条对穷尽财产措施应当完成的事项进行了列明。应当说，人民法院的财产调查能力和手段，是随着社会经济发展，科技手段的不断进步而不断发展的，对于究竟何为穷尽财产调查措施，还应当结合现有的经济发展水平、财产查控能力现状等客观因素来综合认定。本条区分不同情况，规定了人民法院采取哪些执行措施，才算达到了“穷尽财产调查措施”的最低标准。其中：

第一项是对申请执行人或他人提供的财产线索的核实。申请执行人作为对其自身权益最为关注的个体，其查找财产的意愿最为强烈，此外，与案件有利害关系的第三人、社会公众都有可能向人民法院提供被执行人的财产线索，对于上述主体提供的财产线索，人民法院应当积极予以核实，以增加发现被执行人财产的可能。

第二项中的网络执行查控系统既包括由最高人民法院建立的执行案件网络查控系统，还包含执行法院所在地区已经建立的网络查控系统，执行法院应当在上述查控系统中对被执行人名下的存款、车辆及其他交通运输工具、不动产、有价证券等财产均进行了调查，才算是完成了网络调查事项。

第三项的规定是针对一些地区或者一些财产形式受网络技术发展及个别地区及领域信息化科技手段运用水平所限，暂时还不能通过网络调查方式予以查找，对于这部分地区或形式的财产，仍应充分运用传统的财产调查方式在被执行人住所地，或者可能隐匿转移财产所在地进行查找。

第四项是对搜查措施的规定。《民事诉讼法》第二百四十八条①、《最高人民法院关于适用〈中华人民共和国民事诉讼法〉解释》第四百九十八条对搜查的适用条件和程序作了明确规定。搜查必须依照法定程序进行，由院长签发搜查令，并做好执行预案。

第五项规定了审计调查、公告悬赏等措施的运用。需要说明两个问题：一是采取审计调查、公告悬赏等调查措施，须以申请执行人申请为前提，法院原则上不依职权采取；二是是否采取审计调查、公告悬赏等调查措施，由法院根据案件实际情况决定。同时，本条内容与《最高人民法院关于民事执行中财产调查若干问题的规定》进行了衔接，未尽事宜在该司法解释中进一步细化和明确。此外，增加一项兜底条款，为未来执行工作中可能出现的其他财产调查措施留出空间。

2. 必须是未发现被执行人有可供执行的财产或者发现的财产不能处置。这里面包含三种可能的情况，即：一是被执行人完全没有可供执行的财产；二是被执行人可供执行的财产被处置完毕后，未发现其他可供执行的财产；三是发现的财产不能处置。那么，何谓发现的财产不能处置？规定第四条对此予以了明确：发现的财产不能处置包括：（1）被执行人的财产经法定程序拍卖、变卖未成交，申请执行人不接受抵债或者依法不能交付其抵债，又不能对该财产采取强制管理等其他执行措施。“经依法拍卖、变卖未成交”，应按照《最高人民法院关于人民法院民事执行中拍卖、变卖财产的规定》第二十七条、第二十八条以及《最高人民法院关于人民法院网络司法拍卖若干问题的规定》的相关规定为标准进行判断和认定。（2）执行实践中比较突出的查封了特殊动产的档案登记，但却未能实际控制相关财产的情况，此类情形下，被执行人的财产实际上处于无法处置的情况。此外，规定原稿本来还有被执行人的财产属于依法免于执行的规定，例如被执行人生活必需的物品等，但经过研究我们认为，《民事诉讼法》第二百四十三条②、第二百四十四条③、《最高人民法院关于人民法院民事执行中查封、扣押、冻结财产的规定》第五条、第六条中规定的豁免财产，本身就不属于可供执行的财产范围，其本来就已经被排除在了可供执行财产范围之外，因此，从逻辑上看，可供执行的财产中已经当然不包括豁免财产在内，因此无需在此处再行规定。而对于被执行人“唯一住房”的执行，实际上《最高人民法院关于人民法院办理执行异议和复议案件若干问题的规定》第二十条已经规定了在几种情形下，被执行人本人及所扶养家属维持生活必需的居住房屋都具备可以执行的条件，因

① 现为《民事诉讼法》（2021年修正）第二百五十五条。

② 现为《民事诉讼法》（2021年修正）第二百五十条。

③ 现为《民事诉讼法》（2021年修正）第二百五十一条。

此实际上，此类房屋在绝大部分情况下，均已可以作为被执行人可供执行的财产类型。因此，《规定》并未再将其作为不能处置的一类财产加以规定。

《规定》第一条第四项明确，终结本次执行程序的条件之一，还包括期间条件，即必须经过一定期间才能终结本次执行程序。该条是考虑到即使已经完成了其他各项要求的规定动作，如果刚刚进入执行程序随即就决定终结本次执行程序，恐怕也很难说服申请执行人，人民法院已经穷尽了各项执行措施，故规定了从自执行案件立案之日起至少已经经过了三个月之后才能终结本次执行程序，这样也能更为充分保障申请执行人的相关权利。

《规定》第一条第五项是对特殊情形下终结本次执行程序条件的规定。当执行案件的被执行人下落不明或者被执行人及相关人员有妨害执行的情形时，人民法院还应当依法查找被执行人。对妨害执行的被执行人依法采取罚款、拘留直至启动追究刑事责任程序的措施。

查找被执行人下落，其本质还是通过查人来找物；查找被执行人的措施多样，执行人员应当通过执行日志来记录采取的查找措施，比如根据申请执行人提供的联系方式联系，根据审判卷宗中留存的联系方式联系，如果实在找不到需要公告的，公告也是寻找的一种途径。目前，一些法院也在积极寻求地方公安或其他部门支持，通过车辆、住宿信息等方式来查找被执行人下落。随着科技手段不断发展，人民法院与其他职能部门联动机制的不断深入，被执行人的查找问题一定能有所突破，有所发展。

此外，征求意见中，比较集中的意见是，终结本次执行程序的条件应当增加申请执行人同意以及当事人双方达成执行和解协议不能在法定执行期限内履行完毕的情形。我们经过研究后认为，申请执行人同意，以及当事人双方达成和解协议不能在法定执行期限内履行完毕的，均不属于因被执行人无财产可供执行而导致的执行不能案件，因此，不宜规定在《规定》中作为可以终结本次执行程序的情形，否则《规定》设定的严格的标准及条件很可能再次被架空，无法达到规范该项制度的目的，另外还可能会引发社会质疑。

综合上述条款可以看出，一个案件想要终结本次执行程序，就必须采取以下三个方面措施，即穷尽强制执措施、穷尽财产调查措施和穷尽执行制裁措施。应当"严格控制退出本次执行程序的适用范围，严禁在没有穷尽其他一切执行措施之前，直接退出本次执行程序"。

——刘贵祥等：《〈最高人民法院关于严格规范终结本次执行程序的规定（试行）〉的理解与适用》，载最高人民法院执行局编：《执行工作指导》2017年第2辑（总第62辑），国家行政学院出版社2017年版，第142页。

最高人民法院司法政策精神

24. 严格把握规范终结本次执行程序的程序标准和实质标准。严禁对有财产可供执行的案件以终结本次执行方式结案，严禁因追求结案率而弄虚作假、虚假终本，损害申请执行人的合法权益。

依法穷尽必要的合理的财产调查措施。必须使用“总对总”“点对点”网络查控系统全面核查财产情况；当事人提供财产线索的，应当及时核查，有财产的立即采取控制措施；有初步线索和证据证明被执行人存在规避执行、逃避执行嫌疑的，人民法院应当根据申请执行人申请采取委托专项审计、搜查等措施，符合条件的，应当采取罚款、司法拘留或者追究拒执罪等措施。

执行中已查控到财产的，人民法院应当依法及时推进变价处置程序，不得滥用《最高人民法院关于严格规范终结本次执行程序的规定（试行）》第四条关于“发现的财产不能处置”的规定，不得以申请执行人未申请拍卖为由不进行处置而终结本次执行程序；不得对轮候查封但享有优先权的财产未经法定程序商请首封法院移送处置权而终结本次执行程序。

人民法院终结本次执行程序应当制作执行裁定书并送达当事人。申请执行人对终结本次执行程序有异议的，人民法院应及时受理。严禁诱导胁迫申请执行人同意终结本次执行程序或者撤回执行申请。

——《最高人民法院关于进一步完善执行权制约机制加强执行监督的意见》（2021 年 12 月 6 日，法〔2021〕322 号）。

最高人民法院审判业务意见［《人民法院办理执行案件规范（第二版）》］

128.【终结本次执行程序的条件】

执行法院终结本次执行程序，应当同时符合下列条件：

（一）已向被执行人发出执行通知、责令被执行人报告财产；

（二）已向被执行人发出限制消费令，并将符合条件的被执行人纳入失信被执行人名单；

（三）已穷尽财产调查措施，未发现被执行人有可供执行的财产或者发现的财产不能处置；

（四）被执行人下落不明的，已依法予以查找；被执行人或者其他人妨害执行的，已依法采取罚款、拘留等强制措施，构成犯罪的，已依法启动刑事责任追究程序。

原终结本次执行程序中已发出限制消费令的恢复执行案件，人民法院再次终结本次执行程序的，可无须再根据前款第 2 项发出限制消费令。

130.【“穷尽财产调查措施”应完成事项】

本规范第 128 条第 1 款第 3 项中的“已穷尽财产调查措施”，是指应当完成下列调查事项：

（一）对申请执行人或者其他人提供的财产线索进行核查；

（二）通过网络执行查控系统对被执行人的存款、车辆及其他交通运输工具、不动产、有价证券等财产情况进行查询；

（三）无法通过网络执行查控系统查询本款第 2 项规定的财产情况的，在被执行人住所地或者可能隐匿、转移财产所在地进行必要调查；

（四）被执行人隐匿财产、会计账簿等资料且拒不交出的，依法采取搜查措施；

（五）经申请执行人申请，根据案件实际情况，依法采取审计调查、公告悬赏等调查措施；

（六）法律、司法解释规定的其他财产调查措施。

人民法院应当将财产调查情况记录入卷。

——最高人民法院执行局编：《人民法院办理执行案件规范（第二版）》，人民法院出版社 2022 年版，第 60~61 页。

102. 终结执行裁定因未送达被执行人而未发生法律效力，案件可继续执行

关键词

终结执行　继续执行

最高人民法院审判业务意见［《人民法院办理执行案件规范（第二版）》］

150.【终结执行裁定】

除本规范第 149 条第 2 款规定的情形外，终结执行应当依法制作裁定书，载明终结执行的事由和法律依据，并送达当事人。终结执行的裁定，送达当事人后立即生效。

当事人、利害关系人自收到裁定之日起六十日内可以依照民事诉讼法第二百三十二条规定对终结执行行为提出异议。当事人、利害关系人未收到法律文书的，应当自知道或者应当知道人民法院终结执行之日起六十日内提出。超出期限提出执行异议的，人民法院不予受理。

——最高人民法院执行局编：《人民法院办理执行案件规范（第二版）》，人民法院出版社 2022 年版，第 70 页。

最高人民法院答复

山东省高级人民法院：

你院〔2010〕鲁执复字第 41 号《关于恒丰银行与达隆公司借款合同纠纷执行一案中有关法律问题的请示》收悉。经研究，现提出以下处理意见：

烟台市中级人民法院（以下简称烟台中院）的终结执行裁定因未送达被

执行人，并未发生法律效力。烟台中院继续执行于法有据。但达隆公司总经理被关押期间，达隆公司公章、营业执照被查封扣押期间和另案错误执行期间的利息损失均非恒丰银行的过错造成，达隆公司依法应当承担迟延履行期间的给债权人造成的利息损失，对此问题，达隆公司可另行主张权利。

另，烟台中院扣划的 2850 万元款项中包括烟台经济技术开发区人民法院（以下简称烟台开发区法院）裁定保全的款项，因烟台开发区法院的案件尚未作出判决，直接予以扣划错误，应当立即返还其保全的账户中。

此复

——《最高人民法院执行局关于恒丰银行与达隆公司借款合同纠纷执行一案中有关法律问题的请示的答复》（2011 年 5 月 27 日，〔2011〕执他字第 2 号），载江必新主编：《人民法院执行工作规范全集》，人民法院出版社 2017 年版，第 959 页。

103. 当事人申请执行前就生效公证债权重新签订了还款协议，应终结执行

关键词

公证债权文书　还款协议　终结执行

附录：《人民司法》信箱

当事人申请执行前就生效公证债权重新签订了还款协议，该案是裁定不予执行还是终结执行？

问题：我院在执行一起公证债权案件中，查明双方当事人在公证书生效后，在未向法院申请执行前又重新签订了还款协议，对还款时间重新作了约定，故原公证债权对双方当事人丧失了约束力。对该案如何处理有两种观点：第一种观点是从程序上裁定不予执行，第二种观点是从实体上裁定终结执行。请问哪一种观点正确？

《人民司法》研究组认为：我们认为第二种观点是正确的。

依照《民事诉讼法》的规定，只有对仲裁裁决、公证债权文书的执行中才存在不予执行的问题。不予执行是对公证活动的合法性、正确性在执行中进行司法监督的重要方式。因而，《民事诉讼法》第 218 条[①] 第 2 款明确规定："公证债权文书确有错误的，人民法院裁定不予执行，并将裁定书送达双方当事人和公证机关。"也即公证债权文书确有错误才可依法裁定不予执行。本案

① 现为《民事诉讼法》（2021 年修正）第二百四十五条。

中公证债权文书本身并无错误，不应适用关于不予执行的规定。

本案既已进入执行程序，且因当事人达成了新的协议，故已不能继续执行公证书，可以适用《民事诉讼法》第 235 条[①] 第 6 款之规定，裁定终结执行。因为当事人达成新的还款协议，产生了新的民事法律关系，经过公证的民事法律关系已被新的还款协议所取代，双方当事人对该还款协议的履行如有争议，可另行通过诉讼等程序解决。

——《人民司法》2001 年第 11 期。

104. 终结本次执行程序案件的动态管理

关键词

终结本次执行程序

最高人民法院司法政策精神

第十四条　除执行财产保全裁定、恢复执行的案件外，其他执行实施类案件的结案方式包括：

（一）执行完毕；

（二）终结本次执行程序；

（三）终结执行；

（四）销案；

（五）不予执行；

（六）驳回申请。

——《最高人民法院印发〈关于执行案件立案、结案若干问题的意见〉的通知》（2014 年 12 月 17 日，法发〔2014〕26 号）。

附录：最高人民法院主流观点

根据《执行案件立结案意见》第 31 条的规定，对终结本次执行程序案件要进行单独管理，对恢复执行案件要进行动态管理。

《执行案件立结案意见》第 14 条对除财产保全和恢复执行案件以外的执行实施类案件规定了 6 种结案方式：执行完毕、终结本次执行程序、终结执行、销案、不予执行、驳回申请。从这几种结案方式可以看出，执行完毕是实体执结，而其他 5 种是程序执结，特别是销案、不予执行、驳回申请是程序上的完全结束，案件不可能再继续执行，终结执行中除符合法律和司法解

① 现为《民事诉讼法》（2021 年修正）第二百六十四条。

释规定可以恢复执行的情形外，案件也是程序上的完全结束，只有终结本次执行程序不是程序上的完全结束，可以恢复执行。实现对终结本次执行程序案件的单独管理，对恢复执行案件进行动态管理，实际上就是将这部分案件从其他已报结的案件中分离出来，进行单独监管。一方面是为解决多年来执行实际工作中存在的案件底数不清，情况不明的问题；另一方面是为充分利用最高人民法院建成的网络执行查控系统对这部分案件定期进行财产查找，促使案件真正地实体执结，最大限度地保护当事人的合法权益。

目前，最高人民法院已经建立了终结本次执行程序案件的分类、动态管理机制，将全国法院执行案件信息管理系统中以终结本次执行程序方式报结的案件作为无财产案件进行单独管理，每半年利用最高人民法院“总对总”的网络执行查控系统进行一次财产查询，承办人可以查看查询结果，对有财产可供执行案件的及时恢复执行，全部执行完毕的，退出无财产案件库，未能全部执行完毕的，继续保留在无财产案件库中，再定期进行查询，周而复始，直至案件全部执行完毕止。各级法院也要建立起对终结本次执行程序案件进行单独和动态管理的机制，可以利用本省高级人民法院“点对点”的网络执行查控系统进行定期查询，让这些死案件、无财产案件活起来、动起来。

——江必新、刘贵祥主编、最高人民法院执行局编：《最高人民法院执行最新司法解释统一理解与适用》，中国法制出版社2016年版，第352~353页。

105. 据以执行的判决书中部分优先受偿权判项被改判案外人执行异议之诉应否被终结

关键词

案外人执行异议之诉　终结诉讼

最高人民法院裁判文书

李立与李小武、光大公司等案外人执行异议之诉案［最高人民法院（2021）最高法民申3751号民事裁定书］

裁判要旨：因客观事实发生变化，据以执行的民事判决中关于在抵押物范围内案涉价款优先受偿权判项被改判，其他判项予以维持。没有抵押权的普通债权生效判决仍然可以作为法院强制执行的法律依据。案外人仍可以就该强制执行提出执行异议之诉。

最高人民法院经审查认为，李立关于二审裁定认定的事实缺乏证据证明，适用法律确有错误的再审申请成立。首先，本案不具备《民事诉讼法》第二百五十七条第二项[①]终结执行的情形。本案中据以执行的法律文书（2014）中中法民四初字第11号民事判决并未被撤销，一审法院作出的（2018）粤20民再159-163、165-176号民事判决仅是变更了前述判决第二项优先受偿权的范围，对其他判项予以维持，前述民事判决均已生效。没有抵押权的普通债权生效判决仍然可以作为法院强制执行的法律依据。因此，本案执行的法律依据依然存在。二审法院认定针对案涉土地使用权及其地上建筑物的强制执行丧失依据，该认定的事实缺乏证据证明，不能成立。其次，本案不符合《民事诉讼法》第一百五十一条[②]规定的关于终结诉讼的四种法定情形，二审法院裁定终结诉讼缺少明确的法律依据，适用法律错误。最后，终结诉讼是法院针对具有特定人身关系的案件，在出现诉讼无法进行或者没有必要进行的情况下作出的处理。二审裁定认为李小武等14人就上述强制执行措施提起的执行异议之诉无继续的必要，并裁定终结诉讼，不符合终结诉讼程序制度的基本要求，该裁定无法依法化解当事人之间的执行异议之诉纠纷。

——中国裁判文书网。

106. 执行标的由申请执行人受让时对"执行程序终结"的理解分析

关键词

民事执行　执行异议　执行程序终结

最高人民法院裁判文书

信达山西分公司与纵横公司、众聚通公司案外人执行异议之诉案［最高人民法院（2021）最高法民申3856号民事裁定书］

裁判要旨：《最高人民法院关于人民法院办理执行异议和复议案件若干问题的规定》第六条第二款规定对《民事诉讼法》第二百二十七条[③]的"执行过程中"区分不同情况作了两种不同的解释：一是执行标的物由当事人以外的第三人受让时，案外人提出阻止执行的实体权利异议的，应当在执行标的执行程序终结之前。二是当执行

① 现为《民事诉讼法》（2021年修正）第二百六十四条第二项。

② 现为《民事诉讼法》（2021年修正）第一百五十四条。

③ 现为《民事诉讼法》（2021年修正）第一百三十四条。

标的由申请执行人受让的，案外人提出异议的时间应在执行程序终结之前。

最高人民法院认为，《最高人民法院关于人民法院办理执行异议和复议案件若干问题的规定》第六条第二款规定："案外人依照民事诉讼法第二百二十七条规定提出异议的，应当在异议指向的执行标的执行终结之前提出；执行标的由当事人受让的，应当在执行程序终结之前提出"。该条对《民事诉讼法》第二百二十七条的"执行过程中"区分不同情况作了两种不同的解释：一是执行标的物由当事人以外的第三人受让时，案外人提出阻止执行的实体权利异议的，应当在执行标的执行程序终结之前。主要的考虑是，受让人通过司法拍卖程序已经取得了执行标的的所有权，为了维护司法拍卖的公信力，不应允许案外人再提出异议。二是当执行标的由申请执行人受让的，案外人提出异议的时间应在执行程序终结之前。此处的执行程序终结是指生效法律文书确定的债权实现后执行程序完全终结。这是因为，对申请执行人而言，其因错误执行案外人财产所获得的利益理所应当予以返还，不存在信赖利益保护的问题，只要执行程序尚未结束，案外人提出异议的期限就不应届至。本案中，信达山西分公司并未举证证明其基于生效法律文书确定的债权已经全部实现，仅以案涉160万元执行完毕为由主张纵横公司无权提起本案之诉理据不足，对其该部分再审申请理由，本院不予支持。

——中国裁判文书网。

107. 终结执行且未恢复执行能否变更申请执行人

关键词

执行终结　恢复执行　变更申请执行人

最高人民法院裁判文书

中原兴航（北京）资产管理有限公司与中国工商银行安阳分行北大街支行等债权转让合同纠纷执行监督案［最高人民法院（2022）最高法执监202号执行裁定书］

裁判要旨：结合《最高人民法院关于严格规范终结本次执行程序的规定（试行）》第十六条第二款关于"终结本次执行程序后，当事人、利害关系人申请变更、追加执行当事人，符合法定情形的，人民法院应予支持"，以及《最高人民法院关于民事执行中变更、追

加当事人若干问题的规定》第九条关于“申请执行人将生效法律文书确定的债权依法转让给第三人，且书面认可第三人取得该债权，该第三人申请变更、追加其为申请执行人的，人民法院应予支持”的规定，在终结本次执行程序期间，当事人、利害关系人可以向人民法院申请变更、追加执行当事人，符合法定情形的，人民法院应予支持。

最高人民法院认为，本案的焦点问题是：在本案执行依据被裁定终结执行的情形下，中原兴航公司申请变更其为申请执行人是否必须满足本案已经恢复执行这一条件。

根据安阳市中级人民法院查明的事实，2005 年 4 月 29 日，安阳市中级人民法院作出（2005）安法执字第 53 号民事裁定：在执行过程中，依法对被执行人柏庄石油公司抵押的全部财产予以查封、评估、变卖，变卖款项为 2180 万元。对被执行人的财产变卖后已无财产可供执行。依照《民事诉讼法》（1991 年 4 月施行）第二百三十五条第六项①、第二百三十六条②的规定，裁定安阳市文峰区公证处作出的（2005）安文证经字第 748 号公证书终结执行。由此可知，（2005）安法执字第 53 号民事裁定是基于柏庄石油公司已无财产可供执行等原因而终结执行，实际属于终结本次执行程序的范畴。结合《最高人民法院关于严格规范终结本次执行程序的规定（试行）》第十六条第二款关于“终结本次执行程序后，当事人、利害关系人申请变更、追加执行当事人，符合法定情形的，人民法院应予支持”，以及《变更追加规定》第九条关于“申请执行人将生效法律文书确定的债权依法转让给第三人，且书面认可第三人取得该债权，该第三人申请变更、追加其为申请执行人的，人民法院应予支持”的规定，在终结本次执行程序期间，当事人、利害关系人可以向人民法院申请变更、追加执行当事人，符合法定情形的，人民法院应予支持。安阳市中级人民法院应当在受理中原兴航公司变更申请的前提下，对其申请是否符合《最高人民法院关于民事执行中变更、追加当事人若干问题的规定》第九条规定的变更申请执行人的实质条件进行审查，并依法作出裁定。安阳市中级人民法院、河南省高级人民法院认为本案处于执行终结状态且尚未恢复执行的情况下申请变更申请执行人无法律依据，属于错误理解和适用相关法律、司法解释等规定，应予纠正。

——中国裁判文书网。

① 现为《民事诉讼法》（2021 年修正）第二百六十四条第六项。

② 现为《民事诉讼法》（2021 年修正）第二百六十五条。

八、执行程序和破产程序的衔接

108. 如何协调与衔接执行程序与破产程序

关键词

执行程序　破产程序

最高人民法院司法政策精神

1. 执行案件移送破产审查工作，涉及执行程序与破产程序之间的转换衔接，不同法院之间，同一法院内部执行部门、立案部门、破产审判部门之间，应坚持依法有序、协调配合、高效便捷的工作原则，防止推诿扯皮，影响司法效率，损害当事人合法权益。

——《最高人民法院印发〈关于执行案件移送破产审查若干问题的指导意见〉的通知》（2017 年 1 月 20 日，法发〔2017〕2 号）。

附录：理解与适用

对于执行转破产程序制度的完善，可以通过制定专门司法解释对一些具体程序性问题作出规定。例如对于执行转破产程序的启动条件、法院间配合、程序衔接、材料移交等事项的细化，使该项制度更具有实践操作性。

（1）扩大参与主体范围。可以考虑允许尚未取得申请执行依据，但有相关证据表明享有合法债权的主体，参与到执行转破产程序中来。规定允许这部分主体有权向执行法官提出转破产程序的申请，并需按规定提交各种相关证明材料及证据。

（2）启动条件。进一步明确执行程序转破产程序的适用条件。一是执行机构已穷尽法定执行措施，当事人不能清偿或全部清偿法院生效文书所确认的债务；二是经法院要求无法在指定期限内提供有债务清偿能力的证明；三是没有第三人代为清偿到期债务；四是无法与已知全部债权人达成和解协议；五是仅适用于民事执行过程中，而不包括其他任何阶段。

（3）异议程序。对于执行转破产程序应当赋予当事人提出异议的权利，因为无法排除执行机构在执行过程中未完全查明被执行人的财产，或者第三人自愿为被执行人清偿债务的可能性，在移交民商事审判庭前应赋予当事人异议权，在决定书中告知当事人可以在 10 日内提出异议。执行法官根据当事人在规定时间内是否提出异议，对相应的执行案件作出不同的处理。

第一，当事人没有异议的衔接。如果当事人对于执行法官关于将执行程序转为破产程序的裁定没有异议且并无和解与债务担保等意向时，则案件就被移交给被执行人所在地法院进入破产审查程序。这里应当注意的是，还应包括当事人自行向有权人民法院申请破产程序的情形。对于当事人自行提起破产申请的，执行法院应当暂时中止原执行程序的运行，并视该破产案件的审查受理情况决定未来的处理方向。应当明确移交的全部材料除了必须包括的全部执行卷宗、当事人申请书、执行裁定之外，还应有破产申请所需的债务人相关信息材料。

第二，当事人提出异议的处理。如果当事人对启动破产程序的裁定提出异议，执行机构应根据异议的内容分别进行处理。如果债务人向执行机构提供可供执行的财产或者第三人愿意为债务人清偿到期债权的，分以下两种情况进行处理：一是足额清偿，即债务人有能力清偿全部债权，或者第三人为债务人清偿全部到期债权。执行机构应撤销启动破产程序的裁定，并对相应的财产进行处理，这时与债务人相关的所有执行案件可以以执行完毕的方式结案。二是不足额清偿，即债务人还有一部分债权短期内无法清偿。笔者建议此种情况还是应当裁定中止执行，将案件移交给被执行人所在地法院进行破产审查，按照企业破产法的相关规定进行处理。原因如下：第一，未清偿的债权在什么期限内实现是个不确定因素。第二，执行法官对部分债权予以执行后，案件还是只能裁定终结本次执行程序，其余债权人仍然会反复申请恢复执行，从而出现执行法官反复执行而又不能实现债权的困境。

（4）受理与破产程序开始。被执行人所在地法院经审查认为债务人符合破产立案标准，应作出启动破产程序的裁定并向当事人送达，同时告知原执行法院。对于破产程序开始时间的准确理解，将有助于判定其后所产生的法律效力。执行转破产程序依然应当适用受理开始主义，有利于我国破产程序的统一性。由于其不存在提出破产申请的问题，故应以法院明确作出裁定受理该破产案件为标志。

（5）关于部分当事人达成的执行和解协议对转换破产程序的影响问题。可以区分为三种情形，一是在执行法院未作出程序转换并移送相关材料之前，由于还属于执行程序中，对当事人自行达成的和解协议，一般认为公权力不宜过度干预。如果有其他当事人对执行和解协议提出异议，认为可能侵害其他潜在债权人利益，则应当责令其限期提供证据，由原执行法院进行审查，按照执行程序相关规定办理。二是执行法院已经作出转破产程序决定并将材料移送至被执行人所在地法院，此时应当归属于破产审查期间，由于尚未正式受理破产案件，对于债权人与债务人私下的和解协议，原则上也不应干预。但由于其他当事人已无法通过执行程序提出异议，可以待破产案件受理后行使撤销权实现救济。三是在被执行人所在地法院经过审查，确认受理破产案件后，则根据破产法的相关规定，所有个别清偿行为均被认为不允许，则当事人之间无权作出债权和解协议。

——曹守晔、杨悦：《浅谈执行程序与破产程序的衔接与协调》，载《人民司法·应用》2015年第21期。

109. 执行案件移送破产审查，应当符合的条件

关键词

执行案件　移送破产审查

最高人民法院司法政策精神

2. 执行案件移送破产审查，应同时符合下列条件：

（1）被执行人为企业法人；

（2）被执行人或者有关被执行人的任何一个执行案件的申请执行人书面同意将执行案件移送破产审查；

（3）被执行人不能清偿到期债务，并且资产不足以清偿全部债务或者明显缺乏清偿能力。

——《最高人民法院印发〈关于执行案件移送破产审查若干问题的指导意见〉的通知》（2017年1月20日，法发〔2017〕2号）。

最高人民法院大法官著述

（一）准确把握执行转破产审查的法定要件，确保执转破依法有序进行

执行转破产审查的条件，既是执行法院判断是否移送的标准，也是受移送法院审查移送是否合法合规、是否应裁定受理的标准。因此，在执行转破产审查过程中，无论是执行部门还是破产审判部门，都应该严格把握执行转破产审查的法定条件，减少程序转换的随意性，确保执行转破产审查依法有序高效进行。具体而言，执行转破产审查的要件应当包括三个：

1. 执行转破产审查的对象要件

这主要涉及执行转破产审查的适用范围。根据《最高人民法院关于适用〈中华人民共和国民事诉讼法〉的解释》第513条[①]的规定，执行转破产审查应限于被执行人为企业法人的案件，自然人和企业法人以外的组织作为被执

① 现为《最高人民法院关于适用〈中华人民共和国民事诉讼法〉的解释》（2022年修正）第五百一十一条。

行人的案件不适用执行转破产审查。

2. 破产原因要件

由于执行转破产审查只是破产案件的来源之与当事人自行申请破产时的要求并无差别，因此，在执行环节判断是否应将案件移送破产审查时，同样也要以《企业破产法》第 2 条的规定作为依据。对于《企业破产法》第 2 条如何具体认定，《最高人民法院关于适用〈中华人民共和国企业破产法〉若干问题的规定》中已经有所规定，执行法官在适用时，要结合执行环节所取得的相关证据加以具体化。一般而言，在强制执行过程中，只要债务人没有财产，或者现有财产无法清偿全部到期债务，即可以认定为明显缺乏清偿能力，即符合破产原因，具备转出的实质要件。虽然执行环节判断是否应将案件转出的标准，与受移送法院破产审查时判断是否受理的标准应当一致，但由于二者是在不同的程序阶段、依据不同的证据分别作出的判断，在结论上可能会出现不一致的情况，即执行法院决定执行转破产审查，而受移送法院经审查裁定不受理，这完全正常。

3. 意思要件

所谓意思要件，即执行转破产审查应经过被执行人明确表示同意，或者至少有一个申请执行人明确表示同意。之所以要求这一条件，是由于我国《企业破产法》规定破产程序启动采取当事人申请主义，以当事人具有启动意愿为前提。执行转破产审查也应具备当事人具有启动破产程序的意愿这一意思要件。当事人主动提出申请，无疑直接表明了其具有启动破产程序的意愿；在当事人未主动提出申请的情况下，经人民法院征询其意见，当事人同意的也可以表明其具有启动破产程序的意愿。在被执行人或申请执行人均不同意移送的情况下，人民法院不能依职权主动启动执行转破产审查程序，而应按照《最高人民法院关于适用〈中华人民共和国民事诉讼法〉的解释》第 516 条[①]的规定处理，企业法人的其他已经取得执行依据的债权人申请参与分配的，人民法院不予支持。另外应注意的是，此处所说的当事人同意，仅限于明示书面同意。在当事人既不表示同意也不表示反对的情况下，不能采取默示推定认定其同意。

——杜万华：《杜万华大法官民事商事审判实务演讲录（二）》，人民法院出版社 2019 年版，第 186~188 页。

附录：理解与适用

（一）执转破的适用对象要件

① 现为《最高人民法院关于适用〈中华人民共和国民事诉讼法〉的解释》（2022 年修正）第五百一十四条。

执转破的适用对象要件决定着《指导意见》的调整范围。对此，在起草过程中存在两种观点：一种观点认为，根据《企业破产法》第一百三十五条的规定，执转破应适用于企业法人和企业法人之外可以参照适用破产程序的组织；另一种观点认为，执转破的适用对象应限于企业法人，不适用于企业法人之外的组织。《指导意见》采纳了后一种观点。如此选择的主要考虑是：第一，《民诉法司法解释》第 513 条[①]明确限定执转破的对象为企业法人，《指导意见》应与此保持一致。第二，虽然《企业破产法》第一百三十五条规定，其他法律规定企业法人之外的组织的清算属于破产清算的，可以参照适用破产法规定的程序，但其他法律对这些组织启动破产程序的条件（破产原因）所作规定与企业法人并不一致。例如，《民办教育促进法》五十八条规定，民办学校破产清算的条件是因资不抵债而无法继续办学；《合伙企业法》九十二条规定："合伙企业不能清偿到期债务的，债权人可以依法向人民法院提出破产清算申请，也可以要求普通合伙人清偿。"因此，可以适用破产程序的其他组织执转破的条件与企业法人并不完全相同，难以一体概括。第三，《民诉法司法解释》第 508 条[②]规定，其他组织作为被执行人的，当其财产不能清偿所有债权时，其他债权人可以申请参与分配。由于此时已有参与分配制度之适用，不宜再叠床架屋规定执转破程序，以防止规则冲突，也有利于厘清执转破和参与分配制度的适用范围。此外，由于参与分配制度较破产程序具有便捷高效、成本低廉等优势，此时即使规定执转破制度，也难有适用的空间，实际价值不大。第四，执转破不是进入破产程序的唯一途径，企业法人以外的其他组织虽不能通过执行程序直接转入破产程序，但相关当事人的破产申请权犹存，仍可以径行申请破产而达到殊途同归之效。

（二）执转破的意思表示要件

执转破的意思表示要件是指，执转破应经过被执行人或者至少一个申请执行人书面明确表示同意。对于此点，在理论和实务界争议较大，争议焦点集中在是否应规定人民法院依职权启动执转破程序上。肯定的观点认为，构建法院依职权启动执转破程序，作为申请主义的有益补充，是完善和落实执转破制度的可行路径；有利于将本就丧失经营资格、应当强制清算的企业借助破产程序完成市场出清；有利于节约有限的司法资源。否定的观点认为，破产法是典型的商法，规定法院依职权启动破产程序不符合私法自治和私权处分原则；从现行破产法规定看，破产程序的启动采取申请主义，以当事人

① 现为《最高人民法院关于适用〈中华人民共和国民事诉讼法〉的解释》（2022 年修正）第五百一十一条。

② 现为《最高人民法院关于适用〈中华人民共和国民事诉讼法〉的解释》（2022 年修正）第五百零六条。

具有启动破产程序的意愿为前提，确立强制性移送破产制度，缺乏法律依据。我们认为，破产法不仅具有公平清偿债务、保护债权人、债务人合法权益的私法属性，而且还具有保障市场经济优胜劣汰规则充分发挥效用、维护市场有序运行的社会法属性，在僵尸企业层出不穷、市场主体退出机制失灵的情况下，以国家公权力适当介入和调整作为申请主义的补偿，具有必要性和正当性。特别是在当前执行案件多、化解难与破产案件少、启动难并存的情况下，对无财产、无住所、无人员的“三无”案件以及被执行人已经解散但未自行清算的执行不能案件等部分特殊类型的案件，采用人民法院依职权启动执转破程序具有现实合理性。即使作为一个阶段性的措施，也有必要认真考虑。但如此一来，确实涉及对破产法的突破问题，有违合法性原则。经与全国人大常委会法工委反复沟通，其均认为以司法解释或司法政策形式突破现行法律规定有所不妥，不同意采用职权主义。鉴于此，《指导意见》采纳了否定的观点，规定执转破仍应具备当事人具有启动破产程序的意愿这一意思表示要件。当事人主动提出执转破申请，无疑表明其具有启动破产程序的意愿；在当事人未主动提出申请的情况下，经人民法院询问告知，如当事人表示同意，也可以表明其具有启动破产程序的意愿。

在认为执转破应当经过当事人同意的观点中，仍然存在此种同意仅限于明示同意还是亦包括默示推定同意的分歧。明示同意的观点认为，该同意只能是明确表示同意；在当事人既不表示同意也不表示反对的情况下，不能采取默示推定其同意。因为不作为的默示推定只有在法律有明确规定或当事人有明确约定的情况下才能采用。默示推定同意的观点认为，在特定情况下，如被执行人确无可供执行财产的，采用默示推定同意有利于及时化解执行积案，彻底清理债权债务关系，具有积极的现实意义。出于法理和合法性的考虑，《指导意见》最后采纳了明示同意的观点。

在被执行人或申请执行人均不同意执转破的情况下，人民法院应按《民诉法司法解释》第516条[①]的规定处理，企业法人的其他已经取得执行依据的债权人申请参与分配的，人民法院不予支持。这就明确、彻底地排除了参与分配制度对企业法人被执行人的适用。

（三）破产原因要件

由于执转破也是破产案件的来源之一，与当事人自行申请破产本质并无不同，故对破产原因的要求并无差别。人民法院在执行阶段判断是否可以执转破，同样也要以《企业破产法》第二条的规定为依据。对于《企业破产法》第二条如何具体认定，《最高人民法院关于适用〈中华人民共和国企业破产

---

① 现为《最高人民法院关于适用〈中华人民共和国民事诉讼法〉的解释》（2022年修正）第五百一十四条。

法〉若干问题的规定（一）》[以下简称《破产法司法解释（一）》]中已经明确，执行法官在适用时，可以结合执行环节所取得的相关证据加以判断认定。一般而言，只要债务人经强制执行，没有财产或财产无法清偿全部债务，即符合《破产法司法解释（一）》第 4 条规定的情形，就可以认定为具备了明显缺乏清偿能力这一破产原因。虽然执行程序中判断是否可以执转破的实质要件与受移送法院破产审查时裁定是否受理的标准完全一致，但由于二者是在不同的程序阶段、依据不同的证据分别作出的判断，因此在结论上也可能会出现不一致的情况。

——王富博：《〈关于执行案件移送破产审查若干问题的指导意见〉的理解与适用》，载《人民司法·应用》2017 年第 10 期。

110. 执行案件移送破产审查的管辖制度

关键词

执行案件　移送破产审查　管辖

最高人民法院司法政策精神

3. 执行案件移送破产审查，由被执行人住所地人民法院管辖。在级别管辖上，为适应破产审判专业化建设的要求，合理分配审判任务，实行以中级人民法院管辖为原则、基层人民法院管辖为例外的管辖制度。中级人民法院经高级人民法院批准，也可以将案件交由具备审理条件的基层人民法院审理。

——《最高人民法院印发〈关于执行案件移送破产审查若干问题的指导意见〉的通知》（2017 年 1 月 20 日，法发〔2017〕2 号）。

最高人民法院大法官著述

（二）合理确定执行转破产审查案件的管辖，促进司法资源恰当配置

执行转破产审查案件的管辖问题意义重大，直接关乎审判管理、审判任务配置、执行转破产审查的效率，影响破产审判专业化建设。对于执行转破产审查案件的地域管辖，仍然应当坚持破产案件的地域管辖原则，由被执行人住所地法院管辖。对于级别管辖，实务当中的认识并不一致。从普通破产案件的级别管辖来看，司法实践中一直是按照以往的司法解释，根据在不同级别的工商机关登记的债务人的不同，分别由基层人民法院和中级人民法院管辖。但目前无论是法院外部情况还是内部情况都发生了一些变化。

从外部情况看，随着企业登记制度的改革，企业工商登记权限在很多地方都已经下移，这直接影响人民法院破产案件任务量的配置；从内部情况看，

2016年6月21日，最高人民法院经商中央编办同意，制定下发了《关于在中级人民法院设立清算与破产审判庭的工作方案》，要求在全国部分中级人民法院设立破产审判庭，从机构和人员配备方面推进破产审判专业化。为适应上述情况的变化，执行转破产审查案件的级别管辖也应相应调整。当前，对执行转破产审查案件可以积极探索实行以中级人民法院管辖为原则、基层法院管辖为例外的级别管辖制度。将执行转破产审查案件主要交由中级人民法院审理，一方面，与中级人民法院设立破产审判庭工作相契合配套，有利于保障中级人民法院的破产案件数量，提高中级人民法院破产审判人员的素质，促进破产审判专业化建设；另一方面，主要是考虑全国绝大多数基层法院没有专门的破产审判庭，破产审判人员也凤毛麟角，破产案件多由普通民商事法官审理，在民商事案件级别管辖下移、案件量大幅增加的情况下，基层法院及其法官很难再有精力处理执行转破产审查案件。由中级人民法院审理执行转破产审查案件，有利于平衡案件压力，从中级人民法院层面上先行推进破产审判队伍专业化建设。广东、浙江、江苏等地区确有部分基层法院已经建立了专门的破产审判庭，破产审判人员专业水平也较高，具备审理破产案件的能力。对此，可以通过由中级人民法院指定管辖的方式，将执行转破产审查案件继续指定由相关基层法院审理。

——杜万华：《杜万华大法官民事商事审判实务演讲录（二）》，人民法院出版社2019年版，第188~189页。

附录：理解与适用

执转破案件的管辖问题意义重大，直接关乎审判管理、破产审判任务配置、执转破的效率，影响破产审判专业化建设。

（一）地域管辖

对于执转破案件的地域管辖，制定过程中存在两种意见：一种意见主张由执行法院专属管辖，从而使执行案件和破产案件完全由同一个法院处理，将移送内化，简便高效，有利于执行程序与破产程序的衔接协调。另一种意见主张由被执行人住所地法院管辖，以便与既往的司法解释和破产司法实践相一致。《指导意见》采纳了后一种意见。《指导意见》第3条规定，执转破案件由被执行人住所地法院管辖。根据《最高人民法院关于审理企业破产案件若干问题的规定》（法释〔2002〕23号）第1条规定，企业法人被执行人住所地即其主要办事机构所在地。被执行人无办事机构的，由其注册地人民法院管辖。

（二）级别管辖

《指导意见》第3条规定，执转破案件实行以中级人民法院管辖为原则、基层人民法院管辖为例外的级别管辖制度。中级人民法院经高级人民法院批准，也可以将案件交由具备审理条件的基层人民法院审理。

《指导意见》的上述规定改变了以往按照企业登记的工商机关的不同层级确定破产案件级别管辖的做法。之所以作这种变化，主要是为了适应现实情况变化的需要。从外部情况看，随着企业登记制度的改革，企业工商登记权限在很多地方都已经下移，这直接影响到人民法院破产审判任务量的配置。从内部情况看，2016 年 6 月 21 日，最高人民法院经商中编办同意，制定下发了《关于在中级人民法院设立清算与破产审判庭的工作方案》，要求在全国部分中级人民法院设立破产审判庭，从机构和人员配备方面推进破产审判专业化建设。将执转破案件主要分配给中级人民法院审理，一方面，与中级人民法院设立破产审判庭工作相契合配套，有利于保障中级人民法院的破产案件数量，提高破产审判人员的素质，促进中级人民法院的破产审判专业化建设；另一方面，主要是考虑全国绝大多数基层法院没有专门的破产审判庭，破产审判人员也凤毛麟角，破产审判专业化程度不高，破产案件多由民商事法官审理，在民商事案件级别管辖下移、案件量大幅增加的情况下，基层法官很难再有精力处理执转破案件。由中级人民法院审理执转破案件，有利于平衡案件压力，从中级人民法院层面上先行推进破产审判机构和队伍专业化建设。当然，全国也有部分基层法院，例如东部沿海省份的一些基层法院已经建立了专门的破产审判庭，破产审判人员专业水平也较高，具备审理执转破案件的能力。此种情况下，可以采用由高级人民法院指定管辖的方式，将执转破案件交由相关基层法院审理。

——王富博：《〈关于执行案件移送破产审查若干问题的指导意见〉的理解与适用》，载《人民司法·应用》2017 年第 10 期。

111. 执行案件移送破产审查的征询、决定程序

关键词

执行案件　移送破产审查　征询程序

最高人民法院司法政策精神

4. 执行法院在执行程序中应加强对执行案件移送破产审查有关事宜的告知和征询工作。执行法院采取财产调查措施后，发现作为被执行人的企业法人符合破产法第二条规定的，应当及时询问申请执行人、被执行人是否同意将案件移送破产审查。申请执行人、被执行人均不同意移送且无人申请破产的，执行法院应当按照《最高人民法院关于适用〈中华人民共和国民事诉讼

法〉的解释》第五百一十六条[①]的规定处理，企业法人的其他已经取得执行依据的债权人申请参与分配的，人民法院不予支持。

5. 执行部门应严格遵守执行案件移送破产审查的内部决定程序。承办人认为执行案件符合移送破产审查条件的，应提出审查意见，经合议庭评议同意后，由执行法院院长签署移送决定。

6. 为减少异地法院之间移送的随意性，基层人民法院拟将执行案件移送异地中级人民法院进行破产审查的，在作出移送决定前，应先报请其所在地中级人民法院执行部门审核同意。

——《最高人民法院印发〈关于执行案件移送破产审查若干问题的指导意见〉的通知》(2017 年 1 月 20 日，法发〔2017〕2 号)。

附录：理解与适用

从破产审判的角度看，执转破的主要目标是解决破产案件少、程序启动难问题。在恪守申请主义启动模式下，执转破与当事人直接申请破产的差异之处在于，人民法院在执行程序中发现被执行人具备破产原因后，并非完全消极被动等待当事人申请，而是要发挥一定的主动性、能动性，积极推动执转破程序的开启。根据《指导意见》第 4 条的规定，执行法院可以通过两个方面的工作积极推动执行程序向破产程序转换：一是自执行程序开始起，就应向当事人告知执转破的有关规定，使当事人充分了解执行与破产程序在功能与法律后果上的不同，以便其通盘考虑，适时作出合理的选择。告知的方式既可以为当面释明告知，也可以采用制作格式文本，在发出执行通知书等文件时一并书面告知的方式。这样既可以达到告知的目的，又不过多增加工作负担。二是在执行法院采取财产调查措施后，发现作为被执行人的企业法人具备破产法第二条规定的破产原因时，应当及时询问申请执行人、被执行人是否同意将案件移送破产审查，并释明如申请执行人、被执行人均不同意移送破产审查且无人申请破产时的法律后果，从而引导其作出理性选择。

执转破的决定程序主要规范执行部门内部如何作出执转破决定。为了减少执转破的随意性，防止执行人员为了完成结案指标而滥用移送程序，《指导意见》第 5 条对执转破的内部决定程序作出了具体规定，即执转破应当经过承办人提出意见、合议庭评议、院长审签决定书的程序。当然，院长也可以授权分管副院长审签。由于绝大多数执行案件在基层法院，为防止基层法院不堪执行结案压力而随意向异地法院移送案件甩包袱，增加当事人的诉累，《指导意见》第 6 条规定，基层法院拟向异地法院移送案件时，应先报请其所

① 现为《最高人民法院关于适用〈中华人民共和国民事诉讼法〉的解释》(2022 年修正) 第五百一十四条。

在地的中级人民法院执行部门审核同意后才能移送，以加强对异地移送的监督制约。

——王富博:《〈关于执行案件移送破产审查若干问题的指导意见〉的理解与适用》，载《人民司法·应用》2017 年第 10 期。

112. 执行案件移送破产审查决定移送的异议处理

关键词

执行案件　移送破产审查　异议处理

最高人民法院司法政策精神

7. 执行法院作出移送决定后，应当于五日内送达申请执行人和被执行人。申请执行人或被执行人对决定有异议的，可以在受移送法院破产审查期间提出，由受移送法院一并处理。

——《最高人民法院印发〈关于执行案件移送破产审查若干问题的指导意见〉的通知》(2017 年 1 月 20 日，法发〔2017〕2 号)。

附录：理解与适用

执行法院决定将案件移送破产审查的，申请执行人或被执行人基于自身利益考量，可能会提出异议，不同意移送。对于此种异议如何处理，观点不一。有见解认为，此种异议属于执行异议，应由执行法院审查裁定；当事人对裁定不服的，可以向上一级法院申请复议。另一种意见认为，此种异议不属于执行异议，不必由执行法院处理，当事人的异议应向受移送法院提出，由受移送法院在破产审查时一并处理。

《指导意见》采纳了后一种意见。《指导意见》第 7 条规定，执行法院作出移送决定后，应当于五日内送达申请执行人和被执行人。申请执行人或被执行人对决定有异议的，可以在受移送法院破产审查期间提出，由受移送法院一并处理。如此规定的主要考虑是：其一，这种异议是对执行程序转换为破产程序的异议，并非对执行行为的异议，不属于执行异议范畴，并非必须由执行法院处理。其二，异议的内容通常是对被执行人是否具备破产原因存在不同认识，对执转破的对象要件和意思表示要件形式审查即可判断识别，一般不会产生争议。破产原因要件是否具备由受移送法院的破产审判部门进行审查判断，更符合法院内部职能分工和专业化要求。况且，受移送法院在破产审查期间，亦需要对被执行人是否具备破产原因进行重点审理。因此，不在执行程序中审查此种异议，有利于简化程序，提高效率。

——王富博：《〈关于执行案件移送破产审查若干问题的指导意见〉的理解与适用》，载《人民司法·应用》2017 年第 10 期。

113. 执行案件移送破产审查决定移送对执行的影响

关键词

执行案件　移送破产审查　移送决定　中止执行

最高人民法院司法政策精神

8. 执行法院作出移送决定后，应当书面通知所有已知执行法院，执行法院均应中止对被执行人的执行程序。但是，对被执行人的季节性商品、鲜活、易腐烂变质以及其他不宜长期保存的物品，执行法院应当及时变价处置，处置的价款不作分配。受移送法院裁定受理破产案件的，执行法院应当在收到裁定书之日起七日内，将该价款移交受理破产案件的法院。

案件符合终结本次执行程序条件的，执行法院可以同时裁定终结本次执行程序。

9. 确保对被执行人财产的查封、扣押、冻结措施的连续性，执行法院决定移送后、受移送法院裁定受理破产案件之前，对被执行人的查封、扣押、冻结措施不解除。查封、扣押、冻结期限在破产审查期间届满的，申请执行人可以向执行法院申请延长期限，由执行法院负责办理。

——《最高人民法院印发〈关于执行案件移送破产审查若干问题的指导意见〉的通知》（2017 年 1 月 20 日，法发〔2017〕2 号）。

附录：理解与适用

《指导意见》第 8 条至第 9 条规定了执行法院作出移送决定后对执行的影响，主要涉及中止执行和查封、扣押、冻结措施是否解除两个方面。

（一）决定移送与中止执行

《指导意见》第 8 条规定，执行法院作出移送决定后，应当书面通知所有已知执行法院，执行法院均应中止对被执行人的执行程序。对此，应从两个方面把握：第一，执行法院作出移送决定后，自身应中止执行。执行法院决定将案件移送破产审查，则意味着执行法院认为已经出现了破产原因，同意通过破产这一概括执行程序对所有债权人进行公平清偿。根据在同一财产之上不能同时并存两种性质冲突的执行程序的一般法理，执行法院有关债务人财产的个别执行程序应当中止。需要注意的是，破产法关于中止执行的时点为破产申请受理后，而执转破程序中的中止执行时点则前移至执行法院作出移送决定之后。这样规定有利于尽早固定被执行人的财产数量，防止决定移送后的个别清偿，保障公平清偿。第二，执行法院作出移送决定后，应当书面通知所有已知执行法院，所有已知执行法院均应中止执行。当同一被执行人被两家以上法院采取了执行措施时，中止执行的法院范围如何确定，实践中存在不同意见：一种意见认为，仅限于作出移送决定的执行法院中止执行；另一种意见认为，应当包括全部涉被执行人的执行法院，否则，决定移送的执行法院中止执行，但其他法院不中止，会产生“先下手为强”的不公平现象和偏颇受偿问题。《指导意见》采纳了第二种意见。

审判实践当中，执行法院由于地方保护主义等原因，应当中止而不中止的情况屡见不鲜，亟待解决。根据《破产法司法解释（二）》第 15 条的规定，对债权人因执行行为所受的清偿，债务人不能适用撤销权予以救济。但这并非意味着应当中止而不中止的执行行为应予肯定。此时，相关当事人可以参照《破产法司法解释（二）》第 5 条的规定，通过执行异议、执行复议等制度寻求救济。依法执行回转的财产，应当认定为债务人财产。

由于中止执行只是执行程序的暂时停止，并非执行程序的最终状态，故中止执行后，随着破产案件审理情况的发展变化，最终会出现两种结果：一是受移送法院作出受理裁定，破产程序启动。根据《企业破产法》第十九条的规定，此时执行程序应当继续中止，直至受移送法院裁定宣告被执行人破产，或裁定终止和解程序、重整程序，最终执行终结。另一种情形是受移送法院作出不予受理或驳回破产申请的裁定。此种情形下，根据《指导意见》第 18 条的规定，受移送法院应当在裁定生效后七日内恢复执行。

某些特殊类型的执行标的物由于无法长期保存，或长期保存将导致价值贬损，因此应作为例外情形另行处理。《指导意见》第 8 条规定，对被执行人的季节性商品、鲜活、易腐烂变质以及其他不宜长期保存的物品，执行法院应当及时变价处置，以防止执行标的价值减损。但变价处置的价款不作分配。受移送法院裁定受理破产案件的，执行法院应当在收到裁定书之日起七日内，将该价款移交破产管理人或受理破产案件的法院。

中止执行的案件又符合最高人民法院 2016 年 10 月 29 日制定的《关于严格规范终结本次执行程序的规定（试行）》中关于终结本次执行程序条件的，执行法院可以裁定终结本次执行程序。

（二）决定移送与继续保全

为防止案件移送后被执行的财产处于失控状态，《指导意见》第 9 条规定，在受移送法院裁定受理破产案件之前，对被执行人的查封、扣押、冻结措施不解除。查封、扣押、冻结期限在破产审查期间届满的，申请执行人可以向执行法院申请延长期限，由执行法院负责办理。受移送法院裁定受理破产案件后，执行法院应按《企业破产法》第十九条的规定解除保全措施。如执行法院与破产管辖法院为同一法院的，执行程序中已经采取的保全措施可以不解除，其效力自然延续至破产程序中。

——王富博：《〈关于执行案件移送破产审查若干问题的指导意见〉的理解与适用》，载《人民司法·应用》2017年第10期。

114. 执行法院作出移送破产案件决定后，应当向受移送法院移交的材料

关键词

执行法院　移送破产案件　受移送法院

最高人民法院司法政策精神

10. 执行法院作出移送决定后，应当向受移送法院移送下列材料：

（1）执行案件移送破产审查决定书；

（2）申请执行人或被执行人同意移送的书面材料；

（3）执行法院采取财产调查措施查明的被执行人的财产状况，已查封、扣押、冻结财产清单及相关材料；

（4）执行法院已分配财产清单及相关材料；

（5）被执行人债务清单；

（6）其他应当移送的材料。

——《最高人民法院印发〈关于执行案件移送破产审查若干问题的指导意见〉的通知》（2017年1月20日，法发〔2017〕2号）。

115. 受移送法院的接收义务

关键词

执转破　移送材料　不予立案

最高人民法院司法政策精神

11. 移送的材料不完备或内容错误，影响受移送法院认定破产原因是否具备的，受移送法院可以要求执行法院补齐、补正，执行法院应于十日内补齐、补正。该期间不计入受移送法院破产审查的期间。

受移送法院需要查阅执行程序中的其他案件材料，或者依法委托执行法院办理财产处置等事项的，执行法院应予协助配合。

12. 执行法院移送破产审查的材料，由受移送法院立案部门负责接收。受移送法院不得以材料不完备等为由拒绝接收。立案部门经审核认为移送材料完备的，应以“破申”作为案件类型代字编制案号登记立案，并及时将案件移送破产审判部门进行破产审查。破产审判部门在审查过程中发现本院对案件不具有管辖权的，应当按照《中华人民共和国民事诉讼法》第三十六条的规定处理。

——《最高人民法院印发〈关于执行案件移送破产审查若干问题的指导意见〉的通知》（2017 年 1 月 20 日，法发〔2017〕2 号）。

最高人民法院大法官著述

从工作流程上看，执行转破产审查主要包括决定程序、移送程序、审查处理程序三个环节。执行转破产审查的决定程序主要规范执行法院内部如何作出执行转破产审查决定。为了防止执行转破产审查的随意性，执行转破产审查决定的作出应当经过承办人提出意见、合议庭评议、院领导审签的程序。执行法院作出执行转破产审查决定后，如何移送是核心环节。执行法院决定移送后，执行部门应先将案件移送到立案部门，由立案部门进行形式审查认定材料齐备后，再编制案号移送给破产审判部门。对于同一法院内部的执行转破产审查案件，移送程序相对简单，协调起来也比较容易。但对于不同法院之间的移送，则容易产生推诿扯皮等问题。为此，操作中要注意两点：一是移送决定应严格按上述程序审慎作出，不能随意决定移送；二是受移送法院对依法决定移送的案件不得拒绝接受。如其认为移送错误，可以按移送管辖的程序处理。为防止执行转破产审查的随意性，减少异地法院之间移送过程中的推诿扯皮现象，异地法院之间的执行转破产审查应坚持平行移送原则，即基层法院决定将执行案件移送异地中级人民法院时，应先将案件报其所在地中级人民法院审核同意，然后再由审核同意的中级人民法院将案件平行移送给异地的中级人民法院。受移送法院接收移送材料后，应根据《企业破产法》第 10 条的规定进行审查，并作出是否受理的裁定。受移送法院作出裁定后，应当在 5 日内送达申请执行人、被执行人，并送交执行法院。

——杜万华：《杜万华大法官民事商事审判实务演讲录（二）》，人民法院出版社 2019 年版，第 189~190 页。

附录：理解与适用

受移送法院立案庭接受移送的材料后，应负责对材料是否完备、是否存在错误等进行形式审核。为防止受移送法院动辄以移送材料存在瑕疵、需要补充补正为由拒绝立案，《指导意见》第 11 条强调，只有移送材料不完备或内容错误达到了足以影响受移送法院对被执行人是否具备破产原因作出判断的程度时，受移送法院才可以暂不予立案，并要求执行法院补齐、补正。如移送材料虽存在瑕疵但不影响对破产原因是否具备作出判断的，受移送法院不得借故拒绝立案。

《指导意见》第12条规定，受移送法院立案部门经形式审核认为材料齐备后，应以“破申”作为案件类型代字编制案号登记立案，并及时将案件移送给破产审判部门。

根据2016年8月1日起施行的最高人民法院《关于调整强制清算与破产案件类型划分的通知》(法〔2016〕237号)，执转破案件并非强制清算与破产案件类型（一级案件类型）之下的二级案件类型，而应归属于破产申请审查案件类型。相应地，在编制案号时，应以与之相应的“破申”作为案件类型代字编制案号登记立案。需要注意的是，根据新的案件类型划分标准，受移送法院登记立案的是破产申请审查案件，而非破产清算、破产重整、破产和解案件。从审判流程和案件审理阶段上看，破产申请审查程序仍属于破产程序开始前的预备阶段。故破产申请审查案件立案后，仅意味着人民法院决定通过司法程序对债务人是否具备破产原因进行审理，并不代表破产程序已经启动。

——王富博：《〈关于执行案件移送破产审查若干问题的指导意见〉的理解与适用》，载《人民司法·应用》2017年第10期。

116. 受转送法院破产审查与受理

关键词

执转破　破产审查　知情权　破产受理　破产费用

最高人民法院司法政策精神

13. 受移送法院的破产审判部门应当自收到移送的材料之日起三十日内作出是否受理的裁定。受移送法院作出裁定后，应当在五日内送达申请执行人、被执行人，并送交执行法院。

15. 受移送法院裁定受理破产案件的，在此前的执行程序中产生的评估费、公告费、保管费等执行费用，可以参照破产费用的规定，从债务人财产中随时清偿。

16. 执行法院收到受移送法院受理裁定后，应当于七日内将已经扣划到账的银行存款、实际扣押的动产、有价证券等被执行人财产移交给受理破产案件的法院或管理人。

17. 执行法院收到受移送法院受理裁定时，已通过拍卖程序处置且成交裁定已送达买受人的拍卖财产，通过以物抵债偿还债务且抵债裁定已送达债权人的抵债财产，已完成转账、汇款、现金交付的执行款，因财产所有权已经发生变动，不属于被执行人的财产，不再移交。

——《最高人民法院印发〈关于执行案件移送破产审查若干问题的指导意见〉的通知》（2017 年 1 月 20 日，法发〔2017〕2 号）。

最高人民法院大法官著述

执行转破产审查程序除涉及案件材料移送外，还包括许多配套程序。其中，最重要的是财产的交接管控程序。执行法院作出移送决定后，为了便于受移送法院审查有关材料，固定被执行人财产状况，在受移送法院裁定是否受理破产案件前，针对被执行人的执行程序均应中止。但是，对被执行人的季节性商品、鲜活、易腐烂变质以及其他不宜长期保存的物品，执行法院应当及时变价处置，处置的价款不作分配。受移送法院裁定受理破产案件的，执行法院应当在收到裁定书之日起 7 日内，将该价款移交受理破产案件的法院。为防止案件移送后，被执行人的财产处于脱保状态，在受移送法院裁定受理破产案件之前，对被执行人的查封、扣押、冻结措施不解除。查封、扣押、冻结期限在破产审查期间届满的，申请执行人可以向执行法院申请延长期限，由执行法院负责办理。受移送法院裁定受理破产案件的，在执行程序中产生的评估费、公告费、保管费等执行费用，可以参照破产费用的规定，从债务人财产中随时清偿。执行法院收到受移送法院受理破产的裁定后，应当于 7 日内将已经扣划到账的银行存款、实际扣押的动产、有价证券等被执行人财产移交给破产案件的管理人。虽然《企业破产法》规定法院裁定受理破产申请的，应当同时指定管理人，但实践中往往受理与指定管理人并不完全同步，而是有一个时间差，此时执行法院移交的财产可以由受理破产案件的法院暂时保管。拍卖成交裁定已送达买受人的拍卖财产、以物抵债裁定已送达债权人的以物抵债财产，即便未办理变更登记手续或实际交付，所有权亦发生变动，不属于被执行人的财产，故无需移交。执行法院已完成转账、汇款、现金交付的执行款，也属于执行完毕的财产，同样不再移交。

——杜万华：《杜万华大法官民事商事审判实务演讲录（二）》，人民法院出版社 2019 年版，第 190~191 页。

附录：理解与适用

受移送法院立案庭对执转破案件登记立案后，应及时将案件移送破产审判部门，由破产审判部门对债务人是否具备破产原因、应否启动破产程序进行审查。在破产审查过程中，人民法院应保障相关当事人依据破产法享有的异议权。《指导意见》第 13 条规定，受移送法院的破产审判部门应当自收到移送的材料之日起三十日内作出是否受理的裁定。

《民诉法司法解释》第 514 条[①]规定，被执行人住所地人民法院应当将是否受理破产案件的裁定告知执行法院。但裁定是否向申请执行人、被执行人送达，《民诉法司法解释》并未明确。我们认为，执转破案件的破产审查结果，直接影响执行程序的走向，关系当事人上诉权的行使，为保障当事人对执转破案件结果的知情权，保障当事人对后续程序的参与和监督，应将是否受理破产案件的裁定向申请执行人、被执行人送达。故此，《指导意见》第 13 条规定，受移送法院作出裁定后，应当在五日内送达申请执行人、被执行人，并送交执行法院。

如果受移送法院的破产审判部门经审查认为案件不应由其管辖的，应当按《民事诉讼法》第三十六条[②]的规定将案件移送有管辖权的人民法院。

《指导意见》第 15 条规定，受移送法院裁定受理破产案件的，在此前的执行程序中产生的评估费、公告费、保管费等执行费用，可以参照破产费用的规定，从债务人财产中随时清偿。

根据《企业破产法》第四十一条、第四十二条的规定，破产费用和共益债务均发生在人民法院受理破产申请之后。执行程序中发生的评估费、鉴定费、公告费、拍卖费、保管费、仓储费、运输费、监管费等执行费用，由于产生于受理破产申请之前，显然不属于破产费用和共益债务。但执行费用是国家强制力管理、处置被执行人财产以及对被执行人采取其他强制执行措施而产生的必要费用，性质不同于普通债权，不应按普通债权进行申报受偿，应予以优先受偿。因执行程序中发生的评估费、鉴定费、公告费、拍卖费、保管费、仓储费、运输费、监管费等执行费用与破产程序中发生的管理、变价、分配债务人财产所支出的破产费用用途相同，且执行程序中实施的评估、鉴定、拍卖等行为的效力可以延续至破产程序中，评估、鉴定、拍卖结果可以直接为破产程序所用，故上述执行费用可以参照破产费用从债务人财产中随时受偿。

执转破不仅包括执行法院对案件材料的移送，还涉及被执行人财产的移交。当受移送法院裁定受理破产清算、破产重整、破产和解申请后，破产程序即已启动。根据《企业破产法》第十九条的规定，此时以个别清偿为目的的执行程序应当继续中止（执行法院决定移送时即已中止执行），执行法院通过执行措施查控的被执行人财产亦应移交给破产管理人，统一纳入破产程序中清偿。《指导意见》第 16 条至第 17 条从正反两个方面对应当移交的财产范

① 现为《最高人民法院关于适用〈中华人民共和国民事诉讼法〉的解释》（2022 年修正）第五百一十一条。

② 现为《民事诉讼法》（2021 年修正）第三十七条。

围作出了规定，主要涉及执行标的物的移交和执行变价款的移交。

（一）执行标的物的移交

《指导意见》第 16 条规定，执行法院收到受移送法院受理裁定后，应当于七日内将已经扣划到账的银行存款、实际扣押的动产、有价证券等被执行人财产移交给受理破产案件的法院或管理人。该条以列举的方式规定了审判实践中几种常见的应移交财产，并概括了其法律上的共同属性：必须是属于被执行人的财产，即尚未执行完毕、可以用于清偿被执行人债务的责任财产。不属于被执行人的财产，包括曾经属于被执行人所有、但因执行完毕而使所有权发生变动、不再属于被执行人的财产，因不能用以清偿被执行人的债务，故无需移交。

（二）未分配执行价款的移交

除执行标的物的权属变动认定存在争议外，实务中有争议的另一个问题是，在破产管辖法院裁定受理破产申请时，已进入执行法院或第三方账户但却未分配给申请执行人的执行价款，是否属于破产程序中的债务人财产（即破产宣告后的破产财产）？应否移交？对此，存在两种观点：第一种观点认为，该价款属于债务人财产，不应再支付给申请执行人，而应移交给管理人，通过破产程序进行分配。第二种观点认为，该价款不属于债务人财产，应当分配给申请执行人。

《指导意见》采纳了第一种观点。根据《指导意见》第 17 条的规定，在受移送法院裁定受理破产申请时，执行法院已完成转账、汇款、现金交付的执行价款，由于已经不属于债务人的财产，当然无需移交。但在裁定受理破产申请时，已进入执行法院或第三方账户却未分配给申请执行人的执行价款，由于尚未交付申请执行人用于清偿债务，我们认为仍属于未执行完毕的被执行人财产。理由是：其一，强制执行的最终目的是使债权人受清偿，拍卖、变卖等执行措施仅是实现这一目的的手段和方法，实施拍卖、变卖等执行措施取得变价款，但却未实际分配给申请执行人的，债权尚未得到清偿，执行目的尚未达到，执行程序也并没有完毕。如该款项此时发生意外减损，其风险亦应由被执行人承担，而不应由申请执行人承担。其二，在参与分配制度中，此种情形一直是按未执行完毕处理。例如，《最高人民法院关于适用〈中华人民共和国民事诉讼法〉若干问题的意见》（法发〔1992〕22 号）第 298 条规定："参与分配申请应当在执行程序开始后，被执行人的财产被清偿前提出。"虽然 2015 年 2 月 4 日起施行的《民诉法司法解释》第 509 条[①]对此作了文字修改，重新表述为"参与分配申请应当在执行程序开始后，被执行人的

① 现为《最高人民法院关于适用〈中华人民共和国民事诉讼法〉的解释》（2022 年修正）第五百零七条。

财产执行终结前提出”，但司法取向并未发生改变。

破产程序启动后，按照《企业破产法》第十九条的规定，执行程序应当中止，无论是被执行人还是人民法院都不应再对个别债权进行清偿。如果认定因先前个别执行行为而划入人民法院或第三方账户的执行变价款可以继续执行交付给申请执行人，则有违破产法的上述规定，应属于违法执行。根据《破产法司法解释（二）》第5条的规定，执行法院应当对此予以纠正。依法执行回转的财产，应当认定为债务人财产。故在法院裁定受理破产申请后，划入执行法院或第三方账户但却未分配给申请执行人的执行价款，应作为债务人财产，并在债务人被宣告破产后列入破产财产，根据破产程序进行公平分配。

但是，如果该执行变价款是对债务人提供的担保物进行变价处置而来，因担保权人本就对担保物的价值享有优先受偿权，将该变价款优先分配给担保权人用于清偿债务，并不损害破产程序中其他债权人的利益，不违反公平原则，故不应受中止执行的限制。这属于执行变价款应移交的例外情形。

《企业破产法》第十三条规定，人民法院裁定受理破产申请的，应当同时指定管理人。在受移送法院已经指定管理人的情况下，执行法院应将尚未执行完毕的被执行人财产移交给管理人。但实践中破产程序启动与指定管理人往往并不同步，此时执行法院移交的财产可以由受理破产案件的法院暂时代为保管，待指定管理人后再移交给管理人。故《指导意见》第16条规定，接受移交财产的主体是受理破产案件的法院或管理人。

——王富博：《〈关于执行案件移送破产审查若干问题的指导意见〉的理解与适用》，载《人民司法·应用》2017年第10期。

117. 破产申请受理时待分配执行款的归属

关键词

破产申请　待分配执行款　中止执行

最高人民法院司法政策精神

16. 执行法院收到受移送法院受理裁定后，应当于七日内将已经扣划到账的银行存款、实际扣押的动产、有价证券等被执行人财产移交给受理破产案件的法院或管理人。

——《最高人民法院印发〈关于执行案件移送破产审查若干问题的指导意见〉的通知》（2017年1月20日，法发〔2017〕2号）。

最高人民法院答复

重庆市高级人民法院：

你院〔2017〕渝民他12号《关于破产申请受理前已经划扣到执行法院账户尚未支付给申请执行人的款项是否属于债务人财产及执行法院收到破产管理人中止执行告知函后应否中止执行问题的请示》收悉，经研究，答复如下：

人民法院裁定受理破产申请时已经扣划到执行法院账户但尚未支付给申请人执行的款项，仍属于债务人财产，人民法院裁定受理破产申请后，执行法院应当中止对该财产的执行。执行法院收到破产管理人发送的中止执行告知函后仍继续执行的，应当根据《最高人民法院关于适用〈中华人民共和国破产法〉若干问题的规定（二）》第五条依法予以纠正，故同意你院审判委员会的倾向性意见，由于法律、司法解释和司法政策的变化，我院2004年12月22日作出的《关于如何理解〈最高人民法院关于破产司法解释〉第六十八条的请示的答复》(〔2003〕民二他字第52号）相应废止。

此复

——《最高人民法院关于对重庆高院〈关于破产申请受理前已经划扣到执行法院账户尚未支付给申请执行人的款项是否属于债务人财产及执行法院收到破产管理人中止执行告知函后应否中止执行问题的请示〉的答复函》(2017年12月12日，〔2017〕最高法民他72号）。

附录：理解与适用

本复函与《最高人民法院关于执行案件移送破产审查若干问题的指导意见》第16条相关。本复函进一步明确人民法院裁定受理破产申请时已经扣划到执行法院账户但尚未支付给申请人执行的款项，仍属于债务人财产，受理破产申请后，应当中止执行并移交。同理，已进入执行法院或第三方账户却未分配给申请执行人的执行价款，仍应属于未执行完毕的被执行人财产，也应中止执行并予移交，但如果该执行变价款是对债务人提供的担保物进行变价处置而来，因担保权人本就对担保物的价值享有优先受偿权，将该变价款优先分配给担保权人用于清偿债务，并不损害破产程序中的其他债权人的利益，不违反公平原则，故不应受中止执行的限制，这属于执行变价款应移交的例外情形。上述规定应结合适用。

——最高人民法院执行局编著：《最高人民法院执行司法解释条文适用编注》，人民法院出版社2019年版，第284~285页。

118. 受移送法院不予受理或驳回申请的处理

关键词

执转破

最高人民法院司法政策精神

18. 受移送法院作出不予受理或驳回申请裁定的，应当在裁定生效后七日内将接收的材料、被执行人的财产退回执行法院，执行法院应当恢复对被执行人的执行。

19. 受移送法院作出不予受理或驳回申请的裁定后，人民法院不得重复启动执行案件移送破产审查程序。申请执行人或被执行人以有新证据足以证明被执行人已经具备了破产原因为由，再次要求将执行案件移送破产审查的，人民法院不予支持。但是，申请执行人或被执行人可以直接向具有管辖权的法院提出破产申请。

——《最高人民法院印发〈关于执行案件移送破产审查若干问题的指导意见〉的通知》(2017 年 1 月 20 日，法发〔2017〕2 号)。

附录：理解与适用

《指导意见》第 18 条规定，受移送法院作出不予受理或驳回申请裁定的，应当在裁定生效后七日内将接收的材料、被执行人的财产退回执行法院，执行法院应当恢复对被执行人的执行。这是就受移送法院裁定不予受理或驳回申请时后续事宜处理所作的规定。理解此条，应注意两点：

第一，接收的材料、财产退还时间是不予受理或驳回申请裁定生效后七日内。不予受理或驳回申请裁定生效有两种情形：一是受移送法院作出不予受理或驳回申请裁定后，申请人并未提起上诉，一审裁定因而生效。二是受移送法院作出不予受理或驳回申请裁定后，申请人提起上诉，二审法院裁定驳回上诉的，二审裁定送达后生效。

在《指导意见》制定过程中，对于执转破中是否保留上诉权存在不同认识。我们认为，对不予受理或驳回申请裁定的上诉权，事关破产申请权的保护，属于诉权保障的内容，不容剥夺。况且，执转破与当事人直接申请破产本质并无不同，在破产申请权的保障上不应有所差别。《企业破产法》第十二条明确规定，申请人对于不予受理或驳回申请裁定不服的，有权提起上诉。执转破亦应如此。

在认为对不予受理或驳回申请裁定有权提起上诉的观点中，对于上诉权由谁行使仍然存在不同看法。有见解认为，执转破的决定是由执行法院作出，对不予受理或驳回申请裁定的上诉权应由执行法院行使，上诉人是执行法院。我们认为，如采纳职权主义移送模式，执行法院作为上诉人是适格的；但在不采纳职权主义移送模式的前提下，执转破的启动仍然遵循破产法的申请主义原则，上诉人应为申请人而非执行法院。申请人可以根据《指导意见》第14条加以确定，即申请执行人申请或同意移送破产审查的，以该申请执行人为申请人；被执行人申请或同意移送破产审查的，以该被执行人为申请人；申请执行人、被执行人均同意移送破产审查的，双方均为申请人。

第二，不予受理或驳回申请裁定生效后七日内，执行法院应当恢复对被执行人的执行。为防止执行法院在恢复执行过程中改变原执行顺序，为个别申请执行人谋取不正当利益，恢复执行后仍应按原顺序执行。

为杜绝执行案件反复移送、相互扯皮、影响司法效率，《指导意见》第19条规定，受移送法院作出不予受理或驳回申请的裁定生效后，人民法院不得重复启动执转破程序，即执转破实行一次移送原则。据此，受移送法院认定被执行人不具备破产原因而裁定不予受理或驳回申请的，其后即便申请执行人或被执行人以有新证据足以证明被执行人已经具备了破产原因为由，要求再次将执行案件移送破产审查的，人民法院仍不支持。实行一次移送原则并不影响申请执行人或被执行人直接向具有管辖权的法院提出破产申请的权利。

——王富博：《〈关于执行案件移送破产审查若干问题的指导意见〉的理解与适用》，载《人民司法·应用》2017年第10期。

119. 执行案件移送破产审查的监督

关键词

执转破　监督制约

最高人民法院司法政策精神

21. 受移送法院拒绝接收移送的材料，或者收到移送的材料后不按规定的期限作出是否受理裁定的，执行法院可函请受移送法院的上一级法院进行监督。上一级法院收到函件后应当指令受移送法院在十日内接收材料或作出是否受理的裁定。

受移送法院收到上级法院的通知后，十日内仍不接收材料或不作出是否受理裁定的，上一级法院可以径行对移送破产审查的案件行使管辖权。上一级法院裁定受理破产案件的，可以指令受移送法院审理。

——《最高人民法院印发〈关于执行案件移送破产审查若干问题的指导

意见〉的通知》(2017 年 1 月 20 日，法发〔2017〕2 号)。

附录：理解与适用

执转破涉及不同法院或同一法院内部不同部门之间的关系，在强调相互协调配合以提高司法效率的同时，也要注重公权力之间的监督制约，确保执转破的立案、受理等程序依法顺利进行。在监督的方式上，《指导意见》第 21 条借鉴了《破产法司法解释（一）》第 9 条的规定，提供了两种途径：一是执行法院和受移送法院之间的监督。当受移送法院拒绝接收移送的材料，或者收到移送的材料后不按规定的期限作出是否受理裁定的，执行法院可直接与受移送法院进行交涉，要求受移送法院自行纠正。交涉未果，可函请受移送法院的上一级法院进行监督。二是受移送法院的上级法院对下监督。受移送法院的上一级法院收到执行法院关于其下级法院拒绝接收移送的材料，或者不按期裁定是否受理的函件后，应当指令受移送法院在十日内接收材料或作出是否受理的裁定。受移送法院收到上级法院的通知后，十日内仍不接收材料或不作出是否受理裁定的，上一级法院可以径行对移送破产审查的案件行使管辖权。上一级法院裁定受理破产案件的，可以指令受移送法院审理。

——王富博:《〈关于执行案件移送破产审查若干问题的指导意见〉的理解与适用》，载《人民司法·应用》2017 年第 10 期。

120. 充分用好执行和解及破产重整等制度

关键词

执行和解　破产重整

最高人民法院司法政策精神

13. 依法用好执行和解和破产重整等相关制度。要在依法采取执行措施的同时，妥善把握执行时机、讲究执行策略、注意执行方法。对资金链暂时断裂，但仍有发展潜力、存在救治可能的企业，可以通过和解分期履行、兼并重组、引入第三方资金等方式盘活企业资产。要加大破产保护理念宣传，通过强化释明等方式引导执行债权人或被执行人同意依法将案件转入破产程序。对具有营运价值的企业通过破产重整、破产和解解决债务危机，充分发挥破产制度的拯救功能，帮助企业走出困境，平衡债权人、债务人、出资人、员工等利害关系人的利益，通过市场实现资源配置优化和社会整体价值最大化。

——《最高人民法院关于在执行工作中进一步强化善意文明执行理念的意见》(2019 年 12 月 16 日，法发〔2019〕35 号)。

121. “执破融合”助被执行企业复工保交楼

关键词

执行转破产程序　破产重整　复产复工

最高人民法院公布的典型案例

昆山某置业公司执行转破产重整案

执行要旨：面对被执行企业主要财产是“烂尾楼”的执行困境，昆山法院引导债权人申请“执转破”，发挥破产程序的债务概括清偿功能，找到平衡各债权人以及债务人利益的最优解。同时发挥府院联动机制作用，在破产程序中恢复债务人已被吊销的营业执照，最终完成破产重整，使烂尾楼盘复工，维护了购房者的合法权益。

基本案情

申请执行人：抵押权人、购房人及众多普通债权人

被执行人：昆山某置业有限公司

执行法院：江苏省昆山市人民法院

昆山某置业有限公司成立于 2009 年，2014 年因未年检被吊销营业执照，该公司涉及商品房销售、在建工程抵押贷款、民间借贷、以房抵债、工程欠款等诸多纠纷，负债金额达 7 亿余元，主要财产是其建设的商住楼，建筑面积 26133 平方米，价值约 2.1 亿元，房屋基本销售网签完毕。在相关执行案件中，抵押权人要求整体拍卖烂尾工程，购房人要求续建交房，其他普通债权人要求公平受偿，各方权利冲突严重。昆山法院认为，若直接将被执行人主要财产“烂尾楼”按在建工程拍卖处置，施工许可证等证件难以重新办理，也难以续建验收，且无法保障购房人权利。于是决定依托“执破融合”机制，将案件导入破产程序，充分发挥破产重整挽救功能保障各方权利人利益。

昆山法院执行法官会同破产审判法官召集购房人和其他权利人协商处置方案，充分释明了执行程序中无法确保续建完工的情况，并引导债权人申请“执转破”。此后，昆山法院裁定对该公司破产清算，并进一步甄别出应予优先保护的消费性购房人 47 户，其他网签购房人不享有优先权。同时向市场监管部门送达协助执行通知书，恢复了该公司的营业执照。在此基础上，法院裁定将清算程序转为重整程序，引入约 2 亿元投资用于偿债和续建。该公司在 2022 年 4 月重整成功，案涉商住楼上设定的抵押权、建设工程款优先权以

及职工债权全额清偿，普通债权受偿率约10%。案涉商住楼正在续建，预计在今年底完成交付。

典型意义

该案是江苏省首例在“执转破”程序中恢复企业营业执照并完成破产重整的案件。在该案执行过程中存在债权人众多、利益诉求冲突的难题，昆山法院为化解执行难题，尽可能保障各方权益，一方面通过“执破融合”机制，以破促执，实现了普通债权公平受偿，化解了债权人之间的利益冲突；另一方面在破产程序中恢复债务人已被吊销的营业执照，引入投资完成烂尾工程续建，保护了购房者合法权益，实现了政治效果、社会效果、法律效果的有机统一。

——《最高人民法院发布能动执行典型案例》，载《人民法院报》2023年5月20日。

九、迟延履行期间债务利息和迟延履行金

122. 以违约金为基数计算迟延履行期间的加倍部分债务利息，缺乏法律依据

关键词

违约金

最高人民法院裁判文书

蔡朝永与贵州仁怀市茅台镇财富酿酒（集团）有限公司合同纠纷执行案

［最高人民法院（2022）最高法执监45号执行裁定书］

裁判要旨：以违约金为基数计算迟延履行期间的加倍部分债务利息，缺乏法律依据。

最高人民法院认为，根据《最高人民法院关于执行程序中计算迟延履行期间的债务利息适用法律若干问题的解释》第一条的规定：“根据民事诉讼法第二百五十三条[①]规定加倍计算之后的迟延履行期间的债务利息，包括迟延履

① 现为《民事诉讼法》（2021年修正）第二百六十条。

行期间的一般债务利息和加倍部分债务利息。迟延履行期间的一般债务利息，根据生效法律文书确定的方法计算；生效法律文书未确定给付该利息的，不予计算。加倍部分债务利息的计算方法为：加倍部分债务利息＝债务人尚未清偿的生效法律文书确定的除一般债务利息之外的金钱债务 × 日万分之一点七五 × 迟延履行期间"。依据遵义仲裁委员会（2020）遵仲裁字第 326 号裁决书第二项，即"二、被申请人贵州仁怀市茅台镇财富酿酒（集团）有限公司自本裁决书送达之日起 10 日内，向申请人蔡朝永支付以 14800000 元为基数从 2018 年 9 月 1 日起按全国银行间同业拆借中心公布的一年期贷款市场报价利率的四倍计算违约金至付清之日止"，该裁决确定的违约金自生效法律文书确定的履行之日起算，延伸至实际付清法律文书确定的金钱债务之日止，与迟延履行期间的债务利息计算期间重叠，性质相同，以该违约金为基数计算迟延履行期间的加倍部分债务利息，缺乏法律依据。综合本案情况，按照全国银行间同业拆借中心公布的一年期贷款市场报价利率的四倍计算违约金，亦已能够弥补申诉人的相应损失。

——中国裁判文书网。

123. 再审案件中债务人加倍部分债务利息的起算

关键词

再审

最高人民法院司法解释

第一条 根据民事诉讼法第二百五十三条[①]规定加倍计算之后的迟延履行期间的债务利息，包括迟延履行期间的一般债务利息和加倍部分债务利息。

迟延履行期间的一般债务利息，根据生效法律文书确定的方法计算；生效法律文书未确定给付该利息的，不予计算。

加倍部分债务利息的计算方法为：加倍部分债务利息＝债务人尚未清偿的生效法律文书确定的除一般债务利息之外的金钱债务 × 日万分之一点七五 × 迟延履行期间。

第二条 加倍部分债务利息自生效法律文书确定的履行期间届满之日起计算；生效法律文书确定分期履行的，自每次履行期间届满之日起计算；生效法律文书未确定履行期间的，自法律文书生效之日起计算。

——《最高人民法院关于执行程序中计算迟延履行期间的债务利息适用

① 现为《民事诉讼法》（2021 年修正）第二百六十条。

法律若干问题的解释》(2014 年 7 月 7 日，法释〔2014〕8 号)。

附录：最高人民法院主流观点

当事人不服已经发生法律效力的民事判决、裁定、调解书，可以根据《民事诉讼法》审判监督程序及相关司法解释规定申请再审。法院对当事人再审申请的处理结果，将对加倍部分债务利息的计算产生相应影响，需要根据再审裁判结果的不同情况，确定加倍部分债务利息的起算时间。具体分述如下：

（一）驳回再审申请、再审维持原生效法律文书或原生效法律文书部分判项

人民法院裁定驳回再审申请的，原生效法律文书效力不受影响，加倍部分债务利息仍按原生效法律文书确定的履行期间届满之日或法律文书生效之日起计算。例如，甲基层人民法院一审判决责令债务人于判决生效之日起 10 日内向债权人支付 30 万元，债务人不服，向乙中级人民法院上诉。乙中级人民法院二审判决驳回上诉，维持原判。二审判决于 ×× 年 8 月 6 日生效，债务人不服，向丙高级人民法院申请再审。丙高级人民法院审查后作出裁定，驳回债务人再审申请。在此期间债务人一直未履行一审判决确定的债务。本案加倍部分债务利息应从二审判决生效之日（也是一审判决生效之日）起经过 10 天，从第 11 天，即同年 8 月 17 日开始计算，履行期间届满之日（8 月 16 日）不计入迟延履行期间内。

人民法院经再审审理，认为原生效法律文书裁判结果正确，予以维持的，加倍部分债务利息按原生效法律文书确定的履行期间届满之日或法律文书生效之日起计算，再审中止执行期间的加倍部分债务利息，根据《最高人民法院关于执行程序中计算迟延履行期间的债务利息适用法律若干问题的解释》第 3 条的规定处理。例如，甲基层人民法院一审判决责令债务人于判决生效之日起 10 日内向债权人支付 30 万元，债务人不服，向乙中级人民法院上诉。乙中级人民法院二审判决驳回上诉，维持原判。二审判决于 ×× 年 7 月 2 日生效，债务人不服，向丙高级人民法院申请再审。丙高级人民法院审查后作出裁定：(1) 指令乙中级人民法院再审；(2) 再审期间，中止原判决的执行。乙中级人民法院审理后作出再审判决，维持二审判决。在此期间债务人一直未履行一审判决确定的债务。本案加倍部分债务利息应从二审判决生效之日（也是一审判决生效之日）起经过 10 天，从第 11 天，即同年 7 月 13 日开始计算，履行期间届满之日（7 月 12 日）不计入迟延履行期间内。再审中止执行的期间系因债务人申请引起，根据《最高人民法院关于执行程序中计算迟延履行期间的债务利息适用法律若干问题的解释》第 3 条第 3 款规定，应当计算加倍部分债务利息。

人民法院经再审审理，维持了部分判项的，该维持部分判项确定义务的加倍部分债务利息，按原判决确定的履行期间届满之日或原判决生效之日起计算，再审中止执行的期间，根据《最高人民法院关于执行程序中计算迟延履行期间的债务利息适用法律若干问题的解释》第 3 条规定处理。

人民法院裁定驳回再审申请、经再审审理维持原生效法律文书或维持部分判项的，系对原生效法律文书效力或相关判项效力的肯定。原法律文书属于已经生效的文书，再审维持的判项属于已经生效的判项，在没有其他裁判文书否定其效力的情况下，债务人应当按照原生效法律文书要求或者再审予以维持的相关判项要求履行债务，并计付加倍部分债务利息，对于符合《最高人民法院关于执行程序中计算迟延履行期间的债务利息适用法律若干问题的解释》规定的扣除计算期间情形的，在规定期间内不计算加倍部分债务利息。

需要说明的是，本部分所述再审维持的是原生效法律文书或原生效判决的部分判项，而非维持法律效力已经被否定的法律文书或其判项。关于再审撤销已经生效的二审判决，维持被二审否定的一审判决，或维持被二审否定的一审判决部分判项的情形，将在下文详述。

（二）再审撤销原生效法律文书或原生效法律文书部分判项

再审撤销原生效法律文书，驳回债权人诉讼请求或驳回债权人起诉的，则表明被执行人的债务自始不存在，原执行案件加倍部分债务利息不应计算，符合执行回转条件的，按《最高人民法院关于执行程序中计算迟延履行期间的债务利息适用法律若干问题的解释》第 6 条的规定处理。人民法院再审撤销原生效法律文书，使该文书的法律效力归于消灭，并且对债权人的诉讼请求或起诉不予支持，此时要求债务人支付加倍部分债务利息的基础不复存在，故不应对债务人计算加倍部分债务利息。如果原被执行人已经向原申请执行人部分履行或全部履行债务的，可以依法申请执行回转，并根据《最高人民法院关于执行程序中计算迟延履行期间的债务利息适用法律若干问题的解释》第 6 条的规定，要求原申请执行人承担加倍部分债务利息。再审撤销原生效法律文书部分判项的，被撤销部分判项确定义务的加倍部分债务利息不予计算。

（三）再审重新作出判决或判项、变更判项

再审撤销原生效法律文书重新作出判决，或撤销部分判项重新作出判项的，应当按照再审判决重新确定的给付内容和履行期间，结合债务人实际履行的情况，确定债务人是否还需要履行给付义务，以及是否存在迟延履行。再审判决变更原生效法律文书判项的，债务人应当按照变更后的判项履行给付义务，同时应考虑债务人已经履行债务的情况，确定债务人是否还需要继续履行以及是否构成迟延履行。

再审重新作出判决或判项、变更判项的，在再审判决生效前，这些判决或判项内容并不属于生效法律文书确定的给付内容，债务人没有履行这些判项的义务，随着再审判决的生效，这些判项确定的给付义务才被赋予强制履行的效力。原生效法律文书或原生效法律文书的相关判项，因被再审判决撤销、变更而不再具有法律效力，债务人只能根据再审判决重新作出的判项或变更后的判项履行义务。因此，在这种情况下，债务人应按照再审判决重新确定的给付内容和履行期间履行义务，被执行人加倍部分债务利息应从再审判决或相关判项确定的履行期间届满之日起计算。再审判决或相关判项未确定履行期间的，自再审判决生效之日起计算。

例如，甲基层人民法院一审判决责令债务人于判决生效之日起10日内向债权人支付50万元，债务人不服，向乙中级人民法院上诉。乙中级人民法院二审判决驳回上诉，维持原判。债务人不服，向丙高级人民法院申请再审。丙高级人民法院审查后作出裁定：（1）本案由丙高级人民法院提审；（2）再审期间，中止原判决的执行。丙高级人民法院审理后作出再审判决，撤销二审判决和一审判决，判令债务人于判决生效后10日内向债权人支付30万元。再审判决于××年11月15日生效。再审判决生效后，债务人一直未按判决要求履行义务，本案迟延履行期间的加倍部分债务利息应从再审判决生效之日起经过10天，从第11天，即同年11月26日开始计算，履行期间届满之日（11月25日）不计入迟延履行期间内。

再审重新作出判决或变更原判项后，债务人的给付义务既可能超过原生效法律文书确定的义务，也可能较原生效法律文书有所减少。对此，应当区分不同情况分别讨论：

1. 再审判决确定的给付内容超过原生效法律文书：债务人应根据再审判决确定的履行期间履行给付义务，超过该履行期间未履行的，则构成迟延履行，应根据本条解释规定，自再审判决确定的履行届满之日起计算加倍部分债务利息，已经履行的部分，从计算基数中作相应扣减；再审判决未确定履行期间的，加倍部分债务利息自再审判决生效之日起计算，已经履行的部分，从计算基数中作相应扣减。

2. 再审判决确定的给付内容少于原生效法律文书：债务人尚未按原生效法律文书履行的，或已经履行的数额尚不足再审判决确定的数额，则债务人应根据再审判决确定的给付义务和履行期间履行，逾期不履行的，构成迟延履行，自再审判决确定的履行期间届满之日起计算加倍部分债务利息，已经履行的部分，应从计算基数中作相应扣减；再审判决未确定履行期间的，加倍部分债务利息自再审判决生效之日起计算，已经履行的部分，从计算基数中作相应扣减；若债务人已经按原生效法律文书履行完毕，或已经履行的数额超过再审判决确定的数额，则将涉及执行回转的问题。

（四）再审撤销二审判决，维持被二审否定的一审判决或维持被二审否定的一审部分判项

二审如果撤销一审判决重新作出裁判的，再审判决生效前，对债务人来说，其履行义务的内容和履行期间是由二审判决确定的，并非依据一审判决。再审判决如果撤销二审判决，维持一审判决的，二审判决的效力被否定，一审判决由于再审判决的生效才成为有效判决，其法律效力源于再审的生效。换言之，一审判决的生效时间由再审判决的生效时间确定，再审判决生效时间即为一审判决的生效时间。因此应根据再审判决生效时间，结合一审判决确定的给付义务内容和履行期间，计算债务人迟延履行期间的加倍部分债务利息。一审判决未确定履行期间的，自再审判决生效之日起计算。

同理，再审维持被二审否定的一审部分判项，也应根据再审判决生效时间，结合一审判决被维持的判项内容及履行期间，计算债务人迟延履行期间的加倍部分债务利息。相关判项未确定履行期间的，自再审判决生效之日起计算。

例如，甲基层人民法院一审判决责令债务人于判决生效之日起 10 日内向债权人支付 50 万元，债务人不服，向乙中级人民法院上诉。乙中级人民法院二审判决撤销一审判决，驳回债权人的诉讼请求。债权人不服，向丙高级人民法院申请再审。丙高级人民法院审查后作出裁定：（1）本案由丙高级人民法院提审；（2）再审期间，中止原判决的执行。丙高级人民法院审理后作出再审判决，撤销二审判决，维持一审判决。再审判决于 ×× 年 10 月 21 日生效。再审判决生效后，债务人一直未按判决要求履行债务，本案迟延履行期间的加倍部分债务利息应从再审判决生效之日起经过 10 天，从第 11 天，即同年 11 月 1 日开始计算，履行期间届满之日（10 月 31 日）不计入迟延履行期间内。

——江必新、刘贵祥主编、最高人民法院执行局编：《最高人民法院关于执行程序中计算迟延履行期间的债务利息司法解释理解与适用》，人民法院出版社 2014 年版，第 57~62 页。

最高人民法院审判业务意见［《人民法院办理执行案件规范（第二版）》］

181.【加倍部分债务利息的起算日】

加倍部分债务利息自生效法律文书确定的履行期间届满之日起计算；生效法律文书确定分期履行的，自每次履行期间届满之日起计算；生效法律文书未确定履行期间的，自法律文书生效之日起计算。

如果再审判决维持原生效判决的，原生效判决自生效后，效力一直延续到再审判决作出之后，迟延履行期间债务利息自原生效判决确定的履行期间届满之日起计算；如果再审判决撤销原生效判决的，原生效判决的效力自始消

灭，原生效判决确定的给付义务的迟延履行期间债务利息不再计算；如果再审判决改变原生效判决，原生效判决内容被维持的金钱给付部分，其效力因被再审判决认可而延续到再审判决作出之后，在计算该部分内容的迟延履行期间债务利息时，自原生效判决确定的履行期间届满之日起计算；如果再审判决改变原生效判决，再审判决新增的金钱给付内容，其效力始于再审判决生效，在计算该部分内容的迟延履行期间债务利息时，自再审判决确定的履行期间届满之日起计算。

——最高人民法院执行局编：《人民法院办理执行案件规范（第二版）》，人民法院出版社2022年版，第84页。

124. 执行第三人到期债权过程中加倍部分债务利息计算的截止时间

关键词

第三人到期债权

最高人民法院司法解释

第三条　加倍部分债务利息计算至被执行人履行完毕之日；被执行人分次履行的，相应部分的加倍部分债务利息计算至每次履行完毕之日。

人民法院划拨、提取被执行人的存款、收入、股息、红利等财产的，相应部分的加倍部分债务利息计算至划拨、提取之日；人民法院对被执行人财产拍卖、变卖或者以物抵债的，计算至成交裁定或者抵债裁定生效之日；人民法院对被执行人财产通过其他方式变价的，计算至财产变价完成之日。

非因被执行人的申请，对生效法律文书审查而中止或者暂缓执行的期间及再审中止执行的期间，不计算加倍部分债务利息。

——《最高人民法院关于执行程序中计算迟延履行期间的债务利息适用法律若干问题的解释》（2014年7月7日，法释〔2014〕8号）。

附录：最高人民法院主流观点

关于被执行人对第三人到期债权（以下简称到期债权）的执行问题，应根据执行案件的具体情况，确定是以划拨、提取之日，还是以拍卖、变卖成交裁定或以物抵债裁定生效之日，作为迟延履行期间的截止日。到期债权的执行，既与金钱财产的执行不同，又和动产、不动产的执行有别。到期债权属于其他财产权的范畴，我国目前的司法解释对到期债权的执行规定了专门程序。根据《执行规定》第 61~65 条[①]的规定，被执行人不能清偿债务，但对本案以外的第三人享有到期债权的，人民法院可以依申请执行人或被执行人的申请，向第三人发出履行到期债务的通知，履行通知必须直接送达第三人，第三人有权提出异议。第三人在履行通知指定的期限内没有提出异议，而又不履行的，执行法院有权裁定对其强制执行。如果到期债权经过生效法律文书确认，则执行法院可据此直接对第三人财产采取执行措施。这种情况与到期债权未经生效法律文书确认不同，到期债权已经具有法律效力，可以直接作为执行标的。

法院在符合司法解释规定条件下对第三人财产强制执行，是将到期债权作为被执行人的责任财产处理。对第三人财产执行的范围应受两个因素制约：一是申请执行人的债权数额；二是被执行人对第三人的债权数额。在执行案件中，到期债权作为被执行人的责任财产而被强制执行，第三人承担责任的范围应受到期债权数额限制，人民法院不能超出到期债权的数额限制，要求第三人承担超出到期债权范围的义务。如果申请执行人的债权数额超过到期债权范围，法院对第三人强制执行应限制在到期债权的数额之内。在对第三人财产执行过程中，第三人承担的是被执行人不履行生效法律文书确定义务的迟延履行责任，法院通过执行第三人财产，清偿本执行案件债务和迟延履行期间债务利息，同时到期债权也在相应的数额范围内消灭。

人民法院依法对第三人强制执行，既可以执行第三人的存款、收入等金钱财产，也可以对第三人的动产、不动产，以及股权、专利权、商标权等其他财产权利强制执行。在划拨、提取第三人的金钱财产时，相应部分的加倍部分债务利息计算至划拨、提取之日；人民法院对第三人财产拍卖、变卖或以物抵债的，相应部分的加倍部分债务利息，计算至成交裁定或抵债裁定生效之日。

——江必新、刘贵祥主编、最高人民法院执行局编：《最高人民法院关于执行程序中计算迟延履行期间的债务利息司法解释理解与适用》，人民法院出版社 2014 年版，第 92~93 页。

① 现为《最高人民法院关于人民法院执行工作若干问题的规定（试行）》（2020 年修正）第 45 条 ~ 第 49 条。

125.《最高人民法院关于执行程序中计算迟延履行期间的债务利息适用法律若干问题的解释》规定的清偿顺序与一般民事债权清偿顺序的区别

关键词

清偿顺序

附录：最高人民法院主流观点

当执行款不足以偿付全部债务的，就存在着清偿顺序的问题。而在一般民事债权的清偿中，则存在清偿抵充的规定，即指债务人对同一债权人负担数宗同种类债务，而债务人的履行不足以清偿全部债务时，决定该履行抵充某宗或某几宗债务的现象。[①]各国民法普遍规定，在一般民事债权中，债务人的给付不足以清偿其全部债务时，当事人可以就给付抵充何宗债务进行约定；如果当事人之间没有约定，则债务人有权单方面指定其给付系清偿何宗债务，但应该依次按照费用、利息、原本债务的顺序进行抵充。这一原则在我国许多法律、司法解释中都有所体现。例如，《最高人民法院关于适用〈中华人民共和国合同法〉若干问题的解释（二）》第 21 条规定：债务人除主债务之外还应当支付利息和费用，当其给付不足以清偿全部债务时，并且当事人没有约定的，人民法院应当按照下列顺序抵充：（1）实现债权的有关费用；（2）利息；（3）主债务。我国《担保法》第 68 条规定：质押合同无另外约定时，质权人收取的质物的孳息，先充抵收取孳息的费用，再充抵质权担保的债权。而《最高人民法院关于适用〈中华人民共和国担保法〉若干问题的解释》第 74 条规定：抵押物折价或者拍卖、变卖所得价款，当事人没有约定的，按下列顺序清偿：（1）实现抵押权的费用；（2）主债权的利息；（3）主债权。上述规定无不体现了一般债权清偿时抵充顺序为费用、利息、原本债权。

一般民法债权的抵充顺序反映了公平的理念，同时也是为了保证债权的实现。但如前文所述，迟延履行利息，名为利息，实则具有一定公法性质，是对当事人迟延履行金钱债务的一种惩罚。所以司法解释中确定的法律文书确定的金钱债务与迟延履行利息清偿顺序不适用一般民法债权的清偿抵充顺序。首先，迟延履行属于罚息，是对不按期履行判决确定义务的惩罚方式，与普通债务主债务之利息有本质属性上的区别。其次，债的清偿抵充顺序的

① 崔建远主编：《合同法》（第三版），法律出版社 2003 年版，第 208 页。

确立，在价值取向上更侧重于对债权人的利益保护，主要是对债权人经济损失的弥补；而迟延履行利息制度的设置目的在于给予申请执行人适当的经济补偿，对被执行人施以适当的经济惩罚，督促当事人尽快履行判决义务，维护法院判决的权威性。

因此，《最高人民法院关于执行程序中计算迟延履行期间的债务利息适用法律若干问题的解释》中确立的约定优先以及本金优先受偿的原则与合同法、担保法及相关民法领域中债的清偿抵充顺序并不存在矛盾和冲突。因此，在执行款不足以清偿全部债务时，就生效法律文书确定的金钱债务与迟延履行利息的清偿顺序而言，应当先清偿生效法律文书确定的金钱债务，如果有剩余，再支付迟延履行利息。如果执行款尚不足以支付生效法律文书确定的全部金钱债务，则应当按照一般民法债权抵充顺序原则进行支付。

——江必新、刘贵祥主编、最高人民法院执行局编：《最高人民法院关于执行程序中计算迟延履行期间的债务利息司法解释理解与适用》，人民法院出版社 2014 年版，第 123~124 页。

126. 强制执行程序中参与分配时是否适用《最高人民法院关于执行程序中计算迟延履行期间的债务利息适用法律若干问题的解释》中规定的清偿顺序

关键词

参与分配　清偿顺序

最高人民法院审判业务意见［《人民法院办理执行案件规范（第二版）》］

184.【2014 年 8 月 1 日后本息清偿顺序】

被执行人的财产不足以清偿全部债务的，应当先清偿生效法律文书确定的金钱债务，再清偿加倍部分债务利息，但当事人对清偿顺序另有约定的除外。

——最高人民法院执行局编：《人民法院办理执行案件规范（第二版）》，人民法院出版社 2022 年版，第 85 页。

附录：最高人民法院主流观点

需要注意的是，执行程序中，被执行人履行了债务和申请执行人实现了债权有时并不同步。执行法院在处理完毕执行标的物后仍然存在分配执行款的问题，特别是针对多个债权人请求参与分配的情形。由此产生了一个问题，在执行中需要对多个债权人进行案款分配的情况下，是否应当适用《最高人民法院关于执行程序中计算迟延履行期间的债务利息适用法律若干问题的解释》中规定的清偿顺序?

我们认为,《最高人民法院关于执行程序中计算迟延履行期间的债务利息适用法律若干问题的解释》关于清偿顺序的规定主要适用于被执行人分次履行时,但同时也适用于执行案款分配程序中。所谓被执行人财产不能清偿债务,既指被执行人分次履行的情形,也指被执行人的财产在参与分配程序中不能清偿多份债务时的情形。如前所述,责令被执行人支付迟延履行利息是保障性执行措施的一种,是民事执行机关对迟延履行义务的被执行人依法督促其履行义务,并追究其迟延履行责任的公法上的制裁行为。其对债权人因迟延履行而遭受的损失的补偿功能并非其主要功能,而是一种反射性功能,债权人的损失主要应当由生效法律文书中确定的一般债务利息、违约金、赔偿金等进行弥补。对于债权人来说,实现生效法律文书确定的金钱债务是参与分配程序中最主要的任务。有鉴于此,参与分配程序中被执行人财产不足以清偿所有债务的,迟延履行利息的清偿顺序也应当适用《最高人民法院关于执行程序中计算迟延履行期间的债务利息适用法律若干问题的解释》的规定,即优先保证生效法律文书确定的金钱债务得到清偿,剩余款项再偿还迟延履行利息。因此,在参与分配时,要按照先偿付生效法律文书确定的金钱债务,再支付迟延履行期间利息的原则进行分配,如果在执行款项不足以支付所有生效法律文书确认的金钱债务时,迟延履行利息则不应当计入债权数额中参与分配。

——江必新、刘贵祥主编、最高人民法院执行局编:《最高人民法院关于执行程序中计算迟延履行期间的债务利息司法解释理解与适用》,人民法院出版社2014年版,第122~123页。

127. 迟延履行利息与违约金等的清偿顺序问题

关键词

迟延履行利息　违约金　清偿顺序

最高人民法院司法解释

第四条　被执行人的财产不足以清偿全部债务的,应当先清偿生效法律文书确定的金钱债务,再清偿加倍部分债务利息,但当事人对清偿顺序另有约定的除外。

——《最高人民法院关于执行程序中计算迟延履行期间的债务利息适用法律若干问题的解释》(2014年7月7日,法释〔2014〕8号)。

附录：最高人民法院主流观点

在司法实践中，因当事人明确约定了逾期履行的违约金的计算方式及时间，许多生效法律文书结论中直接写明“违约金计算至履行时止”，这样就产生了逾期履行违约金与迟延履行利息的选择执行问题。有人认为，违约金是双方当事人对逾期履行合同所产生的损害赔偿额的预先约定，包含了对所有损失的判断，如果出现违约行为而迟延履行，且这一状况持续到执行程序中，此时当事人的合同约定优先于法定的迟延债务利息，只执行违约金即可。另有观点认为，约定违约金是双方当事人对逾期履行的违约责任约定，迟延履行利息是法律赋予申请执行人因被执行人迟延履行而享有的法定权利，两者可以同时适用。[①]

上述两种观点都有一定的法律和实践依据。然而，我们认为，对于这一问题的认识前提是充分认识到迟延履行期间债务利息的性质。而迟延履行期间债务利息性质是一项保障性的执行措施。从执行机关角度看，是民事执行机关迫使被执行人履行义务、实现申请执行人权利的方法与手段。该制度是为保障、辅助和配合实现权利人权利的执行措施。而迟延履行期间债务利息具有惩罚性，是民事执行机关针对被执行人迟延履行义务的行为强制其履行义务，并追究其迟延履行的责任，制裁其不履行法律文书确定义务的行为，以促使其自觉履行义务。从申请执行人的角度看，迟延履行利息属于申请执行人的法定权利范畴，是对申请执行人不能依据生效法律文书及时取得权利而获得的经济补偿，同时防止被执行人通过迟延履行获得不当利益。

迟延履行期间债务利息最主要的特征还是其具有的惩罚性，因此，迟延履行期间债务利息支付的总体原则应当是无论是否给申请执行人造成损失，都应当支付。虽然其具有对申请人因迟延履行期间受到损失的弥补功能，但却是因避免被执行人因迟延履行而获得额外利益而产生的效果，因此即使当事人对迟延履行造成的损失约定了违约金进行弥补，也不能因此排除法律赋予申请执行人收取迟延履行利息的权利。就我们的司法解释而言，如果生效法律文书中判明了违约金，则属于生效法律文书确定的金钱债务，在清偿顺序上，是优先于迟延履行利息而受偿。违约金之所以优先于迟延履行利息受偿，在于其是为满足债权人的债权，补偿其损失而存在的，而迟延履行利息则主要是为了惩罚和制裁被执行人的迟延履行行为，警戒他人不再发生类似行为，同时防止被执行人因迟延履行行为而获得不当利益。因此在执行款不足以清偿全部债务时，就清偿顺序而言，违约金优先于迟延履行利息而受偿。

——江必新、刘贵祥主编、最高人民法院执行局编：《最高人民法院关于

① 黄文艺：《迟延履行利息执行制度研究》，载《清华法律评论》第5卷第1辑。

执行程序中计算迟延履行期间的债务利息司法解释理解与适用》，人民法院出版社 2014 年版，第 124~126 页。

128. 执行监督案件、恢复终结本次执行案件适用分段计算利息规则

关键词

执行监督　恢复终结本次执行　分段计算利息

最高人民法院司法解释

第四条　被执行人的财产不足以清偿全部债务的，应当先清偿生效法律文书确定的金钱债务，再清偿加倍部分债务利息，但当事人对清偿顺序另有约定的除外。

——《最高人民法院关于执行程序中计算迟延履行期间的债务利息适用法律若干问题的解释》（2014 年 7 月 7 日，法释〔2014〕8 号）。

附录：最高人民法院主流观点

对于执行监督案件的提起与处理，也要以 2014 年 8 月 1 日为界，适用《最高人民法院关于执行程序中计算迟延履行期间的债务利息适用法律若干问题的解释》的分段计算规则。由于《最高人民法院关于执行程序中计算迟延履行期间的债务利息适用法律若干问题的解释》在溯及力问题上采用了分段计算的规则，所以对于执行监督案件的处理变得相对简单。不管在执行监督案件的提起还是提起后的处理上，贯彻分段计算规则的结果就是对于当时的利息计算采用当时有效的司法解释，避免了处理执行监督案件是适用原规则还是新规则的问题。①

基于同样的理由，对于终结本次执行程序后，发现被执行人财产重新立

① 在溯及力问题上，一般都需要处理溯及力与确定判决的既判力的关系。一般认为，不具有溯及力的法律不会危及确定判决的既判力。对于具有溯及力的法律，也不能破坏确定判决的稳定性与既判力，即确定判决的既判力优于法律的溯及力。具体而言，就是如某司法解释明确了原法律条文的原本意义，具有溯及既往的效力，对于司法解释生效前经过审判程序处理的案件，也不能再以法律适用与新司法解释不符为由进行纠正。我国多数司法解释规定，新司法解释只适用于新受理或者尚未处理完毕的案件，上述观点是一个理论基础。不过，规定新司法解释只适用于新受理或者尚未处理完毕的案件，更重要的考虑是维护现实的司法秩序。如果允许新司法解释更改原案件，将会引发大量申诉，既有的司法秩序将面临极大破坏。因此，我国在限制溯及力所及的范围时，不仅将确定判决，而且将调解结案的案件也排除出了溯及力的范围。基于同一理由，对于执行完毕的案件，也应一并排除出司法解释溯及力的范围。

案执行的案件，也是适用分段计算的规则。以 2014 年 8 月 1 日为界，之前迟延履行期间的利息按照原来的规定计算，之后迟延履行期间的利息按照《最高人民法院关于执行程序中计算迟延履行期间的债务利息适用法律若干问题的解释》计算。

——江必新、刘贵祥主编、最高人民法院执行局编：《最高人民法院关于执行程序中计算迟延履行期间的债务利息司法解释理解与适用》，人民法院出版社 2014 年版，第 175 页。

129. 金融不良债权转让案件的利息计算

关键词

金融不良债权　债务利息

最高人民法院裁判文书

桂林彰泰实业集团有限公司与广西丽诚东投资有限公司等金融不良债权追偿纠纷执行复议案［最高人民法院（2019）最高法执复 45 号执行裁定书］

裁判要旨：最高人民法院关于审理涉及金融不良债权转让案件工作座谈会纪要》是对特定时期、特定范围内的金融不良债权转让案件确立的特殊处置规则，应当按照其适用范围的规定参照适用，不在其适用范围内的一般金融不良债权转让案件在受让债权后不停止利息计算。

最高人民法院经审查认为，《最高人民法院关于审理涉及金融不良债权转让案件工作座谈会纪要》是对特定时期、特定范围内的金融不良债权转让案件确立的特殊的处置规则，应当按照其适用范围的规定参照适用。如果将该纪要适用范围以外的一般金融不良债权转让案件一律参照适用该纪要精神，既没有明确的法律及司法文件依据，亦与依法平等保护各类民事主体财产权益的司法精神相悖。本案所涉债权最初的转让时间和转让主体与该纪要第 12 条的规定不符，故不应适用该纪要关于自受让日后停止计付利息的规定。根据《最高人民法院关于人民法院民事调解工作若干问题的规定》第 19 条的规定，当事人承担了调解书确定的民事责任后，对方当事人又要求其承担民事诉讼法规定的迟延履行责任的，人民法院不予支持。彰泰实业集团受让债权后，向丽诚东投资公司主张迟延履行期间的加倍利息缺乏法律规定，违反当事人意思自治原则。据此，最高人民法院于 2019 年 11 月 22 日作出（2019）

最高法执复45号裁定，驳回彰泰实业集团、丽诚东投资公司、黄某某的复议申请，维持广西壮族自治区高级人民法院（2018）桂执异19号裁定。

——中国裁判文书网。

附录：最高人民法院主流观点

（一）《关于审理涉及金融不良债权转让案件工作座谈会纪要》关于金融不良债权利息的特殊规定

1.《关于审理涉及金融不良债权转让案件工作座谈会纪要》出台的背景。金融不良债权问题产生于90年代推进的金融体制改革。这次改革中将银行的大量不良资产剥离给国有资产管理公司进行处置。在处理资产管理公司因处置金融不良债权引发的纠纷中，如何准确把握国家政策，正确适用法律，实践中缺乏统一的标准。为依法公正妥善地审理涉及金融不良债权转让案件，最高人民法院商有关部门形成了《关于审理涉及金融不良债权转让案件工作座谈会纪要》（以下简称《纪要》），于2009年3月30日发布。

2.《纪要》关于利息与溯及力的规定。《纪要》对于涉及金融不良债权的审理问题作出了较为全面的规定。其中关于利息的计算问题规定在第9条："关于受让人[①]收取利息的问题。会议认为，受让人向国有企业债务人主张利息的计算基数应以原借款合同本金为准；受让人向国有企业债务人主张不良债权受让日之后发生的利息的，人民法院不予支持。但不良债权转让合同被认定无效的，出让人在向受让人返还受让款本金的同时，应当按照中国人民银行规定的同期定期存款利率支付利息。"关于溯及力的问题规定在第12条："关于《纪要》的适用范围……《纪要》的内容和精神仅适用于在《纪要》发布之后尚在一审或者二审阶段的涉及最初转让方为国有银行、金融资产管理公司通过债权转让方式处置不良资产形成的相关案件。人民法院依照审判监督程序决定再审的案件，不适用《纪要》……"从《纪要》第9条的规定来看，非金融资产管理公司法人、自然人在金融资产管理公司手中受让金融不良债权后，如果债务人是国有企业，那么自受让日之后的利息不再计算。应该说该规定与债权转让的一般法理不符，体现了对于金融不良债务处置工作适用特殊规则的政策考虑。

（二）金融不良债务利息计算规则的发展

1.《纪要》有关利息规定引发的问题。《纪要》关于金融不良债权利息计算作出了一般性规定。但是就与之相关的一些具体问题，并未给出答案，实践中也有不同的理解。在金融不良债权转让案件中对国有企业债务人给予特

① 根据《最高人民法院关于审理涉及金融不良债权转让案件工作座谈会纪要》第12条规定，受让人是指非金融资产管理公司法人、自然人。

殊保护受到了批评，这引出了第一个问题是对于债务人是非国有企业的案件，是否按照《纪要》保护国有企业的精神，给予一体平等保护。第二个问题是根据《纪要》第12条，其适用范围仅限于“尚在一审或者二审阶段”的案件，对于执行阶段的案件如何处理？第三个问题与第二个问题相关，既然《纪要》仅适用于审判阶段，那显然不涉及执行阶段的迟延履行利息计算问题。那么对于执行阶段的迟延履行利息计算，是否适用《纪要》确立的规则？

2. 最高人民法院关于“平等保护”问题的态度。针对上述第一个问题，最高人民法院民二庭〔2009〕民二他字第21号答复表明了态度，该答复的内容为：“根据《纪要》的精神与目的，涉及非国有企业债务人的金融不良债权转让纠纷案件，亦应参照适用《纪要》的规定。债务人未对不良债权转让合同的效力提出异议，但案件的事实与相关证据情况能够引发人民法院对不良债权转让合同效力产生合理怀疑的，人民法院可以依职权主动审查不良债权转让合同的效力。”

虽然该答复针对的是人民法院能否主动审查不良债权转让合同效力问题，但是却抽象出“平等保护”的一般原则，即：“涉及非国有企业债务人的金融不良债权转让纠纷案件，亦应参照适用《纪要》的规定。”对此，应认为最高人民法院扩大了《纪要》的适用范围，由国有企业债务人扩大到所有债务人。

3. 最高人民法院关于迟延履行利息计算问题的态度。《纪要》关于利息的计算规则是否适用于执行程序，及如何处理其溯及力问题，实践中掌握的标准不一。如果严格从字面意思理解，应该不适用于执行程序，因为《纪要》第12条明确规定只适用于“尚在一审或者二审阶段”的案件。但是如果从配合金融体制改革，推进金融不良债务处置工作，解决历史遗留问题的政策导向出发，则可能需要在执行程序中参照适用该规则。

2013年湖北就相关问题请示最高人民法院，最高人民法院在经过审委会讨论后，于2013年11月26日下发（2013）执他字第4号函。在该函文中，最高人民法院明确了以下几个问题：第一，再次重申了对于国有企业、非国有企业及自然人等各类主体适用“平等保护”的原则。第二，执行程序中对于迟延履行利息的计算，适用《纪要》确定的规则。第三，明确了《纪要》的溯及力问题。

（三）金融不良债权利息的计算规则与《最高人民法院关于执行程序中计算迟延履行期间的债务利息适用法律若干问题的解释》的衔接

1. 金融不良债权利息的计算规则优先于本司法解释适用。《最高人民法院关于执行程序中计算迟延履行期间的债务利息适用法律若干问题的解释》是关于迟延履行利息计算的一般规则，金融不良债权利息的计算是特殊规则。根据特别规则优于一般规则适用的原理，后者应该优先于前者适用。具体而言，就是根据《纪要》及最高人民法院相关函文，在金融不良债权转让后免除了债务人利息的案件，执行程序中应不予计算迟延履行利息。这里的不予计算既包括 2014 年 8 月 1 日之前迟延履行期间的利息，也包括 2014 年 8 月 1 日之后迟延履行期间的利息。

2. 需要计算迟延履行利息的金融不良债权适用《最高人民法院关于执行程序中计算迟延履行期间的债务利息适用法律若干问题的解释》。根据上述处理金融不良债权相关规则，某些情况下仍然需要计算金融不良债权的迟延履行利息。此时则应适用《最高人民法院关于执行程序中计算迟延履行期间的债务利息适用法律若干问题的解释》。由于《最高人民法院关于执行程序中计算迟延履行期间的债务利息适用法律若干问题的解释》采用分段计算的规则，所以有时还可能会适用最高人民法院原来关于利息计算的司法解释。具体而言，执行程序中计算金融不良债权的迟延履行利息，主要有如下几种情况：

第一，资产管理公司一直没有对外转让金融不良债权。根据金融不良债权利息计算的规则，只有金融不良债权被转让后才免除利息，所以对于未转让的金融不良债权要计算迟延履行利息。对于此类利息的计算，应该按照《最高人民法院关于执行程序中计算迟延履行期间的债务利息适用法律若干问题的解释》确定的规则，以实施日为基准点，实施日之前迟延履行期间的迟延履行利息按照当时的规则计算，具体而言就是按照 2009 年《批复》计算；实施日之后迟延履行期间的利息按照《最高人民法院关于执行程序中计算迟延履行期间的债务利息适用法律若干问题的解释》的规则计算。

第二，对于《纪要》发布前非金融资产管理公司的机构或个人受让的金融不良债权，执行程序中应该按照相关法律规定计算发布日之前的利息，发布日之后不再计付利息。由于《纪要》系 2009 年 3 月 30 日发布，远早于《最高人民法院关于执行程序中计算迟延履行期间的债务利息适用法律若干问题的解释》的施行日，所以执行程序中对于此类案件利息的计算不涉及到《最高人民法院关于执行程序中计算迟延履行期间的债务利息适用法律若干问题的解释》的适用问题，只需要按照当时的计算规则计算《纪要》发布前的利息即可。

第三，对于《纪要》发布后非金融资产管理公司的机构或个人受让的金融不良债权，执行程序中要计算受让日之前的利息，受让日之后不再计付利息。具体而言，对于受让日之前的利息要适用《最高人民法院关于执行程序中计算迟延履行期间的债务利息适用法律若干问题的解释》的分段计算法，《最高人民法院关于执行程序中计算迟延履行期间的债务利息适用法律若干问题的解释》施行日前的迟延履行期间的利息按照原司法解释的规则计算；《最高人民法院关于执行程序中计算迟延履行期间的债务利息适用法律若干问题的解释》施行日后的迟延履行期间的利息按照《最高人民法院关于执行程序中计算迟延履行期间的债务利息适用法律若干问题的解释》确定的规则计算。

——江必新、刘贵祥主编、最高人民法院执行局编：《最高人民法院关于执行程序中计算迟延履行期间的债务利息司法解释理解与适用》，人民法院出版社 2014 年版，第 176~179 页。

130. 执行程序中，非金融机构受让金融不良债权是否参照适用受让日后停止计付利息

关键词

金融不良债权　非金融机构　利息

附录：执行信箱

问：非金融机构受让金融机构转让的不良债权后，能否参照《最高人民法院关于审理涉及金融不良债权转让案件工作座谈会纪要》第九条的规定，在执行程序中向债务人主张不良债权受让日之后的利息？

答：《最高人民法院关于审理涉及金融不良债权转让案件工作座谈会纪要》(以下简称《纪要》)是办理此类案件的规范性、指导性文件，《纪要》第九条对金融不良债权受让日之后止付利息进行了规定，第十二条对《纪要》的适用范围，包括金融不良债权的转让时间及转让主体进行了限定。因此，《纪要》是对特定时期、特定范围内的金融不良债权转让案件确立的特殊的处置规则，其目的是依法公正妥善地审理涉及金融不良债权转让案件，防止国有资产流失，保障金融不良债权处置工作的顺利进行，维护社会公共利益和相关当事人合法权益，应当按照其适用范围的规定参照适用。如果将《纪要》适用范围以外的一般金融不良债权转让案件一律参照适用《纪要》精神，既没有明确的法律及司法文件依据，亦与依法平等保护各类民事主体财产权益的司法精神相悖。如果金融不良债权最初的转让时间和转让主体与《纪要》第十二条的规定不符，就不应参照适用《纪要》关于自受让日后停止计付利息的规定，非金融机构作为金融不良债权受让方，可以依双方约定享有债权利息。

——向国慧、叶欣：《执行审查部分问题解答》，载最高人民法院执行局编：《执行工作指导》2021 年第 1 辑（总第 77 辑），人民法院出版社 2021 年版，第 121 页。

131. 利息分段计算如何确定中国人民银行贷款基准利率

关键词

利息计算　贷款基准利率

附录：最高人民法院法官著述

一、迟延履行期间债务利息计算问题的统一

迟延履行期间的债务利息是一种被执行人未按判决、裁定或其他生效法律文书指定的期间履行金钱义务而应承担的具有惩罚性的民事责任。为使胜诉的当事人及时获得诉讼成果，促使败诉的当事人及时履行义务，维护法律的公正性和严肃性，我国《民事诉讼法》和相关司法解释确立了该制度，但由于法律规范条文较为原则，导致司法实践中对迟延履行期间债务利息的适用条件、计算方法、清偿顺序等问题出现理解不一、标准不同、难以把握的情况，成为的执行实践中的热点与难点问题之一。

由于法律、法规及司法解释未作具体规定，实践中认识和做法各不相同，长期以来各地法院对此问题理解不同，做法各异，影响了司法统一。为统一司法实践中的执行标准，2009 年 5 月 18 日，最高人民法院颁布施行《关于在执行工作中如何计算迟延履行期间的债务利息等问题的批复》（以下简称《迟延履行期间债务利息批复》），这一司法解释规定了迟延履行期间债务利息的利率标准、计算方式，并就清偿顺序问题上采纳了本息并还原则，结束了实践中关于迟延履行期间债务利息计算问题的部分争议。最高人民法院在该批复中指出，“一、人民法院根据《中华人民共和国民事诉讼法》第二百二十九条[①]计算‘迟延履行期间的债务利息’时，应当按照中国人民银行规定的同期贷款基准利率计算；二、执行款不足以偿付全部债务的，应当根据并还原则按比例清偿法律文书确定的金钱债务与迟延履行期间的债务利息，但当事人在执行和解中对清偿顺序另有约定的除外。执行款不足以偿付全部债务的，应当根据并还原则按比例清偿法律文书确定的金钱债务与迟延履行期间的债务利息，但当事人在执行和解中对清偿顺序另有约定的除外。”即执行到位的执行款，既包含部分裁判标的，也包含该部分裁判标的因迟延履行应缴纳的迟延履行期间的利息，同时为统一司法实践中根据什么比例确定彼此的数额，在附件中列出了具体计算方法，可以根据该计算方法，计算出执行到位的财产中裁判标的及迟延履行期间债务利息分别所占比例及数额。本次执行款项

---

① 现为《民事诉讼法》（2021 年修正）第二百六十条。

扣减后，剩余的债务本金为生效裁判确定的债务数额减去本次执行清偿的本金，剩余利息为此前的迟延履行利息减去本次清偿的利息。剩余的债务本金继续计算迟延履行利息，而根据一事不再罚的原则，剩余的利息不应计算复利，直接纳入下次清偿时的债务总额。

自 2009 年《迟延履行期间债务利息批复》颁布后，经过了多年实践检验，解决了部分问题的同时，也产生了许多新的问题。迟延履行期间债务利息的计算依然困扰着法院执行工作。特别是该司法解释中就清偿顺序问题规定的本息并还原则，许多法院反映由于缺乏专业性，没有相关的技术支持，执行实践中这一原则根本不具有可操作性。多数法院对清偿顺序采纳本息并还原则意见很大，建议最高人民法院在新的司法解释中对此予以修正。如果不修改，则需要开发出一套软件，增强可操作性，同时也要上网公开，让当事人能看到、能使用，体现执行的公开、公正、高效和规范。

为顺应执行实践的要求，2012 年 3 月开始，最高人民法院执行局分别到多地对迟延履行期间的债务利息的计算问题进行调研，数易其稿，最终形成《最高人民法院关于执行程序中计算迟延履行期间的债务利息适用法律若干问题的解释》，经审委会讨论通过后予以颁布适用。在这一司法解释中，明确了根据《民事诉讼法》第二百五十三条[①]规定加倍计算之后的迟延履行期间的债务利息，包括迟延履行期间的一般债务利息和加倍部分债务利息。迟延履行期间的一般债务利息，根据生效法律文书确定的方法计算；生效法律文书未确定给付一般债务利息的，不予计算。加倍部分债务利息的计算方法为：加倍部分债务利息＝债务人尚未清偿的生效法律文书确定的除一般债务利息之外的金钱债务 × 日万分之一点七五 × 迟延履行期间。此外，司法解释还就迟延履行期间债务利息计算时的起止时间以及扣除期间、生效法律文书确定的金钱债务与迟延履行利息的清偿顺序问题以及特殊情形下迟延履行利息的计算问题等进行了统一规定。特别是就执行款不足以清偿全部债务的情况下，生效法律文书确定的金钱债务和迟延履行期间的债务利息的清偿顺序由此前的本息并还原则变更为先本后息原则，即除当事人对清偿顺序另有约定的外，要先清偿生效法律文书确定的金钱债务，再清偿加倍部分的债务利息。该司法解释实施之后，对迟延履行期间债务利息的计算问题将产生巨大的影响。

二、执行程序中对此前认定错误的自行纠正后的审查处理

根据《民事诉讼法》第二百二十五条[②]之规定："当事人、利害关系人认为执行行为违反法律规定的，可以向负责执行的人民法院提出书面异议。当事人、利害关系人提出书面异议的，人民法院应当自收到书面异议之日起 15

① 现为《民事诉讼法》（2021 年修正）第二百六十条。

② 现为《民事诉讼法》（2021 年修正）第二百三十二条。

日内审查，理由成立的，裁定撤销或者改正；理由不成立的，裁定驳回。当事人、利害关系人对裁定不服的，可以自裁定送达之日起 10 日内向上一级人民法院申请复议。”确立了我国执行程序中的执行异议与复议制度。本案中，执行法院上海市第二中级人民法院适用三年期贷款基准利率计算剩余工程款 71200 元产生的利息以及复议裁定关于“因剩余本金 71200 元自 2008 年 3 月 25 日至百达公司再次还款日 2011 年 12 月 14 日满三年不满五年，故上海市第二中级人民法院以同期央行三年贷款基准利率计算利息并无不当”的认定，都确有错误。执行法院计算利息时，部分执行款计算时适用利率错误，最后导致计算结果错误，尽管错误产生的计算误差不大，但是损害了当事人的利益，也应当予以纠正。当事人可以通过执行异议与复议程序进行救济。

本案在申诉过程中，执行程序仍在继续进行。而在后续的执行过程中，执行法院通过自己的实际行动纠正了错误。上海市第二中级人民法院在执行中又将扣划的 26 万元中的 88255.09 元发还给安暨公司，其中扣除应支付的剩余评估费及此前计算的迟延履行利息，余款足以弥补适用利率错误造成的利息及迟延履行利息差额。实际就使得当事人的合法权益并未受到损害，可以说，本案中申诉人的实体权益已经得到了充分、完全的保护。当事人的申诉在第三笔执行款发放之后实际已经不具有实益。我们纠正违法执行行为的根本目的就是维护当事人的合法权益，在当事人合法权益已得到充分维护的情况下，如果再撤销本案的复议裁定，将会对司法资源造成极大的浪费。在这种情况下，应当认为上述错误在执行程序中已经自行纠正，申诉人的申诉请求已经不具有实益。因此，笔者认为，在这种情况下，为避免浪费司法资源，应当指出原先判断的错误所在，同时应当驳回当事人的申诉请求。

——潘勇锋：《上海安暨实业工程有限公司执行申诉案评析》，载江必新、刘贵祥主编、最高人民法院执行局编：《执行工作指导》2015 年第 3 辑（总第 55 辑），人民法院出版社 2015 年版，第 94~97 页。

132. 终本期间应否计算迟延履行利息

关键词

终本期间　迟延履行利息

最高人民法院裁判文书

青海东湖旅业有限责任公司与青海银行股份有限公司其他执行申请复议案［最高人民法院（2014）执复字第 19 号执行裁定书］

裁判要旨：当债务人不能履行执行依据确定的金钱给付义务时，法院以债权人表示拒绝接受以物抵债且债务人确无其他财产可供执行为由，裁定终结本次执行程序的，该终本期间仍应计算迟延履行利息。

最高人民法院认为：关于终结本次执行程序期间应否计算迟延履行利息的问题。《民事诉讼法》第二百五十三条[①]规定："被执行人未按判决、裁定和其他法律文书指定的期间履行给付金钱义务的，应当加倍支付迟延履行期间的债务利息"。因本案判决确定的是金钱给付义务，故青海省高级人民法院裁定中以"迟延履行金"概括表述的意思，应当是指上述条文中所要求加倍支付的"迟延履行期间的债务利息"。因本案判决中所确定的一般债务利息系计算至判决生效前的2007年8月15日，故判决指定的履行期间届满后，不存在继续计算一般债务利息的问题，而只涉及按照民事诉讼法的规定计算迟延履行利息问题。对于青海省高级人民法院裁定确定的不予计算终结本次执行程序期间的迟延履行利息问题，本院分析如下：

首先，依据《民事诉讼法》的规定，被执行人需要加倍支付迟延履行期间的债务利息的前提，是未按判决指定的期间履行金钱债务。金钱给付判决的被执行人负有以其全部财产清偿债务的法定责任，东湖公司有责任根据自身履行能力主动偿付相应的款项，即使在无力偿清全部债务，或者对履行数额有争议的情况下，东湖公司也有义务先行偿付部分债务。东湖公司提出以物抵债的相关方案，并不等于实际履行义务。青海省高级人民法院虽裁定终结本次执行程序，但终结本次执行程序并非债务消灭意义上的终结执行，其法律上的效果实际相当于中止执行。该执行程序的暂时中止并未改变被执行人未依法律文书履行义务的状态。故确定被执行人不承担终结本次执行程序期间的迟延履行利息，缺乏法律依据。

其次，关于东湖公司主张的青海银行拒绝接受多种以物抵债方案，导致终结本次执行程序，是否属于青海银行的过错问题。本案执行依据确定的是金钱给付，申请执行人青海银行有权利主张以被执行人的实物资产变价所得款项受偿，以物抵债则是其在特定条件下可以行使的权利，而不能把接受以物抵债作为申请执行人的义务。对于东湖公司提出的以物抵债等多种变通执行的方案，青海银行最终未予同意，是依法行使权利，符合法律规定，不能将其视为青海银行的过错，并据以要求其承担迟延履行利息方面的不利后果。

再次，从终结本次执行程序所带来的实际损益情况看，案涉土地和地上建筑物未拍卖成交，继而青海省高级人民法院终结本次执行程序并解除查封，

① 现为《民事诉讼法》（2021年修正）第二百六十条。

东湖公司的资产仍得以维持且未受限制，此对于东湖公司继续正常经营具有客观利益。因此，在终结本次执行程序期间，对迟延履行利息不作任何计算，亦不合理。

因此，青海省高级人民法院径以终结本次执行程序期间“产生的利息及迟延履行金并非东湖公司的原因形成”为由，不予支持青海银行主张的相关利息请求，理据不足，应予纠正。青海省高级人民法院在下一步执行中，应考虑本案标的物三次流拍、整体处置或分割处置实属两难等客观现状，对本案加倍部分债务利息酌情予以计算，公平合理保护各方当事人的合法权益。

综上，青海省高级人民法院关于终结本次执行程序期间不计算迟延履行利息的认定，缺乏法律依据，所作裁定应予撤销。

——中国裁判文书网。

133. 实现担保物权裁定作为执行依据时，应否计算迟延履行期间的加倍利息

关键词

实现担保物权裁定　迟延履行期间　加倍迟延履行利息

附录：最高人民法院主流观点

第一，加倍利息具有法定性，其产生的基础是债务人不履行生效法律文书确定的金钱给付义务，而不是各种优先受偿的权利；

第二，加倍利息目的在于督促被执行人依法及时履行其义务，在性质属于对迟延履行行为所采取的诉讼法上的制裁措施。加倍利息是为了增大被执行人的经济负担，防止被执行人因迟延履行行为而获得不当利益，警示他人，而不是为了弥补债权人的损失。尽管迟延履行利息在客观上可以弥补债权人损失，但是更重要的是为了防止被执行人因不履行义务而获得不当利益（笔者注：在债务人财产不足清偿全部债权时，让加倍利息优先受偿，实际制裁的是其他债权人）；

第三，法律中规定的“主债权及利息”[①]中的利息，应当指的是主要为损失弥补功能的一般债务利息，而不是迟延履行利息。

——江必新、刘贵祥主编、最高人民法院执行局编著：《最高人民法院执行最新司法解释统一理解与适用》，中国法制出版社2016年版，第246~247页。

---

① 对应《民法典》第三百八十九条，担保物权的担保范围包括主债权及其利息、违约金、损害赔偿金、保管担保财产和实现担保物权的费用。当事人另有约定的，按照其约定。

最高人民法院裁判文书

中国信达资产管理股份有限公司河南省分公司与河南信德祥实业有限公司金融借款合同纠纷执行审查案［最高人民法院（2019）最高法执监 378 号执行裁定书］

裁判要旨：迟延履行期间加倍利息的立法目的是最大限度保护债权人的合法权益，惩罚迟延履行的债务人。加倍利息在性质上与一般利息迥然不同。因此，执行依据确定优先受偿的利息，只包括一般债务利息，不包含加倍利息。债权人将加倍利息纳入优先受偿范围的主张缺乏法律依据，不能成立。

最高人民法院认为，关于迟延履行利息是否应当优先受偿问题。根据《民事诉讼法》第二百五十三条[①]规定，迟延履行期间的加倍部分债务利息，是债务人没有履行生效判决确定的义务而产生的法律后果，其立法本意是最大限度地保护债权人的合法权益，给迟延履行的债务人以惩罚，该债务利息具有惩罚的性质。而民事法律文书中确定的金钱给付之债中的利息是当事人基于合同法律关系而产生的，具有收益、补偿损失的性质，因此，两种利息的性质明显不同。而且本案中，（2014）郑民四初字第 586 号民事判决主文第二项明确，原告工行陇海路支行对上述第一项确定款项享有优先受偿权，而从第一项确定的款项中并不能得出包含迟延履行期间加倍部分债务利息的内容。因此，信达河南分公司主张的应将迟延履行期间加倍部分债务利息纳入优先受偿的范围缺乏法律依据，不能成立。

——中国裁判文书网。

134. 债务人能否以债权人未及时处置抵押物为由要求减免因此增加的利息

关键词

债务人　债权人　处置抵押物　减免利息

最高人民法院裁判文书

贵州盛安房地产开发有限公司不服贵州省高级人民法院（2020）黔执复 2

① 现为《民事诉讼法》（2021 年修正）第二百六十条。

号执行裁定申诉案［最高人民法院（2020）最高法执监423号执行裁定书］

裁判要旨：在债务人无法及时足额支付金钱的情况下，债权人可以就其提供的抵押物行使优先受偿权，但此为债权人的权利而非义务，其并非只能以接受对案涉抵押物行使优先受偿权的方式来获得清偿，其当然有权要求债务人按照判决及时足额支付金钱，否则即构成对债权人权利的无端减损，对债权人极为不公。从另一个角度说，债务人也可以向法院申请自行处置案涉抵押物，以所得价款向债权人清偿债务，故其以终结本次执行导致案涉抵押物未被及时拍卖处置为由，要求免除终结本次执行期间的迟延履行利息，对债权人是不公平的。

最高人民法院认为，本案的争议焦点为：可否以申请执行人交行贵州分行申请终结本次执行程序为由，免除被执行人盛安公司在终结本次执行程序期间的迟延履行利息。

《民事诉讼法》第二百五十三条[①]规定，被执行人未按判决、裁定和其他法律文书指定的期间履行给付金钱义务的，应当加倍支付迟延履行期间的债务利息。《最高人民法院关于执行程序中计算迟延履行期间的债务利息适用法律若干问题的解释》第三条第三款规定："非因被执行人的申请，对生效法律文书审查而中止或者暂缓执行的期间及再审中止执行的期间，不计算加倍部分债务利息。"据此，被执行人未按照生效法律文书指定的期间履行给付金钱义务的，应支付迟延履行利息；如果非因被执行人的申请而对生效法律文书进行审查所致的执行中止或者暂缓执行的期间以及再审中止执行的期间，则不计算支付迟延履行利息。本案中，被执行人盛安公司未按照生效法律文书指定的期间履行金钱给付义务，也不存在前述司法解释规定的不计算迟延履行利息的情形，其请求免除终结本次执行期间的迟延履行利息，缺乏法律依据。

进而言之，终结本次执行的实质原因系被执行人未有效履行生效法律文书确定的义务所致，由此带来的迟延履行后果应由被执行人承担。本案被执行人盛安公司欠付交行贵州分行的是金钱债务，盛安公司应该按照判决确定的金额和期限，及时足额向交行贵州分行支付金钱；在其无法及时足额支付金钱的情况下，交行贵州分行可以就案涉抵押物行使优先受偿权，但此系交行贵州分行的权利而非义务，交行贵州分行并非只能以接受对案涉抵押物行使优先受偿权的方式来获得清偿，其当然有权要求盛安公司按照判决及时足

① 现为《民事诉讼法》（2021年修正）第二百六十条。

额支付金钱，否则即构成对债权人权利的无端减损，对债权人极为不公。盛安公司所主张的违约相对方未采取适当措施致使违约损失扩大的情形，在合同法上是指违约相对方违反诚实信用原则，可以采取适当措施防止损失扩大而不采取，放任违约损失扩大，就该扩大的损失，违约相对方不得要求赔偿。而交行贵州分行作为债权人要求盛安公司支付金钱，不对案涉抵押物行使优先受偿权，属于正当行使债权，并不存在违反诚信原则的情形，也不构成过错，不属于盛安公司所主张的违约相对方未采取适当措施致使违约损失扩大的情形。从另一个角度说，在终结本次执行期间，被执行人盛安公司也可以向贵阳市中级人民法院申请自行处置案涉抵押物，以所得价款向交行贵州分行清偿债务，其以终结本次执行导致案涉抵押物未被及时拍卖处置为由，要求免除终结本次执行期间的迟延履行利息，对债权人是不公平的。

——中国裁判文书网。

135. 给付债务本金及利息的判决生效后，被执行人逾期没有给付，如何计算迟延履行期间的债务利息

关键词

给付债务本金及利息　逾期给付　延迟履行债务利息

最高人民法院审判业务意见［《人民法院办理执行案件规范（第二版）》］

177.【2014 年 8 月 1 日前应付执行款的计算】

2014 年 8 月 1 日前的应付执行款，按照下列方法计算：

执行款 = 清偿的法律文书确定的金钱债务 + 清偿的迟延履行期间的债务利息。

清偿的迟延履行期间的债务利息 = 清偿的法律文书确定的金钱债务 × 同期贷款基准利率 ×2× 迟延履行期间。

178.【2014 年 8 月 1 日前迟延履行期间债务利息的计算基数】

2014 年 8 月 1 日前迟延履行期间的债务利息计算基数包括执行依据确定的债务本金、利息、罚息、滞纳金、违约金、评估费、鉴定费、公告费等因诉讼或仲裁所支出的费用，不包括案件受理费、保全申请费、其他申请费。

——最高人民法院执行局编：《人民法院办理执行案件规范（第二版）》，人民法院出版社 2022 年版，第 83 页。

136. 执行中违约金计算终期争议的解决程序

关键词

违约金计算终期　实际履行主体和方式

最高人民法院审判业务意见（执行局专业法官会议纪要）

生效判决确定被执行人给付违约金的终期为被执行人履行完毕相应合同义务之日，判决生效后，该合同义务的实际履行主体和方式发生了变化的，对于被执行人是否履行完毕以及何时履行完毕合同义务问题，涉及比较复杂的实体争议，可以由当事人协商解决；协商不成的，在执行程序中难以径行认定，宜由当事人通过另行诉讼的方式予以解决。

附：案情简介

甲与乙股权转让合同纠纷案中，执行依据主要内容为：（1）甲乙签订的股权转让合同有效，各方应当继续履行；（2）甲于本判决生效后10日内，将其持有的丙公司15%股权变更工商登记至乙名下；（3）本判决生效后10日内，甲将其占有的丙公司的公司法人章、财务章、合同专用章、营业执照正副本原件、组织机构代码证原件交予乙管理；（4）甲向乙支付自2009年12月16日至判决生效之日，甲未完成争议地块上房屋拆迁和重新与土地管理部门签订土地出让合同的违约金及至甲完成该两项合同义务之日止的违约金（按乙已付款人民币1.2亿元，每日万分之五计算）。因甲未履行生效法律文书确定的义务，乙向执行法院申请执行。2011年7月14日，执行法院将判决第二项、第三项涉及的丙公司股权和全部印章、证照交付给乙。2011年9月20日，乙以丙公司名义与丁就争议地块拆迁补偿等事宜签订了协议书。2011年11月18日，乙以丙公司、戊公司名义与土地管理部门签订了出让争议地块的补充协议，约定将土地使用权受让方由丙公司调整为戊公司。2012年5月9日，执行法院发还乙3000万元，并对剩余违约金部分中止执行。2016年4月13日，不动产登记机关向丁出具核准注销通知书，对丁争议地块的不动产登记予以注销。甲乙双方就执行依据第四项内容的执行产生争议。执行法院执行机构曾就该执行依据是否明确征求审判部门意见，审判部门认为第四项判决没有问题，如果乙可以证明两项合同义务由乙实际履行而非甲实际履行，那么违约金可以一直计算。

——邵长茂、薛圣海：《执行中违约金计算终期争议的解决程序》，载最高人民法院执行局编：《执行工作指导》2020年第4辑（总第76辑），人民法院出版社 2021 年版。

137. 加倍支付迟延履行利息只有在债务人不履行生效法律文书确定的债务时才发生法律效力，不因当事人约定等产生

关键词

加倍迟延履行利息　当事人约定

最高人民法院裁判文书

西藏道衡投资有限公司不服上海市高级人民法院（2021）沪执复 117 号执行裁定申诉案［最高人民法院（2022）最高法执监 243 号执行裁定书］

裁判要旨：《民事诉讼法》第二百六十条中关于“应当加倍支付迟延履行期间的债务利息”的规定是对迟延履行生效法律文书中确定的金钱给付义务所规定的惩罚性措施，该惩罚性措施具有法定性，只有在债务人不履行生效法律文书确定的债务时才发生法律效力，不因当事人约定等产生。因此，双方约定的违约责任与法律规定的加倍迟延履行利息存在于不同法律关系、不同的环节之中，前者以当事人之间的意思自治为主导，原则上由当事人自由约定；后者系进入强制执行后以公权力为主导，依据法律规定执行。

最高人民法院认为，本案焦点问题为：本案应否免除道衡公司依据 14 号调解书应承担的违约责任？对此，本院分析认定如下：

14 号调解书第七条约定，若道衡公司届期未按期履行本调解协议第二项、第四项、第五项、第六项确定的任何一期付款义务达五个工作日的次日起，除本调解协议第二项确定的应支付的利息外，道衡公司应另行加付违约金，该民事调解书第七条中关于“另行加付违约金”的约定为双方当事人协商约定的、在一方违约情况下由违约方承担的违约责任，是调解协议双方当事人意思自治的体现。而《民事诉讼法》第二百六十条中关于“应当加倍支付迟延履行期间的债务利息”的规定是对迟延履行生效法律文书中确定的金钱给付义务所规定的惩罚性措施，其规范目的是惩罚拒不履行生效法律文书确定义务的人，维护法律的尊严，并以此弥补权利人损失。通过对拒不履行生效法律文书确定义务的被执行人施以经济处罚，有利于提高人民法院强制执行的威慑力，起到促进债务人自动履行生效裁判，减少执行案件数量和降低执行难度的作用。该惩罚性措施具有法定性，只有在债务人不履行生效法

律文书确定的债务时才发生法律效力，不因当事人约定等产生。因此，双方约定的违约责任与法律规定的加倍迟延履行利息存在于不同法律关系、不同的环节之中，前者以当事人之间的意思自治为主导，原则上由当事人自由约定；后者系进入强制执行后以公权力为主导，依据法律规定执行。

——中国裁判文书网。

十、执行费用

138. 刑事裁判涉财产部分执行不收取诉讼费

关键词

刑事裁判涉财产执行　诉讼费

最高人民法院司法政策精神

发展改革委办公厅：

你厅《关于商请人民法院可否收取刑事案件涉财产执行诉讼费有关问题的函》收悉。经研究，我院认为，刑事裁判涉财产部分执行不同于民事执行，人民法院办理刑事涉财产部分执行案件，不应收取诉讼费。

——《最高人民法院办公厅关于刑事裁判涉财产部分执行可否收取诉讼费意见的复函》（2017 年 1 月 11 日，法办函〔2017〕19 号）。

最高人民法院审判业务意见［《人民法院办理执行案件规范（第二版）》］

367.【执行申请费的标准】

执行人民法院发生法律效力的判决、裁定、调解书，仲裁机构依法作出的裁决和调解书，公证机关依法赋予强制执行效力的债权文书，申请承认和执行外国法院判决、裁定以及国外仲裁机构裁决的，应当按照下列标准收取执行申请费：

（一）没有执行金额或者价额的，每件交纳 50 元至 500 元。

（二）执行金额或者价额不超过 1 万元的，每件交纳 50 元；超过 1 万元至 50 万元的部分，按照 1.5% 交纳；超过 50 万元至 500 万元的部分，按照 1% 交纳；超过 500 万元至 1000 万元的部分，按照 0.5% 交纳；超过 1000 万元的部分，按照 0.1% 交纳。

人民法院办理刑事裁判涉财产部分执行案件，不应收取执行申请费。

——最高人民法院执行局编:《人民法院办理执行案件规范（第二版）》，人民法院出版社 2022 年版，第 162 页。

139. 诉讼费用等是否计算迟延履行利息

关键词

诉讼费用

附录：最高人民法院主流观点

诉讼费用等是否计算迟延履行利息。对自 2007 年 4 月 1 日施行《诉讼费用交纳办法》后的案件，不应计算迟延履行利息。第一，根据《诉讼费用交纳办法》第 29 条第 1 款、《最高人民法院关于适用〈诉讼费用交纳办法〉的通知》的规定，如果预缴了诉讼费的原告胜诉，可以申请法院退回，执行程序中对于诉讼费的执行已经与其没有关系。第二，《诉讼费用交纳办法》改变了由申请执行人预缴执行申请费的做法，规定在执行后由被执行人缴纳。这样执行申请费是否计收利息也不再影响申请执行人的利益。第三，造成问题的原因是实践中有的法院并未及时退还申请执行人诉讼费用。部分法院没有严格执行有关规定，不应由被执行人承担这项责任。第四，拍卖费主要涉及佣金与拍卖中实际发生的费用，《拍卖变卖司法解释》对此规定，佣金由拍卖机构于拍卖成交后按照一定的比例向买受人收取；拍卖未成交或者非因拍卖机构的原因撤回拍卖委托的，拍卖机构为本次拍卖已经支出的合理费用，应当由被执行人负担。只有在极少数情况下拍卖费用由申请执行人负担。

——江必新、刘贵祥主编、最高人民法院执行局编:《最高人民法院关于执行程序中计算迟延履行期间的债务利息司法解释理解与适用》，人民法院出版社 2014 年版，第 38 页。

十一、强制措施和间接执行措施

140. 失信惩戒和限制消费措施的区别

关键词

失信惩戒　限制消费　限售流通股

最高人民法院司法政策精神

23. 严格规范失信惩戒及限制消费措施。严格区分和把握采取纳入失信名单及限制消费措施的适用条件，符合失信情形的，纳入失信名单同时限制消费，仅符合限制消费情形的，不得纳入失信名单。

被执行人履行完毕的，人民法院必须在3个工作日内解除限制消费令，因情况紧急当事人申请立即解除的，人民法院应当立即解除限制消费令；在限制消费期间，被执行人提供有效担保或者经申请执行人同意的，人民法院应当在3个工作日内解除限制消费令。被执行人的法定代表人发生变更的，应当依当事人申请及时解除对原法定代表人的限制消费令。

纳入失信名单必须严格遵守法律规定并制作决定书送达当事人。当事人对将其纳入失信名单提出纠正申请的，人民法院应及时审查，及时纠正，不得拖延。案件执行完毕的，人民法院应当及时屏蔽失信信息并向征信部门推送，完善失信被执行人信用修复机制。

探索施行宽限期制度。人民法院可以根据案件具体情况，设置一定宽限期，在宽限期内暂不执行限制消费令和纳入失信名单，通过宽限期给被执行人以警示，促使其主动履行。

——《最高人民法院关于进一步完善执行权制约机制 加强执行监督的意见》(2021年12月6日，法〔2021〕322号)。

附录：答记者问

失信惩戒和限制消费措施，二者在适用条件、采取的具体措施和退出机制上是不同的，最高人民法院的“失信惩戒”和“限制消费”规定中都有明确、具体的规定。失信惩戒，是对失信被执行人采取11类150项惩戒措施，涉及个人信用，采取的措施涉及面大、范围广、比较严厉；限制消费，只是对被执行人采取的限制乘坐飞机、高铁、列车软卧等9项高消费等其他非生活和工作必需的消费行为。对于纳入失信被执行人名单的被执行人，人民法院会对其采取限制消费措施；但是，对于被采取限制消费措施的被执行人，只有符合最高人民法院《关于公布失信被执行人名单信息的若干规定》中的六种纳入失信的情形时，才会被纳入失信名单。

这次出台的《最高人民法院关于进一步完善执行权制约机制 加强执行监督的意见》中提出了具体要求：一是进一步强调，执行干警在办理执行案件时，要严格区分和把握采取失信惩戒和限制消费措施的适用条件，对仅符合限制消费情形的，不得纳入失信名单。二是明确规定人民法院办理解除限制消费措施的时间，规定了情况紧急需解除或法定代表人发生变更需解除原法定代表人的限制消费措施的解除时限。还明确了失信惩戒适用中的信用修复问题，并探索施行宽限期制度，进一步体现善意文明执行理念，实现法律效果与社会效果的有机统一。

——《全方位加强对执行权监督制约 有效解决执行领域顽瘴痼疾——最高法相关负责人就全国法院执行领域突出问题集中整治建章立制相关情况答记者问》，载《人民法院报》2021 年 12 月 22 日。

141. 规范纳入失信名单和限制消费措施

关键词

失信名单　单位被执行人

最高人民法院司法政策精神

五、严格规范纳入失信名单和限制消费问题

14. 严格适用条件和程序。采取纳入失信名单或限制消费措施，必须严格依照民事诉讼法、《最高人民法院关于公布失信被执行人名单信息的若干规定》（以下简称失信名单规定）、《最高人民法院关于限制被执行人高消费及有关消费的若干规定》等规定的条件和程序进行。对于不符合法定条件的被执行人，坚决不得采取纳入失信名单或限制消费惩戒措施。对于符合法定条件的被执行人，决定采取惩戒措施的，应当制作决定书或限制消费令，并依法由院长审核后签发。

需要特别指出的是，根据司法解释规定，虽然纳入失信名单决定书由院长签发后即生效，但应当依照民事诉讼法规定的送达方式送达当事人，坚决杜绝只签发、不送达等不符合法定程序的现象发生。

15. 适当设置一定的宽限期。各地法院可以根据案件具体情况，对于决定纳入失信名单或者采取限制消费措施的被执行人，可以给予其一至三个月的宽限期。在宽限期内，暂不发布其失信或者限制消费信息；期限届满，被执行人仍未履行生效法律文书确定义务的，再发布其信息并采取相应惩戒措施。

16. 不采取惩戒措施的几类情形。被执行人虽然存在有履行能力而拒不履行生效法律文书确定义务、无正当理由拒不履行和解协议的情形，但人民法院已经控制其足以清偿债务的财产或者申请执行人申请暂不采取惩戒措施的，不得对被执行人采取纳入失信名单或限制消费措施。单位是失信被执行人的，人民法院不得将其法定代表人、主要负责人、影响债务履行的直接责任人员、实际控制人等纳入失信名单。全日制在校生因“校园贷”纠纷成为被执行人的，一般不得对其采取纳入失信名单或限制消费措施。

17. 解除限制消费措施的几类情形。人民法院在对被执行人采取限制消费措施后，被执行人及其有关人员申请解除或暂时解除的，按照下列情形分别处理：

（1）单位被执行人被限制消费后，其法定代表人、主要负责人、影响债务履行的直接责任人员、实际控制人以因私消费为由提出以个人财产从事消费行为，经审查属实的，应予准许。

（2）单位被执行人被限制消费后，其法定代表人、主要负责人确因经营管理需要发生变更，原法定代表人、主要负责人申请解除对其本人的限制消费措施的，应举证证明其并非单位的实际控制人、影响债务履行的直接责任人员。人民法院经审查属实的，应予准许，并对变更后的法定代表人、主要负责人依法采取限制消费措施。

（3）被限制消费的个人因本人或近亲属重大疾病就医，近亲属丧葬，以及本人执行或配合执行公务，参加外事活动或重要考试等紧急情况亟须赴外地，向人民法院申请暂时解除乘坐飞机、高铁限制措施，经严格审查并经本院院长批准，可以给予其最长不超过一个月的暂时解除期间。

上述人员在向人民法院提出申请时，应当提交充分有效的证据并按要求作出书面承诺；提供虚假证据或者违反承诺从事消费行为的，人民法院应当及时恢复对其采取的限制消费措施，同时依照民事诉讼法第一百一十一条从重处理，并对其再次申请不予批准。

18. 畅通惩戒措施救济渠道。自然人、法人或其他组织对被纳入失信名单申请纠正的，人民法院应当依照失信名单规定第十二条规定的程序和时限及时审查并作出处理决定。对被采取限制消费措施申请纠正的，参照失信名单规定第十二条规定办理。

人民法院发现纳入失信名单、采取限制消费措施可能存在错误的，应当及时进行自查并作出相应处理；上级法院发现下级法院纳入失信名单、采取限制消费措施存在错误的，应当责令其及时纠正，也可以依法直接纠正。

19. 及时删除失信信息。失信名单信息依法应当删除（屏蔽）的，应当及时采取删除（屏蔽）措施。超过三个工作日采取删除（屏蔽）措施，或者虽未超过三个工作日但能够立即采取措施却未采取造成严重后果的，依法追究相关人员责任。

被执行人因存在多种失信情形，被同时纳入有固定期限的失信名单和无固定期限的失信名单的，其主动履行完毕生效法律文书确定义务后，一般应当将有固定期限的名单信息和无固定期限的名单信息同时删除（屏蔽）。

20. 准确理解限制被执行人子女就读高收费学校。限制被执行人子女就读高收费学校，是指限制其子女就读超出正常收费标准的学校，虽然是私立学校，但如果其收费未超出正常标准，也不属于限制范围。人民法院在采取此项措施时，应当依法严格审查，不得影响被执行人子女正常接受教育的权利；

在新闻媒体对人民法院采取此项措施存在误报误读时，应当及时予以回应和澄清。人民法院经依法审查，决定限制被执行人子女就读高收费学校的，应当做好与被执行人子女、学校的沟通工作，尽量避免给被执行人子女带来不利影响。

21. 探索建立惩戒分级分类机制和守信激励机制。各地法院可以结合工作实际，积极探索根据案件具体情况对被执行人分级分类采取失信惩戒、限制消费措施，让失信惩戒、限制消费措施更具有精准性，更符合比例原则。

各地法院在依法开展失信惩戒的同时，可以结合工作实际，探索开展出具自动履行生效法律文书证明、将自动履行信息向征信机构推送、对诚信债务人依法酌情降低诉讼保全担保金额等守信激励措施，营造鼓励自动履行、支持诚实守信的良好氛围。

——《最高人民法院关于在执行工作中进一步强化善意文明执行理念的意见》（2019 年 12 月 16 日，法发〔2019〕35 号）。

附录：答记者问

问： 近年来，人民法院纳入失信名单和限制高消费等措施对打击老赖发挥了重要作用。我们发现，这次《善意文明执行意见》中提到要给予被执行人一定的宽限期，请问这中间的度如何把握？

答： 失信名单和限制消费这两项措施在解决执行难过程中发挥了重要作用，我们将不遗余力的坚持贯彻这两项制度。与此同时，我们意识到，一方面，随着这两项制度功能越来越强大，对被执行人产生的影响越来越大。另一方面，由于这两项制度实行的时间不是很长，一些工作机制也在日益完善，特别是在精细化、精准化管理方面还存在一些不足，需要进一步规范。为此，《善意文明执行意见》中强调要严格按照目前司法解释规定的条件和程序采取这两项措施，既不能随意扩大也不能违背法定程序适用。也就是说，人民法院适用这两个措施时应该坚持"严格依法、审慎适用"，避免因扩大适用、随意适用对当事人合法权益造成损害。

对于记者朋友提到的宽限期问题。按照《善意文明执行意见》规定，不是所有案件都给宽限期，这个宽限期的把握要各地法院结合案件的具体情况，结合被执行人的履行意愿、失信程度来确定，相当于给他一个改过自新的机会，威慑并督促他主动履行。这种情形类似于我们在刑事处罚中的缓刑期，虽然他犯罪了，应当处罚，但是鉴于他的犯罪行为不是特别严重，给他一个改过自新的机会，如果他在缓刑期内遵守法律、改过自新，就不再收监执行了。所以这个宽限期的目的和考虑，就是让被执行人在宽限期内自动履行义务，如果在宽限期内主动履行了义务，我们也就不再对他进行信用惩戒和限制消费了。

对于实践中被限制消费的人，因为看病就医等紧急情况需要坐飞机、高铁立即赶赴外地的，出于人道主义考虑，《善意文明执行意见》规定法院应当准许。但这里要强调的是“应当准许”是有条件的。第一，必须由被限制消费的人提出申请。第二，提供有效证据。第三，要书面承诺。对于虚假提供证据或者违背承诺从事消费的行为，人民法院将严肃惩处，并对其再次申请，不再予以准许。

——《强化善意文明执行理念 鼓励律师深入参与执行——最高人民法院执行局相关负责人就〈善意文明执行意见〉和〈律师参与执行意见〉答记者问》，载《人民法院报》2020年1月3日。

142. 达到解除限制消费条件，执行法院未纠正的，如何处理

关键词

限制消费 解除 执行理念

最高人民法院司法解释

第五百一十六条 被执行人不履行法律文书确定的义务的，人民法院除对被执行人予以处罚外，还可以根据情节将其纳入失信被执行人名单，将被执行人不履行或者不完全履行义务的信息向其所在单位、征信机构以及其他相关机构通报。

——《最高人民法院关于适用〈中华人民共和国民事诉讼法〉的解释》（2022年4月1日修正）。

第一条 被执行人未履行生效法律文书确定的义务，并具有下列情形之一的，人民法院应当将其纳入失信被执行人名单，依法对其进行信用惩戒：

（一）有履行能力而拒不履行生效法律文书确定义务的；

（二）以伪造证据、暴力、威胁等方法妨碍、抗拒执行的；

（三）以虚假诉讼、虚假仲裁或者以隐匿、转移财产等方法规避执行的；

（四）违反财产报告制度的；

（五）违反限制消费令的；

（六）无正当理由拒不履行执行和解协议的。

第二条第二款 失信被执行人积极履行生效法律文书确定义务或主动纠正失信行为的，人民法院可以决定提前删除失信信息。

第十条 具有下列情形之一的，人民法院应当在三个工作日内删除失信信息：

（一）被执行人已履行生效法律文书确定的义务或人民法院已执行完毕的；

（二）当事人达成执行和解协议且已履行完毕的；

（三）申请执行人书面申请删除失信信息，人民法院审查同意的；

（四）终结本次执行程序后，通过网络执行查控系统查询被执行人财产两次以上，未发现有可供执行财产，且申请执行人或者其他人未提供有效财产线索的；

（五）因审判监督或破产程序，人民法院依法裁定对失信被执行人中止执行的；

（六）人民法院依法裁定不予执行的；

（七）人民法院依法裁定终结执行的。

第十一条 被纳入失信被执行人名单的公民、法人或其他组织认为有下列情形之一的，可以向执行法院申请纠正：

（一）不应将其纳入失信被执行人名单的；

（二）记载和公布的失信信息不准确的；

（三）失信信息应予删除的。

第十二条 公民、法人或其他组织对被纳入失信被执行人名单申请纠正的，执行法院应当自收到书面纠正申请之日起十五日内审查，理由成立的，应当在三个工作日内纠正；理由不成立的，决定驳回。公民、法人或其他组织对驳回决定不服的，可以自决定书送达之日起十日内向上一级人民法院申请复议。上一级人民法院应当自收到复议申请之日起十五日内作出决定。

复议期间，不停止原决定的执行。

——《最高人民法院关于公布失信被执行人名单信息的若干规定》（2017年2月28日，法释〔2017〕7号）。

最高人民法院裁判文书

左安一与哈尔滨市天圆金融信息咨询服务有限责任公司等借款合同纠纷执行案［最高人民法院（2021）最高法执监101号执行裁定书］

裁判要旨：执行法院应当依法受理被限制消费措施当事人关于解除限制消费措施的申请，审查后符合解除条件的，应当遵循司法为民和善意文明执行理念，决定解除。否则，一律发回执行法院重新审查。

最高人民法院认为，6号决定的作出时间是2016年，法律依据是2013年10月1日起施行的《失信规定》（以下简称《2013年失信规定》）第一条第六项，即“被执行人具有履行能力而不履行生效法律文书确定的义务，并具有下列情形之一的，人民法院应当将其纳入失信被执行人名单，依法对其进行信用惩戒：（六）其他有履行能力而拒不履行生效法律文书确定义务的”。《失信规定》于2017年进行了一次修订，修订后的第一条第六项为“无正当理由拒不履行执行和解协议的”。左安一在申诉书中误引2017年修订后的《失信规定》第一条第六项对6号决定进行评判，认为哈铁中院及黑龙江高院罔顾事实，该理由不能成立。

《限制消费规定》第一条第一款规定：“被执行人未按执行通知书指定的期间履行生效法律文书确定的给付义务的，人民法院可以采取限制消费措施，限制其高消费及非生活或者经营必需的有关消费。”第二款规定：“纳入失信被执行人名单的被执行人，人民法院应当对其采取限制消费措施。”根据上述规定，限制消费措施，既可以单独采取，也可以因将被执行人纳入失信被执行人名单而同时采取。本案中，被哈铁中院纳入失信被执行人名单的为天圆金融公司，不是左安一。但左安一被限制消费，源于天圆金融公司被采取限制消费措施，源于天圆金融公司被纳入失信被执行人名单。左安一于2020年8月10日向哈铁中院提出的申请，名为“执行异议申请”，请求事项则是“依法解除将左安一纳入失信人名单和限制高消费的措施”。要审查是否解除针对左安一的限制消费措施，需要审查是否删除天圆金融公司作为失信被执行人的失信信息。哈铁中院、黑龙江高院以未对左安一采取纳入失信被执行人名单措施，以及将天圆金融公司纳入失信被执行人名单并对该公司法定代表人左安一限制消费于法有据为由，驳回左安一请求，系对原来采取的将天圆金融公司纳入失信被执行人名单措施是否合法进行的审查处理，未对左安一解除相应措施的申请进行审查和回应，属于认定基本事实不清。

2017年修订后的《失信规定》第十条规定了删除失信信息的条件，包括“终结本次执行程序后，通过网络执行查控系统查询被执行人财产两次以上，未发现有可供执行财产，且申请执行人或其他人未提供有效财产线索”等情形，这是审查能否删除失信信息的法律依据。哈铁中院也曾于2011年认定被执行人天圆金融公司“已被吊销营业执照、多年没有经营，也无经营场所、暂无财产可供执行”，多年来一直没有恢复执行。如属实，天圆金融公司有可能符合删除失信信息的条件。相应地，左安一也有被解除限制消费措施的可能。哈铁中院接到左安一申请后，基于为民司法要求和善意文明执行理念，应进行适当的释明和引导，查明相关事实，并依法审查本案是否符合删除失信信息的条件。

——中国裁判文书网。

吉利大福木业（北京）有限公司与唐山铭友电子科技有限公司执行审查

案［最高人民法院（2020）最高法执监102号裁定书］

裁判要旨：申诉人现有证据可以证明法定代表人之间的股权转让合同属无效合同，损害其合法利益，法院认定为无效合同。旧生效的执行异议及复议裁定驳回申诉人的异议、复议请求确有不当，应予撤销。新生效判决推翻原限高的旧生效判决，认定被限高的法定代表人错误的，应当纠正错误的限制高消费措施。

最高人民法院认为，申诉人现有证据可以证明徐昕与王国梅之间的股权转让合同属无效合同，损害其合法利益。申诉人提交的新证据唐山中院（2019）冀02民终6365号民事判决，确认徐昕与王国梅于2018年10月26日签订的铭友公司股权转让合同系双方恶意串通，损害了第三人利益，应为无效合同，故唐山中院执行异议、河北高院复议裁定书中认定的徐昕已不是铭友公司的法定代表人，且其持有的股份已全部转让给现法定代表人王国梅，并有证据支持的裁定依据已发生变化。执行异议及复议裁定驳回吉利木业的异议、复议请求确有不当，应予撤销。执行法院应根据案件执行情况，决定对徐昕是否继续采取限制高消费措施。

——中国裁判文书网。

143. 被限制消费的单位变更法定代表人后，应否解除对原法定代表人有关消费行为的限制

关键词

执行措施　限制消费

最高人民法院司法政策精神

23. 严格规范失信惩戒及限制消费措施。严格区分和把握采取纳入失信名单及限制消费措施的适用条件，符合失信情形的，纳入失信名单同时限制消费，仅符合限制消费情形的，不得纳入失信名单。

被执行人履行完毕的，人民法院必须在3个工作日内解除限制消费令，因情况紧急当事人申请立即解除的，人民法院应当立即解除限制消费令；在限制消费期间，被执行人提供有效担保或者经申请执行人同意的，人民法院应当在3个工作日内解除限制消费令。被执行人的法定代表人发生变更的，应当依当事人申请及时解除对原法定代表人的限制消费令。

纳入失信名单必须严格遵守法律规定并制作决定书送达当事人。当事人

对将其纳入失信名单提出纠正申请的，人民法院应及时审查，及时纠正，不得拖延。案件执行完毕的，人民法院应当及时屏蔽失信信息并向征信部门推送，完善失信被执行人信用修复机制。

探索施行宽限期制度。人民法院可以根据案件具体情况，设置一定宽限期，在宽限期内暂不执行限制消费令和纳入失信名单，通过宽限期给被执行人以警示，促使其主动履行。

——《最高人民法院关于进一步完善执行权制约机制加强执行监督的意见》（2021 年 12 月 6 日，法〔2021〕322 号）。

附录：执行信箱

问：被限制消费的单位变更法定代表人后，应否解除对原法定代表人有关消费行为的限制？

答：司法解释规定对单位被执行人限制消费后，同时限制法定代表人等单位主要责任人员的有关消费行为，是基于推定法定代表人的消费行为与单位公务消费有关，防止其以个人名义使用单位财产消费，或者先以个人财产消费事后公款报销规避司法解释的禁止性规定。单位变更法定代表人后，上述推定的基础已不存在。根据《最高人民法院关于进一步完善执行权制约机制加强执行监督的意见》（法〔2021〕322 号）第二十三条第二款之规定："被执行人的法定代表人发生变更的，应当依当事人申请及时解除对原法定代表人的限制消费令。"同时，可以对变更后的法定代表人的高消费及有关消费行为进行限制。所谓"解除对原法定代表人的限制消费令"，在实际操作层面即为将执行办案系统中的原法定代表人更换为变更后的法定代表人。

需要注意的是，根据《最高人民法院关于限制被执行人高消费及有关消费的若干规定》第三条第三款之规定，被执行单位的主要负责人、影响债务履行的直接责任人员、实际控制人等其他可以控制、支配被执行单位财产的主体，与法定代表人一样不得实施高消费及有关消费行为。故若原法定代表人属于上述主体，虽然其不再担任法定代表人，人民法院仍可继续对消费行为予以限制。在实操层面，应在执行办案系统中将原法定代表人列为影响债务履行的直接责任人员或者实际控制人。

实践中，人民法院可以根据单位章程等公司文件、登记机关的登记、备案信息或者国家企业信用信息公示系统的公示信息等认定原法定代表人是否属于被执行单位的高级管理人员和控股股东。综合原法定代表人在变更后是否仍对外代表被执行单位签订合同或者从事其他商业行为、进行审判执行活动，对内参与被执行单位决策、组织人事调整、财产处置等情形，原法定代表人属于实际控制人或者影响债务履行的直接责任人员具有高度可能性的，人民法院可以认定原法定代表人属于上述主体。

原法定代表人向人民法院申请解除对其本人有关消费行为的限制的，人民法院可以要求其说明不再担任法定代表人的理由，并签署保证书，保证其并非被执行单位的实际控制人和影响债务履行的直接责任人员。保证书应当载明据实陈述、如有虚假陈述愿意接受处罚等内容。原法定代表人应当在保证书上签名或者摁印。人民法院解除对原法定代表人有关消费行为的限制后，发现其使用被执行单位财产进行有关消费的，除依法对其予以制裁外，可以重新对其有关消费行为予以限制。

——王赫:《限制消费有关问题解答》，载最高人民法院执行局编:《执行工作指导》2022 年第 4 辑（总第 80 辑），人民法院出版社 2022 年版，第 242~243 页。

144. 法定代表人在判决后发生变更的，人民法院是否还可对其采取限制消费措施

关键词

法定代表人　限制消费

最高人民法院裁判文书

南京海外建筑工程有限公司与徐德安建设工程合同纠纷执行案［最高人民法院（2019）最高法执监 150 号执行裁定书］

裁判要旨：虽然当事人在本案法院采取限制消费措施时不是公司的法定代表人，但其作为发生争议时公司的法定代表人，同时为董事成员及经理，根据上述事实，可以认定其对本案债务的履行负有直接责任，故法院对其采取限制消费措施并无不当。

最高人民法院认为，根据《最高人民法院关于限制被执行人高消费及有关消费的若干规定》第一条、第三条的规定，被执行人未按执行通知书指定的期间履行生效法律文书确定的给付义务的，人民法院可以采取限制消费措施，限制其高消费及非生活或者经营必需的有关消费。被执行人为单位的，被采取限制消费措施后，被执行人及其法定代表人、主要负责人、影响债务履行的直接责任人员、实际控制人不得实施前款规定的行为。虽然徐德安在本案北京一中院采取限制消费措施时不是国勤公司的法定代表人，但其作为发生争议时国勤公司的法定代表人，同时为董事成员及经理，根据上述事实，可以认定其对本案债务的履行负有直接责任，故北京一中院对其采取限制消

费措施并无不当。

——中国裁判文书网。

145. 被执行人变更法定代表人，前法定代表人不能证实其并非被执行人的实际控制人、影响债务履行的直接责任人员的，不予准许其关于解除限制消费措施的申请

关键词

变更法定代表人 限制消费

最高人民法院裁判文书

杨蜀冰与北京新华久富资产管理有限公司等合同纠纷执行监督案［最高人民法院（2021）最高法执监7号执行裁定书］

裁判要旨：虽然被执行人已变更法定代表人，但参照《最高人民法院关于在执行工作中进一步强化善意文明执行理念的意见》第十七条第一款第二项规定，起按法定代表人仍须举证证明其并非被执行人的实际控制人、影响债务履行的直接责任人员，否则，其关于解除或者暂时解除限制消费措施的申请不能得到人民法院准许。

最高人民法院经审查认为：本案的审查重点是，在杨蜀冰已不再担任被执行人华隆公司法定代表人的情形下，应否解除对其采取的限制消费措施。

根据《最高人民法院关于限制被执行人高消费及有关消费的若干规定》第三条第二款规定可知，被执行人为单位的，被采取限制消费措施后，被执行人及其法定代表人、主要负责人、影响债务履行的直接责任人员、实际控制人不得实施该条第一款所列高消费及非生活和工作必需的消费行为。本案中，在重庆五中院作出限制消费令，对华隆公司及其法定代表人采取限制消费措施时，杨蜀冰为该公司法定代表人，故重庆五中院对杨蜀冰采取限制消费措施于法有据。此后，虽然华隆公司将其法定代表人变更为陈开增，杨蜀冰已不再担任该公司法定代表人，但参照《最高人民法院关于在执行工作中进一步强化善意文明执行理念的意见》第十七条第一款第二项规定，杨蜀冰仍须举证证明其并非华隆公司的实际控制人、影响债务履行的直接责任人员，否则，其关于解除或者暂时解除限制消费措施的申请不能得到人民法院准许。而本案中，杨蜀冰所举证据尚不足以证实其并非华隆公司的实际控制人、影响债务履行的直接责任人员。因此，原审法院结合杨蜀冰在被采取限制消费

措施后较短时间内不再担任华隆公司法定代表人等事实，裁定不予准许其关于解除限制消费措施的申请，并无不当。

——中国裁判文书网。

146. 法院控制的被执行人财产是否有其他更优先的债权时就能拒绝解除被执行人的限制消费措施

关键词

限制消费　优先债权　被执行人财产

最高人民法院裁判文书

倪天星与四川中微资产管理有限公司等借款合同纠纷、借款合同纠纷执行案［（2021）最高法执监 329 号执行裁定书］

裁判要旨：《强化善意文明执行理念的意见》第 16 条：被执行人虽然存在有履行能力而拒不履行生效法律文书确定义务、无正当理由拒不履行和解协议的情形，但人民法院已经控制其足以清偿债务的财产或者申请执行人申请暂不采取惩戒措施的，不得对被执行人采取纳入失信名单或限制消费措施。但本案控制的财产还处于轮候查封的状态，价值不确定，虽然判决确认申请执行人对抵押物享有抵押权及优先受偿权，但仍不排除如建设工程价款优先受偿权等优先权排序在抵押权之前优先受偿的可能性，在此情况下，不足以认定人民法院已经控制足以清偿债务的财产。

最高人民法院认为：本案审查的焦点问题为，本案是否符合解除对倪天星的限制消费措施的法定条件。

首先，《最高人民法院关于限制被执行人高消费及有关消费的若干规定》第一条规定："被执行人未按执行通知书指定的期间履行生效法律文书确定的给付义务的，人民法院可以采取限制消费措施，限制其高消费及非生活或者经营必需的有关消费。"因申诉人倪天星对案涉债务 4500 万元及相应利息承担连带责任，进入执行程序后，执行法院将其列为被执行人，并对其采取限制消费措施，符合上述法律规定。

其次，关于倪天星申请解除限制消费措施是否符合法律规定，依照《最高人民法院关于限制被执行人高消费及有关消费的若干规定》第九条之规定，被执行人提供确实有效的担保或者经申请执行人同意，人民法院可以解除限制消费令；被执行人履行完毕生效法律文书确定的义务的，人民法院应当及时解除限制消费令。根据四川高院查明，本案中已实现债权金额仅为94491.33元，各被执行人远未履行完毕生效法律文书确定的给付义务，被执行人未提供担保或取得申请执行人同意，不符合上述法律规定的解除限制消费措施的条件。

申诉人还提出，申请执行人对被执行人所有抵押物享有优先受偿权，抵押物价值高于本案债务，本案应适用《关于在执行工作中进一步强化善意文明执行理念的意见》解除限制消费措施。本院认为，《关于在执行工作中进一步强化善意文明执行理念的意见》第16条相关内容为：被执行人虽然存在有履行能力而拒不履行生效法律文书确定义务、无正当理由拒不履行和解协议的情形，但人民法院已经控制其足以清偿债务的财产或者申请执行人申请暂不采取惩戒措施的，不得对被执行人采取纳入失信名单或限制消费措施。本案中，关键在于人民法院轮候查封抵押土地，能否视为已经控制足以清除债务的财产，对于判决确定具有优先受偿权的土地及房产价值，因还处于轮候查封的状态，价值不确定，虽然申诉人提交了其他地块房地产司法拍卖成交价，拟证明案涉抵押物价值足以清除债务，但房地产处置过程中，相邻地块可能价值存在较大差异，并且，虽然判决确认申请执行人对抵押物享有抵押权及优先受偿权，但仍不排除如建设工程价款优先受偿权等优先权排序在抵押权之前优先受偿的可能性，在此情况下，不足以认定人民法院已经控制足以清偿债务的财产。

申诉人提出申请执行人分别主张起诉主债权和抵押物优先受偿权，以实现高额利息，损害其合法权益的问题。一方面，法律并未禁止债权人分别起诉主张主债权和抵押权优先受偿权，另一方面，本案执行依据生效判决确认了申诉人作为担保人承担担保责任后，有权向主债务人成都大港置业有限公司追偿。该理由不足以解除对申诉人的限制消费措施。

——中国裁判文书网。

147. 对失信被执行人及法定代表人、主要负责人、实际控制人、影响债务履行的直接责任人员，采取限制不动产交易的惩戒措施

关键词

失信被执行人　法定代表人　惩戒措施　限制不动产交易

最高人民法院司法政策精神

一、各级人民法院限制失信被执行人及失信被执行人的法定代表人、主

要负责人、实际控制人、影响债务履行的直接责任人员参与房屋司法拍卖。

二、市、县国土资源部门限制失信被执行人及失信被执行人的法定代表人、主要负责人、实际控制人、影响债务履行的直接责任人员取得政府供应土地。

三、各地国土资源部门与人民法院要积极推进建立同级不动产登记信息和失信被执行人名单信息互通共享机制，有条件的地区，国土资源部门在为失信被执行人及失信被执行人的法定代表人、主要负责人、实际控制人、影响债务履行的直接责任人员办理转移、抵押、变更等涉及不动产产权变化的不动产登记时，应将相关信息通报给人民法院，便于人民法院依法采取执行措施。

四、建立健全全国信用信息共享平台与国家不动产登记信息平台信息互通共享机制。全国信用信息共享平台将最高人民法院提供的失信被执行人名单信息及时推送至国家不动产登记信息平台；国家不动产登记信息平台将失信被执行人名下的不动产登记信息及时反馈至全国信用信息共享平台。

——《国家发展改革委、最高人民法院、国土资源部关于对失信被执行人实施限制不动产交易惩戒措施的通知》（2018 年 3 月 1 日，发改财金〔2018〕370 号）。

148. 对特定严重失信人乘坐火车在一定期限内适当限制

关键词

特定严重失信人　限制乘坐火车　社会信用体系

最高人民法院司法政策精神

一、限制范围

（一）严重影响铁路运行安全和生产安全有关的行为责任人被公安机关处罚或铁路站车单位认定的

1. 扰乱铁路站车运输秩序且危及铁路安全、造成严重社会不良影响的；

2. 在动车组列车上吸烟或者在其他列车的禁烟区域吸烟的；

3. 查处的倒卖车票、制贩假票的；

4. 冒用优惠（待）身份证件、使用伪造或无效优惠（待）身份证件购票乘车的；

5. 持伪造、过期等无效车票或冒用挂失补车票乘车的；

6. 无票乘车、越站（席）乘车且拒不补票的；

7. 依据相关法律法规应予以行政处罚的。

对上述行为责任人限制乘坐火车。

（二）其他领域的严重违法失信行为有关责任人

1. 有履行能力但拒不履行的重大税收违法案件当事人；

2. 在财政性资金管理使用领域中存在弄虚作假、虚报冒领、骗取套取、截留挪用、拖欠国际金融组织和外国政府到期债务的严重失信行为责任人；

3. 在社会保险领域中存在以下情形的严重失信行为责任人：用人单位未按相关规定参加社会保险且拒不整改的；用人单位未如实申报社会保险缴费基数且拒不整改的；应缴纳社会保险费且具备缴纳能力但拒不缴纳的；隐匿、转移、侵占、挪用社会保险基金或者违规投资运营的；以欺诈、伪造证明材料或者其他手段骗取社会保险待遇的；社会保险服务机构违反服务协议或相关规定的；拒绝协助社会保险行政部门对事故和问题进行调查核实的；

4. 证券、期货违法被处以罚没款，逾期未缴纳的；上市公司相关责任主体逾期不履行公开承诺的；

5. 被人民法院按照有关规定依法采取限制消费措施，或依法纳入失信被执行名单的；

6. 相关部门认定的其他限制乘坐火车高级别席位的严重失信行为责任人，相关部门加入本文件的，应当通过修改本文件的方式予以明确。

对上述行为责任人限制乘坐火车高级别席位，包括列车软卧、G 字头动车组列车全部座位、其他动车组列车一等座以上座位。

二、信息采集

（一）铁路旅客相关失信信息采集

在铁路站车发生上述行为，被公安机关予以行政处罚或立为刑事案件的，由相关铁路公安局通报相关铁路局集团有限公司，并纳入惩戒名单。未被公安机关处理的上述行为，由铁路站车工作人员收集有关音视频证据或 2 名旅客以上的证人证言或行为责任人本人书面证明，报铁路运输企业审核、认定后，纳入惩戒名单。

（二）其他领域相关失信信息采集

国家发展改革委、最高人民法院、财政部、人力资源社会保障部、税务总局、证监会将本部门确定的因发生严重失信行为需要纳入限制乘火车高级别席位的名单归集至全国信用信息共享平台，由平台推送给铁路总公司，由其按国家规定程序纳入限制乘火车高级别席位名单。如果之前已和铁路总公司建立数据传输通道的、实现名单信息共享的，可以保持原数据传统通道和信息共享方式，全国信用信息共享平台不再重复推送名单信息。

向铁路总公司提供的名单信息应当包括：被列入限制乘火车高级别席位名单人员的姓名、旅行证件号码、列入原因，有作为依据的法律文书的，还应当提供该法律文书的名称与编号。有关部门应当确定名单异议处理人，并通报铁路总公司。

三、发布执行和权利救济

各铁路运输企业每月第一个工作日在中国铁路客户服务中心（12306）网站、“信用中国”网站发布限制购买车票人员名单的完整信息，有关部门的异议处理人联系方式应当同时公布。名单自发布之日起 7 个工作日为公示期，公示期内，被公示人可通过铁路“12306”客服电话或向有关部门提出异议，公示期满，被公示人未提出异议或者提出异议经审查未予支持的，各铁路运输企业开始按照公示名单执行惩戒措施。被纳入限制购买车票名单的人员认为纳入错误的，可以向有关机关、单位提起复核。

四、移除机制

对特定严重失信人在一定期限内适当限制乘坐火车。相关主体从限制乘火车人员名单中移除后，不再对其采取限制乘火车措施，具体移除办法如下：

（一）行为责任人发生严重影响铁路运行安全和生产安全有关行为第 1~3、7 条的，各铁路运输企业限制其购买车票，有效期为 180 天，自公布期满无有效异议之日起计算，180 天期满自动移除，铁路运输企业对其恢复发售车票。

（二）行为责任人发生严重影响铁路运行安全和生产安全有关的行为第 4~6 条的，各铁路运输企业限制其购买车票。行为责任人补齐所欠票款后（自补票次日算起），铁路运输企业恢复发售车票；行为责任人补齐第一次所欠票款一年内，三次发生上述 4~6 条行为的，行为责任人补齐所欠票款 90 天后（含 90 天），铁路运输企业恢复发售车票，不补齐所欠票款，铁路运输企业不对其恢复发售车票。

（三）其他领域产生的限制乘坐火车高级别席位的相关人员名单，有效期为一年，自公示期满之日起计算，一年期满自动移除；在有效期内，其法定义务履行完毕的，有关部门应当在 7 个工作日内通知铁路总公司移除名单。

五、诉讼指导

最高人民法院加强对各级人民法院指导，依法处理因执行限制乘坐火车名单而引发的有关民事诉讼和行政诉讼，明确审理标准，公正司法，维护各方合法权益。

——《国家发展改革委、中央文明办、最高人民法院、财政部、人力资源社会保障部、税务总局证监会、铁路总公司关于在一定期限内适当限制特定严重失信人乘坐火车推动社会信用体系建设的意见》（2018 年 3 月 2 日，发改财金〔2018〕384 号）。

149. 对特定严重失信人乘坐民用航空器在一定期限内适当限制

关键词

特定严重失信人　限制乘坐民用航空器

最高人民法院司法政策精神

一、限制范围

（一）旅客在机场或航空器内实施下列行为被公安机关处以行政处罚或被追究刑事责任的

1. 编造、故意传播涉及民航空防安全虚假恐怖信息的；

2. 使用伪造、变造或冒用他人乘机身份证件、乘机凭证的；

3. 堵塞、强占、冲击值机柜台、安检通道、登机口（通道）的；

4. 随身携带或托运国家法律、法规规定的危险品、违禁品和管制物品的；在随身携带或托运行李中故意藏匿国家规定以外属于民航禁止、限制运输物品的；

5. 强行登占、拦截航空器，强行闯入或冲击航空器驾驶舱、跑道和机坪的；

6. 妨碍或煽动他人妨碍机组、安检、值机等民航工作人员履行职责，实施或威胁实施人身攻击的；

7. 强占座位、行李架，打架斗殴、寻衅滋事，故意损坏、盗窃、擅自开启航空器或航空设施设备等扰乱客舱秩序的；

8. 在航空器内使用明火、吸烟、违规使用电子设备，不听劝阻的；

9. 在航空器内盗窃他人物品的。

（二）其他领域的严重违法失信行为有关责任人

1. 有履行能力但拒不履行的重大税收违法案件当事人；

2. 在财政性资金管理使用领域中存在弄虚作假、虚报冒领、骗取套取、截留挪用、拖欠国际金融组织和外国政府到期债务的严重失信行为责任人；

3. 在社会保险领域中存在以下情形的严重失信行为责任人：用人单位未按相关规定参加社会保险且拒不整改的；用人单位未如实申报社会保险缴费基数且拒不整改的；应缴纳社会保险费且具备缴纳能力但拒不缴纳的；隐匿、转移、侵占、挪用社会保险基金或者违规投资运营的；以欺诈、伪造证明材料或者其他手段骗取社会保险待遇的；社会保险服务机构违反服务协议或相关规定的；拒绝协助社会保险行政部门对事故和问题进行调查核实的；

4. 证券、期货违法被处以罚没款，逾期未缴纳的；上市公司相关责任主体逾期不履行公开承诺的；

5. 被人民法院按照有关规定依法采取限制消费措施，或依法纳入失信被执行人名单的；

6. 相关部门认定的其他限制乘坐民用航空器的严重失信行为责任人，相关部门加入本文件的，应当通过修改本文件的方式予以明确。

二、信息采集

（一）民航旅客相关失信信息采集

民航局应当和公安机关、人民法院协调建立信息推送机制。因本意见第一部分第（一）项所列行为而被公安机关处罚或者被追究刑事责任的，由做出处罚决定的公安机关和作出判决的人民法院将名单推送民航局，由民航局按照规定程序纳入限制乘机名单。

（二）其他领域相关失信信息采集

国家发展改革委、最高人民法院、财政部、人力资源社会保障部、税务总局、证监会将本部门确定的因发生严重失信行为需要纳入限制乘飞机的名单归集至全国信用信息共享平台，由平台推送给民航局，由其按规定程序纳入限制乘飞机名单。如果之前已和民航局建立数据传输通道的、实现名单信息共享的，可以保持原数据传统通道和信息共享方式，全国信用信息共享平台不再重复推送名单信息。

向民航局提供的名单信息应当包括：被列入限制乘机名单人员的姓名、旅行证件号码、列入原因，有作为依据的法律文书的，还应当提供该法律文书的名称与编号。有关部门应当确定名单异议处理人，并通报民航局。

三、发布执行和权利救济

民航局按照规定程序，每月第一个工作日在指定的民航网站和"信用中国"网站发布限制乘机名单信息，异议处理部门及联系方式应当同时公布。名单自发布之日起 7 个工作日为公示期，公示期内，被公示人可以向有关部门提出异议，公示期满，被公示人未提出异议或者提出异议经审查未予支持的，名单开始执行。被纳入限制乘机名单的人员认为纳入错误的，可以向有关机关、单位提起复核。

四、移除机制

对特定严重失信人在一定期限内适当限制乘坐民用航空器。相关主体从限制乘机人员名单中移除后，不再对其采取限制乘机措施，具体移除办法如下：

（一）因严重影响民航飞行安全和生产安全的特定严重失信人限制乘坐民用航空器的，有效期为一年，自公示期满之日起计算，一年期满自动移除。

（二）其他领域产生的限制乘坐民用航空器的相关人员名单，有效期为一年，自公示期满之日起计算，一年期满自动移除；在有效期内，其法定义务履行完毕的，有关部门应当在 7 个工作日内通知民航局移除名单。

因押解犯罪嫌疑人或者犯罪人员需要乘坐飞机的，由押解部门向民航局提出申请后，予以暂时解除。

五、诉讼指导

最高人民法院加强对各级人民法院指导，依法处理因执行限制乘机名单而引发的有关民事诉讼和行政诉讼，明确审理标准，公正司法，维护各方合法权益。

——《国家发展改革委、民航局、中央文明办、最高人民法院、财政部、人力资源社会保障部税务总局、证监会关于在一定期限内适当限制特定严重失信人乘坐民用航空器推动社会信用体系建设的意见》(2018 年 3 月 2 日，发改财金〔2018〕385 号)。

150. 人民法院和银行业金融机构的网络执行查控及联合信用惩戒规定

关键词

网络执行查控　网络扣划　被执行人　协助执行

最高人民法院司法政策精神

六、人民法院网络扣划被执行人银行存款时，应当提供相关《执行裁定书》《协助执行通知书》、执行人员工作证件及联系方式；现场扣划的，参照执行。

七、人民法院网络扣划被执行人银行存款的，应先采取网络冻结措施；网络扣划款项应当划至人民法院执行款专户或案款专户；人民法院在网络冻结被执行人款项后，应当及时通知被执行人。

八、因人民法院网络扣划失败、资金滞留在银行内部账户的，由银行联系执行法院执行人员携带《执行裁定书》《协助执行通知书》、工作证件到现场办理扣划。

异地执行法院委托当地法院代为办理的，委托法院应当提供:《执行裁定书》《协助执行通知书》《委托执行函》《送达回证》(或《回执》)及执行人员工作证件扫描件，以上法律文书应加盖委托法院电子签章，或是将盖章后的法律文书转换成彩色扫描件；受托法院应当携带以上材料的彩色打印件和受托法院执行人员工作证；银行应当协助办理。

异地执行法院通过司法专邮邮寄《执行裁定书》《协助执行通知书》原件及执行人员工作证件复印件的，银行应当协助办理。

九、银行业金融机构应研究完善银行端，网络查控数据库，确保网络查控系统反馈的数据和线下柜台查询的数据保持一致；应提升银行端网络查控数据库性能，提高反馈速度和反馈率，解决查控数据积压问题；自收到全国法院网络执行查控系统发起的网络查控请求 24 小时之内，应予以有效反馈。

十、各省（市、区）高级人民法院，新疆维吾尔自治区高级人民法院生产建设兵团分院，各省（市、区）银监局，负责督促、落实本辖区地方性银行业金融机构，按时上线银行存款网络冻结功能和网络扣划功能、按时上线金融理财产品网络查询功能和网络冻结功能；负责跟踪、督促本辖区地方性银行业金融机构切实履行好协助执行的法定义务，提高网络查控反馈信息的准确性和反馈率；并向最高人民法院和中国银行业监督管理委员会报告进展情况。

十一、银行业金融机构要切实履行好协助执行的法定义务，严禁违法向被执行人透露案件相关信息、为被执行人逃避规避执行提供帮助。人民法院和银行业金融机构工作人员违反以上规定、造成不良影响的，将追究相关责任。

十二、人民法院与银行业金融机构关于协助执行的有关规范性文件与本通知不一致的，以本通知为准。

最高人民法院将与中国银行业监督管理委员会建立网络查控工作督促、通报、协商和检查机制，研究解决在执行过程中遇到相关问题。请各银监局将本文转发至银监分局和辖区内地方性银行业金融机构。

——《最高人民法院、中国银行业监督管理委员会关于进一步推进网络执行查控工作的通知》（2018 年 3 月 12 日，法〔2018〕64 号）。

151. 招标公告、招标文件未对失信被执行人参与招标投标活动予以限制的，可以向招标人或招标代理机构提出异议

关键词

招标　失信被执行人　中标资格

附录：最高人民法院院长信箱

中共中央办公厅、国务院办公厅印发《关于加快推进失信被执行人信用监督、警示和惩戒机制建设的意见》（中办发〔2016〕64 号，以下简称《意见》），要求依法限制失信被执行人作为供应商参加政府采购活动，限制参与政府投资项目或主要使用财政性资金项目。

最高人民法院、国家发展和改革委员会、工业和信息化部、住房和城

乡建设部、交通运输部、水利部、商务部、国家铁路局、中国民用航空局联合签署《关于在招投标活动中对失信被执行人实施联合惩戒的通知》（法〔2016〕285号），要求各有关单位要在招标投标活动中对失信被执行人实施联合惩戒，限制失信被执行人的投标活动、招标代理活动、评标活动和招标从业活动；招标人应当在资格预审公告、招标公告、投标邀请书及资格预审文件、招标文件中明确规定对失信被执行人的处理方法和评标标准，在评标阶段，招标人或者招标代理机构、评标专家委员会应当查询投标人是否为失信被执行人，对属于失信被执行人的投标活动依法予以限制。

综上，招标公告、招标文件未按照《关于在招投标活动中对失信被执行人实施联合惩戒的通知》的要求，对失信被执行人参与招标投标活动予以限制，可以据此向招标人或招标代理机构提出异议。

——《关于"是否可以取消失信被执行人中标资格"问题的答复》，最高人民法院院长信箱，www.court.gov.cn.

152. 对有履行能力而不履行义务的被执行人，可以进行罚款、拘留

关键词

不履行义务　罚款　拘留

最高人民法院审判业务意见［《人民法院办理执行案件规范（第二版）》］

199.【对拒不履行判决、裁定行为的罚款、拘留】

诉讼参与人或者其他人有下列行为之一的，人民法院可以根据情节轻重予以罚款、拘留；构成犯罪的，依法追究刑事责任：

（一）被执行人与他人恶意串通，通过诉讼、仲裁、调解等方式逃避履行法律文书确定的义务的；

（二）案外人与被执行人恶意串通转移被执行人财产的；

（三）被执行人拒绝报告、虚假报告或者无正当理由逾期报告财产情况的；

（四）伪造、隐藏、毁灭或者拒绝交出有关被执行人履行能力的重要证据，妨碍人民法院查明被执行人财产状况的；

（五）指使、贿买、胁迫他人对被执行人的财产状况和履行义务的能力问题作伪证的；

（六）在法律文书发生法律效力后隐藏、转移、变卖、毁损财产或者无偿转让财产、以明显不合理的价格交易财产、放弃到期债权、无偿为他人提供

担保等，致使人民法院无法执行的；

（七）隐藏、转移、毁损或者未经人民法院允许处分已向人民法院提供担保的财产的；

（八）违反人民法院限制消费令进行消费的；

（九）有履行能力而拒不按照人民法院执行通知履行生效法律文书确定的义务的；

（十）在执行终结六个月内，被执行人或者其他人对已执行的标的有妨害行为的；

（十一）有义务协助执行的个人接到人民法院协助执行通知书后，拒不协助执行的；

（十二）接到人民法院协助执行通知书后，给当事人通风报信，协助其转移、隐匿财产的；

（十三）到期债权执行中的次债务人提出异议后又擅自向被执行人清偿，给申请执行人造成损失的；

（十四）其他拒不履行人民法院已经发生法律效力的判决、裁定的。

人民法院对有前款规定的行为之一的单位，可以对其主要负责人或者直接责任人员予以罚款、拘留；构成犯罪的，依法追究刑事责任。

——最高人民法院执行局编：《人民法院办理执行案件规范（第二版）》，人民法院出版社 2022 年版，第 92~94 页。

附录：司法信箱

问题：被执行人在确有履行能力的情况下，未按生效法律文书的要求履行义务，其行为已符合《民事诉讼法》第 102 条[①]第 1 款第 6 项的规定，但是不属于《执行规定》第 100 条[②]列举的 10 种情形时，人民法院能否对其罚款、拘留？对此，我们有两种意见。一种意见认为：由于被执行人不履行法院生效法律文书的行为不属于该司法解释列举的 10 种情形，故不应对被执行人罚款、拘留。另一种意见认为：被执行人不履行法院生效法律文书确定的义务，虽然不属于该司法解释列举的 10 种情形，但是其行为已经符合《民事诉讼法》第 102 条第 1 款第 6 项的规定，故人民法院可以对被执行人罚款、拘留。请问上述意见哪种正确？

《人民司法》研究组认为：最高人民法院《执行规定》第 100 条不是对《民事诉讼法》第 102 条第 1 款第 6 项的否定，而是对其作出的补充性规定，

① 现为《民事诉讼法》（2021 年修正）第一百一十四条。

② 现为《最高人民法院关于人民法院执行工作若干问题的规定（试行）》（2020 年修正）第 57 条。

以便于执行人员在实践中准确把握妨害执行行为的类型。因此，我们认为，来信中的另一种意见符合司法解释的本意，是正确的。

——《人民司法·应用》2011年第9期。

十二、刑事处罚

153. 拒不执行判决、裁定罪中规定的“有能力执行而拒不执行”的行为起算时间的认定

关键词

刑事　拒不执行判决、裁定罪　起算时间

最高人民法院审判业务意见［《人民法院办理执行案件规范（第二版）》］

251.【拒不执行判决、裁定的起算时间】

有能力执行而拒不执行判决、裁定的时间从判决、裁定发生法律效力时起算。

具有执行内容的判决、裁定发生法律效力后，负有执行义务的人有隐藏、转移、故意毁损财产等拒不执行行为，致使判决、裁定无法执行，情节严重的，应当以拒不执行判决、裁定罪定罪处罚。

——最高人民法院执行局编：《人民法院办理执行案件规范（第二版）》，人民法院出版社2022年版，第118页。

最高人民法院指导性案例

毛建文拒不执行判决、裁定案（最高人民法院指导案例71号）

裁判要点：有能力执行而拒不执行判决、裁定的时间从判决、裁定发生法律效力时起算。具有执行内容的判决、裁定发生法律效力后，负有执行义务的人有隐藏、转移、故意毁损财产等拒不执行行为，致使判决、裁定无法执行，情节严重的，应当以拒不执行判决、裁定罪定罪处罚。

最高人民法院生效裁判认为：被告人毛建文负有履行生效裁判确定的执行义务，在人民法院具有执行内容的判决、裁定发生法律效力后，实施隐藏、

转移财产等拒不执行行为，致使判决、裁定无法执行，情节严重，其行为已构成拒不执行判决罪。公诉机关指控的罪名成立。毛建文归案后如实供述了自己的罪行，可以从轻处罚。

本案的争议焦点为，拒不执行判决、裁定罪中规定的“有能力执行而拒不执行”的行为起算时间如何认定，即被告人毛建文拒不执行判决的行为是从相关民事判决发生法律效力时起算，还是从执行立案时起算。对此，法院认为，生效法律文书进入强制执行程序并不是构成拒不执行判决、裁定罪的要件和前提，毛建文拒不执行判决的行为应从相关民事判决于 2013 年 1 月 6 日发生法律效力时起算。主要理由如下：第一，符合立法原意。全国人民代表大会常务委员会对刑法第三百一十三条规定解释时指出，该条中的“人民法院的判决、裁定”，是指人民法院依法作出的具有执行内容并已发生法律效力的判决、裁定。这就是说，只有具有执行内容的判决、裁定发生法律效力后，才具有法律约束力和强制执行力，义务人才有及时、积极履行生效法律文书确定义务的责任。生效法律文书的强制执行力不是在进入强制执行程序后才产生的，而是自法律文书生效之日起即产生。第二，与民事诉讼法及其司法解释协调一致。《中华人民共和国民事诉讼法》第一百一十一条规定：诉讼参与人或者其他人拒不履行人民法院已经发生法律效力的判决、裁定的，人民法院可以根据情节轻重予以罚款、拘留；构成犯罪的，依法追究刑事责任。《最高人民法院关于适用〈中华人民共和国民事诉讼法〉的解释》第一百八十八条规定：民事诉讼法第一百一十一条第一款第六项规定的拒不履行人民法院已经发生法律效力的判决、裁定的行为，包括在法律文书发生法律效力后隐藏、转移、变卖、毁损财产或者无偿转让财产、以明显不合理的价格交易财产、放弃到期债权、无偿为他人提供担保等，致使人民法院无法执行的。由此可见，法律明确将拒不执行行为限定在法律文书发生法律效力后，并未将拒不执行的主体仅限定为进入强制执行程序后的被执行人或者协助执行义务人等，更未将拒不执行判决、裁定罪的调整范围仅限于生效法律文书进入强制执行程序后发生的行为。第三，符合立法目的。拒不执行判决、裁定罪的立法目的在于解决法院生效判决、裁定的“执行难”问题。将判决、裁定生效后立案执行前逃避履行义务的行为纳入拒不执行判决、裁定罪的调整范围，是法律设定该罪的应有之意。将判决、裁定生效之日确定为拒不执行判决、裁定罪中拒不执行行为的起算时间点，能有效地促使义务人在判决、裁定生效后即迫于刑罚的威慑力而主动履行生效裁判确定的义务，避免生效裁判沦为一纸空文，从而使社会公众真正尊重司法裁判，维护法律权威，从根本上解决“执行难”问题，实现拒不执行判决、裁定罪的立法目的。

——《最高人民法院关于发布第 15 批指导性案例的通知》（2016 年 12 月 28 日，法〔2016〕449 号）。

说明

指导案例 71 号毛建文拒不执行判决、裁定案旨在明确有能力执行而拒不执行判决、裁定的时间从判决、裁定发生法律效力时起算。判决、裁定发生法律效力后，负有执行义务的人拒不执行，情节严重的，应当以拒不执行判决、裁定罪追究刑事责任。该指导案例从刑法及其立法解释和司法解释相关规定出发，统一了拒不执行判决、裁定罪中拒不执行行为的时间起算点，符合立法原意和立法目的，可以有效地促使义务人在判决、裁定生效后即迫于刑罚的威慑力而主动履行生效法律文书确定的义务，从而形成尊重司法裁判权威的良好氛围，维护生效裁判威严，有效缓解“执行难”。

十三、委托执行与协助执行

154. 委托执行必须严格按照委托执行的条件

关键词

委托执行的条件

附录：最高人民法院主流观点

委托执行有三个条件：一是执行法院经过财产调查程序；二是被执行人在本辖区内已无财产可供执行；三是被执行人在其他省、自治区、直辖市内有可供执行财产。这三个条件应当同时具备，缺一不可。因此在执行实践中，为了避免委托法院“甩包袱”，将难以执行的案件委托出去，推卸责任，委托执行以被执行人在其他省、自治区、直辖市内有可供执行财产为前提，如果仅是被执行人的住所地在异地，并未发现有可供执行的财产，则执行法院不得办理委托执行。关于“被执行人在本辖区内已无财产可供执行”这一条件，委托法院可以通过同与普通案件的调查方式（如各地总结的针对个人“三查一核实”、针对公司法人等“四查一核实”“五查一核实”等）查明被执行人在本辖区内有无财产可供执行。实践中对于“本辖区范围”的理解也存在分歧，有的认为应当以“省、自治区、直辖市”为范围界限，有的认为只应当以“委托法院管辖范围”为范围界限（如各地中级人民法院以管辖的地、市为范围界限、基层人民法院以管辖的区、县为范围界限）。由于目前各地情况不同，我们认为北京、上海等直辖市，委托法院（包括区、县基层人民法院）

可以整个直辖市为“本辖区范围”的界限，其他省、自治区等委托法院根据自身情况可暂以该法院管辖的地、市或区、县为“本辖区范围”的界限，但随着各地执行联动机制的建立、拓展与完备，“本辖区范围”可以扩展至省、自治区、直辖市范围。至于“被执行人在其他省、自治区、直辖市内有可供执行财产”这一条件，委托法院可以通过委托调查、依据审判过程中查明事项、申请人提供线索等多种方式调查判断。

——江必新主编、最高人民法院执行局编：《最高人民法院执行司法解释、规范性文件理解与适用（2010~2013）》，中国法制出版社 2014 年版，第 29~30 页。

155. 运用执行联动机制，实现“一案解多纷”

关键词

执行联动机制　一案解多纷

最高人民法院公布的典型案例

某机械租赁公司与某石材公司买卖合同纠纷执行案

执行要旨：执行法院强化善意文明执行理念，发挥在多元化纠纷解决机制中的引领、推动作用，充分运用执行调查权，建立执行联动机制，保证了执行处置工作的顺利推进，实现“一案解多纷”，有效解决村民修路难、工人要账难、债权实现难问题，实现了政治效果、社会效果、法律效果的有机统一。

基本案情

申请执行人：某机械租赁公司

被执行人：某石材公司

执行法院：重庆市武隆区人民法院

2022 年 3 月 8 日，武隆法院就某机械租赁公司与某石材公司买卖合同纠纷一案作出民事调解书。因某石材公司未履行该调解书确定的分期支付资产转让款 300 万元及利息的义务，某机械租赁公司于 2022 年 6 月 9 日申请强制执行。武隆法院在启动资产处置程序后，通过前期调研摸排，发现某石材公司除位于武隆某农业社的采矿设备和厂房外，已无其他财产可供执行。同时发现推进执行工作存在“三大困难”：一是存在某石材公司违法采矿期间拖欠 20 多人 20 余万元工资两年未决的“案中案”；二是存在某石材公司违法采矿造成公路受损而无力支付公路修复费用引发的"案后案"，严重影响近2000名村民的正常通行，引发长达两年的群体性信访；三是存在某石材公司采矿设备超期占用土地导致新生租金的"案生案"。

为实质性化解矛盾纠纷，武隆法院强化善意文明执行理念，及时启动由街道办、交通局、应急管理局、公安局、社员代表及双方当事人等多方参与的执行联动机制。历经两个月的不懈磋商，各方最终从法院提供的多个执行方案中确定了一个均可接受、切实可行的财产处置方案：由申请执行人先行垫付资金用于修复受损路段的路面路基，再从后续采矿设备变价款中优先支付；交通局针对违法采矿引发的山体滑坡问题，积极争取上级部门滑坡治理经费支持，因地修建一公里的便民道路；应急管理局负责监督公路质量；公安局负责维护日常交通安全秩序；法院负责及时处置采矿设备厂房并督促协议全面执行。在法院的耐心解释和督促执行下，财产处置顺利进行并交付完毕，拖欠的民工工资得以优先保障，近2000名村民的通行道路圆满修建完毕并移交使用，设备所占土地的新生租金纠纷得以避免，债权人胜诉权益得到切实保障，最终实现"一案解多纷"。

典型意义

本案在执行过程中，人民法院践行司法为民宗旨，坚持善意文明执行和矛盾纠纷实质性化解理念，充分发挥在多元化纠纷解决机制中的引领、推动作用，建立多部门参与的执行联动机制，保证执行处置工作顺利推进。人民法院充分运用执行调查权，有效化解经久未解的村民修路难、工人要账难、债权实现难等三大症结，实质性化解矛盾纠纷近百件，有效保障债权人的利益实现，减少人民群众的诉累，实现了政治效果、社会效果、法律效果的有机统一，对弘扬司法为民理念，处置类似案件，促进社会治理能力和治理体系的现代化具有典型意义。

——《最高人民法院发布能动执行典型案例》，载《人民法院报》2023年5月20日。

156. 地方人民法院能否委托军事法院执行

关键词

军事法院　委托执行

最高人民法院司法政策精神

10. 确保生效裁判的及时执行。切实加强涉军案件执行工作，保障当事人合法权益。在向军队一方当事人送达裁判文书时，要释明有关法律规定，指导其及时申请执行；军队一方为申请执行人的，要加大执行力度，必要时可请上级人民法院提级执行；军队一方为被执行人的，可通过部队组织督促被执行人履行法定义务，必要时可以请部队所在地的军事法院协助执行。

——《最高人民法院关于进一步加强人民法院涉军案件审判工作的通知》（2010年7月28日，法〔2010〕254号）。

最高人民法院审判业务意见［《人民法院办理执行案件规范（第二版）》］

280.【涉军案件的协助执行】

以军队单位或军人、军属为被执行人的，可通过部队组织督促被执行人履行法定义务，必要时可以请部队所在地的军事法院协助执行。

——最高人民法院执行局编：《人民法院办理执行案件规范（第二版）》，人民法院出版社2022年版，第129页。

最高人民法院答复

海南省高级人民法院：

你院给我办的《关于海南赛特实业总公司诉海南琼山钟诚房地产开发公司房屋买卖纠纷一案委托执行的请示报告》收悉。经研究，答复如下：

《中华人民共和国民事诉讼法》第二百一十条[①]规定的可以委托代为执行的当地人民法院，一般是指按照行政区划设置的地方人民法院。凡需要委托执行的，除特殊情况适合由专门法院执行的以外，应当委托地方人民法院代为执行。鉴于军事法院受理试办的经济纠纷案件仅限于双方当事人都是军队内部单位的案件，对涉及地方的经济纠纷案件不能行使审判权和执行权。因此，你院请示的案件不宜委托军事法院执行。

——《最高人民法院执行工作办公室关于能否委托军事法院执行的复函》（1997年5月9日，法经〔1997〕132号），载江必新主编、最高人民法院执行局编：《执行工作指导》2009年第2辑（总第30辑），人民法院出版社2009年版，第17页。

157. 对不予协助执行单位的处罚

关键词

不予协助执行　处罚

---

① 现为《民事诉讼法》（2021年修正）第二百三十六条。

最高人民法院审判业务意见［《人民法院办理执行案件规范（第二版）》］

200.【对协助执行义务单位的罚款、拘留】

有义务协助调查、执行的单位有下列行为之一的，人民法院除责令其履行协助义务外，并可以予以罚款：

（一）有关单位拒绝或者妨碍人民法院调查取证的；

（二）有关单位接到人民法院协助执行通知书后，拒不协助查询、扣押、冻结、划拨、变价财产的；

（三）有关单位接到人民法院协助执行通知书后，拒不协助扣留被执行人的收入、办理有关财产权证照转移手续、转交有关票证、证照或者其他财产的；

（四）有关单位接到人民法院协助执行通知书后，允许被执行人高消费及非生活或者经营必需的有关消费的；

（五）有关单位接到人民法院协助执行通知书后，允许被执行人出境的；

（六）有关单位接到人民法院协助执行通知书后，拒不停止办理有关财产权证照转移手续、权属变更登记、规划审批等手续的；

（七）有关单位接到人民法院协助执行通知书后，以需要内部请示、内部审批，有内部规定等为由拖延办理的；

（八）有关单位持有法律文书指定交付的财物或者票证，人民法院发出协助执行通知后，拒不转交的；

（九）其他拒绝协助执行的。

人民法院对有前款规定的行为之一的单位，可以对其主要负责人或者直接责任人员予以罚款；对仍不履行协助义务的，可以予以拘留；并可以向监察机关或者有关机关提出予以纪律处分的司法建议。

201.【罚款的金额】

对个人的罚款金额，为人民币十万元以下。对单位的罚款金额，为人民币五万元以上一百万元以下。

人民法院对个人或者单位采取罚款措施时，应当根据其实施妨害民事诉讼行为的性质、情节、后果，当地的经济发展水平，以及诉讼标的额等因素，在前款规定的限额内确定相应的罚款金额。

——最高人民法院执行局编：《人民法院办理执行案件规范（第二版）》，人民法院出版社2022年版，第96页。

最高人民法院裁判文书

宝鸡市财政局、宝鸡市人民政府、中国农业银行宝鸡市分行申请复议案

［最高人民法院（2009）执复字第10号、第13号、第14号执行裁定书］

裁判要旨：被执行人无财产清偿债务，如果其开办单位对其开办时投入的注册资金不实或抽逃注册资金，可以裁定变更或追加其开办单位为被执行人，在注册资金不实或抽逃注册资金的范围内，对申请执行人承担责任。

本院查明：2009年4月17日，湖北高院以（1999）鄂执字第1—5号民事裁定书冻结了宝鸡市财政局在农发行宝鸡市分行2902账户上的存款750万元，宝鸡市人民政府和宝鸡市财政局分别向湖北高院提出异议。同年6月19日，湖北高院向宝鸡市人民政府和宝鸡市财政局送达了鄂执异字第2号、鄂执异字第3号驳回其异议的执行裁定书。同日，湖北高院赴农发行宝鸡市分行要求协助扣划上述存款，在农发行宝鸡市分行不予协助的情况下，以事先作出的〔1999〕鄂执字第1—1号罚款决定书对农发行宝鸡市分行给予处罚。本院认为，法律文书自送达时对当事人发生法律效力。湖北高院的罚款决定虽然是以或然将发生的情形为据预先制作的，但在送达前已经发生了决定所认定的事实，故不能以预先制作而认为该决定缺乏事实依据。协助人民法院执行是金融机构的法定义务，金融机构作为协助执行人无权对相关法律文书进行实质审查。本案中，湖北高院对已经冻结的2902账户内的存款进行扣划，扣划手续与冻结裁定指向的对象是相符的，扣划义务人是明确的，农发行宝鸡市分行应当予以协助，其拒不协助扣划违反法律规定，构成妨害民事诉讼的行为，应给予处罚。但是，鉴于宝鸡市人民政府向本院申请复议的理由成立，被冻结账户内的资金系宝鸡市人民政府所有的专项资金，农发行宝鸡市分行不予协助扣划是为了保证专项资金的安全，且案外人宝鸡市人民政府提出异议的情况下发生的，没有造成严重后果，故应当酌情减轻处罚。

——中国裁判文书网。

附录：本案解析

此案的争议焦点是对于宝鸡农发行的不予协助扣划行为应否进行罚款处罚及处罚的幅度。这里面又分为了三个层次：

第一，湖北省高级人民法院制作罚款决定书是否存在不当。最高人民法院认为，湖北省高级人民法院的罚款决定虽然是以或然将发生的情形为据预先制作的，但在送达前已经发生了决定所认定的事实，故不能以预先制作而认为该决定缺乏事实依据。第二，应否对宝鸡农发行的行为给予处罚。最高人民法院认为，协助人民法院执行是金融机构的法定义务，金融机构作为协助执行人无权对人民法院的相关法律文书进行实质审查。本案中，湖北省高级人民法院对已被冻结的2902账户内的存款进行扣划，扣划手续与冻结裁定指向的对象是相符的，扣划义务人是明确的，宝鸡农发行应当予以协助，其拒不协助扣划违反法律规定，构成妨害民事诉讼的行为，故应给予处罚。第三，处罚的幅度。虽然应给予处罚，但鉴于宝鸡市人民政府向最高人民法院申请复议的理由成立，即被冻结账户内的资金系宝鸡市人民政府所有的专项资金，宝鸡农发行不予协助扣划是为了保证该笔专项资金的安全，且是在宝鸡市人民政府已经提出异议的情况下发生的，也没有造成资金流失等严重后果，故应当酌情减轻处罚。

——于泓：《执行程序中认定被执行人的开办单位承担出资不实责任的条件和程序——宝鸡市财政局、宝鸡市人民政府、中国农业发展银行宝鸡市分行申请复议案》，载江必新主编、最高人民法院执行局编：《执行工作指导》2009 年第 4 辑（总第 32 辑），人民法院出版社 2010 年版，第 94~107 页。

158. 对案外人未协助法院冻结债权的处理

关键词

案外人　未协助执行　冻结债权

最高人民法院答复

江苏省高级人民法院：

你院《关于案外人沛县城镇郝小楼村村委员未协助法院冻结债权应如何处理的请示报告》收悉。经研究，答复如下：

徐州市中级人民法院在诉讼中作出了查封冻结盐城金海岸建筑安装有限公司（下称建筑公司）财产的裁定，并向沛县城镇郝小楼村村委会（下称村委会）发出了冻结建筑公司对村委会的债权的协助执行通知书。当你院（2001）苏民终字第 154 号民事调解书确定建筑公司对村委会的债权时，徐州中院对该债权的冻结尚未逾期，仍然有效，因此村委会不得就该债权向建筑公司支付。如果村委会在收到上述调解书后，擅自向建筑公司支付，致使徐州中院的生效法律文书无法执行，则除可以根据《中华人民共和国民事诉讼法》第一百零二条[①]的规定，对村委会妨害民事诉讼的行为进行处罚外，也可以根据最高人民法院《关于执行工作若干问题的规定（试行）》第四十四条[②]的规定，责令村委会限期追回财产或承担相应的赔偿责任。

——《最高人民法院关于对案外人未协助法院冻结债权应如何处理问题

① 现为《民事诉讼法》（2021 年修正）第一百一十四条。

② 现为《最高人民法院关于人民法院执行工作若干问题的规定（试行）》（2020 年修正）第 32 条。

的复函》（2003年6月14日，〔2002〕执他字第19号），载江必新主编：《人民法院执行工作规范全集》，人民法院出版社2017年版，第86页。

附录：理解与适用

一、本案如何适用《民事诉讼法》的问题

本案如何适用《民事诉讼法》涉及到两个问题。

一是应适用《民事诉讼法》哪一条规定处理本案；二是本案是否只能适用《民事诉讼法》对村委会进行制裁，而不能让其承担实体法上的责任问题。

《民事诉讼法》第103条①适用的对象主要是针对有义务协助法院调查、执行而拒绝协助执行的部门。有义务协助执行的部门可以是特定的、经常性的需要协助法院执行的部门，比如房地产管理部门或被执行人的工资发放单位等，也可以是人民法院向其发出协助执行通知书的其他部门，如本案中的村委会。《民事诉讼法》第103条规定的处罚措施包括责令责任人履行协助执行义务并可以予以罚款。《民事诉讼法》第102条②适用的对象则比较宽泛，包括诉讼或执行中具有妨碍司法、拒不履行生效法律文书的诉讼参与人或者其他人。从相应的处罚措施来讲，《民事诉讼法》第102条处罚比《民事诉讼法》第103条重。《民事诉讼法》第102条除可以罚款外，也可以拘留；构成犯罪的，还可以依法追究刑事责任。本案村委会将人民法院冻结的财产擅自处分，拒不协助法院执行，适用《民事诉讼法》第103条也是可以的。但是，如果从另一个角度看，村委会不仅妨碍了人民法院的执行工作，而且具有不履行人民法院生效法律文书的行为，适用《民事诉讼法》第102条似更适合本案的具体情节。另外，最高人民法院、中国人民银行《关于依法规范人民法院执行和金融机构协助执行的通知》中明确规定了金融机构拒不协助人民法院执行的，适用《民事诉讼法》第102条的规定处理。因此，对这类拒不协助人民法院执行的行为，可以按照《民事诉讼法》第102条规定的精神处理。

至于本案是否只能适用《民事诉讼法》对村委会进行制裁，而不能让其承担实体法上的责任问题，笔者认为，只能适用《民事诉讼法》令其承担妨碍执行的责任。不能让村委会承担实体义务的理由是把程序问题与实体问题分开进行考虑的。本案村委会是协助执行人，其对盐城建筑公司履行了人民法院禁止其履行的债务。这种行为既妨害了人民法院的执行工作，也侵害了申请执行人的实体权益，除要其承担程序法上的妨害执行的责任的同时，也要承担实体上的赔偿责任，应该适用另外的法律规定，这就是《执行规定》。

① 现为《民事诉讼法》（2021年修正）第一百一十七条。

② 现为《民事诉讼法》（2021年修正）第一百一十四条。

《执行规定》第 33 条[①]、第 37 条[②]、第 44 条[③]以及第 67 条[④]都是对拒不协助人民法院执行，擅自处分人民法院查封冻结的财产的协助执行人应当承担实体责任的具体规定。

二、关于村委会承担实体责任的法律依据

《执行规定》第 44 条规定，擅自处分已被人民法院查封、扣押、冻结财产的协助执行人应当承担责任。本案徐州中院在诉讼中作出了查封冻结盐城建筑公司财产的裁定，并向村委会发出了冻结盐城建筑公司对村委会的债权的协助执行通知书，规定了冻结债权期限为一年。徐州中院发出通知时，村委会对盐城建筑公司的债务还没有到期。债务到期后，徐州中院对该债权的冻结尚未逾期，仍然有效。因此，村委会不得就该债权自行向盐城建筑公司支付。另外，村委会在收到徐州中院冻结盐城建筑公司债权的通知后，未提出异议，说明其对该债权也是认可的。随后，江苏高院的调解书也确认了村委会与盐城建筑公司的债权债务关系。因此，徐州中院的协助执行通知书是合法有效的，村委会应当协助执行。对不协助执行，擅自处分已被查封、冻结财产的，可以依照《执行规定》第 44 条关于"被执行人或其他人擅自处分已被查封、扣押、冻结财产的，人民法院有权责令责任人限期追回财产或承担相应的赔偿责任"的规定处理。需要说明一点，制定《执行规定》时，第 44 条并不是针对债权的，而是针对当事人和其他人擅自处分已被法院查封、冻结的动产和不动产的。但其将动产和不动产表述为"财产"，独立地看这一条，也可以理解为针对所有财产，而且条文中的"其他人"也涵盖协助执行人。因此，依照《执行规定》第 44 条责令村委会限期追回财产或承担相应的赔偿责任是适当的。

《执行规定》第 37 条与第 44 条都是对协助执行人违反人民法院的协助执行通知，擅自向被执行人支付被人民法院冻结的财产，应当向申请执行人承担实体责任的规定。但《执行规定》第 37 条特指被执行人的工资发放单位不协助法院扣留被执行人收入时，对协助执行人的处罚措施。虽然《执行规定》第 37 条和第 44 条规定协助执行人违法行为的性质和对其的处罚结果是一致的，但具体到本案适用《执行规定》第 44 条更合适。

---

① 现为《最高人民法院关于人民法院执行工作若干问题的规定（试行）》（2020 年修正）第 26 条。

② 现为《最高人民法院关于人民法院执行工作若干问题的规定（试行）》（2020 年修正）第 30 条。

③ 现为《最高人民法院关于人民法院执行工作若干问题的规定（试行）》（2020 年修正）第 32 条。

④ 现为《最高人民法院关于人民法院执行工作若干问题的规定（试行）》（2020 年修正）第 67 条。

三、关于到期债权的法律适用

江苏高院第三种意见认为本案应当适用《执行规定》第 61 条[①]先向村委会发出履行到期债务的通知，而不能适用《执行规定》第 37 条直接追究其擅自处分人民法院冻结财产的责任。笔者对此种观点表示理解，但本案在人民法院还未发出履行到期债务的通知时，问题就已经出了。因此，处理本案不能完全套用有关到期债权的规定。根据本案案情分析，盐城建筑公司对村委会的未到期债权，经过江苏高院二审调解生效，即为到期债权。徐州中院可依据《执行规定》第 61 条的规定向村委会发出履行到期债务的通知，要求村委会直接向申请执行人徐州一中百货商店履行其对被执行人盐城建筑公司所负的债务，并不得向盐城建筑公司清偿。如果徐州中院向村委会发出履行到期债务的通知后，其仍然向盐城建筑公司履行债务，则应当适用《执行规定》第 67 条关于对到期债权执行的规定进行处理。但是，本案在执行中，徐州中院未向村委会发出履行到期债务的通知，盐城建筑公司对村委会的到期债权仍处于保全冻结状态，案件尚未进入履行到期债务的程序，故可以不按照到期债权的规定处理。

——王惠君：《关于案外人未协助法院冻结债权应如何处理的请示与答复》，载最高人民法院执行工作办公室编：《强制执行指导与参考》2003 年第 2 辑（总第 6 辑），法律出版社 2003 年版，第 281~288 页。

159. 法院送达的协助执行通知书未记载冻结期限时应如何确定冻结期限

关键词

协助执行通知书　法院送达　冻结期限

最高人民法院裁判文书

青岛海陆源建筑劳务有限公司、高正涛等借款合同纠纷执行案［最高人民法院（2022）最高法执监 67 号执行裁定书］

裁判要旨：案涉法院在审理案件中，根据当事人的诉讼保全申请冻结了案涉租金，属于对被执行人其他财产权采取的冻结措施，法院在送达协助执行通知书时未明确记载冻结期限，应适用法定最

① 现为《最高人民法院关于人民法院执行工作若干问题的规定（试行）》（2020 年修正）第 45 条。

长期限，即冻结期限不得超过三年。

最高人民法院认为：根据本案申诉人的申诉理由和山东高院复议裁定的内容，本案执行监督程序审查的焦点：海陆源公司申诉请求撤销山东高院复议裁定、青岛中院异议裁定以及（2018）鲁02执14号决定书，改为向海陆源公司发放中信银行青岛分行应支付王莉的租金，理由是否充分。

海陆源公司异议请求青岛中院向海陆源公司发放中信银行青岛分行应支付王莉的租金，依据是海陆源公司冻结租金的期限未届满。《最高人民法院关于适用〈中华人民共和国民事诉讼法〉的解释》第四百八十七条规定，人民法院冻结被执行人银行存款的期限不得超过一年，查封、扣押动产的期限不得超过两年，查封不动产、冻结其他财产权的期限不得超过三年。申请执行人申请延长期限的，人民法院应当在查封、扣押、冻结期限届满前办理续行查封、扣押、冻结手续，续行期限不得超过前款规定的期限。青岛中院在审理（2014）青金商初字第190号案件中，根据当事人的诉讼保全申请，于2014年5月6日冻结了案涉租金，属于对被执行人其他财产权采取的冻结措施；青岛中院作出的（2014）青金商初字第190号协助执行通知书，未依照上述规定明确记载冻结期限，应适用法定最长期限，即冻结期限不得超过三年，期限届满前申请执行人应当申请延长冻结期限。在对案涉租金的冻结已经超过三年最长期限，且未办理续行冻结手续的情况下，相应的冻结行为因超过期限不再具有法律效力。海陆源公司关于案涉租金的冻结期限未届满的申诉主张，与法律规定不符，本院不予采纳。海陆源公司据此请求撤销山东高院复议裁定、青岛中院异议裁定以及（2018）鲁02执14号决定书，没有事实和法律依据，本院不予支持。

但是，根据本案查明的事实，作为自然人的被执行人王莉有多个债权人，案涉租金属于王莉的执行财产。《最高人民法院关于适用〈中华人民共和国民事诉讼法〉的解释》第五百零八条[①]规定，被执行人为公民或者其他组织，在执行程序开始后，被执行人的其他已经取得执行依据的债权人发现被执行人的财产不能清偿所有债权的，可以向人民法院申请参与分配。故海陆源公司可以根据上述规定向执行法院依法主张权利。

——中国裁判文书网。

① 现为《最高人民法院关于适用〈中华人民共和国民事诉讼法〉的解释》（2022年修正）第五百零六条。

160. 保全执行中协助执行义务的确定

关键词

执行　执行复议　协助执行义务　保管费用承担

最高人民法院指导性案例

株洲海川实业有限责任公司与中国银行股份有限公司长沙市蔡锷支行、湖南省德奕鸿金属材料有限公司财产保全执行复议案（最高人民法院指导案例 121 号）

裁判要点：财产保全执行案件的保全标的物系非金钱动产且被他人保管，该保管人依人民法院通知应当协助执行。当保管合同或者租赁合同到期后未续签，且被保全人不支付保管、租赁费用的，协助执行人无继续无偿保管的义务。保全标的物价值足以支付保管费用的，人民法院可以维持查封直至案件作出生效法律文书，执行保全标的物所得价款应当优先支付保管人的保管费用。保全标的物价值不足以支付保管费用，申请保全人支付保管费用的，可以继续采取查封措施；不支付保管费用的，执行法院可以处置保全标的物并继续保全变价款。

最高人民法院认为，湖南高院在中行蔡锷支行与德奕鸿公司等借款合同纠纷诉讼财产保全裁定执行案中，依据该院相关民事裁定中“冻结德奕鸿公司银行存款 4800 万元，或查封、扣押其等值的其他财产”的内容，对德奕鸿公司所有的存放于海川公司仓库的铅精矿采取查封措施，并无不当。但在执行实施中，虽然不能否定海川公司对保全执行法院负有协助义务，但被保全人与场地业主之间的租赁合同已经到期未续租，且有生效法律文书责令被保全人将存放货物搬出；此种情况下，要求海川公司完全无条件负担事实上的协助义务，并不合理。协助执行人海川公司的异议，实质上是主张在场地租赁到期的情况下，人民法院查封的财产继续占用场地，导致其产生相当于租金的损失难以得到补偿。湖南高院在发现该情况后，不应回避实际保管人的租金损失或保管费用的问题，应进一步完善查封物的保管手续，明确相关权利义务关系。如果查封的质押物确有较高的足以弥补租金损失的价值，则维持查封直至生效判决作出后，在执行程序中以处置查封物所得价款，优先补偿保管人的租金损失。但海川公司委托质量监督检验机构所做检验报告显示，案涉铅精矿系无价值的废渣，湖南高院在执行中，亦应对此事实予以核实。如情况属实，则应采取适当方式处理查封物，不宜要求协助执行人继续无偿保管无价值财产。保全标的物价值不足以支付保管费用，申请保全人支付保管费用的，可以继续采取查封措施，不支付保管费用的，可以处置保全标的物并继续保全变价款。执行法院仅以对德奕鸿公司财产采取保全措施合法，海川公司与德奕鸿公司之间的租赁合同纠纷是另一法律关系为由，驳回海川公司的异议不当，应予纠正。

——《最高人民法院关于发布第23批指导性案例的通知》（2019年12月24日，法〔2019〕294号）。

说明

指导案例121号株洲海川实业有限责任公司与中国银行股份有限公司长沙市蔡锷支行、湖南省德奕鸿金属材料有限公司财产保全执行复议案，针对协助执行义务人的权利保护问题，一方面明确查封标的物被他人保管的，该保管人应当按照人民法院的通知协助执行；另一方面又明确当保管合同或者租赁合同到期后未续签，且被保全人不支付保管、租赁费用的，协助执行人无继续无偿保管的义务，且处分保全标的物所得价款应优先支付保管费用等。

附录：最高人民法院主流观点

1. 关于协助执行义务的性质问题

所谓协助执行义务，是指根据人民法院裁定和协助执行通知书，协助执行人负有的协助实施执行措施的义务。协助执行义务是法定义务，其法律依据包括《民事诉讼法》第二百四十二条、第二百四十三条、第二百四十四条、第二百五十一条等。根据人民法院法律文书载明的执行措施的不同，协助执行义务的内容又可包括财产线索查询、查扣冻措施协助、资金划拨、登记变更、配合提存等。因此，同一法律主体，基于不同的法律关系，可能同时负担不同的义务，享有不同的权利，既可能是复数的公法义务（权利），也可能是复数的私法权利（义务），还可能二者兼具，在现实中呈现出复杂的权利义务状态。原则上，因不同法律关系基础所产生的不同权利义务，遵循各自的规范逻辑运行，私法权利不得改变公法义务，公法义务不得消灭私法权利，反之亦同。

2. 关于协助执行人的范围问题

本案裁判要点明确：保全执行案件的保全标的物系非金钱动产且被他人保管，该保管人依人民法院通知应当协助执行。这涉及协助执行人的范围问题。在我国实证法中，并未明确协助执行人的范围，通常只在规定执行措施时，概括要求有关单位应当协助执行。根据其与执行财产在法律上或者事实上存在的关联，可将前述有关单位作如下类型化归纳：其一，是对财产享有处分权限或者能够控制财产权属变动者，例如应当向被执行人支付工资的单位、被执行人名下不动产的登记机构等；其二，是财产的实际占有者，例如被执行人财产的保管人；其三，掌握可供执行财产线索（被执行人不到案时掌握其下落）的主体等。需要指出的是，属于前述情况，仅是成为协助执行人的必要条件，而协助执行义务的实际产生，还需要人民法院作出具体裁定或者相关法律文书。

就本案而言，其特殊性在于：湖南高院虽然已经作出保全裁定，且在协助执行公告中载明，未经准许任何单位和个人不得对德奕鸿公司财产进行转移、损毁、变卖等，但其作出的协助执行通知书却未将德奕鸿公司财产的实际占有者即海川公司列为协助执行人。如此一来，便产生海川公司是否负有协助执行义务的问题。

首先应当明确的是，湖南高院作出的保全裁定、执行公告和协助执行通知书，均已发生法律效力。据此，德奕鸿公司所有的存放于海川公司仓库的铅精矿，在法律性质上属于查封财产，应无疑义。若海川公司隐藏、转移、变卖、毁损该财产，将构成妨害民事诉讼，亦有法律依据。在此种情况下，不能仅以协助执行通知书未列明海川公司，即否定海川公司对保全执行法院负有的协助义务。一方面，虽然海川公司与德奕鸿公司间的租赁合同已被解除，但铅精矿仍由海川公司实际占有，海川公司具备负担协助执行义务的必要条件。另一方面，法律要求人民法院发出协助执行通知书，目的在于保障协助执行人知晓义务与提出异议的权利。而就本案而言，海川公司已然知晓义务内容，且实际行使了提出执行异议的权利，此时若仍以协助执行通知书未列明海川公司为由否定其负有协助义务，将出现海川公司虽无协助执行义务、却又不得搬离铅精矿、且无权提出异议的吊诡局面，实乃陷入形式窠臼而背离法律目的，并不可取。

综上所述，应当认定海川公司对保全执行法院负有协助义务。湖南高院未在协助执行通知书中列明海川公司并向其送达，属于程序瑕疵，应予注意。

3. 关于保全标的物保管费用的负担问题

本案裁判要点明确：当保管合同或者租赁合同到期后未续签，且被保全人不支付保管、租赁费用的，协助执行人无继续无偿保管的义务。保全标的物价值足以支付保管费用的，人民法院可以维持查封直至案件作出生效法律文书，执行保全标的物所得价款应当优先支付保管人的保管费用；保全标的物价值不足以支付保管费用，申请保全人支付保管费用的，可以继续采取查封措施，不支付保管费用的，可以处置保全标的物并继续保全变价款。这涉及保全标的物保管费用的负担问题。

我国法律对保全标的物的保管费用如何负担，并无明确规定。实务操作中，一般可由申请执行人预先垫付，之后用执行保全标的物所得价款退还，费用最终应由被执行人负担。就本案而言，海川公司与德奕鸿公司之间事先存在租赁合同关系，若无保全执行的相关情事，德奕鸿公司在租赁合同到期后继续使用案涉厂房，海川公司可以主张租赁合同继续有效、租金继续计算。易言之，海川公司有权就其厂房被占用获得对价。此种权利，不因海川公司负担协助执行义务而消灭。虽然人民法院的保全执行让铅精矿成为查封财产，但并未改变该财产继续占用海川公司厂房的事实，认为海川公司应当负担无偿保管义务的主张与理由，难以成立。此外，即便认为在原租赁合同到期后，海川公司与德奕鸿公司间成立保管关系，也不能改变前述结论。因为在保管关系下，海川公司难以向德奕鸿公司返还铅精矿的，可以将之拍卖或者变卖后提存价款，仍不负担无偿保管的义务。

在肯定协助执行人有权获得保管或者租赁费用之后，需要进一步明确该费用的负担问题。在保全标的物价值足以支付费用的情况下，标的物本身即可担保协助执行人的费用债权实现。因此，人民法院可以维持查封直至案件作出生效法律文书，执行保全标的物变价款应当优先支付协助执行人的保管费用。在保全标的物价值不足以支付费用的情况下，原本应当及时处置标的物，但若申请保全人支付费用的，协助执行人合理支出或者损失的费用债权得以实现，人民法院可以继续对标的物采取保全措施。

4. 关于不宜长期保管物品的保全执行问题

本案裁判要点中明确：保全标的物价值不足以支付保管费用，申请保全人不支付保管费用的，可以处置保全标的物并继续保全变价款。这涉及不宜长期保管物品的保全执行问题。

在保全标的物价值不足以支付保管费用的情况下，协助执行人的费用债权无法由标的物担保实现，若申请保全人亦不支付，则协助执行人财产权益将遭受损害。此时仍继续以查封方式保全标的物，实乃放任协助执行人的损害扩大，难谓善意执法，处理结果亦不合理。此时，执行法院应将标的物及时处置并继续保全变价款，至少让协助执行人尽快止损，这种做法显然更为妥当。

最高人民法院《关于适用民事诉讼法的解释》(以下简称《民诉法解释》)第153条规定："人民法院对季节性商品、鲜活、易腐烂变质以及其他不宜长期保存的物品采取保全措施时，可以责令当事人及时处理，由人民法院保存价款；必要时，人民法院可予以变卖，保存价款。"在方法论上，一个法条的概括规定之前若有例示规定，则概括规定在性质上必须具备例示规定之法律特征，否则该例示将毫无意义。就上述条文而言，应当归纳季节性商品、鲜活、易腐烂变质的法律特征，作为界定其他不宜长期保存的物品的依据。自季节性商品、鲜活、易腐烂变质与诉讼保全有关的方面观察，其法律特征在于：自身价值会随时间经过而显著减损，导致担保当事人权益实现的可能性亦随时间经过而降低，因而产生及时处置的必要。本案中，因保管铅精矿所产生的费用随时间经过而增加，若铅精矿的价值不足以支付且申请保全人亦不支付该费用，则海川公司的费用债权尚且难以实现，执行债权方（即申请执行人）的利益更不待言。据此，应当认为本案保全标的物属于其他不宜长期保存的物品，人民法院可依据《民诉法解释》第153条予以及时处置。

——刘少阳：《株洲海川实业有限责任公司与中国银行股份有限公司长沙市蔡锷支行、湖南省德奕鸿金属材料有限公司财产保全执行复议案的理解与参照——保全执行中协助执行义务的确定》，载《人民司法·案例》2022年11期。

161. 协助执行义务人或第三人违反人民法院有关执行通知，将法院查封冻结的被执行人财产转移的，能否申请执行人承担实体责任

关键词

协助执行义务人　第三人　财产转移　实体责任

最高人民法院审判业务意见［《人民法院办理执行案件规范（第二版）》］

200.【对协助执行义务单位的罚款、拘留】

有义务协助调查、执行的单位有下列行为之一的，人民法院除责令其履行协助义务外，并可以予以罚款：

（一）有关单位拒绝或者妨碍人民法院调查取证的；

（二）有关单位接到人民法院协助执行通知书后，拒不协助查询、扣押、冻结、划拨、变价财产的；

（三）有关单位接到人民法院协助执行通知书后，拒不协助扣留被执行人的收入、办理有关财产权证照转移手续、转交有关票证、证照或者其他财产的；

（四）有关单位接到人民法院协助执行通知书后，允许被执行人高消费及非生活或者经营必需的有关消费的；

（五）有关单位接到人民法院协助执行通知书后，允许被执行人出境的；

（六）有关单位接到人民法院协助执行通知书后，拒不停止办理有关财产权证照转移手续、权属变更登记、规划审批等手续的；

（七）有关单位接到人民法院协助执行通知书后，以需要内部请示、内部审批，有内部规定等为由拖延办理的；

（八）有关单位持有法律文书指定交付的财物或者票证，人民法院发出协

助执行通知后，拒不转交的；

（九）其他拒绝协助执行的。

人民法院对有前款规定的行为之一的单位，可以对其主要负责人或者直接责任人员予以罚款；对仍不履行协助义务的，可以予以拘留；并可以向监察机关或者有关机关提出予以纪律处分的司法建议。

——最高人民法院执行局编：《人民法院办理执行案件规范（第二版）》，人民法院出版社 2022 年版，第 94 页。

最高人民法院裁判文书

最高人民法院认为，陕西高院对五被告人寄存在西交中心的国债券实施查封时，除海南省证券公司外，其余四被告人在西交中心均实际存有与查封数额相等的国债券实物。陕西高院未对海南省证券公司的 300 万元国债券实物是否存在进行核实确有失误，故对该笔 300 万元国债券的查封效力不予认可。对其余四被告人交存的国债券查封手续完备，程序合法，查封效力应予维持。陕西高院驳回西交中心对国债券享有质押权主张的理由成立，本院予以支持。西交中心作为协助执行人拒不履行协助义务，并擅自处分已被法院查封的国债券，且在限期内不能追回，根据《最高人民法院关于执行工作若干问题的规定（试行）》第 44 条[①]的规定，应承担相应的赔偿责任。陕西高院冻结西交中心的银行存款合法有效。陕西工行所举证据不足以证明 273033 – 38 账户为股民保证金账户，亦不足以证明该账户上的资金全部为股民保证金。陕西工行未经人民法院许可，将 273033 – 38 账户销户致使该账户内的资金流失，是擅自解冻被人民法院冻结款项的行为，根据《最高人民法院关于执行工作若干问题的规定（试行）》第 33 条[②]的规定，应在转移款项范围内承担责任。

——《最高人民法院关于中国工商银行西安市东新街支行对陕西省高级人民法院强制执行 2000 万元提出异议一案的处理意见》（2003 年 5 月 13 日，〔2000〕执监字第 346 — 2 号），载江必新主编：《人民法院执行工作规范全集》，人民法院出版社 2017 年版，第 83 页。

附录：本案解析

本案的实际意义，是确立了协助执行人或第三人违反人民法院有关执行

① 现为《最高人民法院关于人民法院执行工作若干问题的规定（试行）》（2020 年修正）第 32 条。

② 现为《最高人民法院关于人民法院执行工作若干问题的规定（试行）》（2020 年修正）第 26 条。

通知、未经人民法院许可将法院查封冻结的被执行人财产转移应向申请执行人承担实体责任的原则。本案中的西交中心和陕西工行是协助人民法院执行的人，换句话说，他们是在人民法院的执行程序中负有一定义务的人。

人民法院查封、扣押、冻结财产，是为申请人（权利人）的利益而间接或直接地控制、占有被执行人的财产，被执行人对该财产的处分权已被剥夺。在协助执行人或第三人协助人民法院保管该财产时，他是受人民法院的指定或委托而占有该财产，直接对人民法院和权利人负有妥善保管的责任，而不是对被执行人负责。如果他擅自转移该财产（不论其是否协助被执行人转移），既妨害了人民法院的执行工作，又侵害了申请执行人的实体权益，除应承担程序法上的妨害执行的责任外，还应承担实体法上的赔偿责任。按照新刑法和最高人民法院有关司法解释，这种行为也可能构成犯罪。最高人民法院在1995年5月法函〔1995〕51号复函中，对信用社擅自转移人民法院冻结款项应向申请执行人承担责任的问题提出了明确意见：任何金融机构都有义务协助人民法院依法冻结有关单位的账户，成都市新华东路信用社在案件当事人的存款账户被冻结期间与被冻结账户的当事人串通，转走应入被冻结账户的款项，非法将资金转移，致使人民法院生效的法律文书无法执行，其行为是违法的。根据《民事诉讼法》第103条①的规定，信用社应承担妨害民事诉讼的法律责任，什邡县法院对其处罚是正确的。同时，由于信用社的行为还侵犯了债权人的权益，信用社亦应在被转移的款项数额内承担连带赔偿责任。

可以说，协助执行人和第三人在这种情况下承担的是实体责任，但却是由于程序上的原因而引起的。这是由法院在执行中的特殊地位所决定的。法院发出的协助执行通知书实际上就是法院发出的命令，协助执行人必须听从。被通知冻结的财产或交付的财产，实际上处于法院的特殊保护之下，此时申请执行人的利益就寄托在有关财产之上，协助执行人擅自转移该财产就产生了上述的双重责任，即妨害执行的责任和对于申请执行人的赔偿责任。

至于追究协助执行人赔偿责任的程序，首先应责令转移财产的协助执行人追回财产，其次是在不能追回的情况下裁定其承担责任。关于责令追回的形式，在执行时可以根据个案的具体情况决定采取适当的形式。

——于泓：《金融机构及协助执行人擅自处分法院查封物应承担责任的认定与法律适用》，载最高人民法院执行工作办公室编：《强制执行指导与参考》2003年第2辑（总第6辑），法律出版社2003年版，第296页。

---

① 现为《民事诉讼法》（2021年修正）第一百一十七条。

162. 协助执行义务人能否以对被执行人享有债权为由拒绝履行交付义务

关键词

执行异议　债权执行　协助执行义务人

最高人民法院裁判文书

九江盈邦经营管理有限公司、中信银行股份有限公司南昌分行等借款合同纠纷执行案［最高人民法院（2021）最高法执复 71 号执行裁定书］

裁判要旨：执行法院发出助执行通知书，通知协助义务人将收取的被执行人的全部租金转付至该院，执行行为符合法律规定。协助义务人以被执行人欠付其巨额管理费用、以对到期债权（租金）提出异议以及协助执行的租金金额不明确等为由，拒不履行转交租金的协助执行义务，缺乏事实和法律依据。

最高人民法院认为，根据盈邦公司申请复议的理由和江西高院异议裁定的内容，本案复议审查的焦点问题是：（一）盈邦公司应否负担将收取的案涉抵押不动产租金转交执行法院的协助执行义务；（二）对盈邦公司的异议请求应通过何种程序审查。对于上述焦点问题，本院分析认定如下：

（一）关于盈邦公司应否负担将收取的案涉抵押不动产租金转交执行法院的协助执行义务的问题。

江西高院在本案执行中责令盈邦公司履行协助执行义务，将所收取的案涉抵押不动产租金转交执行法院，盈邦公司对此提出执行异议，江西高院驳回盈邦公司的异议请求。本院认为，结合本案相关事实，江西高院认定盈邦公司负担将收取的案涉抵押不动产租金转交执行法院的协助执行义务，认定事实及适用法律并无不当。主要有以下两个方面理由：

第一，符合对案涉抵押房地产采取执行措施的相关法律规定。《民法典》第四百一十二条规定，债务人不履行到期债务或者发生当事人约定的实现抵押权的情形，致使抵押财产被人民法院依法扣押的，自扣押之日起，抵押权人有权收取该抵押财产的天然孳息或者法定孳息。案涉 21 世纪家居广场的全部商铺、写字楼及附属设施等均登记在世纪家居公司名下，并已抵押给中信银行南昌分行。在世纪家居公司未按执行通知履行生效民事调解书确定义务的情形下，江西高院于 2018 年 11 月 13 日查封了上述财产，且于 2020 年

11 月 30 日向案涉房产的承租人发布停止支付租金的公告，并于 2021 年 1 月 8 日发出（2021）赣执恢 1 号协助执行通知书。根据上述法律规定，抵押权人中信银行南昌分行自案涉房产查封之日起有权收取法定孳息即租金，世纪家居公司、盈邦公司等已无权收取租金。因此，江西高院有权执行世纪家居公司对案涉房产享有的租金收益；盈邦公司有义务将其收取并占有的上述租金转交执行法院处理。

第二，符合人民法院所出具的关于中信银行南昌分行与世纪家居公司纠纷调解书的内容。根据（2018）赣民初 173 号民事调解书第六项的内容，中信银行南昌分行对世纪家居公司名下案涉六处房产的物业经营收入（包括但不限于项目经营取得的租金、停车费等收入）享有优先受偿权。根据上述调解书的内容，中信银行南昌分行对案涉六处房产的租金收入等享有优先受偿权。就此而言，盈邦公司收取案涉房产的租金收益，也与上述人民法院的生效法律文书内容不符。

综上，盈邦公司实际收取并占有案涉房产的租金，有义务协助转交给执行法院，由执行法院进行处理。江西高院向盈邦公司发出（2021）赣执恢 1 号执行裁定及协助执行通知书，通知盈邦公司将收取的世纪家居公司承租人的全部租金转付至该院，执行行为符合法律规定。盈邦公司以世纪家居公司欠付其巨额管理费用、以对到期债权（租金）提出异议以及协助执行的租金金额不明确等为由，拒不履行转交租金的协助执行义务，缺乏事实和法律依据，江西高院认定该主张不能对抗人民法院的执行行为，理据充分。

至于盈邦公司协助转交租金的具体金额等事宜，江西高院认为可另行依法处理，符合本案实际。至于盈邦公司与世纪家居公司之间的实体权利义务关系，盈邦公司可基于双方之间的法律关系，另循途径解决，不影响江西高院采取相应执行措施。

（二）关于对盈邦公司的异议请求应通过何种程序审查的问题。

如前所述，盈邦公司主张对世纪家居公司享有要求支付管理费等费用的债权，从而主张以案涉房产的租金收益实现其债权，此种债权请求权并非对租金收入主张所有权或者有其他足以阻止执行标的转让、交付的实体权利，故该异议请求属于利害关系人对协助执行行为提出的异议，应当按照《民事诉讼法》第二百三十二条[①]的规定审查处理。江西高院适用《民事诉讼法》第二百三十二条的规定，对盈邦公司异议请求进行审查，程序正当。盈邦公司关于江西高院对其异议申请适用程序错误的理由，本院不予支持。

综上，江西高院异议裁定认定事实清楚、适用法律正确，应予维持；盈邦公司主张撤销（2021）赣执恢 1 号协助执行通知书的复议请求，应予驳回。

---

① 现为《民事诉讼法》（2021 年修正）第二百三十二条。

——中国裁判文书网。

163. 被执行人在异地享有的第三人到期债权能否委托执行

关键词

第三人到期债权 委托执行

附录：最高人民法院主流观点

执行实务中对被执行人在异地享有的第三人到期债权案件能否委托执行也有争议。我们认为，被执行人在异地享有的第三人到期债权确定且无异议的，符合可供执行财产的界定，有助于申请执行人债权的实现，此类案件是可以委托的。反而言之，如果被执行人在异地享有的第三人到期债权不确定或者存在异议，不可归为可供执行财产的范围，此种情形下则不得办理委托手续。

——江必新主编、最高人民法院执行局编：《最高人民法院执行司法解释、规范性文件理解与适用（2010~2013）》，中国法制出版社2014年版，第42页。

164. 被执行人的“次要财产所在地”财产足以满足申请执行人的执行请求，且容易执行或变现，委托法院能否选择以“次要财产所在地”法院为受托法院

关键词

主要财产所在地 次要财产所在地 受托法院

附录：最高人民法院主流观点

我们认为既然“次要财产所在地”财产足以满足申请执行人的执行请求，且容易执行或变现，选择“次要财产所在地”法院为受托法院并不违法，因为《最高人民法院关于委托执行若干问题的规定》第3条规定的“可以委托主要财产所在地的人民法院执行”为授权性规范而非强制性规范。但是如果被执行人“次要财产所在地”财产并不足以满足申请执行人的执行请求，为了便于案件的统一执行及充分实现申请执行人的债权，还是选择被执行人的“主要财产所在地”法院为受托法院较为适宜。除非“主要财产”存在难以处分、变现或轮候查封等情形，不利于申请执行人债权的实现，则可以选择

"次要财产所在地"法院为受托法院。受托法院受托后可以对次要财产先行执行，然后依据《最高人民法院关于委托执行若干问题的规定》第 10 条再到主要财产所在地进行执行，可以不必再行委托。

——江必新主编、最高人民法院执行局编:《最高人民法院执行司法解释、规范性文件理解与适用（2010~2013）》，中国法制出版社 2014 年版，第 42~43 页。

165. 受托法院不得以"委托法院未在立案后 1 个月办妥委托执行手续"为由将案件退回

关键词

受托法院　委托执行手续

附录：最高人民法院主流观点

《执行规定》规定"凡需要委托执行的案件，委托法院应在立案后 1 个月办妥委托执行手续。"许多法院对《最高人民法院关于委托执行若干问题的规定》施行后是否还继续沿用此规定，必须在立案后 1 个月办妥委托执行手续存在疑惑。在符合法律规定条件时，原则上一律委托执行，即委托执行在符合法律规定的条件时是硬性规定而非原来的柔性规定，这时再对办理委托手续的办理时间有 1 个月时间的限制已不合时宜。一方面，委托法院在委托之前不仅需要依法调查被执行人在本辖区内已无财产可供执行，而且还要调查在其他省、自治区、直辖市内有可供执行财产。委托法院的调查范围较广，调查过程又较为复杂，此时再对委托法院办理委托执行的时间有一个月的时间限制，显然不尽合理。另外，原来的 1 个月时间限制，只顾及了整案的委托，并未顾及案件的部分委托问题。同时《最高人民法院关于委托执行若干问题的规定》第 4 条制定时也遵从了一个原则：原来有关委托执行的司法解释不再适用。具体而言，最高人民法院过去颁布的《加强委托执行工作规定》《民诉法适用意见》第 259 条至第 265 条、《执行规定》第十四部分等都对委托执行作了规定，但上述规定与我们当前构建的委托执行法律制度不尽相同，《最高人民法院关于委托执行若干问题的规定》第 4 条公布实施后，以前司法解释中大部分条文将不再适用。如果只是规定与《最高人民法院关于委托执行若干问题的规定》第 4 条相抵触的规定废止，下级法院在今后的委托执行工作中可能会出现适用法律的问题。因此，《最高人民法院关于委托执行若干问题的规定》第 4 条采用了吸收原有司法解释中关于委托执行的合理条款，明确其他有关委托执行的司法解释不再适用，以便形成一个统一、完整的委托执行司法解释。综上原因，《执行规定》的“凡需要委托执行的案件，委托法院应在立案后1个月办妥委托执行手续”的规定不再适用。

——江必新主编、最高人民法院执行局编：《最高人民法院执行司法解释、规范性文件理解与适用（2010~2013）》，中国法制出版社2014年版，第46~47页。

166. 委托执行后，为防止被执行人转移财产，发现被执行人财产，情况较为紧急时，委托法院能否采取查封、扣押、冻结等非处分性执行措施

关键词

委托法院 非处分性执行措施 转移财产

附录：最高人民法院主流观点

我们认为，此时委托法院已经结案，从案件管理的角度讲，委托法院直接采取执行措施有可能造成多头执行的执行混乱情况。但是，在一些较为紧急的情况下，委托法院及时与受托法院沟通后是可以采取非处分性执行措施的。

——江必新主编、最高人民法院执行局编：《最高人民法院执行司法解释、规范性文件理解与适用（2010~2013）》，中国法制出版社2014年版，第67页。

167. 委托执行后，受托法院发现委托法院辖区也有财产，对此情况，是由受托法院异地执行，还是把案件委托回原委托法院执行

关键词

受托法院 异地执行 执行效率

附录：最高人民法院主流观点

我们认为，在此情况下，受托法院可以在异地执行与委托回原委托法院执行两条途径中选择。受托法院在选择时可以根据是否方便执行及提高执行效率等情况决定采用何种方法。如，受托法院离委托法院较近，再办理委托执行手续耗时较长时，可以直接异地执行；如果受托法院离委托法院距离遥远，交通不便，则可以委托执行。但是，在发现有关财产线索时，受托法院

应当先予采取查封、扣押、冻结等保全措施。

——江必新主编、最高人民法院执行局编：《最高人民法院执行司法解释、规范性文件理解与适用（2010~2013）》，中国法制出版社 2014 年版，第 67 页。

十四、执行回转

168. 执行回转的执行依据是新的生效法律文书还是执行回转裁定

关键词

执行回转　执行依据

附录：最高人民法院主流观点

一种意见认为，执行回转的执行依据是撤销或变更原执行依据的新的生效法律文书。另一种意见认为，新的生效法律文书只是宣告了原执行依据无效，并无要求原申请执行人返还其从原被执行人处取得的财产的给付内容，因而不能作为执行回转的依据。作为执行回转的执行依据是按照新的生效法律文书制作的，责令原申请人返还其在原执行程序中取得的财产的执行回转裁定。执行回转裁定以新的生效法律文书为依据，却又独立于该新的生效法律文书。执行回转裁定的内容也不以新的生效法律文书的内容为限。执行回转裁定的内容应是原申请执行人应当返还依原执行依据从原被执行人处取得的财产及其孳息。

执行回转的执行依据是新的生效法律文书还是执行回转裁定，一直存有争议。实践中，新的生效法律文书并不完全都是简单撤销或变更原法律文书的内容，很多新的生效法律文书有明确的给付内容，可以直接据此裁定执行回转。执行回转裁定应当依据新的生效法律文书制作，不能偏离该文书确定的内容，在法律规定的范围以外裁定执行回转。虽然部分新的生效法律文书在给付内容的明确性方面存在差别，但人民法院结合文书内容和民事诉讼法、相关司法解释的规定，也可以确定执行回转的范围。认为执行回转的执行依据为执行回转裁定的观点，未能对新的生效法律文书的法律地位，以及与曾经作为执行依据的原生效法律文书的法律性质究竟有何本质区别等问题作出令人信服的解释。

——江必新主编：《执行规范理解与适用——最新民事诉讼法与民诉法解释保全执行条文关联解读》，中国法制出版社 2015 年版，第 217 页。

169. 人民法院审理执行异议案件，对原执行行为的撤销裁定及执行回转行为不属于执行错误

关键词

国家赔偿　司法赔偿　错误执行　执行回转

最高人民法院指导性案例

国泰君安证券股份有限公司海口滨海大道（天福酒店）证券营业部申请错误执行赔偿案（最高人民法院指导案例 43 号）

裁判要点：人民法院审理执行异议案件，因原执行行为所依据的当事人执行和解协议侵犯案外人合法权益，对原执行行为裁定予以撤销，并将被执行财产回复至执行之前状态的，该撤销裁定及执行回转行为不属于《中华人民共和国国家赔偿法》第三十八条规定的执行错误。

最高人民法院认为：被执行人海南租赁公司没有清偿债务能力，因其对第三人中标公司享有到期债权，中标公司对此未提出异议并认可履行债务，中标公司隐瞒其与案外人已签订售房合同并收取大部分房款的事实，与国泰海口营业部及海南租赁公司三方达成《执行和解书》。海南高院据此作出 9-11 号裁定。但上述执行和解协议侵犯了案外人的合法权益，国泰海口营业部据此取得的争议房产产权不应受到法律保护。海南高院 9-16 号裁定系在执行程序中对案外人提出的执行异议审查成立的基础上，对原 9-11 号裁定予以撤销，将已被执行的争议房产回复至执行前状态。该裁定及其执行回转行为不违反法律规定，且经生效的海口中院（2003）海中法民再字第 37 号民事判决所认定的内容予以印证，其实体处理并无不当。国泰海口营业部债权未得以实现的实质在于海南租赁公司没有清偿债务的能力，国泰海口营业部及其债权受让人虽经破产债权申报，仍无法获得清偿，该债权未能实现与海南高院 9-16 号裁定及其执行行为之间无法律上的因果联系。因此，海南高院 9-16 号裁定及其执行回转行为，不属于《中华人民共和国国家赔偿法》及相关司法解释规定的执行错误情形。

——《最高人民法院关于发布第九批指导性案例的通知》（2014 年 12 月

25 日，法〔2014〕337 号）。

说明

指导案例 43 号国泰君安证券股份有限公司海口滨海大道（天福酒店）证券营业部申请错误执行赔偿案，旨在明确 2010 年修订后的国家赔偿法取消了赔偿确认前置程序，针对人民法院保全、执行行为提起的赔偿申请，人民法院赔偿委员会应当在赔偿案件的审理中一并审查人民法院司法行为是否违法以及是否承担国家赔偿责任，对类似案件的审理具有重要指导意义。

170. 已被执行的标的物系特定物且灭失的，对其占有是否可执行回转

关键词

特定物灭失　占有　执行回转　折价赔偿

最高人民法院审判业务意见 [《人民法院办理执行案件规范（第二版）》]

290.【特定物的执行回转】

执行回转时，已执行的标的物系特定物的，应当退还原物。不能退还原物的，经双方当事人同意，可以折价赔偿。

双方当事人对折价赔偿不能协商一致的，人民法院应当终结执行回转程序。申请执行人可以另行起诉。

——最高人民法院执行局编：《人民法院办理执行案件规范（第二版）》，人民法院出版社 2022 年版，第 134 页。

最高人民法院答复

甘肃省高级人民法院：

你院（2012）甘执复字第 07 号《关于祁某某申请执行回转中国农业银行张掖市分行一案的请示报告》收悉。现就有关问题答复如下：

一、关于应否适用执行回转程序

依照本院《关于人民法院执行工作若干问题的规定（试行）》第 109 条的规定，适用执行回转程序的条件为：一是原执行依据中关于给付内容的主文被依法撤销或者变更，二是原执行依据确定的给付内容执行完毕。从你院报告情况看，本院再审判决撤销了原执行依据你院（2007）甘民一终字第 268 号民事判决的全部主文，即原执行依据主文第二项关于祁某某向中国农业银行张掖市分行（以下简称张掖农行）返还财产的给付内容也被撤销。同

时，再审判决仍然认定祁某某与张掖农行之间的《抵债资产处置合同》为有效合同，而依据合同，将涉案房地产交付祁某某占有是张掖农行的义务之一。因此，张掖市中级人民法院（以下简称张掖中院）应当裁定执行回转。至于实际上能否回转，则是另外一个问题。

二、关于执行回转的内容

执行回转的实质是将原执行的结果恢复到执行前的状态，因此，执行回转的内容应当根据原执行的内容进行判断。就本案而言，祁某某丧失涉案房产所有权并非法院的执行所造成，而是在进入强制执行程序前，由于相关行政机关的行政行为所致，所以，执行回转不是恢复祁某某对涉案房产的所有权。同样，由于祁某某一直没有取得涉案土地使用权，也不存在恢复其土地使用权的问题。但是祁某某基于与张掖农行之间的合同合法占有涉案房地产，而张掖中院在执行程序中剥夺了其占有，因此，执行回转的内容应该是恢复其对涉案房地产的占有。

三、关于不能恢复对涉案房地产的占有时能否折价抵偿

依照本院《关于人民法院执行工作若干问题的规定（试行）》第 110 条[①]的规定，当特定物无法执行回转时，适用“折价抵偿”程序的前提，是执行回转的申请人已经取得特定物的所有权或者相关财产权利，且该物或者财产权利的价值在执行程序中能够确定。如果需要回转的内容不能以货币折算对价，则只能寻求其他程序解决。本案中，由于在张掖中院执行之前，相关行政机关已经撤销了祁某某对涉案房产的所有权登记，也由于其一直没有取得涉案土地使用权，从而使其对涉案房地产的占有处于对物支配的事实状态，而占有的事实状态无法折算为具体的财产对价，因此，不能适用折价抵偿程序。本案如果无法恢复占有，应当终结执行回转程序。同时，此案中申请执行人的合法权益应当得到保护和救济，请你院监督张掖中院务必做好该案的审、执协调配合工作，向祁某某释明其享有另行提起民事诉讼和行政诉讼要求赔偿的权利。如祁某某另案提起诉讼，应当做到及时立案、审理和执行，避免久拖不决。另将张掖农行的申诉材料一并转你院依法妥处。

——《最高人民法院（2013）执监字第 37 号函》（2013 年 8 月 8 日），载最高人民法院执行局编：《执行工作指导》2014 年第 4 辑（总第 52 辑），人民法院出版社 2014 年版，第 104~105 页。

---

① 现为《最高人民法院关于人民法院执行工作若干问题的规定（试行）》（2020 年修正）第 66 条，内容修改为：“执行回转时，已执行的标的物系特定物的，应当退还原物。不能退还原物的，经双方当事人同意，可以折价赔偿。双方当事人对折价赔偿不能协商一致的，人民法院应当终结执行回转程序。申请执行人可以另行起诉。”

附录：本案解析

本案所涉主要问题为：（1）人民法院在强制执行过程中能否对占有执行回转。（2）已被执行的标的物系特定物且灭失的，能否执行回转。如能执行回转，如何折价抵偿。（3）在执行回转的案件中，间接损失是否要赔偿。

（一）人民法院在强制执行过程中能否对占有执行回转

执行回转是指民事执行案件已经部分或者全部执行完毕后，据以生效的法律文书被撤销或者被变更，人民法院按照新的生效法律文书，对已被执行的财产重新采取执行措施，恢复到执行前的状态的制度。① 由此可见，执行回转的目的在于将当事人之间的财产状况恢复到原执行开始前的财产状态。

对于占有能否执行回转，我国现行法律、法规、司法解释尚无明确规定。在司法实践中也存在争议，一种意见认为，只要据以执行的判决、裁定和其他法律文书确有错误，被人民法院撤销的，就应当严格依照《民事诉讼法》第 233 条 ② 的规定，对已被执行的财产，不论其是何种财产，均应执行回转，对于物的占有也是一种特殊的财产，可以执行回转。另一种意见认为，一般情况下，原执行依据被撤销，案件可以执行回转，但案件的标的物不存在时就不能执行回转。

占有能否执行回转，需要明确占有的定义和性质等问题。关于占有的定义，目前我国尚无法律作出明确的规定。有学者认为，占有，是指对于物事实上的控制和支配。其中所谓物，是指能够为人力所控制并具有价值的有体物。所谓控制，指物处于占有人的管理和影响之下；所谓支配，指占有人能够对物加以一定的利用。通常对于动产的占有表现为控制，对于不动产的占有表现为利用。只要某人的控制与支配力在事实上及于该物，即成为占有人。占有人是否享有占有的权利，不影响占有的成立。占有人是为自己占有还是为他人占有，也在所不问。③

关于占有的性质，理论界有事实说、权利说等不同观点。通说认为，占有仅体现为人对物的支配管领关系，而并不反映某种权利关系。无论合法行为还是违法行为，均可基于管领物的事实而成立占有。④ 我国《物权法》采纳了通说，将占有规定为一种事实，占有人只需证明占有的存在，毋须证明自己是否有权占有，即可受到占有制度的保护。

从占有的定义和性质来看，笔者倾向于认同第一种意见，也就是说，占

---

① 黄金龙：《〈关于人民法院执行工作的若干规定〉实用解析》，中国法制出版社 2002 年版，第 331 页。

② 对应《民事诉讼法》（2021 年修正）第二百四十条。

③ 梁慧星：《中国物权法草案建议稿》，社会科学文献出版社 2000 年版，第 789 页。

④ 王利明：《物权法专题研究（下）》，吉林人民出版社 2002 年版，第 1533 页。

有是一种特殊形态的财产，不论原被执行人对于已被执行财产的占有属于何种性质的占有，只要据以生效的法律文书被撤销或者被变更，且该占有不涉另外诉讼的，人民法院就可按照新的生效法律文书，采取执行措施，恢复原被执行人对已被执行财产的占有，即占有可以适用执行回转程序。上述案件中，最高法院的终审判决撤销了张掖中院和甘肃高院的一、二审判决，认定祁某某与农行张掖分行签订的《抵债资产处置合同》合法有效，但该案已经根据二审判决执行完毕，故执行法院应当根据最高法院的判决裁定执行回转，所以张掖中院裁定驳回祁某某的执行回转申请及后来裁定驳回祁某某异议请求的做法是错误的。祁某某向甘肃高院申请复议后，甘肃高院以（2011）甘执复字第04号执行裁定，撤销了张掖中院（2010）张中执字第6号执行异议不成立的裁定和（2010）张中执字第6—1号驳回执行异议的裁定的做法是正确的。张掖中院随后作出的（2010）张中执字第6—2号执行回转裁定是正确的，但裁定执行回转的内容是要求农行张掖分行向祁某某回转房产，不能回转原物则折价抵偿则是错误的。因为执行回转的内容应该是恢复祁某某对涉案房地产的占有，而非恢复祁某某对涉案房屋的所有权或涉案土地的使用权，执行二审判决只是剥夺了祁某某对“回凤楼”的占有，祁某某对“回凤楼”的所有权是因张掖市房管局依职权注销的，而非执行原执行依据导致的。“回凤楼”的划拨土地使用权则自始至终没有发生变更，祁某某一直没有取得涉案土地使用权，故不存在执行回转的问题。至于实际上能否回转，正是我们下面所要分析的问题。

（二）已被执行的标的物系特定物且灭失的，对其占有可否执行回转，如果能执行回转，如何执行回转

根据《民事诉讼法》第233条“执行完毕后，据以执行的判决、裁定和其他法律文书确有错误，被人民法院撤销的，对已被执行的财产，人民法院应当作出裁定，责令取得财产的人返还；拒不返还的，强制执行”之规定，执行回转的标的一般为财产。财产分为金钱、种类物和特定物。

在我国司法实践中，人民法院执行部门时常遇到无法进行民事执行回转的情形，可称为民事执行回转不能。[①]执行回转不能是指客观上条件不允许与法律上不能实现回转的目的，达不到财产被执行前的效果。客观上条件不允许如无法估价的特定标的物损毁或灭失、被执行人下落不明且无可供执行的财产、执行人失去生活来源且丧失劳动能力、作为单位的被执行人资不抵债、被执行人死亡且无遗产等客观情况，而无法履行新的生效法律文书所确定的义务。法律意义上的不能执行回转是指执行回转标的物所有权已被合法地转

① 童兆洪:《民事执行前沿问题》，人民法院出版社2003年版，第103页。

让给了第三人，人民法院不能随意采取强制措施。[①]

金钱和种类物不存在执行回转不能的情况，因为他们具有可替代性。但特定物不同，根据《最高人民法院关于人民法院执行工作若干问题的规定（试行）》第110条[②]的规定，执行回转时，已执行的标的物系特定物的，应当退还原物。不能退还原物的，可以折价抵偿。作为执行回转标的物的特定物首先必须是可以估价的，否则遇到客观上条件不允许或法律上不能实现回转的情况，如已被执行的标的物系无法估价的特定物且灭失的，或者执行回转标的物所有权已被合法地转让给了第三人，就因无法折价抵偿而造成执行回转不能，原被执行人只能通过另案起诉的方式寻求救济。本案中涉案房产就是特定物，已经被拆除，无法恢复祁某某对其占有的事实状态，且无法将对涉案房产的占有折价为对价财产，故构成客观条件不允许实现回转目的的执行回转不能，应当在执行回转立案，并经审查后裁定终结执行回转程序。当然，如果双方当事人在合法自愿的前提下达成执行和解协议，执行法院应当予以支持。否则，祁某某可依据最高人民法院（2009）民提字第106号民事判决书和相关法律规定，提起违约赔偿之诉。张掖中院认为祁某某的房产权证已被注销，“回凤楼”房产已被拆除，且土地使用权一直不在其名下，无法执行回转。建议祁某某可依据最高人民法院（2009）民提字第106号民事判决书和相关法律规定，提起违约、赔偿之诉的做法是可取的，但不应驳回祁某某的执行回转申请，而应启动执行回转程序，然后因执行回转不能而裁定终结执行回转程序。

当然，已被执行的标的物系特定物且灭失，但该特定物可以折价评估的，对其占有可以执行回转，应当折价抵偿。但如何折价，笔者认为，这就要考虑占有背后的权利即本权的性质。本权是指在法律上可以对物进行占有的权利。[③]本权既可以是物权，也可以是债权。基于所有权、质权等的占有是物权意义上的占有；基于经营、承包、土地使用、质押、留置等，产生他物权意义上的占有；基于合同的占有一般为债权意义上的占有。基于物权回转，应考虑因物权而产生的相应损失，具体而言，无论执行回转时该特定物升值或贬值，都以原来执行该特定物时的市场价值折价抵偿，因为民事执行回转的目的就是将财产恢复到执行前的状态，已经灭失了的可以估价的特定物的价值理所应当也恢复到执行前的状态。基于债权回转，仅考虑因债权而产生的损失，如依照合同支付的价款及其他损失。

① 周新云：《论执行回转》，河南大学2011年硕士学位论文，第13页。

② 现为《最高人民法院关于人民法院执行工作若干问题的规定（试行）》（2020年修正）第66条。

③ 王利明：《物权法研究》，中国人民大学出版社2002年版，第646页。

（三）在执行回转的案件中，间接损失是否要赔偿

执行实践中，通常做法是，原申请执行人承担因执行被撤销的原执行依据而对执行回转申请人造成的直接损失。但对于因执行原执行依据而对执行回转申请人造成的间接损失是否要赔偿，则存在不同看法。一种观点认为不应赔偿，因为法律没有规定相应的赔偿标准，很难计算。另一种观点认为，执行回转中应当赔偿，以充分弥补执行回转申请人遭受的损失。笔者认为，执行回转中间接损失的计算的确有一定难度，但在有法律依据且可以计算的情况下，应当赔偿执行回转申请人的间接损失。例如，赔偿原物所产生的法定孳息或自然孳息。执行回转恢复对房屋的占有时，原申请执行人对房屋占有期间对执行回转申请人所造成的租金损失、搬迁及临时安置损失等。当然，尽管司法实践中几乎没有相应案例，但因采取执行措施错误或者滥用执行权，导致执行回转申请人合法权利受到损害的，根据《国家赔偿法》规定，可以获得国家赔偿。应注意的是，国家赔偿的范围仅仅涵盖了滥用执行权或者执行措施违法而导致的执行错误，并未涵盖因依法执行原执行依据而造成执行回转申请人损失的情形。在出现执行回转不能时，可以通过另诉解决的，建议当事人通过另诉维护自己的合法权益。执行回转不能且没有其他救济办法时，应当本着案结事了的原则，通过法院系统的司法救济或者政府部门的社会救助金进行适当救助。

——段继锋、强峰：《浅析占有的执行回转问题》，载江必新、刘贵祥主编、最高人民法院执行局编：《执行工作指导》2014 年第 4 辑（总第 52 辑），人民法院出版社 2014 年版，第 99~103 页。

171. 执行完毕后的调解书因债务人的代理人的代理权限问题被撤销，但双方的债权债务关系未改变，不需要执行回转

关键词

调解书　代理权限　撤销　执行回转

最高人民法院审判业务意见［《人民法院办理执行案件规范（第二版）》］

289.【执行回转与继续执行】

发生法律效力的执行裁定，并不因据以执行的法律文书被撤销而撤销。新的执行依据改变了原执行内容，需要执行回转的，人民法院应作出执行回转的裁定；已执行的内容没有超出新的执行依据所确定内容的，人民法院应继续执行。

——最高人民法院执行局编：《人民法院办理执行案件规范（第二版）》，

人民法院出版社 2022 年版，第 133 页。

172. 执行依据被撤销后，原债务人仍要承担给付义务的，如何执行回转

关键词

执行依据　撤销　给付义务　执行回转

最高人民法院审判业务意见［《人民法院办理执行案件规范（第二版）》］

288.【执行回转的一般规定】

在执行中或执行完毕后，据以执行的法律文书被人民法院或其他有关机关撤销或变更的，原执行机构应当依照民事诉讼法第二百四十条的规定，依当事人申请或依职权，按照新的生效法律文书，作出执行回转的裁定，责令原申请执行人返还已取得的财产及其孳息。拒不返还的，强制执行。

执行回转应重新立案，适用执行程序的有关规定。

289.【执行回转与继续执行】

发生法律效力的执行裁定，并不因据以执行的法律文书被撤销而撤销。新的执行依据改变了原执行内容，需要执行回转的，人民法院应作出执行回转的裁定；已执行的内容没有超出新的执行依据所确定内容的，人民法院应继续执行。

——最高人民法院执行局编：《人民法院办理执行案件规范（第二版）》，人民法院出版社 2022 年版，第 132~133 页。

最高人民法院答复

关于再审判决生效后，本溪市中级人民法院已给付裁定的抵债标的额在没有超出再审判决所确认标的额的情况下，是否需要依据再审判决重新进行评估的问题。

最高人民法院认为，执行裁定发生法律效力后，并不因据以执行的法律文书的撤销而撤销。如果新的执行依据改变了原执行内容，需要执行回转的，则人民法院作出执行回转的裁定；如已执行的标的额没有超出新的执行依据所确定的标的额，则人民法院应继续执行。本案中，本溪市中级人民法院已给付裁定的抵债标的额没有超出再审判决所确认标的额，因此，是否需重新评估，关键看执行程序是否合法。如果执行程序合法，则维持原执行裁定的效力，继续执行，否则应予纠正，重新评估。

——《最高人民法院关于再审判决作出后如何处理原执行裁定的答复函》

（2006 年 3 月 13 日，〔2005〕执他字第 25 号），载江必新主编、最高人民法院执行局编：《执行工作指导》2009 年第 2 辑（总第 30 辑），人民法院出版社 2009 年版，第 970 页。

附录：理解与适用

关于辽宁省高级人民法院再审判决生效后，本溪市中级人民法院已给付裁定的抵债标的额在没有超出再审判决所确认标的额的情况下，是否应撤销原执行裁定，重新评估执行的问题。

最高人民法院认为，原生效法律文书被撤销后，原执行裁定并不当然一并撤销。执行裁定发生法律效力后，并不因据以执行的法律文书的撤销而撤销。如果新的执行依据改变了原执行内容，需要执行回转的，则人民法院作出执行回转的裁定；如已执行的标的额没有超出新的执行依据所确定的标的额，则人民法院应继续执行。本案中，本溪市中级人民法院已给付裁定的抵债标的额没有超出再审判决所确认标的额，因此，是否需重新评估，关键看执行程序是否合法。如果执行程序合法，则维持原执行裁定的效力，继续执行。否则应予纠正，重新评估。

——刘涛：《关于再审判决作出后如何处理原执行裁定的请示案》，载最高人民法院执行工作办公室编：《执行工作指导》2006 年第 2 辑（总第 18 辑），人民法院出版社 2006 年版，第 77~82 页。

173. 第三人通过法院变卖程序取得的财产能否执行回转

关键词

第三人　变卖　执行回转

最高人民法院答复

山东省高级人民法院：

你院鲁高法函〔2001〕65 号《关于对第三人通过法院变卖程序取得的财产能否执行回转及相关法律问题的请示》收悉。经研究，答复如下：

青岛市中级人民法院在执行中，裁定将案外人青岛美达实业股份公司的土地使用权变卖给青岛洁丽日化有限公司，侵犯了青岛美达实业股份公司的合法权益，是错误的。人民法院在执行中依法采取拍卖、变卖措施，是基于国家公权力的行为，具有公信力。买受人通过法院的拍卖、变卖程序取得财产的行为，不同于一般的民间交易行为，对其受让所获得的权益应当予以保护。根据本案的具体情况，买受人已经取得的土地使用权不宜再执行回转。

你院可据此尽力促成案外人青岛美达实业股份公司与买受人青岛洁丽日化有限公司和解，妥善处理本案。

在第一次评估报告已经过期并自动失效的情况下据此报告确定拍卖保留价并委托拍卖的行为违反法定程序。

——《最高人民法院关于对第三人通过法院变卖程序取得的财产能否执行回转及相关法律问题的请示复函》（2003 年 8 月 5 日，〔2001〕执他字第 22 号），载江必新主编、最高人民法院执行局编：《执行工作指导》2009 年第 2 辑（总第 30 辑），人民法院出版社 2009 年版，第 972 页。

174. 执行回转案件的申请执行人在被执行人破产案件中能否得到优先受偿保护

关键词

执行回转　破产案件　优先受偿

最高人民法院审判业务意见［《人民法院办理执行案件规范（第二版）》］

291.【破产时的执行回转】

在执行回转案件被执行人破产的情况下，人民法院可以比照取回权制度，对执行回转案件申请执行人的权利予以优先保护，认定应当执行回转部分的财产数额，不属于破产财产。审理破产案件的法院应当将该部分财产交由执行法院继续执行。

——最高人民法院执行局编：《人民法院办理执行案件规范（第二版）》，人民法院出版社 2022 年版，第 134 页。

最高人民法院答复

天津市高级人民法院：

你院《关于执行回转案件的申请执行人在被执行人破产案件中能否得到优先受偿保护的请示》收悉。经研究，答复如下：

人民法院因原错误判决被撤销而进行执行回转，申请执行人在被执行人破产案件中能否得到优先受偿保护的问题，目前我国法律尚无明确规定。我们认为，因原错误判决而被执行的财产，并非因当事人的自主交易而转移。为此，不应当将当事人请求执行回转的权利作为普通债权对待。在执行回转案件被执行人破产的情况下，可以比照取回权制度，对执行回转案件申请执行人的权利予以优先保护，认定应当执行回转部分的财产数额，不属于破产财产。因此，审理破产案件的法院应当将该部分财产交由执行法院继续执行。

——《最高人民法院关于执行回转案件的申请执行人在被执行人破产案件中能否得到优先受偿保护的复函》(2006年12月14日,〔2005〕执他字第27号),载江必新主编、最高人民法院执行局编:《执行工作指导》2009年第2辑(总第30辑),人民法院出版社2009年版,第969页。

附录:理解与适用

1. 首先应当肯定,在价值判断方面,执行回转的权利应当得到优先保护。执行回转作为再审制度的辅助手段,应当保护真正权利人的合法利益。如果当事人有能力执行回转而不予执行回转,势必造成再审公正价值的落空,使再审判决成为一张空头支票("再审白条")。由此将导致再审制度的功能丧失殆尽,加剧社会对司法不公的抱怨。

2. 不宜简单地将执行回转债权视为是一般不当得利债权。可以从执行回转所针对的财产的角度,讨论其与破产财产的关系。应当执行回转的财产,是一种特殊的财产,有必要区别于破产债务人的一般财产。这种财产是通过法院错误判决而强制执行的,是因公权错误干预而使其暂时处于非真正权利人掌控之下的一种特殊的财产,不以原债务人(现债权人)的自由意志为转移,与当事人之间通过自主交易行为而转移资金.有本质不同。如不将该财产区别于破产财产,则执行回转债权人因错误司法判决而被强制执行的财产,将作为其他债权人分配的基础,对回转债权人严重不公。

3. 认定应当执行回转的财产不属于破产财产,解释上也有一定的可行性。法律和司法解释中没有提到执行回转与破产财产处理上的关系问题,只能说是法律上的遗漏,并不能说是根本上否定执行回转优先得到保护。最高人民法院《关于审理企业破产案件若干问题的规定》第7条列举的不属于破产财产的财产,不应理解为是对该类财产的全部范围的规定,应不排斥实践中依法认定其他不属于破产财产范围的财产。这在起草者的有关著作中已经得到肯定。从取回权的角度看,破产取回权中涉及的财产一般都是有物的形态或者来源于有体物(如因原物毁损灭失而形成的代偿性取回权),但也承认以金钱形态存在的取回权,如信托财产、股民保证金等。理论上说,破产债务人持有这类财产构成一种推定的信托占有(借鉴英美法上的概念),其实质上的权利应属于执行回转债权人。如此比照,可将应当执行回转的财产(即使是金钱)认定为不属于破产财产,申请执行回转的权利人有取回权。

——黄金龙:《关于执行回转的债权在破产程序中能否优先受偿问题请示案》,载最高人民法院执行工作办公室编:《执行工作指导》2007年第1辑(总第21辑),人民法院出版社2007年版,第57~59页。

175. 执行回转中如何确认迟延履行期间加倍部分债务利息的起止时间

关键词

执行回转　迟延履行期间

附录：最高人民法院主流观点

在执行回转程序中，亦应根据《最高人民法院关于执行程序中计算迟延履行期间的债务利息适用法律若干问题的解释》的规定计算迟延履行期间加倍部分债务利息。如果原申请执行人（即新的生效法律文书确认的被执行人，下同）对新的生效法律文书迟延履行，加倍部分债务利息自新的生效法律文书确定的履行期间届满之日起计算；新的生效法律文书确定分期履行的，自每次履行期间届满之日起计算；新的生效法律文书未确定履行期间的，自法律文书生效之日起计算。在执行回转过程中，加倍部分债务利息亦应当计算至原申请执行人履行新的生效法律文书完毕之日；原申请执行人分次履行的，相应部分的加倍部分债务利息计算至每次履行完毕之日。

在执行回转过程中，人民法院依据新的生效法律文书划拨、提取被执行人的存款、收入、股息、红利等财产的，相应部分的加倍部分债务利息计算至划拨、提取之日；对原申请执行人财产拍卖、变卖或以物抵债的，计算至成交裁定或抵债裁定生效之日；对原申请执行人财产通过其他方式变价的，计算至财产变价完成之日。

在执行回转过程中，非因原申请执行人的申请，对执行行为提出异议复议或者提起案外人异议之诉而中止或暂缓执行的期间，不计算加倍部分债务利息。

——江必新、刘贵祥主编、最高人民法院执行局编：《最高人民法院关于执行程序中计算迟延履行期间的债务利息司法解释理解与适用》，人民法院出版社 2014 年版，第 159 页。

176. 债权转让但未退出执行程序的申请执行人是否还要承担执行回转中的返还义务

关键词

债权转让　执行回转　返还义务

最高人民法院裁判文书

广州市粤垦房地产开发有限公司建设工程合同纠纷执行案［最高人民法院（2020）最高法执监 506 号执行裁定书］

裁判要旨：在执行回转案件中，特定民事主体必须满足两个要件才负有财产返还义务，即该主体是原执行案件中的申请执行人；该主体经由原执行程序取得了财产。本案债权转让即使真实存在，但并未通过变更、追加当事人程序对执行当事人的身份地位进行变更，并不能在执行程序中产生变更申请执行人的效力。后执行法院根据原执行案件的申请执行人的指定汇入相应账户应视为在执行程序中取得了财产，其应承担返还款项的义务。

最高人民法院认为：本案的争议焦点为：一是电白二建是否是原执行案件的申请执行人；二是电白二建是否通过原执行程序取得了财产。

（一）电白二建是否是原执行案件的申请执行人

申诉人主张电白二建是原执行案件的申请执行人。《中华人民共和国民事诉讼法》（以下简称民事诉讼法）第二百三十三条规定，“执行完毕后，据以执行的判决、裁定和其他法律文书确有错误，被人民法院撤销的，对已被执行的财产，人民法院应当作出裁定，责令取得财产的人返还；拒不返还的，强制执行”。《执行工作规定》第 65 条（原第 109 条）第 1 款规定，“在执行中或执行完毕后，据以执行的法律文书被人民法院或其他有关机关撤销或变更的，原执行机构应当依照民事诉讼法第二百三十三条的规定，依当事人申请或依职权，按照新的生效法律文书，作出执行回转的裁定，责令原申请执行人返还已取得的财产及其孳息。拒不返还的，强制执行。”该条第 2 款规定“执行回转应重新立案，适用执行程序的有关规定。”根据上述规定，在执行回转案件中，特定民事主体必须满足两个要件才负有财产返还义务。第一个要件是，该主体是原执行案件中的申请执行人；第二个要件是，该主体经由原执行程序取得了财产。

本案中，在原执行案件即（2015）广海法执字第 159 号执行案件中，广州海事法院对案件执行标的金额进行核算，并将结果书面通知双方当事人。粤垦公司根据广州海事法院核定的数额履行完毕义务后，广州海事法院核定的执行标的 197893607.50 元被广东高院以（2019）粤执复 453 号执行裁定变更为 186420539.56 元，对于粤垦公司多支付的部分，粤垦公司申请执行回转，要求该案申请执行人返还。广州海事法院参照适用上述规定，对执行回转立案执行，并无不当。（2015）广海法执字第 159 号执行案件的执行依据将电白二建和坤龙公司共同明确为债权人，之后，电白二建与坤龙公司共同申请执行。（2015）广海法执字第 159 号执行案件从立案直至其结案的一系列法律文书载明，电白二建始终居于申请执行人地位。在该执行案件中，在粤垦公司将执行案款交付到广州海事法院后，广州海事法院要求电白二建和坤龙公司提交付款申请书。根据广州海事法院的要求，坤龙公司提交了付款申请书，明确电白二建已将债权转让给坤龙公司，并提供了收款账户等信息；电白二建提交了《情况说明》，明确其已将债权转让给坤龙公司，请法院将案款支付给坤龙公司。电白二建系根据广州海事法院要求其提交付款申请书的通知，提交了《情况说明》，但未同时提交债权转让合同等相关证据材料。根据《最高人民法院关于民事执行中变更、追加当事人若干问题的规定》第九条规定，"申请执行人将生效法律文书确定的债权依法转让给第三人，且书面认可第三人取得该债权，该第三人申请变更、追加其为申请执行人的，人民法院应予支持。"申请变更申请执行人的主体是受让债权的一方。坤龙公司提交了《付款申请书》，亦未明确申请将其变更为申请执行人。广州海事法院在收到《情况说明》后，将其视为付款申请书，根据该《情况说明》将案款汇入坤龙公司账户，并在后续法律文书中仍将电白二建列为申请执行人，并明确系根据申请执行人的付款申请将案款汇入申请执行人指定账户。因此，电白二建的《情况说明》和坤龙公司的《付款申请书》，不足以证明电白二建已经退出执行程序。即便《情况说明》中所述电白二建与坤龙公司之间的债权转让真实存在，但因当事人并未在执行程序中通过变更、追加当事人程序对执行当事人的身份地位进行变更，并不能在执行程序中产生变更申请执行人的效力。在执行程序中，电白二建始终是原执行案件的申请执行人。申诉人的该项主张成立，依法应予支持。

（二）电白二建是否通过原执行程序取得财产

申诉人主张广州海事法院将案款汇到坤龙公司账户，应视为电白二建和坤龙公司均取得了财产。原执行案件系因电白二建和坤龙公司共同申请执行而产生，执行依据并未明确电白二建和坤龙公司之间的债权份额。如前所述，电白二建是原执行案件的申请执行人，广州海事法院系根据电白二建和坤龙公司提交的付款申请，将应当发给电白二建和坤龙公司的案款，汇入双方指定的坤龙公司账户。电白二建和坤龙公司作为原执行案件的申请执行人，均在执行程序中取得了财产。广东高院仅凭《情况说明》和法院汇款入账账户就认定电白二建已经转让债权、并未取得财产，缺乏事实和法律依据，依法应予纠正。

综上，电白二建既是原执行程序的申请执行人，也是执行财产的实际取得人。依据民事诉讼法第二百三十三条、《执行工作规定》第 65 条，本案中，电白二建负有与坤龙公司共同向粤垦公司返还款项的义务，属于（2020）粤

72 执 159 号执行案件的适格被执行人，在电白二建和坤龙公司未自觉履行返还款项义务的情况下，人民法院对电白二建银行账户采取冻结措施，并不违法。

——中国裁判文书网。

十五、执行文书及送达

177. 向诉讼代理人送达判决书为有效送达，开始计算申请执行期限

关键词

诉讼代理人　文书送达　申请执行期限

最高人民法院审判业务意见［《人民法院办理执行案件规范（第二版）》］

312.【诉讼代理人的送达】

受送达人有诉讼代理人的，人民法院既可以向受送达人送达，也可以向其诉讼代理人送达。受送达人指定诉讼代理人为代收人的，向诉讼代理人送达时，适用留置送达。

——最高人民法院执行局编：《人民法院办理执行案件规范（第二版）》，人民法院出版社 2022 年版，第 142 页。

最高人民法院答复

海南省高级人民法院：

你院《关于如何确定判决书送达日期和申请执行期限起算时间的请示报告》收悉。经研究，答复如下：

同意你院审判委员会的第二种意见。根据《中华人民共和国民事诉讼法》第七十八条[①]最高人民法院《关于适用〈中华人民共和国民事诉讼法〉若干问题的意见》第 83 条[②]之规定，海南华能租赁有限公司（以下简称华能公司）的诉讼代理人明向阳签收诉讼文书，属于一般授权，不需要华能公司的

① 现为《民事诉讼法》（2021 年修正）第八十八条。

② 对应《最高人民法院关于适用〈中华人民共和国民事诉讼法〉的解释》（2022 年修正）第一百三十二条。

特别授权。你院于 1998 年 10 月 28 日所实施的送达行为符合上述法律规定，应为有效。但你院未依照最高人民法院、最高人民检察院、公安部、司法部《关于律师参加诉讼的几项具体规定的联合通知》向代理律师送达诉讼文书副本，应以适当形式予以补正。你院于 2001 年 4 月 9 日给华能公司送达判决书为第二次送达，不影响 1998 年 10 月 28 日送达的效力。华能公司的申请执行期限应从 1998 年 10 月 28 日起算，本案已超过法定的申请执行期限，应不予立案执行。

此复

——《最高人民法院执行工作办公室关于如何确定判决书送达日期和申请执行期限起算时间问题的复函》(2002 年 7 月 19 日，〔2002〕执他字第 9 号)，载江必新主编：《人民法院执行工作规范全集》，人民法院出版社 2017 年版，第 324 页。

178. 人民法院审理与执行中可以采用传真或者电子等送达方式

关键词

文书送达　传真　电子送达

最高人民法院审判业务意见［《人民法院办理执行案件规范（第二版）》］

313.【电子送达】

经受送达人同意并在送达地址确认书中予以确认，人民法院可以采用电子送达等能够确认其收悉的方式送达执行文书。通过电子方式送达的裁定书，受送达人提出需要纸质文书的，人民法院应当提供。

前款规定的电子送达可以采用传真、电子邮件、移动通信等即时收悉的特定系统作为送达媒介，以送达信息到达受送达人特定系统的日期为送达日期。到达受送达人特定系统的日期，为人民法院对应系统显示发送成功的日期，但受送达人证明到达其特定系统的日期与人民法院对应系统显示发送成功的日期不一致的，以受送达人证明到达其特定系统的日期为准。

——最高人民法院执行局编：《人民法院办理执行案件规范（第二版）》，人民法院出版社 2022 年版，第 143 页。

十六、基本流程规范

（一）执行准备与启动

179. 人民法院发送执行通知书的注意事项

关键词

执行通知书

最高人民法院司法解释

22. 人民法院应当在收到申请执行书或者移交执行书后十日内发出执行通知。

执行通知中除应责令被执行人履行法律文书确定的义务外，还应通知其承担民事诉讼法第二百五十三条[①]规定的迟延履行利息或者迟延履行金。

23. 执行通知书的送达，适用民事诉讼法关于送达的规定。

24. 被执行人未按执行通知书履行生效法律文书确定的义务的，应当及时采取执行措施。

人民法院采取执行措施，应当制作相应法律文书，送达被执行人。

25. 人民法院执行非诉讼生效法律文书，必要时可向制作生效法律文书的机构调取卷宗材料。

——《最高人民法院关于人民法院执行工作若干问题的规定（试行）》（2020 年 12 月 29 日修正）。

180. 人民法院在执行程序中的风险提示

关键词

风险提示　权利告知

① 现为《民事诉讼法》（2021 年修正）第二百六十条。

最高人民法院司法政策精神

七、申请财产保全不符合规定

当事人申请财产保全，应当按规定交纳保全费用而没有交纳的，人民法院不会对申请保全的财产采取保全措施。

当事人提出财产保全申请，未按人民法院要求提供相应财产担保的，人民法院将依法驳回其申请。

申请人申请财产保全有错误的，将要赔偿被申请人因财产保全所受到的损失。

十五、超过期限申请强制执行

向人民法院申请强制执行的期限，双方或者一方当事人是公民的为一年，双方是法人或者其他组织的为六个月。期限自生效法律文书确定的履行义务期限届满之日起算。超过上述期限申请的，人民法院不予受理。

十六、无财产或者无足够财产可供执行

被执行人没有财产或者没有足够财产履行生效法律文书确定义务的，人民法院可能对未履行的部分裁定中止执行，申请执行人的财产权益将可能暂时无法实现或者不能完全实现。

十七、不履行生效法律文书确定义务

被执行人未按生效法律文书指定期间履行给付金钱义务的，将要支付迟延履行期间的双倍债务利息。

被执行人未按生效法律文书指定期间履行其他义务的，将要支付迟延履行金。

——《最高人民法院关于印发〈人民法院民事诉讼风险提示书〉的通知》（2003 年 12 月 24 日，法发〔2003〕25 号）。

附录：最高人民法院主流观点

实践中，人民法院向当事人进行风险提示可能遇到各种问题，由于篇幅所限，在此不能一一列举，简单列举几类予以说明：

一、权利告知和禁止权利滥用告知并重

向人民法院申请财产保全是当事人的诉讼权利，人民法院在诉讼程序中，应向当事人进行权利告知，并保障当事人依法行使诉讼权利。加大诉讼和执行风险提示，引导当事人正当及时地申请财产保全，是深入开展反规避执行专项活动重点强调的内容。但是.任何权利都有边界，权利人超越权利边界行使权利，就可能造成权利的滥用，侵害对方当事人的合法权益。禁止权利滥用也同样应当成为对当事人进行风险提示的重要内容。人民法院在诉讼和执行风险提示过程中，应坚持权利告知和禁止权利滥用告知并重的原则，一方面提醒当事人享有申请法院进行财产保全的权利；另一方面，也要告知当事人行使权利应在法律规定的框架内进行，不得超越法律规定滥用权利。如果权利人滥用权利损害对方当事人利益的，既有可能对错误申请财产保全给对方造成的损失承担赔偿责任，也有可能承担财产保全措施被撤销，从而造成执行不能，权利人实体权利难以实现的不利后果。因此，权利人滥用权利最终将损害其自身利益。这一点人民法院也应向当事人充分释明。

二、加大风险提示的同时，也要重视法院依职权进行财产保全的作用

加大对当事人的风险提示，充分发挥权利人防止债务人在执行程序开始前转移、隐匿财产的积极作用，是强化财产保全措施的基本着眼点。面对数量众多的执行案件，引导当事人加强执行前的财产保全措施，是反规避执行专项活动取得实效的主要途径。在强调对当事人进行风险提示和信息告知的同时，也不能忽略法院在财产保全程序中的作用。人民法院依职权进行财产保全，仅限于诉讼财产保全的情形，当事人没有提出申请的，人民法院在必要时可以裁定采取财产保全措施。因此，根据《民事诉讼法》的相关规定，人民法院在依职权进行财产保全过程中享有自由裁量权，可能造成判决不能执行或难以执行的情形，都可以成为法院主动采取财产保全措施的理由。强化诉讼程序中财产保全程序的作用，不能过于依赖当事人提出申请，法院在诉讼程序中也要考虑案件以后的执行问题，根据案件实际情况，依据《民事诉讼法》的规定，及时主动地实施财产保全措施，以保障执行程序顺利进行。重视法院依职权采取财产保全措施，也符合当前提倡的“能动司法”的理念。

——江必新主编、最高人民法院执行局编：《最高人民法院执行司法解释、规范性文件理解与适用（2010~2013）》，中国法制出版社2014年版，第159~161页。

181. 抵销权的行使应符合执行的相关要件

关键词

抵销权　执行要件

附录：最高人民法院主流观点

1. 主张抵销权的主体。执行是一种要式法律行为，必须依法定方式启动。我国立法例中采用的是债权人申请和执行机构依职权启动执行程序的折中主义。最高人民法院关于执行的司法解释中确认的原则是，执行一般应由当事人依法提出申请，移送执行的范围限于“给付赡养费、扶养费、抚育费的法律文书及刑事附带民事的判决、裁定和调解书”。从实体法关于抵销的要件分

析，移送执行的几类债权应属于禁止抵销的情形，该几类案件的执行中应排除抵销权的行使。在依权利人申请启动执行程序的案件中，权利人启动执行程序是为了通过执行程序实现实体债权，权利人本身不会主动再为抵销，因此，主张抵销权的主体规定为被执行人。

2. 主张抵销权的时间。主张抵销应以抵销权的存在为前提，如果因法院执行已经使抵销权归于消灭，再为抵销的意思表示，则不发生抵销的效力。所以，在执行程序中主张抵销权的，必须在执行开始后至执行终结前提出。如果超过这个时间要件，则无法在执行中主张。

3. 主张抵销权的形式。我国《合同法》第 99 条[①]第 2 款规定：当事人主张抵销的，应当通知对方。通知自到达对方时生效。抵销不得附条件或者附期限。这表明，抵销权应向对方主张，但对主张抵销权的形式并没有明确规定，只要符合法律关于法律行为及意思表示的规定即可。考虑到实体法关于抵销权的规定和我国执行程序中执行法院的主体地位性，执行程序中被执行人主张抵销权的，应向执行法院提出书面执行异议，并应附证明抵销债权确实存在的相关证据，由执行法院以异议程序进行审查处理。

——江必新、刘贵祥主编、最高人民法院执行局编著：《最高人民法院办理执行异议和复议案件若干问题规定理解与适用》，人民法院出版社 2015 年版，第 245~246 页。

182. 如何认定申请执行人认可债权

关键词

抵销　申请执行人

附录：最高人民法院主流观点

实践中，被执行人主张抵销时，如自动债权尚未经生效法律文书确认，申请执行人大多会以债发生的原因行为无效、得撤销或者债的数额不确定等为由提出抗辩。一般而言，此时自动债权尚处于不确定状态，执行机构对于申请执行人的抗辩以及自动债权本身不进行实体审查，应直接认定为申请执行人不认可债权，故不作抵销处理，裁定驳回被执行人主张抵销的异议，案件继续执行。但值得注意的是，若申请执行人对被执行人主张用于抵销的自动债权本身没有异议，仅以该自动债权未经诉讼确认等理由，主张不能抵销执行债权的，执行机构应允许被执行人抵销。若申请执行人对被执行人主张

① 对应《民法典》第五百六十八条。

用于抵销的自动债权部分有异议，对没有异议的部分可先为抵销，有异议的部分告知被执行人另行通过诉讼等相关程序予以确认。

——江必新、刘贵祥主编、最高人民法院执行局编著：《最高人民法院办理执行异议和复议案件若干问题规定理解与适用》，人民法院出版社 2015 年版，第 246 页。

183. 人民法院执行村集体财产是否应经村民代表大会批准

关键词

村集体财产　查封　村民代表大会

附录：《人民司法》信箱

问题：我院审理的朱某申请执行某村委会返还买书款一案，我院依法查封了该村集体所有的 500 棵杨树，准备对杨树进行变价。但是按照有关法律规定，处理村民委员会集体财产应当经村民代表大会讨论决定，请问人民法院的执行是否也要履行这一程序？

《人民司法》研究组认为：按照《村民委员会组织法》第十九条的规定，涉及集体收益的处分应当经村民代表大会讨论决定。但是，这条规定调整的对象主要是村民委员会处理集体财产的行为。人民法院依职权执行集体财产，不须经村民大会讨论。因此，你院可以依法直接将查封的杨树进行变价。

——《人民司法》2005 年第 10 期。

184. 当事人在执行过程中以被生效仲裁裁决或人民法院判决已经驳回的请求和理由提出执行异议之诉的，属于重复诉讼，法院如何处理

关键词

执行异议之诉　重复诉讼

最高人民法院公报案例、最高人民法院裁判文书

中铁物上海有限公司与济南润和机车车辆物流有限公司、中车山东机车车辆有限公司申请执行人执行异议之诉案［最高人民法院（2021）最高法民申 42 号民事裁定书］

裁判摘要：生效仲裁裁决或人民法院判决已经驳回当事人的部分请求，当事人在执行过程中又以相同的请求和理由提出执行异议之诉的，属于重复诉讼，应当裁定驳回起诉。

最高人民法院认为：诉讼与仲裁均是当事人解决矛盾纠纷的法律途径，当事人可以根据法律规定和协商约定自主选择采用何种途径维护自身合法权益，并在行使权利过程中遵从相关法律的规定和约束。《中华人民共和国仲裁法》第九条规定："仲裁实行一裁终局的制度。裁决作出后，当事人就同一纠纷再申请仲裁或者向人民法院起诉的，仲裁委员会或者人民法院不予受理。裁决被人民法院依法裁定撤销或者不予执行的，当事人就该纠纷可以根据双方重新达成的仲裁协议申请仲裁，也可以向人民法院起诉。"据此，当事人选择以仲裁程序解决矛盾纠纷时需遵从一裁终局制，仲裁庭作出裁决后应视为对矛盾纠纷作出了终局处理，当事人不得就同一纠纷再次申请仲裁或向人民法院提起诉讼。

本案中，中铁物公司在提起本案诉讼前已经在仲裁程序中以润和公司是济南轨道交通装备有限公司（以下简称轨道公司，2016年8月更名为中车山东公司）的全资子公司、两公司工作人员混同等为由，请求中车山东公司对润和公司的案涉债务承担连带责任，济南仲裁委作出（2016）济仲裁字第0280号裁决书，认为从润和公司与轨道公司各自独立的法人性质看，润和公司虽系轨道公司独资设立，但两公司各自依法具有独立法人资格，依法独立对自己的民事行为享有权利、承担义务和责任，中铁物公司以两公司工作人员混同等为由，要求轨道公司共同承担欠款及利息、律师费、仲裁费等责任，缺少事实和法律依据，裁决对中铁物公司的上述请求不予支持。该仲裁裁决作出后，中铁物公司向人民法院申请执行。在执行过程中，中铁物公司申请追加中车山东公司为被执行人，对润和公司的债务承担连带清偿责任。一审法院裁定驳回中铁物公司的申请后，其提起本案执行异议之诉。虽然中铁物公司提出其提起本案执行异议之诉所依据的法律关系、救济程序、法律条文与其在仲裁案件中所依据的均不相同，本案不属于重复审理，但本院认为其主张不能成立。第一，从执行异议之诉的设立目的来看，该诉讼类型是在经过执行异议审查后，为了保障申请执行人的债权实现、被执行人的合法权益及第三人充分参与诉讼程序的权利而设立，当第三人与当事人间的纠纷已在其他仲裁或者诉讼程序中被实质性解决时，提起执行异议之诉即缺乏正当性。本案中，中铁物公司在执行程序中申请追加中车山东公司承担连带清偿责任的请求和理由与其在仲裁程序中提出的请求和理由具有一致性，其在仲裁庭已就上述请求作出裁决的情况下，仍然以申请追加被执行人的方式再次主张同样的请求，并在被驳回后提起执行异议之诉，不具有正当性。第二，从仲裁程序的救济途径来看，在仲裁庭裁决驳回中铁物公司关于中车山东公司对润和公司的案涉债务承担连带清偿责任的请求后，依据一裁终局规则，除非该裁决被依法撤销，否则裁决结果具有法律效力，中铁物公司在执行程序中申请追加中车山东公司承担连带清偿责任的行为，其实质是对仲裁裁决结果不服并提出异议，这不符合仲裁程序的救济规则。第三，从或裁或审原则来看，尽管中铁物公司未在仲裁裁决作出后直接就同一纠纷提起诉讼，但由于其在执行异议、执行异议之诉中的请求与仲裁程序中的请求相同，如果人民法院再次予以审理，实质上属于重复审理，违反了或裁或审原则。因此，中铁物公司提起执行异议之诉在本质上属于重复诉讼，本案应当驳回中铁物公司的起诉。但考虑到原审法院驳回了中铁物公司的诉讼请求，尽管在处理结果上与驳回起诉不同，但也未对当事人的权益及仲裁裁决的效力产生实质性影响，故为减轻当事人讼累，节约司法资源，本案可驳回中铁物公司的再审申请。中铁物公司申请再审新提交的润和公司高级管理人徐军、崔竹亮、曹正峰工资发放流水，润和公司 2013 年至 2019 年涉税信息查询结果告知书等不属于《中华人民共和国民事诉讼法》第二百条第一项规定的足以推翻原判决的新的证据。

——《最高人民法院公报》2021 年第 11 期。

附录：本案解析

本案中，中铁物公司申请将中车车辆公司作为连带责任人的请求被仲裁裁决驳回后，又在执行程序中提出执行异议，向法院申请追加中车车辆公司作为被执行人，在其执行异议被驳回后，再次以相同的诉讼请求和理由提起执行异议之诉。执行异议之诉是否能与执行依据之诉或仲裁构成重复诉讼目前尚属于法律规定的空白，因此一审、二审法院均对本案进行了实质审理并判决驳回中铁物公司的诉讼请求，而未认定重复诉讼。本案裁定明确认定了对于已经生效的仲裁裁决或法院裁判驳回的诉讼请求，当事人以相同的请求和理由提出执行异议之诉的属于重复诉讼，应当驳回起诉。

执行异议之诉是指在执行过程中，当事人、案外第三人因法院的不当执行导致其权利受到侵害时，依法提起诉讼以排除法院强制执行的救济途径。其目的在于保障当事人和案外第三人能够充分参与诉讼程序，排除执行机关的不当执行行为，实现自身的权利救济，保护正当的实体权利。执行异议之诉是否能与作出执行依据裁判（仲裁裁决）的诉讼（仲裁）构成重复诉讼，目前法律并无明文规定，但从执行异议之诉设立的目的来看，当事人对于已经生效仲裁裁决或人民法院裁判驳回的部分请求，仍然以申请追加被执行人的方式再次主张，并在执行异议被驳回后提起执行异议之诉，不具有正当性。在当事人已经充分参与诉讼或仲裁，诉讼权利和正当的实体权利均得到有效保障的情况下，其再次在执行异议之诉中提出相同的诉请和理由，该行为与执行异议之诉设立的目的相违背，增加了其他当事人的诉累，不利于节约司法资源、维护法律的权威。

——汪军、马冉、傅竞娴:《中铁物上海有限公司与济南润和机车车辆物流有限责任公司、中车山东机车车辆有限公司执行异议之诉案——当事人对已经生效的仲裁裁决或法院驳回的诉讼请求以执行异议之诉的方式再行主张的认定》，载中国应用法学研究所主编:《中华人民共和国最高人民法院案例选》(第六辑)，法律出版社 2022 年版，第 18~20 页。

185. 被执行人能否提起执行异议之诉

关键词

被执行人　执行异议之诉

最高人民法院裁判文书

广东凯旋世纪酒店管理有限公司与湖南瑞地投资置业有限责任公司、湖南瑞地投资置业有限责任公司凯瑞大酒店、刘东执行异议之诉案［最高人民法院（2020）最高法民申 1444 号民事裁定书］

裁判要旨：执行程序系由申请执行人启动，而对执行标的的执行异议系由案外人提出，故是否应予强制执行特定标的的争议存在于申请执行人和案外人之间，与被执行人利益并无直接利害关系。退而言之，如果执行异议裁定驳回案外人的执行异议，则执行程序依法继续进行，被执行人的利益现状并未因执行异议裁定的内容发生变动。如果执行异议裁定支持案外人的执行异议而中止执行，被执行人认为执行异议裁定作出中止执行所依据的事实或者对执行标的的权属认定错误，则视为其与案外人对特定执行标的的权属存有争议，被执行人可以依据民事诉讼法解释第三百零九条的规定，另行起诉予以救济。

最高人民法院认为：关于原裁定适用法律是否错误的问题。《民事诉讼法》第二百二十七条[①]规定，案外人、当事人对执行异议裁定不服，与原判决、裁定无关的，可以自裁定送达之日起十五日内向人民法院提起诉讼。《民

① 现为《民事诉讼法》(2021 年修正)第二百三十四条。

事诉讼法解释》第三百零五条[①]、第三百零六条[②]对此进行细化规定，案外人对驳回执行异议裁定不服或者申请执行人对中止执行裁定不服的，可以提起执行异议之诉。本案中，凯旋公司因未履行生效法律文书确定的义务被人民法院强制执行，其系第184号执行裁定中的被执行人。凯旋公司申请再审认为，第184号执行裁定将其列为被执行人，故属于《民事诉讼法》第二百二十七条规定的当事人，可以提起本案执行异议之诉。对此，本院认为，执行程序系由申请执行人启动，而对执行标的的执行异议系由案外人提出，故是否应予强制执行特定标的的争议存在于申请执行人和案外人之间，与被执行人利益并无直接利害关系。退而言之，如果执行异议裁定驳回案外人的执行异议，则执行程序依法继续进行，凯旋公司作为被执行人，其利益现状并未因执行异议裁定的内容发生变动。如果执行异议裁定支持案外人的执行异议，中止执行，则凯旋公司作为被执行人，该裁定内容亦无损于其利益。如果凯旋公司认为执行异议裁定作出中止执行所依据的事实或者对执行标的的权属认定错误，则视为其与案外人对特定执行标的的权属存有争议，凯旋公司可以依据《民事诉讼法解释》第三百零九条[③]规定，另行起诉予以救济。故执行异议裁定中的被执行人并非执行异议之诉的适格原告主体，凯旋公司作为被执行人，其提起本案诉讼，请求撤销第184号执行裁定，不符合执行异议之诉立案受理条件。凯旋公司关于原裁定适用法律错误的申请再审理由，不能成立。

——中国裁判文书网。

186. 执行法院不能将已经另案执行法院生效法律文书确认并清偿的债务纳入执行范围

关键词

执行范围　债务清偿　执行复议

最高人民法院指导性案例、最高人民法院裁判文书

中投信用担保有限公司与海通证券股份有限公司等证券权益纠纷执行复议案［最高人民法院指导案例36号、最高人民法院（2020）执复字第2号执行裁定书］

---

① 现为《民事诉讼法》（2021年修正）第三百零三条。

② 现为《民事诉讼法》（2021年修正）第三百零四条。

③ 现为《最高人民法院关于适用〈中华人民共和国民事诉讼法〉的解释》（2022年修正）第三百零七条。

裁判要点：被执行人在收到执行法院执行通知之前，收到另案执行法院要求其向申请执行人的债权人直接清偿已经法院生效法律文书确认的债务的通知，并清偿债务的，执行法院不能将该部分已清偿债务纳入执行范围。

最高人民法院认为：最高人民法院〔2000〕执监字第304号复函是针对个案的答复，不具有普遍效力。随着民事诉讼法关于执行管辖权的调整，该函中基于执行只能由一审法院管辖，认为经法院判决确定的到期债权不适用意见第300条的观点已不再具有合理性。对此问题正确的解释应当是：对经法院判决（或调解书，以下通称判决）确定的债权，也可以由非判决法院按照意见第300条规定的程序执行。因该到期债权已经法院判决确定，故第三人（被执行人的债务人）不能提出债权不存在的异议（否认生效判决的定论）。本案中，北京东城法院和上海二中院正是按照上述精神对福建高院（2009）闽民初字第3号民事调解书确定的债权进行执行的。被执行人海通证券无权对生效调解书确定的债权提出异议，不能对抗上海二中院强制扣划行为，其自动按照北京东城法院的通知要求履行，也是合法的。

被执行人海通证券营业部、海通证券收到有关法院通知的时间及其协助有关法院执行，是在福建高院向其发出执行通知之前。在其协助有关法院执行后，其因（2009）闽民初字第3号民事调解书而对于申请执行人中投公司负有的2000万元债务已经消灭，被执行人有权请求福建高院不得再依据该调解书强制执行。

——《最高人民法院关于发布第8批指导性案例的通知》（2014年12月18日，法〔2014〕327号）

说明

指导案例36号中投信用担保有限公司与海通证券股份有限公司等证券权益纠纷执行复议案，旨在明确被执行人在收到执行法院执行通知之前，收到另案执行法院要求其向申请执行人的债权人直接清偿已经法院生效法律文书确认的债务的通知并清偿债务的，执行法院不能将该部分已清偿债务纳入执行范围。这对准确理解和适用《最高人民法院关于适用〈中华人民共和国民事诉讼法〉若干问题的意见》第300条规定，提高执行效率，妥善处理三角债问题，指导类似案件的执行工作，具有指导意义。

187. 申请执行抚养费的案件，是否适用申请执行时效的规定

关键词

申请执行抚养费　执行时效

最高人民法院裁判文书

冯某与程某离婚纠纷执行案［最高人民法院（2020）最高法执监 66 号执行裁定书］

裁判要旨：从抚养费的性质来看，其属于具有财产利益内容的身份权请求权，且事关公序良俗和人的基本生存权利，事关未成年人和不能独立生活的子女等弱势群体的利益保护。在抚养法律关系存续期间，给付抚养费的请求权不应适用诉讼时效的规定，亦不应适用申请执行时效的规定。

最高人民法院认为，从抚养费的性质来看，其属于具有财产利益内容的身份权请求权，且事关公序良俗和人的基本生存权利，事关未成年人和不能独立生活的子女等弱势群体的利益保护；在抚养法律关系存续期间，给付抚养费的请求权不应适用诉讼时效的规定，亦不应适用申请执行时效的规定。在执行司法解释没有规定或者其他相关规定不明确的情况下，应当适用基本法的原则性规定。《民法总则》（2017 年 10 月 1 日起施行）第一百九十六条明确规定："下列请求权不适用诉讼时效的规定：……（三）请求支付抚养费、赡养费或者扶养费……"本案中，淮南中院（2019）皖 04 执恢 2 号案件系对该院（2012）淮执字第 00025 号案件在终结本次执行程序后的恢复执行程序，故本案应当审查（2012）淮执字第 00025 号案件中，程某于 2012 年 5 月 9 日就 2002 年 11 月至 2012 年 5 月的抚养费申请执行时，是否适用申请执行时效。本院认为，程某提出强制执行申请时，冯小 x 尚未成年，其与冯某的抚养法律关系尚在存续期间，且案件尚未执行完毕，执行中应当依照《民法总则》第一百九十六条[①]规定进行审查认定。申诉人主张程某在本案中的执行申请超过申请执行时效的主张，本院不予支持。

——中国裁判文书网。

① 对应《民法典》第一百九十六条。

188. 执行程序中我国领域外出具的授权委托书需办理证明手续

关键词

授权委托书　证明手续

最高人民法院司法政策精神

18. 外国当事人在我国境外出具的授权委托书，应当履行相关的公证、认证或者其他证明手续。对于未履行相关手续的诉讼代理人，人民法院对其代理资格不予认可。

19. 外国自然人在人民法院办案人员面前签署的授权委托书无需办理公证、认证或者其他证明手续，但在签署授权委托书时应出示身份证明和入境证明，人民法院办案人员应在授权委托书上注明相关情况并要求该外国自然人予以确认。

20. 外国自然人在我国境内签署的授权委托书，经我国公证机关公证，证明该委托书是在我国境内签署的，无需在其所在国再办理公证、认证或者其他证明手续。

——《最高人民法院关于印发〈第二次全国涉外商事海事审判工作会议纪要〉的通知》（2005 年 12 月 26 日，法发〔2005〕26 号）。

最高人民法院答复

安徽省高级人民法院：

你院〔2009〕皖执字第 00002 号《关于百事达（美国）企业有限公司申请执行中美合资安徽饭店有限公司清算委员会侵权纠纷一案的请示报告》收悉。经研究，我院认为：

执行程序亦属广义的诉讼程序的范畴，因此，《民事诉讼法》第二百四十条①在执行程序中亦应予以适用。本案中，百事达（美国）企业有限公司在案件进入执行程序后，另外委托信永中和会计师事务所有限责任公司对中美合资安徽饭店有限公司就有关公司清算的财务会计进行特别审计，如果该授权委托书是从中华人民共和国领域外寄交或者托交的，应当经所在国公证机关证明，并经中华人民共和国驻该国使领馆认证，或者履行中华人民共和国与该所在国订立的有关条约中规定的证明手续后，才具有效力。

——《最高人民法院〔2010〕执他字第 5 号函》（2010 年 4 月 23 日）。

---

① 现为《民事诉讼法》（2021 年修正）第二百七十一条。

附录：理解与适用

该案焦点问题是：外国企业在执行程序中委托律师或者其他人代理查账行为是否适用《民事诉讼法》第二百四十条规定。《民事诉讼法》第二百四十条规定“在中华人民共和国领域内没有住所的外国人、无国籍人、外国企业和组织委托中华人民共和国律师或者其他人代理诉讼，从中华人民共和国领域外寄交或者托交的授权委托书，应当经所在国公证机关证明，并经中华人民共和国驻该国使领馆认证，或者履行中华人民共和国与该所在国订立的有关条约中规定的证明手续后，才具有效力。”第二百四十条的立法本意是基于国外当事人的特殊性，确保诉讼中主体的合法和意思表示的真实性。适用该条文应当同时具备两个条件，一是在中华人民共和国领域内没有住所的外国人、无国籍人、外国企业和组织委托中华人民共和国律师或者其他人代理诉讼；二是委托书是从中华人民共和国领域外寄交或者托交的。只有同时具备这两个条件，授权委托书才应当经所在国公证机关证明，并经中华人民共和国驻该国使领馆认证，或者履行中华人民共和国与该所在国订立的有关条约中规定的证明手续后，才具有效力。对于上述规定中的“诉讼”的含义应作广义的理解，《民事诉讼法》第三编对执行程序作出了相关的规定，因此，执行程序亦应属于广义的“诉讼”程序的范畴，故上述规定在执行程序中亦应予以适用。

具体涉及本案中美国公司出具的委托书是否需要办理公证认证手续问题，百事达（美国）企业有限公司在案件进入执行程序后，另外委托信永中和会计师事务所有限责任公司对中美合资安徽饭店有限公司就有关公司清算的财务会计进行特别审计，亦应当履行这一程序要求，但还需考察委托书出具的地点。如果委托书是在我国“领域外寄交或者托交”的，即委托书不是在我国境内出具的，则需依照上述规定办理公证认证手续。如果委托书是在我国境内出具的，则无需再按照上述规定办理公证认证手续，但按照最高人民法院第二次涉外商事海事审判工作会议纪要确定的原则，仍需办理一定的证明手续。此时存在两种情况，一种情况是当事人直接到人民法院签署授权委托书，即外国法人、其他组织的法定代表人或者负责人代表该法人、其他组织在人民法院办案人员面前签署的授权委托书，无需办理公证、认证或者其他证明手续，但在签署授权委托书时，外国法人、其他组织的法定代表人或者负责人除了向人民法院办案人员出示自然人身份证明和入境证明外，还必须提供该法人或者其他组织出具的能够证明其有权签署委托书的证明文件，且该证明文件必须办理公证、认证或者其他证明手续。人民法院办案人员应在授权委托书上注明相关情况并要求该法定代表人或者负责人予以确认。另一种情况是外国法人、其他组织的法定代表人或者负责人代表该法人、其他组织在我国境内签署的授权委托书，经我国公证机关公证，证明该委托书是在国境内签署，且该法定代表人或者负责人向人民法院提供了外国法人、其他组织出具的办理了公证、认证或者其他证明手续的能够证明其有权签署委托书的证明文件，该委托书无需在外国当事人的所在国办理公证、认证或者其他证明手续。

——李海军：《〈民事诉讼法〉第二百四十条在执行程序中的适用》，载江必新主编、最高人民法院执行局编：《执行工作指导》2010 年第 2 辑（总第 34 辑），法律出版社 2010 年版，第 102~103 页。

（二）财产调查

189. 用足用活执行手段，利用互联网平台和资源，充分挖掘被执行人潜在的新类型财产线索

关键词

电商平台　新类型财产线索

最高人民法院公布的典型案例

李某某利用电商平台规避执行案

裁判要旨：法院执行工作不能仅停留于对被执行人名下的银行存款、有价证券、不动产、车辆等传统类型财产的查控，而是要用足用活执行手段，利用互联网平台和资源，对被执行人潜在的新类型财产线索充分挖掘。

案情简介： 代某某申请执行李某某买卖合同纠纷一案，在执行过程中，广东省佛山市南海区人民法院通过传统调查和网络查控措施，未查到李某某可供执行财产，故拟对诉讼财产保全阶段冻结的李某某持有一商贸公司 75% 的股权份额进行处置。因该公司未能提供相关的财务账册等资料，导致股权评估无法进行。后经执行法院充分利用互联网平台和资源进行调查，发现该商贸公司注册有“某光阴旗舰店”微博账号，账号内发布的信息均与童装销售有关。执行法官又在淘宝、京东电商平台上发现该网店，并确认“某光阴旗舰店”就是由该商贸公司作为经营主体开设。经过进一步关联查询，执行法官还发现该商贸公司在淘宝网上开设有另一家名为“某花开童装旗舰店”的网店。经向浙江天猫网络有限公司调取两家网店的交易流水，“某光阴旗

舰店”2017 年 1 月 1 日起至 2019 年 3 月 20 日的营业额为 1773667.81 元，“某花开童装旗舰店”2017 年 1 月 1 日起至 2019 年 3 月 20 日的营业额为 7542580.03 元。据此，执行法院判断该商贸公司的股权具有一定价值，被执行人具备履行能力。经执行法官多次督促和告诫，被执行人依然不理不睬，后执行法院将相关材料移送公安机关立案侦查，并对被执行人采取了拘留措施，被执行人家属随即代李某某主动履行了相应义务。

典型意义：本案中，南海区法院在用足用好现有财产调查措施的基础上，充分利用互联网平台和资源，另辟蹊径、深挖隐藏在公司背后的财产及财产收益，并因案施策，通过采取移送公安机关追究拒执罪的执行措施，有力震慑了被执行人，迫使其主动履行义务，依法保障了胜诉当事人的合法权益。如今，电商网店已经相当普遍，根据相关数据显示，仅在淘宝、京东等知名电商平台上就有超过一千万家网店。因此，法院执行工作不能仅停留于对被执行人名下的银行存款、有价证券、不动产、车辆等传统类型财产的查控，而是要用足用活执行手段，利用互联网平台和资源，对被执行人潜在的新类型财产线索充分挖掘，坚决打击那些挖空心思藏匿、转移财产并企图蒙混过关的失信被执行人，决不能让互联网变成拒不履行生效法律文书义务的温床。

——《最高法发布依法惩戒规避和抗拒执行典型案例》，载《人民法院报》2021 年 12 月 2 日。

190. 人民法院执行程序中能否对案外人财产进行处理

关键词

案外人财产

最高人民法院答复

吉林省高级人民法院：

你院《关于法院执行程序中能否对案外人财产进行处理的请示》收悉。经研究，答复如下：

执行程序中案外人无合法依据占有被执行的标的物不动产的，执行法院依法可以强制迁出；案外人拒不迁出，对标的物上的财产，执行法院可以指定他人保管并通知领取；案外人不领取或下落不明的，为避免保管费用过高或财产价值减损，执行法院可以处分该财产，处分所得价款，扣除搬迁、保管及拍卖变卖等相关费用后，保存于执行法院账户，通知该案外人领取。

——《最高人民法院关于法院执行程序中能否对案外人财产进行处理的请示的答复》（〔2010〕执他字第 1 号），载江必新主编：《人民法院执行工作规范全集》，人民法院出版社 2017 年版，第 746 页。

191. 已经划扣到法院账户但尚未支付给申请执行人的款项，仍属于被执行人财产

关键词

被执行人财产　破产

最高人民法院裁判文书

安徽永禾置业有限公司执行申诉案［最高人民法院（2017）最高法执监 422 号执行裁定书］

裁判要旨：已经扣划到执行法院账户的银行存款等执行款，但未完成向申请执行人转账、汇款、现金交付的，财产权利归属未发生变动，仍属于被执行人的财产，执行法院收到法院破产受理裁定后，不应再支付给申请执行人，应当将其移交给受理破产案件的法院或管理人。

最高人民法院经审查认为：本案的争议焦点是，在人民法院受理对被执行人的破产清算申请情况下，执行程序中已执行到法院账户但未发放给申请执行人的款项是应支付给申请执行人还是应移交给受理破产案件的法院处置。

《企业破产法》第十九条规定，人民法院受理破产申请后，有关债务人财产的保全措施应当解除，执行程序应当中止。根据该规定精神，如果执行程序尚未终结，对被执行人财产的保全措施应当解除，执行程序应当中止，尚未清偿的不得进行清偿。对此，《最高人民法院关于如何理解〈最高人民法院关于破产法司法解释〉第六十八条的请示的答复》（以下简称《答复》）明确了不应列入破产财产的两种具体情形："一、正在进行的执行程序不仅作出了生效的执行裁定，而且就被执行财产的处理履行了必要的评估拍卖程序，相关人已支付了对价，此时虽未办理变更登记手续，且非该相关人的过错，应视为执行财产已向申请人交付，该执行已完毕，该财产不应列入破产财产；二、人民法院针对被执行财产采取了相应执行措施，该财产已脱离债务人实际控制，视为已向权利人交付，该执行已完毕，该财产不应列入破产财产。"第一种情形主要针对需要变更登记手续的不动产，第二种情形主要从被执行财产是否已经脱离债务人实际控制角度明确是否列入破产财产，未具体区分财产类型。本案安徽高院认定涉案款项已向权利人交付的主要理由就是涉案

款项已经脱离了债务人的实际控制，与《答复》的精神基本一致。但《答复》作出时间为 2004 年 12 月 22 日，其以“脱离债务人实际控制”为界限将被执行财产视为已向权利人交付的观点，与自 2015 年 2 月 4 日起施行的《最高人民法院关于适用〈中华人民共和国民事诉讼法〉的解释》有关规定精神及 2017 年 1 月 20 日最高人民法院印发的《指导意见》精神并不完全一致。

依《最高人民法院关于适用〈中华人民共和国民事诉讼法〉的解释》第五百零八条[①]第一款规定及第五百一十三条[②]规定，在被执行人为公民或者其他组织情况下，被执行人的财产不能清偿所有债权的，可以通过参与分配程序实现债权的公平清偿，而在被执行人为企业法人情况下，则通过破产程序实现债权的公平清偿。《指导意见》第 16 条规定，执行法院收到受移送法院受理裁定后，应当于七日内将已经扣划到账的银行存款、实际扣押的动产、有价证券等被执行人财产移交给受理破产案件的法院或管理人。第 17 条规定，执行法院收到受移送法院受理裁定时，已通过拍卖程序处置且成交裁定已送达买受人的拍卖财产，通过以物抵债偿还债务且抵债裁定已送达债权人的抵债财产，已完成转账、汇款、现金交付的执行款，因财产所有权已经发生变动，不属于被执行人的财产，不再移交。从第 16、17 条规定精神看，对已完成向申请执行人转账、汇款、现金交付的执行款，因财产权利归属已经发生变动，不属于被执行人的财产。已经扣划到执行法院账户的银行存款等执行款，但未完成向申请执行人转账、汇款、现金交付的，财产权利归属未发生变动，仍属于被执行人的财产，执行法院收到受移送法院受理裁定后，不应再支付给申请执行人，应当将其移交给受理破产案件的法院或管理人。《最高人民法院关于适用〈中华人民共和国民事诉讼法〉的解释》及《指导意见》有关规定均体现了对债权人进行公平清偿的精神。从价值衡量角度看，个别债权人和全体债权人利益冲突的衡量，应该要向全体债权人倾斜，以有利于矛盾纠纷的化解。

本案中，在 1332 万元汇入法院执行款专户前，被执行人永禾公司尚有多起执行案件在肥西县法院执行，肥西县法院于 2015 年 12 月 7 日向合肥中院提交各案申请参与分配函，其实质反映了在被执行人财产明显不能清偿所有债权时其他债权人要求实现债权公平清偿的主张。根据《最高人民法院关于适用〈中华人民共和国民事诉讼法〉的解释》有关规定倾向于对债权人进行公平清偿的精神，合肥中院通过向肥西县法院发函的方式，告知永禾公司的

① 现为《最高人民法院关于适用〈中华人民共和国民事诉讼法〉的解释》（2022 年修正）第五百零六条。

② 现为《最高人民法院关于适用〈中华人民共和国民事诉讼法〉的解释》（2022 年修正）第五百一十一条。

其他债权人及时向住所地法院申请破产，是比较合理的处理方式。

本案合肥中院作出异议裁定时（2017 年 4 月 17 日），《指导意见》已经正式实施，而当时执行款仍未实际支付给国信公司，肥西县法院也已受理了永禾公司破产清算申请，应当按照《指导意见》精神审查国信公司异议请求，明确案涉执行款不应再支付给申请执行人，应当将其移交给受理破产案件的法院或管理人。安徽高院在审查复议申请时，亦应如此。安徽高院所主张的"专户资金实质上已由执行法院为申请执行人代管，该款项已脱离了债务人的实际控制，视为已向权利人交付"的观点，与《指导意见》精神不一致。

——中国裁判文书网。

192. 装修装饰工程款是否属于建筑工程价款，享有优先受偿权

关键词

装修装饰工程款

最高人民法院答复

福建省高级人民法院：

你院闽高法〔2004〕143 号《关于福州市康辉装修工程有限公司与福州天胜房地产开发有限公司、福州绿叶房产代理有限公司装修工程承包合同纠纷一案的请示》收悉。经研究，答复如下：

装修装饰工程属于建设工程，可以适用《中华人民共和国合同法》第二百八十六条①关于优先受偿权的规定，但装修装饰工程的发包人不是该建筑物的所有权人或者承包人与该建筑物的所有权人之间没有合同关系的除外。享有优先权的承包人只能在建筑物因装修装饰而增加价值的范围内优先受偿。

——《最高人民法院关于装修装饰工程款是否享有合同法第二百八十六条规定的优先受偿权的函复》（2004 年 12 月 8 日，〔2004〕民一他字第 14 号），载江必新主编：《人民法院执行工作规范全集》，人民法院出版社 2017 年版，第 499 页。

① 对应《民法典》第八百零七条。

193. 执行程序能否强制办理采矿权的权属变更登记

关键词

采矿权权属变更登记

最高人民法院指导性案例

于红岩与锡林郭勒盟隆兴矿业有限责任公司执行监督案［最高人民法院指导案例 123 号］

裁判要点：生效判决认定采矿权转让合同依法成立但尚未生效，判令转让方按照合同约定办理采矿权转让手续，并非对采矿权归属的确定，执行法院依此向相关主管机关发出协助办理采矿权转让手续通知书，只具有启动主管机关审批采矿权转让手续的作用，采矿权能否转让应由相关主管机关依法决定。申请执行人请求变更采矿权受让人的，也应由相关主管机关依法判断。

最高人民法院认为，本案执行依据的判项为隆兴矿业按照《矿权转让合同》的约定为于某某办理矿权转让手续。根据现行法律法规的规定，申请转让探矿权、采矿权的，须经审批管理机关审批，其批准转让的，转让合同自批准之日起生效。本案中，一、二审法院均认为对于矿权受让人的资格审查，属审批管理机关的审批权力，于某某是否符合采矿权受让人条件、《矿权转让合同》能否经相关部门批准，并非法院审理范围，因该合同尚未经审批管理机关批准，因此认定该合同依法成立，但尚未生效。二审判决也认定，如审批管理机关对该合同不予批准，双方当事人对于合同的法律后果、权利义务，可另循救济途径主张权利。鉴于转让合同因未经批准而未生效的，不影响合同中关于履行报批义务的条款的效力，结合判决理由部分，本案生效判决所称的隆兴矿业按照《矿权转让合同》的约定为于某某办理矿权转让手续，并非对矿业权权属的认定，而首先应是指履行促成合同生效的合同报批义务，合同经过审批管理机关批准后，才涉及到办理矿权转让过户登记。因此，锡盟中院向锡林郭勒盟国土资源局发出协助办理矿权转让手续的通知，只是相当于完成了隆兴矿业向审批管理机关申请办理矿权转让手续的行为，启动了行政机关审批的程序，且在当前阶段，只能理解为要求锡林郭勒盟国土资源局依法履行转让合同审批的职能。

矿业权因涉及行政机关的审批和许可问题，不同于一般的民事权利，未经审批的矿权转让合同的权利承受问题，与普通的民事裁判中的权利承受及债权转让问题有较大差别，通过执行程序中的申请执行主体变更的方式，并不能最终解决。本案于某某主张以其所成立的锡林郭勒盟辉澜萤石销售有限公司名义办理矿业权转让手续问题，本质上仍属于矿业权受让人主体资格是否符合法定条件的行政审批范围，应由审批管理机关根据矿权管理的相关规定作出判断。于某某认为，其在履行生效判决确定的权利义务过程中，成立锡林郭勒盟辉澜萤石销售有限公司，是在按照行政机关的行政管理性规定完善办理矿权转让的相关手续，并非将《矿权转让合同》的权利向第三方转让，亦未损害国家利益和任何当事人的利益，其申请将采矿权转让手续办至锡林郭勒盟辉澜萤石销售有限公司名下，完全符合《矿产资源法》《矿业权出让转让管理暂行规定》《矿产资源开采登记管理办法》，及内蒙古自治区国土资源厅《关于规范探矿权采矿权管理有关问题的补充通知》等行政机关在自然人签署矿权转让合同情况下办理矿权转让手续的行政管理规定，此观点应向相关审批管理机关主张。锡盟中院和内蒙高院裁定驳回于某某变更主体的申请，符合本案生效判决就矿业权转让合同审批问题所表达的意见，亦不违反执行程序的相关法律和司法解释的规定。

——《最高人民法院关于发布第 23 批指导性案例的通知》（2019 年 12 月 24 日，法〔2019〕294 号）。

说明

指导案例 123 号于红岩与锡林郭勒盟隆兴矿业有限责任公司执行监督案，明确了法院生效判决认定采矿权转让合同依法成立但尚未生效，判令转让方按照合同约定办理采矿权转让手续的，并非对采矿权归属的确定，法院的执行也只能以实现该合同所处的报批义务履行阶段的目的为边界。因此执行法院向相关主管机关发出协助办理采矿权转让手续通知书，只具有启动主管机关审批采矿权转让手续的作用，采矿权能否转让应由相关主管机关依法审批决定。申请执行人请求变更采矿权受让人的，也应由相关主管机关依法判断。

最高人民法院答复

河北省高级人民法院：

你院《关于刘振树与隆化县郭家屯镇人民政府、姜凤春承包合同纠纷执行一案的请示报告》收悉。经研究，答复如下：

一、关于执行依据中具体执行内容的判断。具体执行内容应主要根据执行依据主文进行判断。必要时，应结合执行依据的其他部分，比如判决书的说理、当事人诉讼请求等内容综合判断。

本案判决的具体内容为“交付岩矿经营权”，该判决能够强制执行。理由如下：第一，本案执行依据的终审判决主文表述为："……岩矿自××年××月××日起归原告经营"，体现了在规定时间交付经营权的意思；第二，上述终审判决在"本院认为"部分也体现了协议期限届满后，涉案岩矿的经营应恢复到协议前由原告经营状态的意思；第三，当事人的诉讼请求也是要求交还岩矿（包括手续变更）。

二、关于"岩矿经营权"与采矿权证办理的关系。采矿权是一种经行政许可的权利，对于采矿权的执行涉及司法权与行政权的界限。作为本案执行依据的终审判决谨慎地处理了"岩矿经营权"与采矿权证的关系。该判决在"本院认为"部分一方面认定原告享有"岩矿经营权"，同时认为采矿权资格的审查、采矿权属的变更都属于行政机关的职权范围。基于这一判断，判决书在主文中确认了岩矿在规定时间归原告经营，同时撤销了一审主文关于"被告协助原告办理过户手续"的内容。忠实遵照执行依据进行执行，是执行程序的基本原则。由于作为本案执行依据的终审判决已经明确区分了"岩矿的经营权"与"采矿权证的许可"，并将判决的内容限定在前者的范围内，所以执行程序应当严格依判决内容执行。

三、关于"交付岩矿经营权"的具体执行。由于占有是经营的基础，所以在执行程序中应当移交涉案岩矿的占有；由于执行依据区分了"岩矿经营权"与采矿权证的办理，所以执行程序中不能要求行政机关办理采矿权过户手续。如果岩矿经营的权利人因采矿权的许可发生了争议，应当通过其他途径进行救济。

请你院根据上述意见，结合案件具体情况，依法妥善处理相关案件。

——《最高人民法院关于判决内容为"交付岩矿经营权"如何执行问题的复函》（2014年10月28日，（2014）执他字第35号函）。

附录：最高人民法院法官著述

本案中，存在争议的判决主文为"位于隆化县郭家屯镇干沟门村大北沟的珍珠岩矿自2010年1月1日起归刘振树经营"。由于岩矿的经营涉及采矿权这一行政性的审批权力，所以如何把握执行的内容范围，即执行中是否要强制办理采矿权权属的变更登记，容易发生分歧。河北两级法院对此也是存在不同认识，并因此请示最高法院。

本案中，判断执行内容的主要根据是二审判决的主文。当对判决主文的理解存在分歧时，应当参考判决的说理部分及案件的审理过程。首先确定了执行依据中待实现的事项，才能讨论能否执行与如何执行的问题。

（一）本案具体需要实现的判决事项

作为本案执行依据的河北高院二审判决[①]主文为：一、撤销承德中院（2009）承民初字第166号民事判决第二项，维持该判决第一、第三、第四项；二、位于隆化县郭家屯镇干沟门村大北沟的珍珠岩矿自2010年1月1日起归刘振树经营。

而承德中院的一审判决主文为：一、被告隆化县郭家屯镇政府与被告姜凤春于2001年4月19日所签订的《珍珠岩矿山开采权经营协议书》中关于被告姜凤春享有的自2010年1月1日起至2031年10月1日止珍珠岩矿山开采权的约定无效；二、本案讼争的位于隆化县郭家屯镇干沟门村大北沟的珍珠岩矿自2010年1月1日起归原告刘振树经营，由被告隆化县郭家屯镇政府、被告姜凤春协助办理相关权属变更手续；三、被告隆化县郭家屯镇政府于本判决生效后十日内向原告刘振树支付违约金10万元；四、驳回原告刘振树其他诉讼请求。

对比一审、二审判决主文，可以看出，作为执行依据的二审判决驳回了原告关于权属手续变更的诉讼请求。[②]即本案执行依据的该项主文中，待实现的权利内容不包括办理权属变更手续，而仅限于"岩矿归刘振树经营"。

（二）执行依据排除办理权属变更手续的原因

原告刘振树诉讼请求为：确认两被告郭家屯镇政府与姜凤春签订的合同无效、两被告交还涉案岩矿（包括手续变更）及支付违约金等内容。一审判决可以说全面支持原告的诉讼请求。但是二审判决却撤销了两被告协助办理相关权属变更手续的内容，仅保留涉案岩矿自2010年1月1日起归刘振树经营的判项。至于判项变更的原因，二审判决的"本院认为"部分有清楚的表述："是否批准授予采矿许可是有关行政部门的职能范围，不是人民法院的职能范围。但是，当事人的某些民事行为却是构成采矿权的基础要素，人民法院正是需要对这些基础的民事行为进行审理和认定。"……"1984年成立的三道营乡干沟门珍珠岩矿是刘振树自筹资金设立的挂靠干沟门村集体名下的企业，实际权利义务由刘振树享有与承担。"……"镇政府与刘振树1995年《协议》约定的合作期限为15年，即到2009年12月31日止。协议期限届满该珍珠岩矿的经营应当恢复为协议前的状况。《协议》前刘振树是三道营乡干沟门珍珠岩矿的权利义务人，并持有负责人为刘振树的三道营乡干沟门珍珠岩矿采矿许可证，一直并没有被撤销，因此，刘振树享有三道门乡干沟门珍珠岩矿现为郭家屯镇干沟门村大北沟的珍珠岩矿的经营权。本案的审理目的在

① 需要说明的是，本案经我院指定河北高院再审，河北高院2011年7月28日（2011）冀民再终字第119号维持了本案的二审判决。对于再审维持原判的，哪个法律文书是执行依据可能存在争议，这里为了行文的方便，回避了该争议，直接视原二审判决为执行依据。

② 原告刘振树诉讼请求为：确认两被告郭家屯镇政府与姜凤春签订的合同无效、两被告交还涉案岩矿（包括手续变更）及支付违约金等内容。

于，确认和厘清当事人之间的民事权利义务关系脉络，为相关行政部门批准采矿许可提供基础民事事实的司法评判。但是本案采矿权的行政许可，还需相应行政部门审查批准，办理相应的采矿许可权证书。”

二审判决的说理部分解释了撤销一审关于“协助办理权属变更手续”的原因，也印证了二审判项中“岩矿归刘振树经营”的具体含义，即该判项中并不包含直接要求行政机关办理权属变更登记的内容。因为人民法院审判的职能是厘清当事人之间的权利义务关系，而采矿权证的许可是相关行政机构的职能范围。且刘振树持有涉案岩矿的采矿许可证一直未被撤销。

可以说，本案二审判决清楚表明了对于涉案岩矿经营权的归属与行政许可、权属变更关系的态度，在执行中应予以充分尊重。

（三）“岩矿归刘振树经营”是否具有可执行性

判断执行依据是否具有可执行性，主要看是否具有给付内容，及给付的内容是否明确。本案中，判决主文“岩矿归刘振树经营”，显然具有交付岩矿给原告经营的内容，应该说该内容是具体而明确的。即在一般意义上来说，该项内容能够予以强制执行。

本案的特殊之处在于，“岩矿的经营”需要取得采矿权，是一种需要取得行政许可的权利。执行程序中仅仅转移经营权而不同时办理权属变更登记，是否合法并且妥当，会存在争议。[1] 其实河北高院二审判决的“本院认为”已经解决了该问题。“本院认为”明确区分了岩矿经营与权属变更两个问题。认为“采矿权证的许可是相关行政机构的职能范围”；同时认为，原告持有的三道营乡干沟门珍珠岩矿采矿许可证一直未被撤销，因

此“享有三道门乡干沟门珍珠岩矿现为郭家屯镇干沟门村大北沟的珍珠岩矿的经营权”。由此可见，仅将岩矿经营权交付给原告是否合法的问题，已经被执行依据所论证，执行程序只需忠实实现执行依据的确认的权利义务即可。

（四）本案应如何执行

第一，应当移交涉案岩矿。由于判决确定涉案岩矿归刘振树经营，而占有是经营的基础。所以，应将涉案岩矿移交刘振树占有。

第二，不能直接责令行政机关办理采矿权过户手续。由于判决明确区分了人民法院及行政机关的职能，认为是否颁发采矿权证书属于行政职能范围，因此执行程序中不能直接责令行政机关办理采矿权过户手续。

第三，刘振树可申请办理新证、提起行政诉讼。根据二审判决，刘振树持有涉案岩矿的采矿许可证一直未被撤销。如果能够依据该许可证经营，刘

① 具有明确给付内容的判决并非都能强制执行，理论上一个典型而极端的例子是“同居义务”，“同居义务”是明确而具体的，但是一般认为，不能予以强制执行。

振树可依据该许可证经营。如需要办理新证或者权属变更，刘振树应申请办理新证。如果对于相关行政行为不服，可提起行政诉讼进行救济。

另外需要说明的是，上述处理是基于二审判决作出。如果当事人对于二审判决不服，当然可以按照审判监督程序进行救济。

——葛洪涛：《“岩矿归原告经营”的判决能否执行及如何执行的请示与答复》，载江必新、刘贵祥主编、最高人民法院执行局编：《执行工作指导》2015 年第 2 辑（总第 54 辑），国家行政学院出版社 2015 年版，第 126~135 页。

194. 在对报告义务人作出处罚时，应当尽可能地对违法行为进行区分

关键词

财产报告义务人　处罚

附录：最高人民法院主流观点

情节严重的行为包括（但不限于）以下几种：（1）被执行人以及其他财产申报义务主体态度恶劣并拒收人民法院的执行通知书或报告财产令的；（2）在执行通知书规定的履行法律文书确定义务的期限内、或在执行通知书载明的申报财产状况的期限内以及在人民法院报告财产令规定的期限内，为恶意逃避执行，转移、隐匿、毁损可供执行的被执行人的财产的；（3）隐瞒可供执行的财产或财产性权利的数额超过可供执行财产总额 50% 以上的；（4）财产申报义务主体未在人民法院执行通知书或报告财产令确定的申报期限内如实申报财产，人民法院责成其当面陈述，其拒绝回答的；（5）其他构成“拒绝报告”或“虚假报告”从重或加重情形的。第二，对于被执行人拒绝报告或虚假报告的，是只能处以一次惩罚，还是可以多次适用罚则的问题。我们认为，在申报程序中，法律确定了多次申报的精神，被执行人每次申报都有可能拒绝报告或虚假报告。在程序上，当被执行人受到处罚后，法院完全可以重新再责令其限期申报，如被执行人仍不申报或瞒报，则构成新的违法事实，法院可以再次对其进行处罚。① 特别是对于被执行人报告暂时无财产可供执行的情形，执行法院要尤其注意，必要时对其进行多次处罚。但处罚只是手段，执行的根本目的是实现债权，对被执行人多次处罚也有可能降低处罚的威慑力，因此工作的重点仍是查找财产，只有法院发现财产的能力变

---

① 顾明华：《关于我国被执行人财产申报制度的思考》，载中国法院网。

强，当事人才不敢欺骗法院。

——江必新主编、最高人民法院执行局编：《最高人民法院执行司法解释、规范性文件理解与适用（2010~2013）》，中国法制出版社 2014 年版，第 115 页。

195. 悬赏执行在适用过程中的几个问题

关键词

悬赏执行

附录：最高人民法院主流观点

由于悬赏执行在各地法院的实施缺乏统一的法律规范，仍处于摸索阶段，本意见仅对悬赏执行涉及的基本问题予以规定，在适用过程中应注意以下几点问题：

一、严格明确悬赏执行的适用范围

悬赏执行是法院通过司法手段完成司法任务的一种方式，依靠社会力量，通过走群众路线解决执行难问题，在很大程度上是申请执行人付出相应金钱代价促成案件执行，无形中解脱了执行人员，容易使其无法正确对待作为与不作为的界限，甚至对于难以执行的案件找到一个应付当事人的托词，导致执行人员懈怠。因此，在执行举报机制的设计中，应解决的首要问题是严格限定悬赏执行的适用范围，一般来说，被执行人失踪或下落不明，且无法查证被执行人财产状况的案件，以及被执行人转移财产或有隐匿转移财产嫌疑，且未在法院规定的期限内如实申报其财产状况的案件，才能在申请执行人申请的前提下，启动悬赏执行程序。同时，执行法院应对悬赏执行的辅助性作用有充分认识，它只是一种辅助的执行措施，绝不是万全之策，不可替代其他执行措施，不能减轻执行法院的执行任务，即便采取了悬赏措施，执行法院仍需积极采取其他执行措施，以收到相辅相成、事半功倍之效，更好地保护当事人合法权益。

二、悬赏执行中应顾及被执行人的隐私权问题

出于对赏金这种物质利益的追逐，举报人为了获得被执行人的有关信息，可能会千方百计地寻找线索，不排除可能会采用违法的方式，如监听、监视、跟踪等，这些行为不仅会严重侵犯被执行人的隐私权，影响其正常生活，还会因为悬赏执行的推行引发新的法律纠纷。为了防止上述情形，法院要在一定程度上限制举报人的行为，可以在悬赏公告中注明，举报人不得使用非法或不正当手段获取被执行人的财产线索，如果通过非法手段如非法拘禁、非

法侵入他人住宅等方式获得被执行人的财产线索的，即使是真实的并具有可执行性，也不能领取赏金。

三、明确领取赏金的条件

首先，关于举报人的范围，为防止法院工作人员及家属在掌握相应执行财产信息后怠于执行的情况以及可能导致的司法腐败问题，在悬赏公告中应明确将法院工作人员及其近亲属排除在举报人之外。其次，举报的财产信息应不属于申请执行人已提供的、被执行人已申报的、人民法院或其他机关正在查封、冻结、扣押的范围，此类财产信息对执行不具有实质意义。第三，举报的财产信息必须是真实有效的，不能捕风捉影，排除虚假信息，而且须具有可执行性。最后，法律、法规及规范性文件对职业要求的规制不符合领取赏金的条件，如：执行法官在执行活动中知悉的执行线索，瞒而不报而把线索透露给关系人，让关系人向法院提供线索的；银行工作人员利用工作之便向第三人泄露债务人银行账户；证券公司工作人员利用工作之便向第三人泄露债务人证券账户等，此类违反职业要求的行为，不符合领取赏金的条件。

四、对举报人的信息要加强保密，防止打击报复

保密是悬赏执行中最重要的操作守则，能提供真实线索，特别是有价值线索的举报人，通常是被执行人亲近或熟悉的人，对于提供被执行人财产信息的举报人而言，提供信息的最大顾虑和障碍是担心提供信息后受到报复，遭遇人身危险。如果举报人的人身安全无法得到保障，悬赏执行很难得到真正的贯彻执行，因此，作为发布公告和接受信息的人民法院有责任和义务做好保密工作，确保举报人的人身及财产的安全，尤其是对于举报人的资料，在未经本人同意的情况下，不得公之于众，真正发挥悬赏执行在解决执行难的作用。

五、完善监督机制

任何涉及利益的工作，防止滋生腐败都是第一大要务。悬赏执行应当倡导社会各界积极参与，共同协助，同时亦应当加强协调与监督，完善机制。工商登记管理部门、房屋产权登记部门、税务部门、审计部门、国土资源管理部门等单位的工作人员在业务中发现被执行人财产线索的，应积极通过组织系统协助执行法院，而不应利用悬赏执行方式领取赏金，还包括上文中提到的银行、证券从业人员向第三人泄露被执行人信息的，也应通过制度设计予以排除。应当调动各方监督力量，避免国家工作人员利用权力，在悬赏执行机制中获取不正当利益，权力机关、纪检监察部门、检察机关、新闻媒体、社会舆论和其他有关人员，都应参与到监督中来，对于悬赏执行中的违纪违法行为，必须做到严肃处理，使之承担相应的行政、民事甚至刑事法律责任，形成相应的法律责任梯度。

——江必新主编、最高人民法院执行局编：《最高人民法院执行司法解

释、规范性文件理解与适用（2010~2013）》，中国法制出版社 2014 年版，第 151~153 页。

（三）财产控制

196. 严格禁止超标的查封和乱查封

关键词

超标的查封

最高人民法院司法政策精神

3. 合理选择执行财产。被执行人有多项财产可供执行的，人民法院应选择对被执行人生产生活影响较小且方便执行的财产执行。在不影响执行效率和效果的前提下，被执行人请求人民法院先执行某项财产的，应当准许；未准许的，应当有合理正当理由。

执行过程中，人民法院应当为被执行人及其扶养家属保留必需的生活费用。要严格按照中央有关产权保护的精神，严格区分企业法人财产与股东个人财产，严禁违法查封案外人财产，严禁对不得查封的财产采取执行措施，切实保护民营企业等企业法人、企业家和各类市场主体合法权益。要注意到，信托财产在信托存续期间独立于委托人、受托人各自的固有财产，并且受益人对信托财产享有的权利表现为信托受益权，信托财产并非受益人的责任财产。因此，当事人因其与委托人、受托人或者受益人之间的纠纷申请对存管银行或信托公司专门账户中的信托资金采取保全或执行措施的，除符合《中华人民共和国信托法》第十七条规定的情形外，人民法院不应准许。

4. 严禁超标的查封。强制执行被执行人的财产，以其价值足以清偿生效法律文书确定的债权额为限，坚决杜绝明显超标的查封。冻结被执行人银行账户内存款的，应当明确具体冻结数额，不得影响冻结之外资金的流转和账户的使用。需要查封的不动产整体价值明显超出债权额的，应当对该不动产相应价值部分采取查封措施；相关部门以不动产登记在同一权利证书下为由提出不能办理分割查封的，人民法院在对不动产进行整体查封后，经被执行人申请，应当及时协调相关部门办理分割登记并解除对超标的部分的查封。相关部门无正当理由拒不协助办理分割登记和查封的，依照民事诉讼法第一百一十四条采取相应的处罚措施。

——《最高人民法院关于在执行工作中进一步强化善意文明执行理念的意见》（2019 年 12 月 16 日，法发〔2019〕35 号）。

最高人民法院大法官著述

一、关于超标的查封的界定

按照相关司法解释规定，查封财产以其价额足以清偿生效法律文书确定的债权额及执行费用为限，不得明显超标的查封。中央相关文件和最高人民法院也反复重申要严格禁止超标的查封和乱查封。但从实践来看，这一问题依然在一些法院不同程度存在。有的查封一项财产就足以清偿债务的而查封多项财产；有的只需冻结部分银行存款却要对账户进行整体冻结；有的可以对不动产相应价值部分进行查封，却采取了整体查封措施；有的应当采取"活封"措施的而进行"死封"。这些问题，损害了当事人和人民群众的合法权益，损害了人民法院的执行权威和司法公信力，也会对经济社会发展带来不利影响。对此，《最高人民法院关于在执行工作中进一步强化善意文明执行理念的意见》（以下简称《意见》）强调指出，人民法院要采取有效措施坚决纠正实践中出现的超标的查封、乱查封现象，畅通人民群众反映问题渠道，对有关线索实行"一案双查"，对不规范行为依法严肃处理，决不姑息。

值得注意的是，在执行案件中，由于债权额存在利息因素而不断增加，查封财产也可能会贬值或出现价格波动，甚至还存在流拍降价的风险，并且有些财产也很难准确估算出其价值。为保障申请执行人债权，执行人员在采取查封措施时，会适当多查封一些财产，这是很难避免的。尽管如此，执行人员也应当尽到合理注意义务，结合财产实际情况，通过网络大数据、了解市场行情、咨询专业人员等方式，最大限度确保查封财产价值与案件债权额大体相当，绝不能不分青红皂白，以计算不出财产价值或者财产可能会贬值为由，明显超标的查封被执行人财产。

二、关于不动产分割查封

关于不动产分割查封，最高人民法院出台的《关于人民法院办理财产保全案件若干问题的规定》第十五条第二款已有明确规定："可供保全的土地、房屋等不动产的整体价值明显高于保全裁定载明金额的，人民法院应当对该不动产的相应价值部分采取查封、扣押、冻结措施，但该不动产在使用上不可分或者分割会严重减损其价值的除外。"另外，最高人民法院之前下发的《关于在执行工作中规范执行行为切实保护各方当事人财产权益的通知》中，也明确要求如果登记在一个权利证书下的不动产价值超过应保全的数额，则应加强与国土部门的沟通、协商，对该不动产的相应价值部分采取保全措施，避免影响其他部分财产权益的正常行使。但实践中，上述规定落实的效果并不太理想，主要原因在于，一方面，有些执行人员认为分割登记属于相关部门的事情，与自身职责无关，没有动力去协调解决；另一方面，即使执行人员去积极协调，有的相关部门也依然以各种理由不予办理。《意见》第 4 条强调人民法院应当及时协调相关部门办理分割登记，是因为，虽然通常来讲分割登记的确不属于法院职责，但在整体查封构成明显超标的的情形下，协调有关部门办理分割登记和分割查封，是为民办实事解难忧的要求。总之，要使《关于人民法院办理财产保全案件若干问题的规定》第十五条的分割查封规定真正发挥作用，切实保障被执行人超出债权额部分的财产权益不受损害，需要人民法院和相关部门共同努力，形成工作合力，这是《意见》作此规定的主要目的。

在出台《意见》的新闻发布会上，人民法院通报了北京一中院分割登记和分割查封的一个典型案例。在这个案例中，被执行人的债务总额近5亿元，但其所有的一栋大楼价值约20亿元。法院对大楼整体查封后，经与登记部门沟通协调，进行了分割登记和分割查封，并由被执行人利用解除查封的楼层去融资，顺利清偿了本案债务，取得了非常好的效果。相反，如果法院将这个价值20亿元的大楼整体拍卖，对于被执行人来说，显然将会有非常大的损失。法院在协调分割登记和分割查封过程中，的确需要耗费一定的时间和精力，但却能取得善意文明执行的良好社会效果。

需要注意的是，《意见》第4条主要针对实践中存在的突出问题确立价值导向并提出工作要求，其并未排除适用《关于人民法院办理财产保全案件若干问题的规定》第十五条第二款的除外条款。也就是说，如果查封的不动产在使用上的确不可分，比如查封被执行人名下一套两室一厅的商品房，虽然其价值超过执行债权额，但由于其在使用上的确不可分，人民法院也只能对其整体查封。

——刘贵祥：《严格把握财产查封、财产变现的法律界限为经济社会发展提供更加优质司法服务和保障》，载《人民法院报》2020年1月17日。

197. 财产查封中在建工程的变现

关键词

财产查封 在建工程 变现

最高人民法院司法政策精神

5. 灵活采取查封措施。对能“活封”的财产，尽量不进行“死封”，使查封财产能够物尽其用，避免社会资源浪费。查封被执行企业厂房、机器设备等生产资料的，被执行人继续使用对该财产价值无重大影响的，可以允许其使用。对资金周转困难、暂时无力偿还债务的房地产开发企业，人民法院应按照下列情形分别处理：

（1）查封在建工程后，原则上应当允许被执行人继续建设。

（2）查封在建工程后，对其采取强制变价措施虽能实现执行债权人债权，但会明显贬损财产价值、对被执行人显失公平的，应积极促成双方当事人达成暂缓执行的和解协议，待工程完工后再行变价；无法达成和解协议，但被执行人提供相应担保并承诺在合理期限内完成建设的，可以暂缓采取强制变价措施。

（3）查封在建商品房或现房后，在确保能够控制相应价款的前提下，可以监督被执行人在一定期限内按照合理价格自行销售房屋。人民法院在确定期限时，应当明确具体的时间节点，避免期限过长影响执行效率、损害执行债权人合法权益。

——《最高人民法院关于在执行工作中进一步强化善意文明执行理念的意见》（2019 年 12 月 16 日，法发〔2019〕35 号）。

最高人民法院大法官著述

关于在建工程的变现。根据《最高人民法院关于在执行工作中进一步强化善意文明执行理念的意见》第 5 条的规定，对于一些资金周转困难、暂时无力偿还债务的房地产开发企业，人民法院查封其在建工程后，尽量促成双方当事人和解，给被执行人一定的缓冲期，让其把在建工程建起来，不仅能够最大限度实现申请执行人债权，而且也可以降低对被执行企业的不利影响。当然，如果房地产开发企业资金链完全断裂，已经没有挽救的可能，在建工程也无继续建设的可能，法院也只能拍卖这些在建工程。另外，如果法院查封的在建工程是商品房，已经取得了预售许可，也可以让被执行企业一边建设一边出售，法院在这一过程中只要控制住变卖款即可。

——刘贵祥：《严格把握财产查封、财产变现的法律界限为经济社会发展提供更加优质司法服务和保障》，载《人民法院报》2020 年 1 月 17 日。

198. 查封时未能准确判断标的价额的，是否影响查封行为的合法性

关键词

查封财产价值　超标的查封

最高人民法院裁判文书

南通新华建筑集团有限公司执行审查案［最高人民法院（2017）最高法执复 37 号执行裁定书］

裁判要旨：本案具体查封的标的物是不动产，而非存款等具有明确金额的财产，财产保全制度的性质决定在实施查封时无法精确计算其价值，仅能综合各方因素予以估算，因此不能否定在被查封财产价额尚无准确判断依据时所实施查封的合法性，对于是否超标的查封的问题可在随后的异议程序中解决。

最高人民法院经审查认为：本案的争议焦点是，河北高院异议裁定宣布撤销该院（2016）冀执保24号协助执行通知是否错误；该裁定是否应当撤销。

根据《中华人民共和国民事诉讼法》第一百零二条[①]的规定，诉讼财产保全限于请求的范围，或者与本案有关的财物。诉讼财产保全裁定的执行中，查封财产应以财产保全裁定确定的财产价值为限。根据《最高人民法院关于人民法院民事执行中查封、扣押、冻结财产的规定》第二十一条[②]规定的精神，查封的财产如果明显超过保全裁定确定的价值，应及时解除对超额部分财产的查封。天之润公司在异议程序中主张超标的额查封房产，并提交了部分查封房产为其他目的作出的价值估价报告，但南通新华公司对此不予认可，双方就被查封房产的价值存在争议。对此种争议一般理解为应在异议审查过程中解决，并实质性确定是否解除部分查封。河北高院在异议程序中未对本案是否存在超标的额查封财产的问题作出实质判断，而只是指出了本案超标的查封争议的处理原则，即由执行实施部门对被查封房产价额进行核实后重新作出协助执行通知，该处理方式与一般理解的异议程序的功能和目的不一致，不尽合理，但尚不妨作为特定情形下的变通处理方式。

本案具体查封的标的物是不动产，而非存款等具有明确金额的财产，财产保全制度的性质决定在实施查封时无法精确计算其价值，仅能综合各方因素予以估算，因此不能否定在被查封财产价额尚无准确判断依据时所实施查封的合法性，对于是否超标的查封的问题可在随后的异议程序中解决。河北高院异议裁定中以双方当事人对被查封房产的价值存在争议，且没有权威性依据，无法判断被查封房产的价额为由，认定该院作出的（2016）冀执保24号协助执行通知事实不清，应予撤销，并因此直接宣布撤销（2016）冀执保24号协助执行通知，是错误的。

——中国裁判文书网。

---

① 现为《民事诉讼法》（2021年修正）第一百零五条。

② 现为《最高人民法院关于人民法院民事执行中查封、扣押、冻结财产的规定》（2020年修正）第十九条。

199. 执行异议审查中明显超标的查封的判断

关键词

执行异议　超标的查封

最高人民法院裁判文书

河南建开置业股份有限公司、马福生债权转让合同纠纷执行审查案［最高人民法院（2018）最高法执监 202 号执行裁定书］

裁判要旨：是否属于明显超标的查封，须在明确案件执行标的数额的基础上，通过对查封财产评估或参照市场价估价，并兼顾司法拍卖变现过程中的降价情况，以及被查封财产上是否存在担保物权及其他优先权等各种因素进行综合判断。

最高人民法院经审查认为：关于焦作中院是否超标的查封的问题。《最高人民法院关于人民法院民事执行中查封、扣押、冻结财产的规定》第二十一条[①]第一款规定，查封、扣押、冻结被执行人的财产，以其价额足以清偿法律文书确定的债权额及执行费用为限，不得明显超标的额查封、扣押、冻结。是否属于明显超标的查封，须在明确案件执行标的数额的基础上，通过对查封财产评估或参照市场价估价，并兼顾司法拍卖变现过程中的降价情况，以及被查封财产上是否存在担保物权及其他优先权等各种因素进行综合判断。本案中，首先，申请执行人马福生虽然承诺按照法律规定的利息标准执行，但焦作中院和河南高院在异议及复议审查过程中均未重新计算或核实本案执行标的的具体数额，导致对焦作中院是否超标的查封建开置业公司的财产缺少最基本的比对标准，属于基本事实认定不清；其次，焦作中院和河南高院在异议及复议审查程序中，既未通过合适的方式计算或评估被查封财产的价值，也未对查封财产上所涉担保债权的数额逐项进行核对及核减，便径直认定本案不存在明显超标的查封的情形，亦构成认定基本事实不清。焦作中院应在核实本案执行标的数额以及查封财产价值、担保债权数额等基础上，重新审查本案是否存在明显超标的查封的情形。

——中国裁判文书网。

---

① 现为《最高人民法院关于人民法院民事执行中查封、扣押、冻结财产的规定》（2020 年修正）第十九条。

200. 判断是否构成超标的查封，以查封时的客观价值作为判断标准

关键词

超标的查封　客观价值　二次流拍

最高人民法院裁判文书

海南东泰嘉华房地产开发有限公司、周克顺与王朝东、李小娴、中色海南有色金属工业有限公司、向伶项目转让合同纠纷执行监督案［最高人民法院（2020）最高法执复66号执行裁定书］

裁判要旨：判断是否构成超标的查封，系对查封行为的评判，就法律逻辑而言，应以财产被查封时的客观价值作为判断基准，而不应以财产在未来被处置时的可能价格作为判断基准。

最高人民法院认为，关于本案是否存在超标的查封情形的问题。《最高人民法院关于人民法院民事执行中查封、扣押、冻结财产的规定》第二十一条[①]第一款规定："查封、扣押、冻结被执行人的财产，以其价额足以清偿法律文书确定的债权额及执行费用为限，不得明显超标的额查封、扣押、冻结"。据此，人民法院在执行程序中查封的财产价值如果明显超过法律文书确定的债权额及执行费用的，则构成超标的查封。

于此须指出的是，判断是否构成超标的查封，系对查封行为的评判，就法律逻辑而言，应以财产被查封时的客观价值作为判断基准，而不应以财产在未来被处置时的可能价格作为判断基准。进而言之，查封财产的目的当然是要尽可能确保财产的处置变价能够清偿债权，但是在查封财产时，该财产的未来处置变价情况是不确定的，其固然存在拍卖不顺、成交价下浮的可能，但也存在拍卖顺利、成交价上浮的可能，故在确定查封财产价值时，当然可以适当考虑市场行情和价格变化趋势，在不"明显"超过查封财产现时客观价值的幅度内，合理确定查封标的范围，但不宜只看到查封财产的未来处置价下浮这一种可能性，以"第一次拍卖起拍价可以为评估价或者市场价的百分之七十、第二次拍卖起拍价可以为第一次起拍价的百分之八十"为由，将

---

① 现为《最高人民法院关于人民法院民事执行中查封、扣押、冻结财产的规定》（2020年修正）第十九条。

查封财产价值直接扣减百分之五十六之后，再与申请执行债权来比较是否构成超标的查封，这种做法对被执行人无疑是不公平的。故《最高人民法院关于在执行工作中进一步强化善意文明执行理念的意见》（法发〔2019〕35号）第7条有关冻结上市公司股票的规定中也明确，对于上市公司股票这一市场价格波动较大的财产，确定冻结范围也“应当以冻结前一交易日收盘价为基准，结合股票市场行情，一般在不超过20%的幅度内合理确定”。由此可见，海南高院以“第一次拍卖起拍价可以为评估价或者市场价的百分之七十、第二次拍卖起拍价可以为第一次起拍价的百分之八十”作为驳回东泰公司异议请求的理由，于法无据，应予纠正。

事实上，在本案中，2018年5月，东泰公司已单方委托海南中联房地产估价咨询有限公司对已查封的“海的理想”项目6栋112套房产、7栋112套房产及26套别墅等进行评估，评估结论为：总建筑面积28448.75平方米，预售房地产评估总价格为545863993元。该评估报告虽然是东泰公司单方委托作出，但其系有相应资质的评估公司按正当工作程序作出的，其结论在对方当事人未提出充足证据予以推翻的情况下，具有一定的参考意义。2019年12月，海南高院委托海南国佳土地房地产评估有限公司对海南省文昌市文城镇高隆路307号“海的理想”项目名下6栋112套房产、7栋112套房产、26栋别墅和C101商铺等共计251套房地产价值进行评估。该评估公司出具的海国房估（2019）字第043号《房地产司法鉴定估价报告》载明的结论为：上述房产总建筑面积28693.56平方米，房地产价值约为4.71亿元。该估价报告系海南高院依法委托的具有相应资质的评估公司作出的阶段性报告，其估价结论可作为认定本案查封标的物价值的重要参考。综合以上两份评估报告的结论情况，本案查封标的物的价值存在明显超过法律文书确定的债权额及执行费用的可能，但海南高院未对此进行认真审查，也未对王朝东、李小娴债权额可能增加的数量予以审查，即直接以东泰公司提供的评估报告系单方委托、不能作为确定查封财产价值的依据，王朝东、李小娴债权额也会增加为由，驳回东泰公司异议请求，属于基本事实认定不清，依法应发回海南高院重新审查。

——中国裁判文书网。

201. 判断超标的查封的时点是以查封的时点为准还是以审查时点为准

关键词

超标的查封　查封时点　审查时点

最高人民法院裁判文书

唐山市中厦房地产开发有限公司建设工程合同纠纷、建设工程合同纠纷执行案［最高人民法院（2022）最高法执监 221 号执行裁定书］

裁判要旨：法律设定财产保全制度的目的在于保障日后作出的生效裁判能够得到顺利执行。由于房地产的市场价值处于不断波动之中，审查查封是否超标的额，以审查时房产的市场价值为基准，更具客观性。以审查时的房产的市场价值为基准审查查封是否超标的额，不影响双方当事人在房地产市场价格发生明显变动时依法维护自身权益。

最高人民法院认为：本案争议焦点是，唐山中院变更（2014）唐民初字第 269-2 号协助执行通知书所涉查封房产范围是否恰当。

根据《中华人民共和国民事诉讼法》第一百零五条及《最高人民法院关于人民法院办理财产保全案件若干问题的规定》第十五条的规定，保全限于保全申请人请求的范围，或者与本案有关的财产；人民法院应当依据财产保全裁定采取相应的查封、扣押、冻结措施；对于可供保全的土地、房屋等不动产的整体价值明显高于保全裁定载明金额的，人民法院应当对该不动产的相应价值部分采取查封、扣押、冻结措施。

本案属诉讼财产保全裁定的执行，查封、扣押、冻结被保全人财产的价值应以保全裁定载明的金额为限。根据已经查明的事实，依环宇公司的保全申请及变更申请，唐山中院先后作出（2014）唐民初字第 269-2 号、（2014）唐民初字第 269-6 号民事裁定，合计冻结中厦公司银行存款 71000000 元或查封其等值相应资产，并据此最终查封了中厦公司名下北河新区 ×× 号公寓 148 套房产、冻结了其银行存款 195331.81 元。对于查封的 148 套房产的价值，唐山中院向滦南县住建局调取了北河新区 ×× 号公寓房产买卖合同备案情况，2020 年以来房产备案合同显示均价为每平方米 5542.36 元，唐山中院据此计算案涉 148 套房产的价值，并对超出 71000000 元保全范围的部分房产予以解除查封，并无不当。

法律设定财产保全制度的目的在于保障日后作出的生效裁判能够得到顺利执行。本案从 2014 年首次采取保全措施至今，已经时隔多年，期间保全查封的房产经过了多次置换，查封的房产数量也发生了变化。由于房地产的市场价值处于不断波动之中，审查查封是否超标的额，以审查时房产的市场价值为基准，更具客观性。以审查时的房产的市场价值为基准审查查封是否超标的额，不影响双方当事人在房地产市场价格发生明显变动时依法维护自身权益。未来房地产市场价值如出现明显下跌，环宇公司可以追加申请查封中厦公司财产。故环宇公司关于以法院查封案涉房产时的价格确定保全财产价值的主张，不应支持。

——中国裁判文书网。

202. 判断是否构成超标的查封应以财产被查封时的客观价值作为判断基准，而不应以财产在未来被处置时的可能价格作为判断基准

关键词

超标的查封　客观价值

最高人民法院裁判文书

海南东泰嘉华房地产开发有限公司与王朝东项目转让合同纠纷执行案

［最高人民法院（2020）最高法执复66号执行裁定书］

裁判要旨：判断是否构成超标的查封，系对查封行为的评判，就法律逻辑而言，应以财产被查封时的客观价值作为判断基准，而不应以财产在未来被处置时的可能价格作为判断基准。在不"明显"超过查封财产现时客观价值的幅度内，合理确定查封标的范围，但不宜只看到查封财产的未来处置价下浮这一种可能性，将查封财产价值直接扣减百分之五十六之后，再与申请执行债权来比较是否构成超标的查封，这种做法对被执行人无疑是不公平的。

最高人民法院认为：关于本案是否存在超标的查封情形的问题。《最高人民法院关于人民法院民事执行中查封、扣押、冻结财产的规定》第二十一条①第一款规定："查封、扣押、冻结被执行人的财产，以其价额足以清偿法律文书确定的债权额及执行费用为限，不得明显超标的额查封、扣押、冻结"。据此，人民法院在执行程序中查封的财产价值如果明显超过法律文书确定的债权额及执行费用的，则构成超标的查封。

于此须指出的是，判断是否构成超标的查封，系对查封行为的评判，就法律逻辑而言，应以财产被查封时的客观价值作为判断基准，而不应以财产

① 现为《最高人民法院关于人民法院民事执行中查封、扣押、冻结财产的规定》（2020年修正）第十九条。

在未来被处置时的可能价格作为判断基准。进而言之，查封财产的目的当然是要尽可能确保财产的处置变价能够清偿债权，但是在查封财产时，该财产的未来处置变价情况是不确定的，其固然存在拍卖不顺、成交价下浮的可能，但也存在拍卖顺利、成交价上浮的可能，故在确定查封财产价值时，当然可以适当考虑市场行情和价格变化趋势，在不"明显"超过查封财产现时客观价值的幅度内，合理确定查封标的范围，但不宜只看到查封财产的未来处置价下浮这一种可能性，以"第一次拍卖起拍价可以为评估价或者市场价的百分之七十、第二次拍卖起拍价可以为第一次起拍价的百分之八十"为由，将查封财产价值直接扣减百分之五十六之后，再与申请执行债权来比较是否构成超标的查封，这种做法对被执行人无疑是不公平的。故《最高人民法院关于在执行工作中进一步强化善意文明执行理念的意见》（法发〔2019〕35号）第7条有关冻结上市公司股票的规定中也明确，对于上市公司股票这一市场价格波动较大的财产，确定冻结范围也"应当以冻结前一交易日收盘价为基准，结合股票市场行情，一般在不超过20%的幅度内合理确定"。由此可见，海南高院以"第一次拍卖起拍价可以为评估价或者市场价的百分之七十、第二次拍卖起拍价可以为第一次起拍价的百分之八十"作为驳回东泰公司异议请求的理由，于法无据，应予纠正。

事实上，在本案中，2018年5月，东泰公司已单方委托海南中联房地产估价咨询有限公司对已查封的"海的理想"项目6栋112套房产、7栋112套房产及26套别墅等进行评估，评估结论为：总建筑面积28448.75平方米，预售房地产评估总价格为545863993元。该评估报告虽然是东泰公司单方委托作出，但其系有相应资质的评估公司按正当工作程序作出的，其结论在对方当事人未提出充足证据予以推翻的情况下，具有一定的参考意义。2019年12月，海南高院委托海南国佳土地房地产评估有限公司对海南省文昌市文城镇高隆路307号"海的理想"项目名下6栋112套房产、7栋112套房产、26栋别墅和C101商铺等共计251套房地产价值进行评估。该评估公司出具的海国房估（2019）字第043号《房地产司法鉴定估价报告》载明的结论为：上述房产总建筑面积28693.66平方米，房地产价值约为4.71亿元。该估价报告系海南高院依法委托的具有相应资质的评估公司作出的阶段性报告，其估价结论可作为认定本案查封标的物价值的重要参考。综合以上两份评估报告的结论情况，本案查封标的物的价值存在明显超过法律文书确定的债权额及执行费用的可能，但海南高院未对此进行认真审查，也未对王朝东、李小娴债权额可能增加的数量予以审查，即直接以东泰公司提供的评估报告系单方委托、不能作为确定查封财产价值的依据，王朝东、李小娴债权额也会增加为由，驳回东泰公司异议请求，属于基本事实认定不清，依法应发回海南高院重新审查。

——中国裁判文书网。

203. 被执行人提出超标的查封异议的处理

关键词

超标的查封　执行异议

最高人民法院司法政策精神

在采取查冻扣措施时注意把握执行政策。查封、扣押、冻结财产要严格遵守相应的适用条件与法定程序，坚决杜绝超范围、超标的查封、扣押、冻结财产，对银行账户内资金采取冻结措施的，应当明确具体冻结数额；对土地、房屋等不动产保全查封时，如果登记在一个权利证书下的不动产价值超过应保全的数额，则应加强与国土部门的沟通、协商，尽量仅对该不动产的相应价值部分采取保全措施，避免影响其他部分财产权益的正常行使。

在采取具体执行措施时，要注意把握执行政策，尽量寻求依法平等保护各方利益的平衡点：对能采取“活封”“活扣”措施的，尽量不“死封”“死扣”，使保全财产继续发挥其财产价值，防止减损当事人利益，如对厂房、机器设备等生产经营性财产进行保全时，指定被保全人保管的，应当允许其继续使用；对车辆进行查封，可考虑与交管部门建立协助执行机制，以在车辆行驶证上加注查封标记的方式进行，既可防止被查封车辆被擅自转让，也能让车辆继续使用，避免“死封”带来的价值贬损及高昂停车费用。对有多种财产并存的，尽量优先采取方便执行且对当事人生产经营影响较小的执行措施。在不损害债权人利益前提下，允许被执行人在法院监督下处置财产，尽可能保全财产市场价值。在条件允许的情况下可以为企业预留必要的流动资金和往来账户，最大限度降低对企业正常生产经营活动的不利影响。对符合法定情形的，应当在法定期限内及时解除保全措施，避免因拖延解保给被保全人带来财产损失。《最高人民法院关于人民法院办理财产保全案件若干问题的规定》即将正式施行，各级人民法院要在执行工作中认真贯彻落实。

——《最高人民法院关于在执行工作中规范执行行为切实保护各方当事人财产权益的通知》（法〔2016〕401号）。

最高人民法院审判业务意见［《人民法院办理执行案件规范（第二版）》］

455.【明显超标的查封的禁止】

查封、扣押、冻结被执行人的财产，以其价额足以清偿法律文书确定的债权额及执行费用为限，不得明显超标的额查封、扣押、冻结。冻结被执行人银行账户内存款的，应当明确具体冻结数额，不得影响冻结之外资金的流转和账户的使用。需要查封的不动产整体价值明显超出债权额的，应当对该不动产相应价值部分采取查封措施；相关部门以不动产登记在同一权利证书下为由提出不能办理分割查封的，人民法院在对不动产进行整体查封后，经被执行人申请，应当及时协调相关部门办理分割登记并解除对超标的部分的查封。相关部门无正当理由拒不协助办理分割登记和查封的，依照民事诉讼法第一百一十七条采取相应的处罚措施。

发现超标的额查封、扣押、冻结的，人民法院应当根据被执行人的申请或者依职权，及时解除对超标的额部分财产的查封、扣押、冻结，但该财产为不可分物且被执行人无其他可供执行的财产或者其他财产不足以清偿债务的除外。

——最高人民法院执行局编：《人民法院办理执行案件规范（第二版）》，人民法院出版社 2022 年版，第 201 页。

204. 查封财产时存在的严重超标查封问题，《善意文明执行意见》中是如何规定的

关键词

查封财产　严重超标查封问题

最高人民法院司法政策精神

二、严禁超标的查封和乱查封

3. 合理选择执行财产。被执行人有多项财产可供执行的，人民法院应选择对被执行人生产生活影响较小且方便执行的财产执行。在不影响执行效率和效果的前提下，被执行人请求人民法院先执行某项财产的，应当准许；未准许的，应当有合理正当理由。

执行过程中，人民法院应当为被执行人及其扶养家属保留必需的生活费用。要严格按照中央有关产权保护的精神，严格区分企业法人财产与股东个人财产，严禁违法查封案外人财产，严禁对不得查封的财产采取执行措施，切实保护民营企业等企业法人、企业家和各类市场主体合法权益。要注意到，信托财产在信托存续期间独立于委托人、受托人各自的固有财产，并且受益人对信托财产享有的权利表现为信托受益权，信托财产并非受益人的责任财产。因此，当事人因其与委托人、受托人或者受益人之间的纠纷申请对存管银行或信托公司专门账户中的信托资金采取保全或执行措施的，除符合《中华人民共和国信托法》第十七条规定的情形外，人民法院不应准许。

4. 严禁超标的查封。强制执行被执行人的财产，以其价值足以清偿生效法律文书确定的债权额为限，坚决杜绝明显超标的查封。冻结被执行人银行账户内存款的，应当明确具体冻结数额，不得影响冻结之外资金的流转和账户的使用。需要查封的不动产整体价值明显超出债权额的，应当对该不动产相应价值部分采取查封措施；相关部门以不动产登记在同一权利证书下为由提出不能办理分割查封的，人民法院在对不动产进行整体查封后，经被执行人申请，应当及时协调相关部门办理分割登记并解除对超标的部分的查封。相关部门无正当理由拒不协助办理分割登记和查封的，依照民事诉讼法第一百一十四条[①]采取相应的处罚措施。

5. 灵活采取查封措施。对能“活封”的财产，尽量不进行“死封”，使查封财产能够物尽其用，避免社会资源浪费。查封被执行企业厂房、机器设备等生产资料的，被执行人继续使用对该财产价值无重大影响的，可以允许其使用。对资金周转困难、暂时无力偿还债务的房地产开发企业，人民法院应按照下列情形分别处理：

（1）查封在建工程后，原则上应当允许被执行人继续建设。

（2）查封在建工程后，对其采取强制变价措施虽能实现执行债权人债权，但会明显贬损财产价值、对被执行人显失公平的，应积极促成双方当事人达成暂缓执行的和解协议，待工程完工后再行变价；无法达成和解协议，但被执行人提供相应担保并承诺在合理期限内完成建设的，可以暂缓采取强制变价措施。

（3）查封在建商品房或现房后，在确保能够控制相应价款的前提下，可以监督被执行人在一定期限内按照合理价格自行销售房屋。人民法院在确定期限时，应当明确具体的时间节点，避免期限过长影响执行效率、损害执行债权人合法权益。

6. 充分发挥查封财产融资功能。人民法院查封财产后，被保全人或被执行人申请用查封财产融资的，按照下列情形分别处理：

（1）保全查封财产后，被保全人申请用查封财产融资替换查封财产的，在确保能够控制相应融资款的前提下，可以监督被保全人按照合理价格进行融资。

（2）执行过程中，被执行人申请用查封财产融资清偿债务，经执行债权人同意或者融资款足以清偿所有执行债务的，可以准许。

被保全人或被执行人利用查封财产融资，出借人要求先办理财产抵押或质押登记再放款的，人民法院应积极协调有关部门做好财产解封、抵押或质押登记等事宜，并严格控制融资款。

---

① 现为《民事诉讼法》（2021年修正）第一百一十七条。

——《最高人民法院关于在执行工作中进一步强化善意文明执行理念的意见》（2019 年 12 月 16 日，法发〔2019〕35 号）。

附录：答记者问

问：在执行实践中，我们听到一些被执行人反映，法院在查封财产时，存在严重超标的查封的问题。对此，《善意文明执行意见》中是如何规定的？最高法院如何解决这一问题？

答：最高人民法院对于超标的查封的问题，总原则是坚决禁止超标的查封、保全，违者一律追责，严肃处理，决不姑息。最高法院对于禁止超标的查封有明确规定，2004 年的《查封扣押冻结规定》和 2016 年的《财产保全规定》对此作了明确要求。主要内容是，查封被执行人的财产以其价额足以清偿生效法律文书确定的债权额及执行费用为限，不得明显超标的查封。发现超标的查封的，人民法院应当依照被执行人的申请或者依职权及时解除超标的部分。其次，针对实践中超标的查封问题，人民法院也给予了当事人救济权利和程序。比如被执行人认为人民法院查封明显超过标的的，可以向人民法院提出异议，由执行异议审查机构就是否构成超标的查封进行审查，必要时会委托评估公司对财产进行评估。在确保债权实现的基础上，以最大限度保障被执行人的合法权益。再有，就是近年来人民法院一直不断加强执行工作的监督和管理，并建立了一整套的工作机制，比如通过信访监督的渠道，以及人民检察院检察建议函对个案的法律监督渠道，比如通过执行指挥管理系统对执行程序中的重要节点进行监控。这些方式方法都能够有效地避免超标的查封问题出现。同时，2019 年以来，我们对人民法院特别是中基层法院执行实施案件进行有效监督，建立了"一案双查"的监督机制，这些工作机制不断强化对下级法院案件特别是实施案件的监督，对明显超标的查封问题，也是监督的重要方面。

对于超标的查封问题，有三个方面的客观因素不能忽视。第一个是，有的权证是不可分割的，是单一的，比如一栋大楼，它的债权很小，财产只有一个产权证，不可分割，只能对整个大楼进行查封。对此，有必要的时候，人民法院可以协调有关部门分层登记、分割查封。采取这种方式能够解决不必要的超标的问题。这种情况也需要相关行政部门给予配合。第二个是，案件的债权额因为利息增加这些变量因素导致它具有不确定性，为保障债权人债权，可能会多封一些。但封的太多，就会造成明显超标的问题。第三个因素，查封财产价值是波动变化的，比如查封上市公司的股票，它的价格不断变化的。这些因素都会导致超标的查封情况出现。为此，我们会在今后的工作中，不断细化要求、统一尺度，提升查封的准确性。

——《强化善意文明执行理念 鼓励律师深入参与执行——最高人民法院

执行局相关负责人就〈善意文明执行意见〉和〈律师参与执行意见〉答记者问》，载《人民法院报》2020 年 1 月 3 日。

205. “房、地”分属不同机构登记从而发生不同法院分别查封时如何确定查封顺位

关键词

查封房地　分属登记　查封顺位

最高人民法院裁判文书

威海市妇女儿童医院与天津药业集团有限公司等借款合同纠纷执行案

［最高人民法院最高法执复 61 号执行裁定书］

裁判要旨：因实践中产生的房产和土地使用权登记机关不同一的问题，出现对房产和土地使用权分别查封登记，但此时应当将建筑物的所有权和建设用地使用权的价值作为一个整体看待，在整体价值之上成立了两个查封，以查封时间的先后顺序，来确定享有处分权的执行法院，并按照查封先后顺序清偿。

最高人民法院认为：本案争议焦点为天津高院继续查封案涉土地使用权是否有法律依据。

首先，《物权法》第一百八十二条[①]规定：“以建筑物抵押的，该建筑物占用范围内的建设用地使用权一并抵押。以建设用地使用权抵押的，该土地上的建筑物一并抵押。抵押人未依照前款规定一并抵押的，未抵押的财产视为一并抵押。”《全国法院民商事审判工作会议纪要》（法〔2019〕254 号）第 61 条规定：“根据《物权法》第 182 条之规定，仅以建筑物设定抵押的，抵押权的效力及于占用范围内的土地；仅以建设用地使用权抵押的，抵押权的效力亦及于其上的建筑物。在房地分别抵押，即建设用地使用权抵押给一个债权人，而其上的建筑物又抵押给另一个人的情况下，可能产生两个抵押权的冲突问题。基于‘房地一体’规则，此时应当将建筑物和建设用地使用权视为同一财产，从而依照《物权法》第 199 条[②]的规定确定清偿顺序：登记在先的先清偿；同时登记的，按照债权比例清偿。”《最高人民法院关于人民法院民事

① 对应《民法典》第三百九十七条。

② 对应《民法典》第四百一十四条。

执行中查封、扣押、冻结财产的规定》第二十一条规定："查封地上建筑物的效力及于该地上建筑物使用范围内的土地使用权，查封土地使用权的效力及于地上建筑物，但土地使用权与地上建筑物的所有权分属被执行人与他人的除外。地上建筑物和土地使用权的登记机关不是同一机关的，应当分别办理查封登记。"上述规定，均是司法实践中贯彻"房随地走、地随房走""房地一体"原则的体现。根据上述规定及原则，在对属于同一权利人名下的地上建筑物与使用范围内的土地使用权进行控制、处置时，要将地上建筑物与使用范围内的建设用地使用权视为一个整体，一体控制一体处置，避免发生权利的冲突与摩擦，不利于建设用地使用权和地上建筑物的流通或转让，也不利于物的有序利用和社会秩序的稳定。因实践中产生的房产和土地使用权登记机关不同一的问题，出现对房产和土地使用权分别查封登记，但此时应当将建筑物的所有权和建设用地使用权的价值作为一个整体看待，在整体价值之上成立了两个查封，以查封时间的先后顺序，来确定享有处分权的执行法院，并按照查封先后顺序清偿。根据本案查明事实，案涉房产及其使用范围内的土地使用权查封时均属于被执行人山东五洲公司所有，而威海中院对案涉房产的查封是在 2004 年 11 月 8 日，天津高院于 2005 年 12 月 15 日轮候查封案涉房产，于 2007 年 12 月 13 日查封案涉房产所占用的相应土地使用权。从上述查封时间节点看，天津高院对案涉房产及占用范围内土地使用权的查封时间均晚于威海中院对案涉房产的查封时间，故威海中院系本案房地产的首封法院，其对案涉房地产依法享有处置权，天津高院认为威海中院对案涉土地使用权没有处置权，缺乏法律依据。

其次，如前所述，本案应当将房地产分别查封视为在房地产整体之上成立了两个查封，故其执行款项的分配应当按照查封先后顺序清偿。故天津高院主张其对案涉房地产拍卖款项享有分配权，并以此为由拒绝对案涉土地使用权解除查封，缺乏法律依据。

最后，《企业破产法》第十九条规定，人民法院受理破产申请后，有关债务人财产的保全措施应当解除，执行程序应当中止。《最高人民法院关于适用〈中华人民共和国民事诉讼法〉的解释》第五百一十五条[①]规定，被执行人住所地人民法院裁定受理破产案件的，执行法院应当解除对被执行人财产的保全措施。根据本案查明事实，案涉房地产经三次拍卖，于 2015 年 12 月 1 日由威海妇儿医院以 7100 万元最高价竞得，2015 年 12 月 6 日威海中院作出（2015）威执一字第 22 号、（2011）威执一字第 172 号执行裁定，确认案涉房地产归买受人威海妇儿医院所有，上述财产权自该裁定送达买受人时转移。

---

① 现为《最高人民法院关于适用〈中华人民共和国民事诉讼法〉的解释》（2022 年修正）第五百一十三条。

该裁定已送达威海妇儿医院。根据《物权法》第二十八条[①]“因人民法院、仲裁委员会的法律文书或者人民政府的征收决定等，导致物权设立、变更、转让或者消灭的，自法律文书或者人民政府的征收决定等生效时发生效力”之规定，案涉房地产所有权已归买受人威海妇儿医院所有。并且，案涉房地产均未列为山东五洲公司的破产财产。在此情形下，天津高院继续查封案涉土地使用权，没有法律依据。天津高院应当立即解除对案涉土地使用权的查封。

——中国裁判文书网。

206.《执行异议和复议规定》中所规定的查封是否仅限于执行程序中的查封

关键词

申请执行人　执行异议之诉　保全查封

最高人民法院裁判文书

王克明等与库尔勒医药公司、方达公司申请执行人执行异议之诉纠纷上诉案［最高人民法院（2021）最高法民申 1518 号、1519 号民事裁定书］

裁判要旨：《执行异议和复议规定》第二十八条未对查封是否为执行中的查封进行区分，但无论是诉讼中的保全查封还是执行中的查封，均具有公示效力，其效力不仅及于被查封人，还及于第三人，且诉讼保全中的查封在进入执行程序后自动转为执行中的查封，故将该二十八条中的查封理解为仅限于执行程序中的查封无法律依据。另，轮候查封系人民法院依据生效的执行裁定实施的强制执行措施，在依法自动产生查封效力前并非不产生法律效力，而是产生预查封的法律效力。

最高人民法院经审查认为，本案系再审审查案件，应当依据再审申请人的申请再审事由以及《民事诉讼法》第二百条的规定进行审查。本案再审审查的焦点问题是王克明对案涉房屋的权益是否能排除强制执行。

《执行异议和复议规定》第二十八条未对查封是否为执行中的查封进行区分，无论是诉讼中的保全查封还是执行中的查封，均具有公示效力，其效力不仅及于被查封人，还及于第三人。且《最高人民法院关于人民法院民事执

---

① 对应《民法典》第二百二十九条。

行中查封、扣押、冻结财产的规定》第四条规定“诉讼前、诉讼中及仲裁中采取财产保全措施的，进入执行程序后，自动转为执行中的查封、扣押、冻结措施”规定，诉讼保全中的查封在进入执行程序后自动转为执行中的查封。王克明认为《执行异议和复议规定》第二十八条中的查封仅限于执行程序中的查封，其该再审申请事由于法无据，不能成立，本院不予支持。

再审审查中，王克明以浙江省余姚市人民法院（2015）甬余泗民初字第12-1号民事裁定书及协助执行通知书作为新证据申请再审，认为案涉房屋的查封系轮候查封，但上述文书未明确记载所查封的房屋包括了案涉房屋。案涉房屋查封即使属于轮候查封，但轮候查封系人民法院依据生效的执行裁定实施的强制执行措施，在依法自动产生查封效力前并非不产生法律效力，而是产生预查封的法律效力。王克明对案涉房屋的占有行为发生在案涉房屋查封之后。原判决认定王克明不符合《执行异议和复议规定》第二十八条第二项规定的“在人民法院查封之前已合法占有该不动产”的情形，认定事实及适用法律并无不当。王克明以有新证据足以推翻原判决的再审申请事由不能成立，本院不予支持。

王克明不符合《执行异议和复议规定》第二十八条第二项的情形，不能排除强制执行，迟延交房以及无法办理过户登记的原因不影响本案的结果。因此，王克明关于其无法按合同约定时间占有房屋以及其不存在过错的再审申请事由不能成立，本院不予支持。

——中国裁判文书网。

207. 对全部查封财产进行评估是确定查封财产价值进而判断是否超标的额查封的重要方法，同时也应当尊重当事人意思自治

关键词

评估　超标的查封

最高人民法院裁判文书

中国信达资产管理股份有限公司山西省分公司与山西东泰房地产开发有限公司企业借贷纠纷执行审查案［最高人民法院（2018）最高法执监486号执行裁定书］

裁判要旨：判断法院是否存在明显超标的额查封的情形，需要综合考虑多方面因素。对全部查封财产进行评估是确定查封财产价值、进而判断是否超标的额查封的重要方法，但并非唯一方法。

最高人民法院经审查认为：本案的焦点问题是，执行法院认定本案执行过程中存在超标的查封的情形，并裁定对超标的部分予以解封是否正确。

《最高人民法院关于人民法院民事执行中查封、扣押、冻结财产的规定》第二十一条①规定："查封、扣押、冻结被执行人的财产，以其价额足以清偿法律文书确定的债权额及执行费用为限，不得明显超标的额查封、扣押、冻结。发现超标的额查封、扣押、冻结的，人民法院应当根据被执行人的申请或者依职权，及时解除对超标的额部分财产的查封、扣押、冻结，但该财产为不可分物且被执行人无其他可供执行的财产或者其他财产不足以清偿债务的除外。"根据该规定，执行法院在执行过程中不得明显超标的额查封、扣押、冻结被执行人的财产。实践中，判断法院是否存在明显超标的额查封的情形，需要综合考虑多方面因素。对全部查封财产进行评估是确定查封财产价值、进而判断是否超标的额查封的重要方法，但并非唯一方法。《最高人民法院关于人民法院民事执行中拍卖、变卖财产的规定》第四条②规定："对拟拍卖的财产，人民法院应当委托具有相应资质的评估机构进行价格评估。对于财产价值较低或者价格依照通常方法容易确定的，可以不进行评估。当事人双方及其他执行债权人申请不进行评估的，人民法院应当准许……"从该规定精神看，评估并非确定拟拍卖财产价值的唯一方式，且应当尊重当事人意思自治。本案中，太原中院为确定查封的72套房屋是否存在超标的额查封的情形，于2017年3月8日召集东泰公司副经理张跃进、信达山西分公司代理人杨晋进行了询问，双方达成一致意见，选择其中1601号房屋进行房地产市场价值评估，根据评估价格确定查封数量。该做法充分尊重了双方当事人的意见，没有违反法律和司法解释强制性规定。信达山西分公司有关未对涉案房产进行全部评估则不能认定执行法院超标的额查封的意见，最高人民法院不予采纳。此外，信达山西分公司亦未提出证据证明房屋内的可移动物对评估价格产生了重大影响。

——中国裁判文书网。

---

① 现为《最高人民法院关于人民法院民事执行中查封、扣押、冻结财产的规定》（2020年修正）第十九条。

② 现为第四条，内容改为：对拟拍卖的财产，人民法院可以委托具有相应资质的评估机构进行价格评估。对于财产价值较低或者价格依照通常方法容易确定的，可以不进行评估。

208. 单方委托形成的评估报告对方不认可的，能否单独作为确定查封财产价额的依据

关键词

单方委托　评估　查封财产价值

最高人民法院裁判文书

勾伟东、朝阳通航房地产开发有限公司侵害企业出资人权益纠纷执行审查案［最高人民法院（2020）最高法执复37号执行裁定书］

裁判要旨：债务人单方委托的评估报告，并非由人民法院依据法定程序委托作出，在保全申请人提出异议的情况下，不宜仅依据该报告的结论认定是否构成超标的保全。

最高人民法院经审查认为：本案的争议焦点为：辽宁高院解除被执行人通航公司部分财产的查封措施是否有事实和法律依据。

《最高人民法院关于人民法院民事执行中查封、扣押、冻结财产的规定》第二十一条[①]规定："查封、扣押、冻结被执行人的财产，以其价额足以清偿法律文书确定的债权额及执行费用为限，不得明显超标的额查封、扣押、冻结。发现超标的额查封、扣押、冻结的，人民法院应当根据被执行人的申请或者依职权，及时解除对超标的额部分财产的查封、扣押、冻结，但该财产为不可分物且被执行人无其他可供执行的财产或者其他财产不足以清偿债务的除外。"《最高人民法院关于人民法院办理财产保全案件若干问题的规定》第十五条第一款、第二款规定："人民法院应当依据财产保全裁定采取相应的查封、扣押、冻结措施。可供保全的土地、房屋等不动产的整体价值明显高于保全裁定载明金额的，人民法院应当对该不动产的相应价值部分采取查封、扣押、冻结措施，但该不动产在使用上不可分或者分割会严重减损其价值的除外。"根据上述规定，人民法院在办理保全执行案件中，应当依照财产保全裁定载明的金额采取相应的查封、扣押、冻结措施，若经审查，发现存在明显超标的保全情形的，则应对超出部分予以解除查封、扣押、冻结。本案中，被执行人通航公司主张辽宁高院超标的保全，提供了其单方委托评估的案涉

① 现为《最高人民法院关于人民法院民事执行中查封、扣押、冻结财产的规定》（2020年修正）第十九条。

评估报告作为依据。但是，该评估报告不是由人民法院依据法定程序委托的司法评估报告，在保全申请人提出异议的情况下，不宜仅依据该报告的结论认定是否构成超标的保全。

——中国裁判文书网。

209. 对已经取得商品房预售许可证，可以对外出售的在建工程，可以根据市场销售价格而非建安成本确定价值

关键词

在建工程　建安成本

最高人民法院裁判文书

海天建设集团有限公司与西双版纳盛泰房地产开发有限公司建设公司执行复议案［最高人民法院（2017）最高法执复55号执行裁定书］

裁判要旨：1. 建筑安装成本仅系不动产总体成本的一部分，不能完整反映不动产的市场价值。

2. 涉案不动产的查封与异议审查阶段有一定的时间间隔，在不动产价格可能波动的情况下，距离执行程序更近的异议审查时的评估价格应比查封时的评估价格更接近最终执行时标的物的实际变价金额，以异议审查阶段的时点作为评估价值时点更为合理。

最高人民法院经审查认为：《最高人民法院关于人民法院办理财产保全案件若干问题的规定》第十五条规定："人民法院应当依据财产保全裁定采取相应的查封、扣押、冻结措施。可供保全的土地、房屋等不动产的整体价值明显高于保全裁定载明金额的，人民法院应当对该不动产的相应价值部分采取查封、扣押、冻结措施，但该不动产在使用上不可分或者分割会严重减损其价值的除外。"据此，并结合《最高人民法院关于人民法院民事执行中查封、扣押、冻结财产的规定》第二十一条[①]第二款的规定，人民法院发现查封的不动产的整体价值明显高于保全裁定载明金额的，应当对超标的保全的部分财产予以解封。在判断保全查封不动产的整体价值是否明显高于保全裁定载明金额时，因双方当事人争议较大，人民法院可以采取对查封不动产委托评估

① 现为《最高人民法院关于人民法院民事执行中查封、扣押、冻结财产的规定》（2020年修正）第十九条。

的方式确定查封资产价值。本案云南高院在异议审查过程中，依法委托对查封“江南翡翠项目”163套房产和江南翡翠酒店（以下简称涉案不动产标的物）进行了评估，并以评估结果作为判断查封资产价值的主要参考依据，是适当的。建筑安装成本仅系不动产总体成本的一部分，不能完整反映不动产的市场价值。复议申请人海天公司主张应按照云南省建安成本（通常不超过2000元/平方米）为标准计算所保全房地产的价值，缺乏依据。同时，涉案不动产的查封与异议审查阶段有一定的时间间隔，在不动产价格可能波动的情况下，距离执行程序更近的异议审查时的评估价格应比查封时的评估价格更接近最终执行时标的物的实际变价金额。海天公司主张应以涉案不动产查封的时间为评估价值时点，亦缺乏依据，而以异议审查阶段的时点作为评估价值时点更为合理。本案云南高院在评估报告载明查封的房产评估价172，194，217元的基础上，考虑到市场波动及其他不确定因素，为公平保护各方当事人合法权益，又对查封资产的评估价值下浮20%，即以137755373.6元作为参考价判定评估资产价值，加上已冻结的银行存款12281749.8元，最终判定全部保全资产的价值为150000000元，比保全裁定载明金额1.2亿元超出3000万元，并无不当。

——中国裁判文书网。

210. 对于有抵押的财产应当在扣减抵押贷款金额后，查明查封财产可供执行的剩余价额

关键词

查封财产价值　抵押财产

最高人民法院裁判文书

昆山红枫房地产有限公司、昆山东方云顶广场有限公司执行审查案［最高人民法院（2019）最高法执复55号执行裁定书］

裁判要旨：在查封的被执行人的财产中，有部分财产存在抵押等他项权利负担，有部分财产为轮候查封，本案实际查封和最终能够变价受偿的数额尚不能确定。当事人提出法院超标的查封的主张缺乏事实和法律依据。

最高人民法院经审查认为：关于江苏高院是否超标的查封的问题。《民事

诉讼法》第二百四十二条[①]规定，被执行人未按执行通知履行法律文书确定的义务，人民法院有权向有关单位查询被执行人的存款、债券、股票、基金份额等财产情况。人民法院有权根据不同情形扣押、冻结、划拨、变价被执行人的财产。人民法院查询、扣押、冻结、划拨、变价的财产不得超出被执行人应当履行义务的范围。本案中，根据查明的事实，在江苏高院查封的被执行人的财产中，有部分财产存在抵押等他项权利负担，有部分财产为轮候查封，本案实际查封和最终能够变价受偿的数额尚不能确定。红枫公司、云顶公司、胡方云提出江苏高院超标的查封的主张缺乏事实和法律依据，江苏高院的处理并无不当，应予维持。

——中国裁判文书网。

211. 即使有抵押物，申请人仍可选择执行未设定抵押的其他财产

关键词

申请执行　申请人　抵押物

最高人民法院裁判文书

武威市赛诺农业有限公司、中国农业银行武威武南支行与武威市赛诺农业有限公司、韩慧申请执行案［最高人民法院（2015）执申字第87号执行裁定书］

裁判要旨：债权人对债务人的财产设定抵押权，是为了在债务人不能履行债务时，债权人得以就抵押财产优先受偿，其目的是保障债权的实现。然而，抵押权的设立并不意味着债务人仅在抵押财产范围内对债权人负清偿义务，申请执行人既可以申请执行已抵押财产，也有权申请执行被执行人的未抵押财产。

最高人民法院认为，根据申诉人申诉及被申诉人答辩，本案的争议焦点是：在对被执行人部分财产设定抵押的情况下，执行其所有的未抵押财产是否合法。

债权人对债务人的财产设定抵押权，是为了在债务人不能履行债务时，债权人得以就抵押财产优先受偿，其目的是保障债权的实现。但抵押权的设立并不意味着债务人仅在抵押财产范围内对债权人负清偿义务，债务人的全

① 现为《民事诉讼法》（2021年修正）第二百四十九条。

部财产除依据法律、司法解释的规定应当豁免执行之外，都应当是清偿债务的责任财产。申请执行人既可以申请执行已抵押财产，也有权申请执行被执行人的未抵押财产。本案中，执行法院对赛诺公司名下的其他可供执行的包括土地、厂房在内的财产采取执行措施，不但完全符合法律规定，而且是为保障申请执行人实现其合法权利应尽的职责。因此，赛诺公司认为申请执行人在对特定财产设定抵押后即丧失了对被执行人名下其他财产申请执行的权利、执行法院只能在设定抵押的财产范围内进行执行的主张，没有法律依据。据此裁定：驳回武威市赛诺农业有限公司的申诉请求。

——中国裁判文书网。

212. 对于未经评估的非上市公司股权，能否直接按照认缴出资额计算股权价值

关键词

非上市公司股权　评估　认缴出资额

最高人民法院裁判文书

勾伟东与朝阳通航房地产开发有限公司侵害企业出资人权益纠纷执行审查案［最高人民法院（2020）最高法执复 37 号执行裁定书］

裁判要旨：在司法实践中，股权价值的不确定性较大，直接按照认缴出资额计算保全的股权价值，并以此作为案件保全价值占比中较大的部分，进而解除对相应房地产的保全，有可能导致保全的真实价值在较大程度上低于保全金额，损害保全申请人的合法利益。

最高人民法院经审查认为：案涉评估报告仅评估了房地产等财产，并未对保全的股权价值予以评估，鉴于在司法实践中，股权价值的不确定性较大，直接将保全的股权价值认定为约 1.4 亿元，并以此作为本案保全价值占比中较大的部分，进而解除对相应房地产的保全，有可能导致保全的真实价值在较大程度上低于保全金额，损害保全申请人的合法利益。

——中国裁判文书网。

213. 对于限售流通股，在没有进入市场且未经评估的情况下，能否按照市值计算股权价值

关键词

限售流通股　市值　评估

最高人民法院裁判文书

中国对外经济贸易信托有限公司与美锦能源集团有限公司、山西离柳焦煤集团有限公司等执行复议案［最高人民法院（2016）最高法执复34号执行裁定书］

裁判要旨：限售流通股在没有进入市场且未经评估的情况下，股权价值无法确定。当事人主张股份价值应当按照市值计算的，缺乏法律依据。

最高人民法院经审查认为：涉案冻结的美锦集团17692万股属于限制流通股份，其中8300万股股份虽已到解禁期，但美锦集团一方面拒不办理对该部分股份的解禁手续，以便使该部分股份进入证券交易市场流通变现；一方面在北京高院启动评估拍卖程序后，又不提供相关评估资料，导致评估无法进行。由于对涉案股份无法评估，故8300万股权价值无法确定，对于尚未到解禁期的9392万股股份的股权价值亦无法确定。美锦集团主张17692万股限制流通股的股份价值应当按照市值计算，缺乏法律依据，最高人民法院不予支持。

——中国裁判文书网。

214. 执行法院是否能够仅以注册资本实缴金额认定保全股权的价值

关键词

注册资本实缴金额　保全股权

最高人民法院裁判文书

万迅与顾枫合同纠纷、合同纠纷执行监督案［最高人民法院（2021）最

高法执监 451 号执行裁定书〕

裁判要旨：保全标的物为有限责任公司的股权，影响有限责任公司股权价值的因素不仅包括公司的实物资产净值、投资情况、负债情况，还包括公司享有的知识产权价值等无形资产以及市场对于公司经营前景、团队运营等管理层面的认可度等，而公司注册资本的实缴金额仅是其中的一个方面，不能仅以此认定股权的实际价值。

最高人民法院认为：本案的争议焦点为：贵州高院、安顺中院仅以注册资本实缴金额认定保全股权的价值是否有事实和法律依据。

《最高人民法院关于人民法院民事执行中查封、扣押、冻结财产的规定》第十九条规定："查封、扣押、冻结被执行人的财产，以其价额足以清偿法律文书确定的债权额及执行费用为限，不得明显超标的额查封、扣押、冻结。发现超标的额查封、扣押、冻结的，人民法院应当根据被执行人的申请或者依职权，及时解除对超标的额部分财产的查封、扣押、冻结，但该财产为不可分物且被执行人无其他可供执行的财产或者其他财产不足以清偿债务的除外。"《最高人民法院关于人民法院办理财产保全案件若干问题的规定》第十五条第一款规定："人民法院应当依据财产保全裁定采取相应的查封、扣押、冻结措施。"根据上述规定，人民法院应当依照财产保全裁定载明的保全金额采取保全措施，若经审查发现存在明显超标的保全情形的，则应及时对超出部分解除查封、扣押、冻结。本案中，安顺中院（2019）黔 04 民初 43 号民事裁定确定的保全金额为 5000 万元，判断保全措施是否明显超标的，需首先判断保全标的物的价值。保全标的物为有限责任公司的股权，影响有限责任公司股权价值的因素不仅包括公司的实物资产净值、投资情况、负债情况，还包括公司享有的知识产权价值等无形资产以及市场对于公司经营前景、团队运营等管理层面的认可度等，而公司注册资本的实缴金额仅是其中的一个方面，不能仅以此认定股权的实际价值，贵州高院、安顺中院仅以注册资本的实缴金额认定保全股权的价值，进而认定不存在超标的查封情形，缺乏事实依据，应予纠正。而且，关于万迅在恒胜公司实缴资本的金额，万迅等又提出了新的证据，应当在重新审查中一并查清相关事实。

——中国裁判文书网。

215. 债务人只有一项责任财产且不可分时，即便该财产的价值明显超出其应清偿的债务金额，查封该财产也不构成明显超标的查封

关键词

不可分物　责任财产　超标的查封

最高人民法院裁判文书

天津市银翔经济发展中心与金守红股权转让纠纷执行审查案［最高人民法院（2019）最高法执复 111 号执行裁定书］

裁判要旨：法院对涉案查封地产的查封行为，系对执行依据确定的特定抵押物的查封，且该抵押物为不可分物，即便其查封财产价值明显超过担保债权的数额，亦不属于超标的查封。

最高人民法院经审查认为：关于超标的查封问题。《最高人民法院关于人民法院民事执行中查封、扣押、冻结财产的规定》第二十一条[①]第一款规定："查封、扣押、冻结被执行人的财产，以其价额足以清偿法律文书确定的债权额及执行费用为限，不得明显超标的额查封、扣押、冻结。"第二款规定："发现超标的额查封、扣押、冻结的，人民法院应当根据被执行人的申请或依职权，及时解除对超标的额部分财产的查封、扣押、冻结，但该财产为不可分物且被执行人无其他可供执行的财产或者其他财产不足以清偿债务的除外。"本案中，执行依据即 0003 号判决中第六项"被告银翔中心对上述给付事项在 1200 万元范围内以抵押物价值承担担保责任"确定了银翔中心系生效法律文书中承担抵押担保责任的被执行人，银翔中心承担责任的财产范围仅为抵押物，而涉案查封地产系生效判决确认的抵押物，且目前仅有一个土地证和房产证，为不可分物。故天津高院对涉案查封地产的查封行为，系对执行依据确定的特定抵押物的查封，且该抵押物为不可分物，即便其查封财产价值明显超过担保债权的数额，亦不属于超标的查封。复议申请人主张整个案件存在超标的查封进而主张解除对其承担抵押担保责任的抵押物的查封，缺乏法律依据，最高人民法院不予支持。

---

① 现为《最高人民法院关于人民法院民事执行中查封、扣押、冻结财产的规定》（2020 年修正）第十九条。

——中国裁判文书网。

216. 确保农民工工资专用账户资金和工资保证金专项用于农民工工资支付

关键词

农民工工资专用账户资金　工资保证金

最高人民法院司法政策精神

《保障农民工工资支付条例》（以下简称《条例》）第三十三条规定："除法律另有规定外，农民工工资专用账户资金和工资保证金不得因支付为本项目提供劳动的农民工工资之外的原因被查封、冻结或者划拨。"为进一步贯彻落实《条例》要求，维护好农民工工资报酬权益，确保农民工工资专用账户资金和工资保证金专项用于为该工程项目提供劳动的农民工工资支付，现就有关工作通知如下：

一、本通知所称农民工工资专用账户资金和工资保证金，是指有关单位在银行业金融机构开设的农民工工资专用账户和工资保证金账户（以下简称两类账户）中存储的专项用于支付为本项目提供劳动的农民工工资的资金。

二、人民法院在查封、冻结或者划拨相关单位银行账户资金时，应当严格审查账户类型，除法律另有专门规定外，不得因支付为本项目提供劳动的农民工工资之外的原因查封、冻结或者划拨两类账户资金。

三、对农民工工资专用账户中明显超出工程施工合同约定并且明显超出足额支付该项目农民工工资所需全部人工费的资金，对工资保证金账户中超出工资保证金主管部门公布的资金存储规定部分的资金，人民法院经认定可依法采取冻结或者划拨措施。当事人及有关单位、个人利用两类账户规避、逃避执行的，应当依法承担责任。

四、人民法院可以依法对两类账户采取预冻结措施，在工程完工且未拖欠农民工工资，监管部门按规定解除对两类账户监管后，预冻结措施自动转为冻结措施，并可依法划拨剩余资金。

五、当事人、利害关系人（包含两类账户监管部门）认为人民法院查封、冻结或者划拨行为违法的，银行业金融机构认为人民法院要求其协助执行行为违法的，均可依法向人民法院提出异议，人民法院应当依法处理。两类账户监管部门提出异议的，异议审查期间不得查封、冻结或者划拨两类账户资金。

六、银行业金融机构应当规范两类账户开设工作，与开户单位认真核实账户性质，在业务系统中对两类账户进行特殊标识，并在相关网络查控平台、电子化专线信息传输系统等作出整体限制查封、冻结或者划拨设置，妥善处理查封、冻结或者划拨等事项，保障两类账户资金安全。

七、银行业金融机构接到人民法院等有权机关对两类账户资金查封、冻结或者划拨指令时，应当通过人工或系统等方式，向人民法院等有权机关提示该账户性质和《条例》第三十三条规定，并同时将相关情况告知两类账户监管部门，两类账户监管部门有权提出异议。

八、银行业金融机构遇到两类账户资金因不当操作被有权机关查封、冻结或者划拨等重大异常情况时，应当及时向当地两类账户监管部门报告。

九、各地有关部门应完善工作机制，加强沟通协调，防止两类账户资金被违法查封、冻结或者划拨。

十、有关部门相关人员在两类账户资金查封、冻结或者划拨过程中滥用职权、玩忽职守、徇私舞弊的，依法依规给予处分。

十一、本通知自 2020 年 12 月 25 日起施行。银行业金融机构应当自施行之日起 2 个月内完成上述事项调整。

——《最高人民法院、人力资源社会保障部、中国银保监会关于做好防止农民工工资专用账户资金和工资保证金被查封、冻结或者划拨有关工作的通知》(2020 年 12 月 25 日，人社部发〔2020〕93 号)。

217. 确保商品房预售资金用于有关项目建设

关键词

商品房预售资金　保全　执行

最高人民法院司法政策精神

为了确保商品房预售资金用于有关项目建设，切实保护购房人与债权人合法权益，进一步明确住房和城乡建设部门、相关商业银行职责，规范人民法院的保全、执行行为，根据《中华人民共和国城市房地产管理法》《中华人民共和国民事诉讼法》等法律规定，通知如下：

一、商品房预售资金监管是商品房预售制度的重要内容，是保障房地产项目建设、维护购房者权益的重要举措。人民法院冻结预售资金监管账户的，应当及时通知当地住房和城乡建设主管部门。

人民法院对预售资金监管账户采取保全、执行措施时要强化善意文明执行理念，坚持比例原则，切实避免因人民法院保全、执行预售资金监管账户内的款项导致施工单位工程进度款无法拨付到位，商品房项目建设停止，影响项目竣工交付，损害广大购房人合法权益。

除当事人申请执行因建设该商品房项目而产生的工程建设进度款、材料款、设备款等债权案件之外，在商品房项目完成房屋所有权首次登记前，对于预售资金监管账户中监管额度内的款项，人民法院不得采取扣划措施。

二、商品房预售资金监管账户被人民法院冻结后，房地产开发企业、商品房建设工程款债权人、材料款债权人、租赁设备款债权人等请求以预售资金监管账户资金支付工程建设进度款、材料款、设备款等项目建设所需资金，或者购房人因购房合同解除申请退还购房款，经项目所在地住房和城乡建设主管部门审核同意的，商业银行应当及时支付，并将付款情况及时向人民法院报告。

住房和城乡建设主管部门应当依法妥善处理房地产开发企业等主体的资金使用申请，未尽监督审查义务违规批准用款申请，导致资金挪作他用，损害保全申请人或者执行申请人权利的，依法承担相应责任。

三、开设监管账户的商业银行接到人民法院冻结预售资金监管账户指令时，应当立即办理冻结手续。

商业银行对于不符合资金使用要求和审批手续的资金使用申请，不予办理支付、转账手续。商业银行违反法律规定或合同约定支付、转账的，依法承担相应责任。

四、房地产开发企业提供商业银行等金融机构出具的保函，请求释放预售资金监管账户相应额度资金的，住房和城乡建设主管部门可以予以准许。

预售资金监管账户被人民法院冻结，房地产开发企业直接向人民法院申请解除冻结并提供担保的，人民法院应当根据《中华人民共和国民事诉讼法》第一百零七条、《最高人民法院关于适用〈中华人民共和国民事诉讼法〉的解释》第一百六十七条的规定审查处理。

五、人民法院工作人员在预售资金监管账户的保全、执行过程中，存在枉法裁判执行、违法查封随意解封、利用刑事手段插手民事经济纠纷等违法违纪问题的，要严肃予以查处。

住房和城乡建设主管部门、商业银行等相关单位工作人员在预售资金监管账户款项监管、划拨过程中，滥用职权、玩忽职守、徇私舞弊的，依法追究法律责任。

——《最高人民法院、住房和城乡建设部、中国人民银行关于规范人民法院保全执行措施　确保商品房预售资金用于项目建设的通知》（2022 年 1 月 11 日，法〔2022〕12 号）。

218. 对环境治理恢复保证金可先发出协助执行通知，待保证金符合返还条件时再予执行

关键词

环境治理恢复保证金　执行标的

最高人民法院答复

贵州省高级人民法院：

你院（2017）黔执他3号《关于矿山地质灾害和地质环境治理恢复保证金能否作为执行标的的请示》收悉。经研究，答复如下：

原则同意你院审判委员会多数意见。设立矿山地质环境治理恢复保证金，是为了确保有充足资金用于治理恢复因矿产资源勘查开采活动造成的矿山地质环境破坏，以促进矿产资源的合理开发利用和经济社会、资源环境的协调发展。矿山地质环境治理恢复保证金虽为企业所有，但应当遵循政府监管、专款专用的原则，只有在符合法定条件时，才可以返还采矿权人。在返还之前，采矿权人对保证金的使用受到严格限制，缺乏自主处分权利。人民法院在执行以采矿权人为被执行人的案件中，可向有关单位发出协助执行通知书，先对保证金采取查控措施，待保证金符合返还条件时再予执行。

——《最高人民法院关于矿山地质灾害和地质环境治理恢复保证金能否作为执行标的的答复》[2018年9月30日，（2018）最高法执他11号]。

附：案情简介

甲起诉乙煤业公司股权转让纠纷案中，执行法院追加丙矿业公司为被执行人，并作出裁定冻结并扣划丙矿业公司下属煤矿按当地国土资源局要求缴存的矿山地质环境治理恢复保证金（以下简称环境治理恢复保证金）。当地法院就环境治理恢复保证金能否执行的问题，请示最高人民法院。

——《关于矿山地质环境治理恢复保证金能否执行的问题（最高人民法院执行局法官会议纪要）》，载最高人民法院执行局编：《执行工作指导》2020年第1辑（总第73辑），人民法院出版社2020年版，第1~6页。

219. 若查封措施不会产生移交租赁物的现实风险，无论是否有在先的租赁权，承租人均不能阻止人民法院的查封措施

关键词

租赁　查封　移交租赁物

最高人民法院裁判文书

福建省福州农村商业银行股份有限公司华林支行与何勇生、肖莉等金融借款合同纠纷执行监督案［最高人民法院（2016）最高法执监397号执行裁定书］

裁判要旨：承租人以其在人民法院查封之前已签订合法有效的租赁合同并已实际占有使用租赁物为由，请求在租赁期内阻止向受让人移交占有被执行的不动产，人民法院应予支持。但若查封措施不会产生移交租赁物的现实风险，无论是否有在先的租赁权，承租人均不能阻止人民法院的查封措施。

最高人民法院经审查认为：本案焦点问题为是否应当解除对本案争议房产的查封。根据《执行异议和复议规定》第三十一条第一款“承租人请求在租赁期内阻止向受让人移交占有被执行的不动产，在人民法院查封之前已签订合法有效的书面租赁合同并占有使用该不动产的，人民法院应予支持”之规定，在执行法院实际移交占有被执行人的不动产或虽未实际移交但法院采取的执行措施有此种现实风险时，如涤除租赁权对财产进行评估、拍卖等，符合条件的承租人可以提出异议，阻止执行法院在租赁期内向受让人移交占有被执行的不动产，以保护其正常使用、收益租赁物的权利。但对不动产采取查封措施本身不涉及移交该不动产，也未产生将来移交的现实风险。本案中，执行依据（2014）榕民初字第1025号民事判决已明确原告农商行华林支行有权就本案所涉房产拍卖、变卖所得价款在450万元的限额内优先受偿，福州中院对本案所涉房产采取查封措施并无不当，该房产上无论是否附着有在先的租赁权，均不能阻止执行法院对其采取查控措施。因此，何勇生关于在人民法院查封之前已签订合法有效的书面租赁合同并占有使用该房产的主张无论是否成立，其解除对本案争议房产查封的请求均不能得到支持。

——中国裁判文书网。

220. 将老企业搬迁政策与市场化法治化路径相结合，实现本地老品牌“整体盘活”

关键词

债权整合　债权清偿　解除查封

最高人民法院公布的典型案例

青岛某粮库、某置业公司等与青岛某实业公司买卖合同纠纷系列案

执行要旨：面对拥有数十年知名老品牌的被执行企业，青岛中院充分运用属地政府“老企业搬迁”配套优惠政策，依托“市场化＋法治化”路径，引导实力雄厚投资人整体整合债权，促成各方当事人达成一致并实现债权清偿，依法解除对涉案财产的查封，一揽子解决了75件执行案件。

基本案情

申请执行人：青岛某粮库、某置业公司

被执行人：青岛某实业公司

执行法院：山东省青岛市中级人民法院

青岛中院受理的申请执行人青岛某粮库、某置业公司等与被执行人青岛某实业公司合同纠纷系列案中，执行标的共计1亿余元。此前，青岛辖区某实业公司作为被执行人的执行案件共75件，绝大多数案件未执结。立案执行后，青岛中院全面评估了某实业公司名下可供执行财产，全部资产估价共计约3000万元，唯一有处置价值的是位于青岛市某路45号的房地产，该房地产上涉及抵押权等多重权利负担，且已被多地多家法院轮候查封。因该宗土地系工业用地，市场评估价值较低，若贸然以强制拍卖程序推进，则仅抵押权债务能够得到偿付，其他债权人的债权及企业60余名职工的2000万元安置费用将无法清偿。青岛中院改变传统执行思路，坚持能动司法理念，吃透企业所在地区政府的“老企业搬迁”政策，将执行案件融入企业属地政府“老企业搬迁计划”，组织各方当事人与政府相关职能部门进行了十几轮磋商，促成当事人与投资人在法治框架内达成协议，由投资人出资整合处理“某实业公司作为被执行人”案件的全部债权，同时为某实业公司预留2000万元职工安置费用、1800万元“老厂重建复工”费用。青岛中院遂依法解除了对某实业公司名下商标权、

土地及其他财产的查封，某实业公司妥善安置了公司职工，顺利进行搬迁，目前已经进入复工重建阶段。青岛辖区涉某实业公司共 75 个执行案件全部执行完毕。

典型意义

某实业公司系青岛地区著名老品牌，具有优良的品牌价值、广泛的影响力和高度的认可度，该系列案件执行标的大、案件数量多、社会影响广，涉案财产的处置与地方经济发展、社会安全稳定和营商环境水平密切相关，能否统筹兼顾各方利益、妥善实质解决纠纷，同时保护本地老品牌，考验着执行工作的担当和智慧。青岛中院坚持以能动司法解难题、破困局，将案件依法执行与“老企业搬迁”政策相结合，依托法院专业优势，促成投资人、政府职能部门与案件当事人找到“最大公约数”，在法治轨道上以市场化路径整体盘活企业资产，一揽子解决了被执行企业历时十余年的 75 件执行案件，一举达到了清偿企业债务、维护债权人合法权益、助力地方老品牌焕发新活力、保障社会安全稳定的“多赢”局面，实现政治效果、社会效果、法律效果的有机统一，为优化营商环境注入了司法动能。

——《最高人民法院发布能动执行典型案例》，载《人民法院报》2023 年 5 月 20 日。

221. 人民法院在执行程序中能否查封被执行人拥有的药品批准文号

关键词

查封

最高人民法院答复

安徽省高级人民法院：

你院〔2009〕皖执复字第 0022 号《关于人民法院在执行程序中能否查封被执行人拥有的药品批准文号的请示报告》收悉。经研究，答复如下：

原则同意你院第二种少数人意见。药品批准文号系车窗药品监督管理部门准许企业生产的合法标志，该批准文号受行政许可法的调整，本身不具有财产价值。因此，人民法院在执行中对药品批准文号不应进行查封。

——《最高人民法院关于人民法院在执行程序中能否查封被执行人拥有的药品批准文号的请示的答复》（2010 年 6 月 10 日，〔2010〕执他字第 2 号），载江必新主编：《人民法院执行工作规范全集》，人民法院出版社 2017 年版，第 387 页。

附录：理解与适用

最高人民法院执行局承办该请示，征求了最高人民法院民三庭的意见。结论为同意安徽省高级人民法院少数人意见。认为：药品批准文号系国家药品监督管理部门准许企业生产的合法标志，该批准文号受《行政许可法》的调整，本身不具有财产价值。因此，人民法院在执行中对药品批准文号不应进行查封。

1. 药品批准文号的属性。从《药品管理法》第 31 条“生产新药或者已有国家标准的药品的，须经国务院药品监督管理部门批准，并发给药品批准文号”及相关规定来看，颁发药品批准文号是一种行政许可行为。其与药品生产许可证、经营许可证、合格证、专利技术所有权等，共同使用，构成了药品生产企业的无形资产。药品批准文号具有行政许可的意义，依附于企业本身，不是财产权，法院不应查封。法院查封的应该是能处分的财产。

其次，《行政许可法》第 9 条规定：“依法取得的行政许可，除法律、法规规定依照法定条件和程序可以转让的外，不得转让。”《药品管理法》第 82 条规定：“伪造、变造、买卖、出租、出借许可证或者药品批准证明文件的，没收违法所得，并处违法所得一倍以上三倍以下的罚款；没有违法所得的，处二万元以上十万元以下的罚款；情节严重的，并吊销卖方、出租方、出借方的《药品生产许可证》《药品经营许可证》《医疗机构制剂许可证》或者撤销药品批准证明文件；构成犯罪的，依法追究刑事责任。”从以上相关法律规定来看，药品批准文号是禁止转让的。药品批准文号系国家药品监督管理部门准许企业生产的合法标志，其本身并没有财产价值，且文号依法不得转让，因药品批准文号与药品生产技术方案具有唯一对应的关系，若在专利侵权案件中若判令被告停止侵犯专利权的行为，可以通过撤销该药品批准文号的方式实现。

2. 药品批准文号与类似权利的区别。药品批准文号与采矿权、探矿权等财产权有共同点，但其性质不同于采矿权、探矿权等权利。采矿权等取得要支付价款，是可以转让的权利。而药品批准文号是企业的无形资产，其不同于无形财产，不能转让。

3. 从查封的目的来看，查封的目的是变现或者转化为财产形态。执行对象应该是有财产价值的财产。而药品批准文号目前在实践中无法评估，无法变现。若被执行人无其他财产可供执行，在此情况下查封该无法在流通领域变现的无形资产，实际意义不大。

4. 从查封的效力来看，如果执行标的不能转让，不能控制，查封就没有意义，且执行程序不应当侵犯行政许可权。

——刘丽芳：《人民法院在执行程序中能否查封药品批准文号的请示与答

复》，载江必新主编、最高人民法院执行局编：《执行工作指导》2010 年第 4 辑（总第 36 辑），人民法院出版社 2011 年版，第 135~138 页。

222. 不动产查封裁定的效力与善意第三人的保护

关键词

查封裁定　查封公示　善意第三人　执行异议之诉

最高人民法院审判业务意见（民二庭法官会议纪要）

查封作为一种保全措施，具有限制被查封人处分权的效力。人民法院作出的查封裁定一经送达当事人就产生法律效力，被查封的当事人其后所为的任何处分行为均构成无权处分，原则上不能产生预期的法律后果。但查封裁定生效后，并不当然具有对抗善意第三人的效力，除非已经完成了查封公示。就不动产查封的公示方法而言，原则上应当通过办理查封登记的方式进行公示，只有在不动产本身并未登记产权的情况下，才能通过张贴封条、公告等方式进行公示。因此，查封裁定生效但未完成查封公示，被查封人处分被查封财产，构成善意取得的，相对人仍可依法取得物权，从而排除对该标的物的执行。

——《不动产查封裁定的效力与善意第三人的保护》，载贺小荣主编：《最高人民法院民事审判第二庭法官会议纪要——追寻裁判背后的法理》，人民法院出版社 2018 年版，第 41~42 页。

最高人民法院裁判文书

李某某与烟台甲建筑有限公司申请执行人执行异议之诉案［最高人民法院（2017）最高法民再 90 号民事判决书］

裁判要旨：查封裁定生效但未完成查封公示，被查封人处分被查封财产，构成善意取得的，相对人仍可依法取得物权，从而排除对该标的物的执行。

最高人民法院认为：本案中，烟台市中级人民法院于 2010 年 4 月 23 日作出查封包括案涉房屋在内财产的民事裁定，于 2010 年 4 月 23 日、4 月 28 日分别向国土局、房管局送达民事裁定书、协助执行通知书，于 2010 年 6 月 29 日分别向乙房地产公司、甲建筑公司送达民事裁定书和查封（扣押）物品清单。李某某于 2010 年 12 月 17 日与乙房地产公司签订商品房买卖合同，于2011年1月19日取得房屋所有权证，于2011年2月24日取得土地使用权证。李某某虽是在烟台市中级人民法院作出查封财产的民事裁定之后与乙房地产公司签订商品房买卖合同，办理产权证书，但并无证据表明查封财产在李某某签订商品房买卖合同和办理产权证书时已经进行公示，亦没有证据证明李某某签订商品房买卖合同和办理产权证书时知道涉案房屋已被查封。根据《最高人民法院关于人民法院民事执行中查封、扣押、冻结财产的规定》第26条①第3款关于“人民法院的查封、扣押、冻结没有公示的，其效力不得对抗善意第三人”之规定，烟台市中级人民法院的查封案涉房屋的行为不能对抗作为善意第三人的李某某。因案涉房屋所有权已转移至李某某名下，甲建筑公司基于其对乙房地产公司的债权要求执行案涉房屋，不能得到支持。乙房地产公司收到民事裁定书后仍然转让查封财产，国土局和房管局收到民事裁定书和协助执行通知书后仍为查封财产办理过户手续，违反法律规定，甲建筑公司可通过其他途径主张权利。

——中国裁判文书网。

李某某与惠某某等案外人执行异议之诉、买卖合同纠纷案［最高人民法院（2015）民申字第1883号民事裁定书］

> **裁判要旨：执行标的物一旦被人民法院查封，非经人民法院允许，任何人不得对房屋进行毁损变动、设定权利负担等有违查封目的之处分行为。查封登记具有对世效力，第三人未到相关部门查询执行标的权属状况的，主观上已存在明显的过错，不构成善意取得。**

最高人民法院认为：依照法律规定，人民法院只能执行被执行人的责任财产，如果被执行财产不属于被执行人，或者案外人在被执行人的财产之上拥有足以排除执行的实体权利，则人民法院应当停止对该财产的执行。本案系惠某某申请执行城乡建设公司一案中，因案外人李某某对人民法院查封的登记在被执行人城乡建设公司名下的房屋主张所有权所引起的纠纷。本案的焦点问题在于，李某某对人民法院查封的案涉房屋是否享有足以排除执行的所有权或者物权期待权。分析如下：

李某某对案涉不动产是否享有足以排除执行的物权期待权。考虑到实践中不动产登记制度尚不完善，对于买受被执行不动产等需要登记财产的案外人而言，即使没有取得物权，但如果其因为合同而对该财产享有的物权登记

① 现为《最高人民法院关于人民法院民事执行中查封、扣押、冻结财产的规定》（2020年修正）第二十四条。

请求权等债权符合物权期待权保护条件的，人民法院也不能执行。法律之所以要对案外人对执行标的物之物权期待权进行保护，概其原因在于，物权期待权从性质上虽仍属债权范畴，但该债权不同于一般的债权，案外人既已依照合同履行完毕支付取得物权之对价等义务，预期物权将确定无疑地变动到其名下，在与申请执行人一般债权的实现发生冲突时，法律选择了优先保护案外人的物权期待权。

至于物权期待权保护的条件，《最高人民法院关于人民法院民事执行中查封、扣押、冻结财产的规定》（本文以下简称《查封规定》）第 17 条[①]作出了具体的规定："被执行人将其所有的需要办理过户登记的财产出卖给第三人，第三人已经支付部分或者全部价款并实际占有该财产，但尚未办理产权过户登记手续的，人民法院可以查封、扣押、冻结；第三人已经支付全部价款并实际占有，但未办理过户登记手续的，如果第三人对此没有过错，人民法院不得查封、扣押、冻结。"依照前述规定以及司法实践掌握的标准，案外人亦即受让人，在被执行财产上的物权期待权如欲产生排除执行的效力，应当符合以下要件：（1）和被执行人即登记名义人，签订以变动执行标的物所有权为目的的合同。（2）买受人已经履行买卖合同的支付价款全部义务。（3）对执行标的物的物权期待权已经以一定的方式对外公示。（4）物权没有变更登记的原因不可归责于案外人。四个要件必须全部具备，缺一不可。《查封规定》第 17 条确立的保护案外人物权期待权的条件虽是案外人异议审查程序的标准，但是，由于该标准确立时民事诉讼法尚未建立执行异议之诉制度，当时的执行异议制度实际上代行了其后建立的执行异议之诉的功能，因此，在案外人异议之诉的审理程序中，人民法院在判断案外人的物权期待权能否排除执行时，亦应遵照。

首先，本案中的房屋买卖合同并非李某某与作为登记名义人的城乡建设公司所订，而是李某某与本案申请执行人惠某某在 2006 年 8 月 15 日诺成，而惠某某并非案涉房屋登记的所有权人，李某某无证据证明其对案涉房屋的处分取得了所有权人城乡建设公司的授权，其和李某某所签转让案涉房屋所有权的合同构成无权处分，依照《合同法》第 51 条[②]："无处分权的人处分他人财产，经权利人追认或者无处分权的人订立合同后取得处分权的，该合同有效。"虽然，2012 年 7 月 1 日生效的《最高人民法院关于审理买卖合同纠纷案件适用法律的解释》第 3 条[③]规定，将出卖人无权处分他人财产的行为

---

① 现为《最高人民法院关于人民法院民事执行中查封、扣押、冻结财产的规定》（2020 年修正）第 15 条。

② 该条已被《民法典》删除。

③ 该条已被《最高人民法院关于审理买卖合同纠纷案件适用法律问题的解释》（2020 年修正）删除。

区分为债权行为和物权行为并赋予不同的效力，即债权行为有效而物权行为无效，所以，案涉房屋买卖合同难谓无效。但是，由于惠某某无权处分案涉房屋，在未取得城乡建设公司追认的情况下，案涉房屋所有权不能发生变动，李某某依法只能向惠某某行使违约赔偿或者损害赔偿的债权请求权，其在案涉房屋之上不能成立物权期待权，更不可能取得所有权。

其次，执行标的物一旦被人民法院查封，非经人民法院允许，任何人不得对房屋进行毁损变动、设定权利负担等有违查封目的之处分行为。在李某某占有之前，齐齐哈尔中院即已对案涉房屋进行了查封并在房地产管理部门办理了查封登记，加之，惠某某的处分为无权处分，李某某对案涉房屋的占有缺乏正当权源，为无权占有。至于李某某辩称其不知道查封事实、没有过错的理由，由于查封登记具有对世效力，李某某无论是签订旨在变更案涉房屋物权的买卖合同，抑或占有案涉房屋，均应注意到别人经过登记的物权和人民法院的查封，但其未到相关部门查询案涉房屋的权属状况，主观上存在明显的过错。

最后，案涉房屋合同约定总价款 250000 元，而李某某总计仅交纳房款 50000 元，即使不考虑无权处分和查封后占有的事实，单纯从价款的交付数额上，也不符合法律规定的物权期待权保护要件。

在李某某的物权期待权不能成立的情况下，当然也就不存在排除人民法院对案涉房屋执行的问题。因此，即使李某某对惠某某的赔偿请求权能够成立，其以对惠某某享有的金钱债权请求排除惠某某对城乡建设公司的另外一个金钱债权的实现，于法无据，于理不通。至于李某某还称，黑龙江高院遗漏了其要求返还购房款、赔偿损失的诉求问题，由于案外人异议之诉的审理内容，限于案外人对执行标的物有无实体权利以及该实体权利能否排除执行，该项诉求不属于案外人异议之诉的审理范围，一、二审法院不予审理并无不当。李某某可以另行提起诉讼请求赔偿。

——中国裁判文书网。

223. 人民法院查封的财产被转卖是否保护善意取得人利益

关键词

查封　财产转卖　善意取得

最高人民法院答复

河北省高级人民法院：

你院《关于被执行人转卖法院查封财产第三人善意取得是否应予保护的

请示》收悉。经研究，答复如下：

人民法院依法查封的财产被转卖的，对买受人原则上不适用善意取得制度。但鉴于所请示的案件中，有关法院在执行本案时，对液化气铁路罐车的查封手续不够完备，因此在处理时对申请执行人和买受人的利益均应给予照顾，具体可对罐车或其变价款在申请执行人和买受人之间进行公平合理分配。

——《最高人民法院关于人民法院查封的财产被转卖是否保护善意取得人利益问题的复函》（1999 年 11 月 17 日，〔1999〕执他字第 21 号），载江必新主编：《人民法院执行工作规范全集》，人民法院出版社 2017 年版，第 382 页。

224. 购买处于执行异议审查和复议期间的查封房屋，不宜认定其签订书面买卖合同的时间在法院查封之前

关键词

案外人执行异议　查封时点　签订书面买卖合同时间

最高人民法院裁判文书

戴燕莎与农行官渡支行、兆丰公司等案外人执行异议之诉案［最高人民法院（2021）最高法民申 3451 号民事裁定书］

裁判要旨：在对查封房屋的执行异议审查和复议期间，不停止执行。故虽然案涉房屋的查封曾被法院出具的裁定撤销，但该裁定后续亦被撤销，直至最后执行异议申请被撤回，整个执行过程中，法院并未对案涉房屋予以解除查封。也就是说，自原查封裁定作出并送达后对案涉房屋的执行从未停止，案涉房屋始终处于有效查封状态。案外人戴燕莎购买案涉房屋的时间处于整个执行异议审查和复议期间，不符合《最高人民法院关于人民法院办理执行异议和复议案件若干问题的规定》第二十九条规定的“在人民法院查封之前已签订合法有效的书面买卖合同”。

最高人民法院经审查认为，根据再审申请人的再审请求及理由，本案应重点审查戴燕莎于 2017 年 7 月 26 日与兆丰公司签订《【陆芊城】认购协议书》时案涉房屋是否处于查封状态，其签订书面买卖合同的时间是否可认定为法院查封之前。

《最高人民法院关于适用〈中华人民共和国民事诉讼法〉执行程序若干问

题的解释》第十条第一款[①]规定："执行异议审查和复议期间，不停止执行"。经查，昆明中院依据（2016）云01民初1167号民事裁定书（以下简称原查封裁定），于2016年8月26日作出607号通知书，保全查封兆丰公司名下包括案涉房屋在内的93处房屋。兆丰公司提起执行异议，2016年12月19日，昆明中院作出585号裁定撤销了607号通知书中关于兆丰公司93处房产的查封。农行官渡支行不服申请复议，2017年7月6日，云南高院作出44号裁定撤销了585号裁定并发回重审，后直至480号裁定准予兆丰公司撤回执行异议申请，整个执行过程中，案涉房屋始终处于有效查封状态，虽然585号裁定撤销了607号通知书中关于兆丰公司93处房产的查封，但实际上并未对案涉房屋予以解除查封，也就是说，自原查封裁定作出并送达后对案涉房屋的执行从未停止。而戴燕莎购买案涉房屋的时间为2017年7月26日，在查封案涉房屋之后，不符合《执行异议和复议规定》第二十九条第一项之规定，无法排除执行，二审判决并无不当。

——中国裁判文书网。

225. 合同解除对预查封执行效力的影响

关键词

合同解除　预查封　执行效力

最高人民法院审判业务意见（第二巡回法庭法官会议纪要）

房屋预告登记保全的是预告登记权利人未来请求实现不动产物权的权利，是对预告登记期间预告登记义务人处分房屋效力的排斥。预查封的效力实为冻结不动产物权登记簿的登记，以限制预告登记人未来对标的物的处分。通过预查封固定的是预告登记本身以及本登记完成之后对房屋的查封，不包括通过执行程序对标的物进行拍卖、变卖、折价等。预查封的执行效果取决于预告登记能否符合本登记的条件。房屋买卖合同解除后，房屋买受人不再享有相应的物权期待权，预告登记的效力消灭。房屋出卖人有权向人民法院申请解除预查封，排除执行。

附：案情简介

案外人A公司系房地产开发企业，被执行人甲于2014年向其购买案涉A

---

① 现为《最高人民法院关于适用〈中华人民共和国民事诉讼法〉执行程序若干问题的解释》（2020年修正）第九条第一款。

公司开发的商品房一套，付款方式为银行按揭贷款。相关合同约定，如甲不能按时偿还银行贷款导致银行要求A公司承担保证责任，则甲构成根本违约，A公司享有合同解除权，并要求甲赔偿相应损失。2015年1月，甲取得房屋预告登记证书。2015年7月，甲开始逾期未偿还银行贷款。银行于2017年1月以书面形式通知A公司依照前述合同承担连带还款责任并提起诉讼，A公司于2018年2月根据该案生效判决向银行偿还了剩余贷款及相应利息、违约金等。2017年3月，A公司提起仲裁，要求解除房屋买卖合同。仲裁机构裁决解除商品房买卖合同。

另案生效判决确认申请执行人B公司对甲享有债权，B公司据此向法院申请强制执行，法院于2015年4月对前述预告登记在甲名下的案涉房产进行了预查封。A公司于2017年3月向法院提出执行异议，被驳回后提起执行异议之诉，请求解除预查封。

——《合同解除对预查封执行效力的影响（最高人民法院第二巡回法庭2019年第15次法官会议纪要）》，载贺小荣主编：《最高人民法院第二巡回法庭法官会议纪要》（第一辑），人民法院出版社2019年版，第175~176页。

226. 保管被查封财产在实践中应注意的问题

关键词

被查封财产的保管　保管人　公示查封

附录：最高人民法院主流观点

一、被查封财产的保管方法可由执行员根据具体情况决定

保管方法确定后，执行人员如认为不适当的，可以予以变更。将被查封的财产，交被执行人保管不但可以节省保管费用，还可以避免搬运的困难和撤销查封时将标的物交还被执行人的困扰。如果是在第三人占有被执行人的财产而被查封的，可责成占有该财产的第三人继续保管。执行标的物若是一般财产，无需特殊的保管方法，又不是贵重物品的，则查封后由被执行人保管最为简便。这里规定是“可以”，而不是“必须”。如果执行法院认为不宜交由债务人管理使用的，也可交由其他适当的第三人保管，如不动产可由债权人保管。贵重物品或有价证券、金钱易于处分、隐匿，可不交被执行人保管，可由法院保管。但一般查封财产不宜由债权人保管，否则就应称为扣押。不论由谁保管，执行法院都要对查封财产行使实际控制权。如果由法院自己保管，就需要指定人员看管。看管的费用由被执行人负担。

二、保管人在保管时应履行必要的手续

实践中往往会出现因查封清单记载不清楚、不明确，又没有让被执行人出具保管收据的情况，而当事人容易对标的物的数量、质量等说不清楚。这种情况往往引发争议。因此，保管人在保管时应履行必要的手续，以明责任，如执行人员将查封的财产交被执行人保管时，应由保管人出具收据，以便装入卷宗等。保管人出具的收据应清楚明确地记明保管物品的种类、数量、质量等必要事项，特别应记明是否可以使用，以免调换和发生其他异议。①

三、掌握公示查封的适当方式

查封动产的，人民法院可以直接控制该项财产。人民法院将查封的动产交付其他人控制的，应当在该动产上加贴封条或者采取其他足以公示查封、扣押的适当方式；查封不动产的，人民法院应当张贴封条或者公告，并可以提取保存有关财产权证照。查封已登记的不动产、特定动产及其他财产权，应当通知有关登记机关办理登记手续。未办理登记手续的，不得对抗其他已经办理了登记手续的查封行为。

四、了解人民法院委托的查封财产保管人如果擅自动用、处分其保管的财产，国家不承担赔偿责任

法院得知保管人擅自处理被查封的财产后，未采取措施予以制止是不正确的，但是，若财产无法执行的原因不是人民法院实施了违法行为，而是保管人违法动用、变卖了人民法院已经查封的财产的，依照国家赔偿法的有关规定，不属于国家赔偿范围。②

——江必新主编：《执行规范理解与适用——最新民事诉讼法与民诉法解释保全、执行条文关联解读（第二版）》，中国法制出版社2018年版，第394~395页。

227. 乙法院能否对甲法院裁定以物抵债但尚未办理过户手续的房屋进行查封

关键词

以物抵债　房屋查封

---

① 江必新：《强制执行热点问题新释新答》，人民法院出版社2010年版，第229~230页。

② 参见1998年3月11日《最高人民法院赔偿委员会关于人民法院委托的查封财产保管人擅自动用处分其保管的财产国家不承担赔偿责任的批复》，载丁亮华编著：《民事执行程序注释书》，中国法制出版社2011年版，第264页。

附录：《人民司法》信箱

问题： 在王某申请执行刘某一案中，甲法院查封了刘某位于丙处的房产，在拍卖过程中，因无人应买而造成流拍。经刘某同意，甲法院裁定将该房产以物抵债给王某。在王某办理过户手续的过程中，乙法院又以刘某为另一案件的被执行人且丙处房产尚未办理过户手续仍属于刘某所有为由，将丙处房产查封。请问：乙法院能否对该房产进行查封？

《人民司法》研究组认为： 不动产物权变动的原因可以区分为法律行为和事实行为。对于买卖、赠与等法律行为所引起的物权变动，法律要求当事人必须履行过户登记手续后，不动产方能产生物权变动的后果。而对于继承、自建、强制执行等事实行为所引起的物权变动，自该事实行为完成之日起就产生不动产物权变动的后果，并不以履行过户登记为要件。本案中，自甲法院的以物抵债裁定生效时起，丙处房产的所有权就从刘某变更为王某，只不过王某此时对该房产的所有权由于没有经过登记，尚不能进行法律上的处分。因此，乙法院不能查封属于案外人王某的房产。

——《人民司法》2005 年第 2 期。

228. 人民法院在执行程序中的扣划裁定具有控制财产的效力，可以对抗其他法院后续的执行措施，不因协助义务人的不予协助执行而失去对拟扣划财产的执行力

关键词

扣划裁定　执行措施　协助执行

最高人民法院答复

安徽省高级人民法院、山东省高级人民法院：

你院〔2005〕皖执他字第 016 号《关于单光彩与青岛平度市进出口公司辣椒种植回收合同纠纷一案请求协调的报告》收悉。经研究，答复如下：

人民法院在执行程序中的扣划裁定具有控制财产的效力，可以对抗其他法院后续的执行措施，不因协助义务人的不予协助执行行为而失去对拟扣划财产的执行力。本案中，安徽省宿州市埇桥区人民法院执行程序合法，其〔2005〕宿埇执字第 236 号扣划裁定先于山东省平度市人民法院的保全裁定生效，因此，被执行人平度市进出口公司在中国银行平度市支行账户上的被冻结款项应由埇桥区人民法院先行执行。

——《最高人民法院执行工作办公室关于安徽省宿州市埇桥区人民法院

与山东省平度市人民法院执行青岛平度市进出口公司协调一案的答复》(2006年1月9日,〔2005〕执协字第36号),载江必新主编:《人民法院执行工作规范全集》,人民法院出版社2017年版,第466页。

附录：理解与适用

《民事诉讼法》第一百零三条[①]规定，有义务协助调查、执行的单位，拒不履行法定义务的，人民法院除责令其履行协助义务外，并可以予以罚款。在本案中，协助执行义务人中国银行平度支行拒不协助宿州市涌桥区人民法院对执行款项的扣划，是典型的不尽协助义务的行为，宿州市埇桥区人民法院依据有关法律规定对此行为予以处罚，体现了人民法院执行措施的严肃性。在人民法院执行实践中，协助执行义务人不尽协助义务的情况时有发生，这也是造成人民法院执行案件"执行难"的主要原因之一，但这不是本案关注的主要问题，在此就不再赘述。由于协助义务人的不协助行为，导致先前的冻结措施超过法定期限，另一法院又采取冻结措施，由此造成两法院的执行措施冲突是一个值得探究的法律问题，也是解决本案的关键，需要我们对扣划裁定的法律效力进行深入的思考和界定。

1.扣划裁定不当然发生所有权转移的效力

安徽高院认为应当参照《最高人民法院关于人民法院民事执行程序中拍卖、变卖财产的规定》第二十九条"不动产、有登记的特定动产或者其他财产权拍卖成交或者抵债后，该不动产、特定动产的所有权、其他财产权自拍卖成交或者抵债裁定送达买受人或者承受人时起转移"的规定，扣划裁定已送达，拟执行款项的所有权就发生转移。就理论研究而言，也有意见认为，扣划措施是剥夺存款人对其存款的处分权，是对存款权利性质的实质性改变，由于存款是在银行作登记的，存款账户即为登记的标志，故"冻结的银行款项"应属该条款中规定的"有登记的其他财产权利"，这种理解有一定的道理。但是，钱款作为动产，其所有权以交付为转移是民法确定的基本原则，对钱款以存单的形式转化后，所有权的转移如何确定？对此不能简单断论。如果将扣划裁定的法律效力定性为所有权转移了，新的权利人则应具有占有、使用、处分、收益等所有权的权益。但实际上，账户还在存款人名下，新的权利人并不占有该款项，也不能使用该款项去购买物品，更不能对该款项作出如赠与或给付等处分行为，银行也不会向其支付该款项的利息，可见，新的权利并不享有所有权。因此，将"冻结的银行款项"理解为"有登记的其他财产权利"没有法律依据，不能参照该条款将扣划裁定理解为具有所有权转移的效力。

① 现为《民事诉讼法》(2021年修正)第一百一十四条。

2. 扣划裁定的法律效力

为保障人民法院生效法律文书确定的权利义务的实现，法律赋予了人民法院对债务人在银行的存款可以查询、冻结、扣划等司法措施的权力，这三个司法措施既是独立的司法行为，又融合为一个有机的整体。查询属于发现财产线索，属于准备阶段，目的是了解掌握债务人在银行的财产情况，是为下一步采取冻结措施的基础。冻结是控制财产的一种手段，限制债务人对其名下财产权利的处分，为债权人实现权利做好准备。扣划是查询和扣划措施的最终目的，是对被执行财产的处分性措施，从而真正实现了债权人的权利。

扣划作为一个法定的独立的执行措施，具有独立的司法价值和法律内涵。扣划既具有控制被执行财产、限制擅自转移被执行财产的效力，也含有命令协助义务人将财产权利转移给新的权利人之意。首先，对于扣划裁定的控制效力，具有两个方面的含义：一是扣划裁定一经送达，即具控制财产、限制擅自转移财产的效力，该效力不因被执行人的异议或协助执行人的不予协助而改变或丧失；二是扣划裁定并不具有效力期限，更不会因期限届满而导致效力丧失，其原因是扣划裁定作为转移财产权利的最终手段，其生效后协助转移义务由协助义务人承担，故不能像冻结措施那样为防止人民法院或债权人怠于行使权力会对他人利益造成损害而设置一定的效力期限予以限制。其次，对于扣划裁定转移财产权利方面的效力，需要协助义务人履行法定的手续、完成特定的协助行为后才能实现，如前段所述，在协助义务人未完成协助义务之前，新的权利人并不能享有所有权，故扣划裁定实现财产权利转移的效力不能当然实现。在本案中，安徽省宿州市埇桥区人民法院〔2005〕宿埇执字第236号扣划裁定合法有效，其先于山东省平度市人民法院的保全裁定对被执行人平度市进出口公司在中国银行平度市支行账户上的款项产生控制财产的效力，故此财产应由埇桥区人民法院先行执行。

——黄年：《扣划裁定的效力认定——安徽省宿州市埇桥区人民法院与山东省青岛市平度市人民法院执行青岛平度市进出口公司协调一案评析》，载最高人民法院执行工作办公室编：《执行工作指导》2006年第1辑（总第17辑），人民法院出版社2003年版，第84~90页。[①]

① 该观点已经被《最高人民法院关于适用〈中华人民共和国民事诉讼法〉的解释》（法释〔2015〕5号）第四百八十六条采纳，该条规定："对被执行的财产，人民法院非经查封、扣押、冻结不得处分。对银行存款等各类可以直接扣划的财产，人民法院的扣划裁定同时具有冻结的法律效力。"

229. 法院对被执行人所有的已抵押的财产进行查封时，是否应当通知抵押权人

关键词

抵押财产　查封　通知抵押权人

附录:《人民司法》信箱

问题：某法院在执行王某与张某买卖烟花货款纠纷一案中，依法查封了被执行人张某的房屋后，听说被执行人张某的房屋已向某银行作了抵押贷款。但从查封直至拍卖该房屋的一年多时间里，银行一直未向法院主张对该房屋享有优先受偿权。现就法院对被执行人所有的某银行享有抵押权的财产在查封后，法院是否有义务通知抵押权人有两种意见：一种意见认为，法院无义务通知某银行。抵押权作为一种权利，既可行使也可放弃，抵押权人在知道或应当知道抵押物被法院查封后，应及时主动地向法院主张优先受偿权，不主张自己的实体权利，应视为放弃自己的权利，法院无义务主动通知抵押权人向法院主张优先受偿权。第二种意见认为，法院有义务通知该银行，法院对被执行人的财产采取查封措施后，发现该财产设立抵押时，就应当及时通知抵押权人，由其向法院主张权利，并优先受偿，以保护抵押权人的合法权益。

《人民司法》研究组认为：第二种意见是正确的。最高人民法院《执行规定》第40条[①]规定："人民法院对被执行人所有的其他人享有抵押权、质押权或留置权的财产，可以采取查封、扣押措施。财产拍卖、变卖后所得价款，应当在抵押权人、质押权人或留置权人优先受偿后，其余额部分用于清偿申请执行人的债权。"从上述规定和有关法律精神来看：对被执行人已经作为担保物的财产，人民法院可以查封、扣押，也可以拍卖、变卖，但是必须保障抵押权人的优先受偿权。为了切实保障抵押权人的利益，在人民法院转让被执行人的担保物时，应当通知抵押权人，并告知受让人转让物已经设定担保的情况。

——《人民司法》2004年第1期。

---

① 现为《最高人民法院关于人民法院执行工作若干问题的规定（试行）》(2020年修正）第31条。

230. 查封法院全部处分标的物后轮候查封的效力

关键词

轮候查封

最高人民法院审判业务意见［《人民法院办理执行案件规范（第二版）》］

466.【轮候查封】

对已被人民法院查封、扣押、冻结的财产，其他人民法院可以进行轮候查封、扣押、冻结。查封、扣押、冻结解除的，登记在先的轮候查封、扣押、冻结即自动生效。人民法院对已查封、扣押、冻结的全部财产进行处分后，该财产上的轮候查封自始未产生查封、扣押、冻结的效力。

其他人民法院对已登记的财产进行轮候查封、扣押、冻结的，应当通知有关登记机关协助进行轮候登记，实施查封、扣押、冻结的人民法院应当允许其他人民法院查阅有关文书和记录。

其他人民法院对没有登记的财产进行轮候查封、扣押、冻结的，应当制作笔录，并经实施查封、扣押、冻结的人民法院执行人员及被执行人签名，或者书面通知实施查封、扣押、冻结的人民法院。被执行人拒绝签名的，记入笔录。

同一法院在不同案件中可以对同一财产采取轮候查封、扣押、冻结措施。

——最高人民法院执行局编：《人民法院办理执行案件规范（第二版）》，人民法院出版社2022年版，第206页。

最高人民法院答复

北京市高级人民法院：

你院《关于查封法院全部处分标的物后，轮候查封的效力问题的请示》（京高法〔2007〕208号）收悉。经研究，答复如下：

根据最高人民法院《关于人民法院民事执行中查封、扣押、冻结财产的规定》（法释〔2004〕15号）第28条[①]第1款的规定，轮候查封、扣押、冻结自在先的查封、扣押、冻结解除时自动生效，故人民法院对已查封、扣押、冻结的全部财产进行处分后，该财产上的轮候查封自始未产生查封、扣押、

① 现为《最高人民法院关于人民法院民事执行中查封、扣押、冻结财产的规定》（2020年修正）第26条。

冻结的效力。同时，根据上述司法解释第 30 条[①]的规定，人民法院对已查封、扣押、冻结的财产进行拍卖、变卖或抵债的，原查封、扣押、冻结的效力消灭，人民法院无需先行解除该财产上的查封、扣押、冻结，可直接进行处分，有关单位应当协助办理有关财产权证照转移手续。

——《最高人民法院关于查封法院全部处分标的物后轮候查封的效力问题的答复》(2007 年 9 月 11 日，法函〔2007〕100 号)，载最高人民法院执行工作办公室编:《执行工作指导》2007 年第 3 辑（总第 23 辑），人民法院出版社 2008 年版，第 40 页。

附录：理解与适用

轮候查封就是对其他人民法院已经查封的财产，执行法院依次按时间先后在登记机关进行登记，或者是在该其他人民法院进行记载，排列等候，查封依法解除后，在先的轮候查封自动转化为正式查封的制度。从轮候查封的概念可以看出，轮候查封对于某一特定标的物的查封效力是待定的，只有在先的查封依法解除或者自动消灭，轮候查封才能自动生效；如果在先的查封未依法解除或者自动消灭，轮候查封就不发生效力。这也正是轮候查封与重复查封的本质区别。重复查封是两个或者两个以上的有效查封，其中任何一个查封的效力都受到其他查封效力的制约，所以《民事诉讼法》第九十四条第四款[②]明确禁止重复查封。

其次，需要明确轮候查封的生效时间和生效条件。根据《查封规定》第二十八条第一款“查封、扣押、冻结解除的，登记在先的轮候查封、扣押、冻结即自动生效”，和第三十条第一款“查封、扣押、冻结期限届满，人民法院未办理延期手续的，查封、扣押、冻结的效力消灭”，说明轮候查封生效的条件是在先的查封依法解除或消灭，生效的时间即在先查封解除或消灭的瞬间。

再次，需要明确查封法院全部处分标的物时对轮候查封的意义。查封法院对已查封的财产进行处分，包括拍卖、变卖或者以物抵债等方式。查封标的物被拍卖、变卖或抵债的，该标的物如所有权即发生转移。在这种情况下，查封标的物已为买受人或承受人所有，则不属于被执行人责任财产的范围，轮候查封当然也不生效。所以，《最高人民法院、国土资源部、建设部关于规范人民法院执行和国土资源房地产管理部门协助执行若干问题的通知》第二十条规定：“查封法院对查封的土地使用权、房屋全部处理的，排列在后的轮

---

① 现为《最高人民法院关于人民法院民事执行中查封、扣押、冻结财产的规定》(2020 年修正）第 27 条。

② 现为《民事诉讼法》(2021 年修正）第一百零三条第二款。

候查封自动失效”。虽然该条文针对的查封标的物是不动产，但关于查封法院全部处分标的物后轮候查封的效力问题已经有了原则性的规定，该原则应同样适用于动产或其他财产权。

最后，需要明确查封法院处分标的物时原查封的效力问题。在司法实践中，查封法院在处分被查封的标的物时多被协助执行机关要求先解除查封再处分，即使在某些不要求先解封的地方也存在着“查封法院在要求协助过户的通知中隐含着先行解除原有查封的要求”的认识。有的法院也习惯了先解封再处分的做法，所以才会产生“登记在先的轮候查封在原有查封解除的瞬间自动转为正式查封”的观点。笔者认为，这种现状或观念应该改变。其一，查封法院在处分被查封的标的物时必须先行解除查封的要求或认识没有法律依据；其二，查封和处分是同一法院就同一案件在不同阶段对被执行人责任财产采取的不同措施。无论是诉讼保全查封还是执行保全查封，都是为了将来可能发生的处分行为做准备，查封是手段，处分是目的，查封法院对自己查封的标的物进行处分符合查封的目的，法律禁止的是查封法院之外的任何人对该标的物的处分行为；其三，查封法院的处分行为自然替代了查封措施，不存在先解除查封再处分的必要，客观上也避免了因此可能发生的标的物流失问题。所以，查封法院在处分查封标的物时无须先行解除该财产上的查封措施，可直接进行处分。司法解释对于查封法院处分查封标的物时原有查封的效力问题已经作出了明确规定，即《查封规定》第三十条第二款规定：“查封、扣押、冻结的财产已经被执行拍卖、变卖或者抵债的，查封、扣押、冻结的效力消灭。”

——于泓：《关于查封法院全部处分标的物后轮候查封的效力问题的请示与答复》，载最高人民法院执行工作办公室编：《执行工作指导》2007 年第 3 辑（总第 23 辑），人民法院出版社 2008 年版，第 50~52 页。

231. 轮候查封的效力是否及于查封标的物的替代物

关键词

轮候查封　替代物

最高人民法院裁判文书

重庆建工住宅建设有限公司与重庆中建工程公司欠款纠纷执行案［最高人民法院（2012）执复字第 19 号执行裁定书］

最高人民法院认为，（1）本案（2011）渝高法执监字第 60—1 号执行裁定是重庆高院在对重庆一中院执行住宅公司与中建公司公证债权文书案中存在的错误进行执行监督中作出的。根据《执行规定》第 129 条和 130 条的规定，上级法院发现下级法院执行不当或执行错误，有权进行监督纠正。该规定第 130 条规定的指令纠正程序并不排除必要时上级法院直接作出纠正裁定。故重庆高院以（2011）渝高法执监字第 60—1 号执行裁定直接纠正重庆一中院执行中的错误，不违反司法解释的规定。该院在该裁定和（2011）渝高法执异字第 23 号异议裁定中没有正确述明执行监督案件的缘由，以致引起一些理解上的歧义，确有不当，但不影响实质处理结果。（2）轮候查封制度的作用在于确保轮候查封债权人能够取得在先查封债权人从查封物中所得利益的剩余部分。轮候查封的效力应当及于查封标的物的替代物，即对于标的物变价款中多于在先查封债权人应得数额的部分，有正式查封的效力，轮候查封债权人有权对该部分主张权利。本案中，住宅公司申请强制执行的公证债权文书是在 2004 年 9 月份作出的，后中建公司已于 2006 年年底向建工集团公司借款 250 万元偿还住宅公司，故住宅公司不应在执行中重复受偿 250 万元。重庆一中院在执行中拍卖查封标的物后，住宅公司于 2008 年 5 月 19 日向法院提交的《住宅建司（即住宅公司）与中建公司案应执行债权金额》中，未向法院说明中建公司已于 2006 年年底归还其 250 万元的情况，致使重庆一中院按照公证债权文书确定的标的数额全额划给了住宅公司，住宅公司因此受偿的数额超过了其应得的债权数额。对于该超出的部分款项，在先查封申请人住宅公司无权擅自处分或与被执行人自行协商进行处置，而应由住宅公司退还给执行法院，由执行法院支付给轮候查封申请人信达公司。拒不退还的，执行法院及监督执行的上级法院有权采取执行措施强制其退还。（3）重庆高院（2011）渝高法民终字第 52 号民事判决驳回信达公司的诉讼请求，是基于住宅公司按照与中建公司的约定和指令而将 250 万元不当利益返还给了中建公司这一事实，并未对该行为在执行程序中是否合法进行实质审查判断。而经执行监督程序审查，该行为实际上是住宅公司擅自处分超过其应得债权数额的、应由轮候查封债权人取得的执行标的变价款，侵害了轮候查封申请人信达公司的合法权益。故重庆高院通过执行监督程序强制住宅公司退出 250 万元及相关利息，与该院（2011）渝高法民终字第 52 号民事判决并不矛盾。

——中国裁判文书网。

232. 利害关系人对于轮候冻结的行为能否提出执行异议

关键词

执行异议　轮候冻结

最高人民法院裁判文书

南京迦得凯贸易有限公司与中国工商银行股份有限公司重庆九龙坡支行等借款合同纠纷执行案［最高人民法院（2022）最高法执复30号执行裁定书］

裁判要旨：虽然本案的保全冻结为轮候冻结，不具有正式冻结的法律效力，但仍对所冻结债权的相关当事人、利害关系人具有法律拘束力，亦会对当事人、利害关系人的权益产生影响，利害关系人就此提出行为异议符合法律规定。原审法院就轮候冻结提出行为异议于法无据的认定，确有不当。

最高人民法院认为：本案的争议焦点为重庆高院对案涉到期债权的冻结行为是否侵害复议申请人迦得凯公司的合法权益。

关于复议申请人迦得凯公司是否有权就重庆高院保全冻结案涉到期债权的行为提出异议问题

依据《最高人民法院关于人民法院办理执行异议和复议案件若干问题的规定》第五条的规定，当事人以外的自然人、法人和非法人组织认为其合法权益受到人民法院违法执行行为侵害的，可以作为利害关系人提出执行行为异议。在迦得凯公司申请执行捷尔医疗公司案件中，迦得凯公司就捷尔医疗公司对军医大第二附属医院的债权主张权利，而该债权在本案中被重庆高院保全冻结，迦得凯公司属于保全冻结行为的利害关系人。虽然重庆高院的保全冻结为轮候冻结，不具有正式冻结的法律效力，但仍对所冻结债权的相关当事人、利害关系人具有法律拘束力，亦会对当事人、利害关系人的权益产生影响，迦得凯公司就此提出行为异议符合法律规定。重庆高院关于迦得凯公司就轮候冻结提出行为异议于法无据的认定，确有不当，本院予以纠正。

关于重庆高院保全冻结案涉到期债权是否符合法律规定的条件问题

依据《民事诉讼法解释》第一百五十九条的规定，债务人的财产不能满足保全请求，但对他人有到期债权的，人民法院可以依债权人的申请裁定该他人不得对本案债务人清偿。换言之，保全冻结债务人对他人到期债权的前提是债务人的其他财产不能满足保全请求。本案中，复议申请人迦得凯公司提供的证据不能证明重庆高院首次查封的其他财产能够满足本案保全请求，而轮候查封的其他财产因不具有正式查封效力而不能计入已保全查封的财产价额，重庆高院冻结案涉到期债权符合司法解释规定的条件。复议申请人关于重庆高院保全冻结案涉到期债权不符合法律规定条件、属于超标的额冻结的复议理由，缺乏事实依据，不予支持。

关于重庆高院保全冻结案涉到期债权程序是否合法问题

复议申请人迦得凯公司主张，依照《民事诉讼法解释》第一百五十九条的规定，重庆高院冻结案涉到期债权未另行作出裁定，程序违法，应予撤销。本院认为，在本案保全冻结过程中，重庆高院已经作出查封捷尔医疗公司等被保全人价值人民币4亿元财产的概括执行裁定，并将该裁定连同协助执行通知书向次债务人军医大第二附属医院送达，明确要求军医大第二附属医院不得向债务人支付。重庆高院的保全冻结程序虽有瑕疵，但能够产生轮候冻结案涉到期债权的法律效果，且对复议申请人迦得凯公司的权益未造成实质影响。复议申请人的该项复议理由，缺乏法律依据，不予支持。

——中国裁判文书网。

233. 在先查封法院解除查封前，轮候查封法院裁定的效力能否实现

关键词

解除查封　轮候查封

最高人民法院裁判文书

四川国众投资有限公司与四川扬昇实业有限公司执行复议案［最高人民法院（2012）执复字第2号执行裁定书］

最高人民法院认为，西藏高院（2011）藏法执字第8-1号民事裁定第二项关于“被执行人可以使用被查封财产”等内容的表述，是该院对其查封裁定在效力范围上的界定，该裁定限定的效力内容能否得到实现，取决于查封措施是否能够得到实施，但该裁定第二项的表述并不对五通桥法院在先查封的房产构成处分。而且从本案实际情况看，西藏高院的查封措施因轮候于五通桥法院的查封之后，在五通桥法院解除查封之前，该院（2011）藏法执字第8-1号民事裁定的效力无法得到实现，该裁定第二项的内容也并不违反法律的规定。国众公司仅因西藏高院（2011）藏法执字第8-1号民事裁定第二

项有允许被执行人保管和使用等内容，就认为该裁定事实上处分了其申请保全的查封物，属于主观认识错误。西藏高院（2011）藏法执异字第 8–1 号民事裁定认定事实清楚，适用法律正确，并无不当。

——中国裁判文书网。

234. 案外人执行异议之诉中房屋买卖合同签订早于轮候查封时间是否可以排除强制执行

关键词

案外人执行异议之诉　轮候查封　首轮查封

最高人民法院裁判文书

刘瑜与华融资产重庆分公司及盛景旅游公司案外人执行异议之诉案［最高人民法院（2021）最高法民申 4926 号民事裁定书］

裁判要旨：案外人执行异议之诉中，案外人与开发商的房屋买卖合同签订时间早于轮候查封时间，但晚于首轮查封时间。在轮候查封法院依法将案件执行移送基于抵押权执行的首轮查封法院情形下，案外人并不能取得对案涉房屋物权期待权，不符合《最高人民法院关于人民法院办理执行异议和复议案件若干问题的规定》第二十八条、第二十九条关于"在人民法院查封之前已签订合法有效的书面买卖合同"之规定，亦不能据此排除享有抵押权的债权人对案涉房屋的强制执行。

最高人民法院经审查认为，刘瑜的再审申请事由不能成立。理由如下：根据原审已查明事实，案涉石柱土家族自治县黄水镇迎宾北路 ×× 号"明月绿洲"小区 × 幢 × 单元 ×× 号房屋的抵押权设立时间为 2015 年 3 月 12 日，华融资产重庆分公司因受让债权依法取得案涉房屋抵押权。重庆市渝中区法院于 2015 年 6 月 8 日首轮查封了案涉房屋，后因重庆市第四中级人民法院拟依据华融资产重庆分公司的抵押权，对案涉房屋进行评估、拍卖，渝中区人民法院将首轮查封处置权移交重庆市第四中级人民法院。而刘瑜房屋买卖合同签订时间为 2015 年 9 月 28 日，晚于抵押权设立时间和首轮查封时间。在此情形下，根据《物权法》第一百九十一条[①]"抵押期间，抵押人未经

① 对应《民法典》第四百零六条。

抵押权人同意，不得转让抵押财产”之规定，刘瑜并不能取得对案涉房屋物权期待权。《最高人民法院关于首先查封法院与优先债权执行法院处分查封财产有关问题的批复》（法释〔2016〕6号）规定，对担保物权执行法院可以要求首轮查封法院将查封财产移送，故本案虽然重庆市第四中级人民法院的轮候查封晚于房屋买卖合同签订时间，但基于抵押权执行及执行移送事实，可以认定刘瑜不符合《执行异议和复议规定》第二十八条、第二十九条“在人民法院查封前已签订合法有效的书面买卖合同”之规定。退而言之，即使刘瑜在人民法院查封前签订了房屋买卖合同，《执行异议和复议规定》第二十八条也不能排除抵押权的执行。同时，刘瑜在沙坪坝区有住房一套，且其所举示证据不能证明其已向盛景公司支付了案涉房屋的全部价款。因此，刘瑜的再审申请缺乏法律、事实依据，不符合《执行异议和复议规定》第二十八条、第二十九条的规定，不能排除华融资产重庆分公司对案涉房屋的强制执行。

——中国裁判文书网。

235. 租赁权成立在前、查封在后的，人民法院可以解除第三人依租赁合同对查封物的占有

关键词

租赁权　第三人　查封物的占有

最高人民法院答复

山东省高级人民法院：

你院《关于被执行人擅自出租已查封的财产执行程序中人民法院排除执行妨害能否认定该合同无效或解除租赁合同的请示》收悉。经研究，答复如下：

在执行程序中被执行人擅自处分法院的查封物，包括本案中以出租的形式妨害查封效果的行为，执行法院有权以裁定形式直接予以处理。根据最高人民法院《关于人民法院民事执行中查封、扣押、冻结财产的规定》第26条，[①] 被执行人擅自处分查封物，与第三人签订的租赁合同，并不当然无效，只是不得对抗申请执行人。第三人依据租赁合同占有查封物的，人民法院可以解除其占有，但不应当在裁定中直接宣布租赁合同无效或解除租赁合同，而仅应指出租赁合同不能对抗申请执行人。

---

① 现为《最高人民法院关于人民法院民事执行中查封、扣押、冻结财产的规定》（2020年修正）第二十四条。

——《最高人民法院执行局关于山东省高级人民法院关于被执行人擅自出租已查封的财产执行程序中人民法院排除执行妨害能否认定该合同无效或者解除租赁合同的请示的函》(2009 年 12 月 22 日,〔2009〕执他字第 7 号函),载江必新主编、最高人民法院执行局编:《执行工作指导》2009 年第 4 辑(总第 32 辑),人民法院出版社 2010 年版,第 93~94 页。

附录:理解与适用

一、被执行人处分查封财产行为的效力

1. 绝对无效说与相对无效说

被执行人处分查封物行为的效力,存在绝对无效说与相对无效说之分。绝对无效说认为,查封是公法上的行为,查封后被执行人丧失处分权,其处分行为属于绝对无效与确定无效,对于任何人都不生效力。相对无效说认为,查封仅使被执行人在查封目的之内丧失处分权,所以被执行人对查封物的处分,仅对执行债权人不生效力,对于被执行人与第三人,仍属于有效。当债权人撤回申请或查封被撤销时,处分行为变为完全有效。两种学说也被称为查封的绝对效力与相对效力。一般认为,相对效力说既能实现查封的目的,又能兼顾查封后被执行人及第三人之利益,较为合理。

2. 我国关于处分查封物效力的相关规定及理解

我国关于处分查封物行为效力的规定,以 2005 年 1 月 1 日《查封规定》的生效为界,可以划分为两个阶段。

《查封规定》生效之前,我国立法对于处分查封财产行为的效力并无直接明确的规定。相关的法律条文主要有《执行规定》第 44 条[①]、《民事诉讼法》第一百零二条、[②]《担保法》第三十七条[③]第五项、《城市房地产管理法》第三十七条第二项。有学者认为:"从这些规定的立法本意来看,我国对债务人变卖查封财产的行为明显采取了一种严格禁止的态度,实践中一般也不承认债务人处分查封物的行为可以在债务人和第三人之间发生效力。据此可以推断,我国当时采取的是查封效力绝对性的观点。"也有学者将上述条文解释为查封的相对效力说,理由为:首先,对于擅自处分查封物行为的处理,作为规范该问题的核心条文,《执行规定》第 44 条只是责令责任人追回查封物或承担赔偿损失,并未否认处分行为的效力,也未涉及第三人对于查封物权利的认定。这种处理更接近相对效力说。其次,《民事诉讼法》第一百零二条只涉及

① 现为《最高人民法院关于人民法院执行工作若干问题的规定(试行)》(2020 年修正)第 32 条。

② 现为《民事诉讼法》(2021 年修正)第一百零五条。

③ 对应《民法典》第三百九十九条。

对于擅自处分者的强制措施，未涉及处分行为的效力。最后，《担保法》与《城市房地产管理法》的相关规定，只是在客观上限制了处分查封物的范围，并未否认相对效力说。同时，在《查封规定》第二十六条确立了查封的相对效力后，《担保法》与《房地产管理法》也未作相应的修改。

上述两种观点各有道理，总体来看当时对于查封效力的规定并不明确。

《查封规定》第二十六条[①]第一款规定："被执行人就已经查封、扣押、冻结的财产所作的移转、设定权利负担或者其他有碍执行的行为，不得对抗申请执行人。"其中关于"不得对抗申请执行人"的表述与"相对效力说"的"对于申请执行人不生效力或无效"表述不完全一致，含义上也存在些许差异。但是两种表述都不否认处分行为的整体效力，同时承认查封效果的优先性，都兼顾了查封的公法效果与当事人的私权保护。从这一角度看，两种规定并无差异。应认为我国自此明确了查封的相对效力。

虽然《查封规定》第二十六条第一款规定了查封相对效力，但对其适用范围，理解上仍存在争议。一种理解是，查封的相对效力只适用于物权的变动及一些转移了占有的特定债权行为，如出租、出借等。另一种理解是相对效力不仅及于物权的变动，也包括债权的设定。

前一种观点的主要理由是：第一，债权本身就是一种相对权，被执行人就查封物设定债权合同不会妨害到执行，执行中无须否定该合同。或者说合同的相对效力能排除合同行为对于执行的妨害问题，无需适用查封的相对效力说。第二，对于具有对抗力的特定债权，如租赁权，其对抗力的产生不是单纯的债权合同，而是合同加上对于标的物的占有。只要解除了占有，也就排除了妨害，无须否定债权合同。第三，《查封规定》第二十六条使用了"不得对抗申请执行人"的表述，而具有对抗性的一般为物权。如果被执行人的行为包括设定债权的行为在内，条文应使用"相对于申请执行人无效"。由此可以反推出该条并不涵盖债权合同。

第二种观点的理由为：第一，《查封规定》第二十六条并未限定适用范围，而是指出对于一切妨害执行的行为皆应排除。第二，虽然一般债权不具有对抗力，但是不可否认存在一些类似于物权的、具有对抗性的债权，如本案中的租赁权。对于在查封物上设定此类债权的行为，债权的相对效力理论无法排除执行妨害。如果坚持相对效力只适用于设定物权的原则，那么就需要为解决此类案件设定例外并予以复杂的说明。与其如此，还不如将相对效力说解释为一体适用于物权与债权的设定。第三，大陆法系学者大多认为查封的相对效力不适用于一般的债权行为，原因在于大陆法系区分处分行为与

---

① 现为《最高人民法院关于人民法院民事执行中查封、扣押、冻结财产的规定》（2020 年修正）第二十四条。

负担行为的理论背景。而我国并未明确采纳处分行为与负担行为的区分理论，在解释查封的相对效力时不必为该理论框架所限制。

二、执行程序中对于处分查封财产行为的处理及限度

《查封规定》第二十六条第二款规定，处分查封财产的行为可以在执行程序中处理。同时综合考虑本条文的表述、查封制度的目的、执行与审判相分立的体制、当事人自由的维护与查封物经济效用的发挥等因素，执行程序中的处理应以排除执行妨害为限。具体内容如下：

1. 凡是妨害到执行的处分查封物行为都应当排除，不论是否涉及实体权利的审查。通常情况下，直接妨害执行的是案外人对于查封物的占有行为，因此，执行中首先需要解除其占有。同时，如查封物发生了物权的变动，第三人基于物权而占有的场合，只要不成立善意取得的情形，就需要同时否定其物权的效力，否则妨害无法真正排除。由于执行机构排除执行妨害的权力来自《查封规定》第二十六条的明确授权，所以在排除执行妨害的范围内审查与否定实体权利于法有据。在这个意义上，山东省高级人民法院认为执行程序中不能处理实体问题的观点是错误的。

2. 对于处分查封物行为效力的否定，应以保障执行的顺利进行为限。本案中只需解除案外人的占有，而无需否定租赁合同的整体效力。山东省高级人民法院执行合议庭认为需要否定租赁合同的效力或解除合同的观点是错误的。基于对查封相对效力涵盖范围的不同认识，解释其错误有如下两种思路：

持查封相对效力只涵盖物权变动及特殊类型债权者认为，本案应区分承租人单纯依据租赁合同的债权与租赁权。根据合同的相对性原理，前者不会对执行造成妨害，无需否定。后者是一种物权化的权利，具有对抗性，为了排除执行妨害，应予以否定。由于租赁权的成立以占有为条件，所以剥夺租赁人的占用也就否定了其租赁权并排除了执行妨碍。根据这种解释，山东省高级人民法院执行合议庭的错误就在于没有区分基于租赁合同的债权与基于占有的租赁权。

持查封的相对效力统一适用物权行为与债权行为者认为，由于本案的占有在形式上是有权占有，所以在排除执行妨害时不仅需要解除承租人的占有，还要否定占有的权利来源——租赁合同中妨害执行的部分。具体讲，就是剥夺承租人请求实际履行的合同权利。至于合同的其他部分与整体效力，由于并不影响执行的进行，所以无需否认。在这种观点看来，山东省高级人民法院执行合议庭可以否定租赁合同中妨害执行的部分，但是否定租赁合同的整体效力则超出了排除执行妨害的必要范围。

应该说两种思路各有特点，并无明显优劣之分。其区别主要体现在排除特殊类型债权造成的执行妨害的解释方面。第一种解释符合债权的相对性原理，但是必须将租赁等特殊债权行为作为例外处理。第二种思路能较好地处

理特殊债权行为的问题，但是与债权的相对性原理有些重叠与冲突。合议庭对适用何种思路处理本案也存在不同意见，考虑到第二种解释在处理本案租赁权这一特殊类型的债权问题上更具有说服力，及我国并未明确采纳物权行为的立法现实，本案最终采纳了第二种解释。

3. 此外，排除妨害以保障执行顺利进行为限还意味着，如果申请执行人认可被执行人的妨害行为，法院也可以不予解除。如本案中申请执行人对被执行人出租查封物的行为予以认可，能够接受租赁关系的存在，或者认为对实现债权没有大的妨碍，法院也可以不解除第三人的占有。但此时应注意审查申请执行人的认可行为是否侵害了他人的权益。

三、本案裁定书的表述及相关主体的权利救济

裁定书应当表明根据《查封规定》第二十六条的规定，本案租赁合同不能对抗申请执行人（或相对于申请执行人无效）；剥夺 D 公司依据租赁合同对于查封物的占有。但不应当在裁定中直接宣布租赁合同无效或解除租赁合同。

由于本案中法院排除执行妨害并未审查被执行人 B 公司与案外人 D 公司之间的租赁合同，所以 D 公司的占有被解除后，其与 B 公司之间的租赁合同纠纷可以通过另行诉讼或仲裁程序解决。有权机关对于合同效力的认定不影响执行裁定的效力。当然，如果执行法院在排除执行妨害的过程中存在《民事诉讼法》第二百零二条[①]、第二百零四条[②]的情形，相关主体可以依法书面提出异议或提出异议之诉。

——黄金龙、葛洪涛：《人民法院能否在执行程序中以被执行人擅自出租查封房产为由认定该租赁合同无效或解除租赁合同的请示与答复》，载江必新主编、最高人民法院执行局编：《执行工作指导》2009 年第 4 辑（总第 32 辑），人民法院出版社 2010 年版，第 87~93 页。

236. 债务人的部分履行行为对人民法院冻结裁定的效力

关键词

债务人部分履行行为　冻结

最高人民法院裁判文书

最高人民法院认为：本案涉及两个焦点问题，即：（一）债务人的部分履行行为对法院冻结裁定的效力。（二）瑞德公司另案提起诉讼的行为能否导致

① 现为《民事诉讼法》（2021 年修正）第二百三十二条。

② 现为《民事诉讼法》（2021 年修正）第二百三十四条。

本案执行程序停止。围绕上述问题，分析如下：

（一）关于债务人的部分履行行为对法院冻结裁定的效力问题。在本案所涉执行案件立案执行时，兰新公司、瑞德公司对毛刚等49名商户的债务尚未自动履行，甘肃高院依据债权人华邦广场、华邦公司、华邦农业、天河公司和毛刚等49名商户的申请发出限期履行通知以及冻结裁定并无不当。但是，法院的冻结裁定一旦做出便对当事人具有强制执行效力，所要冻结的数额在依法变更之前并不能自动减少，虽然实践中执行法院一般通过扣减债务人自动履行部分数额的方式进行操作，但扣减的事实行为并不能导致冻结裁定中自动履行部分债权的强制执行效力消灭，鉴于债务人兰新公司、瑞德公司提出异议时冻结裁定尚未实施，甘肃高院应当根据债务人已经履行的数额相应变更冻结裁定中冻结、扣划的数额。因此，兰新公司、瑞德公司关于已履行部分应予变更冻结裁定中冻结、扣划数额的复议请求应予支持。

（二）关于兰新公司、瑞德公司另案提起诉讼能否导致本案执行程序停止的问题。执行程序一旦启动，除非出现法律规定的事由，不得停止。兰新公司、瑞德公司与华邦公司、华邦广场之间的相邻损害防免之诉属于另一法律关系，该诉讼所争议的债权尚未确定，即使兰新公司、瑞德公司的诉讼请求将来能够得到支持，也应另案申请执行，其要求停止本案执行程序没有法律依据，该项复议请求不能得到支持。

——《最高人民法院〔2011〕执复字第7号》，载江必新主编：《人民法院执行工作规范全集》，人民法院出版社2017年版，第392页。

附录：本案解析

本案的焦点问题涉及两个：（1）债务人的部分履行行为对法院冻结裁定的效力问题；（2）瑞德公司另案提起诉讼的行为能否导致本案执行程序停止。

（一）债务人的部分履行行为对法院冻结裁定的效力问题

首先，本案中法院依据申请执行人的申请发出限期履行通知以及冻结裁定并无问题。此点涉及执行法理论上的一个重大问题，即公法上的强制执行请求权的性质。强制执行请求权是否以实体请求权的存在为基础，学界存在"具体的请求权"和"抽象的请求权"两种不同的观点。前者认为，债权人的执行请求权必须以实体上对债务人确实存在请求权为基础。后者认为，基于执行程序的特点，实际上执行法院对于当事人是否具有实体上的请求权很难判断。目前，以抽象的执行请求权说为通说。从《最高人民法院关于人民法院执行工作若干问题的规定（试行）》第18条第1款第5项[①]的规定看，有

① 现为《最高人民法院关于人民法院执行工作若干问题的规定（试行）》（2020年修正）第16条第4项。

要求法院在执行立案时审查债务人尚未履行债务的内容，似乎是坚持实体请求权说，但从执行实践看，法院往往只是要求申请人提供立案申请材料，并不要求被执行人质证，所作审查也仅仅是程序审查，实际上坚持的仍然是抽象请求权说。而且，该院在立案、发出限期履行通知书以及作出冻结裁定时，对毛刚等49名商户的债务还没有履行完毕，因此该院发出限期履行通知书、作出冻结裁定并不违法。

其次，债务人的部分履行行为能够产生阻止、变更执行行为的效力。理论上，债务人关于债务已履行的异议属于实体异议，应当另行提起债务人异议之诉方能发生阻止或者变更执行的效力。但是，在我国由于尚未建立债务人异议之诉制度，债务人关于债务已经履行、债的关系消灭的异议是按照《民事诉讼法》第二百零二条①以程序异议的方式进行，因此，人民法院对此异议应当进行实体审查，一旦审查属实也应当赋予其具有变更或者阻止执行的效力。

最后，债务人已经履行的部分不宜通过在实施过程中扣减的方式进行。因为，法院的冻结裁定一旦作出，便对当事人具有强制执行的效力，虽然实践中法院都是通过扣减的方式来操作，但在程序上扣减本身并不能导致冻结裁定的效力消灭，应当根据已经履行的数额相应变更冻结的数额。

因此，复议申请中关于已履行部分应予变更冻结裁定数额的请求应予支持。

（二）瑞德公司另案提起诉讼能否导致本案执行的问题

执行程序一旦启动，除非出现法律规定的事由，不得停止。兰新公司、瑞德公司与华邦公司、华邦广场之间的诉讼属于另一法律关系，即使兰新公司、瑞德公司的诉讼请求能够得到支持，也是另案申请执行的问题，其要求停止本案执行没有法律依据，不应得到支持。

同时，第二个问题还涉及复议申请人在甘肃高院提起异议时的另一理由能否成立的问题，即兰州中院对兰新公司、瑞德公司发出的停止支付法院确定债权的通知书能否具有阻止法院执行的效力。笔者认为，法院的确定债权一旦进入执行程序，实际上存在两类法律关系：一类是当事人之间的私法上的法律关系，另一类是执行法院与当事人之间的公法上的法律关系。兰州中院仅仅向债务人发出执行通知书，仅仅能产生私法上的法律效力，但并不能阻止甘肃高院对债务人的强制执行。而且，相关保全裁定也已被兰州中院撤销，兰新公司、瑞德公司以兰州中院的保全裁定主张停止执行亦不能成立。

——范向阳：《债务人的部分履行行为对人民法院冻结裁定的效力——兰州兰新通信设备公司、瑞德实业公司执行复议案》，载江必新主编、最高人民

① 现为《民事诉讼法》（2021年修正）第二百三十二条。

法院执行局编:《执行工作指导》2011 年第 4 辑(总第 40 辑),人民法院出版社 2011 年版,第 63~74 页。

237. “自扣押之日起，抵押权人有权收取该抵押财产的天然孳息或者法定孳息”中的“扣押”是否包括查封

关键词

扣押　查封　抵押权人　孳息

最高人民法院裁判文书

九江盈邦经营管理有限公司与中信银行股份有限公司南昌分行等借款合同纠纷案［最高人民法院(2021)最高法执复 71 号执行裁定书］

裁判要旨:《民法典》第四百一十二条规定,债务人不履行到期债务或者发生当事人约定的实现抵押权的情形,致使抵押财产被人民法院依法扣押的,自扣押之日起,抵押权人有权收取该抵押财产的天然孳息或者法定孳息。案涉房产被设定抵押且被查封后,法院向案涉房产的承租人发布停止支付租金的公告,据此,抵押权人自案涉房产查封之日起有权收取法定孳息即租金。

最高人民法院认为:根据盈邦公司申请复议的理由和江西高院异议裁定的内容,本案复议审查的焦点问题是:(1)盈邦公司应否负担将收取的案涉抵押不动产租金转交执行法院的协助执行义务;(2)对盈邦公司的异议请求应通过何种程序审查。对于上述焦点问题,分析认定如下:

(一)关于盈邦公司应否负担将收取的案涉抵押不动产租金转交执行法院的协助执行义务的问题

江西高院在本案执行中责令盈邦公司履行协助执行义务,将所收取的案涉抵押不动产租金转交执行法院,盈邦公司对此提出执行异议,江西高院驳回盈邦公司的异议请求。本院认为,结合本案相关事实,江西高院认定盈邦公司负担将收取的案涉抵押不动产租金转交执行法院的协助执行义务,认定事实及适用法律并无不当。主要有以下两个方面理由:

第一,符合对案涉抵押房地产采取执行措施的相关法律规定。《民法典》第四百一十二条规定,债务人不履行到期债务或者发生当事人约定的实现抵押权的情形,致使抵押财产被人民法院依法扣押的,自扣押之日起,抵押权人有权收取该抵押财产的天然孳息或者法定孳息。案涉 21 世纪家居广场的全

部商铺、写字楼及附属设施等均登记在世纪家居公司名下，并已抵押给中信银行南昌分行。在世纪家居公司未按执行通知履行生效民事调解书确定义务的情形下，江西高院于 2018 年 11 月 13 日查封了上述财产，且于 2020 年 11 月 30 日向案涉房产的承租人发布停止支付租金的公告，并于 2021 年 1 月 8 日发出（2021）赣执恢 1 号协助执行通知书。根据上述法律规定，抵押权人中信银行南昌分行自案涉房产查封之日起有权收取法定孳息即租金，世纪家居公司、盈邦公司等已无权收取租金。因此，江西高院有权执行世纪家居公司对案涉房产享有的租金收益；盈邦公司有义务将其收取并占有的上述租金转交执行法院处理。

第二，符合人民法院所出具的关于中信银行南昌分行与世纪家居公司纠纷调解书的内容。根据（2018）赣民初 173 号民事调解书第六项的内容，中信银行南昌分行对世纪家居公司名下案涉六处房产的物业经营收入（包括但不限于项目经营取得的租金、停车费等收入）享有优先受偿权。根据上述调解书的内容，中信银行南昌分行对案涉六处房产的租金收入等享有优先受偿权。就此而言，盈邦公司收取案涉房产的租金收益，也与上述人民法院的生效法律文书内容不符。

综上，盈邦公司实际收取并占有案涉房产的租金，有义务协助转交给执行法院，由执行法院进行处理。江西高院向盈邦公司发出（2021）赣执恢 1 号执行裁定及协助执行通知书，通知盈邦公司将收取的世纪家居公司承租人的全部租金转付至该院，执行行为符合法律规定。盈邦公司以世纪家居公司欠付其巨额管理费用、以对到期债权（租金）提出异议以及协助执行的租金金额不明确等为由，拒不履行转交租金的协助执行义务，缺乏事实和法律依据，江西高院认定该主张不能对抗人民法院的执行行为，理据充分。

至于盈邦公司协助转交租金的具体金额等事宜，江西高院认为可另行依法处理，符合本案实际。至于盈邦公司与世纪家居公司之间的实体权利义务关系，盈邦公司可基于双方之间的法律关系，另循途径解决，不影响江西高院采取相应执行措施。

（二）关于对盈邦公司的异议请求应通过何种程序审查的问题

如前所述，盈邦公司主张对世纪家居公司享有要求支付管理费等费用的债权，从而主张以案涉房产的租金收益实现其债权，此种债权请求权并非对租金收入主张所有权或者有其他足以阻止执行标的转让、交付的实体权利，故该异议请求属于利害关系人对协助执行行为提出的异议，应当按照《民事诉讼法》第二百三十二条的规定审查处理。江西高院适用《民事诉讼法》第二百三十二条的规定，对盈邦公司异议请求进行审查，程序正当。盈邦公司关于江西高院对其异议申请适用程序错误的理由，法院不予支持。

——中国裁判文书网。

238. 查封裁定和协助执行通知书生效时间的认定

关键词

执行异议　查封裁定　生效时间

最高人民法院裁判文书

蒋某某、陈某某等与林某、翁某家等申请执行人执行异议之诉纠纷案

[最高人民法院（2019）最高法民申 2195 号民事裁定书]

裁判要旨：不动产登记机构签收民事裁定和协助执行通知书之日，对讼争房产的查封即发生法律效力。不动产登记机构滞后办理讼争房产的查封手续，属于其内部管理问题，不能以此否定对讼争房产的查封已于签收日发生法律效力的事实。

最高人民法院经审查认为，武夷山市房产管理处签收民事裁定和协助执行通知书之日即 2015 年 2 月 6 日，对本案讼争房产的查封即发生法律效力，其滞后办理查封手续的行为属于内部管理问题，不能以此否定对讼争房产的查封已于 2015 年 2 月 6 日发生法律效力的事实。即便蒋某某、陈某某、彭某某二审时提交的预购商品房预告登记证真实，讼争房产在预告登记之前已被南平市中级人民法院依法查封。蒋某某、陈某某、彭某某关于不动产预告登记生效时间先于查封行为生效时间的主张，与事实不符。根据《最高人民法院关于人民法院民事执行中查封、扣押、冻结财产的规定》第 17 条[①]和《最高人民法院关于人民法院办理执行异议和复议案件若干问题的规定》第 28 条的规定，作为买受人的案外人要排除对案涉房屋的执行，应当具备以下要件：（一）与被执行人即登记名义人签订以变动执行标的物所有权为目的的合同；（二）案外人已支付全部价款或已按照合同约定支付部分价款且将剩余价款按照人民法院的要求交付执行；（三）案外人对执行标的物的物权期待权已经以一定的方式对外公示，即在查封前已实际占有该物；（四）物权没有变更登记的原因不可归责于案外人。四个要件必须全部具备，缺一不可。由于本案讼争房产仍登记在华泰房地产开发公司名下，蒋某某、陈某某、彭某某虽提交了在人民法院查封前其与华泰房地产开发公司签订的商品房买卖合同，但未

---

① 现为《最高人民法院关于人民法院民事执行中查封、扣押、冻结财产的规定》（2020 年修正）第 15 条。

提供证据证实其在人民法院查封前已合法占有讼争房产，且其在人民法院查封前亦未向华泰房地产开发公司支付购房款。二审判决认定蒋某某、陈某某、彭某某的主张不符合《最高人民法院关于人民法院办理执行异议和复议案件若干问题的规定》第 28 条规定的可以排除执行的条件，并无不当。蒋某某、陈某某、彭某某关于其作为讼争房产的预告登记权利人请求排除执行的主张，缺乏事实和法律依据，不能成立。因此，驳回蒋某某、陈某某、彭某某的再审申请。

——中国裁判文书网。

附录：本案解析

审理案外人执行异议之诉，既要依法确认案外人对执行标的是否享有受法律保护的实体权利，又要对该实体权利能否阻却强制执行作出判断，从而最终确定案外人的异议是否成立。金钱债权执行中，预售商品房买受人对登记在被执行人名下的不动产提出案外人执行异议的，人民法院一般依据《执行异议复议规定》第 28 条至第 30 条的规定进行审查判断如何确定查封、扣押、冻结裁定书和协助执行通知书发生查封法律效力的时间，是判断案外人是否满足排除执行要件的基础和前提。

一、不动产查封方法的立法模式

民事执行中的查封是指为确保申请执行人的民事权利得以实现，由人民法院作出的禁止被执行人处分或者转移非金钱财产（动产与不动产）的强制性措施。

目前我国尚无强制执行法，现行《民事诉讼法》亦未对不动产之查封方法作出明确规定，从司法解释看，我国采取的是第二种模式，即通过多种方法查封不动产，包括加贴封条或张贴公告、查封登记、预查封登记等《关于人民法院民事执行中查封、扣押、冻结财产的规定》第 9 条[①] 第 2 款规定："查封、扣押、冻结已登记的不动产、特定动产及其他财产权，应当通知有关登记机关办理登记手续。未办理登记手续的，不得对抗其他已经办理了登记手续的查封、扣押、冻结行为"，以及第 26 条[②] 第 3 款规定："人民法院的查封、扣押、冻结没有公示的，其效力不得对抗善意第三人"、仅规定行政机关未办理查封登记的，不得对抗其他已经办理了登记手续的查封行为以及不得对抗善意第三人，并未规定未办理查封登记的，查封不生效。可见，对动产、不

① 现为《最高人民法院关于人民法院民事执行中查封、扣押、冻结财产的规定》（2020 年修正）第 7 条。

② 现为《最高人民法院关于人民法院民事执行中查封、扣押、冻结财产的规定》（2020 年修正）第 24 条。

动产及其他财产的查封、扣押、冻结，应以人民法院向协助执行人送达裁定书及协助执行通知书作为生效要件，查封登记等公示方式并非查封的生效要件，而是对抗善意第三人的要件。

（二）买受人物权期待权的保护与限制

保护买受人物权期待权是在执行程序中对不动产受让人进行优先保护的理论基础，指对于签订买卖合同的买受人，在已经履行合同部分义务的情况下，虽然尚未取得合同标的物的所有权，但赋予其类似所有权人的地位，其物权的期待权具有排除执行的物权效力。

当然，《执行异议复议规定》对买受人物权期待权予以保护的同时也施加了合理的限制。一方面，在不妨害查封目的、保护申请执行人利益的前提下，该规定第28条（无过错不动产买受人物权期待权的保护条件）和第29条（房屋消费者物权期待权的保护条件）对于当事人签订合同、占有不动产、支付房屋价款的时点的审查，均要求在人民法院“查封之前”，旨在减少被执行人与第三人恶意串通的可能性，体现出执行权作为公权力对被执行人与第三人之间的民事权利进行的适当干预，在被执行人与第三人之间进行的利益平衡。另一方面，预告登记权利人对不动产享有的也是物权期待权，并未完成本登记，尚未取得不动产所有权，其依据第30规定提出执行异议的，当以被查封的不动产“办理了受让物权预告登记”即办理不动产预告登记应当先于查封为前提。本案中，武夷山房产管理处滞后办理讼争房产的查封手续，南平市中级人民法院若以此作为查封生效的时间，则可能会使被执行人、第三人串通房产管理处恶意办理预告登记来逃避执行，从而与立法本意背道而驰。

（三）不动产查封认定规则的实务影响

《关于人民法院民事执行中查封、扣押、冻结财产的规定》和《关于依法规范人民法院执行和国土资源房地产管理部门协助执行若干问题的通知》对不动产登记机构协助执行程序作了具体规范，不动产登记机构有根据人民法院的协助执行通知书办理查封等协助执行事项的义务。一般认为，对于法院而言，只要不动产登记机构签收了协助文书，协助执行义务就已生效，应当自觉按照生效法律文书的规定履行相应的协助义务。若不动产登记机构以“内部审批”为由拖延推诿，甚至是拒绝执行来对抗协助义务，该行为轻则构成内部管理问题或重大瑕疵，由人民法院判决予以纠正，重则构成妨害民事诉讼的违法行为而因此受到相应处罚，但均不能以此否定对不动产的查封已于签收日发生法律效力的事实。

——杨春、魏佳钦、张鸣：《蒋某某、陈某某等与林某、翁某家等申请执行人执行异议之诉纠纷案——查封裁定和协助执行通知书生效时间的认定》，载中国应用法学研究所主编：《中华人民共和国最高人民法院案例选》（第四辑），法律出版社2020年版，第113~114页。

239. 抵押权人选择通过转让被查封房屋获取转让价款的途径实现债权的，能否再依据查封行为对抗已经签订合法房屋买卖合同并依法占有房屋的买受人

关键词

申请执行人执行异议之诉　同意转让　排除强制执行

最高人民法院裁判文书

工行云南路支行与张克俭、鸿源先科公司申请执行人执行异议之诉案

［最高人民法院（2021）最高法民申 7705 号民事裁定书］

裁判要旨：抵押权人在案涉商品房被查封期间出具《抵押物转让同意书》，明确同意转让涉案商品房。在此前提下，债务人办理商品房预售许可证并出让涉案商品房，不违反相关规定。抵押权人自主同意转让查封财产，选择通过转让被查封房屋获取转让价款的途径实现债权，不宜再依据查封行为对抗已经签订合法房屋买卖合同并依法占有的买受人，买受人对涉案商品房享有的民事权益足以排除人民法院的强制执行。

最高人民法院经审查认为，本案系民事申请再审案件，应当围绕当事人主张的再审事由是否成立进行审查。因此，本案的审查重点是原审法院以张克俭对涉案商品房享有足以排除强制执行的民事权益为由，作出驳回工行云南路支行的诉讼请求的处理意见是否妥当等问题。

根据《民事诉讼法》第二百二十七条[①]的规定，执行异议之诉作为与执行异议衔接的后续诉讼程序，是一个独立于执行异议的完整的实体审理程序，其价值取向是以公平优先、兼顾效率，通过实质审查的方式对执行标的权属进行认定，进而作出案外人享有的民事权益是否足以排除强制执行的判断，以实现对案外人民事权益的实体性执行救济。若案外人异议符合《执行异议和复议规定》中关于可以排除强制执行的认定标准，人民法院在执行异议之诉中就要支持案外人的异议请求。同时，基于二者审查方式和判断标准的不同，在案外人异议不符合或者不能完全符合《执行异议和复议规定》中关于可以排除强制执行认定标准的情况下，人民法院在执行异议之诉中也不能

① 现为《民事诉讼法》(2021 年修正）第二百三十二条。

当然认定案外人的异议请求不能成立，而应该根据《最高人民法院关于适用〈中华人民共和国民事诉讼法〉的解释》第三百一十二条第一款关于“对案外人提起的执行异议之诉，人民法院经审理，按照下列情形分别处理：（一）案外人就执行标的享有足以排除强制执行的民事权益的，判决不得执行该执行标的；（二）案外人就执行标的不享有足以排除强制执行的民事权益的，判决驳回诉讼请求”的规定，基于案件的具体情况对案外人是否享有足以排除强制执行的民事权益进行实质审查，并依法作出是否支持案外人异议请求的判断。因此，基于案外人执行异议与执行异议之诉的关联性和共通性，在针对执行异议之诉具体审查标准的法律规定或者司法解释出台前，原审法院根据本案具体情况，依法对案外人享有的民事权益是否足以排除强制执行进行审查认定，并无不当。

根据原审法院查明的事实，张克俭与鸿源先科公司签订案涉商品房买卖合同，是双方真实意思表示，不违反法律、行政法规的强制性规定，商品房买卖合同关系成立且合法有效。张克俭已支付全部房屋价款，并实际占有涉案商品房，其对涉案商品房享有合法民事权益。再审申请人主张张克俭与鸿源先科公司之间不存在商品房买卖关系及张克俭未实际支付房屋价款，但未提供充分证据予以证实，该主张不能成立。再审申请人出具的《抵押物转让同意书》明确表示同意抵押人鸿源先科公司向社会公开预售案涉商品房，即同意转让抵押物。且在涉案商品房开发商获批的预售许可证上载明了预收款监管账户，并载明预收款监督银行为再审申请人。可见，再审申请人就以销售所得价款清偿其债权与鸿源先科公司形成共识，系其自身对抵押权实现方式的重新安排。同时，再审申请人未提供充分证据证实张克俭存在与鸿源先科公司恶意串通的行为或具有明显过失。因此，在张克俭与鸿源先科公司签订案涉商品房买卖合同并支付价款后，再审申请人可对涉案商品房转让价款请求优先受偿。本案中，再审申请人系在涉案商品房被查封期间出具《抵押物转让同意书》，明确同意转让涉案商品房。在此前提下，鸿源先科公司办理商品房预售许可证并出让涉案商品房，不违反相关规定。且再审申请人自主同意转让查封财产，选择通过转让被查封房屋获取转让价款的途径实现债权，不宜再依据查封行为对抗已经签订合法房屋买卖合同并依法占有的买受人。因此，原审法院认为张克俭对涉案商品房享有的民事权益足以排除人民法院的强制执行，并无不当。

——中国裁判文书网。

240.《善意文明执行意见》中允许被执行人和质权人可以在股票冻结期间自行变卖股票，是否会对债权人权益产生不利影响

关键词

被执行人　质权人　股票冻结期间　自行变卖股票

最高人民法院司法政策精神

7. 严格规范上市公司股票冻结。为维护资本市场稳定，依法保障债权人合法权益和债务人投资权益，人民法院在冻结债务人在上市公司的股票时，应当依照下列规定严格执行：

（1）严禁超标的冻结。冻结上市公司股票，应当以其价值足以清偿生效法律文书确定的债权额为限。股票价值应当以冻结前一交易日收盘价为基准，结合股票市场行情，一般在不超过 20% 的幅度内合理确定。股票冻结后，其价值发生重大变化的，经当事人申请，人民法院可以追加冻结或者解除部分冻结。

（2）可售性冻结。保全冻结上市公司股票后，被保全人申请将冻结措施变更为可售性冻结的，应当准许，但应当提前将被保全人在证券公司的资金账户在明确具体的数额范围内予以冻结。在执行过程中，被执行人申请通过二级市场交易方式自行变卖股票清偿债务的，人民法院可以按照前述规定办理，但应当要求其在 10 个交易日内变卖完毕。特殊情形下，可以适当延长。

（3）已质押股票的冻结。上市公司股票存在质押且质权人非本案保全申请人或申请执行人，目前，人民法院在采取冻结措施时，由于需要计入股票上存在的质押债权且该债权额往往难以准确计算，尤其是当股票存在多笔质押时还需指定对哪一笔质押股票进行冻结，为保障普通债权人合法权益，人民法院一般会对质押股票进行全部冻结，这既存在超标的冻结的风险，也会对质押债权人自行实现债权造成影响，不符合执行经济原则。

最高人民法院经与中国证券监督管理委员会沟通协调，由中国证券登记结算有限公司（以下简称中国结算公司）对现有冻结系统进行改造，确立了质押股票新型冻结方式，并在系统改造完成后正式实施。具体内容如下：

第一，债务人持有的上市公司股票存在质押且质权人非本案保全申请人或申请执行人，人民法院对质押股票冻结时，应当依照 7（1）规定的计算方法冻结相应数量的股票，无需将质押债权额计算在内。冻结质押股票时，人民法院应当提前冻结债务人在证券公司的资金账户，并明确具体的冻结数额，不得对资金账户进行整体冻结。

第二，股票冻结后，不影响质权人变价股票实现其债权。质权人解除任何一部分股票质押的，冻结效力在冻结股票数量范围内对解除质押部分的股票自动生效。质权人变价股票实现其债权后变价款有剩余的，冻结效力在本案债权额范围内对剩余变价款自动生效。

第三，在执行程序中，为实现本案债权，人民法院可以在质押债权和本案债权额范围内对相应数量的股票采取强制变价措施，并在优先实现质押债权后清偿本案债务。

第四，两个以上国家机关冻结同一质押股票的，按照在证券公司或中国结算公司办理股票冻结手续的先后确定冻结顺位，依次满足各国家机关的冻结需求。两个以上国家机关在同一交易日分别在证券公司、中国结算公司冻结同一质押股票的，在先在证券公司办理股票冻结手续的为在先冻结。

第五，人民法院与其他国家机关就冻结质押股票产生争议的，由最高人民法院主动与最高人民检察院、公安部等部门依法协调解决。争议协调解决期间，证券公司或中国结算公司控制产生争议的相关股票，不协助任何一方执行。争议协调解决完成，证券公司或中国结算公司按照争议机关协商的最终结论处理。

第六，系统改造完成前已经完成的冻结不适用前述规定。案件保全申请人或申请执行人为质权人的，冻结措施不适用前述规定。

——《最高人民法院关于在执行工作中进一步强化善意文明执行理念的意见》（2019 年 12 月 16 日，法发〔2019〕35 号）。

附录：答记者问

问：我们注意到，《善意文明执行意见》中允许被执行人和质权人可以在股票冻结期间自行变卖股票。这会对债权人权益产生不利影响吗？人民法院如何防范恶意转移财产的问题呢？

答：随着社会经济发展，公民财产形式越来越丰富，投资渠道越来越多元，人民法院冻结股票的情况越来越多见。为此，最高人民法院为了顺应工作需要，与中登公司建立了“总对总”的查控系统，执行法官可以通过系统直接冻结被执行人在上市公司的股票，大大提高了我们的工作效率。同时，我们应该认识到，包括股票在内的资本市场在金融运行中具有牵一发而动全身的重要作用。人民法院冻结上市公司股票时，既要保障申请执行人的权益，同时要关注投资者的投资权益，注重防范化解金融风险，推动高质量发展。为此《善意文明执行意见》第 7 条对上市公司股票冻结作了专门规定。首先要明确不能超标的冻结。针对实践中，各地在冻结股票时，股票价值计算方法不统一的问题，《善意文明执行意见》明确了，冻结时每股股票价值的计算方法，也就是按照冻结前一交易日收盘价为基准，结合股票市场行情，一般在不超过20%的幅度内合理确定，给法官预留一定的自由裁量空间。另外，还规定股票价格发生了剧烈波动的，也可以依申请，追加冻结或解除部分冻结。

第二，允许债务人通过二级市场交易方式自行变卖股票。之所以这样规定，是因为上市公司股票交易时价格是公开明确的、交易对象是不确定的，通过二级市场交易时，债务人能够积极寻找股票的最高点卖出，对于双方当事人权益保障是非常有利的。当然，这需要人民法院事先把债务人在证券公司开立的资金账户予以冻结，防止债务人变卖股票后将价款转移，给申请执行人造成损失。

第三，对于股票有质押的情况我们也作了明确规定。债务人持有的上市公司股票被质押，且质权人不是本案的保全申请人或申请执行人的时候，人民法院对质押股票进行冻结时，应按照《善意文明执行意见》第7条第一种情形的计算方式冻结相应数量的股票，并提前冻结债务人在证券公司的资金账户，明确具体的冻结数额，一般不得对全部股票和资金账户进行整体冻结，其目的就是尽可能减少对二级市场带来不必要的影响，维护金融市场稳定。

——《强化善意文明执行理念 鼓励律师深入参与执行——最高人民法院执行局相关负责人就〈善意文明执行意见〉和〈律师参与执行意见〉答记者问》，载《人民法院报》2020年1月3日。

（四）财产变价

241. 依法适当采取财产变价措施，最大限度实现各方当事人利益最大化

关键词

财产变价　财产处置参考价

最高人民法院司法政策精神

6. 充分发挥查封财产融资功能。人民法院查封财产后，被保全人或被执行人申请用查封财产融资的，按照下列情形分别处理：

（1）保全查封财产后，被保全人申请用查封财产融资替换查封财产的，在确保能够控制相应融资款的前提下，可以监督被保全人按照合理价格进行融资。

（2）执行过程中，被执行人申请用查封财产融资清偿债务，经执行债权人同意或者融资款足以清偿所有执行债务的，可以准许。

被保全人或被执行人利用查封财产融资，出借人要求先办理财产抵押或质押登记再放款的，人民法院应积极协调有关部门做好财产解封、抵押或质押登记等事宜，并严格控制融资款。

8. 合理确定财产处置参考价。执行过程中，人民法院应当按照《最高人民法院关于人民法院确定财产处置参考价若干问题的规定》合理确定财产处置参考价。要在不损害第三人合法权益的情况下，积极促成双方当事人就参考价达成一致意见，以进一步提高确定参考价效率，避免后续产生争议。财产有计税基准价、政府定价或政府指导价，当事人议价不能、不成或者双方当事人一致要求定向询价的，人民法院应当积极协调有关机构办理询价事宜。定向询价结果严重偏离市场价格的，可以进行适当修正。实践证明，网络询价不仅效率高，而且绝大多数询价结果基本能够反映市场真实价格，对于财产无需由专业人员现场勘验或鉴定的，人民法院应积极引导当事人通过网络询价确定参考价，并对询价报告进行审查。

经委托评估确定参考价，被执行人认为评估价严重背离市场价格并提起异议的，为提高工作效率，人民法院可以以评估价为基准，先促成双方当事人就参考价达成一致意见。无法快速达成一致意见的，依法提交评估机构予以书面说明。评估机构逾期未做说明或者被执行人仍有异议的，应及时提交相关行业协会组织专业技术评审。在确定财产处置参考价过程中，人民法院应当依法履行监督职责，发现当事人、竞拍人与相关机构、人员恶意串通压低参考价的，应当及时查处和纠正。

9. 适当增加财产变卖程序适用情形。要在坚持网络司法拍卖优先原则的基础上，综合考虑变价财产实际情况、是否损害执行债权人、第三人或社会公共利益等因素，适当采取直接变卖或强制变卖等措施。

（1）被执行人申请自行变卖查封财产清偿债务的，在确保能够控制相应价款的前提下，可以监督其在一定期限内按照合理价格变卖。变卖期限由人民法院根据财产实际情况、市场行情等因素确定，但最长不得超过60日。

（2）被执行人申请对查封财产不经拍卖直接变卖的，经执行债权人同意或者变卖款足以清偿所有执行债务的，人民法院可以不经拍卖直接变卖。

（3）被执行人认为网络询价或评估价过低，申请以不低于网络询价或评估价自行变卖查封财产清偿债务的，人民法院经审查认为不存在被执行人与他人恶意串通低价处置财产情形的，可以监督其在一定期限内进行变卖。

（4）财产经拍卖后流拍且执行债权人不接受抵债，第三人申请以流拍价购买的，可以准许。

（5）网络司法拍卖第二次流拍后，被执行人提出以流拍价融资的，人民法院应结合拍卖财产基本情况、流拍价与市场价差异程度以及融资期限等因素，酌情予以考虑。准许融资的，暂不启动以物抵债或强制变卖程序。

被执行人依照9（3）规定申请自行变卖，经人民法院准许后，又依照《最高人民法院关于人民法院确定财产处置参考价若干问题的规定》第二十二、二十三条规定向人民法院提起异议的，不予受理；被执行人就网络询价或评估价提起异议后，又依照9（3）规定申请自行变卖的，不应准许。

12. 准确把握不动产收益权质权变价方式。生效法律文书确定申请执行人对被执行人的公路、桥梁、隧道等不动产收益权享有质权，申请执行人自行扣划收益权收费账户内资金实现其质押债权，其他债权人以申请执行人仅对收费权享有质权而对收费账户内资金不享有质权为由，向人民法院提起异议的，不予支持。在执行过程中，人民法院可以扣划收益权收费账户内资金实现申请执行人质押债权，收费账户内资金足以清偿债务的，不应对被执行人的收益权进行强制变价。

——《最高人民法院关于在执行工作中进一步强化善意文明执行理念的意见》（2019年12月16日，法发〔2019〕35号）。

充分发挥律师在财产控制和变价中的作用。人民法院应当及时查封、扣押、冻结被执行人应当履行义务部分的财产，完成财产控制后，应当及时书面告知申请执行人或代理律师财产控制情况。查封、扣押、冻结期限届满前，代理律师可以协助申请执行人向人民法院申请延长期限，防止期限届满后财产被转移等后果出现。

人民法院应当及时对控制的财产进行变价，严禁违规评估、拍卖财产及违规以物抵债。在人民法院确定财产处置参考价过程中，代理律师应当协助当事人配合人民法院依法查明拟变价财产的权属、权利负担、占有使用、欠缴税费、质量瑕疵等事项。人民法院应当依法保障代理律师在财产变价过程中的执业权利，确保财产变价过程的公开、公平、公正。

执行款到账后，人民法院应当在规定的期限内通知申请执行人或有特别授权的代理律师办理领取手续，严禁隐瞒、截留、挪用执行款物及拖延发放执行案款。

——《最高人民法院、司法部、中华全国律师协会关于深入推进律师参与人民法院执行工作的意见》（2019年12月25日，法发〔2019〕34号）。

最高人民法院大法官著述

在坚持网络司法拍卖优先原则的基础上，《最高人民法院关于在执行工作中进一步强化善意文明执行理念的意见》（以下简称《意见》）提出在财产变价环节，人民法院可以综合考虑变价财产实际情况、是否损害执行债权人、第三人或社会公共利益等因素，适当尊重被执行人在财产变价环节的选择权，最大限度实现各方当事人利益最大化。

关于被执行人主张下的直接变卖。根据《最高人民法院关于人民法院民事执行中拍卖、变卖财产的规定》第34条[①]规定，当事人同意变卖的，或者对于有公开交易价格、易腐烂变质的、保管费用过高等财产，人民法院可以不经拍卖直接变卖。在此基础上，《意见》第9条第2项新增加了一种情形，即如果直接变卖的变价款足以清偿执行债务，而且也不损害第三人利益的，即使执行债权人不同意，也可以不经拍卖直接变卖。需要注意的是，这里的变卖并非网络司法拍卖流拍之后的变卖，主要考虑的是，在一些个案中，被执行人想将财产变卖给指定的人，以便后期赎回或者与买受人联合开发，而这并未对债权人实现债权产生不利影响。

关于被执行人认为评估价过低情况下的自行变卖。《意见》第9条第3项规定，被执行人认为法院的评估价过低，通过拍卖方式可能会损害他的利益，而申请法院以不低于评估价的价格自行变卖财产的，人民法院经过审查，认为不存在被执行人与其他人恶意串通，在财产评估环节故意压低评估价格，并以此价格低价变卖财产的，也可以准许。如果被执行人在一定期限内没有变卖成功，那么法院再按照这个价格进行处置。这就可以最大限度减少矛盾纠纷，避免因被执行人对评估拍卖程序不认可，而使执行程序久拖不决，影响执行债权人实现债权。

关于无法以物抵债情况下的财产变卖。按照现有司法解释规定，财产经拍卖后流拍的，仅规定了执行债权人可以以流拍价抵债。对此，《意见》第9条第4项规定，如果执行债权人不接受以物抵债，第三人申请以流拍价购买的，也可以准许。主要考虑是，既然允许抵债给执行债权人，也就没必要再限制第三人购买。

关于流拍后被执行人申请以拍卖物融资。按照《意见》第6条规定，查封财产后，被保全人或被执行人申请用查封财产融资的，在符合一定条件的前提下，人民法院可以准许。除此之外，《意见》第9条第5项还在财产变价环节引入融资程序，主要是考虑到对于网络司法拍卖，经第二次拍卖流拍后，按照现有规定，执行债权人同意以物抵债的，就抵给执行债权人；不同意抵债的，就启动变卖程序进行变卖。实践中，有些被执行人认为财产之所以两次流拍是因为当前市场行情暂时不好，如果经过两次降价后以物抵债或者变卖，会导致他的财产被低价处置，而想用拍卖财产去融资，想方设法保住自己的财产。对此情况，《意见》第9条第5项规定，人民法院可以根据案件实际情况，酌情考虑是否准许被执行人用拍卖财产融资清偿债务。

关于不动产收益权质权变价。执行依据确定申请执行人对被执行人的公

① 现为《最高人民法院关于人民法院民事执行中拍卖、变卖财产的规定》（2020年修正）第31条。

路、桥梁、隧道等不动产收益权享有质权。在执行过程中，有的申请执行人（一般为银行）会扣划被执行人收益权收费账户内资金来实现其质押债权。但有的其他债权人认为，申请执行人仅对收益权享有质权，对收益权收费账户内资金不享有质权。对此，《意见》第 12 条指出，在此情况下，其他债权人以上述理由向人民法院提起异议的，不予支持。同时，《意见》还指出，在执行过程中，如果收益权收费账户内的资金足以清偿申请执行人的质押债权，就不应再对被执行人的收益权进行强制变价。

——刘贵祥：《严格把握财产查封、财产变现的法律界限为经济社会发展提供更加优质司法服务和保障》，载《人民法院报》2020 年 1 月 17 日。

242. 一人拍卖的问题

关键词

传统拍卖　网络司法拍卖

最高人民法院审判业务意见 [《人民法院办理执行案件规范（第二版）》]

570.【一人竞拍】

网络司法拍卖不限制竞买人数量。一人参与竞拍，出价不低于起拍价的，拍卖成交。

——最高人民法院执行局编：《人民法院办理执行案件规范（第二版）》，人民法院出版社 2022 年版，第 247 页。

附录：最高人民法院主流观点

如果拍卖执行标的物时，仅有一人参加竞买且出价不低于保留价，能否产生拍定的效力？已经作出拍卖成交裁定的，能否以一人拍卖为由撤销？对一人拍卖的效力问题，无论是理论界和实践部门均存在一定的争议：主张一人拍卖应当撤销的观点认为，拍卖就是以竞争竞价的方法将财产权利卖给出价最高者的买卖方式，因此，只有两个以上的竞买人才能形成有效竞价，如果仅有一人参加竞买，则竞价程序无效。当然，如果参加竞买的为二人以上，仅是一人举牌竞价，仍应认为形成了竞价。[①] 主张一人拍卖有效者则认为，竞价过程并不仅仅体现在现场的竞价，从公告发布时竞价即已开始。而且，司法拍卖与任意拍卖的目的不同，司法拍卖的目的在于及时变现，只要一人拍卖不是人为操作的结果，就应当认定有效。

① 江必新主编：《新民事诉讼法执行程序讲座》，法律出版社 2012 年版，第 179 页。

我们认为，一人拍卖是否应当撤销，应当区分拍卖的方式是传统拍卖还是网络拍卖而有所不同。就传统拍卖而言，执行标的物信息披露程序易于操控，且由于实行现场拍卖，竞买人之间容易串通，人为控制竞价范围、关联交易甚至黑社会控场现象高发。将传统拍卖的竞价人数限制为二人以上，有利于增加关联交易的成本，也符合传统拍卖竞价的本质要求。而对网络拍卖而言，竞价在虚拟的网络平台上进行，由于网络的开放性、信息屏蔽以及围标、串标变得异常困难，竞买人之间互相并不见面，仅需在终端上使用代号和密码即可进行竞价，传统网络拍卖的弊端基本克服，所以，一人拍卖是市场需求的自然结果，不应认定无效。

——江必新、刘贵祥主编、最高人民法院执行局编著：《最高人民法院办理执行异议和复议案件若干问题规定理解与适用》，人民法院出版社 2015 年版，第 285~286 页。

243. 夫妻共有财产未进行分割的情况下执行法院能否对共有财产强制拍卖

关键词

强制拍卖　夫妻共同财产　分割

最高人民法院裁判文书

周某与沈某景执行异议之诉案［最高人民法院（2020）最高法民申 1543 号民事裁定书］

裁判要旨：作为案外人的夫妻一方没有提起析产诉讼，申请执行人也没有代位提起析产诉讼，法院在确认被执行人享有案涉房产份额产权的前提下，可以对案涉房产采取查封、扣押、冻结，以及所延伸出的强制拍卖等执行行为，但必须及时通知共有人，且从强制拍卖所获得的执行款中保留其共有财产份额。

最高人民法院认为，当事人协议离婚，协议分割房产属于因法律行为发生的物权变动，依照《中华人民共和国物权法》第十四条[①]关于“不动产物权的设立、变更、转让和消灭，依照法律规定应当登记的，自记载于不动产登记簿时发生效力”的规定，房屋没有办理变更登记的不发生分割的效力。本

① 对应《民法典》第二百一十四条。

案中，双方当事人在《离婚协议书》中约定将案涉房产归其子周某博所有，但未办理过户变更登记，故案涉房产的物权所有权人仍属于房产证书上登记权利人周某和沈某景。基于案涉房产为夫妻存续期间所取得，诉讼中，双方也认可案涉房产为共有，原一审、二审法院认定该房产为周某与沈某景共同共有的财产并无不当。作为被执行人沈某景的原配偶周某，其以案外人身份主张该财产属于共同财产，要求执行法院停止执行，实质上是要求法院不执行自己在该房产中所享有的份额。实际执行中，执行效力只及于被执行人占有房屋的份额，对案外人享有的房屋份额应当裁定解除查封、停止执行。但是，鉴于案涉房屋为共同共有，对案涉房产的查封和强制拍卖，不宜直接区分空间、分开处置，从各方当事人权益均衡保护考虑，原二审法院认为“人民法院继续执行涉案房产，案外人周某将会从执行款中获得其应有的共有财产份额，其权益不会受到损害”，理由并无不当。因案外人周某只是享有案涉房产共有的部分份额的民事权益，客观上不宜认定为其享有足以排除对整个案涉房产予以强制拍卖执行的民事权益。《查扣冻规定》第十四条[①]规定：“对被执行人与其他人共有的财产，人民法院可以查封、扣押、冻结，并及时通知共有人。共有人协议分割共有财产，并经债权人认可的，人民法院可以认定有效。查封、扣押、冻结的效力及于协议分割后被执行人享有份额内的财产；对其他共有人享有份额内的财产的查封、扣押、冻结，人民法院应当裁定予以解除。共有人提起析产诉讼或者申请执行人代位提起析产诉讼的，人民法院应当准许。诉讼期间中止对该财产的执行。”本案中，案外人周某及被执行人沈某景没有提起析产诉讼，申请执行人也没有代位提起析产诉讼，法院在确认被执行人享有案涉房产份额产权的前提下，可以对案涉房产采取查封、扣押、冻结，以及所延伸出的强制拍卖等执行行为，但必须及时通知共有人即本案的案外人周某，且从强制拍卖所获得的执行款中保留案外人周某的共有财产份额。因此，原二审法院判决继续执行案涉房产并无明显不当。

——中国裁判文书网。

244. 以物抵债的适用条件

关键词

以物抵债　拍卖

---

① 现为《最高人民法院关于人民法院民事执行中查封、扣押、冻结财产的规定》（2020 年修正）第十二条。

最高人民法院裁判文书

浙江省绍兴市春晖实业投资有限公司与浙江省嵊州市吉祥房地产开发有限公司、浙江省新昌县金利房地产有限公司申请复议案

最高人民法院审查意见：执行法院对财产变价时，应以保护各方当事人的合法权益为原则。在有其他债权人对上述土地主张权利的情况下，以物抵债的相关规定应在不损害其他债权人利益的前提下适用。本案中，金利公司将该土地不经拍卖直接抵偿给吉祥公司，损害了其他债权人利益。绍兴中院裁定将争议土地抵偿给吉祥公司不当，浙江省高级人民法院据此撤销绍兴中院的相关裁定是正确的。申请人吉祥公司的申诉理由不能成立。

——江必新主编、最高人民法院执行局编：《执行工作指导》2010年第1辑（总第33辑），人民法院出版社2010年版，第98~99页。

附录：理解与适用

本案涉及的主要法律问题是，执行过程中，其他债权人对执行标的物主张权利的情况下，执行法院未经相关债权人同意，能否依据申请执行人和被执行人签订的书面协议不经拍卖而直接裁定以物抵债。也就是说，在这种情况下，是否还应当优先采取拍卖的方式对被执行人财产进行变价处理。这也是影响本案审查结果的关键所在。

（一）关于拍卖优先原则

所谓拍卖优先原则，是指民事执行程序中对查封、扣押、冻结的财产进行变价时，应当首先选择拍卖的方式，只有在例外的情形下才采取其他变价方式。拍卖具有公开、公平竞争等特点，对查封、扣押、冻结的财产通过公平竞价的方式公开进行拍卖，有利于防止暗箱操作，充分实现执行财产中所蕴含的金钱价值，既有利于债权的实现，也有利于保护债务人的合法利益。鉴于此，《拍卖规定》第二条强调，人民法院对查封、扣押、冻结的财产进行变价处理时，应当首先采取拍卖的方式。

任何原则都有例外，拍卖优先原则当然也有例外规定。《拍卖规定》第二条在确立拍卖优先原则的同时，也以但书的形式规定了“法律、司法解释另有规定的除外”。例如，《拍卖规定》第三十四条[①]对查封、扣押、冻结的财产进行变卖的规定。

（二）对《拍卖规定》第二条中但书的理解

① 现为《最高人民法院关于人民法院民事执行中拍卖、变卖财产的规定》（2020年修正）第三十一条。

申诉人吉祥公司在申诉理由中提到，《拍卖规定》第二条虽然确立了拍卖优先的原则，但该条也规定了“法律、司法解释另有规定的除外”，而《民诉意见》第301条[①]、《通知》第二十六条关于以物抵债的规定正是“法律、司法解释另有规定”的情形。依据这些规定，申请执行人和被执行人达成以物抵债协议并经法院裁定确认的情况下，可以不再对执行标的物进行拍卖，而由申请执行人直接受偿，这样也符合《拍卖规定》第二条的要求。浙江省高级人民法院依据《拍卖规定》第二条，撤销绍兴中院以物抵债裁定和驳回春晖公司异议的裁定不当。

笔者认为，执行法院对被执行人财产进行变价处理时应首先采取拍卖的方式，目的在于最大限度的实现财产价值，平衡各方当事人权益。《拍卖规定》第二条但书中“法律、司法解释另有规定”虽然构成对法院采取拍卖措施的限制，但也指的是对被执行人进行财产变价处理的其他方法。涉及到对被执行人财产变价的问题，就应遵循实现财产价值最大化，保护各方当事人利益的基本原则。因此，但书的“法律、司法解释另有规定”，应在上述原则的前提下进行解释。也就是说，《民诉意见》第301条、《通知》第二十六条（该条不属于司法解释的范围，下文将专门论述）关于以物抵债的规定，应在不损害其他执行债权人利益的前提下适用，即在案件没有其他债权人或其他债权人不对执行标的主张权利的情况下，如申请执行人和被执行人达成协议以物抵债的，可据此执行；但在有其他执行债权人对执行标的主张权利的情况下，如不经其他债权人同意而直接进行以物抵债，则可能损害其他债权人利益。“法律、司法解释另有规定”应当遵循不损害其他债权人利益原则的一个典型例证，就是《拍卖规定》第三十四条。该条即属于“法律、司法解释另有规定”的情形，而该条对变卖的条件要求是，“当事人双方及有关权利人同意变卖的，可以变卖”，充分顾及了“有关权利人”的利益。

（三）《拍卖规定》第二条与《民诉意见》第301条、《通知》第二十六条的关系

《通知》（法发〔2004〕5号）为最高人民法院和相关部门联合下发的司法性文件，还不是规范意义上的“司法解释”，严格地讲，不属于《拍卖规定》第二条“法律、司法解释另有规定”的范围，不能直接引用并与法律、司法解释等并列作为裁判依据，但可以在说理部分引用作为说理依据。具体到本案执行法院适用的条款中，“法律、司法解释另有规定”在以物抵债方面仅

① 现为《最高人民法院关于适用〈中华人民共和国民事诉讼法〉的解释》（2022年修正）第四百八十九条。

指《民诉意见》第301条[①]。《拍卖规定》生效在后，明确规定了财产变价时拍卖优先的原则，而且该解释中多条内容涉及拍卖过程中进行以物抵债的具体条件。这些规定实际上已对《民诉意见》第301条的适用作了限制，对拍卖和以物抵债的执行方法重新进行了界定。在有其他执行债权人存在的前提下，执行法院已不能单纯依据《民诉意见》第301条即作出以物抵债的裁定。这一点在最高人民法院执行局制发的“采取以物抵债措施裁定书”样式的法律适用部分已得以体现。

（四）本案中其他债权人利益保护问题

吉祥公司与金利公司协议以争议土地的评估价抵债，而土地的评估值仅为争议土地价值的一项参考数字，并未经过公开竞价在市场上确定其最终价值。因此，吉祥公司如果通过拍卖的方式可能实现的债权数额仍然是一个未知数。虽然吉祥公司申请查封的时间在前，但这对于要求就该土地受偿的其他债权人也并非没有关系。另外，因拍卖程序中存在各种不确定因素，未必能保证上述土地使用权在拍卖当天即能顺利拍定。尤其是，金利公司已于1月22日进入破产程序，拍卖中可能出现的情况对其他债权人的利益都将产生相应的影响，不能排除上述土地成为破产财产的可能。而执行法院不通过拍卖，直接裁定以该土地抵偿吉祥公司的债权，将彻底断绝其他债权人就该土地受偿的可能。所以，执行法院采取拍卖还是以物抵债的方式执行，与其他债权人的利益都有关联。

金利公司与吉祥公司签订以物抵债协议后，不到一个月的时间即进入破产程序，在此之前，金利公司也已经成为多起诉讼的被告。因此，该公司在与吉祥公司签订以物抵债协议时，对其自身的财务状况应该是明知的。执行法院根据吉祥公司和金利公司的协议裁定以查封土地抵债，以及对春晖公司的执行异议进行审查时，虽然春晖公司已向法院申请宣告金利公司破产，但当时新昌县人民法院尚未受理，且吉祥公司申请法院查封争议土地的时间在前，当事人协议以物抵债的行为对其他债权人的损害并不明显。至浙江省高级人民法院对本案进行复议审查时，金利公司已经因资不抵债而进入破产程序，先前以物抵债的行为对其他债权人的损害即显现出来，浙江省高级人民法院撤销了绍兴中院以物抵债及驳回春晖公司执行异议的裁定，及时维护了其他债权人的利益。

本案的上述事实表明，在有其他债权人对执行标的主张权利时，执行法院不经拍卖直接依据申请执行人和被执行人的协议裁定以物抵债，很可能导

① 现为第四百八十九条，内容修改为：“被执行人的财产无法拍卖或者变卖的，经申请执行人同意，且不损害其他债权人合法权益和社会公共利益的，人民法院可以将该项财产作价后交付申请执行人抵偿债务，或者交付申请执行人管理；申请执行人拒绝接收或者管理的，退回被执行人。”

致其他债权人的利益受损。尤其是在被执行人财务状况恶化，可能破产但尚未进入破产程序的情况下，直接进行以物抵债将会面临更大的风险，而执行法院对这种情况潜在的风险可能难以准确把握。因此，坚持拍卖优先的原则，对平衡各方当事人利益具有极为重要的意义。通过拍卖程序，还是通过以物抵债的方式执行，必须考虑到在申请执行人和被执行人以外，还存在其他债权人对执行标的主张权利的事实。所以，法院在审查执行异议和复议过程中，不应仅顾及申请执行人和被执行人双方合意，还要维护其他执行债权人的利益，在案件处理可能影响其他债权人利益时，不宜再依据《民诉意见》第 301 条、《通知》第二十六条，维持以物抵债裁定的效力。

（五）通过本案需要明确的问题

执行法院在裁定以物抵债时应当考虑其他执行债权人的利益，特别是在有其他债权人主张权利的情况下，为平衡多方利益，还是应当优先通过拍卖的方式，对被执行人财产进行变价处理，并遵循拍卖程序的相关规定，避免损害其他执行债权人利益。在案件只有申请执行人和被执行人双方的情况下，执行法院经双方同意，不经拍卖、变卖，采用以物抵债的方式作出处理，并不存在法律上的障碍；但在有其他执行债权人存在的前提下采用以物抵债的方式办理案件，不仅要经双方当事人同意，还要兼顾其他执行债权人利益，如申请执行人、被执行人及其他执行债权人对采取以物抵债的方式均无异议，执行法院可以不经拍卖、变卖，直接将被执行人的财产作价交申请执行人抵偿债务，对剩余债务，被执行人应当继续清偿。

——乔宇：《从春晖公司执行复议案看以物抵债的适用条件》，载江必新主编、最高人民法院执行局编：《执行工作指导》2010 年第 1 辑（总第 33 辑），人民法院出版社 2010 年版，第 97~102 页。

245. 优先受偿权人放弃以物抵债，顺位在后债权人接受以物抵债，如何计算后位债权人应受清偿的债权金额

关键词

执行异议　以物抵债　优先受偿权

最高人民法院审判业务意见（执行局法官会议纪要）

执行程序中，某一被执行人涉及多个执行依据，存在多位债权人等待受偿的情况较为普遍。在被执行人财产不足以清偿所有债权时，如何确定各位债权人之间的受偿顺序，直接关系到每位债权人实体权益的实现。从法律规定来看，法定优先受偿权和抵押权等权利优先于一般债权受偿并无争议。但

在拍卖、变卖不成，进入以物抵债环节，享有优先权的债权人明确表示不同意以物抵债的情况下，一般债权人是否可以通过同意以物抵债获得优先受偿的资格，从而仅需补交流拍价与自身债权的差额即可。对该问题的理解应从现有法律规范出发，探寻执行中以物抵债的性质和分配顺序问题。

一、民事执行程序中以物抵债的性质

《最高人民法院关于适用〈中华人民共和国民事诉讼法〉的解释》（以下简称《民事诉讼法解释》）第四百八十九条、第四百九十条规定了执行程序中的两种以物抵债方式：当事人合意以物抵债与法院裁定以物抵债；合意以物抵债可以不经拍卖、变卖程序直接进行抵债；而裁定以物抵债主要出现在执行财产拍卖、变卖不成之后，经申请执行人同意，人民法院将该项财产作价后交付申请执行人抵偿债务。本案涉及的是第二种即裁定以物抵债。

关于裁定以物抵债的性质。《最高人民法院关于人民法院民事执行中拍卖、变卖财产的规定》（以下简称《拍卖、变卖规定》）第十六条、第二十三条至第二十五条规定，“一拍”流拍后债权人可以选择接受以物抵债，如果不接受，则财产进入“二拍”。“二拍”流拍后，债权人仍可以选择接受以物抵债，如果不接受，则根据财产性质确定是进入“三拍”或者退还被执行人。由此可见，裁定以物抵债与拍卖、变卖之间可以相互转化，以物抵债不成的，财产仍可能回到拍卖或者变卖程序，因此，裁定以物抵债与拍卖变卖一样，都属于对被执行人财产强制变价的执行措施，目的是最大限度实现债权人的权益。以物抵债的本质，相当于以流拍的财产保留价购买执行标的，只不过作为申请执行人可以在应受清偿的债权范围内与流拍的保留价进行抵销。

二、执行中多个债权人申请执行同一被执行人的清偿顺序

《最高人民法院关于人民法院执行工作若干问题的规定（试行）》第五十五条（2020年修正）（原第从十八条）的款条文确定了关于清偿顺序的三种处理原则：第一款规定多个债权人均具有金钱给付内容的债权，且对执行标的均无担保物权的，按照执行法院采取执行措施的先后顺序受偿，即适用优先主义原则；第二款规定债权人的债权种类不同的，基于所有权和担保物权而享有的债权优先于金钱债权受偿，有多个担保物权的，按照各担保物权成立的先后顺序清偿。第三款规定一份生效法律文书确定金钱给付内容的多个债权人申请执行，执行财产不足以清偿债务，各债权人对执行标的物均无担保物权的，按照各债权数额比例受偿，即平等主义原则。不过该款规定应结合《民事诉讼法解释》第五百零八条、第五百一十条，在区分被执行人为自然人、其他组织还是企业法人两种情况下，予以理解。第五百零八条规定了被执行人为自然人或其他组织的适用参与分配程序，按照平等主义原则，普通债权人按照债权数额比例受偿；第五百十三条则规定了被执行人为企业法人的执行转破产程序。

从本案来看，三个债权人的债权种类不同。丙公司对案涉房地产享有抵押权；丁公司对案涉房地产享有建设工程优先受偿权；而甲公司享有的则是一般金钱债权。因此，在受偿顺序上，并不适用多位普通债权人平等受偿或者按照查封顺序优先受偿的原则，而是应该根据实体法上的债权种类，确定债权清偿顺序。由于丙公司享有的是担保物权，丁公司享有的是法律规定的建设工程优先受偿权，均优先于甲公司的普通债权，因此甲公司的受偿顺序应在丁公司和丙公司之后。

三、人民法院裁定以物抵债能否改变各债权人之间的法定受偿顺序

有观点认为，甲公司法定受偿顺序虽然居后，但因司法拍卖、变卖不成，进入以物抵债程序，由于优先权人丙、丁公司不同意以物抵债，应视为其放弃了这一轮的优先受偿，甲公司从而获得就该财产优先受偿的资格。我们认为，这一理由是不成立的，原因如下：

（一）以物抵债顺位的改变并不导致法定受偿顺序的改变

优先受偿权是实体法规定，解决的是多个债权人之间的受偿顺序问题；拍卖、变卖、以物抵债等执行措施是程序法规定，解决的是财产处置分配的具体程序问题。执行措施不能对债权的清偿顺序产生影响。根据《拍卖变卖规定》第十六条第二款规定，有两个以上执行债权人申请以拍卖财产抵债的，由法定受偿顺位在先的债权人优先承受；受偿顺位相同的，以抽签方式决定承受人。此条款明确的是案涉财产承受主体顺位问题，即有两个以上执行债权人均申请以拍卖财产抵债的，该流拍财产归属的顺序问题，受偿顺序在后的债权人可以因前位债权人未接受财产抵债，从而获得购买该财产的资格。但如前所述，以物抵债程序同拍卖、变卖一样，本身只是一种执行变价措施，而根据《民事诉讼法解释》第五百零八条的规定，执行法院就执行变价所得财产，应先扣除执行费用及清偿优先受偿的债权后，再就普通债权按照财产保全和执行中查封的先后顺序清偿。强制执行变价措施并不对多个执行债权的清偿顺序产生影响。因此，虽然甲公司获得了购买案涉房产的第一顺位资格，但不会对该房产上原有的多个债权的清偿顺序产生影响。各债权的清偿顺序仍应按照法律的相关规定。

（二）对放弃以物抵债的理解

本案中，前位债权人放弃接受财产抵债，只是不愿意接受这一变价措施，并不意味着其放弃对流拍财产变价所得优先受偿的权利。《民法典》第三百九十三条规定了四种会造成担保物权消灭的事由，其中之一是债权人放弃担保物权。但对担保物权或者其他法定优先权的放弃必然需要权利人通过明示方式作出。在优先受偿权人未明示放弃其优先权、担保物权尚未实现，且主债权亦未消灭的情况下，保物权等先权仍然有效存在，认为放弃以物抵债即放弃优先受偿权，并无法律依据。接受抵债的债权人即承受人不会因接受以物

抵债获得优先于其他债权人就抵债财产变现后的价值受偿的地位。

四、关于应受清偿债权额的计算

《拍卖变卖规定》第十六条第二款规定："承受人应受清偿的债权额低于抵债财产的价额的，人民法院应当责令其在指定的期间内补交差额。"实践中，对承受人应受清偿的债权额的范围存在不同理解。有观点认为，承受人应受清偿的债权额为其生效法律文书确认的债权金额。我们认为，这种理解是不准确的。首先，从法条本身来看，规定已经明确是以"承受人应受清偿的债权额"计算补交差额，而不是"承受人的债权额"。其次，因以物抵债相当于以流拍的财产保留价购买执行标的，只不过作为申请执行人可以在应受清偿的债权范围内与流拍的保留价进行抵消。因此，在存在多个债权人的情形下，执行法院应当按照法定顺位计算多个债权各自应受清偿金额，而不是将流拍财产直接交由接受抵债的执行债权人受偿自身债权。

在存在优先受偿权与普通债权的情况下，如果优先受偿权人接受抵债的，则应在优先受偿权金额内先行受偿，如抵债财物价值超过优先受偿权的，则优先受偿权人需补交差额。如果优先受偿权人放弃以物抵债，普通债权人申请以物抵债，则必须先行支付优先受偿权人的债权金额。如果优先受偿债权数额已经超过抵债财物的流拍价格，即财产的执行变价所得尚不足以清偿优先受偿的债权，则因为普通债权人无法从流拍财产变价所得中接受清偿，其应受清偿的债权额为零。因此，其应按照变卖的流拍价全价进行购买。

——刘慧卓、邵夏虹：《优先受偿权人放弃以物抵债，顺位在后债权人接受以物抵债，如何计算后位债权人应受清偿的债权金额》，载最高人民法院执行局编：《执行工作指导》2023 年第 1 辑（总第 81 辑），人民法院出版社 2023 年版，第 19 页。

246.《善意文明执行意见》规定依法适当采取财产变价措施

关键词

财产变价

最高人民法院司法政策精神

三、依法适当采取财产变价措施

8. 合理确定财产处置参考价。执行过程中，人民法院应当按照《最高人民法院关于人民法院确定财产处置参考价若干问题的规定》合理确定财产处置参考价。要在不损害第三人合法权益的情况下，积极促成双方当事人就参考价达成一致意见，以进一步提高确定参考价效率，避免后续产生争议。财产有计税基准价、政府定价或政府指导价，当事人议价不能、不成或者双方当事人一致要求定向询价的，人民法院应当积极协调有关机构办理询价事宜。定向询价结果严重偏离市场价格的，可以进行适当修正。实践证明，网络询价不仅效率高，而且绝大多数询价结果基本能够反映市场真实价格，对于财产无需由专业人员现场勘验或鉴定的，人民法院应积极引导当事人通过网络询价确定参考价，并对询价报告进行审查。

经委托评估确定参考价，被执行人认为评估价严重背离市场价格并提起异议的，为提高工作效率，人民法院可以以评估价为基准，先促成双方当事人就参考价达成一致意见。无法快速达成一致意见的，依法提交评估机构予以书面说明。评估机构逾期未做说明或者被执行人仍有异议的，应及时提交相关行业协会组织专业技术评审。在确定财产处置参考价过程中，人民法院应当依法履行监督职责，发现当事人、竞拍人与相关机构、人员恶意串通压低参考价的，应当及时查处和纠正。

9. 适当增加财产变卖程序适用情形。要在坚持网络司法拍卖优先原则的基础上，综合考虑变价财产实际情况、是否损害执行债权人、第三人或社会公共利益等因素，适当采取直接变卖或强制变卖等措施。

（1）被执行人申请自行变卖查封财产清偿债务的，在确保能够控制相应价款的前提下，可以监督其在一定期限内按照合理价格变卖。变卖期限由人民法院根据财产实际情况、市场行情等因素确定，但最长不得超过 60 日。

（2）被执行人申请对查封财产不经拍卖直接变卖的，经执行债权人同意或者变卖款足以清偿所有执行债务的，人民法院可以不经拍卖直接变卖。

（3）被执行人认为网络询价或评估价过低，申请以不低于网络询价或评估价自行变卖查封财产清偿债务的，人民法院经审查认为不存在被执行人与他人恶意串通低价处置财产情形的，可以监督其在一定期限内进行变卖。

（4）财产经拍卖后流拍且执行债权人不接受抵债，第三人申请以流拍价购买的，可以准许。

（5）网络司法拍卖第二次流拍后，被执行人提出以流拍价融资的，人民法院应结合拍卖财产基本情况、流拍价与市场价差异程度以及融资期限等因素，酌情予以考虑。准许融资的，暂不启动以物抵债或强制变卖程序。

被执行人依照 9（3）规定申请自行变卖，经人民法院准许后，又依照《最高人民法院关于人民法院确定财产处置参考价若干问题的规定》第二十二条、第二十三条规定向人民法院提起异议的，不予受理；被执行人就网络询价或评估价提起异议后，又依照 9（3）规定申请自行变卖的，不应准许。

10. 充分吸引更多主体参与竞买。拍卖过程中，人民法院应当全面真实披露拍卖财产的现状、占有使用情况、附随义务、已知瑕疵和权利负担、竞买资格等事项，严禁故意隐瞒拍品瑕疵诱导竞买人竞拍，严禁故意夸大拍品瑕疵误导竞买人竞拍。拍卖财产为不动产且被执行人或他人无权占用的，人民法院应当依法负责腾退，不得在公示信息中载明“不负责腾退交付”等信息。要充分发挥网拍平台、拍卖辅助机构的专业优势，做好拍品视频宣介、向专业市场主体定向推送拍卖信息、实地看样等相关工作，以吸引更多市场主体参与竞拍。

11. 最大限度实现财产真实价值。同一类型的执行财产数量较多，被执行人认为分批次变价或者整体变价能够最大限度实现其价值的，人民法院可以准许。尤其是对体量较大的整栋整层楼盘、连片商铺或别墅等不动产，已经分割登记或事后可以分割登记的，被执行人认为分批次变价能够实现不动产最大价值的，一般应当准许。多项财产分别变价时，其中部分财产变价款足以清偿债务的，应当停止变价剩余财产，但被执行人同意全部变价的除外。

12. 准确把握不动产收益权质权变价方式。生效法律文书确定申请执行人对被执行人的公路、桥梁、隧道等不动产收益权享有质权，申请执行人自行扣划收益权收费账户内资金实现其质押债权，其他债权人以申请执行人仅对收费权享有质权而对收费账户内资金不享有质权为由，向人民法院提起异议的，不予支持。在执行过程中，人民法院可以扣划收益权收费账户内资金实现申请执行人质押债权，收费账户内资金足以清偿债务的，不应对被执行人的收益权进行强制变价。

——《最高人民法院关于在执行工作中进一步强化善意文明执行理念的意见》（2019 年 12 月 16 日，法发〔2019〕35 号）。

247. 财产流拍后具有优先受偿权的债权人放弃以物抵债，受偿顺序在后的普通债权人以物抵债时如何计算缴纳金额

关键词

财产流拍　以物抵债　抵押权人　优先受偿权

最高人民法院裁判文书

深圳市基础工程有限公司与云浮弘泰投资置业有限公司建设工程合同纠纷执行监督案［最高人民法院（2021）最高法执监 414 号执行裁定书］

裁判要旨：前位债权人放弃接受财产抵债，只是放弃这一变价措施，并不意味着其放弃对流拍财产变价所得优先受偿的权利，以物抵债相当于以流拍的财产保留价购买执行标的，只不过作为申请执行人可以在应受清偿的债权范围内与流拍的保留价进行抵销。因

此，在多个债权人存在的情形下，执行法院仍然应当按照法定顺位计算多个债权各自应受清偿金额，并非将流拍财产直接交由接受抵债的执行债权人受偿自身债权。

最高人民法院认为，关于以物抵债是否属于财产变价措施的问题。根据《拍卖变卖规定》第十六条、二十三条至二十五条，《最高人民法院关于人民法院网络司法拍卖若干问题的规定》第二十六条等规定，执行债权人接受财产抵债，与司法拍卖、变卖同属于对被执行人财产强制变价的执行措施。在符合某些法定情形下，这些措施可以相互转化，以物抵债不成的，仍可能回到拍卖或者变卖程序，最终目的是实现财产价值的最大化。因此，申诉人关于以物抵债是最后的处置措施，不是财产变价措施的理由，本院不予支持。

关于以物抵债能否改变债权人之间的法定受偿顺序的问题。根据《拍卖变卖规定》第十六条的规定："拍卖时无人竞买或者竞买人的最高应价低于保留价，到场的申请执行人或者其他执行债权人申请或者同意以该次拍卖所定的保留价接受拍卖财产的，应当将该财产交其抵债。有两个以上执行债权人申请以拍卖财产抵债的，由法定受偿顺位在先的债权人优先承受；受偿顺位相同的，以抽签方式决定承受人。承受人应受清偿的债权额低于抵债财产的价额的，人民法院应当责令其在指定的期间内补交差额。"

此条明确的是有两个以上执行债权人均申请以拍卖财产抵债的，该流拍财产归属的顺序问题，受偿顺序在后的债权人因前位债权人未接受财产抵债，从而获得购买该财产的资格。但根据《民事诉讼法解释》第五百一十六条的规定，强制执行变价措施并不对多个执行债权的清偿顺序产生影响。前位债权人放弃接受财产抵债，只是放弃这一变价措施，并不意味着其放弃对流拍财产变价所得优先受偿的权利，事实上，对抵押权或者其他法定优先权的放弃必然需要权利人通过明示方式作出。在优先受偿权人未明示放弃其优先权的情况下，接受抵债的债权人即承受人不会因接受以物抵债获得优先于其他债权人就抵债财产变现后的价值受偿的地位。因此，申诉人关于优先权人在放弃接受财产抵债的情况下，其应受清偿的优先权亦随之消灭的理由，本院不予支持。

关于应受清偿债权额的计算问题。《拍卖变卖规定》第十六条第二款规定，"承受人应受清偿的债权额低于抵债财产的价额的，人民法院应当责令其在指定的期间内补交差额"，该规定本身已经明确是以"承受人应受清偿的债权额"计算补交差额，而不是"承受人的债权额"。因以物抵债相当于以流拍的财产保留价购买执行标的，只不过作为申请执行人可以在应受清偿的债权范围内与流拍的保留价进行抵消。因此，在多个债权人存在的情形下，执行法院仍然应当按照法定顺位计算多个债权各自应受清偿金额，并非将流拍财产直接交由接受抵债的执行债权人受偿自身债权。本案中，流拍的财产即案涉房地产价额变卖价即 8039 余万元，而案涉房地产上的优先受偿债权即长城公司、山东莱钢公司的债权，本金部分合共 8702 万元，明显超过流拍财产价额。因案涉房地产的执行变价所得尚不足以清偿优先受偿的债权，而深圳基础公司在本案的执行债权为普通债权，显然无法从流拍财产变价所得中接受清偿，即在本案中，深圳基础公司的应受清偿的债权额为零。因此，其应按照变卖的流拍价全价进行购买。

——中国裁判文书网。

248. 普通债权人参与分配的条件

关键词

参与分配　普通债权人

最高人民法院裁判文书

贺醒民民间借贷纠纷执行案［最高人民法院（2017）最高法执监 325 号执行裁定书］

裁判要旨：普通债权人申请参与分配，只需提交申请书，写明参与分配和被执行人不能清偿所有债权的相关事实、理由，并附有执行依据，并不要求由申请人承担被执行人不能清偿所有债权的证明责任。

最高人民法院认为，本案争议焦点为申诉人李郭崇是否有权参与分配。

根据《最高人民法院关于适用〈中华人民共和国民事诉讼法〉的解释》第五百零八条[①]和第五百零九条[②]第二款规定，其他债权人参与分配的条件为：（1）被执行人为公民或者其他组织；（2）执行程序开始后，被执行人的财产执行终结前；（3）被执行人的财产不能清偿所有债权。结合本案案情，被执行人张治国和胡蓉是公民，条件 1 满足。关于条件 2，运城中院于 2016 年 8 月 20 日就被执行人张治国位于北京的案涉房产委托运城市空港天信价格评估

① 现为《最高人民法院关于适用〈中华人民共和国民事诉讼法〉的解释》（2022 年修正）第五百零六条。

② 现为《最高人民法院关于适用〈中华人民共和国民事诉讼法〉的解释》（2022 年修正）第五百零七条。

有限公司进行评估，因此，被执行人的财产执行尚未终结，条件2满足。关于条件3，被执行人的财产不能清偿所有债权。该条件可以分为两个问题：一是参与分配的房屋是否为被执行人的财产；二是被执行人的财产能否清偿所有债权。

关于问题一，根据《物权法》第二十八条[①]规定，因人民法院的法律文书，导致物权设立、变更、转让或者消灭的，自法律文书生效时发生效力。结合本案，运城中院作出的（2015）运中执字第77-2号、77-3号、77-5号以物抵债裁定是直接发生物权变动效力的法律文书，送达当事人后，物权已经发生变动，此后办理登记只是将物权已经变动的事实进行公示。而当这些裁定被依法撤销后，物权也已发生变化。因此，尽管案涉房产仍在异议人贺醒民的名下，但房屋的所有权人已变更为被执行人张治国、胡蓉。根据《民事诉讼法》第二百三十三条[②]"执行完毕后，据以执行的判决、裁定和其他法律文书确有错误，被人民法院撤销的，对已被执行的财产，人民法院应当作出裁定，责令取得财产的人返还；拒不返还的，强制执行"，本案运城中院应尽快作出裁定，责令贺醒民返还案涉房产，完成执行回转。

关于问题二，根据《最高人民法院关于适用〈中华人民共和国民事诉讼法〉的解释》第五百零九条第一款的规定，申请人申请参与分配，只需提交申请书，写明参与分配和被执行人不能清偿所有债权的相关事实、理由，并附有执行依据，并未要求由申请人承担被执行人不能清偿所有债权的证明责任。而且从实际情况来看，由申请人承担严格的证明责任并不现实。实践中，只要申请人一方提供相关材料，符合一定要件后就应予以认可，至于被执行人的财产是否满足不能清偿所有债权的条件，应由执行法院来审查，并且执行法院对此也应从宽把握。只要确定现有财产已经不能清偿所有债权的，就应同意申请人参与分配。因此，本案山西高院和运城中院要求由李郭崇承担严格的证明责任从而不支持李郭崇参与分配的申请与法律规定和执行实际均不符合。

此外，关于申请人应向哪个法院提出参与分配申请的问题。虽然《最高人民法院关于人民法院执行工作若干问题的规定（试行）》第92条规定应当向其原申请执行法院提交参与分配申请书，但之后修订的《民事诉讼法》和司法解释对此均并未提出明确要求，而且即便法律规定申请人应当向原申请执行法院提交申请书，法院也不能以此为由驳回当事人的申请，毕竟向哪个法院提出申请只是具体操作的问题，不能以此剥夺申请人的实体权利。

——中国裁判文书网。

---

① 对应《民法典》第二百二十九条。

② 现为《民事诉讼法》（2021年修正）第二百四十条。

249. 应将入选名单库的评估机构及其相关信息，在中国执行信息公开网上进行公示，并及时更新

关键词

评估机构　评估专业人员　执行信息公开网

最高人民法院司法政策精神

三、最高人民法院应当将入选名单库的评估机构及其评估专业人员的基本信息，以及评估机构在其所属全国性评估行业协会报备的收费标准，在中国执行信息公开网上进行公示。

已入选名单库的评估机构变更名称、法定代表人、注册地址、联系人、联系电话、评估专业人员的，该评估机构所属全国性评估行业协会应当及时函告最高人民法院。

最高人民法院应当及时更新中国执行信息公开网上公示的相关信息。

——《最高人民法院办公厅、中国资产评估协会、中国土地估价师与土地登记代理人协会、中国房地产估价师与房地产经纪人学会、中国矿业权评估师协会、中国珠宝玉石首饰行业协会关于印发〈人民法院委托评估工作规范〉的通知》（2018年12月10日，法办〔2018〕273号）。

250. 人民法院应当委托评估机构的情形及评估机构的协商确定和顺序

关键词

委托评估　评估机构

最高人民法院司法政策精神

九、具有下列情形之一，人民法院应当委托评估机构进行评估：

（一）涉及国有资产或者公共利益等事项的；

（二）企业国有资产法、公司法、合伙企业法、证券法、拍卖法、公路法等法律、行政法规规定必须委托评估的；

（三）双方当事人要求委托评估的；

（四）司法网络询价平台不能或者在期限内均未出具网络询价结果的；

（五）法律、法规有明确规定的。

十、委托评估的，人民法院应当通知双方当事人在指定期间内从人民法院指定的名单分库中协商确定三家评估机构及顺序。

双方当事人未在人民法院指定的期间内，在名单分库中一致确定三家评估机构及顺序，或者因一方当事人下落不明无法进行协商的，人民法院应当及时在询价评估系统中采取摇号方式随机确定三家评估机构及顺序。财产所在地设有市级名单子库的，应当在市级名单子库中随机确定；财产所在地未设市级名单子库，但设有省级名单子库的，应当在省级名单子库中随机确定；财产所在地未设名单子库的，应当根据财产类型，在名单分库中随机确定。

——《最高人民法院办公厅、中国资产评估协会、中国土地估价师与土地登记代理人协会、中国房地产估价师与房地产经纪人学会、中国矿业权评估师协会、中国珠宝玉石首饰行业协会关于印发〈人民法院委托评估工作规范〉的通知》（2018 年 12 月 10 日，法办〔2018〕273 号）。

251. 关于入选名单库的评估机构除名的规定

关键词

评估机构　除名

最高人民法院司法政策精神

四、已入选名单库的评估机构具有下列情形之一的，该评估机构所属全国性评估行业协会应当及时函告最高人民法院，将其除名：

（一）被纳入失信被执行人名单的；

（二）因违反资产评估法或者评估行业监督管理办法被有关部门处罚的；

（三）已办理企业注销登记的；

（四）已被市场监管部门吊销营业执照的；

（五）违反所属行业协会自律管理规定，受到严重惩戒的。

最高人民法院应当根据各全国性评估行业协会的建议，将相关评估机构从名单库中除名，并函告全国性评估行业协会，同时建议全国性评估行业协会五年内不得再推荐该评估机构入选名单库。

——《最高人民法院办公厅、中国资产评估协会、中国土地估价师与土地登记代理人协会、中国房地产估价师与房地产经纪人学会、中国矿业权评估师协会、中国珠宝玉石首饰行业协会关于印发〈人民法院委托评估工作规范〉的通知》（2018 年 12 月 10 日，法办〔2018〕273 号）。

252. 人民法院在执行中对国有资产的评估、拍卖是否应当适用国务院《国有资产管理办法》

关键词

国有资产评估、拍卖　国有资产管理办法

最高人民法院答复

陕西省高级人民法院：

你院〔2000〕陕执请字第09号《关于人民法院在强制执行程序中处分被执行人国有资产适用问题的请示报告》收悉。经研究，答复如下：

国务院发布的《国有资产评估管理办法》（国务院91号令）关于国有资产评估中申请立项及审核确认的规定，确定了对国有资产占用单位在自主交易中进行评估的程序，其委托评估的主体是国有资产的占有企业，在特殊情况下可由国有资产管理部门委托评估。该《办法》对人民法院在执行程序中委托评估作为被执行人的国有企业的资产，并无相应的规定。人民法院在执行中委托评估也无须参照适用该《办法》，而应根据《最高人民法院关于人民法院执行工作若干问题的规定（试行）》第47条①的规定办理，即由人民法院自行委托依法成立的资产评估机构进行；对评估机构的评估结论，应由执行法院独立审核确认并据以确定拍卖、变卖的底价。因此，只要执行法院委托了依法成立的评估机构进行评估，并据以判断认为核评估结论不存在重大错误，该评估程序和结果就是合法有效的。故石泉县人民法院在执行中委托评估的执行行为合法，应予以维持。

此复

——《最高人民法院关于人民法院在强制执行程序中处分被执行人国有资产适用法律问题的请示报告的复函》（2001年12月27日，〔2001〕执他字第13号）。

① 现为《最高人民法院关于人民法院执行工作若干问题的规定（试行）》（2020年修正）第33条。

253. 执行程序中竞买人迟延交付部分保证金的，拍卖的效力如何确定

关键词

竞买人　迟延交付部分保证金　拍卖效力

最高人民法院答复

湖北省高级人民法院：

你院（2017）鄂执复112号《关于胡某某申请执行复议一案的请示报告》收悉。经研究，提出以下意见：

关于竞买人迟延交付部分保证金后又悔拍的，拍卖的效力如何确定的问题。执行程序中竞买人迟延交付部分保证金的，并不能当然否定竞拍资格及拍卖效力。你院应当围绕竞买人迟延缴纳部分竞买保证金是否损害当事人、其他竞买人合法权益，是否明显影响公平竞价及充分竞价等因素综合判断本案第一次拍卖效力。

——《最高人民法院关于竞买人迟延交付部分保证金是否影响拍卖效力的答复》[2020年3月31日，(2019)最高法执他5号]。

最高人民法院审判业务意见（执行局法官会议纪要）

执行程序中竞买人迟延交付部分保证金的，并不能当然否定拍卖效力。相关法院应当围绕竞买人迟延缴纳部分竞买保证金是否损害当事人、其他竞买人利益，是否明显影响公平竞价及充分竞价等因素综合来判断本案第一次拍卖效力。

附：案情简介

执行法院在执行某民间借贷纠纷案中通过产权交易所拍卖被执行人持有的股权。拍卖公告载明竞买保证金为200万元，有意竞买者应在5月3日16时（到账为准）前将保证金缴纳至指定账户，并于当日17时（法定工作时间）前到产权交易所办理竞买登记手续，取得竞买资格，逾期不予办理。5月3日，竞买人甲向该院指定账户汇入两笔资金，第一笔50万元到账时间为该日15时46分53秒，第二笔150万元到账时间为该日16时13分1秒。因甲汇入150万元的到账时间超过拍卖公告规定的保证金到账时间，产权交易所不予办理报名登记手续。甲指出拍卖公告中没有强调要全额缴纳保证金并要求办理登记手续。产权交易所请示执行法院后于4日为甲办理了报名登记手

续。同日，甲竞得股权并在拍卖成交确认书上签字。后因甲未在竞买协议约定期限内支付竞拍款，产权交易所向甲送达催款函，要求其在期限内交清余款，否则追究其法律责任。甲仍未履行，执行法院遂重新拍卖案涉股权，乙竞买成功。执行法院通知甲，其缴纳的保证金不予返还。甲以其因迟延交付部分保证金而不具备竞买资格等理由提出执行异议，请求撤销第一次拍卖。

当地法院就竞买人迟延交付部分保证金又悔拍，该拍卖应否撤销的问题请示最高人民法院。

——《竞买人迟延交付部分保证金后又悔拍的，拍卖效力如何认定的问题（最高人民法院执行局法官会议纪要）》，载最高人民法院执行局编：《执行工作指导》2020 年第 2 辑（总第 74 辑），人民法院出版社 2021 年版，第 46~50 页。

254. 拍卖公告中将案涉房产的所有人错写的能否导致撤拍

关键词

拍卖公告　房产所有人　撤拍

最高人民法院裁判文书

卢艳芳、黎汉明其他案由执行案［最高人民法院（2021）最高法执监 140 号执行裁定书］

裁判要旨：尽管法院在司法拍卖平台刊登的案涉房产的拍卖公告中将案涉房产的所有人错写，但对案涉房产的位置、面积等情况描述准确，不会因此影响竞买人对案涉房产价值的判断，亦不会因此使竞买人产生重大误解导致购买目的无法实现。故本案网络司法拍卖并不存在可撤销情形。

最高人民法院认为：本案的争议焦点是东莞中院的司法拍卖行为是否违反法律规定。

关于本案网络司法拍卖是否存在可撤销情形的问题。尽管东莞中院在淘宝司法拍卖平台刊登的案涉房产的拍卖公告中将案涉房产的所有人错误写成“付云明”，但对案涉房产的位置、面积等情况描述准确，不会因此影响竞买人对案涉房产价值的判断，亦不会因此使竞买人产生重大误解导致购买目的的无法实现。故本案网络司法拍卖并不存在《最高人民法院关于人民法院网络司法拍卖若干问题的规定》第三十一条规定的可撤销情形。

关于本案网络司法拍卖是否侵害了卢艳芳优先购买权的问题。根据查明的事实，卢艳芳作为被执行人黎汉明的配偶，以其系案涉房产的共有人为由，向东莞中院申请就拍卖案涉房产行使优先购买权。东莞中院审查后，在案涉房产的拍卖公告中将其列为第一顺位优先竞买人，但卢艳芳在此次拍卖活动中并未出价。由于网络司法拍卖系对社会不特定人群发出的要约邀请，优先竞买人于网络司法拍卖中应积极参与并依法行使优先购买权。其应依照人民法院拍卖公告须知的要求提前向拍卖的人民法院申报对拍卖标的物享有优先购买权，报名并交纳保证金，且在竞拍期间（出价阶段）行使权利。卢艳芳报名参加竞买后，理应详细了解网络司法拍卖的规则。其以不熟悉网络司法拍卖中行使优先购买权的规则为由，要求其在报名参加竞买后未参与竞价的情况下，行使优先购买权，理据不足。东莞中院在卢艳芳申请行使优先购买权后，已在拍卖公告中将其列为第一顺位优先竞买人，充分保障了卢艳芳的优先竞买权。该权利未能得到有效实现，是由于卢艳芳自身原因所致。

此外，黎汉明作为本案被执行人，其缴清全部刑事罚金系其依生效判决应当履行的义务。

关于广东高院（2019）粤执复932号案件承办法官应否回避的问题。卢艳芳未提交相关证据材料证明承办法官存在法律规定的应当回避的情形，其该项主张缺乏事实依据，本院不予支持。

——中国裁判文书网。

255. 网络司法拍卖公告发布途径的认定

关键词

网络司法拍卖　拍卖公告

最高人民法院审判业务意见（执行局法官会议纪要）

《最高人民法院关于人民法院网络司法拍卖若干问题的规定》第十二条第一款规定“法定途径”发布，主要考虑股权等特殊财产的拍卖，对此类财产拍卖前，人民法院除通过网络司法拍卖平台发布拍卖公告外，还应通过报纸等“法定途径”发布。如拍卖标的并非股权等特殊财产，则人民法院除通过网络司法拍卖平台发布拍卖公告外，无须同时另行通过报纸等“法定途径”发布。

附：案情简介

A法院在执行甲银行与乙公司等借款合同纠纷一案中，委托评估机构对乙公司名下土地使用权及房产进行了评估。在乙公司以评估价格过低为由对评估报告提出异议，并由评估机构作出答复后，A 法院在网络司法拍卖平台发布拍卖公告，对乙公司名下土地使用权和房产组织拍卖，丙以最高价竞得。A 法院出具拍卖裁定，裁定乙公司名下土地使用权及房产相应权利归丙所有，丙可持拍卖裁定到登记机构办理产权过户登记手续等。此后，因乙公司对 A 法院网络司法拍卖及相关行为提出异议，案经三级法院执行异议、复议和监督程序审查，最终 C 法院作出执行监督裁定，认为 A 法院网络司法拍卖公告发布程序不违反法律规定，遂裁定撤销 B 法院复议裁定，维持 A 法院异议裁定和拍卖裁定。乙公司不服 C 法院执行监督裁定，向最高人民法院申请执行监督。

——《网络司法拍卖中拍卖公告发布途径的认定（最高人民法院执行局法官会议纪要）》，载最高人民法院执行局编:《执行工作指导》2020 年第 3 辑（总第 75 辑），人民法院出版社 2020 年版。

256. 法院若认为拍卖公告中有关房产过户所涉税、费由买受人承担的内容违法的是否还可以在成交后对税费承担的主体进行调整

关键词

拍卖公告　主体调整

最高人民法院裁判文书

郑岭华与潘树余等借款合同纠纷执行案［最高人民法院（2021）最高法执监 440 号执行裁定书］

裁判要旨：本案执行法院在拍卖案涉房产及土地时，公告拍卖成交后办理产权登记过户所涉相关税费均由买受人承担，竞买人没有就拍卖公告关于税费承担的内容提出异议，反而继续参与竞买并支付了全部价款，说明其认可拍卖公告设置的相关税费均由买受人承担这一竞买条件。其在竞买成功后再就该竞买条件提出异议，不愿承担相关税费，显然有违诚信原则。如果在拍卖成交之后再对税费承担条件进行调整，则意味着竞买人在拍卖中可能获得不当利益，对潜在竞买者也是不公平的，危害司法拍卖公平公正秩序。

最高人民法院认为：首先，关于司法拍卖所产生的税费承担问题。《网络司法拍卖规定》第三十条规定：“因网络司法拍卖本身形成的税费，应当依照

相关法律、行政法规的规定，由相应主体承担；没有规定或者规定不明的，人民法院可以根据法律原则和案件实际情况确定税费承担的相关主体、数额。”据此，对因网络司法拍卖所产生的税费，人民法院应依法确定相应承担主体。本案中，唐山中院在拍卖案涉房产及土地时，公告拍卖成交后办理产权登记过户所涉相关税费均由买受人承担，同时明确提示，竞买人有权利向不动产登记部门、税务部门咨询不动产过户手续及税费收取情况，而竞买人李明浩根据该提示，在参与竞买前确已就过户手续及税费收取问题向不动产登记部门进行了咨询，其非但没有就拍卖公告关于税费承担的内容提出异议，反而继续参与竞买并支付了全部价款，说明其认可拍卖公告设置的相关税费均由买受人承担这一竞买条件。其在竞买成功后再就该竞买条件提出异议，不愿承担相关税费，显然有违诚信原则。另外，拍卖公告一经发布，其所公示的竞买条件势必对潜在竞买人是否参与竞买产生影响，就常理而言，相关税费均由买受人承担会导致意向竞买人减少，降低李明浩成功竞买的成本，如果在拍卖成交之后再对税费承担条件进行调整，则意味着李明浩在拍卖中可能获得不当利益，对潜在竞买者也是不公平的，危害司法拍卖公平公正秩序。同时，案涉拍卖公告确定相关税费均由竞买人承担，在纳税数额上并未影响国家税收利益。综合考虑上述情况，对案涉拍卖公告设置的有关税费负担的条件不宜再作调整，河北高院复议裁定根据竞买人的异议请求，于拍卖结束后调整拍卖公告公示的竞买条件，并不妥当。

其次，《网络司法拍卖规定》第三十一条规定：“当事人、利害关系人提出异议请求撤销网络司法拍卖，符合下列情形之一的，人民法院应当支持：（一）由于拍卖财产的文字说明、视频或者照片展示以及瑕疵说明严重失实，致使买受人产生重大误解，购买目的无法实现的，但拍卖时的技术水平不能发现或者已经就相关瑕疵以及责任承担予以公示说明的除外；（二）由于系统故障、病毒入侵、黑客攻击、数据错误等原因致使拍卖结果错误，严重损害当事人或者其他竞买人利益的；（三）竞买人之间，竞买人与网络司法拍卖服务提供者之间恶意串通，损害当事人或者其他竞买人利益的；（四）买受人不具备法律、行政法规和司法解释规定的竞买资格的；（五）违法限制竞买人参加竞买或者对享有同等权利的竞买人规定不同竞买条件的；（六）其他严重违反网络司法拍卖程序且损害当事人或者竞买人利益的情形。”据此，当事人、利害关系人请求撤销网络司法拍卖的，应提供证据证明网络司法拍卖程序存在上述应予撤销的法定情形。本案中，李明浩以公告确定的税费负担主体与司法解释有关规定不符为由，请求撤销案涉拍卖，并不属于前述司法解释规定的情形，依法不应予以支持。

——中国裁判文书网。

257. 网络司法拍卖中，如无明确约定，与权属变更无关的超出竞买人预见的税费，由法定纳税人承担

关键词

网络司法拍卖　超出预见税费　法定纳税人

最高人民法院裁判文书

金创盟公司与成都爱华医院拍卖合同纠纷案［最高人民法院（2022）最高法民再59号民事判决书］

裁判要旨：《最高人民法院关于人民法院网络司法拍卖若干问题的规定》第三十条规定："因网络司法拍卖本身形成的税费，应当依照相关法律、行政法规的规定，由相应主体承担；没有规定或者规定不明的，人民法院可以根据法律原则和案件实际情况确定税费承担的相关主体、数额。"据此，网络司法拍卖本身形成的能够预见的权属变更税费，原则上尚且由法律规定的纳税义务人承担，与权属变更无关的超出竞买人预见的税费更应由法定纳税人承担，除非买卖双方当事人有明确具体的特别约定。本案中，案涉城镇土地使用税属于与权属变更无关的税费，应由其法定纳税人爱华医院承担，而非买受人金创盟公司承担。

最高人民法院认为，《最高人民法院关于适用〈中华人民共和国民法典〉时间效力的若干规定》第一条第二款规定："民法典施行前的法律事实引起的民事纠纷案件，适用当时的法律、司法解释的规定，但是法律、司法解释另有规定的除外。"引起本案的法律事实发生在《民法典》施行前，因此，本案应当适用当时有效的《合同法》等相关规定。本案的争议焦点为金创盟公司是否应当承担爱华医院补交的城镇土地使用税1579094.16元。

《拍卖公告》第六条载明："标的物过户登记手续由买受人自行办理。拍卖成交买受人付清全部拍卖价款后，凭法院出具的民事裁定书、协助执行通知书及拍卖成交确认书自行至相关管理部门办理标的物权属变更手续。办理过程中所涉及的买卖双方所需承担的一切税、费和所需补交的相关税、费（包括但不限于所得税、营业税、土地增值税、契税、过户手续费、印花税、权证费、水利基金费、出让金以及房产及土地交易中规定缴纳的各种费用）及物管费、水、电等欠费均由买受人自行承担，具体费用请竞买人于拍卖前

至相关单位自行查询。”判断金创盟公司是否应当承担爱华医院补交的城镇土地使用税，关键在于确定城镇土地使用税是否属于该条约定的“所需补交的相关税、费”。《合同法》第一百二十五条第一款[①]规定：“当事人对合同条款的理解有争议的，应当按照合同所使用的词句、合同的有关条款、合同的目的、交易习惯以及诚实信用原则，确定该条款的真实意思。”根据该规定，当事人对合同条款理解存在争议的，应按照文义解释、体系解释、交易规则或者习惯、诚实信用等原则进行解释。

首先，从文义解释上看，《拍卖公告》第六条用概括加列举的方式约定了买受人需自行承担的税费，概括即“办理过程中所涉及的买卖双方所需承担的一切税、费和所需补交的相关税、费”，列举即括号中列明的相关税费。按通常理解，买受人应承担的税费应先以列举项目为准，如果某项税费不属于列举项目，则应判断是否属于“概括”范畴。案涉城镇土地使用税并非括号列明项目。“办理过程中所涉及的买卖双方所需承担的一切税、费和所需补交的相关税、费”明确表明买受人需承担的仅限于“办理过程中所涉及的。”《城镇土地使用税暂行条例》第三条第一款规定：“土地使用税以纳税人实际占用的土地面积为计税依据，依照规定税额计算征收。”城镇土地使用税是基于土地使用权人实际占用土地而征缴的税种，是为提高土地使用效益设置的税种，与土地权属变更无关，不属于“办理过程中”的税费。因此，城镇土地使用税不属于《拍卖公告》第六条约定的需补交税费。

其次，从体系解释上看，《拍卖公告》第六条由三句话组成，第三句话是对买受人自行承担税费的约定，前两句话为“标的物过户登记手续由买受人自行办理。拍卖成交买受人付清全部拍卖价款后，凭法院出具的民事裁定书、协助执行通知书及拍卖成交确认书自行至相关管理部门办理标的物权属变更手续”。可见，第三句关于税费负担的约定系在权属变更语境下作出的，并不包括权属变更过程之外的税费，即不包括案涉城镇土地使用税。

再次，从交易规则或习惯来看，一方面，根据《最高人民法院关于人民法院网络司法拍卖若干问题的规定》第六条第二项和第十四条第三项规定，司法拍卖中应当说明拍卖财产现状、权利负担等内容，并在拍卖公告中特别提示拍卖财产已知瑕疵和权利负担。拍卖财产的瑕疵和权利负担等类似信息应当为被执行人掌握。本案中，执行法院明确要求爱华医院提供案涉土地相关材料，爱华医院也承诺自行承担资料不齐造成的不利后果。但是，爱华医院并未举证其提供了与案涉土地相关的城镇土地使用税欠缴情况，《拍卖公告》未对该笔税费欠缴情况进行说明和提示，《评估报告》也未说明该欠缴情况及其对土地评估价格的影响。基于对《拍卖公告》《评估报告》披露信息的

---

① 对应《民法典》第四百六十六条。

信赖，金创盟公司在参与竞买时对承担城镇土地使用税未有预期应属正常。另外，根据《税收征收管理法》第八条第二款规定的“税务机关应当依法为纳税人、扣缴义务人的情况保密”，竞买人一般无法从税务机关查询到被执行人欠税信息，即金创盟公司一般无法自行查询案涉城镇土地使用税欠缴情况。因此，在爱华医院未披露欠缴城镇土地使用税具体情况下，由金创盟公司承担拍卖时不属于权属交易行为产生的且无法预见的1579094.16元城镇土地使用税，有违公平原则。另一方面，《最高人民法院关于人民法院网络司法拍卖若干问题的规定》第十三条第九项规定，法院应当在拍卖公告中公示“拍卖财产产权转移可能产生的税费及承担方式”，据此，竞买人一般仅对权属变更本身形成的税费负担有合理预见。城镇土地使用税虽与案涉土地直接关联，但竞买人对需要补交城镇土地使用税一般不会有预见，且其本身属于爱华医院纳税义务范畴。如若未经特别说明，即要求金创盟公司承担该税费有违诚实信用原则。

最后，《最高人民法院关于人民法院网络司法拍卖若干问题的规定》第三十条规定：“因网络司法拍卖本身形成的税费，应当依照相关法律、行政法规的规定，由相应主体承担；没有规定或者规定不明的，人民法院可以根据法律原则和案件实际情况确定税费承担的相关主体、数额。”据此，网络司法拍卖本身形成的能够预见的权属变更税费，原则上尚且由法律规定的纳税义务人承担，与权属变更无关的超出竞买人预见的税费更应由法定纳税人承担，除非买卖双方当事人有明确具体的特别约定。本案中，案涉城镇土地使用税属于与权属变更无关的税费，应由其法定纳税人爱华医院承担，而非买受人金创盟公司承担。

——中国裁判文书网。

258. 网络司法拍卖适用《民事诉讼法》及有关司法解释关于强制执行的规定

关键词

执行　执行监督　司法拍卖　网络司法拍卖　强制执行措施

最高人民法院指导性案例、最高人民法院裁判文书

陈载果与刘荣坤、广东省汕头渔业用品进出口公司等申请撤销拍卖执行监督案［最高人民法院指导案例125号、最高人民法院（2017）最高法执监250号执行裁定书］

裁判要点：网络司法拍卖是人民法院通过互联网拍卖平台进行的司法拍卖，属于强制执行措施；人民法院对网络司法拍卖中产生的争议，应当适用民事诉讼法及相关司法解释的规定处理。

最高人民法院认为：

一、关于对网络司法拍卖的法律调整问题

根据《中华人民共和国拍卖法》规定，拍卖法适用于中华人民共和国境内拍卖企业进行的拍卖活动，调整的是拍卖人、委托人、竞买人、买受人等平等主体之间的权利义务关系。拍卖人接受委托人委托对拍卖标的进行拍卖，是拍卖人和委托人之间“合意”的结果，该委托拍卖系合同关系，属于私法范畴。人民法院司法拍卖是人民法院依法行使强制执行权，就查封、扣押、冻结的财产强制进行拍卖变价进而清偿债务的强制执行行为，其本质上属于司法行为，具有公法性质。该强制执行权并非来自于当事人的授权，无须征得当事人的同意，也不以当事人的意志为转移，而是基于法律赋予的人民法院的强制执行权，即来源于民事诉讼法及相关司法解释的规定。即便是在传统的司法拍卖中，人民法院委托拍卖企业进行拍卖活动，该拍卖企业与人民法院之间也不是平等关系，该拍卖企业的拍卖活动只能在人民法院的授权范围内进行。因此，人民法院在司法拍卖中应适用民事诉讼法及相关司法解释对人民法院强制执行的规定。网络司法拍卖是人民法院司法拍卖的一种优选方式，亦应适用民事诉讼法及相关司法解释对人民法院强制执行的规定。

二、关于本项网络司法拍卖行为是否存在违法违规情形问题

在网络司法拍卖中，竞价过程、竞买号、竞价时间、是否成交等均在交易平台展示，该展示具有一定的公示效力，对竞买人具有拘束力。该项内容从申诉人提供的竞买记录也可得到证实。且在本项网络司法拍卖时，民事诉讼法及相关司法解释均没有规定网络司法拍卖成交后必须签订成交确认书。因此，申诉人称未签订成交确认书、不能确定权利义务关系的主张不能得到支持。

关于申诉人提出的竞买号牌 A7822 与 J8809 蓄谋潜入竞买场合恶意串通，该标的物从底价 230 万抬至 530 万，事后经过查证号牌 A7822 竞买人是该标的物委托拍卖人刘某某等问题。网络司法拍卖是人民法院依法通过互联网拍卖平台，以网络电子竞价方式公开处置财产，本质上属于人民法院“自主拍卖”，不存在委托拍卖人的问题。《最高人民法院关于人民法院民事执行中拍卖、变卖财产的规定》第十五条第二款明确规定申请执行人、被执行人可以参加竞买，作为申请执行人刘某某只要满足网络司法拍卖的资格条件即可以参加竞买。在网络司法拍卖中，即竞买人是否加价竞买、是否放弃竞买、何时加价竞买、何时放弃竞买完全取决于竞买人对拍卖标的物的价值认识。

从申诉人提供的竞买记录看，申诉人在2016年4月26日9时40分53秒出价2377360元后，在竞买人叫价达到5182360元时，分别在2016年4月26日10时01分16秒、10时05分10秒、10时08分29秒、10时17分26秒加价竞买，足以认定申诉人对于自身的加价竞买行为有清醒的判断。以竞买号牌A7822与J8809连续多次加价竞买就认定该两位竞买人系蓄谋潜入竞买场合恶意串通理据不足，不予支持。

——《最高人民法院关于发布第23批指导性案例的通知》（2019年12月24日，法〔2019〕294号）。

说明

指导案例125号陈载果与刘荣坤、广东省汕头渔业用品进出口公司等申请撤销拍卖执行监督案，明确了目前普遍适用的网络司法拍卖属于强制执行措施，具有公法性质，应优先适用民事诉讼法及相关司法解释处理相关争议，以充分保护竞买人的利益，维护司法拍卖的公定力和公信力。此外，强制执行权也有其边界，尤其在涉及行政审批权时，要注意实现两者协调配合，既充分实现申请执行人的胜诉权益，又防止以执行代替行政权力。

附录：最高人民法院主流观点

本案对司法拍卖的性质予以明确：司法拍卖就是一种强制拍卖，是人民法院作为执行机关，就查封的执行标的物按照拍卖的方式出卖给最高应价者，以取得价金的执行措施。就司法拍卖的性质而言，司法拍卖程序是始于债权人申请，法院受理强制执行之后，由法院作为执行机关进行主导，通过司法拍卖方式最大限度提高执行效果，实现债权人利益的一种程序。在这种程序中，国家强制力起决定性作用。因此，司法拍卖本质上仍然是以法院强制力为基础的公法行为，拍卖阶段法院作为出卖人与买受人达成买卖契约并不影响司法拍卖的本质属性。对司法拍卖的性质予以界定和明确，有助于对本案法律适用问题的理解。

《民事诉讼法》（2012年）第二百四十七条[①]规定，财产被查封、扣押后，执行员应当责令被执行人在指定期间履行法律文书确定的义务。被执行人逾期不履行的，人民法院应当拍卖被查封、扣押的财产。《民诉法解释》第488条[②]规定，依照《民事诉讼法》第二百四十七条规定，人民法院在执行中需要拍卖被执行人财产的，可以由人民法院自行组织拍卖，也可以交由具备相应

① 现为《民事诉讼法》（2021年修正）第二百五十四条。

② 现为《最高人民法院关于适用〈中华人民共和国民事诉讼法〉的解释》（2022年修正）第四百八十六条。

资质的拍卖机构拍卖。交拍卖机构拍卖的，人民法院应当对拍卖活动进行监督。从以上规定可以看出，此时拍卖可以分为两种形式：一是由人民法院自行组织拍卖，二是交由具备相应资质的拍卖机构拍卖。而且，对交由拍卖机构拍卖的，人民法院应当进行监督。以上规定再次强调了人民法院自行拍卖的形式，同时在委托拍卖中进一步强化了人民法院的监督职责，一定程度上反映出司法拍卖与拍卖法规范的拍卖企业进行的拍卖活动适用范围并不相同。

本案申诉人依据《拍卖法》第三十条、第五十二条等规定，认为本案的网络司法拍卖不符合拍卖法确立的规则从而是违法的，例如未签订成交确认书，在拍卖过程中拍卖标的物的委托人同时又是竞买人等。而能否用《拍卖法》的相关规定作为评判网络司法拍卖行为合法的依据，是本案首先要解决的问题。鉴于之前对司法拍卖性质的分析和判断，笔者认为，总体而言，网络司法拍卖是人民法院通过互联网拍卖平台进行的司法拍卖，属于强制执行措施。人民法院对网络司法拍卖中产生的争议，应当适用《民事诉讼法》及相关司法解释的规定处理。而拍卖法规范的是拍卖企业进行的拍卖活动，与司法拍卖存在明显不同，因此，不能以拍卖法确立的一些具体细则否定本案网络司法拍卖行为的效力。

具体来说，关于申诉人提出的未签订成交确认书的问题。所谓拍卖成交确认书，是国内拍卖界的习惯做法，在域外拍卖活动中几乎没有见到。拍卖成交书的出现可以追溯到1987年，当时拍卖市场操作中，拍卖以落槌来宣告交易成功，一诺千金并没有一纸文书作证明，万一某方反悔，证据难觅，因此就设计了一个拍卖成交确认书以作为拍卖成交证据。然而对于新兴的网络司法拍卖，竞价过程、竞买号、竞价时间、是否成交等均在交易平台展示，该展示具有一定的公示效力，对竞买人具有拘束力。该项内容从申诉人提供的竞买记录也可得到证实。且在本案网络司法拍卖时，《民事诉讼法》及相关司法解释均没有规定网络司法拍卖成交后必须签订成交确认书。因此，申诉人称未签订成交确认书、不能确定权利义务关系的主张不能得到支持。当然，之后出台的《网拍规定》第22条，为防止特定人员参与拍卖，从方便社会监督的角度，还是明确了由网络司法拍卖平台以买受人的真实身份自动生成确认书并公示的规则，这点应引起注意。

对于申诉人提出的申请执行人作为委托人不能参与竞买的问题，笔者认为，网络司法拍卖是人民法院依法通过互联网拍卖平台，以网络电子竞价方式公开处置财产，本质上属于人民法院自主拍卖，不存在委托拍卖人的问题。本案的申请执行人不能视为拍卖的委托人。《拍卖变卖规定》第15条第2款明确规定申请执行人、被执行人可以参加竞买，作为申请执行人，只要满足网络司法拍卖的资格条件，即可以参加竞买。因此，申诉人的这一理由同样是不能成立的。同时，本案进一步明确，在网络司法拍卖中，竞买人是否加价竞买、是否放弃竞买、何时加价竞买、何时放弃竞买完全取决于竞买人对拍卖标的物的价值认识。从申诉人提供的竞买记录看，申诉人在2016年4月26日9时40分53秒出价2377360元后，在竞买人叫价达到5182360元时，分别在2016年4月26日10时01分16秒、10时05分10秒、10时08分29秒、10时17分26秒加价竞买，足以认定申诉人对于自身的加价竞买行为有清醒的判断。

——万会峰、邵夏虹：《〈陈载果与刘荣坤、广东省汕头渔业用品进出口公司等申请撤销拍卖执行监督案〉的理解与参照——网络司法拍卖属于强制执行措施，应适用民事诉讼法及司法解释》，载《人民司法·案例》2022年第11期。

259. 受房产所在地限购政策约束的竞买人能否申请参与法院组织的司法拍卖房产活动

关键词

司法拍卖　竞买人　限购政策

最高人民法院司法解释

第一条　人民法院组织的司法拍卖房产活动，受房产所在地限购政策约束的竞买人申请参与竞拍的，人民法院不予准许。

第二条　人民法院组织司法拍卖房产活动时，发布的拍卖公告载明竞买人必须具备购房资格及其相应法律后果等内容，竞买人申请参与竞拍的，应当承诺具备购房资格及自愿承担法律后果。

第三条　人民法院在司法拍卖房产成交后、向买受人出具成交裁定书前，应当审核买受人提交的自其申请参与竞拍到成交裁定书出具时具备购房资格的证明材料；经审核买受人不符合持续具备购房资格条件，买受人请求出具拍卖成交裁定书的，人民法院不予准许。

第四条　买受人虚构购房资格参与司法拍卖房产活动且拍卖成交，当事人、利害关系人以违背公序良俗为由主张该拍卖行为无效的，人民法院应予支持。

依据前款规定，买受人虚构购房资格导致拍卖行为无效的，应当依法承担赔偿责任。

第五条　司法拍卖房产出现流拍等无法正常处置情形，不具备购房资格的申请执行人等当事人请求以该房抵债的，人民法院不予支持。

第六条　人民法院组织的司法拍卖房产活动，竞买人虚构购房资格或者当事人之间恶意串通，侵害他人合法权益或者逃避履行法律文书确定的义务的，人民法院应当根据情节轻重予以罚款、拘留；构成犯罪的，依法追究刑事责任。

——《最高人民法院关于人民法院司法拍卖房产竞买人资格若干问题的规定》（2021 年 12 月 17 日，法释〔2021〕18 号）。

260. 司法拍卖过程中与权属变更无关的超出竞买人预见的税费应如何承担

关键词

司法拍卖　权属变更　超出竞买人预见　税费承担

最高人民法院裁判文书

成都金创盟科技有限公司与成都爱华康复医院有限公司拍卖合同纠纷案

［最高人民法院（2022）最高法民再 59 号民事判决书］

裁判要旨：网络司法拍卖本身形成的能够预见的权属变更税费，原则上尚且由法律规定的纳税义务人承担，与权属变更无关的超出竞买人预见的税费更应由法定纳税人承担，除非买卖双方当事人有明确具体的特别约定。

最高人民法院再审认为，《最高人民法院关于适用〈中华人民共和国民法典〉时间效力的若干规定》第一条第二款规定："民法典施行前的法律事实引起的民事纠纷案件，适用当时的法律、司法解释的规定，但是法律、司法解释另有规定的除外。"引起本案的法律事实发生在《民法典》施行前，因此，本案应当适用当时有效的《合同法》等相关规定。本案的争议焦点为金创盟公司是否应当承担爱华医院补交的城镇土地使用税 1579094.16 元。

《拍卖公告》第六条载明："标的物过户登记手续由买受人自行办理。拍卖成交买受人付清全部拍卖价款后，凭法院出具的民事裁定书、协助执行通知书及拍卖成交确认书自行至相关管理部门办理标的物权属变更手续。办理过程中所涉及的买卖双方所需承担的一切税、费和所需补交的相关税、费（包括但不限于所得税、营业税、土地增值税、契税、过户手续费、印花税、权证费、水利基金费、出让金以及房产及土地交易中规定缴纳的各种费用）及物管费、水、电等欠费均由买受人自行承担，具体费用请竞买人于拍卖前至相关单位自行查询。"判断金创盟公司是否应当承担爱华医院补交的城镇土地使用税，关键在于确定城镇土地使用税是否属于该条约定的“所需补交的相关税、费”。《合同法》第一百二十五条第一款[①]规定，“当事人对合同条款的理解有争议的，应当按照合同所使用的词句、合同的有关条款、合同的目的、交易习惯以及诚实信用原则，确定该条款的真实意思”。根据该规定，当事人对合同条款理解存在争议的，应按照文义解释、体系解释、交易规则或者习惯、诚实信用等原则进行解释。

首先，从文义解释上看，《拍卖公告》第六条用概括加列举的方式约定了买受人需自行承担的税费，概括即“办理过程中所涉及的买卖双方所需承担的一切税、费和所需补交的相关税、费”，列举即括号中列明的相关税费。按通常理解，买受人应承担的税费应先以列举项目为准，如果某项税费不属于列举项目，则应判断是否属于“概括”范畴。案涉城镇土地使用税并非括号列明项目。“办理过程中所涉及的买卖双方所需承担的一切税、费和所需补交的相关税、费”明确表明买受人需承担的仅限于“办理过程中所涉及的”。《城镇土地使用税暂行条例》第三条第一款规定：“土地使用税以纳税人实际占用的土地面积为计税依据，依照规定税额计算征收。”城镇土地使用税是基于土地使用权人实际占用土地而征缴的税种，是为提高土地使用效益设置的税种，与土地权属变更无关，不属于“办理过程中”的税费。因此，城镇土地使用税不属于《拍卖公告》第六条约定的需补交税费。

其次，从体系解释上看，《拍卖公告》第六条由三句话组成，第三句话是对买受人自行承担税费的约定，前两句话为“标的物过户登记手续由买受人自行办理。拍卖成交买受人付清全部拍卖价款后，凭法院出具的民事裁定书、协助执行通知书及拍卖成交确认书自行至相关管理部门办理标的物权属变更手续”。可见，第三句关于税费负担的约定系在权属变更语境下作出的，并不包括权属变更过程之外的税费，即不包括案涉城镇土地使用税。

再次，从交易规则或习惯来看，一方面，根据《最高人民法院关于人民法院网络司法拍卖若干问题的规定》第六条第二项和第十四条第三项规定，司法拍卖中应当说明拍卖财产现状、权利负担等内容，并在拍卖公告中特别提示拍卖财产已知瑕疵和权利负担。拍卖财产的瑕疵和权利负担等类似信息应当为被执行人掌握。本案中，执行法院明确要求爱华医院提供案涉土地相关材料，爱华医院也承诺自行承担资料不齐造成的不利后果。但是，爱华医院并未举证其提供了与案涉土地相关的城镇土地使用税欠缴情况，《拍卖公告》未对该笔税费欠缴情况进行说明和提示，《评估报告》也未说明该欠缴情况及其对土地评估价格的影响。基于对《拍卖公告》《评估报告》披露信息的

① 对应《民法典》第四百六十六条第一款，内容修改为：当事人对合同条款的理解有争议的，应当依据本法第一百四十二条第一款的规定，确定争议条款的含义。

信赖，金创盟公司在参与竞买时对承担城镇土地使用税未有预期应属正常。另外，根据《税收征收管理法》第八条第二款规定的“税务机关应当依法为纳税人、扣缴义务人的情况保密”，竞买人一般无法从税务机关查询到被执行人欠税信息，即金创盟公司一般无法自行查询案涉城镇土地使用税欠缴情况。因此，在爱华医院未披露欠缴城镇土地使用税具体情况下，由金创盟公司承担拍卖时不属于权属交易行为产生的且无法预见的1579094.16元城镇土地使用税，有违公平原则。另一方面，《最高人民法院关于人民法院网络司法拍卖若干问题的规定》第十三条第九项规定，法院应当在拍卖公告中公示“拍卖财产产权转移可能产生的税费及承担方式”，据此，竞买人一般仅对权属变更本身形成的税费负担有合理预见。城镇土地使用税虽与案涉土地直接关联，但竞买人对需要补交城镇土地使用税一般不会有预见，且其本身属于爱华医院纳税义务范畴。如若未经特别说明，即要求金创盟公司承担该税费有违诚实信用原则。

最后，《最高人民法院关于人民法院网络司法拍卖若干问题的规定》第三十条规定：“因网络司法拍卖本身形成的税费，应当依照相关法律、行政法规的规定，由相应主体承担；没有规定或者规定不明的，人民法院可以根据法律原则和案件实际情况确定税费承担的相关主体、数额。”据此，网络司法拍卖本身形成的能够预见的权属变更税费，原则上尚且由法律规定的纳税义务人承担，与权属变更无关的超出竞买人预见的税费更应由法定纳税人承担，除非买卖双方当事人有明确具体的特别约定。本案中，案涉城镇土地使用税属于与权属变更无关的税费，应由其法定纳税人爱华医院承担，而非买受人金创盟公司承担。

——中国裁判文书网。

261. 竞买人能否以法院《竞买公告》有关税费承担的内容违反规定而要求变更税费承担方式

关键词

竞买人　竞买公告　税费承担

最高人民法院裁判文书

雷丽彬与中国信达资产管理股份有限公司福建省分公司等借款合同纠纷执行案［最高人民法院（2020）最高法执监232号执行裁定书］

裁判要旨：涉案《竞买公告》关于“标的物过户登记手续由买

受人自行办理，所涉及的买卖双方的税费及其可能存在的物业费、水、电等欠费均由买受人承担”，是法院在拍卖案涉房产过程中，对税费实际承担主体的约定以及公示。该约定并非对法定纳税义务主体的变更，不违反法律法规的强制性规定，也不违背税收法定原则。竞买人在知悉竞买约定和相关的法律后果后参与竞拍并签署《拍卖成交确认书》，应视为同意《竞买公告》对税费负担的约定。

最高人民法院认为：本案争议的焦点问题是雷丽彬关于从拍卖款中扣缴转让方应缴纳的土地增值税等税费的主张是否成立。

福州中院在拍卖案涉房产时，未依《网拍规定》第十三条规定在网络司法拍卖平台发布拍卖公告当日公示评估报告副本，存在瑕疵。结合福建高院另案调查的案涉相关房产的税费情况，如果该瑕疵造成了案涉房产实际税费远超买受人雷丽彬的预估，致使其产生重大误解，则雷丽彬可以该重大误解致其购买目的无法实现为由，依《网拍规定》第三十一条的规定申请撤销拍卖。但买受人雷丽彬不主张撤销本次拍卖，仅要求从拍卖款中扣缴转让方应缴纳的土地增值税等税费，该请求本质上在于请求变更重大误解而订立的合同，而非撤销该基于重大误解而订立的合同。就此而言，福建高院认为雷丽彬的该项请求没有法律依据，符合现行法律规定，并无不当。

《竞买公告》第七条关于“标的物过户登记手续由买受人自行办理，所涉及的买卖双方的税费及其可能存在的物业费、水、电等欠费均由买受人承担”，是福州中院在拍卖案涉房产过程中，对税费实际承担主体的约定以及公示。该约定并非对法定纳税义务主体的变更，不违反法律法规的强制性规定，也不违背税收法定原则。雷丽彬在知悉竞买约定和相关的法律后果后参与竞拍并签署《拍卖成交确认书》，应视为同意《竞买公告》对税费负担的约定，并书面承诺遵守。在案涉房产拍卖成交后，雷丽彬要求改变拍卖公告的税费分担方式，从拍卖款中扣缴转让方应承担的税费，有违诚实信用原则。若支持该请求，将会损害其他潜在竞买人与被执行人的合法权益，有违司法拍卖的公平、公正原则。此外，雷丽彬称福建高院审查其复议案件的合议庭审判长在审查过程中存在不公平的情况，但未提交证据证明，对其该项主张不予支持。

——中国裁判文书网。

262. 对已办理抵押登记的划拨土地进行司法拍卖时是否应由抵押权人支付土地出让金

关键词

抵押登记　司法拍卖　土地出让金

最高人民法院裁判文书

周某与朱某娣等执行案［最高人民法院（2021）最高法执监 398 号执行裁定书］

裁判要旨：如果将办理了抵押登记的划拨土地作为已经办理了出让手续的土地进行司法拍卖的，买受人竞买所得的，其所支付的价款中包含了土地出让金，人民法院应当从所得款中扣除土地出让金，将剩余部分扣除执行费等必要费用后支付给抵押权人。如果将办理了抵押登记的划拨土地作为尚未办理出让手续的划拨土地进行司法拍卖的，买受人竞买所得的，其所支付的价款中不包含土地出让金，人民法院可以将所得款扣除执行费等必要费用后直接支付给抵押权人，由抵押权人承担缴纳土地出让金缺乏事实和法律依据。

最高人民法院认为：本案争议焦点为：第一，划拨用地的土地出让金应由哪方负担；第二，拍卖公告是否严重失实违反拍卖程序。

（一）划拨用地的土地出让金应由哪方负担

《城市房地产管理法》第四十条第一款规定，以划拨方式取得土地使用权的，转让房地产时，应当按照国务院规定，报有批准权的人民政府审批。有批准权的人民政府准予转让的，应当由受让方办理土地使用权出让手续，并依照国家有关规定缴纳土地使用权出让金。据此，在划拨土地转让的情况下，应当由划拨土地的受让人承担补缴划拨用地土地出让金的义务。《城市房地产管理法》第五十一条规定，设定房地产抵押权的土地使用权是以划拨方式取得的，依法拍卖该房地产后，应当从拍卖所得的价款中缴纳相当于应缴纳的土地使用权出让金的款额后，抵押权人方可优先受偿。根据该条规定，划拨土地办理抵押的情况下，抵押权人优先受偿权的范围仅限于扣除土地出让金之后的划拨土地使用权本身的价值。该条并未明确规定，要由抵押权人缴纳土地出让金。因此，《城市房地产管理法》第五十一条规定与第四十条规定并不冲突。人民法院在拍卖办理了抵押登记的划拨土地后，关于土地出让金的承担主体，应该综合以上两个条文确定。如果将办理了抵押登记的划拨土地作为已经办理了出让手续的土地进行司法拍卖的，买受人竞买所得的，应该也是已经办理了土地出让手续的土地，其所支付的价款中包含了土地出让金，人民法院应当从所得款中扣除土地出让金，将剩余部分扣除执行费等必要费用后支付给抵押权人。如果将办理了抵押登记的划拨土地作为尚未办理出让手续的划拨土地进行司法拍卖的，买受人竞买所得的，也应该是尚未办理出让手续的划拨土地，其所支付的价款中亦不包含土地出让金，人民法院可以将所得款扣除执行费等必要费用后直接支付给抵押权人。

本案中，通过拍卖平台公布的评估报告和拍卖公告，均明确本案评估拍卖的标的物的土地性质为划拨土地。拍卖公告还明确，拍卖标的物以现状进行拍卖，标的物转让登记手续由买受人自行办理。根据评估公司提交的说明，评估拍卖标的物的价格明显低于周边出让土地上的写字楼价格。因此，申诉人通过竞买所得的，应该是尚未办理土地出让手续的划拨土地，其支付的价款中，亦不包括土地出让金。申诉人关于应该适用《城市房地产管理法》第五十一条规定由抵押权人承担缴纳土地出让金义务的主张，缺乏事实和法律依据，本院不予支持。

（二）拍卖公告是否严重失实违反拍卖程序

申诉人主张法院的拍卖公告严重失实，符合严重违反拍卖程序且损害竞买人利益的情形。《最高人民法院关于人民法院办理执行异议和复议案件若干问题的规定》第二十一条第一款第五项规定："当事人、利害关系人提出异议请求撤销拍卖，符合下列情形之一的，人民法院应予支持：（五）其他严重违反拍卖程序且损害当事人或者竞买人利益的情形。"本案中，如前所述，杭州中院所发布的拍卖公告以及所附的评估报告，均载明土地性质为划拨；拍卖公告中还特别提醒，标的物转让登记手续由买受人自行办理。虽然，拍卖公告中没有对"土地出让金由买受人缴纳"作出特别提醒，但根据上述公告信息以及《城市房地产管理法》的相关规定，可以作出合理推断，不能据此认定拍卖公告严重失实，或严重违反拍卖程序。申诉人主张拍卖公告严重失实、违反拍卖程序，缺乏事实和法律依据，不予支持。

——中国裁判文书网。

263. 法院在政府对拍卖成交的标的物作出征收决定并公告后如何处理该拍卖成交裁定

关键词

拍卖标的物　征收

最高人民法院裁判文书

湖北零壹典当有限公司与湖北鄂州农村商业银行股份有限公司凤凰支行借款合同纠纷执行案［最高人民法院（2019）最高法执监97号执行裁定书］

裁判要旨：案涉房产虽然拍卖成交在先，但因拍卖成交裁定尚未作出并送达，拍卖成交时并未产生物权变动的效力。政府作出征收决定并公告后案涉房产发生物权变动，即归政府所有。法院作出拍卖成交裁定时，案涉房产已不属于被执行人所有，法院作出的成交裁定以及依据该裁定作出协助执行通知书并送达给相关部门要求协助办理过户手续，缺乏事实和法律依据，应予撤销。

最高人民法院认为：本案争议焦点为：人民法院在人民政府对拍卖成交标的物作出征收决定并公告后，对拍卖成交标的物作出拍卖成交裁定的效力问题。本案案涉房产于2013年9月10日拍卖成交，江岸区政府于2013年9月12日对案涉房产作出征收决定并于当日予以公告，鄂州中院于2013年9月24日对案涉房产作出拍卖成交裁定并于2013年9月27日送达买受人零壹典当。《物权法》第二十八条[①]规定，因人民法院、仲裁委员会的法律文书或者人民政府的征收决定等，导致物权设立、变更、转让或者消灭的，自法律文书或者人民政府的征收决定等生效时发生效力。《拍卖、变卖规定》第二十九条[②]规定，不动产、有登记的特定动产或者其他财产权拍卖成交或者抵债后，该不动产、特定动产的所有权、其他财产权自拍卖成交或者抵债裁定送达买受人或者承受人时起转移。《征收补偿条例》第八条规定，为了保障国家安全、促进国民经济和社会发展等公共利益的需要，有下列情形之一，确需征收房屋的，由市、县级人民政府作出房屋征收决定……第十三条规定，市、县级人民政府作出房屋征收决定后应当及时公告。根据上述规定，人民法院的法律文书和人民政府的征收决定均会导致物权的设立、变更、转让或者消灭，且自法律文书或者征收决定生效时发生效力。本案中，案涉房产虽然拍卖成交在先，但因拍卖成交裁定尚未作出并送达，拍卖成交时并未产生物权变动的效力。2013年9月12日，江岸区政府作出征收决定并公告，故此时案涉房产发生物权变动，即归江岸区政府所有。2013年9月24日，鄂州中院作出拍卖成交裁定时，案涉房产已不属于吴国平所有，并将案涉房产裁定

---

① 对应《民法典》第二百二十九条。

② 现为《最高人民法院关于人民法院民事执行中拍卖、变卖财产的规定》（2020年修正）第二十六条。

归零壹典当所有，鄂州中院将该裁定送达给零壹典当，以及依据该裁定作出协助执行通知书并送达给相关部门要求协助办理过户手续，缺乏事实和法律依据，应予撤销。此外，针对申诉人所提其他申诉理由，因本案情形并不符合《物权法》第一百零六条[①]规定的情形，申诉人所提应适用善意取得的理由不能成立；根据《民事诉讼法》第二百二十五条[②]的规定，吴国平作为案件被执行人，具备向执行法院就执行行为提出异议的主体资格；且其所提异议并非对终结执行行为提出异议，故不适用《最高人民法院关于对人民法院终结执行行为提出执行异议期限问题的批复》。

——中国裁判文书网。

264. 竞买人逾期支付价款是否应重新拍卖

关键词

竞买人　逾期付款　拍卖

最高人民法院答复

福建省高级人民法院：

关于福州市直房地产开发有限公司、福州金源房地产有限公司与福建龙宇房地产有限公司楼盘权益转让合同纠纷执行一案，你院〔2001〕闽法执中字第36-15、36-16号报告均已收悉。经研究，答复如下：

一、同意你院关于福建国际青年广场开发有限公司（下称青广公司）异议不成立的意见。在你院及福州市中级人民法院执行以青广公司为被执行人和执行担保人的多个案件情况下，你院对青广公司所有的国际青年交流中心综合楼及其土地使用权采取相关执行措施，有利于案件的协调统一解决。但是，你院在没有作出提级执行裁定或明确多个债权人参与分配的情况下组织拍卖，程序上存在瑕疵，应注意完善有关手续。

二、不同意你院重新拍卖的意见。最高人民法院《关于人民法院民事执行中拍卖、变卖财产的规定》第二十五条[③]的规定，是为了促使买受人尽快支付价款、确保债权尽快实现。本案中，买受人福建关兴房地产开发有限公司（下称关兴公司）虽然逾期支付拍卖价款，但已于2006年5月18日全部付

① 对应《民法典》第三百一十一条。

② 现为《民事诉讼法》（2021年修正）第二百三十二条。

③ 现为《最高人民法院关于人民法院民事执行中拍卖、变卖财产的规定》（2020年修正）第二十二条。

清，不应仅因其迟延付款而认定拍卖目的难以实现，故拍卖效力应予维持。

三、因买受人关兴公司未按照约定支付价款，根据拍卖法第三十九条之规定，应当承担相应的违约责任。

——《最高人民法院关于竞买人逾期支付价款是否应重新拍卖的复函》（〔2006〕执监字第94－1号），载江必新主编：《人民法院执行工作规范全集》，人民法院出版社2017年版，第429页。

附录：最高人民法院法官著述

问题的提出：拍卖成交后，买受人逾期支付价款的，在什么情况下可以重新拍卖。这个问题主要涉及对《最高人民法院关于人民法院民事执行中拍卖、变卖财产的规定》（以下简称《拍卖规定》）第二十五条[①]的理解。该条规定："拍卖成交或者以流拍的财产抵债后，买受人逾期未支付价款或者承受人逾期未补交差价而使拍卖、抵债的目的难以实现的，人民法院可以裁定重新拍卖。"在执行实践中，有的法院将此条规定理解得过于简单，认为只要买受人逾期支付价款，法院就可以重新进行拍卖。笔者认为，不能仅以买受人是否逾期付款为决定重新拍卖的唯一条件，而应以未按约定期限付款是否导致拍卖的目的无法实现为判断标准。

案例：A公司申请执行B公司楼盘转让合同纠纷一案，法院在执行中查明，被执行人B公司在某房地产项目上享有2000万元人民币的权益，遂裁定查封了该项目。因该项目涉及多起执行案件均未履行，故由执行法院统一处理，决定拍卖该项目抵债。2005年11月，执行法院经摇号选择拍卖机构并委托拍卖。2005年12月31日，上述标的物由买受人C公司以人民币6200万元竞得。根据《竞买注意事项》和《拍卖成交确认书》，竞买人应在2006年2月28日前付清成交款。同时，作为买受条件之一，C公司与有关方面签订《拆迁补偿协议》，约定于拍卖成交的次日支付拆迁补偿履约保证金500万元。

但是，C公司实际付清成交款的日期为2006年5月18日，支付拆迁补偿履约保证金也拖至6月5日才付讫。执行法院据此认为，竞买人C公司违反了其签署的《竞买注意事项》和《拍卖成交确认书》，未在约定的时间内付清拍卖价款，故应当重新拍卖。遂作出重新拍卖的民事裁定书和拍卖委托书于6月8日送达给双方当事人以及拍卖行，并于6月16日将买受人C公司已支付的6200万元拍卖款予以退还。

竞买人C公司对此提出申诉称：根据《成交确认书》，该公司应于2006年2月28日前支付全部拍卖款，但由于资金困难，只按期支付了3170万元，

---

① 现为《最高人民法院关于人民法院民事执行中拍卖、变卖财产的规定》（2020年修正）第二十二条。

但余款3340万元（含拍卖佣金310万元）已于5月18日全部支付，且6月2日也支付了500万元拆迁补偿履约保证金。该公司逾期支付部分拍卖款属实，但并未致使拍卖目的难以实现，拍卖结果应受保护。

执行法院的意见：执行法院认为，买受人C公司不仅违反了拍卖规则注意事项和拍卖成交确认书特别规定的及时支付拍卖价款的义务，逾期付款近3个月的时间，而且违反了同样亦作为买受条件特别约定的向关系人支付500万元拆迁补偿履约保证金的支付期限。依照《拍卖规定》第二十五条的规定，应当重新拍卖。

最高人民法院的意见：《拍卖规定》第二十五条之所以规定买受人逾期未支付价款可以重新拍卖，立法本意主要是为了促使买受人尽快支付价款；同时，通过赋予法院可以裁定重新拍卖的权力，使法院能够在拍卖过程中始终处于主动地位，有效控制整个拍卖程序的顺利进行，从而最大限度地降低执行成本，避免拍卖程序过分拖延，防止衍生出新的问题和纠纷，确保生效法律文书确认的债权尽快得到实现。因此，不能简单地认为，只要买受人未如期支付价款，法院即应裁定重新拍卖，而应该考虑哪种处理方式更有利于债权尽快得到实现，更有利于降低拍卖成本。

其次，从案件的实际情况看，买受人确实逾期支付了拍卖价款，但截至5月18日，买受人已向执行法院全额支付了拍卖价款和佣金，这应视为执行法院对买受人延期付款行为的默认。买受人支付价款后，拍卖程序本来可以很快结束，债权也可以立即得以实现。如果法院裁定重新拍卖，既增加了拍卖成本，降低了执行效率，同时本可以立即实现的债权还要再次拖延，显然不是一种好的选择。况且，这样做与《拍卖规定》第二十五条的规范本意不相吻合，更与拍卖的根本目的相悖。

但是，买受人逾期支付拍卖价款，违反了约定的按时付款义务，根据《拍卖法》第三十九条的规定，应当承担相应的违约责任。关于违约责任的确认程序有两种不同的观点：一种意见认为，执行法院作为委托人，在买受人逾期付款的情况下，可以要求竞买人支付延期付款期间的利息，买受人承担违约责任的方式及数额均可以在执行程序中加以确认，便于提高执行效率。另一种意见认为，买受人逾期付款，实际上给被执行人或申请执行人造成了损失，应由受损害的执行当事人提出申请，通过诉讼程序确认。对此问题现无明文规定，应慎重处理。

——于泓：《竞买人逾期支付价款是否应重新拍卖》，载肖扬主编、最高人民法院执行工作办公室编：《执行工作指导》2007年第2辑（总第22辑），人民法院出版社2007年版，第48~50页。

265. 在被执行人财产整体评估价远远超出执行标的额，且可以分段评估、分层处置的情况下，能否进行整体拍卖

关键词

财产评估　整体拍卖

最高人民法院裁判文书

甘肃三洲实业集团有限公司与中国银行股份有限公司甘肃省分行借款合同纠纷执行案［最高人民法院（2010）执复字第 12 号执行裁定书］

最高人民法院认为，甘肃高院〔2006〕甘执字第 37 号以物抵债裁定是在评估报告有效期满近一年时作出的，此时评估报告及相应的拍卖保留价已经不能准确反映抵债标的物的价值，故仍以第三次拍卖保留价抵债不当。抵债裁定与第三次拍卖时间相隔一年多，不符合《最高人民法院关于人民法院民事执行中拍卖、变卖财产的规定》中关于经申请执行人同意而以物抵债规定的精神；在三洲大厦整体评估价远远超出执行标的额，且可以分段评估、分层处置的情况下，不应进行整体拍卖。鉴于被执行人当时对整体评估和拍卖没有异议，故整体拍卖并无不当。但在整体拍卖流拍后应以大厦整体抵债，才符合经申请执行人同意以物抵债的规定的精神。以其中部分楼层抵债，已经与原拍卖标的物不同，如被执行人不同意，则应当单独进行评估作价。甘肃高院将大厦中 2 层至 3 层以 – 1 层至 5 层的平均价进行抵债，确属有失公平。申请复议人请求撤销甘肃高院相关执行裁定的复议理由成立，应予以支持。如仍处分三洲大厦 2 层至 3 层，应重新评估后依法定程序进行。

——中国裁判文书网。

266. 拍卖机构与竞买人关于延长法院指定付款期限约定的效力

关键词

拍卖机构　竞买人　指定付款期限约定

最高人民法院裁判文书

四川美乐集团实业有限公司异议裁定案［最高人民法院（2011）执监字第 106 号执行裁定书］

最高人民法院认为，本案的焦点问题是：（1）德恒公司与美乐公司签订的《竞买协议》中关于拍卖价款交付期限的约定是否有效；（2）关于拍卖价款交付期限的约定无效能否导致拍卖程序无效。

（一）德恒公司与美乐公司签订的《竞买协议》中关于拍卖价款交付期限的约定是否有效

司法拍卖是执行程序中的一项强制变价措施，属于公法意义上的拍卖，委托人是人民法院，拍卖机构受人民法院委托，协助完成拍卖活动。《拍卖规定》第二十四条规定："拍卖成交后，买受人应当在拍卖公告确定的期限或者人民法院指定的期限内将价款交付到人民法院或者汇入人民法院指定的账户。"本案中，四川高院确定拍卖成交款的付款期限为拍卖成交后20日内，不经该院允许，拍卖机构无权予以变更。德恒公司与竞买人在《竞买协议》中约定的付款期限，对于委托人四川高院没有约束力。在美乐公司没有交清价款之前，依照《拍卖规定》第二十三条、第三十条的规定，不应作出拍卖成交裁定，也不应将拍卖的执行标的物交付买受人。四川高院的异议裁定认定《竞买协议》关于付款期限的约定无效，并据此撤销该院〔2004〕川执字第14号、第29号、〔2005〕川执字第11号关于拍卖房产交由美乐公司管理的通知，认定事实清楚，适用法律正确。

（二）关于拍卖价款交付期限的约定无效能否导致拍卖无效

司法拍卖的目的是通过公开竞价程序，实现执行标的物的变现价值最大化，从而既保证债权人的债权能得到最大程度的实现，又保证债务人的合法利益能够得到维护。因此，只要评估程序和拍卖程序不违反法律的规定，执行标的物的信息披露充分，进行公开竞价且竞价充分，拍卖的效力就应当予以维持。至于拍卖机构与竞买人之间约定付款期限无效的法律后果，根据《拍卖规定》第二十四条的规定，人民法院应当责令买受人限期付款。《拍卖规定》第二十五条规定："拍卖成交或者以流拍的财产抵债后，买受人逾期未支付价款或者承受人逾期未补交差价而使拍卖、抵债的目的难以实现的，人民法院可以裁定重新拍卖。重新拍卖时，原买受人不得参加竞买。"因此，如果买受人不按人民法院指定的期限付款，人民法院依法可以裁定重新拍卖，但不得以付款期限的约定无效为由认定已经完成的拍卖无效。本案中，由于拍卖公司没有将人民法院的付款要求告知包括美乐公司在内的竞买人，美乐公司在拍卖前并不知道四川高院限定的付款期限，可以责成美乐公司在一定的期限内交付全部拍卖价款，如果美乐公司拒不按照法院规定的期限交付，可以依法裁定重新拍卖。四川高院异议裁定在认定拍卖程序合法的情况下，仅仅因为付款期限违反法律规定就确认拍卖无效，并裁定退还美乐公司已交付的拍卖价款，适用法律显属错误。

——江必新主编、最高人民法院执行局编：《执行工作指导》2012年第4

辑（总第 44 辑），人民法院出版社 2012 年版，第 53~58 页。

附录：本案解析

本案的焦点问题是：（1）拍卖机构与竞买人签订的《竞买协议》关于付款期限的约定是否有效；（2）关于拍卖价款付款期限的约定无效能否导致拍卖程序无效。

（一）拍卖机构与竞买人签订的《竞买协议》关于付款期限的约定是否有效

人民法院的强制拍卖属于公法意义上的拍卖，委托人为人民法院，拍卖机构受人民法院委托协助人民法院完成拍卖活动，因此，强制拍卖不属于《拍卖法》和《合同法》的调整范围，拍卖人与竞买人之间关于拍卖活动的相关约定，只要和人民法院确定的内容和法律关于司法拍卖的强制性规定相抵触，就应当无效。至于竞买人和拍卖人之间不与人民法院关于拍卖的指令相抵触的约定内容，人民法院不予干涉，但其权利义务应当由合同当事人自主履行，人民法院不得在执行程序中直接对拍卖机构和竞价人之间的权利义务进行裁定。

按照《拍卖规定》第二十四条①的规定："拍卖成交后，买受人应当在拍卖公告确定的期限或者人民法院指定的期限内将价款交付到人民法院或者汇入人民法院指定的账户。"因此，在四川高院确定拍卖成交款付款期限为拍卖成交后 20 日内之后，拍卖公司无权予以变更期限，其与竞买人在《竞买协议》中约定的付款期限对于委托人——人民法院，也没有任何约束力。在美乐公司没有交清价款之前，依照《拍卖规定》第二十三条、第三十条②的规定，不应作出拍卖成交裁定，也不应将拍卖的不动产交付买受人。因此，四川高院的异议裁定认定《竞买协议》关于付款期限的约定无效，并据此撤销〔2004〕川执字第 14 号、第 29 号、〔2005〕川执字第 11 号关于拍卖房产交由美乐公司管理的通知，是正确的。

（二）关于拍卖价款付款期限的约定无效能否导致拍卖程序无效

从拍卖程序的目的和要求来认识此问题。拍卖的目的是通过公开竞价程序，实现执行标的物的价值最大化，从而既能保证债权人的债权能得到最大程度的实现，又能保护债务人的利益能够得到维护。因此，只要信息披露充分，进行公开竞价且竞价充分，就应当维持拍卖的效力。

---

① 现为《最高人民法院关于人民法院民事执行中拍卖、变卖财产的规定》（2020 年修正）第二十一条。

② 现为《最高人民法院关于人民法院民事执行中拍卖、变卖财产的规定》（2020 年修正）第二十条、第二十七条。

至于违背法院付款期限的要求的行为，依照《拍卖规定》第二十五条[①]的规定，只能导致两种后果：（1）限期付款。买受人与拍卖机构的付款约定对法院无约束力，买受人应当按照法院的指定期限付款。（2）重新拍卖。如果买受人不按法院指定的期限付款，法院可以采取两项措施：①重新拍卖。《拍卖规定》第二十五条第一款规定："拍卖成交或者以流拍的财产抵债后，买受人逾期未支付价款或者承受人逾期未补交差价而使拍卖、抵债的目的难以实现的，人民法院可以裁定重新拍卖。重新拍卖时，原买受人不得参加竞买。"②裁定原买受人对重新拍卖的差价和损失进行赔偿。《拍卖规定》第二十五条第二款规定："重新拍卖的价款低于原拍卖价款造成的差价、费用损失及原拍卖中的佣金，由原买受人承担。人民法院可以直接从其预交的保证金中扣除。扣除后保证金有剩余的，应当退还原买受人；保证金数额不足的，可以责令原买受人补交；拒不补交的，强制执行。"由《拍卖规定》第二十五条也可以看出，人民法院虽然可以裁定重新拍卖，但重新拍卖不是否认原拍卖的效力，而是开始一个新的拍卖程序。

本案中，四川高院在认定拍卖程序合法的情况下，仅仅因为付款期限违反强制拍卖的法律规定就确认拍卖程序无效，属于适用法律错误。由于拍卖公司没有将法院的付款要求告知包括美乐公司在内的竞买人，美乐公司在拍卖前并不知道四川高院的付款要求，四川高院可以责成美乐公司在一定的期限内交付价款，如美乐公司拒不交付，四川高院可以裁定重新拍卖。

——范向阳：《拍卖机构与竞买人关于延长法院指定付款期限约定的效力》，载江必新主编、最高人民法院执行局编：《执行工作指导》2012 年第 4 辑（总第 44 辑），人民法院出版社 2012 年版，第 51~53 页。

267. 股权拍卖撤销后，执行法院能否直接确定股权折价抵偿款

关键词

股权拍卖　股权折价　抵偿款

最高人民法院裁判文书

青海省创业（集团）有限公司、深圳市通利来实业有限公司等与青海省创业（集团）有限公司、同德投资控股有限公司等申请承认与执行法院判决、仲裁裁决案［最高人民法院（2016）最高法执监 266 号执行裁定书］

① 现为《最高人民法院关于人民法院民事执行中拍卖、变卖财产的规定》（2020 年修正）第二十二条。

裁判要旨：股权拍卖被撤销后，需执行回转，因案涉股权早已经由竞买人出卖，不能退还，故依法应折价赔偿。案涉股权折价赔偿的金额，应由当事人另诉解决，执行法院不得在执行程序中直接认定。

最高人民法院认为，关于竞买人与拍卖人如何承担折价赔偿责任的问题。青海高院已作出（2011）青执监字第 1–4 号民事裁定，认定拍卖无效并撤销了该院认定拍卖成交的（2005）青法执字第 03–8 号民事裁定，撤销拍卖后应当将案涉股权执行回转，由于案涉股权已被通利来公司全部卖出，已不能退还，依照《最高人民法院关于人民法院执行工作若干问题的规定（试行）》第 110 条规定，执行回转不能退还原物的，可以折价赔偿。折价赔偿数额如何确定，属于典型的实体问题，如果在执行程序中直接确定赔偿数额，难以给各方当事人提供充分的程序保障，不符合程序正当性的基本要求。加之本案是在拍卖成交七年后才撤销拍卖，在此期间，由于案涉股权为社会法人股，解禁流通前后价值变化巨大，双方当事人对于依据何时的股权价值折价赔偿争议巨大，因此，本案股权折价赔偿的金额，应由当事人通过诉讼方式解决。（2011）青执监字第 1–20 号执行裁定对于广东拍卖公司、通利来公司折价赔偿的具体金额进行了直接认定，在程序上缺乏正当性。

——中国裁判文书网。

268. 三次拍卖流拍后变卖财产，法院是否可以降价处置

关键词

流拍

附录：执行疑难问题问答

主要观点：三次拍卖流拍后进行变卖，应当以不低于第三次拍卖的保留价进行，法院不能降价处置。

主要理由：最高人民法院《关于人民法院民事执行中拍卖、变卖财产的规定》（法释〔2004〕16 号）第二十八条[①]第二款规定："第三次拍卖流拍且申请执行人或者其他执行债权人拒绝接受或者依法不能接受该不动产或者其他财产权抵债的，人民法院应当于第三次拍卖终结之日起七日内发出变卖公告。

---

① 现为《最高人民法院关于人民法院民事执行中拍卖、变卖财产的规定》（2020 年修正）第二十五条。

自公告之日起六十日内没有买受人愿意以第三次拍卖的保留价买受该财产，且申请执行人、其他执行债权人仍不表示接受该财产抵债的，应当解除查封、冻结，将该财产退还被执行人，但对该财产可以采取其他执行措施的除外。”该条明确规定了第三次拍卖流拍且申请执行人或者其他执行债权人拒绝接受或者依法不能接受该不动产或者其他财产权抵债的，人民法院变卖财产的价格就是第三次拍卖的保留价。

流拍后的变卖应当依照第三次拍卖的保留价进行。如此规定主要是为了维护被执行人的合法权益。第三次拍卖的保留价已经比前两次有所降低，如在变卖过程中再次降低价格，虽然有可能成交，但价格过低，可能会造成变卖财产被低价贱卖，进而损害被执行人的利益。并且，如果三次流拍后的变卖可以降价处置，会导致有意的竞买者在拍卖阶段不积极竞买，待三次流拍后变卖环节再行购买，这样会减损拍卖程序的效果，容易引起流拍。

——高执研：《执行疑难问题问答（一）》，载最高人民法院执行局编：《执行工作指导》2013 年第 1 辑（总第 45 辑），人民法院出版社 2013 年版，第 112 页。

269. 强制拍卖抵押财产是否必然导致抵押权人与抵押人之间的借款合同终止

关键词

强制拍卖　抵押财产　借款合同终止

最高人民法院裁判文书

中国长城资产管理公司兰州办事处与宁夏中卫石林建材集团有限责任公司等公司借款合同纠纷执行复议案［最高人民法院（2010）执复字第 13 号执行裁定书］

最高人民法院经审查认为，根据《执行规定》第 40 条[①]的规定，执行法院对其他人享有抵押权的被执行人财产，可以采取查封和处分措施，无论抵押担保的债权是否到期，法院均可以采取执行措施，但应当确保抵押权人优先受偿的权利。至于优先受偿权的具体范围和数额，抵押权人可以依法提请执行法院审查确定，抵押权人亦可依法参与执行程序对有关财产的处分。法

① 现为《最高人民法院关于人民法院执行工作若干问题的规定（试行）》（2020 年修正）第 31 条。

院对抵押物强制执行并不必然导致抵押权人与被执行人之间的借款合同终止，是否终止及相关问题应由双方另行处理。故中卫农信社申请复议的理由不能成立，裁定驳回中卫农信社的复议申请。

——江必新主编、最高人民法院执行局编：《执行工作指导》2012 年第 3 辑（总第 43 辑），人民法院出版社 2012 年版，第 87 页。

附录：最高人民法院法官著述

申请复议人提出：强行将抵押财产拍卖执行，申请人与抵押人借款合同必须终止，抵押人一直按合同履行义务，申请人无理由解除合同提前收回贷款实现抵押权。裁定认为，法院对抵押物强制执行并不必然导致抵押权人与被执行人之间的借款合同终止，是否终止及相关问题应由双方另行处理。

理论上借款合同并非必然终止。当然债权人选择提前实现优先受偿权的，则实际上是提前终止了合同，但这是国家正当干预的结果。即使提前终止借款合同，也是基于债务人因受强制执行所导致的，并不涉及债权人的过错。虽然债务人一直正常履行抵押借款合同，但因其有其他债务受强制执行，致使抵押物被法院拍卖，债权人可以此为理由终止借款合同。

债权人也可选择不终止借款合同，如将拍卖抵押物实现的一部分价款交债务人按照借款合同约定的期限继续使用，而维持债权人所期待的长期利息。此外，债权人也可以通过与买受人等达成协议约定抵押权存续于所拍卖的抵押物之上（由买受人承受抵押权），从而维持抵押关系及借款合同。关于法院拍卖抵押物后，拍卖物上原存在的抵押权因优先受偿而消灭还是可以继续由拍定人负担的问题，有承受主义和涂销主义两种理论观点和立法政策。在我国，《拍卖规定》第三十一条[①]原则上采取的是剩余主义限制下的涂销主义，即拍卖所得价款优先清偿给担保物权人后，剩余的价款用来清偿债务，此时，抵押权因受偿而被涤除，第三者买受人取得无负担的所有权。但该条同时还规定了当事人可以另有约定的例外情况，即，如果抵押权人与抵押物拍定人或者流拍后接受以物抵债的其他债权人，达成一致合意，买受人愿意承受抵押物上的抵押权，当然这种情况下应当是以扣除抵押所担保的债权数额的较低的价格成交。执行法院自然可以以当事人合意作为拍卖条件，由买受人例外地承受抵押权。这也是学理上所说的抵押权追及效力的实现方式。在这种情况下，抵押权没有被涤除，抵押借款合同不必终止。此外，也可以有其他的处理方式，如买受人承受抵押借款合同，继续履行抵押合同，则抵押贷款合同不必终止。故借款合同是否终止及相关处理，应当由当事人之间另行

① 现为《最高人民法院关于人民法院民事执行中拍卖、变卖财产的规定》（2020 年修正）第二十八条。

处理。

——黄金龙、刘慧卓:《中国长城资产管理公司兰州办事处与宁夏中卫石林建材集团有限责任公司等公司借款合同纠纷执行复议案》,载江必新主编、最高人民法院执行局编:《执行工作指导》2012年第3辑(总第43辑),人民法院出版社2012年版,第91~92页。

270. 如何认定买受人延迟支付拍卖尾款构成悔拍

关键词

买受人 延迟支付拍卖尾款 悔拍

最高人民法院裁判文书

安徽省前城投资股份有限公司不服安徽省高级人民法院(2021)皖执复150号执行裁定申诉案[最高人民法院(2022)最高法执监106号执行裁定书]

裁判要旨:尽管竞买人未能严格按照拍卖公告要求的尾款交纳日期交齐全款,但综合考量本案标的拍卖竞价充分、溢价率高、成交金额巨大、买受人按时交付拍卖款部分占比86%、剩余尾款实际延迟支付天数未超过一周等因素,可以认定拍卖目的已经实现,买受人尚不构成悔拍。

最高人民法院认为,关于买受人延迟支付拍卖尾款是否构成悔拍的问题。《最高人民法院关于人民法院民事执行中拍卖、变卖财产的规定》第二十二条规定:"拍卖成交或者以流拍的财产抵债后,买受人逾期未支付价款或者承受人逾期未补交差价而使拍卖、抵债的目的难以实现的,人民法院可以裁定重新拍卖。"本案中,合肥中院通过网络司法拍卖方式处置案涉房产及土地,以14961.0115万元的价格起拍,经多人报名并出价,竞买人今希公司以最高价290210115元竞得案涉财产。该公司于拍卖公告要求的尾款交纳日期6月3日前支付了2.5亿元。经其申请,合肥中院许可其最晚于6月11日17时前支付剩余款项,后今希公司于6月9日将尾款40210115元的支付义务履行完毕。根据上述事实可以看出,尽管竞买人未能严格按照拍卖公告要求的尾款交纳日期交齐全款,但综合考量本案标的拍卖竞价充分、溢价率高、成交金额巨大、买受人按时交付拍卖款部分占比86%、剩余尾款实际延迟支付天数未超过一周等因素,执行法院及安徽高院认为本次拍卖目的已经实现,买受人尚不构成悔拍，并无不当。

——中国裁判文书网。

271. 漏拍不可分财产的效力问题

关键词

合并拍卖　漏拍　不可分物

最高人民法院审判业务意见［《人民法院办理执行案件规范（第二版）》］

542.【合并拍卖】

拍卖的多项财产在使用上不可分，或者分别拍卖可能严重减损其价值的，应当合并拍卖。

——最高人民法院执行局编：《人民法院办理执行案件规范（第二版）》，人民法院出版社 2022 年版，第 236 页。

附录：最高人民法院主流观点

根据《拍卖、变卖规定》第 18 条[①]的规定，如果拍卖的多项财产在使用上不可分，或者分别拍卖可能严重减损其价值的，应当合并拍卖。例如，在拍卖土地时，应当对其上的房产、树木、道路一并拍卖。但是，如果在拍卖过程中，由于人民法院的疏忽或者当事人的隐瞒，造成漏拍不可分物时，是否要撤销拍卖后重新拍卖？由于《城市房地产管理法》明确规定了“房随地走”或者“地随房走”的原则，对于不动产拍卖出现漏拍的处理，意见较为一致，即如果在拍卖土地时漏拍其上的房屋或者在拍卖房屋时漏拍其占用范围内的土地，应当撤销拍卖。对此，最高人民法院于 2014 年 10 月 23 日在答复山东省高级人民法院的（2014）执他字第 7 号函予以明确：根据《物权法》第 147 条[②]、《城市房地产管理法》第 32 条的相关规定，在执行被执行人所有的不动产时，应当遵循“房随地走、地随房走”的原则，土地使用权与房产所有权应当一并处置。本案中，青岛市中级人民法院在未查明涉案房屋占用范围内土地使用权的情况下裁定将该房屋单独拍卖，不符合上述法律规定，故相关拍卖成交裁定依法应予撤销。对于其他不可分财产，例如树木、固定的机器设备等，则意见并不一致。有的主张应当撤销后重新拍卖；有的则主

---

① 现为《最高人民法院关于人民法院民事执行中拍卖、变卖财产的规定》（2020 年修正）第 15 条。

② 对应《民法典》第三百五十七条。

张，可以由买受人按照评估价补缴差价。我们认为，应根据漏拍的财产占拍定的价格比例而定，如漏拍财产占拍定财产超过一定比例，说明漏拍财产过多，会导致拍卖目的不能实现，应当撤销拍卖后重新拍卖；如果没有超过一定比例，则应当由买受人补缴差价款，买受人拒不补缴的，可以撤销拍卖。综合考虑实践中的情况，这个比例以30%为宜。但是，如果漏拍的原因是被执行人造成的，人民法院虽经依职权调查仍无法发现的，例如，隐蔽的内网工程则不应撤销拍卖，只需买受人按照评估价格补缴差价即可。

——江必新、刘贵祥主编、最高人民法院执行局编著：《最高人民法院办理执行异议和复议案件若干问题规定理解与适用》，人民法院出版社2015年版，第286~287页。

272. 无论抵押担保的债权是否到期，法院均可以采取执行措施，但应当确保抵押权人优先受偿的权利

关键词

抵押担保　执行措施　债权到期

最高人民法院司法解释

31. 人民法院对被执行人所有的其他人享有抵押权、质押权或留置权的财产，可以采取查封、扣押措施。财产拍卖、变卖后所得价款，应当在抵押权人、质押权人或留置权人优先受偿后，其余额部分用于清偿申请执行人的债权。

——《最高人民法院关于人民法院执行工作若干问题的规定（试行）》（2020年12月29日修正）。

最高人民法院裁判文书

中卫市农村信用合作联社申请复议案［最高人民法院（2010）执复字第13号执行裁定书］

最高人民法院认为，根据《执行规定》第40条[①]的规定，执行法院对其他人享有抵押权的被执行人财产，可以采取查封和处分措施。该条规定是平衡执行债权人和担保物权人利益的制度设计，并没有区分抵押所担保的债权

① 现为《最高人民法院关于人民法院执行工作若干问题的规定（试行）》（2020年修正）第31条。

是否到期，故无论抵押担保的债权是否到期，法院均可以采取执行措施，但应当确保抵押权人优先受偿的权利。故申请复议人主张法院应当中止执行的要求，于法无据。至于优先受偿权的具体范围和数额，抵押权人可以依法提请执行法院审查确定，抵押权人亦可依法参与执行程序对有关财产的处分。法院对抵押物强制执行并不必然导致抵押权人与被执行人之间的借款合同终止，是否终止及相关问题应由双方另行处理。故中卫市农村信用合作联社申请复议的理由不能成立。

——中国裁判文书网。

273. 抵押权所担保的债权尚未到期时可否对抵押物进行查封和处分

关键词

抵押权　债权担保　查封　处分

最高人民法院裁判文书

中国长城资产管理公司兰州办事处与宁夏中卫石林建材集团有限责任公司等公司借款合同纠纷执行复议案［最高人民法院（2010）执复字第 13 号裁定书］

最高人民法院经审查认为，根据《执行规定》第 40 条[①]的规定，执行法院对其他人享有抵押权的被执行人财产，可以采取查封和处分措施，无论抵押担保的债权是否到期，法院均可以采取执行措施，但应当确保抵押权人优先受偿的权利。至于优先受偿权的具体范围和数额，抵押权人可以依法提请执行法院审查确定，抵押权人亦可依法参与执行程序对有关财产的处分。法院对抵押物强制执行并不必然导致抵押权人与被执行人之间的借款合同终止，是否终止及相关问题应由双方另行处理。故中卫农信社申请复议的理由不能成立，裁定驳回中卫农信社的复议申请。

——江必新主编、最高人民法院执行局编：《执行工作指导》2012 年第 3 辑（总第 43 辑），人民法院出版社 2012 年版，第 87 页。

① 现为《最高人民法院关于人民法院执行工作若干问题的规定（试行）》（2020 年修正）第 31 条。

附录：本案解析

1. 从基本程序规定方面看，《执行规定》第40条及其他司法解释条文中，在赋予执行法院处分担保物的权力时，并没有区分抵押所担保的债权是否到期的情形，故可以解释为，无论抵押担保的债权是否到期，法院均可以采取执行措施，只要确保抵押权人优先受偿的权利即可。

2. 在执行程序中对被执行人与第三人之间的民事关系进行适当地限制是正常的。复议申请人提出国家（法院）不能干预民事主体正常的民事活动。在债务人向第三人提供担保的标的物价值较大的情况下，法院在为普通债权人执行时，如债务人无其他财产可供执行，则不可避免地要查封和处分该抵押物，从而影响第三人的利益。对此问题，不能单纯从实体法的角度去考虑。执行程序在一定意义上也要受实体法的制约，但不能完全受实体法规定的限制。在执行过程中，由法院以生效法律文书为执行依据，运用国家强制力强制实现民事债权，必然剥夺债务人处分其财产的自由意志，同时对第三人的权利也将不可避免地要有适当的限制。从平衡抵押权人与执行债权人之间的利益关系的基本原理看，对于抵押所担保的债权尚未到期的，法院在执行中也可以限制抵押权人的权利，压缩抵押权人未来期待的权利。这种对抵押权人利益的限制和压缩，从另一方面来说，就是国家对被执行人与抵押权人之间关系进行的正当干预。故不能以国家干涉民事主体正常民事活动为由，否定法院对抵押物强制执行的权力。

3. 关于抵押人能否自行转让抵押物的相关实体法规定，能够与执行司法解释的有关规定协调一致，从而支持上述理解。关于债务人自主转让抵押物问题，有关法律经过演变，最后《物权法》第一百九十一条[①]规定："抵押期间，抵押人经抵押权人同意转让抵押财产的，应当将转让所得的价款向抵押权人提前清偿债务或者提存。转让的价款超过债权数额的部分归抵押人所有，不足部分由债务人清偿。抵押期间，抵押人未经抵押权人同意，不得转让抵押财产，但受让人代为清偿债务消灭抵押权的除外。"这是抵押所担保的债权尚未到期时，抵押人是否可以自行转让抵押物问题的直接法律规定。从该条第一款可以看出，未经抵押权人同意，法律原则上是禁止抵押人在抵押所担保的债权未到期时自行转让抵押物的。执行法原理要求，法院对被执行人财产的执行权不应当超出被执行人本身应享有的权利范围，故可认为，抵押担保的债权未到期时，法院原则上也不得对被执行人设定抵押的财产采取转让处分措施。但我们同时应关注该条第二款的规定，即受让人代为清偿债务而可以不经抵押权人同意转让抵押物的例外。按照这一例外规定，虽然转让

① 对应《民法典》第四百零六条。

抵押物未经抵押权人同意，但如果受让人能够代为清偿债务，则抵押人仍可以自行转让抵押物。既然在特定条件下并不禁止抵押人自行转让，则法院在相同条件下对抵押物进行处分，当然是合理的。这也是平衡抵押权人和普通债权人利益的要求。《拍卖规定》第九条中所设定的禁止无益拍卖制度，确保了抵押物拍卖的价格大于抵押权人的债权，即足以清偿抵押权人的债权，故《物权法》第一百九十一条所规定的例外要求（向抵押权人清偿债务），在执行程序中是有保障的，完全可以实现的。如果预计不能实现抵押所担保的债权得到清偿，则法院不能进行拍卖。当然，通过执行程序实现对抵押权人的清偿，实践中在操作上通常并不一定是受让人直接向抵押权人支付，而是通过法院支付。如果抵押权人不愿意接受拍卖价款，可以由法院将拍卖价金进行提存，待抵押权行使条件成就时，由抵押权人就提存之价款优先受偿。故执行中保护抵押权的做法与《物权法》第一百九十一条中所说的“受让人代为清偿债务”，在字面上存在一定的差异，但实质利益关系并无不同。同时，也正是因为执行中抵押权人优先受偿，所以执行中拍卖抵押物的结果，使抵押物上存在的抵押权消灭，这也与《物权法》的例外规定精神是一致的。因此，目前强制执行方面的司法解释确定的拍卖抵押物的制度，与《物权法》的规定并不矛盾，是能够协调一致的。

——黄金龙、刘慧卓：《中国长城资产管理公司兰州办事处与宁夏中卫石林建材集团有限责任公司等公司借款合同纠纷执行复议案》，载江必新主编、最高人民法院执行局编：《执行工作指导》2012 年第 3 辑（总第 43 辑），人民法院出版社 2012 年版，第 89~91 页。

274. 抵押人未经抵押权人同意将抵押物投资入股后，抵押权人与公司债权人对该物谁享有优先受偿权

关键词

抵押物投资入股　优先受偿权　抵押权人　公司债权人

最高人民法院答复

天津市高级人民法院：

你院〔2002〕津高执监字第 013 号《关于天津市华农进出口公司案外人异议案件的请示报告》收悉，经研究，答复如下：

同意你院报告的第一种意见。中国银行天津市分行与天津市友谊毛纺厂于 1991 年 11 月 6 日签订抵押合同并办理了公证，且经你院（1996）高经初字第 89 号民事调解书确认，中国银行天津市分行对天津市友谊毛纺厂用于抵

押的厂房、机器、设备等抵押物继续享有抵押权。故中国银行天津市分行应享有对抵押物的优先受偿权。

此复

——《最高人民法院执行工作办公室关于抵押人未经抵押权人同意将抵押物投资入股后抵押权人与公司债权人对该物谁享有优先受偿权问题的复函》[2004年2月20日，(2003)执他字第19号]。

附录：理解与适用

本案是因同一物上担保物权（抵押权）与以该物作为出资成立的公司对该担保物产生的所有权发生了竞合关系，导致抵押权人与公司债权人在执行程序中对同一担保物均主张优先受偿。这个问题涉及抵押权的追及性问题和对抵押物转让效力的限制问题。[①]

在《担保法》颁布之前，我国司法实践历来认为抵押人未经债权人同意不得转让抵押物，否则转让无效。《担保法》施行之后，也未明确规定抵押权具有追及性，只是在该法第四十九条规定，"抵押期间，抵押人转让已办理登记的抵押物的，应当通知抵押权人并告知受让人转让物已经抵押的情况；抵押人未通知抵押权人或者未告知受让人的，转让行为无效"。从上述规定可见，《担保法》虽未承认抵押权人享有追及权，但对抵押人在抵押关系设定后对抵押物行使处分权有了明确的限制。

有学者认为，在抵押关系中首先应当承认抵押权人与其他物权人一样的追及效力，抵押权人应当对抵押物享有追及权，这就意味着在抵押期间，抵押人将抵押物转让给他人，并不会影响抵押权的效力。抵押权不因抵押物的分割、转让而受影响。所谓追及效力，是指物权的标的物不管辗转流通到什么人手中，物权人都可以依法向物的占有人追索，主张权利。同时，也要肯定抵押人对抵押物的处分权，他有权将抵押物自由转让给他人，但要受到抵押关系的限制，其目的在于保护抵押权人和抵押物受让人的利益。[②]就本案而言，从抵押权人对抵押物享有追及效力的角度出发，则中行天津分行享有的抵押物不因抵押物已经转让给天津永康公司而受到影响，其依法可以向天津永康公司追索；从抵押人转让抵押物应受到一定限制的角度考虑，则友谊毛纺厂未经抵押权人同意转让抵押物的行为无效。

当然，抵押权人追及权的行使要受到善意取得制度的限制，追及的效力

---

① 本案抵押物是抵押人作为出资投入第三人合资公司的，抵押物的所有权已经发生变更。抵押人在第三人合资公司中持有的股权，即可被认为是第三人支付的对价，故该抵押物所有权变更的性质也属于转让。

② 王利明：《抵押权若干问题探讨》，载《物权法专题研究》，吉林人民出版社2002年版，第1175~1178页。

将被善意取得[①]否定。也就是说，如果第三人受让时，在主观上是善意的，并且交付了合理的对价，则抵押权人不能向第三人追偿。那么，本案中天津永康公司是否可以被认定为善意取得抵押物呢？笔者认为，天津永康公司应不属于善意取得该抵押物的所有权。因为，友谊毛纺厂将其已经抵押给中行天津分行的厂房、设备等抵押物作为对设立天津永康公司的出资，其主观上是明知且存在过错的。由于本案抵押及以抵押物出资设立新的公司法人，均是在《担保法》施行之前，故抵押权的设立不需要登记即成立，如果抵押人故意隐瞒出资物已经设立抵押的情况，则其他人无从知道该物已经抵押的事实。但是，由于友谊毛纺厂是天津永康公司的股东这个特殊的身份和地位，故可以推定天津永康公司知道或应当知道上述出资物为抵押物的事实。

最高人民法院在审查中也曾存在第二种意见，即同意天津市高级人民法院审判委员会的第二种意见。这种意见认为，友谊毛纺厂以已经设立抵押的财产出资的行为本身，属于出资瑕疵，但友谊毛纺厂既不能以出资瑕疵为由收回投资，抵押权人也不能行使抵押权。因为，尽管该出资物系抵押物，但该抵押物作为出资其所有权已转移给新成立的法人，已变更登记为法人财产。抵押权的物权性质因为抵押人对抵押物享有所有权而存在，如果抵押人对抵押物享有的所有权已被其对合资公司享有的股权所替代，则抵押权人对抵押物享有的追及权也因抵押物成为法人财产而中断。故在公司本身的债务未得清偿的情况下，抵押权人行使抵押权不能追及到法人财产。法人财产应首先用于清偿法人债务。如果允许抵押权人行使抵押权，等于允许友谊毛纺厂作为出资人变相收回投资。

这种意见的缺陷在于，忽视了抵押人对抵押物行使处分权的限制。诚然，在抵押权设定以后，抵押人仍然享有对抵押物的所有权，并享有所有权的占有、使用、收益、处分的四项权能。但是，在抵押期间，抵押人对抵押物行使最终处分权时必须受到抵押关系的影响和制约。上文已阐明原因，此处不再赘述。总之，抵押物可以转让，但并不会影响依法设立的抵押权的效力。

——于泓：《抵押人未经抵押权人同意将抵押物投资入股后抵押权人与公司债权人对该物谁享有优先受偿权问题请示案》，载江必新、贺荣主编，最高人民法院执行局编：《最高人民法院执行案例精选》，中国法制出版社 2014 年版，第 544~546 页。

① 善意取得制度主要适用于动产，但对于未登记的不动产也可以适用。

275. 执行拍卖所得标的物有瑕疵的，竞拍人能否要求撤销拍卖或核减价款

关键词

申请执行　拍卖标的物　竞拍人

最高人民法院裁判文书

三亚昌达房地产开发有限公司、海南仁望旅游投资有限公司等与海南仁望旅游投资有限公司、同德投资控股有限公司等金融借款合同纠纷、申请承认与执行法院判决、仲裁裁决案件执行裁定书［最高人民法院（2015）执复字第 41 号执行裁定书］

裁判要旨：在司法拍卖中，签订拍卖成交确认书后，竞拍人 / 买受人以拍卖标的物存有瑕疵为由，请求重新拍卖或核减拍卖款的，法院可以拍卖目的已实现且《竞买协议》中已明确的瑕疵免责条款为由，裁定不予支持。

最高人民法院认为，关于涉案拍卖效力应如何认定的问题。《最高人民法院关于人民法院民事执行中拍卖、变卖财产的规定》第二十五条①规定，买受人逾期未支付价款而使拍卖目的难以实现的，人民法院可以裁定重新拍卖。根据该条规定，买受人逾期付款是否要重新拍卖，关键要看拍卖目的是否得到实现，而不能机械地认定只要逾期付款即导致重新拍卖，如果买受人已经全部付款，拍卖目的已经实现，则不宜裁定重新拍卖。本案中，虽然买受人昌达公司逾期付款，且还存在昌达公司未付清款项青海高院即将涉案股权提前过户的情形，但由于昌达公司已于 2006 年 11 月 17 日至 2008 年 12 月 24 日分六次陆续付清了拍卖价款，涉案拍卖的目的已得以实现，故本案拍卖效力应予维持。仁望公司主张本案拍卖根据合同约定应当重新拍卖的复议理由于法无据，本院不予支持。

关于青海高院在拍卖成交后核减拍卖价款有无法律依据的问题。涉案拍卖前，拍卖机构已书面提示竞买人昌达公司考察拍卖标的、了解标的瑕疵，在昌达公司签字的《"三亚西岛旅游开发有限公司 50% 股权"拍卖会竞买须

① 现为《最高人民法院关于人民法院民事执行中拍卖、变卖财产的规定》(2020 年修正）第二十二条。

知及注意事项》中明确记载了“竞买人在决定参与竞买前请务必对有关资料及公司项目等状况进行考察，详细了解拍卖标的有关瑕疵，拍卖人仅对标的按现状进行拍卖，对标的物存在的或可能存在的任何瑕疵不承担任何责任。竞买人一旦举牌，则视为已充分知悉和认可拍卖标的现状及可能存在的瑕疵”。在其签署的《竞买协议书》中亦明确约定了：“甲方（即昌达公司）已对本次拍卖会的标的物进行了充分了解，拍卖人对拍卖标的物不承担任何瑕疵责任……甲方签订本协议，即视为充分知悉和认可拍卖标的物现状及可能存在的瑕疵。”据此，昌达公司在拍卖成交后再提出核减拍卖价款的行为既不符合上述约定，亦无法律依据，而且对其他竞买人而言，也不公平。故对于昌达公司的该项复议理由，本院不予支持。

——中国裁判文书网。

276. 地方政府的管理性规定是否可以否定司法拍卖的效力

关键词

地方政府管理性规定　司法拍卖

最高人民法院裁判文书

中国铝业股份有限公司与晋中市明亮小额贷款有限公司等借款合同纠纷执行案［最高人民法院（2022）最高法执监23号执行裁定书］

裁判要旨：拍卖的多项财产在使用上不可分，或者分别拍卖可能严重减损其价值的，应当合并拍卖。本案中，焦化产能与相关的焦炉分别为不同的财产类型，不存在使用上不可分的情形。山西省人民政府办公厅印发的关于《山西省焦化产业打好污染防治攻坚战推动转型升级实施方案》主要从节约社会资源的角度出发，本着最大化实现社会资源价值的原则，鼓励将焦化产能及配套资产整体处置，但该地方政府的管理性规定尚不足以否定司法拍卖的效力。

最高人民法院认为：晋中中院撤销该院（2020）晋07执恢47号执行裁定是否符合法律规定。具体分析如下：

第一，《民事诉讼法》第二百四十九条规定，被执行人未按执行通知履行法律文书确定的义务，人民法院有权查封、扣押、冻结、拍卖、变卖被执行人应当履行义务部分的财产。根据上述法律规定，被执行人逾期不履行法律文书确定的义务，执行法院有权对被执行人名下财产采取查封、拍卖、变卖等强制执行措施。本案被执行人路鑫能源公司未履行生效法律文书确定的义务，晋中中院作出（2020）晋 07 执恢 47 号执行裁定，拍卖该院查封的路鑫能源公司名下的 110 万吨焦化产能指标，符合上述法律规定。

第二，关于单独拍卖焦化产能是否减损相关焦炉价值的问题。《最高人民法院关于人民法院民事执行中拍卖、变卖财产的规定》第十五条规定，拍卖的多项财产在使用上不可分，或者分别拍卖可能严重减损其价值的，应当合并拍卖。本案中，焦化产能与相关的焦炉分别为不同的财产类型，不存在使用上不可分的情形。山西省人民政府办公厅印发的关于《山西省焦化产业打好污染防治攻坚战推动转型升级实施方案》主要从节约社会资源的角度出发，本着最大化实现社会资源价值的原则，鼓励将焦化产能及配套资产整体处置，但该地方政府的管理性规定尚不足以否定司法拍卖的效力，且晋中中院在竞买公告中已载明对被执行人名下的产能进行拍卖处置后，相应焦炉的所有权人应按照相关规定要求进行拆除，以确保焦化产能能够交付。因此，山西高院认定晋中中院对焦化产能进行单独拍卖不符合撤销情形并无不当。

——中国裁判文书网。

277. 在执行程序中，房屋承租人以没有接到司法拍卖通知导致其优先购买权受侵害为由，主张拍卖程序无效或请求撤销拍卖的，不予支持

关键词

执行程序　房屋承租人　优先购买权　请求撤销拍卖

最高人民法院裁判文书

中国长城资产管理股份有限公司四川省分公司与四川大发木艺包装有限责任公司、李孝开金融借款合同纠纷案［最高人民法院（2022）最高法执监 229 号执行裁定书］

裁判要旨：优先购买权可以分为物权性质的优先购买权和债权性质的优先购买权两种。共有人的优先购买权是典型的物权性质的优先购买权，而房屋承租人的优先购买权则是典型的债权性质的优先购买权。故房屋所有人与第三人签订房屋买卖合同、侵害房屋承租人优先购买权时，其并不能主张该买卖合同无效，但可以主张相应的损害赔偿。参照《民法典》第七百二十八条“出租人未通知承租人或者有其他妨害承租人行使优先购买权情形的，承租人可以请

求出租人承担赔偿责任。但是，出租人与第三人订立的房屋买卖合同的效力不受影响”的规定精神，在执行程序中，房屋承租人仅以没有接到司法拍卖通知导致其优先购买权受侵害为由，主张拍卖程序无效或请求撤销拍卖的，亦不予支持。

最高人民法院认为，本案争议焦点为案涉司法拍卖是否应予撤销并重新进行拍卖。

申诉人宏源公司主张其享有承租权及案涉房屋的优先购买权，成都中院在拍卖时未专门通知其参与竞拍，要求撤销案涉拍卖重新进行拍卖。一般法理认为，优先购买权可以分为物权性质的优先购买权和债权性质的优先购买权两种。共有人的优先购买权是典型的物权性质的优先购买权，而房屋承租人的优先购买权则是典型的债权性质的优先购买权。正是因为房屋承租人享有的是债权性质的优先购买权，当房屋所有人与第三人签订房屋买卖合同、侵害其优先购买权时，其并不能主张该买卖合同无效，但可以主张相应的损害赔偿。《民法典》第七百二十八条规定："出租人未通知承租人或者有其他妨害承租人行使优先购买权情形的，承租人可以请求出租人承担赔偿责任。但是，出租人与第三人订立的房屋买卖合同的效力不受影响。"参照该规定精神，在执行程序中，房屋承租人仅以没有接到司法拍卖通知导致其优先购买权受侵害为由，主张拍卖程序无效或请求撤销拍卖的，亦不予支持。因此，在本案中，即使申诉人宏源公司享有案涉房屋的优先购买权，其也不能以法院未作专门通知、损害其优先购买权为由，主张撤销案涉司法拍卖并重新进行拍卖。

——中国裁判文书网。

（五）参与分配

278. 多个债权人申请执行同一被执行人时清偿顺序的处理原则

关键词

清偿顺序

附录：最高人民法院院长信箱

二、关于多个债权人申请执行同一被执行人的清偿顺序问题

根据2020年12月23日最高人民法院审判委员会第1823次会议通过的《最高人民法院关于修改〈最高人民法院关于人民法院扣押铁路运输货物

若干问题的规定〉等十八件执行类司法解释的决定》，为避免条文重复，删去了《执行工作若干问题的规定》原第八十九条、第九十条、第九十二条至九十六条的规定，但保留了《执行工作若干问题的规定》第五十五条（原第八十八条）规定。第五十五条的三款条文确定了关于清偿顺序的三种处理原则：第一款规定多个债权人均具有金钱给付内容的债权，且对执行标的物均无担保物权的，按照执行法院采取执行措施的先后顺序受偿，即适用优先主义原则；第二款规定债权人的债权种类不同的，基于所有权和担保物权而享有的债权优先于金钱债权受偿，有多个担保物权的，按照各担保物权成立的先后顺序清偿；第三款规定一份生效法律文书确定金钱给付内容的多个债权人申请执行，执行财产不足以清偿债务，各债权人对执行标的物均无担保物权的，按照各债权数额比例受偿，即平等主义原则。《民诉法司法解释》则是对于被执行人的财产不足以清偿全部债务时的处理原则进一步予以明确，第五百零八条、第五百一十条规定了被执行人为公民或其他组织的适用参与分配程序，按照平等主义原则，普通债权人按照债权数额比例受偿；第五百一十三条规定了被执行人为企业法人的执行转破产程序。上述《执行工作若干问题的规定》的规定系为执行程序中的一般规则，而非适用于被执行人资不抵债、申请执行人参与分配或执行转破产的情形，该部分规定与《民诉法司法解释》的相关规定并不冲突，共同构成了对于多个债权人申请执行同一被执行人的清偿顺序问题的体系化规定。

——《关于“对〈民事诉讼法〉司法解释疑问”的回复》，最高人民法院院长信箱，www.court.gov.cn。

279. 对同一被执行人的普通债权应当如何确定清偿顺序

关键词

申请执行　普通债权　清偿顺序

附录：执行信箱

问：对同一被执行人的普通债权应当如何确定清偿顺序？是适用比例原则还是适用执行措施优先原则确定财产分配顺序，现行司法解释关于这一问题的规定是否相互冲突？

答：为确保《民法典》的统一正确实施，最高人民法院在 2020 年年底对相关司法解释和规范性文件进行了全面清理。其中，保留了《最高人民法院关于适用〈中华人民共和国民事诉讼法〉的解释》（以下简称《民事诉讼法解释》）第 510 条[1]的规定，即对于同一被执行人的普通债权，原则上债权人可按照其占全部申请参与分配债权数额的比例受偿。在对《最高人民法院关于人民法院执行工作若干问题的规定（试行）》（以下简称《执行工作规定》）进行修正时，删去了第 89 条、第 90 条、第 92 条至第 96 条的规定，保留了第 88 条（现第 55 条）的规定，即规定多份生效法律文书确定金钱给付内容的多个债权人分别对同一被执行人申请执行，各债权人对执行标的物均无担保物权的，按照执行法院采取执行措施的先后顺序受偿。由此产生一个问题，对同一被执行人的财产不足以清偿多份生效法律文书确定金钱给付内容的多个债权人的普通债权的情形下，是适用比例原则还是适用执行措施优先原则确定财产分配顺序？

关于多个债权人申请执行同一被执行人的清偿顺序问题，此次司法解释清理过程中，为避免与《民事诉讼法解释》相关条文重复，删去了《执行工作规定》原第 89 条、第 90 条、第 92 条至 96 条的规定，但保留了《执行工作规定》第 55 条（原第 88 条）规定。《执行工作规定》第 55 条条文确定了关于清偿顺序的三种处理原则：第 1 款规定多个债权人均具有金钱给付内容的债权，且对执行标的物均无担保物权的，按照执行法院采取执行措施的先后顺序受偿，即适用优先主义原则；第 2 款规定债权人的债权种类不同的，基于所有权和担保物权而享有的债权优先于金钱债权受偿，有多个担保物权的，按照各担保物权成立的先后顺序清偿；第 3 款规定一份生效法律文书确定金钱给付内容的多个债权人申请执行，执行财产不足以清偿债务，各债权人对执行标的物均无担保物权的，按照各债权数额比例受偿，即平等主义原则。《民事诉讼法解释》对于被执行人的财产不足以清偿全部债务的处理原则进一步予以明确，第 508 条[2]、第 510 条规定了被执行人为公民或其他组织的适用参与分配程序，按照平等主义原则，普通债权人按照债权数额比例受偿；第 513 条[3]规定了被执行人为企业法人的执行转破产程序。以上条文构成了对于多个债权人申请执行同一被执行人的清偿顺序问题的体系化规定。

实践中，有一种观点认为，《执行工作规定》第 55 条第 1 款规定的优先主义原则与《民事诉讼法解释》第 510 条规定的按债权数额比例参与分配的平等主义原则完全不同，存在冲突，我们认为该认识系对《执行工作规定》第 55 条第 1 款内容的错误理解，混淆了优先主义原则与平等主义原则的适用情

① 现为《最高人民法院关于适用〈中华人民共和国民事诉讼法〉的解释》（2022 年修正）第 508 条。

② 现为《最高人民法院关于适用〈中华人民共和国民事诉讼法〉的解释》（2022 年修正）第 506 条。

③ 现为《最高人民法院关于适用〈中华人民共和国民事诉讼法〉的解释》（2022 年修正）第 511 条。

形。《执行工作规定》第55条第1款确定的优先主义原则应理解为执行程序中的一般处理原则，而非适用于被执行人资不抵债、申请执行人参与分配或执行转破产的情形，该部分规定内容与《民事诉讼法解释》第508条、第510条、第513条规定的体系与原则并无矛盾冲突。

综上，多个普通债权人对于同一被执行人申请执行，根据被执行人的主体性质和财产状况，优先主义原则与平等比例原则适用的情形有所区别。优先主义原则适用于以下情形：（1）被执行人为公民或其他组织，可供执行的财产足以清偿全部债务；（2）被执行人为企业法人，可供执行的财产足以清偿全部债务。符合上述情形之一的，按照执行法院采取执行措施的先后顺序受偿。平等主义原则适用于以下情形：（1）被执行人为公民或其他组织，其可供执行的财产不足清偿全部债务；（2）同一份生效法律文书确定的债权，且被执行人可供执行的财产不足清偿全部债务。符合上述情形之一的，依照《民事诉讼法解释》的相关规定，通过参与分配程序，按照普通债权数额比例进行分配受偿。

——马岚：《执行清偿顺序问题解答》，载最高人民法院执行局编：《执行工作指导》2021年第3辑（总第79辑），人民法院出版社2022年版，第121~123页。

280. 暂存法院账户的案款被另案冻结时他人是否还能申请参与分配

关键词

参与分配　暂存案款　另案冻结

最高人民法院裁判文书

中国华融资产管理股份有限公司甘肃省分公司与青海三佳工程设计咨询有限公司等建设工程合同纠纷执行案［（2021）最高法执监215号执行裁定书］

裁判要旨：参与分配申请应当在执行程序开始后，被执行人的财产执行终结前提出。一般情况下，执行案款扣划至执行法院账户未向申请执行人发放时，不能认为该财产已执行完毕，但本案中，因与另案的保全执行衔接和协调，法院对执行款暂存于法院执行账户不向申请执行人发放，并出具结案通知，案件以执行完毕方式结案，因此申诉人主张只要案款尚未发放就应属于被执行人所有，并不符合实际。

最高人民法院认为：本案争议的焦点问题为：本案案款因另案被冻结而在法院账户未发放给申请执行人，法院已出具结案通知书，本案利害关系人提出参与分配申请，是否应予审查。

根据《最高人民法院关于适用〈中华人民共和国民事诉讼法〉的解释》第五百零九条①第二款的规定，参与分配申请应当在执行程序开始后，被执行人的财产执行终结前提出。一般情况下，执行案款扣划至执行法院账户未向申请执行人发放时，不能认为该财产已执行完毕，但本案中，关于案款尚未发放给申请执行人青海三佳公司的原因，系海南州光科光伏公司2019年12月9日申请诉前财产保全，海南中院作出（2019）青25财保6号民事裁定，冻结被申请人青海三佳公司1136.97万元的财产。即因本案与另案的保全执行衔接和协调，海南中院对执行到位的1010万元执行款，暂存于法院执行账户不向申请执行人青海三佳公司发放。对此，申诉人提出，只要案款尚未发放就应属于被执行人所有，并不符合实际。海南中院于2019年12月13日向申请执行人青海三佳公司和被执行人海南州光科光伏公司发出（2019）青25执恢5号结案通知书，通知当事人本案执行标的10091059.8元，执行中从国家电网青海省电力公司扣划被执行人海南州光科光伏公司电费收益1010万元，8940.2元为主张的利息金额，（2018）青25民初3号民事调解书确定的给付内容已全部执行到位，案件以执行完毕方式结案。至此，执行程序已经终结。申诉人中国华融甘肃分公司在这之后提出参与分配申请，属于已经逾期的情形。

关于中国华融甘肃分公司在本次监督程序提交的新证据，并未充分证明案涉扣划自海南州光科光伏名下的1010万元电费收入属于申请人享有优先受偿权的共和一期20兆瓦、二期30兆瓦项下电费收益。退一步讲，即便其具有优先受偿权，如前所述，其异议亦已超出法定期限，应另行主张权利，要求在本案参与分配，据理不足，本院不予支持。

——中国裁判文书网。

---

① 现为《最高人民法院关于适用〈中华人民共和国民事诉讼法〉的解释》（2022年修正）第五百零七条。

281. 被执行人财产经拍卖已处置变现情况下其他债权人申请参与分配的时间截止问题

关键词

尚未分配的拍卖案款　逾期申请

最高人民法院审判业务意见（执行局专业法官会议纪要）

根据《民诉法解释》，被执行人的其他已经取得执行依据的债权人发现被执行人的财产不能清偿所有债权的，可以向人民法院申请参与分配，于被执行人的财产执行终结前提出。本案中，被执行人的房产虽已过户，但拍卖案款尚未发放，仍在法院账户内，属于被执行人的财产，债权未得到清偿。执行法院下一步对案款的分配仍是执行的一个阶段，执行尚未终结。因此，其他债权人在案款分配之前提出参与分配的申请，并未逾期。

附：案情简介

被执行人甲的房产已经拍卖并过户，但拍卖案款尚未发放。另案债权人乙向执行法院就尚未分配的拍卖案款申请参与分配。执行法院以另案债权人乙申请时间逾期，驳回乙的申请。乙提出异议。经执行异议复议程序，乙不服复议裁定，向最高人民法院申请监督。

——《被执行人财产经拍卖已处置变现情况下其他债权人申请参与分配的时间截止问题（最高人民法院执行局专业法官会议纪要）》，载最高人民法院执行局编：《执行工作指导》2021 年第 1 辑（总第 77 辑），人民法院出版社 2021 年版，第 1~5 页。

282. 房产拍卖流拍后，申请执行人接受以物抵债，如果存在其他参与分配的债权人，应如何处理

关键词

房产流拍　以物抵债　其他参与分配的债权人

最高人民法院裁判文书

河南神泉之源实业发展有限公司、赵某与汝州博易观光医疗主题园区开发有限公司、闫某等民间借贷纠纷执行监督案［最高人民法院（2018）最高

法执监 848、847、845 号执行裁定书］

裁判要旨：在审查当事人、利害关系人对以物抵债裁定提出异议是否超过期限时，参照适用《最高人民法院关于对人民法院终结执行行为提出执行异议期限问题的批复》对终结执行行为提出异议的期限规定。执行法院应按照原申请执行人依据相应债权申请查封的顺序确定受偿顺序。法院即使对未进行查封登记的地上建筑物或土地使用权查封登记，也只能认定为轮候查封。

最高人民法院认为，关于以物抵债裁定是否损害查封顺位在先的其他债权人利益的问题执行法院虽将春某、贾某的案件与陈某、郭某的案件合并执行，但仍应按照春某、贾某、陈某。郭某依据相应债权申请查封的顺序确定受偿顺序因河南神泉之源实业公司受让了贾某、春某及陈某、郭某债权，河南省平顶山市中级人民法院裁定将全部涉案财产抵债给河南神泉之源实业公司，实质上是将查封顺位在后的原贾某、春某债权受偿顺序提前，影响了在先轮候查封的债权人的合法权益

关于以物抵债裁定是否会导致土地与房产权属不一致的问题。《物权法》确立了土地使用权与地上建筑物、构筑物及附属设施一体化处理原则，人民法院在执行程序中处置相关财产时，也应遵循这一原则，将土地使用权与地上建筑物、构筑物一并处分。河南省高级人民法院认为河南省平顶山市中级人民法院所作以物抵债裁定将导致未抵债给河南神泉之源实业公司的部分建筑物的产权人与该建筑物所占用范围内的土地使用权人不一致的情况，并无不当。

在整体拍卖流拍后以整体抵债，才符合以物抵债规定的精神。若以其中部分财产抵债，则会导致所抵债部分财产与原拍卖标的物不同。本案执行法院对案涉财产进行了整体拍卖，河南神泉之源实业公司关于就不存在撤销理由的部分财产抵债的意见，不予采纳。综上，裁定驳回河南神泉之源实业公司的申诉请求。

——中国裁判文书网。

附录：最高人民法院主流观点

（一）执行竞合时受偿顺位确立原则

关于受偿顺位，解决的是执行程序中产生的竞合问题。在几个金钱给付债权人对同一被执行人申请执行，或者对同一财产申请执行时会产生执行竞合，需要明确债权人之间的受偿顺位，是债权人平等受偿还是按其他规则确定受偿先后顺序。在金钱给付债权人与物的交付等非金钱给付权利人或者几

个非金钱给付权利人都要求执行同一财产的情形下，都会产生执行竞合问题。

在执行竞合情形下，各国对受偿顺位的规定不尽相同。就金钱给付债权竞合而言，不论被执行人是自然人还是法人，一般用参与分配程序解决受偿问题。针对确定受偿顺位的方式不同，大体分为平等主义、优先主义及折中主义。德国采取优先主义。其理论基础是认为债权人在扣押物上取得质权，扣押在先所生的质权优先于扣押在后所生的质权。日本和法国采用平等主义，债权人根据其债权数额所占全部债权的比例，平均受偿。其理论基础是认为债务人的财产是其全体债权人的共同担保。折中主义是指债务人的财产不足以清偿债权时，申请执行的债权人与一定期限内参与分配的债权人，成为一个团体，以债权的数额比例平均受偿，并优先于该期限后申请参与分配的债权人。

我国法律和司法解释对执行竞合的处理方式主要有两种。一般情况下，采取优先主义。《最高人民法院关于人民法院执行工作若干问题的规定（试行）》第八十八条[①]第一款规定，多个债权人对同一被执行人申请执行，各债权人对执行标的物均无担保物权的，按照执行法院采取执行措施的先后顺序受偿。优先主义的优点之一在于促使当事人积极主动行使权利，而不是坐等分享他人维权的结果，优点之二在于有利于快速推动执行程序，不会因不断有人主张参与分配而拖延执行程序。优先主义的前提一般是被执行人的财产足以清偿债权人的债权，但被执行人财产是其债务的总担保，当财产不足时，如果仍然一律采取优先主义，就与债权平等原则相违背。因此，在法人财产不足以清偿债务时，有破产制度确保债权平等受偿。而在被执行人为非法人且其财产不足以清偿的情形下，由于没有破产制度确保当事人平等受偿，因此，债权人可以通过参与分配程序获得平等受偿。

（二）确定不动产查封、受偿顺序的具体方法

由于一般情况下按照执行法院采取执行措施的先后顺序确定受偿顺序，因此，确定执行措施采取的顺序尤为重要，其中争议较多的是不动产查封顺序问题。有人认为，土地和房屋的查封顺序要分别确定。其依据为《最高人民法院关于人民法院民事执行中查封、扣押、冻结财产的规定》第九条[②]第二款“查封已登记的不动产，应当通知有关登记机关办理登记手续。未办理登记手续的，不得对抗其他已经办理登记手续的查封行为”的规定，和第二

① 现为《最高人民法院关于人民法院执行工作若干问题的规定（试行）》（2020年修正）第55条。

② 现为《最高人民法院关于人民法院民事执行中查封、扣押、冻结财产的规定》（2020年修正）第七条。

十三条[①]第二款“地上建筑物和土地使用权的登记机关不是同一机关的，应当分别办理查封登记”的规定。本案申诉人也是这种观点，其认为陈某、郭某是第一、二顺位的查封申请人，春某、贾某对建筑物、构筑物的查封属第一、二顺位。本案事实是，贾某虽申请执行法院对案涉土地B29地块运营商总部办公楼采取了查封措施，但该建筑占用范围内的土地使用权此前已被其他案件执行法院查封。

最高人民法院此前在相关案件中，对查封顺序确定原则也有过明确意见。最高人民法院（2016）最高法执监204号执行裁定书中表述道：《最高人民法院关于人民法院民事执行中查封、扣押、冻结财产的规定》第二十三条第一款规定：“查封地上建筑物的效力及于该地上建筑物使用范围内的土地使用权，查封土地使用权的效力及于地上建筑物，但土地使用权与地上建筑物的所有权分属被执行人和他人除外。”虽然该条第二款同时规定，“地上建筑物和土地使用权的登记机关不是同一机关的，应当分别办理查封登记”，但其目的是要求执行法院完善执行措施，进行充分公示，未分别办理查封登记并不影响其查封效力。该生效裁判遵循了未分别办理房、地查封手续时的房地一体的查封生效规则。

最高人民法院在（2018）最高法执他10号给宁夏回族自治区高级人民法院的函中重申，《最高人民法院关于人民法院民事执行中查封、扣押、冻结财产的规定》第二十三条第一款规定，“查封地上建筑物的效力及于该地上建筑物使用范围内的土地使用权，查封土地使用权的效力及于地上建筑物，但土地使用权与地上建筑物的所有权分属被执行人与他人的除外”，这是“房地一体”原则在执行程序查封、扣押、冻结措施中的体现。虽然该条第二款同时规定，“地上建筑物和土地使用权的登记机关不是同一机关的，应当分别办理查封登记”，但其目的是要求执行法院完善执行措施，进行充分公示，避免执行争议，但因为该条第一款已对查封的效力范围作了明确规定，即使未分别办理查封登记也不影响查封效力。《最高人民法院关于人民法院民事执行中查封、扣押、冻结财产的规定》第二十三条与第九条第二款规定的“未办理登记手续的，不得对抗其他已经办理了登记手续的查封、扣押、冻结行为”，并不存在矛盾之处。在法院仅对土地使用权进行了查封登记未对地上建筑物进行查封登记，或者仅对地上建筑物进行了查封登记未对地上建筑物使用范围内的土地使用权进行查封登记的情况下，其后其他法院即使对未进行查封登记的地上建筑物或土地使用权进行了查封登记，也只能认定为轮候查封。

根据上述精神，贾某对相关建筑物及该建筑物占用范围内的土地使用权

---

① 现为《最高人民法院关于人民法院民事执行中查封、扣押、冻结财产的规定》（2020年修正）第二十一条。

均系轮候查封。陈某、郭某虽仅对土地使用权采取查封措施，根据查封土地使用权的效力及于地上建筑物的规定精神，陈某、郭某对本案所涉建筑物的查封顺序亦同于对土地使用权查封顺序。

（三）合并执行不能改变受偿顺位

一般情况下，对被执行人财产按照执行法院采取执行措施的先后顺序受偿，但在合并执行情况下，如何确定采取执行措施先后顺序却容易产生混乱。合并执行并不是严格的法律概念，是实践中一种通常的做法，一般将不同承办法院、承办法官办理的同一被执行人的案件交由承办法院、同一承办法官办理，统一开展财产调查、评估、处置及分配。合并执行在强化执行管理、集中执行资源方面具有意义。有的当事人认为，一旦合并执行，则其中一个案件中的查封效力及其同一执行法院执行的其他案件。尤其在多个债权人债权均转让给同一债权人的情况下，更容易认为债权转让前其中某一案件采取的首封的效力及于债权转让后的其他债权，也就是让受让债权的主体可以就受让的债权全部金额优先受偿。这种观点的错误在于，以因各种原因形成的合并执行否定不同债权之间的相对独立性。即使发生合并执行，甚至像本案一样，数个债权主体最终归于一个主体，由一个法院执行，但不能因为执行法院或者债权主体的同一，否定数个债权债务关系的相对独立性。由于数个债权债务关系相对独立，则基于其中一个债权债务关系采取的强制措施的效力仅能及于由该债权债务关系形成的执行案件，并据此确定受偿顺位，不能因为合并执行改变当事人的法律地位及受偿顺序，否则就可能损害其他债权人的合法利益。

执行法院虽将春某、贾某的案件与陈某、郭某的案件合并执行，但仍应按照春某、贾某、陈某、郭某依据相应债权申请查封的顺序确定受偿顺序。因神泉之源公司受让了贾某、春某及陈某、郭某债权，平顶山中院裁定将全部涉案财产抵债给神泉之源公司，实质上是将查封顺位在后的原贾某、春某债权受偿顺序提前，影响了在先轮候查封的债权人的合法权益。平顶山中院在陈某、郭某、春某、贾某将债权转让给神泉之源公司后将四案合并执行，但该四案查封土地、房产的顺位情况不一，也并非全部首封案涉土地或房产。平顶山中院未按照法律规定据采取执行措施的先后顺序确定受偿顺序，将博易公司的部分土地使用权及地上部分建筑物裁定以物抵债给神泉之源公司，该执行行为违反法律规定，侵害了顺位在先的其他债权人利益。

——向国慧：《〈河南神泉之源实业发展有限公司与赵五军、汝州博易观光医疗主题园区开发有限公司等执行监督案〉的理解与参照——合并执行不改变受偿顺位》，载人民法院出版社编：《行政与执行法律文件解读》2022 年第 11 辑（总第 215 辑），人民法院出版社 2023 年，第 61 页。

附录：执行信箱

问：房产拍卖流拍后，申请执行人接受以物抵债，如果存在其他参与分配的债权人，应当如何处理？

答：《最高人民法院关于人民法院民事执行中拍卖、变卖财产的规定》第十六条第二款规定："有两个以上执行债权人申请以拍卖财产抵债的，由法定受偿顺位在先的债权人优先承受；受偿顺位相同的，以抽签方式决定承受人。承受人应受清偿的债权额低于抵债财产的价额的，人民法院应当责令其在指定的期限内补交差额。"

据此，在有其他债权人申请参与分配的情况下，应当区分房产承受主体和价款受偿金额两个问题，分别讨论。就前者，根据司法解释规定，应当根据法定受偿顺位确定承受人。如果受偿顺位在先执行债权人有多个的，且均申请以物抵债的，则应抽签确定承受人。就后者，无论由谁承受房产，其都只能就自己"应受清偿的债权额"受偿，如果抵债财产价额高于其"应受清偿的债权额"的，就应当补交差价。

举例说明：被执行人为企业法人，其房产流拍时保留价为100万元。申请执行人甲为首先查封的一般债权人，债权数额为40万元。申请参与分配的债权人有两个，抵押权人乙的债权数额为80万元，轮候查封的一般债权人丙的，债权数额为40万元。流拍后，甲和丙均申请以物抵债。鉴于被执行人为企业法人，且甲的查封在先，根据《最高人民法院关于适用〈中华人民共和国民事诉讼法〉的解释》第五百一十六条①的规定，甲乙丙债权的清偿顺位为，乙优先于甲，甲优先于丙。故就承受主体而言，应当由甲承受房产；就价款受偿金额而言，鉴于甲"应受清偿的债权额"（20万元，即100万元扣除乙优先受偿的80万元）低于抵债财产的价额（100万元），甲应当补交差价80万元给乙。

质言之，申请执行人接受抵债，并不意味着其获得了优先于其他债权人就抵债财产受偿的地位。以物抵债，应理解为以流拍的保留价购买执行标的。故接受抵债的债权人应当向执行法院支付相当于保留价金额的价款。但是，由于其作为申请执行人，有权从该价款中就应受分配的金额受偿，所以在受偿金额范围内，其执行债权可以与被执行人对其享有的价款债权相抵销，从而部分消灭其支付价款的义务。

——王赫：《执行实施部分问题解答》，载最高人民法院执行局编：《执行工作指导》2020年第4辑（总第76辑），人民法院出版社2021年版。

---

① 现为《最高人民法院关于适用〈中华人民共和国民事诉讼法〉的解释》（2022年修正）第五百一十四条。

（六）款物的发放与保管

283. 案外人拒不接收强制迁出不动产上的财产，人民法院在执行程序中如何处理

关键词

拒不接收强制迁出财产　案外人

最高人民法院答复

吉林省高级人民法院：

你院《关于法院执行程序中能否对案外人财产进行处理的请示》收悉。经研究，答复如下：

执行程序中案外人无合法依据占有被执行的标的物不动产的，执行法院依法可以强制迁出；案外人拒不迁出，对标的物上的财产，执行法院可指定他人保管并通知领取；案外人不领取或下落不明的，为避免保管费用过高或财产价值减损，执行法院可以处分该财产，处分所得价款，扣除搬迁、保管及拍卖变卖等相关费用后，保存于执行法院账户，通知该案外人领取。

——《最高人民法院执行局〔2010〕执他字第1号函》，载江必新主编、最高人民法院执行局编：《执行工作指导》2010年第1辑（总第33辑），人民法院出版社2010年版，第85页。

284. 债权人出具收据是对债务人的一项附随义务，债权人不履行该义务的，债务人能否比照提存的有关规定进行提存

关键词

提存　附随义务

最高人民法院裁判文书

北京中科恒基投资有限公司与内蒙古太西煤集团股份有限公司借款合同纠纷执行案［最高人民法院（2011）执复字第22号执行裁定书］

最高人民法院认为：一、关于中科恒基公司申请执行的主体资格问题。信达呼办于2006年8月18日通过《资产买卖协议》将本案债权转让给中科

恒基公司的事实是存在的，信达呼办以自己的名义对债务人太西煤公司提起诉讼及与之达成和解，属于履行《资产买卖协议》中约定可由信达呼办代中科恒基公司行使权利的义务。债权转让事项是否早已通知太西煤公司或者为其所明知，无证据证明，但2007年12月31日信达呼办发给太西煤公司的信函可以视为正式通知，此后中科恒基公司即正式继受信达呼办的债权人地位，有权以自己的名义对太西煤公司主张权利，有权继续坚持信达呼办此前对太西煤公司是否按约履行和解协议问题的立场，并以自己的名义向法院申请执行。二、关于申请执行期限问题。双方当事人在二审期间达成和解协议，并因此撤回上诉，虽然生效法律文书是一审判决，但申请执行该一审判决应当以债务人不履行和解协议为前提，申请执行的期限应当自和解协议约定的最后一笔款项付款期限，即2007年12月30日届满时起算。中科恒基公司2008年3月11日申请执行，未超过法定期限。三、关于提存问题。太西煤公司提存和解协议约定的最后一笔款项是以清偿债务为目的的，虽然法定提存条件中没有提到是否可因债权人不出具收款收据而予以提存，但付出款项的债务人要求债权人出具收据，符合一般交易习惯，并未增加债权人的负担，债权人出具收据是对债务人的一项附随义务，债权人不履行该义务的，债务人比照提存的有关规定进行提存，并无不当。故太西煤公司的提存行为应认定为具有消灭债务的效力，双方和解协议约定的第三期付款已经履行完毕。尽管中科恒基可能实际参与和解协议履行的事宜，但在债权转让正式通知太西煤公司之前，仍应由名义权利人信达呼办提取该提存款，并出具收据。在明确通知债权已经转让后，应由中科恒基公司领取该款项，并出具收据，而不能要求法院按照一审判决执行。

——中国裁判文书网。

285. 判决交付的特定物灭失后的折价问题

关键词

特定物灭失　折价赔偿

最高人民法院答复

山东省高级人民法院：

你院鲁高法函〔1999〕78号《关于判决交付的特定标的物灭失后如何折价问题的请示》收悉。经研究，答复如下：

山东省聊城地区中级人民法院（1993）聊中法民终字第166号民事判决，系判决交付可替代的种类物的执行案件而不是判决交付特定物的执行案件。如被执行人有该种类物，执行法院直接执行即可；如被执行人无该种类物，应发出履行通知书要求被执行人依判决购买该种类物偿还债务；被执行人拒不购买交付的，执行法院可以该种类物的现时市场价格及运费确定其债务数额，命被执行人预行交付；拒不交付的，可裁定强制执行被执行人的其他财产。

鉴于本案的特殊情况，可就执行标的问题征求申请执行人意见，或按上述关于执行可替代物的有关原则办理；或直接裁定转入金钱代偿执行。对本案的迟延履行金，应当按照《最高人民法院关于适用〈中华人民共和国民事诉讼法〉若干问题的意见》第二百九十五条[①]的规定办理。

此复

——《最高人民法院执行办公室关于判决交付的特定物灭失后如何折价问题的复函》（2000年12月25日，〔2000〕执他字第31），载江必新主编：《人民法院执行工作规范全集》，人民法院出版社2017年版，第737页。

286. 债权人在执行财产分配前已获偿的部分，原则上不再纳入“申请参与分配债权数额”的范围以确定受偿比例

关键词

执行分配方案异议之诉

最高人民法院裁判文书

交通银行与农业银行、富滇银行及亚太公司、云建公司、中信银行、裕华公司、恺鑫公司执行分配方案异议之诉案［最高人民法院（2021）最高法民终722号民事判决书］

裁判要旨：执行分配方案异议之诉中，债权人在执行财产分配前已获偿的部分，原则上不再纳入“申请参与分配债权数额”的范围以确定受偿比例。

最高人民法院认为，关于四债权银行此次执行分配前已获偿的款项应否纳入本次债权分配数额。本案已查明，四债权银行均为普通债权人，依据《最高人民法院关于适用〈中华人民共和国民事诉讼法〉的解释》第五百一

① 对应《最高人民法院关于适用〈中华人民共和国民事诉讼法〉的解释》（2022年修正）第五百零五条。

十条[①]“参与分配执行中，执行所得价款扣除执行费用，并清偿应当优先受偿的债权后，对于普通债权，原则上按照其占全部申请参与分配债权数额的比例受偿”的规定，四债权银行在此次执行财产分配前已获偿的本金部分，原则上不纳入此次“申请参与分配债权数额”的范围从而确定受偿比例，故交通银行主张将四债权银行已获偿本金纳入“申请参与分配债权数额”的范围确定受偿比例，缺少法律依据。本案中，富滇银行、农业银行在参与本案执行分配时已扣除其受偿的款项，原审法院基于各债权人申请参与分配的债权数额比例作出分配，适用法律并无不当。此外，执行分配方案异议之诉的审理范围应以案涉《执行财产分配方案》确定分配的财产为限，而原审也查明，案涉《执行财产分配方案》载明，原审法院通过淘宝网司法拍卖平台对被执行人恺鑫公司土地、房屋、建筑物、构筑物、及其设备进行拍卖，拍卖款总计：7584.262万元。即此次案涉《执行财产分配方案》系对恺鑫公司执行款项进行分配，未涉及分配裕华公司的款项，故交通银行主张原审法院遗漏对裕华公司款项分配的事实以及未将执行裕华公司所得款项纳入本案《执行财产分配方案》之中属于遗漏重要事实的理由亦不能成立。

——中国裁判文书网。

287. 参与执行财产分配的普通债权是否应包括一般债务利息

关键词

执行分配方案异议之诉　参与分配的普通债权

最高人民法院裁判文书

蔡明晓因执行分配方案异议之诉案［最高人民法院（2021）最高法民再295号民事裁定书］

裁判要旨：执行财产不足以分配时，参与分配的普通债权除包括本金外，还应包括一般债务利息。

最高人民法院再审认为，关于参与分配的债权是否还应包括利息和保全费。《最高人民法院关于执行程序中计算迟延履行期间的债务利息适用法律若干问题的解释》第四条规定：“被执行人的财产不足以清偿全部债务的，应当先清偿生效法律文书确定的金钱债务，再清偿加倍部分债务利息，但当事人

① 现为《最高人民法院关于适用〈中华人民共和国民事诉讼法〉的解释》第五百零八条。

对清偿顺序另有约定的除外。”根据该规定，在执行程序中参与分配的普通债权应当系生效法律文书确定的金钱债务，包括本金和一般债务利息。本案中，蔡明晓等部分债权人依据的生效法律文书确定的金钱债务包括本金和利息，厦门中院所作执行分配方案仅计入各债权本金，而未将一般债务利息一并计入债权数额按比例参与分配。故，该分配方案存在错误，应予撤销。

——中国裁判文书网。

（七）执行实施案件结案

288. 民事判决书应向当事人告知《民事诉讼法》第二百六十条规定内容

关键词

民事判决书　迟延履行　债务利息

最高人民法院司法政策精神

全国地方各级人民法院、各级军事法院、各铁路运输中级法院和基层法院、各海事法院，新疆生产建设兵团各级法院：

根据《中共中央关于构建社会主义和谐社会若干重大问题的决定》有关“落实当事人权利义务告知制度”的要求，为使胜诉的当事人及时获得诉讼成果，促使败诉的当事人及时履行义务，经研究决定，在具有金钱给付内容的民事判决书中增加向当事人告知《民事诉讼法》第 232 条[①] 规定的内容。现将在民事判决书中具体表述方式通知如下：

一、一审判决中具有金钱给付义务的，应当在所有判项之后另起一行写明：如果未按本判决指定的期间履行给付金钱义务，应当依照《民事诉讼法》第 232 条之规定，加倍支付迟延履行期间的债务利息。

二、二审判决作出改判的案件，无论一审判决是否写入了上述告知内容，均应在所有判项之后另起一行写明第一条的告知内容。

三、如一审判决已经写明上述告知内容，二审维持原判的判决，可不再重复告知。

特此通知。

——《最高人民法院关于在民事判决书中增加向当事人告知〈民事诉讼法〉第 232 条规定内容的通知》（2007 年 2 月 7 日，法〔2007〕19 号）。

① 现为《民事诉讼法》（2021 年修正）第二百六十条。

289. 确认之判不具给付内容不予执行

关键词

确认之判　给付内容　不予执行

最高人民法院答复

广东省高级人民法院：

你院〔2002〕粤高法执字第 6 号《关于深圳总利投资有限公司申请执行其在金利华广场权益一案的请示》收悉，经研究，答复如下：

我院〔2001〕民一终字第 88 号民事判决书根据当事人诉讼请求的范围，依法确认了当事人之间订立合同的性质与合同的效力，该合同为合作建房合同，合同有效；对原审确认的上华广场权益分配比例予以撤销。至于金利华广场的权益分配问题，应当由当事人根据合同的约定以及当事人继续履行合同的情况协商确定，协商不成时，可以依法另行起诉解决。

——《最高人民法院〈关于深圳总利投资有限公司申请执行其在金利华广场权益一案的请示〉的答复》（2004 年 5 月 20 日，〔2003〕执监字第 2—1 号）。

290. 原生效法律文书被撤销，执行裁定是否相应撤销

关键词

生效法律文书　执行裁定　撤销

附录：《人民司法》信箱

问题：有这样一个案件，甲诉乙损害赔偿纠纷，人民法院判决乙向甲赔偿损失 100 万元。判决生效进入执行程序后，人民法院执行了 50 万元。后因乙提请再审，人民法院在再审判决中撤销了原判决并判令乙向甲赔偿损失 75 万元。现乙以原判决已经被撤销为理由要求撤销原执行裁定，并对已经执行的 50 万元恢复原状。乙的请求应否得到支持？

《人民司法》研究组认为：除执行程序本身存在违法情形外，人民法院在执行程序中为执行生效判决所作出的生效裁定并不因执行依据被撤销而撤销。至于已经执行完毕的执行依据被再审程序撤销，则牵涉人民法院是否需要作出执行回转裁定从而对已经执行的标的物进行回转的问题。就本案而言，如

果人民法院的执行程序合法，虽然原执行依据被撤销，但是因为新的执行依据所确定的赔偿额仍然超过已经执行的标的额，不需执行回转，并且还要对没有执行的差额部分继续执行。因此，乙的请求不能得到支持。

——《人民司法》2006 年第 3 期。

291. 据以执行的法律文书被人民法院撤销后，通过竞拍取得的财产应该如何处置

关键词

法律文书被撤销　竞拍　财产处置

最高人民法院司法政策精神

第十七条　有下列情形之一的，可以以“终结执行”方式结案：

（一）申请人撤销申请或者是当事人双方达成执行和解协议，申请执行人撤回执行申请的；

（二）据以执行的法律文书被撤销的；

（三）作为被执行人的公民死亡，无遗产可供执行，又无义务承担人的；

（四）追索赡养费、扶养费、抚育费案件的权利人死亡的；

（五）作为被执行人的公民因生活困难无力偿还借款，无收入来源，又丧失劳动能力的；

（六）作为被执行人的企业法人或其他组织被撤销、注销、吊销营业执照或者歇业、终止后既无财产可供执行，又无义务承受人，也没有能够依法追加变更执行主体的；

（七）依照刑法第五十三条规定免除罚金的；

（八）被执行人被人民法院裁定宣告破产的；

（九）行政执行标的灭失的；

（十）案件被上级人民法院裁定提级执行的；

（十一）案件被上级人民法院裁定指定由其他法院执行的；

（十二）按照《最高人民法院关于委托执行若干问题的规定》，办理了委托执行手续，且收到受托法院立案通知书的；

（十三）人民法院认为应当终结执行的其他情形。

前款除第（十）项、第（十一）项、第（十二）项规定的情形外，终结执行的，应当制作裁定书，送达当事人。

——《最高人民法院印发〈关于执行案件立案、结案若干问题的意见〉的通知》（2014 年 12 月 17 日，法发〔2014〕26 号）。

最高人民法院裁判文书

赵文明与三河市福星艺术发展有限公司执行申请案［最高人民法院（2019）最高法执监172号执行裁定书］

裁判要旨：据以执行的法律文书被人民法院撤销，理应依当事人的申请或依职权作出执行回转裁定或对拍卖行为进行纠正，责令申请执行人返还已取得的财产及其孳息。虽然本案申请执行人系通过人民法院的司法拍卖竞得设备公司的土地使用权及地上附着物，理应维护竞买人的权益。但考虑到其系本案申请执行人的特殊地位，且涉案土地使用权及地上附着物被拍卖后，只是办理了产权过户手续，取得了财产所有权，但并未实际占有该财产，故法院撤销拍卖及拍卖成交裁定，要求其返还取得土地使用权，并无不当。

最高人民法院认为，《民事诉讼法》第二百三十三条[①]规定，执行完毕后，据以执行的判决、裁定和其他法律文书确有错误，被人民法院撤销的，对已被执行的财产，人民法院应当作出裁定，责令取得财产的人返还；拒不返还的，强制执行。《最高人民法院关于人民法院执行工作若干问题的规定（试行）》第109条[②]规定，在执行中或者执行完毕后，据以执行的法律文书被人民法院或者其他有关机关撤销或者变更的，原执行机构应当依照《民事诉讼法》第二百一十四条的规定，依当事人的申请或者依职权，按照新的生效法律文书，作出执行回转的裁定，责令原申请执行人返还已取得的财产及其孳息。拒不返还的，强制执行。对于执行法院基于案件执行过程中作出的执行裁定而处置的财产，在该裁定被撤销后，被处置的财产是依据上述规定进行执行回转，还是参照上述规定对人民法院处置财产的执行行为进行纠错，理论界一直存有争论。但公认的是，无论是执行回转，还是对执行行为进行纠正，其所带来的法律后果是一致的，那就是申请执行人返还已取得的财产及其孳息。本案中，廊坊中院系基于追加刘玉常、刘建忠为被执行人的裁定，才依法对设备公司的土地使用权及地上附着物予以拍卖。现该追加裁定已被河北高院撤销，即据以执行刘玉常的法律文书被人民法院撤销，廊坊中院理

① 现为《民事诉讼法》（2021年修正）第二百四十条。

② 现为《最高人民法院关于人民法院执行工作若干问题的规定（试行）》（2020年修正）第65条，内容修改为：在执行中或执行完毕后，据以执行的法律文书被人民法院或其他有关机关撤销或变更的，原执行机构应当依照民事诉讼法第二百三十三条的规定，依当事人申请或依职权，按照新的生效法律文书，作出执行回转的裁定，责令原申请执行人返还已取得的财产及其孳息。拒不返还的，强制执行。执行回转应重新立案，适用执行程序的有关规定。

应依当事人的申请或依职权作出执行回转裁定或对拍卖行为进行纠正，责令申请执行人返还已取得的财产及其孳息。基于追加刘玉常、刘建忠为被执行人的裁定，申请执行人福星公司取得的财产为拍卖的设备公司的土地使用权及地上附着物。虽然福星公司系通过人民法院的司法拍卖竞得设备公司的土地使用权及地上附着物，理应维护竞买人的权益。但考虑到福星公司系本案申请执行人的特殊地位，且涉案土地使用权及地上附着物被拍卖后，福星公司只是办理了产权过户手续，取得了财产所有权，但并未实际占有该财产，该财产一直由刘玉常及家人实际占有等实际情况。廊坊中院撤销拍卖及拍卖成交裁定，要求福星公司返还取得土地使用权，并无不当。

——中国裁判文书网。

十七、金钱给付请求权的执行

（一）对银行存款的执行

292. 军队单位作为经济纠纷案件的当事人可否对其银行账户上的存款采取诉讼保全和军队费用能否强行划拨偿还债务

关键词

军队　存款　诉讼保全　强行划拨

最高人民法院答复

河北省高级人民法院、江苏省高级人民法院：

〔1987〕冀法请字第5号关于军队单位作为经济纠纷案件的当事人可否对其银行账户上的存款采取诉讼保全的请示和苏法经〔1987〕51号关于军队费用能否强行划拨偿还债务的请示均已收悉。经研究，现答复如下：

二、按照中国人民银行、中国工商银行、中国农业银行、中国人民解放军总后勤部〔1985〕财字第110号通知印发的《军队单位在银行开设账户和存款的管理办法》中“军队工厂（矿）、农场、马场、军人服务部、省军区以上单位实行企业经营的招待所（含经总部、军区、军兵种批准实行企业经营的军以下单位招待所）”和企业的上级财务主管部门等单位，开设“特种企业存款，有息存款”的规定，军队从事生产经营活动应当以此账户结算。因此，在经济纠纷诉讼中，人民法院根据对方当事人申请或者依职权有权对军队的

“特种企业存款”账户的存款采取诉讼保全措施，并可依照《民事诉讼法（试行）》第一百七十九条的规定，对该账户的存款采取执行措施。

三、人民法院在审理经济纠纷案件过程中，如果发现军队机关或所属单位以不准用于从事经营性业务往来结算的账户从事经营性业务往来结算和经营性借贷或者担保等违反国家政策、法律的，人民法院有权依法对其账户动用的资金采取诉讼保全措施和执行措施。军队一方当事人的上级领导机关，应当协助人民法院共同查清其账户的情况，依法予以冻结或者扣划。

——《最高人民法院关于军队单位作为经济纠纷案件的当事人可否对其银行账户上的存款采取诉讼保全和军队费用能否强行划拨偿还债务问题的批复》[1990年10月9日，法（经）复〔1990〕15号]，载江必新主编：《人民法院执行工作规范全集》，人民法院出版社2017年版，第692页。

293. 人民法院可否对被执行人在银行工资专户上的存款进行扣划

关键词

财产保全　扣划　工资专户　存款

附录：《人民司法》信箱

问题：某法院在执行一起案件中，查明被执行人某乡政府在工商银行工资专户上有存款5万余元。对此款可否扣划存在两种不同的意见。第一种意见认为可以扣划，因为此款在未发给乡政府干部之前，仍属于乡政府的自有资金，法院可以扣划；第二种意见认为不可以扣划，因为此款是财政部门发给乡政府机关干部的工资款，只能专款专用，如果人民法院扣划了，就损害了乡政府机关干部职工的利益。

《人民司法》研究组认为：不宜执行该乡政府工资专户账上的存款，来函中的第二种意见基本正确。依照我国有关法律规定，企业、事业、机关、团体单位只能在一个银行建立工资专户，凡属工资总额组成的支出，不论现金或转账，均应通过开户银行，从工资基金专用账户中列支。行政机关的工资属于国家计划内拨款项目，在下发到个人之前，其所有权属于国家，不属于个人所在的机关。对该账户上的存款，除因法律规定的特殊情况，人民法院不应作为被执行人的财产予以执行。

——《人民司法》2002年第1期。

294. 粮食风险基金配套专户内的资金不予执行

关键词

粮食风险基金　不予执行

最高人民法院裁判文书

2902 账户系宝鸡市政府根据国务院办公厅转发财政部、中国农业发展银行《粮食风险基金专户管理办法》及陕西省财政厅《关于调整粮食风险基金使用范围的通知》开立的粮食风险基金配套专户，该账户内的资金应专款专用，且宝鸡市财政局只是该账户的管理人，宝鸡市政府应是该账户的实际所有人。故宝鸡市政府申请复议的理由成立，湖北高院冻结及扣划账户内的资金错误，依法应予纠正。

——《〔2009〕执复字第 14 号》，载江必新主编：《人民法院执行工作规范全集》，人民法院出版社 2017 年版，第 727 页。

295. 旅行社质量保证金，可有条件冻结和扣划

关键词

旅行社质量保证金　专项资金　冻结　扣划

最高人民法院司法政策精神

各省、自治区、直辖市高级人民法院，新疆维吾尔自治区高级人民法院生产建设兵团分院：

人民法院在执行涉及旅行社的案件时，遇有下列情形而旅行社不承担或无力承担赔偿责任的，可以执行旅行社质量保证金：

（1）旅行社因自身过错未达到合同约定的服务质量标准而造成旅游者的经济权益损失；

（2）旅行社的服务未达到国家或行业规定的标准而造成旅游者的经济权益损失；

（3）旅行社破产后造成旅游者预交旅行费损失；

（4）人民法院判决、裁定及其他生效法律文书认定的旅行社损害旅游者合法权益的情形。

除上述情形之外，不得执行旅行社质量保证金。同时，执行涉及旅行社

的经济赔偿案件时，不得从旅游行政管理部门行政经费账户上划转行政经费资金。

特此通知。

——《最高人民法院关于执行旅行社质量保证金问题的通知》（2001 年 1 月 8 日，法〔2001〕1 号），载最高人民法院研究室、最高人民法院出版社编：《司法手册》第 20 辑，人民法院出版社 2002 年版，第 492 页。

附录：《人民司法》信箱

旅行社被吊销、注销经营资格后，法院能否执行旅行社的质量保证金？

问题：某法院在执行甲公司与乙旅行社门票纠纷一案时查明：乙旅行社于 2004 年被福建省旅游局注销了经营许可证，其设立时曾向旅游局缴纳旅游质量保证金 5 元。我院据此于 2005 年 3 月 9 日向旅游局发出协助执行通知书冻结该保证金。但是在要求协助提取该款时，旅游局以最高人民法院法〔2001〕1 号文《关于执行旅行社质量保证金问题的通知》只列举了四种旅行社损害旅游者利益时才可执行保证金的情形，除此之外不得执行旅行社的质量保证金为由，拒绝协助执行。旅游局的做法对吗？

《人民司法》研究组认为：旅游质量保证金设立的目的是方便旅游行政管理机关对旅游企业进行行业管理，保证旅游消费者的合法权益及时得到保护。在旅行社因被注销行业经营资格而进行清算时，旅游质量保证金首先要保证赔偿旅游者预交的旅行费以及旅游者对旅行社因旅游合同所产生的债权足额受偿，如有余额方能由其他债权人依法受偿。本案中旅游局应协助法院执行乙旅行社的质量保证金。

——《人民司法》2006 年第 10 期。

296. 工商联与挂靠企业脱钩后，人民法院不得执行其国库款、财政经费账户、办公用品房、车辆等办公必需品

关键词

工商联

最高人民法院答复

天津市高级人民法院：

你院《关于对被执行人河北省工商联（又称河北省总商会）欠款案执行情况的报告》收悉。经研究，答复如下：

一、各级工商联是党领导下的具有统战性质的人民团体。其与挂靠企业

脱钩时，是按照中央文件的要求执行的。因此人民法院在执行与其脱钩企业的案件时，也应比照适用最高人民法院法释〔2001〕8号《关于审理军队、武警部队、政法机关移交、撤销企业和与党政机关脱钩企业相关纠纷案件若干问题的规定》。根据该司法解释第十五条、第十六条的规定，开办单位应当承担民事责任的，人民法院不得对开办单位的国库款、财政经费账户、办公用房、车辆等其他办公必需品采取查封、扣押、冻结、拍卖、变卖等执行措施。开办单位只能用其财政资金以外的自有资金清偿债务。如果开办单位没有财政资金以外自有资金的，应当依法裁定终结执行。请你院监督南开区人民法院在执行河北省工商联时，严格按照上述规定执行。

——《最高人民法院关于河北省工商联、河北省总商会申诉案的复函》（2003年6月6日，〔2003〕执他字第3号），载江必新主编：《人民法院执行工作规范全集》，人民法院出版社2017年版，第724页。

附录：理解与适用

（一）关于工商联作为开办单位承担民事责任时，是否适用法释〔2001〕8号《最高人民法院关于审理军队、武警部队、政法机关移交、撤销企业和与党政机关脱钩企业相关纠纷案件若干问题的规定》

笔者认为工商联作为人民团体，应比照法释〔2001〕8号的精神处理其作为开办单位承担民事责任的案件。理由如下：

1. 中共中央办公厅、国务院办公厅关于转发国家经贸委《关于党政机关与所办经济实体脱钩的规定》的通知（中办法〔1993〕17号），转发至各人民团体，要求遵照执行。说明该文件有关脱钩的规定涉及人民团体。而河北省工商联作为党委领导下的具有统战性的人民团体确实依照中央文件与所办企业进行了脱钩。我院法释〔2001〕8号司法解释的适用范围是：仅适用于审理此次军队、武警部队、政法机关移交、撤销企业和与党政机关脱钩的企业所发生的债务纠纷案件和破产案件。虽然我院司法解释未指明与人民团体脱钩的情况。但中央文件要求脱钩的精神不仅只限于党政机关，对人民团体也是如此。因此，最高人民法院司法解释对人民团体也应适用。

2. 中共中央统战部给最高人民法院的统函〔2003〕（五）9号《关于各级工商联作为统战性人民团体应按党政机关掌握的函》明确表明：全国工商联和各级工商联组织是党领导下的具有统战性的人民团体，纳入各级政府的行政编制，为财政预算拨款单位，经费由各级财政全额拨付。在执行中央的各项政策规定时，一直参照党政机关执行’特别是在与挂靠企业脱钩时，也是按照中央文件要求执行的。所以，牵扯到脱钩企业的相关纠纷时，亦应适用最高人民法院法释〔2001〕8号文规定。

3. 最高人民法院法释〔2001〕8号司法解释第15条、第16条规定人民法院在审理有关移交、撤销、脱钩的企业的案件时，认定开办单位应当承担民事责任的，不得对开办单位的国库款、军费、财政经费账户、办公用房、车辆等其他办公必需品采取查封、扣押、冻结、拍卖等保全措施和执行措施。人民法院在执行涉及开办单位承担民事责任的生效判决时，只能用开办单位财政资金以外的自有资金清偿债务。如果开办单位没有财政资金以外自有资金的，应当依法裁定终结执行。从这两条规定可看出：开办单位不能用财政资金为脱钩企业清偿债务，法院不能执行开办单位财政资金，不能执行办公车辆等。因此，本案中，河北省工商联作为财政拨款单位，也不能用财政资金为脱钩企业偿还债务，其办公车辆不能被执行。

——刘涛：《人民法院在执行与工商联脱钩企业的案件时是否适用最高人民法院法释〔2001〕8号文的请示与答复》，载最高人民法院执行工作办公室编：《强制执行指导与参考》2003年第2辑（总第6辑），法律出版社2003年版，第279~280页。

297. 被执行人的封闭贷款能否执行

关键词

封闭贷款

最高人民法院司法政策精神

各省、自治区、直辖市高级人民法院，新疆维吾尔自治区高级人民法院生产建设兵团分院：

1999年7月26日，中国人民银行、国家经贸委、国家计委、财政部和国家税务总局联合下发了《封闭贷款管理暂行办法》（银发〔1999〕261号），同年8月5日中国人民银行、国家计委、财政部、外经贸部和国家税务总局又联合下发了《外经贸企业封闭贷款管理暂行办法》（银发〔1999〕285号）。封闭贷款是商业银行根据国家政策向特定企业发放的具有特定用途的贷款，为保证这项工作的顺利进行，使封闭贷款达到预期目的，现将有关问题通知如下：

一、人民法院审理民事经济纠纷案件，不得对债务人的封闭贷款结算专户采取财产保全措施或者先予执行。

二、人民法院在执行案件时，不得执行被执行人的闭贷款结算专户中的款项。

三、如果有证据证明债务人为逃避债务将其他款项打入封闭贷款结算专户的，人民法院可以仅就所打入的款项采取执行措施。

四、如果债权人从债务人的封闭贷款结算专户中扣取了老的贷款和欠息，或者扣收老的欠税及各种费用，债务人起诉的，人民法院应当受理，并按照《封闭贷款理暂行办法》第14条的规定处理。债务人属于外经贸企业的，则按照《外经贸企业封闭贷款管理暂行办法》第21条的规定处理。

执行中有何问题，请及时向我院报告。

——《最高人民法院关于执行〈封闭贷款管理暂行办法〉和〈外经贸企业封闭贷款管理暂行办法〉中应注意的几个问题的通知》(2000年1月10日，法发〔2000〕4号)，载肖扬总主编：《中华人民共和国法库（第二版）》，人民法院出版社2007年版，第13987页。

最高人民法院审判业务意见［《人民法院办理执行案件规范（第二版）》］

677.【封闭贷款结算专户资金】

人民法院不得执行被执行人的封闭贷款结算专户中的款项。

如果有证据证明债务人为逃避债务将其他款项打入封闭贷款结算专户的，人民法院可以仅就所打入的款项采取执行措施。

——最高人民法院执行局编：《人民法院办理执行案件规范（第二版）》，人民法院出版社2022年版，第286页。

附录：《人民司法》信箱

问题： 对1999年中国人民银行等五部门制定的《封闭贷款管理暂行办法》中“封闭运行期间”应如何理解？是指封闭贷款合同约定的借款之日起至约定还款之日止，还是指只要贷款没有还清，哪怕是过了约定还款日期，仍属于封闭运行期间？对此问题有两种意见，一种认为封闭运行期间应是借款之日起至约定还款之日止，而银行则认为是只要该贷款没有还清，就仍属于封闭运行期间。

《人民司法》研究组认为： 封闭贷款是按照国家有关政策用于特定目的的贷款。按照1999年8月中国人民银行、国家发展计划委员会、财政部、对外贸易经济合作部和国家税务总局制定的《封闭贷款管理暂行办法》《外经贸企业封闭贷款管理暂行办法》和最高人民法院有关司法解释的规定，封闭贷款实行专款专用，并设单独的账户，确保贷款用于约定的生产经营，不被挪作他用；确保回收款项用于清偿贷款，不被用作其他用途。在封闭运行期间内，司法机关也不得查封、冻结封闭贷款专用账户，更不得用于清偿借款人的其他债务。因此，封闭运行期间应当指封闭贷款实际发放、使用至清偿的整个期间，而不限于贷款合同约定的使用期间。如果在约定期间内借款人未清偿封闭贷款，对该专用账户人民法院仍然不能查封、冻结和执行。

——《人民司法》2005年第5期。

298. 人民法院能否执行区管委会的财政性资金

关键词

财政性资金　自有资金

最高人民法院答复

甘肃省高级人民法院：

你院甘高法〔1999〕07号《关于能否强制执行金昌市东区管委会有关财产的请示》收悉。经研究，答复如下：

我们认为，预算内资金和预算外资金均属国家财政性资金，其用途国家有严格规定，不能用来承担连带经济责任。金昌市东区管委会属行政性单位，人民法院在执行涉及行政性单位承担连带责任的生效法律文书时，只能用该行政单位财政资金以外的自有资金清偿债务。为了保证行政单位正常的履行职能，不得对行政单位的办公用房、车辆等其他办公必需品采取执行措施。

此复

——《最高人民法院对甘肃高院〈关于能否强制执行金昌市东区管委会有关财产的请示〉的复函》（2001年4月19日，〔2001〕执他字第10号），载江必新主编：《人民法院执行工作规范全集》，人民法院出版社2017年版，第723页。

附录：理解与适用

财政部复函（财法函字〔2000〕8号）已明确预算外资金已属各级政府的财政性资金，故过去执行中所称可以执行预算外资金的规定即国务院国发〔1990〕68号文件，因《国务院加强预算外资金管理的决定》国发〔1996〕29号文件的颁布，而不再适用。且我院2001年3月20日又发布了法释〔2001〕8号《关于审理军队、武警部队、政法机关移交、撤销企业和与党政机关脱钩企业相关纠纷案件若干问题的规定》，进一步明确，人民法院在执行涉及单位承担民事责任的生效判决时，只能用开办单位财政资金以外的自有资金清偿债务。如果开办单位没有财政资金以外自有资金的，应当依法裁定终结执行。

鉴于上述规定，最高人民法院在答复甘肃高院的请示中阐明，预算内资金和预算外资金均属国家财政性资金，其用途国家有严格规定，不能用来承担连带经济责任。金昌市东区管委会属行政性单位，人民法院在执行涉及行政性单位承担连带责任的生效法律文书时，只能用该行政单位财政资金以外的自有资金清偿债务。为了保证行政单位正常履行职能，不得对行政单位的办公用房、车辆等其他办公必需品采取执行措施。

——张小林：《关于能否强制执行甘肃金昌市东区管委会有关财产请示案》，载最高人民法院执行工作办公室编：《强制执行指导与参考》2003年第4辑（总第8辑），法律出版社2004年版，第237页。

299. 对被执行人存在银行的凭证式国库券可否采取执行措施

关键词

凭证式国库券

最高人民法院司法解释

北京市高级人民法院：

你院京高法〔1997〕194号《关于对被执行人在银行的凭证式记名国库券可否采取冻结、扣划强制措施的请示》收悉。经研究，答复如下：

被执行人存在银行的凭证式国库券是由被执行人交银行管理的到期偿还本息的有价证券，在性质上与银行的定期储蓄存款相似，属于被执行人的财产。依照《中华人民共和国民事诉讼法》第二百四十二条[①]规定的精神，人民法院有权冻结、划拨被执行人存在银行的凭证式国库券。有关银行应当按照人民法院的协助执行通知书将本息划归申请执行人。

此复

——《最高人民法院关于对被执行人存在银行的凭证式国库券可否采取执行措施问题的批复》（2020年12月29日修正）。

最高人民法院审判业务意见［《人民法院办理执行案件规范（第二版）》］

537.【凭证式国库券】

被执行人存在银行的凭证式国库券是由被执行人交银行管理的到期偿还本息的有价证券，在性质上与银行的定期储蓄存款相似，属于被执行人的财产。依照民事诉讼法第二百四十九条规定的精神，人民法院有权冻结、划拨被执行人存在银行的凭证式国库券。

——最高人民法院执行局编：《人民法院办理执行案件规范（第二版）》，人民法院出版社2022年版，第234页。

---

① 现为《民事诉讼法》（2021年修正）第二百四十九条。

300. 人民法院不得冻结和扣划社会保险基金

关键词

社会保险基金　专项资金　冻结　扣划

最高人民法院司法政策精神

各省、自治区、直辖市高级人民法院，新疆维吾尔自治区高级人民法院生产建设兵团分院：

近一个时期，少数法院在审理和执行社会保险机构原下属企业（现已全部脱钩）与其他企业、单位的经济纠纷案件时，查封社会保险机构开设的社会保险基金账户，影响了社会保险基金的正常发放，不利于社会的稳定。为杜绝此类情况发生，特通知如下：

社会保险基金是由社会保险机构代参保人员管理，并最终由参保人员享用的公共基金，不属于社会保险机构所有。社会保险机构对该项基金设立专户管理，专款专用，专项用于保障企业退休职工、失业人员的基本生活需要，属专项资金，不得挪作他用。因此，各地人民法院在审理和执行民事、经济纠纷案件时，不得查封、冻结或扣划社会保险基金；不得用社会保险基金偿还社会保险机构及其原下属企业的债务。

各地人民法院如发现有违反上述规定的，应当及时依法予以纠正。

——《最高人民法院关于在审理和执行民事、经济纠纷案件时不得查封、冻结和扣划社会保险基金的通知》（2000 年 2 月 18 日，法〔2000〕19 号），载肖扬总主编：《中华人民共和国法库（第二版）》，人民法院出版社 2007 年版，第 13988 页。

最高人民法院审判业务意见［《人民法院办理执行案件规范（第二版）》］

679.【社会保险基金】

对社会保险基金，人民法院不得作为社会保险机构及其原下属企业的财产予以执行。

——最高人民法院执行局编：《人民法院办理执行案件规范（第二版）》，人民法院出版社 2022 年版，第 286 页。

301. 人民法院不得冻结和扣划国有企业下岗职工基本生活保障资金

关键词

专项资金　冻结　划拨

最高人民法院司法政策精神

各省、自治区、直辖市高级人民法院，新疆维吾尔自治区高级人民法院生产建设兵团分院：

据悉，最近一些地方人民法院在审理或执行经济纠纷案件中，冻结并划拨国有企业下岗职工基本生活保障资金，导致下岗职工基本生活无法保障，影响了社会稳定。为杜绝此类事件发生，特通知如下：

国有企业下岗职工基本生活保障资金是采取企业、社会、财政各承担三分之一的办法筹集的，由企业再就业服务中心设立专户管理，专项用于保障下岗职工基本生活，具有专项资金的性质，不得挪作他用，不能与企业的其他财产等同对待。各地人民法院在审理和执行经济纠纷案件时，不得将该项存于企业再就业服务中心的专项资金作为企业财产处置，不得冻结或划拨该项资金用以抵偿企业债务。

各地人民法院应对已审结和执行完毕的经济纠纷案件做一下清理，凡发现违反上述规定的，应当及时依法予以纠正。

——《最高人民法院关于严禁冻结或划拨国有企业下岗职工基本生活保障资金的通知》（1999 年 11 月 24 日，法〔1999〕228 号）。

最高人民法院审判业务意见［《人民法院办理执行案件规范（第二版）》］

678.【国有企业下岗职工基本生活保障资金】

对国有企业下岗职工基本生活保障资金，人民法院不得作为所在企业的财产予以执行。

——最高人民法院执行局编：《人民法院办理执行案件规范（第二版）》，人民法院出版社 2022 年版，第 286 页。

302. 企事业单位、机关在金融机构设立的党组织的党费、工会经费账户内的经费资金，人民法院不得冻结和扣划

关键词

党费　工会经费　专项资金　冻结　扣划

最高人民法院司法解释

各省、自治区、直辖市高级人民法院，解放军军事法院：

山东等省高级人民法院就审判工作中如何认定产业工会、基层工会的社会团体法人资格和对工会财产、经费查封、扣押、冻结、划拨的问题，向我院请示。经研究，批复如下：

一、根据《中华人民共和国工会法》（以下简称工会法）的规定，产业工会社会团体法人资格的取得是由工会法直接规定的，依法不需要办理法人登记。基层工会只要符合《中华人民共和国民法典》、工会法和《中国工会章程》规定的条件，报上一级工会批准成立，即具有社会团体法人资格。人民法院在审理案件中，应当严格按照法律规定的社会团体法人条件，审查基层工会社会团体法人的法律地位。产业工会、具有社会团体法人资格的基层工会与建立工会的营利法人是各自独立的法人主体。企业或企业工会对外发生的经济纠纷，各自承担民事责任。上级工会对基层工会是否具备法律规定的社会团体法人的条件审查不严或不实，应当承担与其过错相应的民事责任。

二、确定产业工会或者基层工会兴办企业的法人资格，原则上以工商登记为准；其上级工会依据有关规定进行审批是必经程序，人民法院不应以此为由冻结、划拨上级工会的经费并替欠债企业清偿债务。产业工会或基层工会投资兴办的具备法人资格的企业，如果投资不足或者抽逃资金的，应当补足投资或者在注册资金不实的范围内承担责任；如果投资全部到位，又无抽逃资金的行为，当企业负债时，应当以企业所有的或者经营管理的财产承担有限责任。

三、根据工会法的规定，工会经费包括工会会员缴纳的会费，建立工会组织的企业事业单位、机关按每月全部职工工资总额的百分之二的比例向工会拨交的经费，以及工会所属的企业、事业单位上缴的收入和人民政府的补助等。工会经费要按比例逐月向地方各级总工会和全国总工会拨交。工会的经费一经拨交，所有权随之转移。在银行独立开列的“工会经费集中户”，与企业经营资金无关，专门用于工会经费的集中与分配，不能在此账户开支费用或挪用、转移资金。因此，人民法院在审理案件中，不应将工会经费视为

所在企业的财产，在企业欠债的情况下，不应冻结、划拨工会经费及“工会经费集中户”的款项。

此复。

——《最高人民法院关于产业工会、基层工会是否具备社会团体法人资格和工会经费集中户可否冻结划拨问题的批复》（2020 年 12 月 29 日修正）。

最高人民法院司法政策精神

各省、自治区、直辖市高级人民法院，解放军军事法院，新疆维吾尔自治区高级人民法院生产建设兵团分院：

据悉，近一个时期，少数法院在强制执行过程中，将企业党组织的党费账户予以冻结，影响了企业党组织的正常工作。为避免此类情况发生，特通知如下：

企业党组织的党费是企业每个党员按月工资比例向党组织缴纳的用于党组织活动的经费。党费由党委组织部门代党委统一管理，单立账户，专款专用，不属于企业的责任资产。因此，在企业作为被执行人时，人民法院不得冻结或划拨该企业党组织的党费，不得用党费偿还该企业的债务。执行中，如果申请执行人提供证据证明企业的资金存入党费账户，并申请人民法院对该项资金予以执行的，人民法院可以对该项资金先行冻结；被执行人提供充分证据证明该项资金属于党费的，人民法院应当解除冻结。

各级人民法院发现执行案件过程中有违反上述规定情形的，应当及时依法纠正。

——《最高人民法院关于强制执行中不应将企业党组织的党费作为企业财产予以冻结或划拨的通知》（2005 年 11 月 23 日，法〔2005〕209 号）。

最高人民法院审判业务意见［《人民法院办理执行案件规范（第二版）》］

675.【工会经费、党费】

对企业的工会经费及“工会经费集中户”的款项、党组织的党费，人民法院不得作为所在企业的财产予以执行。

——最高人民法院执行局编：《人民法院办理执行案件规范（第二版）》，人民法院出版社 2022 年版，第 285 页。

附录：《人民司法》信箱

工会为其投资开办的企业欠债承担连带清偿责任时，法院能否冻结、划拨工会经费及工会经费集中户里的款项

问题：某法院在办理一起经济案件时遇到了这种情况：某集团公司工会投资开办 A 公司，因未实际投入注册资金，法院依法判令工会对 A 公司的债

务在注册资金不足的范围内承担连带清偿责任。在该案执行过程中，经查实，A公司因连续两年未年审，已被工商部门吊销营业执照，且无任何财产可供执行。对能否冻结、划拨工会经费及工会经费集中户款项存在两种观点。一种观点认为：对工会经费及工会经费集中户的款项法院不应冻结、划拨。理由是最高人民法院《关于产业工会、基层工会是否具备社团法人资格和工会经费集中户可否冻结划拨问题的批复》（以下简称《批复》）明确规定：人民法院在审理案件中，不应将工会经费视为所在企业的财产，在企业欠债的情况下，不应冻结、划拨工会经费及工会经费集中户的款项。另一种观点认为：《批复》是指把工会的财产（经费）与工会所在企业的财产区分开来，不应把工会经费视为所在企业的财产。如果是在某集团公司欠债的情况下，法院不应冻结、划拨工会经费及工会经费集中户的款项。但在工会自身欠债的情况下，或工会为其投资开办的企业欠债承担连带清偿责任时，法院可以冻结、划拨工会经费及工会经费集中户的款项。

《人民司法》研究组认为：最高人民法院《批复》第3条规定：人民法院在审理案件中，不应将工会经费视为所在企业的财产，在企业欠债的情况下，不应冻结、划拨工会经费及工会经费集中户的款项。这里是指应依法将工会的财产与其所在企业的财产及债务分开，不得用工会经费清偿企业债务。根据《批复》第1、2条规定，工会仍应当清偿其自身对外所负债务或者承担自身行为所引起的民事责任。因此，工会为其所开办的企业承担责任时，不应援引最高人民法院这一批复作为抗辩的理由。工会为其投资开办的企业欠债承担连带清偿责任时，法院可以冻结、划拨工会经费及工会经费集中户的款项。当然，根据工会法的规定，人民法院在执行工作中，不应当执行工会经费中用于工会活动的部分。

——《人民司法》2002年第9期。

303. 人民法院不得执行企业职工建房集资款

关键词

职工建房集资款　冻结

最高人民法院答复

湖北省高级人民法院：

陕西建光机器厂给我院来函反映：你省荆沙市沙市区人民法院在执行荆沙市中级人民法院（1996）荆经字第175号生效判决时，将所有权不属于该厂的职工建房集资款60万元人民币予以冻结。为此，该厂向沙市区人民法院提出异议，沙市区人民法院则以此款是职工预购房款，属该厂所有为由，驳回其异议。

经审查，陕西建光机器厂为解决本厂职工住房困难，于 1995 年 12 月 15 日以集资修建职工住房方案为题下发了〔1995〕180 号文件，该文件明确了集资对象、条件及方式。经上报市房改办公室获批后，该厂按市房改办批复的要求，将上述职工个人集资款存入指定银行的专项账户。上列事实清楚，证据充分。国务院住房制度改革领导小组办公室还专就此事致函我办，明确指出："此款其性质属于职工个人的，不应视为企业的其他资金。"请你院接到此函后，通知并监督荆沙市沙市区人民法院立即将此款解冻。

——《最高人民法院执行工作办公室关于企业职工建房集资款不属企业所得问题的函》（1997 年 1 月 27 日，法经〔1997〕12 号），载江必新主编：《人民法院执行工作规范全集》，人民法院出版社 2017 年版，第 720 页。

304. 信用证开证保证金原则上可以采取冻结措施，不能扣划，但丧失保证金功能的账户存款，人民法院可依法采取扣划措施

关键词

信用证开证保证金　冻结　扣划

最高人民法院司法解释

信用证开证保证金属于有进出口经营权的企业向银行申请对国外（境外）方开立信用证而备付的具有担保支付性质的资金。为了严肃执法和保护当事人的合法权益，现就有关冻结、扣划信用证开证保证金的问题规定如下：

一、人民法院在审理或执行案件时，依法可以对信用证开证保证金采取冻结措施，但不得扣划。如果当事人、开证银行认为人民法院冻结和扣划的某项资金属于信用证开证保证金的，应当依法提出异议并提供有关证据予以证明。人民法院审查后，可按以下原则处理：对于确系信用证开证保证金的，不得采取扣划措施；如果开证银行履行了对外支付义务，根据该银行的申请，人民法院应当立即解除对信用证开证保证金相应部分的冻结措施；如果申请开证人提供的开证保证金是外汇，当事人又举证证明信用证的受益人提供的单据与信用证条款相符时，人民法院应当立即解除冻结措施。

二、如果银行因信用证无效、过期，或者因单证不符而拒付信用证款项并且免除了对外支付义务，以及在正常付出了信用证款项并从信用证开证保证金中扣除相应款额后尚有剩余，即在信用证开证保证金账户存款已丧失保证金功能的情况下，人民法院可以依法采取扣划措施。

三、人民法院对于为逃避债务而提供虚假证据证明属信用证开证保证金的单位和个人，应当依照民事诉讼法的有关规定严肃处理。

——《最高人民法院关于人民法院能否对信用证开证保证金采取冻结和扣划措施问题的规定》(2020 年 12 月 29 日修正)。

最高人民法院审判业务意见 [《人民法院办理执行案件规范（第二版）》]

685.【信用证开证保证金】

人民法院审理和执行案件时，依法可以对信用证开证保证金采取冻结措施，但不得扣划。

如果当事人、开证银行认为人民法院冻结和扣划的某项资金属于信用证开证保证金的，应当依法提出异议并提供有关证据予以证明。人民法院审查后，可按以下原则处理：对于确系信用证开证保证金的，不得采取扣划措施；如果开证银行履行了对外支付义务，根据该银行的申请，人民法院应当立即解除对信用证开证保证金相应部分的冻结措施；如果申请开证人提供的开证保证金是外汇，当事人又举证证明信用证的受益人提供的单据与信用证条款相符时，人民法院应当立即解除冻结措施。

如果银行因信用证无效、过期，或者因单证不符而拒付信用证款项并且免除了对外支付义务，以及在正常付出了信用证款项并从信用证开证保证金中扣除相应款额后尚有剩余，即在信用证开证保证金账户存款已丧失保证金功能的情况下，人民法院可以依法采取扣划措施。

人民法院对于为逃避债务而提供虚假证据证明属信用证开证保证金的单位和个人，应当依照民事诉讼法的有关规定严肃处理。

——最高人民法院执行局编：《人民法院办理执行案件规范（第二版）》，人民法院出版社 2022 年版，第 289 页。

305. 国防科研经费不得冻结、扣划

关键词

国防科研经费　冻结　扣划

最高人民法院答复

辽宁省高级人民法院：

哈尔滨工程大学向我院反映，抚顺市中级人民法院在执行该院〔1994〕抚经初字第 115 号民事判决书（被执行人为哈尔滨工程大学）过程中，将该被执行人在中国工商银行哈尔滨市大直支行 ××××××××××—×× 账户

上的国防科研经费冻结 210 万元，扣划 110 万元。

经查，哈尔滨工程大学是承担国家国防科技预研重点项目和国防科技重点实验室建设项目的单位。根据中国工商银行、国防科工委《关于办理国防科研试制费委托拨款工作有关问题的通知》的规定，该校在中国工商银行哈尔滨市大直支行 ××××××××××—×× 账户的存款，应属国防科工委拨付给其为完成上述项目的国家预算内拨款，不能挪作他用。请你院尽快核实，如抚顺市中级人民法院冻结和扣划的款项确属上述性质，应立即解除冻结，停止扣划，以确保国防科研重点项目工作的正常进行。

——《最高人民法院执行工作办公室关于执行过程中不得冻结、扣划国防科研经费的函》(1995 年 4 月 18 日，法经〔1995〕118 号)。

306. 人民法院不宜冻结和扣划粮棉油政策性收购资金

关键词

粮棉油政策性收购资金　专项资金　冻结　扣划

最高人民法院审判业务意见 [《人民法院办理执行案件规范(第二版)》]

688.【粮棉油政策性收购资金】

对各级财政开支的直接用于粮棉油收购环节的价格补贴款、银行粮棉油政策性收购货款和粮棉油政策性收购企业的粮棉油调销回笼款，只能用于粮棉油收购及相关费用支出。人民法院在审理和执行涉及政策性粮棉油收购业务之外的经济纠纷案件中，不宜对粮棉油政策性收购企业在中国农业发展银行及其代理行或经人民银行当地分行批准的其他金融机构开立账上的这类资金采取财产保全措施和执行措施。对中国农业发展银行提供的粮棉油收购资金及由该项资金形成的库存的粮棉油，人民法院不宜采取财产保全措施和执行措施。

最高人民法院执行局编：《人民法院办理执行案件规范(第二版)》，人民法院出版社 2022 年版，第 291 页。

最高人民法院答复

山东省高级人民法院：

你院鲁法经〔1997〕33 号《关于对粮棉油政策性收购资金专户是否可以采取财产保全措施问题的请示》收悉。经研究，答复如下：

同意你院请示的倾向性意见。粮棉油政策性收购资金是用于国家和地方专项储备的粮食、棉花、油料的收购、储备、调销资金和国家定购粮食、棉花收购资金。包括各级财政开支的直接用于粮棉油收购环节的价格补贴款、银行粮棉油政策性收购货款和粮棉油政策性收购企业的粮棉油调销回笼款。该资金只能用于粮棉油收购及相关费用支出。人民法院在审理涉及政策性粮棉油收购业务之外的经济纠纷案件中，不宜对粮棉油政策性收购企业在中国农业发展银行及其代理行或经人民银行当地分行批准的其他金融机构开立账上的这类资金采取财产保全措施，以保证这类资金专款专用，促进农业的发展。

——《最高人民法院关于对粮棉油政策性收购资金是否可以采取财产保全措施问题的复函》(1997 年 8 月 14 日，法函〔1997〕97 号)，载肖扬总主编:《中华人民共和国法库（第二版）》，人民法院出版社 2007 年版，第 13981~13982 页。

最高人民法院司法政策精神

各省、自治区、直辖市高级人民法院，解放军军事法院，新疆维吾尔自治区高级人民法院生产建设兵团分院:

根据国务院国发〔1998〕15 号《关于进一步深化粮食流通体制改革的决定》和国发〔1998〕42 号《关于深化棉花流通体制改革的决定》以及《粮食收购条例》等有关法规和规范性文件的规定，人民法院在保全和执行国有粮棉油购销企业从事粮棉油政策性收购以外业务所形成的案件时，除继续执行我院法函〔1997〕97 号《关于对粮棉油政策性收购资金是否可以采取财产保全措施问题的复函》外，对中国农业发展银行提供的粮棉油收购资金及由该项资金形成的库存的粮棉油不宜采取财产保全措施和执行措施。

——《最高人民法院关于对粮棉油政策性的收购资金形成的粮棉油不宜采取财产保全措施和执行措施的通知》(2000 年 11 月 16 日，法〔2000〕164 号)，载最高人民法院研究室、人民法院出版社编:《司法手册》第 18 辑，人民法院出版社 2001 年版，第 620 页。

307. 法院能否执行总公司已收取的资金和调拨给子公司经营管理的财产

关键词

子公司

附录:《人民司法》信箱

问题: 某运输总公司所属具有独立法人资格的子公司于 1990 年 5 月 3 日

设立时的注册资金为100余万元。自1990年7月至1996年7月，该总公司先后以运输设备等固定资产形式调拨700余万元资金及10余亩土地使用权归子公司经营管理。在此期间，总公司先后从子公司收取近千万元的资金。1997年1月4日，子公司在用总公司调拨的吊机、拖车为某装饰材料公司吊装设备（价值103万美元）时致该设备坠地损毁，经一、二审法院判决，该子公司应赔偿某装饰材料公司主机设备款103万美元、其他经济损失人民币8万余元。在法院执行期间，总公司又将其调拨给子公司经营管理的上述财产调回。法院能否执行该总公司从子公司收取的资金和总公司拨给子公司经营管理的财产（运输设备和土地使用权益）？

《人民司法》研究组认为：人民法院在执行程序中变更和追加被执行人应当严格依照《民事诉讼法》及其司法解释和最高人民法院《关于人民法院执行工作若干问题的规定（试行）》的有关条款进行。从本案情况看，母公司拨付了一定财产给子公司经营，并从子公司收取了近千万元资金，在子公司涉案后又将拨付的现金和实物收回。必须明确：母公司提供财产只是供子公司经营管理，不是投资，子公司对该财产不具有所有权和处分权。子公司具有独立法人资格，仅应以自己的财产承担民事责任。对母公司从子公司收取的款项是否违反双方的合同或法律规定，人民法院在执行程序中无权认定，当事人如果对此有异议，应通过诉讼程序解决。因此，本案不能追加母公司为被执行人而执行上述财产。

——《人民司法》2002年第8期。

308. 公积金按揭贷款保证金专用账户、纳税专用账户能否强制执行

关键词

强制执行　公积金按揭贷款保证金专用账户　纳税专用账户

最高人民法院裁判文书

唐山市某北房地产开发有限公司、孟某房屋买卖合同纠纷执行审查类执行裁定书［最高人民法院（2020）最高法执监90号执行裁定书］

裁判要旨：只有法律法规明确规定不得被强制执行的账户不能强制执行，公积金按揭贷款保证金专用账户、纳税专用转账不属于不能被强制执行的账户。

最高人民法院认为：首先，贷款保证金账户不能对抗执行。最高人民法院（2014）执他字第8号函明确：在执行以银行为协助执行人的案件时，不能冻结户名为被执行人的银行贷款账户。贷款账户一般系银行记载其向被执行人发放贷款及收回情况的账户，而5337账户是贷款保证金账户，性质不同，不得对抗执行。

其次，法院可以对登记在某北公司名下的账户采取执行措施。查扣冻规定第二条第一款规定："人民法院可以查封、扣押、冻结被执行人占有的动产、登记在被执行人名下的不动产、特定动产及其他财产权。"对于判断被执行人的财产性质，人民法院可参照异议复议规定第二十五条"银行存款和存管在金融机构的有价证券，按照金融机构和登记结算机构登记的账户名称判断""其他财产和权利，有登记的，按照登记机构的登记判断"等规定予以形式审查。

再次，银行及税务部门可通过其他方式维护自身权益。对于5337账户，交通银行如认为享有对该账户资金的优先受偿权，可直接向唐山中院请求对其予以优先分配，交通银行如对唐山中院分配该账户资金的执行行为不服，可向该院提出异议；对于5180账户，当地税务部门如认为唐山中院扣划5180账户款项的执行行为错误，可依法向唐山中院提出异议。

综上，最高人民法院裁定驳回某北公司的申诉请求。

——中国裁判文书网。

309. 人民法院已经扣划到执行法院账户但尚未支付给申请人执行的款项，是否还属于债务人财产

关键词

执行款项　债务人财产

最高人民法院裁判文书

安徽永禾置业有限公司与安徽国信建设集团有限公司［最高人民法院（2017）最高法执监422号执行裁定书］

裁判要旨：已经扣划到执行法院账户的银行存款等执行款，但未完成向申请执行人转账、汇款、现金交付的，财产权利归属未发生变动，仍属于被执行人的财产，执行法院收到法院破产受理裁定后，不应再支付给申请执行人，应当将其移交给受理破产案件的法院或管理人。

最高人民法院认为，在人民法院受理对被执行人的破产清算申请情况下，执行程序中已执行到法院账户但未发放给申请执行人的款项是应支付给申请执行人还是应移交给受理破产案件的法院处置。

《企业破产法》第十九条规定，人民法院受理破产申请后，有关债务人财产的保全措施应当解除，执行程序应当中止。根据该规定精神，如果执行程序尚未终结，对被执行人财产的保全措施应当解除，执行程序应当中止，尚未清偿的不得进行清偿。对此，《最高人民法院关于如何理解〈最高人民法院关于破产法司法解释〉第六十八条的请示的答复》（以下简称《答复》）明确了不应列入破产财产的两种具体情形："一、正在进行的执行程序不仅作出了生效的执行裁定，而且就被执行财产的处理履行了必要的评估拍卖程序，相关人已支付了对价，此时虽未办理变更登记手续，且非该相关人的过错，应视为执行财产已向申请人交付，该执行已完毕，该财产不应列入破产财产；二、人民法院针对被执行财产采取了相应执行措施，该财产已脱离债务人实际控制，视为已向权利人交付，该执行已完毕，该财产不应列入破产财产。"第一种情形主要针对需要变更登记手续的不动产，第二种情形主要从被执行财产是否已经脱离债务人实际控制角度明确是否列入破产财产，未具体区分财产类型。

本案安徽高院认定涉案款项已向权利人交付的主要理由就是涉案款项已经脱离了债务人的实际控制，与《答复》的精神基本一致。但《答复》作出时间为 2004 年 12 月 22 日，其以"脱离债务人实际控制"为界限将被执行财产视为已向权利人交付的观点，与自 2015 年 2 月 4 日起施行的《最高人民法院关于适用〈中华人民共和国民事诉讼法〉的解释》有关规定精神及 2017 年 1 月 20 日最高人民法院印发的《指导意见》精神并不完全一致。

依《最高人民法院关于适用〈中华人民共和国民事诉讼法〉的解释》第五百零八条第一款规定及第五百一十三条[①]规定，在被执行人为公民或者其他组织情况下，被执行人的财产不能清偿所有债权的，可以通过参与分配程序实现债权的公平清偿，而在被执行人为企业法人情况下，则通过破产程序实现债权的公平清偿。《指导意见》第 16 条规定，执行法院收到受移送法院受理裁定后，应当于七日内将已经扣划到账的银行存款、实际扣押的动产、有价证券等被执行人财产移交给受理破产案件的法院或管理人。第 17 条规定，执行法院收到受移送法院受理裁定时，已通过拍卖程序处置且成交裁定已送达买受人的拍卖财产，通过以物抵债偿还债务且抵债裁定已送达债权人的抵债财产，已完成转账、汇款、现金交付的执行款，因财产所有权已经发生变

① 现为《最高人民法院关于适用〈中华人民共和国民事诉讼法〉的解释》第五百零六条和第五百一十一条。

动，不属于被执行人的财产，不再移交。从第 16、17 条规定精神看，对已完成向申请执行人转账、汇款、现金交付的执行款，因财产权利归属已经发生变动，不属于被执行人的财产。已经扣划到执行法院账户的银行存款等执行款，但未完成向申请执行人转账、汇款、现金交付的，财产权利归属未发生变动，仍属于被执行人的财产，执行法院收到受移送法院受理裁定后，不应再支付给申请执行人，应当将其移交给受理破产案件的法院或管理人。《最高人民法院关于适用〈中华人民共和国民事诉讼法〉的解释》及《指导意见》有关规定均体现了对债权人进行公平清偿的精神。从价值衡量角度看，个别债权人和全体债权人利益冲突的衡量，应该要向全体债权人倾斜，以有利于矛盾纠纷的化解。

本案中，在 1332 万元汇入法院执行款专户前，被执行人永禾公司尚有多起执行案件在肥西县法院执行，肥西县法院于 2015 年 12 月 7 日向合肥中院提交各案申请参与分配函，其实质反映了在被执行人财产明显不能清偿所有债权时其他债权人要求实现债权公平清偿的主张。根据《最高人民法院关于适用〈中华人民共和国民事诉讼法〉的解释》有关规定倾向于对债权人进行公平清偿的精神，合肥中院通过向肥西县法院发函的方式，告知永禾公司的其他债权人及时向住所地法院申请破产，是比较合理的处理方式。

本案合肥中院作出异议裁定时（2017 年 4 月 17 日），《指导意见》已经正式实施，而当时执行款仍未实际支付给国信公司，肥西县法院也已受理了永禾公司破产清算申请，应当按照《指导意见》精神审查国信公司异议请求，明确案涉执行款不应再支付给申请执行人，应当将其移交给受理破产案件的法院或管理人。安徽高院在审查复议申请时，亦应如此。安徽高院所主张的“专户资金实质上已由执行法院为申请执行人代管，该款项已脱离了债务人的实际控制，视为已向权利人交付”的观点，与《指导意见》精神不一致。

——中国裁判文书网。

310. 能否在被执行人故意伤害附带民事赔偿案件中执行其犯罪前已经赠与他人的赔偿款

关键词

民事赔偿　赠与　赔偿款

附录：《人民司法》信箱

问题：我院在执行一起因故意伤害犯罪而引起的赔偿案件时，因被执行人已服刑，又无财产可供执行而中止。现申请人提出被执行人之女（7 岁）在被执行人犯伤害罪之前被汽车撞死，并获得赔偿款 1.8 万元。因该女孩从 3 岁至 7 岁一直由其爷爷抚养，该赔偿款由其爷爷领取，被执行人在犯罪前已同意该款归其父所有。请问对该款是否可以执行？如何执行？

《人民司法》研究组认为：根据法律规定，强制执行的标的应是物或者行为，而作为执行标的的物应为被执行人所有的财产，不属于被执行人所有的财产不能执行。

本案能否执行被执行人幼女的死亡赔偿款，关键是看其所有权是否属于被执行人。从该案的情况看，被执行人在犯罪前已同意将此笔赔偿款归其父亲所有，实际上是将赔偿款中属于其自己的部分赠与父亲，其就不再对该款享有所有权，因此人民法院对该款不应强制执行。

——《人民司法》2002 年第 7 期。

（二）对机动车辆船舶的执行

311. 执行案件中车辆登记单位与实际出资购买人不一致应如何处理

关键词

实际购买人

最高人民法院答复

上海市高级人民法院：

你院沪高法〔1999〕321 号《关于执行案件车辆登记单位与实际出资购买人不一致应如何处理的请示》收悉。经研究，答复如下：

本案被执行人即登记名义人上海福久快餐有限公司对其名下的三辆机动车并不主张所有权；其与第三人上海人工半岛建设发展有限公司签订的协议书与承诺书意思表示真实，并无转移财产之嫌；且第三人出具的购买该三辆车的财务凭证、银行账册明细表、缴纳养路费和税费的凭证，证明第三人为实际出资人，独自对该三辆机动车享有占有、使用、收益和处分权。因此，对本案的三辆机动车不应确定登记名义人为车主，而应当依据公平、等价有偿原则，确定归第三人所有。故请你院监督执行法院对该三辆机动车予以解封。

——《最高人民法院关于执行案件中车辆登记单位与实际出资购买人不一致应如何处理问题的复函》（2000 年 11 月 21 日，〔2000〕执他字第 25 号），载江必新主编：《人民法院执行工作规范全集》，人民法院出版社 2017 年版，第 735 页。

312. 人民法院如何处理原车主不配合办理机动车转籍过户登记的问题

关键词

机动车转籍过户登记

附录：最高人民法院主流观点

人民法院裁判财产所有权转移的机动车在办理转籍过户登记时，需要处理好原车主不配合办理转移手续的问题：（1）对原车主拒不在《机动车变更、过户、改装、停驶、复驶、报废审批申请表》上签字或盖章情形的处理。人民法院判决（裁定、调解）财产所有权转移的机动车在办理转籍过户登记时，对车辆及其档案符合转籍过户有关规定，而原车主拒不在《机动车变更、过户、改装、停驶、复驶、报废审批申请表》上签字或盖章的，车辆管理所应当告知新车主，可以到判决（裁定、调解）的人民法院申请出具协助执行通知书。车辆管理所应当凭人民法院出具的协助执行通知书和新车主提供的判决（裁定、调解）书，直接办理转籍过户登记手续。属于进口机动车的，应当按照进口车转籍过户有关规定履行审批程序。（2）对原机动车所有人未向现机动车所有人提供机动车登记证书、号牌或者行驶证情形的处理。被人民法院、人民检察院和行政执法部门依法没收并拍卖，或者被人民法院调解、裁定、判决机动车所有权转移时，原机动车所有人未向现机动车所有人提供机动车登记证书、号牌或者行驶证的，现机动车所有人在办理转移登记时，应当提交人民法院出具的未得到机动车登记证书、号牌或者行驶证的协助执行通知书，或者人民检察院、行政执法部门出具的未得到机动车登记证书、号牌或者行驶证的证明。车辆管理所应当公告原机动车登记证书、号牌或者行驶证作废，并在办理转移登记的同时，补发机动车登记证书。

——江必新主编：《执行规范理解与适用——最新民事诉讼法与民诉法解释保全执行条文关联解读》，中国法制出版社 2015 年版，第 403~404 页。

（三）对不动产的执行

313. 执行过程中应保障被执行人及其所扶养家属的基本居住权

关键词

基本居住权

附录：最高人民法院主流观点

《最高人民法院关于人民法院办理执行异议和复议若干问题的规定》第二十条明确了在哪些情形下人民法院可以执行被执行人及其所扶养家属生活必需的住房，但并未对具体操作过程中的细节问题作更为详细的规定。居住权并不等于房屋所有权，人民法院在执行涉案房产的过程中，应当保障被执行人及其所扶养家属基本的居住权，不能仅考虑执行房屋，不顾被执行人及其所扶养家属的基本生活。对于执行阻力大、当事人拒不配合的案件，有必要制定执行预案，对被执行人及其所扶养家属进行妥善安置，在完成执行任务的同时，保障被执行人及其所扶养家属必要的居住条件。由政府提供公租房、廉租房等供被执行人及其所扶养家属居住的社会保障机制，在全国范围内尚未建立。对被执行人及其所扶养家属的安置，实践中存在很多实际障碍，对执行法院来说往往是个两难问题，考验法院的执行智慧。

——江必新、刘贵祥主编、最高人民法院执行局编著：《最高人民法院办理执行异议和复议案件若干问题规定理解与适用》，人民法院出版社 2015 年版，第 264 页。

314. 被执行人唯一住房与维持其本人及所扶养家属生活必需住房的区分

关键词

生活必需住房

最高人民法院审判业务意见［《人民法院办理执行案件规范（第二版）》］

744.【生活必需居住房屋的执行】

金钱债权执行中，对被执行人及所扶养家属维持生活必需的居住房屋，符合下列情形之一的，人民法院可以执行：

（一）对被执行人有扶养义务的人名下有其他能够维持生活必需的居住房屋的；

（二）执行依据生效后，被执行人为逃避债务转让其名下其他房屋的；

（三）申请执行人按照当地廉租住房保障面积标准为被执行人及所扶养家属提供居住房屋，或者同意参照当地房屋租赁市场平均租金标准从该房屋的变价款中扣除五至八年租金的。

——最高人民法院执行局编：《人民法院办理执行案件规范（第二版）》，人民法院出版社2022年版，第314页。

附录：最高人民法院主流观点

金钱债权的执行，需将被执行人财产进行变价后，以所得价款清偿债务。如果需要执行被执行人所有的唯一居住房屋，通常情况下，执行法院应考虑该房屋是否为被执行人及其所扶养家属生活所必需。被执行人的唯一住房和生活必需住房，在执行程序中是两个并不完全相同的概念。被执行人唯一住房，并非不能作为强制执行的标的物。即使对于被执行人及其所扶养家属维持生活必需的住房，在符合《最高人民法院关于人民法院办理执行异议和复议若干问题的规定》第二十条规定的条件下，也可以对生活必需的住房强制执行。换言之，被执行人唯一的住房和生活必需的住房，在符合法律、司法解释规定的条件下，均可以成为强制执行的标的。只是两者准许执行的标准和条件不同。被执行人及其所扶养家属维持生活必需的住房，在符合《最高人民法院关于人民法院办理执行异议和复议若干问题的规定》第二十条规定的条件下，可以执行。而被执行人的唯一住房，除了在符合《最高人民法院关于人民法院办理执行异议和复议若干问题的规定》第二十条规定条件下可以强制执行以外，在其他情况下，如果能够保障被执行人及其所扶养家属维持生活必需的居住条件，也可以采取相应的方式予以执行。例如，被执行人唯一住房的面积较大或者价值较高，超过被执行人及其所扶养家属生活必需，对于超过部分，可以根据《查封、扣押、冻结规定》第7条[①]，采取“以小换大、以差换好、以远换近”等方式，在保障被执行人及其所扶养家属基本居住条件的前提下，对被执行人的唯一住房进行置换，将超过生活必需部分的房屋变价款用于清偿债务。被执行人、利害关系人据此提出执行异议的，人民法院不予支持。

——江必新、刘贵祥主编、最高人民法院执行局编著：《最高人民法院办理执行异议和复议案件若干问题规定理解与适用》，人民法院出版社2015年

---

① 现为《最高人民法院关于人民法院民事执行中查封、扣押、冻结财产的规定》（2020年修正）第5条。

版，第 263 页。

315. 未经法院准许，被执行人将法院查封的不动产出租，申请执行人有权申请法院要求承租人限期搬离

关键词

承租人　限期搬离

最高人民法院裁判文书

宜章华冠建材有限责任公司与吴志星、湖南省宜章玉溪水泥有限责任公司案外人执行异议之诉案［最高人民法院（2019）最高法民申 1796 号民事裁定书］

裁判要旨：执行标的物一旦被人民法院查封，非经人民法院允许，任何人不得对其进行毁损变动、设定权利负担等有违查封目的的处分行为。未经人民法院准许，第三人占有查封的财产，申请执行人有权申请法院要求第三人限期搬离。

最高人民法院经审查认为：关于华冠建材公司主张排除强制执行是否有法律依据的问题。《最高人民法院关于人民法院民事执行中查封、扣押、冻结财产的规定》第二十六条①规定，被执行人就已经查封、扣押、冻结的财产所作的移转、设定权利负担或者其他有碍执行的行为，不得对抗申请执行人。第三人未经人民法院准许占有查封、扣押、冻结的财产或者实施其他有碍执行的行为的，人民法院可以依据申请执行人的申请或者依职权解除其占有或者排除其妨害。人民法院的查封、扣押、冻结没有公示的，其效力不得对抗善意第三人。

据原审法院查明，《租赁协议书》《场地租赁合同》分别签订于 2013 年 4 月 1 日及 2013 年 10 月 1 日，华冠建材公司自此占有、使用涉案土地及房产。如前所述，涉案土地及房产早在 2007 年 10 月 30 日被法院查封并登记公示，华冠建材公司签订租赁合同，占有、使用涉案土地及房产系在法院查封期间。华冠建材公司未经人民法院准许，占有、使用涉案标的物，人民法院依职权解除其占有和使用状态，要求其在合理时间内搬离，符合法律规定。

① 现为《最高人民法院关于人民法院民事执行中查封、扣押、冻结财产的规定》（2020 年修正）第二十四条。

华冠建材公司主张其承租的涉案土地及房产发生在法院查封公告之前，有权继续占有、使用，于法无据，最高人民法院不予支持。

——中国裁判文书网。

316. 仅办理合同备案的预售商品房如何执行

关键词

预售商品房　排除强制执行

附录：执行信箱

问： 预售商品房（仅办理合同备案）是否能够评估、拍卖？预告抵押权人提出执行异议的，能否排除执行？开发商已经向法院起诉解除商品房买卖合同的，能否排除执行？开发商持生效的法院判令解除商品房买卖合同的判决文书能否排除执行？

答： 关于问题一，对于被执行人购买的登记在开发商名下、办理了商品房预售合同登记备案手续的房屋，人民法院对该房屋的查封系预查封。《最高人民法院、国土资源部、建设部关于依法规范人民法院执行和国土资源房地产管理部门协助执行若干问题的通知》第十六条规定："土地、房屋权属在预查封期间登记在被执行人名下的，预查封登记自动转为查封登记，预查封转为正式查封后，查封期限从预查封之日起开始计算。"因此，预查封不同于正式查封，预查封的被执行人对未登记在其名下的房屋仅享有所有权期待利益，对能否成为真正的权利主体，尚处于不确定状态。人民法院需要待房屋登记在被执行人名下，预查封转为正式查封后，再对房屋进行处置。但同时也应注意一种特殊情形，即被执行人作为买受人购买开发商的预售商品房屋，如果被执行人符合《异议复议规定》第二十八条或第二十九条规定的情形，那么此时被执行人对房屋享有的权利已经可以排除针对出卖人的执行程序，这种专属权利一定程度上已经具有了物权的排他性效力，必要时，人民法院也可以对该房屋进行评估、拍卖。

关于问题二，抵押预告登记权人提出执行异议的，能否排除执行。对于该问题，我们认为，首先，案外人享有抵押权的，并不能排除执行，而是可以申请参加参与分配程序，主张优先受偿权。因此，实务中，抵押预告登记权人一般是以自己享有抵押权为由主张对房屋的拍卖价款优先受偿。其次，关于抵押预告登记权人是否享有优先受偿权，我们认为，根据《民法典》第四百零二条规定，"抵押权自登记时设立"。因此，抵押预告登记因尚未办理抵押登记，抵押权并未有效设立。此时抵押预告登记权人享有对房屋办理抵押权登记的请求权，一般不宜认定其享有优先受偿权。但同时应当看到，抵押预告登记本身具有在顺位等方面的效力，在其效力并未消灭的情况下，应当对抵押预告登记权人的期待利益予以一定的保护。对于被执行人购买的登记在开发商名下、办理了商品房预售合同登记备案手续的房屋，如果该房屋上设立了抵押预告登记，根据对第一个问题的解答，在预售商品房转移登记至买受人名下之前，一般不予处置该房屋。因此，在此种情况下，亦不建议对设定了抵押预告登记的预售商品房进行处置。

关于问题三、四，房地产开发企业作为案外人，已经向人民法院起诉解除商品房买卖合同的，此时合同尚未真正解除，因此，房地产开发企业无法据此主张排除执行，要求解除预查封措施。如果商品房买卖合同已经被人民法院生效裁判予以解除，该生效裁判对被执行人产生拘束力，被执行人丧失了取得房屋所有权的期待权，此种情况下房地产开发企业可以持解除合同的生效裁判主张排除执行，人民法院应当解除对房屋的预查封措施。但是如果被执行人因解除合同而对房地产开发企业享有债权的，人民法院应当执行该债权后再解除预查封措施。关于这一问题，《九民纪要》第124条作了进一步细化。该条规定："……金钱债权执行中，如果案外人提出执行异议之诉依据的生效裁判认定以转移所有权为目的的合同（如买卖合同）无效或应当解除，进而判令向案外人返还执行标的物的，此时案外人享有的是物权性质的返还请求权，本可排除金钱债权的执行，但在双务合同无效的情况下，双方互负返还义务，在案外人未返还价款的情况下，如果允许其排除金钱债权的执行，将会使申请执行人既执行不到被执行人名下的财产，又执行不到本应返还给被执行人的价款，显然有失公允。为平衡各方当事人的利益，只有在案外人已经返还价款的情况下，才能排除普通债权人的执行。反之，案外人未返还价款的，不能排除执行。"

——薛圣海、何东奇：《执行审查部分问题解答》，载最高人民法院执行局编：《执行工作指导》2020年第3辑（总第75辑），人民法院出版社2020年版，第159页。

317. 房屋抵押权与租赁权之间的冲突及解决

关键词

抵押权　租赁权

最高人民法院裁判文书

李建俊、赵文萍与郑旭合、临汾市尚霖投资有限公司等借款合同纠纷案

［最高人民法院（2017）最高法执监 335 号执行裁定书］

裁判要旨：非当事人以对案涉不动产享有 20 年租赁权为由提出异议，本质是阻却案涉不动产的交付，属于案外人针对执行标的提出的异议，执行法院应按照《民事诉讼法》第二百二十七条[①]进行审查。

最高人民法院认为，本案的争议焦点为：案外人赵永明与被执行人郑旭合之间的租赁关系是否合法有效以及是否能够对抗抵押权。

本案被执行人系郑旭合，涉案房产登记在其名下，执行法院临汾中院可以执行该房产。在该案的执行过程中，案外人赵永明向临汾中院提出对涉案房屋享有 20 年租赁权，且 20 年租金已一次性支付给房产所有权人郑旭合的异议。案外人于案件执行过程中对涉案房产主张租赁权，本质是阻却房产的交付，属案外人针对执行标的提出的异议，执行法院应对此进行立案审查，并作出裁定；当事人如对审查结果不服可提起案外人异议之诉，通过异议之诉程序解决涉案房产租赁权相关争议。临汾中院未针对赵永明提出的 20 年“以债抵租”合同作为案外人异议立案审查，而直接认定租赁关系成立并可对抗抵押权，属程序违法，应予纠正。同时，执行法院由此拟“带租拍卖”的行为亦会对涉案房产的评估拍卖价格产生较大影响，不利于李建俊、赵文萍债权的顺利实现。故，李建俊、赵文萍主张执行法院应对赵永明提出的 20 年租赁合同问题，作为案外人异议，适用《民事诉讼法》第二百二十七条的规定进行审查的申诉理由成立，应予支持。

——中国裁判文书网。

合肥共前贸易有限公司与中国信达资产管理股份有限公司安徽省分公司等案外人执行异议之诉案［最高人民法院（2018）最高法民再 352 号民事裁定书］

裁判要旨：根据“买卖不破租赁”的原则，承租人租赁的标的物被人民法院强制执行时，并不必然导致承租人租赁权的消灭。因此，如果人民法院在强制执行过程中未否定承租人享有租赁权，承租人只是对人民法院要求其腾退房屋的执行行为有异议，属于《民事诉讼法》第二百二十五条[②]规定的执行行为异议，应当通过执行

---

① 现为《民事诉讼法》（2021 年修正）第二百三十四条。

② 现为《民事诉讼法》（2021 年修正）第二百三十二条。

复议程序解决。但如果人民法院否定承租人租赁权的成立或存续的，系涉及实体权利的争议，承租人主张其享有足以排除强制执行的租赁权的，在其执行异议被驳回后，可以提起执行异议之诉。

最高人民法院再审认为，根据“买卖不破租赁”的原则，承租人租赁的标的物被人民法院强制执行时，并不必然导致承租人租赁权的消灭。因此，如果人民法院在强制执行过程中未否定承租人享有租赁权，承租人只是对人民法院要求其腾退房屋的执行行为有异议，属于《民事诉讼法》第二百二十五条规定的执行行为异议，应当通过执行复议程序解决。但如果人民法院否定承租人租赁权的成立或存续的，系涉及实体权利的争议，承租人主张其享有足以排除强制执行的租赁权的，在其执行异议被驳回后，可以提起执行异议之诉。本案中，一审法院于 2016 年 4 月 27 日作出的（2015）合执字第 00276 号通知载明：对共前贸易公司提交的 2012 年 8 月 1 日《房屋租赁合同》的真实性不予认可；共前贸易公司在收到通知后二十日内迁出涉案房产。在共前贸易公司提出执行异议后，一审法院又于 2016 年 10 月 19 日作出（2016）皖 01 执异 42 号执行裁定，认为由于共前贸易公司在工商部门备案的租赁合同签订时间为 2013 年 9 月 1 日，是涉案房产抵押权设立之后，该租赁关系不得对抗已登记的抵押权；共前贸易公司异议称其与张伦的租赁合同是于 2012 年 8 月 1 日签订，不仅与共前贸易公司在工商部门备案的租赁合同不符，也与张伦在授信业务抵押核保书的签字相悖，其异议理由不能成立。可见，一审法院虽然没有否定共前贸易公司与张伦之间存在租赁关系，但否定了共前贸易公司提出租赁合同系于 2012 年 8 月 1 日签订的主张，对认定共前贸易公司所享有的租赁权能否对抗已登记的抵押权产生实际影响。故共前贸易公司提起本案诉讼，请求确认 2012 年 8 月 1 日《房屋租赁合同》的效力，保障其租赁权，涉及实体权利的争议，属于执行异议之诉的受案范围。至于 2012 年 8 月 1 日《房屋租赁合同》与 2013 年 9 月 1 日《商铺租赁合同》的效力、涉案房屋租赁权和抵押权设立的时间顺序等问题，均属实体审理的内容，需要进一步审理、认定。

——中国裁判文书网。

附录：最高人民法院主流观点

买卖不破租赁是指租赁关系成立后，出租人将租赁物转卖给第三人，既存的租赁关系对买受人仍然有效，承租人可以向买受人主张租赁权，受让人取得的是一项有租赁负担的所有权。这是为了维护社会稳定、保护承租人的利益而设的增强租赁权效力的普遍规则。这一普遍规则并非绝对，也存在例外。根据《担保法》第 53 条[①]的规定，抵押权的实现方式主要有：抵押物折价或拍卖、变卖抵押物取得价款等方式。这些方式其实质都是买卖，因此理应受买卖不破租赁规则的约束。但根据《最高人民法院关于适用〈中华人民共和国担保法〉若干问题的解释》第 66 条第 1 款的规定，抵押人将已抵押的财产出租的，抵押权实现后，租赁合同对受让人不具有约束力。基于实现抵押权的买卖，在一定条件下可以击破租赁，这一规则的适用条件是：（1）有效的抵押权；（2）抵押权已登记；（3）抵押权生效先于租赁合同的生效。之所以规定抵押权实现在一定条件下可以击破租赁，主要有以下理由：一是依据“设立在先则权利在先”原则，设立在先的权利应优先实现，房屋抵押权先于租赁权而设立，所以，依据此原则，应维护抵押权对抵押物的支配力，确立房屋抵押权应优先实现。二是依据“登记优于未登记”原则，即经登记公示的权利优于未登记公示的权利实现。房屋抵押权经登记才设立，具有公示效力，而租赁权并不需要登记才设立，即使在一些地方性规定中，规定租赁合同要登记备案，但这种登记只是为治安管理和税收等方面的需要而进行的安排，登记与否并不影响租赁合同的效力。所以，对于抵押权这种登记的权利应优先于未登记的租赁权实现。我国《物权法》第 190 条[②]规定：抵押权设立后抵押财产出租的，该租赁关系不得对抗已登记的抵押权。的规定也对此予以肯定。就具体的技术操作层面而言，依据前述《拍卖、变卖规定》第 31 条第 2 款的规定，人民法院可先裁定除去案外人设定在后的租赁权再行拍卖或进行其他处分，案外人的租赁权被除去后自然失去了异议的权利基础异议自然也就不能成立。

——江必新、刘贵祥主编、最高人民法院执行局编著：《最高人民法院办理执行异议和复议案件若干问题规定理解与适用》，人民法院出版社 2015 年版，第 455~456 页。

318. 受让人为办理所有权过户登记依法申请注销抵押权登记的，不能认定受让人放弃了抵押权

关键词

所有权过户登记　抵押权登记

① 对应《最高人民法院关于适用〈中华人民共和国民法典〉有关担保制度的解释》第 45 条。

② 对应《民法典》第四百零五条。

最高人民法院裁判文书（第六巡回法庭裁判规则）

李 × 与冯 ×、郭 × 案外人执行异议案［最高人民法院（2021）最高法民再 183 号民事判决书］

裁判要旨：抵押人将其抵押房屋转让给受让人，受让人清偿全部抵押债务后，取得抵押房屋上的抵押权，且依法无须转移登记。在房屋过户过程中，受让人按照法律规定申请注销抵押权登记，是行使涤除权的行为，目的是将抵押房屋的所有权过户登记至受让人的名下，并非放弃抵押权，因此不能认定受让人因抵押权注销登记而丧失了抵押权利。抵押人的普通金钱债权人在过户登记完成之前申请查封执行该房屋，受让人主张排除强制执行的，人民法院应予支持。

基本案情

（一）执行依据相关事实

2020 年 5 月 15 日，新疆维吾尔自治区哈密市中级人民法院（以下简称哈密中院）就冯 × 诉郭 ×、哈密市中盈汽车销售服务有限公司、哈密市益通汽车销售服务有限公司等民间借贷纠纷案，作出（2020）新 22 民终 147 号民事判决，判决郭 × 偿还冯 × 借款 4694138 元及利息等。2020 年 3 月 23 日，哈密中院根据冯 × 申请，作出（2020）新 22 民终 147 号民事裁定书，裁定：对郭 × 名下的涉案商铺采取保全措施，禁止办理产权转让等确权或变更登记行为。次日，涉案商铺被查封。

（二）案涉房屋买卖相关事实

涉案商铺登记在哈密市君盛汽车销售有限责任公司（以下简称君盛公司）法定代表人郭 × 名下。君盛公司因经营需要，以其员工王 ×× 名义向信用社贷款 260 万元，并以涉案商铺作为抵押物，办理了抵押登记手续。2019 年 12 月 16 日，君盛公司与新疆魏祥钢结构有限责任公司（以下简称魏祥公司）签订《协议书》，约定：君盛公司同意向魏祥公司转让涉案商铺，成交价为 5262320 元。魏祥公司同意偿付君盛公司以其职工王 ×× 名义申请的信用社贷款本息。君盛公司与魏祥公司的工程款，哈密宝盈房地产开发有限公司（以下简称宝盈公司）和魏祥公司的工程款，待双方确认后，多退少补。涉案商铺处于出租状态，君盛公司同意退还预收的房租。君盛公司同意魏祥公司的 3 辆汽车的剩余贷款，从涉案商铺的成交价款中支付。双方同意，《协议书》第 1~5 条款的所有支出金额从涉案商铺的成交价中支付。双方同意为顺利办理过户手续，双方签订的《房屋买卖契约》中的价格与第 1 条规定的实际成交价格无关。

同日，君盛公司法定代表人郭 × 按魏祥公司法定代表人魏 × 指示，与魏 × 之妻李 × 签订《房屋交接确认书》，确定涉案商铺即日起由郭 × 转移给李 ×。

2020 年 3 月 18 日，魏祥公司法定代表人魏 × 清偿了君盛公司职工王 ×× 的借款本息共计 2918984.08 元，并解除了涉案商铺的抵押。经询问，双方当事人认可彼时办理房产过户手续，须先解除房产上设定的抵押。2020 年 3 月 20 日，郭 × 与李 × 签订两份《房地产买卖契约》，约定郭 × 自愿将涉案商铺出售给李 ×。双方办理了买卖登记手续，同日，房管局出具涉案商铺的《房屋交易与产权确认书》。随后，冯 × 了解到涉案商铺已解封，并向法院申请查封，导致郭 × 与李 × 未能继续办理过户事宜。

李 × 为此向哈密中院提出书面异议，请求立即中止执行并予以解封。哈密中院裁定驳回其异议请求。

（三）购房款抵扣事实

2018 年，郭 × 与马 × 签订《房屋租赁合同》，将涉案商铺租赁给马 × 使用，马 × 一次性交清了 2019 年 8 月 1 日至 2022 年 8 月 1 日的租金，共计 300000 元。

2020 年 1 月 1 日，李 × 与马 × 签订《房屋租赁补充协议》。约定从 2020 年 1 月 1 日起涉案商铺房租由原房主郭 × 从房屋价款中转付给现房主李 ×，和马 × 租赁人无关，承租方可继续使用房屋至合同期满。

2019 年 12 月 16 日，郭 × 与李 × 签订了《房屋交接确认书》。工程总价款 8382070.3 元，含以下几项：2017 年《承包合同》及付款协议，金额为 469 万元；4S 店增加工程量，金额为 89618.56 元和 102184.32 元；2017 宝盈钢构决算，金额为 3500267.39 元。

2017 年 4 月 2 日，君盛公司出具承诺书，君盛公司承诺知晓宝盈公司与魏祥公司协议的全部内容，并同意按照合同约定履行。君盛公司、魏祥公司和李 × 认可已通过车抵顶方式支付了 6558221.87 元，并提供了付款明细表。

2020 年 3 月 30 日，向魏祥公司出具委托收款书，魏祥公司向君盛公司冯 ×× 员工支付车贷款 178924.42 元。魏祥公司代夏 × 偿付车辆贷款 178924.42 元。

魏祥公司替君盛公司清偿夏 × 名下车贷 26169.9 元。

李 × 为办理案涉房屋过户手续支付各项税费 65609.23 元。

——杨临萍主编、最高人民法院第六巡回法庭编：《最高人民法院第六巡回法庭裁判规则》，人民法院出版社 2022 年版，第 392~397 页。

319. 房屋买卖双方为规避国家税费未能及时办理过户手续是否“非因买受人自身原因未办理过户登记”

关键词

案外人执行异议之诉　未办理过户

最高人民法院裁判文书

林文春与唐金喜等申请执行人执行异议之诉纠纷案［最高人民法院（2021）最高法民申3245号民事裁定书］

裁判要旨：案外人与被执行人签订房屋买卖合同后，为规避国家税费，约定5年后办理房屋过户手续，故未能在债权人申请法院查封房屋之前办理过户手续，不属于《最高人民法院关于人民法院办理执行异议和复议案件若干问题的规定》第二十八条规定的“非因买受人自身原因未办理过户登记”。

最高人民法院经审查认为，本案再审审查的焦点问题是：林文春对案涉房屋享有的权利是否足以排除法院强制执行。

根据《执行异议规定》第二十八条规定，金钱债权执行中，买受人对登记在被执行人名下的不动产提出异议，符合下列情形且其权利能够排除执行的，人民法院应予支持：（一）在人民法院查封之前已签订合法有效的书面买卖合同；（二）在人民法院查封之前已合法占有该不动产；（三）已支付全部价款，或者已按照合同约定支付部分价款且将剩余价款按照人民法院的要求交付执行；（四）非因买受人自身原因未办理过户登记。林文春主张排除法院强制执行不符合上述第四项规定的条件。人民法院查封前，案外人与出卖人已经共同向不动产登记机构提交办理所有权转移登记申请且经登记机构受理，或者案外人因办理所有权转移登记与出卖人发生纠纷并已起诉或者申请仲裁，或者有其他合理客观理由的，可以认定为“非因案外人自身原因”。根据本案查明事实，林文春主张于2011年5月8日与林志杰签订房屋转让协议，案涉房屋在法院查封前未能办理过户并非因存在法律障碍或客观原因，而是双方为了逃避国家税费，约定暂不办理过户手续，此不属于非因林文春原因未能办理过户。原判决认定林文春对案涉房屋享有的权利并不符合《执行异议规定》第二十八条规定的条件，不足以排除法院强制执行，并无不当。

——中国裁判文书网。

320. 执行程序中拍卖、变卖的不动产所有权发生转移的时间如何确定

关键词

拍卖　变卖　不动产所有权转移时间

最高人民法院答复

云南省高级人民法院：

你院《关于拍卖、变卖财产规定第二十九条第二款规定不动产所有权发生转移是否包括"变卖方式的情形"的请示报告》收悉。经研究，答复如下：

人民法院在执行过程中依法裁定变卖土地使用权的，对该土地使用权转移时间的确定，适用最高人民法院《关于人民法院民事执行中拍卖、变卖财产的规定》第29条[①]第2款和最高人民法院、国土资源部、建设部《关于依法规范人民法院执行和国土资源房地产管理部门协助执行若干问题的通知》（法发〔2004〕5号）第27条的规定。你院请示的陕西弘丰农业生产资料有限公司是否已根据陕西省高级人民法院（2002）陕高法执一民字第025—2号民事裁定书取得争议土地使用权的问题，应当按照上述规定精神，依法予以确定并妥善处理。

——《最高人民法院关于不动产所有权发生转移的时间如何确定的请示的答复》（2008年10月6日，〔2007〕执他字第19号），载江必新主编、最高人民法院执行局编：《执行工作指导》2008年第3辑（总第27辑），人民法院出版社2009年版，第49页。

附录：理解与适用

《最高人民法院关于人民法院民事执行中拍卖、变卖财产的规定》（以下简称《拍卖规定》）确定了拍卖优先原则，但同时也规定了在满足一定条件的情况下可以变卖或以物抵债。执行程序中的拍卖、变卖或以物抵债均属于强制措施，都可能导致不动产物权变动的结果，且其导致的所有权转移与因民事法律行为引起的所有权转移有着本质上的区别。因为这三种变价方式中均有国家公权力的介入，故不能适用不动产物权变动的一般原则。也正是基于此，《拍卖规定》第29条规定了所有权转移的特殊时点，即不以办理过户登

① 现为《最高人民法院关于人民法院民事执行中拍卖、变卖财产的规定》（2020年修正）第二十六条。

记为要件，而是以拍卖成交或抵债裁定送达买受人或者承受人时起转移。变卖是法定的标的物变价方式之一，只要符合法定条件，变卖产生的法律后果与拍卖相同，故在不动产物权变动标志的问题上，应适用与拍卖相同的规则，即准用《拍卖规定》第 29 条的规定。

——吴宪光、于泓：《关于不动产所有权发生转移的时间如何确定的请示与答复》，载江必新主编、最高人民法院执行局编：《执行工作指导》2008 年第 3 辑（总第 27 辑），人民法院出版社 2009 年版，第 47 页。

321. 执行法院能否查封不动产的使用权

关键词

查封不动产

最高人民法院裁判文书

南充市住房和城乡建设局、王格平等借款合同纠纷、借款合同纠纷执行案［最高人民法院（2022）最高法执复 15 号执行裁定书］

裁判要旨：根据合同约定，被执行人对案涉对地下商业兼人防工程有经营、使用权和有偿转让、出租、抵押的权利。被执行人的上述合同权利具有财产性价值，执行法院对案涉商铺的使用权进行查封，查封范围及内容为商铺使用权在查封期间不得进行转让、出售或抵押，并未超出合同约定范围，具有事实依据。

最高人民法院认为：本案的争议焦点为执行法院能否查封被执行人对案涉商铺的使用权。

首先，关于本案应当适用的审查程序。案外人对于执行标的主张所有权或者有其他足以阻止执行标的转让、交付的实体权利的，依法才应依照《中华人民共和国民事诉讼法》（以下简称民事诉讼法）第二百三十四条规定进行审查。本案中，执行法院作出的（2016）宁执 3 号之三执行裁定和（2016）宁执 3 号之六协助执行通知书，实质是对审理程序中作出的（2015）宁民初字第 3-1 号民事裁定和协助执行通知书的续行查封，而（2015）宁民初字第 3-1 号协助执行通知书明确载明执行法院查封的是案涉商铺的使用权。执行法院的查封行为并未否认南充住建局对案涉商铺的所有权，亦未强制要求其转让案涉商铺所有权或交付商铺。综上，根据南充住建局提出异议的对象及异议请求，本案应当适用民事诉讼法第二百三十二条对执行法院查封案涉商铺使用权的执行行为是否合法进行审查。南充住建局关于应适用民事诉讼法第二百三十四条进行审查的复议理由不能成立，本院不予支持。

其次，关于执行法院能否查封案涉商铺使用权的问题。根据南充住建局与汉森投资公司签订的《BOT项目合同书》，双方约定由汉森投资公司承包建设南充市顺庆区地下商业开发及地下通道工程项目，项目采用BOT方式，汉森投资公司对地下商业兼人防工程有40年经营、使用权和有偿转让、出租、抵押的权利。被执行人汉森投资公司的上述合同权利具有财产性价值，执行法院对案涉商铺的使用权进行查封，查封范围及内容为商铺使用权在查封期间不得进行转让、出售或抵押，并未超出合同约定范围，具有事实依据，并无不当。对于南充住建局而言，其作为《BOT项目合同书》的合同相对方，执行法院的查封行为并未对南充住建局提出履行义务要求，目前其仅为协助执行义务的角色。对于南充住建局提出的该项目尚未验收合格，其并未将案涉商铺使用权移交被执行人的问题，实质是对汉森投资公司履行《BOT项目合同书》的情况提出的异议，应当通过诉讼程序主张权利。即使其认为案涉商铺使用权尚未移交，但是执行法院为确保本案债权实现，对案涉商铺使用权采取类似具有预查封效力的查封行为，并不违背相关法律规定精神。南充住建局关于案涉商铺使用权尚未移交不能作为执行标的的复议理由不能成立，本院不予支持。

此外，关于案涉商铺属于人防工程能否执行的问题。依照相关法律规定，国家鼓励支持企业事业组织、社会团体和个人投资人民防空工程建设，进行使用管理并收取收益。执行法院对案涉商铺使用权进行查封，并不违反法律规定。关于申请执行人是否对案涉商铺享有抵押权的问题。在执行程序中，执行法院对于被执行人可履行债务的责任财产均可依法采取查封措施，并不以申请执行人对该财产享有抵押权为前提。南充住建局关于案涉商铺属于人防工程、申请执行人不享有抵押权等复议理由不能成立，本院不予支持。

——中国裁判文书网。

322. 人民法院如何处理移转土地使用权问题

关键词

裁定移转土地使用权

附录：最高人民法院主流观点

对于人民法院裁定移转土地使用权实务运作的问题，国家土地管理局在〔1997〕国土函字第96号复函中作出了具体的规定，应注意掌握：（1）以出让、转让方式取得的国有土地使用权属当事人自有财产，人民法院对土地使用权（包括以土地为载体的各种权利、义务）转移的裁定，应作为土地权属转移的合法依据，土地管理部门应根据法院的裁定，及时进行变更土地登记。但人民法院在裁定中应明确告知当事人30日内到人民政府土地管理部门申请办理变更土地登记。并将裁定或判决内容以有效法律文书形式及时通知土地管理部门。（2）土地管理部门在对裁定的土地办理变更登记手续时，其权利取得的时间，应以人民法院裁定的权利取得时间为依据。对不申请办理变更登记或逾期申请的，其土地权利不受法律保护，涉及的土地按违法用地处理。（3）凡当事人在规定时间内申请办理变更登记手续的，土地管理部门应以法院裁定或判决时间先后为序确认土地权利。

——江必新主编：《执行规范理解与适用——最新民事诉讼法与民诉法解释保全执行条文关联解读》，中国法制出版社2015年版，第403~404页。

323. 以绿色执行理念妥善化解468亩林木腾退

关键词

绿色执行理念　土地腾退　土地流转

最高人民法院公布的典型案例

某建设工程公司土地承包纠纷系列案

执行要旨：实践中，土地腾退案件一直面临诸多难点。一方面林苗、花木等地上附着物的评估难度大、流拍率高，另一方面生物资源的生态价值在强制腾退过程中也可能面临不可逆转的损害。对此，上海崇明法院依托“府院联动”机制，由政府出面对涉案土地进行公开招租，积极引入第三方企业对地上林木予以整体收购，并对涉案土地进行承租，既有效兑现了村民土地权益，也践行了绿色执行理念，实现了生态资源保护和助力乡村振兴的双赢。

基本案情

申请执行人：11个村民小组

被执行人：某建设工程公司

执行法院：上海市崇明区人民法院

2014年，某建设工程公司与上海市崇明区某村11个村民小组签订土地承包经营权流转合同，约定承租各村民小组土地共468亩，因经营不善拖欠租金，11 个村民小组分别向法院提起诉讼。2021 年，法院最终判决解除双方签订的土地承包经营权流转合同，某建设工程公司将承租的 468 亩土地平复还耕后腾退返还给各村民小组，并支付逾期未付的租金。判决生效后，某建设工程公司未履行义务，11 个村民小组分别向崇明法院申请强制执行，要求某建设工程公司腾退土地并支付欠付的租金。

崇明法院于 2022 年 1 月 9 日立案执行。经调查，被执行人除涉案土地上的林木外，无其他可供执行的财产。崇明法院于 2022 年 3 月 9 日依法查封了被执行人在涉案土地上的林木，并张贴腾退公告，限期要求被执行人履行义务。

经调查发现，涉案土地上的林木包括樱花树、香樟树、榉树等在内共 27 种近 35 万株，品种多样数量繁多，且部分品种有一定稀缺性，具有相当的经济价值及生态价值。若强行腾退，不仅工程量巨大，而且也易造成苗木死亡、土壤破坏，可能引发次级生态灾害，不利于土地的可持续发展。若对地上林木进行评估拍卖，一方面评估费用不菲且面临流拍风险，另一方面拍卖成交后仍需对林木进行腾退，生态资源仍面临破坏之虞。

为此，崇明法院多次召集双方就本案租金支付、土地腾退进行协商，并会同镇政府等相关职能部门召开联席会议，就案件化解寻求最优解决方案。经崇明法院积极协调，涉案土地所在镇政府对土地进行公开招租，成功引入第三方公司对林木进行整体收购，并与村民小组就涉案土地签订土地流转合同。至此，被执行人所欠土地租金得以全部支付完毕，本案得到妥善解决。

典型意义

本案中，土地腾退与兑现租金债权、保护生态环境之间呈现出一种紧张的对立关系。因被执行人名下除涉案土地上的林木外无其他可供执行的财产，启动林木拍卖，是常规的执行路径。但是在执行中发现，启动林木拍卖具有以下几个难点：（1）评估成本高。被执行人名下近 35 万株林木分布在 468 亩的土地上，品种也不尽相同，评估所需要耗费的人力、物力以及时间成本都将十分高昂。（2）拍卖难度大。林木由于其地上附着且生长周期长的特性，拍卖难度远超过其他标的物，拍卖成交率畸低。（3）执结周期长。林木拍卖往往会经过一拍、二拍甚至变卖等数个环节，执行周期远超于一般执行案件。尤其本案中村民被拖欠租金已逾两年，采取林木拍卖并不利于系列案件的迅速化解，同时可能激发群体性的矛盾。（4）社会效果差。如果林木流拍，申请执行人的债权将无法得到实现。如果林木最终拍卖成交也需面临后续土地的腾退，腾退的工具以及清退林木的存放地点等都需要耗费成本予以确认，同时将不可避免造成生态受损。

在综合考虑上述因素后，崇明法院确立了“民生为本”的工作思路，在执行工作中体现“绿水青山就是金山银山”的生态保护理念，紧盯村民权益的落实落地和生态环境保护。通过与涉案土地所在的镇政府积极协调沟通，成功引入第三方对林木予以整体收购，并与申请执行人签订土地流转租赁合同，既优先实现了村民的租金债权，同时在保全林木这一生态资源的基础上，为生态环境保护、涉案土地的可持续发展和村民的长远收益提供了解决方案，实现政治效果、社会效果、法律效果的有机统一。

——《最高人民法院发布能动执行典型案例》，载《人民法院报》2023年5月20日。

324. 事先经双方当事人同意，事后经土地主管部门认可，执行程序中可以处置国有划拨土地使用权

关键词

国有划拨土地使用权

最高人民法院答复

安徽省高级人民法院：

你院〔2004〕皖执监字第175号《关于中国农业银行砀山县支行申请执行安徽省国营砀山葡萄酒罐头工业公司、安徽省砀山果园场借款纠纷一案的请示》收悉。经研究，答复如下：

经审查，原则同意你院审判委员会倾向性意见。宿州市中级人民法院（2003）宿中法执字第130－1号民事裁定书所处置的财产虽然涉及国有划拨土地使用权，但事先已经双方当事人同意，事后砀山县土地主管部门又予认可，符合《中华人民共和国城市房地产管理法》和《中华人民共和国城镇国有土地使用权出让和转让暂行条例》的相关规定及国家土地局〔1997〕国土函字第九十六号《对最高人民法院法经〔1997〕18号函的复函》精神。因此，宿州市中级人民法院上述民事裁定并无不当。但是在具体工作中应严格程序，注意及时同相关部门沟通协商。

此复

——《最高人民法院对安徽省高级人民法院的复函》（2006年1月10日，〔2005〕执他字第15号），载江必新主编：《人民法院执行工作规范全集》，人民法院出版社2017年版，第503页。

附录：理解与适用

根据我国有关法律和相关规定，我国城市市区土地实行公有制即国家所有，对于土地使用权的取得一般有两种方式，一是交付一定的土地转让金即

有偿方式取得的土地使用权，二是通过划拨方式取得的土地使用权。前者是允许转让的，而后者由于不属于当事人的自有财产，法律明确规定是不能自行转让。但是，对划拨方式取得的土地使用权，经政府土地管理部门的同意，当事人交付土地出让金，履行了相关的手续后，该土地使用权是可以转让的。宿州中院在执行本案过程中，所作出的（2003）宿中法执字第 130 — 1 号以被执行人的房地产抵债的民事裁定，是在双方当事人同意以评估价格抵偿债务的前提下作出的，且砀山县土地管理部门同意依法协助执行，预收了该土地出让金，并又发出办理土地使用权出让过户手续的通知。因此，该项土地使用权的转让，符合国家土地局 1997 年 8 月 18 日〔1997〕国土函字第九十六号《国家土地管理局关于人民法院裁定转移土地使用权问题对最高人民法院法经〔1997〕18 号函的复函》第四条的规定："对通过划拨方式取得的土地使用权，由于不属于当事人的自有财产，不能作为当事人财产进行裁定。但裁定转移地上建筑物、附着物涉及有关土地使用权时，在与当地土地管理部门取得一致意见后，可裁定随地上物同时转移"；也符合《城市房地产管理法》第三十九条"以划拨方式取得土地使用权的，转让房地产时，应当按照国务院规定，报有批准权的人民政府审批。有批准权的人民政府准予转让的，应当由受让方办理土地使用权出让手续，并依照国家有关规定缴纳土地使用权出让金"的规定；也符合《城镇国有土地使用权出让和转让暂行条例》第四十五条"符合下列条件的，经市、县人民政府土地管理部门和房产管理部门批准，其划拨土地使用权和地上建筑物、其他附着物所有权可以转让、出租、抵押:（一）土地使用者为公司、企业、其他经济组织和个人；（二）领有国有土地使用证；（三）具有地上建筑物、其他附着物合法的产权证明；（四）依照本条例第二章的规定签订土地使用权出让合同，向当地市、县人民政府补交土地使用权出让金或者以转让、出租、抵押所获收益抵交土地使用权出让金"的规定。而且，国务院国发〔1992〕61 号《国务院关于发展房地产业若干问题的通知》第六项也明确规定："凡通过划拨方式取得的土地使用权，政府不收取地价补偿费，不得自行转让、出租和抵押；需要对土地使用权进行转让、出租、抵押和连同建筑物资产一起进行交易者，应到县级以上人民政府有关部门办理出让和过户手续，补交或者以转让、出租、抵押所获收益抵交土地使用权出让金。"

按照上述房地产法律和相关规定，对于以划拨方式取得土地使用权的，转让房地产时，应报有批准权的人民政府审批，准予转让的，应当由受让方办理土地使用权出让手续，并依法缴纳土地使用权出让金。因此，宿州中院在作出（2003）宿中法执字第 130 — 1 号民事裁定之前，应当事先与土地部门取得一致意见，农行杨山县支行交纳土地出让金后，才能裁定抵偿债务，而宿州中院先作出裁定，后才与土地部门协商，程序上颠倒了，但从当地土地部门同意协助执行，收取出让金，要求办理过户手续等一系列行为看，土地部门最终是予以认可的。

因此，宿州中院作出的（2003）宿中法执字第 130 — 1 号民事裁定并无不当，应予维持。

——《关于人民法院执行以划拨方式取得的土地使用权的请示与答复》，载最高人民法院执行工作办公室编：《执行工作指导》2006 年第 1 辑（总第 17 辑），人民法院出版社 2006 年版，第 70~76 页。

325. 执行法院是否可以执行学校教育设施和教育用地

关键词

执行法院　教育设施　教育用地

最高人民法院裁判文书

延边科学技术大学、延边恒达实业集团有限公司等民事执行案［最高人民法院（2021）最高法执监 58 号执行裁定书］

裁判要旨：豁免执行必须有法律法规的明确规定，现行法律法规中没有规定对教育用地或教育设施豁免执行，学校应以学校的财产包括教育用地与教育设施负担其债务。

最高人民法院认为：本案焦点为：（一）延边科大与恒达公司签订的《协议书》是否已经履行完毕；（二）执行法院根据恒达公司的申请所采取的强制执行行为是否错误。

（一）关于延边科大与恒达公司签订的《协议书》是否已经履行完毕的问题

根据《最高人民法院关于执行和解若干问题的规定》第十九条的规定，执行过程中，被执行人根据当事人自行达成但未提交人民法院的和解协议，依照《民事诉讼法》第二百二十五条规定提出异议的，人民法院应当根据不同的情形予以审查处理。其中，第十九条第四项规定，被执行人不履行和解协议的，裁定驳回异议。当事人在执行程序开始前自行达成的和解协议，属于执行外和解。执行外和解协议不能自动对人民法院的强制执行产生影响，当事人仍然有权向人民法院申请强制执行。本案中，恒达公司在一审判决生效后向延边中院提出强制执行申请，延边科大在执行过程中以双方自行达成的《协议书》已履行完毕为由提出执行异议，人民法院应参照《最高人民法院关于执行和解若干问题的规定》第十九条的规定对《协议书》的效力及履行情况进行审查，进而确定是否终结执行。根据已查明的事实，双方达成协议后并未在相关部门进行股权转让或变更登记，且延边科大合作办学项目已被终止，上述协议客观上已无法履行，据此可认定延边科大没有实际履行该协议，延边中院裁定驳回延边科大异议请求符合法律规定。

（二）关于执行法院是否可以执行学校教育设施和教育用地问题

豁免执行必须有法律法规的明确规定，现行法律法规中没有规定对教育用地或教育设施豁免执行，学校应以学校的财产包括教育用地与教育设施负担其债务。根据吉林两级法院查明的事实，2018 年 6 月 5 日，延边大学和金镇庆终止了双方签署的所有合作办学协议（包括补充协议），即终止延边大学和金镇庆双方运营合作的中外合作办学机构延边大学科学技术学院。该学院即延边科大。在法院采取的执行措施没有影响社会公益设施使用的情况下，延边科大应以其财产负担生效判决确定的债务。

——中国裁判文书网。

326. 由于法律上对于土地过户条件的变化，守约方继续履行合同的诉讼请求能否得到支持

关键词

父母离婚协议　过户登记　对抗强制执行

最高人民法院裁判文书

廊坊文鼎古木家具有限公司、钱国林与大厂高新技术产业开发区管理委员会等建设用地使用权出让合同纠纷案［最高人民法院（2019）最高法民终1506 号民事判决书］

裁判要旨：土地规划条件是国有土地使用权出让合同的重要内容。因此，国有土地使用权出让合同能否继续履行，是否符合原定规划条件，应当作为重要考量因素。案涉土地规划已经变更，出让国有土地使用权协议的履行存在障碍。对当事人关于继续履行案涉协议书的请求，不予支持。

最高人民法院认为，关于案涉《意向书》《协议书》能否继续履行的问题。根据《土地管理法》和《城乡规划法》的有关规定，国家实行土地用途管制制度。使用土地的单位和个人必须严格按照土地利用总体规划确定的用

途使用土地。土地规划条件是国有土地使用权出让合同的重要内容。因此，国有土地使用权出让合同能否继续履行，是否符合原定规划条件，应当作为重要考量因素。本案中，钱国林和文鼎公司一审提交《大厂回族自治县夏垫镇总体规划（2017 年 -2030 年）》中的《总体用地布局规划图》，主张案涉土地目前已规划为商业用地及二类居住用地，另有部分为一般农田及未利用地。而双方签订《协议书》所涉土地的用途为工业用地，在案涉土地规划已经变更的情况下，《协议书》的履行存在障碍。关于案涉土地的出让方式。根据已经查明的事实，钱国林在一审质证中陈述称，“这块土地现在空着，征收过，还有七八户没有征收完成”。2005 年 8 月 2 日大厂县第十一次县长办公会会议纪要载明“涉及北坞一村 8 户钉子户要列出名单，分组攻坚，深入做好群众工作，确保项目征地工作顺利进行。”该内容也印证了案涉土地没有征收完成的事实。《物权法》第一百三十七条[①]第二款规定，工业、商业、旅游、娱乐和商品住宅等经营性用地以及同一土地有两个以上意向用地者的，应当采取招标、拍卖等公开竞价的方式出让。《招标拍卖挂牌出让国有建设用地使用权规定》第四条也作出了同样的规定。因此，不经过招标、拍卖等公开竞价方式而直接依据协议转让国有建设用地使用权，已不为现行法律及部门规章所允许，本案亦不具备强制履行的基础。综合来看，无论案涉 308 亩土地尚属农用地抑或国有土地，《协议书》关于“甲方承诺在 30 日内发给乙方首期用地《国有土地使用权证书》”的约定均属于债务标的不适于强制履行的情形，一审判决并无不当。钱国林、文鼎公司关于继续履行案涉《意向书》《协议书》的上诉请求，依据不足，本院不予支持。

——中国裁判文书网。

327. 能否以执行标的物不可分为由，在执行房产时将属于案外人的土地使用权合并执行

关键词

不可分物　案外人　土地使用权　合并执行

附录：《人民司法》信箱

问题：位于某市的某处房产与占用范围内的土地分属于不同的所有权人张三和使用权人李四。后土地使用权人李四将土地使用权转让给王武所有，张三将房屋抵押给银行。因张三欠债，法院以张三的房屋与王武的土地使用

① 对应《民法典》第三百四十七条。

权属于不可分物为由裁定合并拍卖。请问法院的做法对吗？

《人民司法》研究组认为： 法院的做法是错误的。最高人民法院《关于人民法院民事执行中拍卖、变卖财产的规定》第18条[①]虽然规定了“如果拍卖的多项财产在使用上不可分，或者分别拍卖可能严重减损其价值的，应当合并拍卖”，但这里所指的不可分物是指该多项财产的所有权同属于被执行人所有的情况。而对于不属于同一所有权主体的财产，只能在进行变价时，告知权属状况，由买受人决定是否承担权属瑕疵所带来的风险。买受人一旦买受，只能承受原权利人的权利。

——《人民司法·应用》2009年第13期。

328. 抵押建筑物的，抵押标的物包括该建筑的相关附属设施

关键词

抵押建筑物　附属设施　抵押物剩余价值

最高人民法院裁判文书

昆明富亨房地产开发经营公司执行申诉案［最高人民法院（2011）执监字第82号驳回申诉通知书］

昆明富亨房地产开发经营公司：

你公司认为昆明市中级人民法院在执行本院（2007）民一终字第22、23号民事判决过程中，将你公司土地使用权及房产配套设施作为抵押物拍卖后拒绝返还拍卖所得价款，侵犯了你公司的财产权，向本院申诉。经研究，本院认为：

一、本案生效判决认定中国农业银行昆明市官渡区支行（以下简称官渡支行）对金碧商城房产的抵押权有效，依据《城市房地产管理法》第三十二条、《担保法》第三十六条第一款，金碧商城占用范围内的土地使用权已随房屋同时转让、抵押，虽然你公司持有土地使用权证，但本案土地权益已经依法转移。官渡支行享有对金碧商城房产的抵押权及于该房产占用范围内的土地使用权。你公司所提返还拍卖款中土地使用权部分的申诉请求不能成立。

二、消防、电梯、配电室等相关配套设施属于房屋的组成部分，无法与房屋其他部分分离。本案金碧商城相关配套设施的所有权已一并转移，官渡

---

① 现为《最高人民法院关于人民法院民事执行中拍卖、变卖财产的规定》（2020年修正）第15条。

支行对金碧商城房产的抵押权应包括相关配套设施在内。你公司所提返还拍卖款中房屋配套设施部分的申诉请求不能成立。

三、本案生效判决认定官渡支行对金碧商城房产的抵押权有效，该行对金碧商城房产的价值应优先受偿。昆明市中级人民法院依据生效判决判定的债务本金和利息计算，拍卖款在清偿官渡支行债权后已无剩余。

综上所述，你公司的申诉请求不能成立，本院予以驳回。

特此通知。

——江必新主编、最高人民法院执行局编：《执行工作指导》2012 年第 1 辑（总第 41 辑），人民法院出版社 2012 年版，第 75~76 页。

附录：本案解析

1. 抵押权的范围是否及于土地使用权。由于房地产的不可分性，我国在处理房地产法律关系时历来强调一项基本原则，即房屋所有权主体与房屋占用范围内的土地使用权主体一致的原则，俗称“房随地走，地随房走”。如《城市房地产管理法》(2007 年修正）第 32 条、《担保法》第 36 条、《城镇国有土地使用权出让和转让暂行条例》第 23、24、33 条对此都有规定。《物权法》也在第 146、147 条规定了建设用地使用权与地上建筑物、构筑物与附属设施一并处分，在第 182 条规定建筑物和土地使用权一并抵押原则，并针对实践中可能出现的将房屋抵押，但不抵押建设用地使用权，或者抵押建设用地使用权，但不抵押房屋所有权，甚至将房屋所有权和建设用地使用权分别抵押等情况，增加了一款规定，明确房地未一并抵押的，未抵押财产视为一并抵押，坚持《城市房地产管理法》和《担保法》在房地产抵押问题上的一贯立场。我国一直贯彻房地一体抵押的原则，一方面因为如果对土地没有使用的权利，则无权在该地上建房或使用房屋，离开土地的建筑物不具备法律上的独立性，不能独自构成抵押标的；另一方面，如建设用地使用权单独抵押而土地上的建筑物不进行抵押，就可能出现建设用地使用权与地上建筑物所有权或使用权主体不一致的情况，从而发生权利的冲突与摩擦，不利于建设用地使用权和地上建筑物的流通和转让，也不利于物的有序利用和社会秩序的稳定。[①] 因此，不论在房地产的转让还是抵押的问题上，“房地一体”都是处理此类纠纷的基本原则。

本案中，虽然富亨公司持有土地使用权证，但富亨公司给策裕集团开具了客户名为张锦、张行，累计金额为 1.15 亿元的金碧商城购房发票，昆明市房管局出具了《房产登记收件收据》，办理了抵押登记，并根据《商品房购销

① 最高人民法院物权法研究小组：《〈中华人民共和国物权法〉条文理解与适用》，人民法院出版社 2007 年版，第 546 页。

合同》填制了所有权人为张锦、张行的金碧商城房产证，只是因为其没有缴纳相关税费而未核发。最高人民法院的生效判决已经确认“在富亨公司为张锦、张行申请办理产权过户登记手续以及官渡支行与张锦、张行办理抵押登记后，该讼争房产作为不动产物权变更已经完成，张锦、张行已经作为讼争房屋的所有权人登记，并对外产生登记公示公信力”，因此，生效判决认定金碧商城的所有权已经转移给张锦、张行，同时也明确认定张锦、张行以其所有的金碧商城房产设定的抵押有效。根据《城市房地产管理法》第32条、《担保法》第36条的规定，金碧商城占用范围内的土地使用权也一并转让并设定抵押。富亨公司持有金碧商城土地的使用权证，更多的属于管理层面的问题。房地产登记机关没有对土地使用权证进行相关处理，致使富亨公司仍然持有土地使用权证书，但本案土地权益实际上已经随着房屋出售而转移。故富亨公司以其属于本案争议土地合法使用权人，该土地使用权并非抵押物为由，请求返还拍卖款中土地使用权价值的请求不成立。①

2. 抵押标的物是否包括建筑物相关附属设施。消防、电梯、配电室等相关附属设施，属于房屋的组成部分，具备相关配套附属设施的房屋才能正常使用，否则房屋就不具备应有的作用和功能，因此相关附属设施应与房屋一并转让和抵押，不能单独分割于房屋的整体之外。限于案件审理的范围，本案生效判决不可能将其列入判决主文，“金碧商城房产”应当包括上述附属设施。富亨公司以金碧商城的配套附属设施应归其所有为由，要求返还附属设施价款的请求不成立。

3. 抵押物剩余价值的返还问题。虽然昆明市仲裁委员会〔2000〕昆仲裁字第01号裁决书认定富亨公司与策裕集团、张锦、张行之间的购房合同无效，但本案生效判决认定官渡支行对金碧商城房产的抵押权有效，官渡支行对金碧商城的价值有优先受偿权。抵押权的实现和抵押物剩余价值的返还属于两个层面的问题，只有抵押权实现后，抵押物的价值还有剩余的，才会涉及剩余值的返还问题。若抵押权实现后，抵押物的价值已无剩余，则不会涉及剩余值的返还问题。本案执行标的本金为7940余万元，本案纠纷产生于1999年，由于时间跨度较大，利息由执行法院按生效判决判定的利率和起算时间等标准计算，已远超过本金的数额，加上本金后已经超过拍卖款的总额，金碧商城的拍卖款尚不足以清偿官渡支行的债权，金碧商城拍卖后已无剩余值可供返还。

——乔宇：《“房地一体”在抵押权实现过程中的适用——昆明富亨房地

---

① 《物权法》于2007年10月1日实施，本案当事人对金碧商城的处分行为发生在1999年，《物权法》对本案的纠纷没有溯及力。但该法的相关规定与当时已经生效的《城市房地产管理法》《担保法》的规定是基本一致的。

产开发经营公司执行申诉案评析》，载江必新主编、最高人民法院执行局编：《执行工作指导》2012年第1辑（总第41辑），人民法院出版社2012年版，第74~75页。

329. 执行土地使用权时如何处置地上建筑物

关键词

土地使用权　地上建筑物

最高人民法院审判业务意见［《人民法院办理执行案件规范（第二版）》］

742.【房地权属的转移原则】

在变价处理土地使用权、房屋时，土地使用权、房屋所有权同时转移；土地使用权与房屋所有权归属不一致的，受让人继受原权利人的合法权利。

——最高人民法院执行局编：《人民法院办理执行案件规范（第二版）》，人民法院出版社2022年版，第317条。

最高人民法院裁定书

赤峰信安畜牧养殖有限责任公司与赤峰德宝房地产开发有限责任公司土地使用权转让合同纠纷执行复议案［最高人民法院（2010）执复字第6号执行裁定书］

裁判要旨：案涉宗地上的无证房屋和其他地上附着物具有独立的价值。根据公平原则，应当在执行中对原权利人予以合理补偿。补偿的具体方式，可由双方协商解决。若协商不成，则由原审高院依照当地政府有关部门对无证房屋和地上附着物补偿的标准作出裁定。

最高人民法院认为，双方当事人2006年11月23日签订的《土地转让合同》第三条和本案生效判决明确规定，本案的执行标的物应为“赤国用〔2002〕字第2144号《国有土地使用证》及该证下50589.83平方米的土地及地上有证房屋”，据此不能确定该宗土地上的无证房屋和其他地上附着物属于执行标的物的范围。但根据《暂行条例》第二十三条的规定，土地使用权转让时，其地上建筑物、其他附着物所有权随之转让。故该案转让的土地上的无证房屋和地上附着物必须依法与土地使用权一并转让，内蒙古自治区高院在执行土地时将无证房屋和地上附着物一并执行给德宝公司符合上述规定。该院（2010）内执异字第 2 号执行裁定引用《物权法》第一百四十六条[①]的规定不当，但上述《暂行条例》第二十三条与《物权法》的规定是一致的，故其适用法律并无实质错误。但是，鉴于双方当事人所签订的《土地转让合同》第三条特别注明信安公司“在该宗土地上的有证房屋一并转让”，并约定了总价款。由此可以判断该宗地上的无证房屋和其他地上附着物具有独立的价值。根据公平原则，应当在执行中对原权利人信安公司予以合理补偿。补偿的具体方式，可由双方协商解决。若协商不成，则由内蒙古自治区高院依照当地政府有关部门对无证房屋和地上附着物补偿的标准作出裁定。

综上，内蒙古自治区高院在执行土地时将该宗地上的无证房屋和其他地上附着物一并执行给德宝公司是正确的，复议申请人要求撤销内蒙古自治区高院的执行行为和（2010）内执异字第 2 号执行裁定书的请求，本院不予支持。对无证房屋和其他地上附着物单独作价补偿的问题，因信安公司在异议中并未提出，故内蒙古自治区高院未对此作出裁定，并无不当，但该院对此应当作后续处理。

——江必新主编：《人民法院执行工作规范全集》，人民法院出版社 2017 年版，第 518 页。

附录：最高人民法院法官著述

本案争议的焦点问题是：依法执行土地使用权，该宗地上的附着物应如何处置？就本案而言，应从以下四个方面分析：

首先，本案应依据生效判决及当事人的合同约定处理。本案生效判决确定的执行标的物为“赤国用〔2002〕字第 2144 号《国有土地使用证》及该证下 50589.83 平方米的土地及地上有证房屋”。双方当事人签订的《土地转让合同》第三条约定：“甲方（信安公司）名下的土地使用证中载明的土地面积 50589.83 平方米和甲方在该宗土地上的有证房屋一并转让。”据此，不能确定该宗土地上的无证房屋和其他地上附着物属于执行范围。有观点认为，应当依据《合同法》第一百二十五条的规定，按照合同解释的原则推定转让标的应当包括土地使用权及地上附着物，否则合同的目的难以实现。但我们认为，在执行依据明确的情况下，执行程序中不宜作出这样的推定，而应严格按照生效判决的判项执行。

其次，本案应如何执行。根据《国有土地使用权出让和转让暂行条例》第二十三条的规定，土地使用权转让时，其地上建筑物、其他附着物所有权随之转让。《物权法》第一百四十六条规定了相同的内容，担保法关于土地和房屋抵押时也均有类似的规定。在执行程序中，对土地使用权或房屋强制执

---

① 对应《民法典》第六百零八条。

行时，必然要涉及相应的地上建筑物或土地使用权如何处理的问题，可以说“房随地走”“地随房走”原则是处理房地产纠纷的一般原则，故本案土地上的无证房屋和地上附着物必须与土地使用权一并转让，否则将造成房地分离的局面。

再次，本案是否存在补偿问题。虽然地上附着物应当与土地使用权一并执行，但并不意味着申请执行人可以无偿取得地上附着物。前文已经论述，本案生效判决和当事人之间的转让合同并不涉及无证房屋和其他附着物，故转让价款也当然不包括这部分财产的价值。但这部分财产具有其独立的价值，根据当地政府有关部门发出的拆迁公告和通知，该宗土地已被纳入市统一规划，该宗土地使用权、地上有证房屋及地上附着物均分别被作价予以补偿。故根据公平原则，应当在执行程序中对原权利人给予合理补偿。

最后，本案适用法律是否有误。本案双方当事人签订《土地转让合同》的时间为2006年11月23日，而《物权法》自2007年10月1日起实施，对本案没有溯及力，故内蒙古高院驳回复议裁定时适用《物权法》第一百四十六条规定不当，但由于《国有土地使用权出让和转让暂行条例》第二十三条与《物权法》的规定是一致的，故内蒙古自治区高院适用法律并无实质错误。

——于泓:《执行土地使用权时如何处置地上建筑物》，载江必新主编、最高人民法院执行局编:《执行工作指导》2011年第2辑（总第38辑），人民法院出版社2011年版，第102~114页。

330. 未取得设定抵押前的地上建筑物所有权的案外人提起案外人执行异议之诉的举证责任

关键词

案外人执行异议之诉　排除强制执行

最高人民法院裁判文书

常辉与农行高新支行、佶业公司案外人执行异议之诉案［最高人民法院（2021）最高法民申3602号民事裁定书］

裁判要旨：提起执行异议之诉的案外人，应当就其对执行标的享有足以排除强制执行的民事权益承担举证证明责任。未取得设定抵押前的地上建筑物所有权的案外人未能提供证据证明存在《最高人民法院关于人民法院办理执行异议和复议案件若干问题的规定》

第二十七条[①]规定除外情形的，应当承担举证不能的法律后果，即便案外人对设定抵押的土地上的续建建筑物、设施享有物权，其亦不得以此为由阻却强制执行。

最高人民法院认为，本案系当事人申请再审案件，应当围绕常辉申请再审的理由是否成立进行审查。

《最高人民法院关于适用〈中华人民共和国民事诉讼法〉的解释》第三百一十一条[②]规定："案外人提起执行异议之诉的，案外人应当就其对执行标的享有足以排除强制执行的民事权益承担举证证明责任。"因此，常辉提起本案案外人执行异议之诉，其应当就其对执行标的享有足以排除强制执行的民事权益承担举证证明责任。

行为时有效的《物权法》第九条[③]第一款规定："不动产物权的设立、变更、转让和消灭，经依法登记，发生效力；未经登记，不发生效力，但法律另有规定的除外。"常辉称其通过与佶业公司签订《协议书》并支付相应对价取得了案涉土地上已有的地上建筑物等全部地上设施的所有权，但其没有提供证据证明办理了相应的变更登记，因而该部分不动产不发生物权变更的效力。《物权法》第一百八十二条[④]第一款规定："以建筑物抵押的，该建筑物占用范围内的建设用地使用权一并抵押。以建设用地使用权抵押的，该土地上的建筑物一并抵押。"第二款[⑤]规定："抵押人未依照前款规定一并抵押的，未抵押的财产视为一并抵押。"因此，农行高新支行对本案所涉佶业公司设定抵押的土地使用权及地上建筑物一并享有抵押权。《最高人民法院关于人民法院办理执行异议和复议案件若干问题的规定》第二十七条规定："申请执行人对执行标的依法享有对抗案外人的担保物权等优先受偿权，人民法院对案外人提出的排除执行异议不予支持，但法律、司法解释另有规定的除外。"常辉并没有提供证据证明存在"法律、司法解释另有规定的除外"情形，因此其提出对本案所涉土地使用权设定抵押前的地上建筑物享有所有权的主张不能阻却强制执行。

常辉还称其在抵押合同签订以后又修建了厂房等设施，该部分厂房等设

① 现为《最高人民法院关于人民法院办理执行异议和复议案件若干问题的规定》（2020年修正）第二十一条。

② 现为《最高人民法院关于适用〈中华人民共和国民事诉讼法〉的解释》（2022年修正）第三百零九条。

③ 该法已失效，该条已被删除。

④ 对应《民法典》第三百九十七条第一款。

⑤ 对应《民法典》第三百九十七条第二款，内容改为：抵押人未依据前款规定一并抵押的，未抵押的财产视为一并抵押。

施不在抵押财产范围内。根据《物权法》第九条第一款的规定，常辉没有提供证据证明依法登记，即常辉没有提供证据证明其对该部分不动产享有物权。即使如常辉所言，其在本案所涉土地使用权设定抵押权后续建了厂房等设施，对该部分不动产享有物权，根据《物权法》第二百条的规定，“建设用地使用权抵押后，该土地上新增的建筑物不属于抵押财产。该建设用地使用权实现抵押权时，应当将该土地上新增的建筑物与建设用地使用权一并处分，但新增建筑物所得的价款，抵押权人无权优先受偿”，常辉亦不能以此为由阻却强制执行。

——中国裁判文书网。

331. 作为土地上的有关生产线、机器设备在可以拆除的情况下法院是否可以一并处置

关键词

机器设备　房地一体　一并处置

最高人民法院裁判文书

兴业银行股份有限公司贵阳分行、贵州省诺亚精工制造有限公司金融借款合同纠纷执行案［最高人民法院（2017）最高法执复15号执行裁定书］

裁判要旨：根据房地一体的基本原则，对地上附着物可以按照财产现状与其占用范围内的土地使用权一并处置。虽然作为土地上有关厂房、生产线、机器设备并非不可以拆除，但是鉴于拆分会影响到整体价值，不利于其他债权人受偿。因此，对土地使用权范围内的其他财产一并处置也属合理。

最高人民法院认为，根据查明的事实，诺亚精工仍有涉及其他债务的诉讼执行案件，在此情况下，应当考虑如何实现诺亚精工可供执行财产的价值最大化。诺亚精工主张的遗漏财产主要为厂房、生产线及机器设备，均在抵押的土地范围内，且为诺亚精工建设的项目二期工程。根据房地一体的基本原则，对地上附着物可以按照财产现状与其占用范围内的土地使用权一并处置。虽然作为抵押物的土地上有关厂房、生产线、机器设备并非不可以拆除，但是鉴于拆分会影响到被执行人诺亚精工建设项目的整体价值，不利于诺亚精工其他债权人受偿。而且，案涉抵押房地产已经三次拍卖后流拍，变卖后仍无人买受，流拍保留价高于兴业银行贵阳分行申请执行的金额，目前直接

以物抵债也涉及比较复杂的实务处理。综上，贵州高院支持了诺亚精工关于遗漏财产应当一并拍卖变卖的主张，是综合本案具体情况作出的认定，该意见较为合理，并不违反相关法律规定，亦不影响兴业银行贵阳分行在抵押权范围内的优先受偿权。因此，对兴业银行贵阳分行提出的不应将抵押的土地使用权范围内的其他财产一并处置的主张，本院不予支持。

——中国裁判文书网。

332. 房屋与占用范围内的土地使用权欠缺一并处分条件时如何执行

关键词

土地使用权　一并处分案件

最高人民法院审判业务意见［《人民法院办理执行案件规范（第二版）》］

738.【房地一体原则】

查封地上建筑物的效力及于该地上建筑物使用范围内的土地使用权，查封土地使用权的效力及于地上建筑物，但土地使用权与地上建筑物的所有权分属被执行人与他人的除外。

地上建筑物和土地使用权的登记机关不是同一机关的，应当分别办理查封登记。

——最高人民法院执行局编：《人民法院办理执行案件规范（第二版）》，人民法院出版社 2022 年版，第 311 页。

最高人民法院答复

辽宁省高级人民法院：

你院〔2009〕辽执一复字第 3 号《关于房屋与占用范围内的土地使用权欠缺一并处分条件的应否单独处分房屋问题的请示》收悉。经研究，现答复如下：

原则同意你院审判委员会多数人意见。根据房随地走，地随房走的原则及《物权法》第一百四十六条[①]、第一百四十七条[②]和我院《关于人民法院民事

① 对应《民法典》第三百五十六条。

② 对应《民法典》第三百五十七条。

执行中查封、扣押、冻结财产的规定》第二十三条[①]第一款的规定，人民法院在执行中需要处理房地产时亦应遵循上述原则和规定。本案中，兴城市市政管理处办公楼系1983年建造，由于当时管理不规范等原因致使权利人与房地产管理部门没有办理相应手续，造成土地权属不明。你院可责成执行法院与当地房地产管理部门协调处理，协调处理不成时，应按房地一致原则处置房产。

——《最高人民法院关于房屋与占用范围内的土地使用权欠缺一并处分条件时如何执行的问题的复函》(2010年6月29日，〔2010〕执他字第8号)，载江必新主编：《人民法院执行工作规范全集》，人民法院出版社2017年版，第511页。

附录：理解与适用

对本案中，市政管理处名下房产占用土地权属不清，能否单独处理地上房产问题，就房屋与占用范围内的土地使用权欠缺一并处分条件，是不能一并处分的，是应依照《物权法》第147条[②]及《城市房地产管理法》第31条的规定，将房屋确定为不适格的被执行财产，还是应依照《最高人民法院、国土资源部、建设部关于依法规范人民法院执行和国土资源房地产管理部门协助执行若干问题的通知》(法发〔2004〕5号，以下简称《联合通知》)第23条的规定，单独处分房屋问题，形成两种意见：

多数意见认为：房屋与其占用范围内的土地连为一体的自然属性，决定了房屋所有权人与占用范围内的土地使用权人应当一体化，即房屋所有权与占用范围内的土地使用权应当归属一致，从而也就决定了处分房屋时，须将占用范围内的土地使用权一并处分。《城市房地产管理法》第31条规定："房地产转让、抵押时，房屋所有权和该房屋占用范围内的土地使用权同时转让、抵押。"《物权法》第147条规定："建筑物、构筑物及其附属设施转让、互换、出资或者赠与的，该建筑物、构筑物及其附属设施占用范围内的建设用地使用权一并处分。"均对此加以了确认。另外，单独处分房屋只能使相关物权关系变得不清不顺，增加产生纠纷的可能及问题的复杂程度。因此，房屋与占用范围内的土地使用权欠缺一并处分条件的，不应单独处分房屋，而应将房屋确定为不适格的被执行财产。

少数意见认为：《联合通知》第23条规定："土地使用权与房屋所有权归属不一致的，受让人继受原权利人的合法权利"。因此，出现此种情形，应按

① 现为《最高人民法院关于人民法院民事执行中查封、扣押、冻结财产的规定》(2020年修正)第二十一条。

② 对应《民法典》第三百五十七条。

照上述规定，单独处分房屋。

关于房屋与占用范围内的土地使用权欠缺一并处分条件，不能一并处分的，是将房屋确定为不适格的被执行财产；还是应单独处分房屋问题，情况比较复杂，因为土地性质、权属的不同，使得执行方式、依据均有不同。理由如下：

一、土地权属状态不同，执行处置方式不同。一种情况是该土地使用权登记在其他权利人名下，那么可以适用《联合通知》的第23条规定，即在变价处理土地使用权、房屋时，土地使用权、房屋所有权同时转移；土地使用权与房屋所有权归属不一致的，受让人继受原权利人的合法权利。另一种情况是如果房屋所有权人仅是因历史原因未及时办理土地使用权登记，可以先补办土地使用权手续后，房屋与占用范围内的土地一并评估拍卖，所得的土地价款补足土地出让金。

二、"房随地走""地随房走"这是目前我国的立法基本精神。《物权法》第146条[①]和第147条对此均有规定，都是实现房地一致的方式，已经在法律实践和社会生活中得到普遍接受。根据现在的立法趋势，在执行程序处置房地时宜尽量使得房地一致，减少因历史遗留问题形成更多的纠纷。

综上，根据"房随地走""地随房走"的司法原则，及《物权法》第146条和第147条规定，执行在处理房地产时应房地一致，本案市政管理处办公楼系1983年建造，由于历史原因，权利人与房地产管理部门没有履行职责，也造成了土地权属不明，至今没有其他人主张权利。因此，该建筑物周围土地应视为同属市政管理处所有。可以建议辽宁高院责成执行法院与当地土地管理部门协调补办相关手续，确难以协调时，按房地一致处置房产。

——李海军：《关于房屋与占用范围内的土地使用权欠缺一并处分条件时如何执行的问题》，载江必新主编、最高人民法院执行局编：《执行工作指导》2010年第4辑（总第36辑），人民法院出版社2011年版，第130~134页。

333. 判决确定交付地上建筑物的执行中，能否直接裁定变更该地上建筑物的建设用地及工程批准许可证照权利人

关键词

地上建筑物

① 对应《民法典》第三百五十六条。

最高人民法院裁判文书

延吉市中富房地产开发有限公司与图们市图们江花园商贸有限公司等返还投资款纠纷申请案［最高人民法院（2013）民申字第882号民事裁定书］

最高人民法院复议审查认为：本案生效判决书中仅判令交付联合开发工程的地上物，并未涉及地上物的相关批准书许可证的权利人变更问题，故上述证照的变更不属于执行依据确定的范围。房地产开发企业取得相关证照，须依法向行政主管部门申请，经行政主管部门审查具备法定条件后颁发。颁发上述证照属于行政许可行为。变更相关证照权利人是判决交付地上物的附属义务的主张没有法律依据。本案地上物交付后，申请人认为其具备法定条件的应当自行向行政主管部门申请颁发相关证照，亦可依据本案生效判决执行结果，向行政主管部门申请撤销前述相关许可证照，并向符合法定条件的企业颁发相关许可证照。执行直接裁定变更上述证照权利人，超越职权范畴，缺乏法律依据，吉林高院依法撤销上述执行裁定书并无不当。裁定驳回申请复议人图们江花园商贸有限公司的复议申请。

附录：最高人民法院法官著述

在建工程的交付是房地产合作开发纠纷案件执行过程中的常见问题。因合作过程中双方产生纠纷导致合作关系终止，法院判令中富公司将所建的联合开发工程地上物交付给商贸公司。地上物交付后中富公司即面临继续组织施工、建成后销售等问题，而此时地上物的建设用地批准书、建设用地规划许可证、建设工程规划许可证、建筑工程施工许可证及商品房预售许可证仍在商贸公司名下，对下一步的建设、销售造成阻碍。执行法院可否依据商贸公司的申请裁定变更上述证照的权利人成为本案的焦点问题。

本案中，执行依据的判项为：中富公司将所建的联合开发工程的地上物（8栋住宅和部分门市房）交付给商贸公司，并未提及相关证照的变更问题，故判决判项并未提供法院执行中变更许可证照的直接依据。根据判决主文的表述，商贸公司关于由其承接项目的诉讼请求，实际上已经被驳回。因此，需要考虑申请复议人提出的变更上述证照权利人是否为法院判决交付地上物的附属义务，是否适合由法院在执行中直接处理。

（一）建设用地批准书、建设用地规划许可证、建设工程规划许可证、建筑工程施工许可证及商品房预售许可证的性质

依据《建筑法》《城乡规划法》《城市房地产管理法》《土地管理法实施条例》《建设工程质量管理条例》《城市房地产开发经营管理条例》等相关法律法规规定，建设单位在建筑工程施工前，须在具备法定条件的前提下，向工程

所在地县级以上人民政府建设行政主管部门申请领取施工许可证，建设行政主管部门应当自收到申请之日起15日内，对符合条件的申请颁发施工许可证。建设单位应持建设项目的有关批准文件，向土地行政主管部门提出申请，经审核由土地行政主管部门核发建设用地批准书，并经由规划部门核发建设用地规划许可证。建设单位还应向相关城乡规划主管部门申请，对符合规划条件的，由城乡规划主管部门核发建设工程规划许可证。建筑施工单位应当依法取得相应等级的资质证书并在其资质等级许可的范围内承揽工程。房地产开发企业在城市规划区内国有土地上进行开发经营，商品房预售许可证由房地产开发主管部门依据房地产开发企业申请核发。

行政主管部门颁发上述证照，是为了保证房地产工程建设市场有序运作，保障人民生命、健康安全。颁发上述证照的行为，是根据相对人申请并经依法审查，准许其持有人在特定土地上从事特定房地产工程建设活动，符合行政许可法规定的行政许可特征，属于法定行政许可行为。

（二）上述许可证照权利的不可转让性

《行政许可法》第九条规定："依法取得的行政许可，除法律、法规规定依照法定条件和程序可以转让的外，不得转让。"许可证照权属的变更不同于房屋所有权和土地使用权权利人的变更。实践中有执行法院采取直接裁定变更房屋产权权利人、土地使用权人的方式，并向相关行政部门发出协助执行通知书，以方便当事人完成过户手续，这种做法和本案有根本的区别。依据法律规定，房屋产权及土地使用权可以依法转让。房屋产权、土地使用权的证照权属人只需具备相应的民事行为能力，转让后当事人直接向行政部门变更登记即可。只要判决中明确办理变更登记为债务人的一项义务，或者可以明确推断是一种附属义务，则法院可以直接向行政机关发出协助执行通知书要求其办理过户手续。但本案涉及的上述证照权属人作为行政相对人，须经过相关行政主管部门的严格审查，以保障建筑工程、房地产开发市场的安全有序。许可本质上是政府的市场管制行为，且具有很强的身份性，是一种不可转让的权利。离开特定的主体，这种许可即失效或作废，不能随着地上物的交付而当然地转移给地上物权利人。

（三）执行法院是否有权裁定变更上述许可证照权利人

基于这些证照的性质及其不可转让性，变更上述证照权利人是独立的许可事项，不属于地上物交付的附属义务，执行法院亦无权代替行政机关行使行政许可权，裁定变更上述证照权利人。执行法院不可参照裁定变更房屋产权权利人、土地使用权人的方式处理本案。实际上，即使判决确定商贸公司承接项目，甚至要求进行有关审批证照的变更，法院在执行中是否有权直接裁定变更及要求行政机关径行据以变更，也存在疑问。该领域的问题尚待进一步研究。由于涉及行政审批事项，当事人拒不自行办理变更申请手续的，法院似乎只能将判决要求当事人变更有关证照的权利人的情况告知行政机关，请行政机关予以审批。是否能够审批，应由行政机关裁量。

申请复议人还提出，申请将工程相关证照变更为第三人图们市旧城改造分公司是其自由处分权利的行为，图们市旧城改造分公司不是案件当事人并不影响其取得相关权利。笔者认为，当事人的自由处分权利，并不必然衍生出要求法院裁定确权的权利。此问题以法院是否有权直接裁定变更许可证照权属为前提。只有在法院有权裁定变更的情况下，才能提出变更给谁的问题。如法院无此权力，则该资格问题只能由行政机关审查确认。

（四）应释明的问题——实现项目权证变更的途径

因上述证照仍登记在中富公司名下，本案申请复议人面临着无法对执行标的物继续组织施工、对外销售的困境。法院在驳回其复议申请的同时，应履行好释明义务，讲清法律症结并提出解决问题的建议，以达到法律效果与社会效果的统一。本案地上物交付后，商贸公司可依据本案生效判决的执行结果，即地上物交付的事实，向行政主管部门申请撤销原在中富公司名下的相关许可证照。商贸公司认为其具备法定条件的，或其不具备法定条件需与其他房地产开发公司合作建设的，应当自行向行政主管部门申请颁发相关许可证照。

——黄金龙、马岚:《判决确定交付地上建筑物执行中能否裁定变更建设用地及工程批准许可证照权利人——图们江花园商贸有限公司与延吉市中富房地产开发有限公司合作开发合同纠纷案》，载江必新主编、最高人民法院执行局编:《执行工作指导》2009 年第 4 辑（总第 32 辑），人民法院出版社 2010 年版，第 82~86 页。

334. 如何理解“核准登记”

关键词

核准登记

附录:《人民司法》信箱

问题:《关于依法规范人民法院执行和国土资源房地产管理部门协助执行若干问题的通知》第 9 条规定，对国土资源、房地产管理部门已经受理被执行人转让土地使用权、房屋的过户登记申请，尚未核准登记的，人民法院可以进行查封，已核准登记的，不得进行查封。应如何理解“核准登记”?

《人民司法》研究组认为: 按照国土资源部和建设部有关产权过户的程序规定，房地产管理部门完成最终的内部审核程序就视为核准登记。比如，房产管理部门对于房产过户申请要经过“三审”，即初审、复审、终审，则终审程序中有关主管领导的签字批准作为核准登记；也有的地方只有一次审查，则有关负责同志的签字批准亦应视为核准登记。对没有上述审核程序的房地产部门，最终应当以颁发土地使用权证和房屋所有权证作为核准登记的标准。

——《人民司法》2004 年第 10 期。

335. 法院可以执行债务人涉嫌诈骗所得并登记在自己名下的房产

关键词

欺诈

附录：《人民司法》信箱

问题： 刘某于 2005 年通过拍卖合法取得厂房及土地一处，后对该厂房进行扩建，并委托原租赁该厂房的战某办理有关房产登记手续。战某却采取欺骗手段将该房登记在自己名下，又办理了一份假房产证迷惑刘某。后因战某欠债不还，谢某诉至法院并申请对战某名下的上述房产进行保全。法院判决谢某胜诉后，谢某即请求拍卖该房产。而刘某也向公安机关报案，要求追究战某的刑事责任，公安机关对刘某立案并予以通缉。请问：执行法院能执行战某名下的该处房产吗？

《人民司法》研究组认为： 物权登记具有公示效力，除非经过法定程序撤销登记以及法定情形外，执行程序中对财产所有权人的认定一般以登记为准。涉案的房产既然登记在债务人战某名下，就应当作为战某的责任财产来履行对谢某的债务。至于刘某与战某之间因委托代理关系所产生的民事和刑事法律关系，则属于另案解决的范畴，不影响本案的执行。刘某如认为涉案房产的所有权属于自己，可以通过向执行法院提起第三人异议之诉的方式维护自己的合法权利。

——《人民司法·应用》2009 年第 7 期。

THE COLLECTION OF THE SUPREME PEOPLE'S COURT'S JUDICIAL RULES (4rd)

最高人民法院
司法观点集成

〔第四版〕

执行卷

②

人民法院出版社　编

人民法院出版社

总 目 录

第二册目录

（四）对股权、其他投资权益的执行

（五）对证券及其交易结算资金的执行

（六）对债权及收入的执行

十八、非金钱给付请求权的执行

十九、特殊案件的执行

（一）财产保全与先予执行案件的执行

（二）仲裁裁决的执行

（三）劳动人事争议仲裁裁决的执行

（四）公证债权文书的执行

（五）刑事裁判涉财产部分的执行

（六）行政案件的执行

（七）涉外案件的执行

（八）港澳台地区法院与仲裁机构作出的生效法律文书的执行

第三章 执行审查案件办理规范

一、执行异议、执行复议

（一）一般规定

（二）《执行异议和复议规定》第二十六条的适用

（三）《执行异议和复议规定》第二十七条的适用

（四）《执行异议和复议规定》第二十八条的适用

（五）《执行异议和复议规定》第二十九条的适用

（六）可以排除强制执行的情形

（七）不能排除强制执行的情形

（八）其他问题

二、执行监督

三、执行协调

第四章 其 他

（四）对股权、其他投资权益的执行

336. 人民法院冻结股权的程序、生效时点、冻结顺位

关键词

强制执行股权　公示

最高人民法院司法解释

第四条　人民法院可以冻结下列资料或者信息之一载明的属于被执行人的股权：

（一）股权所在公司的章程、股东名册等资料；

（二）公司登记机关的登记、备案信息；

（三）国家企业信用信息公示系统的公示信息。

案外人基于实体权利对被冻结股权提出排除执行异议的，人民法院应当依照民事诉讼法第二百二十七条[①]的规定进行审查。

第五条　人民法院冻结被执行人的股权，以其价额足以清偿生效法律文书确定的债权额及执行费用为限，不得明显超标的额冻结。股权价额无法确定的，可以根据申请执行人申请冻结的比例或者数量进行冻结。

被执行人认为冻结明显超标的额的，可以依照民事诉讼法第二百二十五条[②]的规定提出书面异议，并附证明股权等查封、扣押、冻结财产价额的证据材料。人民法院审查后裁定异议成立的，应当自裁定生效之日起七日内解除对明显超标的额部分的冻结。

第六条　人民法院冻结被执行人的股权，应当向公司登记机关送达裁定书和协助执行通知书，要求其在国家企业信用信息公示系统进行公示。股权冻结自在公示系统公示时发生法律效力。多个人民法院冻结同一股权的，以在公示系统先办理公示的为在先冻结。

依照前款规定冻结被执行人股权的，应当及时向被执行人、申请执行人送达裁定书，并将股权冻结情况书面通知股权所在公司。

——《最高人民法院关于人民法院强制执行股权若干问题的规定》（2021年12月20日，法释〔2021〕20号）。

---

① 现为《民事诉讼法》（2021年修正）第二百二十七条。

② 现为《民事诉讼法》（2021年修正）第二百二十五条。

附录：理解与适用

关于股权的冻结方法和效力等问题，司法实践一直存在争议。为解决上述争议，《最高人民法院关于人民法院强制执行股权若干问题的规定》（以下简称《规定》）第4条至第9条作了较为系统的规定。

1. 冻结时的权属判断规则。《最高人民法院关于人民法院民事执行中查封、扣押、冻结财产的规定》（以下简称《查封、扣押、冻结规定》）第2条第1款规定，人民法院可以查封、扣押、冻结被执行人占有的动产、登记在被执行人名下的不动产、特定动产及其他财产权。股权作为财产权的一种，原则上应当适用上述规则。但根据《公司法》的有关规定，无论有限责任公司还是股份公司的股权，均不采用登记生效主义，股东可以依据股东名册、公司章程或者股票等行使股东权利。换言之，在公司登记机关的登记之外，还存在其他可以用来判断股权权属的书面材料。为此，《规定》第4条规定，对股权所在公司的章程和股东名册等资料、公司登记机关的登记及备案信息、国家企业信用信息公示系统的公示信息等资料或者信息之一载明属于被执行人的股权，人民法院均可以进行冻结。同时，案外人对冻结的股权主张排除执行的实体权利的，人民法院应当依照现行《中华人民共和国民事诉讼法》（以下简称《民事诉讼法》）第234条的规定进行审查。

2. 股权冻结的方法。如前所述，在强制执行股权过程中，冻结程序规则不清晰一直是老大难问题。2014年，最高人民法院与原国家工商总局联合出台的《关于加强信息合作规范执行与协助执行的通知》第11条规定，人民法院冻结股权时，应当向股权所在公司送达冻结裁定，并要求工商行政管理机关协助公示。虽然该规定的初衷是好的，但在实践中却产生了诸多争议。比如，人民法院仅向公司登记机关送达冻结手续的，或者仅向公司送达冻结手续的，该冻结是否生效？再如，在两家法院均冻结同一股权的情况下，有的法院只向公司登记机关送达了冻结手续，有的法院却只向公司送达了冻结手续，哪家法院的冻结为在先冻结？或者，虽然两家法院均向公司登记机关和公司送达了冻结手续，但由于有的法院在先向公司登记机关送达，有的法院在先向公司送达，在这种情况下，哪家法院的冻结为在先冻结，也存在很大争议。为此，《规定》第6条明确冻结股权的，应当向公司登记机关送达裁定书和协助执行通知书，由公司登记机关在国家企业信用信息公示系统进行公示，股权冻结自在公示系统公示时发生法律效力。多个人民法院冻结同一股权的，以在公示系统先办理公示的为在先冻结。这就有效解决了实践中的各类争议。根据该条规定，公司在为其股东办理股权变更手续时，应当提前到公示系统查询该股东的股权是否已被人民法院冻结，如已经冻结不得为其办理；市场主体在购买股权时，不仅要到公示系统查询该股权是否已被质押，也要查询该股权是否已被人民法院冻结，否则将会有“钱财两空”的不利风险。同时，根据第6条第2款的规定，人民法院也要将冻结股权的情况及时书面通知股权所在公司。

起草过程中，有观点认为，按照《公司法》的相关规定，股权所在公司掌握着股权权属变动的节点，尤其对于股份有限公司而言，公司登记机关并不登记非发起人股东的信息，向公司送达冻结手续，才能最先实现对股权的控制，所以应该将向公司送达冻结手续作为股权冻结的方法。经研究，我们认为，由于国家企业信用信息公示系统良好的公示性能和广泛的社会认可度，股权冻结情况在该系统公示后，股权所在公司不仅能够及时知晓，而且对于可能购买股权的不特定第三人来讲，也可以通过该系统适时查询拟购股权是否被法院冻结。在多个法院冻结同一股权的情况下，各个法院的冻结顺位在系统中也一目了然，能够有效杜绝目前实践中的各类争议。同时，在公示系统公示后，冻结即产生法律效力，被执行人就被冻结股权所作的转让、出质等有碍执行行为，并不能对抗人民法院的冻结措施，所以在公示系统公示，也能够起到所谓“控制”股权的目的。

3. 股权冻结的效力。《查封、扣押、冻结规定》第24条第1款规定，被执行人就已经查封、扣押、冻结的财产所作的移转、设定权利负担或者其他有碍执行的行为，不得对抗申请执行人。该款明确了我国查封、扣押、冻结措施采用相对效力规则，即人民法院查封、扣押、冻结的财产，被执行人并未丧失处分权，依然可以转让该财产或者用该财产设定权利负担进行融资。依据上述规定，如果转让款或者融资款清偿了执行债权，则人民法院应当解除查封、扣押、冻结措施；如果未能清偿执行债权，由于查封、扣押、冻结措施之前已经进行了公示，受让人知道或者应当知道该财产上存在执行措施，故即便该财产已经转让到受让人名下，对于申请执行人而言依然属于被执行人的财产，人民法院可以进行处置变价。变价后，清偿执行债权仍有剩余的，则退还受让人。《规定》第7条①的规定，是上述规则在强制执行股权程序中的体现。

4. 冻结股权后，是否影响公司增资、减资、合并、分立等。对此，此前实践中存在不同观点。一方面，股权所在公司增资、减资、合并、分立，常常会影响冻结股权的价值。在生效法律文书确定的执行标的就是股权的情况下，增资、减资等引起的股权比例变化更是对申请执行人具有直接影响。另一方面，如果冻结股权后，一律对股权所在公司的上述行为予以限制，又会对公司的经营活动造成较大干扰。为此，《规定》第8条确立了以下规则：第一，冻结股权并不当然限制股权所在公司实施增资、减资、合并、分立等行

① 现为《最高人民法院关于人民法院民事执行中拍卖、变卖财产的规定》（2020年修正）第5条。

为。第二，人民法院可以根据案件具体情况，决定是否向股权所在公司送达协助执行通知书，要求其在实施增资、减资、合并、分立等行为前向人民法院报告有关情况。第三，人民法院收到报告后，并不进行审查，但除涉及国家秘密或者商业秘密外应当及时通知申请执行人，以便申请执行人根据具体情况，决定是否要提起损害赔偿之诉或者代位提起确认决议无效、撤销决议等诉讼。第四，股权所在公司接到协助执行通知书后，不履行报告义务的，人民法院可以依法追究其法律责任。这种“事先报告”结合“事后救济”的规则设计，既可以满足公司的正常经营需求，也为人民法院制裁不法行为和申请执行人寻求救济提供了制度支持。

5. 冻结股权的效力是否自动及于股息、红利等收益。《最高人民法院关于冻结、拍卖上市公司国有股和社会法人股若干问题的规定》第7条第2款规定，股权冻结的效力及于股权产生的股息以及红利、红股等孳息，此为有关冻结上市公司股权的规定。《规定》起草过程中，多数意见认为，股息、红利等收益属于股东对股权所在公司享有的债权，冻结股权并不当然及于收益。对收益的执行，应当按照债权执行的规则处理。因此《规定》第9条明确规定，人民法院冻结被执行人基于股权享有的股息、红利等收益的，应当向股权所在公司送达冻结裁定；股息、红利等收益到期的，可以书面通知股权所在公司向申请执行人或者人民法院履行。

——何东宁、邵长茂、刘海伟、王赫：《〈最高人民法院关于人民法院强制执行股权若干问题的规定〉的理解与适用》，载《中国应用法学》2022年第2期。

337. 人民法院冻结被执行人股权后的处置

关键词

冻结股权　司法拍卖

最高人民法院司法解释

第十条　被执行人申请自行变价被冻结股权，经申请执行人及其他已知执行债权人同意或者变价款足以清偿执行债务的，人民法院可以准许，但是应当在能够控制变价款的情况下监督其在指定期限内完成，最长不超过三个月。

第十一条　拍卖被执行人的股权，人民法院应当依照《最高人民法院关于人民法院确定财产处置参考价若干问题的规定》规定的程序确定股权处置参考价，并参照参考价确定起拍价。

确定参考价需要相关材料的，人民法院可以向公司登记机关、税务机关等部门调取，也可以责令被执行人、股权所在公司以及控制相关材料的其他主体提供；拒不提供的，可以强制提取，并可以依照民事诉讼法第一百一十一条、第一百一十四条的规定处理。

为确定股权处置参考价，经当事人书面申请，人民法院可以委托审计机构对股权所在公司进行审计。

第十二条　委托评估被执行人的股权，评估机构因缺少评估所需完整材料无法进行评估或者认为影响评估结果，被执行人未能提供且人民法院无法调取补充材料的，人民法院应当通知评估机构根据现有材料进行评估，并告知当事人因缺乏材料可能产生的不利后果。

评估机构根据现有材料无法出具评估报告的，经申请执行人书面申请，人民法院可以根据具体情况以适当高于执行费用的金额确定起拍价，但是股权所在公司经营严重异常，股权明显没有价值的除外。

依照前款规定确定的起拍价拍卖的，竞买人应当预交的保证金数额由人民法院根据实际情况酌定。

第十三条　人民法院拍卖被执行人的股权，应当采取网络司法拍卖方式。

依据处置参考价并结合具体情况计算，拍卖被冻结股权所得价款可能明显高于债权额及执行费用的，人民法院应当对相应部分的股权进行拍卖。对相应部分的股权拍卖严重减损被冻结股权价值的，经被执行人书面申请，也可以对超出部分的被冻结股权一并拍卖。

第十四条　被执行人、利害关系人以具有下列情形之一为由请求不得强制拍卖股权的，人民法院不予支持：

（一）被执行人未依法履行或者未依法全面履行出资义务；

（二）被执行人认缴的出资未届履行期限；

（三）法律、行政法规、部门规章等对该股权自行转让有限制；

（四）公司章程、股东协议等对该股权自行转让有限制。

人民法院对具有前款第一、二项情形的股权进行拍卖时，应当在拍卖公告中载明被执行人认缴出资额、实缴出资额、出资期限等信息。股权处置后，相关主体依照有关规定履行出资义务。

第十五条　股权变更应当由相关部门批准的，人民法院应当在拍卖公告中载明法律、行政法规或者国务院决定规定的竞买人应当具备的资格或者条件。必要时，人民法院可以就竞买资格或者条件征询相关部门意见。

拍卖成交后，人民法院应当通知买受人持成交确认书向相关部门申请办理股权变更批准手续。买受人取得批准手续的，人民法院作出拍卖成交裁定书；买受人未在合理期限内取得批准手续的，应当重新对股权进行拍卖。重新拍卖的，原买受人不得参加竞买。

买受人明知不符合竞买资格或者条件依然参加竞买，且在成交后未能在合理期限内取得相关部门股权变更批准手续的，交纳的保证金不予退还。保证金不足以支付拍卖产生的费用损失、弥补重新拍卖价款低于原拍卖价款差价的，人民法院可以裁定原买受人补交；拒不补交的，强制执行。

——《最高人民法院关于人民法院强制执行股权若干问题的规定》（2021年12月20日，法释〔2021〕20号）。

附录：理解与适用

（四）股权拍卖的几类特殊情形

1. 整体拍卖与分割拍卖股权。不得超标的处置被执行人的财产是执行程序中的一项重要规则。《最高人民法院关于人民法院民事执行中拍卖、变卖财产的规定》（以下简称《拍卖、变卖规定》）第14条规定，拍卖多项财产时，其中部分财产卖得的价款足以清偿债务和支付被执行人应当负担的费用的，对剩余的财产应当停止拍卖，但被执行人同意全部拍卖的除外。《规定》第13条第2款在此基础上进行了细化，明确在拍卖股权前，依据处置参考价并结合具体情况计算，拍卖被冻结股权所得价款可能明显高于债权额及执行费用的，应当对相应部分的股权进行拍卖，以避免超标的拍卖股权损害被执行人合法权益。此处的“结合具体情况”主要是指人民法院在拍卖前要根据公司经营状况、股价市场行情、拍卖溢价降价情况，以及分割拍卖与整体拍卖对股权价额的影响等因素综合考虑。同时，由于股权转让可能存在“控制权溢价”，如果对相应部分的股权拍卖严重减损被冻结股权价值，被执行人书面申请人民法院对全部被冻结股权进行拍卖的，人民法院也可以一并拍卖。

2. 瑕疵出资、未届出资期限股权的拍卖。对于被执行人瑕疵出资或者未届出资期限的股权，因其仍然具有价值，所以人民法院可以对其采取强制拍卖措施。对此，《规定》第14条第1款予以明确。问题在于，对于前述股权强制拍卖后，后续出资义务应当如何承担？为最大限度降低强制执行股权对公司、公司其他股东和公司债权人权益的影响，严格遵循有关公司法律制度，《规定》第14条第2款规定，前述股权处置后，相关主体依照有关规定履行出资义务。此处的“有关规定”，对于瑕疵出资的股权，主要是指《最高人民法院关于适用〈中华人民共和国公司法〉若干问题的规定（三）》第18条的规定。对于未届出资期限的股权，股权转让后，后续出资义务应当如何承担，现行法律、司法解释并未明确规定，实践中存在很大争议。起草过程中，有观点认为，人民法院强制执行此类股权时，原股东的出资义务尚未届期，股权被强制转让后，原股东不应再承担后续出资义务。也有观点认为，出资义务是股东对公司、其他股东的恒定义务，无论该出资义务是否已届期，都不因股权转让而消除，原股东仍应承担出资义务。还有观点认为，这一问题比较复杂，不宜在有关强制执行股权的司法解释中规定，而应当留待《公司法》及其司法解释予以明确，在《规定》中只要明确依照“有关规定”处理即可。《规定》最终采纳了最后一种意见。事实上，对于上述问题，《公司法（修订草案）》在第 89 条作出以下规定：“股东转让已认缴出资但未届缴资期限的股权的，由受让人承担缴纳该出资的义务。股东未按期足额缴纳出资或者作为出资的非货币财产的实际价额显著低于所认缴的出资额，即转让股权的，受让人知道或者应当知道存在上述情形的，在出资不足的范围内与该股东承担连带责任。”

3. 自行转让受限股权的拍卖。依照《公司法》第 141 条的规定，股份有限公司发起人及董事、监事、高级管理人员持有的股权，在特定期限或特定比例内应当限制转让。该规定的立法目的在于防止前述人员投机牟利，损害其他股东利益。但是，在前述人员对外负有债务，人民法院为保护债权人利益，将前述人员持有的股权强制变价清偿债务的，不存在投机牟利问题，并不违反《公司法》的立法目的。相应的，公司章程、股东协议对股权转让所作的限制，是公司股东之间的内部约定，同样也不能对抗人民法院的强制执行。基于上述考虑，《规定》第 14 条第 1 款第 3、4 项明确对于前述股权，人民法院可以强制拍卖。当然，为尽可能降低强制处置股权对公司和其他股东的影响，买受人竞得股权后仍应当继续遵守有关限制股权转让的法律规定或者约定。

4. 前置审批类股权的拍卖。根据《证券法》《保险法》《商业银行法》《企业国有资产法》等法律规定，证券公司、保险公司、商业银行、国有企业等转让一定比例的股权前需经相关部门审批。人民法院对这类股权进行拍卖的，竞买人也应当符合相应的资格或条件。问题在于，应当要求竞买人在参与竞拍前即获得审批，还是可以在竞买成功后再获得审批？如果是后者，竞买人在竞买成功后未获审批的，应当如何处理？在起草过程中主要有两种观点：一种观点认为，在拍卖前人民法院只要明示竞买人应有相应资格和条件即可，竞买人在竞买成功后自行办理审批手续。获得审批的，人民法院出具成交裁定书；未获审批的，人民法院对股权重新进行拍卖。此种方式的优势在于，可以提高拍卖效率，确保充分竞价，最大限度实现股权价值。劣势在于，此种方案会出现竞买人在竞买成功后因无法获得审批而导致重新拍卖的问题。另外一种观点认为，只有获得相关部门审批的竞买人才可以参加竞买，此种方式的优势在于，能够确保竞买成功的竞买人已获得审批资格，尽可能避免重新拍卖情形的出现。劣势在于：一是在竞买前即限定竞买人的资格，合理性存疑，且会导致股权拍卖竞价不充分，可能会存在暗箱操作；二是由审批部门对所有竞买人的资格进行审核，实际操作上并不可行，征求意见时，相关部门也提出这样的意见；三是即使在竞买前已获得审批，在竞买成功后办理变更登记时，也可能会因种种原因出现不能办理变更登记的情形。基于上述考虑，《规定》第 15 条最终采纳了第一种观点。

另外，根据《规定》第 15 条第 3 款规定，对于买受人明知不符合竞买资格或者条件依然参加竞买，且在成交后未能在合理期限内取得相关部门股权变更批准手续的，要参照悔拍处理，交纳的保证金不予退还。如果保证金不足以支付拍卖费用损失和两次拍卖差价的，是否需要原买受人补交？依照《拍卖、变卖规定》第 22 条的规定，人民法院是可以责令买受人补交的。由于《拍卖、变卖规定》对此问题已有规定，所以之后出台的《最高人民法院关于人民法院网络司法拍卖若干问题的规定》第 24 条对此问题未再规定，由此在实践中产生了误解和争议。有观点据此认为保证金不足以支付费用损失和两次拍卖差价的，无需原买受人补交。对此，《规定》第 15 条第 3 款再次明确，保证金不足以支付的，可以裁定原买受人补交；拒不补交的，强制执行，以重申最高人民法院对于悔拍保证金问题一贯的态度。

——何东宁、邵长茂、刘海伟、王赫：《〈最高人民法院关于人民法院强制执行股权若干问题的规定〉的理解与适用》，载《中国应用法学》2022 年第 2 期。

338. 公司长期不分配股利的，人民法院能否强制提取

关键词

不分配股权　强制提取

附录：最高人民法院主流观点

有关公司长期不向股东分配股权收益的，执行法院能否直接强制提取？股利分配与否，不仅取决于公司是否有可资分配的利润，还取决于公司的意思。公司分红政策极其复杂，属于公司自治和商业判断的范畴。既然公司分红与否、分红之多寡原则上是公司自治和股东自治的范畴，法院不宜越俎代庖。因为法院原则上缺乏对分红水准的妥当性进行司法审查的正当依据和专业判断能力，不宜干预公司的分红政策。但这并不等于说，股利分配行为完全游离于司法权的审查范围之外。当公司管理层或控制股东滥用资本多数决原则，故意过分提取公积金，而不分红或很少分红并以其作为压榨小股东手段时，受害股东有权向法院提出强制公司分派股利之诉。换言之，当股利分配政策沦为控制股东或经营者压榨或排挤中小股东的手段时，法院应破例对

于遭受压榨或排挤之苦的中小股东提供法律救济。[①]

在执行程序中，如果作为被执行人的控股股东滥用资本多数决原则，在其投资的公司中长期不分红，影响申请执行人债权实现的，执行法院能否突破不干预公司分红的原则，直接强制提取股权收益呢？最高人民法院执行局曾在个案中支持了执行法院强制提取被执行人股权收益的做法：执行法院查明被执行人在其全资子公司的工商档案年检报告书中，有归属母公司所有者的、数额远大于执行案件债权数额的净利润。该净利润虽然没有决定分配，但可以将执行债权额范围内的部分视为作为被执行人的母公司在子公司应得的股权收益，为了保护债权人的利益，人民法院依法可以直接提取该应得的收益。执行法院扣划全资子公司的相关款项，符合《执行规定》第51条的规定。[②]

——江必新、刘贵祥主编、最高人民法院执行局编：《最高人民法院关于执行程序中计算迟延履行期间的债务利息司法解释理解与适用》，人民法院出版社2014年版，第94~95页。

339. 信托财产和信托受益权强制执行问题

关键词

信托财产　信托受益权　强制执行

附录：最高人民法院法官著述

本案涉及的核心问题是信托财产能否被强制执行及如何执行信托受益权的问题。

（一）信托财产能否被强制执行

信托财产既是信托法律关系赖以建立和存续的物质载体，也是信托目的得以实现的物质前提。按照信托法律关系的构造，信托一旦有效设立，信托财产就形成一个独立的、闭合的财产体，它既独立于委托人的财产，也独立于受托人的固有财产，又独立于受益人的财产。受托人在经营管理信托财产期间产生的积极财产应归入信托财产，信托财产也只对该财产上之负担的消极财产（即债务）负责。学界将此称之为信托财产的独立性。

根据《信托法》第十七条规定："除因下列情形之一外，对信托财产不得强制执行：（一）设立信托前债权人已对该信托财产享有优先受偿的权利，并

① 参见刘俊海：《公司法学》，北京大学出版社2008年版，第167~168页。

② 参见最高人民法院（2011）执监字第44号《驳回申诉通知书》。

依法行使该权利的；（二）受托人处理信托事务所产生债务，债权人要求清偿该债务的；（三）信托财产本身应负担的税款；（四）法律规定的其他情形。如违反前款规定而强制执行信托财产，委托人、受托人或者受益人有权提出异议。”该条款明确规定了禁止强制执行信托财产的原则及其四种例外情况，而可对信托财产强制执行的四种情形，实质上都是关于信托财产自身存有负担的情形。禁止强制执行信托财产与信托财产的独立性是有必然联系的。信托财产的独立性排除了以信托财产偿还委托人和受托人债务的合法性，委托人和受托人不能以信托财产履行其自身债务，法院也不能将信托财产视为委托人或受托人的财产予以强制执行。

就本案而言，2004 年易融公司与中融信托签订合同设立信托后，争议股票就成为信托财产，占有和管控的权利实际转移给受托人中融信托，并且在证券登记部门办理了过户登记。所以，在信托法律关系存续期间，该信托财产既独立于易融公司的财产，也独立于中融信托的财产，除法律规定的四种情形外免于强制执行。

（二）如何执行信托受益权

根据《信托法》第四十七条规定，“受益人不能清偿到期债务的，其信托受益权可以用于清偿债务。”所以，信托受益权作为一种财产权益是可以被强制执行的。就本案而言，要执行信托受益权，必须回答以下两个问题：

1. 本案信托股票的受益人是谁

《信托法》第四十八条规定：受益人的信托受益权可以依法转让和继承。本案中，信托受益权在 2005 年曾发生转让，且转让双方已就此形成诉讼。最高人民法院在执行监督中仅对陕西高院（2007）陕执裁字第 187 号民事裁定书的结论及其理由进行审查，并未对信托受益权的转让是否成立及信托受益权的归属作出结论。

关于信托股票受益权转让是否必须以信息披露为条件的问题。我们认为，信托股票受益权的转让不能等同于股票的转让，信托股票受益权转让的实质是信托法律关系的当事人以《信托受益权转让协议》的形式变更了受益人，故该行为只需符合《信托法》第五章“信托的变更与终止”的规定即可。因信托法及相关法律规范没有规定信息披露是变更信托受益人的生效要件，故信息披露不是本案转让协议生效和转让完成的必要条件。即使本案当事人作为股份的控制人违反了《上市公司股东持股变动信息披露管理办法》第八条、第十七条、第二十四条关于信息披露的义务，也只属于证券监管部门予以行政处罚的问题，不影响变更信托受益人的民事行为的效力。

陕西高院直接在执行程序中认定信托股票未完成转让及受益权人仍为易融公司是不妥当的。因为，信托股票受益权是否已经转让涉及信托法律关系的终止和成立，属实体问题，般诺公司既然已经就该信托法律关系另案起诉，请求确认包括被执行股权在内的信托股票受益权归属于该公司，在该案已获受理的情况下，应以审理结果为确认信托股票受益权是否转让及受益权人的依据，而不宜在执行程序中直接进行认定。如果另案诉讼的结果确认信托股票的受益权人为般诺公司，则陕西高院的执行裁定势必与判决结果相悖。

2. 如何执行信托受益权

如果判决结果确认信托受益权并未完成转让，易融公司仍为信托股票的受益权人，根据《信托法》第四十七条的规定，其信托受益权可以用于清偿债务。但是，对于如何执行信托受益权法律并没有明确规定。我们认为，执行法院可以向受托人发出协助执行通知书，要求其在信托法律关系终止时将受益人应得的财产或收益协助法院执行。关于信托法律关系的终止应根据《信托法》的相关规定或合同双方当事人的约定，法院执行不得强行终止信托，不得侵犯信托法律关系中合同双方的合法权益。

——吴宪光、于泓：《信托财产和信托受益权强制执行问题研究》，载江必新主编、最高人民法院执行工作办公室编：《执行工作指导》2008 年第 2 辑（总第 26 辑），人民法院出版社 2008 年版，第 61~65 页。

340. 执行方案专业定制 48 个工作日兑现 10 亿元金融债权

关键词

强制执行　上市公司　股票执行

最高人民法院公布的典型案例

某信托公司与某资本公司等信托纠纷执行案

执行要旨：证券市场瞬息万变，司法处置上市公司股票要快、准、稳。案件处置中既要妥善维护当事人、上市公司各方利益，又要尽可能降低对证券市场的影响，防范市场风险，避免引起股票价格大幅波动。武汉中院发挥能动司法作用，执结一起上市公司大额股票的典型案例。从立案到成交，武汉中院用时 48 个工作日（含公告一个月）推进立案、查控、约谈、评议、挂网、拍卖系列执行流程与各项工作，真金白银兑现申请执行人 10 亿元债权，有力维护了金融市场的稳定。

基本案情

申请执行人：某信托公司

被执行人：某资本公司、某股权公司

执行法院：湖北省武汉市中级人民法院

原告某信托公司与被告某资本公司签订《信托受益权转让协议》，某股权公司以其持有的某上市公司限售原始股提供质押担保，后因资本公司违约，信托公司将其诉至法院。武汉中院一审判决被告某资本公司向原告信托公司支付 8.8 亿元投资本金及利息、违约金，判令原告就质押的某上市公司 4 亿股股票优先受偿。

判决生效后，被告未主动履行判决义务，信托公司于 2023 年 1 月向武汉中院申请强制执行。通过重大涉企案件绿色通道，武汉中院证券基金执行团队第一时间对申请执行人进行首次约谈，迅速确定本案债权兑现的关键是 4 亿股股票的处置。立案时，股票市场价在 2.2 元 / 股左右，案涉 4 亿股总价至少八九亿，处理的好坏不仅关系到申请执行人胜诉权益的兑现，还将影响到股价、股民利益及上市公司发展，牵一发动全身。执行人员抢在春节休市前前往中国证券登记结算上海分公司办理查控。经查，案涉 4 亿股股票现已转为无限售流通股，武汉中院系首封法院，具备处置权。合议庭随即就集中竞价、大宗交易、司法拍卖三种处置方法的利弊反复衡量，最终选择将案涉 4 亿股股票拆分三个资产包以拍卖日前 20 日均价八折作为起拍价进行挂网拍卖；为实现股票价值最大化，选择在目前股市与股价行情较好的“年后小阳春”启动司法拍卖程序。

最终，通过总计 148 次出价，94 次延时，在 19 万人次拍卖围观下，案涉 4 亿股股票以单股均价 2.5 元，总成交价 10.03 亿元全部成交，溢价率达到 24.8%，火爆的拍卖行情带动了二级市场行情。当天，该股票市场收盘价上涨 4%。成交后，申请执行人向武汉中院送来“高效执行 助力金融”的锦旗表达谢意。

典型意义

本案是武汉中院发挥能动司法作用，执行上市公司大额股票的典型案例。本案的执行突出了兑现胜诉债权的“快”、股票拆分市场化处置的“准”与涉企金融案件执行方案的“稳”。武汉中院通过牢牢把握“公正”这个根本要求，积极回应“效率”这一人民期盼，持续更新执行理念，进行专业化案件类型分流，深化改革创新，推行执行方案专业定制，实现兑现胜诉债权和推动经济发展并重，也为上市公司股票执行类案提供了成功范例。

——《最高人民法院发布能动执行典型案例》，载《人民法院报》2023 年 5 月 20 日。

341. 对购买股权所拖欠的余款是否可以裁定强制执行

关键词

股权购买 余款拖欠 强制执行

附录:《人民司法》信箱

问题: 某法院在执行案件中,变卖了一被执行企业的股权。购买者支付了部分款后,以暂无钱为由拖欠,经多次催收无果。是否可以裁定强制执行?

《人民司法》研究组认为: 最高人民法院《执行规定》第 49 条[①]第 1 款规定:"拍卖、变卖被执行人的财产成交后,必须即时钱物两清。"这 1 款规定了收取转让价款钱物两清的原则。但在实践中情况往往较为复杂,重要的是保证及时收取价款,保护执行债权人的利益。本案的买受人只交付了部分价款,以无支付能力为由拒付余款,违反前述规定,应当再行变卖,但由原买受人承担两次拍卖、变卖之间多发生的费用以及可能存在的减价损失。执行中拍卖、变卖的买受人虽是在强制执行中受让财产,但其不能支付余款的行为尚不能引起被强制执行的后果,对债权人只能通过执行法院再行组织的拍卖、变卖活动予以救济。

——《人民司法》2003 年第 10 期。

342. 人民法院执行国有股和社会法人股,必须进行拍卖

关键词

社会法人股 拍卖

最高人民法院答复

陕西省高级人民法院:

你院就如何适用《最高人民法院关于冻结、拍卖上市公司国有股和社会法人股若干问题的规定》第八条第三款的问题向我院请示。经研究,答复如下:

---

① 现为《最高人民法院关于人民法院执行工作若干问题的规定(试行)》(2020 年修正)第 34 条。

《最高人民法院关于冻结、拍卖上市公司国有股和社会法人股若干问题的规定》第八条第三款明确规定，人民法院执行股权，必须进行拍卖。你院应严格按照该规定执行。

此复

——《最高人民法院执行工作办公室致陕西省高级人民法院的复函》(2005年8月23日，〔2005〕执他字第10号)，载江必新主编：《人民法院执行工作规范全集》，人民法院出版社2017年版，第566页。

附录：理解与适用

《最高人民法院关于冻结、拍卖上市公司国有股和社会法人股若干问题的规定》第八条第三款明确规定，人民法院执行股权，必须进行拍卖。从该规定内容看，对上市公司国有股和社会法人股变价，人民法院只能拍卖，不能未经拍卖而直接变卖。该规定是针对股权变价的特殊情况作出的。一方面，相对于动产、不动产而言，股权的价值比较难评估，不同的评估机构对同一股权所作的评估结果往往相差较大。因此，如果不经拍卖程序而直接对股权进行变卖，则变卖价格的公正性、合理性令人置疑，而拍卖最有利于体现财产的真正价值，使执行标的物卖得最高价格。另一方面，为了防止国有资产流失和损害第三人利益。如果允许不经拍卖而直接变卖，会给双方当事人串通故意压低股权价格提供可乘之机，从而造成国有资产流失。如果还有其他债权人，可能会损害其利益。

有关拍卖和变卖的顺序问题，《最高人民法院关于人民法院执行工作若干问题的规定（试行）》第四十八条[①]规定，被执行人申请对人民法院查封的财产自行变卖的，人民法院可以准许；《最高人民法院关于人民法院民事执行中拍卖、变卖财产的规定》第三十四条[②]规定：对查封、扣押、冻结的财产，当事人双方及有关权利人同意变卖的，可以变卖。从上述两条法律规定看，拍卖是原则，但在符合一定条件的情况下也可以直接变卖。如果本案的执行标的物不是上市公司的社会法人股，那么根据上述两条法律规定，陕西高院的第一种意见是正确的，即在双方当事人和有关权利人同意的情况下，可以不经拍卖而直接变卖给长安信息公司或者其他第三人。由于本案的执行标的物是上市公司的社会法人股，而《最高人民法院关于冻结、拍卖上市公司国有股和社会法人股若干问题的规定》是专门针对冻结、拍卖上市公司国有股和

① 现为《最高人民法院关于人民法院执行工作若干问题的规定（试行）》(2020年修正）第三十三条。

② 现为《最高人民法院关于人民法院民事执行中拍卖、变卖财产的规定》(2020年修正）第三十一条。

社会法人股所作的规定，根据特别法优于普通法的原则，本案应当优先适用《最高人民法院关于冻结、拍卖上市公司国有股和社会法人股若干问题的规定》第八条的规定。另外，《最高人民法院关于人民法院民事执行中拍卖、变卖财产的规定》第三十三条[①]也明确规定，在执行程序中拍卖上市公司国有股和社会法人股的，适用《最高人民法院关于冻结、拍卖上市公司国有股和社会法人股若干问题的规定》。

——王惠君：《关于陕西省高级法院就〈最高人民法院关于冻结、拍卖上市公司国有股和社会法人股若干问题的规定〉第八条第三款如何适用问题的请示案》，载最高人民法院执行工作办公室编：《执行工作指导》2006 年第 1 辑（总第 17 辑），人民法院出版社 2006 年版，第 66~69 页。

343. 在被执行人仍有其他财产可供执行的情况下不宜执行其持有的上市公司国有股

关键词

上市公司国有股

最高人民法院答复

甘肃省高级人民法院：

你院甘高法〔2002〕224 号请示报告收悉，经研究现答复如下：

甘肃皇台酿造（集团）有限责任公司（下称皇台集团）将股权划转到北京皇台商贸公司（下称皇台商贸），系经甘肃省政府和财政部批准以划转的方式进行的，受让方皇台商贸不需向皇台集团支付对价。该划转行为是政府为实现企业跨地区发展战略需要的一种行为，不宜认定是当事人规避法律，逃避债务的行为，应当予以维持。皇台集团曾提出以成品酒等财产偿还债务，债权人拒绝接受，但执行法院应当执行该财产，以变价款清偿债务。根据《最高人民法院关于冻结、拍卖上市公司国有股和社会法人股若干问题的规定》第 8 条的规定，在皇台集团仍有其他财产可供执行的情况下，为维护广大股民的投资利益，维护证券市场的稳定，不宜执行股权。

请你院接此函后即解除对皇台集团所持有的皇台酒业股权的查封措施，通过对皇台集团其他财产的处理来实现债权人的债权。

——《最高人民法院执行工作办公室关于在被执行人仍有其他财产可供

① 现为《最高人民法院关于人民法院民事执行中拍卖、变卖财产的规定》（2020 年修正）第三十条。

执行的情况下不宜执行其持有的上市公司国有股有关问题的答复》（2003 年 11 月 4 日，〔2003〕执他字第 8 号），载江必新主编：《人民法院执行工作规范全集》，人民法院出版社 2017 年版，第 559 页。

344. 执行异议诉争股权的确认应按照何时的工商登记公示信息进行判断

关键词

案外人执行异议之诉　工商登记

最高人民法院裁判文书

刘其财与刘建忠、郑光荣、杨巧莉案外人执行异议之诉案［最高人民法院（2021）最高法民申 7699 号民事裁定书］

裁判要旨：案外人或申请人执行异议之诉中有关诉争股权的审理和确认，应当按照工商登记管理机关的登记和企业信用信息公示系统公示的信息来进行判断。当事人是否通过受让行为取得案涉股权的所有权并足以排除强制执行，重点应审查在前案诉讼程序中人民法院根据当事人的申请采取财产保全措施查封诉争股权时，案涉股权在工商行政管理机关有关工商档案中是否已登记在案外人名下。

最高人民法院认为，本案再审审查的焦点问题在于刘其财就案涉股权是否享有足以排除强制执行的民事权益。《最高人民法院关于适用〈中华人民共和国民事诉讼法〉的解释》第三百一十一条[①]规定，案外人或者申请执行人提起执行异议之诉的，案外人应当就其对执行标的享有足以排除强制执行的民事权益承担举证证明责任。刘其财主张其基于股权转让行为享有案涉股权的所有权并足以排除强制执行，应当对此承担举证证明责任。本案中，刘其财提交了《国家企业信用信息公示系统企业信用信息公示报告》，该报告记载，公司登记机关已经受理其与刘建忠之间因案涉股权转让而修改公司章程的备案申请，并于 2014 年 9 月 12 日将备案信息公示于企业信用信息公示系统。本院认为，根据《最高人民法院关于人民法院办理执行异议和复议案件若干问题的规定》第二十五条第一款第四项规定，案外人或申请人执行异议之诉中有关诉争股权的审理和确认，应当按照工商登记管理机关的登记和企业信

① 现为《最高人民法院关于适用〈中华人民共和国民事诉讼法〉的解释》第三百零九条。

用信息公示系统公示的信息来进行判断。就本案而言，对于刘其财是否通过受让行为取得案涉股权的所有权并足以排除强制执行，重点应当审查在前案诉讼程序中人民法院根据当事人的申请采取财产保全措施查封诉争股权时，案涉股权在工商行政管理机关有关工商档案中是否登记在刘其财名下。现刘其财所提交的《国家企业信用信息公示系统企业信用信息公示报告》虽然显示案涉股权于 2014 年 6 月 6 日发生变更，但未能体现人民法院采取保全措施时案涉股权的权属状态。而刘其财所举示的一审法院作出的（2018）闽 01 民初 677 号生效民事判决同样不足以支持其所提主张。因此，刘其财所举证据不能证明其就案涉股权享有足以排除强制执行的民事权益，其应当承担举证不能的不利后果。

——中国裁判文书网。

345. 股权受让人提出执行异议之诉的成立要件

关键词

执行异议　股权查封　股权转让款

最高人民法院裁判文书

黄某与厦门双润投资管理有限公司及丰禾（中国）有限公司、惠安县农村信用合作联社案外人执行异议之诉纠纷案［最高人民法院（2019）最高法民终 1946 号民事判决书］

裁判要旨：在人民法院依法查封股权后，股权受让人提出执行异议之诉，其成立要件应当包括在人民法院查封之前签订真实有效的转让合同，在人民法院查封之前完成公司股东名册变更，受让人在查封之前已足额支付转让价款或已依约支付部分价款且将剩余价款按照人民法院的要求交付执行等。

最高人民法院认为，《执行异议和复议规定》第二十五条规定，在执行阶段，人民法院应当以工商登记信息作为判断股权权利人的依据。在一审法院于 2017 年 12 月 12 日对案涉惠安农信社 4.2% 股权采取保全措施时，该股权仍然登记在被保全人丰禾公司名下，故该院依据（2017）闽民初 133 号民事裁定，查封案涉股权符合上述司法解释的规定。

（一）关于股权被依法查封后，受让人提出执行异议之诉成立的要件

执行异议之诉的基本功能在于通过实体审理程序判断金钱债权申请执行

人基于生效裁判对执行标的享有的权利与异议人对执行标的享有的权利谁更具有优先性。申请执行人基于对被执行人享有合法债权，而对被执行人名下执行标的具有请求人民法院依法处置，所得价款用于清偿其债权的权利。

1. 受让人对执行标的权利应当是真实的，且该权利早在人民法院查封之前即已客观存在。

2. 受让人已实际占有或控制执行标的。人民法院在执行程序中对被执行人所采取的强制执行措施，应当以其实际享有的财产或财产性权益为限。受让人应在人民法院查封之前完成公司股东名册的变更，其可依据股东名册向公司主张股东权利。

3. 被执行人的责任财产没有因转让行为而不当减少。股权受让人在查封之前已足额支付转让价款或已依约支付部分价款且将剩余价款按照人民法院的要求交付执行亦应属于其能够排除执行的必要条件之一。双润投资公司提出仅办理股权名册变更即可对抗强制执行的观点不能成立。

综上，在人民法院依法查封股权后，股权受让人提出执行异议之诉成立要件应当包括：其一，受让人与被执行人应当在人民法院查封之前签订真实有效的转让合同；其二，受让人应在人民法院查封之前完成公司股东名册的变更，其可依据股东名册向公司主张股东权利；其三，受让人在查封之前已足额支付转让价款或已依约支付部分价款且将剩余价款按照人民法院的要求交付执行。

（二）关于双润投资公司是否符合股权受让人提出执行异议之诉成立的要件

双润投资公司认为其分两笔足额支付案涉 6000 万元股权转让款；第一笔是其于 2017 年 12 月 5 日向高迅达公司转账 4512 万元，其中 4500 万元系股权转让款；第二笔是其于 2018 年 1 月 30 日向高迅达公司转账 1500 万元。黄木兴认为上述两笔付款均不应视为案涉股权转让款的有效支付，双润投资公司未支付任何股权转让款。对此分析认定如下：

1. 关于 2017 年 12 月 5 日向高迅达公司转账 4512 万元

首先，从付款时间来看，该笔付款日期为 2017 年 12 月 5 日，早于案涉《股金转让协议书》签订的时间。其次，从合同约定来看，案涉《股金转让协议书》签订在后，但该协议并未记载双润投资公司已经支付大部分股权转让款，反而约定 6000 万元的股权转让款在合同生效后支付。再次，从款项支付对象来看，该笔付款支付至高迅达公司账户，而不是支付至转让方丰禾公司账户。现有证据不能反映丰禾公司曾经委托双润投资公司将其应得的股权转让款支付给高迅达公司用于偿还丰禾公司债务。最后，从款项用途来看。在没有合同依据的情况下，双润投资公司转款时也仅备注“往来款”，而未注明系代丰禾公司支付股权转让款。且根据二审查明事实，双润投资公司与高迅达公司属于同一实际控制人控制的关联公司，双方之间常有大额款项往来，在其没有注明款项性质情况下，不能认定该笔款项与本案具有关联性。故从现有证据来看，双润投资公司于 2017 年 12 月 5 日向高迅达公司支付的 4512 万元不能视为其向丰禾公司支付的股权转让款。

2. 关于 2018 年 1 月 30 日向高迅达公司转账 1500 万元

首先，双润投资公司该笔付款对象同样不是丰禾公司。在缺乏证据证明丰禾公司授权双润投资公司向高迅达公司支付款项的情况下，该笔付款亦不能视为向丰禾公司支付的股权转让款。其次，双润投资公司的该笔付款是在人民法院依法查封案涉股权之后支付，不能成为阻却执行的依据。鉴于双润投资公司上述付款对象不是丰禾公司，付款时间在案涉股权被查封之后，且该付款本身损害申请人的合法权益，故该笔付款不能视为其向丰禾公司有效支付股权转让款，不能成为其阻却执行的事由。

双润投资公司提出不得执行案涉股权，并解除对案涉股权查封冻结手续的诉讼请求，不能成立。在双润投资公司对案涉股权不具有排除强制执行的实体权利情况下，其提出确认案涉股权归其所有的诉讼请求，更不能成立。

——中国裁判文书网。

附录：本案解析

股权被依法查封后，受让人提出执行异议之诉的成立要件基于执行异议之诉的基本功能与价值取向，除存在法定优先权的情形外，受让人提出对执行标的具有优先性因而可以排除强制执行的，一般应当具备以下要件：

（一）受让人对执行标的的权利应当是真实的，且该权利早在人民法院查封之前即已客观存在

真实性是受让人提出执行异议能够成立的前提条件，如受让人对执行标的的权利为虚假，则无保护之必要，遑论优先保护。查封措施的目的在于维护债务人的财产现状，保障经过审判程序或其他程序确认的债权尽可能得到清偿，故查封有禁止债务人处分查封物的效力。即在人民法院查封之后，任何针对执行标的的处分行为均应属无效，故受让人的权利在人民法院查封之前即已客观存在亦属于其异议能够成立的前提条件。因此，受让人与被执行人应当在人民法院查封之前签订真实有效的转让合同。

（二）受让人已实际占有或控制执行标的

在受让人没有实际占有或者控制执行标的的情况下，其所享有的仅是请求被执行人依约交付执行标的的权利，该权利属于债权请求权，而债权具有平等性，不能对抗强制执行。在受让人因被执行人的履约行为已实际取得对执行标的的占有或控制后，其对执行标的的权利转变为物权请求权，且受让人已经可以对执行标的进行占有、使用、收益，而被执行人对执行标的不再

享有上述权益。人民法院在执行程序中对被执行人所采取的强制执行措施，应当以其实际享有的财产或财产性权益为限。在被执行人因丧失对执行标的的占有或控制而对该执行标的不享有任何权益时，该财产即具有排除强制执行的可能。故受让人实际占有或控制执行标的是赋予其优先保护的实质要件。

在转让对象系股权的情况下，对于受让人实际控制执行标的的认定应当考虑到股权的基本特性。股权是股东或出资人对公司所享有的资产收益参与重大决策和选择管理者等权利，该权利行使的对象是公司。《公司法》第32条规定："有限责任公司应当置备股东名册，记载下列事项：（一）股东的姓名或者名称及住所；（二）股东的出资额；（三）出资证明书编号。记载于股东名册的股东，可以依股东名册主张行使股东权利。公司应当将股东的姓名或者名称向公司登记机关登记；登记事项发生变更的，应当办理变更登记。未经登记或者变更登记的，不得对抗第三人。"据此，股东名册是股东行使股东权利的依据。受让人能够实际行使股权的前提应当是公司股东名册已经变更、受让人已经作为股东记载于股东名册。故受让人应在人民法院查封之前完成公司股东名册的变更，其可依据股东名册向公司主张股东权利。

（三）被执行人的责任财产没有因转让行为而不当减少

首先，执行标的原本属于被执行人的责任财产，系债权人可以请求人民法院依法处置、用于清偿债务的对象。一般规则下责任人的全部财产均为被执行人的责任财产，前提是这些财产标的物必须在强制执行开始时是属于被执行人的财产。受让人取得对行标的的占有或控制是基于转让合同关系，而在该基础法律关系中，被执行人转让执行标的的目的是获得转让价款。被执行人转让执行标的与受让支付价款构成对待给付关系，两者相互依存，相互构成受领给付的基础。在受让人已经实际支付转让价款或者已依约支付部分价款、剩余价款交由人民法院执行的情形下，被执行人名下财产由该执行标的转化为转让价款，其责任财产范围并没有因转让行为而不当减少。在受让人依约履行支付价款等合同主要义务的情况下，其有权继续保持受领给付状态，可以赋予其排除强制执行的权利。而在受让人未按照合同约定支付转让对价的情况下，受让人因未履行对待给付义务，缺乏对执行标的的继续占有的基础，故不应赋予受让人排除执行的权利。

其次，执行异议之诉的基本价值系公平原则。公平原则意指"各人得其应得"观念的最大化，交换正义涉及个体与个体在财产交易方面是否享有公平合理的对待。在受让人未支付价款且不愿意将剩余价款交付人民法院执行的情况下，此时债权人已对执行标的采取查封措施且其债权已支付对价，如赋予受让人优于债权人的特别保护，则有悖于执行异议之诉制度的基本价值。

——夏敏：《黄某与厦门双润投资管理有限公司及一审第三人丰禾（中国）有限公司、惠安县农村信用合作联社案外人执行异议之诉纠纷案——股权受让人提出执行异议之诉的成立要件》，载中国应用法学研究所主编：《中华人民共和国最高人民法院案例选》（第四辑），法律出版社2020年版，第116~126页。

346. 强制执行中股东优先购买权的行使

关键词

执行监督　强制执行　股东优先购买权

最高人民法院裁判文书

甘肃创新商贸集团有限公司、王某某与甘肃平商联合投资股份有限公司及甘肃新大商贸有限公司借款合同纠纷执行监督案［最高人民法院（2020）最高法执监18号执行裁定书］

裁判要旨：申请执行人与其股东属于不同的民事主体，经申请执行人和被执行人同意，可以不经拍卖、变卖程序直接将被执行人的股权作价交申请执行人抵偿债务，但人民法院不能直接交申请执行人的股东抵偿债务。人民法院对查封、冻结的财产进行变价处理时，应当首先采取拍卖的方式，以拍卖方式处置财产的，应当采取网络司法拍卖方式。

最高人民法院经审查认为，首先，申请执行人与其股东属于不同的民事主体，经申请执行人和被执行人同意，可以不经拍卖、变卖程序直接将被执行人的股权作价交申请执行人抵偿债务，但人民法院不能直接交申请执行人的股东抵偿债务。本案兰州市中级人民法院所作的（2018）甘01执811号之一裁定，其本质是将涉案股权未经拍卖程序直接变卖给新大商贸公司。

其次，在执行程序中，人民法院对查封、冻结的财产进行变价处理时，应当首先采取拍卖的方式，以拍卖方式处置财产的，应当采取网络司法拍卖方式。如果要放弃拍卖方式而选择变卖方式，对双方当事人和有关权利人利益影响较大，应当经过其同意。本案中，平商联合投资公司将进入执行程序前当事人在借条中所作意思表示"视为被执行人已明示同意"，不符合司法解释规定精神。

最后，《公司法》仅明确了有限责任公司的股东具有优先购买权，股份有限公司不适用《公司法》第72条规定。虽然公司章程规定了股东优先购买权，但该章程系约束其股东自主转让股权的行为，对人民法院强制执行活动没有当然约束力。即使股东行使优先购买权，也应当在依法开展的拍卖、变卖程序中行使。未经被执行人同意，股东优先购买权行使程序违法。据此，最高人民法院于 2020 年 12 月 29 日作出（2020）最高法执监 18 号裁定，撤销甘肃高院（2019）甘执复 66 号裁定，维持兰州市中级人民法院（2018）甘 01 执异 768 号裁定。

——中国裁判文书网。

附录：本案解析

关于兰州市中级人民法院所作的（2018）甘 01 执 811 号之一裁定的性质。本案中，兰州市中级人民法院在对股权进行评估后，未经拍卖程序，直接将被执行人持有的平商联合投资公司 30.7692% 的股权裁定归平商联合投资公司股东之一——新大商贸公司所有。虽然平商联合投资公司是申请执行人，但其与股东新大商贸公司属于不同的民事主体。即使经申请执行人和被执行人同意不经拍卖、变卖程序直接将被执行人的财产作价交申请执行人抵偿债务，也是交申请执行人，而不是交申请执行人的股东。因此，本案兰州市中级人民法院所作的（2018）甘 01 执 811 号之一裁定，其性质不属于以物抵债裁定，其本质是将涉案股权未经拍卖程序直接变卖给新大商贸公司。

兰州市中级人民法院直接变卖行为是否违法，应视其是否违反了《拍卖、变卖规定》第 34 条①规定。根据该规定，对查封、扣押、冻结的财产，当事人双方及有关权利人同意变卖的，可以变卖。可以直接变卖涉案查封、扣押、冻结的财产的前提是当事人双方及有关权利人明确向执行法院提出同意变卖的意见。在执行程序中，人民法院对查封、冻结的财产进行变价处理时，应当首先采取拍卖的方式，以拍卖方式处置财产的，应当采取网络司法拍卖方式。采取网络司法拍卖，可以使潜在竞买人及时，准确获得信息，从而参与到司法拍卖竞价中来，通过充分竞价，使财产变价价格充分反映其市场价值。变价所得价款越高，越有利于实现债权，同时也有利于兼顾债务人的合法权益。基于此，如果要放弃拍卖方式而选择变卖方式，对双方当事人和有关权利人利益影响较大，应当经过其同意。本案中，平商联合投资公司将进入执行程序前当事人在借条中所作意思表示“视为被执行人已明示同意”，不符合司法解释规定精神。

关于平商联合投资公司股东是否有优先购买权问题。《公司法》对股东优先购买权的规定是第 72 条，该条位置在第三章“有限责任公司的股权转让”可见，法律仅明确了有限责任公司的股东具有优先购买权，而本案平商联合

① 现为《最高人民法院关于人民法院民事执行中拍卖、变卖财产的规定》（2020 年修正）第 31 条。

投资公司营业执照显示其公司类型为股份有限公司。不适用《公司法》第72条规定。平商联合投资公司章程虽规定了股东优先购买权，但该章程系约束其股东自主转让股权的行为，对人民法院强制执行活动没有当然约束力。即使股东行使优先购买权，也应当在依法开展的拍卖、变卖程序中行使。本案变卖程序未经被执行人同意，股东优先购买权行使程序违法。

——向国慧、叶欣：《甘肃创新商贸集团有限公司、王某某与甘肃平商联合投资股份有限公司及第三人甘肃新大商贸有限公司借款合同纠纷执行监督案——强制执行中股东优先购买权的行使》，载中国应用法学研究所主编：《中华人民共和国最高人民法院案例选》（第六辑），法律出版社2022年版，第147~148页。

（五）对证券及其交易结算资金的执行

347. 被执行人在证券公司和登记结算机构的自营结算备付金等专项资金，人民法院不得冻结和扣划

关键词

登记结算机构　自营结算备付金　专项资金　冻结　扣划

最高人民法院司法政策精神

六、证券登记结算机构依法按照业务规则收取并存放于专门清算交收账户内的下列资金，不得冻结、扣划：

（一）证券登记结算机构设立的资金集中交收账户、专用清偿账户内的资金。

（二）证券登记结算机构依法收取的证券结算风险基金和结算互保金。

（三）证券登记结算机构在银行开设的结算备付金专用存款账户和新股发行验资专户内的资金，以及证券登记结算机构为新股发行网下申购配售对象开立的网下申购资金账户内的资金。

（四）证券公司在证券登记结算机构开设的客户资金交收账户内的资金。

（五）证券公司在证券登记结算机构开设的自营资金交收账户内最低限额自营结算备付金及根据成交结果确定的应付资金。

——《最高人民法院等关于查询、冻结、扣划证券和证券交易结算资金有关问题的通知》（2008年1月10日，法发〔2008〕4号）。

最高人民法院审判业务意见 [《人民法院办理执行案件规范（第二版）》]

809.【不得冻结、扣划的资金】

证券登记结算机构依法按照业务规则收取并存放于专门清算交收账户内的下列资金，不得冻结、扣划：

（一）证券登记结算机构设立的资金集中交收账户、专用清偿账户内的资金；

（二）证券登记结算机构依法收取的证券结算风险基金和结算互保金；

（三）证券登记结算机构在银行开设的结算备付金专用存款账户和新股发行验资专户内的资金，以及证券登记结算机构为新股发行网下申购配售对象开立的网下申购资金账户内的资金；

（四）证券公司在证券登记结算机构开设的客户资金交收账户内的资金；

（五）证券公司在证券登记结算机构开设的自营资金交收账户内最低限额自营结算备付金及根据成交结果确定的应付资金。

——最高人民法院执行局编：《人民法院办理执行案件规范（第二版）》，人民法院出版社 2022 年版，第 337 页。

348. 关于冻结、扣划被风险处置证券公司客户证券交易结算资金的问题

关键词

冻结　扣划　客户证券交易结算资金

最高人民法院司法政策精神

一、关于涉及客户证券交易结算资金的冻结与扣划事项，应严格按照《证券法》、最高人民法院《关于冻结、扣划证券交易结算资金有关问题的通知》（法〔2004〕239 号）、最高人民法院、最高人民检察院、公安部、中国证券监督管理委员会《关于查询、冻结、扣划证券和证券交易结算资金有关问题的通知》（法发〔2008〕4 号）、最高人民法院《关于依法审理和执行被风险处置证券公司相关案件的通知》（法发〔2009〕35 号）的相关规定进行。人民法院在保全、执行措施中违反上述规定冻结、扣划客户证券交易结算资金的，应坚决予以纠正。

二、在证券公司行政处置过程中，按照国家有关政策弥补客户证券交易结算资金缺口是中国证券投资者保护基金有限责任公司（以下简称保护基金公司）的重要职责，被风险处置证券公司的客户证券交易结算资金专用存款

账户、结算备付金账户内资金均属于证券交易结算资金，保护基金公司对被风险处置证券公司因违法冻结、扣划的客户证券交易结算资金予以垫付弥补后，取得相应的代位权，其就此主张权利的，人民法院应予支持。被冻结、扣划的客户证券交易结算资金已经解冻并转入管理人账户的，经保护基金公司申请，相关破产案件审理法院应当监督管理人退回保护基金公司专用账户；仍处于冻结状态的，由保护基金公司向相关保全法院申请解冻，保全法院应将解冻资金返还保护基金公司专用账户；已经扣划的，由保护基金公司向相关执行法院申请执行回转，执行法院应将退回资金划入保护基金公司专用账户。此外，被冻结、扣划客户证券交易结算资金对应缺口尚未弥补的，由相关行政清理组申请保全或者执行法院解冻或退回。

——《最高人民法院关于部分人民法院冻结、扣划被风险处置证券公司客户证券交易结算资金有关问题的通知》（2010 年 6 月 22 日，〔2010〕民二他字第 21 号）。

349. 不经计算直接冻结全部股票，构成超标的额保全，裁定解除冻结

关键词

冻结股票　超标的额保全　解除冻结

最高人民法院司法政策精神

第一条　人民法院要求证券登记结算机构或者证券公司协助冻结债务人持有的上市公司股票，该股票已设立质押且质权人非案件保全申请人或者申请执行人的，适用本意见。

人民法院对前款规定的股票进行轮候冻结的，不适用本意见。

第二条　人民法院冻结质押股票时，在协助执行通知书中应当明确案件债权额及执行费用，证券账户持有人名称（姓名）、账户号码，冻结股票的名称、证券代码，需要冻结的数量、冻结期限等信息。

前款规定的需要冻结的股票数量，以案件债权额及执行费用总额除以每股股票的价值计算。每股股票的价值以冻结前一交易日收盘价为基准，结合股票市场行情，一般在不超过 20% 的幅度内合理确定。

第三条　证券登记结算机构或者证券公司受理人民法院的协助冻结要求后，应当在系统中对质押股票进行标记，标记的期限与冻结的期限一致。

其他人民法院或者其他国家机关要求对已被标记的质押股票进行冻结的，证券登记结算机构或者证券公司按轮候冻结依次办理。

第六条 质押股票在系统中被标记后，质权人持有证明其质押债权存在、实现质押债权条件成就等材料，向人民法院申请以证券交易所集中竞价、大宗交易方式在质押债权范围内变价股票的，应当准许，但是法律、司法解释等另有规定的除外。人民法院将债务人在证券公司开立的资金账户在质押债权、案件债权额及执行费用总额范围内进行冻结后，应当及时书面通知证券登记结算机构或者证券公司在系统中将相应质押股票调整为可售状态。

质权人申请通过协议转让方式变价股票的，人民法院经审查认为不损害案件当事人利益、国家利益、社会公共利益且在能够控制相应价款的前提下，可以准许。

质权人依照前两款规定自行变价股票的，应当遵守证券交易、登记结算相关业务规则。

第八条 在执行程序中，人民法院可以对在系统中被标记的质押股票采取强制变价措施。

第九条 在系统中被标记的任意一部分质押股票解除质押的，协助冻结的证券登记结算机构或者证券公司应当将该部分股票调整为冻结状态，并及时通知人民法院。

冻结股票的数量达到人民法院要求冻结的数量后，证券登记结算机构或者证券公司应当及时通知人民法院。人民法院经审查认为冻结的股票足以实现案件债权及执行费用的，应当书面通知证券登记结算机构或者证券公司解除对其他股票的标记和冻结。

——《最高人民法院、最高人民检察院、公安部、中国证券监督管理委员会关于进一步规范人民法院冻结上市公司质押股票工作的意见》（2021 年 3 月 1 日，法发〔2021〕9 号）

附录：答记者问

《最高人民法院、最高人民检察院、公安部、中国证券监督管理委员会关于进一步规范人民法院冻结上市公司质押股票工作的意见》第六条第一款中规定，人民法院在准许质权人自行变价股票时冻结债务人的资金账户。如此规定主要是基于两点考虑：（1）冻结资金账户的目的是防止股票变价款进入资金账户后被恶意转移。但按照《意见》确定的新型冻结方式技术实现路径，人民法院冻结质押股票后，并非所有的质权人都会申请自行变价股票，冻结质押股票时提前冻结资金账户，不仅必要性不足，而且也会徒增执行成本。（2）对于实践中存在的，甲法院在先冻结了质押股票但未冻结资金账户或者轮候冻结资金账户，乙法院在先冻结了资金账户但未冻结或者轮候冻结质押股票，股票变价款进入资金账户后应该如何处理的问题，我们认为，参照相关法律、司法解释规定并考虑到资金账户的特殊性，在这种情况下，冻结质押股票的效力应当及于进入资金账户的股票变价款，甲法院对变价款为在先冻结，相关法院可以依此进行解决。当然，为尽可能减少争议，执行法院在冻结质押股票尤其是通过证券公司协助冻结质押股票时，可以一并冻结债务人在证券公司的资金账户。

《意见》之所以区分“标记”和“冻结”，主要是基于两个方面的考虑：一方面，刚才提到，在传统冻结方式下，为保障案件债权人合法权益，执行法院一般会尽量多地冻结债务人持有的质押股票，这不仅存在超标的额冻结的风险，而且在上市公司将这一情况进行披露后还会引发市场恐慌。为此，《意见》第二条规定，人民法院在冻结质押股票时，只要按照冻结非质押股票的计算方式在协助执行通知书中载明需要冻结的股票数量即可。股票冻结后，任意一部分质押股票解除质押的，协助机关即在系统中将该部分股票调整为冻结状态，并可以通过邮寄、电话等方式及时通知人民法院，直至满足人民法院需要冻结的数量为止。另一方面，为防止债务人与质权人恶意串通，擅自转让股票规避执行，人民法院也需要对质押股票进行一定程度的控制，由协助机关在系统中对这些股票进行标记。这不仅可以防止债务人、质权人任意处置股票，而且上市公司在披露冻结情况时，也可以全面、准确的描述质押股票的冻结现状，给市场主体更加清晰、准确的预期。综上，关于“标记”和“冻结”的关系，可以简单概括为“冻结”是目的，“标记”是实现冻结这一目的的手段。

关于“标记”的效力，《意见》第三、六、八条作了明确规定：一是，对已被标记的质押股票，质权人可以申请自行变价，但是法律、司法解释另有规定的除外。二是，其他人民法院或者其他国家机关对已被标记的股票进行冻结的，协助机关按照轮候冻结办理。三是，人民法院可以在执行程序中对被标记的股票进行强制变价，目的是防止实践中质权人既不申请自行变价也不解除对股票的质押，妨碍执行程序正常推进、损害案件债权人合法权益等情形的出现。

——《四单位相关部门负责人就〈最高人民法院、最高人民检察院、公安部、中国证券监督管理委员会关于进一步规范人民法院冻结上市公司质押股票工作的意见〉答记者问》（2021 年 3 月 1 日）。

350. 对于在银行存款和存管在金融机构的有价证券，应按照金融机构和登记结算机构的账户名称判断其是否系权利人

关键词

执行异议之诉　有价证券　账户名称

最高人民法院裁判文书

北京创高公司与汇众恒泰公司等执行异议之诉案［最高人民法院（2021）最高法民申70号民事裁定书］

裁判要旨：北京创高公司与汇众恒泰公司存在多年的合作关系，北京创高公司提供的证据不能完全证明两者之间不存在债权债务关系。北京创高公司有规范的财务审批流程，此前将电费转入相对方北京金唐亿联商业管理有限公司账户并无差错。北京创高公司提交的证据尚不足以证明案涉款项确系误汇的事实。货币是一种典型的、可替代性的种类物，通常情况下对货币占有即所有。原判决认定北京创高公司对汇众恒泰公司账户款项不享有足以排除强制执行的民事权益，其可另行主张权利并无不当。

最高人民法院经审查认为，根据北京创高公司的再审申请及理由，综合其所提交的材料，本案审查的焦点问题是：北京创高公司就案涉款项是否享有足以排除强制执行的民事权益。北京创高公司申请再审主张相应款项系其误汇至汇众恒泰公司账户，其为相应款项的所有人。就此最高人民法院认为，根据原审查明的事实，一方面，北京创高公司与北京汇众恒泰公司存在多年的合作关系，北京创高公司提供的证据不能完全证明两者之间不存在债权债务关系。北京创高公司有规范的财务审批流程，此前将电费转入相对方北京金唐亿联商业管理有限公司账户并无差错。如案涉款项确系误汇，北京创高公司财务人员可以及时发现，而非五天之后发现，北京创高公司提交的证据尚不足以证明案涉款项确系误汇的事实。另一方面，货币是一种典型的、可替代性的种类物，通常情况下对货币占有即所有。《最高人民法院关于人民法院办理执行异议和复议案件若干问题的规定》第二十五条亦规定：“对案外人的异议，人民法院应当按照下列标准判断其是否系权利人……（三）银行存款和存管在金融机构的有价证券，按照金融机构和登记结算机构登记的账户名称判断。”故此，原判决认定北京创高公司对汇众恒泰公司账户款项不享有足以排除强制执行的民事权益，其可另行主张权利并无不当。北京创高公司的再审事由不符合《民事诉讼法》第二百条第二项、第六项[①]的规定，不能成立。

——中国裁判文书网。

① 现为《民事诉讼法》（2021年修正）第二百零七条第二项、第六项。

（六）对债权及收入的执行

351. 对被执行人到期债权和被执行人收入的执行，适用不同的法律规定

关键词

被执行人到期债权的执行 被执行人收入的执行

最高人民法院裁判文书

华电国际电力股份有限公司与赵 × 等借款合同纠纷案［最高人民法院（2021）最高法执监 434 号执行裁定书］

裁判要旨：现行法律和司法解释对被执行人到期债权和被执行人收入的执行，作出了不同的规定。对被执行人到期债权的执行，主要适用《民诉法解释》第五百零一条①规定和《执行工作规定》第七部分“被执行人到期债权的执行”规定。对被执行人收入的执行，主要适用《民事诉讼法》第二百四十三条②和《执行工作规定》第 29 条（原第 36 条）和第 30 条（原第 37 条）规定。上述规定中的“收入”是指公民基于劳务等非经营性原因所得和应得的财物，主要包括个人的工资、奖金、劳务报酬等。本案中，当事人之间存在股权转让合同法律关系，股权转让款为依据该合同所应支付的合同对价，与工资、奖金、劳务报酬等不同，不属于上述规定中的“收入”。应适用《民诉法解释》第五百零一条为法律依据。

最高人民法院认为，本案的争议焦点为：一是阳泉中院责令追款通知书适用法律是否正确；二是华电公司与丁国瑞通过仲裁调减土石方工程款及利息的性质。

现行法律和司法解释对被执行人到期债权和被执行人收入的执行，作出了不同的规定。对被执行人到期债权的执行，主要适用《民诉法解释》第五百零一条规定和《执行工作规定》第七部分“被执行人到期债权的执行”规

① 现为《最高人民法院关于适用〈中华人民共和国民事诉讼法〉的解释》（2022 年修正）第四百九十九条。

② 现为《民事诉讼法》（2021 年修正）第二百五十条。

定。对被执行人收入的执行，主要适用《民事诉讼法》第二百四十三条和《执行工作规定》第29条（原第36条）和第30条（原第37条）规定。上述规定中的"收入"是指公民基于劳务等非经营性原因所得和应得的财物，主要包括个人的工资、奖金、劳务报酬等。本案中，申诉人与王国瑞、王广瑞之间存在股权转让合同法律关系，股权转让款为依据该合同所应支付的合同对价，与工资、奖金、劳务报酬等不同，不属于上述规定中的"收入"。阳泉中院向申诉人送达协助通知书时，亦明确引用《民诉法解释》第五百零一条为法律依据，并明确系冻结王国瑞对申诉人享有的"债权"。申诉人主张股权转让款为到期债权，本院予以支持。阳泉中院依据当时施行的《执行工作规定》第37条有关收入执行的规定，作出责令追回通知书，系适用法律错误，依法应予纠正。

——中国裁判文书网。

352. 人民法院在执行过程中可以强制执行被执行人所投保保险单的现金价值

关键词

人身保险　保单现金价值

最高人民法院裁判文书

王瑞凤与王学东等借款合同纠纷执行案［最高人民法院（2021）最高法执监35号执行裁定书］

裁判要旨：人身保险是以人的寿命和身体为保险标的的保险，保险单具有现金价值，保险单的现金价值具有明显的财产属性。根据《保险法》第四十七条、《保险法解释（三）》第十六条第一款规定，保险合同解除后，保险单的现金价值一般应归属于投保人。同时，依据《查扣冻规定》第二条第一款、《民诉法执行程序解释》第三十二条[①]第一款第四项规定，保险单的现金价值作为被执行人的财产权，可以成为执行标的。法院在执行程序中要求保险人协助扣划被执行人名下保险单中的全部保费，实际是要求协助提取该保险单的现金价值，以偿还其所负债务，实现申请执行人的胜诉债权，符

① 已被《最高人民法院关于修改〈最高人民法院关于人民法院扣押铁路运输货物若干问题的规定〉等十八件执行类司法解释的决定》（2020年12月19日）删除。

合人民法院执行行为的强制性特征，具有正当性、合理性，也利于高效实现当事人的合法权利并减少各方当事人讼累，无明显不当。

最高人民法院经审查认为：本案的审查重点是，在作为被执行人的投保人不主动解除保险合同的情形下，人民法院在执行过程中能否强制执行案涉保险单的现金价值。

首先，人身保险是以人的寿命和身体为保险标的的保险，保险单具有现金价值。其中人寿保险更是具有较为典型的储蓄性和有价性，已经成为一种较为普遍的投资理财方式。这种储蓄性和有价性，不仅体现在保险合同存续期间，投保人可以获取利息等红利收入，而且体现在投保人可以以保险单现金价值为限进行质押贷款，更体现在保险期间内投保人可以随时单方无条件解除保险合同，以提取保险单的现金价值。因此，案涉9份保险单的现金价值具有明显的财产属性。同时，《保险法》第四十七条规定："投保人解除合同的，保险人应当自收到解除合同通知之日起三十日内，按照合同约定退还保险单的现金价值。"《最高人民法院关于适用〈中华人民共和国保险法〉若干问题的解释（三）》第十六条第一款规定："保险合同解除时，投保人与被保险人、受益人为不同主体，被保险人或者受益人要求退还保险单的现金价值的，人民法院不予支持，但保险合同另有约定的除外。"根据上述法律及司法解释的规定，保险合同解除后，保险单的现金价值一般应归属于投保人。因此，案涉保险单的现金价值作为财产权益分别归属于投保人王瑞凤、王学东。《查扣冻规定》第二条第一款规定："人民法院可以查封、扣押、冻结被执行人占有的动产、登记在被执行人名下的不动产、特定动产及其他财产权。"《最高人民法院关于适用〈中华人民共和国民事诉讼法〉执行程序若干问题的解释》第三十二条第一款第四项规定，被执行人应当书面报告的财产包括"债权、股权、投资权益、基金、知识产权等财产性权利"。故案涉保险单的现金价值分别作为被执行人王瑞凤、王学东的财产权，可以成为本案的执行标的。

其次，被执行人王瑞凤、王学东负有采取积极措施履行生效裁判的义务，在其无其他财产清偿债务的情况下，理应主动依法提取案涉保险单的现金价值履行债务。但其明显违背诚信原则，不主动提取保险单现金价值，损害申请执行人的权利。兰州中院在执行程序中要求保险人即中国人寿兰州分公司协助扣划王瑞凤、王学东名下9份保险单中的全部保费，实际是要求协助提取该9份保险单的现金价值，以偿还其所负债务，实现申请执行人的胜诉债权，符合人民法院执行行为的强制性特征，具有正当性、合理性，也利于高效实现当事人的合法权利并减少各方当事人讼累，无明显不当。

——中国裁判文书网。

353. 夫妻一方对外负有赔偿义务，协议离婚时将共有财产给付另一方，人民法院如何执行

关键词

强制执行

附录：《人民司法》信箱

夫妻一方对外负有赔偿义务，协议离婚时将共有财产给付另一方，法院如何处理？

问题：夫妻一方致人身体损伤后，经人民法院审理，应负全部责任并赔偿受害人各种损失。法律文书生效后，义务人不仅没有履行法律文书确定的赔偿义务，反而去婚姻登记机关协议离婚，财产全部或大部分给了夫妻另一方，致使受害人的权利不能兑现。对这种情况的处理有两种意见：一是在胜诉方申请执行后，对于被执行人在法定时限内不履行的，可依法强制执行属于夫妻关系存续期间的共有财产；二是由申请人（利害关系人）申请人民法院撤销婚姻登记机关的离婚协议，然后继续执行该夫妻共有财产。请问哪种意见正确？

《人民司法》研究组认为：夫妻离婚后，如何处理其婚姻关系存续期间的债权债务特别是债务问题，一直是审判实务中的一个难题。因为这里面既涉及夫妻之间的关系，也涉及与其他债权人等的关系。我们认为，夫妻之间就财产问题如无特殊约定，则婚姻关系存续期间所得适用法定的夫妻财产共有制，所欠债务被认定为共同债务的，应由双方承担连带清偿责任。夫妻协议离婚或者经人民法院判决离婚的，就债权债务问题所作的处理和决定，仅对夫妻内部有约束力，夫或妻都不得据此对抗善意第三人，对于那些假离婚真逃债的行为更是不能认同。信中所述的案件，夫妻一方在对外欠债的前提下，非但不履行人民法院生效判决的内容，反而通过协议离婚将财产给另一方，致使债权人利益无法得到保护。如果情况属实，人民法院可以根据债权人的申请，强制执行原夫妻婚姻关系存续期间的共同财产。夫或妻在清偿对外债务后，可以离婚协议的内容向原配偶主张相应的权利。此时无需申请撤销离婚协议后再执行其共有财产，故原则上同意信中第一种意见。

——《人民司法》2003 年第 9 期。

354. 公路建设单位对公路收费权是否享有建设工程价款优先受偿权以及建设工程价款优先权是否优先于质权

关键词

公路收费权　建设工程价款　优先受偿权　质权

最高人民法院答复

江西省高级人民法院：

你院《关于公路建设单位对公路收费权是否享有建设工程价款优先受偿权以及建设工程价款优先权是否优先于质权的请示》收悉。经研究，答复如下：

原则同意你院审委会多数人的意见。《合同法》第286条[①]规定的建设工程的折价或者拍卖虽原则上指工程所有权的转让，但对收费公路这类特殊工程的可转让的经营权，也应适用。因此，申请执行人作为公路施工单位，有权通过对被执行人享有的公路工程经营权的执行优先受偿。车辆通行收费权是公路经营权中的主要内容，执行中可以转让收费权或者直接从所收费中提取款项。施工单位的优先受偿权应及于该收费权，可以从提取的款项中优先受偿。根据《担保法》及最高人民法院有关司法解释的精神，工程款优先受偿权应优先于异议人就公路收费权设定的质押权。

——《最高人民法院关于公路建设单位对公路收费权是否享有建设工程价款优先受偿权以及建设工程价款优先权是否优先于质权的请示的答复》（2006年6月14日，〔2005〕执他字第31号），载江必新主编：《人民法院执行工作规范全集》，人民法院出版社2017年版，第937页。

355. 具有行政管理职能的事业单位作为平等民事主体所享有的债权并不具有优先性

关键词

执行异议之诉　平等主体　优先性

① 对应《民法典》第八百零七条。

最高人民法院裁判文书

国家统计局南阳调查队与张煊若、河南启元置业有限公司案外人执行异议之诉案［最高人民法院（2021）最高法民申 5837 号民事裁定书］

裁判要旨：事业单位虽然具有一定行政管理职能，但其与开发商签订《认购协议书》的行为本质上仍为平等主体之间的民事法律行为。在人民法院未作出该事业单位对案涉房屋享有物权期待权的生效判决的情况下，即使案涉房屋系利用国家财政拨付资金购置，其享有的仍为普通债权，基于债的平等性，并不优先于其他平等民事主体享有的合法权益。是否能够排除强制执行，应参照《最高人民法院关于人民法院办理执行异议和复议案件若干问题的规定》第二十八条规定予以审查。

最高人民法院经审查认为，国家统计局南阳调查队与河南启元置业有限公司签订《认购书》系平等主体之间的民事法律行为，双方均应受到平等对待和保护。虽然（2020）豫 1391 民初 1001 号民事判决认定河南启元置业有限公司与陶然之间的房屋买卖合同无效，二审法院也予以确认，但并未作出国家统计局南阳调查队对涉案房屋享有物权期待权的结论，亦不能得出国家统计局南阳调查队在本案中享有优先于其他平等主体民事权益的结论。

——中国裁判文书网。

356. 执行程序中能否扣划离退休人员离休金、退休金清偿其债务

关键词

离休金　退休金　扣划　清偿债务

最高人民法院审判业务意见［《人民法院办理执行案件规范（第二版）》］

780.【离休金、退休金、养老金】

对于离休金、退休金、养老金，在留出必要的生活费用外，人民法院可以作为被执行人的财产予以执行。

——最高人民法院执行局编：《人民法院办理执行案件规范（第二版）》，人民法院出版社 2022 年版，第 326 页。

最高人民法院答复

天津市高级人民法院：

你院津高法〔2001〕28号《关于劳动保障部门应依法协助人民法院扣划被执行人工资收入的请示》收悉。经研究，答复如下：

为公平保护债权人和离退休债务人的合法权益，根据《民法通则》和《民事诉讼法》的有关规定，在离退休人员的其他可供执行的财产或者收入不足偿还其债务的情况下，人民法院可以要求其离退休金发放单位或者社会保障机构协助扣划其离休金或退休金，用以偿还该离退休人员的债务。上述单位或者机构应当予以协助。

人民法院在执行时应当为离退休人员留出必要的生活费用。生活费用标准可参照当地的有关标准确定。

——《最高人民法院研究室关于执行程序中能否扣划离退休人员离休金退休金清偿其债务问题的答复》(2002年1月30日，法研〔2002〕13号)，载江必新主编：《人民法院执行工作规范全集》，人民法院出版社2017年版，第478页。

357. 人民法院可以提取投保人在保险公司所投的第三人责任险应得的保险赔偿款

关键词

投保人　第三人责任险

最高人民法院答复

江苏省高级人民法院：

你院〔1999〕苏法执他字第15号《关于人民法院能否提取投保人在保险公司所投的第三人责任险应得的保险赔偿款的请示》收悉。经研究，答复如下：

人民法院受理此类申请执行案件，如投保人不履行义务时，人民法院可以依据债权人（或受益人）的申请向保险公司发出协助执行通知书，由保险公司依照有关规定理赔，并给付申请执行人；申请执行人对保险公司理赔数额有异议的，可通过诉讼予以解决；如保险公司无正当理由拒绝理赔的，人民法院可依法予以强制执行。

——《最高人民法院关于人民法院能否提取投保人在保险公司所投的第三人责任险应得的保险赔偿款问题的复函》(2000年7月13日，〔2000〕执他字第 15 号），载最高人民法院执行工作办公室编：《强制执行指导与参考》2002 年第 3 辑（总第 3 辑），法律出版社 2003 年版，第 208 页。

说明

1999 年 6 月 25 日，江苏高院向最高人民法院请示，人民法院能否提取投保人在保险公司所投的第三人责任险应得的保险赔偿款。该院请示反映，"近来，我省一些基层法院受理了不少交通事故损害赔偿申请执行案件，因投保人肇事后逃逸躲藏，下落不明，法院在裁定提取投保人在保险公司应得的第三人责任险赔偿款时，保险公司以投保人未索取，无法确定理赔数额为由，拒绝协助提取，造成类似案件无法执行，第三人的合法权益无法实现"。

保险公司以投保人未索赔，无法确定理赔数额为由，拒绝协助执行的做法有违法律规定，是明显不当的。特别是在人民法院受理了交通事故损害赔偿申请执行的情况下，保险公司拒绝协助执行，是有违法律规定，损害第三人合法权益的行为。《保险法》第 24 条[①]规定："保险人收到被保险人或者受益人的赔偿或者给付保险金的请求后，应当及时作出核定……对属于保险责任的，在与被保险人或者受益人达成有关赔偿或者给付保险金额的协议后 10 日内，履行赔偿或者给付保险金义务。保险合同对保险金额及赔偿或者给付期限有约定的，保险人应当依照保险合同的约定，履行赔偿或者给付保险金义务。……任何单位或者个人都不得非法干预保险人履行赔偿或者给付保险金的义务，也不得限制被保险人或者受益人取得保险金的权利。"该法第 50 条[②]规定："保险人对责任保险的被保险人给第三者造成的损害，可以依照法律的规定或者合同的约定，直接向该第三者赔偿保险金。"鉴于江苏高院请示反映的问题，是投保人交通肇事后逃逸躲藏，第三人（即受益人）在交通事故审理后，请求法院予以执行，依据《保险法》第 24 条、第 50 条的规定，保险公司依法应当向该第三人支付责任险赔偿款。保险公司以投保人未索赔，拒绝协助的做法，实质上是变相限制第三人（受益人）的合法权益，是违反法律规定的行为，故最高人民法院作出上述答复，即保险责任申请执行受理法院，可裁定由保险公司直接向第三者赔偿保险金。

---

① 现为《保险法》（2015 年修正）第二十三条。

② 现为《保险法》（2015 年修正）第六十五条。

358. 人民法院强制执行保险理赔款项时，保险公司对该款项有异议的，如何处理

关键词

保险理赔款　扣划

附录：执行疑难问题问答

主要观点：在人民法院强制执行保险理赔款项时，若保险公司对于应予赔付的数额有异议，人民法院不宜在执行程序中直接确定数额，可告知当事人通过诉讼程序予以解决。

主要理由：依照《保险法》第三十三条[①]之规定，财产保险合同是以财产及其有关的利益为保险标的的保险合同。财产保险是纯经济性的商业保险，是一种间接地保障经济利益的形式。所以，人民法院对于财产保险的执行应当以执行为原则，不予执行为例外。依照《最高人民法院关于人民法院民事执行中查封、扣押、冻结财产的规定》第二条之规定，人民法院可以查封、扣押、冻结被执行人的动产、不动产以及其他财产权利。财产保险金是在被执行人保险标的物基础上衍生出的财产利益，人民法院为充分保护债权人的利益，促进经济往来的良好发展，而予以查封、扣押、冻结保险金是具有合理性与合法性的。

对于保险理赔款项的具体执行，最高人民法院〔2000〕执他字第15号《关于人民法院能否提取投保人在保险公司所投的第三人责任险应得的保险赔偿款问题的复函》有所规定：被执行人作为投保人在保险公司有应得的保险赔偿款，人民法院受理此类申请执行案件，如投保人不履行义务时，人民法院可以依据债权人（或受益人）的申请向保险公司发出协助执行通知书，由保险公司依照有关规定理赔，并给付申请执行人；申请执行人对保险公司理赔数额有异议的，可通过诉讼予以解决；如保险公司无正当理由拒绝理赔的，人民法院可依法予以强制执行。

依照上述规定，被执行人作为投保人在保险公司有应得的保险赔偿款，如被执行人不履行义务时，人民法院可以依据债权人（或受益人）的申请向保险公司发出协助执行通知书，由保险公司依照有关规定理赔，并支付理赔款项。如保险公司无正当理由拒绝理赔的，人民法院可依法予以强制执行。而理赔款项数额的确定，一般由保险公司按照规定予以计算。在保险公司拒

① 现为《保险法》（2015年修正）第十二条。

绝理赔，人民法院依法予以强制执行的情况下，如果保险公司对强制执行的理赔款项数额以及是否属于理赔范围有异议的，可以通过诉讼程序予以解决。人民法院在执行程序中不宜进行审查确认，避免侵犯当事人的合法诉权。

——高执研：《执行疑难问题问答（一）》，载最高人民法院执行局编：《执行工作指导》2013 年第 1 辑（总第 45 辑），人民法院出版社 2013 年版，第 112~113 页。

359. 住房公积金能否强制划拨

关键词

住房公积金　强制划拨

最高人民法院审判业务意见［《人民法院办理执行案件规范（第二版）》］

686.【住房公积金】

被执行人符合国务院《住房公积金管理条例》第二十四条规定的提取职工住房公积金账户内的存储余额的条件的，在保障被执行人依法享有的基本生活及居住条件的情况下，人民法院可以对被执行人住房公积金账户内的存储余额强制执行。

——最高人民法院执行局编：《人民法院办理执行案件规范（第二版）》，人民法院出版社 2022 年版，第 290 页。

最高人民法院答复

安徽省高级人民法院：

你院〔2012〕皖执他字第 00050 号《关于强制划拨被执行人住房公积金问题的请示报告》收悉。经研究，答复如下：

根据你院报告中所述事实情况，被执行人吴某某已经符合国务院《住房公积金管理条例》第二十四条规定的提取职工住房公积金账户内的存储余额的条件，在保障被执行人依法享有的基本生活及居住条件的情况下，执行法院可以对被执行人住房公积金账户内的存储余额强制执行。

此复。

——《最高人民法院执行局〔2013〕执他字第 14 号函》（2013 年 7 月 31 日），载江必新、刘贵祥主编，最高人民法院执行局编：《执行工作指导》2014 年第 1 辑（总第 49 辑），人民法院出版社 2014 年版，第 101 页。

附录：理解与适用

住房公积金能否强制执行存在争议，从现有法律、行政法规、司法解释中，找不到直接的法律依据。从最高人民法院此前处理相关案件的做法看，一直持有较为保守的态度，在个案中没有明确住房公积金可以强制执行，但也未明确表示禁止。最高人民法院在〔2006〕执他字第 9 号对福建省高级人民法院的请示答复中表示："依据《住房公积金管理条例》第三条的规定，住房公积金是职工个人缴存或其所在单位为其缴存的住房储备金，虽属于职工个人所有，但适用范围上受严格限制。因住房公积金问题复杂，涉及面广，政策性强，在法律、法规未作出进一步明确规定前，不宜轻易强制执行。对你院请示的个案，请根据上述精神自行处理。"此后，在〔2012〕执他字第 5 号对山东省高级人民法院的请示答复中则认为："住房公积金问题复杂，涉及民生，政策性强。在法律、法规未作进一步的明确规定之前，关于住房公积金的执行问题，执行法院应确保住房公积金对案涉当事人的基本住房保障功能，在充分调查研究的基础上，本着审慎原则，依法妥善处理。"

最高人民法院执行局认为，综合考虑各方面情况，如果符合《住房公积金管理条例》第 24 条规定的提取条件的情形下，法院可以强制执行，住房公积金管理部门应当依法协助执行；其他虽然不符合提取条件，但是已经丧失了保障性质的情形，鉴于目前没有明确的法律规定，实践中做法也并不统一，需要谨慎对待，妥善处理与行政管理权之间的协调关系，因此在答复中没有涉及此类情形。在执行实践中，在部分地方法院已经取得突破的基础上，鼓励各地法院根据本地区具体情况与住房公积金中心积极探索，对住房公积金的执行制定操作规范。

在本请示涉及的具体执行案件中，被执行人吴某某已经退休，符合《住房公积金管理条例》第 24 条第 2 项规定的提取条件，应当可以强制执行。但具体执行过程中需要注意的是，对住房公积金执行的前提条件是需要保障当事人及其所扶养家属的基本居住权利。

——潘勇锋：《关于强制执行住房公积金问题的研究　关于能否强制划拨被执行人住房公积金问题请示案的分析》，载江必新、刘贵祥主编、最高人民法院执行局编：《执行工作指导》2014 年第 1 辑（总第 49 辑），人民法院出版社 2014 年版，第 94 页。

360. 人民法院能否执行被执行人的个人养老保险金

关键词

个人养老保险金

附录：司法信箱

问题：在法院执行一起返还借款案中，被执行人为逃避执行而四处躲藏，现下落不明。经查证，被执行人现每月通过市机关事业单位社会保险基金管理中心领取退休金 1200 元。故法院依法要求该中心协助执行。但该管理中心负责人以该款项系养老保险金，法院无权扣留为由，拒不协助。我们认为，不能执行的养老保险金应是被执行人为单位，该单位存于银行的用于职工养老保险的专项基金。而通过养老保险金管理部门代发给个人的款项，是个人的合法收入，只要执行中为其保留了基本生活费，余款即可执行，市机关事业单位社会保险基金管理中心应该协助执行。以上意见是否正确？

《人民司法》研究组认为：对被执行人收入的执行是关于金钱债权执行的一种方法。《民事诉讼法》第 222 条[①]明确规定人民法院有权在保留被执行人及其所抚养家属生活必需费用的前提下，扣留、提取被执行人应当履行义务部分的收入。《最高人民法院关于人民法院执行工作若干问题的规定（试行）》第 36 条[②]规定："被执行人在有关单位的收入尚未支取的，人民法院应当作出裁定，向该单位发出协助执行通知书，由其协助扣留或提取。"该条并未否定对个人养老保险金的执行。

《最高人民法院关于在审理和执行民事、经济纠纷案件时不得查封、冻结和扣划社会保险基金的通知》是针对社会保险基金处于由保险机构代参保人管理的公共基金的状态而言的，不适用于已经发放到投保人个人名下的养老保险金。故人民法院可以执行由社会保险基金管理中心发放的个人养老保险金，社会保险基金管理中心应当履行协助人民法院执行的法定义务。

——《人民司法》2001 年第 11 期。

① 现为《民事诉讼法》（2021 年修正）第二百五十条。

② 现为《最高人民法院关于人民法院执行工作若干问题的规定（试行）》（2020 年修正）第 29 条。

361. 可否执行担保人对他人享有的到期债权

关键词

执行担保　到期债权

附录：司法信箱

问题：张某与李某债务纠纷一案，执行中，经申请执行人张某同意，黄某为李某 2.1 万元债务提供连带责任保证。保证期限届满，法院依法追加黄某为该案被执行人，但黄某因故没有履行能力，只是对陈某象有到期债权 1.62 万元。现法院对是否执行陈某的债务存在分歧。此案如何执行？

《人民司法》研究组认为：《民事诉讼法》第二百一十二条[①]规定："在执行中，被执行人向人民法院提供担保，并经申请执行人同意的，人民法院可以决定暂缓执行及暂缓执行的期限。被执行人逾期仍不履行的，人民法院有权执行被执行人的担保财产或者担保人的财产。"该条明确了在执行程序中依法可以执行被执行人的担保人。

被追加的当事人虽然不取代执行依据上指明的当事人，但它与原执行当事人一起在一定范围内承担责任或者独立承担原被执行人应承担的一定范围的责任。被追加的当事人在法律地位上应和被执行人相同，担保人的财产自然包括到期债权。因此，《最高人民法院关于人民法院执行工作若干问题的规定（试行）》第 61 条[②]的规定应该适用本案情况下的执行担保人。

——《人民司法》2004 年第 4 期。

362. 第三人在诉讼阶段对到期债权认可后执行法院能否据此对到期债权采取执行措施

关键词

第三人　到期债权　执行措施

① 现为《民事诉讼法》（2021 年修正）第二百三十八条。

② 现为《最高人民法院关于人民法院执行工作若干问题的规定（试行）》（2020 年修正）第 45 条。

最高人民法院裁判文书

王海巧与宋雪云等借款合同纠纷执行案［（2022）最高法执监1号执行裁定书］

裁判要旨：人民法院可以在诉讼过程中对被执行人在第三人处的到期债权采取保全措施，冻结到期债权的实质是冻结抽象的债权债务关系，而不是直接冻结第三人所拥有或支配的财产。此时第三人只需履行消极的不作为义务，其财产并不会被处分，故第三人在诉讼阶段对到期债权的认可或不予否认，并不表明第三人认可执行法院据此对到期债权采取执行措施。

最高人民法院认为：本案的焦点问题是王海巧申请执行鹏起实业公司对天易公司享有的债权，是否应予支持。

《最高人民法院关于适用〈中华人民共和国民事诉讼法〉的解释》第一百五十九条规定："债务人的财产不能满足保全请求，但对他人有到期债权的，人民法院可以依债权人的申请裁定该他人不得对本案债务人清偿。该他人要求偿付的，由人民法院提存财物或价款。"根据该条规定，人民法院可以在诉讼过程中对被执行人在第三人处的到期债权采取保全措施，冻结到期债权的实质是冻结抽象的债权债务关系，而不是直接冻结第三人所拥有或支配的财产。此时第三人只需履行消极的不作为义务，其财产并不会被处分，故第三人在诉讼阶段对到期债权的认可或不予否认，并不表明第三人认可执行法院据此对到期债权采取执行措施。王海巧以天易公司在诉讼保全时已经认可鹏起实业公司对其有到期债权为由，主张天易公司不得在执行阶段再作相反主张，理据不足。

根据《执行规定》第45条、第46条、第47条规定，对于被执行人到期债权的执行，必须符合三项条件：一是第三人对被执行人负有金钱债务，二是该债务已届履行期限，三是第三人对该债务并未提出异议。申请执行人在执行程序中根据到期债权执行制度对第三人申请执行，前提是第三人对债务并未提出异议，一旦提出异议，人民法院则不得对第三人强制执行，且对异议不进行审查。这是现行法律对限缩执行裁量权的制度要求。

本案中，王海巧认为鹏起实业公司对天易公司享有的是到期债权，而天易公司在收到洛阳中院法律文书后，在规定期限内提出了异议，按照上述规定，洛阳中院不得再对天易公司采取强制执行措施，也无需对天易公司的异议主张进行审查。

此外，王海巧主张鹏起实业公司对天易公司的债权真实存在且已经到期，鹏起实业公司与天易公司恶意串通进行虚假诉讼等，不属于本案审查范围，河南高院释明王海巧通过诉讼程序保护自己的合法权益，并无不当。

——中国裁判文书网。

363. 受害人死亡后，生效判决确定的以定额方式计算的残疾赔偿金和护理费如何执行

关键词

受害人　生效判决　残疾赔偿金　护理费

最高人民法院答复

内蒙古自治区高级人民法院：

你院《关于申诉人田秋来执行申诉一案的请示》收悉，经我院民事行政审判专业委员会讨论，现就相关法律问题提出如下意见：

一、生效判决以定额方式计算的残疾赔偿金，与受害人实际生存年限没有关联，受害人死亡后，残疾赔偿金作为受害人的财产权利，可以继承，继承人可依法申请继续按照生效判决确定的数额执行。

二、受害人死亡后，护理费不再产生，故尚未支付的护理费具有人身专属性，参照《中华人民共和国民事诉讼法》第二百五十七条[①]关于追索赡养费、扶养费、抚育费案件的权利人死亡，执行程序应当终结的规定，受害人死亡后，不再继续执行。

三、就本案的处理，已经执行的超过受害人实际生存年限的护理费，不再退还。

此复

——《最高人民法院对内蒙古自治区高级人民法院〈关于申诉人田秋来执行申诉一案的请示〉的答复》[2020年6月29日，（2020）最高法执他1号]。

364. 死亡赔偿金不能作为执行财产

关键词

可供执行财产　死亡赔偿金

① 现为《民事诉讼法》（2021年修正）第二百六十四条。

附录：《人民司法》信箱

问题： 在一起债务纠纷案件中，被告婚前欠原告2.2万元货款，已经进入执行程序，执行了2000元。后来，被告与他人结婚，在婚姻关系存续四年后，一次，被告骑摩托车上山采集山产品回家的途中，被某林场在道路上设置的检查栏杆撞死，该林场与死者家属协商并给付死者家属死亡赔偿金22万元。被告死亡后，留下的财产不足清偿原告的债务，且被告没有任何抚养人和赡养的人。

请问：这笔死亡赔偿金能否作为执行款给付原告？法律依据是什么？

《人民司法》研究组认为： 根据最高人民法院《人身损害赔偿解释》的规定，死亡赔偿金是对受害人死亡导致的财产损失的赔偿，应当以家庭整体收入的减少为标准进行计算。也就是说死亡赔偿金是对于具有经济性同一体性质的受害人家庭未来收入损失的赔偿，其前提当然是受害人因侵权事件而死亡。从时间顺序来看，应当是死亡事件发生在先，对由此产生的各项财产损失的损害赔偿请求权发生在后。死亡赔偿金在内容上是对构成经济性同一体的受害人近亲属未来收入损失的赔偿，其法律性质为财产损害赔偿，其赔偿请求权人为具有“钱袋共同”关系的近亲属，是受害人近亲属具有人身专属性质的法定赔偿金。因此，死亡赔偿金不是遗产，不能作为遗产继承，死亡人的债权人也不能主张受害人近亲属在获赔死亡赔偿金的范围内清偿受害人生前所欠债务。因此，我们认为，来信提到的案件中，该笔死亡赔偿金不能作为执行款给付原告。

——《人民司法·应用》2010年第11期。

365. 不含安置费、青苗补偿费的土地补偿费能否作为被执行的财产

关键词

土地补偿费　安置费　青苗补偿费

附录：《人民司法》信箱

问题： 我院办理了一起村民委员会借款合同纠纷执行案，在执行过程中冻结了该村下属村民小组的土地补偿款100万元。现已查明该款中不含安置费、青苗补偿费，请问该款能否作为被执行财产？

《人民司法》研究组认为： 根据土地管理法的有关规定，征用土地的补偿费用包括土地补偿费、安置补偿费以及土地附着物和青苗补偿费等。其中土

地补偿费归被征地单位所有，由被征地单位集中管理，用于发展生产和安排因土地被征用造成的多余劳动力的就业和不能就业人员的生活补助，不得分给个人、移作他用或平调；地上附着物及青苗补偿费归地上附着物及青苗的所有者所有；征地土地安置补助费必须专款专用，禁止侵占或挪作他用。另外，根据中华人民共和国村民委员会组织法规定，对村民委员会集体所有的土地和其他财产，村民委员会享有法定管理、监督使用权，并不具有处分权，村委会无权支配村民小组经营、管理的财产。因此，当村民委员会作为被执行人不能偿还其债务时，人民法院不能执行其下属村民小组的财产。

——载《人民司法》2000 年第 10 期。

366. 执行依据未明确认定申请执行人的债权对执行标的优先受偿的处理

关键词

优先受偿权　执行依据　执行标的

附录：最高人民法院主流观点

实践中，有些执行依据只是确定了申请执行人的债权成立，并未在主文中明确认定申请执行人的债权对执行标的优先受偿，但根据法律、司法解释规定，其对执行标的应当享有优先受偿权。常见的情形例如，人民法院在民事调解书中，确定了申请执行人建设工程价款的数额，但未明确认定该工程款债权对建设工程变价款具有优先受偿的顺位。这种情形对优先受偿权案件的执行带来一些问题。申请执行人的债权是否能就执行标的价值优先受偿，实践中认识不一。

申请执行人对执行标的是否享有优先受偿权，应当根据权利的性质和法律、司法解释的规定认定，执行依据如果确认债权成立，即使没有在主文中明确表明其优先受偿的顺位，人民法院在执行程序中如确属办案需要，也应依法认定该权利是否具有优先受偿的属性。执行依据没有对债权优先受偿问题明确表态的原因有多种。有的情况是债权本身已经丧失优先受偿的条件；有的情况是不需要对优先受偿问题作专门说明等。如果执行依据对申请执行人不具备优先受偿权的问题已作认定或阐述理由，执行程序不得再认定申请执行人享有优先受偿权。如果执行依据对债权是否优先受偿并未提及，则需根据案件具体情况分析。优先受偿权如果成立，其优先顺位系法律规定所赋予，在执行中若不予保护，有违法律、司法解释规定。而且，有的优先受偿权受法律、司法解释规定条件的限制，并非在任何情况下都能行使。这就需要人民法院根据相关规定，判断优先受偿权行使的条件是否成就。执行依据没有明确表明债权优先受偿的，并不意味着申请执行人就此丧失对执行标的的优先受偿权。执行法院应当结合执行依据的裁判内容，区分情况，根据法律、司法解释的规定，判断申请执行人对执行标的的优先受偿权是否成立。经审查，申请执行人对执行标的依法享有优先受偿权的，执行法院应予认定。

——江必新、刘贵祥主编、最高人民法院执行局编著：《最高人民法院办理执行异议和复议案件若干问题规定理解与适用》，人民法院出版社 2015 年版，第 410~411 页。

367. 从抵债价款中扣除相关税费后，债权人是否可就其未清偿债权向债务人主张权利

关键词

抵债价款　扣除税费

最高人民法院裁判文书

拉萨金珠支行与物产公司、商业开发中心等借款合同纠纷执行监督案

［最高人民法院（2020）最高法执复 149 号执行裁定书］

裁判要旨：从抵债价款中扣除抵押人作为卖方应承担的相关税费后，如果债权人的债权清偿数额减少，债权人可向债务人主张权利。抵押物处置过程中产生的税费造成清偿债权数额减少的后果最终应由债务人承担，故亦应由债务人继续向债权人进行清偿。

最高人民法院认为，从抵债价款中扣除相关税费后，如果债权人的债权清偿数额减少，债权人可向债务人主张权利。根据《最高人民法院关于适用〈中华人民共和国担保法〉若干问题的解释》[①] 第 73 条规定，“抵押物折价或者拍卖、变卖该抵押物的价款低于抵押权设定时约定价值的，应当按照抵押物实现的价值进行清偿。不足清偿的剩余部分，由债务人清偿”，抵押物处置过程中产生的税费造成清偿债权数额减少的后果最终应由债务人承担，故亦应由债务人继续向债权人进行清偿。

——中国裁判文书网。

---

① 已被《最高人民法院关于废止部分司法解释及相关规范性文件的决定》（2020 年 12 月 29 日）废止。

368. 执行程序中被执行人无偿放弃债权的处理

关键词

执行程序　撤销权诉讼　放弃债权

最高人民法院公布的典型案例

上海金地石化有限公司与上海立宇贸易有限公司侵权损害赔偿纠纷执行案

裁判要旨：被执行人无偿转让财产，对申请执行人造成损害，申请执行人依照合同法相关规定向有管辖权的人民法院提起撤销权诉讼，以维护自身合法权益。

附：案情简介

上海金地石化有限公司（以下简称金地公司）与上海立宇贸易有限公司（以下简称立宇公司）侵权损害赔偿纠纷一案，上海市高级人民法院作出民事调解书，确认立宇公司支付金地公司 880 万元；杨丽萍在 740 万元范围内对立宇公司的支付义务承担连带责任。

立宇公司与杨丽萍未履行调解书约定的付款义务，金地公司向该案一审法院上海市第一中级人民法院申请强制执行。执行法院查明，立宇公司因涉嫌刑事案件，经相关机构鉴定，已无偿债能力；杨丽萍名下原有四套房产，但在原告金地公司提起诉讼前两天，杨丽萍与龚某（杨丽萍之子）签订了 3 份《上海市房地产买卖合同》，将其名下四套房产中的三套“售与”龚某，随后办理了房产过户手续。

执行立案后，金地公司向上海市闵行区人民法院提起撤销杨丽萍与龚某之间的房地产买卖合同的诉讼，上海市第一中级人民法院遂依法裁定该案中止执行。上海市闵行区人民法院在审理中查明，杨丽萍系立宇公司股东，其在接受公安机关讯问时，明确回答龚某实际未支付房款；龚某在受让房产时年仅二十岁，且一直在国外读书，生活来源需父母供给，并不具备支付房款的能力。法院认为，杨丽萍预见到可能承担责任后，将其房屋产权无偿过户至龚某名下，主观上具有逃避债务的恶意，且事实上致使其清偿债务能力减弱，损害了债权人的利益。因此，判决撤销了杨丽萍、龚某签订的 3 份《上海市房地产买卖合同》。随后，金地公司申请恢复执行，要求处理已恢复至杨丽萍名下的房产。执行法院恢复执行后，金地公司与杨丽萍达成和解协议，杨丽萍将其名下的一套房产过户至金地公司名下，并补偿金地公司 16 万元，金地公司放弃其他债权主张。案件执行终结。

——《最高人民法院关于反规避执行的九起典型案例》，载《最高人民法院公报》2011 年第 9 期。

附录：最高人民法院主流观点

在司法实践中，可能发生执行程序中被执行人放弃债权的情况。有地方法院出台的规范性文件规定，在生效判决的执行过程中，如果被执行人存在放弃债权、无偿转让财产或者以明显不合理低价转让财产，对申请执行人造成损害的，执行法院可以告知申请执行人依照债权人撤销权的相关规定向有管辖权的人民法院提起撤销权诉讼。① 上海金地石化有限公司与上海立宇贸易有限公司侵权损害赔偿纠纷执行案就是这种情况，最高人民法院认为该案的典型意义在于，被执行人无偿转让财产，对申请执行人造成损害，申请执行人依照原《合同法》相关规定向有管辖权的人民法院提起撤销权诉讼，有效地反制规避执行行为。② 基于此，我们认为，在执行程序中被执行人发生放弃债权、放弃债权担保、无偿转让财产等行为的，应当向申请执行人释明其可以依据《民法典》第 538 条至第 542 条的规定提起债权人撤销权诉讼，从而更好地维护自己的权利。

——最高人民法院民法典贯彻实施工作领导小组编著：《中国民法典适用大全（合同卷）》，人民法院出版社 2022 年版，第 757~758 页。

369. 债务人受让执行债权的抵销审查

关键词

执行债权　抵销审查

最高人民法院裁判文书

陈某玲、陈某峰、福建省丰泉环保集团有限公司与黄某民间借贷纠纷案

［最高人民法院（2019）最高法民终 218 号民事判决书］

裁判要旨：当债权人同时为多起执行案件的被执行人且资产状

① 参见《北京市高级人民法院关于加强立案、审判与执行工作协调配合的若干意见（试行）》第 25 条第 2 款。

② 参见 2011 年《最高人民法院关于反规避执行的九起典型案例》中的案例 3。

况陷入困难时，债务人以受让某一申请执行人对债权人享有的执行债权而主张抵销的，人民法院应采取审慎的态度审查抵销主张是否成立。在实质审查过程中，既要保护善意抵销权，也要确保债权的公平受偿，防止主动债权变相获得优先受偿，损害其他债权人的合法权益。

最高人民法院认为：首先，陈某玲在一审中提出的债务抵销主张属于以行使抵销权的方式对黄某的债权请求权进行抗辩，也即诉讼抵销抗辩。人民法院应当予以审查处理，确定这一抗辩是否成立。其次，抵销权的行使不应损害第三人的合法权益。由于黄某已是多起执行案件的被执行人，这些案件中的债权均因黄某缺乏可供执行财产而未得到清偿，若在本案中径行准予陈某玲以受让的债权抵销债务，将导致黄某的可供执行财产的直接减损，损害其他债权人的合法权益。再次，诉讼审理程序中抵销权的行使不应与执行程序中公平分配原则相冲突。

当存在诉讼审理程序中抵销权行使与执行程序参与分配相关联的情形下，抵销权的行使应受到一定限制。最后，陈某玲明知黄某作为多起案件被执行人缺乏可供执行财产的情形下，在本案一审庭审之后受让债权并主张抵销的行为，违反了诚实信用原则，且未能证明其诉讼抵销抗辩不会在结果上损害黄某的其他债权人合法权益。综上，陈某玲受让吴某忠对黄某享有的应通过参与分配程序实现的债权不能直接抵销。二审法院作出（2019）最高法民终218号民事判决：驳回上诉，维持原判。

——中国裁判文书网。

附录：本案解析

抵销作为重要的债权债务消灭制度，具有担保及简化债务清偿等功能，但由于诉讼抵销程序与执行参与分配程序存在相互衔接的情形，实务中对执行债权转让情形下的抵销制度存在争议。《最高人民法院关于人民法院办理执行异议和复议案件若干问题的规定》（以下简称《执行异议复议规定》）第19条对执行抵销作出了明确规定，但本案情形与之有所差异，并非被执行人提出抵销主张，而是被执行人黄某的债务人陈某玲在受让执行债权后，向被执行人提出抵销主张。因此，对于陈某玲是否有权在诉讼中提出抵销抗辩，本案涉及的抵销主张是否成立，宜从实体基础要件、程序衔接、制度目的、行为正当性等方面综合考量。

（一）对当事人的诉讼抵销主张应予审查

债务人陈某玲在一审中主张以受让的执行债权抵销其对债权人黄某所负债务，属于诉讼程序中行使抵销权，即诉讼中的抵销。一审法院以黄某与案外人吴某忠之间的债权债务关系与本案不属于同一法律关系，且债权人黄某不同意将其与案外人之间的执行债务与陈某玲所欠债务抵销为由，未审查陈某玲的抵销主张；二审法院则认为通常情况下作为被告的债务人提出诉讼抵销主张在程序上并无不当，法院应予审查。

从理论上讲，诉讼中的抵销具有法律行为和诉讼行为的双重性质，不仅有诉讼法上的后果，而且也产生私法上的后果。[①]目前，程序法对此尚无明确规定，实践中对诉讼抵销的处理主要有三种观点。第一种观点认为，抗辩是针对请求权提出的一种防御方法，是指当事人通过主张与对方主张事实所不同的事实或法律关系，以排斥对方所主张的事实的行为。[②]因此，诉讼中的抵销主张是一种抗辩而非单独的诉。第二种观点认为，诉讼中的抵销权应以反诉形式行使，被告的抵销主张具备独立的诉的要素，即抵销原告债权的诉讼请求、因抵销发生的实体法律关系的诉讼标的、主动债权与被动债权相互抵销的诉讼理由。第三种观点认为，被告对主张抵销的事实应另案起诉。反诉与另行起诉的观点均认可抵销主张是独立的诉，二者的区别主要在于对原告或被告诉讼程序利益保护的侧重点不同。尽管存在上述对诉讼抵销的不同理解，但“与程序结果有利害关系或者可能因为该结果而蒙受不利影响的人，都有权参加该程序并得到有利于自己的主张和证据以及反驳对方提出之主张和证据的机会。这就是‘正当程序’原则最基本的内容或要求，也是满足程序正义的最重要条件。”[③]允许诉讼抵销主张，正是保障当事人程序参与权与支配权的体现。从现有规范来看，2019年《全国法院民商事审判工作会议纪要》第43条进一步明确了抵销权的行使方式：“抵销权既可以通知的方式行使，也可以提出抗辩或者提起反诉的方式行使。”即权利人既可以在诉讼程序外以单方意思表示的方式行使抵销权，也可以通过提起诉讼或申请仲裁（包括提出抵销抗辩）的方式行使抵销权。[④]从诉讼效益角度而言，人民法院对诉讼中的抵销一并审查，可免除个案中当事人另行起诉的诉累，从而降低诉讼成本，提高诉讼产出，亦有利于实现诉讼经济目标。

结合上述不同角度的观点，二审法院认为对陈某玲的诉讼抵销主张应予审查，并对一审法院不予审查的错误予以指出。

（二）诉讼中对受让执行债权的抵销主张应进行实质审查

---

① 参见［日］於保不二雄：《日本民法债权总论》，庄胜荣译，我国台湾地区五南图书出版有限公司1998年版。

② 杨立新：《民事裁判方法》，法律出版社2008年版，第183页。

③ ［日］谷口安平：《程序的正义与诉讼》，王亚新、刘荣军译，中国政法大学出版社2002年版，第11页。

④ 最高人民法院民事审判第二庭编著：《〈全国法院民商事审判工作会议纪要〉理解与适用》，人民法院出版社2019年版，第297页。

基于抵销制度的非孤立性与法律追求公平正义的最终目标，对债务人陈某玲在诉讼中以受让执行债权的方式主张抵销的情形，判断该抵销主张是否成立，不仅需要审查抵销权的行使是否符合现有法律规定的基本要件，而且需综合考量诉讼程序与执行程序的衔接及抵销目的等相关因素。

1. 对抵销权行使基本要件的审查

《合同法》第 99 条、第 100 条和《民法典》第 568 条、第 569 条，将抵销分为法定抵销、约定抵销两种类型。法定抵销权行使的积极要件包括：存在合法债权债务，双方债权具有相互性，抵销标的物的种类、品质相同，双方债权已届清偿期；消极要件包括：依合同性质不得抵销、依当事人特别约定或法律规定不得抵销。约定抵销主要适用于债务标的物种类、品质不相同的情形。另外，与合同法规定相比，民法典进一步完善了抵销要件，将法定抵销中双方债权届期调整为主动债权届期，并明确增加了当事人对抵销的约定排除。① 除此之外，关于执行抵销，是指在执行程序中，申请执行人与被执行人互负债务，被执行人以执行债务请求抵销申请执行人对其所负债务，对此，理论界一直存在禁止说、允许说、限制说三种观点，②《最高人民法院关于人民法院办理执行异议和复议案件若干问题的规定》采取了限制说，即除实体法规定的抵销基本要件外，请求抵销的债务还应满足已经生效法律文书确定或者经申请执行人认可，且债务的标的物种类、品质相同。尽管本案中主张抵销债务的陈某玲并非被执行人，与上述规定第 19 条规定的抵销情形有所差异，但从本质上均属于执行程序中法定抵销权的行使问题，因此在审查债务人陈某玲的主张是否成立时，亦应对上述基础要件进行审查。

2. 对抵销担保清偿机能的厘定

抵销作为债务清偿的主要方式之一，在双方互负债务情形下，允许任何一方债务人以自己的债务与对方到期债务进行抵销，③ 从而使抵销主动债权在对方到期债务范围内得以清偿，具有了事实上优先受偿的担保机能和效果，与担保物权有非常相似的地方。正是抵销的这种担保机能属性，使得抵销在债务清偿方面具有天然优势，债务人在面对债权人追索债权时行使抵销抗辩，可更为便捷的起到对等保护的作用。同时，又不能简单地将抵销等同于债的担保，债的担保有其明确的规格和构成，故抵销并不适用抵押权、质权、保

---

① 《最高人民法院关于适用〈中华人民共和国合同法〉若干问题的解释（二）》第 23 条规定："对于依照合同法第 99 条的规定可以抵销的到期债权，当事人约定不得抵销的，人民法院可以认定该约定有效。"《民法典》第五百六十八条吸收了该规定。

② 禁止说认为执行程序应完全禁止抵销权的行使，避免阻却执行；允许说认为应全面允许当事人以法定抵销权产生执行上的抵销效果；限制说认为除满足法定抵销实体要件外，还须满足特定程序要件。

③ 对应《民法典》第五百六十八条。

证、定金等债的担保的法律规定。[①] 因此，抵销的担保清偿机能，核心在于当事人之间清偿的公平，而非对抗其他债权人。即抵销担保清偿目的的实现，应以确保债权平等，不损害其他平等主体合法利益为限。就本案而言，即使债务人陈某玲的主张符合抵销基础要件，若超出了抵销担保功能的合理期待，导致相应利益缺乏正当性，则不得主张抵销。

3. 对债权平等的价值判断

债权平等原则体现了民法上的平等原则与债的相对性原理，通说认为债的平等原则主要体现在：同一标的物上可并存两个以上内容相同的债权、数个债权人之间的效力平等、数个债权对债务人的责任财产享有平等受偿权等方面。因此当多个普通债务无法获得全部清偿时，基于债权平等原则，任一债权人无凌驾于其他债权人之上的优先受偿权，各债权通常应按比例获得清偿。抵销的实现亦应遵守债权平等原则，不能减损责任财产剥夺其他债权人平等受偿的权利。

4. 对诉讼程序与执行程序衔接的考量

本案涉及的一个重要事实为债务人陈某玲主张用以抵销的债权系受让所得。债权作为财产权，除因债的性质、约定或法定不得转让外，可以自由转让，但正如西方法谚所言“任何人不能从其违法行为中获益”，主张抵销的行为期待应当具有正当性，如恶意受让债权用以抵销，损害其他合法债权人利益，明显缺乏正当性，无赋予抵销权加以保护的必要。对于债权转让情形下债务人以受让取得的债权主张抵销的，且取得的债权系在执行程序中无法实现的，法院应对该抵销抗辩予以审慎的实质审查，即应根据诚信原则审查用于抵销的主动债权的取得情况，以保护善意抵销权的同时不损害第三人的合法权益。

以破产法的相关规范为参考，《企业破产法》第 40 条第 4 项规定：“债权人在破产申请受理前对债务人负有债务的，可以向管理人主张抵销。但是，有下列情形之一的，不得抵销：（一）债务人的债务人在破产申请受理后取得他人对债务人的债权的。”[②] 即主动债权系破产申请受理后经受让取得的，在破产程序中禁止抵销。该条立法理由为：一是破产主体的债务人对破产主体所负债务的履行利益应当归入其责任财产，即对破产主体具有增信效果。而破产主体债务人如果在破产案件受理后通过受让取得他人的对其债权，并主张抵销，则会产生消极后果：一方面是抵销债权等额内消灭自己所负债务，直

① 参见崔建远：《“担保”辨——基于担保泛化弊端严重的思考》，载《政治与法律》2015 年第 12 期。

② 深圳市人大常委会于 2020 年 8 月 26 日通过的《深圳经济特区个人破产条例》第 56 条第 1 项亦作了相同规定。

接减少破产主体责任财产；另一方面导致转让债权逃逸比例清偿程序，变相获得优先清偿，造成对其他债权人不公平。二是存在道德风险，诱发破产债权人与破产主体的债务人之间恶意转（受）让债权，影响全体破产债权人的公平受偿，损害其他债权人的利益。

目前司法实践也大多遵循此裁判思路。如在兰某与刘某执行一案中，[①]法院认为“出现个人债务人不能清偿到期债务的情况时，为防止损害第三人特别是个人债务人的其他债权人的合法权益，抵销权的行使亦应受到一定限制。执行程序中，人民法院在对债权抵销进行审查时，除要求符合《执行异议复议规定》第19条之规定，还应审查用于抵销的主动债权取得情况，是否损害第三人利益”。在陈某龙与刘某信执行审查一案中，[②]法院进一步明确，“如果债务人通过受让，取得了对债权人的债权，但该债权人作为被执行人，有其他多个债权人向其主张权利，那么债务人受让的债权在执行程序中能否实现以及能够实现多少，要按照相关法律规定在执行程序中确定，不能直接将其债务抵销”。青岛市某贸易中心与青岛某投资公司执行审查裁定中，[③]最高人民法院认为：“抵销权是合同法规定的当事人的实体权利，被执行人在执行程序中可以行使。执行法院应当依照合同法的相关规定，对抵销权行使的条件是否具备等进行合法性审查。对于被执行人受让债权后主张抵销的，执行法院还应当审查被执行人受让债权的合法性，防止损害对方当事人、第三人的合法权益或者社会公共利益。”

本案中，债务人陈某玲明知债权人黄某作为多起案件被执行人缺乏可供执行财产的情形下，在一审庭审之后受让债权并主张抵销的行为，明显违反了诚实信用原则，且黄某不存在其他可供执行的财产清偿其全部执行债务，债务人陈某玲并非善意的债权受让人，其受让债权进行抵销的行为，因损害黄某其他债权人利益，不具有行为期待的正当性，其抵销主张不能成立。至于其受让的执行债权，可通过执行程序参与分配制度，向人民法院申请参与分配。

综上，当债权人同时为多个执行案件的被执行人且无实际财产可供清偿他人债务时，债务人以受让申请执行人对债权人享有的执行债权，主张抵销的，人民法院除应审查是否符合法定抵销与执行抵销要件外，还应审查抵销目的实现是否具有正当性，防止恶意抵销损害第三人合法利益，以维护债权公平受偿的私法秩序。

——何 君、高玥、岳东冉：《债务人受让执行债权的抵销审查——上诉人

① 详见（2018）最高法执监125号执行审查裁定书。
② 详见（2016）最高法执监155号执行审查裁定书。
③ 详见（2017）最高法执监3号执行审查裁定书。

陈某玲、陈某峰、福建省丰泉环保集团有限公司与被上诉人黄某民间借贷纠纷案》，载最高人民法院执行局编：《执行工作指导》2021 年第 3 辑（总第 79 辑），人民法院出版社 2022 年版，第 18~27 页。

370. 执行程序中的债务抵销，须经生效法律文书确定或者经申请执行人认可，否则不能在执行中直接抵销

关键词

债务抵销　生效法律文书　直接抵销

最高人民法院裁判文书

新疆龙虎鑫国际贸易有限公司与新疆维吾尔自治区卡拉贝利水利枢纽工程建设管理局承揽合同纠纷案［最高人民法院（2021）最高法执监 169 号执行裁定书］

裁判要旨：被执行人以执行依据生效之前的实体事由提出排除执行异议的，除存在依法可以进行的债务抵销外，执行法院一般不予支持，相关实体事由争议依法应通过申请再审或者其他程序解决；而关于执行程序中的债务抵销，亦需经生效法律文书确定或者经申请执行人认可，否则不能在执行中直接抵销。

最高人民法院认为，本案焦点问题为：喀什中院（2019）新 31 执 70 号执行案件是否执行完毕。第一，关于卡拉贝利建管局已支付的 572 万元款项应否抵销的问题。《最高人民法院关于人民法院办理执行异议和复议案件若干问题的规定》第七条第三款规定："除本规定第十九条规定的情形外，被执行人以执行依据生效之前的实体事由提出排除执行异议的，人民法院应当告知其依法申请再审或者通过其他程序解决。"第十九条规定："当事人互负到期债务，被执行人请求抵销，请求抵销的债务符合下列情形的，除依照法律规定或者按照债务性质不得抵销的以外，人民法院应予支持：（一）已经生效法律文书确定或者经申请执行人认可；（二）与被执行人所负债务的标的物种类、品质相同。"根据上述司法解释的规定，被执行人以执行依据生效之前的实体事由提出排除执行异议的，除存在依法可以进行的债务抵销外，执行法院一般不予支持，相关实体事由争议依法应通过申请再审或者其他程序解决；而关于执行程序中的债务抵销，亦需经生效法律文书确定或者经申请执行人认可，否则不能在执行中直接抵销。本案中，根据喀什中院和新疆高院查明

的事实，2017 年 5 月 17 日，卡拉贝利建管局向龙虎鑫公司支付 572 万元，龙虎鑫公司出具收到 572 万元砂石料款的收据，同日龙虎鑫公司将该笔款项以违纪款的名义支付给自治区纪检委。而本案执行依据为新疆高院 2018 年 11 月 16 日作出的（2018）新民终 432 号民事判决，系就龙虎鑫公司与卡拉贝利建管局承揽合同纠纷作出的判决。卡拉贝利建管局支付 572 万元的事实发生在本案生效判决作出之前，其主张代付违纪款的事实与本案执行依据无关，且该笔款项未经生效法律文书确定，现申请执行人龙虎鑫公司亦不认可该笔款项，不符合执行中债务抵销的法定情形，因此，该 572 万元款项不能直接在喀什中院（2019）新 31 执 70 号执行案件中予以抵销，喀什中院应就本案未清偿债权继续执行。关于 572 万元款项所涉争议，卡拉贝利建管局可依法通过其他程序另寻救济。

——中国裁判文书网。

371. 债务人以执行法院对其享有债权的冻结超过诉讼标的为由提出异议的，能否被支持

关键词

执行异议　债权冻结　超过诉讼标的

最高人民法院裁判文书

德阳经济技术开发区金坤科技小额贷款有限公司与德阳弘扬建设发展有限公司借款合同纠纷执行案［最高人民法院（2021）最高法执监 185 号执行通知书］

裁判要旨：判断是否超标的额查封主要涉及对查封财产价值的确定。本案债务人主要是以冻结的第三人债权额超过诉讼标的为由提出异议，但对第三人到期债权的保全，由于未来执行中第三人是否会提出异议具有较大的不确定性，且本案债务人目前提供的证据无法确定执行法院实际查封的有效的债权数额，亦无法证明本案存在明显超标的保全的情形。

最高人民法院认为，根据《最高人民法院关于人民法院民事执行中查封、扣押、冻结财产的规定》第十九条第一款规定，查封、扣押、冻结被执行人的财产，以其价额足以清偿法律文书确定的债权额及执行费用为限，不得明显超标的额查封、扣押、冻结。而判断是否超标的额查封主要涉及对查封财

产价值的确定。根据四川高院查明的事实，你公司主要是以冻结的两笔第三人债权额超过诉讼标的为由提出异议，但对第三人到期债权的保全，由于未来执行中第三人是否会提出异议具有较大的不确定性，因而根据你公司目前提供的证据无法确定执行法院实际查封的有效的债权数额，亦无法证明本案存在明显超标的保全的情形。

——中国裁判文书网。

十八、非金钱给付请求权的执行

372. 执行探望权案件应着重把握的两个问题

关键词

执行探望权案件

附录：最高人民法院主流观点

在司法实践中，适用本条所遇到的一个突出问题，就是如何处理好探望权案件的执行问题。探望权是指夫妻离婚后，没有与子女共同生活的父或母一方，基于亲权和血缘关系，有关心、探望未与其共同生活子女的权利。探望权执行案件是指申请人以要求原配偶容忍并协助其探视子女为内容的案件。对于执行探望权案件应着重把握以下两个问题：

一、探望权执行案件的特点

（1）探望权案件的执行具有长期性和反复性。因为，申请执行人并不满足于一次性的探望，而是每隔一段时间的持续性的探望；被执行人可能偶尔满足申请人的一次要求，但却可能拒绝再次探望的要求。（2）执行目的是排除妨碍。探望权纠纷案件发生的原因在于出现了与子女共同生活的一方阻碍未与子女共同生活的一方探视子女，对此类案件强制执行的目的在于排除该妨碍，以保障未与子女共同生活的一方对子女的监护权得以实现。（3）探望权案件的被执行人是不履行协助义务人。权利人探视的对象一般是未成年的子女，其实际上却经常受与其共同生活的父或母的控制和支配，而与子女共同生活的父或母有义务协助权利人行使探望权。

二、对探望权案件如何执行

（1）在执行措施上，首先应当强调要多作说服教育工作，在教育无效的情况下可采取罚款、拘留等间接执行手段，并可按民事诉讼法的规定责令被执行人支付迟延履行金，迟延履行金的数额可根据被执行人拒绝探望的次数而加倍递增。如果被执行人无正当理由拒绝申请人探望申请的，法院可以根据申请执行人的申请变更监护权。（2）探望权案件的执行程序应当维持到子女成年时为止。也就是说，只要申请执行人向法院提出了申请，此案即进入执行程序，执行人员满足了申请执行人的一次探望请求后，并不意味着执行程序的结束，如果被执行人再次拒绝申请执行人探望要求，申请执行人可再次提出执行申请。子女成年后，因其已取得了完全的民事行为能力，执行已无依据，执行程序即告结束。

——江必新主编：《执行规范理解与适用——最新民事诉讼法与民诉法解释保全执行条文关联解读》，中国法制出版社 2015 年版，第 412 页。

373. 完成行为的替代履行问题

关键词

替代履行

最高人民法院裁判文书

浙江东航建设集团有限公司：

你公司不服浙江省高级人民法院（以下简称浙江高院）（2010）浙执复字第 12 号执行裁定向本院申诉。经研究，本院认为：

一、你公司认为除案涉工程的标高及层高外，其他工程质量问题有能力进行加固和修复，并就其他工程质量问题提出了修复方案。但慈溪市慈吉教育集团（以下简称慈吉集团）要求你公司严格遵循设计图纸及施工技术标准全面修复工程，不接受你公司的方案，要求按原设计单位出具的方案修复。你公司也认为根据该方案修复费用太大而没有同意。你公司在执行中未能提出符合原设计要求的修复方案，不能达到判决要求的修复标准，且该修复行为在性质上并非只能由你公司完成。故本案替代履行的条件成就，根据《中华人民共和国民事诉讼法》第二百二十八条[①]、《最高人民法院关于人民法院执行工作若干问题的规定（试行）》第 60 条[②]第 2 款，可以由有关单位或其他人代替你公司完成修复行为，费用由你公司承担。上述规定并未将申请执行人排除在替代履行的主体之外，本案由申请执行人自行修复不违背公平合理的

① 现为《民事诉讼法》（2021 年修正）第二百三十五条。

② 现为《最高人民法院关于人民法院执行工作若干问题的规定（试行）》（2020 年修正）第 44 条。

原则，有利于案件执行，应予准许。

二、你公司承担修复费用与慈吉集团支付工程款均为金钱给付义务，依债务性质可以相互折抵。且折抵之后，有利于降低案件执行成本，浙江高院对此予以折抵并无不当，本院予以维持。修复费用的确定应以替代履行实际发生的费用为准。但从案涉工程原设计单位出具的修复方案和浙江省宁波市中级人民法院对该方案委托鉴定的结果看，修复费用大大超出工程造价。如委托第三方修复，你公司可能承担的费用远高于浙江两级法院执行裁定中要求你公司承担的数额。另外，慈吉集团提出愿意自行修复工程，修复费用以工程造价为限，属慈吉集团处分权利的行为，由此可能出现的风险也由慈吉集团自行承担。且你公司一直未能提出低于工程造价并能全面修复案涉工程质量问题的方案。执行法院在慈吉集团做出让步的基础上，根据公平合理的原则裁定你公司承担的修复费用以工程造价为限，与原设计单位的修复方案所需费用相比，较为公平合理。

综上所述，你公司的申诉请求不能成立，本院予以驳回。

特此通知

——《最高人民法院驳回申诉通知书》(2010年12月13日，〔2010〕执监字第183号)，载江必新主编:《人民法院执行工作规范全集》，人民法院出版社2017年版，第762~763页。

附录：本案解析

本案争议的焦点是：原判决判令东航公司修复工程，并通过竣工验收，慈吉集团在竣工验收合格后支付工程款；浙江两级法院在执行过程中，采用由慈吉集团自行修复，令东航公司承担修复费用，并将修复费用与工程款进行折抵的做法，是否符合法律规定。

通过归纳申诉人的申诉理由，本案争议焦点可以分为以下几个问题：(1)两级法院的执行方法是否属于超越权限，改变生效判决内容。(2)由慈吉集团自行修复是否合法。(3)修复费用和工程款能否折抵。(4)修复费用以工程造价为限是否有法律依据。(5)工程只进行过质量鉴定，并未进行过安全性能鉴定，如何认定有巨大安全隐患。

(一)选择替代履行的方式是否适当

执行依据要求被执行人实施一定行为，原则上应由被执行人自行完成。如该行为性质上可以替代，在被执行人不履行义务时，则可由其他主体代替被执行人实施相关行为。所谓行为可以替代，是指由他人代为履行与被执行人自行履行在事实及法律上的效果并无不同。本案中，浙江高院（2008）浙民一终字第110号民事判决判令，东航公司对案涉工程质量问题进行修复，通过竣工验收合格；验收合格后十日内，慈吉集团支付剩余工程款。故东航公司和慈吉集团互负对待给付义务，但履行顺序有先后，东航公司应先完成修复行为，修复的标准为“通过竣工验收合格”。但主文中确定的上述修复标准仍较为抽象，须结合生效判决相关内容进一步明确。浙江高院上述判决认为，“施工单位在施工过程中必须严格遵循的是设计图纸及施工技术标准，如果工程质量不合格的，应承担修复责任。从法律规定层面分析，慈吉集团要求东航公司对案涉工程进行修复与加固，使工程质量符合设计要求，通过竣工验收合格，有法律依据”，并判令东航公司对工程质量予以加固、修复，通过竣工验收合格从本案执行依据确定的内容看，东航公司修复工程应达到的标准是：遵照工程原设计要求，并通过竣工验收。此后，慈吉集团才能支付剩余工程款。

在执行过程中，东航公司认为除标高及层高外，其他工程质量问题有能力进行加固和修复，并就其他工程质量问题提出了方案。但慈吉集团要求东航公司严格遵循设计图纸及施工技术标准全面修复工程，不接受东航公司的方案，要求按原设计单位出具的方案修复。东航公司认为根据该方案修复费用太大，没有同意。从上述事实可以看出，东航公司对案涉工程的标高、层高问题没有提出方案，未能按原设计要求修复工程质量问题，不能达到生效判决要求的修复标准。修复工程质量问题并非只能由被执行人自行完成，并且在性质上也属于可以替代履行的行为。因此，本案替代履行的条件成就，根据《民事诉讼法》第二百二十八条[①]、《执行规定（试行）》第60条第2款[②]，可以由其他主体代替被执行人完成修复行为。

（二）替代履行的主体问题

《民事诉讼法》第二百二十八条和《执行规定（试行）》第60条第2款规定的替代履行主体为“有关单位或者其他人”。从整个条文的表述方式看，有关单位或者其他人应指被执行人以外的单位或个人，没有将申请执行人排除在外。从申请执行人方面看，完成修复任务才是其申请执行的目的，至于由谁来实施修复行为，并不存在根本性的利害冲突。但考虑到申请执行人和案件存在利害关系，如其滥用权利，也可能导致被执行人承担过高的费用，损害被执行人利益。因此，由申请执行人替代履行应不违背公平合理的原则，并有利于案件执行。

本案中，虽然慈吉集团与案件有利害关系，但东航公司不能按判决要求全面修复工程，慈吉集团要求按原设计方案修复工程，是以生效判决为依据的。从宁波中院在审判程序中对原设计单位修复方案进行价格鉴定的结果看，

---

① 现为《民事诉讼法》（2021年修正）第二百五十九条。

② 现为《最高人民法院关于人民法院执行工作若干问题的规定（试行）》（2020年修正）第44条。

按生效判决修复的费用远高于慈吉集团主张的费用。慈吉集团对修复费用的请求是作了让步的，而且及时修复工程也符合慈吉集团的利益。因此，结合本案的实际情况，由申请执行人自行修复工程并无不当。

（三）修复费用和未付工程款能否折抵

根据浙江高院生效判决，慈吉集团在工程竣工验收合格后，应向东航公司支付剩余工程款。案涉工程虽由慈吉集团自行修复，但修复费用依法应由东航公司承担。慈吉集团和东航公司互负债务，两种债务均为金钱给付义务，在性质上可以相互折抵。且折抵之后，可以降低案件的执行成本，简化执行程序，允许双方折抵也无不妥。

（四）修复费用以工程造价为限是否有法律依据

修复费用的确定应以替代履行实际发生的费用为准。但从本案争议工程的原设计单位出具的修复方案和宁波中院对该方案委托价格鉴定的结果来看，修复费用需3300多万元，大大超出原审判决认定的1800余万元工程造价。且东航公司提供的修复方案，不能修复工程标高和层高的问题，只是就其他工程质量问题进行修复，不能达到原来的设计要求。如委托第三方修复，东航公司可能承担的修复费用，要远远高于执行裁定中要求其承担的1800多万元。另外，慈吉集团提出愿意自行修复工程，修复费用要1800万元，已经做出让步，至于慈吉集团如何修复，需多少费用，属于慈吉集团自行处分权利的行为，由此可能导致的工程质量问题仍达不到设计要求的风险，也由慈吉集团自行承担。

因此，要求东航公司承担1800多万元的修复费用，是在慈吉集团做出让步的基础上，由执行法院根据公平合理的原则确定，与原设计单位的修复方案所需费用相比，此数额对东航公司是有利的。东航公司一直未能提出低于1800万而且能全面修复工程的方案，所以，修复费用以工程造价1800多万元为限也是合理的。严格地讲，裁定修复费用以工程造价为限并无充分的法律依据，但如果慈吉集团坚持要求按原设计方案修复，东航公司将承担更为庞大的费用和不可预测的风险。鉴于案件实际情况，本案修复费用的确定很难实现绝对公平，只能做到“相对合理”。

（五）工程的安全性鉴定问题

虽然证据材料显示，宁波中院在审判过程中对争议工程没有进行过安全性鉴定，但国家建筑工程质量监督检验中心对工程质量出具的报告已经明确说明，争议工程的多处质量问题都会影响用户使用安全。且教学楼D、E、F楼及图书馆的部分楼层已经在使用，考虑到慈吉中学师生的人身安全，工程应尽早修复，不宜拖延。东航公司以工程未进行安全性鉴定为由，对浙江高院复议裁定提出的质疑不能成立。

另外，关于宁波中院在执行实施裁定中，直接赋予当事人申请复议权的问题，浙江高院已经在复议程序中注意到，并发函予以指出。因东航公司未将该程序瑕疵作为申诉理由正式提出，对此在执行监督程序中可不予置评。

综上，东航公司的申诉请求不能成立，应予驳回。

——乔宇、仲相：《完成行为的替代履行问题——浙江东航建设集团有限公司执行申诉案评析》，载江必新主编：《人民法院执行工作规范全集》，人民法院出版社 2017 年版，第 764~765 页。

374. 人民法院不能直接变更被执行人的企业名称

关键词

变更企业名称

附录：《人民司法》信箱

问题：甲企业诉乙企业侵犯其名称权，县法院判决乙企业在 1 个月内变更企业名称并赔偿损失。判决生效后，乙企业拒不履行生效判决所确定的义务。执行法院能否直接裁定变更乙企业的名称?

《人民司法》研究组认为：行为作为执行标的时可以分为可替代行为的履行以及不可替代行为的履行。对于前者，被执行人拒不履行时，人民法院可以通过自行或者指派第三人代替履行的方法而实现执行依据所确定的执行内容，由此所产生的费用由被执行人承担。比如命令被执行人拆除妨碍通行的障碍物而被执行人拒不拆除时，人民法院即可指派第三人予以拆除，由被执行人负担拆除的费用。而对于不可替代行为的履行，比如命某画家完成绘画合同等，则因其行为具有不可替代性，只能由被执行人完成。被执行人拒不履行的，只能追究其拒不履行生效判决的法律责任。就本案而言，生效判决虽然确定乙企业变更名称，但变更为何种名称，则只能由乙企业自己决定，他人不可代替。因此，人民法院只能对乙企业拒不履行人民法院判决的行为进行制裁，而不能直接裁定变更乙企业的名称。

——《人民司法》2005 年第 7 期。

375. 继续履行合同类判决的执行问题

关键词

继续履行合同　替代履行

最高人民法院答复

上海市高级人民法院：

关于上海枫丹丽舍房地产开发有限公司（下称枫丹公司）申请执行本院（2006）民一终字第 57 号判决确定的继续履行土地使用权转让合同义务一案，经研究并报审判委员会讨论，现提出如下意见：

一、你院在本案执行中未采取法律规定的强制执行措施，（2007）沪高执字第 17 – 3 号裁定终结本次执行程序依据的事实与理由不充分，本案应当由你院继续执行。

二、依据判决，本案中上海华夏文化旅游区开发有限公司（下称华夏公司）继续履行合同的具体内容，是使涉案土地达到《城市房地产管理法》规定的过户条件及办理土地使用权的过户手续。你院应当认真核查涉案土地状况，在确保枫丹公司履行相应合同义务的前提下，对已符合《城市房地产管理法》规定过户条件的地块，应直接裁定将土地使用权移转给枫丹公司，并通知土地管理部门协助办理过户手续；对于不具备法定过户条件的地块，应当用足法律规定的各种强制执行措施，促使华夏公司履行使土地达到法定过户条件的义务。

三、如果本案确实存在法律上或事实上的障碍而不能执行，应当努力促成执行和解。如果和解不成，应当告知当事人可以另行提起诉讼。

——《最高人民法院关于判决继续履行土地使用权转让合同如何执行问题的复函》（2010 年 4 月 29 日，〔2009〕执监字第 217 号），载江必新主编、最高人民法院执行局编：《执行工作指导》2011 年第 1 辑（总第 37 辑），人民法院出版社 2011 年版，第 72 页。

最高人民法院裁判文书

申峻山、曹志杰诉林锡聪等股权转让纠纷执行案［最高人民法院（2012）执复字第 13 号执行裁定书］

裁判要旨：只要根据判决认定的事实和理由以及其所确认的合同，能够明确应当继续履行的具体内容，即应认定该继续履行合同的判决给付内容明确，有强制执行效力。

最高人民法院认为：（1）本案申请执行人提出继续履行合同的诉讼请求，生效判决不仅确认合同有效，而且依据《合同法》第一百零七条[①]判决双方

① 对应《民法典》第五百七十七条。

继续履行合同。该项内容属于违约责任，当事人不自动履行时，应当通过强制执行程序予以落实。只要根据判决认定的事实和理由以及其所确认的合同，能够明确应当继续履行的具体内容，即应认定该继续履行合同的判决给付内容明确，有强制执行效力。本案双方当事人应当继续履行的内容虽然在生效判决主文中未具体表述，但根据判决认定的事实和理由，以及由生效判决确认应继续履行的《股权及资产转让协议书》，可以查明尚未履行的合同内容为：申峻山、曹志杰付清股权转让的剩余价款，林锡聪等十一人配合完成股权转让的有关手续。该履行的步骤清楚、明确，青海高院据此向双方当事人发出通知，责令双方履行各自的义务，并未扩大林锡聪等十一人应履行义务的范围，或超出判决内容，亦未涉及对当事人责任的重新审查判断，只是将概括表现的内容具体化，并不违反审执分立的原则。青海高院在异议裁定中关于异议人提出的生效法律文书确定双方当事人继续履行合同的判决结果因无给付内容，执行标的不明确，不能强制执行的理由，不属于执行异议审查范围"的表述不当。但因裁定中实质上已经认定本案判决有执行内容，该不当表述不影响本案实质结论。（2）青海高院《责令履行具体行为通知书》是对林锡聪等十一人发出的，尚未要求工商部门协助办理股权过户手续。在申请执行人将股权转让价款支付到法院后，如果被执行人林锡聪等十一人不能自行完成股权过户手续，青海高院有权采取相应的强制执行措施。金鹰公司股权过户是否需要按照《青海省矿业权转让管理办法》的相关规定办理审批手续及如何具体办理，应当在下一步执行中由青海高院协调处理，申请复议人以此否定青海高院发出的《责令履行具体行为通知书》的理由不能成立。

——中国裁判文书网。

附录：最高人民法院法官著述

（一）关于本案判决的可执行性问题

执行程序中需要考虑的首先是通过强制手段执行该生效判决的可行性问题。关于合同继续履行类判决是否具有可执行性，实践中存在严重分歧。但是综合全案情况，应当认为本案具有强制执行性。主要理由如下：

1. 继续履行是《合同法》规定的法定违约责任方式之一，其基本内涵就是让违约方继续实际履行合同。在《合同法》限定了此种责任方式适用范围的情况下，应当认为，继续履行在事实上与法律上的可行性，包括执行的成本等问题在判决前已经过慎重考虑。除非特殊情况，如事实上不能履行或判决后发生的事由导致法律上不能履行等。这种判决应当具有强制执行力。只有这样，才能在程序法上保障实体法上民事责任的强制落实。

2. 本案判决具有给付的内容，结合涉案合同条款，也能确定“明确、具体”的执行标的。一般认为，申请执行的法律文书有给付内容且执行标的明确，是人民法院受理执行案件的基本条件之一。本案诉讼请求是“继续履行合同，将讼争土地转让给枫丹公司”。可见本案不仅是一个确认之诉，还有给付的内容。最高人民法院二审判决主文是“合同有效，继续履行”，并在说理部分表明了本案可以继续履行的观点，应被理解为是一个具有给付内容的判决。

从形式上看，本案并不完全符合执行标的“明确、具体”的要求。但是分析本案的土地转让合同，虽然双方约定的事项较多，过程较长，但需要履行的义务是具体明确的。在结合合同条款能够确定本案执行标的的情况下，应该承认判决的执行力。

3. 华夏公司主张合同不能履行的具体理由不能成立。华夏公司主张拆迁成本过大的理由不能成立。生效判决认定合同未得到履行是其违约所致，法律有关于逾期履约情况下所增加成本的负担规则，同时，枫丹公司也同意就拆迁的成本问题进行协商。华夏公司主张不能办理拆迁许可证等相关证件的理由亦不充分。是否能够办理相关证件，应在其提供了法律规定的各种材料后由相关行政机关审查认定。

（二）关于本案的具体执行

本案具体的执行内容主要有枫丹公司付款、华夏公司的合同备案、使土地达到过户条件、协助办理过户手续。本案中，在枫丹公司作为申请人，付款义务的履行应无问题。由于判决已确定了合同的效力，华夏公司对合同登记备案的义务亦不是必须履行。本案的执行难点是使土地达到过户条件、办理过户。由于涉案土地的情况并不清楚，具体的执行内容还是应根据土地的现状确定。

合同的履行可能会因为客观条件的变化而不能继续。继续履行类判决也可能因生效后出现的事由发生这一问题。此时应给予当事人相应救济途径。本案中，由于合同的履行涉及行政审批权的行使，执行法院不能保证合同最终能够得以履行，如果出现了此类情况或者其他客观上或法律上足以阻碍强制执行继续的事由，需要终结执行程序，应告知当事人另行诉讼主张权利。

（三）本案的处理

1. 上海高院并未查清涉案土地的情况，也没有采取所有可行的执行措施。认定合同存在不能履行的事实或法律障碍、终结本次执行程序依据不足。应函告上海高院纠正终结本次执行程序的错误裁定，继续执行。

2. 上海高院受理 10 个月之后才向被执行人发出继续履行的执行通知不妥，但是由于合同履行类判决是否具有可执行性与如何执行是一个难题，同时卷宗显示上海高院一直在与相关部门进行沟通协调工作，因此上海高院的执行迟延不构成《民事诉讼法》第 203 条[①]的情形，申诉人请求指定执行或提级执行的主张应驳回。

3. 如果在本案的执行中，确实出现了法律上或事实上的障碍，使得不能继续执行，则应告知当事人可以另行提起诉讼。

——黄金龙、葛洪涛：《上海枫丹丽舍房地产开发有限公司申请执行判决确定的继续履行合同义务监督案》，载江必新主编、最高人民法院执行局编：《执行工作指导》2011 年第 1 辑（总第 37 辑），人民法院出版社 2011 年版，第 66 页。

376. 替代履行的主体可以包括申请执行人

关键词

替代履行　申请执行人

最高人民法院裁判文书

浙江东航建设集团有限公司执行申诉案［最高人民法院（2010）执监字第 183 号驳回申诉通知书］

浙江东航建设集团有限公司：

你公司不服浙江省高级人民法院（下称浙江高院）〔2010〕浙执复字第 12 号执行裁定向本院申诉。经研究，最高人民法院认为：

一、你公司认为除案涉工程的标高及层高外，其他工程质量问题有能力进行加固和修复，并就其他工程质量问题提出了修复方案。但慈溪市慈吉教育集团（下称慈吉集团）要求你公司严格遵循设计图纸及施工技术标准全面修复工程，不接受你公司的方案，要求按原设计单位出具的方案修复。你公司也认为根据该方案修复费用太大而没有同意。你公司在执行中未能提出符合原设计要求的修复方案，不能达到判决要求的修复标准，且该修复行为在性质上并非只能由你公司完成。故本案替代履行的条件成就，根据《民事诉讼法》第 228 条[②]、最高人民法院《执行规定》第 60 条[③]第 2 款，可以由有关单位或其他人代替你公司完成修复行为，费用由你公司承担。上述规定并未

---

① 现为《民事诉讼法》（2021 年修正）第二百三十三条。

② 现为《民事诉讼法》（2021 年修正）第二百三十五条。

③ 现为《最高人民法院关于人民法院执行工作若干问题的规定（试行）》（2020 年修正）第 44 条。

将申请执行人排除在替代履行的主体之外，本案由申请执行人自行修复不违背公平合理的原则，有利于案件执行，应予准许。

二、你公司承担修复费用与慈吉集团支付工程款均为金钱给付义务，依债务性质可以相互折抵。且折抵之后，有利于降低案件执行成本，浙江高院对此予以折抵并无不当，本院予以维持。修复费用的确定应以替代履行实际发生的费用为准。但从案涉工程原设计单位出具的修复方案和浙江省宁波市中级人民法院对该方案委托鉴定的结果看，修复费用大大超出工程造价。如委托第三方修复，你公司可能承担的费用远高于浙江两级法院执行裁定中要求你公司承担的数额。另外，慈吉集团提出愿意自行修复工程，修复费用以工程造价为限，属慈吉集团处分权利的行为，由此可能出现的风险也由慈吉集团自行承担。且你公司一直未能提出低于工程造价并能全面修复案涉工程质量问题的方案。执行法院在慈吉集团作出让步的基础上，根据公平合理的原则裁定你公司承担的修复费用以工程造价为限，与原设计单位的修复方案所需费用相比，较为公平合理。

综上所述，你公司的申诉请求不能成立，本院予以驳回。

——江必新主编、最高人民法院执行局编:《执行工作指导》2011 年第 1 辑（总第 37 辑），人民法院出版社 2011 年版，第 82~83 页。

附录：本案解析

《民事诉讼法》第 228 条和最高人民法院《执行规定》第 60 条第 2 款规定的替代履行主体为“有关单位或者其他人”。从整个条文的表述方式看，有关单位或者其他人应指被执行人以外的单位或个人，没有将申请执行人排除在外。从申请执行人方面看，完成修复任务才是其申请执行的目的，至于由谁来实施修复行为，并不存在根本性的利害冲突。但考虑到申请执行人和案件存在利害关系，如其滥用权利，也可能导致被执行人承担过高的费用，损害被执行人利益。因此，由申请执行人替代履行应不违背公平合理的原则，并有利于案件执行。

本案中，虽然慈吉集团与案件有利害关系，但东航公司不能按判决要求全面修复工程，慈吉集团要求按原设计方案修复工程，是以生效判决为依据的。从宁波中院在审判程序中对原设计单位修复方案进行价格鉴定的结果看，按生效判决修复的费用远高于慈吉集团主张的费用。慈吉集团对修复费用的请求是作了让步的，而且及时修复工程也符合慈吉集团的利益。因此，结合本案的实际情况，由申请执行人自行修复工程并无不当。

——乔宇、仲相:《完成行为的替代履行问题——浙江东航建设集团有限公司执行申诉案评析》，载江必新主编、最高人民法院执行局编:《执行工作指导》2011 年第 1 辑（总第 37 辑），人民法院出版社 2011 年版，第 81 页。

377. 人身不能强制执行

关键词

人身　执行标的

最高人民法院答复

湖北省高级人民法院：

你院鄂高法（1998）107 号《关于刘某枝诉王某松、赖某煌、陈某娥等解除非法收养关系一案执行中有关问题的请示》报告收悉。经研究，答复如下：

武汉市青山区人民法院（1996）青民初字第 101 号民事判决书已经发生法律效力，依法应予执行。但必须注意执行方法，不得强制执行王某的人身。可通过当地妇联、村委会等组织在做好养父母的说服教育工作的基础上，让生母刘某枝将孩子领回。对非法干预执行的人员，可酌情对其采取强制措施。请福建高院予以协助执行。

——《最高人民法院执行办公室关于人身可否强制执行问题的复函》（1999 年 10 月 15 日，〔1999〕执他字第 18 号），载江必新主编：《人民法院执行工作规范全集》，人民法院出版社 2017 年版，第 751~754 页。

十九、特殊案件的执行

（一）财产保全与先予执行案件的执行

378. 执行前的财产保全的申请与立案

关键词

财产保全

最高人民法院审判业务意见［《人民法院办理执行案件规范（第二版）》］

862.【执行前保全】

法律文书生效后，进入执行程序前，债权人因对方当事人转移财产等紧急情况，不申请保全将可能导致生效法律文书不能执行或者难以执行的，可以向执行法院申请采取保全措施。债权人申请财产保全的，应当写明生效法律文书的制作机关、文号和主要内容，并附生效法律文书副本。

债权人申请财产保全的，人民法院可以不要求提供担保。

债权人在法律文书指定的履行期间届满后五日内不申请执行的，人民法院应当解除保全。

——最高人民法院执行局编：《人民法院办理执行案件规范（第二版）》，人民法院出版社2022年版，第361页。

附录：最高人民法院法官著述

民事诉讼法规定了诉前保全和诉讼保全，其目的在于防止债务人转移财产，以利于将来判决的执行。但是，司法实践中遇到了上述规定无法解决的问题，即作为执行依据的法律文书生效后，债权人发现了债务人的财产，此时债权人缺乏有效的控制该财产的手段。根据目前的规定，债权人只有尽快申请执行，执行法院立案后再采取执行措施。但是，由于现在实行立执分离，立案部门的审查需要时间，立案并移交执行部门后，执行部门又必须先发执行通知书，这样时间的拖延会导致该财产被转移，从而错过执行良机。为了解决这个问题，《查封规定》参照诉前保全和诉讼保全制度，规定了申请执行前的财产保全制度。

这里有两个问题需要说明：一是申请财产保全是否需要提供担保。根据《民事诉讼法》第九十二条[①]的规定，人民法院采取财产保全措施，可以责令申请人提供担保，申请人不提供担保的，驳回申请。该规定赋予了人民法院视案情决定是否责令申请人提供担保的裁量权。在申请执行前的财产保全中，一般情况下是无需由申请人提供担保的。因为此时双方的权利义务关系已经由生效法律文书确定，当事人之间的债权债务关系已经明确，不存在因申请错误给被申请人造成损失的情况。二是债权人申请财产保全应向立案部门还是执行部门提出。这个问题并没有明确规定。财产保全贵在迅速，只有这样才能达到及时控制被执行人财产的目的。从这个角度考虑，笔者认为以直接向执行部门申请为宜。申请人应当在申请财产保全后尽快向人民法院提出执行申请，人民法院采取保全措施后，申请人在法定申请执行期限内没有向人民法院申请执行的，人民法院应当裁定解除保全措施。债权人在申请执行前向人民法院申请财产保全的，应当依照有关规定缴纳费用。

——王飞鸿：《〈关于人民法院民事执行中查封、扣押、冻结产的规定〉的理解与适用》，载《人民司法》2004年第12期。

---

① 现为《民事诉讼法》（2021年修正）第一百零三条。

379. 再审程序中财产保全措施应否解除

关键词

再审　财产保全

最高人民法院审判业务意见［《人民法院办理执行案件规范（第二版）》］

864.【上诉、再审期间的保全】

对当事人不服一审判决提起上诉的案件，在第二审人民法院接到报送的案件之前，当事人有转移、隐匿、出卖或者毁损财产等行为，必须采取保全措施的，由第一审人民法院依当事人申请或者依职权采取。第一审人民法院的保全裁定，应当及时报送第二审人民法院。

第二审人民法院裁定对第一审人民法院采取的保全措施予以续保或者采取新的保全措施的，可以自行实施，也可以委托第一审人民法院实施。

再审人民法院裁定对原保全措施予以续保或者采取新的保全措施的，可以自行实施，也可以委托原审人民法院或者执行法院实施。

891.【再审期间的保全】

再审审查期间，债务人申请保全生效法律文书确定给付的财产的，人民法院不予受理。

再审审理期间，原生效法律文书中止执行，当事人申请财产保全的，人民法院应当受理。

——最高人民法院执行局编：《人民法院办理执行案件规范（第二版）》，人民法院出版社 2022 年版，第 362 页、第 372 页。

380. 财产保全被申请人没有损失的，申请人不承担赔偿责任

关键词

申请财产保全错误　财产损害赔偿

最高人民法院公报案例、最高人民法院裁判文书

李正辉诉柴国生财产损害赔偿纠纷案［最高人民法院（2012）民申字第 1282 号民事裁定书］

裁判摘要：向人民法院申请采取保全措施是当事人的诉讼权利，

但申请有错误的，申请人应当赔偿被申请人因保全所遭受的损失。如何判断当事人的申请是否错误，《民事诉讼法》对此并没有作出规定。判断申请人的申请是否存在错误，应当结合具体案情，通过审查申请人是否存在通过保全损害被申请人合法权益的过错、保全的对象是否属于权属有争议的标的物、被申请人是否存在损失、是否为了保证判决的执行等因素予以考虑，不宜简单地以判决支持的请求额与保全财产数额的差异判断申请人是否有错误。

最高人民法院认为：

（一）关于柴国生在“43 号案”中申请保全是否存在错误的问题

《民事诉讼法》第一百条[①]第一款规定：“人民法院对于可能因当事人一方的行为或者其他原因，使判决难以执行或者造成当事人其他损害的案件，根据对方当事人的申请，可以裁定对其财产进行保全、责令其作出一定行为或者禁止其作出一定行为；当事人没有提出申请的，人民法院在必要时也可以裁定采取保全措施。”第一百零五条[②]规定：“申请有错误的，申请人应当赔偿被申请人因保全所遭受的损失。”根据这些规定，申请保全是当事人的诉讼权利，但如果权利行使不当，造成他人财产损失的，应当予以赔偿。在“43 号案”中，柴国生提起诉讼的原因是其认为讼争股票依据双方签订的协议在李正辉服务不满五年的情况下应全部返还，为保证将来判决得以执行，对所涉股票申请了保全，其行为本身不具备违法性。虽然生效判决未支持柴国生的全部诉讼请求，但就案件的证据而言，不足以认定柴国生具有通过保全来损害李正辉财产的故意或明显过失。同时，财产保全制度的设立目的是保护当事人的合法权益和保证将来人民法院生效的裁判文书得以执行。人民法院采取保全措施，必然会使得被保全的当事人不能自由地对被保全的财产进行事实上或法律上的处分。因此，仅以法院生效判决支持的诉讼请求额少于保全财产数额来判断柴国生保全错误，与民事诉讼法规定的保全制度不符。

（二）关于柴国生的保全行为是否给李正辉造成了股票损失的问题

根据《民事诉讼法》第一百条和第一百零五条的规定，只有在申请人的保全申请有错误时，才应赔偿被申请人因此所遭受的损失。股票的价格是波动的，从双方提供的雪莱特公司股票的价格变动情况来看，虽然在查封之日即 2007 年 9 月 28 日雪莱特公司股票的价格为 17.2 元 / 股，但根据《公司法》第一百四十二条第一款“发起人持有的本公司股份，自公司成立之日起一年内不得转让。公司公开发行股份前已发行的股份，自公司股票在证券交

① 现为《民事诉讼法》（2021 年修正）第一百零三条。

② 现为《民事诉讼法》（2021 年修正）第一百零八条。

易所上市之日起一年内不得转让”的规定，雪莱特公司的股票首次公开发行的时间是 2006 年 10 月 25 日，也就是说最早要到 2007 年 10 月 25 日，李正辉名下的股份才能上市交易，即使柴国生没有申请法院采取保全措施，李正辉也不可能在 2007 年 10 月 16 日将其名下的股票变现。2007 年 8 月 28 日李正辉从雪莱特公司离职，根据《公司法》第一百四十二条第二款“公司董事、监事、高级管理人员离职半年内，不得转让其所持有的本公司股份”的规定，在 2008 年 2 月 27 日前，李正辉作为该公司的高管人员不能转让其所持有的公司股份。从 2008 年 2 月 28 日至 2010 年 2 月 22 日的股票价格变动情况来看，2008 年 2 月 27 日至 2010 年 2 月 22 日期间雪莱特公司的股票日平均收盘价为 8.41 元 / 股。其中 2008 年 11 月 4 日股票收盘价仅为 3.75 元 / 股，到深圳市中级人民法院解封之日的 2010 年 2 月 22 日，当日股票收盘价已涨为 9.46 元 / 股。如果按 2008 年 11 月 4 日的 3.75 元 / 股的股价计算，扣除应退还给柴国生的 348259 股股票及股票变现后应缴纳的个人所得税，剩余股票价值与柴国生申请保全的股票价值基本相当。李正辉以雪莱特公司股票价格的最高点来计算其损失并请求由柴国生赔偿没有依据，依法不应支持。由于股市的特殊性，其风险无法预见，以股票价格的波动来认定柴国生申请保全的行为侵害了李正辉的合法权益没有合理性。另外，在查封期间，李正辉未向法院或柴国生提出过要对被保全的股票进行交易、变卖，也未依法申请置换查封物。

李正辉持有股票在禁售期届满后，在被查封期间，如果认为其存在损失，则存在如何计算损失的问题。从双方当事人提供的材料分析，从 2008 年 2 月 28 日起至 2010 年 2 月 22 日期间，雪莱特公司股票收盘价，最高为 15.33 元 / 股，最低为 3.75 元 / 股，日平均收盘价为 8.41 元 / 股，低于解封日的价格。如果认为李正辉持有的股票在查封期间存在损失，难以确定计算其损失的股票基价。对比 2008 年 2 月 28 日至 2010 年 2 月 22 日期间的平均价与 2010 年 2 月 22 日的股价，李正辉不存在损失。李正辉后出售其股票共获利 84357958.45 元。

（二）关于税收损失应由谁承担的问题

李正辉在再审申请中还提出，判决生效后柴国生没有及时向人民法院申请解封标的物，导致其增加了个人所得税的支出，应由柴国生赔偿。2009 年 12 月 31 日财政部、国家税务总局、证监会发布《关于个人转让上市公司限售股所得征收个人所得税有关问题的通知》规定自 2010 年 1 月 1 日起，对个人转让限售股取得的所得，征收个人所得税。2009 年 9 月 4 日李正辉签收“43 号案”的二审判决，其应当按照判决所确定的内容自觉履行义务，但其没有主动履行，应当承担由此产生的不利的法律后果。税收是国家征收的，与申请保全行为没有必然联系。李正辉再审申请中提出由柴国生赔偿其多支付的个人所得税损失没有依据，本案二审判决未予以支持是正确的。

（四）关于本案与“572 号案”的关系问题

“572 号案”虽然与本案皆是因申请财产保全引起的纠纷，但两案有重大差别：一是被保全人是否存在损失。“572 号案”中，当事人申请保全的标的物是电子产品等，不宜采取保全措施，本案柴国生申请查封的财产主要是雪莱特公司的股票。依现行市场行情，电子产品的价格呈下降趋势；股票价格呈波动趋势，有涨有跌。“572 号案”的被保全人确有损失，而本案被保全人并无损失。二是被保全的当事人过错情形不同。“572 号案”的保全申请人乐金飞利浦曙光电子有限公司和被保全人东莞牡丹电视机厂对被保全财产的损失的产生均有过错，而本案中难以认定柴国生申请保全存在过错。“572 号案”驳回双方当事人的再审申请出于平衡双方利益及该案的实际情况考虑，并未确定判断保全错误的标准。实际上，对本案有参考意义的案例是最高人民法院（2011）民申字第 271 号案，该案明确了对权属有争议的标的物申请保全不构成保全错误的意见。

——《最高人民法院公报》2014 年第 3 期（总第 209 期）。

最高人民法院审判业务意见（民事审判第一庭意见）

最高人民法院民一庭意见：因财产保全引起的损害赔偿案件，应当适用侵权责任法规定的过错责任归责原则。在申请人对出现财产保全错误存在故意或重大过失的情况下，应当认为申请人的申请有错误。

附：案情简介

2010 年 2 月，甲公司以乙和丙公司为共同被告，向某人民法院提起诉讼，在该案中，甲公司要求乙偿还借款 3500 万元，丙公司作为借款的实际使用人，承担连带清偿责任。在诉讼过程中，2010 年 4 月，甲公司对丙公司名下的房产申请了财产保全，该院于 2010 年 5 月作出民事裁定，将丙公司名下 17 套房屋予以查封。2010 年 9 月，该人民法院作出一审判决，认定甲公司与乙之间的借款合同合法有效，丙公司虽然使用了该合同项下的借款，但丙公司取得该款项的使用权并不是依据借款合同，而是基于乙向丙公司投资的另一法律关系，故丙公司不应承担还款责任，判决乙向甲公司偿还借款 3500 万元，驳回了甲公司对丙公司的诉讼请求。该判决生效后，该院裁定解除了对丙公司 17 套房产的查封，实际查封日期为 140 天。

丙公司遂以甲公司申请财产保全错误为由提起诉讼，要求甲公司赔偿因查封房产造成的占用资金损失及房价下跌损失等 200 余万元。

——最高人民法院民事审判第一庭：《因财产保全引起的损害赔偿案件，应当如何认定申请人申请财产保全错误》，载最高人民法院民事审判第一庭编:《民事审判指导与参考》2013 年第 2 辑(总第 54 辑),人民法院出版社 2013 年版,第 125~128 页。

附录:本案解析

《民事诉讼法》规定,保全申请有错误的,申请人应当赔偿被申请人因保全所遭受的损失。依此规定,被申请人未因保全遭受损失的,申请人当然不承担赔偿责任。但是,如何判断申请是否有错误及被申请人是否遭受了损失是司法实践中面临的难题。民事诉讼法和司法解释未对如何判断申请是否有错误及被申请人是否遭受损失作出具体规定或者解释,因而不同的案件中,所遵循的规则或者标准往往并不完全相同。申请错误是申请人承担赔偿责任的前提,被申请人遭受损失是申请人承担赔偿责任的基础。通常而言,应通过分析申请人申请保全时提供的证据和请求保全的数额、动机与目的等因素综合判断。申请保全时,权属存在争议的财产不应计入保全错误的范围;被申请人的损失既要比较采取保全措施时与解除保全时的财产状况,还要考虑当事人对损失的发生是否存在过错。在李正辉诉柴国生财产损害赔偿纠纷案中,申请保全的财产数额虽然较大,但不应认定申请人的申请存在错误,因为其申请保全数额具有合理性,而且被申请人客观上未因保全而遭受损失。

——汪治平:《财产保全被申请人没有损失的,申请人不承担赔偿责任——李正辉与柴国生财产损害赔偿纠纷申请再审案》,载景汉朝主编、最高人民法院立案一庭、二庭编:《立案工作指导》2013 年第 4 期(总第 39 辑),人民法院出版社 2014 年版,第 68 页。

381. 对工业企业结构调整专项奖补资金不宜采取财产保全措施和执行措施

关键词

财产保全措施　执行措施

最高人民法院司法政策精神

根据《国务院关于钢铁行业化解过剩产能实现脱困发展的意见》(国发〔2016〕6 号)、《国务院关于煤炭行业化解过剩产能实现脱困发展的意见》(国发〔2016〕7 号)、《财政部工业企业结构调整专项奖补资金管理办法》(财建〔2016〕253 号)的规定,工业企业结构调整专项奖补资金系中央财政为支持地方政府和中央企业推动钢铁、煤炭等行业化解过剩产能而设立的专项资金。该资金专项用于相关国有企业职工以及符合条件的非国有企业职工的分流安置工作，目的在于去除钢铁、煤炭等行业的过剩产能，推进供给侧结构性改革。因此，除为实现企业职工权利，审理、执行因企业职工分流安置工作形成的纠纷外，人民法院在审理、执行涉及有关国有和非国有钢铁、煤炭企业的其他纠纷时，不宜对工业企业结构调整专项奖补资金采取保全和执行措施。

各高级人民法院收到本通知后，要立即组织辖区人民法院对正在审理、执行中的案件进行自查，发现相关工业企业结构调整专项资金已被冻结，或者已经划拨但未发放的，除为实现企业职工权利，审理、执行因企业职工分流安置工作形成的纠纷外，应立即解除冻结措施，退还相关款项。

各级人民法院应结合账户性质、资金来源、发放程序、审批手续等因素准确判断资金性质，同时保证各方当事人的权利，既要避免因普通经济纠纷冻结、扣划工业企业结构调整专项奖补资金，也要防止债务人恶意借奖补资金之名逃避债务。

——《最高人民法院关于对工业企业结构调整专项奖补资金不宜采取财产保全措施和执行措施的通知》（2017 年 7 月 19 日，法〔2017〕220 号）。

382. 运用“账户解冻置换 + 已控资金归集”的方式“生道保全”

关键词

财产保全　账户解冻置换 + 已控资金归集

最高人民法院公布的典型案例

陈某某与某公司财产保全案

执行要旨：保全案件应合理平衡财产当事人双方的合法权益，厦门中院坚持能动司法理念，探索采取对被冻结基本账户和影响企业生产经营关键账户的解冻、置换、归集，为企业资金账户松绑，避免企业因财产保全而陷入生产经营困境。

基本案情

申请保全人：陈某某

被保全人：某公司

保全法院：福建省厦门市中级人民法院

某公司是一家专门生产母婴产品的港商投资企业，2018 年被福建省政府有关部门认定为高新技术企业。2021 年 8 月，该公司与陈某某发生经济纠纷，陈某某向厦门中院申请诉前财产保全该公司 3000 万元财产。保全中，厦门中院依申请冻结了该公司基本账户等多个普通账户，企业经营陷入了难以为继的困境。该企业随即向厦门中院提出解冻账户的请求。厦门中院财产保全中心收到请求后，认真审查企业被冻结账户的性质、流水情况、交易对象，核实上述账户确为基本账户和发放员工工资、长期合同交易的重要账户，在企业承诺账户后续仅用于生产经营所需的最低限度，同时充分考虑案情并告知申请人后，决定对基本账户解除冻结，同时对重点普通账户解冻后置换，即责令该公司在解冻后 12 小时内将已冻结的款项统一归集到其他被冻结的账户。上述账户的解冻与置换，解除了该公司因财产保全引发的经营危机。在该案原告陈某某的诉讼请求被厦门中院驳回后，该公司送来感谢信深情表达对执行法院能动司法的感激："贵院秉持人性化司法的理念，帮我司解除了基本账户的查封冻结，置换一般账户，使我司不致因诉讼陷入无法经营的险境。通过这个财产保全案件，我司深切感受到厦门高水平的司法营商环境，将考虑加大在厦投资。"

典型意义

在财产保全的实践中，困扰保全法官的普遍性问题就是应否及如何置换保全财产，而一旦涉及银行账户解冻则更加棘手，因为现金是最便于执行的责任财产。本案中保全法院充分考虑该民营企业生存的困境，坚持能动司法理念，主动担当作为，通过基本账户解冻和关键普通账户置换归集的方式，既努力实现保全目的，又维护被保全企业生存权益，为财产保全案件中处理银行账户解冻置换探索出一条"生道保全"之路，为民营经济的发展营造优质的法治化营商环境，实现政治效果、社会效果、法律效果的有机统一。

——《最高人民法院发布能动执行典型案例》，载《人民法院报》2023 年 5 月 20 日。

383. 可以以保险保函作为反担保申请解除财产保全措施

关键词

保险保函　反担保　财产保全

最高人民法院公布的典型案例

以保险保函作为反担保解除财产保全措施案

裁判要旨：保险保函载明的担保数额与申请财产保全的数额一致，在条件成就时可以保证受益人获得补偿，避免将来生效判决出

现不能执行的风险，且有利于当事人的日常生产经营，法院可以解除财产保全措施。

基本案情

天津华亿凡网络科技有限公司（以下简称华亿凡公司）因与南京苏宁电子商务有限公司（以下简称苏宁公司）、苏宁易购集团股份有限公司（以下简称苏宁易购集团）不当得利纠纷，起诉至江苏省江宁经济技术开发区人民法院，要求苏宁公司、苏宁易购集团返还其货款 2060 万元。诉讼中，华亿凡公司向法院提出财产保全申请，要求冻结苏宁公司、苏宁易购集团名下银行存款 2060 万元，该院裁定冻结苏宁易购集团名下华夏银行营业部账户内银行存款 2060 万元。苏宁易购集团向法院书面申请变更保全标的物，经审查，该院裁定变更冻结苏宁易购集团名下华夏银行南京分行营业部账户内银行存款 2060 万元。后苏宁公司、苏宁易购集团申请法院解除对苏宁易购集团名下银行存款的保全措施，并提供紫金财产保险公司出具的保险保函作为反担保。该保险保函载明：紫金财产保险公司自愿为苏宁公司、苏宁易购集团的解除保全申请提供担保，担保金额为 2060 万元，如苏宁公司、苏宁易购集团解除保全申请致使华亿凡公司遭受损失，紫金财产保险公司保证向华亿凡公司在赔偿限额内进行赔偿。

裁判结果

江苏省江宁经济技术开发区人民法院认为，对于财产纠纷案件，被保全人或第三人提供充分有效担保请求解除保全的，人民法院应当裁定准许。紫金财产保险公司出具的保险保函载明的担保数额与华亿凡公司申请财产保全的数额一致，在条件成就时可以保证受益人获得补偿，避免将来生效判决出现不能执行的风险，且有利于苏宁公司、苏宁易购集团的日常生产经营。既保障了华亿凡公司的合法利益，又充分释放了苏宁公司、苏宁易购集团的资金流动性，故对苏宁公司、苏宁易购集团提出的解除对其银行账户存款冻结的申请，依法应予准许。2020 年 11 月 5 日，该院裁定解除对苏宁易购集团名下华夏银行南京分行营业部账户内银行存款 2060 万元的冻结。

典型意义

本案中，人民法院在保障原告合法利益的前提下，依法审查并认定被告提供的保险保函属于充分、有效的担保形式，能够避免出现生效判决不能执行的风险。在此情形下，法院采取灵活解封的方式，降低保全期间涉诉企业账户冻结、资金占用等风险，减小对企业日常生产经营的影响。

——《人民法院服务和保障长三角一体化发展典型案例》，载最高人民法院官网 https：//www.court.gov.cn。

384. 物业服务交接纠纷中，业主或业主委员会能否申请人民法院先予执行

关键词

物业服务交接纠纷 先予执行

附录：最高人民法院主流观点

有观点认为，因为若业主大会通过有关程序解除了与原物业企业的合同，或合同期届满，原企业拒绝撤出或拒不移交有关资料的，可认定为构成对小区物业管理的妨碍。原物业企业拒绝撤出或拒不移交有关资料，新物业企业不能进行有效物业管理，会造成保安、保洁、设备维护、车库管理等的混乱，甚至瘫痪，影响整个居民小区的工作、生活，影响整个社区的安宁，这种妨碍应属“需要立即排除的妨碍”。因此，符合《民事诉讼法》关于“情况紧急”的规定。[①] 对此，笔者认为，物业交接纠纷的产生很大程度上在于原物业服务人对于合同解除或合同终止的质疑。如原物业服务人提出了双方物业服务合同未依法解除的抗辩或提起了反诉要求继续履行合同，那么人民法院在审理案件过程中需要对双方合同是否已经解除进行审理，在此情况下如人民法院依原告的申请先予执行，则相当于变相确认了物业服务合同已经解除，不利于双方纠纷的解决，还会酿成更大的纠纷。如果原物业服务人对于合同解除并无异议，只是出于其他方面的考虑不愿配合交接也不继续提供服务，造成物业管理秩序混乱，影响业主基本的正常的生活，则人民法院可以根据案件的具体情况审查是否准许原告先予执行的申请。

——最高人民法院民法典贯彻实施工作领导小组主编：《中华人民共和国民法典合同编理解与适用》，人民法院出版社2020年版，第2646~2647页。

385. 人民法院对保管物采取保全措施或执行措施时保管费用的支付

关键词

财产保全 保管物

① 王洪宇：《物管交接纠纷法理评析与实务分析》，载《现代物业》2008年第3期。

附录：最高人民法院主流观点

关于人民法院对保管物采取保全措施或执行措施时，保管费用的问题，2019 年最高人民法院发布第 23 批第 121 号指导性案例。该指导性案例的裁判要点指出：财产保全执行案件的保全标的物系非金钱动产且被他人保管，该保管人依人民法院通知应当协助执行。当保管合同或者租赁合同到期后未续签，且被保全人不支付保管、租赁费用的，协助执行人无继续无偿保管的义务。保全标的物价值足以支付保管费用的，人民法院可以维持查封直至案件作出生效法律文书，执行保全标的物所得价款应当优先支付保管人的保管费用；保全标的物价值不足以支付保管费用，申请保全人支付保管费用的，可以继续采取查封措施，不支付保管费用的，可以处置保全标的物并继续保全变价款。人民法院在审理案件过程中应注意参照执行。

——最高人民法院民法典贯彻实施工作领导小组主编：《中华人民共和国民法典合同编理解与适用》，人民法院出版社 2020 年版，第 2370 页。

386. 当事人申请财产保全是否因其诉讼请求未得到法院全部支持而构成申请错误

关键词

财产保全　财产损害　申请财产保全错误

最高人民法院裁判文书

西藏互达实业有限公司与西藏九鼎建设有限公司因申请诉前财产保全损害责任纠纷案［最高人民法院（2020）最高法民申 1553 号民事裁定书］

裁判要旨：对于财产保全申请错误的判断，应从有利于财产保全制度功能发挥的角度，秉持主客观相一致的原则进行分析。通常情况下，民事诉讼中，主张权利一方总是会根据自己的有限认知，提出最有利于自己的诉讼主张。但法院是以当事人提供证据所证明的事实为基础，适用相关法律规定对实体权利义务进行判定。因此，民事判决结果并不依当事人主观意志而定，往往偏离当事人的预期，这也正是民事诉讼的风险所在。在财产保全申请人所提诉讼请求未获全部支持情况下，需透过其诉讼行为考量申请人是否具有主观上可归责的故意或者重大过失。

最高人民法院认为，关于九鼎公司申请诉前财产保全是否因其诉讼请求未得到全部支持而构成申请错误的问题。《民事诉讼法》第一百零五条[①]规定："申请有错误的，申请人应当赔偿被申请人因保全所遭受的损失。"对于申请错误的判断，应当从有利于财产保全制度功能发挥的角度，秉持主客观相一致的原则进行分析。通常情况下，在民事诉讼中，主张权利一方总是会根据自己的有限认知，提出最有利于自己的诉讼主张。但人民法院是以当事人提供证据所证明的案件事实为基础，适用相关法律规定对实体权利义务进行判定。因此，民事判决结果并不依当事人主观意志而定，往往偏离当事人的预期，这也正是民事诉讼的风险所在。在财产保全申请人所提诉讼请求未获全部支持情况下，需透过其诉讼行为考量申请人是否具有主观上可归责的故意或者重大过失。本案中，互达公司并未否认其与九鼎公司之间存在建设工程施工合同关系。九鼎公司作为承包人就其所建工程通过诉讼方式向互达公司主张工程款等相关合同权利是其依法享有的诉讼权利。九鼎公司提起诉讼的目的在于实现其合同权利，并不存在通过诉讼损害互达公司权益的主观恶意。在案涉建设工程施工合同纠纷案中，九鼎公司根据双方合同约定，起诉要求互达公司支付工程款、履约保证金等共计 7500 余万元，其诉请获生效判决支持 4000 余万元。从该案判决看，九鼎公司与互达公司对直接影响工程款数额的实际施工面积存有争议，该问题系在诉讼中经司法鉴定才得以解决。而工程结算逾期付款违约金、退还履约保证金资金占用利息、未颁发工程接收证书违约金及贷款损失，系九鼎公司基于双方建设工程施工合同约定，认为应由互达公司向其支付而提出诉讼主张，属双方建设工程施工合同权利义务范围。九鼎公司与互达公司正是基于对建设工程施工合同约定的权利义务产生争议才引发该案诉讼，当事人的诉讼主张能否成立需经人民法院审理后方能确定。九鼎公司在起诉前不可能准确预见其诉请金额能在多大程度上获得人民法院支持，其申请保全与欲诉请金额相当的财产不具有主观上的可责性，不能因九鼎公司的诉讼请求未得到全部支持而认定其申请错误。

关于互达公司所提供关于损失的证据能否证明其因九鼎公司申请财产保全遭受损失的问题。互达公司主张九鼎公司申请财产保全致使其存款不能使用、房屋不能出售，以致向案外人借款产生了 2000 余万元的利息损失，并提供了借款合同、利息支付凭证等证据。但互达公司主张的损失金额 1071.89881 万元，系用保全财产金额 7000 万元减去建设工程施工合同纠纷案中九鼎公司得到支持的金 4022.503307 万元，再按年利率 36% 计算得出，该金额并不来源于互达公司作为损失证据提供的与案外人签订的借款合同、利息支付凭证等证明的事实。因此，前述证据并非证明互达公司所主张损失

① 现为《民事诉讼法》(2021 年修正）第一百零八条。

的直接证据。但从查清案件事实，充分保障当事人权益的角度，仍可将其作为间接证据进行考量，以全面评判互达公司的该项主张能否予以支持。因此，原审认定互达公司提供的关于损失的证据与其主张的损失无关，确实有失偏颇，本院予以指出。但是，即便认定互达公司提供的损失证据与所主张损失具有关联，其所主张损失也不能得到支持。一方面，拉萨市中级人民法院根据九鼎公司的申请，保全了互达公司银行账户资金和“好城 桑旦林”项目未出售房产两类财产。经互达公司申请复议，拉萨市中级人民法院在确保能够实现保全目的情况下，先后三次变更保全标的，选择对互达公司房屋销售活动影响较小的财产进行保全。冻结的银行账户由最初的 7 个，到最后减为 1 个。房产最初查封的是“好城 桑旦林”项目一、二期未出售的 12971.93 平方米，期间解除了一期 250 套房屋、7 套商业门面和 660 个车位及二期 9 套别墅的查封，到最后仅查封一期未出售价值约 3500 万的 66 套房屋和二期价值约 400 万元的 2 套别墅。从案涉财产保全过程看，在案涉财产被保全期间，互达公司仍有房屋可供销售，其银行账户也并未完全被冻结。因此，案涉财产被保全并不必然导致互达公司所主张借款行为的发生，不能认定九鼎公司申请财产保全给互达公司造成借款利息损失。另一方面，案涉银行账户资金及房产被保全的法律效果在于限制互达公司对该财产进行处分，九鼎公司并不直接占有被保全财产，互达公司要求九鼎公司以被保全财产金额与九鼎公司获支持的诉请金额之间的差额为基数，按年利息 36% 计赔损失，没有法律依据。

——中国裁判文书网。

387. 禁令制度与先予执行制度的区别

关键词

先予执行

附录：最高人民法院主流观点

禁令制度与先予执行制度先予执行，是指法院在诉讼作出判决之前，申请人可以请求法院裁定债务人给付一定数额的金钱或其他财物，或者实施、停止某种行为。[①] 先予执行虽然也是临时性措施，同样适用于情况紧急的情形，但两者存在一定的区别：

1. 适用范围不同。禁令适用于所有民商事案件，包括侵权案件，而先予

① 参见江伟、肖建国：《民事诉讼法》，中国人民大学出版社 2008 年版，第 244 页。

执行仅适用于双方具有持续性关系，或者有在先合同关系的案件中，在侵权纠纷中无法适用先予执行制度。

2. 适用条件不同。先予执行的适用要求在双方当事人之间的权利义务关系明确、债务人有履行能力、不先予执行将会给债权人的生产生活成严重损失的情形下，而禁令制度则是为了制止紧迫的“不法”侵害行为。

3. 制度功能不同。先予执行是为了使权利人的权利在判决之前全部或部分地得到实现和满足，而禁令则是为了制止行为人的不法侵害行为。

4. 制度目的不同。禁令制度作为行为保全制度的一种，其侧重于保全，对案件的实质不产生影响，而先予执行虽然不是对案件实质的最终解决，但其往往预示着庭审的可能结局。①

——最高人民法院民法典贯彻实施工作领导小组主编：《中华人民共和国民法典人格权编理解与适用》，人民法院出版社 2020 年版，第 98 页。

388. 财产保全过程中案外人异议及执行异议之诉的处理

关键词

财产保全　案外人异议　执行异议

最高人民法院裁判文书

中国华融资产管理股份有限公司吉林省分公司与王桂杰及吉林市金晟房地产开发有限公司、吉林市天然城市房地产开发有限公司等申请执行人执行异议之诉案［最高人民法院（2021）最高法民终 912 号民事裁定书］

裁判要旨：在申请保全诉讼案件中，案外人及申请保全人都可以根据《民事诉讼法》第二百二十七条②规定提起执行异议之诉。因为执行异议之诉需要解决案外人的权利是否足以排除执行问题，包括在申请保全人不享有抵押权或者享有抵押权情形下案外人的排除执行主张应否得到支持问题。这一问题在申请保全诉讼案件中并非诉讼标的，无法在申请保全诉讼案件中得到完全解决。如果执行异议之诉的审理需要以另一案即申请保全诉讼案件对抵押权问题的审理结果为依据，而另一案尚未审结的，则可以依法中止审理。

① 参见江伟、肖建国：《民事诉讼中的行为保全初探》，载《政法论坛》1994 年第 3 期。

② 现为《民事诉讼法》（2021 年修正）第二百三十四条。

最高人民法院经审查认为：本案应重点审查人民法院是否应当依法受理当事人提起的执行异议之诉。

《民事诉讼法》第二百二十七条规定："执行过程中，案外人对执行标的提出书面异议的，人民法院应当自收到书面异议之日起十五日内审查，理由成立的，裁定中止对该标的的执行；理由不成立的，裁定驳回。案外人、当事人对裁定不服，认为原判决、裁定错误的，依照审判监督程序办理；与原判决、裁定无关的，可以自裁定送达之日起十五日内向人民法院提起诉讼。"《最高人民法院关于人民法院办理财产保全案件若干问题的规定》第二十七条规定："人民法院对诉讼争议标的以外的财产进行保全，案外人对保全裁定或者保全裁定实施过程中的执行行为不服，基于实体权利对被保全财产提出书面异议的，人民法院应当依照民事诉讼法第二百二十七条规定审查处理并作出裁定。案外人、申请保全人对该裁定不服的，可以自裁定送达之日起十五日内向人民法院提起执行异议之诉。人民法院裁定案外人异议成立后，申请保全人在法律规定的期间内未提起执行异议之诉的，人民法院应当自起诉期限届满之日起七日内对该被保全财产解除保全。"《最高人民法院关于人民法院办理财产保全案件若干问题的规定》第二十七条规定以"诉讼争议标的以外的财产"作为提起案外人异议及执行异议之诉条件，主要意图在于与案外人以第三人身份根据《民事诉讼法》第五十六条[①]规定参与诉讼的情形相区分。如果案外人对申请保全诉讼案件当事人双方争议的诉讼标的主张独立请求权，或者主张案件处理结果同他有法律上的利害关系，则案外人可以通过提起诉讼、申请参加诉讼，或者由人民法院通知参加诉讼等方式参与到申请保全诉讼案件的诉讼程序中，以方便解决权利争议。但如果案外人为排除保全执行，主张其权利优先于申请保全人，并不以否定申请保全人或者被保全人在申请保全诉讼案件中的权利主张为唯一理由，则可以通过执行异议之诉解决争议，在确定权利顺位后确定是否应当准予保全。当然，前述区分并不妨碍案外人分别提出不同的权利主张及事实理由，从而既可以基于第三人身份参与到申请保全诉讼案件的诉讼程序中，又可以通过《民事诉讼法》第二百二十七条规定程序请求排除保全执行。

在申请保全诉讼案件中，如果申请保全人主张对被保全财产享有抵押权，而其是否享有抵押权对认定案外人权利是否足以排除保全执行具有重要影响的，即使案外人主张申请保全人不享有抵押权并要求以第三人身份参与申请保全诉讼案件，亦不影响案外人及申请保全人同时根据《民事诉讼法》第二百二十七条规定提起执行异议之诉。因为执行异议之诉需要解决案外人的权利是否足以排除执行问题，包括在申请保全人不享有抵押权或者享有抵押权

① 现为《民事诉讼法》（2021 年修正）第五十九条。

情形下案外人的排除执行主张应否得到支持问题。这一问题在申请保全诉讼案件中并非诉讼标的，无法在申请保全诉讼案件中得到完全解决。如果执行异议之诉的审理需要以另一案即申请保全诉讼案件对抵押权问题的审理结果为依据，而另一案尚未审结的，则可以依法中止审理。

本案华融公司申请保全所依据的是其在（2018）吉民初65号案件中提出的判令金晟公司给付借款本息，并对包括本案案涉房产在内的抵押房产可以行使抵押权的诉讼请求。（2018）吉民初65号案件主要解决华融公司的债权数额、是否对案涉房产有抵押权及抵押范围等问题。本案中，案外人请求排除华融公司对案涉房产的保全，其主要理由是案外人在吉林高院查封案涉房产前与金晟公司签订了房产买卖合同，交纳了购房款，且办理了入住手续，合法占有使用案涉房产，符合《最高人民法院关于人民法院办理执行异议和复议案件若干问题的规定》第二十八条等规定。因此，本案所应审理的主要问题是案外人权利是否应优先于华融公司获得保护并应否准予保全等问题，与（2018）吉民初65号案件所审理的问题并不完全相同，不能以（2018）吉民初65号案件的审理排除执行异议之诉案件的受理。如果本案必须以另一案即华融公司申请保全诉讼案件的审理结果为依据，而另一案尚未审结的，本案亦可以依法中止审理。

——中国裁判文书网。

389. 人民法院裁定变更已保全的财产是否应以征得保全申请人同意为前提

关键词

财产保全　变更财产　征得同意

最高人民法院裁判文书

营口洲盛置业有限公司与浙江诸安建设集团有限公司因申请诉中财产保全损害责任纠纷案［最高人民法院（2021）最高法民终848号民事裁定书］

裁判要旨：《民诉法解释》第167条规定："财产保全的被保全人提供其他等值担保财产且有利于执行的，人民法院可以裁定变更保全标的物为被保全人提供的担保财产。"根据该规定精神，人民法院裁定变更保全财产的条件是被保全人提供其他等值且有利于执行的财产，并不以保全申请人同意为前提。错误保全的损害赔偿责任性质是以过错责任为归责原则的一般侵权责任，认定申请人承担该

项损害赔偿责任，要具备申请保全错误、被申请人遭受损害、错误保全行为与损害后果之间有因果关系、申请人在保全问题上存在主观过错等构成要件，且上述要件需要同时具备，因错误保全导致的损害赔偿主张才能予以支持。

最高人民法院认为，根据当事人的上诉意见及答辩意见，本案二审的争议焦点是：诸安公司对案涉财产申请保全是否存在错误，其主观方面是否有过错。

《民事诉讼法》第一百条第一款[①]规定："人民法院对于可能因当事人一方的行为或者其他原因，使判决难以执行或者造成当事人其他损害的案件，根据对方当事人的申请，可以裁定对其财产进行保全、责令其作出一定行为或者禁止其作出一定行为；当事人没有提出申请的，人民法院在必要时也可以裁定采取保全措施。"第一百零五条[②]规定："申请有错误的，申请人应当赔偿被申请人因保全所遭受的损失。"根据上述规定，申请保全是当事人享有的诉讼权利，人民法院裁定对一方当事人的财产采取查封、扣押、冻结等保全措施，是为了防止该当事人转移、处分相关财产，保障将来生效判决得以顺利执行。但因保全这一强制措施限制了被保全人的相应财产权利，为防止申请人权利滥用，平等保护被申请人的合法权益，保全申请人应谨慎、适当地行使诉讼权利；因申请错误而给他人造成损失的，申请人要承担法律责任。《侵权责任法》第六条第一款[③]规定："行为人因过错侵害他人民事权益，应当承担侵权责任。"根据上述规定，错误保全的损害赔偿责任性质是以过错责任为归责原则的一般侵权责任，认定申请人承担该项损害赔偿责任，要具备申请保全错误、被申请人遭受损害、错误保全行为与损害后果之间有因果关系、申请人在保全问题上存在主观过错等构成要件，且上述要件需要同时具备，因错误保全导致的损害赔偿主张才能予以支持。本案中，判断洲盛公司要求诸安公司承担损害赔偿责任的主张应否支持，重点要看诸安公司在申请保全过程中是否存在错误、过错。

诸安公司与洲盛公司建设工程施工合同纠纷一案，本院（2019）最高法民终 1546 号民事判决部分支持了诸安公司的诉讼请求，确认洲盛公司存在欠款事实并承担给付责任，诸安公司申请保全财产具有一定实体权利基础。

关于诸安公司对确定申请保全数额是否存在过错。虽然诸安公司申请保全财产时请求保全的金额高于最终被判决支持的债权数额，但其主观方面并

---

① 现为《民事诉讼法》（2021 年修正）第一百零三条第一款。

② 现为《民事诉讼法》（2021 年修正）第一百零八条。

③ 对应《民法典》第一千一百六十五条第一款。

无过错。从原审查明事实看，双方当事人对工程款结算依据及计算方法存在争议，对《建设工程协议书》第六条和《补充协议》第四条的理解及确定结算价款的方式，认识不一致，且都有一定的依据。由于上述问题争议较大，具有一定的复杂性，经一审、二审发回重审及再次二审审理后，才最终确定裁判结果。可见，诸安公司申请保全金额虽然高于最终被判决支持的债权数额，但其在申请保全时尽到了合理注意义务。

关于诸安公司对超标的额查封是否存在过错。《最高人民法院关于人民法院民事执行中查封、扣押、冻结财产的规定》第二十一条[①]第一款规定："查封、扣押、冻结被执行人的财产，以其价额足以清偿法律文书确定的债权额及执行费用为限，不得明显超标的额查封、扣押、冻结。"第二十一条第二款规定："发现超标的额查封、扣押、冻结的，人民法院应当根据被执行人的申请或者依职权，及时解除对超标的额部分财产的查封、扣押、冻结，但该财产为不可分物且被执行人无其他可供执行的财产或者其他财产不足以清偿债务的除外。"根据上述规定精神，解除对超标的额部分财产的查封需要满足的条件是存在超标的额查封的情况，人民法院应当根据被执行人的申请或者依职权解除部分财产查封，但并不以保全申请人或者申请执行人同意为前提。从本案情况看，虽然查封的财产价值较大，但客观上并不存在违法超标的额查封的问题。一审法院查封了案涉 405 户商铺及对应土地使用权。案涉 405 户商铺为在建商铺，未办理产权手续。预售价格一般以房屋建成的状态确定，洲盛公司关于应以其已对外预售的同类商铺的销售价格计算案涉 405 户商铺价值的主张，没有事实和法律依据。《最高人民法院关于人民法院民事执行中查封、扣押、冻结财产的规定》第二十三条[②]规定："查封地上建筑物的效力及于该地上建筑物使用范围内的土地使用权，查封土地使用权的效力及于地上建筑物，但土地使用权与地上建筑物的所有权分属被执行人与他人的除外。地上建筑物和土地使用权的登记机关不是同一机关的，应当分别办理查封登记。"根据该规定，本案依法应当同时对房屋及其使用范围内的土地使用权采取查封措施。由于房地一体查封，本案确实存在查封标的额偏大的问题，但由于案涉土地在查封时只有一个土地使用权证，处于不可分状态，所以难以解除部分财产查封。后经各方努力，土地使用权进行了分割，从客观上减轻了对洲盛公司的影响。土地使用权分割后，被查封的土地使用权仍然处于不可分状态，即使此时查封标的物价值仍然大于请求查封金额，也非因诸安公

---

① 现为《最高人民法院关于人民法院民事执行中查封、扣押、冻结财产的规定》（2020 年修正）第十九条。

② 现为《最高人民法院关于人民法院民事执行中查封、扣押、冻结财产的规定》（2020 年修正）第二十一条。

司的过错造成。

关于诸安公司在置换查封财产问题上是否存在过错。洲盛公司主张，诸安公司拒绝洲盛公司持续、多次提出的解封、置换申请，存在过错。根据《最高人民法院关于适用〈中华人民共和国民事诉讼法〉的解释》第一百六十七条规定："财产保全的被保全人提供其他等值担保财产且有利于执行的，人民法院可以裁定变更保全标的物为被保全人提供的担保财产。"根据该规定精神，人民法院裁定变更保全财产的条件是被保全人提供其他等值且有利于执行的财产，并不以保全申请人同意为前提。诉讼过程中，洲盛公司虽数次提出置换被保全财产的申请，但其提供的置换土地没有证据证明不存在其他权利负担且利于执行。诸安公司对案涉405户商铺享有优先受偿权，一旦用上述土地置换，确有可能发生损害诸安公司行使和实现优先权的风险。人民法院未同意以上述地块置换，并无不当。且诸安公司给予了一定的配合，同意以相应金钱或其他有利于执行的等值财产置换被保全物。洲盛公司主张诸安公司不予变更保全措施存在过错，没有事实和法律依据。

从以上分析可见，即使洲盛公司可以证明其损失客观存在，但由于诸安公司在确定申请财产保全数额等方面并无过错，洲盛公司请求赔偿其损失的主张不应得到支持。

——中国裁判文书网。

390. 基于首封而应优先受偿的金额是否以其申请保全的金额为限

关键词

申请保全　优先受偿

最高人民法院裁判文书

陕西秦海鹿业有限责任公司与陕西蔡家坡城市建设有限公司借款合同纠纷执行案［最高人民法院（2022）最高法执监240号执行裁定书］

裁判要旨：为确保各申请查封的债权人公平受偿，即便进入执行程序后其基于首封先受偿的效力也只应及于保全查封确定的金额，否则将损害轮候查封债权人的期待利益和公平受偿权利。因此，首封债权人关于其受偿的范围不应受保全金额限制的主张应不予支持。

最高人民法院认为：本案的争议焦点为秦海鹿业公司基于首封而应优先

受偿的金额是否以其申请保全的金额为限。

根据《民事诉讼法》第一百零五条及《最高人民法院关于人民法院办理财产保全案件若干问题的规定》第一条、第十五条的规定，当事人申请保全应当限于请求的范围，或者与本案有关的财物，对保全金额或范围应当予以明确具体，保全法院在查封、扣押、冻结被保全人的财产时亦应以申请人申请的保全金额或范围保全相应价值的财产。本案中，秦海鹿业公司向宝鸡中院申请对城建公司名下价值3100万元的房产采取保全措施，宝鸡中院根据其申请于2018年9月27日作出保全裁定，明确查封城建公司位于××的房产。由此可见，秦海鹿业公司申请法院保全查封的财产对象包括案涉A 2－ A 8房产，但财产价值范围明确限定在3100万元。经外经贸公司申请保全，宝鸡中院于2018年12月16日轮候查封A 2－ A 8房产。轮候查封的时间在秦海鹿业公司申请执行之前，即在秦海鹿业公司申请的保全查封转为执行查封之前。在保全查封转为执行程序中的查封之前，查封的价值范围系明确限定在保全裁定确定的3100万元。因此，在外经贸公司申请的轮候查封之前，秦海鹿业公司申请的首查封价值限制在3100万元。为确保各申请查封的债权人公平受偿，秦海鹿业公司即便进入执行程序后其基于首封先受偿的效力也只应及于3100万元，否则将损害轮候查封债权人外经贸公司的期待利益和公平受偿权利。因此，秦海鹿业公司关于其受偿的范围不应受保全金额限制的主张应不予支持。

关于（2021）陕执复275号执行裁定认定相关联三案债权人未申请查封固定资产的问题，陕西高院的认定并无不当。关于对秦海鹿业公司一般债务利息和迟延债务利息计算的问题，秦海鹿业公司已经就此另行向宝鸡中院和陕西高院分别提起异议、复议申请，其可以针对复议裁定申请监督。而且宝鸡中院作出该计算的执行通知书已经为本案复议裁定撤销，已无审查的必要。关于陕西高院复议程序中超范围审查的问题，不影响本案的处理。

——中国裁判文书网。

391. 执行异议中被保全财产是否为“对诉讼争议标的以外的财产”的认定

关键词

案外人执行异议之诉　财产保全裁定

最高人民法院裁判文书

杜海滔与冀百站、宏业达公司案外人执行异议之诉纠纷案［最高人民法

院（2021）最高法民终 581 号民事裁定书］

裁判要旨：案外人针对人民法院作出的保全裁定或者保全裁定实施过程中的执行行为不服，基于实体权利对被保全财产提出书面异议，提起案外人执行异议之诉的前提条件为被保全财产为“对诉讼争议标的以外的财产”。冀百站起诉要求宏业达公司向冀百站交付合同约定一定面积的房产，但合同就交付哪些房产（具体的房号）并未做约定。诉讼请求的房产没有专门指向法院保全查封的房产。且冀百站已变更诉讼请求为交付房产的补偿款，其诉讼争议标的亦非房屋。杜海滔基于《房屋买卖协议》等主张排除对案涉房屋的查封行为，属于“对诉讼争议标的以外的财产”提出异议，本案应予受理。

最高人民法院认为，本案争议焦点为杜海滔对财产保全裁定提起执行异议之诉是否符合法律规定的案外人执行异议之诉的起诉条件。

《最高人民法院关于人民法院办理财产保全案件若干问题的规定》第二十七条规定：人民法院对诉讼争议标的以外的财产进行保全，案外人对保全裁定或者保全裁定实施过程中的执行行为不服，基于实体权利对被保全财产提出书面异议的，人民法院应当依照《民事诉讼法》第二百二十七条[①]规定审查处理并作出裁定。案外人、申请保全人对该裁定不服的，可以自裁定送达之日起十五日内向人民法院提起执行异议之诉。依此规定，案外人针对人民法院作出的保全裁定或者保全裁定实施过程中的执行行为不服，基于实体权利对被保全财产提出书面异议，提起案外人执行异议之诉的前提条件为被保全财产为“对诉讼争议标的以外的财产”。故本案的关键问题是一审法院保全查封的案涉房产是否属于冀百站与宏业达公司“诉讼争议标的以外的财产”。经查，冀百站依据其与宏业达公司签订的《联合开发合同书》及《补充协议》，向天津市高级人民法院起诉，要求宏业达公司交付合同约定面积的房产及违约金等，并申请对宏业达公司的财产进行诉讼财产保全。后冀百站变更诉讼请求为要求支付房产的补偿款。冀百站的诉讼请求无论是变更前的交付房产还是变更后的支付房产补偿款，宏业达公司的义务均基于交付合同约定面积的房产。从《联合开发合同书》及《补充协议》内容看，合同只约定了宏业达公司向冀百站交付一定面积的房产，但就交付哪些房产（具体的房号）并未做约定。一审法院作出保全裁定的内容是冻结宏业达公司资金 9500 万元或查封扣押其等值财产。在保全实施过程中，一审法院查封了宏业达公司名下

① 现为《民事诉讼法》（2021 年修正）第二百三十四条。

包含鼎盛大厦 ××× 号房屋在内的 333 套房屋，即把 9500 万元等值财产固化为有房号的特定的 333 套房产，而合同约定交付的房产并没有专门指向法院保全查封的该 333 套房产。且冀百站变更诉讼请求主张的是房产的补偿款，属于金钱债权，其诉讼争议标的亦非房屋。在此情况下，将案涉保全查封的房产视为诉讼争议标的范围内的财产，未经实体审理，尚不足以认定。杜海滔基于签有《房屋买卖协议》、交付了购房款、实际占有案涉房产、对未办理过户手续无过错等主张排除对案涉房屋的查封行为，属于《最高人民法院关于人民法院办理财产保全案件若干问题的规定》第二十七条规定的"对诉讼争议标的以外的财产"提出异议，对其提起的案外人执行异议之诉，人民法院应予受理并进行实体审理。

——中国裁判文书网。

392. 对大额资金采取保全措施的同时，采用"以保促调，滚动解封"的工作机制，加速盘活执行资金

关键词

财产保全　滚动解封

最高人民法院公布的典型案例

北京易车互动广告有限公司等与北京新意互动数字技术有限公司广告合同纠纷案

裁判要旨：对大额资金采取保全措施的同时，采用"以保促调，滚动解封"的工作机制，畅通保全、调解、执行衔接机制，加速盘活执行资金、以细致及时的司法工作助力民营企业发展。

具体举措

北京易车互动广告有限公司（简称易车公司）等因与北京新意互动数字技术有限公司（简称新意公司）合同纠纷案，向法院提出 7871 万元诉前财产保全，要求新意公司支付 42 份广告合同款。新意公司收到保全裁定书及起诉书后提出复议申请，称涉案 42 份合同款项大部分已经支付。北京市海淀区人民法院就诉前财产保全组织听证，充分了解争议焦点和双方实际诉求，虽冻结了新意公司款项 7871 万元，但经过法院充分释明经营及法律风险，双方当事人达成调解意向。在调解款项支付环节，出现了易车公司坚持先付款再解封而新意公司因大额资金被冻结无力筹措应付款项的僵局。海淀区法院根据

新意公司支付情况，以 566 万元为单元、共计 14 次逐笔解封，相应解封款逐笔支付至易车公司账户，前期保全资金顺利转化为和解款。

典型意义

司法实践中，大额资金被冻结对企业生产经营会产生非常明显的影响，特别是资金链脆弱的中小微民营企业，冻结大额资金有可能对被保全企业产生颠覆性的影响，造成原被告双方两败俱伤。本案海淀区法院虽然也对大额资金采取了保全措施，但创新了“以保促调，滚动解封”的工作机制，畅通保全、调解、执行衔接机制，加速盘活执行资金、以细致及时的司法工作助力民营企业发展。其中，“滚动解封”既保障了债权人的权利，又给债务人偿还债务的喘息机会，有效解决了大标的额被执行人无流动资金还款与申请执行人不愿承担先行解封风险的困境。

——《最高人民法院发布 10 起助推 民营经济高质量发展典型案例》，载《人民法院报》2021 年 9 月 4 日。

393. 如何最大限度降低保全、执行措施对中小微企业等市场主体的不利影响

关键词

中小微企业　超标的查封　财产保全

最高人民法院司法政策精神

17. 全面清查超标的查封、乱查封问题。开展专项清查行动，依法及时纠正超标的查封、乱查封问题。各级人民法院应当依托 12368 司法服务热线、执行信访等问题反映渠道，建立解决超标的查封、乱查封问题快速反应机制，对当事人反映的问题及时受理，快速处理；执行人员对超标的查封、乱查封问题存在过错的，依法严肃追责。

18. 依法审慎采取财产保全措施。对中小微企业等市场主体采取保全措施时，人民法院应当依照法律规定的标准和程序严格审查。经初步审查认为当事人的诉讼请求明显不能成立的，对其提出的保全申请，依法予以驳回。当事人明显超出诉讼请求范围申请保全的，对其超出部分的申请，不予支持。在金钱债权案件中，被采取保全措施的中小微企业等市场主体提供担保请求解除保全措施，经审查认为担保充分有效的，应当裁定准许，不得以申请保全人同意为必要条件。加大对错误保全损害赔偿案件的审查力度，严厉惩处恶意申请保全妨碍中小微企业等市场主体正常经营发展的违法行为。

19. 依法灵活采取查封、变价措施。查封中小微企业等市场主体的厂房、

机器设备等生产性资料的，优先采取“活封”措施，在能够保障债权人利益的情况下，应当允许其继续使用或者利用该财产进行融资。需要查封的不动产整体价值明显超出债权额的，应当对该不动产相应价值部分采取查封措施；因不动产未办理分割登记而对其进行整体查封后，应当及时协调相关部门办理分割登记并解除对超标的部分的查封。积极引导当事人通过议价、询价等方式确定财产处置参考价，切实为被执行中小微企业等市场主体节省评估费用。发挥网络司法拍卖溢价率高、成本低的优势，优先适用网络司法拍卖方式处置财产。对不动产等标的额较大或者情况复杂的财产，被执行中小微企业等市场主体认为委托评估确定的参考价过低，申请在一定期限内自行处置的，在能够保障债权人利益的情况下，人民法院可以准许。

20. 依法精准适用失信惩戒和限制消费措施。严格区分失信惩戒与限制消费措施的适用条件，被执行中小微企业等市场主体仅符合限制消费情形但不符合失信情形的，不得将其纳入失信名单。严格区分失信与丧失履行能力，中小微企业等市场主体因经营失利丧失履行能力且不具有法律、司法解释规定的规避、抗拒执行等违法情形的，不得以有履行能力拒不履行义务为由将其纳入失信名单。健全信用修复机制，中小微企业等市场主体的失信信息符合法定屏蔽条件的，应当及时采取屏蔽措施；失信信息被屏蔽后，其因融资、招投标等需要请求提供信用修复证明的，人民法院可以出具相关证明材料。

——《最高人民法院关于充分发挥司法职能作用 助力中小微企业发展的指导意见》（2022 年 1 月 13 日，法发〔2022〕2 号）。

附录：答记者问

问：为助力中小微企业发展，《意见》在第六部分提出要最大限度降低执行措施对它的不利影响。但是，实践中，一些有履行能力但不讲诚信的中小微企业会通过各种方式规避执行，人民法院应当对它加大执行力度。请问，我们应该如何处理好二者的关系？

答：强制执行措施直接关系到被执行人的切身利益，直接影响到被执行人的生产生活，有的甚至关系到企业的生死存亡。我们提出最大限度降低执行措施对中小微企业的不利影响，绝对不是搞“差别对待”，不是对作为债务人的中小微企业不采取执行措施，而是在采取执行措施时充分平衡各方当事人权益、充分考虑社会经济发展大局，在能够保障申请执行人债权的情况下，尽可能采取对中小微企业生产经营影响最小的执行措施。

当前，被执行人规避执行、逃避执行仍是执行工作中的主要矛盾和突出问题。强化执行工作的强制性，持续加大执行力度，严厉打击规避执行、逃避执行、抗拒执行行为，及时保障胜诉当事人实现合法权益，依然是执行工作的重心和主线。2021 年 12 月 8 日召开的中央经济工作会议提出要“强化契约精神，有效治理恶意拖欠账款和逃废债行为”。《意见》在第四条明确要求各级法院应当持续加大执行力度，严厉打击失信企业通过多头开户、关联交易、变更法定代表人等方式规避执行的逃废债行为，积极营造诚信经营的市场环境。

各级人民法院必须深刻认识到，助力中小微企业发展与打击规避、抗拒执行行为并不是非此即彼、此消彼长的关系，也不是要削弱执行力度。比如，《意见》要求人民法院查封中小微企业的厂房、机器设备等生产性资料的，优先采取“活封”措施。采取“活封”措施并非不对财产进行查封，而是在能够保障债权人利益的情况下，应当允许被查封企业继续使用或者利用该财产进行融资，充分发挥被查封财产的使用价值和融资功能，避免“死封”影响企业正常生产经营，并最终影响债权人实现债权。再如，《意见》提出，中小微企业因经营失利丧失履行能力且不具有有关司法解释规定的规避、抗拒执行等情形的，人民法院不得以其有履行能力拒不履行义务为由将其纳入失信名单。这就要求执行工作人员在办理具体案件过程中，全面查清事实，依法依规审慎采取失信惩戒措施，既不要搞“一刀切”，对中小微企业被执行人一律纳入失信名单；也不要搞“差别对待”，对符合失信情形的中小微企业不采取失信惩戒措施。

——《出实招新招 为中小微企业发展添动力强活力——最高法相关负责人就〈最高人民法院关于充分发挥司法职能作用 助力中小微企业发展的指导意见〉答记者问》，载《人民法院报》2022 年 1 月 15 日。

394. 抵押权是否及于抵押财产被保全查封后租金的认定

关键词

财产保全　抵押权　涉案租金

最高人民法院裁判文书

上海汉中皇国际物业管理有限公司与平安银行股份有限公司上海分行、宁夏盛世荣华投资管理有限公司等财产保全执行复议案［最高人民法院（2020）最高法执复 169 号执行裁定书］

裁判要旨：抵押权人因债务人不履行到期债务而提起诉讼，在诉讼阶段申请保全并查封了抵押财产，之后又申请保全抵押财产自查封之日起的租金的，人民法院应予支持。

最高人民法院经审理认为，《民事诉讼法》第 225 条[①]规定，当事人利害关系人认为执行行为违反法律规定的，可以向负责执行的人民法院提出书面异议。本案争议的执行行为系上海市高级人民法院（2018）沪民初 38 号 –2 协助执行通知书，该行为发生于 2019 年 12 月，效果持续至今。该行为合法与否，需要依据当时施行的法律和现行法律进行审查判断。争议执行行为作出时仍在施行的《物权法》第 197 条第 1 款[②]规定："债务人不履行到期债务或者发生当事人约定的实现抵押权的情形，致使抵押财产被人民法院依法扣押的，自扣押之日起抵押权人有权收取该抵押财产的天然孳息或者法定孳息，但抵押权人未通知应当清偿法定孳息的义务人的除外。"2021 年 1 月 1 日起，《民法典》施行，《物权法》同时废止。《民法典》第 412 条第 1 款规定："债务人不履行到期债务或者发生当事人约定的实现抵押权的情形，致使抵押财产被人民法院依法扣押的，自扣押之日起，抵押权人有权收取该抵押财产的天然孳息或者法定孳息，但是抵押权人未通知应当清偿法定孳息义务人的除外。"该条规定与《物权法》第 197 条确定的规则完全一致。本案中，平安银行上海分行已经在上海市高级人民法院提起诉讼，要求主债务人清偿主债务，要求担保人承担担保责任，包括要求汉中皇国际物业管理公司就其抵押财产承担抵押担保责任。虽然汉中皇国际物业管理公司对平安银行上海分行的主债权和抵押权是否有效均提出了质疑，平安银行上海分行的相关诉讼请求亦未经人民法院生效判决确认，但至少证明债权人认为债务人不履行到期债务、抵押权已经到期，存在实现抵押权以担保主债权实现的现实必要，汉中皇国际物业管理公司亦未提交证明债务尚未到期或者债务人已经履行到期债务的证据。同时，基于债权人平安银行上海分行的申请，上海市高级人民法院已于 2018 年 7 月保全查封了系争房产。租金属于系争房产的法定孳息。韩匠摄影公司向长宁区人民法院代管款账户汇入的租金系 2018 年 11 月至 2019 年 12 月租金，该租金的形成时间晚于上海市高级人民法院对系争房产的查封日期。因此，本案中，平安银行上海分行作为抵押权人，一旦其权利经过生效判决确认，其享有的抵押权将及于抵押财产自 2018 年 7 月之后产生的法定孳息，包括韩匠摄影公司向长宁区人民法院代管款账户汇入的租金。在平安银行上海分行的相关权利未经生效裁判确认之前，法院根据平安银行上海分行的诉讼保全申请，依据保全汉中皇国际物业管理公司名下财产的保全裁定，向长宁区人民法院发出协助执行通知书，对韩匠摄影公司汇入的 2018 年 7 月之后的涉案租金予以保全，避免将来租金流失影响生效判决执行，符合诉讼保全的立法本意，也符合《物权法》第 197 条和《民法典》第 412 条的规

① 现为《民事诉讼法》（2021 年修正）第二百三十二条。

② 对应《民法典》第四百一十二条第一款。

定。复议申请人汉中皇国际物业管理公司的复议申请，缺乏事实和法律依据，法院不予支持。因此，驳回了汉中皇国际物业管理公司的复议申请，维持上海市高级人民法院第 1 号裁定。

——中国裁判文书网。

附录：本案解析

本案核心争议是平安银行上海分行享有的抵押权是否及于涉案租金，涉及两个关键问题：一是《民法典》第 412 条的"扣押"是否包括对不动产的"查封"，二是《民法典》第 412 条的"扣押"是否包括诉讼保全阶段的"扣押"。下面，从这两个层面对裁判理由作进一步说明。

一方面，从概念的演绎角度分析，《民法典》第 412 条的"扣押"应当包括对不动产的"查封"。《民法典》共有 5 个条文用到了"扣押"，分别是第 399 条、第 412 条、第 423 条、第 724 条和第 896 条，其中第 412 条和第 896 条单独使用了"扣押"，其余 3 个条文均使用了"查封、扣押"。从字面理解，似乎《民法典》第 412 条单独使用"扣押"，有区别于"查封，扣押"的特殊含义，但实则不然。"查封"和"扣押"，主要源于《民事诉讼法》及其相关司法解释有关执行措施的规定。《民法典》有关查封和扣押的概念内涵，应该遵从民事执行的相关法律及司法解释的规定。1998 年开始施行的《执行工作规定（试行）》对"查封"和"扣押"作了区别，该规定第 41 条规定，"对动产的查封，应当采取加贴封条的方式。不便加贴封条的、应当张贴公告。"第 42 条规定："被查封的财产，可以指令由被执行人负责保管。如继续使用被查封的财产对其价值无重大影响，可以允许被执行人继续使用。因被执行人保管或使用的过错造成的损失，由被执行人承担。"第 43 条规定："被扣押的财产，人民法院可以自行保管，也可以委托其他单位或个人保管。对扣押的财产，保管人不得使用。"根据上述规定，"扣押"一般适用于剥夺被执行人对扣押物占有的情形，而"查封"一般适用于不剥夺被执行人对查封物占有的情形。2005 年施行的《查封、扣押、冻结规定》，规定了财产的查封、扣押和保管方法，不再强调"扣押'和"查封"的上述区别。2021 年 1 月施行的《关于修改执行类司法解释的决定》，根据《查封、扣押、冻结规定》的相关条文，删除了 1998 年《执行工作规定（试行）》的上述三个条文，亦不再强调"扣押"和"查封"的区别。因此，虽然《民法典》第 412 条仅规定了"扣押"，没有使用"查封、扣押"的表述，但亦不必再强调其仅适用于剥夺被执行人对扣押物占有的情形，该规定可以适用于不剥夺被执行人对扣押物占有的情形，包括查封不动产并允许被执行人继续使用的情形。

另一方面，从实践适用角度分析，《民法典》第 412 条的"扣押"应当包括对不动产的"查封"。实践中，不动产抵押普遍存在。根据 2020 年《查封、扣押、冻结规定》第 7 条“查封不动产的，人民法院应当张贴封条或者公告，并可以提取保存有关财产权证照”，对于不动产的查封，原则上不剥夺被执行人对查封财产的占有。因此，如果将《民法典》第 412 条的“扣押”限定为仅适用于剥夺被执行人占有的情形，可能会将实践中普遍存在的不动产抵押排除在该条的适用范围之外，有违立法本意。此外，《查封、扣押、冻结规定》第 10 条第 2 款规定，“由人民法院指定被执行人保管的财产，如果继续使用对该财产的价值无重大影响，可以允许被执行人继续使用；由人民法院保管或者委托第三人、申请执行人保管的，保管人不得使用”。根据该规定，剥夺被执行人占有的查封、扣押财产，保管人不得使用，包括不得出租。因此，如果将《民法典》第 412 条的“扣押”限定于剥夺被执行人占有的情形，在“扣押”之后，基本上不会存在租金这种法定孳息，该条文几乎没有实际适用的可能，显然也违背了该条文的立法本意。

——邵长茂、薛圣海：《上海汉中皇国际物业管理有限公司与平安银行股份有限公司上海分行、宁夏盛世荣华投资管理有限公司等财产保全执行复议案——抵押权是否及于抵押财产被保全查封后租金的认定》，载中国应用法学研究所主编：《中华人民共和国最高人民法院案例选》(第六辑)，法律出版社 2022 年版，第 126~129 页。

(二)仲裁裁决的执行

395. 未被续聘的仲裁员在原参加审理的案件裁决书上签名，人民法院应当执行该仲裁裁决书

关键词

未被续聘的仲裁员

最高人民法院司法解释

广东省高级人民法院：

你院〔1996〕粤高法执函字第五号《关于未被续聘的仲裁员继续参加审理并作出裁决的案件，人民法院应否立案执行的请示》收悉。经研究，答复如下：

在中国国际经济贸易仲裁委员会深圳分会对深圳东鹏实业有限公司与中国化工建设深圳公司合资经营合同纠纷案件仲裁过程中，陈野被当事人指定为该案的仲裁员时具有合法的仲裁员身份，并参与了开庭审理工作。之后，新的仲裁员名册中没有陈野的名字，说明仲裁机构不再聘任陈野为仲裁员，

但这只能约束仲裁机构以后审理的案件，不影响陈野在此前已合法成立的仲裁庭中的案件审理工作。其在该仲裁庭所作的〔1994〕深国仲结字第四十七号裁决书上签字有效。深圳市中级人民法院应当根据当事人的申请对该仲裁裁决书予以执行。

——《最高人民法院关于未被续聘的仲裁员在原参加审理的案件裁决书上签名人民法院应当执行该仲裁裁决书批复》（1998年8月31日，法释〔1998〕21号）。

396. 人民法院一般不能以仲裁裁决认定事实或适用法律错误等实体事由作出不予执行的裁定

关键词

仲裁裁决　不予执行　实体评价

最高人民法院裁判文书

阿克苏顺隆物资有限责任公司与阿克苏地区通程房地产开发有限公司买卖合同纠纷执行案［最高人民法院（2018）最高法执监177号执行裁定书］

裁判要旨：人民法院一般不能以仲裁裁决认定事实或适用法律错误等实体事由作出不予执行的裁定，除非存在裁决所根据的证据是伪造的，对方当事人向仲裁机构隐瞒了足以影响公正裁决的证据或者裁决违背社会公共利益的情形。

最高人民法院经审查认为：新疆高院裁定不予执行仲裁裁决的主要理由是“在《以房抵账协议》和《商品房买卖合同》中约定了不同的纠纷解决方式，而当事人对管辖各执一词，且在通程房地产公司已实际履行了主要义务的情况下，仲裁裁决解除了《以房抵账协议》显失公平”，法律依据则是《民事诉讼法》第二百三十七条[①]第三款的规定。虽然裁定提及了管辖问题，但对于纠纷应通过诉讼程序还是仲裁程序解决并未有明确结论，其裁定不予执行的理由仍是认为仲裁裁决本身显失公平。这涉及对作为执行依据的仲裁裁决进行实体评价的问题。根据《民事诉讼法》第二百三十七条第二款和第三款的规定，人民法院一般不能以仲裁裁决认定事实或适用法律错误等实体事由作出不予执行的裁定，除非存在裁决所根据的证据是伪造的，对方当事人向

① 现为《民事诉讼法》（2021年修正）第二百四十四条。

仲裁机构隐瞒了足以影响公正裁决的证据或者裁决违背社会公共利益的情形。本案中，新疆高院以通程房地产公司已实际履行了主要义务，仲裁裁决解除《以房抵账协议》显失公平为由作出（2018）新执监5号裁定，并不符合上述规定的不予执行的情形。

——中国裁判文书网。

397. 对于仲裁裁决、调解书的不予执行，应当严格遵循法定程序、适用法定情形。在法无明文规定的情况下，不得随意扩大不予执行的情形

关键词

仲裁裁决　不予执行

附录：执行信箱

问：对申请不予执行仲裁裁决案件的各种情形，审查时对实体问题也审查，还是根据法律规定仅仅进行程序上的审查？例如，发现债权人确实存在"套路贷"，利用优势地位迫使债务人同意仲裁调解或其他导致债务人意思表示不真实的情形，法院是否有权裁定不予执行，理由为何？

答：仲裁作为一种纠纷解决机制，是当事人意思自治的体现。仲裁裁决、调解书由仲裁机构适用法定程序作出，系具有强制执行力的生效法律文书。因此，人民法院应当尊重仲裁结果。对于仲裁裁决、调解书的不予执行，应当严格遵循法定程序、适用法定情形。在法无明文规定的情况下，不得随意扩大不予执行的情形。

《民事诉讼法》第二百三十七条[①]规定了被申请人可以申请不予执行仲裁裁决的七项事由，其中前六项均为程序性事由，第七项为"人民法院认定执行该裁决违背社会公共利益的，裁定不予执行"。《最高人民法院关于人民法院办理仲裁裁决执行案件若干问题的规定》（法释〔2018〕5号）对相关情形的审查和认定标准进行了细化。该规定第十一条规定："人民法院对被执行人没有申请的事由不予审查，但仲裁裁决可能违背社会公共利益的除外。"第十七条规定："被执行人申请不予执行仲裁调解书或者根据当事人之间的和解协议、调解协议作出的仲裁裁决，人民法院不予支持，但该仲裁调解书或者仲裁裁决违背社会公共利益的除外。"

因此，人民法院在审查不予执行仲裁裁决案件时，应当严格按照法律、

① 现为《民事诉讼法》（2021年修正）第二百三十四条。

司法解释规定的法定情形进行审查，以法律、司法解释规定的程序性事由审查为主。在对是否违背社会公共利益进行审查时，要注意对公共利益条款的适用范围加以严格限制。对于相关仲裁裁决、调解书仅可能损害特定债权人等特定主体利益，特定债权人亦可通过相关法定救济程序予以救济的，一般不宜将其视为损害社会公共利益，避免公共利益条款的适用尺度过宽。但如果债权人在借贷过程中确实存在利用自身优势地位实施“套路贷”等情形，违反法律、行政法规强制性规定，给债务人及社会稳定带来了不利影响的，人民法院可以以仲裁裁决、调解书违背社会公共利益为由，对仲裁裁决、调解书进行必要的审查并裁定不予执行，以维护当事人合法权益和社会公共利益，进一步推动仲裁行业的规范发展。

——薛圣海、何东奇：《执行审查部分问题解答》，载最高人民法院执行局编：《执行工作指导》2020 年第 3 辑（总第 75 辑），人民法院出版社 2020 年版，第 159 页。

398. 人民法院能否在执行程序中依职权对确认执行标的物权属的仲裁裁决效力进行审查

关键词

标的物权属　仲裁裁决效力审查　执行程序

最高人民法院答复

新疆维吾尔自治区高级人民法院

你院《关于新疆建工集团建设工程有限责任公司与新疆宝亨房地产开发有限公司一案中有关问题的请示》收悉。现对有关法律问题答复如下：

在人民法院已经查封的财产又被仲裁裁决确权给案外人的情况下，执行法院可以依照民事诉讼法第二百一十三条[①]第三款的规定对仲裁裁决进行审查。如果认定当事人恶意串通进行仲裁裁决损害其他债权人的利益，妨害执行秩序，执行法院应当依法将该裁决视为有违背社会公共利益的情形而裁定不予执行。同时，还应将此种行为视为妨害人民法院执行的行为，依法予以制裁。

此复

——《最高人民法院对新疆维吾尔自治区高级人民法院〈关于新疆建工集团建设工程有限责任公司与新疆宝亨房地产开发有限公司一案中有关

① 现为《民事诉讼法》（2021 年修正）第二百三十九条。

问题的请示〉的复函》(2009年4月16日,〔2007〕执他字第9号),载江必新主编:《人民法院执行工作规范全集》,人民法院出版社2017年版,第1116~1118页。

附录:理解与适用

被执行人与案外人恶意串通在执行程序中通过诉讼或者仲裁确权程序来达到逃避执行的目的,已经成为执行程序中的突出问题,如果处理不当将给执行程序带来严重损害。确切地说,本案的被执行人与案外人是否构成恶意串通,并不是我们关心的问题。毕竟,本案作为请示案件,涉及个案事实的认定是下级法院的职责和权限。我们关心的是本案所抽象出来的法律问题,即:在仲裁裁决将人民法院正在执行的标的物确权给案外人以后,人民法院能否对仲裁裁决进行程序和实体审查,根据审查的结果予以确认或者不予确认其效力?

应该说这个问题触及到了法律的空白点。法律上的难点在于,就债权人而言,其对被执行人与案外人之间形成的损害其利益的仲裁裁决即使存在异议也无法启动审查程序。按照我国《仲裁法》第五十八条的规定,能够提起撤销裁决司法审查程序的主体只能是仲裁当事人,债权人并不在此列。同样,按照我国《民事诉讼法》第二百一十三[①]条第二款规定,能够提起不予执行仲裁裁决审查程序的仅限于仲裁裁决的被申请人,而确权法律文书的被申请人都是被执行人,债权人同样无法推动此程序的启动。可见,民事诉讼法也好,仲裁法也好,在保护仲裁裁决以外的第三人的合法权利方面存在明显的疏漏。当然,《民事诉讼法》第二百一十三条第三款也规定了人民法院可以依职权对有关仲裁裁决裁定进行审查,但是该款规定的条件十分严苛,仅限于"该裁决违背社会公共利益的"。那么,题述请示案件所列情形属于人民法院依职权审查的职权范围吗?

笔者认为,在目前有关法律没有给予债权人对损害其利益的仲裁裁决以救济渠道的情况下,人民法院有权依职权对仲裁裁决的效力从程序和实体上进行审查,理由如下:

(一)《民事诉讼法》规定了人民法院有依职权对仲裁裁决进行监督的权力

人民法院对仲裁裁决进行监督是民事诉讼法和仲裁法所规定的一项原则,这里的监督既包括因一方当事人的请求而引起的监督,也应当包括在仲裁裁决损害第三人或者公共利益的情形下,依职权所进行的监督。《民事诉讼法》第二百一十三条第三款规定,显然已经赋予了人民法院在仲裁当事人没有提起请求的情况下,可以依职权对违背社会公共利益的仲裁裁决直接裁定不予执

① 现为《民事诉讼法》(2021年修正)第二百三十二条。

行。关键是，在被执行人与案外人恶意串通所损害的利益是否为公共利益的理解上可能存在分歧。有人会认为，被执行人与案外人恶意串通损害的只能是债权人的利益，并不涉及公共利益。而公共利益必然是不特定的众多人的利益，把损害债权人的利益列为公共利益没有法律依据。

笔者则认为，此种情形应当视为损害公共利益的情形。笔者的观点建立在这样几点认识的基础上：

1. 公共利益并无确定概念，是随着社会经济的发展变化而变化

一般认为，社会公共利益在于强调其"公共性"，包括社会利益和国家利益，至于利益主体数量上的多寡，并不是其考虑因素。本案中，将人民法院依职权审查仲裁裁决的范围仅限于对人民法院已经查封的财产进行恶意串通确权的行为，着眼点并不在于这样的裁决损害了多少债权人的利益，而在于这样的仲裁裁决，损害了法院执行的公法秩序，是对法院司法权威的公然蔑视。把人民法院的执行秩序列入公共利益，从法理上没有任何问题。

2. 社会公共利益条款本身就是一个弹性条款，是为法院应对各种复杂的情势而设的

目前，对法院查封、冻结、扣押的财产通过仲裁确权来逃避执行，具有一定的普遍性。对这种行为我们必须加以制裁，而社会公共利益条款就为我们提供了防渗补漏的武器。

3. 最高人民法院并不是一个单纯地僵化地适用法律的机关

因为法律永远落后于社会生活，而最高人民法院就负有在法律适用中及时通过解释法律来弥补法律漏洞的职责。法院解释法律无非两种途径：第一，通过个案的审理创制新的规则。比如，最高人民法院执行局曾经在法律没有规定的情况下，设定了执行回转的债权在破产程序中享有优先权就是明显的一例（〔2005〕执他字第 27 号）。第二，对法律不明确的地方进行明确或者赋予法律以新的含义。本案中，从新疆维吾尔自治区高级人民法院的认定事实看，当事人与其关联公司涉嫌互相串通，对人民法院已经查封的财产通过仲裁确权的方式转移财产权属。这种行为一方面侵害了执行程序中债权人的利益，另一方面也是对人民法院公法执行秩序的公然挑战。本案将债务人与案外人恶意串通对法院查封财产的确权看作对执行秩序——这一公共利益的损害，应当是司法能动性的应有之意。

（二）仲裁程序的特点决定了债权人不可能介入被执行人与案外人之间的仲裁程序

仲裁程序具有封闭性和私密性，当事人之间如果没有仲裁协议，仲裁庭无法将债权人纳入仲裁程序。仲裁程序也没有第三人制度，债权人无法以第三人的身份参与仲裁程序。并且，仲裁庭在没有当事人申请的情况下不会公开开庭审理。这些特点决定了债权人根本就无法介入到仲裁确权程序中来，

无法在仲裁确权程序中对执行标的物的真正权属发表意见，进行质证。这样的程序特点为执行人通过仲裁裁决损害第三人特别是在执行程序中与案外人串通损害债权人利益留下了制度缺口，这就要求执行法院必须有权对损害第三人利益的仲裁裁决有进行审查的权力。

（三）现有法律的疏漏导致债权人对损害其利益的仲裁裁决没有救济渠道

首先，如果说对于被执行人利用判决确权程序来逃避执行，当事人还可以通过再审程序来对确权判决进行救济的话，仲裁程序由于没有再审制度，债权人无法对损害其利益仲裁裁决通过再审程序进行救济。其次，现行法律将对仲裁裁决撤销和不予执行的程序启动权仅赋予给了仲裁当事人和人民法院，债权人无法通过申请撤销和不予执行仲裁裁决来保护自己的合法权益。因此，有必要将恶意串通损害债权人利益的仲裁裁决也纳入“违背社会公共利益”的范围，由人民法院依职权裁定不予确认，以防止被执行人逃避执行。

（四）如果执行法院对仲裁结果无条件确认，将使执行程序遭受严重损害

如果执行程序中执行法院对仲裁确权程序不能审查而改为无条件确认其效力，被执行人将极有可能利用这一程序，串通关联方随时通过仲裁确权程序来排除人民法院的执行。甚至在人民法院执行程序终结后，被执行人也可串通案外人进行确权，进而要求人民法院纠正执行错误。因为，现行执行程序并没有对案外人提出执行监督程序的期间进行限制。那样的话，以本案为例，就会形成这样的结果，在宝亨集团作为被执行人时，其会以宝亨大厦登记在宝亨房地产公司名下作为抗辩理由；而在宝亨房地产公司作为被执行人时，宝亨集团又会凭借仲裁确权程序来使债权人受偿的希望落空。最终，将给被执行人转移财产、逃避执行，从法律制度上开了一个大大的口子。应该说，从最高人民法院监督的一些案件来看，目前已经出现了这样的苗头。

应当指出，对执行标的物的仲裁确权裁决赋予执行法院司法审查权，仅仅是权宜之计，因为对于通过判决或者调解确权，尤其对是通过执行法院辖区以外的法院所作出的确权判决或者调解，执行法院就显得鞭长莫及，力有不逮。同时，虽然我们可以将不予执行仲裁裁决宽泛解释成可以包括不予确认其效力。但从法律条文的规定内容看，对确权仲裁裁决裁定不予执行，总给人文不对题的感觉。所以，最根本的解决之道是赋予执行法院对执行实体异议的专属管辖权，即人民法院已经查封、扣押、冻结的财产，案外人主张实体权益的，一律应当向执行法院提起执行异议或者第三人异议之诉，不能另案确权。唯如此，方能公平保护债权人、债务人、案外人的合法权益，彰显正当程序的光辉。同时，此类问题还牵涉到民法上的一个重大问题，即确权裁决本身能否成为物权变动的原因？因此问题涉及理论和实践问题甚大，容另文详述，本文不赘。

——范向阳：《关于人民法院能否在执行程序中依职权对确认执行标的物

权属的仲裁裁决效力进行审查的请示案——兼谈妨害执行秩序的公共利益属性》，载江必新主编、最高人民法院执行局编：《执行工作指导》2009 年第 2 辑（总第 30 辑），人民法院出版社 2009 年版，第 128~134 页。

399. 仲裁协议无效人民法院不当然不予执行

关键词

不予执行仲裁裁决

最高人民法院答复

广东省高级人民法院：

你院〔1999〕粤高法执监字第 65 － 2 号“关于中国农业银行杭州市延安路支行申请执行杭州市经济合同仲裁和会杭裁字〔1996〕第 80 号裁决书一案”的报告收悉，经研究，答复如下：

申请人中国农业银行浙江省信托投资公司（现为中国农业银行杭州市延安路支行，以下简称农业银行）与被申请人深圳政华实业公司（以下简称政华公司）、招商银行深圳福田支行（以下简称招商银行）合作投资担保合同纠纷一案，杭州市经济合同仲裁委员会于 1996 年 10 月 25 日作出杭裁字〔1996〕第 80 号裁决书裁决：政华公司在裁决生效后十日内归还农业银行借款及利息人民币 617 万余元，招商银行承担连带偿付责任。在执行该仲裁裁决过程中，被执行人招商银行向深圳市中级人民法院申请不予执行该仲裁裁决。深圳市中级人民法院认为：由于当事人只约定了仲裁地点，未约定仲裁机构，且双方当事人事后又未达成补充协议，故仲裁协议无效，杭州市经济合同仲裁和会无权对本案进行仲裁。因此，以〔1997〕深中法执字第 10–15 号民事裁定书裁定不予执行。

本院认为：本案的仲裁协议只约定仲裁地点而没有约定具体的仲裁机构，应当认定无效，但仲裁协议无效并不等于没有仲裁协议。仲裁协议无效的法律后果是不排除人民法院的管辖权，当事人可以选择由法院管辖而排除仲裁管辖，当事人未向法院起诉而选择仲裁应诉的，应视为当事人对仲裁庭管辖权的认可。招商银行在仲裁裁决前未向人民法院起诉，而参加仲裁应诉，应视为其对仲裁庭关于管辖权争议的裁决的认可。本案仲裁庭在裁决驳回管辖权异议后作出的仲裁裁决，在程序上符合仲裁法和民诉法的规定，没有不予执行的法定理由。执行法院不应再对该仲裁协议的效力进行审查。执行法院也不能将“仲裁协议无效”视为“没有仲裁协议”而裁定不予执行。因此，深圳市中级人民法院裁定不予执行错误，本案仲裁裁决应当恢复执行。

请你院监督执行法院按上述意见办理，在两个月内执结此案并报告本院。

此复

——《最高人民法院关于仲裁协议无效是否可以裁定不予执行的处理意见》(2002 年 6 月 20 日，〔1999〕执监字第 174 — 1 号)，载江必新主编：《人民法院执行工作规范全集》，人民法院出版社 2017 年版，第 285~288 页。

附录：理解与适用

1. 裁定不予执行的法律依据评析

深圳市中级人民法院裁定对本案仲裁裁决不予执行的法律依据是《仲裁法》第 18 条和《民事诉讼法》第 217 条①第 2 款第 1 项。

《仲裁法》第 18 条规定："仲裁协议对仲裁事项或者仲裁委员会没有约定或者约定不明确的，当事人可以补充协议；达不成补充协议的，仲裁协议无效。"该法条是对仲裁协议效力的规定，而不是对不予执行仲裁裁决事项的法律规定。《民事诉讼法》第 217 条第 2 款规定："被申请人提出证据证明仲裁裁决有下列情形之一的，经人民法院组成合议庭审查核实，裁定不予执行"，其中该款第 1 项的规定是当事人在合同中没有订有仲裁条款或者事后没有达成书面仲裁协议的。该法条是对裁定不予执行仲裁裁决的法定条件的规定。执行法院对本案仲裁裁决依据该两个条文裁定不予执行的基本逻辑应该是：根据《仲裁法》第 18 条可以认定该仲裁协议无效，而仲裁协议无效的后果是对当事人没有约束力，因而可视为在当事人之间没有仲裁协议，因此依据《民事诉讼法》第 217 条第 2 款第 1 项可裁定不予执行该仲裁裁决。然而这种逻辑推理是值得进一步研究的。

有没有仲裁协议是事实认定问题，而仲裁协议有没有效力是法律分析问题。在执行程序中不能将"仲裁协议无效"视为"没有仲裁协议"而裁定不予执行已作出的仲裁裁决。《民事诉讼法》第 217 条要求执行法院只作事实判断，没有要求对存在仲裁协议的条件下作仲裁协议是否有效的法律分析。为什么《民事诉讼法》只规定"没有仲裁协议"而不是规定"没有有效的仲裁协议"呢？因为仲裁协议的效力判断，《仲裁法》和《民事诉讼法》已经规定了另外的程序来予以解决，不能在执行程序中予以解决，必须通过仲裁程序或诉讼程序解决。因此，执行法院在审查是否裁定不予执行仲裁裁决时，只适用《民事诉讼法》第 217 条（涉外仲裁适用《民事诉讼法》第 260 条②），不必适用《仲裁法》第 18 条。

---

① 现为《民事诉讼法》(2021 年修正）第二百四十四条。

② 现为《民事诉讼法》(2021 年修正）第二百七十四条。

2. 仲裁协议的效力评析

仲裁协议的效力判断，涉及到不同的判断主体和程序。当事人可以根据自己的理解进行判断；仲裁庭可以根据仲裁程序进行判断；人民法院可以根据诉讼程序（不是执行程序）进行判断；学者可以根据自己的学识进行判断。不同的判断主体和程序可能会产生不同的效力结果，对同一仲裁协议，有人会作出有效的判断，有人会作出无效的判断；不同的判断主体和程序作出的判断结论会有不同的法律后果，学者的判断结果对当事人没有约束力，仲裁庭和法院依法定程序所作的判断结果对当事人具有约束力。

本案仲裁申请人农业银行对该仲裁协议效力所作出的判断是仲裁协议有效，因此提交仲裁机构解决实体争议。本案仲裁被申请人政华公司和招商银行对该仲裁协议效力所作出的判断是仲裁协议无效，因此向仲裁庭提出了管辖异议。任何一方当事人认为仲裁协议无效的，法律都对该方当事人赋予了一种权利：既可以向仲裁庭提出主张，请求仲裁庭作出仲裁决定，也可以直接向人民法院起诉，请求人民法院对此作出裁定。然而，当事人向仲裁庭还是向人民法院提出主张，选择权在当事人。当事人只向仲裁庭提出主张而没有向人民法院起诉，那么人民法院就无法进入诉讼程序。这是由司法裁判的“被动性原则”（即“不告不理”原则）决定的，因而当事人不起诉也就谈不上人民法院的裁定。这时，仲裁庭作出的关于仲裁协议效力的决定是“有权判断”，对当事人具有约束力。当然，当事人在仲裁裁决作出前，向人民法院起诉的，人民法院根据诉讼程序所作出的关于仲裁协议效力的裁定是司法判断，仲裁庭的决定不得对抗人民法院的裁定。本案在当事人对仲裁协议有争议时，被申请人没有向人民法院起诉，而选择了仲裁应诉，那么仲裁庭作出的关于仲裁协议效力的决定对当事人具有约束力，仲裁庭作出的关于实体权利义务的裁决就应予执行。

本案仲裁协议究竟应作有效认定还是无效认定？本文作者从案例分析的角度，也可以作出“学理判断”。我们认为，该仲裁协议客观上讲，应是无效的仲裁协议。其理由与被申请人和执行法院所述理由大同小异，在此不作详述。因此，执行法院的错误并不是认定仲裁协议无效的错误，而是执行程序解决了诉讼程序解决的问题的错误。

3. 仲裁协议无效的法律后果评析

这里讲的仲裁协议无效的法律后果，仅指仲裁庭和人民法院所作出的仲裁协议无效的决定或裁定后所产生的法律后果。当仲裁庭作出仲裁协议无效的决定后，就排除了仲裁庭的管辖权，除非当事人达成新的仲裁协议，根据新的仲裁协议进行仲裁。当人民法院作出仲裁协议无效的裁定后，不管仲裁庭如何认识，都排除了仲裁管辖，人民法院就产生了管辖实体争议的管辖权。但是，人民法院的管辖是以当事人向人民法院起诉为前提的，而当事人的起诉又必须在仲裁庭作出实体裁决之前进行。为了体现人民法院管辖权的权威性，当人民法院对仲裁协议的效力争议进行管辖后，仲裁庭如已受理仲裁案件，那么该仲裁案就应中止审理。如果人民法院认为仲裁协议有效的，仲裁庭才可恢复审理，如果人民法院认为仲裁协议无效的，仲裁庭应终结审理。综上所述，仲裁协议无效的法律后果概括地说是：确立人民法院对实体争议的司法管辖权，通过诉讼程序来解决实体争议。

本仲裁案的被申请人政华公司和招商银行虽然认为仲裁协议无效，但是只向仲裁庭提出管辖异议，没有向人民法院起诉，应认为当事人把判断仲裁协议效力的权力交给了仲裁庭。在仲裁庭作出仲裁协议有效的决定后，当事人又没有向人民法院起诉，继续参加仲裁应诉，应视为当事人对仲裁裁决程序解决争议的认可。因此，当仲裁庭作出裁决后，当事人应当履行仲裁裁决。在执行程序中，当事人不再具有以仲裁协议无效为由申请不予执行的权利，执行法院不再对仲裁协议的效力进行审查，仲裁协议无效不是裁定不予执行的法定理由。

4. 仲裁协议对担保人的约束力评析

本案的主合同《合作投资协议》约定了仲裁条款，从合同《担保函》没有约定仲裁条款，而担保人没有在主合同上签字盖章，这就涉及到主合同的仲裁条款对从合同的担保人是否具有约束力的问题。对此，仲裁庭作出的裁决是:《担保函》是《合作投资协议》的组成部分，是对主合同的认同。因此，推论出仲裁条款对担保人也具有约束力。执行法院在不予执行该仲裁裁决的裁定中对此未作阐述。我们认为，主合同的仲裁条款对担保人是否具有约束力的问题，现行法律没有明确具体的规定，从法理上可作两种理解。

第一种理解：担保合同不是对主合同所有条款的承认，而只是对债务人履行债务的担保，尽管担保人在担保主债务时知道主合同的内容，当然也明知主合同的仲裁条款，但仲裁条款对担保人的约束力必须是明示的，而不能是默示的，也就是说在没有明确约定的情况下，仲裁条款对担保人没有约束力。因而本案的担保人与主债务人之间没有仲裁条款，据此可以对担保人承担连带偿付责任的仲裁裁决在执行程序中裁定不予执行。

第二种理解：主合同与从合同是一个整体，作为担保人所出具的《担保函》是主合同《合作投资协议》的组成部分，离开主合同,《担保函》不成其为完整的从合同,《担保函》只有单方签字盖章，必须与主合同的签字盖章结合起来才构成担保合同关系。因此，担保人在《担保函》中的签字盖章应视为在主合同中的签字盖章，主合同仲裁条款的效力及于担保人。从这个意义上讲，担保人与主债务人的“仲裁协议”是存在的，而“仲裁协议”的效力也应及于担保人。

面对两种理解，在选择哪一种理解作为定案的意见时，还应考虑其他相关因素。鉴于本案在《担保函》中有“无条件”担保的内容；又鉴于该案已有仲裁庭作出了决定，且担保人参加了仲裁应诉；还鉴于本文后面将要分析的公正与效率评析中所涉的观点，故最高人民法院的处理意见选择了：招商银行在仲裁裁决作出前未向人民法院起诉而参加仲裁应诉，应视为对仲裁庭关于管辖权争议的裁决的认可。该处理意见中的“认可”指的是法律后果上的认识，而不是当事人真实感情的评价，可能当事人的真实感情是不认可仲裁庭的决定，但在法律上只要作出了“仲裁应诉”，即视为“认可”。

5. 不予执行仲裁裁决的公正与效率评析

在执行程序中，执行法院可以对仲裁裁决进行审查，在符合法定条件的情形发生时可以裁定不予执行。执行法院在适用法律时，要严格依法裁定不予执行。当执行法院在审查是否不予执行仲裁裁决时，对法律规定的理解有歧义时，要参考各种应该参考的因素，根据案件的实际情况予以处理。在参考其他因素时，“公正与效率”这一主题也是不可忽视的因素。

裁定不予执行，当事人可以向人民法院起诉，通过审判再来断定是非曲直，这样做更趋公正；但已有了仲裁再进行诉讼，从效率上看会受到影响，公正与效率在此产生碰撞。公正与效率虽然是统一的，但也在矛盾之中。作者对解决这对矛盾的思路是：对本质的公正受到挑战时，效率不应对抗公正，此时应倡导公正第一；对非本质的公正受到影响时，公正应该服从效率，坚持效率优先，此时应倡导效率第一。本案的债权债务关系明确，担保责任关系明确，即使人民法院进行审判，判决结果与仲裁裁决的结果也是一样的。故此，效率就提升到了重要的地位，执行该仲裁裁决更符合效率原则。审查仲裁裁决是否不予执行，境外司法机关也有过“效率”原则的思考。节约诉讼成本是现代司法中必须考虑的一个重要问题。

处理意见：仲裁协议无效的法律后果是不排除人民法院的管辖权，当事人可以向人民法院起诉而排除仲裁管辖。但当事人未向人民法院起诉而选择仲裁应诉的，应视为当事人对仲裁庭管辖权的认可。招商银行在仲裁裁决作出前未向人民法院起诉，而参加仲裁应诉，应视为其对仲裁庭关于管辖权争议的决定的认可。因此，深圳市中级人民法院裁定不予执行错误，本案仲裁裁决应当恢复执行。

——葛行军、张根大：《中国农业银行杭州市延安路支行申请执行仲裁裁决案——仲裁协议无效是否可以裁定不予执行问题分析》，载最高人民法院执行工作办公室编：《强制执行指导与参考》2002 年第 2 辑（总第 2 辑），法律出版社 2002 年版，第 185~194 页。

400. 不予执行仲裁裁决可否由法院依职权提起

关键词

不予执行仲裁裁决 依职权

附录：执行疑难问题问答

主要观点：法院可以依职权主动裁决不予执行仲裁裁决，但是，范围应限于执行仲裁裁决违背社会公共利益的案件。

主要理由：

《民事诉讼法》第237条[①]第3款规定："人民法院认定执行该裁决违背社会公共利益的，裁定不予执行。"这一条文明确了法院可以依职权主动提起不予执行仲裁裁决，但是，范围限定为仲裁裁决违背社会公共利益的案件。该条文既是表明涉及公共利益的问题法院可以依职权主动提起不予执行仲裁裁决，也是表明法院对除此之外的情形不能主动提起不予执行仲裁裁决。这体现了立法对法院裁量权的严格限制，也是在限缩公权力对于私权利的过分干预。因此，对于仲裁裁决不涉及社会公共利益的，法院不应依职权主动裁决不予执行。

从《仲裁法》立法性质分析，可仲裁的事项都属于私权自治的领域，国家就是要将当事人可以自主处置的私权利授权由并非公权力机关的仲裁机构来行使。因此，一定程度上说，仲裁法是一部私权利处分授权法，也是一部公权力干预私权利处分的限制法。仲裁应当具有独立性、特殊性和权威性，司法机关不主动干涉仲裁事务，执行仲裁裁决就像执行生效判决一样，这应该成为一般原则，司法权主动干预仲裁应该仅是特例。这才是国家通过《仲裁法》设立独立于司法审判体系之外的仲裁体系的立法本意所在，也是从另一个种角度体现了公权力对于私权利的充分尊重和保护。在审判领域是这样，在执行领域也应该是这样。

对于社会公共利益的判断一般是指涉及社会中不特定多数人的利益，如果仅涉及社会上某个个体或者集体的利益则不属于社会公共利益范畴。对于仲裁裁决侵犯第三人（个人或者集体）合法权利的情形，其他权利主体自己可以提起相关的侵权之诉，如果其他权利主体不提起相关诉讼保护自身权利，那也属于其私权自治的范围。法院没有必要主动帮助第三人行使权利，主动提起不予执行仲裁裁决，这是由于司法权自身的被动性所决定的。

---

① 现为《民事诉讼法》（2021年修正）第二百四十四条。

对于公共利益的判断，还有一种特殊情况必须引起注意：就是由私权利引申出来的公共利益也属于法院依职权裁定不予执行的范畴。例如，2011 年 5 月 27 日，最高人民法院下发了《关于依法制裁规避执行行为的若干意见》，该意见第 16 条中规定对于被执行人以虚假诉讼或者仲裁手段转移财产、虚构优先债权或者申请参与分配，损害申请执行人或其他债权人利益的，依照《刑法》的规定构成犯罪的，应当依法追究行为人的刑事责任。根据上述规定，如果有人取得的仲裁裁决符合上述意见中所列情形，向法院申请强制执行的，执行法院也可以依职权不予执行该仲裁裁决。

——高执研：《执行疑难问题问答（一）》，载最高人民法院执行局编：《执行工作指导》2013 年第 1 辑（总第 45 辑），人民法院出版社 2013 年版，第 106~107 页。

401. 当事人已向法院申请执行仲裁裁决，法院尚未作出最终审查结论，双方当事人不能对债权债务予以抵销

关键词

申请执行仲裁裁决　抵销

最高人民法院裁判文书

COBRAE UROPE SA 申请监督案［最高人民法院（2013）执监字第 202 号执行裁定书］

最高人民法院认为，本案中，香港国际仲裁中心作出的仲裁裁决确定银河德普应对 Cobra Europe 承担付款责任，Cobra Europe 主张该债权与本案执行债权相抵销。根据《最高人民法院关于内地与香港特别行政区相互执行仲裁裁决的安排》第七条以及《最高人民法院关于香港仲裁裁决在内地执行的有关问题的通知》之规定，上述仲裁裁决在内地申请执行必须经过相关司法程序的审查，被人民法院承认后才能予以执行。本案中，Cobra Europe 已向济宁中院申请执行该仲裁裁决，目前法院尚未作出最终审查结论。首先，不予执行仲裁裁决是各国法院对仲裁实行司法监督的必要措施，关系到一国的司法主权。上述仲裁裁决存在被拒绝承认和执行的可能性，如果在本案中允许其事先抵销，则架空了我国仲裁裁决司法审查制度。其次，上述仲裁裁决作出最终审查结论的时间尚不确定，而本案执行依据早已生效，符合执行条件，如果本案等待上述仲裁裁决最终审查结论作出后再确定是否继续执行，则损害了申请执行人的利益。因此，现阶段不允许 Cobra Europe 公司行使抵

销权，济铁中院继续执行并无不当。且本案中涉案股权已经拍卖成交，拍卖款已经交付银河德普公司，而抵销制度的目的在于节省互为给付和互受给付所产生的履行费用，在一方履行已经基本完成的情况下，进行抵销已经没有实际意义。若上述仲裁裁决经法院审查后决定予以执行，则直接执行该仲裁裁决即可，并不损害当事人的实体权利。当事人的该项申诉理由，本院不予支持。

——中国裁判文书网。

（三）劳动人事争议仲裁裁决的执行

402. 劳动争议仲裁委员会作出的先予执行裁决不可诉，但可以申请强制执行

关键词

劳动争议仲裁委员会　先予执行　强制执行

最高人民法院司法解释

第十条　当事人不服劳动争议仲裁机构作出的预先支付劳动者劳动报酬、工伤医疗费、经济补偿或者赔偿金的裁决，依法提起诉讼的，人民法院不予受理。

用人单位不履行上述裁决中的给付义务，劳动者依法申请强制执行的，人民法院应予受理。

——《最高人民法院关于审理劳动争议案件适用法律问题的解释（一）》（2020 年 12 月 29 日，法释〔2020〕26 号）。

附录：最高人民法院主流观点

关于先予执行的效力问题，时间效力方面，人民法院裁定先予执行，其实质是使原告提前实现了将来判决可能确认的部分权利，使被告提前履行了将来判决生效后可能履行的部分义务，因此，先予执行的裁定必须采用书面形式，先予执行裁定送达当事人后立即生效，其时间效力应维持到判决生效时止，对当事人的效力，对当事人的效力主要表现在：当事人收到裁定后不允许提起上诉，必须按裁定的要求执行，当事人对裁定不服的，可以申请复议一次，但是，复议期间不停止裁定的执行，对有关单位和个人的效力，人民法院先予执行的裁定，需要有关单位和个人协助的，有关单位接到先予执行的协助执行通知书，必须及时按通知要求予以协助，例如，通知单位将被

申请人收入扣留，交给申请人。要求从被申请人的账户上将一定款额划拨给申请人等，对人民法院的效力，先予执行的裁定书送达当事人后，对人民法院也是有法律效力的，主要表现在：当事人不履行的，人民法院有责任采取强制执行措施；当事人对先予执行的裁定不服申请复议的，人民法院应及时审查，经审查认定裁定正确的，通知驳回当事人的申请；认定裁定不当的，作出新的裁定变更或者撤销原裁。受诉人民法院院长或者上级人民法院发现采取先予执行措施确有错误的，应当按照审判监督程序立即纠正，由于先予执行的裁定是人民法院根据申请人的申请所采取的临时性措施，案件审理终结不一定就能作出完全满足原告诉讼请求的判决，甚至还可能出现原告败诉的情形，如果判决原告败诉，则应适用《民事诉讼法》第二百三十三条和《民事诉讼法司法解释》第一百七十三条关于执行回转的规定。

劳动争议仲裁程序结束后，通常情况下，当事人如获得仲裁委员会的支持，仅仅是获得仲裁裁决书而已，实现其中权利只能靠对方当事人主动履行仲裁裁决，或者向人民法院申请强制执行，部分裁决是在劳动仲裁整体裁决不能进行的情况下，为避免因仲裁时效太长而影响劳动者的基本生活、生存条件，保障劳动者当事人基本权益而设计的一种制度，所以，《最高人民法院关于审理劳动争议案件适用法律问题的解释（一）》第十条规定所说的预先支付劳动者劳动报酬、工伤医疗费、经济补偿或者赔偿金的裁决，一经作出立即生效，用人单位不服只能申请复议，不得向人民法院提起诉讼。

——最高人民法院民事审判第一庭编著：《最高人民法院新劳动争议司法解释（一）理解与适用》，人民法院出版社 2021 年版，第 146~147 页。

403. 人民法院能否以当事人没有仲裁协议而对劳动仲裁裁决裁定不予执行

关键词

仲裁协议　劳动仲裁裁决　不予执行

最高人民法院审判业务意见［《人民法院办理执行案件规范（第二版）》］

959.【劳动争议仲裁的执行】

当事人对劳动争议仲裁委员会作出的发生法律效力的调解书、裁决书，应当依照规定的期限履行。一方当事人逾期不履行的，另一方当事人可以依照民事诉讼法的有关规定向人民法院申请执行。受理申请的人民法院应当依法执行。

——最高人民法院执行局编：《人民法院办理执行案件规范（第二版）》，

人民法院出版社 2022 年版，第 396 页。

附录：《人民司法》信箱

问题： 李某与甲厂建立了事实劳动关系。李某因工伤死亡后，劳动部门作出了仲裁裁决，确定甲厂应当向李某的丈夫张某支付赔偿金。仲裁生效后，张某向人民法院申请强制执行。请问人民法院能否按照《民事诉讼法》第 217 条[①] 的规定，以当事人没有仲裁协议为由裁定对该仲裁裁决不予执行？

《人民司法》研究组认为： 我国的仲裁有协议仲裁和法定仲裁之分，对于前者，当事人必须有仲裁协议，仲裁机构方有权管辖。对于后者，如劳动争议，在人民法院处理之前，当事人必须到法定的仲裁机构要求仲裁，不管当事人是否有仲裁协议，有关的法定仲裁机构均有权管辖，所作出的仲裁裁决一旦生效，当事人必须履行，当事人也有权申请人民法院强制执行该仲裁裁决，执行法院不得以仲裁没有仲裁协议为由而裁定不予执行。

——《人民司法》2004 年第 9 期。

404. 劳动者申请执行仲裁裁决在先，用人单位不申请撤销仲裁裁决而是向法院直接申请不予执行的处理

关键词

不予执行仲裁裁决

附录：最高人民法院主流观点

首先应明确，劳动争议仲裁委员会作出仲裁裁决后，一方当事人没有起诉而是申请执行仲裁裁决，对方当事人在法定期间内既可以申请撤销仲裁裁决，也可以直接向执行法院申请不予执行。根据《最高人民法院关于人民法院办理仲裁裁决执行案件若干问题的规定》第 20 条、《最高人民法院关于适用〈中华人民共和国仲裁法〉若干问题的解释》第 26 条的规定，当事人向人民法院申请撤销仲裁裁决被驳回后，又在执行程序中以相同事由提出不予执行申请的，人民法院不予支持；当事人向人民法院申请不予执行被驳回后，又以相同事由申请撤销仲裁裁决的，人民法院不予支持；在不予执行仲裁裁决案件审查期间，当事人向有管辖权的人民法院提出撤销仲裁裁决申请并被受理的，人民法院应当裁定中止对不予执行申请的审查；仲裁裁决被撤销或者决定重新仲裁的，人民法院应当裁定终结执行，并终结对不予执行申请的

① 现为《民事诉讼法》（2021 年修正）第二百四十四条。

审查；撤销仲裁裁决申请被驳回或者申请执行人撤回撤销仲裁裁决申请的，人民法院应当恢复对不予执行申请的审查；被执行人撤回撤销仲裁裁决申请的，人民法院应当裁定终结对不予执行申请的审查，但案外人申请不予执行仲裁裁决的除外。

——最高人民法院民事审判第一庭编著：《最高人民法院新劳动争议司法解释（一）理解与适用》，人民法院出版社 2021 年版，第 300~303 页。

405. 能否强制执行劳动仲裁裁决中“其他请求事项，根据该企业有关规定办理”的内容

关键词

劳动仲裁裁决

附录：《人民司法》信箱

问题： 申请执行人刘某某申请执行沈阳市某防爆器材厂劳动争议仲裁一案，沈阳市甲区劳动仲裁委员会裁决：一、撤销防爆器材厂对刘某某作出的除名决定，防爆器材厂在 15 日内恢复刘某某的职工身份；二、其他请求事项，根据该企业有关规定办理；三、防爆器材厂承担申诉人预交的案件受理费。案件进入执行程序后，防爆器材厂按照法院的要求履行了仲裁裁决的第一项和第三项内容，但对第二项内容，企业认为该企业所有需要补发工资和报销药费的职工均未解决，不能为刘某某单独解决，待企业有钱时统一解决。能否强制执行劳动仲裁裁决中“其他请求事项，根据该企业有关规定办理”的内容？

《人民司法》研究组认为： 执行依据所确定的判项如付诸执行，必须具备两个要件：一、须有给付内容；二、须给付内容具体确定。而本案中劳动仲裁裁决的第二项，对企业是否应该为刘某某补发工资和报销医药费，仲裁裁决只是给出了“根据该企业有关规定办理”这样的大前提，但是刘某某的请求是否适用该企业的有关规定，能够支持的具体请求数额是多少，仲裁裁决都没有给出明确的判断。也就是说，该判项并没有完成大前提（法律规定）——小前提（案件事实）——结论（判项）这一逻辑判断过程，没有具体明确的给付内容，执行机构无法执行。因此，执行法院应当裁定对该判项不予执行，告知申请人请求仲裁机构补充仲裁。

——《人民司法》2009 年第 5 期。

406. 执行依据应具有给付内容且具体确定

关键词

执行依据　给付内容

附录：执行疑难问题解答

能否强制执行劳动仲裁裁决中“其他请求事项，根据该企业有关规定办理”的内容？

问题： 申请执行人刘某某申请执行沈阳市某防爆器材厂劳动争议仲裁一案，沈阳市甲区劳动争议仲裁委员会裁决：一、撤销防爆器材厂对刘某某作出的除名决定，防爆器材厂在 15 日内恢复刘某某的职工身份；二、其他请求事项，根据该企业有关规定办理；三、防爆器材厂承担申诉人预交的案件受理费。案件进入执行程序后，防爆器材厂按照法院的要求履行了仲裁裁决的第一项和第三项内容，但第二项内容，企业认为该企业所有需要补发工资和报销药费的职工均未解决，不能为刘某某单独解决，待企业有钱时统一解决。请问：能否强制执行仲裁裁决书中“其他请求事项，根据该企业有关规定办理”的内容？

《执行工作指导》研究组认为： 执行依据所确定的判项如付诸执行，必须具备这样两个要件：（1）须有给付内容；（2）须给付内容具体确定。而本案中劳动仲裁裁决的第二项，企业是否应该为刘某某补发工资和报销医药费，仲裁裁决只是给出了“应当适用企业有关规定”这样的大前提，但是刘某某的请求是否适用该企业的有关规定，能够支持的具体请求数额是多少，仲裁裁决都没有给出明确的判断。也就是说该判项并没有完成大前提（法律规定）——小前提（案件事实）——结论（判项）这一逻辑判断过程，没有具体明确的给付内容，执行机构无法执行。因此，执行法院应当定对该判项不予执行，告知申请人请求仲裁机关补充仲裁。

——江必新主编、最高人民法院执行工作办公室编：《执行工作指导》2008 年第 4 辑（总第 28 辑），人民法院出版社 2009 年版，第 208 页。

（四）公证债权文书的执行

407. 银行金融债权风险的防控中公证书的强制执行效力

关键词

银行金融债券风险防控　公证书　强制执行效力

最高人民法院司法政策精神

各省、自治区、直辖市高级人民法院、司法厅（局），解放军军事法院，新疆维吾尔自治区高级人民法院生产建设兵团分院、新疆生产建设兵团司法局；各银监局，各政策性银行、大型银行、股份制银行，邮储银行，外资银行，金融资产管理公司，其他有关金融机构：

为进一步加强金融风险防控，充分发挥公证作为预防性法律制度的作用，提高银行业金融机构金融债权实现效率，降低金融债权实现成本，有效提高银行业金融机构防控风险的水平，现就在银行业金融机构经营业务中进一步发挥公证书的强制执行效力，服务银行金融债权风险防控通知如下：

一、公证机构可以对银行业金融机构运营中所签署的符合《公证法》第37条规定的以下债权文书赋予强制执行效力：

（一）各类融资合同，包括各类授信合同，借款合同、委托贷款合同、信托贷款合同等各类贷款合同，票据承兑协议等各类票据融资合同，融资租赁合同，保理合同，开立信用证合同，信用卡融资合同（包括信用卡合约及各类分期付款合同）等；

（二）债务重组合同、还款合同、还款承诺等；

（三）各类担保合同、保函；

（四）符合本通知第二条规定条件的其他债权文书。

二、公证机构对银行业金融机构运营中所签署的合同赋予强制执行效力应当具备以下条件：

（一）债权文书具有给付货币、物品、有价证券的内容；

（二）债权债务关系明确，债权人和债务人对债权文书有关给付内容无疑义；

（三）债权文书中载明债务人不履行义务或不完全履行义务时，债务人愿意接受依法强制执行的承诺。该项承诺也可以通过承诺书或者补充协议等方式在债权文书的附件中载明。

三、银行业金融机构申办强制执行公证，应当协助公证机构完成对当事人身份证明、财产权利证明等与公证事项有关材料的收集、核实工作；根据公证机构的要求通过修改合同、签订补充协议或者由当事人签署承诺书等方式将债务人、担保人愿意接受强制执行的承诺、出具执行证书前的核实方式、公证费和实现债权的其他费用的承担等内容载入公证的债权文书中。

四、公证机构在办理赋予各类债权文书强制执行效力的公证业务中应当严格遵守法律、法规规定的程序，切实做好当事人身份、担保物权属、当事人内部授权程序、合同条款及当事人意思表示等审核工作，确认当事人的签约行为的合法效力，告知当事人申请赋予债权文书强制执行效力的法律后果，提高合同主体的履约意识，预防和降低金融机构的操作风险。

五、银行业金融机构申请公证机构出具执行证书应当在《中华人民共和国民事诉讼法》第二百三十九条[①]所规定的执行期间内提出申请，并应当向公证机构提交经公证的具有强制执行效力的债权文书、申请书、合同项下往来资金结算的明细表以及其他与债务履行相关的证据，并承诺所申请强制执行的债权金额或者相关计算公式准确无误。

六、公证机构受理银行业金融机构提出出具执行证书的申请后，应当按照法律法规规定的程序以及合同约定的核实方式进行核实，确保执行证书载明的债权债务明确无误，尽力减少执行争议的发生。

公证机构对符合条件的申请，应当在受理后十五个工作日内出具执行证书，需要补充材料、核实相关情况所需的时间不计算在期限内。

七、执行证书应当载明被执行人、执行标的、申请执行的期限。因债务人不履行或不完全履行而发生的违约金、利息、滞纳金等，以及按照债权文书的约定由债务人承担的公证费等实现债权的费用，有明确数额或计算方法的，可以根据银行业金融机构的申请依法列入执行标的。

八、人民法院支持公证机构对银行业金融机构的各类债权文书依法赋予强制执行效力，加大对公证债权文书的执行力度，银行业金融机构提交强制执行申请书、赋予债权文书强制执行效力公证书及执行证书申请执行公证债权文书符合法律规定条件的，人民法院应当受理，切实保障银行业金融机构快速实现金融债权，防范金融风险。

九、被执行人提出执行异议的银行业金融机构执行案件，人民法院经审查认为相关公证债权文书确有错误的，裁定不予执行。个别事项执行标的不明确，但不影响其他事项执行的，人民法院应对其他事项予以执行。

十、各省（区、市）司法行政部门要会同价格主管部门合理确定银行业金融债权文书强制执行公证的收费标准。公证机构和银行业金融机构协商一致的，可以在办理债权文书公证时收取部分费用，出具执行证书时收齐其余

① 现为《民事诉讼法》（2021年修正）第二百四十六条。

费用。

十一、银行业监督管理机构批准设立的其他金融机构，以及经国务院银行业监督管理机构公布的地方资产管理公司，参照本通知执行。

——《最高人民法院、司法部、中国银监会关于充分发挥公证书的强制执行效力服务银行金融债权风险防控的通知》(2017年7月18日，司发通〔2017〕76号)。

408. 赋予强制执行效力的公证债权文书申请执行期限

关键词

公证债权文书　申请执行期限

最高人民法院答复

贵州省高级人民法院：

关于中国工商银行贵阳市万东支行申请执行贵州豪力房地产开发有限公司、贵州华新房地产开发有限公司借款担保合同纠纷一案，你院〔2006〕黔高执字第1号报告收悉。经研究，现就本案涉及的有关法律适用问题答复如下：

根据最高人民法院和司法部《关于公证机关赋予强制执行效力的债权文书执行有关问题的联合通知》(下称《联合通知》)的精神，原公证书和执行证书一起构成人民法院强制执行的依据。但该《联合通知》并未明确规定执行证书在什么期限内出具。虽然司法部《公证程序规则》第五十五条明确了执行证书应当在法律规定的执行期限内出具，但该《公证程序规则》自2006年7月1日施行，对本案不具有溯及力。故在司法部《公证程序规则》施行前，债权人申请执行的期限可理解为从公证机构签发执行证书后起算。

——《最高人民法院执行工作办公室关于赋予强制执行效力的公证债权文书申请执行期限如何起算问题的函》(〔2006〕执监字第56－1号)，载江必新主编：《人民法院执行工作规范全集》，人民法院出版社2017年版，第302~303页。

附录：理解与适用

首先应该明确的是，申请执行期限是不变期间应严格按照《民事诉讼法》第二百一十九条[①]的规定执行：即双方或者一方当事人是公民的为1年，双方

① 现为《民事诉讼法》(2021年修正)第二百三十九条。

是法人或者其他组织的为6个月。前款规定的期限，从法律文书规定履行期间的最后一日起计算；法律文书规定分期履行的，从规定的每次履行期间的最后一日起计算。

其次，《联合通知》第七条明确规定．债权人凭原公证书及执行证书可以向有管辖权的人民法院申请执行。也就是说，债权人必须取得执行证书才能申请执行，法院也才能受理。从广义上说，执行证书与原公证书一起构成法院强制执行的依据。但是，二者是有区别的。其一，赋予强制执行效力的公证债权文书是《民事诉讼法》和最高人民法院《关于执行工作若干问题的规定（试行）》规定的六种执行依据之一，其作为人民法院负责执行的生效法律文书是由法律和司法解释明文规定的。而执行证书是《联合通知》规定的，并不能单独作为向法院申请执行的依据。其二，从内容上看，赋予强制执行效力的公债权文书是符合条件的合同、协议、借据、欠单等债权文书，即债务人负有给付义务，且承诺在其不履行或不完全履行义务时接受强制执行的债权文书。而执行证书是在债务人不履行或不完全履行的事实已经发生后，公证机关根据债权人的申请签发的、注明被执行人、执行标的和申请执行期限的证书，相当于公证机关对原公证书作出之后发生的事实及债务人具有给付义务的再确认。

最后，在赋予强制执行效力的公证债权文书作为执行依据时，公证机关签发执行证书并不构成对申请执行期限的变更。关于这个问题，《联合通知》中没有明确规定，《公证程序规则》中也没有明确规定。司法部《关于如何适用〈公证程序规则〉第三十五条第二款规定的批复》（司复〔2005〕18号）中曾经涉及这个问题。该批复全文如下："西藏自治区司法厅：你厅关于如何理解和掌握《公证程序规则》第三十五条第二款的请示收悉。经研究，批复如下：债权人根据《公证程序规则》第三十五条第二款申请公证机构签发执行证书的，应当在《民事诉讼法》第二百一十九条规定的期限内提出；逾期的，公证机关不予受理。公证机构在办理符合赋予强制执行条件和范围的债权文书公证，依法赋予该债权文书具有强制执行效力时，应当告知或者注明《民事诉讼法》第二百一十九条规定的期限为申请签发执行证书的期限，同时也是凭原公证书及执行证书向有管辖权的人民法院申请执行的期限"2006年7月1日施行的《公证程序规则》第五十五条"……执行证书应当在法律规定的执行期限内作出。"对赋予强制执行效力的公证债权文书的申请执行期限的起算点问题的解答就有了明确的依据。即公证机构签发执行证书并不能改变法律规定的限，公证机构应该在法律规定的执行期限内签发执行证书，债权人应当在法律规定的执行期限内申请强制执行。

本案的处理及评析：

首先，就本案而言，新的《公证程序规则》自2006年7月1日起实施，故对本案不具有溯及力。司法部司复〔2005〕18号批复也不适用，该批复规定了公证机构在办理具有强制执行效力的公证债权文书时，负有告知或注明债权人应在什么期限内申请签发执行证书的义务，该批复应自作出之日（2005年10月14日）起对公证机构具有约束力。本案公证债权文书在2004年作出，当时公证机关并没有注明或告知的义务。

其次，根据《联合通知》第6条的规定，“公证机关签发执行证书应当注明被执行人、执行标的和申请执行的期限。债务人已经履行的部分，在执行证书中予以扣除。因债务人不履行或不完全履行而发生的违约金、利息、滞纳金等，可以列入执行标的”，说明申请执行的期限应按照执行证书中注明的期限掌握。之所以这样规定，本意应该是告知债权人应在什么期限内行使申请执行权，避免因超过期限未申请而导致强制执行请求权的丧失。如果在执行证书中注明的申请执行期限在签发执行证书前已经开始起算甚至超期，则在逻辑上存在悖论，对债权人无疑是不公平的。

所以，在《联合通知》和旧的《公证程序规则》没有明确规定执行证书应在什么期限内作出的情况下，对申请执行期限问题应作出有利于债权人的解释，即申请执行的起算点应从公证机关签发执行证书后开始计算。

——于泓：《关于赋予强制执行效力的公证债权文书申请执行期限如何起算问题监督案》，载最高人民法院执行工作办公室编：《执行工作指导》2006年第4辑（总第20辑），人民法院出版社2007年版，第63~67页。

409. 赋予强制执行效力的公证债权文书在签发执行证书时当事人应否到场

关键词

公证债权文书　签发执行证书　当事人到场

最高人民法院答复

陕西省高级人民法院：

你院〔2005〕陕执复字第02号报送的《关于西安国际投资有限公司依据公证债权文申请执行陕西东隆投资有限公司、西部信用担保有限公司、宋胜广借款担保的六起案件的请示报告》收悉。经研究，答复如下：

对最高人民法院和司法部于2000年9月21日会签联合发布了《关于公证机关赋予强制执行力的债权文书执行有关问题的联合通知》第5条相关内容应理解为：公证机关在作出赋予强制执行力的公证债权文书时，已要求当事人到场接受询问或作出承诺，因此，公证机关在签发执行证书时，只要依照上述《联合通知》的规定进行审查即可，并未有要求债务人、担保人再次接受询问的明确规定。至于请示中所涉的案件，请陕西省高级人民法院依照法律和上述《联合通知》的精神予以处理。对担保人申诉中提出的一些问题，也请陕西省高级人民法院认真予以审查并依法妥善处理。

此复

——《最高人民法院关于赋予强制执行效力的公证债权文书在签发执行证书时当事人应否到场问题的请示的答复》(2006 年 6 月 19 日，〔2006〕执他字第 1 号)，载江必新主编:《人民法院执行工作规范全集》，人民法院出版社 2017 年版，第 303~304 页。

附录：理解与适用

本案请示问题的核心内容是，公证机关在签发执行证书时是否必须通知借款人和担保人到场，以及是否再次征询借款人和担保人是否愿意接受强制执行的意见。上述问题涉及对最高人民法院和司法部 2000 年 9 月 21 日共同发布的《关于公证机关赋予强制执行效力的债权文书执行有关问题的联合通知》第五条相关内容的理解。该《联合通知》第五条规定：公证机关签发执行证书时应当注意审查以下内容:（一）不履行或不完全履行的事实确实发生;（二）债权人履行合同义务的事实和证据，债务人依照债权文书已经部分履行的事实;（三）债务人对债权文书规定的履行义务有无疑义。笔者认为，最高人民法院和司法部的上述通知第五条规定内容实质应为在签发执行证书时应审查不履行或不完全履行的事实是否确已发生，合同确定的数额是否已部分履行，债权债务是否真实存在。该审查应为形式审查，也即对公证债权文书进行审查，并不要求必须通知债务人和担保人到场接受审查。应当指出，办理赋予强制执行效力的债权文书，据笔者了解，最高人民法院和司法部会签联合通知时只强调在办理公证时债权人、债务人及担保人应当到场，并未要求签发执行证书时还要到场。只要债权债务真实存在，并已办理了赋予强制执行的公证文书，当债务人未履行债务或未完全履行债务即可依法申请强制执行。

——张小林:《关于赋予强制执行效力的公证债权文书在签发执行证书时当事人应否到场问题的请示案》，载最高人民法院执行工作办公室编:《执行工作指导》2006 年第 2 辑（总第 18 辑），人民法院出版社 2006 年版，第 72~76 页。

410. 对于具有强制执行效力的公证债权文书，债权人能否不经执行程序直接起诉

关键词

公证债权文书　强制执行程序　起诉

最高人民法院公报案例、最高人民法院裁判文书

李杰与辽宁金鹏房屋开发有限公司金融不良债权追偿纠纷上诉案［最高人民法院（2014）民二终字第 199 号民事裁定书］

裁判摘要：根据《民事诉讼法》第二百三十八条[①]、《最高人民法院关于当事人对具有强制执行效力的公证债权文书的内容有争议提起诉讼人民法院是否受理问题的批复》的规定，具有强制执行效力的公证债权文书与生效判决书、仲裁裁决书一样，是人民法院的执行依据，当事人可以据此申请强制执行。对于有强制执行效力的公证债权文书，发生争议后债权人应当申请强制执行，直接提起诉讼的，人民法院不予受理。

根据《最高人民法院、司法部关于公证机关赋予强制执行效力的债权文书执行有关问题的联合通知》第一条的规定，赋予强制执行效力的公证债权文书必须符合当事人已经就强制执行问题在债权文书中达成书面合意的条件。如果仅有公证的形式，而没有当事人关于执行问题的特殊合意，也不能产生可以申请强制执行的效果。因此，合同当事人的意思表示是赋予强制执行效力的公证债权文书强制执行效力的重要来源，当事人可以通过合意的方式约定直接申请强制执行的内容，法律亦不禁止当事人变更直接申请强制执行的内容，放弃对债权的特殊保障。在存在有强制执行效力的公证债权文书的情况下，双方当事人后又对部分债权约定可以采取诉讼方式解决纠纷，是通过合意的方式变更了可以直接申请强制执行的内容，当事人可以就该部分债权提起诉讼。

最高人民法院认为：关于有强制执行效力的公证债权文书所涉债务纠纷，未经执行程序，当事人能否直接提起诉讼的问题。《民事诉讼法》（注：2012年修正）第二百三十八条规定："对公证机关依法赋予强制执行效力的债权文

① 现为《民事诉讼法》（2021 年修正）第二百四十五条。

书，一方当事人不履行的，对方当事人可以向有管辖权的人民法院申请执行，受申请的人民法院应当执行。公证债权文书确有错误的，人民法院裁定不予执行，并将裁定书送达双方当事人和公证机关。"《最高人民法院关于当事人对具有强制执行效力的公证债权文书的内容有争议提起诉讼人民法院是否受理问题的批复》[①]规定："根据《民事诉讼法》(注：2007 年修正）第二百一十四条[②]和《公证法》第三十七条的规定，经公证的以给付为内容并载明债务人愿意接受强制执行承诺的债权文书依法具有强制执行效力。债权人或者债务人对该债权文书的内容有争议直接向人民法院提起民事诉讼的，人民法院不予受理。但公证债权文书确有错误，人民法院裁定不予执行的，当事人、公证事项的利害关系人可以就争议内容向人民法院提起民事诉讼。"根据上述规定，具有强制执行效力的公证债权文书与生效判决书、仲裁裁决书一样，是人民法院的执行依据，当事人可以据此申请强制执行。对于有强制执行效力的公证债权文书，发生争议后债权人应当申请强制执行，直接提起诉讼的，人民法院不予受理。前述司法解释的明确规定，排除了当事人对直接提起诉讼这一方式的选择权。由于本案亦不存在公证债权文书确有错误，人民法院不予执行的裁定，故李杰关于其提起本案诉讼符合法律规定的主张，不能予以支持。

——《最高人民法院公报》2016 年第 4 期（总第 234 期）。

411. 人民法院审查处理不予执行公证债权文书的案件时，实体审查对象原则上应限于被赋予强制执行效力的公证债权文书本身，而不涉及公证债权文书形成的基础事实

关键词

不予执行公证债权文书　审查范围　基础事实

最高人民法院公报案例、最高人民法院裁判文书

重庆德艺房地产开发有限公司不服执行裁定复议案［最高人民法院（2011）执复字第 2 号民事裁定书］

裁判摘要：人民法院在审查处理不予执行公证债权文书的案件

---

① 根据《最高人民法院关于废止部分司法解释（第十三批）的决定》(2019 年 7 月 8 日)，该规定已失效。

② 现为《民事诉讼法》(2021 年修正）第二百四十五条。

时，应当全面审查公证债权文书的内容是否确有错误，包括审查程序问题和实体问题；实体审查的对象原则上应限定于被赋予强制执行效力的公证债权文书本身，而不涉及公证债权文书形成的基础事实。

最高人民法院认为，依照《民事诉讼法》第 214 条[①]以及《最高人民法院关于当事人对具有强制执行效力的公证债权文书的内容有争议提起诉讼人民法院是否受理问题的批复》精神，人民法院在执行程序中，因被执行人提出不予执行抗辩的，应当对公证债权文书的内容是否确有错误进行审查，该审查应当包括公证债权文书的程序和实体问题。重庆高院的裁定内容表明其实际上已对公证债权文书即《还款协议》的内容进行了实体审查，最高人民法院确认其审查意见是正确的。至于该院将实体审查的范围限于本案所公证的债权文书《还款协议》，而未涉及《还款协议》的基础事实《借款合同》是否存在违法高息等问题，最高人民法院认为，除非涉及明显违背当事人真实意愿以及损害社会公共利益或第三人利益的问题，执行程序中将实体审查的对象限定于被赋予强制执行效力的债权文书本身，是适当的。本案《还款协议》项下的债权源于德艺公司与和平路商行于 2003 年签订的《借款合同》项下的本金、利息，该合同又是以新贷款偿还 1997 年至 1998 年间形成的贷款本金和利息，在《还款协议》签订前以及执行程序开始之前，德艺公司既未向债权人提出异议，也未向国家机关寻求救济，而在 2008 年与国地公司就欠款的本金和利息的数额在《还款协议》中进行了确认，并明确表示自愿偿还。《还款协议》的内容并不涉及损害社会公共利益或第三人合法权益问题，也无证据表明违背德艺公司和担保人的真实意愿。德艺公司所谓《还款协议》因涉及被“诱迫”而属于非真实意思表示的主张，也无证据证明，应不予支持。而且该《还款协议》系以解决或防止三方当事人之间就欠款及数额等的争执为目的而达成，债务人不得再行就此前的基础法律关系提出主张。因此，重庆高院不对《还款协议》形成之前的《借款合同》实体问题进行审查，并无不当。

——《最高人民法院公报》2011 年第 11 期（总第 181 期）。

附录：最高人民法院法官著述

人民法院对不予执行公证债权文书申请的审查范围。关于这个问题，存在两种不同的观点。一种观点认为，人民法院在执行程序中审查被赋予强制执行效力的公证债权文书是否确有错误时，不仅要审查公证债权文书本身，

① 现为《民事诉讼法》（2021 年修正）第二百四十五条。

而且要审查公证债权文书形成的基础法律关系；另一种观点认为，人民法院在执行程序中审查被赋予强制执行效力的公证债权文书是否确有错误时，原则上仅限于审查公证债权文书本身。

在公证过程中，涉及以下三个要素：公证债权文书形成的基础法律关系；具有强制执行效力的公证债权文书；公证机关出具的执行证书。《民事诉讼法》第238条[①]、《公证法》第37条以及《批复》关于裁定公证债权文书不予执行的条件都限定为公证债权文书确有错误，并不包括公证债权文书形成的基础法律关系确有错误和执行证书确有错误的情形。对于形成公证债权文书所依据的基础法律关系或者执行证书确有错误时，人民法院是否需要审查，可否因其实体错误或不法而裁定不予执行，现行法律未作出规定。

笔者认为，根据《最高人民法院、司法部关于公证机关赋予强制执行效力的债权文书执行有关问题的联合通知》的规定，公证机关赋予强制执行效力的债权文书应当具备以下条件：债权文书具有给付货币、物品、有价证券的内容；债权债务关系明确，债权人和债务人对债权文书有关给付内容无疑义；债权文书中载明债务人不履行义务或不完全履行义务时，债务人愿意接受依法强制执行的承诺。也就是说，公证机关在签发具有强制执行效力的公证债权文书时，已经对双方的债权债务关系进行了审查，并且双方当事人对债权文书确定的数额和还款期限等问题进行了确认。在此之前，或许双方当事人对债权债务关系存在争执，对债权数额有争议，但这些争议或者争执都因公证债权文书的签发而得以确定，其性质类似于双方当事人订立的“和解合同”。即双方当事人在不违背社会公共利益以及第三人利益的情况下，在私法自治容许的范围内，双方作出让步，自行协议确认终止争议或者排除不明确的法律关系，并且通过公证债权文书的形式赋予其法律效力，以拘束和解当事人。即使一方因此受到不利益，也属于让步的当然结果，不得反悔，更不能就和解前的法律关系再行主张权利。因此，除非涉及明显违背当事人真实意愿以及损害社会公共利益或者第三人利益的问题，人民法院的审查范围原则上应限定于公证债权文书，而不必审查形成公证债权文书所依据的基础法律关系。

此外，实践中还可能出现公证债权文书没有错误而执行证书确有错误的情况。笔者认为，从公证债权文书作出之时到债权人提出强制执行申请期间，存在很多可变因素，如给付的部分完成、当事人变更履行期限等。可变性的存在使公证债权文书的强制执行变得复杂化。只有在当事人不履行或者不完全履行公证债权文书时，执行标的才得以确定。在此情形下，公证机关有必要依据当事人提交的材料进行初步审查后签发执行证书，以节约司法资源，

① 现为《民事诉讼法》（2021年修正）第二百四十五条。

快速实现执行。但执行证书毕竟是一种由公证迈向执行的过渡性审查，执行证书本身所载明的审查结果对人民法院没有必然的约束力。人民法院可以根据当事人提出的异议，根据事实和法律对执行证书的内容进行变更，并对变更后的给付内容予以执行。因此，人民法院有权对公证机关出具的执行证书进行审查，具有强制执行效力的公证债权文书原本和执行证书共同构成执行依据。执行证书确有错误意味着执行依据错误，执行法院可以裁定不予执行。

——司艳丽：《驳回申请不予执行公证债权文书裁定的救济方式与审查范围》，载最高人民法院执行局编：《执行工作指导》2013 年第 2 辑（总第 46 辑），人民法院出版社 2013 年版，第 75 页。

412. 赋强公证中债权人转让部分债权的是否构成不予执行公证债权文书的理由

关键词

赋强公证　债权人转让部分债权　不予执行　公证债权文书

最高人民法院裁判文书

中国民生银行股份有限公司长沙分行与浙江千足集团有限公司等合同纠纷执行案［最高人民法院（2016）最高法执监 142 号执行裁定书］

裁判要旨：债权人虽将其对债务人债权中的一部分予以转让，但其在申请执行证书时将该部分予以核减，其放弃的是对该部分债权申请强制执行的权利，该转让行为是债权人自主处分其民事权利的行为，且该行为在本案中并不损害被执行人的利益，不构成不予执行公证债权文书的理由。

最高人民法院认为，本案中，鉴于汇丰公司的账户已被法院冻结，依据双方签订《还款协议》第 13 条的约定，应视为汇丰公司违约。根据《还款协议》第 15 条的约定，汇丰公司违约的情况下，民生银行长沙分行即有权依据该约定申请执行证书。至于转让债权 8000 万元的问题。民生银行长沙分行将其对汇丰公司可主张的债权中的 8000 万元转让给长沙合道建筑工程有限公司，并在申请执行证书时将 8000 万元予以核减，放弃的是对该 8000 万元的债权的申请强制执行的权利，该转让行为是民生银行长沙分行自主处分其民事权利的行为，且该行为在本案中并不损害被执行人的利益，不构成不予执行公证债权文书的理由。此外，民生银行长沙分行向长沙市公安局天心分局报案汇丰公司贷款诈骗民生银行长沙分行柒亿元，长沙市公安局天心分局已立案并向民生银行送达调取证据通知书的行为，不属于本案应当中止执行的法定理由。长沙中院受理的另案诉讼与本案所涉的公证债权文书是否执行没有关系，申诉人的该项申诉理由不能成立。

——中国裁判文书网。

413. 公证债权文书执行过程中，案外人主张对涉案房地产享有实体权利并主张排除执行的救济

关键词

执行异议　公证债权文书

最高人民法院裁判文书

李某某与厦门国际信托有限公司、唐山市人达房地产开发有限公司公证债权文书执行复议案［最高人民法院（2020）最高法执复 152 号执行裁定书］

裁判要旨：公证债权文书执行过程中，在公证债权文书已经明确申请执行人就涉案执行标的享有抵押权的情况下，案外人主张对涉案执行标的享有实体权利并主张排除执行的，应适用《民事诉讼法》第 227 条[①] 规定的案外人异议和异议之诉的救济途径，而不应适用《公证债权文书执行规定》第 24 条规定的直接提起诉讼的救济途径。

最高人民法院经审理认为，首先，本案中，从李某某提出的异议请求及理由来看，其主张对涉案房产享有的实体权利能够排除人民法院的强制执行，并非主张作为本案执行依据的公证债权文书确认的抵押权无效，或者主张撤销该抵押权。李某某的异议请求符合《民事诉讼法》第 227 条规定的案外人异议的要件，执行法院应当受理其以案外人身份提起的执行异议，并就其主张的实体权利能否排除人民法院的强制执行进行审查。李某某在异议中未曾提出撤销涉案抵押权的请求事项，而是以自己享有涉案房产的实体权利为由提出排除执行的请求，河北省高级人民法院认为应当按照《公证债权文书执行规定》第 24 条第 1 款规定向有管辖权的人民法院提起诉讼，改变了李某某的异议请求事项以及其请求通过执行异议程序解决争议的真实意思表示。其

① 现为《民事诉讼法》（2021 年修正）第二百三十四条。

次，能否排除执行亦不以撤销或解除涉案抵押权为先决条件，而应以李某某主张的实体权利是否符合《执行异议复议规定》第 28 条规定的排除执行的法定条件为要件。河北省高级人民法院认为李某某应当另诉请求撤销公证债权文书确认的抵押权或者请求抵押合同无效，实际上并不能解决李某某提出的涉案房产实体权利的争议。如果李某某对涉案房产不享有实体权利，即便涉案抵押权被确认无效或撤销，也无权主张排除执行。故河北省高级人民法院作出的（2020）冀执异 23 号裁定适用法律错误，依法应当予以纠正。因此，最高人民法院裁定撤销河北省高级人民法院（2020）冀执异 23 号裁定，指令河北省高级人民法院对李某某提出的执行异议依法进行审查。

——中国裁判文书网。

附录：本案解析

（一）公证债权文书执行过程中可以适用案外人执行异议之诉

《民事诉讼法》第 227 条[①]规定："执行过程中，案外人对执行标的提出书面异议的，人民法院应当自收到书面异议之日起十五日内审查，理由成立的，裁定中止对该标的的执行；理由不成立的，裁定驳回。案外人、当事人对裁定不服，认为原判决、裁定错误的，依照审判监督程序办理；与原判决、裁定无关的、可以自裁定送达之日起十五日内向人民法院提起诉讼。"根据该条规定，案外人主张其对执行标的享有实体权益，认为人民法院的执行行为妨害了其所享有的实体权益，且与原判决、裁定无关的，可以向执行法院提出案外人异议。公证债权文书的执行程序中，如果案外人的主张并非针对作为执行依据的公证债权文书，而是主张对执行标的享有实体权利，从而排除人民法院强制执行的，则应当由执行法院根据《民事诉讼法》第 227 条规定，受理其以案外人身份提起的执行异议，并就其主张的实体权利能否够排除人民法院的强制执行进行审查，进而导入案外人异议之诉审查程序中。

（二）当事人、利害关系人就公证债权文书直接提起诉讼的适用情形

关于当事人、利害关系人对具有强制执行效力的公证债权文书的内容有争议提起诉讼，人民法院是否受理的问题，即公证债权文书是否具有可诉性的问题，法律和司法解释规定存在变化发展的过程。此前，《关于当事人对具有强制执行效力的公证债权文书的内容有争议提起诉讼人民法院是否受理问题的批复》（法释〔2008〕17 号）规定，根据《民事诉讼法》第 214 条[②]和《公证法》第 37 条的规定，经公证的以给付为内容并载明债务人愿意接受强制执行承诺的债权文书依法具有强制执行效力。债权人或者债务人对该债权文书

---

① 现为《民事诉讼法》（2021 年修正）第二百三十四条。

② 现为《民事诉讼法》（2021 年修正）第二百二十一条。

的内容有争议直接向人民法院提起民事诉讼的，人民法院不予受理。但公证债权文书确有错误，人民法院裁定不予执行的，当事人、公证事项的利害关系人可以就争议内容向人民法院提起民事诉讼。即公证债权文书在人民法院裁定不予执行前，法院不受理有关对公证债权文书内容争议的诉讼。《公证债权文书执行规定》出台后，对当事人、利害关系人的救济途径进行了细化和修订，区分程序和实体问题，分别通过不

予执行审查程序和诉讼程序审理，根据该规定第 24 条第 1 款规定的“公证债权文书载明的民事权利义务关系与事实不符”“经公证的债权文书具有法律规定的无效、可撤销等情形”等实体事由，债权人和利害关系人可以直接向有管辖权的人民法院提起诉讼，无须以人民法院裁定不予执行为前提条件。

——于明、黄丽娟：《李某某与厦门国际信托有限公司、唐山市人达房地产开发有限公司公证债权文书执行复议案——公证债权文书执行过程中的执行异议之诉》，载中国应用法学研究所主编：《中华人民共和国最高人民法院案例选》（第六辑），法律出版社 2022 年版，第 155~156 页。

414. 含担保协议的公证债权文书是否应予执行

关键词

担保协议　公证债权文书　强制执行

最高人民法院答复

山东省高级人民法院：

你院《关于公证机关赋予强制执行效力的包含担保协议的公证债权文书能否强制执行的请示》（〔2014〕鲁执复议字第 47 号）收悉。经研究，答复如下：

原则同意你院执行复议审查意见。人民法院对公证债权文书的执行监督应从债权人的债权是否真实存在并合法，当事人是否自愿接受强制执行等方面进行审查。《中华人民共和国民事诉讼法》第二百三十八条[①] 第二款规定，公证债权文书确有错误的，人民法院裁定不予执行，并将裁定书送达双方当事人和公证机关。现行法律、司法解释并未对公证债权文书所附担保协议的强制执行作出限制性规定，公证机构可以对附有担保协议债权文书的真实性与合法性予以证明，并赋予其强制执行效力。

本案当事人泰安志高实业集团有限责任公司、淮南志高动漫文化科技发

① 现为《民事诉讼法》（2021 年修正）第二百四十五条。

展有限责任公司、江东廷、岳洋、江焕溢等，在公证活动中，提交书面证明材料，认可本案所涉《股权收益权转让及回购合同》《支付协议》《股权质押合同》《抵押合同》《保证合同》等合同的约定，承诺在合同、协议不履行或不适当履行的情况下，放弃诉权，自愿直接接受人民法院强制执行。但当债权人申请强制执行后，本案担保人却主张原本由其申请的公证事项不合法，对公证机构出具执行证书提出抗辩，申请人民法院不予执行，作出前后相互矛盾的承诺与抗辩，有违诚实信用原则，不应予以支持。公证机构依法赋予强制执行效力的包含担保协议的公证债权文书，人民法院可以强制执行。

此复

——《最高人民法院关于公证机关赋予强制执行效力的包含担保协议的公证债权文书能否强制执行的复函》（2014 年 10 月 9 日，（2014）执他字第 25 号），载江必新、刘贵祥主编、最高人民法院执行局编：《执行工作指导》2015 年第 1 辑（总第 53 辑），国家行政学院出版社 2015 年版，第 143 页。

附录：理解与适用

本案所涉法律适用问题产生争议的根源在于《联合通知》中没有明确公证效力是否及于担保人、担保物。2003 年，最高人民法院执行局刊物《强制执行指导与参考》公布《海南中行股权质押复函》，认为担保协议不属于公证管辖范围。此后，关于公证机构赋予强制执行效力包含担保协议的公证债权文书能否强制执行的法律适用问题产生争议，长期困扰公证机构和执行部门，实践中各地做法不一，亟待予以规范。

一、公证机关可以赋予附担保协议的债权文书强制执行效力

从法理看，公证活动属民事法律行为。《公证法》将公证定义为一种证明活动，公证纠纷本身也属民事纠纷，适用民事诉讼程序解决，公证机构承担民事责任，因此，公证法律关系就其实质仍属民事法律关系范畴。相对行政法律关系的“法无许可即禁止”原则；民事法律关系采用“法无禁止即许可”原则。所以，不能因为没有法律、法规的明确规定，就将担保合同排除在公证程序之外，否定公证程序对其适用，降低赋予强制执行效力公证债权文书的作用。

从立法看，现行法律并未单独对公证债权文书所附担保协议的强制执行作出限制性规定。合法有效的公证债权文书及其强制执行公证书作为人民法院执行依据之一，其执行效力所及的范围应当与判决书、调解书、仲裁裁决书等其他执行依据相同；如果单独对附担保协议的公证债权文书执行效力作出限制，显然缺乏法律规定。根据《物权法》和《民事诉讼法》，担保物权人可以依据抵押合同、质押合同直接申请人民法院强制执行，担保物权实现方式呈现更多样、更便捷、更效率的立法价值取向。据此，未经公证的担保合

同可以通过非讼程序，直接申请人民法院强制执行；那么当事人认可的担保协议，经过公证机构确认并出具执行证书后，当然具有强制执行效力，否则有违立法精神。

从实践看，人民法院关于债权所附担保协议能否公证并赋予强制执行效力的司法观点产生变化。《海南中行股权质押复函》所涉案情是公证机构单独针对担保协议的公证，这种单独针对从合同所作的公证债权文书，其事实与本案差别很大，而且函文所引《公证暂行条例》和《最高人民法院、司法部关于已公证的债权文书依法强制执行问题的答复》均被废止。随着社会经济的发展，现实中，前述观点没有获得认可，部分省份出台地方规范性文件，没有采纳《海南中行股权质押复函》观点，实践中大量担保债权经公证后，进入执行程序。最高人民法院官方微博和裁判文书公开网相继发布的两个案例均支持附担保协议的公证债权文书可以被赋予强制执行效力，体现出司法观点因社会发展而产生新的变化。

从合同看，借款合同所附的担保协议具备成为公证债权文书的特点。第一，内容特定性。无担保的商业性借贷属高风险的融资行为，绝大多数的商业性借贷都有担保，而债权文书中最重要的类型就是借款合同。担保合同作为借款合同的从合同，其内容也表现为以货币、物品、不动产、有价证券以及财产性权益等偿付债务，符合公证债权文书特点。第二，债权确定性。担保方式中保证、抵押、质押等法律关系均具有担保债权内容明确具体，各方当事人无异议的特点。至于留置、定金两种担保方式：根据留置权的定义与特征，留置物为债权人直接占用，不涉及强制执行；而且留置权的行使一般不会事先约定，极少出现留置合同申请公证的情形。定金通常出现在当事人双方存在对待给付义务的双务合同中，由于公证仅对给付义务由一方债务人承担，债权债务关系已明确的债权文书予以公证，并赋予强制执行效力。因此，对定金这种担保方式而言，主合同不符合公证赋予强制执行效力的条件，也就不会产生担保协议是否具有强制执行效力的争议。第三，当事人自愿性。如果担保是由债务人提供，担保义务与债务履行主体合一，担保人与债务人意思表示也是一致的，在自愿申请公证的前提下，担保人肯定属于自愿。如担保合同是由第三人提供的担保，公证机构则应当取得担保人的同意，即担保人同意赋予附担保协议债权文书强制执行效力，并同意在债务人不履行的情况下接受人民法院强制执行。

从执行看，附担保协议的债权文书被公证机构赋予强制执行效力后，担保合同的执行效力具有独立性。根据《担保法》第五条[①]和《物权法》第一百七十二条[②]规定，主合同无效担保合同无效；反之即使担保合同无效，主合同仍然有效。前述规定的意义在于明确了担保合同的相对独立性和主合同的完全独立性，因此，在有担保协议的债权文书中，主合同与从合同分别存在的。此时的从合同，既可能是单独订立的书面合同；也包括主合同中的担保条款，当事人之间具有担保性质的信函、传真等。既然合同有主从之分，当附担保协议的债权文书进入公证程序发生强制执行效力时，担保合同的执行效力也应与主合同有所区分。根据《联合通知》第一条之规定，债权文书具备"债权债务关系明确，债权人和债务人对给付内容无异议，债务人有接受强制执行意思表示"的情况下，公证机构有权赋予其强制执行效力。此时，主合同具有强制执行效力，在没有取得担保人（仅指第三人担保情形）明示同意的情况下，担保合同没有强制执行效力，公证机构亦不能对担保人出具执行证书；执行法院对担保人财产也不能采取强制执行措施。此外，根据《联合通知》，债权债务关系是否"明确"是公证机构对债权文书赋予强制执行效力的法定条件。虽然，有担保的债权合同相对于无担保的债权合同，待证事实有可能会更复杂，但其债权债务的法律关系并不一定含糊不清，有无担保不应成为衡量债权债务是否明确的标准；更不能将有担保的债权债务关系认定为法律关系不明确，进而拒绝对担保合同予以公证。在担保合同内容真实、合法、明确，且担保人明示若债务人不履行或不适当履行给付义务，自愿接受强制执行的情况下，公证机构据此公证并赋予强制执行效力并无不当，人民法院依法应予立案执行。

二、适用民事诉讼的诚实信用原则

《民事诉讼法》将"诚实信用原则"明文化、法定化，明确要求诉讼主体行使诉讼权利应当善意、合法，符合民事诉讼制度设置的目的；不得滥用诉权，意图拖延、阻挠、规避、逃避人民法院的强制执行。执行程序中，如果一方当事人在立案前或执行中的言行已使对方当事人产生某种合理的期待，当对方按照此期待行动或完成时，一方当事人却作出与此前自己的言行相反或相矛盾的言行，从而侵害对方当事人的利益。这种情况下，人民法院可依诚实信用原则否定该行为的法律效果，驳回其主张。

本案公证阶段，担保人承诺放弃诉权，提交证明材料，认可包括《股权收益权转让及回购合同》《支付协议》《股权质押合同》《抵押合同》《保证合同》

---

① 对应《民法典》第六百八十二条，内容改为：保证合同是主债权债务合同的从合同。主债权债务合同无效的，保证合同无效，但是法律另有规定的除外。保证合同被确认无效后，债务人、保证人、债权人有过错的，应当根据其过错各自承担相应的民事责任。

② 对应《民法典》第三百八十八条。

等在内的公证内容，在合同、协议不履行或不适当履行的情况下，自愿直接接受人民法院强制执行。但当本案进入执行阶段后，担保人出现前后相互矛盾的诉讼行为，主张公证内容违法，对公证机构出具执行证书的合法性提出抗辩。当本案担保人有义务根据公证债权文书内容，从事对方预期的一定行为时，实际上实施的却是完全违背对方预期的行为。这种前后矛盾，损害对方当事人权益，破坏执行程序正常进行的行为，属背信行为而应当禁止。因此，从维护民事诉讼诚实信用的角度分析，人民法院执行部门应当认可公证机构依法对担保债权赋予的强制执行效力。

综上，人民法院对公证债权文书的执行监督应围绕两方面：一是债权人的债权是否真实存在并合法；二是包括担保人在内的当事人是否自愿接受强制执行。第一方面的审查主要针对公证债权文书制发程序和证明内容是否合法，债权文书所载给付内容是否真实明确，所涉当事人是否具有自愿接受强制执行的意思表示。至于，担保合同是否属适格的公证对象，不属于判断公证债权文书是否合法的标准。第二方面的审查主要针对当事人在公证程序、执行程序中是否诚信，是否假借民事权利、诉讼权利之名，行损害对方当事人、增加人民法院负担、违反诉讼制度目的之实。对于这类行为，执行法院应当适用诚实信用原则加以规制。

——刘少阳：《含担保协议的公证债权文书是否应予执行的法律问题》，载江必新、刘贵祥主编、最高人民法院执行局编：《执行工作指导》2015 年第 1 辑（总第 53 辑），国家行政学院出版社 2015 年版，第 139~142 页。

（五）刑事裁判涉财产部分的执行

415. 人民法院审查处理刑事裁判涉财产部分执行案件案外人异议、复议，即使审查认为案情并非疑难复杂，也应当公开听证

关键词

刑事裁判涉财产执行　听证

附录：执行信箱

问：人民法院审查处理刑事裁判涉财产部分执行案件案外人异议、复议，如果审查认为案情并非疑难复杂，是否可以不听证？

答：《最高人民法院关于刑事裁判涉财产部分执行的若干规定》第十四条第二款明确规定，人民法院审查案外人异议、复议，应当公开听证。这一规定明显不同于普通民事执行案件，与《最高人民法院关于人民法院办理执行

异议和复议案件若干问题的规定》第十二条的规定不完全一致。对于刑事案件执行中的财产案外人提出的异议、复议，应当适用《最高人民法院关于刑事裁判涉财产部分执行的若干规定》。

在民事执行中，如果案外人对执行标的提出异议的，应当适用《民事诉讼法》第二百二十七条[①]的规定，先由执行机构审查并作出裁定，申请执行人或案外人对裁定不服的，可以向执行法院提起债权人异议之诉或者案外人异议之诉。因此，异议之诉必须有申请执行人作为原告或者被告参加诉讼。由于大多数刑事财产执行案件无申请执行人，如果进入异议之诉，也缺乏相应的诉讼当事人。而对该问题适用《民事诉讼法》第二百二十五条[②]的规定，不需要区分有无被害人，可一律通过异议、复议程序审查处理，程序简便、统一。鉴于此，《最高人民法院关于刑事裁判涉财产部分执行的若干规定》对刑事裁判涉财产部分执行案件中的案外人异议，设计了不同于民事执行案件的处理程序，是在现行法律框架之下，相对较为合理的选择。由于没有诉讼救济渠道，同时鉴于案外人异议通常涉及较为复杂的事实，关系当事人重大实体权利，为确保程序公正，为各方当事人提供充分的程序保障，《最高人民法院关于刑事裁判涉财产部分执行的若干规定》要求人民法院审查处理案外人异议、复议，应当公开听证。即便在审查过程中认为案情并非疑难复杂，也应当公开听证，对于没有听证的案件，属于重大程序违法。

——向国慧、叶欣：《执行审查部分问题解答》，载最高人民法院执行局编：《执行工作指导》2021 年第 1 辑（总第 77 辑），人民法院出版社 2021 年版，第 120~121 页。

416. 执行追缴程序中在赃款赃物不存在的情况下能否直接对被执行人执行退赔

关键词

执行追缴程序　退赔

附录：最高人民法院主流观点

追缴或退赔均为刑事判决所确定的判项内容，如果刑事判决仅判处继续追缴，执行中如果发现应当追缴的赃款赃物已不存在，能否直接转为执行退赔，将被执行人的合法财产予以执行，实践中存在困惑。笔者认为，为防止

---

① 现为《民事诉讼法》（2021 年修正）第二百三十四条。

② 现为《民事诉讼法》（2021 年修正）第二百三十二条。

被执行人逃避应承担的刑事责任，在被执行人已将赃款赃物用掉、毁坏或挥霍的情况下，执行被执行人等值的合法财产，符合《刑法》第 64 条规定精神，但是有违审执分离原则。《刑法》第 64 条规定事项须经刑事裁判予以确认，执行机构无权在执行中改变判项内容，即便发现判项内容已发生变化，也应通过法定程序予以解决。如适用《刑事执行规定》第 15 条规定，可由刑事审判部门裁定变更后予以执行。执行中应当避免以执代审。

——江必新、刘贵祥主编、最高人民法院执行局编：《最高人民法院执行最新司法解释统一理解与适用》，中国法制出版社 2016 年版，第 270 页。

417. 关于刑事裁判文书制作的规范要求

关键词

财产清单

附录：最高人民法院主流观点

1. 刑事判决应否保留违法所得继续追缴的判项

就此问题实践中一直存有争议。《最高人民法院关于适用刑法第六十四条有关问题的批复》规定："根据刑法第六十四条和刑诉法解释第一百三十八条、第一百三十九条的规定，被告人非法占有、处置被害人财产的，应当依法予以追缴或者责令退赔。据此，追缴或者责令退赔的具体内容，应当在判决主文中写明；其中，判决前已经发还被害人的财产，应当注明。被害人提起附带民事诉讼，或者另行提起民事诉讼请求返还被非法占有、处置的财产的，人民法院不予受理。"鉴于法律、司法解释已将被告人非法占有、处置被害人财产的情形排除在附带民事诉讼的受案范围之外，如不在判决主文中写明追缴或者责令退赔的有关内容，则无法有效维护被害人的合法权益。尤其当被害人在判决生效后发现了被告人藏匿的财产，如无明确、具体的判决依据，司法机关就可能相互推诿，从而影响及时追缴。因此，追缴或者责令退赔的具体内容，应当在判决主文中写明。但是考虑违法所得继续追缴的执行难度，只有对于有证据证明赃物尚在的，才适宜判处继续追缴，其他情况下判处责令退赔更为恰当。

2. 刑事判决所附财产清单的法律效力

对于涉众型刑事案件，由于被害人、案外人、涉案财物数量较多，难以在判决书中详细列明的，则采用《收缴执行财物清单》作为刑事判决的附件，此为审判中的通行做法。该财物清单是刑事判决的组成部分，与刑事判决具有同等法律效力，理应与一审判决一并作出，如果被告人、被害人、案外人认为该清单认定事实错误，可与一审判决一并上诉，由二审一并审理。但实践中有的一审法院在终审判决生效后移送执行时才作出《收缴执行财物清单》，执行中如果被告人、被害人、案外人认为该清单认定事实错误而提出异议的，对其异议权利则不能及时予以救济。因此，审判部门对此应予规范。

3. 判决内容难以执行的处理方式

对于刑事判决判项内容不具体、不明确的执行案件，执行机构如何处理，征求意见中有的建议退回审判部门补正，有的建议以书面形式说明理由退回立案庭销案，有的建议裁定不予执行。以上建议和措施，目的是以倒逼机制促使审判部门规范制作刑事裁判文书，解决判项内容不具体、不明确的问题。我们认为，以上问题涉及人民法院内部的协调机制，不宜在司法解释中明确规定，以人民法院的内部规定予以规范更为恰当，故未将以上内容列入《刑事执行规定》中。

——江必新、刘贵祥主编、最高人民法院执行局编：《最高人民法院执行最新司法解释统一理解与适用》，中国法制出版社 2016 年版，第 280 页。

418. 刑事财产执行经过无底价拍卖仍不能变价的，不能退还被执行人

关键词

无底价拍卖

附录：最高人民法院主流观点

1. 根据民事执行拍卖、变卖财产的规定，对于动产、不动产经过两次或三次拍卖而流拍，又未能变卖或以物抵债的，可以退还被执行人，而刑事财产执行即便经过无底价拍卖仍不能变价的，亦不能照此办理，因为财产刑为刑罚的种类，追缴、退赔为涉案财物的处置，皆是生效刑事裁判所确定内容，如果将被执行财产发还被执行人，相当于对被执行人所判刑罚或者涉案财物处置事项执行的改变或减、免，不符合刑罚执行的基本要求，有损于生效刑事裁判的严肃性，故不能退还被执行人。

2. 实践中，一些司法机关将需要上缴国库或发还被害人的涉案财物截留、擅自处置、挪作自用的情况时有发生，为此，2015 年 3 月中央办公厅、国务院办公厅联合下发的《关于进一步规范刑事诉讼涉案财物处置工作的意见》对此予以严格规范。该《意见》第 10 条规定“建立中央政法机关交办案件涉案财物上缴中央国库制度。凡由最高人民检察院、公安部立案或者由其指定地方异地查办的重特大案件，涉案财物应当纳入中央政法机关的涉案财物账

户；判决生效后，涉案财物除依法返还被害人以外，一律通过中央财政汇缴专户缴入中央国库。”“建立中央政法机关交办案件办案经费安排制度。凡中央政法机关指定地方异地查办的重特大案件，其办案经费由中央财政保障，必要时提前预拨办案经费。涉案财物上缴中央国库后，由中央政法委员会会同中央政法机关对承办案件单位办案经费提出安排意见，财政部通过转移支付及时核拨地方财政，并由地方财政部门将经费按实际支出拨付承办案件单位。”各地执行机构应当严格依照该规定予以执行。

——江必新、刘贵祥主编、最高人民法院执行局编：《最高人民法院执行最新司法解释统一理解与适用》，中国法制出版社 2016 年版，第 296 页。

（六）行政案件的执行

419. 政府征收决定直接导致物权变动，但在被征收人未获安置补偿前，不能强制执行，即使约定拆除房屋内容亦不例外

关键词

政府征收　物权变动　安置补偿　强制执行

最高人民法院裁判文书

陕西省宝鸡市渭滨区人民政府与于三虎行政强制拆除案［最高人民法院（2018）最高法行申 4272 号行政裁定书］

裁判要旨：政府征收作为物权变动的特殊形式，因征收决定的作出而直接导致物权变动。但需要特别注意的是，在征收补偿工作完成前，仍应保障被征收人对被征收房屋或者土地的合法占有权益，被征收人未获得安置补偿前，不能予以强制执行。即征收土地和房屋除应当遵循“无补偿则无征收”的原则外，还应当遵循“先补偿、后拆迁（执行）”的原则，否则，被征收人有权拒绝搬迁，征收机关也不能强制执行。

最高人民法院经审查认为：关于渭滨区政府提出依据涉案《拆迁过渡协议》约定，于三虎应当将房屋交由其拆除，拆除行为并不违法的理由能否成

立的问题。《物权法》第二十八条[①]规定："因人民法院、仲裁委员会的法律文书或者人民政府的征收决定等，导致物权设立、变更、转让或者消灭的，自法律文书或者人民政府的征收决定等生效时发生效力。"据此，政府征收作为物权变动的特殊形式，因征收决定的作出而直接导致物权变动。但需要特别注意的是，在征收补偿工作完成前，仍应保障被征收人对被征收房屋或者土地的合法占有权益，被征收人未获得安置补偿前，不能予以强制执行。即征收土地和房屋除应当遵循"无补偿则无征收"的原则外，还应当遵循"先补偿、后拆迁（执行）"的原则，否则，被征收人有权拒绝搬迁，征收机关也不能强制执行。该原则不仅体现在相关法律的原则性规定中，还细化在国务院相关规定和司法解释中，如《国务院办公厅关于进一步严格征地拆迁管理工作切实维护群众合法权益的紧急通知》第二条规定，征地涉及拆迁农民住房的，必须先安置后拆迁，妥善解决好被征地农户的居住问题。切实做到被征地拆迁农民原有生活水平不降低，长远生计有保障；《最高人民法院关于审理涉及农村集体土地行政案件若干问题的规定》第十四条明确，土地管理部门申请人民法院强制执行责令交出土地决定的，应符合被征收土地所有权人、使用人已经依法得到安置补偿或者无正当理由拒绝接受安置补偿等条件；《最高人民法院关于办理申请人民法院强制执行国有土地上房屋征收补偿决定案件若干问题的规定》第六条规定，征收补偿决定明显不符合公平补偿原则，严重损害被执行人合法权益，或者使被执行人基本生活、生产经营条件没有保障的，人民法院应当裁定不准予执行。之所以明确"先补偿、后拆迁（执行）"原则，根本目的在于保障被征收人在土地或房屋被征收后，获得安置补偿前的基本生活或生产经营条件。一般而言，被征收人获得安置补偿包含两种情况：一是征收机关与被征收人就安置补偿达成一致并签订安置补偿协议，征收机关开始按照安置补偿协议主动履行相关义务；二是在与被征收人达不成协议的情况下，征收机关依据征地补偿安置方案依法作出补偿决定或补偿行为，即安置地点和面积已经明确，补偿款已经支付或者专户储存。实践中存在征收机关与被征收人达成安置补偿协议后，被征收人主动将土地或房屋交征收机关处理，征收机关据此采取的拆除行为不属于强制拆除范畴，该拆除行为的合法性和正当性是基于被征收人认可安置补偿后的自愿处分行为。本案中，渭滨区政府和于三虎签订的涉案《拆迁过渡协议》约定了过渡费、搬迁费和奖励金，但没有关于被征收土地和房屋的安置补偿条款，渭滨区政府此后亦未对于三虎作出明确安置地点、支付或提存补偿款的安置补偿行为。

---

① 对应《民法典》第二百二十九条，内容改为：因人民法院、仲裁机构的法律文书或者人民政府的征收决定等，导致物权设立、变更、转让或者消灭的，自法律文书或者征收决定等生效时发生效力。

在此情况下，双方约定被征收人将房屋交征收机关拆除的内容，能否作为征收机关实施拆除行为的合法性基础？房屋征收补偿的过渡条款是房屋被拆除之后获得实际安置之前，双方当事人关于过渡方式、过渡期限和过渡费用的具体安排，不同于作为征收补偿主要内容的补偿方式、补偿金额、安置地点和面积等主要条款，过渡条款并不能从根本上保障被征收人的安置补偿权益，仅有过渡条款的过渡协议不能替代整体的安置补偿协议，过渡协议中约定的将房屋交由征收机关拆除的内容，必须与明确约定征收补偿主要条款的安置补偿协议结合后，方可作为征收机关拆除被征收房屋的合法依据，仅就过渡问题签订的过渡协议，即使协议中约定拆除房屋的内容，在征收机关完成安置补偿工作之前，也不能作为拆除被征收房屋的合法依据。因此，本案渭滨区政府仅依据《拆迁过渡协议》主张于三虎应按照约定将房屋交由其实施拆除的抗辩理由不能成立。

——中国裁判文书网。

420. 责令采取补救措施判决执行内容及是否执行完毕的认定

关键词

责令采取补救措施　执行完毕

最高人民法院裁判文书

魏其诚等与山东省济宁市任城区人民政府执行监督案［最高人民法院（2019）最高法执监 267 号执行裁定书］

裁判要旨：行政判决责令行政机关采取补救措施的，该判决具有给付内容，属于行为执行。行政机关按照判项要求履行义务并基本符合判决理由阐述的法律精神的，可以认定案件执行完毕。

最高人民法院经审查认为：本案争议焦点是行政机关是否履行了生效判决确定义务。本案执行依据为（2017）鲁行终 315 号行政判决，该判决在分析征收决定的合法性问题时指出，征收补偿方案是征收决定的重要内容之一，审查征收补偿方案是否合法是审理起诉征收决定案件中不可缺少的部分。《国有土地上房屋征收与补偿条例》（以下简称《条例》）第二十一条[①]第一款规定，“被征收人可以选择货币补偿，也可以选择房屋产权调换。”因房屋是

① 现为《国有土地上房屋征收与补偿条例》第十九条。

居民赖以生存的重要生活物资，房屋被征收后，必然会给居民生活带来不便，为避免因房屋征收造成居民居住困难问题的出现，故《条例》特别赋予被征收人对补偿方式享有自主选择权。本案中，被上诉人任城区政府制定的《西门大街棚户区改造项目房屋征收与补偿方案》在征收补偿方式条款中规定，“本片区房屋征收实行货币补偿”，而未对房屋产权调换作出相关规定。“房票”安置可以作为货币补偿与房屋产权调换补偿方式的补充，但并不能作为替代房屋产权调换的补偿方式。该征收与补偿方案中关于“房票”的规定实质上变相剥夺了被征收人关于补偿方式的选择权，导致被征收人特别是产权面积较小的被征收人居住权无法得到保障。任城区政府作出的被诉房屋征收决定明显不当。任城区政府作出的被诉征收决定变相剥夺了被征收人货币补偿与房屋产权调换的选择权。该征收决定明显不当，本应予以撤销，但因征收范围内绝大部分被征收人已经签订了补偿协议，且已进入了工程施工阶段，撤销该征收决定将会给国家和社会公共利益造成重大损失，故应确认其违法，任城区政府应严格按照《条例》的相关规定采取相应的补救措施。判决确认任城区政府作出的《西门大街棚户区改造项目房屋征收决定》违法，责令其采取补救措施。

从判决的上述判项及其理由看，执行内容是要求任城区政府采取补救措施，给被征收人货币补偿与房屋产权调换的选择权。任城区政府在执行期间作出了《关于对西门大街棚户区改造项目房屋征收补偿方式进行补充说明的公告》，明确被征收人可以选择货币补偿，也可以选择房屋产权调换。任城区政府从形式上给了被征收人货币补偿与房屋产权调换的选择权，履行了生效判决确定的采取补救措施的义务。对行政行为是否实质违法，一般不宜由执行程序判断，山东高院明确了当事人可以提起行政诉讼，并无不当。

——中国裁判文书网。

附录：本案解析

对是否执行完毕的判断问题，主要涉及行政、行政审判与强制执行的关系，与民事案件对执行完毕与否的判断有所不同。

责令采取补救措施判决经常是概括性判决，而不是具体判决，具体如何补救，仍有赖行政机关根据具体情况作出行政行为。即使行政判决在事实认定及说理时指出了大体方向，通常也会给行政机关留出一定的自主裁量空间。到了执行阶段，执行法院同样不能越俎代庖，代替行政机关判断如何采取具体的补救措施。但在判决已经明确了具体的补救措施的情形下，执行法院应当严格按照判决执行。

基于对行政权及审判权的尊重，执行法院对执行完毕与否的判断，既要严格，又要谦抑。具体而言，对执行完毕与否的判断，一般以形式审查为原则，不进行实质审查。就责令采取补救措施的判决执行而言，执行法院主要审查补救措施是否符合判决要求的形式。在本案中，执行内容是要求某区政府采取补救措施，给被征收人货币补偿与房屋产权调换的选择权。某区政府在执行期间作出了《关于对西门大街棚户区改造项目房屋征收补偿方式进行补充说明的公告》，明确被征收人可以选择货币补偿，也可以选择房屋产权调换。某区政府从形式上给了被征收人货币补偿与房屋产权调换的选择权，履行了生效判决确定的采取补救措施的义务。对行政行为是否实质违法，是否实质上没有履行生效判决，一般不宜由执行程序判断，当然，行政机关的补救措施规避执行具有明显性的除外。由于行政机关采取的补救措施属于新的行政行为，当事人对其合法性有质疑的，仍然可以依法提起行政诉讼。

——向国慧：《责令采取补救措施判决执行内容及是否执行完毕的认定》，载最高人民法院执行局编：《执行工作指导》2020 年第 2 辑（总第 74 辑），人民法院出版社 2021 年版，第 71~79 页。

421. 在获得人民法院准许强制执行裁定前，行政机关没有直接强制拆除被征收房屋的权利

关键词

强制拆除　准许强制执行裁定

最高人民法院公布的典型案例

李三德诉宝鸡市渭滨区人民政府行政强制案

裁判要旨：在被征收人已经依法得到安置补偿或者无正当理由拒绝接受安置补偿的情况下，行政机关若要实现强制搬迁和拆除，也必须按照法定程序申请人民法院强制执行，在获得人民法院准许强制执行裁定前，行政机关没有直接强制拆除被征收房屋的权利。

（一）基本案情

李三德系宝鸡市渭滨区神农镇陈家村（以下简称陈家村）村民，在该组拥有宅基地并建有房屋。2013 年 12 月 25 日，宝鸡市渭滨区旧城改造领导小组发文成立了陈家村城改办，对陈家村进行城中村改造。2015 年 9 月 16 日，李三德作为乙方与甲方陈家村城改办签订《拆迁过渡协议》。该协议约定全村实行统一的城中村改造拆迁安置补偿标准，并对于乙方住房面积做了确认，约定了过渡费和搬迁费、奖励的金额，同时约定乙方应在 2015 年 10 月

15日前签订协议并腾空房屋、交付房屋钥匙，交由甲方实施拆迁。2015年10月2日，李三德将房屋腾空并向陈家村城改办交付住房钥匙。2016年9月11日，陈家村村委会组织实施拆除了李三德的房屋。李三德不服拆除房屋的行为，于2016年10月17日诉至法院，请求确认宝鸡市渭滨区人民政府（以下简称渭滨区政府）强拆其房屋的行为违法并承担本案的诉讼费用。

（二）裁判结果

陕西省宝鸡市中级人民法院一审认为，渭滨区政府拆除李三德房屋系依据《拆迁过渡协议》实施的合法行为，判决驳回李三德的诉讼请求。李三德不服一审判决，提起上诉。陕西省高级人民法院二审认为，陈家村村委会组织实施强制拆除李三德房屋的行为系代渭滨区政府实施的受委托行为，相应的法律后果应当由渭滨区政府承担。渭滨区政府既没有依法作出《责令交出土地决定》，也没有依法申请人民法院强制执行，且在没有完成安置补偿工作的情况下，直接对李三德的房屋实施了强制拆除行为，违反法律规定。遂判决撤销一审判决，确认渭滨区政府拆除李三德房屋的行为违法。

（三）典型意义

《中华人民共和国土地管理法》《国有土地上房屋征收与补偿条例》等法律法规对集体土地和国有土地上房屋征收程序和方式均作出了明确规定。行政机关在对土地和房屋征收的过程中，应当遵循“先补偿、后拆迁”原则，依法对被征收人进行安置补偿。在被征收人已经依法得到安置补偿或者无正当理由拒绝接受安置补偿的情况下，行政机关若要实现强制搬迁和拆除，也必须按照法定程序申请人民法院强制执行，在获得人民法院准许强制执行裁定前，行政机关没有直接强制拆除被征收房屋的权利。本案中，渭滨区政府在李三德腾空房屋并交付住房钥匙后实施拆除房屋的行为，从形式上看似乎是依照协议的行为，也不违背李三德的意愿。但不可忽视的是，这种“貌似自愿”是建立在被征收人李三德并没有获得实质补偿的基础上。李三德受政府许诺“奖励”政策的影响，与陈家村城改办签订了《拆迁过渡协议》，仅对过渡费、搬迁费和奖励金额等进行约定，并未对李三德作出实质性补偿安置。渭滨区政府以此作为拆除房屋的依据，不符合“先补偿、后拆迁”原则的立法精神，不利于全面保护被征收人切身利益。因此，渭滨区政府在没有完成安置补偿工作，又没有依法申请人民法院强制执行的情况下，即拆除了李三德的房屋，明显违反法律规定。

——《最高法发布产权保护行政诉讼典型案例》，载《人民法院报》2020年7月28日。

422. 劳动行政部门作出责令用人单位支付劳动者工资报酬、经济补偿和赔偿金的劳动监察指令书是否属于可申请法院强制执行的具体行政行为

关键词

劳动行政部门　劳动监察指令全书　强制执行　具体行政行为

最高人民法院答复

广东省高级人民法院：

你院《关于如何处理〈劳动监察指令书〉问题的请示》收悉。经研究，原则同意你院意见，即：劳动行政部门作出责令用人单位支付劳动者工资报酬、经济补偿和赔偿金的劳动监察指令书，不属于可申请人民法院强制执行的具体行政行为，人民法院对此类案件不予受理。劳动行政部门作出责令用人单位支付劳动者工资报酬、经济补偿和赔偿金的行政处理决定书，当事人既不履行又不申请复议或者起诉的，劳动行政部门可以依法申请人民法院强制执行。

——《最高人民法院关于劳动行政部门作出责令用人单位支付劳动者工资报酬、经济补偿和赔偿金的劳动监察指令书是否属于可申请法院强制执行的具体行政行为的答复》(1998年5月17日，〔1998〕法行字第1号)，载江必新主编：《人民法院执行工作规范全集》，人民法院出版社2017年版，第706页。

423. 行政文件不能作为人民法院强制执行的依据

关键词

执行依据

最高人民法院答复

广东省高级人民法院：

你院〔1999〕粤高法执督字第57号函收悉，经研究，答复如下：

一、珠海王子实业有限公司在执行程序中提供的汇率结算协议书，未经实体判决认定，在执行程序中不能采信。债务人应按生效判决之判定以美元给付债权人。若给付美元不能的，应按实际给付之日的国家外汇牌价汇率予

以折算成人民币给付。

二、珠海市中级人民法院根据珠海市人民政府的协调安排意见，裁定由中奥（珠海）塑料包装有限公司承担 11 套职工住房转让款及租金，缺乏法律依据，且改变了〔1996〕粤高法审监经字第 4 号民事判决的内容，应予纠正。

三、中奥公司将其位于珠海市拱北夏湾二路排洪沟北侧的 10，853 平方米土地及地上附着物 5878 平方米建筑物抵押给中国银行珠海分行的抵押登记时间是 1999 年 12 月 26 日，而此时依〔1998〕珠法执字第 62 － 1 号民事裁定书，珠海王子实业有限公司尚欠中奥（珠海）塑料包装有限公司 3，493，025.13 元人民币，故不能认定中奥（珠海）塑料包装有限公司为逃避债务恶意抵押。珠海市中级人民法院在执行程序中裁定登记机关的抵押登记行为失当，应予纠正。

请你院按照上述意见予以办理。

——《最高人民法院执行工作办公室关于中奥（珠海）塑料包装有限公司执行申诉一案的复函》（2002 年 1 月 17 日，〔2001〕执监字第 80 号），载江必新主编：《人民法院执行工作规范全集》，人民法院出版社 2017 年版，第 1104~1106 页。

附录：理解与适用

1998 年 7 月 8 日生效的《最高人民法院关于人民法院执行工作若干问题的规定（试行）》第 2 条明确规定了人民法院执行机构据以强制执行的生效法律文书的种类，珠海市中级人民法院将珠海市政府的办公会议纪要和协调安排意见作为执行依据，显然缺乏法律依据。何况，该争议的事项在再审判决中已明确判定“此 13 套房应由中技公司与住户另行解决”，珠海市政府办公会议纪要和珠海市政府办公室给珠海中院指令函要求中奥公司承担房款 289.776 万元，此款不属本案的执行款项，王子公司要求中奥公司支付该款项不属法院执行内容，珠海中院在执行中以行政文件作为执行依据，没有法律根据，应予纠正。

——黄年：《中奥（珠海）塑料包装有限公司执行申诉案》，载最高人民法院执行工作办公室编：《强制执行指导与参考》2004 年第 1 集（总第 9 集），法律出版社 2004 年版，第 89~95 页。

424. 人民法院能否裁定准予执行土地管理部门的行政处罚决定

关键词

土地管理　行政处罚

最高人民法院审判业务意见［《人民法院办理执行案件规范（第二版）》］

1054.【申请强制执行】

对发生法律效力的行政判决书、行政裁定书、行政赔偿判决书和行政赔偿调解书，负有义务的一方当事人拒绝履行的，对方当事人可以依法申请人民法院强制执行。

——最高人民法院执行局编:《人民法院办理执行案件规范（第二版）》，人民法院出版社 2022 年版，第 430 页。

附录:《人民司法》信箱

问题: 某村民在其宅基地上建房时超出批准的宅基地范围，占用了部分村庄建成区土地，土地管理部门作出责令其限期拆除的处罚决定。该村民在法定期限内既不拆除，也不起诉，土地管理部门遂向法院申请强制执行。法院在处理当中有两种不同意见：一种意见认为，根据《土地管理法》第七十七条、第八十三条之规定，应裁定准予执行。另一种意见认为，村民超占部分为村庄建成区，依据城乡规划法第四十一条规定，应当办理乡村规划许可证，而后方可办理用地审批手续。对于该村民的违法建设行为，应当依据《城乡规划法》第六十五条之规定，由乡人民政府以未办理乡村规划许可证为由予以处罚，而不应由土地管理部门处罚，应裁定不予执行。请问哪种意见正确?

《人民司法》研究组认为: 超出标准的宅基地范围建设房屋构成《土地管理法》第七十七条规定的“非法占用土地”的行为，按照本条规定及《土地管理法》第八十三条规定，土地管理部门[①]有权责令违法者自行拆除违法建设的房屋；如其既不起诉又不履行，土地管理部门可以依法申请人民法院强制执行。

——《人民司法》2011 年第 19 期。

（七）涉外案件的执行

425. 如何理解被执行人在我国领域内有实际可执行的财产

关键词

我国领域内

① 现为《土地管理法》（2021 年修正）第七十八条，将土地管理部门改为农业农村主管部门。

最高人民法院答复

辽宁省高级人民法院：

你院〔2005〕辽民四他字第2号《关于北京长城高级润滑油品有限公司申请承认与执行朝鲜民主主义人民共和国和解决定一案有关适用法律问题的请示》收悉。经研究，答复如下：

我国民事诉讼法第二百六十九条[①]规定，国外仲裁机构的裁决，需要中华人民共和国人民法院承认和执行的，应当由当事人直接向被执行人住所地或者其财产所在地的中级人民法院申请，人民法院应当依照中华人民共和国缔结或者参加的国际条约，或者按照互惠原则办理。该条所指“财产”，应当理解为被执行人在我国领域内拥有的实际可执行的财产，不包括未来可能进入我国境内的财产。本案中，被执行人朝鲜水产物贸易会社和朝鲜水产船舶经营会社的住所地均不在我国，朝鲜水产物贸易会社在我国领域内没有可供执行的财产，朝鲜水产船舶经营会社所有的船舶尚未进入我国领域，也不能认定其在我国领域内有可供执行的财产。“近期将有船舶进入大连港”具有不确定性，在朝鲜水产船舶经营会社所有的船舶进入大连港之前，大连市中级人民法院对本案不具有管辖权。

此复

——《最高人民法院关于北京长城高级润滑油品有限公司申请承认与执行朝鲜民主主义人民共和国和解决定案有关适用法律问题的请示的答复》（2005年11月23日，〔2005〕民四他字第43号），载江必新主编：《人民法院执行工作规范全集》，人民法院出版社2017年版，第690页。

（八）港澳台地区法院与仲裁机构作出的生效法律文书的执行

426. 申请执行香港仲裁裁决时，法院在作出认可和执行裁定前，可以依申请采取保全措施

关键词

财产保全

最高人民法院公布的典型案例

华夏航运（新加坡）有限公司申请执行香港仲裁裁决案［（2018）粤72

① 现为《民事诉讼法》（2021年修正）第二百九十条。

认港1号、(2019)粤72认港1号]

裁判要旨：参照《关于内地与澳门特别行政区相互认可和执行仲裁裁决的安排》，并根据《中华人民共和国民事诉讼法》及其司法解释有关规定，依当事人申请，分别在当事人申请认可和执行仲裁裁决前，采取诉前保全措施；在当事人申请认可和执行仲裁裁决后、法院作出认可和执行裁定之前，采取诉中保全措施。

（一）基本案情

2012年2月1日，华夏航运（新加坡）有限公司（以下简称华夏公司）与东海运输有限公司（以下简称东海公司）签订包运合同，约定由东海公司运载华夏公司货物，因该包运合同产生的所有争议提交香港仲裁，适用英国法。同年4月21日，华夏公司向东海公司发送电子邮件，确认双方在前述包运合同的基础上达成补充合同，约定新增一批货物运输，其他条款和条件适用包运合同。后双方就补充合同的履行发生争议，华夏公司于2016年2月16日在香港提起仲裁。香港仲裁庭分别作出首次终局裁决和费用终局裁决，裁决东海公司支付相应赔偿款项及相关仲裁费用。

仲裁裁决生效后，华夏公司向广州海事法院申请认可和执行上述两份仲裁裁决。东海公司答辩认为，华夏公司提交的仲裁协议未经公证认证，也未提交经过正式证明的中文译本；涉案货物运输系补充合同约定内容，补充合同是当事人双方通过电话形式口头达成的，未约定仲裁条款或者仲裁协议，东海公司亦从未认可仲裁庭具有管辖权；执行仲裁裁决将违反内地仲裁法关于仲裁协议必须明示的要求以及民法总则关于意思表示的有关规定，违反社会公共利益。

（二）裁判结果

广州海事法院认为，第一，华夏公司申请认可和执行仲裁裁决的文书符合《最高人民法院关于内地与香港特别行政区相互执行仲裁裁决的安排》（以下简称《安排》）关于形式要件的要求。第二，仲裁协议成立与否属于对仲裁协议效力的审查范围，并且，因双方当事人未对确认仲裁协议效力的准据法作出约定，根据《安排》第七条第一项，应依据仲裁地法律即香港法律对涉案仲裁协议是否成立进行审查。而依据香港法律有关规定，涉案电子邮件记载的合同并入条款构成有效成立的仲裁协议。第三，违反内地法律有关规定，并不能等同于违反内地社会公共利益，除非认可和执行仲裁裁决将造成严重损害内地法律基本原则的后果。内地仲裁法对仲裁协议的明示要求和民法总则对意思表示的要求，不属于内地法律的基本原则范围。基于以上理由，裁定认可和执行涉案两份仲裁裁决。另，根据华夏公司的申请，广州海事法院于作出认可和执行仲裁裁决的裁定前，对东海公司在招商银行深圳分行的存款予以冻结。

（三）典型意义

第一，明确仲裁协议成立与否属于仲裁协议效力审查范围。仲裁协议是当事人申请认可和执行仲裁裁决时必须提交的文书，其直接关系到仲裁庭是否具有管辖权。对仲裁协议效力的审查，是认可和执行仲裁裁决需要解决的先决问题。为此，《安排》第七条第一项明确规定仲裁协议无效的，裁定不予执行。但是，仲裁协议无效作广义理解还是狭义理解，是否包括仲裁协议不成立的情形，在实践中存在争议。本案没有局限于字面意思，而是从条文本意出发，认为仲裁协议是否成立是仲裁协议是否有效的前提，属于仲裁协议效力的审查范畴。仲裁协议无效应包括仲裁协议不成立的情形。

第二，在作出认可和执行裁定前，依申请采取保全措施。法院在受理认可和执行仲裁裁决申请之前或者之后，可否对被申请人的财产采取保全措施，《安排》并未明确规定，实践中理解也不一致。本案参照《关于内地与澳门特别行政区相互认可和执行仲裁裁决的安排》，并根据《中华人民共和国民事诉讼法》及其司法解释有关规定，依当事人申请，分别在当事人申请认可和执行仲裁裁决前，采取诉前保全措施；在当事人申请认可和执行仲裁裁决后、法院作出认可和执行裁定之前，采取诉中保全措施。审理法院通过预防性救济措施促进裁决顺利执行，有利于保护当事人合法权益。

——《内地与香港特别行政区发布相互执行仲裁裁决的典型案例》，载《人民法院报》2020 年 11 月 28 日。

427. 内地仲裁机构在香港设立的分支机构以香港为仲裁地作出的仲裁裁决属于香港仲裁裁决

关键词

仲裁裁决籍属　仲裁地

最高人民法院公布的典型案例

美国意艾德建筑师事务所申请执行香港仲裁裁决案［（2016）苏 01 认港 1 号］

裁判要旨：本案依仲裁地认定内地仲裁机构在香港设立的分支机构作出仲裁裁决的籍属，符合《最高人民法院关于香港仲裁裁决在内地执行的有关问题的通知》精神，也符合国际通行标准。

（一）基本案情

2013 年 3 月 29 日、5 月 15 日，美国意艾德建筑师事务所（以下简称意艾德事务所）与富力南京地产开发有限公司（以下简称富力公司）签订有关地块设计合同，并约定了仲裁条款，将争议提交中国国际经济贸易仲裁委员会，按照申请仲裁时该仲裁委员会现行有效的仲裁规则进行仲裁，仲裁地点为香港特区。因合同履行发生争议，2015 年 2 月，意艾德事务所向中国国际经济贸易仲裁委员会香港仲裁中心（以下简称贸仲香港中心）申请仲裁，请求裁决富力公司支付所欠设计费并承担违约责任等。

贸仲香港中心根据自 2015 年 1 月 1 日起施行的《中国国际经济贸易仲裁委员会仲裁规则》受理本案，并于 2015 年 11 月 28 日作出（2015）中国贸仲港裁字第 0003 号仲裁裁决。2016 年 6 月 7 日，意艾德事务所向江苏省南京市中级人民法院申请执行该仲裁裁决第 3 项，即支付利息部分。富力公司未提出异议。

（二）裁判结果

江苏省南京市中级人民法院经审查认为，富力公司对涉案仲裁裁决无异议，并已经履行仲裁裁决所确定的设计费本金部分，仅对第 3 项逾期利息部分未予支付。涉案仲裁裁决亦不存在违反内地社会公共利益的情形。故依据《最高人民法院关于内地与香港特别行政区相互执行仲裁裁决的安排》（以下简称《安排》）第一条、第七条的规定，裁定执行该仲裁裁决第 3 项。

（三）典型意义

该案是内地仲裁机构在香港设立的分支机构以香港为仲裁地作出的仲裁裁决获得内地法院执行的首案，具有里程碑意义。该案明确，确认仲裁裁决籍属的标准为仲裁地，并据此认定涉案仲裁裁决系香港仲裁裁决，符合《安排》的适用条件。

内地法律对不同类型仲裁裁决规定了不同审查标准，且一般以仲裁机构所在地确定仲裁裁决的籍属。《最高人民法院关于香港仲裁裁决在内地执行的有关问题的通知》（以下简称《通知》）规定，对于在香港作出的临时仲裁裁决，以及国外仲裁机构在香港作出的仲裁裁决，人民法院应当按照《安排》的规定进行审查。这实际上明确了以仲裁地而非仲裁机构所在地作为判断仲裁裁决籍属的标准。但是，《通知》并未明确规定内地仲裁机构以香港为仲裁地作出的仲裁裁决是否属于香港仲裁裁决的问题。本案依仲裁地认定内地仲裁机构在香港设立的分支机构作出仲裁裁决的籍属，符合《通知》精神，也符合国际通行标准。

——《内地与香港特别行政区发布相互执行仲裁裁决的典型案例》，载《人民法院报》2020 年 11 月 28 日。

第三章　执行审查案件办理规范

一、执行异议、执行复议

（一）一般规定

428. 关于案外人执行异议之诉审理的规定

关键词

案外人　执行异议之诉

最高人民法院司法政策精神

119.【案外人执行异议之诉的审理】案外人执行异议之诉以排除对特定标的物的执行为目的，从程序上而言，案外人依据《民事诉讼法》第 227 条[①]提出执行异议被驳回的，即可向执行人民法院提起执行异议之诉。人民法院对执行异议之诉的审理，一般应当就案外人对执行标的物是否享有权利、享有什么样的权利、权利是否足以排除强制执行进行判断。至于是否作出具体的确权判项，视案外人的诉讼请求而定。案外人未提出确权或者给付诉讼请求的，不作出确权判项，仅在裁判理由中进行分析判断并作出是否排除执行的判项即可。但案外人既提出确权、给付请求，又提出排除执行请求的，人民法院对该请求是否支持、是否排除执行，均应当在具体判项中予以明确。执行异议之诉不以否定作为执行依据的生效裁判为目的，案外人如认为裁判确有错误的，只能通过申请再审或者提起第三人撤销之诉的方式进行救济。

——《最高人民法院关于印发〈全国法院民商事审判工作会议纪要〉的通知》（2019 年 11 月 8 日，法〔2019〕254 号）。

---

① 现为《民事诉讼法》（2021 年修正）第二百三十四条。

附录：最高人民法院主流观点

一是案外人另行提起确权之诉如何处理？对于当事人能否不在执行异议之诉中确权，另行提起确权之诉存在争议。理论界存在两种观点，一种观点认为，民事诉讼法并未禁止当事人另案确权，因此，当事人可以另案确权。另一种观点认为，如果已经提起执行异议之诉，当事人应当在执行异议之诉中确权，不能另案确权。因为另案诉讼容易造成案外人与被执行人恶意串通、逃避执行的情况，且申请执行人并非另案判决的当事人，并不受该判决的约束。因此，应当在执行异议之诉中确权，一并解决案外人、申请执行人与被执行人之间的权利纠纷。案外人另行确权的，人民法院应当裁定不予受理，已经受理的，应当裁定驳回起诉。关于在执行异议之诉外能否再另案提起确权之诉的问题，实务中争议也非常大。《江苏省高级人民法院执行异议之诉案件审理指南》指出：执行过程中，案外人以其对执行标的享有实体权利为由提出执行异议，人民法院裁定驳回其异议后，案外人仍然不服的，既可以提起执行异议之诉，并可在执行异议之诉案件中同时提出确认其实体权利的诉讼请求；也可以单独提起确认之诉。案外人向有管辖权的人民法院单独提起确认之诉的，不能产生阻却执行的法律效果。如果案外人既要单独提起确认之诉，又要对执行产生影响，就应当向执行法院提起确认之诉。《北京市高级人民法院关于审理执行异议之诉案件适用法律若干问题的指导意见（试行）》规定：法院针对执行标的物的强制执行过程中，案外人以被执行人为被告就执行标的物另行提起确权之诉的，不予受理，已经受理的，应当裁定驳回起诉，并告知其可以依据《民事诉讼法》第 204 条[①]的规定主张权利。我们认为，对于能否允许当事人不提执行异议之诉，另行起诉确权的问题，《最高人民法院关于执行权合理配置和科学运行的若干意见》明确规定，人民法院的查封排除了其他法院关于该查封物的另案确权。执行异议复议规定也规定，案外人依据执行标的被查封、扣押、冻结后作出的另案生效法律文书提出排除执行异议，人民法院不予支持。因此，从目前来看，不宜再允许当事人另案确权。所以，目前根据《最高人民法院关于依法制裁规避执行行为的若干意见》第 9 条和第 11 条、《最高人民法院关于执行权合理配置和科学运行的若干意见》第 26 条的规定，案外人对已经被法院查封、扣押、冻结的财产主张确权，只能提起执行异议之诉，不能另行提起确权之诉，对另案提出的确权之诉，裁定不予受理，已经受理的，裁定驳回起诉。

二是案外人认为仲裁裁决本身有错误，针对仲裁裁决提起执行异议之诉如何处理？如果认为判决裁定本身有错误，案外人的救济途径是案外人申请

① 现为《民事诉讼法》（2021 年修正）第二百零八条。

再审。如果认为仲裁裁决本身有错误，案外人如何救济?《最高人民法院关于人民法院办理仲裁裁决执行案件若干问题的规定》于2018年3月1日起施行。根据该司法解释第2条的规定，案外人对仲裁裁决执行案件申请不予执行的，负责执行的中级人民法院应当另行立案审查处理。可见，案外人如果对作为执行依据的仲裁裁决或仲裁调解书有异议的，该司法解释赋予了案外人依法申请不予执行的权利。当事人提起执行异议之诉的，应当不予受理，已经受理的，应当驳回起诉。

三是案外人认为公证债权文书本身有错误，针对公证债权文书提起执行异议之诉如何处理?此种情况下，案外人系针对执行依据提出异议，案外人提起执行异议之诉的，应当不予受理，已经受理的，应当驳回起诉。案外人认为作为执行依据的公证债权文书存在错误应通过其他法定程序进行救济。第一，案外人可依照《公证法》第39条的规定，向公证机关提出复查。公证书内容违法或者与事实不符的，公证机关应当撤销该公证书。案外人亦可提起诉讼，请求人民法院判令公证机关撤销公证债权文书。第二，执行终结前，案外人可以依照《民事诉讼法》第238条[①]第2款及《公证法》第37条的规定向执行法院提出申请裁定不予执行该公证债权文书。第三，根据《最高人民法院关于公证债权文书执行若干问题的规定》第24条规定，就公证债权文书涉及的民事权利义务争议直接向有管辖权的人民法院提起基础关系诉讼。

——最高人民法院民事审判第二庭编著:《〈全国法院民商事审判工作会议纪要〉理解与适用》，人民法院出版社2019年版，第605~607页。

429. 人民法院应分辨当事人异议的性质，适用《民事诉讼法》第二百二十五条[②]、第二百二十七条[③]审查异议事项

关键词

异议的性质　案外人执行异议

最高人民法院司法政策精神

各省、自治区、直辖市高级人民法院，解放军军事法院，新疆维吾尔自治区高级人民法院生产建设兵团分院:

2007年民事诉讼法修正案实施之后，各级人民法院在执行案件压力大、

① 现为《民事诉讼法》(2021年修正)第二百四十五条。
② 现为《民事诉讼法》(2021年修正)第二百三十二条。
③ 现为《民事诉讼法》(2021年修正)第二百三十四条。

任务重的情况下，办理了大量的执行异议和复议案件，有效维护了执行当事人及案外人的合法权益。但是，我院在处理人民群众来信来访的过程中，也发现在个别地方法院，仍然不同程度地存在忽视甚至漠视执行当事人及案外人异议权的一些问题：有的法院对执行当事人及案外人提出的异议不受理、不立案；有的法院受理异议后，无正当理由不按照法定的异议期限作出异议裁定；有的法院违背法定程序，对异议裁定一裁终局，剥夺异议当事人通过执行复议和异议之诉再行救济的权利。

出现上述问题，既有执行案件数量大幅增加、执行机构人手不够、法律规定不够完善等客观方面的原因，也有个别执行人员司法为民意识不强、素质不高等主观方面的原因。执行当事人及案外人异议权行使渠道不畅，将使当事人对执行程序的公正性存在疑问，对强制执行产生抵触情绪，在一定程度上加剧“执行难”；另一方面，也会使部分群众对人民法院的执行工作产生负面评价，降低司法公信力。因此，必须采取切实有力的措施加以解决。现就有关事项通知如下：

一、高度重视执行当事人异议权的保障。执行异议制度是2007年民事诉讼法修正案所建立的一项救济制度，它对于规范执行程序，维护执行当事人及案外人的合法权利和利益，防止执行权滥用和“执行乱”具有重要意义。各级人民法院要认真组织学习领会民事诉讼法的规定，纠正“提异议就会妨碍执行”的错误认识，克服“怕麻烦”的思想，真正把法律赋予执行当事人及案外人的这项救济权利在司法实践中落到实处。同时，还要注意把政治素质高、业务素质强、作风扎实的法官充实到执行异议审查机构中来，为执行当事人及案外人的异议审查提供人员保障。

二、严格依法受理和审查执行异议。对于符合法律规定条件的执行异议和复议、异议之诉案件，各级人民法院必须及时受理并办理正式立案手续，受理后必须及时审查、及时作出异议、复议裁定或者异议之诉判决。依法应当再审、另诉或者通过其他程序解决的，应当及时向异议当事人进行释明，引导当事人申请再审、另诉或者通过其他程序解决。上级人民法院应当恪尽监督职责，对于执行当事人及案外人反映下级人民法院存在拒不受理异议或者受理异议后久拖不决的，应当责令下级人民法院依法及时受理和审查异议，必要时，可以指定异地人民法院受理和审查执行异议。

三、提高执行异议案件审查的质量。对于受理的执行异议案件，一要注意正确区分不同性质的异议，严守法定程序，确保认定事实清楚，适用法律正确，处理得当；二要注意提高法律文书质量，做到格式规范，逻辑清晰，说理透彻，依据充分；三要注意公开透明，该听证的要及时组织公开听证，确保当事人的知情权和程序参与权。

四、开展专项检查和抽查活动。各高级人民法院要结合最高人民法院安排的各项专项活动，对辖区内各级人民法院保障执行当事人及案外人异议权的情况进行检查，对检查中发现的问题应当及时提出意见、建议并报告我院。我院将结合群众来信来访适时进行抽查。本通知下发之后，对于人民群众反映相关法院存在前述问题的案例，我院一经查实，将在全国法院范围内予以通报批评；情节严重的，要依法依纪严肃处理。

——《最高人民法院办公厅关于切实保障执行当事人及案外人异议权的通知》（2014 年 5 月 9 日，法办〔2014〕62 号）。

附录：最高人民法院主流观点

有的法院以尊重当事人选择权为由，对实践中本应按照《民事诉讼法》第 227 条审查的异议事项，按照第 225 条的规定进行审查，这种做法是错误的。需要说明，分辨当事人的异议属于何种性质并决定适用相应的程序属于法院的职责。因为，法院在相关的执行异议裁定中必须告知当事人是向上一级法院提起复议还是向本院提起案外人异议之诉进行救济，当事人并没有选择权。

——江必新、刘贵祥主编、最高人民法院执行局编著：《最高人民法院办理执行异议和复议案件若干问题规定理解与适用》，人民法院出版社 2015 年版，第 121 页。

430. 当事人和利害关系人对指定执行不服的，不能依据《民事诉讼法》第二百二十五条的规定提出异议

关键词

指定执行　执行异议

最高人民法院裁判文书

吴中平与山东顺和商贸集团有限公司、临沂顺和置业有限公司合同纠纷案［最高人民法院（2022）最高法执复 22 号执行裁定书］

裁判要旨：指定执行作为上级法院对本辖区内执行案件的统一管理行为，不属于具体执行措施或具体执行行为，不属于法律规定的可提出异议的执行行为的范围。故当事人和利害关系人对指定执行不服的，不能依据《民事诉讼法》第二百二十五条[①]**的规定提出**

① 现为《民事诉讼法》（2021 年修正）第二百三十二条。

异议。

最高人民法院认为，本案的争议焦点是山东高院不予审查吴中平对该院（2021）鲁执53号之二执行裁定所提执行异议是否不当。

《最高人民法院关于高级人民法院统一管理执行工作若干问题的规定》第一条、第八条规定，高级人民法院在最高人民法院的监督和指导下，对本辖区执行工作的整体部署、执行案件的监督和协调、执行力量的调度以及执行装备的使用等，实行统一管理；高级人民法院对本院及下级人民法院的执行案件，认为需要指定执行的，可以裁定指定执行。据此，指定执行是上一级人民法院统一管理辖区内执行工作的方式之一，是出于方便执行、利于执行等目的，结合辖区内工作实际和整体部署情况而作出的决定。《最高人民法院关于人民法院办理执行异议和复议案件若干问题的规定》第七条规定，可以依照《民事诉讼法》第二百二十五条规定提出异议的"执行行为"，主要是指查封、扣押、冻结等各类执行措施，执行的顺序、期间等应当遵守的法定程序，以及人民法院在执行过程中作出的侵害当事人、利害关系人合法权益的相关行为。而指定执行作为上级法院对本辖区内执行案件的统一管理行为，不属于具体执行措施或具体执行行为。因此不属于上述法律规定的可提出异议的执行行为的范围。故当事人和利害关系人对指定执行不服的，不能依据《民事诉讼法》第二百二十五条的规定提出异议。据此，山东高院认定吴中平所提异议不属于执行异议程序审查的范围，对此不予审查，并无不当。

——中国裁判文书网。

431. 利害关系人提出执行异议，应当按照《民事诉讼法》第二百三十四条有关案外人执行异议及执行异议之诉的规定处理

关键词

执行异议

最高人民法院裁判文书

宁夏鑫建劳务有限责任公司与赵建辉、华宸建设集团股份有限公司、华宸建设集团股份有限公司宁夏分公司等案外人执行异议之诉案［最高人民法院（2021）最高法民申5471号民事裁定书］

裁判要旨：《最高人民法院关于适用〈中华人民共和国民事诉讼

法〉的解释》第五百零一条[①]规定"人民法院执行被执行人对他人的到期债权，可以作出冻结债权的裁定，并通知该他人向申请执行人履行。该他人对到期债权有异议，申请执行人请求对异议部分强制执行的，人民法院不予支持。利害关系人对到期债权有异议的，人民法院应当按照民事诉讼法第二百二十七条[②]规定处理……"鑫建公司作为利害关系人，主张对银川市代建局未付的到期工程质保金享有优先权，提出执行异议，应当按照《民事诉讼法》第二百二十七条有关案外人执行异议及执行异议之诉的规定处理。

最高人民法院认为，本案系当事人申请再审案件，应当围绕鑫建公司主张的再审事由能否成立进行审查。根据鑫建公司的再审申请理由，本案主要审查了以下问题：鑫建公司对执行标的物是否享有足以排除强制执行的民事权益。

首先，赵建辉根据已经生效的（2015）银民商初字第125号民事调解书申请强制执行，执行法院向银川市代建局履行到期债务通知，要求其履行欠付华宸公司的到期债务。《最高人民法院关于适用〈中华人民共和国民事诉讼法〉的解释》第五百零一条规定"人民法院执行被执行人对他人的到期债权，可以作出冻结债权的裁定，并通知该他人向申请执行人履行。该他人对到期债权有异议，申请执行人请求对异议部分强制执行的，人民法院不予支持。利害关系人对到期债权有异议的，人民法院应当按照民事诉讼法第二百二十七条[③]规定处理……"鑫建公司作为利害关系人，主张对银川市代建局未付的到期工程质保金享有优先权，提出执行异议，应当按照《民事诉讼法》第二百二十七条有关案外人执行异议及执行异议之诉的规定处理。

其次，（2016）宁0106民初1293号民事判决审理确认，银川市代建局作为发包方已经依据合同约定向承包方华宸公司支付了除工程质保金外的全部工程款。该案审理期间工程质保期尚未届满，故银川市代建局返还工程质保金的条件尚未成就，不负有还款责任。根据《最高人民法院关于审理建设工程施工合同纠纷案件适用法律问题的解释》第二十六条"实际施工人以转包人、违法分包人为被告起诉的，人民法院应当依法受理。实际施工人以发包人为被告主张权利的，人民法院可以追加转包人或者违法分包人为本案当事人。发包人只在欠付工程价款范围内对实际施工人承担责任"的规定，

① 现为《最高人民法院关于适用〈中华人民共和国民事诉讼法〉的解释》（2022年修正）第四百九十九条。

② 现为《民事诉讼法》（2021年修正）第二百三十四条。

③ 现为《民事诉讼法》（2021年修正）第二百三十四条。

（2016）宁0106民初1293号民事判决最终确认华宸公司对鑫建公司负有支付全部工程款项的义务。因此，鑫建公司与银川市代建局已无债权债务关系，失去向银川市代建局主张优先受偿权的基础。

再次，本案诉争的执行标的物是银川市代建局未向华宸公司支付的到期工程保修款，鑫建公司主张其通过2013年12月22日银川市代建局《会议纪要》和2018年5月21日华宸公司出具的《工程款代付委托书》取得的并不是对工程质保金的请求权，其性质应属《合同法》第六十四条[①]规定的"向第三人履行合同"，即由银川市代建局以其拖欠华宸公司的工程质保金代为向鑫建公司支付华宸公司拖欠的工程款。根据该条的规定，在银川市代建局未向鑫建公司履行付款义务的情况下，银川市代建局仍对华宸公司负有违约责任。因此，鑫建公司主张基于《会议纪要》第四条的规定直接代替华宸公司取得对银川市代建局的债权的再审理由不能成立。

——中国裁判文书网。

432. 被执行人与案外人以相同理由分别提出权属异议与执行程序异议的审查处理

关键词

权属异议　执行异议

最高人民法院裁判文书

香港信诺投资有限公司申请执行复议案［最高人民法院（2013）执复字第13号执行裁定书］

裁判要旨：1. 案外人对执行标的提出主张权属的异议，应当根据《民事诉讼法》第二百二十七条[②]规定的程序进行审查，案外人、当事人对执行裁定不服，应当通过诉讼程序进行救济。不能将案外人作为利害关系人，适用民事诉讼法第二百二十五条[③]规定的程序进行审查并赋予当事人申请复议的权利，否则即属适用法律错误，违反法定程序，应予纠正。

2. 案外人所提的程序异议如果与其对执行标的的权属主张之异议

① 对应《民法典》第五百二十二条。
② 现为《民事诉讼法》（2021年修正）第二百三十四条。
③ 现为《民事诉讼法》（2021年修正）第二百三十二条。

并无联系，则可在符合条件的情况下以利害关系人的身份适用《民事诉讼法》第二百二十五条规定的程序进行审查，与实体争议分别处理；如果案外人所提出的程序异议与实体异议关系密切，直接或间接地针对同一执行标的权属问题，在其同时提出实体异议的情况下，应当合并适用《民事诉讼法》第二百二十七条规定的程序进行审查，以减轻当事人的诉累。

3. 被执行人单独提出的异议，应当按照《民事诉讼法》第二百二十五条规定的程序进行审查。但如果被执行人所提异议实质是支持案外人对执行标的实体权利的主张，则对被执行人所提出的异议不应当单独审查，而应当在对案外人所提异议进行审查的过程中一并解决。

最高人民法院认为，本案复议审查的焦点问题是畜产公司与山东省商务厅不服山东高院执行裁定，以相同的理由分别向山东高院提出书面异议的审查程序问题。

关于山东省商务厅所提异议的审查程序问题。案外人山东省商务厅提出异议主张法院解除查封的主要理由为其所提异议的第二项，即山东国际贸易大厦第 17 － 21 层房屋产权为其享有，因此法院不能将其作为畜产公司的财产进行查封。该项异议是对执行标的权属的主张，根据《民事诉讼法》第二百二十七条[①]之规定，“执行过程中，案外人对执行标的提出书面异议的，人民法院应当自收到书面异议之日起十五日内审查，理由成立的，裁定中止对该标的的执行；理由不成立的，裁定驳回。案外人、当事人对裁定不服，认为原判决、裁定错误的，依照审判监督程序办理；与原判决、裁定无关的，可以自裁定送达之日起十五日内向人民法院提起诉讼”。执行法院山东高院将山东省商务厅作为利害关系人，适用原《民事诉讼法》（2007 年修正）第二百零二条及《最高人民法院关于适用〈中华人民共和国民事诉讼法〉执行程序若干问题的解释》第五条之规定进行审查并赋予当事人申请复议的权利，显属适用法律错误，违反法定程序，应予纠正。而山东省商务厅提出的第一项异议，即山东高院依法解除对山东国际贸易大厦 17–21 层房产的查封后，在没有证据的情况下又进行预查封显属不当，虽然是关于执行程序问题提出的异议，但该项异议究其实质还是基于山东省商务厅对山东国际贸易大厦第 17–21 层房产享有所有权的实体权利主张而来。本案中山东省商务厅所提出的两项异议均直接或间接地针对同一执行标的的权属问题，具有密切联系，分别适用不同的审查程序徒增当事人诉累。因此，山东省商务厅所提第一项

① 现为《民事诉讼法》（2021 年修正）第二百三十四条。

异议也应当适用前述《民事诉讼法》第二百二十七条规定的程序进行审查。

关于畜产公司所提异议的审查程序问题。《民事诉讼法》第二百二十五条[①]规定："当事人、利害关系人认为执行行为违反法律规定的，可以向负责执行的人民法院提出书面异议。当事人、利害关系人提出书面异议的，人民法院应当自收到书面异议之日起十五日内审查，理由成立的，裁定撤销或者改正；理由不成立的，裁定驳回。当事人、利害关系人对裁定不服的，可以自裁定送达之日起十日内向上一级人民法院申请复议。"被执行人畜产公司因认为执行行为违反法律规定所提出的异议，本可以按照《民事诉讼法》第二百二十五条规定的程序审查。但是，本案中畜产公司所提异议实质是同意案外人山东省商务厅对执行标的享有所有权的主张，如对畜产公司与山东省商务厅内容相同的异议分别适用不同的程序进行审查，造成救济途径迥异，侵害了当事人的程序利益；况且在案外人山东省商务厅已经提出异议主张实体权利的情况下，被执行人畜产公司所提异议不具有实益，因此对畜产公司所提出的异议不应当单独审查，而应当在对山东省商务厅所提异议进行审查的过程中一并解决。

——江必新主编：《人民法院执行工作规范全集》，人民法院出版社 2017 年版，第 1077~1084 页。

附录：本案解析

四、评析意见

执行程序中，《民事诉讼法》第二百二十五条规定的执行行为异议程序与《民事诉讼法》第二百二十七条规定的案外人异议程序的选择适用在部分情形下易发生混淆，一直以来都是困扰执行实践的难点问题之一。而本案情况很具有典型性，代表了其中最为复杂的一类情形，即被执行人与案外人以相同的理由分别向执行法院针对执行标的同时提出权属异议与执行程序异议时的审查程序问题。

本案中，畜产公司、山东省商务厅不服山东高院于 2011 年 9 月 20 日作出的（2002）鲁执（恢）字第 3 — 3 号执行裁定书，分别向山东高院提出两项异议：第一，山东高院依法解除对山东国际贸易大厦 17 — 21 层房产的查封后，在没有证据的情况下又进行预查封，显属不当；第二，山东国际贸易大厦 17 — 21 层产权归山东省外经贸厅所有。从内容上看，分别属于程序异议和实体异议；从异议主体来看，分别由被执行人和案外人提出。

首先，关于山东省商务厅所提异议。执行案件的当事人为信诺公司与畜产公司，山东省商务厅为案外人。而案外人主张查封标的物权属的异议应当

① 现为《民事诉讼法》（2021 年修正）第二百三十二条。

适用 2007 年《民事诉讼法》第二百零四条[①]即 2012 年《民事诉讼法》第二百二十七条办理。依据该条之规定："执行过程中，案外人对执行标的提出书面异议的，人民法院应当自收到书面异议之日起十五日内审查，理由成立的，裁定中止对该标的的执行；理由不成立的，裁定驳回。案外人、当事人对裁定不服，认为原判决、裁定错误的，依照审判监督程序办理；与原判决、裁定无关的，可以自裁定送达之日起十五日内向人民法院提起诉讼。"

笼统地说，执行异议审查的是程序问题，案外人异议审查的是实体问题。从实践中看，所有的异议从表面上看都指向执行行为，主张执行行为错误，而判断实体异议和程序异议的标准，只能是看异议所依据的基础权利的性质。本案中，案外人山东省商务厅主张法院解除查封的主要理由就在于其享有 17—21 层房产所有权，法院不能将其作为畜产公司的财产进行查封。该争议是对实体权利的主张，应当适用《民事诉讼法》第二百二十七条规定的程序进行审查。裁定作出后，应当告知案外人、当事人如果对裁定不服，认为原判决、裁定错误的，依照审判监督程序办理；与原判决、裁定无关的，可以自裁定送达之日起十五日内向人民法院提起诉讼。执行法院将山东省商务厅作为利害关系人，适用原《民事诉讼法》第二百零二条规定的程序进行审查并赋予其申请复议的权利显然属于严重违反法定程序。

此外，案外人山东省商务厅所提的第一项异议可以归为程序问题。从严格逻辑清晰的角度而言，这两项异议分别属于程序问题与实体问题，应当分别适用《民事诉讼法》第二百二十五条和二百二十七条两种不同的审查程序处理，即对程序异议按照《民事诉讼法》第二百二十五条规定处理，对实体异议按照《民事诉讼法》第二百二十七条规定处理。这样在逻辑上条理清晰，域外立法例中也不乏对当事人同时提出的程序异议和实体异议分别按照不同程序处理的实例。而且，对案外人来说，有时候通过程序性救济途径寻求救济可能更简洁，在案外人仅提出程序异议的情形下，可以通过《民事诉讼法》第二百二十五条这种相对简便的途径获得救济，但在同时提出两种异议的情况下，却只能通过诉讼这种比较复杂的程序才能获得救济，似乎也有失妥当。所以，从这些理由看，对两种异议分别按照两种不同程序处理，确有其合理的一面。然而，这样一来，对两种异议分别处理的弊端就凸显出来。这种处理方式导致在救济途径上出现了重复，整体程序过于复杂，司法成本过高，也难免出现冲突或矛盾。域外确实有执行行为异议程序和第三人异议之诉并行不悖的立法例，但我们的案外人异议之诉比这些立法例多了案外人异议这样一道前置程序，在这种情况下，如果再允许对两种异议可以分别按照《民事诉讼法》第二百二十五条和第二百二十七条进行审查和审理，确实会导

① 现为《民事诉讼法》（2021 年修正）第二百三十四条。

致叠床架屋，程序上过于复杂。况且从本案实际情况来看，第一项异议其实质还是基于山东省商务厅对执行标的主张实体权利而来，两者具有密切联系，分别适用不同的程序并无实际意义。因此，在案外人提出两种异议的情况下，从诉讼经济，减少当事人诉累的角度出发，应当将两项异议处理程序合并为一种程序审查处理。鉴于《民事诉讼法》第二百二十七条是一种实体处理程序，可以通过诉讼程序充分保障各方当事人的程序权利，终局性地解决实体争议，所以，应由第二百二十七条吸收第二百二十五条，统一按照《民事诉讼法》第二百二十七条规定的程序审查处理，这是最为合理的。而执行法院却按照《民事诉讼法》第二百二十五条这种程序性救济途径处理，显属错误，应予纠正。

当然，并非在任何情况下都可以用实体异议吸收程序异议。第二百二十七条吸收第二百二十五条必须有一个前提，即两种异议均直接或间接地针对同一标的的权属问题，如果两种异议完全针对不同事项，毫无联系，当然应按照不同程序分别处理，不能相互吸收。从本案看，案外人尽管同时提出了程序异议和实体异议，实际上都是认为他才是查封标的的所有权人，法院不应该将该标的作为被执行人的财产查封，因此，应认为这两种异议具有密切联系，应当合并后按照《民事诉讼法》第二百二十七条审查处理。

其次，关于畜产公司所提异议。本案中，被执行人畜产公司提出了与山东省商务厅内容完全相同的异议，畜产公司所提异议在形式上似乎符合执行行为异议的构成要件，但如果对其所提异议单独按照《民事诉讼法》第二百二十五条规定的程序进行审查也是错误的。其原因有二：一是该异议的实质是支持案外人山东省商务厅对执行标的实体权利的主张，而执行行为异议应当是审查程序性争议，而不应当对实体性争议作出最终判断。二是如果对畜产公司与山东省商务厅同样内容的异议分别按照执行行为异议与案外人异议分别进行审查，则两者救济途径迥异，审判机构与负责复议审查的执行机构无法协调；如果将案外人异议合并到执行行为异议中，则侵害了当事人的程序利益。

综上，在被执行人与案外人以同样的理由主张查封的标的物所有权不属于被执行人所有而是属于案外人所有，法院查封错误的情况下，原审法院将两异议合并审理是正确的，但是以原《民事诉讼法》第二百零二条，即现行《民事诉讼法》第二百二十五条有关执行行为异议的规定进行审查则是错误的，正确的做法应当是以《民事诉讼法》第二百二十七条有关案外人异议和异议之诉的规定进行审查。根据《最高人民法院关于执行工作中正确适用修改后民事诉讼法第 202 条、第 204 条规定的通知》第二条之规定，“案外人对执行标的提出异议的，执行法院应当审查并作出裁定。按《民事诉讼法》第二百零四条的规定，案外人不服此裁定只能提起诉讼或者按审判监督程序办理。执行法院在针对异议作出的裁定书中赋予案外人、当事人申请复议的权利，无法律依据”，应当对此作出纠正。

再次，关于本案的纠正程序问题。对于审查程序错误的执行裁定采取何种方式纠正，是本案处理中面临的一个重要程序性问题。原审法院在查明事实的基础上，对于执行标的物权属问题已经进行了初步判断，对于该判断应当通过诉讼程序进行最终确定，而不应通过执行复议程序进行最终确定，复议裁定不适宜对实体问题进行审查。上级法院在复议程序中，如果发现执行法院对本应通过案外人异议处理的事项，错误适用执行行为异议程序审查的，正确的处理方式应当是裁定撤销异议裁定，发回执行法院重新审查，以从根本上纠正程序适用的错误。

综上所述，本案最终裁定撤销异议裁定，发回执行法院重新审查。

五、案例引发的深度思考

（一）被执行人与案外人同时提出程序异议与实体异议的审查程序问题

上述案例可以看出，对于这一类被执行人与案外人以相同的理由分别向执行法院针对执行标的提出权属异议与执行行为异议的审查，确定适用程序应注意以下问题：

第一，案外人对执行标的提出主张权属的异议，应当根据《民事诉讼法》第二百二十七条规定的程序进行审查，案外人、当事人对执行裁定不服，应当通过诉讼程序进行救济。不能将案外人作为利害关系人，适用《民事诉讼法》第二百二十五条规定的程序进行审查并赋予当事人申请复议的权利，否则即属适用法律错误，违反法定程序，应予纠正。

第二，案外人所提的程序异议如果与其对执行标的权属主张之异议并无联系，则在符合条件的情况下可以利害关系人的身份适用《民事诉讼法》第二百二十五条规定的程序进行审查，与实体争议分别处理；如果案外人所提出的程序异议与实体异议关系密切，直接或间接地针对同一执行标的权属问题，在其同时提出实体异议的情况下，应当合并适用《民事诉讼法》第二百二十七条规定的程序进行审查，以减轻当事人的诉累。

第三，被执行人单独提出的异议，应当按照《民事诉讼法》第二百二十五条规定的程序进行审查。但如果被执行人所提异议实质是支持案外人对执行标的实体权利的主张，则对被执行人所提出的异议不应当单独审查，而应当在对案外人所提异议进行审查的过程中一并解决。

另外，需要注意的是，民事诉讼法中关于执行复议制度规定得比较原则，对于复议案件应当如何处理并无规定，而2008年的执行程序司法解释中对此也无明确规定，在实践中造成了一定困惑。可以参照《民事诉讼法》第一百七十条关于二审法院审理上诉案件的思路，区分不同情形分别作出相应处理。前述案例中的处理即是参照适用了《民事诉讼法》第一百七十条第一款第四项的规定精神。

（二）执行行为异议与案外人异议的区别问题

执行行为异议和案外人异议作为执行程序中两种最基本的救济制度，发挥着重要作用。但民事诉讼法关于两种制度的规定比较原则，2008年的执行程序司法解释虽然作了细化，但许多问题仍不够明确，需要在执行实践中不断探索，总结经验，逐步达成共识。困扰执行实践中的一个基本问题如何区分这两种异议，尤其是如何区分案外人异议与利害关系人提出的执行行为异议。

案外人异议是案外人认为法院的执行行为侵害了其实体权利，是基于对执行标的主张实体权利提出的异议，即实体异议。利害关系人异议是因执行行为本身违反程序性规定，侵害了执行案件当事人以外第三人的合法权益，由利益受损的第三人以法院违反执行程序为由提出的异议，即程序异议。从实践中看，所有的异议从表面上看都指向执行行为，主张执行行为错误，但是判断一个异议是实体异议还是程序异议，也就是说判断实体异议和程序异议的标准，只能是看异议所依据的基础权利的性质。如果异议指向的对象是执行标的物，且所提异议依据的是所有权或者其他足以阻止执行标的物转让、交付的实体权利的，就构成实体异议。反之，如果案外人（以利害关系人的身份）所提异议所依据的基础权利为程序权利，比如排除超标的查封的权利，因为在先查封所主张的优先受偿权利等等，则构成程序异议。笼统地说，执行异议审查的是程序问题，案外人异议审查的是实体问题。

这两种异议分别规定于《民事诉讼法》第二百二十五条与第二百二十七条。前者属于程序上的执行救济，目的在于将违反法律规定的执行行为予以更正或撤销，以维护执行当事人或利害关系人程序上的利益；而后者属于实体上的执行救济，目的则在于排除对特定标的的执行，以维护当事人或利害关系人的实体权益。执行行为异议涉及的是程序问题，因此处理上可以由执行法院的执行机构进行，在审查处理时不一定要进行言词辩论，可以直接作出裁定；案外人异议和异议之诉涉及实体争议，执行机构只能作初步审查，最终需要由审判机构进行实体审理。案外人异议之诉应依照通常诉讼程序进行审理，除不予受理、驳回起诉、对管辖有异议等事项使用裁定外，其他事项的处理应当作出判决。

异议被提出后应当适用哪种程序进行处理，笔者认为，最主要的应当从当事人和事由两方面来进行辨别：

第一，从事由方面来看。对执行行为提出异议的事由系针对执行程序本身存在的违法问题；案外人异议和异议之诉的事由系案外人主张对特定标的有所有权或其他足以排除强制执行的实体权利。值得注意的是，执行程序中被执行人提出已偿还债务、行使抵销权、已自行达成和解等实体抗辩事由的，本应该由债务人异议之诉解决，由于我国没有规定债务人异议之诉制度，只能将之放在了执行行为异议部分处理。这样处理的直接结果就是导致了该部分执行行为异议处理了实体权益问题，造成了部分程序上的混乱。

第二，从当事人方面来看。对执行行为的异议可以由申请执行人、被执行人或其他利害关系人提起；案外人异议和异议之诉只能由案外人提起。实践中，案外人与利害关系人身份混淆是最为常见的错误形式，即应当适用案外人异议程序审查的案件，却以利害关系人身份适用执行行为异议程序进行审查，本案即存在这种情况。此外，被执行人与案外人在某些情形下也并非泾渭分明。例如在某案中，生效判决判令债务人A向债权人承担100万元的付款责任，债务人B对其中的30万元承担连带清偿责任。进入执行程序后，A与B均为被执行人。后B履行了30万元的给付义务，执行法院对A继续采取执行措施，查封了A占有使用的未经初始登记的一处房产。B提出异议，称该房产虽由A占有使用，但实为B所有，请求法院解除查封。执行法院以《民事诉讼法》第二百二十五条规定的执行行为异议程序进行审查。此时B虽然名义上还是本案的被执行人，但实际是以案外人身份对执行标的权属提出争议，应当适用的是《民事诉讼法》第二百二十七条①规定的程序进行审查，执行法院适用执行行为异议程序进行审查，则侵犯了当事人的程序权利。

（三）法院查封案外人财产的情况下，被执行人有无权利提出异议？

本案中，如前所述，因为案外人已经启动了案外人异议的救济途径，被执行人的异议实质就是对案外人异议的支持，在案外人已经提出异议的情况下被执行人的异议不具有实益，可以一并处理，直接适用《民事诉讼法》第二百二十七条规定处理可以将各方都纳入程序，被执行人不服的，根据第二百二十七条也有机会通过诉讼渠道寻求救济，充分保障了各方当事人的程序权利。但上述案例中还包含着一个尚存争议的问题，就是在法院查封案外人财产而案外人并未提出异议的情况下，被执行人有无权利单独提出执行标的并非属于其所有的异议？被执行人提出异议的，应当如何处理？

这一问题法律缺乏明确规定，甚至在这种情况下，被执行人是否有提出异议的权利还需要斟酌。此时被执行人提出异议是否具有"诉的利益"？一种观点认为，将案外人的财产作为被执行人的财产执行，实际对被执行人并未造成任何损失，无损失则无救济，这时候被执行人没有"提出异议的利益"，因此也不应有提出异议的权利。另一种观点则认为，这种情况下，对案外人财产的执行导致了被执行人债务的消灭，被执行人取得了不当利益。而该种后果会导致被执行人与案外人之间产生新的法律关系，导致将来被执行人有可能对案外人承担责任。而被执行人应当有权拒绝这种后果，因此，从这个

① 现为《民事诉讼法》（2021年修正）第二百三十四条。

意义上来说，被执行人此时有提出异议的利益。对于这一问题的不同认识，会导致程序设计上的巨大差异，尚需要深入探讨。

——潘勇锋:《被执行人与案外人以相同的理由分别向执行法院针对执行标的提出权属异议与执行程序异议时的审查程序问题——关于香港信诺投资有限公司申请复议一案案例分析》，载江必新、刘贵祥主编、最高人民法院执行局编:《执行工作指导》2015 年第 2 辑（总第 54 辑），国家行政学院出版社 2015 年版，第 109~125 页。

433. 对诉前财产保全、诉讼财产保全和先予执行措施不能提起执行异议之诉

关键词

财产保全　先予执行　执行异议

最高人民法院司法解释

第一百七十一条　当事人对保全或者先予执行裁定不服的，可以自收到裁定书之日起五日内向作出裁定的人民法院申请复议。人民法院应当在收到复议申请后十日内审查。裁定正确的，驳回当事人的申请；裁定不当的，变更或者撤销原裁定。

——《最高人民法院关于适用〈中华人民共和国民事诉讼法〉的解释》（法释〔2022〕11 号，2022 年 4 月 1 日）。

最高人民法院裁判文书

隋晓棠与河北省驻天津百货采购供应站、天津市宏业达物业发展有限公司案外人执行异议之诉案［最高人民法院（2018）最高法民终 505 号民事裁定书］

裁判要旨：对于案外人在诉讼财产保全阶段对被保全财产提出异议的审查标准，应该比执行程序中执行异议的审查标准更为严格和谨慎，且不服异议裁定的，并不当然可以提起异议之诉；只有当被保全的财产属于“诉讼争议标的以外的财产”时，案外人提出的执行异议被法院裁定驳回后才享有提起执行异议之诉的诉讼权利。

最高人民法院认为，本案争议焦点为隋晓棠提出的请求是否符合案外人执行异议之诉的提起条件。

天津市高级人民法院依法查封宏业达公司名下包括鼎盛大厦 1-×××、1-×××、1-××× 号三套房屋在内的财产，系该院在审理冀百站诉宏业达公司建设用地使用权转让合同纠纷一案中依冀百站的申请依法采取的诉讼财产保全措施。对于案外人在诉讼财产保全阶段对被保全财产提出的异议，应依照《最高人民法院关于人民法院办理财产保全案件若干问题的规定》第二十七条“人民法院对诉讼争议标的以外的财产进行保全，案外人对保全裁定或者保全裁定实施过程中的执行行为不服，基于实体权利对被保全财产提出书面异议的，人民法院应当依照民事诉讼法第二百二十七条规定审查处理并作出裁定”的规定进行审查。根据该条规定，案外人对人民法院作出的保全裁定或者保全裁定实施过程中的行为不服的，基于实体权利对被保全财产提出书面异议的前提条件为被保全的财产属于“诉讼争议标的以外的财产”。天津市高级人民法院依法查封宏业达公司名下包括鼎盛大厦三套房屋在内的财产，属于冀百站与宏业达公司诉讼争议标的范围内的财产。另外，隋晓棠虽已经向宏业达公司交付了鼎盛大厦三套房屋的房款，但一直未办理登记过户，天津市河北区人民法院（2015）北民初字第 1324 号生效判决虽然认定隋晓棠与宏业达公司签订的鼎盛大厦三套房屋的《天津市宏业达物业发展有限公司房屋订购协议》合法有效，但并未支持隋晓棠要求宏业达公司为其办理过户手续的诉讼请求。隋晓棠不是鼎盛大厦三套房屋的物权所有人。因此，天津市高级人民法院依冀百站的申请依法对鼎盛大厦三套房屋采取诉讼财产保全措施并无不当。隋晓棠提出的请求不符合案外人执行异议之诉的提起条件，天津市高级人民法院裁定驳回其起诉并无不当。

——中国裁判文书网。

434. 次债务人对协助执行通知有异议的，能否作为案外人提起执行异议之诉

关键词

次债务人　协助执行通知　救济

最高人民法院裁判文书

冯明与车爱萍案外人执行异议案［最高人民法院（2020）最高法民再 3 号民事裁定书］

裁判要旨：第三人对其与被执行人之间的债权债务关系提出异议的，执行法院不得继续执行该债权。申请执行人可以通过代位诉

讼救济其权利。《民诉法解释》第五百零一条[①]对“他人”与“利害关系人”加以了区别，“利害关系人”并非《民事诉讼法》第二百二十五条[②]中的“利害关系人”，而是《民事诉讼法》第二百二十七条[③]中的“案外人”。针对“对他人的到期债权”享有执行异议之诉起诉主体资格的，须是针对执行标的“对他人的到期债权”享有实体权利的人。

最高人民法院认为，《民诉法解释》第五百零一条规定：“人民法院执行被执行人对他人的到期债权，可以作出冻结债权的裁定，并通知该他人向申请执行人履行。该他人对到期债权有异议，申请执行人请求对异议部分强制执行的，人民法院不予支持。利害关系人对到期债权有异议的，人民法院应当按照民事诉讼法第二百二十七条规定处理。对生效法律文书确定的到期债权，该他人予以否认的，人民法院不予支持。”该条文规定了第三人（条文中的“他人”）及相关权利人（条文中的“利害关系人”）的救济。即第三人对其与被执行人之间的债权债务关系提出异议的，执行法院不得继续执行该债权。申请执行人可以通过代位诉讼救济其权利。如果相关权利人对该到期债权有异议的，比如主张是该到期债权的真实权利人，可以按照《民事诉讼法》第二百二十七条的规定进行救济。这里对该条中的“他人”与“利害关系人”加以了区别，“利害关系人”并非《民事诉讼法》第二百二十五条中的“利害关系人”，而是《民事诉讼法》第二百二十七条中的“案外人”。

针对“对他人的到期债权”享有执行异议之诉起诉主体资格的，须是针对执行标的“对他人的到期债权”享有实体权利的人。案外人提起执行异议之诉，其理由须是针对执行标的享有实体权利提出异议，而不是针对执行行为本身提出异议。如案外人对于执行行为提出异议，只能依照《民事诉讼法》第二百二十五条规定，向上一级法院申请复议，不能提起执行异议之诉。《民诉法解释》第三百零五条第一款第二项规定的提起执行异议之诉的起诉条件之一是“有明确的对执行标的继续执行的诉讼请求”，即案外人执行异议之诉最直接的功能在于排除对执行标的强制执行，有必要对案外人在执行异议之诉中提起的诉讼请求予以明确。

具体到本案，冯明、车爱萍作为被执行人的债务人，也就是《民诉法解释》第五百零一条中的“他人”，只有“利害关系人”对到期债权有异议的，

---

① 现为《最高人民法院关于适用〈中华人民共和国民事诉讼法〉的解释》（2022 年修正）第四百九十九条。

② 现为《民事诉讼法》（2021 年修正）第二百三十二条

③ 现为《民事诉讼法》（2021 年修正）第二百三十四条。

人民法院才应当按照《民事诉讼法》第二百二十七条规定处理。显然，冯明、车爱萍不能作为《民事诉讼法》第二百二十七条中的“案外人”提出执行异议之诉。

冯明、车爱萍若享有执行异议之诉的主体资格，须是针对案涉执行标的“对他人的到期债权”享有实体权利的人。本案中，其主张的并不是对案涉执行标的“对他人的到期债权”享有实体权利，而是主张“与张宝明、张艳兵之间已经不存在到期债权”，并为此举出“与张艳兵、张宝明签订调解协议”及相关裁定确定调解书效力的相应证据，作为其主张的理由。对于冯明、车爱萍提出的关于其与张宝明、张艳兵之间的债务转移事实是否存在及冯明、车爱萍在债务转移后是否实际支付了转移债务的事实，该事实的判定不属于本案的审查范围。从其提出异议的性质上分析，不是对于执行标的提出的异议，而是对法院执行行为提出的异议。

本案中，冯明、车爱萍没有提出明确的排除执行标的的诉讼请求，也不存在对“到期债权”的权利确权问题。冯明、车爱萍在一审中的诉讼请求为：撤销吕梁中院（2015）吕执字第35号执行裁定和（2015）吕执字第35-1号协助执行通知，冯明、车爱萍并未提出排除对执行标的执行的诉请，形式上不符合案外人提起执行异议之诉的起诉条件（2015）吕执异字第14号执行裁定驳回了冯明、车爱萍的异议申请，并在该裁定中告知冯明、车爱萍可提起执行异议之诉，该裁定不符合《民诉法解释》第五百零一条第二款规定，应由冯明、车爱萍通过执行监督程序进行纠正。李建忠若想取得张宝明对冯明、车爱萍的到期债权利益，可以提起代位权诉讼主张权利。案外人执行异议之诉与债权人代位权诉讼在提起诉讼的主体、审查范围、举证责任分配等方面均存在差别。

——中国裁判文书网。

435. 次债务人对到期债权执行提出的异议被驳回后，能否提起执行异议之诉

关键词

次债务人　到期债权　执行异议

最高人民法院司法解释

第四百九十九条　人民法院执行被执行人对他人的到期债权，可以作出冻结债权的裁定，并通知该他人向申请执行人履行。

该他人对到期债权有异议，申请执行人请求对异议部分强制执行的，人

民法院不予支持。利害关系人对到期债权有异议的，人民法院应当按照民事诉讼法第二百三十四条规定处理。

对生效法律文书确定的到期债权，该他人予以否认的，人民法院不予支持。

——《最高人民法院关于适用〈中华人民共和国民事诉讼法〉的解释》（2022 年 4 月 1 日修正）。

最高人民法院审判业务意见（第二巡回法庭法官会议纪要）

在到期债权执行场合，执行法院往往会向次债务人发送履行通知，依据《执行工作规定（试行）》的相关规定，履行通知往往会指定 15 天的履行或异议期限，次债务人在履行通知指定的期限内没有提出异议又不履行的，执行法院有权裁定对其强制执行。尽管该裁定性质上属于执行依据，但与生效裁判等执行依据不同，裁定本身并未对债务人与次债务人的权利义务关系进行实体判断，且次债务人也不是以自身对到期债权享有所有权、担保物权等民事权益而提出排除执行，故次债务人的异议只能通过执行复议等执行监督程序救济。

附：案情简介

A 公司对 B 公司享有的债权已经生效判决确认，A 公司在执行过程中主张 B 公司对 C 公司享有到期债权，并申请执行对 C 公司的该项债权。法院依据当事人的申请，向 C 公司发送了到期债权执行通知书，C 公司未在指定的异议期内提出异议，但在法院执行其财产时其提出执行异议，被驳回后遂提起执行异议之诉。

——《关于到期债权的执行（最高人民法院第二巡回法庭 2021 年第 20 次法官会议纪要）》，载贺小荣主编：《最高人民法院第二巡回法庭法官会议纪要》（第三辑），人民法院出版社 2021 年版，第 1~14 页。

436. 执行法院送达履行通知后，次债务人未在法定期限内提出异议，也未履行债务，在执行法院采取执行措施后，仍有权通过异议、复议等程序救济

关键词

执行异议　次债务人　程序救济

最高人民法院裁判文书

宏达公司与赵强、晟通公司、周颖光案外人执行异议之诉案［最高人民法院（2021）最高法民再257号民事裁定书］

裁判要旨：根据《最高人民法院关于人民法院执行工作若干问题的规定（试行）》第61~65条①规定，次债务人在履行通知指定的期限内没有提出异议，而又不履行的，执行法院虽有权裁定对其强制执行，但次债务人没有在履行通知指定的期限内提出异议，并不意味着发生承认债务存在的效力。次债务人超过期限才提出不存在到期债权等异议，执行法院应当根据《民事诉讼法》第二百二十五条②的规定，对该到期债权是否存在以及到期债权的具体数额进行实质审查，而不是适用《民事诉讼法》第二百二十七条③规定并引导案外人提起异议之诉。

最高人民法院认为，适用案外人异议之诉程序应符合法定条件。《最高人民法院关于适用〈中华人民共和国民事诉讼法〉的解释》第五百零一条规定："人民法院执行被执行人对他人的到期债权，可以作出冻结债权的裁定，并通知该他人向申请执行人履行。该他人对到期债权有异议，申请执行人请求对异议部分强制执行的，人民法院不予支持。利害关系人对到期债权有异议的，人民法院应当按照民事诉讼法第二百二十七条规定处理。对生效法律文书确定的到期债权，该他人予以否认的，人民法院不予支持。"该规定中"他人"是指次债务人，而"利害关系人"是指主张到期债权存在但其为权利人的人。两种不同身份的主体对于到期债权的异议之救济途径不同，利害关系人因其主张对于到期债权享有民事权益，故应通过执行异议之诉解决，但"他人"的救济途径，一般应通过异议、复议等程序救济。具体而言，根据《最高人民法院关于人民法院执行工作若干问题的规定（试行）》第61~65条规定，在执行被执行人对次债务人享有的到期债权时，人民法院应当在履行到期债务通知中告知当事人异议期限，次债务人在履行通知指定的期限内提出异议的，人民法院不得对其强制执行；次债务人在履行通知指定的期限内没有提出异议，而又不履行的，执行法院虽有权裁定对其强制执行，但次债务人没

---

① 现为《最高人民法院关于人民法院执行工作若干问题的规定（试行）》（2020年修正）第45~49条。

② 现为《民事诉讼法》（2021年修正）第二百三十二条。

③ 现为《民事诉讼法》（2021年修正）第二百三十四条。

有在履行通知指定的期限内提出异议，并不意味着发生承认债务存在的效力。次债务人超过期限才提出不存在到期债权等异议，执行法院一般应当根据《民事诉讼法》第二百二十五条的规定，对该到期债权是否存在以及到期债权的具体数额进行实质审查，而不是适用《民事诉讼法》第二百二十七条规定并引导案外人提起异议之诉。就本案而言，执行法院在向宏达公司送达履行通知后，宏达公司虽未在法定期限内提出异议，也未按照履行通知的要求履行债务，在执行法院采取执行措施后，宏达公司仍有权向执行法院提出异议，对异议裁定不服，可依法申请复议。

——中国裁判文书网。

437. 案外人异议之诉的功能定位与裁判范围

关键词

案外人执行异议之诉

最高人民法院大法官著述

案外人异议之诉制度虽然早在 2007 年《民事诉讼法》修改时即已确立，但当下仍有不少人将其误解为一般意义上的确认、形成或给付之诉。鉴于此，有必要追溯其设置目的与功能定位，重申其审理范围与判决要旨，厘清其与一般诉讼、案外人申请再审及第三人撤销之诉的本质区别。

一、案外人异议之诉的设置目的与功能定位

有人认为，案外人异议之诉的目的在于确认权属。之所以出现这种误解，缘于不了解该制度设置的根本目的。实际上，案外人异议之诉制度之设置，主要基于以下考虑：首先，从一般意义上说，执行法律关系纷繁复杂，执行中合法权益遭受侵害的情形在所难免，救济与侵害理应相伴相随。案外人异议之诉作为一种执行救济，是执行法律体系中不可或缺的内容。其次，从执行程序的审查原则看，执行贵在迅速、及时，故应遵循形式化原则。执行法院对被执行人责任财产的认定，通常仅依外观证据判断，难免将事实上属于案外人的财产作为被执行人的财产查封，这就有必要为案外人提供相应的救济途径。最后，从救济途径本身看，执行中不仅需要有救济，而且救济途径还必须充分。如果仅仅是程序权利受到侵害，通过提出异议和申请复议救济即可，但如果是实体权利受到侵害，则应赋予案外人提起诉讼进行救济的权利，唯其如此，才能为各方当事人提供更为充分的程序保障。

通常情形下，民事主体之间就某项财产的权属发生争议的，可以通过确权诉讼等途径解决纷争。而案外人异议之诉针对的则不是通常意义上的权属争议，其适用的典型情形是：法院在执行中已经对某项财产予以查封，而案外人认为其对该查封财产享有所有权或者其他足以阻止该项财产转让、交付的实体权利。此际，对案外人而言，其所面临的最为紧迫的问题，不是与其他民事主体之间的权属纷争等实体争议，而是如何有效地阻止法院正在实施的执行行为，案外人异议之诉正是为了阻止执行而赋予案外人的一种救济途径。从另一个角度观察，上述情形下，如果将案外人异议之诉设计为一种普通的确权、形成或给付之诉，则应当以被执行人为被告，这种设计极易导致被执行人与案外人恶意串通，通过法院生效裁判对抗执行，显然不是一种最佳选择。

基于上述分析，不难得出结论：案外人异议之诉最直接的功能在于阻止、排除对执行标的的强制执行，故其具有形成之诉的性质。同时，案外人所主张的实体法律关系是异议权的先决问题，案外人异议之诉中往往须对此问题先行解决，否则通常难以作出是否排除执行的判决。故案外人异议之诉同时具有确认第三人所主张的实体权利的功能，从而兼具确认之诉的性质。案外人异议之诉兼具两种不同性质、两种不同功能，不同于传统诉讼类型，属于一种特殊的救济诉讼。

二、案外人异议之诉的审理范围与判项内容

案外人异议之诉的审理范围如何？其判决主文应包含哪些内容？现行法律和司法解释未作明确规定，理论界和实务中不无分歧，有必要重点讨论。

司法实践中，相当一部分法院将案外人异议之诉的审理范围限于就执行标的的实体法律关系争议，在判决主文中亦仅就异议标的的实体法律关系争议作出判断。笔者认为，正如前文所述，案外人提起异议之诉的根本目的在于阻止执行，本诉的基本功能在于解决异议标的能否执行的问题。因此，仅就实体法律关系进行审理和判断，会与一般意义上的确认、给付或形成之诉的功能相混淆，显然背离了异议之诉的本来目的，无异于本末倒置，是一种完全错误的做法。

与上述观点相反，另一种观点则认为，案外人异议之诉仅应围绕异议标的应否执行这一诉讼请求进行审理，在判决主文中亦应仅对应否执行问题作出判断，而不应涉及实体法律关系争议。客观而言，这一观点有其合理性：一是符合本诉设置的根本目的与基本定位；二是可以将本诉与一般意义上的确认、形成和给付之诉有效区分；三是可以避免因权属问题悬而难决而影响法院作出应否执行的判断；四是因审理范围相对简单、清晰，有利于快审快结。许多大陆法系国家的第三人异议之诉审判中大致采取了这种做法。

笔者认为，比较上述两种观点，综合考量各种因素，采取折中的观点更为合理，即通常情况下，案外人异议之诉中既应对实体上的法律关系进行审理，也应对应否执行问题进行审理；判决主文中既应包含实体权利义务问题的判断，亦应包含应否执行问题的判断。作为例外，在实体权利义务关系难以认定等情形下，判决主文中可仅包含应否执行问题。主张这一观点，主要基于以下两点考虑：

一是案外人异议之诉虽旨在解决应否继续执行的问题，但实体法律关系往往是应否继续执行的前提，法院在审判实践中往往要先查清权属等实体问题，然后在此基础上作出应否继续执行的判断。将相关实体法律关系纳入审理范围，一揽子解决权属和应否继续执行两个层面的问题，符合我国司法实践的现实逻辑和惯常思维。

二是如果异议之诉中只对应否继续执行问题进行审理和裁判，则会导致案外人异议之诉判决生效后，当事人就前诉中事实上已经审理的实体法律关系另行诉讼，既有违诉讼经济，也难以防止就同一法律关系作出相互矛盾的判断。

但司法实践中可能存在这样的例外情形：法院经审理已经达到了可以作出应否执行判断的程度，但异议标的的权属等实体法律关系尚难确定，此际，如果拘泥于裁判主文中必须包含实体法律关系判断的观点，势必导致案外人异议之诉迁延日久，同样背离了其根本目的。故笔者主张在例外情形下，判决主文中可仅对应否执行问题作出判断。当然，随着我国的诉讼和执行制度日臻精致、完善，司法实践经验日益丰富，也不排除以后将案外人异议之诉的审理范围仅限定为应否执行问题。

三、案外人异议之诉与相关制度的关系

欲准确把握适用案外人异议之诉制度，有必要厘清其与案外人申请再审、第三人撤销之诉的异同。三者的相同之处在于，均系案外第三人利用诉讼途径进行救济的制度，均属于事后救济。但三者存在本质区别。

案外人异议之诉不同于案外人申请再审，主要体现在：其一，性质不同。前者是一种执行救济制度；后者则是一种审判监督制度。其二，目的功能不同。前者解决的是异议标的应否执行的问题，旨在阻止、排除对特定标的的执行；后者解决的则是生效法律文书的对错问题，旨在撤销、变更原生效法律文书。其三，适用情形不同。根据《民事诉讼法》第二百二十七条[①]的规定，前者针对的标的物是法院在执行中审查认定属于被执行人的标的物，而非执行依据中确定执行的标的物，不涉及执行依据本身的对错问题；后者针对的标的物则是作为执行依据的生效判决、裁定、调解书中确定的标的物，旨在通过改变或撤销原生效法律文书维护案外人就该标的享有的合法权益。

案外人异议之诉也不同于第三人撤销之诉，主要体现在：其一，性质不同。如前所述，前者是一种特殊的执行救济制度；后者本质上仍属于通常的

① 现为《民事诉讼法》（2021 年修正）第二百三十四条。

诉讼程序。其二，目的功能不同。前者旨在阻止、排除对特定标的的执行，后者旨在通过一个新诉改变或撤销前诉生效判决、裁定或调解书，维护第三人因此受到损害的民事权益。其三，主体范围不同。前者中的案外人，可以是实体权利因执行受到损害的不特定第三人，而后者中的第三人，则须为因不能归责于本人的事由未参加诉讼的有独立请求权第三人或无独立请求权第三人。其四，适用情形不同。根据《民事诉讼法》第五十六条[①]第三款的规定，适格第三人如有证据证明生效法律文书部分或全部内容错误，损害其民事权益的，即可提起第三人撤销之诉。可见，第三人撤销之诉针对的仍然是生效法律文书的对错问题，且在诉讼终结后的一定期限内均有适用可能，而不限于执行阶段。

——刘贵祥：《案外人异议之诉的功能定位与裁判范围》，载《人民法院报》2014年6月4日。

438. 案外人执行异议之诉案件中，如何判断案外人就执行标的所主张的民事权益是否足以排除强制执行

关键词

案外人执行异议之诉　排除强制执行　合理期待

最高人民法院公报案例、最高人民法院裁判文书

王光志与成都农村商业银行股份有限公司簇桥支行、何方案外人执行异议之诉纠纷案［最高人民法院（2019）最高法民终370号民事判决书］

裁判摘要：案外人执行异议之诉案件中，判断案外人就执行标的所主张的民事权益是否足以排除强制执行，应当依据相关法律、司法解释对于民事权利（益）的规定，在对相关当事人关于执行标的的民事权利（益）的实体法性质和效力作出认定的基础上，通过对相关法律规范之间的层级关系、背后蕴含的价值判断以及立法目的进行探寻与分析，并结合不同案件中相关当事人的身份职业特点、对于执行标的权利瑕疵状态的过错大小，与执行标的交易相关的权利行使状况、交易履行情况，进一步分析执行标的对于相关当事人基本生活保障与秩序追求的影响等具体情况，综合加以认定。

① 现为《民事诉讼法》（2021年修正）第五十九条。

最高人民法院认为：关于王光志是否就案涉房屋享有足以排除保全查封的民事权益的问题，《最高人民法院关于适用〈中华人民共和国民事诉讼法〉的解释》第三百一十一条[①]规定："案外人或者申请执行人提起执行异议之诉的，案外人应当就其对执行标的享有足以排除强制执行的民事权益承担举证证明责任。"因此，案外人执行异议之诉制度的目的，就是要解决案外人是否有权排除对执行标的强制执行的问题。对此问题的评判，应当以法律、司法解释对于民事权利（益）的规定为依据展开。而现行法律、司法解释对案外人执行异议之诉的规定较为原则，尤其是对于法律、司法解释规定的"足以排除强制执行的民事权益"的类型、范围及条件，不仅法律没有明确规定，适用于民事诉讼程序的有关司法解释也没有明确具体的规定，仅有适用于强制执行程序的《最高人民法院关于人民法院民事执行中查封、扣押、冻结财产的规定》《最高人民法院关于人民法院办理执行异议和复议案件若干问题的规定》等司法解释进行了不完全的列举和规定。因此，在当前对案外人执行异议之诉案件的审理中，对案外人就执行标的所主张的民事权益是否足以排除强制执行，可以参照《最高人民法院关于人民法院民事执行中查封、扣押、冻结财产的规定》《最高人民法院关于人民法院办理执行异议和复议案件若干问题的规定》等司法解释的有关规定加以审查；但同时，又不应完全拘泥于上述适用于强制执行程序的司法解释的规定，案外人所享有的民事权益即使不在上述司法解释规定的情形之内的，亦未必不能够排除强制执行。对于案外人排除强制执行的主张能否成立，应当在依据法律、司法解释对于民事权利（益）的规定认定相关当事人对执行标的的民事权利（益）的实体法性质和效力的基础上，通过对相关法律规范之间的层级关系、背后蕴含的价值以及立法目的的探寻与分析，并结合不同案件中相关当事人的身份职业特点、对于执行标的权利瑕疵状态的过错大小，与执行标的交易相关的权利行使状况、交易履行情况，乃至于进一步探寻执行标的对于相关当事人基本生活保障与秩序追求的影响等具体情况，综合加以判断。本案中，首先，从相关各方对于房屋权利的来源看，王光志与服饰店之间系劳动关系，根据《劳动合同补充协议》的约定，在《劳动合同》履行期间，王光志对案涉房屋享有占有、使用、收益的权利，并且随着《劳动合同》的持续履行，王光志最终将在合同履行期满后获得案涉房屋的所有权；何方作为名义上的登记所有人，其目的仅是约束王光志按照《劳动合同》履行完毕十年的劳动合同义务，而对案涉房屋实际并不享有其他任何权利。合同履行期满后，王光志享有针对案涉房屋请求何方协助办理转移登记的权利。本案中，虽然服饰店在 2014

① 现为《最高人民法院关于适用〈中华人民共和国民事诉讼法〉的解释》（2022 年修正）第三百零九条。

年注销，但根据合同约定，王光志在服饰店注销后仍有义务按照服饰店股东的要求继续履约至合同期满，王光志也实际继续在其他连锁服饰店工作至十年劳动合同期满。服饰店实际经营者之一陈飞平亦出具《情况说明》，表示服饰店与王光志签订的劳动合同涉及的劳动年限已临近十年，王光志交纳了剩余全部按揭贷款，案涉房屋实际为王光志所有。相反，成都农商行簇桥支行未举示王光志未按约定履行十年期劳动合同，不能依约取得案涉房屋的证据，故王光志在履行完毕十年期劳动合同后，对案涉房屋享有相应的权利。而成都农商行簇桥支行与何方之间系保证合同关系，前者对案涉房屋的权利系源于强制执行程序，背后的基础是其作为商事主体对何方享有的基于何方应当履行保证责任而形成的债权，而且，没有证据证明该债权系基于对案涉房屋登记权利状态的信赖而形成。

其次，从相关各方对于案涉房屋权利的性质看，虽然《劳动合同补充协议》明确案涉房屋与王光志的劳动报酬和正常的福利待遇无关，但《劳动合同补充协议》同时也明确服饰店提供的案涉房屋系“作为福利”，并将此项待遇称为“是服饰店额外的、有条件的为王光志提供的特殊待遇”。从当事人的约定以及劳动合同的履行看，案涉房屋将因王光志履行了劳动合同约定的义务而归属王光志所有，因此其中显然包含了一定的劳动对价因素，从某种程度上而言，王光志对案涉房屋享有的权利实际上凝结着其为用人单位工作十年的相当一部分劳动付出，应属于广义的劳动报酬的范畴。而且，案涉房屋目前绝大部分房款均由王光志实际支付，王光志已于2011年装修完毕入住至今。这种情况下，在本案针对的对于案涉房屋的强制执行程序中，相较于成都农商行簇桥支行基于何方应当履行保证责任而享有的保证债权，对王光志对于案涉房屋的权利予以优先保护，符合法律保障劳动者获得劳动报酬权利的基本精神，因而亦具有相当的正当性和合理性。

再次，从案涉房屋的交易模式看，《劳动合同》约定，案涉房屋系服饰店分配给王光志的福利房，在劳动合同期内该房屋登记在何方名下，合同期满后即可转移登记至王光志名下，该房从购买交付之日起，由王光志占有使用。本案的这种交易模式虽与借名买房具有一定的相似性，但又有别于一般意义上的借名买房。案涉房屋系服饰店为防止王光志提前离职等原因而暂且登记在服饰店的指定人名下，王光志是基于其处于劳动合同这一不完全平等的民事法律关系中的弱势地位而被动接受服饰店关于案涉房屋的权属登记安排，其并非积极主动地通过这种方式获取不正当利益，且亦未损害国家利益和社会公共利益，故相关当事人之间的这种交易安排并不具有违法性或者不当性，因而，对于王光志而言，并不因此而具有法律上的可责难性。而且，案涉《劳动合同》签订于2008年12月，远早于保全申请人的债权形成时间以及人民法院的查封时间，因此，没有证据证明案外人王光志与被执行人何方之间存在通过案涉房屋的交易安排而逃避债务、规避执行的行为。最后，从案涉房屋未完成权属转移登记的原因看，在服饰店于 2014 年注销后，王光志为尽快完成案涉房屋权属转移登记，与服饰店协商并于劳动合同期满前提前一次性支付了剩余按揭贷款，应视为王光志积极行使权利。在付清按揭款后一个月左右，案涉房屋被人民法院查封，但结合《说明》中"'合同'到期半年内，甲方将房屋过户到乙方名下"的过户时间约定，以及前述王光志提前一次性归还剩余按揭款等事实，可以综合认定，并非因王光志的原因导致案涉房屋在法院查封前未转移登记到其名下。综上分析，案涉房屋系王光志履行劳动合同应当获得的劳动报酬的组成部分，现其已经按照劳动合同的约定履行了相应义务，相较于成都农商行簇桥支行基于何方应当履行保证责任而享有的保证债权，王光志对案涉房屋权利的合理期待应当予以保护，故其请求排除人民法院依据（2017）川民初 85 号财产保全裁定而对案涉房屋的保全查封，本院予以支持。

——《最高人民法院公报》2021 年第 7 期。

439. 执行异议之诉案件可参照适用《执行异议和复议规定》的相关规定，对案外人享有的民事权益是否足以排除强制执行进行审查认定

关键词

案外人执行异议　执行异议之诉　参照适用

最高人民法院裁判文书

陈鹤亭与上海市住安建设发展股份有限公司及常熟市时风房地产开发有限公司案外人执行异议之诉案［最高人民法院（2019）最高法民再 49 号民事判决书］

裁判要旨：案外人执行异议与执行异议之诉虽分属于不同的诉讼程序，其功能并不相同，相应地，对案外人民事权益的审查原则和审查标准也不尽相同，但二者具有一定的关联性和共通性。在针对执行异议之诉具体审查标准的法律规定或者司法解释出台前，执行异议之诉案件可参照适用《执行异议和复议规定》的相关规定，对案外人享有的民事权益是否足以排除强制执行进行审查认定。

最高人民法院认为，案外人执行异议与执行异议之诉虽具有一定的关联

性和共通性，但二者分属于不同的诉讼程序，其功能并不相同。相应地，对案外人民事权益的审查原则和审查标准也不尽相同。执行异议作为执行程序的一部分，其制度功能在于快速、不间断地实现生效裁判文书确定的债权，其价值取向更注重程序效率性，同时兼顾实体公平性。基于这一目标，执行异议程序更侧重于对执行标的上的权利进行形式审查，人民法院执行部门主要根据执行标的的物权登记、实际占有等权利外观来认定执行标的的权属，并作出应否予以执行的判断。而执行异议之诉作为与执行异议衔接的后续诉讼程序，是一个独立于执行异议的完整的实体审理程序，其价值取向是以公平优先、兼顾效率，通过实质审查的方式对执行标的权属进行认定，进而作出案外人享有的民事权益是否足以排除强制执行的判断，以实现对案外人民事权益的实体性执行救济。

由此，基于二者的关联性和共通性，在针对执行异议之诉具体审查标准的法律规定或者司法解释出台前，执行异议之诉案件可参照适用《执行异议和复议规定》的相关规定，对案外人享有的民事权益是否足以排除强制执行进行审查认定。若案外人异议符合《执行异议和复议规定》中关于可以排除强制执行的认定标准，人民法院在执行异议之诉中就要支持案外人的异议请求。同时，基于二者审查方式和判断标准的不同，在案外人异议不符合或者不能完全符合《执行异议和复议规定》中关于可以排除强制执行认定标准的情况下，人民法院在执行异议之诉中也不能当然认定案外人的异议请求不能成立，而应该根据《最高人民法院关于适用〈中华人民共和国民事诉讼法〉的解释》第三百一十二条[①]第一款关于“对案外人提起的执行异议之诉，人民法院经审理，按照下列情形分别处理：（一）案外人就执行标的享有足以排除强制执行的民事权益的，判决不得执行该执行标的；（二）案外人就执行标的不享有足以排除强制执行的民事权益的，判决驳回诉讼请求”的规定，基于案件具体情况对案外人是否享有足以排除强制执行的民事权益进行实质审查，并依法作出是否支持案外人异议请求的判断。

——中国裁判文书网。

附录：本案解析

执行异议之诉作为执行异议程序后衍生的诉讼，除《民事诉讼法》及其司法解释有相应程序性规定外，尚无明确的实体审查判断标准。而《执行异议和复议规定》作为执行程序中为规范“办理执行异议和复议案件”而制定的司法解释，是否适用执行异议之诉案件？在司法实践中是有争议的，至少

① 现为《最高人民法院关于适用〈中华人民共和国民事诉讼法〉的解释》（2022 年修正）第三百一十条。

在本案再审审查期间，就有意见认为《执行异议和复议规定》不适用执行异议之诉案件。当然，本案经最高人民法院审委会研究决定作出裁判后，《执行异议和复议规定》在执行异议之诉案件中可参照适用的理念基本形成，大家不再纠结于执行异议之诉案件是否能适用《执行异议和复议规定》的问题，关注点转为如何参照适用的问题，其中就包括该司法解释第 28 条、第 29 条的关系问题。现在大家就此基本达成共识，当事人可选择适用，只要符合其中一条规定即可排除执行。

——贾清林:《由审判监督程序看民商事案件的审理》，载马世忠主编、最高人民法院政治部编:《审判实务前沿问题解读——人民法院大讲堂实录》，人民法院出版社 2023 年版，第 349~350 页。

440. 案外人异议之诉的程序要件和实体要件

关键词

案外人执行异议之诉

最高人民法院裁判文书

中国东方资产管理公司天津办事处与天津嘉和泰投资管理有限公司案外人异议纠纷案［最高人民法院（2010）民二终字第 20 号民事判决书］

裁判要旨：案外人异议之诉的适格原告，应当符合两个方面的条件：一是程序条件，即案外人主张权利所指向的标的物必须是执行程序中的标的物；二是实体条件，即案外人对该执行标的物主张的权利必须是所有权或者有其他足以阻止执行标的物转让、交付的实体权利。案外人对执行标的物享有担保物权等相关权利，属于“其他足以阻止执行标的物转让、交付的实体权利”。

最高人民法院认为，本案纠纷系嘉和泰公司作为天津市高级人民法院执行案件的案外人，主张其对该院的执行义务人太极公司享有债权及对标的物太极公司部分房产享有抵押权，为对抗东方公司天津办在该案中的执行申请而提起，故本案的案由应确定为案外人异议之诉。一审法院将本案案由认定为债权转让合同纠纷，不能准确反映本案当事人之间争议的法律关系的本质，本院对此予以纠正。作为执行救济制度的一个重要组成部分，法律、司法解释规定了案外人异议之诉，以保证人民法院执行工作在实体上的正当性。《民事诉讼法》第二百零四条[①]规定："执行过程中，案外人对执行标的提出书面异议的，人民法院应当自收到书面异议之日起十五日内审查，理由成立的，裁定中止对该标的的执行；理由不成立的，裁定驳回。案外人、当事人不服，认为原判决、裁定错误的，依照审判监督程序处理；与原判决、裁定无关的，可以自裁定送达之日起十五日内向人民法院提起诉讼。"《最高人民法院执行程序解释》第十五条[②]规定："案外人对执行标的主张所有权或者有其他足以阻止执行标的物转让、交付的实体权利的，可以依照民事诉讼法第二百零四条的规定，向执行法院提出异议。"第十七条[③]规定："案外人依照民事诉讼法第二百零四条规定提起诉讼，对执行标的物主张实体权利，并请求对执行标的物停止执行的，应当以申请执行人为被告；被执行人反对案外人对执行标的物所主张的实体权利的，应当以申请执行人和被执行人为共同被告。"根据上述规定，案外人异议之诉的适格原告，应当符合两个方面的条件：一是程序条件，即案外人主张权利所指向的标的物必须是执行程序中的标的物；二是实体条件，即案外人对该执行标的物主张的权利必须是所有权或者有其他足以阻止执行标的物转让、交付的实体权利。就其中的实体条件而言，案外人对执行标的物主张所有权，并不是提起异议之诉的唯一理由。案外人对执行标的物享有担保物权等相关权利，亦属于"有其他足以阻止执行标的物转让、交付的实体权利"。具体到本案，本院（2001）民二终字第88号民事判决生效后，工行天津分行在天津市高级人民法院执行期间，将涉案六份借款合同项下的权利分别转让给华融公司天津办和东方公司天津办。嗣后，应华融公司天津办和东方公司天津办的申请，双方成为该案的执行申请人。在天津市高级人民法院的执行过程中，华融公司天津办受让的债权经过多次转让：2006年10月26日华融公司天津办将债权转让给光大公司、2007年1月9日华融公司天津办和光大公司将债权转让给渤海湾公司、2007年3月13日渤海湾公司将债权转让给嘉和泰公司。嘉和泰公司受让债权后，向天津市高级人民法院提出申请，将其变更为申请执行人并主张对抵押物优先受偿。在其申请被驳回后，嘉和泰公司提起本案诉讼，请求确认其债权人地位及对执行标的物的抵押权。嘉和泰公司提起本案诉讼的主要目的，是为了防止其对执行标的物享有的抵押权受到侵害，阻止天津市高级人民法院将对执行标的物的变价所得全部执行给东方公司天津办。故嘉和泰公司提起本案诉讼，符合《民事诉讼法》第二百零四条和最高人民法院《执行程序解释》第十五条

① 现为《民事诉讼法》（2021年修正）第二百三十四条。

② 现为第14条，内容修改为案外人对执行标的主张所有权或者有其他足以阻止执行标的转让、交付的实体权利的，可以依照民事诉讼法第二百二十七条的规定，向执行法院提出异议。

③ 已被《最高人民法院关于修改〈最高人民法院关于人民法院扣押铁路运输货物若干问题的规定〉等十八件执行类司法解释的决定》删除。

的规定，系本案的适格原告。东方公司天津办关于嘉和泰公司并非本案适格原告的上述理由，并无相应的法律依据，本院不予采纳。

关于东方公司天津办是否本案适格被告以及本案是否需要追加债权转让合同的前手，以及原债务人和抵押人参与诉讼的问题。最高人民法院认为，《民事诉讼法》和司法解释所规定的案外人异议之诉，是以阻止执行法院对执行标的物的执行为目的。尽管对执行标的物主张所有权或其他应当保护的权利是案外人提起异议之诉所必须具备的实体条件，但法律赋予案外人的异议权直接针对的是执行债权人的执行申请权。申言之，阻止了执行债权人对执行标的物的执行申请，便可避免案外人的财产或权利遭受不正当的损害。根据最高人民法院《执行程序解释》第十七条的规定，东方公司天津办作为天津市高级人民法院执行案件的执行申请人，嘉和泰公司对该案的执行标的物主张实体权利，以东方公司天津办为被告，并无不当。故对东方公司天津办关于其并非本案适格被告的上诉理由，本院不予支持。东方公司天津办主张，嘉和泰公司请求法院确认的权利所对应的义务人不仅包括其债权转让合同的各前手出让人，还包括借款合同的债务人津梁机电公司和抵押人太极公司。东方公司天津办认为，一审判决在上述当事人未参与诉讼的情况下直接作出判决，剥夺了相关义务人和利害关系人的诉权。对此，最高人民法院认为，案外人异议之诉的审理重点，是案外人主张的实体权利能否对抗执行申请人对执行标的物的执行申请。就嘉和泰公司受让的涉案债权的借款人津梁机电公司和抵押人太极公司而言，其作为执行案件中的被执行人，对嘉和泰公司所主张的权利并未提出异议，故津梁机电公司、太极公司与嘉和泰公司之间就执行标的物并无利益冲突，一审法院未将津梁机电公司和太极公司列为被告参加本案诉讼，符合最高人民法院《执行程序解释》第十七条的规定。就嘉和泰公司受让的涉案债权的各前手出让人而言，无论是华融公司天津办、光大公司，还是渤海湾公司，如果否认嘉和泰公司对执行标的物享有执行利益并自己参加诉讼，根据《民事诉讼法》第五十六条[①]第一款的规定，他们的诉讼地位应当确定为有独立请求权的第三人身份。华融公司天津办、光大公司、渤海湾公司是否选择参与本案诉讼，系他们对自己诉讼权利的处分结果。故在华融公司天津办、光大公司、渤海湾公司未申请以有独立请求权的第三人身份参与诉讼的情况下，一审法院仅以嘉和泰公司和东方公司天津办为诉讼当事人审理本案，程序合法。东方公司天津办关于本案债权转让合同的前手和原债务人及抵押人未参与诉讼不当的诉讼理由不能成立，本院不予采纳。

——最高人民法院民事审判第二庭编：《最高人民法院商事审判指导案例5·下》，中国法制出版社2011年版，第790~802页。

① 现为《民事诉讼法》（2021年修正）第五十九条。

441. 异议人提交的名为“情况反映”“执行申诉书”，实则向人民法院提出执行异议的书面申请，只要有明确的异议请求，执行法院应作为相关执行异议案件审查处理

关键词

执行异议

最高人民法院审判业务意见 [《人民法院办理执行案件规范（第二版）》]

1243.【执行行为异议的一般规定】

执行过程中，当事人、利害关系人认为执行法院的执行行为违反法律或司法解释规定的，可以向执行法院提出执行行为异议。

执行法院审查处理执行行为异议，应当自收到书面异议之日起十五日内作出裁定。

903.【执行行为异议的形式要件】

异议人提出执行行为异议，应当向人民法院提交申请书。申请书应当载明具体的异议请求、事实、理由等内容，并附下列材料：

（一）异议人的身份证明；

（二）相关证据材料；

（三）送达地址和联系方式。

——最高人民法院执行局编：《人民法院办理执行案件规范（第二版）》，人民法院出版社 2022 年版，第 493 页、第 375 页。

附录：最高人民法院主流观点

司法实践中，异议人并非完全按照《民事诉讼法》规定和人民法院要求提交书面异议申请。异议申请书的表现形式多种多样，有的申请书冠以“执行申诉书”的名称，有的以“情况反映”表达异议诉求，还有的以“执行监督申请书”或“再审申请书”为表现形式，实则属于向人民法院提出执行异议。另外，异议人的法律素养参差不齐，有的异议申请毫无条理，异议请求表达不清，或者没有法律依据，甚至从内容到形式都不能称之为法律文书。我国不具备执行异议、复议案件全部实行律师代理的条件，大量执行异议、复议案件都没有律师参与，执行异议、复议申请书并不都能符合法律、司法解释规定的形式要求。针对这种现状，实践中对于异议人提交的以“情况反映”“执行申诉书”等为名，实则向人民法院提出执行异议的书面申请，只要有明确的异议请求，执行法院应作为相关执行异议案件审查处理。异议人提

交的书面申请所提异议请求不明确，无法审查处理的，执行法院可要求提出异议的申请人补正，明确其异议请求后，再行立案审查。对于表述形式不规范的书面申请，经审查申请书，能够基本掌握异议人的异议请求、所述事实及理由的，执行法院应当按照书面异议表述的基本含义进行审查，相关异议人可向执行法院补充、明确其异议请求。

——江必新、刘贵祥主编、最高人民法院执行局编著:《最高人民法院办理执行异议和复议案件若干问题规定理解与适用》，人民法院出版社 2015 年版，第 26~27 页。

442. 不予受理执行申请的裁定能否提出执行异议

关键词

执行异议　不予受理执行申请

附录：最高人民法院主流观点

对于不予受理执行申请的裁定能否提出执行异议？依照《执行工作若干规定》第 18 条[①]的规定，人民法院受理执行案件应当符合一定条件，对不符合条件的执行申请，人民法院应当裁定不予受理。司法实践中，人民法院对执行申请裁定是否受理，直接决定着债权人的债权能否通过法院强制实现，对申请执行人的利益有决定性的影响，法律上应当赋予申请执行人相应的救济途径，这一点并不存在争议。但是，申请执行人能否依照《民事诉讼法》第 225 条[②]的规定，向作出不予受理执行申请的法院提出执行行为异议，实践中却存在不同观点。有一种观点认为，人民法院不予受理执行申请，属于立案环节的问题，不属于执行行为，因此不应当依照该条规定提出异议。还有观点认为，对执行申请不予受理与对起诉不予受理属于同一性质的问题，而根据《民事诉讼法》第 123 条[③]的规定，人民法院对于不符合起诉条件的裁定不予受理，原告对裁定不服的，可以提起上诉。那么申请执行人对不予受理执行申请的裁定不服的，也应当可以提起上诉，如可以将其归入依照《民事诉讼法》第 225 条可以提出异议的范围，就会出现在同一部法律中对同一性质的问题不同对待的情形。

---

① 现为《最高人民法院关于人民法院执行工作若干问题的规定（试行）》（2020 年修正）第 16 条。

② 现为《民事诉讼法》（2021 年修正）第二百三十二条。

③ 现为《民事诉讼法》（2021 年修正）第一百二十八条。

但是，对于不予受理执行申请固然应当像对起诉不予受理异议，允许提起上诉，但是鉴于《民事诉讼法》对不予受理可以上诉的内容规定在第一审普通程序一章中，严格来说，很难在执行程序中适用，在这种情况下，将不予受理执行申请的裁定纳入《民事诉讼法》第225条的适用范围，符合为当事人提供充分救济途径的理念。《规定》均改为《最高人民法院办理执行异议和复议案件若干问题的规定》对执行行为的时点界定，也应适当予以拓宽，即对于执行开始和执行终结这两个时点法院所为的行为，都纳入执行行为的范围，赋予当事人提出异议的权利来实现对当事人合法权利更为全面的救济，就是为了避免出现对不予受理执行申请裁定，债权人既不能提起上诉，也不能提出异议和复议，进而导致其实体权利的实现成为无根之木、无本之源。

同理，当事人对人民法院受理不当的执行申请同样有权提出执行异议。这是对实施执行的一些特殊行为的程序性救济，如果人民法院受理了依法不应受理的执行申请，将直接侵害债务人免予被强制执行的程序权利并可能给债务人的实体权益造成侵害，即导致债务人承担其依法不应承担的债务。为了保护债务人的合法权益，在执行法院受理了依法不应受理的执行申请后，被执行人有权提出执行异议，要求执行法院撤销已受理的执行案件。这与对不予受理裁定通过执行异议程序救济相比，在程序上是一致的、在逻辑上也是合理的。

——江必新、刘贵祥主编、最高人民法院执行局编著：《最高人民法院办理执行异议和复议案件若干问题规定理解与适用》，人民法院出版社2015年版，第41~43页。

443. 异议人向上一级人民法院提出异议后，上一级法院未指令下级法院受理异议、通知异议人不符合受理条件或在法定期限内作出异议裁定的，异议人有何救济途径

关键词

执行监督　不予受理　救济途经

附录：最高人民法院主流观点

根据《最高人民法院关于人民法院执行工作若干问题的规定（试行）》（以下简称《规定》）第129条[①]的规定，上级人民法院依法监督下级人民法院

① 现为《最高人民法院关于人民法院执行工作若干问题的规定（试行）》（2020年修正）第71条。

的执行工作。最高人民法院依法监督地方各级人民法院和专门法院的执行工作。对于上级法院对异议人根据《规定》第3条向上一级法院提出的异议不予答复，或者直接作出不予受理的通知的，异议人可以根据上述规定，向再上一级法院提出申诉请求，直至向最高人民法院提出申诉请求。

——江必新、刘贵祥主编、最高人民法院执行局编著：《最高人民法院办理执行异议和复议案件若干问题规定理解与适用》，人民法院出版社2015年版，第53页。

444. 人民法院应正确处理当事人、利害关系人同时提出执行异议

关键词

当事人　利害关系人　执行异议　竞合

附录：最高人民法院主流观点

依照《民事诉讼法》第225条[①]之规定，当事人、利害关系人均是提出执行行为异议的主体。既然当事人、利害关系人都有提出执行异议的权利，对于同一强制执行案件，针对同一执行行为，则可能会出现当事人、利害关系人同时提出异议的情形，即为执行异议救济程序的竞合。执行法院在处理异议时应当区分不同情况，予以处理。各个异议权利主体如基于各自的理由请求救济，执行法院审查后作出的裁定结果则可能并不相同。例如，在执行法院拍卖被执行人的不动产以清偿债务的金钱给付案件的执行中，对于评估机构的评估报告所确定的评估价，申请执行人主张过高而提出异议，认为难以变现，侵犯其合法权益。与之同时，被执行人认为评估价太低而提出异议，竞买人则针对公平竞价权利受到不当妨害提出异议。此时，执行法院审查后，可认为其中一部分人的异议理由正当，而据此重新评估或重新确定拍卖保留价，同时又以无理由驳回另一部分人的执行异议。当然，如经审查，执行法院认为评估拍卖程序正当，也可以确认异议人的主张均不能成立，而裁定予以驳回。

——江必新、刘贵祥主编、最高人民法院执行局编著：《最高人民法院办理执行异议和复议案件若干问题规定理解与适用》，人民法院出版社2015年版，第79~80页。

---

① 现为《民事诉讼法》（2021年修正）第232条。

445. 注意把握执行行为异议程序与执行监督程序的关系

关键词

执行异议　执行监督

附录：最高人民法院主流观点

《执行工作若干规定》第 129 条[①]专门规定了上级人民法院有权对下级人民法院执行工作进行监督。从近年来的执行实践来看，执行监督的内容非常丰富，不仅涉及执行行为，也涉及执行依据。就法院的执行行为而言，又涉及滥用执行权和怠于行使执行权等不同的情形。提起的原因也包括当事人、利害关系人申诉和上级人民法院主动启动两方面。执行监督制度，客观上起到了保护执行当事人、利害关系人等主体合法权益的作用，一定程度上弥补了执行救济制度供给不足的缺陷。随着相关主体申请执行监督的案件越来越多，执行监督案件审查处理的程序也愈发规范，无论在权利主体的保护方面，还是人民法院的执行规范化方面，都起到了相当积极的作用。

但应当注意的是，执行监督与当事人、利害关系人提起执行异议等执行救济是两个不同的概念。尽管二者都可能会达到纠正执行错误和瑕疵的实际效果，但是纠错的途径、启动程序、审查处理程序、法律文书、法律效力等都不尽相同。二者可以作为两种不同的纠错机制同时存在，在具体适用时可以并行不悖，因此可能出现执行救济程序与执行监督程序竞合的情况。

执行监督是人民法院内部的一种监督、指导和纠错制度，其实施主体是不同层级的人民法院，具体程序在法院内部运行，当事人、利害关系人可以参与，但在程序提起的过程中参与范围有限，对于程序的进行也无主导权。上级法院以监督程序审查处理之后，除作出裁定或决定以外，还可以视情况向有关法院下发内部函文，对下进行指导。当事人、利害关系人虽有权向上级法院反映情况，请求上级法院行使执行监督权，以保护其合法权益，但这种权利一般解释为宪法赋予公民的申诉权，而非执行救济权。因此种申诉行为并不必然产生相应的程序法上的效果，向上级法院反映情况后，是否会得到处理，以及在多大程度上得到处理，均由人民法院审查确定，申诉人自身无法决定。与申请执行监督不同，提出执行异议是法律赋予当事人、利害关系人的法定权利，其对违法执行行为提出异议进而申请复议，只要符合法定

① 现为《最高人民法院关于人民法院执行工作若干问题的规定（试行）》（2020 年修正）第 71 条。

条件，执行法院和上一级法院就必须进行审查处理，并作出裁定，裁定应当送达当事人、利害关系人和有关法院。在此过程中，当事人、利害关系人有权依法参与执行救济程序的运行，表达意见和主张，提出抗辩和理由，提供证据，进行质证和辩论，以此来影响救济裁定的作出。因此，对于不当执行行为，在当事人、利害关系人未提出异议或者对裁定不服时未向上一级人民法院申请复议时，如果上级人民法院发现执行法院存在违法执行问题，则应当主动依法进行监督；如果当事人、利害关系人已经提出了异议或正在申请复议，在救济程序正常进行的情况下，上级法院一般无需再就同一问题重复进行监督。当然，作为一项监督权力，上级法院认为必要时可以随时行使监督权。

——江必新、刘贵祥主编、最高人民法院执行局编著：《最高人民法院办理执行异议和复议案件若干问题规定理解与适用》，人民法院出版社 2015 年版，第 80~81 页。

446. 案外人提出执行异议的时限认定

关键词

案外人执行异议　以房抵债　执行程序终结

最高人民法院裁判文书

鞍山市东大建筑工程有限公司与张志国、鞍山奥达美联益置业有限公司案外人执行异议之诉再审案［最高人民法院（2019）最高法民再 219 号民事裁定书］

裁判要旨：执行异议之诉以“执行过程中”案外人对执行标的提出书面异议为前提，目的在于阻却执行程序的继续进行。在执行法院已作出以房抵债的裁定并送达之后，执行程序已终结，案外人此后才提出执行异议及执行异议之诉，不符合执行异议之诉的受理条件，应不予受理；已经受理的，应驳回起诉。

最高人民法院再审判决认为：《民事诉讼法》第二百二十七条[①]规定案外人对执行标的提出执行异议的时限为“执行过程中”。《最高人民法院关于人民法院办理执行异议和复议案件若干问题的规定》第六条第二款规定：“案

① 现为《民事诉讼法》（2021 年修正）第二百三十四条。

外人依照民事诉讼法第二百二十七条规定提出异议的，应当在异议指向的执行标的执行终结之前提出。”在案涉房屋因东大公司在执行程序中取得所有权后，有关该房屋的执行程序已经基本终结。张志国在诉争房屋的执行已经基本终结后，提出执行异议和执行异议之诉，不符合上述法律和司法解释的规定。

——第二巡回法庭微信公众号。

447. 案外人提出执行异议是否逾期的认定

关键词

案外人　执行异议之诉　逾期认定

最高人民法院裁判文书

徐杰与张先俊、安徽省中平置业有限公司案外人执行异议之诉纠纷案
［最高人民法院（2018）最高法民申 1299 号民事裁定书］

裁判要旨：根据《最高人民法院关于适用〈中华人民共和国民事诉讼法〉的解释》第四百六十四条[①]的规定，案外人根据《民事诉讼法》第二百二十七条[②]规定对执行标的提出异议的，应当在该执行标的执行程序终结前提出。

最高人民法院认为：而对于执行标的执行程序终结，按照《最高人民法院关于人民法院办理执行异议和复议案件若干问题的规定》第六条第二款的规定，又区分了两种情况：一是执行标的由当事人以外的第三人受让的，案外人应当在异议指向的执行标的执行终结之前提出；二是执行标的由申请执行人或者被执行人受让的，应当在执行程序终结之前提出。本案中，张先俊以中平公司为被告提起民间借贷之诉，后双方达成调解，一审法院作出民事调解书，因中平公司未按期履行调解书确定的法律义务，张先俊申请强制执行。执行法院裁定拍卖、变卖诉前保全财产中的 112 套房屋，后因三次拍卖均无人报名而流拍，又根据张先俊书面申请，于 2015 年 11 月 16 日作出（2015）六执字第 00178 – 1 号执行裁定，将上述 112 套房屋及所占土地使

---

① 现为《最高人民法院关于适用〈中华人民共和国民事诉讼法〉的解释》（2022 年修正）第二百六十二条。

② 现为《民事诉讼法》（2021 年修正）第二百三十四条。

用权以第三次拍卖的保留价 4775 万元交付申请执行人张先俊以物抵债。根据《最高人民法院关于适用〈中华人民共和国民事诉讼法〉的解释》第四百九十三条[①]的规定："拍卖成交或者依法定程序裁定以物抵债的，标的物所有权自拍卖成交裁定或者抵债裁定送达买受人或者接受抵债物的债权人时转移。"上述以物抵债裁定一经送达即产生物权变动的效力，但案涉房屋系执行案件的申请执行人张先俊获得，属于《最高人民法院关于人民法院办理执行异议和复议案件若干问题的规定》第六条第二款规定的执行标的由当事人受让的，应当在执行程序终结之前提出情形。作为案外人的徐杰只要在该案执行程序终结前提出执行异议，即未超出应当提出执行异议的法定期限。二审法院认定徐杰所提执行异议已超出法律规定的期限，缺乏事实和法律依据。至于徐杰的执行异议是否足以排除执行，则应根据实体审理情况进行裁判。

——中国裁判文书网。

附录：最高人民法院法官著述

本案系案外人提出的案外人执行异议之诉，主要解决在执行过程中，案外人对执行标的提出书面异议被驳回后，仍具有诉权而获得诉讼程序实体审查的问题。一般来讲，重点审查案外人是否具有足以排除执行的实体权利，但对是否存在阻碍其诉权实现的程序性问题，亦应一并审查。如果案外人没有依法按照法定程序提出异议，即使其具有足以排除执行的实体权利，也会因丧失了胜诉权而不能得到法律的保护。实践中，既要改变重实体轻程序从而忽略程序性问题审查，也要注意避免简单地对程序性问题加以认定从而侵害当事人诉权的现象。因此，本案二审法院在审查案外人是否具有排除执行的实体权利前，对案外人提出执行异议是否逾期进行审查值得肯定，但在适用法律方面未能准确区分不同情形而加以认定，应当重新进行审查。具体问题分析如下：

首先，案外人对执行标的提出异议，应当在该执行标的执行程序终结前提出。效率是民商事案件执行的目标之一，为了避免执行程序因对执行标的权属的争议而过分拖延，对于案外人提出异议的期间，有明确的法律规定，案外人要依法定程序提出异议，才可能获得法律的保护。根据《最高人民法院关于适用〈中华人民共和国民事诉讼法〉的解释》第四百六十四条的规定，案外人根据《民事诉讼法》第二百二十七条[②]规定对执行标的提出异议的，应当在该执行标的执行程序终结前提出。也就是说，案外人如果主张对执行标

① 现为《最高人民法院关于适用〈中华人民共和国民事诉讼法〉的解释》（2022 年修正）第四百九十一条。

② 现为《民事诉讼法》（2021 年修正）第二百三十四条。

的具有实体权利足以排除执行，应当在该执行标的尚未执行终结前提出，否则即为逾期提出执行异议。本案中，案外人徐杰就要在其所主张权利的执行标的“鑫泰钢铁物流园”2 幢 10× 室、20× 室、30× 室房屋执行程序终结前提出。

其次，所谓执行标的的执行程序终结，与整个案件的执行程序终结不同，主要是指对执行标的物的处置。一般认为，如果执行标的物已经处置完毕，所有权已经转移则关于执行标的的执行程序终结，而对于案件的执行程序往往滞后于对执行标的的执行程序。之所以要求在执行标的的执行程序终结前提出异议，除了前述执行效率因素外，更重要的是为了交易的稳定和善意第三人的保护。但在执行程序中，司法拍卖、变卖以及以物抵债是对执行标的进行处置的常见方式，通过这些方式处置执行标的的受让人有时不一定为第三人，往往是申请执行人，因此，需要在对案外人及债权人权利保护方面进行一定的平衡，作进一步的规范和审查。

最后，执行标的由申请执行人受让的，提出执行异议的期间转为案件执行程序终结前。根据执行标的受让人的不同情形，《最高人民法院关于人民法院办理执行异议和复议案件若干问题的规定》第六条第二款进行了区别规定：一是执行标的由当事人以外的第三人受让的，案外人应当在异议指向的执行标的执行终结之前提出；二是执行标的由申请执行人或者被执行人受让的，应当在执行程序终结之前提出。也就是说，如果受让人通过司法拍卖程序已经取得了执行标的的所有权，虽然为了维护司法拍卖的公信力以及执行程序的稳定性，不应允许案外人过分迟延地提出异议，但如果执行标的通过拍卖或者以物抵债由执行案件当事人获得，其应因错误执行而返还执行标的，只要执行程序尚未结束，案外人提出异议的期限就不应截止。因此，执行过程中对案涉房屋作出了以物抵债裁定，则应当以执行程序是否终结来判断案外人提出执行异议的期限。具体到本案，案外人徐杰提出执行异议时执行标的“鑫泰钢铁物流园”2 幢 10× 室、20× 室、30× 室房屋虽然已经处置完毕，但因执行标的系以物抵债于申请执行人张先俊，故判断其是否逾期提出执行异议，应按照整个案件是否执行终结来判断。二审法院简单地适用根据《最高人民法院关于适用〈中华人民共和国民事诉讼法〉的解释》第四百六十四条的规定，驳回案外人徐杰的起诉，确有不当。至于案外人徐杰对执行标的“鑫泰钢铁物流园”2 幢 10× 室、20× 室、30× 室房屋是否具有所有权，是否具有足以排除执行的物权期待权，可以在进入实体审理程序后依法进行审查。

——刘慧卓：《案外人提出执行异议是否逾期的认定——案外人徐杰执行异议之诉申请再审案评析》，载最高人民法院执行局编：《执行工作指导》2019 年第 1 辑（总第 69 辑），人民法院出版社 2019 年版，第 5~7 页。

448. 案外人对多项执行标的提出异议的，其申请异议的期限应如何计算

关键词

执行标的　异议期限

附录：最高人民法院主流观点

依照《最高人民法院关于人民法院办理执行异议和复议案件若干问题的规定》的精神，特定标的由当事人之外的买受人受让的，案外人异议应是在其提出异议的特定标的的具体执行程序终结前提出，如果特定标的已执行完结，即使债权未全部实现，案件尚在执行过程中，案外人对该特定标的也不应再提出异议。如标的涉及多个，其中某个或多个标的已执行完结，即使尚有其他标的仍在执行过程中，案外人对已经执行完结的标的也不应再提出异议。如果多个标的的受让人均是由买受人受让的，则其提出异议的期限应当是整个执行程序终结前。如果多个执行标的中，既有当事人之外的买受人受让，又有当事人受让的情形，则案外人提出异议的期限，应当根据是否由买受人受让来区分案外人就特定标的提出异议的期限。

——江必新、刘贵祥主编、最高人民法院执行局编著：《最高人民法院办理执行异议和复议案件若干问题规定理解与适用》，人民法院出版社 2015 年版，第 92~93 页。

449. 积极的执行异议与消极的执行异议

关键词

积极的执行异议　消极的执行异议

附录：最高人民法院主流观点

整体理解执行异议制度，按照执行异议的积极与否，事实上可以将执行异议分为积极的执行异议和消极的执行异议。所谓积极的执行异议，是指当事人或利害关系人对执行机构的消极行为，提出积极的要求予以救济，比如，对执行机构超过程序法规定期限的行为提出异议。所谓消极的执行异议，是指当事人、利害关系人对执行机构的积极行为，提出消极的主张予以救济。

从《民事诉讼法》第 225 条[①] 对违法的执行行为，人民法院应当予以“裁定撤销或者改正”的用语看，这里的执行行为应当是指作为行为，即积极的行为，但是对于特殊情况下的消极执行行为，也没有排除，例如轮候查封的债权人请求在先查封法院处置财产的行为，按照规定应当可以提出异议。但是从长远来看，对于不作为行为，由于其具有不同于作为行为的特点，救济程序应当单列，将来拟建立“申请”制度予以规范。针对前述所言的其他消极行为，目前可以适用的法律条款主要为《民事诉讼法》第 203 条规定的“人民法院自收到申请执行书之日起超过六个月未执行的，申请执行人可以向上一级人民法院申请执行。上一级人民法院经审查，可以责令原人民法院在一定期限内执行，也可以决定由本院执行或指令其他人民法院执行”。2008 年的《民事诉讼法执行程序解释》也进一步细化了该消极执行行为异议程序。该解释第 12 条[②] 规定：上一级人民法院依照《民事诉讼法》第 203 条[③] 规定责令执行法院限期执行的，应当向其发出督促执行令，并将有关情况书面通知申请执行人。上一级人民法院决定由本院执行或者指令本辖区其他人民法院执行的，应当作出裁定，送达当事人并通知有关人民法院。第 13 条[④] 规定：上一级人民法院责令执行法院限期执行，执行法院在指定期间内无正当理由仍未执行完结的，上一级人民法院应当裁定由本院执行或者指令本辖区其他人民法院执行。

——江必新、刘贵祥主编、最高人民法院执行局编著：《最高人民法院办理执行异议和复议案件若干问题规定理解与适用》，人民法院出版社 2015 年版，第 108~109 页。

450. 执行异议书面审查中对特殊法律问题审查时也应举行听证

关键词

执行异议　书面审查　听证

附录：最高人民法院主流观点

法律问题也有举行听证的必要。对于适用法律错误等问题的审查认定，

① 现为《民事诉讼法》（2021 年修正）第二百三十二条。

② 现为《民事诉讼法》（2021 年修正）第二百三十三条。

③ 现为《最高人民法院关于适用〈中华人民共和国民事诉讼法〉执行程序若干问题的解释》（2020 年修正）第十一条。

④ 现为《最高人民法院关于适用〈中华人民共和国民事诉讼法〉执行程序若干问题的解释》（2020 年修正）第十二条。

只是相对于澄清事实问题来说，适用书面审理可行性要强，但并不是说没有问题。事实上，适用法律问题可能与事实问题一样，是一个复杂的问题，即使高素质的法官也难免有主观片面上的错误。真理往往在辩论中才能更加明确。即使法官允许双方当事人书面交锋辩论，撇开书面辩论本身的不够直接的局限性不谈，当事人不能从口头辩论的直接感受中体会心理满足和判决的公正性、书面辩论更容易拉长诉讼时间等，又会产生其他的与迅速、公正解决纠纷的目的不相容的问题。

——江必新、刘贵祥主编、最高人民法院执行局编著：《最高人民法院办理执行异议和复议案件若干问题规定理解与适用》，人民法院出版社 2015 年版，第 169~170 页。

451. 审查案外人异议，要注意案外人与申请执行人之间对执行标的物或履行债务是否有特殊的约定

关键词

案外人执行异议

最高人民法院审判业务意见［《人民法院办理执行案件规范（第二版）》］

1277.【案外人异议的审查处理】

案外人对执行标的提出的异议，经审查，按照下列情形分别处理：

（一）案外人对执行标的不享有足以排除强制执行的权益的，裁定驳回其异议；

（二）案外人对执行标的享有足以排除强制执行的权益的，裁定中止执行。

——最高人民法院执行局编：《人民法院办理执行案件规范（第二版）》，人民法院出版社 2022 年版，第 505 页。

附录：最高人民法院主流观点

对案外人的异议是否成立，除了依照《最高人民法院关于人民法院办理执行异议和复议若干问题的规定》第二十条的规定进行审查外，还要注意案外人与申请执行人之间对执行标的物或者履行债务是否有特殊的约定。如果案外人取得执行标的物的权利，系依照与申请执行人的特殊约定，而且在合同中约定了案外人以取得的执行标的物对申请执行人履行给付义务，也不能阻止执行。例如，执行依据确定李四向张三偿还借款 300 万元，申请执行前，张三、李四和王五签订和解协议约定，由王五参加某法院举行的拍卖会，竞

拍张三经营需要的挖掘机用来抵顶李四所欠债务。后王五拍得一辆挖掘机并暂存在李四处。进入执行程序后，法院扣押了该挖掘机，王五对该挖掘机主张所有权，根据其与张三的和解协议，其权利不能排除张三对执行标的物的执行。

——江必新、刘贵祥主编、最高人民法院执行局编著：《最高人民法院办理执行异议和复议案件若干问题规定理解与适用》，人民法院出版社 2015 年版，第 343~344 页。

452. 执行异议之诉不受案外人异议裁定审查结论的限制

关键词

既判力　案外人执行异议　审查结论

附录：最高人民法院主流观点

终局判决一旦获得确定，该判决对请求之判断就成为规范今后当事人之间法律关系的基准，当同一事项再度成为问题时，当事人不能对该判断提出争议、不能提出与之相矛盾的主张，法院也不能作出与该判断相矛盾或抵触之判断。这种确定判决之判断被赋予的通用性或拘束力，就是所谓的既判力。与形式的确定力相对，既判力也被称为实体的确定力。案外人异议程序虽然审查处理实体法问题，但人民法院在案外异议审查中对案外人所主张的实体权利所作裁定并没有既判力。因此，民事诉讼法规定案外人、当事人不服该裁定的，有权提起执行异议之诉。审理执行异议之诉的审判部门不受案外人异议裁定结论拘束，应根据查明的案件事实和相关法律规定作出裁判，不能直接将案外人异议审查裁定作为执行异议之诉的审理依据。根据《民事诉讼法解释》第 312~313 条[①]规定：对案外人提起的执行异议之诉，人民法院经审理，按照下列情形分别处理：（1）案外人就执行标的享有足以排除强制执行的民事权益的，判决不得执行该执行标的；（2）案外人就执行标的不享有足以排除强制执行的民事权益的，判决驳回诉讼请求；案外人同时提出确认其权利的诉讼请求的，人民法院可以在判决中一并作出裁判。对申请执行人提起的执行异议之诉，人民法院经审理，按照下列情形分别处理：（1）案外人就执行标的不享有足以排除强制执行的民事权益的，判决准许执行该执行标的；（2）案外人就执行标的享有足以排除强制执行的民事权益的，判决驳回

① 现为《最高人民法院关于适用〈中华人民共和国民事诉讼法〉的解释》（2022 年修正）第三百一十条至第三百一十一条。

诉讼请求。对于执行异议之诉的裁判作出后，案外人异议裁定的法律效力问题，《民事诉讼法解释》第 314 条[①]规定：对案外人执行异议之诉，人民法院判决不得对执行标的执行的，执行异议裁定失效。对申请执行人执行异议之诉，人民法院判决准许对该执行标的执行的，执行异议裁定失效，执行法院可以根据申请执行人的申请或者依职权恢复执行。

——江必新、刘贵祥主编、最高人民法院执行局编著：《最高人民法院办理执行异议和复议案件若干问题规定理解与适用》，人民法院出版社 2015 年版，第 364~365 页。

453. 民事执行中案外人异议审查程序、审查标准与财产刑执行中案外人异议审查程序、审查标准的差异

关键词

案外人执行异议　财产刑执行　审查程序　审查标准

附录：最高人民法院主流观点

对于执行法官而言，非基于形式物权进行执行标的权属的判断，则无法保证在很短时间内作出最大限度地符合实质物权的迅速判断。财产刑以被执行人合法所有的财产为执行标的，民事执行中的“责任财产”理论也可直接适用于财产刑的执行。财产刑执行过程中，一般情况下，人民法院对被执行人财产权属判断规则与民事执行无异，物权公示规则和权利外观主义也是财产刑执行中，判断相关财产是否属于被执行人所有的基本原则。但是，物权公示原则和权利外观主义也有其适用的范围和局限。有些情况下，物权公示方法和权利外观表征的权利表象，与权利的实际情况并不一致。由于财产刑执行和民事执行在程序构造上的差异，上述原则在财产刑执行中的适用也受到相应影响，人民法院执行财产刑的部分特殊情况下，对被执行人合法所有财产的认定，有别于民事执行，有必要在例外情况下突破形式审查原则。

由于财产刑执行没有民事执行程序中的申请执行人，而是由人民法院依职权主动启动，如果完全根据物权公示原则和权利外观主义判断财产权属，对于被执行人转移、隐匿财产的行为，则缺乏有效的应对手段。在民事执行中，由于有申请执行人一方，对被执行人财产权属的实体法争议，申请执行人可以通过相应的诉讼途径予以解决。而财产刑执行由于没有申请执行人参

---

① 现为《最高人民法院关于适用〈中华人民共和国民事诉讼法〉的解释》（2022 年修正）第三百一十二条。

与，缺乏此类诉讼程序的保障，执行法院不能完全按照物权公示原则和权利外观主义审查判断财产权属问题，对于可能存在的被执行人转移、隐匿财产的情形，以及权利表象与真实权利不一致等问题，有必要赋予执行法院对财产归属进行实质审查的权限，确定相关财产的真实权属，以弥补申请执行人诉讼角色缺失给财产权属认定带来的问题。同时，因为没有民事执行意义上的申请执行人，财产刑执行中，执行异议之诉的提起也受到很大限制。根据《民事诉讼执行程序解释》第 17 条①、《民事诉讼法解释》第 307 条②，案外人异议之诉以申请执行人为被告。在申请执行人许可执行之诉中，申请执行人处于原告的诉讼地位。由于申请执行人这一诉讼角色的缺失，典型的案外人异议之诉和申请执行人许可执行之诉（申请执行人执行异议之诉）在财产刑执行中是不存在的。正是基于这种考虑，《刑事裁判涉财产部分执行规定》第 14 条对民事执行中案外人异议、执行异议之诉的救济方式，在财产刑执行中进行了改造，将案外人对执行标的主张足以阻止执行的实体权利提出的异议，规定为依照《民事诉讼法》第 225 条③的规定处理。这一变化，排除了执行异议之诉的提起，使财产刑执行程序对案外人异议的审查具有一定的终局性。随之而来的问题是，财产刑执行中，人民法院对“案外人异议”的审查标准，也有别于民事执行。因为民事执行中，有执行异议之诉的保障，执行法院对案外人异议的审查结论不是终局性的，异议审查结论也没有既判力，因此，民事执行应当根据形式审查原则及其例外，处理案外人异议。而财产刑执行程序没有申请执行人，民事执行中的执行异议之诉无法提起，人民法院依照《民事诉讼法》第 225 条对“案外人异议”的审查结论具有终局性，这就决定了人民法院的审查不能再局限于形式审查的范围，而不得不介入实质审查。

——江必新、刘贵祥主编、最高人民法院执行局编著：《最高人民法院办理执行异议和复议案件若干问题规定理解与适用》，人民法院出版社 2015 年版，第 365~367 页。

454. 执行程序中被执行人主张抵销的，执行法院应当如何审查

关键词

抵销　执行异议

---

① 该条规定内容已被《最高人民法院关于修改〈最高人民法院关于人民法院扣押铁路运输货物若干问题的规定〉等十八件执行类司法解释的决定》（2020 年 12 月 29 日）删除。

② 现为《最高人民法院关于适用〈中华人民共和国民事诉讼法〉的解释》（2022 年修正）第三百零五条。

③ 现为《民事诉讼法》（2021 年修正）第二百三十二条。

最高人民法院审判业务意见［《人民法院办理执行案件规范（第二版）》］

1263.【债务抵销的审查处理】

当事人互负到期债务，被执行人请求抵销，请求抵销的债务符合下列情形的，除依照法律规定或者按照债务性质不得抵销的以外，人民法院应予支持：

（一）已经生效法律文书确定或者经申请执行人认可；

（二）与被执行人所负债务的标的物种类、品质相同。

——最高人民法院执行局编：《人民法院办理执行案件规范（第二版）》，人民法院出版社2022年版，第500页。

455. 协助执行义务人在诉讼保全时没有提出异议，在执行阶段提出异议的，应否支持

关键词

执行异议　诉讼保全

附录：《人民司法》信箱

问题：张某在诉前申请对被告天林公司缴存在甲市宏达公司的300万元质量保证金进行保全，法院裁定予以准许，并向宏达公司送达了协助执行通知书。宏达公司在保全时没有提出异议。后法院判决天林公司偿还张某借款300万元及利息。执行过程中，法院要求扣划天林公司在宏达公司的质量保证金300万元，宏达公司称该笔质量保证金实际上只有100万元，只愿意在100万元的范围内进行协助，此时距法院保全已达6个月。由于天林公司无其他财产可供执行，法院遂以宏达公司擅自处分冻结的财产为由，裁定其在200万元范围内向张某承担赔偿责任。宏达公司以法院的裁定与客观事实不符为由，要求撤销承担赔偿责任的裁定。请问宏达公司的异议理由成立吗？

《人民司法》研究组认为：宏达公司的异议理由不能成立。协助义务人的法律责任问题不光牵涉到法律问题，实际上还有技术问题。由于债务人在第三人处是否有财产、财产数额是多少等等信息完全由债务人和协助义务人掌握，执行法院、债权人与协助义务人之间存在信息不对称的问题，所以，在法院送达协助执行通知书后，协助义务人必须及时提出异议，以便债权人寻找债务人的其他财产进行保全。协助义务人不及时提出异议的，按照最高人

民法院《关于人民法院执行工作若干问题的规定（试行）》第37条[①]的解释精神，则自有关冻结裁定和协助执行通知送达协助人时，就对协助义务人产生法律上的约束力，从法律上应当视为债务人在第三人处确实有财产。本案中，由于宏达公司没有及时提出异议，导致债权人张某丧失保全债务人其他财产的机会，并最终导致张某的债权不能受偿。所以，不论宏达公司的陈述是否属实，宏达公司都应当对张某的损失承担赔偿责任。又由于法院的财产保全为公法行为，债权人无法通过普通民事诉讼进行救济，只能由执行法院裁定宏达公司承担赔偿责任。

——《人民司法》2009年第3期。

456. 案外人能否针对诉讼保全行为提起执行异议之诉

关键词

执行异议之诉　诉讼保全

最高人民法院裁判文书

华融公司与闻明、金晟公司、天然地产公司等申请执行人执行异议之诉案［最高人民法院（2021）最高法民终903-912、919号民事裁定书］

裁判要旨：在申请保全诉讼案件中，如果申请保全人主张对被保全财产享有抵押权，而其是否享有抵押权对认定案外人权利是否足以排除保全执行具有重要影响的，即使案外人主张申请保全人不享有抵押权并要求以第三人身份参与申请保全诉讼案件，亦不影响案外人及申请保全人同时根据《民事诉讼法》第二百二十七条规定提起执行异议之诉。因为执行异议之诉需要解决案外人的权利是否足以排除执行问题，包括在申请保全人不享有抵押权或者享有抵押权情形下案外人的排除执行主张应否得到支持问题。这一问题在申请保全诉讼案件中并非诉讼标的，无法在申请保全诉讼案件中得到完全解决。如果执行异议之诉的审理需要以另一案即申请保全诉讼案件对抵押权问题的审理结果为依据，而另一案尚未审结的，则可以依法中止审理。

① 现为《最高人民法院关于人民法院执行工作若干问题的规定（试行）》（2020年修正）第30条。

最高人民法院认为，本案应重点审查人民法院是否应当依法受理当事人提起的执行异议之诉。

《民事诉讼法》（以下简称民事诉讼法）第二百二十七条[①]规定："执行过程中，案外人对执行标的提出书面异议的，人民法院应当自收到书面异议之日起十五日内审查，理由成立的，裁定中止对该标的的执行；理由不成立的，裁定驳回。案外人、当事人对裁定不服，认为原判决、裁定错误的，依照审判监督程序办理；与原判决、裁定无关的，可以自裁定送达之日起十五日内向人民法院提起诉讼。"《最高人民法院关于人民法院办理财产保全案件若干问题的规定》第二十七条规定："人民法院对诉讼争议标的以外的财产进行保全，案外人对保全裁定或者保全裁定实施过程中的执行行为不服，基于实体权利对被保全财产提出书面异议的，人民法院应当依照民事诉讼法第二百二十七条规定审查处理并作出裁定。案外人、申请保全人对该裁定不服的，可以自裁定送达之日起十五日内向人民法院提起执行异议之诉。人民法院裁定案外人异议成立后，申请保全人在法律规定的期间内未提起执行异议之诉的，人民法院应当自起诉期限届满之日起七日内对该被保全财产解除保全。"《最高人民法院关于人民法院办理财产保全案件若干问题的规定》第二十七条规定以"诉讼争议标的以外的财产"作为提起案外人异议及执行异议之诉条件，主要意图在于与案外人以第三人身份根据民事诉讼法第五十六条规定参与诉讼的情形相区分。如果案外人对申请保全诉讼案件当事人双方争议的诉讼标的主张独立请求权，或者主张案件处理结果同他有法律上的利害关系，则案外人可以通过提起诉讼、申请参加诉讼，或者由人民法院通知参加诉讼等方式参与到申请保全诉讼案件的诉讼程序中，以方便解决权利争议。但如果案外人为排除保全执行，主张其权利优先于申请保全人，并不以否定申请保全人或者被保全人在申请保全诉讼案件中的权利主张为唯一理由，则可以通过执行异议之诉解决争议，在确定权利顺位后确定是否应当准予保全。当然，前述区分并不妨碍案外人分别提出不同的权利主张及事实理由，从而既可以基于第三人身份参与到申请保全诉讼案件的诉讼程序中，又可以通过民事诉讼法第二百二十七条规定程序请求排除保全执行。

在申请保全诉讼案件中，如果申请保全人主张对被保全财产享有抵押权，而其是否享有抵押权对认定案外人权利是否足以排除保全执行具有重要影响的，即使案外人主张申请保全人不享有抵押权并要求以第三人身份参与申请保全诉讼案件，亦不影响案外人及申请保全人同时根据民事诉讼法第二百二十七条规定提起执行异议之诉。因为执行异议之诉需要解决案外人的权利是否足以排除执行问题，包括在申请保全人不享有抵押权或者享有抵押权情形

① 现为《民事诉讼法》（2021 年修正）第二百三十四条。

下案外人的排除执行主张应否得到支持问题。这一问题在申请保全诉讼案件中并非诉讼标的，无法在申请保全诉讼案件中得到完全解决。如果执行异议之诉的审理需要以另一案即申请保全诉讼案件对抵押权问题的审理结果为依据，而另一案尚未审结的，则可以依法中止审理。

本案华融公司申请保全所依据的是其在（2018）吉民初65号案件中提出的判令金晟公司给付借款本息，并对包括本案案涉房产在内的抵押房产可以行使抵押权的诉讼请求。（2018）吉民初65号案件主要解决华融公司的债权数额、是否对案涉房产有抵押权及抵押范围等问题。本案中，案外人请求排除华融公司对案涉房产的保全，其主要理由是案外人在吉林高院查封案涉房产前与金晟公司签订了房屋买卖合同，交纳了购房款，且办理了入住手续，合法占有使用案涉房产，符合《最高人民法院关于人民法院办理执行异议和复议案件若干问题的规定》第二十八条等规定。因此，本案所应审理的主要问题是案外人权利是否应优先于华融公司获得保护并应否准予保全等问题，与（2018）吉民初65号案件所审理的问题并不完全相同，不能以（2018）吉民初65号案件的审理排除执行异议之诉案件的受理。如果本案必须以另一案即华融公司申请保全诉讼案件的审理结果为依据，而另一案尚未审结的，本案亦可以依法中止审理。

——中国裁判文书网。

457. 认为作为执行依据的仲裁调解书有错误，能否通过执行异议之诉解决

关键词

仲裁调解书　执行异议之诉　驳回起诉　原告主体资格

最高人民法院裁判文书

林庆某与陈某、澄迈天浙房地产开发有限公司案外人执行异议之诉再审纠纷案［最高人民法院（2017）最高法民再271号民事裁定书］

裁判要旨：当事人认为作为执行依据的仲裁调解书有错误，不能通过执行异议之诉解决，而应当申请不予执行仲裁调解书。当事人提起执行异议之诉的，应当驳回起诉。

最高人民法院认为：《最高人民法院关于适用〈中华人民共和国民事诉讼

法〉的解释》第三百零五条[①]第一款规定了案外人提起执行异议之诉的条件，其中第二项条件为“有明确的排除对执行标的执行的诉讼请求，且诉讼请求与原判决、裁定无关”。这里的“原判决、裁定”宜作广义理解，应包括仲裁裁决书和仲裁调解书在内。陈某和天浙公司的仲裁调解书确认，陈某和天浙公司订立的 6 份《商品房买卖合同》有效，陈某从天浙公司购买的 210 套商品房（包括案涉 24 套商品房在内）归陈某所有，天浙公司应履行交付房产和办理过户等义务。本案林庆某提出的诉讼请求包括请求停止对案涉 24 套商品房的强制执行，并确认林庆某与天浙公司签订的 24 份《澄迈商品房买卖合同》合法有效，林庆某享有案涉 24 套商品房的所有权和土地使用权。由此可见，林庆某诉讼请求的成立是以推翻仲裁调解书所确认的部分内容为前提，其诉讼请求与仲裁调解书发生冲突，故本案应认定林庆某的诉讼请求与原判决、裁定有关。

根据《仲裁法》第五十八条的规定，只有仲裁当事人才能申请撤销仲裁裁决，案外人不能成为申请撤销仲裁裁决的主体。因此，即便陈某和天浙公司之间的仲裁调解书损害到林庆某的民事权益，林庆某也无权根据《仲裁法》的规定申请撤销。在最高人民法院裁定提审本案之前，如果仅以林庆某的诉讼请求与原判决、裁定有关而否定其提起执行异议之诉的主体资格，在原有法律框架下可能会使林庆某的合法权益因欠缺其他有效手段而无法得到救济。在最高人民法院裁定提审本案之后，《最高人民法院关于人民法院办理仲裁裁决执行案件若干问题的规定》发布并于 2018 年 3 月 1 日起施行。根据该司法解释第二条的规定，案外人对仲裁裁决执行案件申请不予执行的，负责执行的中级人民法院应当另行立案审查处理。可见，案外人如果对作为执行依据的仲裁裁决或仲裁调解书有异议的，新施行的司法解释赋予了案外人依法申请不予执行的权利。既然现行司法解释已经给予案外人新的救济途径，在林庆某不符合《最高人民法院关于适用〈中华人民共和国民事诉讼法〉的解释》第三百零五条规定的提起执行异议之诉条件的情况下，其提起的执行异议之诉应裁定予以驳回。一审法院受理并对本案经实体审理后作出判决，不符合法律规定，依法应予撤销。二审法院撤销一审判决，并裁定驳回林庆某的起诉是正确的。

需要指出的是，案外人向人民法院申请不予执行仲裁裁决或者仲裁调解书的，人民法院应当严格按照《最高人民法院关于人民法院办理仲裁裁决执行案件若干问题的规定》进行审查。鉴于该司法解释是在本院裁定提审本案之后发布和施行，而林庆某现如果按照该司法解释的规定向人民法院申请不

[①] 现为《最高人民法院关于适用〈中华人民共和国民事诉讼法〉的解释》（2022 年修正）第三百零三条。

予执行案涉仲裁调解书，已经超过了“自知道或者应当知道人民法院对该标的采取执行措施之日起三十日内提出”的法定期限，而此情况的发生并非全因其自身原因所致。为保护当事人正当权益，林庆某可自本裁定发生法律效力之日起三十日内依法向人民法院申请不予执行案涉仲裁调解书，以对其权益进行救济。

——中国裁判文书网。

附录：本案解析

本案诉讼的起因是，海南仲裁委员会针对陈某和天浙公司之间的房屋买卖合同纠纷作出仲裁调解书，海口海事法院根据陈某的申请在执行该仲裁调解书的过程中，林庆某提出执行异议，海口海事法院驳回其异议后，林庆某提起案外人执行异议之诉。因此，本案再审审理的焦点问题是：林庆某是否具备案外人执行异议之诉的起诉资格。

《最高人民法院关于适用〈中华人民共和国民事诉讼法〉的解释》第三百零五条第一款规定的案外人提起执行异议之诉的条件中，第二项的条件为“有明确的排除对执行标的执行的诉讼请求，且诉讼请求与原判决、裁定无关”。这里的“原判决、裁定”宜作广义理解，应包括仲裁裁决书和仲裁调解书在内。陈某和天浙公司的仲裁调解书确认，陈某和天浙公司订立的6份《商品房买卖合同》有效，陈某从天浙公司购买的210套商品房（包括案涉24套商品房）归陈某所有，天浙公司履行交付房产和办理过户等义务。本案林庆某提出的诉讼请求包括请求停止执行案涉24套商品房，确认林庆某与天浙公司签订的24份《澄迈商品房买卖合同》合法有效，确认林庆某享有案涉24套商品房的所有权和土地使用权。由此可见，林庆某所请求的内容是与仲裁调解书相冲突的，其诉讼请求成立的前提是必须推翻仲裁调解书所确认的部分内容，故本案林庆某的诉讼请求是与“原判决、裁定”有关。

执行异议分为执行行为异议、执行标的异议与执行依据异议，三者应适用不同的程序。针对执行行为的异议应适用《民事诉讼法》第二百二十五条[①]的规定，针对执行标的的异议与执行依据的异议，通常应适用《民事诉讼法》第二百二十七条[②]的规定，《民事诉讼法》第二百二十七条规定：执行过程中，案外人对执行标的提出书面异议的，人民法院应当自收到书面异议之日起十五日内审查，理由成立的，裁定中止对该标的的执行；理由不成立的，裁定驳回。案外人、当事人对裁定不服，认为原判决、裁定错误的，依照审判监督程序办理；与原判决、裁定无关的，可以自裁定送达之日起十五日内向人

① 现为《民事诉讼法》（2021年修正）第二百三十二条。

② 现为《民事诉讼法》（2021年修正）第二百三十四条。

民法院提起诉讼。该表述中没有包括执行依据为调解书的情形，但《最高人民法院关于适用〈中华人民共和国民事诉讼法〉的解释》第四百二十三条[①]之规定，执行依据为调解书的情形同样适用《中华人民共和国民事诉讼法》第二百二十七条之规定，案外人排除执行的请求与执行依据原调解书有关的，对人民法院驳回其执行异议的裁定不服，如果认为原民事调解书中认定错误，应当依照审判监督程序对原调解书申请再审。依据上述规定，针对人民法院作出的调解书本身不服，案外人可以申请再审。对于仲裁机构作出的仲裁调解书不服，案外人如何救济，在《最高人民法院关于人民法院办理仲裁裁决执行案件若干问题的规定》发布前，法律及司法解释均缺乏相应的规定。依据仲裁法的相关规定，能够申请撤销仲裁裁决的只能是案件的当事人，案外人并不享有这项权利，能够申请不予执行仲裁裁决的也只能是案件的当事人。当案外人认为仲裁裁决书与仲裁调解书存在错误，损害其权益时，缺乏相应的救济途径。因此，针对陈某和天浙公司之间的仲裁调解书，林庆某无权申请撤销。在最高人民法院裁定提审之前，如果仅以林庆某的诉讼请求与“原判决、裁定”有关而否定其提起执行异议之诉的主体资格，当事人没有任何救济途径。在裁定提审之后，《最高人民法院关于人民法院办理仲裁裁决执行案件若干问题的规定》发布并实施。根据该司法解释第二条的规定，案外人对仲裁裁决执行案件申请不予执行的，负责执行的中级人民法院应当另行立案审查处理。可见，案外人如果对作为执行依据的仲裁裁决和仲裁调解书有异议的，新施行的司法解释赋予案外人有权依法申请不予执行。考虑到现行司法解释已经给予案外人新的救济途径，在林庆某不符合《最高人民法院关于适用〈中华人民共和国民事诉讼法〉的解释》第三百零五条[②]规定的提起执行异议之诉条件的情况下，其提起执行异议之诉应予驳回。本案存在一定的特殊之处，在裁定提审之前，最高人民法院关于仲裁执行的司法解释并未出台。案外人向人民法院申请不予执行仲裁裁决或者仲裁调解书的，人民法院应当严格按照《最高人民法院关于人民法院办理仲裁裁决执行案件若干问题的规定》进行审查。依据该规定，当事人向人民法院申请不予执行案涉仲裁调解书，已经超过了“自知道或者应当知道人民法院对该标的采取执行措施之日起三十日内提出”的法定期限，而此情况的发生并非因其自身原因所致。为保护当事人正当权益，最高人民法院的裁定赋予了当事人在发生法律效力之日起三十日内依法向人民法院申请不予执行案涉仲裁调解书的权利，以对

① 现为《最高人民法院关于适用〈中华人民共和国民事诉讼法〉的解释》（2022 年修正）第四百二十一条。

② 现为《最高人民法院关于适用〈中华人民共和国民事诉讼法〉的解释》（2022 年修正）第三百零三条。

其权益进行救济。

——王毓莹、陈亚:《认为作为执行依据的仲裁调解书有错误，不能通过执行异议之诉解决——林庆某与陈某、澄迈天浙房地产开发有限公司案外人执行异议之诉再审纠纷案》，载最高人民法院民事审判第一庭编:《民事审判指导与参考》2018年第3辑(总第75辑)，人民法院出版社2018年版，第226~228页。

458. 当事人不服驳回不予执行仲裁裁决申请的裁定，能否提起执行异议或复议之诉

关键词

不予执行仲裁裁决　执行异议　执行复议

最高人民法院审判业务意见［《人民法院办理执行案件规范(第二版)》］

958.【不予执行仲裁裁决的救济】

人民法院裁定不予执行仲裁裁决、驳回或者不予受理不予执行仲裁裁决申请后，当事人对该裁定提出执行异议或者申请复议的，人民法院不予受理。

人民法院裁定不予执行仲裁裁决的，当事人可以根据双方达成的书面仲裁协议重新申请仲裁，也可以向人民法院起诉。

——最高人民法院执行局编:《人民法院办理执行案件规范(第二版)》，人民法院出版社2022年版，第395页。

最高人民法院答复

海南省高级人民法院:

你院《关于人民法院是否受理当事人因对驳回不予执行仲裁裁决申请的裁定不服而申请复议的请示》(〔2015〕琼执复字第7号)收悉。经研究，答复如下:

同意你院第一种意见。参照《最高人民法院关于适用〈中华人民共和国民事诉讼法〉的解释》第478条[①]规定，人民法院裁定驳回不予执行仲裁裁决申请后，当事人对该裁定提出执行异议或者复议的，人民法院不予受理。该裁定确有错误的，可以通过执行监督程序解决。

此复

——最高人民法院(2015)执他字第15号函(2015年9月7日)，载江

① 现为《民事诉讼法》(2021年修正)第四百七十六条。

必新、刘贵祥、最高人民法院执行局主编：《执行工作指导》2016 年第 4 辑（总第 60 辑），国家行政学院出版社 2016 年版，第 89 页。

附录：理解与适用

海南高院所请示的问题，源于《立结案意见》与《民诉法解释》条文之间的衔接适用，关系到当事人的重大程序权利，需要予以明确。具体处理则应以现行法律规定为基础，综合考虑文件出台的背景、相关制度的演变与衔接等相关因素。具体分析如下：

（一）请示问题的现行法律规则基础

《民事诉讼法》第二百三十七条[①]第四款规定，仲裁裁决被人民法院裁定不予执行的，当事人可以根据双方达成的书面仲裁协议重新申请仲裁，也可以向人民法院起诉。但是对于驳回不予执行仲裁裁决申请的裁定，未规定如何进行救济。《立结案意见》第十条规定，不予执行仲裁裁决、驳回不予执行仲裁裁决申请的裁定，都可以向上一级人民法院申请复议。[②]

《民诉法解释》第四百七十八条规定，对于不予执行仲裁裁决的裁定，当事人不能提出执行异议或者复议，只能选择重新达成书面仲裁协议申请仲裁，或者另诉。[③]

从上述法律条文看，民事诉讼法仅规定了当事人对于不予执行仲裁裁决的裁定，可以另行仲裁或诉讼，但是未规定能否提起执行异议复议，也未规定对驳回不予执行仲裁裁决的裁定，能否以及如何救济。《立结案意见》第十条明确规定，当事人对于上述两种裁定，都可以提起复议。《民诉法解释》部分修改了《立结案意见》确立的规则，对于不予执行的裁定，由“允许当事人提起复议”修改为“不允许提起异议复议”，同时却未涉及驳回裁定的当事人救济问题。正是由于《民诉法解释》对《立结案意见》相关规则进行的部分修改，引发了实践中驳回裁定能否提起异议复议的困惑，即海南法院请示的问题。

---

① 现为《民事诉讼法》（2021 年修正）第二百三十四条。

② 《立结案意见》第十条规定，下列案件，人民法院应当按照执行复议案件予以立案：（一）当事人、利害关系人不服人民法院针对本意见第九条第（一）项、第（三）项、第（五）项作出的裁定，向上一级人民法院申请复议的；（二）除因夫妻共同债务、出资人未依法出资、股权转让引起的追加和对一人公司股东的追加外，当事人、利害关系人不服人民法院针对本意见第九条第（四）项作出的裁定，向上一级人民法院申请复议的；（三）当事人不服人民法院针对本意见第九条第（六）项作出的不予执行公证债权文书、驳回不予执行公证债权文书申请、不予执行仲裁裁决、驳回不予执行仲裁裁决申请的裁定，向上一级人民法院申请复议的；（四）其他依法可以申请复议的。

③ 第四百七十八条依照民事诉讼法第二百三十七条第二款、第三款规定，人民法院裁定不予执行仲裁裁决后，当事人对该裁定提出执行异议或者复议的，人民法院不予受理。当事人可以就该民事纠纷重新达成书面仲裁协议申请仲裁，也可以向人民法院起诉。

（二）《立结案意见》的《民诉法解释》的同时制定与先后出台

如上所述，民事诉讼法对于不予执行仲裁裁决审查的结果，当事人能否在执行程序中通过异议复议程序救济未予规定，所以实践中存在不同做法。有的地方（如海南）不允许当事人提起异议复议；有的地方允许当事人提起异议复议；更多的地方是区分不予执行裁定与驳回裁定，不允许前者提起异议复议，而允许后者提起异议复议。[①]

为了解决实践中的这一问题，最高法院准备在《民诉法解释》中确立统一的规则。在《民诉法解释》起草的同时，《立结案意见》的起草工作也在同步进行，且也有该问题的相关内容。由于《民诉法解释》涉及多个部门的协调，进展较为缓慢，《立结案意见》提前于2014年年底出台了。截至《立结案意见》出台时，最高法院的主流观点认为，对于不予执行仲裁裁决审查的两种不同结果，应当都允许当事人直接提起复议程序，因此《立结案意见》采纳了该方案。

《立结案意见》出台后，《民诉法解释》起草小组继续就该问题进行讨论，且观点发生了变化。到《民诉法解释》出台时，主流观点变为：第一，对于不予执行仲裁裁决的裁定，由于民事诉讼法已经给予了救济途径，不应再允许提起异议复议；第二，关于驳回不予执行仲裁裁决申请的裁定，由于意见存在严重分歧，所以不宜在《民诉法解释》中予以规定。因此，《民诉法解释》最终只规定了不予执行裁定不允许当事人提起异议复议，而对于驳回裁定的救济，则没有规定。

（三）不同观点及司法选择

就驳回不予执行仲裁裁决申请的裁定，是否允许当事人提起异议复议，存在允许与不允许两种截然不同的观点。

不允许提起异议复议的理由在于：第一，从法律规定看，没有法律、司法解释规定此类裁定能够提起异议复议。第二，《民诉法解释》规定了不予执行裁定不允许当事人提起异议复议，驳回裁定在救济上应与之保持一致。有人认为两种裁定性质不同，前者有救济途径（达成仲裁协议后另行仲裁或另

① 2012年《民事诉讼法》对不予执行仲裁裁决审查标准的修改进一步加剧了实践困惑。人民法院对仲裁裁决的司法审查主要有两个制度，一个是仲裁裁决的撤销，一个是仲裁裁决的不予执行。2012年《民事诉讼法》修改之前，撤销仲裁裁决与不予执行仲裁裁决的审查标准并不相同。前者主要是形式审查原则，后者则是实质审查原则。2012年《民事诉讼法》修改了仲裁裁决不予执行的审查标准，将2007年民事诉讼法第二百一十三条第二款的第四、五项“认定事实的主要证据不足的”“适用法律确有错误的”，修改为2012年《民事诉讼法》（2021年修正）第二百三十七条第二款的第四、五项：“裁决所根据的证据是伪造的”“对方当事人向仲裁机构隐瞒了足以影响公正裁决的证据的”。修改后的标准与撤销仲裁裁决的标准完全一致，即将不予执行仲裁裁决审查的标准由“实质审查原则”改为了“形式审查原则”。民事诉讼法将两种制度的审查标准统一后，两种救济制度的救济程序是否应予统一并无明文规定，这进一步加剧了实践中的困惑与争议。

诉），后者没有救济途径，所以应赋予后者异议复议权利的理由不能成立。仲裁是一种特殊的纠纷解决程序，具有“当事人合意”与“程序快捷”等特点，同时也就必然具有司法救济保障不足的问题，这是仲裁制度的“一体两面”。当事人选择了仲裁制度解决纠纷，在享受快捷方便的同时，理应承受其制度缺陷。第三，从法律精神看，不允许当事人对此类裁定提起异议复议，体现了司法有限审查原则，符合司法制度与仲裁制度的关系定位，2012 年民事诉讼法将不予执行仲裁裁决的审查原则由“实质审查”改为“形式审查”，就是体现了司法有限审查的原则。《民诉法解释》对不予执行裁定的救济途径的修改，体现的也是司法有限审查的精神。第四，从制度间协调的角度看，不允许当事人就此类裁定提起异议复议，可以与“驳回撤销仲裁裁决申请裁定”的救济途径保持一致。2012 年《民事诉讼法》统一了与撤销仲裁裁决的审查标准，在两种制度的救济途径问题上，也理应予以统一。

允许提起异议复议的理由在于：第一，《立结案意见》规定两种裁定都允许复议，《民诉法解释》只修改了不予执行裁定的救济途径，未涉及驳回裁定的问题，《立结案意见》允许复议的规定当然有效。第二，驳回裁定与不予执行裁定存在根本差异，后者有另行仲裁或诉讼的救济途径，而前者并无救济途径。从权利救济的角度出发，应给予前者以异议复议的机会。第三，司法制度与仲裁制度的关系定位及司法有限审查原则，是一个渐进的过程，不能脱离当下的社会现实。在当下仲裁机构众多、素质良莠不齐，执行程序审查水平有待提高的情况下，允许当事人对驳回裁定复议，让上级法院再审查一次，更有利于当事人权利的保护。

对于驳回不予执行仲裁裁决裁定当事人能否提起异议复议的问题，两种观点各有道理，选取哪种方案，更多体现的是一种政策选择。综合考虑各种因素，最高人民法院（2015）执他字第 15 号函文最终采纳了不允许提起异议复议的观点。

（四）是否允许就不予执行或驳回不予执行仲裁裁决的裁定进行执行监督

明确了当事人能否就此类裁定提起异议复议的规则之后，另一个问题随之而来，即是否允许此类裁定进入执行监督程序，对此也有两种不同观点。

一种观点认为，异议复议制度是当事人的一种权利救济途径，执行监督制度是一种内部纠错机制，两种制度性质完全不同。根据《最高人民法院关于人民法院执行工作若干问题的规定（试行）》（以下简称《执行规定》）第一百二十九条至一百三十六条的规定，上级法院对于下级法院进行的是全面监督，自然包括对于不予执行仲裁裁决裁定和驳回不予执行仲裁裁决申请裁定的监督。

另一种观点则认为，应限缩解释《执行规定》确定的全面监督原则对该问题的适用。理由在于，第一，如果不允许当事人就此类裁定提起异议复议，而允许进入执行监督，将会导致大量的当事人申请执行监督，增加执行申诉与信访的压力，无法实现司法对仲裁有限监督的目的。第二，从制度比较角度看，审判程序中，对于撤销或驳回撤销仲裁裁决申请的裁定，不允许申请再审。[①]2012 年《民事诉讼法》统一了不予执行与撤销仲裁裁决的审查标准，两种制度的救济途径也应予以统一。

考虑到执行监督的制度定位、执行监督与异议复议制度的性质差异与功能互补的等因素，最高人民法院（2015）执他字第 15 号函文还是规定了此类裁定确有错误的，可以通过执行监督程序予以解决。

——葛洪涛：《当事人不服驳回不予执行仲裁裁决申请的裁定能否提起执行异议或者复议的请示与答复》，载江必新、刘贵祥主编，最高人民法院执行局编：《执行工作指导》2016 年第 4 辑（总第 60 辑），国家行政学院出版社 2016 年版，第 85~89 页。

459. 人民法院在执行中发现执行申请不符合受理条件，依职权裁定驳回执行申请的，申请执行人可以向上一级人民法院申请复议

关键词

裁定驳回执行申请　申请复议

附录：执行信箱

问：人民法院在执行中发现执行申请不符合受理条件，依职权裁定驳回执行申请的，申请执行人应当如何救济？

答：目前，民事诉讼法对于驳回执行申请裁定如何救济并无明确规定，但从司法解释的有关规定、实务做法和执行法理论看，由申请执行人向上一级人民法院申请复议是比较合适的。

第一，《最高人民法院关于人民法院办理仲裁裁决执行案件若干问题的规定》第五条、《最高人民法院关于公证债权文书执行若干问题的规定》第七条

① 《最高人民法院关于当事人对驳回其申请撤销仲裁裁决的裁定不服而申请再审，人民法院不予受理问题的批复》（法释〔2004〕9 号）：根据《中华人民共和国仲裁法》第九条规定的精神，当事人对人民法院驳回其申请撤销仲裁裁决的裁定不服而申请再审的，人民法院不予受理。《最高人民法院关于人民检察院对不撤销仲裁裁决的民事裁定提出抗诉人民法院应否受理问题的批复》（法释〔2000〕46 号）：人民检察院对发生法律效力的不撤销仲裁裁决的民事裁定提出抗诉，没有法律依据，人民法院不予受理。《最高人民法院关于人民检察院对撤销仲裁裁决的民事裁定提起抗诉，人民法院应如何处理问题的批复》（法释〔2000〕17 号）：检察机关对发生法律效力的撤销仲裁裁决的民事裁定提起抗诉，没有法律依据，人民法院不予受理。依照《中华人民共和国仲裁法》第九条的规定，仲裁裁决被人民法院依法撤销后，当事人可以重新达成仲裁协议申请仲裁，也可以向人民法院提起诉讼。

均明确规定申请执行人对驳回执行申请裁定不服的，可以自裁定送达之日起十日内向上一级人民法院申请复议。虽然这两部司法解释分别适用于以仲裁裁决、调解书以及公证债权文书为执行依据的执行案件，但鉴于不同执行依据在该问题上并无实质差别，故可以参照适用。

第二，人民法院受理强制执行申请后，被执行人认为该申请不符合受理条件的，司法实务观点认为应由被执行人依据民事诉讼法第二百二十五条[①]提出异议。人民法院经审查，认为被执行人异议理由成立的，裁定驳回执行申请。对该裁定不服的，根据民事诉讼法第二百二十五条可向上一级人民法院申请复议。驳回执行申请裁定的救济方式，不应因该裁定的作出系人民法院依职权启动还是被执行人提出异议而有区别。因此，人民法院依职权驳回执行申请，申请执行人不服的应当向上一级人民法院申请复议。

第三，从执行法理论看，之所以规定执行异议这种“同级审查”的救济方法，是因为强制执行的单方性、效率性。详言之，执行行为应否作出，原则上由执行法院根据申请执行人提供的材料进行形式审查后予以判断，并不要求先听询被执行人的意见，也没有给予被执行人相应抗辩的机会。因此，有必要给予被执行人提出执行异议的权利，以保障其“听审权”。反之，如果执行行为作出前，执行法院已经听询了被执行人的意见，并在此基础上作出了相应的执行行为，再由同一法院审查异议就缺乏价值，此时应当向上一级人民法院寻求救济。对申请执行人而言，其“听审权”在执行法院层级已经在申请执行环节获得保护。进入执行程序后，若执行法院对强制执行申请是否符合受理条件有所疑问，裁定驳回执行申请前也会先询问申请执行人，并允许其补交证明材料。在此种情况下，执行法院裁定驳回执行申请后，再由该法院审查申请执行人的异议，并不利于节约司法资源和及时救济申请执行人。

——王赫：《执行实施部分问题解答》，载最高人民法院执行局编：《执行工作指导》2020 年第 4 辑（总第 76 辑），人民法院出版社 2021 年版。

460. 申请执行人执行异议之诉的举证责任分配

关键词

执行异议　证明责任

① 现为《民事诉讼法》（2021 年修正）第二百三十二条。

附录：最高人民法院主流观点

当事人对自己提出的诉讼请求所依据的事实，有责任提供证据加以证明，这是民事诉讼的基本举证原则。执行异议之诉案件同样应遵循上述原则。案外人作为原告方应举证其存在可以阻止执行的实体权利，在申请执行人执行异议之诉中，申请执行人则应举证证明执行标的可以强制执行。作为上述举证原则的例外情形，我国民事诉讼法律规定当事人对事实的承认可免除对方当事人的举证责任，即确立了自认制度。自认制度暗含的适用前提应是诉讼程序本身具有对抗性，利益一致的双方当事人对事实的主张和自认，不能免除提出具体诉请或事实主张一方的举证责任。在执行异议之诉案件中，案外人和被执行人合谋通过共同确认案外人的实体权利，对抗申请执行人对执行标的的强制执行的情形，在实践中并不少见。因此，有意见认为，应加强法院在案件事实调查中的作用，同时引入禁止反言规则。

我们认为，于执行异议之诉中，为了真正避免当事人恶意利用自认制度，应当对被执行人的处分权利予以限制。而对被执行人的处分权予以限制需要正当性的理由，有观点认为限制当事人处分权系因其有处分他人（申请执行人）可能的财产之虞，但是申请执行人对该财产是否享有权利依赖于本案诉讼的结果，如果案外人诉请成立申请执行人可能的权利将被否定，可见以此作为限制被执行人处分权的正当性理由不妥。被执行人处分权之所以被限制，应该因其处分行为本质上是在对抗形式上具有合法性的强制执行行为，而强制执行行为仅能由法院的裁判予以变动或否定，因为法院的裁判才可以否定强制执行行为的合法性。因此，在执行异议之诉中，对被执行人自认效力予以限制应当是正当的，亦是必要的。

——最高人民法院民事审判第一庭编：《民事审判指导与参考（2011—2016 年合辑）》，人民法院出版社 2018 年版。

461. 执行异议之诉中，被执行人对案件事实的承认可以作为认定案件事实的证据，但不能据此当然免除案外人的举证证明责任

关键词

案外人　执行异议之诉　举证责任

最高人民法院公报案例、最高人民法院裁判文书

陕西崇立实业发展有限公司与中国信达资产管理股份有限公司陕西省分公司、西安佳佳房地产综合开发有限责任公司案外人执行异议之诉案［最高

人民法院（2016）最高法民终 763 号民事判决书］

裁判摘要：案外人提起执行异议之诉的，应当就其对执行标的享有足以排除强制执行的民事权益承担举证证明责任，且需达到享有权益排除执行的高度盖然性证明标准。执行异议之诉中，利益和主张相对的双方首先是案外人和申请执行人，被执行人对案件事实的承认可以作为认定案件事实的证据，但不能据此当然免除案外人的举证证明责任。

最高人民法院认为：围绕当事人上诉请求、事实理由与答辩意见，本案争议焦点为：原判决认定崇立公司享有案涉 10 套房屋所有权并可排除执行是否正确。

第一，不动产物权变动一般应以登记为生效要件。依照《物权法》规定的物权法定原则，物权的种类和内容，由法律规定，当事人之间不能创设。《物权法》第九条[①]规定，不动产物权的设立、变更、转让和消灭，经依法登记，发生效力；未经登记，不发生效力，但法律另有规定的除外。《物权法》[②]第十四条规定，不动产物权的设立、变更、转让和消灭，依照法律规定应当登记的，自记载于不动产登记簿时发生效力。根据查明事实，案涉房屋并未登记于崇立公司名下，崇立公司不能依据登记取得案涉房屋所有权。

第二，崇立公司能否基于合法建造取得案涉房屋所有权。本院认为，首先，《物权法》第一百四十二条[③]规定，建设用地使用权人建造的建筑物、构筑物及其附属设施的所有权属于建设用地使用权人，但有相反证据证明的除外。即建设用地使用权人建造的建筑物、构筑物及其附属设施的所有权一般属于建设用地使用权人。就本案而言，建设用地使用权证载明的权利人为佳佳公司并非崇立公司。其次，虽然《物权法》第三十条[④]规定，因合法建造、拆除房屋等事实行为设立或者消灭物权的，自事实行为成就时发生效力。但合法建造取得物权，应当包括两个前提条件：一是必须有合法的建房手续，完成特定审批，取得合法土地权利，符合规划要求；二是房屋应当建成。根据查明事实，案涉房屋的国有土地使用权证、建筑用地规划许可证、建筑工程规划许可证、施工许可证等记载的权利人均为佳佳公司。即在案涉房屋开发的立项、规划、建设过程中，佳佳公司是相关行政审批机关确定的建设方，

---

① 对应《民法典》第二百零九条。
② 对应《民法典》第二百一十四条。
③ 对应《民法典》第三百五十二条。
④ 对应《民法典》第二百三十一条。

崇立公司仅依据其与佳佳公司的联建协议，并不能直接认定其为《物权法》第三十条规定的合法建造人，并因事实行为而当然取得物权。结合《佳家时代广场B、C座项目联合开发合同书》约定内容分析，双方联建的佳家时代广场B、C座楼位及B座以北的地下车库项目，双方共同投资至本项目总价的25%~30%时，佳佳公司应无条件地将该项目转让，过户给崇立公司，由崇立公司独自建设、经营、销售，收益归崇立公司所有，转让过户的税费由崇立公司承担。即崇立公司、佳佳公司双方亦明知，双方合作开发，崇立公司仅能依据联建协议参与建成房屋分配，项目转让仍需履行相关审批手续。

第三，《最高人民法院关于适用〈中华人民共和国民事诉讼法〉的解释》三百一十一条[①]规定，案外人或者申请执行人提起执行异议之诉的，案外人应当就其对执行标的享有足以排除强制执行的民事权益承担举证证明责任。崇立公司主张其基于合法建造事实享有案涉房屋所有权，应当承担举证证明责任。现其既未提交证据足以证明对于案涉项目投资事实，亦未提交证据证明其对涉案房屋占有的权利外观，更未提交证据证明案涉房屋已经登记至其名下，应当承担举证不能不利后果。

第四，《物权法》规定物权公示原则，即物权的变动必须将其变动的事实通过一定方法向社会公开，其目的在于使第三人知道物权变动情况，以免第三人遭受损害并保障交易安全。本案中崇立公司与佳佳公司之间存在合作开发房地产合同关系，崇立公司有权另案向佳佳公司主张基于合作开发合同产生的相关权利。但在其提交证据不足以证明其为相关审批手续载明的合法建造主体、投资事实、占有权利外观情况下，仅依据其与佳佳公司合作开发合同关系，不属于《物权法》第三十条规定的合法建造人，原判决认定崇立公司基于合法建造取得案涉房屋所有权属，适用法律不当，本院予以纠正。

——《最高人民法院公报》2018年第8期（总第262期）。

462. 执行异议之诉中对存有关联关系的案外人履行证明责任的审查

关键词

案外人执行异议之诉　关联关系

① 现为《最高人民法院关于适用〈中华人民共和国民事诉讼法〉的解释》（2022年修正）第三百零九条。

最高人民法院裁判文书

鼎强公司与信用担保公司、致远公司案外人执行异议之诉纠纷案［最高人民法院（2021）最高法民申5999号民事裁定书］

裁判要旨：在案外人执行异议之诉中，不仅涉及案外人与被执行人的利益还涉及申请执行人的利益，在案外人与被执行人存有关联关系时，对其证据审查应坚持从严原则，严格适用自认，不能仅仅依据证据表面形式认定排除执行的条件是否成立，而应结合相关合同的具体内容、履行情况、交易习惯等综合认定。

最高人民法院认为，本案中，鼎强公司主张依照《最高人民法院关于人民法院办理执行异议和复议案件若干问题的规定》第二十八条规定其对诉争房屋享有排除强制执行的民事权益，则其应提供充分的证据证明本案符合该条规定四个条件。由于在案外人执行异议之诉中，不仅涉及案外人与被执行人的利益还涉及申请执行人的利益，且本案在案证据表明，黄小荣系致远公司与腾信公司的法定代表人，付剑勇系鼎强公司和腾信公司的股东，致远公司、腾信公司、鼎强公司三者存在关联关系。故本案在证据审查方面应坚持从严原则，严格适用自认，不能仅仅依据证据表面形式认定排除执行的条件是否成立，而应结合相关合同的具体内容、履行情况、交易习惯等综合认定。

——中国裁判文书网。

463. 申请执行人提起执行异议之诉的前提条件是案外人提起阻却对执行标的的执行异议申请，且人民法院已经作出中止执行的裁定

关键词

申请执行人　执行异议之诉　中止执行

最高人民法院裁判文书

叶某与王某普、戴某忠申请执行人执行异议之诉案［最高人民法院（2017）最高法民再354号民事裁定书］

裁判要旨：根据《最高人民法院关于适用〈中华人民共和国民

事诉讼法〉的解释》第三百零六条[①]第一款规定，申请执行人提起执行异议之诉的前提条件是案外人提起阻却对执行标的的执行异议申请，且人民法院已经作出中止执行的裁定。也就是说，案外人提出执行异议，执行法院经审查认定案外人执行异议成立，且已作出中止执行裁定，是申请执行人提起执行异议之诉的前置程序。对于民事执行中变更、追加当事人配偶的问题，其救济途径不应为提起执行异议之诉。

最高人民法院认为：本案是申请执行人王国普提起的执行异议之诉。原审判决依据《民事诉讼法》第二百二十七条[②]规定，认定王国普提起执行异议之诉属于执行异议之诉的受理范围。《民事诉讼法》第二百二十七条规定："执行过程中，案外人对执行标的提出书面异议的，人民法院应当自收到书面异议之日起十五日内审查，理由成立的，裁定中止对该标的的执行；理由不成立的，裁定驳回。案外人、当事人对裁定不服，认为原判决、裁定错误的，依照审判监督程序办理；与原判决、裁定无关的，可以自裁定送达之日起十五日内向人民法院提起诉讼。"根据该规定，第一，该条规定的是执行程序中案外人对执行标的提出异议的情形，而非申请执行人申请追加被执行人的情形；第二，人民法院经审查案外人提出的异议，认定理由不成立作出裁定驳回案外人执行异议申请后，对驳回裁定不服，可以提起诉讼的主体是案外人；第三，申请执行人可以提起诉讼的裁定应当是人民法院作出的中止执行裁定。因为只有在案外人对执行标的提出异议，人民法院作出中止执行裁定，阻却了执行程序时，申请执行人才有提起执行异议之诉，请求继续执行之必要。《最高人民法院关于适用〈中华人民共和国民事诉讼法〉的解释》第三百零六条[③]第一款进一步明确了申请执行人提起执行异议之诉的条件，即："申请执行人提起执行异议之诉，除符合民事诉讼法第一百一十九条[④]规定外，还应当具备下列条件：（一）依案外人执行异议申请，人民法院裁定中止执行；（二）有明确的对执行标的继续执行的诉讼请求，且诉讼请求与原判决、裁定无关；（三）自执行异议裁定送达之日起十五日内提起。"该规定是对《中华人民共和国民事诉讼法》第二百二十七条的进一步解释。根据该规定，申请执行人提起执行异议之诉的前提条件是，案外人提起了阻却对执行标的的执

① 现为《最高人民法院关于适用〈中华人民共和国民事诉讼法〉的解释》（2022 年修正）第三百零四条。

② 现为《民事诉讼法》（2021 年修正）第二百三十四条。

③ 现为《最高人民法院关于适用〈中华人民共和国民事诉讼法〉的解释》（2022 年修正）第三百零四条。

④ 现为《民事诉讼法》（2021 年修正）第一百二十二条。

行异议申请，且人民法院已经作出中止执行的裁定。也就是说，案外人提出执行异议，执行法院经审查认定案外人执行异议成立，且已作出中止执行裁定，是申请执行人提起执行异议之诉的前置程序。本案中，王国普并不是基于案外人提出执行异议申请，执行法院作出中止执行裁定，其不服该裁定所提出的执行异议之诉，而是对执行法院作出的驳回追加申请裁定不服提起的诉讼。因此，王国普提起本案诉讼不符合上述法律规定的申请执行人提起执行异议之诉的条件。原审判决依据《中华人民共和国民事诉讼法》第二百二十七条规定，认定王国普提起本案诉讼符合法律规定，适用法律不当，本院予以纠正。

——法信网。

464. 在执行异议案件中，人民法院作出不得执行或者准予执行的判决，不应判决撤销执行裁定

关键词

执行异议　撤销执行裁定

附录：民事审判信箱

问：在执行异议案件中，人民法院作出不得执行或者准予执行的判决，是否应判决撤销执行裁定？

答：对该问题存在两种观点：一种观点认为，执行异议裁定是人民法院依法作出的生效法律文书。案外人执行异议之诉案件中人民法院判决不得对执行标的执行的，或者申请执行人执行异议之诉案件中人民法院判决准许对执行标的执行的，相当于推翻了执行异议裁定，否定了执行异议裁定的效力，因此在判决中应一并撤销执行异议裁定。另一种观点认为，人民法院支持案外人、申请执行人在执行异议之诉中的诉讼请求，事实上已经否认了执行异议裁定的效力，没有必要在判决中撤销执行异议裁定。我们认为第二种观点是正确的，理由是：《最高人民法院关于适用〈中华人民共和国民事诉讼法〉的解释》第三百一十四条[①]规定："对案外人执行异议之诉，人民法院判决不得对执行标的执行的，执行异议裁定失效。对申请执行人执行异议之诉，人民法院判决准许对该执行标的执行的，执行异议裁定失效。执行法院可以根据申请执行人的申请或者依职权恢复执行。"故上述情况下，执行异议裁定失

---

① 现为《最高人民法院关于适用〈中华人民共和国民事诉讼法〉的解释》（2022年修正）第三百一十二条。

效，在执行异议之诉判决中无需撤销执行异议裁定。

——本书研究组：《在执行异议案件中，人民法院作出不得执行或者准予执行的判决，是否应判决撤销执行裁定》，载最高人民法院民事审判第一庭编：《民事审判指导与参考》2018年第4辑（总第76辑），人民法院出版社2019年版，第233页。

465. 执行异议之诉中查明被执行人与案外人对执行标的都不享有权益的，法院不得执行该执行标的

关键词

被执行人　案外人　排除强制执行　举证责任

最高人民法院裁判文书

武汉亘星资源有限公司与武汉剑强人和置业有限公司以及武汉人和房地产开发有限公司申请执行人执行异议之诉案［最高人民法院（2018）最高法民再400号民事判决书］

裁判要旨：案外人或者申请执行人提起执行异议之诉的，案外人应当就其对执行标的享有足以排除强制执行的民事权益承担举证证明责任。虽然案外人不能举证证明其对执行标的享有排除强制执行的权利，不能排除强制执行。但对于申请执行人提起的执行异议之诉，申请执行人应初步举证证明执行标的为被执行人可供执行的财产。如法院在执行异议之诉程序查明被执行人对执行标的不享有实体性权益的，可直接对执行标的的错误执行行为进行纠正，并不得执行相关标的。

最高人民法院认为，根据武汉亘星公司的再审申请及理由和剑强人和公司、武汉人和公司的答辩意见，本案再审争议焦点为：武汉亘星公司对案涉地块是否享有足以排除强制执行的民事权益；应否许可申请执行人剑强人和公司诉请继续执行对案涉地块建设用地使用权的查封。

（一）武汉亘星公司对案涉地块是否享有足以排除强制执行的民事权益

武汉亘星公司认为其虽然尚未签订《国有建设用地使用权出让合同》并办理土地登记手续，但其已依法竞得案涉地块的建设用地使用权，享有建设用地使用权之期待权，该物权期待权足以排除强制执行。《物权法》第一百三

十八条第一款[①]规定："采取招标、拍卖、协议等出让方式设立建设用地使用权的，当事人应当采取书面形式订立建设用地使用权出让合同"。据此，土地使用权出让合同为要式合同。本案中，虽然武汉亘星公司在案涉地块拍卖程序中竞拍成功，并取得《国有建设用地使用权预成交通知书》，但其尚未与行政机关签订书面的《国有土地使用权出让合同》，仅在竞卖程序中拍得案涉地块，而《国有建设用地使用权预成交通知书》《2016 年第 4 号公告挂牌成交信息表》两份文件以及武汉亘星公司缴纳的竞买保证金、土地出让金等已达到土地成交价 50% 的事实，不足以认定武汉亘星公司对案涉地块享有物权期待权，武汉亘星公司亦未指明其享有物权期待权的法律依据，故武汉亘星公司尚不享有足以排除强制执行的民事权益。

（二）应否许可申请执行人剑强人和公司诉请继续执行对案涉地块建设用地使用权的查封

本案执行异议之诉原告是申请执行人剑强人和公司，其认为被执行人武汉人和公司对案涉地块享有建设用地使用权，武汉市中级人民法院作出的（2017）鄂 01 执异 56 号执行裁定停止执行武汉人和公司名下土地有误。根据《民事诉讼法》第六十四条第一款[②]和《最高人民法院关于适用〈中华人民共和国民事诉讼法〉的解释》第九十条、第三百一十一条[③]、第三百一十三条[④]规定，本案的审查不仅包括案外人武汉亘星公司是否享有足以排除强制执行的民事权益，亦包括申请执行人剑强人和公司对执行异议裁定不服的理由是否成立。因为申请执行人提出对执行标的继续执行的诉讼请求，须以被执行人对该执行标的享有实体权益为基础。因此，针对申请执行人提起的执行许可的执行异议之诉，案外人应当就其对执行标的享有足以排除强制执行的民事权益承担举证责任。同时，申请执行人亦应对其诉讼主张承担相应的举证证明责任。也就是说，申请执行人申请对登记在案外人名下或案外人已经具备权利外观的财产采取执行措施的，应当对该财产属于被执行人的责任财产范围承担举证责任。

由于执行程序（包括财产保全程序）的价值取向是效率，即要迅速地实现生效法律文书所确定的给付内容，所以，在被执行财产的权属判断标准上主要采取形式审查和表面判断原则，也就是说，在确定一项财产的权属是否属于被执行人时，除非法律有特殊的规定，一般应当根据该财产的权利外观

① 对应《民法典》第三百四十八条第一款。

② 对应《民法典》第六十七条第一款。

③ 现为《最高人民法院关于适用〈中华人民共和国民事诉讼法〉的解释》（2022 年修正）第三百零九条。

④ 现为《最高人民法院关于适用〈中华人民共和国民事诉讼法〉的解释》（2022 年修正）第三百一十一条。

表征来判断是否属于被执行人的责任财产。就不动产而言，除了非因法律行为所引起的不动产物权变动以及特殊种类的不动产物权以外，根据《物权法》第九条[①]和第十四条[②]的规定，办理变更登记既是不动产物权变动的必备要件，也是不动产物权的外观表征。结合《最高人民法院关于人民法院民事执行中查封、扣押、冻结财产的规定》第二条的规定，执行程序应当查封登记在被执行人名下的不动产，或者登记在第三人名下而第三人书面确认该财产属于被执行人的不动产。在被查封不动产的权属表征和登记一致的情况下，无论是案外人提起诉讼对被查封不动产主张排除执行的实体权利，还是申请执行人提起诉讼请求许可执行登记在被执行人名下的不动产，均应由案外人承担举证责任，这是《最高人民法院关于适用〈中华人民共和国民事诉讼法〉的解释》第三百一十一条举证责任分配规则的基础。而本案的特殊性在于，案涉地块的建设用地使用权并未登记在被执行人武汉人和公司名下。根据查明的事实，案涉地块作为住宅用地，在人民政府作出征收决定并生效后，其所有权形式已经由集体所有形式变更为国家所有形式，而使用权应通过公开竞价的方式出让取得。武汉人和公司取得的《武汉市建设用地批准书》仅明确案涉土地用途为住宅用地，已办理完毕征收土地审批后手续，准予作为国有建设用地进行出让，但武汉人和公司并未通过公开竞价或协议等方式取得案涉国有土地使用权，案涉国有建设用地使用权至今尚未登记在武汉人和公司名下，武汉人和公司并未取得案涉土地权属证书，不是案涉地块国有建设用地使用权人。武汉人和公司仅因在案涉土地前期安置补偿、场地腾退等方面的投入，而对土地竞得人享有获得补偿的债权。剑强人和公司的举证不能证实被执行人武汉人和公司对案涉建设用地使用权享有实体权利。执行法院根据查明的事实，在案外人异议审查程序中，对不符合执行程序中权属判断标准的错误查封执行行为予以纠正并中止对案涉地块（即武汉亘星公司以外的其他案外人财产）的执行是正确的。剑强人和公司认为武汉人和公司依据《武汉市建设用地批准书》对案涉地块享有实体权利，为建设用地使用权人的主张没有事实和法律依据，不能成立。故此，剑强人和公司不服（2017）鄂01执异56号执行裁定，提起本案执行异议之诉，请求许可对案涉土地使用权继续执行的主张，本院不予支持。二审法院在已查明被执行人武汉人和公司不享有案涉国有土地使用权的情况下，判决准许执行（2016）鄂01执保149号协助执行通知书确有不当，本院予以纠正。

——中国裁判文书网。

---

① 对应《民法典》第二百零九条。

② 对应《民法典》第二百一十四条。

466. 执行法院根据案外人与执行当事人达成的以物抵债协议作出房产过户裁定，能否因案外人异议而撤销

关键词

以物抵债　房产过户裁定　案外人执行异议之诉

附录：《人民司法》信箱

问题：某银行申请执行甲公司借贷纠纷一案，执行过程中，甲公司的债务人乙公司与某银行和甲公司签订抵债协议，自愿以其所有的一栋房产抵偿甲公司所欠某银行的债务。尔后，执行法院根据该以物抵债协议下达了以物抵债裁定，并向房产管理部门送达了协助过户通知书。一年之后，丙公司诉乙公司借款纠纷经生效判决确定。丙公司持生效判决向执行法院的上级法院提出执行申诉称，法院以裁定的形式执行当事人之间的和解协议没有法律依据。同时，在执行法院下达过户裁定时，丙公可与乙公司的债权债务关系就已经存在，乙公司将自己的全部财产与某银行以及甲公司签订抵债协议，导致其债权无法受偿，侵害了其合法权益，故要求撤销执行法院的过户裁定。请问：丙公司的执行申诉请求是否成立?

《人民司法》研究组认为：实践中为了方便执行当事人之间完成财产过户手续，不少执行法院都通过裁定帮助当事人履行和解协议。这种做法虽然不妥，但也确实是习惯做法，不能无条件地一律撤销，应视具体情况而定。比如，对案外人的财产进行强制执行，其实质是在没有执行依据的情况下，让案外人承受强制执行所带来的痛苦，它损害的是案外人的利益，也就是说有权申诉的主体只能是被强制执行的案外人。本案中，如果案外人乙公司对此提出异议，则应撤销原裁定；如果乙公司对强制执行没有异议，从维护强制执行程序安定性的角度，不应仅根据此种情况就撤销以物抵债裁定。同时，按照我国现行法律，在债务人有多个债权人的情况下，法律并不禁止债务人对其中一个债权人先为履行，因为在其他债权人取得对债务人的强制执行依据并依法对债务人财产查封、扣押、冻结之前，债务人仍然有权自主处分自己的财产，包括向其中一个或者几个债权人进行全部或者部分履行。具体到本案，乙公司代替甲公司还债从而消灭两者之间债权债务关系的行为也是履行债务的一种形式，除非甲公司所欠某银行的债务是虚假的，否则这种履行就有效。但是，债务人的债务是否虚假，不宜由执行程序直接认定，应当由提出异议的其他债权人通过撤销权诉讼解决。因此，丙公司在执行监督程序中的请求不能成立。

——《人民司法·应用》2009 年第 13 期（总第 576 期）。

467. 购房人在本来可以排除执行的情况下，放弃物权期待权，转而就价款优先受偿，人民法院应予支持

关键词

物权期待权　优先受偿

附录：最高人民法院主流观点

在具体执行中，由于被执行的房屋千差万别，有的消费者可能并不主张排除执行异议，而是主张就其购房款对房屋变价款优先受偿。《最高人民法院关于人民法院办理执行异议和复议案件若干问题的规定》原本拟对此作出规定，后来考虑到该问题并不属于异议复议的问题，且涉及案外人在分配顺序上的优先权问题，较为复杂，留待在参与分配司法解释中作出规定。我们认为，购房人在本来可以排除执行的情况下，放弃物权期待权，转而就价款优先受偿，有利于执行，应予支持。

——江必新、刘贵祥主编、最高人民法院执行局编著：《最高人民法院办理执行异议和复议案件若干问题规定理解与适用》，人民法院出版社 2015 年版，第 436 页。

468. 房屋多次抵顶情形下是否属于被执行人可供执行财产的认定

关键词

案外人执行异议之诉　可供执行财产　多次抵顶

最高人民法院裁判文书

高为田、赵春南与董全士、郑雁斌、宸宇公司案外人执行异议之诉案

［最高人民法院（2021）最高法民申 1842 号民事裁定书］

裁判要旨：本案房屋在查封前已先由宸宇公司抵顶给郑雁斌，其后郑雁斌又抵顶给董全士，宸宇公司亦认可本案房屋已抵顶给董全士的事实。因尚未办理产权变更登记，本案房屋现仍登记在宸宇公司名下。郑雁斌作为被执行人，虽基于对宸宇公司享有到期债权

而抵顶了案涉房屋，但因郑雁斌在人民法院查封前已将案涉房屋抵顶给董全士，郑雁斌就案涉房屋而言已不是宸宇公司的债权人，对案涉房屋既没有债权请求权，也不享有要求案涉房屋过户的物权期待权，更不享有所有权。因此，案涉房屋不属于被执行人郑雁斌可供执行的财产范围，不应纳入被执行财产。

最高人民法院认为，不动产物权未经登记，依法不发生物权变动的效力。本案所涉五套房屋在人民法院查封前虽有多次抵顶，但因未办理产权变更登记，所有权人仍为宸宇公司。郑雁斌作为被执行人，虽基于对宸宇公司享有到期债权而抵顶了案涉房屋，但因郑雁斌在人民法院查封前已将案涉房屋抵顶给董全士，郑雁斌就案涉房屋而言已不是宸宇公司的债权人，对案涉房屋既没有债权请求权，也不享有要求案涉房屋过户的物权期待权，更不享有所有权。因此，案涉房屋不属于被执行人郑雁斌可供执行的财产范围，不应纳入被执行财产。高为田、赵春南作为郑雁斌的债权人，依法无权对不属于郑雁斌责任财产的案涉房屋申请强制执行，其所提要求继续执行案涉房屋的再审主张和理由，依法不能成立。

——中国裁判文书网。

469. 案外人在执行标的经执行程序发生权属变动后提出执行异议并被驳回，能否提起执行异议之诉

关键词

案外人　执行标的　执行异议之诉

最高人民法院审判业务意见（第二巡回法庭法官会议纪要）

执行异议之诉以“执行过程中”案外人对执行标的提出书面异议为前提，目的在于阻却执行程序的继续进行，在执行法院已作出以房抵债的裁定并送达之后，执行程序已终结，案外人此后才提出执行异议及执行异议之诉，不符合执行异议之诉的受理条件，应不予受理；已经受理的，应驳回起诉。

附：案情简介

为执行甲公司欠乙公司工程款债务1081万余元及其利息，一审法院在第一次拍卖流拍后，于2016年5月20日裁定将涉案房屋作价1129万余元交付乙公司抵偿欠款，该裁定主文第一项还写明“房屋所有权自裁定送达申请执行人乙公司时起转移”。该裁定于2016年5月23日送达甲公司和乙公司。

案外人张某（借款出借人、房屋买受人）与甲公司（借款人、房屋出让人）于2013年3月16日签订借款800万元的借款合同和出售诉争房屋的商品房买卖合同（房屋总价款800万元），该商品房买卖合同已办理网签备案。张某实际向甲公司借款本金753.5万元。因甲公司不能偿还该借款本金及部分利息，双方于2013年4月15日约定将诉争房屋交付张某，张某于2014年10月搬入涉案房屋居住，但未办理过户登记手续。2016年9月1日张某向一审法院提出案外人执行异议申请。一审法院于2016年10月11日裁定驳回张某的异议申请。张某不服该裁定提出执行异议之诉，请求：确认诉争房屋归其所有；判令撤销一审法院有关执行裁定，停止对诉争房屋的强制执行，解除对该房产的查封措施。

——《执行标的权属，因执行而变动后案外人能否提起执行异议之诉》，载贺小荣主编：《最高人民法院第二巡回法庭法官会议纪要》（第一辑），人民法院出版社2019年版，第158~160页。

470. 在执行异议案件中，人民法院作出不得执行或者准予执行的判决时，无须另行撤销执行裁定

关键词

执行异议　撤销执行裁定

最高人民法院法官著述

问：在执行异议案件中，人民法院作出不得执行或者准予执行的判决，是否应判决撤销执行裁定？

答：执行异议案件包括案外人执行异议之诉和申请执行人执行异议之诉。在案外人执行异议之诉中，人民法院经过审查，如果判决不得执行特定执行标的，则应该终结执行程序、解除执行措施，此时就需要处理执行法院先前作出的驳回案外人执行异议裁定。同理，在申请执行人执行异议之诉中，人民法院经过审查，如果判决准许执行该执行标的，则需要处理执行法院先前作出的中止执行裁定。

对这两种情形的处理存在两种观点：一种观点认为，执行异议裁定是人民法院依法作出的生效法律文书。案外人执行异议之诉案件中人民法院判决不得对执行标的执行的，或者申请执行人执行异议之诉案件中人民法院判决准许对执行标的执行的，相当于推翻了执行异议裁定，否定了执行异议裁定的效力，因此，在判决中应一并撤销执行异议裁定。另一种观点认为，人民法院支持案外人、申请执行人在执行异议之诉中的诉讼请求，事实上已经否

认了执行异议裁定的效力，没有必要在判决中撤销执行异议裁定。我们认为第二种观点是正确的，理由是最高人民法院《关于适用〈中华人民共和国民事诉讼法〉的解释》第三百一十四条规定，“对案外人执行异议之诉，人民法院判决不得对执行标的执行的，执行异议裁定失效。对申请执行人执行异议之诉，人民法院判决准许对该执行标的执行的，执行异议裁定失效，执行法院可以根据申请执行人的申请或者依职权恢复执行”。可见，司法解释已经规定，在执行异议案件的判决结果和执行异议的裁定结果相反的情况下，执行异议裁定失效。因此，在执行异议之诉判决中无须另行撤销执行异议裁定。

——最高人民法院民事审判第一庭编著:《民事审判实务问答》，法律出版社 2021 年版，第 392~393 页。

471. 案外人执行异议之诉中质押保证金的认定

关键词

案外人　执行异议之诉　质押保证金

最高人民法院裁判文书

菏泽市兴农百盛农资有限公司与宋本玉案外人执行异议之诉纠纷案［最高人民法院（2016）最高法民申 2052 号民事裁定书］

裁判要旨：案外人就执行标的享有足以排除强制执行的民事权益的，法院应判决不得执行该标的；案外人就执行标的不享有足以排除强制执行的民事权益的，法院应判决驳回诉讼请求；对于案外人同时提出确认其权利的诉讼请求的，法院可以在判决中一并作出裁判。

最高人民法院认为：本案再审审查的焦点是，百盛公司对 70 万元款项是否构成保证金质押，能否排除执行。

首先，关于案涉账户是否特定的问题。构成质押保证金的特定账户，即特户应当是用于质押关系的专用账户。虽然百盛公司与银昱公司签订的《保证金质押合同》约定，账号为 37×××75 的案涉账号为双方的保证金专户，但该账户实际上是银昱公司和中国建设银行股份有限公司菏泽分行（以下简称建行菏泽分行）签订的担保合作协议项下的保证金账户，系银昱公司开展借款担保业务而向建行菏泽分行缴纳保证金的专用账户，并非银昱公司与百盛公司之间用于设立质押保证金的专用账户。根据银昱公司与建行菏泽分行签订的担保合作协议书第七条约定，在担保期间，银昱公司对该账户款项的支取，应事先征得建行菏泽分行的同意。因此，银昱公司和百盛公司均不能实际控制案涉账户。案涉账户虽然在银昱公司名下，但该账户开立在建行菏泽分行处，根据银昱公司和建行菏泽分行的约定，案涉账户专用于银昱公司向建行菏泽分行缴纳保证金，不构成百盛公司与银昱公司之间的特户，也没有区别于其他账户的外在特征，第三人无法直接识别案涉账户系百盛公司和银昱公司之间专门用于质押关系的特户。案涉账户不符合特定化的要件，百盛公司对案涉账户并无排他性权利。

其次，关于案涉 70 万元款项是否特定的问题。账号为 37×××75 的案涉账户对百盛公司和银昱公司而言，并未形成具有质押关系的专用账户。百盛公司向银昱公司支付案涉 70 万元款项，系用现金支付，百盛公司并未提交证据证明该 70 万元进入双方约定的保证金专用账户，亦未提交证据证明该账户中有 70 万元资金对本案而言可以与账户中其他款项明确区分而被特定化。因此，涉案 70 万元款项亦不构成质押保证金。

——中国裁判文书网。

附录：本案解析

（一）质押保证金执行异议之诉的裁判范围

案外人执行异议之诉的诉讼标的应为诉讼法上的异议权，提起执行异议之诉的目的，应为排除对特定执行标的的强制执行程序，当事人之间的实体法律关系虽为该异议权存否的先决问题，但并非案外人执行异议之诉的诉讼标的，案外人执行异议之诉只需解决对当事人主张的特定执行标的是否强制执行的问题，无须对当事人之间的实体权利义务关系作出裁判。如果案外人仅向执行法院主张排除对特定标的强制执行，并未请求法院对其实体权利成立与否作出裁判的，则为纯粹的案外人执行异议之诉，法院应依照《民事诉讼法解释》第 312 条[①]第 1 款的规定，对是否执行该标的作出判决；如果当事人在对执行程序是否进行提起执行异议之诉的同时，又提出诉讼请求主张法院对实体法律关系一并作出裁决的，则属于执行异议之诉与普通民事诉讼的合并，而非单纯的执行异议之诉，法院应依照《民事诉讼法解释》第 312 条第 2 款的规定，根据当事人的诉讼请求一并作出裁判。

就本案的裁判范围而言，百盛公司的诉讼请求既包括确认其对案涉款项的实体权利成立，又包括请求对案涉款项停止执行，故其实体权利是否成立和法院是否应对案涉款项强制执行均在本案的裁判范围之内，在理论上可以

① 现为《最高人民法院关于适用〈中华人民共和国民事诉讼法〉的解释》（2022 年修正）第 310 条。

解释为案外人执行异议之诉与普通民事诉讼的合并，依据《民事诉讼法解释》第312条的规定，法院应对百盛公司的上述请求一并裁判。

（二）质押保证金成立的法律条件

1. 金钱质押和账户质押的一般原理。根据《担保法解释》第85条的规定，质押保证金的成立要件需同时满足“特定化”和“移交债权人占有”两个条件。该条司法解释涉及多种金钱质押。

金钱作为一般等价物，其所有权随占有转移，因此在金钱上设定质权，必须对金钱进行特定化，以保证交付的金钱与质权人的财产相区分该条司法解释列举的特户和封金即符合金钱特定化的要求，以特户中的金钱和封金作为债权担保的，属于质押担保形式，成立金钱质权。其中，特户是金融机构为出质金钱所开设的专用账户，该账户被特定化以区于普通账户。特户一般须开在质权人处才符合交付的要求，如果开在第三人处，须有债权人与出质人的约定以明确特户的担保性质，并由出质人向第三人出具书面通知，第三人收到通知后未经债权人同意不得处置特户中的金钱。保证金作为担保物交付债权人后，如果符合特户的要求，可以成立金钱质权；如果保证金被混同于一般资金账户，未按照特户管理的，不成立质权。

2. 本案百盛公司关于质押保证金的权利主张是否成立。首先，关于案涉账户是否特定的问题。构成质押保证金的特定账户，即特户应当是用于质押关系的专用账户，只有将质押保证金账户特定化，才能区别于普通账户和普通账户中的钱款，特定化后的账户才能单独用于出质人和质权人之间的质押担保关系。虽然百盛公司与银昱公司签订的《保证金质押合同》约定，账号为37××3175的案涉账号为双方的保证金专户，但该账户实际上是银昱公司和建行菏泽分行签订的担保合作协议项下的保证金账户，是银昱公司开展借款担保业务而向建行菏泽分行缴纳保证金的专用账户，并非银昱公司与百盛公司之间用于设立质押保证金的专用账户。根据银昱公司与建行菏泽分行签订的《担保合作协议书》的约定，在担保期间，银昱公司对该账户款项的支取，应事先征得建行泽分行的同意。因此，银昱公司和百盛公司均不能掌控该账户，该账户实际上由建行菏泽分行控制。案涉账户名称虽然是银昱公司，但该账户开立在建行菏泽分行处，根据银昱公司和建行菏泽分行的约定，案涉账户专用于银昱公司向建行菏泽分行缴纳保证金，建行菏泽分行作为质权人是账户的实际占有者和控制人，案涉账户不构成百盛公司与银昱公司之间特定的担保账户，也没有区别于其他账户的外在特征，第三人无法直接识别案涉账户就是百盛公司和银昱公司之间专门用于质押关系的特户。故案涉账户并不是百盛公司和银昱公司质押关系中被特定化的专用账户。该账户中的款项也非特定用于百盛公司与银昱公司之间质押关系。该账户不符合特定化的要件，百盛公司对该账户并无排他性权利。其次，关于案涉70万元是否特定的问题。如果保证金没有按照特户管理，而是与普通账户中其他资金混同，不能明确区分哪些钱用于出质，哪些钱是质权人自有金钱的，则无法实现金钱的特定化，不能认定质押保证金成立。由于37××3175账户对百盛公司和银昱公司而言并未形成具有质押关系的专用账户，百盛公司向银昱公司支付该70万元款项时是用现金支付，而不是直接转账进入该账户。百盛公司并未提交证据证明该70万元进入双方约定的保证金账户，亦未提交证据证明该账户中有70万元资金对于本案而言可以与账户中其他款项明确区分而被特定化。因此，案涉70万元没有被特定化，不构成质押保证金。百盛公司关于质押保证金和排除对特定款项执行的主张均不能成立，其诉讼请求应予驳回。

——乔宇：《执行异议复议与异议之诉》，中国法制出版社2018年版，第132~136页。

472. 案外人执行异议之诉中抵押权与租赁权的关系

关键词

案外人　执行异议之诉　抵押权　租赁权

最高人民法院裁判文书

信德佳（厦门）实业有限公司与厦门金达昌科技有限公司、吴文冲、陈东毅、厦门市桥箱机械工业有限公司等案外人执行异议之诉纠纷案［最高人民法院（2016）最高法民申3536号民事裁定书］

裁判要旨：执行程序中，申请执行人抵押权与案外人租赁权的关系问题，根据权利设立的先后时间，结合租赁权的存在是否影响抵押权实现进行处理。如果执行标的上案外人的租赁权成立在先，申请执行人的抵押权设立在后，则租赁权不受抵押权行使的影响，执行标的可以通过强制变现实现财产价值，从而消灭抵押权，执行标的受让人承受已经设立的租赁权即可。如果执行标的上申请执行人的抵押权设立在先，案外人的租赁权成立在后，租赁权不能对抗在先设立的抵押权。

最高人民法院认为：

一、关于信德佳公司对执行标的的租赁权能否排除向买受人交付该不动产的执行问题。根据《物权法》第一百九十条[①]、《最高人民法院关于审理城镇房屋租赁合同纠纷案件具体应用法律若干问题的解释》第二十条、《最高人民法院关于适用〈中华人民共和国担保法〉若干问题的解释》第六十六条的规定，抵押权设立后抵押财产出租的，该租赁关系不得对抗已登记的抵押权，抵押权实现后，租赁合同对受让人不具有约束力，承租人请求房屋受让人继续履行原租赁合同的，人民法院不予支持。案涉房产第一顺序抵押权人厦门兴业银行设立抵押权的时间为 2013 年 1 月 28 日，第二顺序抵押权人洪俊斌的抵押权设立时间为 2013 年 12 月 2 日，并均办理了抵押权登记。信德佳提供的租赁合同显示，其签署该合同的时间系 2013 年 12 月 16 日，可见，该租赁关系成立于抵押权后。根据上述规定，抵押权人在实现抵押权时，抵押物上设立的租赁关系对买受人不具有约束力。执行过程中，案涉房产的评估价为 13318.99 万元，第一顺序抵押权人的债权额为 12063.87 万元，第二顺序抵押权人的债权额为 4500 万元，执行标的价值尚不足以清偿抵押权，租赁权的存在影响抵押权实现，执行标的最终以 8524.15 万元成交的结果也印证了这一事实。因此，案涉房产的租赁关系对抵押权实现存有影响，抵押权实现时，该租赁关系对买受人金达昌公司不具有约束力。厦门兴业银行作为抵押权人在另一执行案件中已就案涉房产的拍卖款优先分配，该案与本案虽然申请执行人不同，但均系对同一执行标的强制执行，对案涉房产的执行而言，属于执行竞合。基于执行标的的同一性，金达昌公司作为该标的的买受人，其在厦门兴业银行实现抵押权一案中请求承租人交付案涉房产的抗辩，亦可在本案中主张。二审认定信德佳公司对案涉房产的租赁权不能对抗买受人金达昌公司请求交付案涉房产的权利，并无不当。同时，信德佳公司是否在法院查封案涉房产前与忆辉公司签订租赁合同并占有案涉房产的问题，系事实认定问题，而非法律适用问题。因信德佳公司对案涉房产的租赁权成立于抵押权之后，且对抵押权实现存有影响，其租赁权不能对抗金达昌公司请求交付案涉房产的权利。二审法院关于信德佳公司提供的证据均不足以证明在法院查封诉争房产之前承租人信德佳公司或次承租人已实际占有使用诉争房产一节的认定，并无不当。因此，信德佳公司关于二审判决适用法律错误的再审事由不能成立。

二、关于一、二审将金达昌公司列为第三人是否违法，二审不开庭审理是否剥夺当事人辩论权利的问题。金达昌公司作为执行标的买受人，与本案诉讼结果有利害关系，根据《中华人民共和国民事诉讼法》第五十六条[②]的规定，金达昌公司有权作为第三人参与诉讼。《最高人民法院关于适用〈中华人

① 对应《民法典》第四百零五条。

② 现为《民事诉讼法》（2021 年修正）第五十九条。

民共和国民事诉讼法〉的解释》第三百零七条[①]规定仅明确被执行人不反对案外人异议的，可以列为第三人，并未限定执行异议之诉中的第三人只能是被执行人。信德佳公司认为不应列金达昌公司为第三人的再审理由不能成立。当事人行使辩论权利的方式并不局限于法庭审理。二审法院通过询问当事人已听取了信德佳公司的上诉理由和法律意见，并在判决中对信德佳公司的上诉请求及理由作出了裁判，并未剥夺信德佳公司的辩论权利。信德佳公司认为二审法院不开庭仅询问的做法侵害其辩护权利的再审事由不能成立。

——中国裁判文书网。

附录：最高人民法院法官著述

（一）执行程序中抵押权与租赁权关系的一般判断规则

如果执行标的上案外人的租赁权成立在先，申请执行人的抵押权设立在后，则租赁权不受抵押权行使的影响，执行标的可以通过强制变现实现财产价值，从而消灭抵押权，执行标的受让人承受已经设立的租赁权即可。《担保法解释》第 65 条规定："抵押人将已出租的财产抵押的，抵押权实现后，租赁合同在有效期内对抵押物的受让人继续有效。"这种情况下，承租人的租赁权不能阻止抵押权的实现，但租赁权应由执行标的受让人承受。

如果执行标的上申请执行人的抵押权设立在先，案外人的租赁权成立在后，根据《拍卖、变卖规定》第 31 条[②]第 2 款关于租赁权承受原则的例外规定，如果租赁权继续存在于拍卖财产上，对在先的抵押权实现有影响的，人民法院应当将租赁权除去后进行拍卖，即租赁权不能对抗在先设立的抵押权。《物权法》《担保法解释》《城镇房屋租赁合同解释》对同一标的上在后设立的租赁权不能对抗在先设立的抵押权也有相应规定。《担保法解释》第 66 条[③]第 1 款规定："抵押人将已抵押的财产出租的，抵押权实现后，租赁合同对受让人不具有约束力。"《物权法》第 190 条规定："订立抵押合同前抵押财产已出租的，原租赁关系不受该抵押权的影响。抵押权设立后抵押财产出租的，该租赁关系不得对抗已登记的抵押权。"根据《城镇房屋租赁合同解释》第 20 条第 1 项的规定，房屋在出租前已设立抵押权，因抵押权人实现抵押权发生所有权变动，承租人请求房屋受让人继续履行原租赁合同的，人民法院不予支持。

（二）抵押权与租赁权发生对抗效力的时间点

① 现为《最高人民法院关于适用〈中华人民共和国民事诉讼法〉的解释》（2022 年修正）第三百零五条。

② 现为《最高人民法院关于人民法院民事执行中拍卖、变卖财产的规定》（2020 年修正）第 28 条。

③ 现为《最高人民法院关于适用〈中华人民共和国民法典〉有关担保制度的解释》第 54 条。

租赁权作为一种特殊的债权，受到了“物权化”的特殊保护。基于租赁合同，承租人主要享有两种权利：一是依据租赁合同，请求出租人按照约定的标准交付租赁物的权利；二是占有租赁物后，对于租赁物占有使用的权利。我国立法对此并未明确予以区分，但这两种权利的性质并不相同。前一种是纯粹债权性的权利，适用债权的相对性及平等原则；后种权利具备“占有”这一公示性表征，会产生“物权化”与特殊保中的问题，是真正意义上的租赁权。执行程序中应对《合同法》第229条作限缩解释，将租赁权的成立限制于占有租赁物之后，以“占有”作为认定租赁权成立与否的标准。租赁权的成立以占有为条件，所以判断租赁权产生对抗性的时间点为“占有时”。根据《异议复议规定》第31条第1款，案外人对执行标的主张租赁权以阻止向买受人移交占有被执行的不动产，需满足两个条件：一是在法院查封前已签订合法有效的书面租赁合同，二是占有使用该不动产。该规定明确了“占有”在租赁权成立及产生对抗效力问题上的重要作用。

（三）《拍卖、变卖规定》第31条第2款与《担保法解释》第66条第1款、《城镇房屋租赁合同解释》第20条第1项的差异

从条文确立的规则来看，《拍卖、变卖规定》第31条第2款与《担保法解释》第66条第1款、《城镇房屋租赁合同解释》第20条第1项是存在差别的。《担保法解释》第66条第1款规定的是，抵押人将已抵押的财产出租的，抵押权实现后，租赁合同对受让人不具有约束力。据此，设立在先的抵押权实现后，受让人可以直接请求除去设立在后的租赁关系，即租赁关系因抵押权实现而被除去带有一定的绝对性，无须考虑租赁关系的存在对抵押权的实现是否有影响这一要素。换言之，只要抵押权设立在先、租赁权设立在后，租赁合同对抵押物的受让人就不具有约束力。《城镇房屋租赁合同解释》第20条第1项规定确立的规则，与《担保法解释》第66条第1款的内容基本相同。

《拍卖、变卖规定》第31条第2款规定的内容则有所不同，加入在后设立的租赁权对在先设立的抵押权实现是否存在影响这一判断要素。如果租赁权设立在后，但其存在并不影响在先设立的抵押权实现的，该租赁权仍可保留，实行带租拍卖。

就执行程序中处理抵押权与租赁权关系的规则而言，《拍卖、变卖规定》第31条第2款规定似乎更为合理。不考虑租赁权对设立在先的抵押权实现是否有影响，而一律将其除去的做法，只优先保护了抵押权人的利益，完全牺牲了承租人的利益，只关注了抵押物的交换价值，忽视了抵押物的使用价值，没有充分顾及抵押物交换价值与使用价值的平衡，不利于在实现交换价值的同时，兼顾使用价值的实现。相反，仅在租赁权对设立在先的抵押权实现有影响时才将其除去，没有影响时允许其继续存在的做法，则充分考虑到了两

种权利的平衡，在实现抵押物交换价值的同时，合理照顾了承租人权益，有利于兼顾执行标的上不同权利的保护，实现“物尽其用”。因此，执行程序中，处理抵押权与租赁权的关系，有必要考虑在后设立的租赁权对在先设立的抵押权实现是否有影响这一要素。

——乔宇：《执行异议复议与异议之诉》，中国法制出版社 2018 年版，第 187~191 页。

473. 案外人主张在先租赁权以对抗不动产抵押权的执行的，执行法院应适用案外人异议程序予以审查

关键词

在先租赁权　不动产抵押权　带租拍卖

最高人民法院裁判文书

李建俊、赵文萍不服执行裁定申诉案［最高人民法院（2017）最高法执监 335 号执行裁定书］

裁判要旨：案外人主张对案涉不动产享有在先租赁权，以对抗该不动产抵押权的执行的，本质为阻却房产的交付，执行法院应通过案外人异议程序予以审查，不得直接认定租赁关系成立并“带租拍卖”。

最高人民法院经审查认为：本案的争议焦点为：案外人赵永明与被执行人郑旭合之间的租赁关系是否合法有效以及是否能够对抗抵押权。

本案被执行人系郑旭合，涉案房产登记在其名下，执行法院临汾中院可以执行该房产。在该案的执行过程中，案外人赵永明向临汾中院提出对涉案房屋享有 20 年租赁权，且 20 年租金已一次性支付给房产所有权人郑旭合的异议。案外人于案件执行过程中对涉案房产主张租赁权，本质是阻却房产的交付，属案外人针对执行标的提出的异议，执行法院应对此进行立案审查，并作出裁定；当事人如对审查结果不服可提起案外人异议之诉，通过异议之诉程序解决涉案房产租赁权相关争议。临汾中院未针对赵永明提出的 20 年“以债抵租”合同作为案外人异议立案审查，而直接认定租赁关系成立并可对抗抵押权，属程序违法，应予纠正。同时，执行法院由此拟“带租拍卖”的行为亦会对涉案房产的评估拍卖价格产生较大影响，不利于李建俊、赵文萍债权的顺利实现。故，李建俊、赵文萍主张执行法院应对赵永明提出的 20 年

租赁合同问题，作为案外人异议，适用《民事诉讼法》第二百二十七条[①]的规定进行审查的申诉理由成立，应予支持。

——中国裁判文书网。

474. 人民法院对房屋承租人就执行腾退房屋提出的执行异议应如何认定和处理

关键词

承租人　腾退房屋　执行异议

附录：民事审判信箱

问：人民法院对房屋承租人就执行腾退房屋提出的执行异议应如何认定和处理？

答：针对房屋承租人在执行程序中提出的异议，人民法院应区分不同情况分别予以处理。（1）执行依据确定被执行人应当为以不动产交易为目的的申请执行人办理过户手续。根据"买卖不破租赁"的原则，执行依据对转移租赁物房屋所有权的认定和处理并不影响租赁权，执行机构作出执行裁定的效力不及于实现房屋占有转移，如执行机构进行不动产腾退，承租人据此提出的异议当属对执行行为的异议，应适用民事诉讼法第二百二十五条[②]的规定进行审查。（2）执行机构裁定拍卖被执行人房屋实现金钱债权。除非拍卖变卖公告明确说明房屋附着租赁，否则第三人买受房屋时对拍卖变卖公告载明的房屋权属等情况有理由产生合理信赖，拍卖成交裁定的效力及于房屋所有权转移和占有转移，案外人根据"买卖不破租赁""抵押不破租赁"等理由主张其享有足以对抗执行变价交付执行标的权利属于实体权利判断范畴，应属于执行异议之诉受理范围。（3）执行机构裁定以物抵债实现金钱债权。此类执行中，申请执行人原本不以取得房屋所有权为目的，不了解抵债房屋租赁状况，因债务人账户无财产执行，同意以物抵债并经执行法院认可，除非申请执行人明知房屋存在租赁，以物抵债裁定的效力范围应当包括所有权转移和占有转移，承租人提出的异议亦属于执行异议之诉受理范围。

——本书研究组：《人民法院对房屋承租人就执行腾退房屋提出的执行异议应如何认定和处理》，载最高人民法院民事审判第一庭编：《民事审判指导与参考》2020 年第 1 辑（总第 81 辑），人民法院出版社 2021 年版，第

---

① 现为《民事诉讼法》（2021 年修正）第二百三十四条。

② 现为《民事诉讼法》（2021 年修正）第二百三十二条。

219 页。

475. 案外人以享有租赁权为由排除案涉房屋的强制交付的，法院应适用案外人异议程序进行审查

关键词

租赁　案外人执行异议

最高人民法院裁判文书

何健与云南泽珲房地产有限公司、朱文东民间借贷纠纷执行监督案［最高人民法院（2018）最高法执监 434 号执行裁定书］

裁判要旨：案外人以享有租赁权为由排除案涉房屋的强制交付的，因租赁关系存在争议，执行法院不得直接带租拍卖，而应适用《民事诉讼法》第二百二十七条[①]**规定的案外人异议程序进行审查，相关当事人如对该裁定不服的，应通过执行异议之诉解决。**

最高人民法院经审查认为：本案的争议焦点为三名案外人与泽珲公司之间的租赁关系能否排除执行法院对案涉房屋的强制执行。

人民法院对执行标的物进行司法拍卖，系通过司法行为对执行标的物强制变价并用所得价款清偿被执行人所欠债务，其既包括对执行标的物权属的强制转让，也包括对执行标的物的强制交付。依据相关法律规定，案外人对执行标的主张所有权或者有其他足以阻止执行标的转让、交付的实体权利的，可以向执行法院提出案外人异议。在本案执行过程中，重庆一中院在案涉房屋张贴公告，限期要求房屋使用人向该院书面申报房屋租赁或其他使用情况，逾期未申报的，该院将在公开拍卖后予以强制交付。三名案外人在期限内向法院提交租赁协议，实质上是主张以租赁关系排除人民法院在租赁期内对案涉房屋的强制交付。鉴于本案申请执行人和三名案外人就是否存在租赁关系存在重大争议，执行法院宜将三名案外人的主张纳入案外人异议程序立案审查，并作出裁定，相关当事人如对裁定不服的，应通过执行异议之诉解决。本案中，在是否存在租赁关系有重大事实争议的情况下，重庆一中院未将三名案外人所提异议进行立案审查，直接作出带租拍卖裁定，并通过执行异议、复议程序解决租赁关系能否排除执行问题，适用程序错误。虽然申诉人何健

---

① 现为《民事诉讼法》（2021 年修正）第二百三十四条。

未将程序错误列为申诉事由，但对重要程序问题，本院可以依职权予以纠正。另外，尽管重庆一中院已经将本案指定重庆市璧山区人民法院执行，但依据《最高人民法院关于人民法院办理执行异议和复议案件若干问题的规定》的相关规定，本案仍应发回重庆一中院重新审查。

——中国裁判文书网。

476. 案外人提起执行异议之诉和另行起诉的关系

关键词

案外人　执行异议之诉　另行起诉

附录：最高人民法院法官著述

问：《民事诉讼法》第二百二十七条[①]规定："执行过程中，案外人对执行标的提出书面异议的，人民法院应当自收到书面异议之日起十五日内审查，理由成立的，裁定中止对该标的的执行；理由不成立的，裁定驳回。案外人、当事人对裁定不服，认为原判决、裁定错误的，依照审判监督程序办理；与原判决、裁定无关的，可以自裁定送达之日起十五日内向人民法院提起诉讼。"在执行程序中，案外人以被执行人为被告就执行标的物另行提起确权之诉，人民法院是否应当不予受理并告知案外人根据该条规定主张权利？

答：不应当，这种做法限制了当事人的诉权。当事人在另行起诉和执行异议之诉中有选择权，即便在执行程序中，案外人也可以不提出排除对执行标的的执行的诉讼请求，而仅就执行标的的确权或者给付进行起诉，这是案外人的权利。这种情况属于案外人另行提起了新的普通诉讼，而非执行异议之诉。如果其诉讼请求得到支持，可再以该案中的生效法律文书为证据，向原执行法院提起执行异议或者申请执行回转。但这种方法不利于案外人权益保护，人民法院在审查案外人另行提起的新诉时应予适当释明。

案外人在提起执行异议之诉后，一审判决作出前，又向执行法院就相同执行标的提起确权之诉的，应当合并审理。案外人在提起执行异议之诉且同时对执行标的提起确权之诉后，又就相同执行标的向其他法院提起确权之诉的，受理确权之诉的人民法院应当将案件移送执行法院一并审理，执行异议之诉已经作出裁判的，则应当驳回起诉。案外人在提出排除对执行标的的执行的诉讼请求的同时，又提出对执行标的进行确权的诉讼请求的，人民法院作出裁判后，案外人就不能再对执行标的的确权另行起诉。

---

① 现为《民事诉讼法》（2021 年修正）第二百三十四条。

——最高人民法院民事审判第一庭编著：《民事审判实务问答》，法律出版社 2021 年版，第 403~404 页。

477. 案外人排除强制执行的权利不能由第三人承继

关键词

排除强制执行　案外人　第三人　权利承继

最高人民法院裁判文书

闫文华与中国华融资产管理股份有限公司重庆市分公司、重庆盛景生态旅游开发股份有限公司申请执行人执行异议之诉案［最高人民法院（2020）最高法民申 3442 号民事裁定书］

裁判要旨：在未办理权属登记的情况下，因其公示性的缺失，法律对物权人处分不动产的效力进行了减损性的规定。举重以明轻，尚未完成法律规定要件而成为物权的买受人的合同权利在进行处分的过程中，也必然无法将其具有类物权属性的效力传递给次买受人。

最高人民法院经审查认为：案外人执行异议之诉审理的基本理念，本质上是通过对案外人和申请执行人权利的比对，判断哪一方的权利在强制执行程序中更应受到保护。也就是说，对案外人是否享有足以排除强制执行的民事权益的评判，是建立在相对性原则之上的，在该案中对案外人的权益是否达到了足以排除强制执行的程度的认定，并非对于处于此评判框架之外的其他第三人均具有普遍适用的效力，更不能推断得出在效力上可以承继的结论。因此，在审理执行异议之诉时，应当严格以个案事实为基础，对基于不同法律行为而形成的案外人的权益与强制执行债权进行比对分析。本案中，案涉房屋系盛景公司用于抵偿对王良玉所负债务，闫文华是从王良玉处购买该房屋。因此，王良玉对案涉房屋所享有的权益是否能够排除华融重庆分公司的强制执行，并不能够适用于对于闫文华的权益与华融重庆分公司强制执行之间的评判。

而且，根据《物权法》第三十一条[①]规定的精神，即使源于非基于法律行为而取得物权的人，在办理登记前处分该不动产的行为，也不发生物权效力。可见，在未办理权属登记的情况下，因其公示性的缺失，法律对物权人处分

① 对应《民法典》第二百三十一条。

不动产的效力进行了减损性的规定。举重以明轻，尚未完成法律规定要件而成为物权的买受人的合同权利在进行处分的过程中，也必然无法将其具有类物权属性的效力传递给次买受人。何况在闫文华在受让案涉房屋时，该房屋上的权利状态与王良玉接收该房屋时并不相同。因此，王良玉对案涉房屋享有的权益是否能够排除华融重庆分公司的强制执行，对于闫文华的权益是否能够排除华融重庆分公司的强制执行，并不具有可参考性。

——中国裁判文书网。

478. 被执行人捏造事实，冒用他人名义制造系列虚假诉讼案件的，应当从重处罚

关键词

冒用他人名义　执行异议　虚假诉讼

最高人民法院公布的典型案例

裁判要旨：被执行人单方冒用他人名义提出虚假执行异议申请的行为，属于虚假诉讼行为，应当依法予以制裁。当事人制造系列虚假诉讼案件逃避执行的，社会影响更为恶劣，应当依法从重处罚。

基本案情

2019 年，被执行人甲公司为阻却人民法院对其名下房产的强制执行，冒用自然人艾某某等 63 人身份，以案外购房人名义，向某高级人民法院提出执行异议，致使该院作出部分错误执行异议裁定和执行异议之诉判决。后在关联的执行异议之诉案件审理中，该虚假诉讼行为被人民法院查实。

处理结果

人民法院依法裁定准许对甲公司名下相应房屋继续执行；两级法院对甲公司处以每案 100 万元、共计 6300 万元罚款，相关犯罪线索和有关材料移送侦查机关。

案例分析

甲公司为阻却人民法院强制执行其名下房产，向人民法院提供虚假证据材料，虚构购房事实，冒用艾某某等 63 人名义提出执行异议，案涉房屋相关执行异议均为虚假。《最高人民法院关于人民法院办理执行异议和复议案件若干问题的规定》第二十八条、第二十九条规定的排除执行的条件在本案中并不具备，人民法院在查明案件事实的基础上，应当判决继续执行，并依法对

虚假诉讼行为人进行处罚。

典型意义

在执行异议之诉中，被执行人冒用他人名义提出虚假的执行异议申请，进而引发申请执行人执行异议之诉。因案外人名义系虚假冒用，并无真实执行异议人，故不存在被执行人与执行异议人恶意串通的可能。被执行人单方冒用他人名义提出虚假执行异议申请的行为，属于虚假诉讼行为。在一审法院依据被冒名案外人提出的虚假执行异议申请，先后作出支持其虚假执行异议的错误裁判后，二审法院在查明案件确属被执行人提起的虚假诉讼的情况下，可以进行实质性处理，直接判决支持申请执行人继续执行的诉讼请求。

当事人参加民事诉讼应当严格遵守《中华人民共和国民事诉讼法》第十三条第一款规定的诚实信用原则，向人民法院提交真实的证据，并如实陈述案件事实。但是，甲公司向人民法院提供虚假授权委托书、虚假房屋买卖合同、虚假付款付费单据，并虚构案件事实，冒用案外人名义提起虚假的执行异议，进行虚假诉讼，试图侵害他人合法权益，破坏了社会诚信，扰乱了正常司法秩序，应当依法予以制裁。当事人制造系列虚假诉讼案件逃避执行的，社会影响更为恶劣，应当依法从重处罚。

——《人民法院整治虚假诉讼典型案例》，载《人民法院报》2021年11月10日。

479. 为逃避执行，依据虚假离婚协议向人民法院提出执行异议的，构成虚假诉讼

关键词

逃避执行　虚假离婚协议　执行异议　虚假诉讼

最高人民法院公布的典型案例

裁判要旨：在被执行人与案外人具有亲属关系、关联关系等利害关系时，人民法院更要高度警觉是否存在虚假诉讼的可能性，依法加大依职权调取证据力度。为逃避执行，依据虚假离婚协议向人民法院提出执行异议的，构成虚假诉讼。

基本案情

某区人民法院在执行申请执行人李某某与被执行人冯某某等民间借贷纠纷一案中，异议人高某某提出书面异议，请求排除对冯某某名下房屋的强制

执行，并提供了虚假的离婚协议书。该离婚协议书关于财产分割的约定与双方在某区民政局婚姻登记处存档的离婚协议书约定不一致。

处理结果

人民法院依法裁定驳回案外人高某某提出的执行异议，对高某某处以罚款。

案例分析

本案中，高某某与被执行人冯某某原系夫妻关系，在冯某某与李某某民间借贷纠纷一案审理期间，协议离婚。民间借贷纠纷案判决生效并进入执行程序后，为转移财产逃避执行，高某某又提出执行异议，在异议审查过程中向人民法院提供虚假的离婚协议书，请求排除对冯某某名下房屋的强制执行。高某某采取伪造证据、虚假陈述等手段，在民事执行程序中对执行标的提出异议，妨害正常民事诉讼秩序，属于虚假诉讼行为，故人民法院依法对高某某进行处罚。

典型意义

执行异议和执行异议之诉是当前虚假诉讼增长较快的领域，在被执行人与案外人具有亲属关系、关联关系等利害关系时，人民法院更要高度警觉是否存在虚假诉讼的可能性，依法加大依职权调取证据力度，结合当事人关系、案件事实、执行依据取得过程等多方面情况审查判断是否存在虚假诉讼情形。本案中，高某某故意提供虚假的离婚协议书，虚构案件事实，意图排除对其原配偶冯某某名下房屋的强制执行，侵害他人合法权益。执行法院在审查高某某提出的执行异议时，并未轻信当事人提交的证据，而是向有关国家机关调取其保存的资料，最终认定高某某存在提供虚假证据、滥用执行异议权利的行为，对其进行司法处罚，维护了申请执行人的合法权益，同时对不讲诚信、铤而走险进行虚假诉讼的当事人起到了有力的震慑作用，达到了办理一案教育一片的良好效果。

——《人民法院整治虚假诉讼典型案例》，载《人民法院报》2021 年 11 月 10 日。

480.《民事诉讼法司法解释》第三百零三条第一款第二项规定的“诉讼请求与原判决、裁定无关”应当限缩解释为“诉讼请求与原判决、裁定是否正确无关”

关键词

案外人执行异议

最高人民法院裁判文书

梁静与范九洲案外人执行异议纠纷案［最高人民法院（2018）最高法民再259号民事判决书］

裁判要旨：执行异议之诉的目的在于判断案外人是否对执行标的享有足以排除强制执行的民事权益。对于《最高人民法院关于适用〈中华人民共和国民事诉讼法〉的解释》（以下简称《民事诉讼法司法解释》）第三百零五条[①]第一款第二项规定的“诉讼请求与原判决、裁定无关”，结合本案事实，应当限缩解释为“诉讼请求与原判决、裁定是否正确无关”。本案中，梁静通过受让获得涉案房屋产权并取得产权证书，其是否善意取得，是否有权排除法院对案涉房屋的强制执行，应当通过执行异议之诉的审理依法确定。梁静在程序上享有诉权，其提起本案诉讼符合执行异议之诉的受理条件，受诉法院应予受理并依法审理作出裁判。

最高人民法院认为：本案再审需要解决的问题是，梁静所提起的执行异议之诉是否具备法定受理条件，应否予以受理。《最高人民法院关于适用〈中华人民共和国民事诉讼法〉的解释》第三百零五条第一款规定：“案外人提起执行异议之诉，除符合民事诉讼法第一百一十九条[②]规定外，还应当具备下列条件：（一）案外人的执行异议申请已经被人民法院裁定驳回；（二）有明确的排除对执行标的执行的诉讼请求，且诉讼请求与原判决、裁定无关；（三）自执行异议裁定送达之日起十五日内提起。”在本案中，梁静的起诉符合民事诉讼法第一百一十九条规定，亦具备上述司法解释第三百零五条第一款第一、三项所列条件，需要考虑的只是其起诉是否符合第二项条件。具体而言，就是梁静的起诉是否符合“有明确的排除对执行标的执行的诉讼请求，且诉讼请求与原判决、裁定无关”的条件。

本案梁静提起案外人执行异议之诉，所指向的执行依据即原判决是最高人民法院（2005）民二终字第64号民事判决及甘肃省高级人民法院（2004）甘民二初字第29号民事判决。梁静提交的证据材料显示，在原判决作出后

① 现为《最高人民法院关于适用〈中华人民共和国民事诉讼法〉的解释》（2022年修正）第三百零三条，内容修改为案外人提起执行异议之诉，除符合民事诉讼法第一百二十二条规定外，还应当具备下列条件：（一）案外人的执行异议申请已经被人民法院裁定驳回；（二）有明确的排除对执行标的执行的诉讼请求，且诉讼请求与原判决、裁定无关；（三）自执行异议裁定送达之日起十五日内提起。人民法院应当在收到起诉状之日起十五日内决定是否立案。

② 现为《民事诉讼法》（2021年修正）第一百二十二条。

的 2010 年，梁静从房屋登记名义所有人李小军处受让案涉房屋，并办理了所有权转移登记。梁静主张其在原判决作出后善意取得案涉房屋所有权，故应排除对案涉房屋的执行。梁静提出排除对案涉房屋执行的诉讼请求所依据的事实，与原判决查明认定的事实无关；且梁静并未主张原判决存在错误，其起诉目的并非推翻原判决，梁静所主张的善意取得能否成立，亦与原判决是否正确无关。因此，梁静的起诉符合"有明确的排除对执行标的执行的诉讼请求，且诉讼请求与原判决、裁定无关"的条件。从另一个角度考察，梁静受让案涉房屋系在原判决生效之后。不能根据在判决生效之后发生的新事实，对案件提起再审。且梁静并未主张原判决存在错误，故本案原审裁定指引梁静通过案外人申请再审程序解决诉求，亦有不当。

——中国裁判文书网。

481. 在抵押权强制执行中，案外人以其在抵押登记之前购买了抵押房产为由提起执行异议之诉，但不否认抵押权人对抵押房产的优先受偿权的，人民法院应予受理

关键词

案外人执行异议　抵押权

最高人民法院指导性案例

中国建设银行股份有限公司怀化市分行诉中国华融资产管理股份有限公司湖南省分公司等案外人执行异议之诉案（最高人民法院指导案例 155 号）

裁判要点：在抵押权强制执行中，案外人以其在抵押登记之前购买了抵押房产，享有优先于抵押权的权利为由提起执行异议之诉，主张依据《最高人民法院关于人民法院办理执行异议和复议案件若干问题的规定》排除强制执行，但不否认抵押权人对抵押房产的优先受偿权的，属于民事诉讼法第二百二十七条[①] 规定的"与原判决、裁定无关"的情形，人民法院应予依法受理。

法院生效裁判认为：民事诉讼法第二百二十七条规定："执行过程中，案外人对执行标的提出书面异议的，人民法院应当自收到书面异议之日起十五日内审查，理由成立的，裁定中止对该标的的执行；理由不成立的，裁定驳

① 现为《民事诉讼法》(2021 年修正）第二百三十四条。

回。案外人、当事人对裁定不服，认为原判决、裁定错误的，依照审判监督程序办理；与原判决、裁定无关的，可以自裁定送达之日起十五日内向人民法院提起诉讼。"《最高人民法院关于适用〈中华人民共和国民事诉讼法〉的解释》（以下简称《民事诉讼法解释》）第三百零五条①进一步规定："案外人提起执行异议之诉，除符合民事诉讼法第一百一十九条②规定外，还应当具备下列条件：（一）案外人的执行异议申请已经被人民法院裁定驳回；（二）有明确的排除对执行标的执行的诉讼请求，且诉讼请求与原判决、裁定无关；（三）自执行异议裁定送达之日起十五日内提起。人民法院应当在收到起诉状之日起十五日内决定是否立案。"可见，《民事诉讼法解释》第三百零五条明确，案外人提起执行异议之诉，应当符合"诉讼请求与原判决、裁定无关"这一条件。因此，民事诉讼法第二百二十七条规定的"与原判决、裁定无关"应为"诉讼请求"与原判决、裁定无关。

华融湖南分公司申请强制执行所依据的原判决即第32号判决的主文内容是判决英泰公司向华融湖南分公司偿还债务9800万元及重组收益、违约金和律师代理费，华融湖南分公司有权以案涉房产作为抵押物折价或者以拍卖、变卖该抵押物所得价款优先受偿。本案中，建行怀化分行一审诉讼请求是排除对案涉房产的强制执行，确认华融湖南分公司对案涉房产的优先受偿权不得对抗建行怀化分行，起诉理由是其签订购房合同、支付购房款及占有案涉房产在办理抵押之前，进而主张排除对案涉房产的强制执行。建行怀化分行在本案中并未否定华融湖南分公司对案涉房产享有的抵押权，也未请求纠正第32号判决，实际上其诉请解决的是基于房屋买卖对案涉房产享有的权益与华融湖南分公司对案涉房产所享有的抵押权之间的权利顺位问题，这属于"与原判决、裁定无关"的情形，是执行异议之诉案件审理的内容，应予立案审理。

——《最高人民法院关于发布第27批指导性案例的通知》（2021年2月19日，法〔2021〕55号）。

说明

指导案例155号中国建设银行股份有限公司怀化市分行诉中国华融资产管理股份有限公司湖南省分公司等案外人执行异议之诉案，明确了在抵押权强制执行过程中，案外人以其在抵押登记之前购买了抵押房产，享有优先于抵押权的权利为由提起案外人执行异议之诉，请求排除强制执行，但不否认

① 现为《最高人民法院关于适用〈中华人民共和国民事诉讼法〉的解释》（2022年修正）第三百零三条。

② 现为《民事诉讼法》（2021年修正）第一百二十二条。

抵押权人对抵押房产的优先受偿权的，属于房屋买卖对案涉房产享有的权益与对案涉房产所享有的抵押权之间的权利顺位问题，此情形下应当按照案外人执行异议之诉处理，而非按照审判监督程序审理。该案例对于依法处理类似案件具有指导意义。

482. 执行异议之诉中虚假诉讼的认定与裁量

关键词

执行异议　虚假诉讼

最高人民法院裁判文书

苏华建设集团有限公司与黑龙江鸿基米兰房地产开发有限公司、艾海峰申请执行人执行异议之诉上诉案［最高人民法院（2020）最高法民终 1026 号民事判决书］

裁判要旨：当事人进行民事诉讼应当严格遵守《民事诉讼法》第十三条第一款规定的诚实信用基本原则，保证所提供的证据和所提出的事实主张的真实性。在执行异议之诉中，当事人提供虚假证据、提出虚假事实主张，进行虚假诉讼以排除法院对执行标的强制执行的，人民法院不予支持。对于虚假诉讼行为，人民法院应当依照民事诉讼法的规定作出处罚决定，同时依法将涉嫌犯罪的线索移送刑事侦查机关查处。

最高人民法院二审审理认为：本案为申请执行人执行异议之诉，争议焦点是对案涉房屋应否继续采取财产保全查封措施。鸿基米兰开发公司冒用艾海峰等 17 人名义向一审法院提供授权委托书提出执行异议，并提交虚假的房屋买卖合同、房款收据和物业管理费收据，主张房屋已经销售和入住的虚假事实，以便阻却执行。因异议人购买房屋、对案涉房屋提出相关执行异议等基本事实均为虚假，《最高人民法院关于人民法院办理执行异议和复议案件若干问题的规定》第二十八条、第二十九条规定的排除执行的条件在本案中并不具备。苏华建设公司请求准许继续查封案涉房屋的诉讼请求具有事实和法律依据，应予支持。《民事诉讼法》第十三条第一款明确将诚实信用作定为民事诉讼的基本原则，当事人进行民事诉讼应当严格遵守，保证所提供的证据和所提出的事实主张的真实性。但是，鸿基米兰开发公司向人民法院提供虚假授权委托书、虚假房屋买卖合同、虚假付款付费单据，并提出虚假执行异议主张，进行虚假诉讼，试图侵害他人合法权益，破坏了社会诚信，扰乱了正常诉讼秩序，应当依法予以制裁。对此，最高人民法院将依照《民事诉讼法》的有关规定对鸿基米兰开发公司的虚假诉讼行为另行作出处罚决定，同时依法将本案有关涉嫌犯罪的线索移送刑事侦查机关查处。

——第二巡回法庭微信公众号。

483. 如何处理分配程序中的异议和分配方案异议之诉

关键词

分配程序　分配方案异议之诉

附录：《人民司法》信箱

问：最高人民法院《关于适用民事诉讼法执行程序若干问题的解释》第26条[①]创立了分配方案异议和分配方案异议之诉。请问，分配方案异议和执行行为异议有什么区别？审判机构和执行机构在处理分配方案异议以及审理分配方案异议之诉时如何划分职权？

答：分配程序中的异议有程序异议和实体异议之分。程序异议是指债权人或者债务人认为执行法院在分配程序中存在违法或者不当，向执行法院请求救济的情形。例如，认为执行法院不应当适用参与分配程序而适用，债权人的债权应当列入分配方案而没有列入等程序违法情形。此类异议，异议人应当依据《民事诉讼法》第二百二十五条[②]的规定提出执行行为异议，由执行法院进行审查并作出裁定。对执行法院的裁定不服的，可以请求上一级人民法院复议。实体异议是指债权人或者债务人对于分配方案所载各个债权人债权的真实性存有疑议，或者对应当分配的债权数额、分配顺位不同意，而向执行法院声明的情形。对于实体异议，执行法院不作审查，而是通知有利害关系的其他债权人、债务人。如果相关债权人或者债务人反对异议，则由异议人以反对异议的债权人或者债务人为被告直接向执行法院提起分配方案异议之诉。

需要注意的是，该类诉讼只能审查债权人之间的实体争议，对于法院的执行行为是否合法，例如是否应该适用参与分配程序等公权力职责范围内的事项，不能进行审查。至于该类诉讼的判决主文如何表述，考虑到审执分立

---

① 现为《最高人民法院关于适用民事诉讼法执行程序若干问题的解释》（2020年修正）第18条。

② 现为《民事诉讼法》（2021年修正）第二百三十二条。

已经被确立为我国执行权配置的原则，该类判决应当遵守这一原则。同时，执行机构熟悉全部债权情况，且很可能还有后续的债权加入，审判机构不宜直接通过判决修正分配方案。因此，如果原告的诉求成立，判决主文宜包括两项内容：（一）确认原告的债权数额和分配顺位，或者确认某项债权不存在或者实体上丧失分配资格（根据诉讼请求不同而不同）；（二）责成执行机构重新制作分配方案。

——《人民司法·应用》2013 年第 9 期。

484. 被执行人为企业法人时债权人提起执行分配方案异议之诉主体资格的认定

关键词

企业法人　执行分配方案　执行异议

最高人民法院裁判文书

重庆中集物流有限公司与重庆三峡担保集团股份有限公司、重庆进出口信用担保有限公司等执行分配方案异议之诉纠纷案［最高人民法院（2018）最高法民申 1180 号民事裁定书］

裁判要旨：《最高人民法院关于适用〈中华人民共和国民事诉讼法〉的解释》第 513 条[①]未限制被执行人为企业法人时，申请执行人提起执行分配方案异议之诉的诉权。当被执行人为企业法人时，对于执行法院作出的执行分配方案，债权人有异议的，可以提起执行分配方案异议之诉。

最高人民法院经审判委员会讨论，一致意见认为，《最高人民法院关于适用〈中华人民共和国民事诉讼法〉的解释》第 513 条并未限制被执行人为企业法人时，申请执行人提起执行分配方案异议之诉的诉权。对于执行法院作出的执行分配方案，债权人有异议时，应当赋予其提起异议之诉的权利，以维护其合法权益。二审法院应当就中集物流公司的上诉请求依法进行审理。

——中国裁判文书网。

---

① 现为《最高人民法院关于适用〈中华人民共和国民事诉讼法〉的解释》（2022 年修正）第 511 条。

附录：本案解析

为解决“执转破”的难题，最高人民法院早在2012年修改《民事诉讼法》时就曾提出过建立“移送破产 制度的建议。在《民事诉讼法司法解释》的起草过程中，最高人民法院最初也设计了两种方案，一种是建立直接移送破产制度，另一种是通过限制参与人分配程序对于企业法人的适用，“倒逼”申请查封后的债权人申请破产。由于建立直接移送破产制度与《企业破产法》的规定不一致，是否妥当仍需进一步研究，此，司法解释最终选择了在《企业破产法》的框架内进行制度设计的方案。概言之，《民事诉讼法司法解释》按被执行人主体身份进行区别处理的目的在于，当被执行人是资不抵债的企业法人时，引导债权人启动破产申请程序，最大限度地实现“执转破”。

债权人对企业法人财产分配方案享有司法救济权。《民事诉讼法司法解释》规定了执行法院在征得当事人同意基础上的移送破产制度，以符合《企业破产法》关于破产程序启动方式的规定。但在实践中，当事人不同意移送破产的情况客观存在。为此，《民事诉讼法司法解释》第516条[①]规定了企业法人无法进入破产程序时的债权受偿顺序，从而排除了参与分配制度对企业法人的适用，以实现“倒逼”债权人申请破产的目的。

需要指出的是，《民事诉讼法司法解释》第516条虽未赋予债权人申请参与分配的权利，但并不代表执行法院无须制作财产分配方案。恰恰相反，当企业法人出现多个债权人时，由于企业法人债权受偿顺序的确定相较于自然人或其他组织更为复杂，故执行法院常需制作更为精细的财产分配方案。执行法院在制作财产分配方案时，不能排除犯错的可能性。而错误的财产分配方案会侵犯相关债权人的合法权利，因此，允许债权人以诉讼方式救济其权利，符合“有权利即有救济”的一般法理。

——杨兴业：《重庆中集物流有限公司与重庆三峡担保集团股份有限公司、重庆进出口信用担保有限公司等执行分配方案异议之诉纠纷案——被执行人为企业法人时债权人提起执行分配方案异议之诉主体资格的认定》，载中国应用法学研究所主编：《中华人民共和国最高人民法院案例选》（第二辑），法律出版社2020年版，第58~61页。

① 现为《最高人民法院关于适用〈中华人民共和国民事诉讼法〉的解释》（2022年修正）第五百一十四条。

485. 执行异议书面审查中法官行使调查权应当客观公正

关键词

书面审查　法官调查权

附录：最高人民法院主流观点

书面审理必然引发法官的自主调查权。法官的自主调查权在客观上会产生支持其中一方当事人的结果，还会进一步诱发主观上为支持一方当事人而对某些问题进行调查或不调查的更为恶劣的问题。如果承认法官的根本使命是解决纠纷而不是可以主动打抱不平的侠客，那么这种至少在客观上容易导致支持一方当事人而与另一方当事人形成对立的调查权就不应该存在。但是，书面审理方式排斥当事人调查取证的责任。在不举行听证审理的情况下当事人向法官提交的证据未经对方当面口头质证，没有足够的可靠性，法官很难依赖当事人提交的证据裁断案件，只能自己进行调查。此时，更要求法官居中调查和裁判的公正性。法官必须尽到司法公正的注意力，不得以偏私左右为良知，书面审理中我们特别强调法官不得与任何一方当事人私下接触，一经发现必须更换，因为完全倚重诉讼资料的同时，缺乏庭审程序中必要的监督，在法官通过两方当事人递交的书面材料中所协议提出的诉求，结合法律与论证形成心证的过程，除了法官素质差异以外，对任何一方的偏私都将使书面审理罩上导致非公正的影子，但这并不是否决法官在审前不能与双方当事人一起进行接触。书面审查的案件，法官在审查报告中应当全面归纳各方当事人的书面意见，对于缺少一方当事人书面答辩意见的案件，应当通知当事人补全。对可能不予支持的一方当事人提交的意见及证据，应当充分说明驳回的理由和依据。

——江必新、刘贵祥主编、最高人民法院执行局编著：《最高人民法院办理执行异议和复议案件若干问题规定理解与适用》，人民法院出版社 2015 年版，第 170 页。

486. 关于到期债权执行中第三人超过法定期限提出异议的处理

关键词

到期债权　第三人　法定期限　执行异议

最高人民法院答复

辽宁省高级人民法院：

你院《关于开原市农村信用社、开原市农村信用合作社联合社申请执行辽宁华银实业开发总公司一案的疑请报告》收悉。经研究，答复如下：

一、本案执行法院在向第三人送达履行到期债务通知书的同时，即裁定将第三人列为被执行人，并查封其财产，在程序上是错误的，应予纠正。

二、第三人在收到履行到期债务通知书后，未在法定期限内提出异议，并不发生承认债务存在的实体法效力。第三人在法院开始强制执行后仍有异议的，应当得到司法救济。

三、考虑到目前我国尚无第三人异议之诉的法律制度，为公平保护各方当事人的合法权益，根据本案中已经责令双方兑账及当事人提出审计要求的实际情况，可在执行程序中通过对被执行人与第三人双方的全部往来账目进行逐笔核对，或者委托有关单位进行审计并经三方共同认可，最终审核确认后，决定是否继续执行。鉴于该案各方反映强烈，审核确认宜由你院组织进行。

四、参照最高人民法院《关于人民法院执行工作若干问题的规定（试行）》第六十四条[①]第二款的规定，审核确认应以被执行人与第三人均认可的法律关系和一致记载的账目为准。经核对确认，如双方账目记载一致的部分说明不欠款，则应撤销对第三人的执行程序；如说明欠款，则可以在执行标的额范围内，予以执行。对于第三人与被执行人之间的法律关系，可按第三人占有被执行人所投入的本金应予返还的原则把握。

——《最高人民法院执行工作办公室关于第三人收到履行到期债务通知书后未在法定期限内提出异议并不发生承认债务存在的实体法效力问题的复函》（2006 年 3 月 13 日，〔2005〕执他字第 19 号），载江必新主编：《人民法院执行工作规范全集》，人民法院出版社 2017 年版，第 601~602 页。

附录：理解与适用

1. 关于追加主体及查封裁定

铁岭中院于 2001 年 9 月 22 日在送达到期债务履行通知书的同时，送达另一份裁定书，直接将第三人金鼎公司列为被执行人，并实际查封其财产，在程序上是错误的，应予撤销。在裁定中称“责令被执行人于 2001 年 10 月 8 日前履行义务，但被执行人至今没有履行”，确实是相当不严肃的行为。今

① 现为《最高人民法院关于人民法院执行工作若干问题的规定（试行）》（2020 年修正）第四十八条。

后应吸取教训。但该裁定不应对第三人在法定期限内提出异议产生实质影响。在对第三人强制执行的法定要件具备后，依该裁定而采取的执行措施可以视为到期债权执行程序的一部分。但此前如因该裁定给第三人造成损害，第三人有权依法主张赔偿。

2. 关于第三人过期提出异议的处理

执行到期债权过程中，第三人过期后提出异议的情况现行法律和司法解释没有明确规定。但有一点在理论上是明确的，即到期债权执行程序只是一种基于程序上的便利设置的程序（基于程序上的推定），没有及时提出异议并没有确定实体权利义务关系上的既判力。因此，完整的到期债权执行程序应当有必要的诉讼程序予以配合，以确定到期债权是否确实存在。结合本案，应当说"认定书"并没有不容置疑的法律效力，虽然可以作为到期债权执行程序开始的基础，但并没有确定债权债务关系的最终效力，本身并非执行依据。一旦有争议，必须有相应的证据支持，也可以由相反的证据予以推翻。遇到争议的情况，执行法院应当提供相应的救济渠道。

这种救济程序可以有几种途径：一是申请执行人提起代位诉讼；二是第三人提起异议之诉，或者普通诉讼程序；三是在执行程序中直接予以审查确定。

第一种代位诉讼制度，我们是设计在第三人在法定期限内提出异议的情况下采用，而本案是过期提出异议，故难以采用。

第二种途径我国台湾地区"强制执行法"采用。对此问题，台湾地区"强制执行法"第119条的处理办法是：第三人在法定期限内未声明异议，亦未依执行法院命令履行的，执行法院可以根据债权人的声请，对该第三人为强制执行。但第三人可以对执行提起异议之诉。我们起草的"执行法草案"中也曾经设计这样的条文：因第三人在法定期限内未作声明或报告、未提出异议、未否认债权，而导致执行法院对债权作变价执行的，第三人仍可另行起诉否定该债权的存在。债权经裁判否定后，第三债务人向被执行人或者申请执行人追偿。台湾地区学者认为，第三人虽未于接受执行法院命令后10日内向执行法院声明异议，并不发生承认债务人之权利存在之效力，仍得于债权人声请向其为强制执行后，依据该项事由，提起第三人异议之诉，以求救济。第三人请求为正当时，应撤销执行程序，并排除扣押命令及处分命令之效力。[①]

考虑到目前我们没有这种复杂的诉讼程序作为保障，故第二种途径不宜采用。

鉴于执行到期债权程序在效能上比较差，实践中确实需要一定的创新，

---

① 杨与龄：《强制执行法论》，中国政法大学出版社2002年版，第534页。

为公平保护各方当事人的合法权益，对于第三人超过法定期限提出的异议，可根据案件实际情况，在执行程序中通过审查确认作出一定处理。但这种审查确认又不能等同于审判，应当考虑采取既能解决问题又不违背执行机构职能的方式进行。

本案中在第三人过期提出异议情况下，执行法院慎重处理，责成有关当事人兑账，应当说具有一定的创新性，也是一种比较可行的办法。执行法院责令双方兑账已经使该异议的处理具有一定的基础，第三人也曾向法院提出进行审计的要求，故通过继续彻底审查，对账目逐笔核对的方式处理，是比较合理的。如经过审核，能够认定确实欠款，则可以在执行标的额范围内，予以执行；如确认事实上不存在欠款关系，则应撤销对第三人的执行程序，对已执行的款项执行回转。

当然，通过执行程序审核确认并不能排斥诉讼途径。此案情况下，被执行人不愿提起诉讼，也不能强令申请执行人提起代位诉讼，而第三人提起异议之诉又缺乏法律依据。但任何一方当事人如果能够提起诉讼，则可以免除执行程序的审核。而且如果在执行中最终不能作出认定，则也只能通过另行诉讼或者其他适当途径解决。

3. 审核确认中应注意的问题

鉴于存在执行中不能行使审判权这一普遍观念，故本案情况下的审核确认应当有一定的自我限制，即在程序上虽然可以要求第三人参加到执行程序中来，并使之负有如实报告说明的义务，同时又不能将有关实体法律关系的意见强加给当事人。最高人民法院《关于人民法院执行工作若干问题的规定（试行）》第六十四条第二款规定：“第三人对债务部分承认、部分有异议的，可以对其承认的部分强制执行。”这一规定的实质是在形式审查的前提下，寻求被执行人与第三人之间意见的最大公约数。比照这一规定，复函中要求，审核确认应以被执行人与第三人均认可的法律关系和一致记载的账目为准。同时，在审查核实过程中，如确有必要可以委托审计，但审计结果仍应经申请执行人、被执行人和第三人三方共同认可，经法院最终审核确认。

最高人民法院在答复中指出，对于第三人与被执行人之间的法律关系，可按第三人占有被执行人所投入的本金应予返还的原则把握。之所以进一步提出这一问题，是因为辽宁高院讨论中也曾主张由执行程序通过审计解决，但最后因对华银公司与金鼎公司之间的法律关系究竟是投资还是借款，不好确定，而放弃了这一思路。故如果确定通过核查账目方式处理，则对这一问题的确定就是必须的。双方最初是投资合作关系，有一个投资合作开发房地产的合同。被执行人华银公司负责人在回答法院询问时说对外的债权都是股金，实际上总是混淆债权与投资关系。根据双方曾形成欠款“认定书”的事实，可推断双方关系后来演变为款项占用并需要返还的关系。而从有关协调笔录中看，第三人对于按照借款关系处理似无异议，但否认应当返还利息。故参照前述执行规定第六十四条二款的规定，确定按照本金予以返还的原则比较稳妥。

4. 关于债权超过诉讼时效问题

此问题辽宁高院没有作为请示问题提出。但笔者认为，作为附带问题有必要予以澄清。本案自 1999 年 4 月 21 日“认定书”签订之日或者 1999 年 5 月 18 日还款 500 万元的时间，到法院开始执行的时间 2001 年 9 月，已经超过两年时间。没有证据显示在此期间华银公司曾向金鼎公司主张过权利。故金鼎公司坚持即使债务存在，也已经超过诉讼时效，法院不能强制执行。但鉴于金鼎公司负责人曾向法院表示，只要经法院查明确实货款，则愿意偿还，故可以作为（债务人承诺还款的）特殊情况，由执行法院继续查证，经查证确实的，则可以执行。对此，最高人民法院《关于超过诉讼时效期间借款人在催款通知单上签字或者盖章的法律效力问题的批复》（法释〔1999〕7 号）的精神可以作为参照，即对于超过诉讼时效期间，信用社向借款人发出催收到期贷款通知单，债务人在该通知单上签字或者盖章的，应当视为对原债务的重新确认，该债权债务关系应受法律保护。

——黄金龙：《关于到期债权执行中等三人超过法定期限提出异议等问题如何处理的请示与答复》，载江必新主编：《人民法院执行工作规范全集》，人民法院出版社 2017 年版，第 602~604 页。

487. 执行复议期间能否停止执行

关键词

执行复议　不停止执行　救济机制

最高人民法院审判业务意见［《人民法院办理执行案件规范（第二版）》］

1296.【复议审查期间的执行】

执行复议期间，不停止执行。

被执行人、利害关系人提供充分、有效的担保请求停止相应处分措施的，人民法院可以准许；申请执行人提供充分、有效的担保请求继续执行的，应当继续执行。

——最高人民法院执行局编：《人民法院办理执行案件规范（第二版）》，人民法院出版社 2022 年版，第 515 页。

附录：最高人民法院主流观点

以往的理论秉承程序工具主义的观点，认为程序是手段，实体公正是目的，保障实体公正是程序的全部意义，对程序的是非判断首先取决于实体是否公正。但是，程序正义是在法律程序本身或者法律实施过程中得到实现的价值，程序正义属于法律程序本身的内在优秀品质，这种内在优秀品质是独立于而非依附于程序的工具性。如果程序本身不具有正当性，那么司法权威和公信力就会受到影响，进而影响执行行为本身的可接受性。因此，填补民事诉讼中诉讼权利救济的真空地带，将法官的司法权置于当事人和利害关系人监督之下，其目的不只是为了保障结果的公正，还有法律程序自身的正义性要求。程序有其独立的价值，作为程序法的民事诉讼法也应有其真正的法律地位，不应仅作为一个审判过程的指导和流程表。违反规范的行为到法律后果的产生之间，救济机制就是桥梁，如果没有救济机制，即使法官违反程序法，也不会有任何法律后果。

可复议事项的适当扩充在一定程度上弥补了当事人诉讼权利救济的真空，对法官程序性司法行为加强了制约力度和广度，有助于私权利对公权力的制约。权力来源于权利，权力应该为保障和实现相对人的权利而设。权力必然离不开制约，因国家权力是为公民权利的实现而存在，公民权利才是目的，赋予相对人相当的诉讼权利，并为权利提供救济，实质上是通过权利来制约权力。体现在执行中，当事人的复议权作为一种权利救济方式，有助于控制司法权的恣意和滥用。

诉讼权利救济的原则一般认为包含“有侵害就有救济”原则、平等救济原则、及时救济原则、经济救济原则等。这些原则本身就存在天然的矛盾需要权衡。“有侵害就有救济原则”要求只要当事人的诉讼权利受到侵害，无论造成后果的恶劣程度，都应得到有效救济；平等救济原则要求公平地给予当事人双方在其诉讼权利受到侵害或者可能受到侵害时获得救济的机会。满足前两者必然意味着时间成本、司法资源的投入，就可能妨碍及时救济原则和经济救济原则的贯彻。对当事人而言，迟来的正义非正义，过多过于完备的救济途径会迫使当事人付出更多的时间、金钱或者机会成本，对法院来说，司法资源是有限的，如果为必须的和非必须的程序性诉讼权利的保护消耗过多资源，就会影响对其他案件的审查处理，影响社会上其他公民合法权利的救济。因此，应当在权衡程序正义和权利救济要求的基础上，对执行中可能出现的争议进行梳理，分清轻重缓急，适用不同的救济途径。基于上述考量，《最高人民法院关于人民法院办理执行异议和复议案件若干问题的规定》第九条对于限制出境措施设置的是申请复议的权利，而关于该复议程序的效力，规定了复议期间不停止执行。且一旦作出处理结论，当事人对该复议结论不得再行救济。也即当事人就程序性事项提出复议，上级法院对复议理由是否成立作出了裁定，则实质上"一复终复"。这也符合程序的安定性原则和程序不可逆的原理，有助于提高司法资源的利用效率，避免执行程序的拖延和反复。

——江必新、刘贵祥主编、最高人民法院执行局编著：《最高人民法院办理执行异议和复议案件若干问题规定理解与适用》，人民法院出版社 2015 年版，第 131~133 页。

488. 在执行复议过程中新的司法解释生效的应当适用该司法解释规定的程序进行审查

关键词

执行复议　审查程序

最高人民法院审判业务意见（执行局法官会议纪要）

一、关于《公证债权文书执行的规定》相关条文是否具有溯及力的问题

法不溯及既往是现代社会一个重要的法治原则。根据该原则，新实施的法律不得适用于其实施前已经发生的事实和法律关系。"昨天的行为不能适用今天的法律"。法作为社会的行为规范，它通过对违反者的惩戒来促使人们遵守执行。人们之所以对自己的违法行为承担不利后果，就是因为事先已经知道或者应当知道哪些行为是法律允许的、哪些行为是法律不允许的。不能要求人们遵守还没有制定出来的法律，法只对其生效后的行为有规范作用。一般认为，法不溯及既往原则的理论基础是信赖保护理论，即人们基于以往法律所获得的利益，不能因新实施的法律而被剥夺。

我国立法法第九十三条规定："法律、行政法规、地方性法规、自治条例和单行条例、规章不溯及既往，但为了更好地保护公民、法人和其他组织的权利和利益而作的特别规定除外。"该规定确立了我国以法不溯及既往为原则，以溯及既往为例外的法律适用规则。由于该规定未将作为重要法律渊源的司法解释列入其中，司法解释是否应当遵守该规定便存在争议。一种观点认为司法解释具有溯及力，主要理由为司法解释系对法律的解释，该解释并未超出当事人的预期，其本身的性质决定了其可以在法律的时间效力范围内追溯既往。另外一种观点认为司法解释不应具有溯及力，在我国法治并不完善和立法"宜粗不宜细"的情况下，司法解释往往承担着填补法律漏洞功能，司法解释溯及既往会侵害当事人的信赖利益。

笔者认为，如上所述，法律之所以不能溯及既往，在于法律溯及既往会

侵犯当事人的信赖利益。反过来讲，如果法律溯及既往不会侵害当事人的信赖利益，溯及既往就并非不可。从这个意义上来讲，法律是否具有溯及力，会因该法律是程序法还是实体法而有所区别。这便是实践中普遍形成共识的“实体从旧、程序从新”原则。所谓“实体从旧”，是指实体法不能溯及既往；所谓“程序从新”，是指新法颁布之后的诉讼法律行为或者事件适用新法，其道理在于程序法旨在提供法律救济和实现权利的方法和途径，而程序法溯及既往不会侵害当事人的信赖利益。2012 年最高人民法院制定的《关于修改后的民事诉讼法施行时未结案件适用法律若干问题的规定》，明确规定对于新法施行时未结案件，适用新法；新法施行前依照旧法规定已经完成的程序事项，仍然有效；涉及当事人实体权利处分的事项，原则上从旧。2021 年 12 月，最高人民法院下发《关于认真学习贯彻〈全国人民代表大会常务委员会关于修改《中华人民共和国民事诉讼法》的决定〉的通知》，明确以下规则：2022 年 1 月 1 日之后人民法院受理的民事案件，适用修改后的民事诉讼法。2022 年 1 月 1 日之前人民法院未审结的案件，尚未进行的诉讼行为适用修改后的民事诉讼法；依照修改前的民事诉讼法或者最高人民法院《民事诉讼程序繁简分流改革试点实施办法》的有关规定，已经完成的诉讼行为，仍然有效。中级人民法院、专门人民法院对 2022 年 1 月 1 日之后受理的第二审民事案件，可以依照修改后的民事诉讼法的有关规定适用独任制审理。上述规定对于明确新旧民事诉讼法的统一法律适用规则发挥了重要作用。笔者认为，如果说对于实体性司法解释是否具有溯及力存在争议的话，那么对于程序性司法解释来讲，依照上述规定适用“程序从新”原则应当不存在争议。

具体到本案，复议法院的立案时间是 2018 年 1 月 9 日，作出复议裁定的时间为 2018 年 11 月 20 日。《公证债权文书执行的规定》自 2018 年 10 月 1 日起施行。根据 2015 年《民事诉讼法解释》第四百八十条第一款第三项的规定，公证债权文书的内容与事实不符，属于不予执行案件的审查范围。但根据《公证债权文书执行的规定》第十二条、第二十二条的规定，实体性争议应当通过诉讼途径解决。纠纷解决和权利救济途径属于程序性规定，在适用时应当适用“程序从新”规则，即对于《公证债权文书执行的规定》施行时尚未审结的复议案件，应当适用该司法解释；该司法解释施行前依照之前的规定已经完成的程序事项，仍然有效。况且，本案诉争焦点为实体事项，且双方争议很大，通过诉讼程序更有利于查清案件事实并保障当事人合法权益。依照《公证债权文书执行的规定》通过诉讼程序进行审查能够更好保障各方当事人的实体权利，也能够充分发挥人民法院对公证的监督作用，这也符合立法法第九十三条法律溯及既往例外情形的本意。

二、关于能否在执行监督裁定中明确终结审查卿某的不予执行申请并撤销复议异议裁定的问题裁定终结审查是人民法院在执行审查实践中探索出来的一种审查处理方式，现行法律及司法解释并未规定其适用情形。在具体案件中，一般参照民事诉讼法第一百五十四条规定的终结诉讼的有关精神，在出现案件审查无法进行或没有必要进行的情形时而裁定终结审查。具体到本案来讲，由于在审查过程中，《公证债权文书执行的规定》开始施行，依据该规定，对于本案争议的实体事项应当通过诉讼程序审理，执行程序已无权进行审查。因此，在执行监督裁定中明确终结审查卿某的不予执行申请，并无争议。问题在于，在裁定终结审查时，是否需要撤销下级法院的复议裁定和异议裁定？

在民事诉讼二审审理和再审审理过程中，对于因出现民事诉讼法第一百五十四条和《民事诉讼法解释》第四百零四条规定的情形而裁定终结诉讼的，一般不会对原审裁判作出评判。对于在二审过程中终结诉讼的，一审裁判并未生效；对于在再审程序中终结诉讼的，原审裁判仍然有效，之前裁定中止执行的原生效裁判自动恢复执行。一般来讲，人民法院在复议和监督程序中终结审查的，可以参照上述规则。

但本案的不同之处在于，如前所述，在复议审查过程中，《公证债权文书执行的规定》已经施行，依照“程序从新”规则，某高院应当终结审查并告知复议申请人另行提起诉讼。某高院继续依据之前的规定进行审查，属于程序重大违法，必须在监督裁定中予以撤销。也即，本案终结审查的适用情形与其他终结审查的适用情形不同，需要在监督程序中对复议裁定作出评判。对此，法官会讨论时并不存在争议。问题在于，对于在《公证债权文书执行的规定》施行之前已经依照原有规定作出审查结论的异议裁定，是否需要一并撤销？在本案讨论过程中，形成了前述两种截然相反的观点。法官会多数意见采纳了第一种观点，即认为应当一并撤销异议裁定。主要理由有三：一是本案为监督案件，如果仅在监督裁定中裁定终结审查并撤销复议裁定，而未撤销异议裁定，则异议裁定即发生法律效力或者至少其是否有效还存在争议，这显然不是监督裁定的本意；二是即使认为在监督裁定已经明确终结审查不予执行申请的情况下异议裁定并未生效，但异议裁定在审查过程中认定的事实或者结论依然会对后续的诉讼程序造成干扰；三是本案属于适用终结审查的特殊情形，撤销异议裁定符合监督裁定的本意，亦不损害当事人合法权益。

——邵长茂、刘海伟：《在执行复议过程中新的司法解释生效的应当适用该司法解释规定的程序进行审查》，载最高人民法院执行局编：《执行工作指导》2022 年第 4 辑（总第 80 辑），人民法院出版社 2023 年版，第 42 页。

489. 限制出境的人需在收到限制出境决定之日起 10 日内向上一级人民法院申请复议

关键词

限制出境

附录：最高人民法院主流观点

《最高人民法院关于人民法院办理执行异议和复议案件若干问题的规定》第九条规定了就限制出境措施申请复议的期限，即被限制出境的人需在收到限制出境决定之日起 10 日内，向上一级人民法院申请复议。

执行复议的提起具有被动性，没有申请，上级人民法院不能主动启动执行复议程序。执行复议仅依据相关当事人的主观意志而启动，这一被动性特征准确反映了执行复议制度救济性程序的本质。而作为执行程序中的独立救济程序，其程序的启动都应当有统一固定的期限，复议制度如果申请期限不明，往往让当事人无所适从。目前民事诉讼程序中的复议制度，多未规定申请复议的时限。而从执行措施的确定性以及惩罚措施的不可逆角度出发，应当确定申请的期限。对逾期申请复议的，不予受理。这是为了督促当事人、利害关系人及时行使申请执行复议的权利，避免执行过程的过分拖拉和迟延，保障执行工作的顺利进行。当然，执行法院应当行使释明权，告知复议权、复议期间和复议的法院。只是，针对不同的救济设置多长的期限，往往较难斟酌。考虑到限制出境仅是间接执行措施，而《民事诉讼法》中对裁定的上诉期限规定的是 10 日，因此，在制定司法解释时，也将限制出境措施的复议申请期限规定为 10 日。

——江必新、刘贵祥主编、最高人民法院执行局编著：《最高人民法院办理执行异议和复议案件若干问题规定理解与适用》，人民法院出版社 2015 年版，第 133 页。

490. 案外人与债务人存在人格混同的，不能排除强制执行

关键词

关联公司　人格混同　逃避债务　排除强制执行

最高人民法院裁判文书

湖南金园房地产开发有限公司与湖南省汇业贸易有限公司、长沙永兴玻璃仪器厂及长沙金元贸易有限公司等案外人执行异议之诉案［最高人民法院（2021）最高法民再342号民事判决书］

裁判要旨：不同的关联公司之间表面上彼此独立，但其均受同一自然人或其直系亲属实际控制，该自然人或其直系亲属作为控股股东或实际控制人控制上述关联公司，滥用控制权使关联公司财产边界不清，利益相互输送，丧失人格独立性，成为逃避债务的工具，严重损害债权人的利益。关联公司以享有民事权益为由，排除债权人的强制执行的，不予支持。

最高人民法院经审查认为：关于金元贸易公司与原金元贸易公司、汇业贸易公司、永兴仪器厂是否存在人格混同的问题。即便案涉5849.385平方米集体土地使用权可以区分为案涉4栋房屋直接占用土地与其他非直接占用土地的使用权，鉴于其他非直接占用土地的使用权并未因4栋房屋所有权的转移而转移，汇业贸易公司、永兴仪器厂作为原金元贸易公司权利义务的承继人，可对该部分土地使用权（及临时建筑）享有相应的民事权益。但基于本案已查明的事实，金元贸易公司与原金元贸易公司尽管各自分别登记注册，但鉴于两公司前后相继，名称、注册地址完全相同，经营范围相近，原金元贸易公司名下的房屋、土地由金元贸易公司实际经营管理，两公司具有高度引人误解为一体的外在特征。金元贸易公司以登记在原金元贸易公司名下的土地与金园房产公司合作开发，收取相关款项，并由孙和平利用该款项的一部分回购案涉4栋房屋，在案涉土地房屋被征收拆迁时，又以自己名义与龙骧公司签订《征地拆迁补偿协议》，领取拆迁补偿款，汇业贸易公司、永兴仪器厂对此应当知道而不提异议，在金元贸易公司、孙和平涉诉被执行时又以权利人身份对拆迁补偿款物主张异议，明显有违诚信和公平原则。金元贸易公司与汇业贸易公司、永兴仪器厂表面上彼此独立，但三公司（或厂）均受孙和平或其直系亲属控制，孙和平或其直系亲属作为控股股东或实际控制人控制三公司（或厂），滥用控制权使三公司（或厂）财产边界不清，利益相互输送，丧失人格独立性，成为逃避债务的工具，严重损害金元贸易公司债权人的利益。由此，一审判决以金元贸易公司、原金元贸易公司、汇业贸易公司等存在人格、财产混同为由，未支持汇业贸易公司、永兴仪器厂对案涉集体土地使用权及临时建筑的拆迁补偿部分排除执行的诉求，有相应的事实和法律依据。

——中国裁判文书网。

491. 在执行异议之诉中提起确权之诉的，确权之诉不受提起执行异议之诉的十五天期限限制

关键词

执行异议之诉　确权之诉

最高人民法院审判业务意见（民一庭意见）

最高人民法院民一庭意见：在执行异议之诉中，当事人对执行标的增加确权请求的，可以在法庭辩论结束前提出，不受在驳回执行异议裁定送达之日起 15 日内提起的限制。对该诉讼请求，人民法院可以在判决中一并作出裁判。

附：案情简介

甲公司与乙公司因拖欠买卖货款发生纠纷，诉讼中，双方达成调解协议，确认了乙公司拖欠货款的金额，并由乙公司法定代表人张某及其妻谢某某二人对欠付款项承担连带还款责任，法院出具民事调解书对双方调解协议约定事项予以确认。后，乙公司并未履行民事调解书确定的还款义务，甲公司申请强制执行，一审法院执行过程中，查封了张某、谢某某二人之子张某某名下的房屋一套、存款 11 余万元。张某某作为案外人，提起执行异议，一审法院于 2014 年 8 月 11 日裁定驳回其异议。张某某不服该裁定，于 2014 年 10 月 22 日提起案外人执行异议之诉，请求：（1）判令停止执行该房屋及存款，确认被冻结的银行存款为张某某所有；（2）甲公司承担本案全部诉讼费用。一审庭审中，张某某当庭增加诉讼请求：确认被查封冻结的涉案房产为张某某所有。

——最高人民法院民一庭：《在执行异议之诉中提起确权之诉的，确权之诉不受提起执行异议之诉的十五天期限限制》，载最高人民法院民事审判第一庭编：《民事审判指导与参考》2019 年第 4 辑（总第 80 辑），人民法院出版社 2021 年版，第 163~166 页。

492. 被执行人到期债权的债务人不具有案外人执行异议之诉原告主体资格

关键词

被执行人到期债权的债务人　案外人执行异议　原告主体资格

最高人民法院审判业务意见（第四巡回法庭观点）

《民事诉讼法司法解释》第五百零一条[①]规定了第三人（条文中的“他人”）及相关权利人（条文中的“利害关系人”）的救济。即第三人对其与被执行人之间的债权债务关系提出异议的，执行法院不得继续执行该债权。在该第三人提出执行异议未得到执行法院支持的情况下，其不能通过案外人执行异议之诉主张权利，只能按照《民事诉讼法》第二百二十五条[②]规定，向上一级法院申请复议。针对“对他人的到期债权”享有执行异议之诉起诉主体资格的，须是针对执行标的“对他人的到期债权”享有实体权利的人。至于申请执行人则可以通过代位诉讼救济其权利。

附：案情简介

2012 年 7 月 23 日，甲公司实际控股人张某某 1、法定代表人张某某 2 作为转让方与冯某、车某某作为受让方就甲公司股权转让事宜签订《煤矿股权转让协议》，该协议约定：张某某 1、张某某 2 将其拥有的甲公司 100% 股权全部转让给冯某、车某某，转让总价款为 150000000 元；自该协议订立之日前该煤矿发生的债权、债务均由张某某 1 处置，该协议签订之日起所发生的债权、债务均由冯某、车某某负责。冯某、车某某以张某某 1、张某某 2 为被告向 Y 区法院提起诉讼，诉讼请求为确认《煤矿股权转让协议》合法有效。Y 区法院于 2014 年 4 月 10 日作出民事判决，确认《煤矿股权转让协议》合法有效。Y 区法院查明，张某某 1、张某某 2 实际持有甲公司 74.7899% 股权。Y 区法院认为张某某 1、张某某 2 实际是将其持有的 74.7899% 股权转让给冯某、车某某，且双方对股权登记依法进行了变更，故折合相应股权转让价款

---

① 现为《最高人民法院关于适用〈中华人民共和国民事诉讼法〉的解释》（2022 年修正）第四百九十九条，内容修改为：人民法院执行被执行人对他人的到期债权，可以作出冻结债权的裁定，并通知该他人向申请执行人履行。该他人对到期债权有异议，申请执行人请求对异议部分强制执行的，人民法院不予支持。利害关系人对到期债权有异议的，人民法院应当按照民事诉讼法第二百三十四条规定处理。对生效法律文书确定的到期债权，该他人予以否认的，人民法院不予支持。

② 现为《民事诉讼法》（2021 年修正）第二百三十二条。

为 112 184850 元。另查明，冯某、车某某已支付股权转让款 85000000 元，张某某 1、张某某 2 认可 2012 年 10 月 29 日收到股权转让款 3755761.10 元，同年 11 月 8 日收到股权转让款 8500000 元。双方当事人对尚余 14929088.90 元股权转让价款存在争议。

另，李某某诉张某某 1 民间借贷纠纷一案，L 中院于 2015 年 2 月 11 日民事调解结案。在执行该民间借贷纠纷一案过程中，L 中院于 2015 年 4 月 9 日作出执行裁定，并依据该裁定向案外人冯某、车某某发出协助执行通知，冻结张某某 1 对冯某、车某某的债权 13080000 元。之后，冯某、车某某向 L 中院提出案外人执行异议申请。2015 年 12 月 30 日，L 中院作出执行裁定，驳回冯某、车某某的案外人异议，并告知其可提起案外人执行异议之诉。

2015 年 10 月 12 日，冯某、车某某与张某某 1、张某某 2 签订调解协议，对双方之间债权债务进行明确，确认冯某、车某某已经通过现汇打款方式支付张某某 1、张某某 2 股权转让价款 100410000 元，张某某 1、张某某 2 委托冯某、车某某垫付款项 12019444 元，冯某、车某某共计支付张某某 1、张某某 2112429444 元，股权转让款已支付完毕。S 省 T 市 Y 区 G 镇人民调解委员会对该调解协议予以确认，Y 区法院作出民事裁定，对上述调解协议予以确认。

2016 年 1 月，冯某、车某某以李某某、张某某 1 为被告提起本案案外人执行异议之诉，请求撤销 L 中院作出的执行裁定及协助执行通知。

——姜伟主编：《最高人民法院第四巡回法庭疑难案件裁判要点与观点》，人民法院出版社 2020 年版，第 326~334 页。

（二）《执行异议和复议规定》第二十六条的适用

493. 案外人依据另案生效法律文书主张排除执行异议的处理——对《执行异议和复议规定》第二十六条的理解与适用

关键词

案外人实体权利　另案生效法律文书

最高人民法院司法解释

第二十六条　金钱债权执行中，案外人依据执行标的被查封、扣押、冻结前作出的另案生效法律文书提出排除执行异议，人民法院应当按照下列情形，分别处理：

（一）该法律文书系就案外人与被执行人之间的权属纠纷以及租赁、借用、保管等不以转移财产权属为目的的合同纠纷，判决、裁决执行标的归属于案外人或者向其返还执行标的且其权利能够排除执行的，应予支持；

（二）该法律文书系就案外人与被执行人之间除前项所列合同之外的债权纠纷，判决、裁决执行标的归属于案外人或者向其交付、返还执行标的的，不予支持；

（三）该法律文书系案外人受让执行标的的拍卖、变卖成交裁定或者以物抵债裁定且其权利能够排除执行的，应予支持。

金钱债权执行中，案外人依据执行标的被查封、扣押、冻结后作出的另案生效法律文书提出排除执行异议的，人民法院不予支持。

非金钱债权执行中，案外人依据另案生效法律文书提出排除执行异议，该法律文书对执行标的权属作出不同认定的，人民法院应当告知案外人依法申请再审或者通过其他程序解决。

申请执行人或者案外人不服人民法院依照本条第一、二款规定作出的裁定，可以依照民事诉讼法第二百二十七条[①]规定提起执行异议之诉。

——《最高人民法院关于人民法院办理执行异议和复议案件若干问题的规定》（2020 年 12 月 29 日修正）。

附录：最高人民法院主流观点

案外人依据另案生效法律文书主张异议的处理。执行程序中，如何处理案外人依据人民法院、仲裁委员会作出的确认执行标的权属属于案外人，或者向其交付、返还执行标的的另案生效法律文书主张异议的问题，理论上和实践中存在三种不同的观点：

第一种观点认为，根据《最高人民法院关于人民法院执行工作若干问题的规定（试行）》第 102 条[②]第 1 款第 3 项规定，执行标的是其他法院或仲裁机构正在审理案件的争议标的物，需要等待该案件审理完毕确定权属的，执行法院应当中止执行。因此，无论对于执行法院还是执行当事人，另案生效法律文书均具有拘束力，执行法院不应当执行已经法定程序认定属于案外人的财产。

第二种观点认为，任何类型的另案生效法律文书对于申请执行人和执行法院均不产生既判力。因为，无论是另案判决还是仲裁裁决，其既判力都有主观范围的限制，仅限于参加诉讼或仲裁并受到程序保障的当事人及其承担人。而申请执行人并未参加被执行人与第三人之间的诉讼或仲裁程序，更没

① 现为《民事诉讼法》（2021 年修正）第二百三十四条。

② 本条已被《最高人民法院关于修改〈最高人民法院关于人民法院扣押铁路运输货物若干问题的规定〉等十八件执行类司法解释的决定》（2020 年 12 月 29 日）删除。

有受到充分的程序保障，另案法律文书的效力当然不能及于申请执行人，也不具有排除强制执行的效力。

第三种观点则认为，对另案生效法律文书应当具体分析，不能一概而论。对于基于所有权等物权请求权所进行的确权，应当承认其阻止执行的效力，而对于因合同或者合同解除、无效等债权请求权进行的确权，不能阻止执行。对于判决交付或者返还特定物的，亦照此原则处理。

《规定》第二十六条综合以上几种意见，根据申请执行的债权种类、另案生效法律文书作出时间、基础法律关系的性质规定了不同的效力：

1. 金钱债权执行。在金钱债权执行中，应当根据另案生效法律文书作出于执行标的被查封、扣押、冻结（以下统称查封）前后不同而对其效力作出不同认定。如果另案生效法律文书作出于执行标的被查封、扣押、冻结之前。根据纠纷的基础法律关系性质区分为两种情况：一种是案外人和被执行人之间因执行标的权属纠纷，或者借用、保管、租赁等不以转移财产权属为目的的债权纠纷，另案生效法律文书确认执行标的归属于案外人或者向其交付、返还执行标的的，不能执行已经生效判决确认属于案外人的财产。另一种是买卖合同等债权纠纷，如果另案生效法律文书判决、裁决执行标的归属于案外人或者向其交付、返还执行标的，此时执行标的所有权仍属于被执行人，案外人只不过对被执行人享有物的交付请求权而已，其和申请执行人正要实现的金钱债权同属债权性质，不能排除执行，而应当依据查封先后确定先后受偿顺序。还要指出，案外人与被执行人之间的这类债权纠纷，本不应对执行标的作出确权判决、裁决，有的法院或者仲裁机构虽出于种种原因进行确权，但不能排除执行。

另案生效法律文书作出于执行标的被查封之后的。执行标的被人民法院查封之后，案外人只能通过案外人异议程序来主张排除执行的实体权利，其和被执行人通过另案诉讼、仲裁等程序作出的生效法律文书，无论主文内容是什么，由于申请执行人并未参加该程序，基于既判力主观范围的限制，对其并无约束力。人民法院在异议审查程序中，不受该法律文书的限制，也不应支持案外人的异议。但是，如果案外人的异议符合司法解释规定的其他保护条件，例如物权期待权保护，或者符合执行程序中的权属判断标准的，应当认定其异议成立。

2. 对于交付特定物的执行等非金钱债权执行而言。如果案外人依据另案生效法律文书提出排除执行的异议，该法律文书对执行标的权属作出了与执行依据不同的认定，实际上是两个执行依据出现了矛盾，案外人的异议也属于对执行依据本身的异议，应当通过申请再审、提起第三人撤销之诉等程序解决。

——刘贵祥、范向阳：《解读〈关于人民法院办理执行异议和复议案件若干问题的规定〉》，载杜万华主编：《解读最高人民法院司法解释、指导性案例（民事诉讼卷）》，人民出版社 2016 年版，第 723~724 页。

494. 执行异议之诉中，案外人依据另案判决或调解书主张权利的处理

关键词

执行异议　案外人　另案判决或调解书

最高人民法院法官著述

问：法院在执行生效法律文书确定的金钱债权过程中，针对特定标的物实施强制执行，案外人以另案生效判决、调解书为依据，要求对该标的物停止执行的，应当如何处理？

答：应当根据另案生效判决、调解书的性质作出区分，如果案外人依据另案确权判决或形成判决对该执行标的物享有所有权，依据《民法典》物权编第二百二十九条的规定，"因人民法院、仲裁机构的法律文书或者人民政府的征收决定等，导致物权设立、变更、转让或者消灭的，自法律文书或者征收决定等生效时发生效力"。案外人自判决生效之日起即取得该标的物法律上的所有权，依据物权应当优先于债权的理论，案外人享有的物权应当优先于申请执行人的债权。因此，法院应当判决停止对标的物的执行。如果另案给付判决或调解书确认被执行人向案外人转移该执行标的物的所有权，案外人在完成对执行标的物的物权公示手续前，享有的仅是请求转移标的物所有权的债权，而申请执行人享有的是金钱债权，两者在性质上都是债权。在发生冲突时，如果其中有的判决存在错误，应当通过审判监督程序解决，如果两个判决均不存在错误，则应当通过执行竞合程序解决。根据《最高人民法院关于适用〈中华人民共和国民事诉讼法〉的解释》第五百零八条第一款规定，"被执行人为公民或者其他组织，在执行程序开始后，被执行人的其他已经取得执行依据的债权人发现被执行人的财产不能清偿所有债权的，可以向人民法院申请参与分配"。对于同种性质的债权，如果被执行人的财产不能满足同一顺序执行权利人的，应当按照比例分配，依据是最高人民法院《关于适用〈中华人民共和国民事诉讼法〉的解释》第五百一十条[①]第一句，"参与分配执行中，执行所得价款扣除执行费用，并清偿应当优先受偿的债权后，对于普

① 现为《最高人民法院关于适用〈中华人民共和国民事诉讼法〉的解释》（2022 年修正）第五百零八条。

通债权，原则上按照其占全部申请参与分配债权数额的比例受偿”。

——最高人民法院民事审判第一庭编著：《民事审判实务问答》，法律出版社 2021 年版，第 399~400 页。

495. 案外人对执行标的享有所有权等实体权利的主张本身不能成立时的法律适用问题

关键词

案外人　执行标的　法律适用

最高人民法院审判业务意见［《人民法院办理执行案件规范（第二版）》］

1275.【权利人的判断标准】

对案外人的异议，人民法院应当按照下列标准判断其是否系权利人：

（一）已登记的不动产，按照不动产登记簿判断；未登记的建筑物、构筑物及其附属设施，按照土地使用权登记簿、建设工程规划许可、施工许可等相关证据判断；

（二）已登记的机动车、船舶、航空器等特定动产，按照相关管理部门的登记判断；未登记的特定动产和其他动产，按照实际占有情况判断；

（三）银行存款和存管在金融机构的有价证券，按照金融机构和登记结算机构登记的账户名称判断；有价证券由具备合法经营资质的托管机构名义持有的，按照该机构登记的实际投资人账户名称判断；

（四）股权按照工商行政管理机关的登记和企业信用信息公示系统公示的信息判断；

（五）其他财产和权利，有登记的，按照登记机构的登记判断；无登记的，按照合同等证明财产权属或者权利人的证据判断。

案外人依据另案生效法律文书提出排除执行异议，该法律文书认定的执行标的权利人与依照前款规定得出的判断不一致的，依照本规范第 1276 条规定处理。

1276.【另案生效法律文书排除执行异议的处理】

金钱债权执行中，案外人依据执行标的被查封、扣押、冻结前作出的另案生效法律文书提出排除执行异议，人民法院应当按照下列情形，分别处理：

（一）该法律文书系就案外人与被执行人之间的权属纠纷以及租赁、借用、保管等不以转移财产权属为目的的合同纠纷，判决、裁决执行标的归属于案外人或者向其返还执行标的且其权利能够排除执行的，应予支持；

（二）该法律文书系就案外人与被执行人之间除前项所列合同之外的债权

纠纷，判决、裁决执行标的归属于案外人或者向其交付、返还执行标的的，不予支持；

（三）该法律文书系案外人受让执行标的的拍卖、变卖成交裁定或者以物抵债裁定且其权利能够排除执行的，应予支持。

金钱债权执行中，案外人依据执行标的被查封、扣押、冻结后作出的另案生效法律文书提出排除执行异议的，人民法院不予支持。

非金钱债权执行中，案外人依据另案生效法律文书提出排除执行异议，该法律文书对执行标的权属作出不同认定的，人民法院应当告知案外人依法申请再审或者通过其他程序解决。

申请执行人或者案外人不服人民法院依照本条第 1 款、第 2 款规定作出的裁定，可以依照民事诉讼法第二百三十四条规定提起执行异议之诉。

——最高人民法院执行局编：《人民法院办理执行案件规范（第二版）》，人民法院出版社 2022 年版，第 503~504 页。

附录：最高人民法院主流观点

实践中，有的案外人对执行标的享有所有权或其他实体权利的主张本身就不能成立，遑论对抗申请执行人的优先受偿权。对此，执行法院是否可以适用《最高人民法院关于人民法院办理执行异议和复议若干问题的规定》第 25 条规定，直接裁定驳回案外人异议？例如，案外人对申请执行人享有优先受偿权的不动产主张所有权，该不动产仍登记在被执行人名下，执行法院可否适用《最高人民法院关于人民法院办理执行异议和复议若干问题的规定》第 25 条，驳回案外人异议？

《最高人民法院关于人民法院办理执行异议和复议若干问题的规定》第 25 条、第 27 条各有其侧重内容。在案外人对执行标的享有所有权等实体权利的主张成立的情况下，第 27 条着重解决的是案外人的实体权利能否对抗申请执行人的优先受偿权，此时没有第 25 条适用的余地，执行法院只能依据第 27 条审查案外人异议是否成立。但在案外人对执行标的享有所有权等实体权利的主张本身就不能成立的前提下，第 25 条和第 27 条对此都有适用的空间，不能完全排除第 25 条规定的适用。在案外人异议形式审查原则已被司法解释确立的前提下，不动产未登记在案外人名下，动产未被案外人实际占有的事实，本身即表示案外人对执行标的主张所有权的异议请求不能成立，其对抗申请执行人优先受偿权的问题更无从谈起，故《最高人民法院关于人民法院办理执行异议和复议若干问题的规定》第 25 条也可以适用于这类案外人异议案件的处理。

——江必新、刘贵祥主编、最高人民法院执行局编著：《最高人民法院办理执行异议和复议案件若干问题规定理解与适用》，人民法院出版社 2015 年版，第 411~412 页。

496. 案外人执行异议之诉中账户资金的权属判断

关键词

案外人执行异议　账户资金　权属判断

最高人民法院裁判文书

廊坊市澳凯商贸有限责任公司与江苏银行股份有限公司北京分行及一审被告廊坊市汇通房地产开发有限公司案外人执行异议之诉纠纷案［最高人民法院（2016）最高法民申 2528 号民事裁定书］

裁判要旨：货币为种类物，虽然权利人对货币的占有可以认定为所有，但在特定条件下，不能简单根据占有即认定为所有。对于一般账户中的货币，应以账户名称为权属判断的基本标准。对于特定专用账户中的货币，应根据账户当事人对该货币的特殊约定以及相关法律规定来判断资金权属，并确定能否对该账户资金强制执行，如信用证开证保证金、证券期货交易保证金、银行承兑汇票保证金、质押保证金、基金托管专户资金、社会保险基金等。对特定账户中的货币主张权利，符合法定专用账户构成要件及阻止执行条件的，可以排除对该账户的执行。

最高人民法院认为，本案再审审查的焦点是，案涉账户中的资金能否作为执行标的。货币为种类物，虽然权利人对货币的占有可以认定为所有，但在特定条件下，不能简单根据占有即认定为所有。对于一般账户中的货币，应以账户名称为权属判断的基本标准。对于特定专用账户中的货币，应根据账户当事人对该货币的特殊约定以及相关法律规定来判断资金权属，并确定能否对该账户资金强制执行，如信用证开证保证金、证券期货交易保证金、银行承兑汇票保证金、质押保证金、基金托管专户资金、社会保险基金等。对特定账户中的货币主张权利，符合法定专用账户构成要件及阻止执行条件的，可以排除对该账户的执行。就本案而言，50×××28 账户系以被执行人汇通公司名义开立的一般账户，而非保证金专用账户或其他专用账户，故该账户中的款项应作为汇通公司的责任财产清偿民事债务。澳凯公司所提河北省永清县人民法院（2014）永民初字第 1747 号民事调解书中“因开发永清县凯悦花苑小区项目所产生的债权或债务全部由原告澳凯公司享有或负担”

的内容，系关于债权债务的安排，仅具有债权性质的效力，并未直接确定上述账户中款项的归属。澳凯公司未提供其他充分证据证明上述账户中的款项属于其所有。因此，澳凯公司对该账户中款项的权利不能排除执行，其再审请求和理由不能成立。

——江必新、刘贵祥主编、最高人民法院执行局编:《执行工作指导》2016年第4辑（总第60辑），国家行政学院出版社2016年版，第100页。

附录：本案解析

（一）案外人执行异议之诉中金钱财产权属判断的一般规则及例外

货币是充当一般等价物的特殊商品，属于民法上的种类物，具有很高的替代性。货币在民事法律关系中既可以充当物权的客体，如民事主体可以对货币行使占有、使用、收益和处分的权利，也可以充当债权的标的物，如货币可以作为买卖之债中的价款、劳务之债中的酬金。由于货币是一般等价物，在民法上属于一类较为特殊的种类物。其特殊之处在于：

1. 货币所有权的归属。在物权法上，货币占有权与所有权合二为一，货币的占有人视为货币所有人。货币所有权的转移以交付为要件，即使在借款合同中，转移的也是货币所有权，而非货币的使用权。无行为能力人交付的货币也发生所有权的转移。货币不能发生返还请求权与占有回复之诉，仅能基于合同关系、不当得利或侵权行为提出相应的请求。这种物权法上的特殊之处，是由货币流通手段的属性决定的。

2. 货币具有特殊的法律地位。在债权法上，货币之债是一种特殊的种类债，货币的使用价值寓于交换价值之中，作为一般等价物，货币可以交换其他物品、劳务等。所以，较之其他实物，货币具有更大的流通性。在其他类型的债发生履行不能时，可以转化为货币之债履行，而货币之债本身原则上只发生履行迟延，不发生履行不能，债务人不得以履行不能为由免除付款义务。

一般情况下，对货币的占有即视为所有，但在某些特殊情况下，也存在对这一原则的例外，不能简单根据对货币的占有就认定为所有。对于一般账户中的货币，应以账户名称为权属判断的基本标准。案外人在执行异议之诉中提出充分证据证实一般账户中的货币为其合法财产并足以排除执行的除外。对于某些特定专用账户中的货币，应根据账户当事人对该账户中货币的特殊约定和法律规定等相关条件判断资金权属，以及能否对该账户中的资金强制执行。例如，民事主体在金钱上设定质权，符合《最高人民法院关于适用〈中华人民共和国担保法〉若干问题的解释》第85条规定的“特定化”和“移交债权人占有”两个条件的，可以成立金钱质权，从而构成上述原则的例外。案外人对作为执行标的的金钱财产主张系其质押保证金的，如果符合上述质押保证金的构成要件，可以排除执行。再如，信用证开证保证金、证券期货交易保证金、银行承兑汇票保证金、社会保险基金等实践中存在的其他例外情形，需要根据案件具体事实和相关法律规定判断是否构成专用账户，以及对该账户中的资金能否强制执行。

就本案而言，案涉50×××28账户系以被执行人汇通公司名义开立的一般账户，而非保证金专用账户或其他专用账户。在没有充分证据证实账户资金权属另有其人的情况下，对该一般账户中的款项，根据占有即所有的原则，应按照账户名称判断权属，可作为汇通公司的责任财产清偿民事债务。执行法院可以对该账户中的金钱财产强制执行。

（二）另案生效民事调解书对金钱财产权属判断的影响

金钱债权执行中，案外人依据另案生效的法律文书提出案外人异议的，《最高人民法院关于人民法院办理执行异议和复议案件若干问题的规定》第二十六条规定了针对此类情形的案外人异议审查规则。严格来讲，该规定主要适用于执行程序中案外人异议的处理，对案外人执行异议之诉的审理有一定的参考意义，但案外人执行异议之诉属于民事审判程序，并非一定按照该条对于案外人异议审查的规定处理执行异议之诉案件。案外人执行异议之诉中，如何对待另案作出的涉及执行标的的生效法律文书，应根据该生效法律文书的具体内容和案件自身情况而定。

澳凯公司提出，永清县人民法院（2014）永民初字第1747号民事调解书中已经确定“因开发永清县凯悦花苑小区项目所产生的债权或债务全部由原告澳凯公司享有或负担”，本案所涉账户中的资金应属该公司所有。对于这一问题，应从该调解书确定的内容是否赋予澳凯公司对执行标的享有足以排除执行的实体权利角度分析。该调解书中的上述内容系关于当事人之间债权债务的安排，仅具有债权性质的效力，并未直接确定案涉50×××28账户中款项的归属，对于该账户中资金的权属问题，不能直接产生确定物权的法律效力。澳凯公司也未提供其他充分证据证明账户中的款项归其所有。该公司依据永清县人民法院（2014）永民初字第1747号民事调解书主张排除执行的请求亦不能成立。

——乔宇：《案外人执行异议之诉中账户资金的权属判断——廊坊市澳凯商贸有限责任公司与江苏银行股份有限公司北京分行、廊坊市汇通房地产开发有限公司案外人执行异议之诉纠纷案评析》，载江必新、刘贵祥主编、最高人民法院执行局编：《执行工作指导》2016年第4辑（总第60辑），国家行政学院出版社2016年版，第96~98页。

（三）《执行异议和复议规定》第二十七条的适用

497. 案外人的实体权利与申请执行人优先受偿权冲突时的处理——对《执行异议和复议规定》第二十七条的理解与适用

关键词

案外人实体权利　申请执行人优先受偿权

最高人民法院司法解释

第二十七条　申请执行人对执行标的依法享有对抗案外人的担保物权等优先受偿权，人民法院对案外人提出的排除执行异议不予支持，但法律、司法解释另有规定的除外。

——《最高人民法院关于人民法院办理执行异议和复议案件若干问题的规定》（2020 年 12 月 29 日修正）。

附录：最高人民法院主流观点

申请执行人对执行标的依法享有优先受偿权的，有权对执行标的的价值，先于无优先顺位的普通债权受偿。而执行过程中，案外人对执行标的主张所有权，或者租赁权、消费者物权期待权等其他阻止执行的实体权利的情况下，依据法律、司法解释规定，申请执行人对执行标的的优先受偿权足以对抗案外人权利的，人民法院对案外人异议不予支持。但在法律、司法解释另有规定的情况下，如果申请执行人的优先受偿权不能对抗案外人权利的，人民法院对案外人异议则应予支持。本条司法解释所称优先受偿权，是指申请执行人就特定执行标的价值优先受偿的权利。执行实践中常见的优先受偿权，主要包括担保物权和建设工程价款优先受偿权，其他类型优先受偿权的执行案件相对较少。

案外人主张的权利，应当是所有权等在性质上能够阻止人民法院对执行标的强制执行的实体权利。案外人如果对执行标的主张抵押权、质权、留置权等不能阻止对该标的强制执行的实体权利（《执行工作若干规定》第 40 条[①]），则不属于本条司法解释调整范围。另外，案外人对执行标的尚未取得所有权，但享有应向其交付的债权请求权的，除法律、司法解释明确规定能

① 现为《最高人民法院关于人民法院执行工作若干问题的规定（试行）》（2020 年修正）第 31 条。

够阻止执行的情形以外（例如，本《规定》第28~30条等），案外人对执行标的的债权请求权，原则上不能阻止执行，也不能对抗申请执行人的优先受偿权。

通常情况下，人民法院只能对被执行人的责任财产强制执行，不能损害案外人合法的财产权利，但是在申请执行人对执行标的享有担保物权，或者其他优先受偿权的情况下，根据法律规定，其担保物权足以对抗案外人主张所有权的，不论案外人主张的所有权是否成立，申请执行人的优先受偿权应获得优先保护，但法律、司法解释对此另有规定的除外。如果案外人对执行标的主张租赁权或其他实体权利的，则应根据案件具体情况和相关法律规定审查判断。执行实践中，最为常见的担保物权类型是抵押权。

实践中应当注意的问题：

1. 执行依据未明确认定申请执行人的债权对执行标的优先受偿的处理

实践中，有些执行依据只是确定了申请执行人的债权成立，并未在主文中明确认定申请执行人的债权对执行标的优先受偿，但根据法律、司法解释规定，其对执行标的应当享有优先受偿权。常见的情形例如，人民法院在民事调解书中，确定了申请执行人建设工程价款的数额，但未明确认定该工程款债权对建设工程变价款具有优先受偿的顺位。这种情形对优先受偿权案件的执行带来一些问题。申请执行人的债权是否能就执行标的价值优先受偿，实践中认识不一。申请执行人对执行标的是否享有优先受偿权，应当根据权利的性质和法律、司法解释的规定认定，执行依据如果确认债权成立，即使没有在主文中明确表明其优先受偿的顺位，人民法院在执行程序中如确属办案需要，也应依法认定该权利是否具有优先受偿的属性。执行依据没有对债权优先受偿问题明确表态的原因有多种。有的情况是债权本身已经丧失优先受偿的条件；有的情况是不需要对优先受偿问题作专门说明；等等。如果执行依据对申请执行人不具备优先受偿权的问题已作认定或阐述理由，执行程序不得再认定申请执行人享有优先受偿权。如果执行依据对债权是否优先受偿并未提及，则需根据案件具体情况分析。优先受偿权如果成立，其优先顺位系法律规定所赋予，在执行中若不予保护，有违法律、司法解释规定。而且，有的优先受偿权受法律、司法解释规定条件的限制，并非在任何情况下都能行使。这就需要人民法院根据相关规定，判断优先受偿权行使的条件是否成就。执行依据没有明确表明债权优先受偿的，并不意味着申请执行人就此丧失对执行标的的优先受偿权。执行法院应当结合执行依据的裁判内容，区分情况，根据法律、司法解释的规定，判断申请执行人对执行标的的优先受偿权是否成立。经审查，申请执行人对执行标的依法享有优先受偿权的，执行法院应予认定。

2. 案外人对执行标的享有所有权等实体权利的主张本身不能成立时的法

律适用问题

实践中，有的案外人对执行标的享有所有权或其他实体权利的主张本身就不能成立，遑论对抗申请执行人的优先受偿权。对此，执行法院是否可以适用本司法解释第25条规定，直接裁定驳回案外人异议？例如，案外人对申请执行人享有优先受偿权的不动产主张所有权，该不动产仍登记在被执行人名下，执行法院可否适用本《规定》第25条，驳回案外人异议？本《规定》第25条、第27条各有其侧重内容。在案外人对执行标的享有所有权等实体权利的主张成立的情况下，第27条着重解决的是案外人的实体权利能否对抗申请执行人的优先受偿权，此时没有第25条适用的余地，执行法院只能依据第27条审查案外人异议是否成立。但在案外人对执行标的享有所有权等实体权利的主张本身就不能成立的前提下，第25条和第27条对此都有适用的空间，不能完全排除第25条规定的适用。在案外人异议形式审查原则已被司法解释确立的前提下，不动产未登记在案外人名下，动产未被案外人实际占有的事实，本身即表示案外人对执行标的主张所有权的异议请求不能成立，其对抗申请执行人优先受偿权的问题更无从谈起，故本《规定》第25条也可以适用于这类案外人异议案件的处理。

——江必新、刘贵祥主编、最高人民法院执行局编著:《最高人民法院关于人民法院办理执行异议和复议案件若干问题规定理解与适用》，人民法院出版社2015年版，第390~392页，410~412页。

498.《最高人民法院关于人民法院办理执行异议和复议案件若干问题的规定》第二十七条中有关“法律、司法解释另有规定的除外情形”的具体范围如何确定

关键词

执行异议和复议规定

最高人民法院裁判文书

杨晨、江苏凌云置业有限公司等案外人执行异议之诉案［最高人民法院（2021）最高法民终626号民事判决书］

裁判要旨：根据《执行异议和复议规定》第二十七条的规定，除法律、司法解释另有规定外，对申请执行人享有担保物权等优先受偿权的执行标的，案外人主张排除执行的，人民法院不予支持。本条所说的法律、司法解释另有规定的除外情形仅限于《最高人民

法院关于建设工程价款优先受偿权问题的批复》第一条、第二条规定的情形，即建筑工程承包人的优先受偿权和商品房消费者的物权期待权。

最高人民法院认为：根据《执行异议和复议规定》第二十七条："申请执行人对执行标的依法享有对抗案外人的担保物权等优先受偿权，人民法院对案外人提出的排除执行异议不予支持，但法律、司法解释另有规定的除外。"的规定，除法律、司法解释另有规定外，对申请执行人享有担保物权等优先受偿权的执行标的，案外人主张排除执行的，人民法院不予支持。本条所说的法律、司法解释另有规定的除外情形仅限于《最高人民法院关于建设工程价款优先受偿权问题的批复》第一条、第二条规定的情形，即建筑工程承包人的优先受偿权和商品房消费者的物权期待权。本案已查明，（2016）渝民初23号民事判决已认定原债权人新华信托公司对中冶投资公司提供抵押的案涉房屋所在商住楼在内的在建工程享有优先受偿权。2016年7月27日，重庆高院查封了包括案涉房屋在内的在建工程。凌云公司依据与新华信托公司于2018年6月29日签订的《债权转让协议》，取得了案涉全部债权和抵押权。杨晨未举证证明其对案涉房屋享有建筑工程承包人的优先受偿权，且杨晨自述案涉房屋系作经营使用，故杨晨对案涉房屋也不享有商品房消费者的物权期待权。因此，杨晨对案涉房屋主张权益，不符合《执行异议和复议规定》第二十七条规定的除外情形，其请求排除执行，本院不予支持。此外，本案也查明，杨晨与中冶投资公司未签订合法有效的书面买卖合同，案涉房屋至今未办理产权过户，杨晨亦自述案涉房屋系作经营使用，故其请求亦不符合《执行异议和复议规定》第二十八条、第二十九条规定的排除执行的情形。因杨晨并不享有排除执行的权利，故其请求确认案涉房屋所有权的主张亦不能成立。

——中国裁判文书网。

499. 对《最高人民法院关于人民法院办理执行异议和复议案件若干问题的规定》第二十七条"但法律、司法解释另有规定的除外"的理解

关键词

优先受偿权　执行异议和复议

最高人民法院司法解释

第二十七条 申请执行人对执行标的依法享有对抗案外人的担保物权等优先受偿权，人民法院对案外人提出的排除执行异议不予支持，但法律、司法解释另有规定的除外。

——《最高人民法院关于人民法院办理执行异议和复议案件若干问题的规定》（2020 年 12 月 29 日修正）。

附录：执行信箱

问： 对《最高人民法院关于人民法院办理执行异议和复议案件若干问题的规定》第二十七条“但法律、司法解释另有规定的除外”如何理解？是否认为第二十八条、第二十九条、第三十条都是但书之外的情形，普通购房人和商品房消费者是否优先于抵押权人？

答： 该问题在实践中存在着一定争议。参照最高人民法院的相关案例与《全国法院民商事审判工作会议纪要》（以下简称《九民纪要》）第一百二十五条、第一百二十六条的规定，我们认为，《最高人民法院关于人民法院办理执行异议和复议案件若干问题的规定》（法释〔2020〕21 号，以下简称《异议复议规定》）第二十七条规定的但书，包括《异议复议规定》第二十九条规定情形下的商品房消费者和第三十条规定的在先办理了受让物权预告登记的买受人，但不包括第二十八条规定情形下的一般房屋买卖合同的买受人和第三十条规定的在后办理了受让物权预告登记的买受人。

第一，除商品房消费者外，一般房屋买卖合同的买受人不得对抗抵押权。《九民纪要》第一百二十五条将《异议复议规定》第二十九条规定的案外人界定为“从开发商手中购买房屋的商品房消费者”，并在第一百二十六条中明确了商品房消费者的权利与抵押权的关系。第一百二十六条规定为：“根据《最高人民法院关于建设工程价款优先受偿权问题的批复》第 1 条、第 2 条的规定，交付全部或者大部分款项的商品房消费者的权利优先于抵押权人的抵押权，故抵押权人申请执行登记在房地产开发企业名下但已销售给消费者的商品房，消费者提出执行异议的，人民法院依法予以支持。但应当特别注意的是，此情况是针对实践中存在的商品房预售不规范现象而对消费者作出的特别保护，是例外规定，必须严格把握条件，避免扩大范围，以免动摇抵押权具有优先性的基本原则。因此，这里的商品房消费者应当仅限于符合本纪要第 125 条规定的商品房消费者。买受人不是本纪要第 125 条规定的商品房消费者，而是一般的房屋买卖合同的买受人，不适用上述处理规则。”

尽管民法典并未对这一问题予以明确规定，且《九民纪要》中提及的上述批复已废止，但《异议复议规定》第二十九条规定仍然有效。在被执行人系房地产开发企业的情况下，作为案外人的商品房消费者，在其满足《异议复议规定》第二十九条的情形时，其对商品房享有的权利可以对抗抵押权，这是为保护消费者生存权所作的特殊规定。除此之外，《异议复议规定》第二十八条规定的一般房屋买卖合同的买受人，无法依据第二十九条对抗申请执行人的抵押权等担保物权。

第二，根据实体法规则，一般买受人不得对抗抵押权人。一方面，在先有抵押、后有买卖的情况下，一般房屋买卖合同的买受人亦无法依据《异议复议规定》第二十八条对抗抵押权。民法典第四百零六条第一款规定："抵押期间，抵押人可以转让抵押财产。当事人另有约定的，按照其约定。抵押财产转让的，抵押权不受影响。"该条规定了抵押权的追及效力，意味着一般房屋买卖合同的买受人即便履行完毕了买卖合同并取得了房屋权属，亦不得对抗抵押权。因此，《异议复议规定》第二十八条不属于第二十七条规定的但书情形。另一方面，在先有买卖、后有抵押的情况下，根据民法典第三百一十一条规定，抵押权将参照适用善意取得制度而产生对抗买受人的效力。先有买卖，买受人如果符合《异议复议规定》第二十八条规定，对争议房屋享有的是物权期待权。但因房屋登记在原出让人名下，原出让人又将房屋抵押登记给第三人。根据上述规定，符合一定条件下的抵押权因善意取得而合法有效。此时，买受人可以向原出让人请求损害赔偿。假设原出让人为了达到不想将房屋出售给买受人的目的，而与抵押权人串通并办理了抵押登记，此时，抵押权人并非善意，承认抵押权享有对抗买受人的效力，可能有失公允。

第三，《异议复议规定》第三十条规定的预告登记权利人与抵押权人之间的优先问题，需要区分预告登记与抵押登记的时间先后。根据民法典第二百二十一条第二款规定，预告登记后，未经预告登记的权利人同意，处分该不动产的，不发生物权效力。因此，如果预告登记在先，未经预告登记权利人同意，出让人在房屋上设定抵押，该抵押权不得对抗预告登记权利人。此时，对预告登记权利人提出的案外人异议，符合《异议复议规定》第二十七条的但书规定，人民法院应予支持。如果抵押登记在先，预告登记在后，按照上述第二个问题的分析，在先有抵押、后有买卖的情况下，预告登记权利人不得对抗抵押权。此时，对预告登记权利人提出的案外人异议，不符合《异议复议规定》第二十七条的但书规定，人民法院不予支持。

——薛圣海、何东奇：《执行审查部分问题解答》，载最高人民法院执行局编：《执行工作指导》2020年第3辑（总第75辑），人民法院出版社2020年版，第159页。

500.《执行异议和复议规定》第二十七条规定的“除外”内容包括第二十九条但不包括第二十八条

关键词

执行异议之诉

最高人民法院裁判文书

赵英、刘阳春与长青建设集团有限公司等申请执行人执行异议之诉纠纷案［最高人民法院（2021）最高法民终 604 号民事判决书］

裁判要旨：1.《执行异议和复议规定》第 28 条和第 29 条在适用上产生竞合时，案外人可以选择适用该两条款，人民法院应予审查。如果法院未采纳案外人关于适用第 28 条（或第 29 条）的规定进行审查的主张而径行适用第 29 条（或第 28 条）的规定，则属于适用法律错误。2.《执行异议和复议规定》第 28 条和第 29 条分别规定了案外人的“物权期待权”和“消费者生存权”成立的条件，但对第 27 条“除外”具体指向，需要比较执行标的物上存在的不同类型权利的效力顺位，此为执行异议之诉的本质所在。就实体权利优先顺位而言，“消费者生存权”最优，工程价款优先受偿权次之，“物权期待权”被赋予“物权”名义，但其毕竟不是既得的物权，本质上仍属于债权请求权，故虽优先于普通债权，但应劣后于工程价款优先受偿权及担保物权等。也就是说，《执行异议和复议规定》第 27 条规定的“除外”内容包括第 29 条，但不包括第 28 条。3.《执行异议和复议规定》第 29 条规定是基于对“消费者生存权”优先保护所作的例外规定，故对该条第 2 项关于“所购商品房系用于居住且买受人名下无其他用于居住的房屋”的情形中的“买受人名下”应当作宽泛的理解，将买受人、实行夫妻共同财产制的配偶一方以及未成年子女作一并考虑。只要三者之一名下有房屋，即可视为已有居住用房。

最高人民法院认为，本案系申请执行人执行异议之诉，争议焦点为：赵英、刘阳春对案涉房屋是否享有足以排除强制执行的民事权益。结合赵英、刘阳春的上诉请求及审理查明的事实，本案涉及以下两个方面的问题：

一、赵英、刘阳春主张适用《执行异议和复议规定》第二十八条规定排

除长青公司债权执行的理由是否成立

《执行异议和复议规定》第二十八条适用于金钱债权执行中，买受人对登记在被执行人名下的不动产提出异议的情形，而第二十九条则适用于金钱债权执行中，买受人对登记在被执行的房地产开发企业名下的商品房提出异议的情形。上述两条文虽然适用于不同的情形，但是如果被执行人为房地产开发企业，且被执行的不动产为登记其名下的商品房，同时符合“登记在被执行人名下的不动产”与“登记在被执行的房地产开发企业名下的商品房”两种情形，则《执行异议和复议规定》第二十八条和第二十九条适用上产生竞合。案外人对登记在被执行的房地产开发企业名下的商品房请求排除强制执行的，可以选择适用第二十八条或者第二十九条的规定；案外人主张适用第二十八条规定的，人民法院应予审查。本案中，赵英、刘阳春购买了润红公司开发的商品房，而润红公司属于房地产开发企业，且为被执行人，赵英、刘阳春主张本案应适用第二十八条的规定进行审查，本院予以采纳。一审法院未采纳赵英、刘阳春关于适用第二十八条的规定进行审查的主张而径行适用第二十九条的规定，属于适用法律错误，本院予以纠正。

《执行异议和复议规定》第二十七条规定，“申请执行人对执行标的依法享有对抗案外人的担保物权等优先受偿权，人民法院对案外人提出的排除执行异议不予支持，但法律、司法解释另有规定的除外。”第二十八条规定，“金钱债权执行中，买受人对登记在被执行人名下的不动产提出异议，符合下列情形且其权利能够排除执行的，人民法院应予支持：（一）在人民法院查封之前已签订合法有效的书面买卖合同；（二）在人民法院查封之前已合法占有该不动产；（三）已支付全部价款，或者已按照合同约定支付部分价款且将剩余价款按照人民法院的要求交付执行；（四）非因买受人自身原因未办理过户登记。”《执行异议和复议规定》第二十八条和第二十九条分别规定了案外人的“物权期待权”和“消费者生存权”成立的条件，但对上述第二十七条“除外”具体指向，需要比较执行标的物上存在的不同类型权利的效力顺位，此为执行异议之诉的本质所在。就本案所涉实体权利优先顺位而言，“消费者生存权”最优，工程价款优先受偿权次之，“物权期待权”被赋予“物权”名义，但其毕竟不是既得的物权，本质上仍属于债权请求权，故虽优先于普通债权，但应劣后于工程价款优先受偿权及担保物权等。也就是说，《执行异议和复议规定》第二十七条规定的“除外”内容包括第二十九条，但不包括第二十八条。本案中，根据生效判决确认长青公司对案涉房屋享有建设工程价款优先受偿权，故赵英、刘阳春主张以《执行异议和复议规定》第二十八条规定排除长青公司债权执行的请求，本院不予支持。

二、赵英、刘阳春是否符合《执行异议和复议规定》第二十九条规定的情形如前所述，《执行异议和复议规定》第二十九条规定是基于对“消费者生存权”优先保护所作的例外规定，故对该条第二项关于“所购商品房系用于居住且买受人名下无其他用于居住的房屋”的情形中的“买受人名下”应当作宽泛的理解，将买受人、实行夫妻共同财产制的配偶一方以及未成年子女作一并考虑。只要三者之一名下有房屋，即可视为已有居住用房。本案中，虽然赵英、刘阳春主张将其名下位于威信县的房屋对外转让，但刘阳春在与赵英婚姻关系存续期间受让取得位于威信县扎西镇扎西街 ×× 号附 × 号房屋的所有权，赵英、刘阳春提供的户口簿显示双方的户籍均登记在该房屋地址，同时该房屋面积为 410.40 平方米，能够满足赵英、刘阳春生活居住需求，故赵英、刘阳春不符合《执行异议和复议规定》第二十九条第二项规定的情形，其以此排除长青公司债权执行的请求，本院不予支持。基于赵英、刘阳春不符合《执行异议和复议规定》第二十九条第二项规定的情形，故对其是否符合该条款规定的其他情形，本院不再评述。

——中国裁判文书网。

501. 执行异议之诉中抵押物优先受偿权与物权期待权的冲突

关键词

抵押房屋销售　执行异议之诉

最高人民法院裁判文书

中国东方资产管理股份有限公司重庆市分公司与乐仁堂投资集团股份有限公司、北京中坤锦绣房地产开发有限公司等申请执行人执行异议之诉案

［最高人民法院（2018）最高法民终 215 号民事判决书］

裁判要旨：抵押房屋销售是执行异议之诉的典型形态之一。《执行异议复议规定》第 28 条规定了买受人得以其享有的权利对登记在被执行人名下的不动产提出异议，以排除金钱债权执行需满足的四大要件。在具体案件中如何判断上述要件是否具备是审查的重点。同时，抵押权人对抵押人失信风险的预防控制、受让人订立合同时对自身和抵押权人权利保障的注意义务在审判过程中也应予以考量和关注。

最高人民法院认为：根据本案审理查明的事实和相关法律规定，应当认定乐仁堂投资公司对诉争房屋及车位享有的物权期待权足以排除东方资产重庆公司的强制执行。分析评判如下：

案涉抵押不动产销售引发的抵押权人优先受偿权与买受人物权期待权的权利冲突是执行异议之诉的一种典型形态。房地产开发中常因开发建设资金不足而需利用建设用地及在建工程抵押融资，在具备销售条件后又需销售以回笼资金偿还融资款，这时就需要抵押权人适度变更担保权利的实现形式。如果各方当事人都严格按照《物权法》第一百九十一条[①]的规定进行交易操作，则是对各方当事人均无风险的交易活动。但是，如果开发商不诚信，将不动产虚假、低价销售或转移销售资金，则会危及抵押权人的权利实现，从而引发抵押权人和买受人之间的权利冲突。为解决此类矛盾纠纷，最高人民法院出台了相关司法解释。《最高人民法院关于人民法院办理执行异议和复议案件若干问题规定》第二十七条规定："申请执行人对执行标的依法享有对抗案外人的担保物权等优先受偿权，人民法院对案外人提出的排除执行异议不予支持，但法律、司法解释另有规定的除外。"一般而言，案外人就执行标的提出的异议，常因申请执行人享有担保物权等优先受偿权而得不到支持，但该司法解释第二十八条、第二十九条也分别针对不动产和用于居住的商品房规定了除外情形，其中第二十八条规定："金钱债权执行中，买受人对登记在被执行人名下的不动产提出异议，符合下列情形且其权利能够排除执行的，人民法院应予支持：（一）在人民法院查封之前已签订合法有效的书面买卖合同；（二）在人民法院查封之前已合法占有该不动产；（三）已支付全部价款，或者已按照合同约定支付部分价款且将剩余价款按照人民法院的要求交付执行；（四）非因买受人自身原因未办理过户登记。"符合该条规定四个条件的不动产买受人的物权期待权，即可对抗享有担保物权等优先受偿权的申请执行人的强制执行。诉争房屋及车位为不动产，乐仁堂投资公司作为买受人的权利能否排除东方资产重庆公司作为抵押权人的强制执行，需要从四个方面进行考察。

首先，关于是否在查封前签订合法有效书面买卖合同的问题。不动产的买卖合同一般都是书面的，是否合法有效主要涉及买卖合同是否为预约合同、是否系伪造以及是否名为买卖等，查清相关事实后即可按照实体法的规范审查判断。对这个问题，在司法实践中更多的争议在于买卖合同的签订时间是否系在人民法院查封诉争不动产之前。对此，买受人首先应当承担证明在查封前已签订合法有效书面买卖合同的举证责任；若申请执行人对买受人举示的证据有异议，则应承担反证的举证责任，如对形成时间申请司法鉴定以确定买卖合同是否系倒签等；但是，不动产买卖合同在房管部门已备案的，则因备案合同的公示性而无需买受人再证。本案中，一审法院查封诉争房屋及

① 对应《民法典》第四百零六条。

车位的时间为 2014 年 10 月 29 日，而乐仁堂投资公司早在 2013 年 3 月 19 日即与中坤锦绣地产公司就诉争房屋及车位签订了《北京市商品房现房买卖合同》并办理网签手续。该买卖合同是双方当事人的真实意思表示，并不违反法律、行政法规的强制性规定，应当合法有效。虽然案涉房产项目在销售之前即办理了抵押登记，但因东方资产重庆公司在 2012 年 11 月 5 日已向北京市海淀区城乡建设委员会、北京市海淀区房屋管理局出具了《抵押权人同意抵押房屋销售的证明》，中坤锦绣地产公司在销售中亦将该证明作为买卖合同的附件，乐仁堂投资公司签订诉争房屋及车位买卖合同并无过错。东方资产重庆公司上诉主张诉争房屋及车位买卖行为不真实，但并未提交相应证据予以证明，该上诉理由不能成立。

其次，关于是否在查封之前已合法占有的问题。合法占有是一种有法律依据的对不动产实际控制的事实状态，占有是否发生在人民法院查封之前，是对过去事实状态的回溯。被执行人与买受人之间的房屋交接手续或物业公司在争议发生后出具的证明等常因涉嫌恶意串通而在诉讼中争议较大，这就需进一步提供相对较为客观的第三方当时证据，如物业管理费、水电气暖费等当时的缴费凭据。本案中，乐仁堂投资公司举示的物业公司证明及物业费、水电费、供暖费等交费凭据能够证明其分别于 2013 年 3 月、2014 年 7 月已实际占有使用诉争房屋及车位。东方资产重庆公司并未提交足以否定前述证据的反驳证据，其关于诉争房屋及车位未在一审法院查封之前实际占有使用的上诉主张，本院不予支持。

再次，关于价款支付问题。价款是否全部支付是买受人能否享有足以排除强制执行的物权期待权最核心的问题。如果买受人将款项通过银行转账支付到被执行人名下账户，则付款事实没有争议，争议点在于款项用途是否为不动产买卖合同项下的款项，买受人主张系诉争不动产买卖合同项下款项，应承担相应的举证责任；如果买受人将款项通过银行转账支付到第三人名下账户，则买受人应提交当时的证据证明该款项支付的是诉争不动产买卖合同项下价款，由于涉及第三人的实体权利，常需第三人通过到庭作证等方式参与诉讼以便查明认定相关事实；如果买受人以收款收据而主张现金交付的，则买受人应当就交付时间、地点、接受人情况及其经济能力、财产变动情况等充分举证，供人民法院综合判断。本案中，虽然大部分款项是国药乐仁堂医药有限公司向中坤锦绣地产公司转账支付，但国药乐仁堂医药有限公司 2013 年 3 月 20 日就已出具《付款说明》，载明上述代付款项系代该公司股东乐仁堂投资公司支付的购房款；部分款项在诉争房屋及车位买卖合同签订之日的前一天支付，并非不合交易常理。乐仁堂投资公司举示的购房发票、银行转账凭证等证据可以证明其已经按照约定向中坤锦绣地产公司支付了诉争房屋及车位的全部价款。东方资产重庆公司未提交相关银行凭证上的转账系其他合同项下款项的反驳证据，其关于乐仁堂投资公司提供的证据不足以证明付清全部购房款的上诉主张也不能成立。

最后，关于未办理过户登记原因问题。《物权法》第一百九十一条规定："抵押期间，抵押人经抵押权人同意转让抵押财产的，应当将转让所得的价款向抵押权人提前清偿债务或者提存。转让的价款超过债权数额的部分归抵押人所有，不足部分由债务人清偿。抵押期间，抵押人未经抵押权人同意，不得转让抵押财产，但受让人代为清偿债务消灭抵押权的除外。"由于抵押登记具有公示公信效力，对于已有抵押登记的不动产买卖，抵押权人同意抵押人转让抵押财产，或买受人代为清偿债务消灭抵押权，是认定未办理过户登记非因买受人自身原因的两种情形。如未经抵押权人同意，除非买受人代为清偿债务以消灭抵押权，否则抵押权人对不动产上的抵押登记不负有涂销义务。但是，如抵押权人同意转让抵押财产，转让价款用以提前清偿抵押权人债务或提存的义务主体是抵押人，而非买受人，抵押人未将转让价款用以提前清偿抵押权人债务或提存的，仍应承担相应的担保责任；此时，抵押权人对不动产上的抵押登记负有涂销义务，除非抵押权人与买受人有约定或抵押权人有为买受人所知晓的相关声明。本案中，抵押权人东方资产重庆公司已向房管部门出具《抵押权人同意抵押房屋销售的证明》，抵押人中坤锦绣地产公司亦将其作为诉争房屋及车位买卖合同的附件，乐仁堂投资公司对于诉争房屋及车位的买卖产生合理信赖。虽东方资产重庆公司与中坤锦绣地产公司签订《监管协议》对销售回款进行监管，但该协议并不为诉争房屋及车位买受人乐仁堂投资公司支付款项前所知晓，监管账户亦未在乐仁堂投资公司与中坤锦绣地产公司的买卖合同中约定为付款账号。中坤锦绣地产公司未将转让价款提存或清偿东方资产重庆公司债务，系中坤锦绣地产公司违反合同约定而严重失信，但也是东方资产重庆公司应当承担的合同风险，乐仁堂投资公司对款项支付亦无过错。因此，乐仁堂投资公司作为买受人，在购买诉争房屋及车位过程中已尽到相应的注意义务，诉争房屋及车位未能办理过户登记并非乐仁堂投资公司的原因。

由上可见，在诉争房屋及车位上东方资产重庆公司抵押权与乐仁堂投资公司的物权期待权发生冲突的主要原因，是东方资产重庆公司在同意中坤锦绣地产公司转让抵押房产时因未充分注意其失信问题而未对买受人尽到提示义务，导致乐仁堂投资公司在买房时不能尽到相应的注意义务，应由东方资产重庆公司自行承担相关损失。本案的审理，提示在已抵押不动产买卖交易中的抵押权人和买受人要充分注意抵押人的失信可能：作为抵押权人，应当注意将同意转让不动产的合理价位及价款支付方式或监管账户等信息，通过在其同意销售证明上载明等方式让买受人知晓，才能避免已抵押不动产转让价款的流失及债权的损害；同时，买受人在合同签订及付款时也应注意抵押权人权利保障的方式，注意留存合同签订、占有使用、价款支付的原始凭据，在发生争议时其物权期待权才能依法得到保护。由此，才能减少或避免已抵押不动产上抵押权人的优先受偿权与买受人物权期待权冲突纠纷的发生。

——法信网。

华孟均与进出口担保公司、全新石化公司案外人执行异议之诉案［最高人民法院（2021）最高法民终 1245 号民事判决书］

裁判要旨：《执行异议和复议规定》第二十八条和第二十九条分别规定了案外人的“物权期待权”和“消费者生存权”成立的条件，但对该规定第二十七条“除外”具体指向，需要比较执行标的物上存在的不同类型权利的效力顺位，此为执行异议之诉的本质所在。就本案所涉实体权利优先顺位而言，“消费者生存权”最优，担保物权次之，“物权期待权”虽被赋予“物权”名义，但毕竟不是既得的物权，本质上仍属于债权请求权，故虽优先于普通债权，但应劣后于担保物权。

最高人民法院认为，本案的争议焦点为：华孟均对案涉房屋是否享有足以排除强制执行的民事权益。

《执行异议和复议规定》第二十七条规定：“申请执行人对执行标的依法享有对抗案外人的担保物权等优先受偿权，人民法院对案外人提出的排除执行异议不予支持，但法律、司法解释另有规定的除外。”第二十八条规定：“金钱债权执行中，买受人对登记在被执行人名下的不动产提出异议，符合下列情形且其权利能够排除执行的，人民法院应予支持：（一）在人民法院查封之前已签订合法有效的书面买卖合同；（二）在人民法院查封之前已合法占有该不动产；（三）已支付全部价款，或者已按照合同约定支付部分价款且将剩余价款按照人民法院的要求交付执行；（四）非因买受人自身原因未办理过户登记。”第二十九条规定：“金钱债权执行中，买受人对登记在被执行的房地产开发企业名下的商品房提出异议，符合下列情形且其权利能够排除执行的，人民法院应予支持：（一）在人民法院查封之前已签订合法有效的书面买卖合同；（二）所购商品房系用于居住且买受人名下无其他用于居住的房屋；（三）已支付的价款超过合同约定总价款的百分之五十。”《执行异议和复议规定》第二十八条和第二十九条分别规定了案外人的“物权期待权”和“消费者生存权”成立的条件，但对上述第二十七条“除外”具体指向，需要比较执行标的物上存在的不同类型权利的效力顺位，此为执行异议之诉的本质所在。就本案所涉实体权利优先顺位而言，“消费者生存权”最优，担保物权次之，“物权期待权”虽被赋予“物权”名义，但毕竟不是既得的物权，本质上仍属于债权请求权，故虽优先于普通债权，但应劣后于担保物权。也就是说，《执行异议和复议规定》第二十七条规定的“除外”内容包括第二十九条，但不包括第二十八条。本案中，根据生效判决确认进出口担保公司对案涉房屋享有抵押权，华孟均主张以《执行异议和复议规定》第二十八条规定排除进出口担保公司债权执行的请求，最高人民法院不予支持。根据本案查明事实，即便陈祥银、何小元、杨岚、陈祥金、陈秀英、杨映桂、张晓梅、余素芳、雷曙光等人出具的《情况说明》属实，华孟均主张权利的房屋多达7套，亦不符合《执行异议和复议规定》第二十九条规定的情形。故，华孟均对案涉房屋不享有足以排除强制执行的民事权益。

——中国裁判文书网。

502. 只要当事人在申请执行期间对债务人申请强制执行，就应视为抵押权人在主债权受到法律保护的期间内行使了权利

关键词

抵押权　强制执行

最高人民法院裁判文书

吕锋与高原及大连开发区泰乐房地产开发有限公司案外人执行异议之诉案［最高人民法院（2021）最高法民申4619号民事裁定书］

裁判要旨：抵押权人应在主债权受到法律保护的期间内行使抵押权。当主债权经诉讼程序被生效裁判确定后，此时主债权固然不存在诉讼时效问题，但裁判生效后，主债权不一定能实现，在债务人未主动履行情况下，还存在执行问题。只要当事人在申请执行期间对债务人申请强制执行，就应视为抵押权人在主债权受到法律保护的期间内行使了权利，抵押权人的权利仍应受到保护。

最高人民法院经审查认为：本案再审审查焦点问题为：吕锋是否享有足以排除强制执行的民事权利。结合本案事实及相关法律规定，本院对上述争议焦点综合评判如下：

首先，关于高原对案涉房屋是否享有抵押权的问题。据一审法院查明事实，案涉房屋于2006年6月29日设定抵押，其后注销，又于2007年5月11日设定抵押，至今未注销，抵押权人为大连经济技术开发区农村信用合作

社（以下简称信用合作社）。2013年7月25日，一审法院作出（2013）大执审字第171号执行裁定，裁定变更高原为（2009）大民三初字第83号民事调解书的申请执行人，即高原受让了信用合作社对泰乐公司的债权。《物权法》第一百九十二条[①]规定："抵押权不得与债权分离而单独转让或者作为其他债权的担保。债权转让的，担保该债权的抵押权一并转让，但法律另有规定或者当事人另有约定的除外。"故信用合作社对泰勒公司享有的抵押权与上述债权应一并转让给高原，高原对案涉房屋享有抵押权。

其次，吕锋主张因信用合作社在（2009）大民三初字第83号案件中未主张抵押权，故其抵押权超过诉讼时效。《物权法》第二百零二条[②]规定："抵押权人应当在主债权诉讼时效期间行使抵押权；未行使的，人民法院不予保护。"抵押权作为担保物权的一种，本身不适用诉讼时效制度，但为了防止抵押权人怠于行使抵押权，物权法规定抵押权人应在主债权诉讼时效期间内行使抵押权，实质在于明确抵押权人应在主债权受到法律保护的期间内行使抵押权。当主债权经诉讼程序被生效裁判确定后，此时主债权固然不存在诉讼时效问题，但裁判生效后，主债权不一定能实现，在债务人未主动履行情况下，还存在执行问题。只要当事人在申请执行期间对债务人申请强制执行，参照上述《物权法》第二百零二条之规定，就应视为抵押权人在主债权受到法律保护的期间内行使了权利，抵押权人的权利仍应受到保护。本案高原在一审法院强制执行期间申请执行该房屋，故其抵押权应受到保护。

最后，《最高人民法院关于人民法院办理执行异议和复议案件若干问题的规定》第二十七条规定："申请执行人对执行标的依法享有对抗案外人的担保物权等优先受偿权，人民法院对案外人提出的排除执行异议不予支持，但法律、司法解释另有规定的除外。"高原作为抵押权人，其享有能够对抗案外人吕锋的抵押权优先受偿权，对于吕锋关于排除强制执行的诉请，一、二审法院不予支持并无不当。另外，本案作为案外人执行异议之诉案件，审查范围应为吕锋是否具有排除强制执行的民事权利。吕锋关于对高原受让泰乐公司的债权是否已经支付对价及履行相应程序等异议并非本案审理范围，故一、二审法院未进行相关审理并无不当。

——中国裁判文书网。

① 对应《民法典》第四百零七条。

② 对应《民法典》第四百一十九条。

503. 建设工程价款优先受偿权是否可作为提起执行异议的权利基础

关键词

申请执行人执行异议之诉　建设工程价款优先受偿权

最高人民法院裁判文书

黄少成与黄九金、桂军林、进贤农商行、桂扬公司申请执行人执行异议之诉纠纷案［最高人民法院（2021）最高法民申 2199 号民事裁定书］

裁判要旨：建设工程价款优先受偿权是承包人在建设工程折价或依法拍卖后，建设工程的价款就该工程折价或者拍卖的价款优先受偿的权利。本质乃是以案涉工程的交换价值担保工程价款债权得以实现的权利，承包人享有的是一种顺位权而非足以排除强制执行的民事权益。故建设工程价款优先受偿权不可作为提起执行异议的权利基础。

最高人民法院认为，本案的争议焦点为黄少成对案涉房屋是否享有足以排除强制执行的民事权益。

《执行异议复议规定》第二十七条规定，申请执行人对执行标的依法享有对抗案外人的担保物权等优先受偿权，人民法院对案外人提出的排除执行异议不予支持，但法律、司法解释另有规定的除外。黄少成主张其对案涉房屋享有建设工程价款优先受偿权，符合上述法律、司法解释另有规定的情形，足以排除进贤农商行所享有的抵押权行使。本院认为，除了所有权等在性质上能够阻止人民法院对执行标的强制执行的实体权利外，上述法律、司法解释另有规定可以排除担保物权等优先受偿权行使的，主要指《执行异议复议规定》第二十八条、第二十九条、第三十条，《最高人民法院关于建设工程价款优先受偿权问题的批复》第二条规定的情形。虽然《最高人民法院关于建设工程价款优先受偿权问题的批复》第一条规定，人民法院在审理房地产纠纷案件和办理执行案件中，应当认定建筑工程的承包人的优先受偿权优于抵押权和其他债权。但上述建设工程承包人的优先受偿权系指建设工程价款就该工程折价或者拍卖的价款优先受偿，即在就工程折价或者拍卖时的一种权利顺位。即便黄少成对案涉房屋享有建设工程价款优先受偿权，但经查，黄少成购买的是商铺而非住宅，诉争房屋并非用于居住，其并非商品房消费者，且就案涉房屋亦未办理预告登记，故不符合《执行异议复议规定》第二十九条、第三十条，《最高人民法院关于建设工程价款优先受偿权问题的批复》第二条规定的可以排除进贤农商行对抵押物申请强制执行的情形。此外，根据《执行异议复议规定》第二十八条的适用条件，本案中由于黄少成怠于行使权利，案涉房屋未能办理过户登记的主要原因在其自身，黄少成亦未举证证明其在案涉房屋抵押之前具有向桂扬公司要求办理过户登记手续等积极主张权利的行为，且根据黄少成申请再审理由所称，其未办理案涉房屋变更登记的主要原因在于不愿承担案涉房屋交易产生的税费。故原审法院认定黄少成亦不符合《执行异议复议规定》第二十八条规定的"非因买受人自身原因未办理过户登记"条件，不具有排除进贤农商行对抵押物申请强制执行的权利，亦无不当。

关于黄少成主张案涉房屋并非桂扬公司责任财产的申请理由，经查，2010 年 4 月 20 日，黄少成与桂扬公司就案涉房屋签订《店面出售合同》，但案涉房屋自 2011 年 10 月 14 日办理了产权证后一直登记在桂扬公司名下，黄少成由于自身原因未办理房屋变更登记，其并未取得案涉房屋物权，故案涉房屋仍属于桂扬公司的责任财产，黄少成的该项理由亦不能成立。

——中国裁判文书网。

504. 前案债权人依抵押权申请强制执行房屋时，买受房屋的案外人，可以善意取得为由提起案外人执行异议之诉

关键词

案外人　执行异议之诉　善意取得

最高人民法院审判业务意见（第二巡回法庭法官会议纪要）

执行异议之诉的目的在于判断案外人是否对执行标的享有足以排除强制执行的民事权益，而案外人申请再审程序是案外人认为作为执行依据的裁判文书本身存在错误。本案梁某主张其有权排除法院对于案涉房屋的强制执行，理由并非前案判决内容错误且损害其民事权益，而是主张其已通过合法受让取得案涉房屋所有权，构成善意取得。因此，对于梁某是否构成善意取得，是否有权排除法院针对案涉房屋的强制执行，应当通过执行异议之诉的审理依法认定。梁某在程序上享有诉权，其起诉符合执行异议之诉的受理条件，受诉法院应予受理。

附：案情简介

1997 年 6 月，甲银行向乙公司发放贷款 1000 万元，期限 1 年，乙公司以其拥有的 13 亩土地使用权及该土地上的 10 幢房屋提供抵押担保，并在工商行政管理机关办理了抵押登记。借款到期后，乙公司尚欠 700 万元本金及利息未偿还。1999 年期间，乙公司将抵押房屋出售，李某购买了其中的 803 号房屋并办理了房屋产权证。2004 年 6 月，甲银行提起诉讼，法院于 2005 年 5 月作出生效判决，判令乙公司向甲银行偿还借款本金及利息，甲银行可以就抵押物优先受偿。判决还认为：根据《担保法》第 42 条规定和该省人民政府相关批复，在工商行政管理机关办理的案涉抵押登记有效。乙公司又将房屋转让他人，根据《担保法解释》第 67 条的规定，因该抵押已经依法登记，故甲银行仍然可以行使抵押权。如乙公司在转让房屋时未告知第三人房屋已设定抵押，第三人可另案向乙公司主张权利。

2005 年 12 月，甲银行申请强制执行。2006 年 3 月，执行法院张贴公告查封案涉 10 幢房屋及土地使用权，但未实际执行。2010 年，李某将 803 号房屋转让给梁某并办理了产权转移登记，梁某持有房屋产权证书。梁某于 2016 年 1 月以案外人的身份提出执行异议，被驳回后提起执行异议之诉，请求判决停止对案涉 803 号房屋的执行，原审法院指引梁某通过案外人申请再审程序解决其诉求。

——《案外人执行异议诉讼请求是否与原裁判有关的认定》，载贺小荣主编：《最高人民法院第二巡回法庭法官会议纪要》（第一辑），人民法院出版社 2019 年版，第 144~147 页。

（四）《执行异议和复议规定》第二十八条的适用

505. 无过错不动产买受人物权期待权的保护——对《执行异议和复议规定》第二十八条的理解与适用

关键词

无过错不动产买受人　物权期待权

最高人民法院司法解释

第二十八条　金钱债权执行中，买受人对登记在被执行人名下的不动产提出异议，符合下列情形且其权利能够排除执行的，人民法院应予支持：

（一）在人民法院查封之前已签订合法有效的书面买卖合同；

（二）在人民法院查封之前已合法占有该不动产；

（三）已支付全部价款，或者已按照合同约定支付部分价款且将剩余价款按照人民法院的要求交付执行；

（四）非因买受人自身原因未办理过户登记。

——《最高人民法院关于人民法院办理执行异议和复议案件若干问题的规定》(2020 年 12 月 29 日修正)。

附录：最高人民法院主流观点

根据《物权法》第 9 条[①]、第 14 条[②]、第 28~30 条[③]的规定，除了继承、征收等非因法律行为所取得的物权外，不动产物权的设立、变更、转让和消灭，必须经依法登记，始能发生效力。基于我国现行房地产开发以及登记制度的不完善等原因，不动产买受人签订买卖合同之后，往往不能及时进行登记，买受人取得法律意义上的所有权总会滞后于债权合意很长一段时间，有的甚至长达十几年。在这段间隙中，买卖的不动产在法律上仍属于出卖人所有，如果仅仅将买受人当作普通的债权人，基于债权的相对性，其对房屋的登记或者交付请求权并不具有排除出卖人的其他债权人就买卖不动产提出的受偿要求，将面临其他金钱债权人请求就买卖不动产另行变价的不测风险。由于不动产处于人民群众的基本生活资料地位，尤其是在强调“无恒产者无恒心”的我国，对不动产买受人在执行程序中予以优先保护，对于增强人民群众对法律公平的信心无疑具有特殊的意义。

在执行程序对不动产受让人进行优先保护的理论基础是买受人物权期待权保护。买受人物权期待权滥觞于德国，经德国帝国法院 1920 年判决确认并逐渐被其他大陆法系国家所接受。它是指对于签订买卖合同的买受人，在已经履行合同部分义务的情况下，虽然尚未取得合同标的物的所有权，但赋予其类似所有权人的地位，其物权的期待权具有排除执行等物权效力。我国对物权期待权的保护，首见于 2002 年最高人民法院《关于建设工程价款优先受偿权问题的批复》这一司法解释中，该批复对具有消费者身份的房屋买受人予以优先于金钱债权人的特殊保护。尔后，2004 年 3 月 1 日生效的《最高人民法院、国土资源部、建设部关于依法规范人民法院执行和国土资源房地产管理部门协助执行若干问题的通知》第 15 条，将物权期待权保护的对象扩大至自开发商处受让房屋的所有买受人。2005 年 1 月 1 日，最高人民法院又在《查封、扣押、冻结规定》第 17 条，将物权期待权保护的对象再次扩大到所有登记财产的买受人。《物权法》生效之后，是否还有必要再坚持《查封、扣

① 对应《民法典》第二百零九条。

② 对应《民法典》第二百一十四条。

③ 分别对应《民法典》第二百二十九条、第二百三十条、第二百三十一条、。

押、冻结规定》第17条[①]所确定的原则存在一定的争议。经过研究，我们认为，《查封、扣押、冻结规定》第17条适用的基本社会环境和制度基础并未得到根本改变，社会上仍然存在大量非买受人的原因而未登记的不动产，如果不加分别一律准许强制执行，将会危及社会稳定。因此，《查封、扣押、冻结规定》第17条的基本精神仍应当予以坚持，但是，应当根据适用中出现的问题进行修改和补充。

本条对无过错买受人物权期待权保护的要件，和《查封、扣押、冻结规定》第17条相比有所区别：

一、申请实现的债权应当限于金钱债权

《查封、扣押、冻结规定》第17条对于申请执行的债权种类没有限制，在实践中产生了一些问题。因为，对于非金钱债权的执行，买受人的物权期待权是否能够具有排除效力，不无疑问。例如，在一房多卖的情况下，多个执行依据均确定被执行人交付房产，实际上是物的交付请求权之间的竞合，取决于正在申请实现的物之交付请求权是物权还是债权，抑或和案外人的权利同样的物权期待权等等因素，恐不能简单得出案外人的物权期待权优先的结论，尚需要认真调研后制订专门的规则进行调整。

二、在人民法院查封之前已签订合法有效的书面买卖合同

物权期待权所依据的基础法律关系必须合法有效。我国法律虽承认物权行为，但并不承认物权行为的独立性，物权的变动实行“债权合意加登记”，所以，物权能够合法变动的前提是以物权变动为内容的债权合同成立并且有效。买受人物权期待权从权利性质上虽非物权，但由于其正在接近物权，对其保护的前提和基础也是其未来将过渡为物权，因此，作为其基础权利的债权必须合法有效，本条的表述是“受让人与被执行人签订有合法有效的书面买卖合同”。之所以要求必须在查封前签订书面买卖合同，是基于《城市房地产管理法》第41条“房地产转让，应当签订书面转让合同，合同中应当载明土地使用权取得的方式”的规定。同时，也为执行机构甄别真实的买受人提供证据。

三、已支付全部价款，或者已按照合同约定支付部分价款且将剩余价款按照人民法院的要求交付执行

在价款交付上，和《查封、扣押、冻结规定》第17条要求全部交付价款不同，对于买受人按照约定支付部分价款并且在人民法院指定的期限内将剩余价款交付执行的，也纳入保护范围。从实践中看，相当一部分不动产买卖合同所涉金额巨大，当事人之间多约定分期付款，案外人虽仅支付部分款项，

① 现为《最高人民法院关于人民法院民事执行中查封、扣押、冻结财产的规定》(2020年修正)第15条。

但系按照合同约定的进度支付，如其将剩余价款按照人民法院指定的期限交付执行，不影响债权受偿，自然没有拒绝保护的道理。需要注意，对于买受人剩余价款的支付，本条的规定是按照人民法院要求的时间，而非按照合同约定期限。因为，执行财产在被查封之前并非静止不动，而是一直在社会交易流转过程中，其上会不断负载第三人的实体权利，如果人民法院完全受制于被执行人与第三人的合同约定，必将一筹莫展。如此规定，体现出执行权作为公权力对被执行人与第三人之间的民事权利进行适当的干预，在被执行人与第三人之间进行了适当的利益平衡。

四、人民法院查封前已经合法占有不动产

首先，买受人物权期待权之所以要保护，就是因为买受人已经为取得物权履行了一定义务并以一定的方式对外进行了公示，尽管这种公示的方式较之法定的登记公示方式在效力上较弱。其次，占有不动产的行为必须发生在查封前。在查封后占有的，受查封的效力所及，不得对抗债权人。同时，要求在查封前已经占有不动产，也是为了减少被执行人与第三人恶意串通的可能性。这里涉及对“占有”的理解。占有应理解成对不动产的管理和支配。以房屋为例，一般认为，拿到房屋的钥匙、办理物业的入住手续，即应视为对房屋已经有事实上的管理和支配权。但是，就不动产的性质而言，并没有特殊的要求。也就是说如果不动产为房屋的话，不管是商业用房，还是居住用房，均应一体保护。

五、非因买受人自身原因未办理过户登记

从实践中看，能够归责于买受人的原因，可以分为三个层面，一是对他人权利障碍的忽略。例如，不动产之上设定有其他人的抵押权登记，而买受人没有履行合理的注意义务，导致登记时由于存在他人抵押权而无法登记。二是对政策限制的忽略。例如，明知某地限制购房，在不符合条件的情况下仍然购房导致无法办理过户手续。三是消极不行使登记权利。例如，有的交易当事人为了逃税等而故意不办理登记的，不应受到该原则的保护。一个有争议的问题是，有的人认为，买房人本来可以通过提起诉讼行使物权登记请求权并通过法院强制执行来完成物权变动的使命，但却没有行使，能否视为买受人的原因。我们认为，对于普通的民事主体，不可将其都视为法律专家，此种情况，不能视为买受人有过错。何况，诉讼与执行本身也有一定时间要求，不能满足对买受人物权期待权的保护要求。

——江必新、刘贵祥主编、最高人民法院执行局编著：《最高人民法院关于人民法院办理执行异议和复议案件若干问题规定理解与适用》，人民法院出版社 2015 年版，第 421~425 页。

506. 抵债受让人能否依据《执行异议和复议规定》第二十八条享有物权期待权

关键词

以物抵债协议 物权期待权

附录：最高人民法院法官著述

四、抵债受让人不宜依据《执行异议和复议规定》第二十八条享有物权期待权

抵债受让人依据《执行异议和复议规定》第二十八条主张物权期待权，法院不宜支持，主要理由是：

（一）以物抵债协议当事人不具有购买不动产的意思表示

从前述法律规定看，在当事人签订买卖合同时买受人才能对不动产产生物权期待权。以物抵债协议当事人并没有买卖的合意，抵债受让人仅希望实现其金钱债权，物的交付只是金钱债权履行的替代手段，其不能产生对物之交付的期待权，故不能适用《执行异议和复议规定》第二十八条规定。即便有些情况下当事人签订了商品房买卖合同，其基础也是以物抵债，法律关系未发生实质变化。如果商品房买卖合同未能履行，抵债受让人仍然可以主张原债权。

（二）《执行异议和复议规定》第二十八条不宜作扩大解释

有些案件扩大解释了《执行异议和复议规定》第二十八条规定第一项和第三项，即认为可以将以房抵债协议视为当事人签订了合法有效的不动产买卖合同，原债权已经转化为购房款。该种扩大解释并不符合该规定的条文主旨。

公示公信原则是物权变动中的一项基本原则，物权期待权缺乏公示，应严格限制其适用范围，不宜扩大解释。物权期待权的成立依赖于买卖合同当事人的履行进度，第三人无法通过查阅不动产登记簿获得权利信息。赋予抵偿受让人物权期待权必定会损害其他债权人的利益。对物权期待权予以保护主要基于社会政策考量，使购买不动产的人不必担心被法院强制执行，维护交易安全。抵债受让人并无予以特殊保护之必要。此外，《执行异议和复议规定》第二十八条制定背景是不动产登记存在滞后性，该问题可以通过物权法规定的预告登记制度解决，即抵债受让人的利益可以通过其他途径获得保护。

（三）抵债受让人享有物权期待权损害债权平等原则

债权的效力一律平等，不因成立的先后、发生的原因而存在优劣之别，

已到清偿期的债权人对债务人的一般责任财产有平等受偿权。如果赋予抵债受让人物权期待权，能够排除强制执行，则导致当事人自行确认并签订清偿协议的债权优先于经过司法机关确认并采取执行措施的债权受偿，扰乱债权清偿顺序，损害债权平等受偿原则。

（四）抵债受让人享有物权期待权增大法院甄别虚假诉讼的负担

以物抵债协议仅需当事人签字即成立，买受人无需再履行缴纳购房款义务，当事人极易伪造以物抵债事实，以逃避强制执行。由于缺乏足够的履行事实和技术手段，法院难以判定以物抵债事实是否真实存在。即便有些当事人签订的《商品房买卖合同》经过网签，能够确定签订时间，但是当事人是否存在原债权债务，仍然难以判断，使得物权期待权的保护问题复杂化，审理难度较大。如果将以物抵债协议纳入《执行异议和复议规定》第二十八条的适用范围，将会有更多案件诉至法院，增加法院负担，不利于将司法资源分配给最需要法律保护的当事人，不符合诉讼经济效率原则。

——谢爱梅、李东旭:《以物抵债协议与〈执行异议和复议规定〉第二十八条之适用》，载最高人民法院民事审判第一庭编:《民事审判指导与参考》2018 年第 3 辑（总第 75 辑），人民法院出版社 2018 年版，第 203~205 页。

507.《最高人民法院关于人民法院办理执行异议和复议案件若干问题的规定》第二十八条规定是对符合特定条件的不动产买受人的特殊保护，能否适用于“以房抵债”情形

关键词

执行异议之诉　以房抵债

最高人民法院裁判文书

闫志军与河北晨光鹏晖建筑工程有限公司、河北普华房地产开发有限公司执行异议之诉案［最高人民法院（2021）最高法民申 5132 号民事裁定书］

裁判要旨:《最高人民法院关于人民法院办理执行异议和复议案件若干问题的规定》第二十八条规定是对符合特定条件的不动产买受人的特殊保护，意在保护以获取物权为目的的不动产买受人的生存利益。“以房抵债”以消灭既存债权为目的，不涉及不动产买受人生存利益保护，故不适用。

最高人民法院经审查认为，本案再审审查的焦点问题是闫志军对案涉房

屋是否享有足以排除强制执行的民事权益。《最高人民法院关于人民法院办理执行异议和复议案件若干问题的规定》第二十八条规定，金钱债权执行中，买受人对登记在被执行人名下的不动产提出异议，符合下列情形且其权利能够排除执行的，人民法院应予支持：（一）在人民法院查封之前已签订合法有效的书面买卖合同；（二）在人民法院查封之前已合法占有该不动产；（三）已支付全部价款，或者已按照合同约定支付部分价款且将剩余价款按照人民法院的要求交付执行；（四）非因买受人自身原因未办理过户登记。该条规定是对符合特定条件的不动产买受人的特殊保护，不包括"以物抵债"情形。而本案中，闫志军认可，其与普华公司签订《商品房买卖合同》的目的即是为了消灭与普华公司之间原有的债权债务，并不符合上述特殊保护情形。即便双方已经将法律关系性质转化为房屋买卖合同关系，亦需要对买卖关系的真实性尤其是房款支付情况进行审查。在执行异议之诉中，涉及申请执行人、被执行人和案外人三方利益，不能简单地以被执行人认可而免除案外人对相关事实的举证责任。对于闫志军主张的抵顶购房款的借款，一、二审综合本案全部案情，认定闫志军对案涉房产不享有排除强制执行的民事权利，并无不当。闫志军关于执行法院恶意查封的主张，不属于执行异议之诉案件的审理范围，本院不予审查。

——中国裁判文书网。

508.《最高人民法院关于人民法院办理执行异议和复议案件若干问题的规定》第 28 条规定的不动产买受人的权利本质上属于债权请求权，不能对抗优先受偿权

关键词

执行异议　不动产买受人　债权请求权

最高人民法院裁判文书

陈贺绅、贺艳等案外人执行异议案［最高人民法院（2022）最高法民终 77 号民事判决书］

裁判要旨：《执行异议和复议规定》第 28 条规定的不动产买受人的物权期待权本质上属于债权请求权，该债权虽优先于普通债权，但劣后于建设工程价款优先受偿权及担保物权等优先受偿权。即《执行异议和复议规定》第 27 条规定的"除外"内容不包括《执行异议和复议规定》第 28 条规定。

最高人民法院认为，本案二审争议焦点是：陈贺绅、贺艳对案涉房产享有的权益能否排除中铁公司依据建设工程优先受偿权申请的强制执行。

《执行异议复议规定》第二十七条规定：“申请执行人对执行标的依法享有对抗案外人的担保物权等优先受偿权，人民法院对案外人提出的排除执行异议不予支持，但法律、司法解释另有规定的除外。”第二十八条规定：“金钱债权执行中，买受人对登记在被执行人名下的不动产提出异议，符合下列情形且其权利能够排除执行的，人民法院应予支持：（一）在人民法院查封之前已签订合法有效的书面买卖合同；（二）在人民法院查封之前已合法占有该不动产；（三）已支付全部价款，或者已按照合同约定支付部分价款且将剩余价款按照人民法院的要求交付执行；（四）非因买受人自身原因未办理过户登记。”上述《执行异议复议规定》第二十八条规定的不动产买受人的物权期待权本质上属于债权请求权，该债权虽优先于普通债权，但劣后于建设工程价款优先受偿权及担保物权等优先受偿权。即《执行异议复议规定》第二十七条规定的“除外”内容不包括《执行异议复议规定》第二十八条规定。本案中铁公司已经人民法院生效判决确认对案涉房屋享有建设工程价款优先受偿权，即便陈贺绅、贺艳的主张符合《执行异议复议规定》第二十八条规定的情形，其对案涉房屋享有的物权期待权，也不能对抗中铁公司对案涉房屋享有的建设工程价款优先受偿权，陈贺绅、贺艳上诉请求本院不予支持。至于中铁公司是否滥用施工单位的优势地位而恶意不配合案涉项目竣工验收，不能反证陈贺绅、贺艳提出的异议足以排除中铁公司基于工程价款优先受偿权提出的执行申请，该项上诉理由本院亦不予采纳。

——中国裁判文书网。

509. 一般不动产买受人即便符合《执行异议和复议规定》第二十八条的规定，也不能对抗抵押权人

关键词

一般不动产买受人　购房消费者　抵押权　排除强制执行

最高人民法院裁判文书

吴双与恒丰银行股份有限公司南充分行及南充莱茵威尔能源投资管理有限公司、四川思凯房地产开发有限公司、四川省南充市万事兴房地产开发有限公司、陈春兰、唐作银申请执行人执行异议之诉案［最高人民法院（2021）最高法民申1131号民事裁定书］

裁判要旨：《执行异议和复议规定》第二十九条的规定，体现了对商品房消费者物权期待权的优先保护，而《执行异议和复议规定》第二十八条则规定了一般不动产买受人的物权期待权，但该权利并不具有优先于抵押权的生存权至上的价值基础。因此，一般不动产买受人即便符合《执行异议和复议规定》第二十八条的规定，也不能对抗抵押权人。

最高人民法院经审查认为：在原审法院已经查明并认定恒丰银行南充分行对执行标的享有抵押权的情形下，吴双如要排除恒丰银行南充分行对案涉房屋享有的抵押权优先受偿权，必须符合《执行异议和复议规定》第二十七条的规定。该条确立了享有担保物权的申请执行人的优先受偿地位；同时基于对一些特定权益优先保护的必要，通过“但书”予以排除。根据《最高人民法院关于建设工程价款优先受偿权问题的批复》第一条、第二条的规定，交付全部或者大部分款项的商品房消费者的权利优先于抵押权人优先受偿权，此即属于“但书”条款所言的例外规定，该规定是基于生存权至上的考虑，突破合同相对性和债权平等而设置的特别规定，实践中需要严格审查和把握，以免动摇抵押权的优先性基础。《执行异议和复议规定》第二十九条规定体现了对商品房消费者物权期待权的优先保护。而《执行异议和复议规定》第二十八条则规定了一般房屋买受人的物权期待权，但该类情形并不具有优先于抵押权的生存权至上的价值基础。也即，一般不动产买受人即便符合《执行异议和复议规定》第二十八条的规定，也不能对抗抵押权人。因此，在恒丰银行南充分行对执行标的享有抵押权的情形下，吴双作为案外人对案涉房屋享有的权益如要对抗已办理登记的抵押权的优先地位，必须符合《执行异议和复议规定》第二十九条的规定，原审判决适用法律并无不当。

本案中，吴双与思凯公司签订的案涉《商品房买卖合同》明确所购买商品房用途为“办公”，土地用途为“商业”，土地使用年限自2006年9月13日起至2046年9月12日止。而双方所签《卡斯摩广场商品房买卖合同补充协议》第一条也写明：“出卖人在签订合同之前，已向买受人明示了《商品房买卖合同》示范文本，向买受人明示了全部销售依据——《国有土地使用证》《建设用地规划许可证》《建设工程规划许可证》《建设工程施工许可证》《商品房预售许可证》”等，上述证据证明吴双对案涉房屋性质并非住宅应为明知。虽然吴双提交了案涉房屋现状照片及《燃气安装合同》、思凯公司出具的《情况说明》《供用气合同》及燃气缴费发票作为补充证据，拟证明其购买案涉房屋系用于自住，但上述证据并不能改变案涉房屋为非住宅的性质。在案涉房屋为非住宅性质的情况下，即使吴双已经交清房屋全款，其亦不属于商品房消费者，不能依据商品房消费者享有的生存居住权而排除执行，故原审判决认定"吴双作为执行案外人对案涉房屋并不享有足以对抗该执行的法定权利"的基本事实也不缺乏证据证明。

——中国裁判文书网。

510. 以物抵债裁定作出后案外人是否还能提出执行异议

关键词

以物抵债　案外人　执行异议

最高人民法院裁判文书

于志振与石强等申请执行人执行异议之诉案［最高人民法院（2021）最高法民再190号民事判决书］

裁判要旨：作为执行标的的案涉房屋已经被执行给于某，案外人出异议是否超过法定期限，均取决于案涉执行程序是否已经终结，而"执行程序终结"指的是生效法律文书确定的债权实现后执行程序完全终结。本案于某未能办理案涉房屋的产权变更登记，其债权尚未得到完全清偿。因此，案涉执行程序尚未终结，故案外人提出执行异议未超过法定期限。

最高人民法院认为：本案系申请执行人执行异议之诉。本案再审审理的重点为：石强提出执行异议是否超过法定期限；石强对案涉房屋是否享有足以排除强制执行的权益。

（一）关于石强提出执行异议是否超过法定期限

关于该问题，鉴于另案已发生法律效力的民事裁定已认定案外人石强提出的执行异议并未超过法定期限，二审法院并指令一审法院审理本案，故本案二审法院对此未重复处理，并无不当。

《执行异议和复议规定》第六条规定："当事人、利害关系人依照民事诉讼法第二百二十五条[①]规定提出异议的，应当在执行程序终结之前提出，但对终结执行措施提出异议的除外。案外人依照民事诉讼法第二百二十七条规定提出异议的，应当在异议指向的执行标的执行终结之前提出；执行标的由当事人受让的，应当在执行程序终结之前提出。"本案中，作为执行标的的案涉房屋已经被执行给于志振，故无论石强是依照《民事诉讼法》第二百二十五

① 现为《民事诉讼法》（2021年修正）第二百三十二条。

条还是第二百二十七条[①]提出执行异议，其提出异议是否超过法定期限，均取决于案涉执行程序是否已经终结。《执行异议和复议规定》第六条规定的“执行程序终结”指的是生效法律文书确定的债权实现后执行程序完全终结。换言之，执行程序终结是指申请执行人请求强制执行的权利已得到全部实现，执行程序已经完全终结。而终结本次执行程序是指人民法院已穷尽一切执行措施，未发现被执行人有可供执行的财产或者发现的财产不能处置的，将暂时中止执行程序并作结案处理，待发现可供执行财产后继续恢复执行。终结本次执行程序中，申请执行人权利尚未全部实现，发现被执行人有财产的，可以依申请执行人的申请或依职权恢复执行。同时，于志振亦未能办理案涉房屋的产权变更登记，其债权尚未得到完全清偿。因此，一审法院虽裁定终结本次执行程序，但案涉执行程序尚未终结，故案外人石强提出执行异议未超过法定期限。

（二）关于石强对案涉房屋是否享有足以排除强制执行的民事权益

石强提出执行异议，请求撤销（2014）辽阳执字第56-1号执行裁定、解除对案涉房屋的查封，实质上是不认可该以物抵债裁定，认为在案涉查封前其已经购买了案涉房屋并合法占有、不应当对案涉房产进行拍卖及以物抵债。因此，石强提出撤销上述执行裁定的异议原则上系对执行行为的异议，一审法院应对该执行行为是否违法进行审查，但该院作出的（2017）辽10执异34号执行裁定仅裁定中止对案涉房屋执行，未涉及上述执行裁定是否应予撤销问题。同时，就执行异议之诉的功能而言，石强的诉求也难以在本案执行异议之诉案件审理中得以全面解决。如前所述，在（2014）辽阳执字第56-1号执行裁定未予撤销的情况下，一审法院裁定中止对案涉房屋的执行，亦不能改变该房屋已经执行的事实状态。因此，一审法院应对石强提出的执行行为异议进行审查，如审查认为石强提出的异议应予支持，则应撤销（2014）辽阳执字第56-1号执行裁定；如认为石强提出的异议不能成立，则应驳回其申请。如前所述，因一审法院作出的（2017）辽10执异34号执行裁定未涉及（2014）辽阳执字第56-1号执行裁定是否应予撤销的问题，石强若想获得救济，原则上可通过执行监督程序，向一审法院申请撤销（2014）辽阳执字第56-1号执行裁定。本案提审期间，石强依据本案二审判决向一审法院申请启动执行监督程序，请求撤销（2014）辽阳执字第56-1号执行裁定，该院立案并经审查认为，因本案已由本院提审，依照相关法律规定，于2020年12月29日作出（2020）辽10执监59号执行裁定，裁定中止该案执行监督审查程序。

鉴于前述本院提审期间发生的新事实，本院认为，在石强提起执行监督

① 现为《民事诉讼法》（2021年修正）第二百三十四条。

程序，认为（2014）辽阳执字第 56-1 号执行裁定违法并请求撤销该裁定的情况下，再以于志振已依据（2014）辽阳执字第 56-1 号执行裁定取得案涉房屋所有权为由，排除石强的执行异议，属于循环论证，亦增加当事人诉累。因此，现依据《执行异议和复议规定》第二十八条规定就石强对案涉房屋是否享有足以排除强制执行的民事权益进行实质审查，有所必要，亦客观合理。前述规定第二十八条规定："金钱债权执行中，买受人对登记在被执行人名下的不动产提出异议，符合下列情形且其权利能够排除执行的，人民法院应予支持：（一）在人民法院查封之前已签订合法有效的书面买卖合同；（二）在人民法院查封之前已合法占有该不动产；（三）已支付全部价款，或者已按照合同约定支付部分价款且将剩余价款按照人民法院的要求交付执行；（四）非因买受人自身原因未办理过户登记"。根据原审查明的事实，于志振与隆德公司之间存在民间借贷关系，双方并不存在真实的房屋买卖合同关系。石强在案涉房屋被人民法院查封之前已经与隆德公司签订合法有效的《商品房买卖合同》且已经生效判决确认；已交付足额购房款；并已实际占有案涉房屋；亦非自身原因导致案涉房屋未办理过户登记手续。原审判决适用前述法律规定，认定石强对案涉房屋享有足以排除强制执行的民事权益，并无不当。

——中国裁判文书网。

511. 以物抵债协议具备哪些要素，案外人才能排除强制执行

关键词

强制执行　以物抵债　案外人

最高人民法院裁判文书

吉林省亿西欧投资有限公司与黄志强、长春天正房地产开发有限责任公司案外人执行异议之诉案［最高人民法院（2021）最高法民再 221 号民事判决书］

裁判要旨：房地产转让属于要式法律行为，且有制式商品房买卖合同为准，否则不应突破书面合同这一形式要件。房屋的受让人虽通过以物抵债形式实际占有房屋，但是不具备上述条件，进而主张排除对房地产的强制执行的，不予支持。

最高人民法院认为，本案争议焦点为黄志强对案涉房屋是否享有足以排除人民法院强制执行的权利。结合本案事实及相关法律规定，本院对上述争

议焦点综合评判如下：

《最高人民法院关于人民法院办理执行异议和复议案件若干问题的规定》第二十八条规定，金钱债权执行中，买受人对登记在被执行人名下的不动产提出异议，符合下列情形且其权利能够排除执行的，人民法院应予支持：（一）在人民法院查封之前已签订合法有效的书面买卖合同；（二）在人民法院查封之前已合法占有该不动产；（三）已支付全部价款，或者已按照合同约定支付部分价款且将剩余价款按照人民法院的要求交付执行；（四）非因买受人自身原因未办理过户登记。虽然本案案涉房产先由天正公司抵付工程款给苏中集团，后由苏中集团抵付工程款给黄志强，但是案涉房产始终登记被执行人天正公司的名下。尽管苏中集团与黄志强在《协议书》中第二条约定："经苏中集团与天正公司沟通协调，天正公司同意直接为黄志强办理商品房相关手续，包括签订《商品房买卖合同》开具销售不动产发票、代为办理商品房产权证等"。但是该项条款并没有实际履行，天正公司始终未与黄志强签订书面的房屋买卖合同，也未为黄志强开具销售房屋发票。苏中集团仅为案涉房屋的承建商，黄志强与苏中集团之间签订的《维修工程内部承包协议书》以及《协议书》不能代替合法有效的书面买卖合同。根据《城市房地产管理法》第四十一条及《城市房地产转让管理规定》第七条、第八条之规定，房地产转让应当签订书面转让合同，除应当载明房屋坐落位置、面积、价款等基本信息外，还应当载明房地产权属证书名称和编号、地产、四至界限、地宗地号、土地使用权取得的方式及年限、违约责任等事项。房地产转让属于法律规定的要式法律行为，且应以房产管理部门发放的带有条形码的制式商品房买卖合同为准。对于房屋买受人是否符合查封前签订书面买卖合同的认定，应当要求书面文件具备物权变动的内容和合意，或符合《最高人民法院关于审理商品房买卖合同纠纷案件适用法律若干问题的解释》第五条规定的情形，但不应突破书面合同这一形式要件。本案中黄志强没有与开发商天正公司签订书面合同，不符合买受人签订合法有效书面买卖合同的要件。在尚不具备开发商与购房人签订有书面买卖房屋合同的情况下，黄志强提供的占有该房屋的证据并不充分，且至今该房屋也未办理竣工验收手续，尚不具备交付条件。综上，黄志强不符合《执行异议和复议规定》第二十八条规定的条件，对案涉房屋不享有足以排除强制执行的民事权益。

——中国裁判文书网。

512. 不动产买受人所享有足以排除执行之民事权益的认定

关键词

不动产买受人　过户登记　实际占有　排除强制执行

最高人民法院审判业务意见 / 第一巡回法庭法官会议纪要

案外人排除执行的主张应当得到支持。

一审法院民事裁定手写备注“房产证直接办给建行某分行”能产生物权变动效力。何某等五人从2007年起持续占有该案涉商铺，法律应保护其占有。因此，何某等五人的再审申请理由成立，应当提审改判。从过错认定的角度看，在连续转移产权的背景下，对权利人过错的认定应降低标准。从维护既定秩序的商事裁判原则看，F公司于2009年取得债权，而何某等五人于2007年始持续占有该案涉商铺，如果仅因何某等五人未办理过户手续的过错，而让F公司后享有的债权优先于何某等五人在先取得的权利，明显不利于维护既定秩序。

附：案情简介

1996年2月，广东省高级人民法院判令A公司依约将其“某花园”首层靠西一侧等额面积的商场交付B公司使用。1999年5月18日，B公司与C公司、A公司约定C公司以2131平方米的铺位抵债给B公司，并根据B公司要求将该铺位转给中国建设银行股份有限公司某分行（以下简称建行某分行），房产证直接办给建行某分行。1999年6月9日，建行某分行同意B公司用债权抵偿其对建行某分行的债务。1999年6月14日，一审法院裁定C公司和A公司名下位于“某花园”2123平方米房屋归B公司所有，另手书“房产证直接办给建行某分行”字样并加盖法院校对章。2002年7月2日，一审法院向广东省广州市中级人民法院（以下简称广州中院）致函称，广州中院所查封C公司名下房产因一审法院所作生效裁定已确定给建行某分行。2007年2月15日，一审法院又向广东省珠海市香洲区人民法院致函称，B公司因一审法院所作生效裁定已取得“某花园”商场2123平方米房屋的所有权。

2007年8月27日，建行某分行、D公司与珠海E公司约定，建行某分行将包括“某花园”首层商场靠西一侧在内待过户实物资产登记至D公司名下。2007年10月17日，何某、李某与D公司约定，D公司将从建行某分行处取得的上述资产转让给何某、李某，付款方式为何某、李某在协议签订日起向

D 公司支付人民币 50 万元，并按 D 公司发出的书面通知支付剩余的 140 万元人民币。同日，D 公司出具收据一份，写明收到何某、李某用于购买“某花园”首层商场靠西侧的债权转让款人民币 190 万元。

2008 年 7 月 28 日，李某死亡。继承人李甲、李乙、张某、李丙向广东省珠海市金湾区公证处申请继承李某以位于“某花园”首层商场的房地产为标的的债权。

2009 年 10 月 13 日，何某、李某与谭某约定，何某、李某将案涉“某花园”首层商场西侧转让给谭某。何某等五人确认该“李某”签字系李丁所代签，而张某不予认可，认为债权转让合同无效。

2013 年 8 月 8 日，何某等五人要求 D 公司、建行某分行、珠海 E 公司、B 公司、C 公司协助办理案涉房屋过户登记手续，并因此向广东省珠海市金湾区人民法院（以下简称金湾区法院）提起诉讼，后金湾区法院依法驳回何某等五人的起诉。

——最高人民法院第一巡回法庭编著:《最高人民法院第一巡回法庭民商事主审法官会议纪要》（第 1 卷），中国法制出版社 2020 年版，第 35~45 页。

513. 商品房认购书能否作为排除执行所要求的书面买卖合同

关键词

案外人执行异议之诉　书面买卖合同

最高人民法院裁判文书

马军省与郭彦伟、长盛集团公司案外人执行异议之诉案［最高人民法院（2021）最高法民申 5950 号民事裁定书］

裁判要旨：原判决认定，马军省所提交其与长盛集团公司签订的《长盛家园商品房认购书》虽约定了涉案房屋的位置、面积、总价款等基本信息，但并不完全具备《商品房销售管理办法》第十六条规定的商品房买卖合同的主要内容，对此事实，马军省并未提出异议，故原判决认定《长盛家园商品房认购书》并非《最高人民法院关于人民法院办理执行异议和复议案件若干问题的规定》第二十八条第一项所规定的书面买卖合同有事实根据和法律依据。结合对本案其他证据的分析，综合认定马军省的相应主张尚不足以产生可以排除强制执行的权益，其关于停止执行的诉讼请求不能得到支持。

最高人民法院经审查认为：关于马军省与长盛集团公司在人民法院查封之前是否已签订书面买卖合同问题。原判决认定，马军省所提交其与长盛集团公司签订的《长盛家园商品房认购书》虽约定了涉案房屋的位置、面积、总价款等基本信息，但并不完全具备《商品房销售管理办法》第十六条规定的商品房买卖合同的主要内容，即该认购书并未约定涉案房屋的权属信息、销售方式、交付使用条件及日期、基础配套设施的交付承诺和有关权益、公共配套建筑的产权归属、面积差异的处理方式、办理产权登记有关事宜。对此事实，马军省并未提出异议，故原判决认定《长盛家园商品房认购书》并非《最高人民法院关于人民法院办理执行异议和复议案件若干问题的规定》第二十八条第一项所规定的书面买卖合同有事实根据和法律依据。原判决还查明，《长盛家园商品房认购书》中有关于“乙方应于 / 年 / 月 / 日 16：00 之前，持本《认购书》及产权人相关证件资料至长盛家园销售中心与甲方签订《商品房买卖合同》……如乙方未按本《认购书》约定期限与甲方签订《商品房买卖合同》，视为乙方放弃购买该商品房”的记载，而马军省提交《商品房买卖合同补充协议》显示签订时间为 2018 年 7 月 17 日，系在人民法院查封之后。对此事实，马军省亦无异议，故原判决认定《长盛家园商品房认购书》并非订立于人民法院查封之前签订的《商品房买卖合同》、本案亦不符合《最高人民法院关于人民法院办理执行异议和复议案件若干问题的规定》第二十八条第一项所规定的情形有事实根据。马军省主张双方当事人在时间栏以划斜杠的方式表现对签订《商品房买卖合同》的否定，并不符合前述合同条款的表述及合同文义的整体理解。马军省还主张《商品房买卖合同补充协议》中关于“该协议签订后原商品房买卖合同继续履行”的表述表明《长盛家园商品房认购书》即为商品房买卖合同，因该协议签订于人民法院查封房产之后，马军省与长盛集团公司的此类合意尚不足以对抗执行申请人，且合同条款表述本身亦不能当然地推导出《长盛家园商品房认购书》即为“原商品房买卖合同”的结论，故马军省关于其与长盛集团公司意思表示真实、所设立民事法律关系应得到保护的主张因尚不足以产生可以排除强制执行的权益，其关于停止执行的诉讼请求不能得到支持。

——中国裁判文书网。

514. 案外人针对申请保全诉讼案件当事人双方争议的诉讼标的主张权利的，能否提出执行异议之诉

关键词

案外人　申请保全诉讼案件　诉讼标的执行异议之诉

最高人民法院裁判文书

中国华融资产管理股份有限公司吉林省分公司与王丽梅等申请执行人执行异议之诉案［最高人民法院（2021）最高法民终 928 号民事裁定书］

裁判要旨：如果案外人对申请保全诉讼案件当事人双方争议的诉讼标的主张独立请求权，或者主张案件处理结果同他有法律上的利害关系，则案外人可以通过提起诉讼、申请参加诉讼，或者由人民法院通知参加诉讼等方式参与到申请保全诉讼案件的诉讼程序中，以方便解决权利争议。但如果案外人为排除保全执行，主张其权利优先于申请保全人，并不以否定申请保全人或者被保全人在申请保全诉讼案件中的权利主张为唯一理由，则可以通过执行异议之诉解决争议，在确定权利顺位后确定是否应当准予保全。

最高人民法院认为，本案应重点审查人民法院是否应当依法受理当事人提起的执行异议之诉。《民事诉讼法》第二百二十七条[①]规定："执行过程中，案外人对执行标的提出书面异议的，人民法院应当自收到书面异议之日起十五日内审查，理由成立的，裁定中止对该标的的执行；理由不成立的，裁定驳回。案外人、当事人对裁定不服，认为原判决、裁定错误的，依照审判监督程序办理；与原判决、裁定无关的，可以自裁定送达之日起十五日内向人民法院提起诉讼。"《最高人民法院关于人民法院办理财产保全案件若干问题的规定》第二十七条规定："人民法院对诉讼争议标的以外的财产进行保全，案外人对保全裁定或者保全裁定实施过程中的执行行为不服，基于实体权利对被保全财产提出书面异议的，人民法院应当依照民事诉讼法第二百二十七条规定审查处理并作出裁定。案外人、申请保全人对该裁定不服的，可以自裁定送达之日起十五日内向人民法院提起执行异议之诉。人民法院裁定案外人异议成立后，申请保全人在法律规定的期间内未提起执行异议之诉的，人民法院应当自起诉期限届满之日起七日内对该被保全财产解除保全。"《最高人民法院关于人民法院办理财产保全案件若干问题的规定》第二十七条规定以"诉讼争议标的以外的财产"作为提起案外人异议及执行异议之诉条件，主要意图在于与案外人以第三人身份根据《民事诉讼法》第五十六条[②]规定参与诉讼的情形相区分。如果案外人对申请保全诉讼案件当事人双方争议的诉讼标的主张独立请求权，或者主张案件处理结果同他有法律上的利害关系，则

① 现为《民事诉讼法》（2021 年修正）第二百三十四条。
② 现为《民事诉讼法》（2021 年修正）第五十九条。

案外人可以通过提起诉讼、申请参加诉讼，或者由人民法院通知参加诉讼等方式参与到申请保全诉讼案件的诉讼程序中，以方便解决权利争议。但如果案外人为排除保全执行，主张其权利优先于申请保全人，并不以否定申请保全人或者被保全人在申请保全诉讼案件中的权利主张为唯一理由，则可以通过执行异议之诉解决争议，在确定权利顺位后确定是否应当准予保全。当然，前述区分并不妨碍案外人分别提出不同的权利主张及事实理由，从而既可以基于第三人身份参与到申请保全诉讼案件的诉讼程序中，又可以通过《民事诉讼法》第二百二十七条规定程序请求排除保全执行。在申请保全诉讼案件中，如果申请保全人主张对被保全财产享有抵押权，而其是否享有抵押权对认定案外人权利是否足以排除保全执行具有重要影响的，即使案外人主张申请保全人不享有抵押权并要求以第三人身份参与申请保全诉讼案件，亦不影响案外人及申请保全人同时根据《民事诉讼法》第二百二十七条规定提起执行异议之诉。因为执行异议之诉需要解决案外人的权利是否足以排除执行问题，包括在申请保全人不享有抵押权或者享有抵押权情形下案外人的排除执行主张应否得到支持问题。这一问题在申请保全诉讼案件中并非诉讼标的，无法在申请保全诉讼案件中得到完全解决。如果执行异议之诉的审理需要以另一案即申请保全诉讼案件对抵押权问题的审理结果为依据，而另一案尚未审结的，则可以依法中止审理。本案华融公司申请保全所依据的是其在（2018）吉民初65号案件中提出的判令金晟公司给付借款本息，并对包括本案案涉房产在内的抵押房产可以行使抵押权的诉讼请求。（2018）吉民初65号案件主要解决华融公司的债权数额、是否对案涉房产有抵押权及抵押范围等问题。本案中，案外人请求排除华融公司对案涉房产的保全，其主要理由是案外人在吉林高院查封案涉房产前与金晟公司签订了房屋买卖合同，交纳了购房款，且办理了入住手续，合法占有使用案涉房产，符合《最高人民法院关于人民法院办理执行异议和复议案件若干问题的规定》第二十八条等规定。因此，本案所应审理的主要问题是案外人权利是否应优先于华融公司获得保护并应否准予保全等问题，与（2018）吉民初65号案件所审理的问题并不完全相同，不能以（2018）吉民初65号案件的审理排除执行异议之诉案件的受理。如果本案必须以另一案即华融公司申请保全诉讼案件的审理结果为依据，而另一案尚未审结的，本案亦可以依法中止审理。

——中国裁判文书网。

515. 执行异议之诉中合法有效书面买卖合同的认定

关键词

执行异议　书面买卖合同　排除强制执行

最高人民法院裁判文书

北京首都旅游集团有限责任公司与黑龙江华风家俱装饰材料市场有限公司、黑龙江省北亚房地产综合开发有限公司申请执行人执行异议之诉上诉案

［最高人民法院（2019）最高法民终1548号民事判决书］

裁判要旨：案外人为保障借款的安全与被执行人签订名义上的“商品房买卖合同”，但该合同并非以取得不动产所有权为目的，则不符合《最高人民法院关于人民法院办理执行异议和复议案件若干问题的规定》第二十八条第一项“在人民法院查封之前已签订合法有效的书面买卖合同”的实质要件，案外人不能据此排除人民法院的执行。

最高人民法院二审认为：（1）基于案涉房屋，华风家俱公司与北亚公司之间形成何种法律关系。案涉《商品房买卖合同》签订目的是保证华风家俱公司借款的资金安全而以案涉房屋作为担保，且直至2007年4月华风家俱公司才承诺放弃主张借款的权利。一审法院于2006年11月30日作出裁定查封案涉房产，故在人民法院查封时，案涉《商品房买卖合同》的性质属于对华风家俱公司借款的担保，双方当事人并未形成真实的房屋买卖合同关系。在人民法院查封之后，无论华风家俱公司是否形成以物抵债或者以借款转变为购房款，都不能改变案涉《商品房买卖合同》的性质。一审判决认定华风家俱公司与北亚公司在人民法院查封之前已经形成合法有效的房屋买卖合同关系，认定事实不清，应当予以纠正。（2）华风家俱公司对案涉房屋是否享有足以排除人民法院强制执行的民事权益。在人民法院对案涉房产查封时，华风家俱公司与北亚公司签订案涉《商品房买卖合同》的真实意思是为华风家俱公司的借款资金安全提供保障。华风家俱公司并不具备案涉房屋买受人的主体身份，案涉《商品房买卖合同》并不符合《最高人民法院关于人民法院办理执行异议和复议案件若干问题的规定》第二十八条第一项的实质要件。华风家俱公司对案涉房屋享有的是案涉房屋可以作为一般责任财产申请执行的权利。该权利的属性并非所有权、他物权或应受特别保护的债权，而案涉房屋的所有权人是北亚公司。因此，华风家俱公司（案外人）对案涉房屋享有的权利不能排除人民法院对作为案涉房屋所有权人的北亚公司（被执行人）的执行。

——第二巡回法庭微信公众号。

516. 股权被依法查封后，受让人提出执行异议之诉成立的要件

关键词

股权　查封　执行异议之诉

最高人民法院裁判文书

黄木兴与厦门双润投资管理有限公司等案外人执行异议之诉纠纷案［最高人民法院（2019）最高法民终 1946 号民事判决书］[①]

裁判要旨：在人民法院依法查封股权后，股权受让人提出执行异议之诉成立要件应当包括：其一，受让人与被执行人应当在人民法院查封之前签订真实有效的转让合同；其二，受让人应在人民法院查封之前完成公司股东名册的变更，其可依据股东名册向公司主张股东权利；其三，受让人在查封之前已足额支付转让价款或已依约支付部分价款且将剩余价款按照人民法院的要求交付执行。

最高人民法院经审查认为：执行异议之诉的基本功能在于通过实体审理程序判断金钱债权申请执行人基于生效裁判对执行标的享有的权利与异议人对执行标的享有的权利谁更具有优先性。申请执行人基于对被执行人享有合法债权，而对被执行人名下执行标的具有请求人民法院依法处置，所得价款用于清偿其债权的权利。执行异议之诉制度基本价值取向是基于公平原则，给予符合特定条件的异议人优于普通债权人的特别保护。基于执行异议之诉基本功能与价值取向，除存在法定优先权情形下，受让人提出对执行标的具有优先性因而可以排除强制执行的，一般应当具备以下要件：

1. 受让人对执行标的权利应当是真实的，且该权利早在人民法院查封之前即已客观存在。真实性是受让人提出的执行异议能够成立的前提条件，如受让人对执行标的权利为虚假，则无保护之必要，遑论优先保护。人民法院查封之后，任何针对执行标的处分行为均应属无效，故受让人的权利在人民

① 入选第四届全国法院“百篇优秀裁判文书”。

法院查封之前即已客观存在亦属于其异议能够成立的前提条件。因此，受让人与被执行人应当在人民法院查封之前签订真实有效的转让合同。

2. 受让人已实际占有或控制执行标的。在受让人没有实际占有或者控制执行标的情况下，其所享有的仅是请求被执行人依约交付执行标的的权利，该权利属于债权请求权，而债权具有平等性，不能对抗强制执行。在受让人因被执行人的履约行为已实际取得对执行标的占有或控制后，受让人已经可以对执行标的进行占有、使用、收益，而被执行人对执行标的即不再享有上述权益。人民法院在执行程序中对被执行人所采取的强制执行措施，应当以其实际享有的财产或财产性权益为限。在被执行人因丧失对执行标的的占有或控制而对该执行标的不享有任何权益之时，即具有将该财产排除强制执行的可能，也即受让人实际占有或控制执行标的是赋予其优先保护的实质要件。在转让对象系股权的情况下，在认定受让人实际控制执行标的要件时应当考虑到股权的基本特性。股权是股东或出资人对公司所享有的资产收益、参与重大决策和选择管理者等权利，该权利行使的对象是公司。《公司法》第三十二条规定："有限责任公司应当置备股东名册，记载下列事项：（一）股东的姓名或者名称及住所；（二）股东的出资额；（三）出资证明书编号。记载于股东名册的股东，可以依股东名册主张行使股东权利"。据此，股东名册是股东行使股东权利的依据。受让人能够实际行使股权的前提应当是公司股东名册已经变更、受让人已经作为股东记载于股东名册。故受让人应在人民法院查封之前完成公司股东名册的变更，其可依据股东名册向公司主张股东权利。

3. 被执行人的责任财产没有因转让行为而不当减少。首先，执行标的原本属于被执行人的责任财产，系债权人可以请求人民法院依法处置，用于清偿债务的对象。受让人取得对执行标的占有或控制是基于转让合同关系，而在该基础法律关系中，被执行人转让执行标的的目的是获得转让价款。被执行人转让执行标的与受让支付价款构成对待给付关系，两者相互依存，相互构成受领给付的基础。在受让人已经实际支付转让价款或者已依约支付部分价款、剩余价款交由人民法院执行的情形下，被执行人名下财产由该执行标的转化为转让价款，其责任财产范围并没有因转让行为而不当减少。考虑到受让人依约履行支付价款等合同主要义务的情况下，其有权继续保持受领给付状态，可以赋予其排除强制执行的权利。而在受让人未按照合同约定支付转让对价的情况下，受让人因未履行对待给付义务，缺乏对执行标的继续占有的基础。在该执行标的被人民法院依法查封时，即不应赋予受让人排除执行的权利。其次，执行异议之诉基本价值系公平原则。在受让人未支付价款且不愿意将剩余价款交付人民法院执行的情况下，如赋予受让人优于对执行标的采取查封措施且已支付对价的债权人特别保护则有悖于执行异议之诉制度基本价值。再次，现行司法解释关于受让人能够排除执行的规定中均将转让价款的支付作为核心要件之一。2004 年颁布实施的《最高人民法院关于人民法院民事执行中查封、扣押、冻结财产的规定》（以下简称为《查封、扣押、冻结财产的规定》）第十七条[①]规定："被执行人将其所有的需要办理过户登记的财产出卖给第三人，第三人已经支付部分或者全部价款并实际占有该财产，但尚未办理产权过户登记手续的，人民法院可以查封、扣押、冻结；第三人已经支付全部价款并实际占有，但未办理过户登记手续的，如果第三人对此没有过错，人民法院不得查封、扣押、冻结"。2015 年颁布实施的《执行异议和复议规定》第二十八条规定："金钱债权执行中，买受人对登记在被执行人名下的不动产提出异议，符合下列情形且其权利能够排除执行的，人民法院应予支持：（一）在人民法院查封之前已签订合法有效的书面买卖合同；（二）在人民法院查封之前已合法占有该不动产；（三）已支付全部价款，或者已按照合同约定支付部分价款且将剩余价款按照人民法院的要求交付执行；（四）非因买受人自身原因未办理过户登记"。《执行异议和复议规定》第二十八条基本延续了《查封、扣押、冻结财产的规定》第十七条的规定，只是将价款支付条件放宽至"已支付全部价款，或者已按照合同约定支付部分价款且将剩余价款按照人民法院的要求交付执行"。甚至，在基于生存权系最优先权利而对消费者购房予以最优保护的《执行异议和复议规定》第二十九条中仍将消费者购房人"已支付的价款超过合同约定总价款的百分之五十"作为排除执行的要件之一。在执行异议之诉中，股权受让人不应取得比消费者购房人更优越的地位。因此，股权受让人在查封之前已足额支付转让价款或已依约支付部分价款且将剩余价款按照人民法院的要求交付执行亦应属于其能够排除执行的必要条件之一。双润投资公司提出仅办理股权名册变更即可对抗强制执行的观点不能成立。

——中国裁判文书网。

517. 作为消费者的购房人再次将房屋转让的受让人能否继受排除执行的权利

关键词

房屋转让　受让人

① 现为《最高人民法院关于人民法院民事执行中拍卖、变卖财产的规定》（2020 年修正）第十五条。

最高人民法院裁判文书

史晓燕与北京兴隆置业有限公司与北京长兴房地产开发有限责任公司案外人执行异议之诉案［最高人民法院（2017）最高法民再140号民事判决书］

裁判要旨：本案原购房人具有排除执行的权利，其再次转让购买的房屋在法律上实质为债权转让，即受让了原购房人的债权，而排除执行的权利是购房人原有债权当然包含的内容。在相关当事人未明确约定排除受让人的此项权利时，不能否定其同时承继该权利。

最高人民法院认为，关于在毛燕依法具有排除执行的权利之下，能否认定史晓燕承继毛燕的权利，也具有排除执行的权利。毛燕符合在法院查封之前签订购房合同，支付全部价款，并实际占有房屋等条件。案涉房屋在毛燕购买之前，已经抵押给银行；长兴公司证明，在销售时该公司与银行协商的是销售一套解封一套。由此，毛燕在购买房屋时，对于银行解封并办理过户有一定的合理预期。案涉房产未及时办理过户，主要原因在长兴公司。综合以上，根据《最高人民法院关于人民法院办理执行异议和复议案件若干问题的规定》第二十八条的规定，应当认定毛燕具有排除执行的权利。史晓燕系从毛燕处购买该房屋，法律上实质为债权转让，即受让毛燕对长兴公司享有的债权。排除执行的权利是毛燕原有债权当然包含的内容。在相关当事人未明确约定排除受让人的此项权利时，不能否定史晓燕同时承继该权利。故应当认定史晓燕也具备排除执行的权利。

——中国裁判文书网。

518. 执行异议之诉中购房人仅提交收款收据证明支付购房款的认定问题

关键词

案外人执行异议之诉　现金支付购房款

最高人民法院裁判文书

马义河与正岩建设公司、六合置业公司案外人执行异议之诉案［最高人民法院（2021）最高法民申1499号民事裁定书］

裁判要旨：对于购房人只提交卖房人出具的收据，证明其已经

支付购房款的，应结合购房人的经济能力、当时当地或者当事人之间的交易方式、交易习惯、房屋交付情况、房屋居住时间长短、居住期间是否发生争议、是否存在购房人与被执行人恶意串通逃避执行的可能性等因素，根据日常生活经验对其是否支付购房款的事实作出认定。

最高人民法院经审查认为，本案的争议焦点是马义河对案涉房屋是否享有足以排除强制执行的民事权益。

《最高人民法院关于人民法院办理执行异议和复议案件若干问题的规定》第二十八条规定："金钱债权执行中，买受人对登记在被执行人名下的不动产提出异议，符合下列情形且其权利能够排除执行的，人民法院应予支持：（一）在人民法院查封之前已签订合法有效的书面买卖合同；（二）在人民法院查封之前已合法占有该不动产；（三）已支付全部价款，或者已按照合同约定支付部分价款且将剩余价款按照人民法院的要求交付执行；（四）非因买受人自身原因未办理过户登记。"本案中，其一，案涉房屋于2018年11月2日被裁定查封，而马义河与六合置业公司于2010年12月签订了《商品房认购协议书》，该协议明确约定了房屋位置、建筑面积、单价、优惠后的总房款等内容，且该协议经双方签字盖章确认。该协议包含了商品房买卖合同的主要内容，据此可确定买卖双方的基本权利义务，故应认定马义河与六合置业公司在人民法院查封之前已签订合法有效的书面买卖合同。二审法院认定马义河与六合置业公司未签订商品房买卖合同缺乏事实和法律依据。其二，马义河提供的其签订或提交或缴纳的有关案涉房屋的2011年12月26日《六合苑小区前期物业管理服务协议》，2011年12月28日《河南省装饰装修工程施工合同》，2013年6月《宽带业务申请表》，2013年6月3日河南有线《综合业务受理单》、郑州热力公司缴费凭证、天然气发票等证据，所载明的时间均早于查封之日，可证明马义河于房屋查封之前对案涉房屋长期占有使用。其三，关于马义河是否已支付全部购房款的问题。马义河在原审中提交了六合置业公司出具的收取854650元购房款《收据》，证明其已支付全部购房款。对于购房人只提交卖房人出具的收据证明其已经支付购房款的，可根据购房人的购房资金来源、卖房人的财务账册等证据，结合交易习惯，对购房人是否支付购房款的事实作出认定。本案中，六合置业公司未参加原审诉讼，无法对其财务账册等证据进行核实。马义河称已经用现金向六合置业公司支付了全部购房款854650元，提供了六合置业公司的收据，且马义河称其从事皮革经营，有足额现金。本案应结合购房人的经济能力、当时当地或者当事人之间的交易方式、交易习惯、房屋交付情况、房屋居住时间长短、居住期间是否发生争议、是否存在购房人与被执行人恶意串通逃避执行的可能性等因素，根据日常生活经验对马义河是否支付购房款的事实作出认定。二审判决仅以马义河提交的六合置业公司出具的《收据》没有取款凭证等其他证据佐证、现金支付金额较大为由，认定马义河未支付购房款有所不妥，该问题需进一步查明。其四，关于未办理过户登记是否非因马义河自身原因的问题。马义河称多次要求六合置业公司办理网签及过户，六合置业公司对马义河的主张予以认可。故对于未办理过户登记是否非因马义河自身原因，原审法院亦需进一步查明。

——中国裁判文书网。

519. 借名购地并挂靠开发经营房地产的，能否排除强制执行

关键词

挂靠经营房地产　排除强制执行

最高人民法院裁判文书

吴某某与广东粤财投资控股有限公司以及开平市赤坎实业开发公司等案外人执行异议之诉案［最高人民法院（2019）最高法民申294号民事裁定书］

裁判要旨：基于《挂靠开发商住楼协议书》这一内部协议及履行，可以确认吴某某享有一定的实体权益，但并不优先于粤财公司所享有的债权，不足以排除强制执行。

最高人民法院认为：《物权法》第五条[①]规定，物权的种类和内容，由法律规定。第六条[②]规定，不动产物权的设立、变更、转让和消灭，应当依照法律规定登记。动产物权的设立和转让，应当依照法律规定交付。第九条第一款规定，不动产物权的设立、变更、转让和消灭，经依法登记，发生效力；未经登记，不发生效力，但法律另有规定的除外。不动产物权登记是法律规定的物权公示方法，具有法律赋予的公信力。我国法律对不动产物权变动主要采"登记生效"主义，未经不动产登记簿记载，不产生法律效力。根据原审证据表明，赤坎公司以自己的名义提交竞买申请书、签订成交确认书、缴纳土地成交款及相关税费，与开平广播电视台签订《土地使用权转让合同》，并登记于不动产登记簿的方式取得了案涉土地使用权。二审法院由此认定案

① 该条已被《民法典》删除。

② 对应《民法典》第二百零八条。

涉土地使用权系赤坎公司通过挂牌转让竞得，赤坎公司为案涉土地使用权人符合法律规定，并无不当。

吴某某主张其已经依照《挂靠开发商住楼协议书》履行了义务，为案涉土地实际投资人，依法享有案涉土地的使用权。本院认为，第一，根据查明的事实，案涉土地登记在赤坎公司名下，是吴某某及赤坎公司双方合意，吴某某对土地登记在赤坎公司名下是明知且不持异议的。第二，即使《挂靠开发商住楼协议书》系双方真实意思表示，吴某某确以赤坎公司的名义实际缴纳了案涉土地的所有费用，对案涉地块享有一定的权益，但该协议并无对竞拍所得土地权属的约定，仅是对项目开发的主体、收益等做了约定，吴某某以其为实际出资人主张案涉土地使用权没有事实根据和法律依据。第三，根据《城市房地产开发管理法》相关规定，我国法律对开发经营房地产项目设立了准入门槛，并未允许个人从事房地产开发经营活动。吴某某为了获得个人收益，规避国家法律法规，采取挂靠赤坎公司的方式开发经营房地产项目，应当预见存在相应的风险。因此，吴某某主张其为案涉土地使用权实际享有人理据不足，不予支持。

《最高人民法院关于人民法院办理执行异议和复议案件若干问题的规定》第二十八条规定，金钱债权执行中，买受人对登记在被执行人名下的不动产提出异议，符合下列情形且其权利可以排除执行的，人民法院应予支持：（一）在人民法院查封之前已签订合法有效的书面买卖合同；（二）在人民法院查封之前已合法占有该不动产；（三）已支付全部价款，或者已按照合同约定支付部分价款且将剩余价款按照人民法院的要求交付执行；（四）非因买受人自身原因未办理过户登记。本案中，吴某某既未与赤坎公司签订书面转让合同，又因自身原因未将案涉土地登记在自己名下，存在明显过错，应自行承担由此带来的法律风险。虽吴某某依据《挂靠开发商住楼协议书》缴纳了案涉土地转让费用，且赤坎公司对此不持异议，可以确认吴某某享有一定的实体权益，但该权益产生来源于吴某某与赤坎公司内部协议，在效力上并不优先于粤财公司所享有的债权，不足以排除强制执行。吴某某可以依据与赤坎公司签订的《挂靠开发商住楼协议书》，对其因此所受的损失主张权利。

——中国裁判文书网。

520. 先抵后售时，房屋买受人不得排除抵押权人对房屋的强制执行

关键词

房屋买受人　抵押权人　强制执行程序

最高人民法院司法解释

第二十七条　申请执行人对执行标的依法享有对抗案外人的担保物权等优先受偿权，人民法院对案外人提出的排除执行异议不予支持，但法律、司法解释另有规定的除外。

第二十八条　金钱债权执行中，买受人对登记在被执行人名下的不动产提出异议，符合下列情形且其权利能够排除执行的，人民法院应予支持：

（一）在人民法院查封之前已签订合法有效的书面买卖合同；

（二）在人民法院查封之前已合法占有该不动产；

（三）已支付全部价款，或者已按照合同约定支付部分价款且将剩余价款按照人民法院的要求交付执行；

（四）非因买受人自身原因未办理过户登记。

第二十九条　金钱债权执行中，买受人对登记在被执行的房地产开发企业名下的商品房提出异议，符合下列情形且其权利能够排除执行的，人民法院应予支持：

（一）在人民法院查封之前已签订合法有效的书面买卖合同；

（二）所购商品房系用于居住且买受人名下无其他用于居住的房屋；

（三）已支付的价款超过合同约定总价款的百分之五十。

——《最高人民法院关于人民法院办理执行异议和复议案件若干问题的规定》（2020 年 12 月 29 日修正）。

最高人民法院裁判文书

李光红与中国农业银行股份有限公司重庆九龙坡支行、重庆世能物业发展有限公司申请执行人执行异议之诉案［最高人民法院（2019）最高法民申 1684 号民事裁定书］

裁判要旨：《执行异议和复议规定》第二十八条规定了一般不动产买受人在何种情形下能够排除基于对出卖人的强制执行程序而对买受人所购不动产的强制执行。在执行程序中买受人对所买受不动产的权利保护与基于金钱执行债权人的权利保护发生冲突时，买受人对于所买受不动产的民事权益并不能够排除申请执行人基于在先成立的抵押权的强制执行，这在一定程度上已经是对债权平等原则和合同相对性原则的突破。

最高人民法院认为：《最高人民法院关于适用〈中华人民共和国民事诉讼

法〉的解释》第三百一十一条[①]规定："案外人或者申请执行人提起执行异议之诉的，案外人应当就其对执行标的享有足以排除强制执行的民事权益承担举证证明责任。"因此，本案审查的焦点问题是李光红是否享有足以排除强制执行的民事权益。对此，应当根据法律、司法解释对于民事权益的规定，并在法律、司法解释对此没有明确规定时参照有关执行程序的司法解释的规定加以综合判定。

就一般原则而言，根据《最高人民法院关于建设工程价款优先受偿权问题的批复》的规定，建设工程价款优先受偿权优先于抵押权和其他债权，但建设工程价款优先受偿权不能对抗已经交付全部或者大部分所购商品房价款的消费者。据此，已经交付全部或者大部分所购商品房价款的消费者，对于所购房屋所享有的民事权益，可以排除基于抵押权、建设工程价款优先受偿权等优先受偿权的强制执行。也就是说，在这一问题上，根据现行法律、司法解释的规定，并非只要是支付了全部或大部分对价款、合法占有了房屋、对未办理过户登记没有过错的买受人均可排除基于抵押权等优先受偿权的强制执行，而是对此种情形下的房屋买受人的范围进行了限定。《执行异议复议规定》第二十九条系根据上述规定之精神对在执行程序中如何掌握操作所作的具体规定。《执行异议复议规定》第二十七条基于上述原则和精神进一步明确规定："申请执行人对执行标的依法享有对抗案外人的担保物权等优先受偿权，人民法院对案外人提出的排除执行异议不予支持，但法律、司法解释另有规定的除外。"再次重申了基于担保物权等优先受偿权的强制执行一般不应被排除的基本原则。而《执行异议复议规定》第二十八条则规定了一般不动产买受人在何种情形下能够排除基于对出卖人的强制执行程序而对买受人所购不动产的强制执行，该规定解决的是在执行程序中买受人对所买受不动产的权利保护与基于金钱执行债权人的权利保护发生冲突时，基于对正当买受人合法权利的特别保护之目的而设置的特别规则，这在一定程度上已经是对债权平等原则和合同相对性原则的突破，故一般而言，该种情形下的买受人对于所买受不动产的民事权益并不能够排除申请执行人基于在先成立的抵押权的强制执行。

从本案的事实看，一方面，李光红系购买了商品房但尚未办理房屋所有权登记的房屋买受人，但案涉高朋花园车库负 1 － 8# 房屋系杂物间，李光红与世能物业公司所签《重庆市商品房买卖合同》中也显示该房屋用途为非住宅，且李光红亦未提交证据证明该房屋系其唯一的、用于居住的房屋，故李光红并非《最高人民法院关于建设工程价款优先受偿权问题的批复》以及

① 现为《最高人民法院关于适用〈中华人民共和国民事诉讼法〉的解释》（2022 年修正）第三百零九条。

《执行异议复议规定》第二十九条规定所要保护的房屋买受人，其以此为由主张排除强制执行，不能成立。

另一方面，李光红与世能物业公司于 2015 年 7 月 25 日签订房屋买卖合同，但农行九龙坡支行已于 2013 年 8 月 5 日就案涉房屋办理了抵押登记，其依法享有抵押权。也就是说，早在案涉房屋买卖合同签订之前的两年多前，农行九龙坡支行在该房屋上的抵押权就已经存在，李光红在本案中亦未提交有关其在购买案涉房屋时申请查询房屋权利状态的情况、世能物业公司销售案涉房屋时所持有的证照情况、签订房屋买卖合同时当地房屋行政管理部门对于已经设定抵押的房屋销售许可管理制度及具体操作情况等证据，因此，从本案查明的事实看，李光红作为房屋买受人，在签订房屋买卖合同时未能尽到合理的注意义务，从而因案涉房屋上存在他人抵押权而导致其无法办理房屋所有权转移登记，此系李光红自身原因所致，故其主张亦不符合《执行异议复议规定》第二十八条规定的要件，其据此主张排除强制执行，无事实和法律依据。

——中国裁判文书网。

521. 以房抵债的原始债权是否具有优先受偿性

关键词

执行异议之诉　以物抵债　优先受偿

最高人民法院裁判文书

贾留好与苏尔德、正宏公司申请执行人执行异议之诉案［最高人民法院（2021）最高法民申 2401 号民事判决书］

裁判要旨：通过以房屋抵顶前期借款的方式取得不动产的“买受人”，对于该实现债权方式可能存在的风险是明知的，其原始债权是借款性质的普通债权，并不具有优先受偿性。

最高人民法院经审查认为，本案争议焦点是案外人贾留好对案涉房屋是否享有足以排除执行的民事权益。原审已查明，案涉房屋为商铺，故本案应适用《执行异议和复议规定》第二十八条：“金钱债权执行中，买受人对登记在被执行人名下的不动产提出异议，符合下列情形且其权利能够排除执行的，人民法院应予支持：（一）在人民法院查封之前已签订合法有效的书面买卖合同；（二）在人民法院查封之前已合法占有该不动产；（三）已支付全部价款，或者已按照合同约定支付部分价款且将剩余价款按照人民法院的要求交付执行；（四）非因买受人自身原因未办理过户登记”的规定进行审查。原审中，贾留好提交以下证据：多份借款协议，其中借款人为正宏公司，出借人为贾岗静（贾留好女儿），起止时间为2013年8月24日至2014年8月5日；多笔打款凭证，其中打款人包括贾留好、贾岗静、陈香云（贾留好妻子）等人。2016年6月30日正宏公司与贾留好签订案涉《商铺认购协议》，约定房屋价款的支付方式为“借款本金抵顶”，同时正宏公司向贾留好出具购房款收据。2018年大同市正泰物业管理有限责任公司出具的维修基金、物业费、水电费、装修保修金、采暖费、垃圾费收据等。据此，贾留好主张案涉房屋在2019年11月7日被法院查封之前，其已通过“借款本金抵顶购房款”的方式合法购买并实际占有案涉房屋。在申请再审阶段，贾留好提交了正宏公司于2021年1月12日出具的《情况说明》，曹小芳于2021年1月17日出具的《证明》等，以证明贾留好自2018年接收案涉房屋后多次要求办理网签合同和产权过户登记，但因正宏公司下欠政府相关费用原因导致无法办理，故其符合非因买受人自身原因未办理过户登记的情形。对此最高人民法院认为，正宏公司虽于2016年8月30日取得案涉房产项目的预售许可证，但至今无法办理网签合同及产权过户。贾留好亦称其多次要求正宏公司办理网签及过户，但未果。因此可确定贾留好对案涉房屋无法办理网签和产权过户登记是明知的，即对于以案涉房屋抵顶前期借款或者说以前期借款抵顶案涉房款，作为实现其债权的一种方式，可能存在的风险亦是明知的。故贾留好不符合非因买受人自身原因未办理过户的情形。此外，贾留好与苏尔德对正宏公司所享有的原始债权均是借款性质的普通债权，贾留好的债权并不优先于苏尔德的债权。所以，贾留好对案涉房屋不享有足以排除执行的民事权益。

——中国裁判文书网。

522. 商品房消费者提起执行异议之诉，排除强制执行的判定

关键词

商品房消费者　执行异议之诉

最高人民法院司法政策精神

125.【案外人系商品房消费者】实践中，商品房消费者向房地产开发企业购买商品房，往往没有及时办理房地产过户手续。房地产开发企业因欠债而被强制执行，人民法院在对尚登记在房地产开发企业名下但已出卖给消费者的商品房采取执行措施时，商品房消费者往往会提出执行异议，以排除强

制执行。对此，《最高人民法院关于人民法院办理执行异议和复议案件若干问题的规定》第29条规定，符合下列情形的，应当支持商品房消费者的诉讼请求：一是在人民法院查封之前已签订合法有效的书面买卖合同；二是所购商品房系用于居住且买受人名下无其他用于居住的房屋；三是已支付的价款超过合同约定总价款的百分之五十。人民法院在审理执行异议之诉案件时，可参照适用此条款。

问题是，对于其中“所购商品房系用于居住且买受人名下无其他用于居住的房屋”如何理解，审判实践中掌握的标准不一。“买受人名下无其他用于居住的房屋”，可以理解为在案涉房屋同一设区的市或者县级市范围内商品房消费者名下没有用于居住的房屋。商品房消费者名下虽然已有1套房屋，但购买的房屋在面积上仍然属于满足基本居住需要的，可以理解为符合该规定的精神。

对于其中“已支付的价款超过合同约定总价款的百分之五十”如何理解，审判实践中掌握的标准也不一致。如果商品房消费者支付的价款接近于百分之五十，且已按照合同约定将剩余价款支付给申请执行人或者按照人民法院的要求交付执行的，可以理解为符合该规定的精神。

——《最高人民法院关于印发〈全国法院民商事审判工作会议纪要〉的通知》(2019年11月8日，法〔2019〕254号)。

附录：最高人民法院主流观点

一是网签是否视为双方签订了书面合同。一般而言，书面买卖合同以买卖双方签订的纸质的买卖合同居多，但近年来房屋行政主管部门一直推行房屋买卖合同网签备案制度，当事人若未签订纸质房屋买卖合同，而仅仅是进行了网签，是否构成上述规定中的书面买卖合同，十分关键。然何谓书面买卖合同?《合同法》第11条[①]规定了书面合同的形式，即以合同书、信件和数据电文（包括电报、电传、传真、电子数据交换和电子邮件）等可以有形地表现所载内容的形式。质言之，只要买卖合同可以有形的方式记录和固定在载体上，即成立书面买卖合同。记录买卖合同的载体既可以是传统的纸张等物质性媒介，也包括数据、电文等非物质性媒介。无论采用物质性媒介记录，还是采用非物质性媒介记录，只要买卖双方就《商品房销售管理办法》第16条规定的商品房买卖合同的主要内容形成意思合致，并以有形的方式加以记录、固定，就应当认为双方成立了书面买卖合同。就房屋买卖中的网签而言，系买卖双方就房屋买卖具体内容协商达成一致后，在网络交易平台上进行签约的一种交易方式，网签系统是房屋行政主管部门为防止一房多卖而建立的

① 对应《民法典》第四百六十九条。

网络化管理系统。因此，网签除反映了买卖双方的意思表示以外，还附加了房屋行政主管部门对双方合同关系的确认及公示，[①] 足以认定为买卖双方就标的房屋签订了书面房屋买卖合同。在不存在其他无效事由的情况下，网签可以认定为执行异议复议规定第28条第1项规定的合法有效的书面买卖合同。江苏省高级人民法院2019年2月份发布的《执行异议及执行异议之诉案件审理指南（二）》亦持此种观点。[②] 综上所述，房屋出卖人与买受人在房屋行政主管部门建立的网络交易平台上，就标的房屋买卖事宜所进行的网上签约，在包含《商品房销售管理办法》第16条规定的商品房买卖合同主要内容的情况下，由于已经以有形的方式将双方的意思表示记录和固定下来，符合书面合同的本质特征，构成执行异议复议规定第28条、第29条规定的书面买卖合同。

二是商铺、写字楼、商住两用房是否参照适用本条的规定。商住两用房由于也具备居住属性，亦应当予以保护，可以参照适用该条规定。商铺、写字楼具有投资属性，不属于消费者生存权保护的范畴，不能参照适用本条规定。

三是如何理解“买受人名下”，买受人名下无房屋，但其配偶、未成年子女名下有房屋，此时，能否排除执行。对于“名下”应当作宽泛的理解，应当将买受人、实行夫妻共同财产制的配偶一方以及未成年子女作一并考虑。只要三者之一名下有房屋，即可视为已有居住用房。

四是对购房人已支付价款的审查证明标准如何把握。一种观点认为，执行异议之诉与普通商品房买卖纠纷案件并无本质区别，在审查和证明标准上不宜强调特殊性。对于购房人已支付的价款是否超过合同约定总价款的百分之五十的问题，如果购房人能够提供发票、收据，或者房地产开发企业对付款事实表示认可，即可认定购房人对房屋享有足以排除强制执行的权利。另一种观点则认为，执行异议之诉涉及案外人、申请执行人和被执行人三方当事人的利益，与普通商品房买卖纠纷案件并不相同，在审查和证明标准上应注意其特殊性。如果购房人仅能提供发票、收据，或者房地产开发企业对付款事实表示认可，尚不足以认定该条件已满足。人民法院还应当对购房人的购房款转账凭证予以查实。现金支付购房款的，应对购房款来源等事实予以

---

① 参见司伟、王小青：《执行异议之诉中不动产买受人排除强制执行的要件审查》，载《人民司法》2019年第23期。

② 《江苏省高级人民法院执行异议及执行异议之诉案件审理指南（二）》第9条规定：“金钱债权执行中，执行法院对被执行人为房地产开发企业名下的商品房采取强制执行措施，商品房买受人（仅限自然人）以其系消费者为由提起案外人异议及由此引发执行异议之诉，同时符合以下条件的，应予支持：（1）案外人与被执行人在案涉房屋被查封之前已签订合法有效的书面买卖合同（含网签）且已办理商品房预售登记。”

查实，在此基础上才能对购房人是否对房屋享有足以排除强制执行的权利做出认定。我们倾向于第二种观点。赋予符合一定条件的商品房买受人对房地产开发企业所享有的转移所购房屋所有权之债权，优先于其他债权人对房屋开发企业所享有的金钱债权的效力，是对债权平等原则的突破。同时，这一规定使此种情形下的买受人购买商品房的行为产生了对抗房屋开发企业金钱债权人的效力，突破了合同的相对性原则，但又缺乏足以产生公信力的公示方式，对交易安全和作为被执行人的房地产开发企业的金钱债权人的利益影响甚大，也增加了被执行人和案外人通过执行异议之诉恶意串通逃避执行的道德风险。因此，在适用该条规定时应当从严审查。

五是名下仅有一套房的公司能否适用本条，是否构成消费者购房人？本条的规定是基于自然人生存利益至上的考虑，公司为经营主体，因此，公司购房人并不属于消费者购房人，不适用本条，可以适用纪要第127条。另外，需要注意的是，如果公司购房系以公司名义购买，为了满足公司内部个人成员消费且将房屋分配给公司内部个人居住的，此时公司是否为消费者购房人。一方面，从购房人主体上看，自然人可以成为消费者并无争议，但对法人或者其他组织能否成为消费者存在争议。有观点认为，如果法人或者其他组织以单位名义购买，但已经分配给职工个人居住，可以认定其为消费者。①

——最高人民法院民事审判第二庭编著：《〈全国法院民商事审判工作会议纪要〉理解与适用》，人民法院出版社2019年版，第630~633页。

（五）《执行异议和复议规定》第二十九条的适用

523. 房屋消费者物权期待权的保护——对《执行异议和复议规定》第二十九条的理解与适用

关键词

房屋消费者　物权期待权

最高人民法院司法解释

第二十九条　金钱债权执行中，买受人对登记在被执行的房地产开发企业名下的商品房提出异议，符合下列情形且其权利能够排除执行的，人民法院应予支持：

---

① 江必新、刘贵祥主编：《最高人民法院关于人民法院办理执行异议和复议案件若干问题规定理解与适用》，人民法院出版社2015年版，第432~433页。

（一）在人民法院查封之前已签订合法有效的书面买卖合同；

（二）所购商品房系用于居住且买受人名下无其他用于居住的房屋；

（三）已支付的价款超过合同约定总价款的百分之五十。

——《最高人民法院关于人民法院办理执行异议和复议案件若干问题的规定》（2020 年 12 月 29 日修正）。

河南省高级人民法院：

你院《关于明确房企风险化解中权利顺位问题的请示》（豫高法〔2023〕36 号）收悉。就人民法院在审理房地产开发企业因商品房已售逾期难交付引发的相关纠纷案件中涉及的商品房消费者权利保护问题，经研究，批复如下：

一、建设工程价款优先受偿权、抵押权以及其他债权之间的权利顺位关系，按照《最高人民法院关于审理建设工程施工合同纠纷案件适用法律问题的解释（一）》第三十六条的规定处理。

二、商品房消费者以居住为目的购买房屋并已支付全部价款，主张其房屋交付请求权优先于建设工程价款优先受偿权、抵押权以及其他债权的，人民法院应当予以支持。

只支付了部分价款的商品房消费者，在一审法庭辩论终结前已实际支付剩余价款的，可以适用前款规定。

三、在房屋不能交付且无实际交付可能的情况下，商品房消费者主张价款返还请求权优先于建设工程价款优先受偿权、抵押权以及其他债权的，人民法院应当予以支持。

——《最高人民法院关于商品房消费者权利保护问题的批复》（法释〔2023〕1 号，2023 年 4 月 21 日）。

附录：最高人民法院主流观点

房屋消费者物权期待权保护，也叫弱者保护，是指在执行程序中，基于对消费者生存权这一更高价值的维护，赋予消费者对买受房屋的物权期待权以排除执行的效力。这一原则是从最高人民法院《关于建设工程价款优先受偿权问题的批复》中推论出来的。该批复明示，建设工程价款优先权优先于抵押权和其他债权，建筑工程价款优先权不能对抗已经交付全部或者大部分所购商品房价款的消费者，而抵押权又优先于一般债权，用数学符号表示该司法解释中权利保护的递序关系就是 A>B>C>D，在逻辑上呈现出典型的传递法律关系，因此，我们很容易得出结论，抵押权和一般债权的行使也不能对抗购房的消费者。和无过错不动产买受人物权期待权的保护一样，消费者的保护也有其深刻的社会基础，消费者购房的目的都是用来居住，在房价高企的当今社会，有的消费者毕其一生，甚至是两代人的收入，方购得一处安身立命之所，其对房屋的物权期待权在顺位上应当优先于其他债权。

根据本条规定，和无过错买受人物权期待权保护相比，消费者物权期待权保护条件有这样以下相同点和不同点。

一、相同点

1. 申请执行的债权都是金钱债权。

2. 均要求在人民法院查封之前已签订合法有效的书面买卖合同。

二、不同点

1. 异议指向标的物必须是房地产经营者所开发的商品房。这就把一般民事主体之间的民事交易排除在消费者保护原则之外，也就是说只限于一手房买卖。因为，其一，消费者是相对于经营者而言，只有从经营者接受商品的人才能称为消费者，而二手房交易的买受人显然不能成为消费者。其二，消费者保护的标准，既不要求主观上无过错，也不要求交付全部价款，更不要求占有房屋，总体上比较宽泛。如果放宽到所有的房屋，将造成对消费者保护的泛滥，给被执行人与案外人通谋逃避执行以可乘之机。因此，必须从严掌握。对于房地产经营者开发的商品房销售而言，由于有比一般民事主体相对严格的监管制度，一般都签订有规范的商品房销售合同，绝大部分还要办理销售合同备案、网签或者预登记手续，比较容易判断。

2. 保护的对象必须是消费者。按照《消费者权益保护法》第 2 条的规定，消费者是为生活消费需要而购买商品、使用商品或者接受服务的人。如何判断一个购房人是不是消费者呢？首先，从自然属性上看，消费者必然是自然人，法人或者其他组织由于不存在生活消费的问题，不在消费者之列，但是，如果法人或者其他组织以单位名义购买，但已经分配给职工个人居住，可以认定为消费者。其次，在判断购房人是“为生活需要”还是“为生产经营需要”的问题上，确实存在技术上的难题。如以购房人主观上是不是为了生活需要判断，存在一定的难度，有的人购买普通居住用房可能是为了出租牟利；有的人购买商业用房，可能就靠收取其租金维持基本生活。对此，原最高人民法院执行办 2005 年 12 月 25 日作出的（2005）执他字第 16 号批复认为：《最高人民法院关于建设工程价款优先受偿权问题的批复》（法释〔2002〕16 号）第 2 条关于已交付购买商品房的全部或者大部分款项的消费者应优先保护的规定，是为了保护个人消费者的居住权而设置的，消费者购房应是直接用于满足其生活居住需要，而不是用于经营，不应作扩大解释。从最高人民法院最近几年监督案件的经验来看，基本形成了以案外人购买房屋的性质作为判断的“客观标准”。也就是说，如果案外人所购房屋的性质为居住用房，则认定为消费者。如果所购房产为写字楼、门面房等经营性用房，则不是消费者。为了减少执行法官在具体案件中的判断难度，本条第（2）项将其表述为：所购商品房系用于居住且买受人名下无其他用于居住的房屋。这里的

“用于居住”应当作宽泛理解，不管是单纯的居住房还是商住两用住房，只要有居住功能的，即应视为用于居住的房屋。这里的“无其他用于居住的房屋”，是指买受人在被执行房屋所在地长期居住，而在同一地点其名下无其他能够用于居住的房屋。

3. 交付了 50% 以上的购房款。前述建设工程价款司法解释的用语是大部分购房款，但“大部分”并非规范用语，究竟是指 51% 还是 60%？在语义上存在不确定性。我们认为，既然消费者物权期待权保护体现了对消费者生存权的倾斜，只要其缴纳的购房款超过 50%，就应保护。本条从有利于消费者的原则出发，将大部分价款的标准确定为超过 50% 即可。当然，需要提醒的是，在案外人仅支付部分购房款的情形下，执行法院可以对买受人应当支付的剩余房款，按照到期债权进行执行。

实践中应当注意的问题：

在具体执行中，由于被执行的房屋千差万别，有的消费者可能并不主张排除执行异议，而是主张就其购房款对房屋变价款优先受偿。《规定》原本拟对此作出规定，后来考虑到该问题并不属于异议复议的问题，且涉及案外人在分配顺序上的优先权问题，较为复杂，留待在参与分配司法解释中作出规定。我们认为，购房人在本来可以排除执行的情况下，放弃物权期待权，转而就价款优先受偿，有利于执行，应予支持。

——江必新、刘贵祥主编、最高人民法院执行局编著：《最高人民法院关于人民法院办理执行异议和复议案件若干问题规定理解与适用》，人民法院出版社 2015 年版，第 431~430 页，第 436 页。

524.《查封规定》第十五条，《执行异议和复议规定》第二十八条、第二十九条，《建设工程价款优先受偿权批复》适用的前提条件

关键词

执行异议之诉　工程价款　优先受偿权

最高人民法院裁判文书

陈亮与昆山红枫房地产有限公司、中信信托有限责任公司案外人执行异议之诉案［最高人民法院（2016）最高法民终 369 号民事判决书］

裁判要旨：在双方不成立房屋买卖关系的前提下，只能依据借贷关系主张债权，而不享有物权期待权，亦不享有排除强制执行的实体权利。

最高人民法院认为：本案争议的焦点是陈亮主张其享有排除强制执行的民事权益是否成立。根据一审及二审期间查明的事实，陈亮主张排除强制执行的理由是其与红枫房产公司之间存在合法有效的房屋买卖关系，该买卖关系依法应受到法律保护。对此，陈亮提供了与红枫房产公司签订的《商品房购销合同》《补充协议一》《补充协议二》、银行转账凭证、收款收据、《房屋交付确认书》及房屋预售网签备案等证据，以证明双方房屋买卖关系的真实性、合法性。本院认为，尽管陈亮提供的有关证据能够证明其与红枫房产公司之间存在形式上的房屋买卖关系，但双方之间存在真实房屋买卖关系的证据，尚有不足。主要理由为：第一，红枫房产公司作为讼争房屋出卖人，认为其与陈亮之间的房屋买卖关系意思表示虚假，双方并不存在真实的房屋买卖关系。红枫房产公司认为陈亮所购别墅实为该公司为担保林献荣的债权而签订，林献荣是陈亮等出借款项的集资转贷人，其与红枫房产公司系民间借贷关系。这一意见与红枫房产公司、东方云顶公司、胡方云、单建珍与林献荣 2011 年 12 月 21 日所签《备忘录》载明双方确有借款本息和林献荣向红枫房产公司出具的《承诺》中有关林献荣将房屋权利义务转让陈亮、林献荣承诺在另有购房者的情况下配合红枫房产公司解除房屋转让协议并取得 70% 房屋售价的约定相印证。红枫房产公司主张其与陈亮之间不是房屋买卖关系，而是借贷担保关系，具有可信性。第二，陈亮与红枫房产公司所订房屋买卖合同，有违常理。一是，双方购房价格约定与常理不符，也背离市场行情。双方所订《商品房购销合同》约定陈亮所购两套别墅总价格为 5000 余万元，每平方米单价为 4 万元，而随后签订的《补充协议一》约定每套别墅价格为 500 万元，两套共计 1000 万元，每平方米单价仅为 7900 元，该价格与网签备案合同价格相差 5 倍有余，这一差异与正常的房屋销售明显不符。同时，根据一审法院对房屋价格的调查情况及各方的陈述，涉案别墅 2011 年的市场均价在每平方米单价 2 万元左右，陈亮所购房屋价格也较大的背离了市场行情，有违市场规律。二是，作为房屋购销合同，购房人的目的是取得房屋，出卖方的目的是获得卖房款，但双方的《补充协议一》《补充协议二》却明确约定红枫房产公司享有合同解除权和回购权，且解除权与回购权的行使时间均在约定的房屋交付使用时间之前，明显与房屋购销合同的目的不符。同时，《补充协议一》和《补充协议二》还约定了红枫房产公司行使解除权的条件及不同回购时间需支付的固定回购价款，而陈亮也自认回购款是按时间和一定利息标准进行计算的，其中的利息标准远高于一般的银行同期同类贷款利息，利息达到年利率 36%，这也与房屋买卖合同的特征不符。第三，结合红枫房产公司有关资金链断裂债务无法及时偿还、房屋未经竣工验收以及涉案房屋于 2012 年 8 月 1 日、8 月 2 日即被中信信托公司申请查封之情况，陈亮所持购房款收据、房屋确认书及房屋预售网签备案等，实有以房屋买卖形式保证债权实现或排除强制执行的目的，亦难以证明双方存在真实的房屋买卖关系。第四，陈亮虽认为其与红枫房产公司存在民间借贷关系亦不影响之后双方成立房屋买卖关系，但其并未举示借款合同和借贷关系转化为房屋买卖关系的相应证据。本院认为，依据《最高人民法院关于适用的解释》第一百零八条规定，陈亮主张其与红枫房产公司存在房屋买卖关系，证据不足；其据此主张排除强制执行，无事实及法律依据。如陈亮与红枫房产公司存有纠纷，可以另寻法律途径解决。

——法信网。

南宁市万智物业服务有限公司与广西海潮农业投资有限责任公司、南宁市邕宁区农村信用合作联社等执行异议之诉案［最高人民法院（2016）最高法民申3635号民事裁定书］

裁判要旨：《最高人民法院关于人民法院民事执行中查封、扣押、冻结财产的规定》第十七条的规定，系在买受人对所买受之不动产的权利保护与普通金钱执行债权人的权利保护发生冲突时，基于对正当买受人合法权利的特别保护之目的而设置的特别规则，该规则实质上是以牺牲普通金钱执行债权人的正当权利为代价而确立的，故人民法院在适用《查封规定》第十七条对买受人利益进行特别保护时，应当严格审查买受人与被执行人之间不动产买卖协议的正当性，以及该条所规定的付款、实际占有和过错等要件是否具备。

最高人民法院认为：本案系万智公司不服原判决，依据《中华人民共和国民事诉讼法》（以下简称民事诉讼法）第二百条[①]的规定向本院申请再审，故本案审查的重点是万智公司的再审申请是否符合民事诉讼法第二百条规定的情形，即原判决依据《查封、扣押、冻结财产司法解释》第十七条[②]的规定认定万智公司不享有足以排除强制执行的民事权益，是否存在民事诉讼法第二百条规定的情形。

根据《查封、扣押、冻结财产司法解释》第十七条关于“被执行人将其所有的需要办理过户登记的财产出卖给第三人，第三人已经支付部分或者全部价款并实际占有该财产，但尚未办理产权过户登记手续的，人民法院可以查封、扣押、冻结；第三人已经支付全部价款并实际占有，但未办理过户登

---

① 现为《民事诉讼法》（2021年修正）第二百零七条。

② 现为《最高人民法院关于人民法院民事执行中查封、扣押、冻结财产的规定》（2020年修正）第十五条。

记手续的，如果第三人对此没有过错，人民法院不得查封、扣押、冻结”的规定，买受人基于正当的不动产买卖关系，在已经支付全部价款、实际占有且对未办理过户登记没有过错的情况下，其虽未取得标的物之所有权，但该买受人仍享有排除普通金钱债权强制执行的权利。司法解释的该条规定，系在买受人对所买受之不动产的权利保护与普通金钱执行债权人的权利保护发生冲突时，基于对正当买受人合法权利的特别保护之目的而设置的特别规则，该规则实质上是以牺牲普通金钱执行债权人的正当权利为代价而确立的，故人民法院在适用《查封、扣押、冻结财产司法解释》第十七条对买受人利益进行特别保护时，应当严格审查买受人与被执行人之间不动产买卖协议的正当性，以及该条所规定的付款、实际占有和过错等要件是否具备。

本案中，万智公司根据《查封、扣押、冻结财产司法解释》第十七条的规定主张人民法院不得查封案涉综合楼，但是案涉综合楼的交易存在如下诸多不合理之处：一、案涉合同系于 2004 年 8 月 13 日签订，但是在此之前的同年 8 月 10 日海潮公司已向万智公司出具内容为“收到南宁市万智物业管理有限公司购买‘绿都温泉度假山庄’综合楼款项共计陆佰万（600 万元）整（注税务发票另开）”的《收据》。在合同签订之前，当事人双方权利义务尚未确定的情况下，万智公司即支付全部购房款项，不符合一般交易规则。二、据二审查明的事实，案涉综合楼于 2004 年 7 月 31 日在原邕宁县房管所办理了购房人为万智公司的商品房合同备案手续，后于 2004 年 8 月 10 日在原邕宁县建设局办理了（邕宁）房预售证 20040019 号商品房预售许可证。由此可见，在案涉合同尚未签订以及案涉综合楼项目尚未办理预售许可证的情况下，案涉合同已经办理了备案手续。此举明显有违商品房买卖合同登记备案的要求和通常做法。三、案涉合同自身亦存在诸多不合常理之处：1. 案涉合同注明的商品房预售许可证号为“（邕宁）房预售证第 20030013 号”，但二审法院查明该综合楼的预售证号却为“（邕宁）房预售证第 20040019 号”，即合同载明的预售证号与实际不符。2. 合同第三条约定“该商品房的用途为商住楼”，但第十八条中却载明“买受人的房屋仅作住宅使用”，该两个条款相互矛盾。3. 房屋单价是房屋买卖合同的重要条款，但是案涉合同第四条房屋单价一栏并未实际填写，有违通常的交易惯例。4. 就房屋面积争议的处理方式，根据合同第五条双方选择自行约定，但合同中双方自行约定一栏并未实际填写。从案涉合同中有关房屋单价、用途等诸多房屋买卖合同重要条款的缺失或自相矛盾的情况看，万智公司与海潮公司并未尽到一般房屋交易行为所应有的注意义务。故根据现有证据不足以认定其之间存在房屋买卖的真实意思表示。四、就付款问题，万智公司提供了收款收据和现金付款照片。本院再审审查询问时，万智公司明确表示，其并未主张照片上显示的是 600 万元，拍摄现金付款照片只是为了留念，而非留下证据。由于现金付款照片不能证明全额付款事实，且万智公司不能证明照片中的款项系支付本案购房款，故在该公司未能提供600万元现金来源以及任何银行汇款或转账凭证等证据佐证的情况下，仅凭收款收据，不足以认定万智公司已经全额支付购房款。五、案涉合同第八条约定，交房时间为2004年2月28日前。合同约定的交房时间在双方签订合同之前，此亦不符合房屋买卖之常理。并且，由于万智公司在与海潮公司签订案涉合同之前，双方已存在物业服务合同关系，万智公司于2003年已基于物业服务合同实际占有涉案综合楼，故现有证据不足以证明万智公司系基于案涉合同取得对综合楼的实际占有。

——法信网。

525.《执行异议和复议规定》第二十九条中的“买受人”应当如何理解

关键词

执行异议　商品房买受人

最高人民法院裁判文书

中建一局集团第二建筑有限公司、王丹等申请执行人执行异议之诉案

［最高人民法院（2022）最高法民终149号民事判决书］

裁判要旨：《最高人民法院关于人民法院办理执行异议和复议案件若干问题的规定》第二十九条是基于对商品房消费者生存权优先保护就当事人权利顺位所作的例外规定，故对该条第二项“所购商品房系用于居住且买受人名下无其他用于居住的房屋”情形中的“买受人名下”应当作从宽理解，将买受人及其实行夫妻共同财产制的配偶一方以及未成年子女一并考虑，只要三者之一名下有房屋，即可视为买受人名下已有居住用房。

最高人民法院认为：本案争议焦点为王丹对案涉房屋是否享有足以排除强制执行的民事权益。根据《最高人民法院关于人民法院办理执行异议和复议案件若干问题的规定》第二十九条规定，“金钱债权执行中，买受人对登记在被执行的房地产开发企业名下的商品房提出异议，符合下列情形且其权利能够排除执行的，人民法院应予支持：（一）在人民法院查封之前已签订合法有效的书面买卖合同；（二）所购商品房系用于居住且买受人名下无其他用于居住的房屋；（三）已支付的价款超过合同约定总价款的百分之五十”，本案中王丹对案涉房屋享有足以排除强制执行的民事权益。

第一，王丹与运城国科公司于 2015 年 10 月 23 日签订《商品房屋购买合同》，运城国科公司于 2016 年 11 月 29 日取得了国科星天地项目 1 号楼的商品房预售许可证，而案涉房屋被法院查封时间为 2020 年 7 月 14 日，故一审判决认定王丹在法院查封前已和运城国科公司签订了合法有效的书面买卖合同，具有事实和法律依据。王丹是否已就案涉房屋申请办理网签或备案与《商品房屋购买合同》是否合法有效无关。因此，中建一局二公司关于现有证据不能证明王丹和运城国科公司在法院查封之前就签订合法有效买卖合同的上诉理由不能成立，本院不予支持。

第二，《最高人民法院关于人民法院办理执行异议和复议案件若干问题的规定》第二十九条是基于对商品房消费者生存权优先保护就当事人权利顺位所作的例外规定，故对该条第二项"所购商品房系用于居住且买受人名下无其他用于居住的房屋"情形中的"买受人名下"应当作从宽理解，将买受人及其实行夫妻共同财产制的配偶一方以及未成年子女一并考虑，只要三者之一名下有房屋，即可视为买受人名下已有居住用房。根据运城市不动产登记中心出具的《不动产登记资料查询结果证明》，可知王丹与其配偶吕超、女儿吕佳瞳、儿子吕佳轩在案涉房产所在地运城市无不动产登记信息，故一审判决认定王丹所购商品房用于居住且其名下无其他用于居住的房屋正确。中建一局二公司关于现有证据不足以证明王丹符合《最高人民法院关于人民法院办理执行异议和复议案件若干问题的规定》第二十九条第二项之规定的上诉理由不能成立，本院不予支持。

第三，根据运城国科公司出具的收款收据、领款单、《借款合同》、山西省农科院棉花研究所出具的收据及运城国科公司、陈萍、董昭阳出具的情况说明等证据，一审判决认定王丹通过其父代缴款、借款和利息转房款、POS 机刷卡等方式完成了对案涉购房款的支付正确。中建一局二公司关于现有证据不足以证明王丹支付了其主张的全部购房款的上诉理由不能成立，本院不予支持。

二审庭审中，中建一局二公司主张其享有建设工程价款优先受偿权。经查，中建一局二公司主张所依据的我院于 2018 年 12 月 27 日作出的（2018）最高法民终 300 号判决所涉工程为运城国科公司作为发包人、中建一局二公司作为承包人的铂郡东方住宅建设项目，并非本案所涉国科星天地小区项目。故中建一局二公司在本案中提出该主张缺乏事实依据和法律依据，本院不予支持。

——中国裁判文书网。

526. 小区车位的买受人不属于《执行异议和复议规定》第二十九条保护的范畴

关键词

小区车位　执行异议

最高人民法院裁判文书

胡满江与招商银行股份有限公司成都世纪朝阳支行、四川省南充市万事兴房地产开发有限公司申请执行人执行异议之诉案［最高人民法院（2022）最高法民申85号民事裁定书］

裁判要旨：《执行异议和复议规定》第二十七条的“除外情形”仅为商品房消费者，即符合《执行异议和复议规定》第二十九条规定情形的，因涉及保护消费者生存权问题，消费者对设立抵押权的抵押房产提出执行异议的，人民法院予以支持。而在本案中，胡满江购买的系小区车位，不符合《执行异议和复议规定》第二十九条规定商品房购买者的情形。

最高人民法院经审查认为：本案再审审查主要围绕以下问题：胡满江对案涉车位是否享有足以排除强制执行的民事权益。

《最高人民法院关于人民法院办理执行异议和复议案件若干问题的规定》第二十七条规定：“申请执行人对执行标的依法享有对抗案外人的担保物权等优先受偿权，人民法院对案外人提出的排除执行异议不予支持，但法律、司法解释另有规定的除外。”该条是关于案外人排除执行的实体权利与申请执行人就抵押物的担保物权等优先受偿权产生冲突时的处理规则。第二十七条的“除外情形”仅为商品房消费者，即符合《最高人民法院关于人民法院办理执行异议和复议案件若干问题的规定》第二十九条规定情形的，因涉及保护消费者生存权问题，消费者对设立抵押权的抵押房产提出执行异议的，人民法院予以支持。而在本案中，胡满江购买的系小区车位，不符合《最高人民法院关于人民法院办理执行异议和复议案件若干问题的规定》第二十九条规定商品房购买者的情形。

——中国裁判文书网。

527. 已经支付全部或大部分购房款的购房消费者的权利与银行抵押权产生冲突时，应优先保护购房消费者的权利

关键词

购房消费者　银行抵押权　执行异议　排除强制执行

最高人民法院裁判文书

建银国际资本管理（天津）有限公司与王得鑫及大连中天房地产开发有限公司申请执行人执行异议之诉案［最高人民法院（2020）最高法民申 1498 号民事裁定书］

裁判要旨：结合《最高人民法院关于建设工程价款优先受偿权问题的批复》第一条关于“人民法院在审理房地产纠纷案件和办理执行案件中，应当依照《合同法》第二百八十六条[①]的规定，认定建筑工程的承包人的优先受偿权优于抵押权和其他债权”和第二条关于“消费者交付购买商品房的全部或者大部分款项后，承包人就该商品房享有的工程价款优先受偿权不得对抗买受人”的规定可知，该批复确定的权利顺位为建设工程价款优先受偿权优先于抵押权，而建设工程价款优先受偿权不能对抗已经支付全部或大部分购房款的消费者。故在已经支付全部或大部分购房款的购房消费者的权利与银行抵押权产生冲突时，亦应优先保护购房消费者的权利。

最高人民法院经审查认为：本案系申请执行人执行异议之诉。根据建银公司的再审申请本案审查的核心问题在于提出执行异议的购房人对于案涉房屋是否享有足以排除强制执行的民事权益。

首先，本案中王得鑫作为购房消费者，对案涉房屋是否享有足以排除强制执行的民事权益，可参照《最高人民法院关于建设工程价款优先受偿权问题的批复》和《最高人民法院关于人民法院办理执行异议和复议若干问题的规定》的相关规定及原则予以确认。结合《最高人民法院关于建设工程价款优先受偿权问题的批复》第一条关于“人民法院在审理房地产纠纷案件和办理执行案件中，应当依照《合同法》第二百八十六条的规定，认定建筑工程的承包人的优先受偿权优于抵押权和其他债权”和第二条关于“消费者交付

① 对应《民法典》第八百零七条。

购买商品房的全部或者大部分款项后，承包人就该商品房享有的工程价款优先受偿权不得对抗买受人”的规定可知，该批复确定的权利顺位为建设工程价款优先受偿权优先于抵押权，而建设工程价款优先受偿权不能对抗已经支付全部或大部分购房款的消费者。故在已经支付全部或大部分购房款的购房消费者的权利与银行抵押权产生冲突时，亦应优先保护购房消费者的权利。参照上述权利顺位原则，原审法院认定符合《最高人民法院关于人民法院办理执行异议和复议若干问题的规定》第二十九条规定的购房者对案涉房屋所享有的权利能够对抗基于抵押权对该房屋的执行，适用法律并无不当。建银公司有关再审申请理由，不能成立。

其次，本案购房人王得鑫提出的执行异议是否符合《最高人民法院关于人民法院办理执行异议和复议若干问题的规定》第二十九条规定的情形，涉及以下几方面问题：（一）关于王得鑫是否与中天公司签订合法有效的书面买卖合同，王得鑫提交了其在中天公司已经取得房屋预售许可证后至人民法院查封案涉房屋前期间与中天公司签订的《商品房买卖合同》，中天公司为其出具的案涉房屋销售不动产统一发票记载内容亦与《商品房买卖合同》所载信息相符并盖有中天公司发票专用章，且双方已实际履行合同，据此可以认定王得鑫与中天公司之间签订的房屋买卖合同系双方真实意思表示，合同已经订立。（二）关于王得鑫与中天公司之间的房屋买卖合同是否因无权处分而属效力待定，根据建银公司、中天公司与盛京银行签订的《委托贷款合同之补充合同》中关于“在中天公司清偿全部委托贷款之前，中天公司应将天鸿 1.7 英里项目中除政府回购安置住房之外的房产的销售收入在取得后一个工作日内按以下比例存入监管账户……建银公司和中天公司同意，为了配合天鸿 1.7 英里项目销售，在中天公司按本补充合同约定提供足额担保资金或其他建银公司认可的担保物的情形下，建银公司同意按照本补充合同约定的条件配合办理部分抵押物的解除抵押登记手续”的约定，以及中天公司取得案涉房屋商品房预售许可证的相关情况，原审法院认定建银公司已同意中天公司销售案涉房屋，并无不当。建银公司关于中天公司无权处分涉案房屋、《商品房买卖合同》效力待定的主张，不能成立。（三）一审法院已查明，王得鑫在大连市无其他用于居住的房屋。（四）对于王得鑫已全额支付购房款的事实，建银公司并未提出异议。因此，王得鑫提出的执行异议符合《最高人民法院关于人民法院办理执行异议和复议若干问题的规定》第二十九条规定的情形。建银公司有关再审申请理由，最高人民法院不予采信。

——中国裁判文书网。

528. 购买度假型、豪华型房屋，或者投资型、经营型房屋的，不属于生存权特别保护的范畴

关键词

生存权

最高人民法院裁判文书

高聪与中国金融租赁有限公司等案外人执行异议之诉案［最高人民法院（2020）最高法民终 1203 号民事判决书］

裁判要旨：《执行异议和复议规定》第二十九条属于商品房消费者生存利益排除强制执行的特别规则。购房人的权利在法律属性上仍系债权范畴，但在购房人的生存利益和其他民事主体的商事利益发生冲突时，基于侧重保护生存权益的价值导向，赋予购房人排除其他债权人甚至包括抵押权等优先受偿权的强制执行的权利，目的在于追求实质公平和实质正义。但此生存利益的特别保护，仅限于购买的房屋系为了满足家庭日常基本居住需要，故对于购买度假型、豪华型房屋，或者投资型、经营型房屋，以及基于消灭其他债权债务关系而形成的以房抵债等的，均不属于生存权特别保护的范畴。

最高人民法院认为，首先，本案无法参照适用《执行异议和复议规定》第二十九条的规定排除强制执行。《执行异议和复议规定》第二十九条属于商品房消费者生存利益排除强制执行的特别规则。购房人的权利在法律属性上仍系债权范畴，但在购房人的生存利益和其他民事主体的商事利益发生冲突时，基于侧重保护生存权益的价值导向，赋予购房人排除其他债权人甚至包括抵押权等优先受偿权的强制执行的权利，目的在于追求实质公平和实质正义。但此生存利益的特别保护，仅限于购买的房屋系为了满足家庭日常基本居住需要，故对于购买度假型、豪华型房屋，或者投资型、经营型房屋，以及基于消灭其他债权债务关系而形成的以房抵债等的，均不属于生存权特别保护的范畴。本案高聪受让的案涉房产为 300 余平方米的别墅，从使用功能上看，明显不涉及生存权的保护问题，高聪亦未提交证据证明案涉房屋涉及其基本生存权益，故本案不应参照适用《执行异议和复议规定》第二十九条的规定排除强制执行。

其次，本案也无法参照适用《执行异议和复议规定》第二十八条的规定

排除强制执行。根据一审法院查明的事实及高聪的庭审主张，高聪虽在法院查封案涉房屋前即与晨始公司签订了《智圣汤泉庄园认购协议》，但其提交的编号为0041834的收款凭证、编号为0002529号的收款凭证、销售不动产统一发票以及晨始公司向永兴房地产公司出具的欠条，不能形成完整的证据链证明高聪履行了支付购房款的义务，一审法院认定高聪未能证明已支付的价款超过合同约定总价款的百分之五十，并无不当。关于未办理过户登记是否“非因案外人自身原因”问题，本院认为，人民法院查封前，案外人与出卖人已经共同向不动产登记机构提交办理所有权转移登记申请且经登记机构受理，或者案外人因办理所有权转移登记与出卖人发生纠纷并已起诉或者申请仲裁，或者有其他合理客观理由的，可以认定为“非因案外人自身原因”，本案中高聪并未举证证明其在案涉房屋长期未能办理过户的情况下采取了有效措施主张权利。故高聪对于案涉房屋的权益亦不符合《执行异议和复议规定》第二十八条规定的情形。

——中国裁判文书网。

529. 被执行房屋的购买时间不能作为认定异议人名下有无其他用于居住房屋的节点

关键词

案外人执行异议　房屋购买时间　其他用于居住的房屋

最高人民法院裁判文书

关某某诉阜新盛金投资管理有限公司、沈阳新拓置业发展有限公司案外人执行异议之诉上诉案［最高人民法院（2020）最高法民终1188号民事判决书］

裁判要旨：异议人有无其他用于居住的房屋，认定的时间节点是人民法院采取执行措施之时，而非异议人购买案涉房屋之时。

最高人民法院二审审理认为：《最高人民法院关于人民法院办理执行异议和复议案件若干问题的规定》第二十九条规定商品房买受人的债权能够排除基于金钱债权申请的强制执行，是立足于对买受人生存利益的保护，该买受人应当是消费者而不是经营者，买受人在被执行房屋所在地长期居住且名下在同一地方无其他能够用于居住的房屋。本案中，关某某购买的案涉房屋用途为“酒店”，不是一般意义上用于居住的房屋，且在2018年10月执行异议被驳回、提起本案诉讼时，关某某已于2016年5月27日取得了沈阳市铁西区兴华北街房屋的所有权。换而言之，即使案涉房屋已交付关某某并用于生活居住，而不是用作“酒店”经营，因关某某名下有其他能够用于居住的房屋，关某某基于商品房买卖法律关系对案涉房屋提出的权利主张，不属于法律及司法解释保护的范畴。此外，案涉房屋一直未予交付，关某某并未在人民法院查封之前合法占有案涉房屋。一审法院以案涉房屋在2008年7月购买时关某某名下无其他用于居住的房屋为由，认定关某某对案涉房屋享有足以排除强制执行的民事权益，适用法律不当。

——第二巡回法庭微信公众号。

530. 执行异议之诉中对购房人支付购房款等事实应从严审查

关键词

执行异议之诉　案外人　被执行人

最高人民法院审判业务意见（民一庭意见）

最高人民法院民一庭意见认为：执行异议之诉不仅涉及案外人和被执行人的利益，还涉及申请执行人的利益。人民法院审理执行异议之诉案件，应全面考虑不同当事人之间的利害关系，充分保护各方当事人的合法权益，在适用《最高人民法院关于人民法院办理执行异议和复议案件若干问题的规定》第二十九条规定对案外人权利予以特别保护时，应当从严审查、严格把握。尤其对于购房人已支付的价款是否超过合同约定总价款的百分之五十的事实，转账支付购房款的，应对购房款转账凭证予以查实，现金支付购房款的，应对购房款来源等事实予以查实，在保护案外人合法权益时，也应防止被执行人与案外人恶意串通损害申请执行人的权益。

附：案情简介

2011年1月4日，王某与甲公司签订了商品房买卖合同，约定甲公司将案涉房屋卖给王某用于居住，总价款631106元。该事实有王某提交的《商品房买卖合同》、房款收据、前期物业服务合同、公共维修基金、物业费、水电费、天然气购买收据等证据证实。2011年7月20日，乙信用社因甲公司到期未偿还借款1700万元向沧州中院起诉，沧州中院于2014年3月10日作出（2013）沧民初字第199号民事判决书，判决丙公司与甲公司共同偿还乙信用社借款本金1700万元及利息。在上述案件执行过程中，沧州中院于2014年6月4日作出（2014）沧执字第265号裁定书，查封了甲公司名下位于某某市的众凯嘉园9号楼、10号楼的部分房屋（包含案涉房屋）。王某向法院提出异议，要求终止执行。执行法院作出裁定，撤销（2014）沧执字第265号执行裁定对案涉室房屋的查封。乙信用社不服，提起申请执行人执行异议之诉。

——最高人民法院民一庭：《执行异议之诉中对购房人支付购房款等事实应从严审查》，载最高人民法院民事审判第一庭编：《民事审判指导与参考》2018年第3辑（总第75辑），人民法院出版社2018年版，第212~216页。

531. 案外人执行异议之诉的权利保护顺位

关键词

案外人　执行异议　权利保护顺位

最高人民法院裁判文书

陈某某与梁某、三亚辉弘旅业开发有限公司案外人执行异议之诉纠纷案

［最高人民法院（2019）最高法民申484号民事裁定书］

裁判要旨：公司的实际控制人伪造公司股东的签字作出股东会决议，为该公司的债务提供抵押担保，并办理了抵押登记，抵押权人能够证明已经尽到合理审查义务，且不具有其他导致抵押无效情形的，应认定抵押行为有效。已经支付全部或大部分购房款项的消费者权益优于抵押权。实践中，对于“购房消费者”的认定可适当从宽把握，不能仅以所购房屋为商住两用而否认购房者的消费者身份。

最高人民法院经审查认为：

（一）关于陈某某抵押权的效力问题

辉弘旅业开发公司认可抵押借款合同上加盖的公司印章是真实的，且签订合同时辉弘旅业开发公司的法定代表人倪某某在场。辉弘旅业开发公司以房屋为借款提供抵押担保，并办理了抵押登记。虽然辉弘旅业开发公司并未实际召开股东会，存在由庄某某伪造其他股东签字作出股东会决议的行为，但陈某某在接受辉弘旅业开发公司为其提供担保的过程中，已尽到合理的审查义务。本案也无充分证据证明陈某某与辉弘旅业开发公司具有恶意串通等损害梁某利益导致抵押无效的行为。二审判决以辉弘旅业开发公司未召开股东会、股东会决议系伪造股东签字作出为由认定抵押行为无效不当，予以纠正。

（二）关于梁某对涉案房屋所享有的权益是否可以排除陈某某对涉案房屋执行的问题

首先，当事人提交的土地房屋权证载明案涉房产用途为“商业、住宅”，与梁某所称购买该房屋为商住两用的陈述相互印证，原审认定梁某系购买房屋的消费者，并无不当。其次，梁某已经实际支付了123.5万元购房款，并已实际占有、使用该房屋。依照《最高人民法院关于建设工程价款优先受偿权问题的批复》及参照《最高人民法院关于人民法院办理执行异议和复议案件若干问题的规定》第29条的相关规定，在审理涉及消费者购买商品房的案件中，应当对消费者购买商品房的权益予以优先保护，故二审法院认为梁某作为购买房屋的消费者所享有的权益可以排除陈某某对涉案房屋的执行，并无不当。无论陈某某抵押权效力如何，均不影响梁某对涉案房屋所享有的权益可以排除陈某某对涉案房屋执行的认定。二审判决虽然在抵押权效力的认定上存在不当，但是裁判结果正确，据此裁定驳回陈某某的再审申请。

——中国裁判文书网。

附录：本案解析

不能仅以所购房屋为商住两用而否认购房者的消费者身份。《关于建设工程价款优先受偿权问题的批复》第1条规定：“人民法院在审理房地产纠纷案件和办理执行案件中，应当依照《中华人民共和国合同法》第二百八十六条[①]的规定，认定建筑工程的承包人的优先受偿权优于抵押权和其他债权。”第2条规定：“消费者交付购买商品房的全部或者大部分款项后，承包人就该商品房享有的工程价款优先受偿权不得对抗买受人。”《执行异议复议规定》第29条规定：“金钱债权执行中，买受人对登记在被执行的房地产开发企业名下的商品房提出异议，符合下列情形且其权利能够排除执行的，人民法院应予支持：（一）在人民法院查封之前已签订合法有效的书面买卖合同；（二）所购商品房系用于居住且买受人名下无其他用于居住的房屋；（三）已支付的价款超过合同约定总价款的百分之五十。”结合上述规定来看，执行案件中的权利排序为，消费者买受人的物权期待权优先于建设工程价款优先受偿权，建设工程优先受偿权优先于抵押权，抵押权优先于一般债权。故购房消费者的物权期待权与抵押权人的抵押权出现冲突时，人民法院应优先保护支付了大部分购房款的购房消费者的利益。

需要注意的是，如何判断购房者是否为消费者？根据《消费者权益保护法》中的“消费者”含义，前述规定中“购房消费者”应理解为为生活消费需要而不是为经营需要而购房的购房者。司法实践中，一般将所购房屋性质

---

① 对应《民法典》第807条。

作为判断是否系“用于居住”的重要因素，购买商铺等经营性用房的购房者通常不被认定为前述批复中的“消费者”。司法实践中，对于能否以所购房屋为商住两用而否定购房者消费者身份的问题，存在不同观点。一种观点认为，商住两用房上能够注册公司，但不能落户，没有学区派位，土地使用权年限也比普通住宅短，通常来说，购房者选择商住两用房主要是为了经营或投资，而非满足基本的居住需求，故对于购买商住两用房应比照购买商铺处理，即否定其购房者的消费者身份。另一种观点认为，商住两用是近年来适应城市发展趋势、鼓励年轻人创业的新型居住形式，商住两用房通常位置优越，生活便利，又宜居宜商，使用方式灵活，已为越来越多的群体所选择，如不能排除购房系用于居住、生活，则对购房者的消费者身份应予确认。最高人民法院认为，《执行异议复议规定》第29条规定的“所购商品房系用于居住”要件，实际上是认定消费者的表征或者特点。在具体案件中，应当综合案情判断购房者是否为消费者，不能仅以商住两用否定其消费者身份。考虑到不能排除购房者购买商住两用房用于居住、生活，对于“用于居住”应做从宽理解，不轻易否定商住两用住房所具有的居住功能，以保护支付了全部或者大部分购房款的购房人的合法权益。

——高燕竹：《陈某某与梁某、三亚辉弘旅业开发有限公司案外人执行异议之诉纠纷案——案外人执行异议之诉的权利保护顺位》，载中国应用法学研究所主编：《中华人民共和国最高人民法院案例选》（第三辑），法律出版社2020年版，第217~219页。

（六）可以排除强制执行的情形

532. 被拆迁人享有优先取得补偿安置房屋的权利，该权利能够对抗拆迁人的金钱债权人对安置房屋的执行

关键词

执行异议　安置房屋补偿权　金钱债务人

最高人民法院裁判文书（第六巡回法庭裁判规则）

中国信达资产管理股份有限公司甘肃省分公司与甘肃陇东鸿业商贸有限公司、甘肃省供销合作联社庆阳土特产品公司、庆阳市智霖房地产开发有限公司、庆阳智霖实业有限公司、赵××、李××申请执行人执行异议案［最高人民法院（2021）最高法民终845号民事判决书］

裁判要旨：当事人签订的合同名为联建协议实为拆迁补偿协议的，人民法院应当按照拆迁补偿协议进行裁判。当事人约定以产权调换方式进行拆迁安置补偿，并明确约定了安置房屋的，被拆迁人享有优先取得该补偿安置房屋的权利，被拆迁人对该安置房屋的权利能够对抗拆迁人的金钱债权人对安置房屋的执行申请。

基本案情

（一）被执行人与执行案外人之间的案涉房屋的相关事实

2007 年 3 月 16 日，土特产公司与案外人庆阳市锦华香包刺绣工艺厂（以下简称刺绣厂）签订《庆阳土特产品公司安定西路 × 号职工住宅区联建协议》（以下简称《联建协议》），约定土特产公司将西峰区安定西路 × 号职工住宅区的土地所有权以产权转让的方式整体转让给刺绣厂，由刺绣厂负责拆旧建新、整体改建；联建工程竣工后，刺绣厂给土特产公司在临桐树街的住宅楼二楼以上还建住宅（1600 平方米），用于安排土特产公司原有住户 28 户。若在临桐树街的住宅楼上不能将甲方住户安排完，可在第二幢住宅楼上再作安排。刺绣厂对土特产公司现有住户按拆一还一的方式进行还建等。21 名住户在上述联建协议上签字。

2007 年 4 月 27 日，庆阳市城市房屋拆迁管理办公室就上述联建项目向土特产公司、刺绣厂分别出具了《庆阳市房屋拆迁许可证代理证》。2007 年 5 月 18 日，庆阳市规划管理局向土特产公司、刺绣厂分别出具了建设工程规划许可证。

2012 年 5 月 18 日，土特产公司（移交方）和赵 ××（接收方，系刺绣厂法定代表人）签署《庆阳土特产品公司桐树街家属院公房移交清单》，共移交了土特产公司所有的 8 套公房。

2016 年 10 月 11 日，土特产公司与智霖房地产公司、赵 ×× 签订《移交备忘录》，载明根据 2007 年 3 月 26 日签订的《联建协议》之约定，赵 ×× 将案涉豪庭名苑 × 室（面积约 300 平方米）的房屋移交给土特产公司，作为对土特产公司房屋的安置补偿。双方同时约定，自该协议签订之日起，视为房屋已经移交给土特产公司。

2019 年 9 月 6 日，为办理房屋手续，智霖房地产公司（出卖人）与鸿业公司、土特产公司（买受人）签订《商品房买卖合同》，约定由买受人购买豪庭名苑 × 号楼 × 单元 × 室，该商品房的用途为办公，建筑面积为 262.29 平方米。《商品房买卖合同》第 6 条第 3 款"其他方式"约定："依据《联建协议》及《关于西峰区安定西路 × 号住宅区联建工程遗留问题处理协议》约定，实物置换。"同日，刺绣厂（移交方）与智霖房地产公司、鸿业公司共同出具《房屋交接清单》，载明："依据鸿业公司和刺绣厂签订的《关于西峰区

安定西路 × 号住宅区联建工程遗留问题处理协议》及与智霖房地产公司签订的《商品房买卖合同》的约定，现由移交方刺绣厂和智霖房地产公司向接收方鸿业公司移交位于西峰区安定西路豪庭名苑 × 号楼 × 层 × 室的房屋，该房屋实有面积为 262.29 平方米，从即日起上述房屋交由接收方鸿业公司负责管理和行使所有权。"《房屋交接清单》同时载明："附：402 房门钥匙 1 把、内隔间门钥匙 1 把。"

（二）执行案件相关情况

信达甘肃分公司因与智霖房地产公司、智霖实业公司、赵 ××、李 ×× 债权债务概括转移合同纠纷一案，向甘肃省兰州市中级人民法院提起诉讼。根据信达甘肃分公司的财产保全申请，甘肃省兰州市中级人民法院作出（2017）甘 01 民初字第 182 号民事裁定，并于 2017 年 3 月 29 日对智霖房地产公司名下位于西峰区安定西路 × 号南侧豪庭名苑部分房地产查封。2017 年 11 月 28 日，甘肃省高级人民法院（以下简称甘肃高院）对该案作出（2017）甘民初 69 号民事判决。后信达甘肃分公司不服，向最高人民法院提起上诉，最高人民法院于 2018 年 8 月 29 日作出（2018）最高法民终 355 号民事判决。

判决生效后，因智霖房地产公司、智霖实业公司、赵 ××、李 ×× 未履行生效判决确定的给付义务，信达甘肃分公司向甘肃高院申请强制执行。甘肃高院于 2020 年 1 月 22 日作出（2019）甘执 03 号执行裁定，对上述被查封房屋进行拍卖、变卖，本案所涉的 × 室房屋在上述被查封、拍卖的房屋中。

三、本案诉讼的提起

鸿业公司、土特产公司于 2020 年 1 月 16 日向甘肃省高级人民法院提出书面异议，认为案涉房屋系联建后所得补偿安置房屋，请求中止对该房屋的拍卖。甘肃省高级人民法院审查后，于 2020 年 2 月 21 日作出（2020）甘执异 15 号执行裁定，中止对案涉房屋的执行。信达甘肃分公司遂提起本案申请执行人执行异议之诉。

——杨临萍主编、最高人民法院第六巡回法庭编：《最高人民法院第六巡回法庭裁判规则》，人民法院出版社 2022 年版，第 401~404 页。

533. 国有划拨土地使用权转让未经有批准权的人民政府批准、未办理过户登记，土地使用权人享有的民事权益足以排除一般金钱债权人的强制执行

关键词

案外人执行异议之诉　土地使用权转让

最高人民法院裁判文书

鑫弘桥公司、香江公司、赤龙令公司与新华社海南分社、民联公司案外人执行异议之诉案［最高人民法院（2021）最高法民申1775号民事裁定书］

裁判要旨：执行程序中，对于涉及行政审批的划拨土地使用权转让纠纷不能单纯适用《最高人民法院关于人民法院民事执行中查封、扣押、冻结财产的规定》第十九条的规定，在划拨土地使用权转让手续未经有批准权的人民政府批准、未办理过户登记前，出让人对该土地使用权及地上建筑物享有的民事权益足以排除一般金钱债权人的强制执行。

最高人民法院经审查认为，本案再审审查的重点为：一、二审判决认定新华社海南分社对案涉诉争土地使用权及地上建筑物享有足以排除强制执行的民事权益是否有误。

（一）关于本案的法律适用问题

《民事诉讼法》第二百二十七条[①]规定："执行过程中，案外人对执行标的提出书面异议的，人民法院应当自收到书面异议之日起十五日内审查，理由成立的，裁定中止对该标的的执行；理由不成立的，裁定驳回。案外人、当事人对裁定不服，认为原判决、裁定错误的，依照审判监督程序办理；与原判决、裁定无关的，可以自裁定送达之日起十五日内向人民法院提起诉讼。"案外人若认为自己对执行标的享有实体权利，据此可向执行法院提出异议，在异议被驳回后可依法提起执行异议之诉。根据《最高人民法院关于适用〈中华人民共和国民事诉讼法〉的解释》第三百一十二条第一款关于"对案外人提起的执行异议之诉，人民法院经审理，按照下列情形分别处理：（一）案外人就执行标的享有足以排除强制执行的民事权益的，判决不得执行该执行

① 现为《民事诉讼法》（2021年修正）第二百三十四条。

标的；（二）案外人就执行标的不享有足以排除强制执行的民事权益的，判决驳回诉讼请求”的规定，案外人的异议能否得到支持核心在于其就执行标的享有的民事权益是否足以排除强制执行，如此即需要将案外人就执行标的享有的民事权益与申请执行人享有的民事权益进行比较，并分析何者占优，进而作出是否可以排除执行的判断。而就权利人的判断而言，《最高人民关于人民法院办理执行异议和复议案件若干问题的规定》第二十五条关于“对案外人的异议，人民法院应当按照下列标准判断其是否系权利人：（一）已登记的不动产，按照不动产登记簿判断；未登记的建筑物、构筑物及其附属设施，按照土地使用权登记簿、建设工程规划许可、施工许可等相关证据判断……”的规定可参照适用。关于《最高人民法院关于人民法院民事执行中查封、扣押、冻结财产的规定》第十九条关于“被执行人购买需要办理过户登记的第三人的财产，已经支付部分或者全部价款并实际占有该财产，虽未办理产权过户登记手续，但申请执行人已向第三人支付剩余价款或者第三人同意剩余价款从该财产变价款中优先支付的，人民法院可以查封、扣押、冻结”的规定，针对的是涉及需要过户登记的财产买卖在特定情形下的权利救济，而本案不仅涉及过户登记，更涉及行政审批；最高人民法院（2016）最高法民再376号民事裁定将本案发回重审，系要求依据该规定就新华社海南分社对案涉诉争土地使用权是否享有足以排除强制执行的民事权益作出评判，并没有确认本案即符合该规定，且该裁定亦未涉及行政审批事宜，故鑫弘桥公司、香江公司、赤龙令公司关于该裁定已经认定本案应依据该规定作出裁决的理解并不准确。

基于本案已经查明的事实，依据前述法律及司法解释规定，新华社海南分社享有案涉诉争土地使用权，办理了相应的不动产登记；地上建筑物系以新华社海南分社的名义办理的报建手续，尚未办理物权登记，系临时性质的地上附着物，故新华社海南分社就案涉诉争土地使用权及地上建筑物具有排除强制执行的基本要件；而鑫弘桥公司对民联公司以及香江公司、赤龙令公司享有的是一般金钱债权，在形式上不能优于新华社海南分社对案涉诉争土地使用权及地上建筑物享有的民事权益。但由于新华社海南分社以案涉诉争土地使用权与民联公司进行合作开发，并在民联公司为新华社海南分社建设新闻中心大厦后需依约转让给民联公司，故基于双方合同约定及实际履行情况，案涉诉争土地使用权是否已经脱离新华社海南分社的责任财产范围，进而变成民联公司的责任财产，就成为本案判断新华社海南分社的异议能否成立的关键所在。

（二）案涉诉争土地使用权及地上建筑物尚不能作为民联公司或者香江公司、赤龙令公司责任财产

责任财产一般是指民事主体用于承担民事责任的各项财产及权利总和，

民事主体以责任财产为限对外承担法律责任。人民法院在执行程序中对被执行人所采取的强制执行措施，应当以其责任财产为限。如果有证据证明拟执行标的不属于被执行人的责任财产，则人民法院应当停止对该标的的执行。

就本案而言，民联公司与新华社海南分社就合作开发新华社海南分社名下土地事宜签订《合同书》，约定民联公司依约为新华社海南分社建设新闻中心大厦后，新华社海南分社将合作开发土地使用权的一半转让给民联公司。基于本案已经查明的事实，民联公司为新华社海南分社建设的新闻中心大厦已经建成并投入使用，新华社海南分社尽管主张民联公司并未完全按照《合同书》的约定履行，存在一定违约行为，但对于民联公司已经基本完成《合同书》约定的新闻中心大厦建设工作并不否认。由此，民联公司基于《合同书》享有请求新华社海南分社将约定土地使用权转让过户到其名下的权利，但此时尚不能当然将该土地使用权视为民联公司的责任财产，因为该土地使用权系新华社海南分社通过划拨方式取得的，而划拨土地的对外转让依法须报请有批准权的人民政府批准，且只有经过行政审批、补办出让手续、缴纳出让金后，才存在土地使用权过户登记及物权转移的问题。事实上，新华社海南分社按照民联公司的要求，经协议商定，与民联公司指定的香江公司、原香江酒楼签订《合同书》《土地使用权转让合同》，报送了《土地使用权转受让申请书》，并于2001年10月17日获得海口市人民政府批准同意“补办土地使用权出让手续，按土地评估价的40%收取出让金，并直接办理出让给香江公司、原香江酒楼”。但在实际履行中，因土地出让金等税费缴纳以及香江公司、原香江酒楼的股权被执行等相关因素，该土地使用权转让、出让及过户登记事宜一直未能完成；至2014年8月27日，时任海口市人民政府常务副市长邓小刚在《海口市国土资源局关于撤销第Q2188号〈国有土地使用证〉项下部分划拨土地转让审批的请示》的公文呈批表上批示：同意国土局意见。原海口市国土资源局遂对该项划拨土地使用权转让业务办理了退档手续。海口市资规局在本案询问中明确表示原批准已经被撤销，不再具有效力，若继续转让，需重新报送审批。鉴于案涉诉争土地使用权的划拨性质未变，依然登记在新华社海南分社名下，而该土地使用权的转让是否重新报批、若报批能否获得批准、出让金是否重新核算等均超出了本案审查范围。故民联公司尽管享有请求新华社海南分社继续协助办理案涉诉争土地使用权转让审批及过户登记的权利，但在转让重新获得有批准权的人民政府批准前，案涉诉争土地使用权依然属于新华社海南分社所有，尚未脱离新华社海南分社的责任财产范围，不能当然转化为民联公司的责任财产并用以偿付民联公司的债务。相比较而言，申请执行人鑫弘桥公司对民联公司享有的一般金钱债权，与案涉土地使用权及地上建筑物并无直接的关联。由此，在案涉划拨土地使用权转让原有批准被撤销、尚未重新报送审批的情况下，一、二审判决认定新华社海南分社对该土地使用权及地上建筑物享有的民事权益足以排除鑫弘桥公司的执行，有相应的依据，鑫弘桥公司申请再审的事由不能成立。

——中国裁判文书网。

534. 租赁物的实际所有权人可以对抗名义所有权人的债权人对该租赁物的强制执行

关键词

租赁　所有权人　执行异议

附录：最高人民法院主流观点

在司法实务中，存在这样的情形：出租人和承租人虽在融资租赁合同中约定，在融资租赁期间，租赁物的所有权归属于出租人，但因便于管理、理赔、年检等客观原因的存在，租赁物登记在了承租人名下。为了防止承租人恶意转让设备，出租人又与承租人约定，将租赁物抵押给出租人，并在承租人所在地的车管所等登记部门办理抵押登记。后承租人的债权人持法院生效裁判文书申请对登记在承租人名下的租赁物进行强制执行，出租人则以其为真正的权利人为由向法院提出案外人执行异议。

我们认为，以上问题的实质在于租赁物的实际所有权人能否对抗名义所有权人的债权人对该租赁物的申请司法强制执行效力。上述两种不同的法律适用选择，实际上也是对商事外观主义原则适用范围的争论。一般而言，商事外观主义是指在商事交易中，即使公示于外的事实与实际情形不符，只要第三人对公示在外的事实主观信赖合理，则该第三人据以作出的民事法律行为效力受法律的优先保护。商事外观主义作为商法的基本原则之一，其实际上是一项在特定场合下权衡实际权利人与外部第三人之间利益冲突所应遵循的法律选择适用准则，通常不能直接作为案件处理依据。外观主义原则的目的在于减少交易成本，维护交易安全，为此不得不将实际权利人的利益置于可能遭受风险的境地，可能导致一个无过错的当事人的利益遭受损失，应当谨慎使用商事外观主义原则，其适用范围应局限于就相关标的从事交易的第三人。基于以上考虑，《民商审判会议纪要》明确规定："从现行法律规则看，外观主义是为保护交易安全设置的例外规定，一般适用于因合理信赖权利外观或意思表示外观的交易行为。实际权利人与名义权利人的关系，应注重财产的实质归属，而不单纯地取决于公示外观。总之，审判实务中要准确把握外观主义的适用边界，避免泛化和滥用。"根据上述纪要精神，我们认为，对此出租人的上述执行异议，依法应予支持。

——最高人民法院民法典贯彻实施工作领导小组主编：《中华人民共和国民法典合同编理解与适用》，人民法院出版社 2020 年版，第 1665~1667 页。

535. 在执行异议之诉中，异议人为登记在被执行人名下的机动车买受人并已实际交付占有的，该异议人具有排除强制执行的民事权益

关键词

执行异议　机动车买受人　交付　排除强制执行

最高人民法院审判业务意见（第二巡回法庭法官会议纪要）

原《物权法》第二十三条[①]规定动产物权变动采取交付生效主义，机动车作为特殊动产应予适用，该基本原则在执行异议之诉中并未动摇。因此，出卖人向买受人交付机动车后，即发生机动车物权变动的法律效力，是否办理物权变更登记，仅是能否对抗善意第三人的要件，不是机动车物权变动的生效要件。一般债权的申请执行人不属于该法第二十四条规定的"善意第三人"，买受人可以其物权对抗一般债权人并排除执行。为防止案外人与被执行人恶意串通，通过虚假交易恶意对抗执行，故在执行异议之诉中，有必要实质审查异议人是否为真实买受人并完成交付。在排除虚假诉讼合理怀疑，可以认定异议人为真实物权人的情况下，异议人具有排除强制执行的民事权益。

附：案情摘要

甲基于生效判决确定的金钱债权申请执行乙名下车辆，案外人丙提出执行异议，主张登记在乙名下的车辆归丙所有，理由是其在查封前已经从乙处购买该车辆并交付占有，法院驳回其异议，丙据此提起执行异议之诉。

——《执行异议之诉中机动车实际买受人是否可以排除执行（最高人民法院第二巡回法庭 2020 年第 3 次法官会议纪要）》，载贺小荣主编：《最高人民法院第二巡回法庭法官会议纪要》（第二辑），人民法院出版社 2021 年版，第 200~214 页。

---

① 对应《民法典》第二百二十四条。

536. 案外人依据另案生效裁判对金钱债权的执行提起执行异议之诉，请求排除执行的判定

关键词

案外人　金钱债权　执行异议之诉

最高人民法院司法政策精神

124.【案外人依据另案生效裁判对金钱债权的执行提起执行异议之诉】作为执行依据的生效裁判并未涉及执行标的物，只是执行中为实现金钱债权对特定标的物采取了执行措施。对此种情形，《最高人民法院关于人民法院办理执行异议和复议案件若干问题的规定》第26条规定了解决案外人执行异议的规则，在审理执行异议之诉时可以参考适用。依据该条规定，作为案外人提起执行异议之诉依据的裁判将执行标的物确权给案外人，可以排除执行；作为案外人提起执行异议之诉依据的裁判，未将执行标的物确权给案外人，而是基于不以转移所有权为目的的有效合同（如租赁、借用、保管合同），判令向案外人返还执行标的物的，其性质属于物权请求权，亦可以排除执行；基于以转移所有权为目的有效合同（如买卖合同），判令向案外人交付标的物的，其性质属于债权请求权，不能排除执行。

应予注意的是，在金钱债权执行中，如果案外人提出执行异议之诉依据的生效裁判认定以转移所有权为目的的合同（如买卖合同）无效或应当解除，进而判令向案外人返还执行标的物的，此时案外人享有的是物权性质的返还请求权，本可排除金钱债权的执行，但在双务合同无效的情况下，双方互负返还义务，在案外人未返还价款的情况下，如果允许其排除金钱债权的执行，将会使申请执行人既执行不到被执行人名下的财产，又执行不到本应返还给被执行人的价款，显然有失公允。为平衡各方当事人的利益，只有在案外人已经返还价款的情况下，才能排除普通债权人的执行。反之，案外人未返还价款的，不能排除执行。

——《最高人民法院关于印发〈全国法院民商事审判工作会议纪要〉的通知》（2019年11月8日，法〔2019〕254号）。

附录：最高人民法院主流观点

一是正确理解执行异议之诉的设立目的。关于上述三种争议观点，从执行异议之诉的设立目的看，我们认为以第三种观点为妥。第一种观点与现行执行异议之诉的法律制度设计不符。第二种观点只看重程序权利却忽视实体

权利。第三种观点从权利基础的角度出发综合考虑，更具合理性。在同一物上既存在物权又存在债权时，无论其成立次序先后，物权优先于债权。

二是准确把握能够排除执行的另案生效法律文书的类型。物权属于绝对性权利，具有对世性，物权优先于债权属基本民法原则。如果案外人持针对执行标的的物权纠纷作出的另案生效法律文书，基于物权优先原则，足以请求排除债权人对执行标的的强制执行。案外人基于物权请求权获得的胜诉裁决，相当于确认了其物权权利主体的身份，从而足以排斥他人干涉，包括对标的物的执行。有关物权纠纷的法律文书生效后，通常直接发生物权变动的效果。《物权法》第 28 条[①]规定："因人民法院、仲裁委员会的法律文书或者人民政府的征收决定等，导致物权设立、变更、转让或者消灭的，自法律文书或者人民政府的征收决定等生效时发生效力。"与物权的支配权不同，债权为权利人只能请求债务人履行给付义务的权利。譬如，基于买卖合同等债权请求权作出的法律文书，虽判令交付标的物，但仅有生效法律文书，在债务人未履行给付标的物的义务之前，物权未发生变动，该债权和申请执行人要实现的金钱债权同属债权性质，基于债权平等原则，案外人的该债权不具有优先效力，故该债权法律文书不能排除执行。但是，借用、保管、租赁等合同纠纷，虽为合同纠纷，但该类合同不以转移物的权属为目的，其涉及保管、租赁费用等债权请求权，同时也是对借用、保管、租赁标的物的所有权的确认，或判令返还原所有权人，这实际包括对物权权属的确认或返还原物，性质上属于物权请求权，故案外人持该类法律文书可请求排除对标的物的强制执行。除此之外，人民法院在执行过程中出具的拍卖成交裁定书、变卖成交裁定书和以物抵债裁定书，该类执行裁定书生效即产生物权变动的效力，同样可以作为案外人对执行标的主张享有物权的依据。综上，参照执行异议复议规定第 26 条的规定，通常情况下，可请求排除执行的另案生效法律文书的类型包括：（1）案外人和被执行人之间权属纠纷的法律文书，并确认案外人对执行标的享有物权；（2）案外人和被执行人之间租赁、借用、保管等不以转移财产权属为目的的合同纠纷，判决、裁决执行标的归属于案外人或者向其返还执行标的；（3）人民法院在执行程序中作出的拍卖成交裁定书、变卖成交裁定书和以物抵债裁定书。

三是妥善处理案外人依据确认合同解除或者无效的另案生效法律文书提起执行异议之诉的情形。另案生效法律文书确认合同解除或者无效，并判定不动产或者股权等返还给出卖人的，出卖人据此要求买受人返还，此时出卖人享有的是物权性质的返还请求权，本可排除金钱债权的执行，但在双务合同无效或者已经解除的情况下，双方互负返还义务，在出卖人未返还价款的

① 对应《民法典》第二百二十九条。

情况下，如果允许其排除金钱债权的执行，将会使申请执行人既执行不到被执行人名下的财产，又执行不到本应返还给被执行人的价款，显然有失公允。为平衡各方当事人的利益，只有在出卖人已经返还价款的情况下，才能排除申请执行人的执行。反之，出卖人未返还价款的，不能排除执行。这里所指“物权”性质的返还请求权，是因为标的物原来的权属就属于案外人。这里讲“物权性质”，并不就是物权请求权，因为标的物权属已经转移，而是具有物权请求权性质。

本条规定是否适用于买受人没有支付对价的情形？另案生效判决、裁定不动产或者股权等因合同解除、无效须返还给出卖人的，之前买受人就没有支付对价，此时，出卖人排除执行的诉讼请求是否应当得到支持？我们认为，此种情况与出卖人已经返还对价的情形极其相似，举重明轻，出卖人对该不动产或者股权等享有足以排除强制执行的民事权益。

——最高人民法院民事审判第二庭编著:《〈全国法院民商事审判工作会议纪要〉理解与适用》，人民法院出版社 2019 年版，第 625~627 页。

537. 在先购买并交付占有的车位购买人能否排除在后抵押权人对车位的强制执行

关键词

执行异议　预告登记　物权期待权

最高人民法院裁判文书（第六巡回法庭裁判规则）

甘肃银行股份有限公司兰州市中央广场支行诉刘 ×、广州华骏实业有限公司申请执行人执行异议案［最高人民法院（2022）最高法民终 137 号民事判决书］

裁判要旨：《最高人民法院关于人民法院办理执行异议和复议案件若干问题的规定》是执行程序中对执行异议进行审查的规范，进入审判程序后，人民法院可以参照适用上述规范，但应当对当事人的民事权益进行实质审理，根据案件的具体情况，依照民法规范确认当事人享有的民事权利的属性以及效力关系，按照公平原则综合权衡判断能否排除强制执行。业主在先购买车位、车库，并支付全款且实际占有使用而具有一定的公示效力，出卖人的债权人就该车位、车库设定抵押权在后，因其过失而不知道车位、车库已经出卖并交付购买人占有的，不属于善意抵押权人，人民法院可以认定买

受人对案涉车位、车库享有的民事权益能够排除该抵押权的执行。

基本案情

刘 × 与华骏公司于 2016 年 5 月 30 日签订《商品房买卖合同》，约定刘 × 认购华骏公司开发的案涉车位，认购价格 365000 元。合同签订当日，刘 × 向华骏公司银行转账支付了全部款项。2016 年 6 月 2 日，华骏公司向刘 × 发出车位交付使用通知书。2016 年 7 月 4 日，甘肃银行中央广场支行就案涉车位办理抵押登记。甘肃银行中央广场支行与案外人另案诉讼审理过程中，甘肃省高级人民法院于 2018 年 11 月 21 日依法查封包括案涉车位的财产。生效判决作出后，甘肃银行中央广场支行向一审法院申请执行，执行过程中，刘 × 提出执行异议，一审法院于 2021 年 3 月 29 日作出（2021）甘执异 5 号执行裁定，中止对登记在华骏公司名下案涉车位的执行。甘肃银行中央广场支行向甘肃省高级人民法院提起申请执行人执行异议之诉。

——杨临萍主编、最高人民法院第六巡回法庭编：《最高人民法院第六巡回法庭裁判规则》，人民法院出版社 2022 年版，第 416~423 页。

538. 购房人对车位享有排除银行抵押权的执行的合法权益

关键词

执行异议　银行抵押权

最高人民法院裁判文书

甘肃银行中央广场支行与张若曦申请执行人执行异议之诉案［最高人民法院（2022）最高法民终 86 号民事判决书］

裁判要旨：车位虽不属于住宅，但依法属于满足业主住宅需要的必要设施，属于商品房所提供居住功能的必要延伸和拓展。车位使用权与业主居住权密切相关，具有满足居民基本生活需要的属性。对小区业主而言，一定数量的车位、车库的配备，是与其居住权密切相关的一种生活利益，该利益应当受到法律保护。

享有车位抵押权的银行，具有对抗第三人的效力，但购房人在抵押之前已经实际占有车位，并支付全部价款，且对未办理产权登记无过错。而银行在后设定抵押权时未尽到必要注意义务，存在过错。综合考虑上述因素，购房人的权利具有优先保护的必要。故可以认定，购房人对车位享有排除银行抵押权的执行的合法权益。

最高人民法院认为，根据《最高人民法院关于适用〈中华人民共和国民法典〉时间效力的若干规定》第一条第二款“民法典施行前的法律事实引起的民事纠纷案件，适用当时的法律、司法解释的规定，但是法律、司法解释另有规定的除外”的规定，本案诉争事实发生在民法典施行前，故依法应适用当时的法律、司法解释的规定。本案的争议焦点为：张若曦就案涉车位是否享有足以排除人民法院强制执行的民事权益。

根据查明的事实，张若曦作为案涉车位的购买人，已经符合《最高人民法院关于人民法院办理执行异议和复议案件若干问题的规定》第二十八条规定的四个要件，即：在查封前签订了合法有效的买卖合同、支付了全部价款、实际占有使用了案涉车位、张若曦对未办理产权过户登记没有过错。张若曦上诉主张本案应当适用《最高人民法院关于人民法院办理执行异议和复议案件若干问题的规定》第二十八条规定，认定张若曦对执行标的享有足以排除强制执行的民事权益。甘肃银行中央广场支行主张，一审法院适用《最高人民法院关于人民法院办理执行异议和复议案件若干问题的规定》第二十七条规定认定张若曦对案涉标的享有的权益不能对抗抵押权并无不当。本院认为，《最高人民法院关于人民法院办理执行异议和复议案件若干问题的规定》第二十七条规定：“申请执行人对执行标的依法享有对抗案外人的担保物权等优先受偿权，人民法院对案外人提出的排除执行异议不予支持，但法律、司法解释另有规定的除外”。《最高人民法院关于人民法院办理执行异议和复议案件若干问题的规定》第二十八条是否属于第二十七条规定的但书范围，即不动产买受人满足了第二十八条规定的四个要件，是否可以对抗担保物权的执行存有争议。《最高人民法院关于人民法院办理执行异议和复议案件若干问题的规定》是对执行程序中执行异议进行审查的规范。进入审判程序后，人民法院应当对当事人的民事权益进行实质审理，依法确认各方当事人享有的权利属性及效力关系。人民法院可以参照《最高人民法院关于人民法院办理执行异议和复议案件若干问题的规定》第二十七条、第二十八条、第二十九条等规定进行审查，但还需依据相关民事法律规定并结合案件的具体情况综合判断异议人享有的权利能否对抗人民法院的执行。根据本案查明的事实，张若曦就案涉车位享有的权益依法可以排除甘肃银行中央广场支行抵押权的执行，理由如下：

（一）案涉车位是住房的必要配套设施，具有保障业主基本居住权益的属性

车位虽不属于住宅，但依法属于满足业主住宅需要的必要设施。《中华人民共和国物权法》（以下简称物权法）第七十四条第一款规定：“建筑区划内，规划用于停放汽车的车位、车库应当首先满足业主的需要”。国家住房和城乡

建设部发布的《城市居住区规划设计规范》规定："居住区内必须配套设置居民汽车（含通勤车）停车场、库……"，明确规定了在城市商品房建设阶段建设单位应设计、修建车位、车库以满足业主需求的强制性义务，赋予车位以特定用途。案涉车位所在地的广州市《广州市房地产开发项目车位和车库租售管理规定》也明确要求"房地产开发项目规划用于停放汽车的车位和车库应当首先满足业主的需要。""房地产开发项目规划用于停放汽车的车位数量少于本房地产开发项目的房屋套数的，房屋购买人每购买一套房屋，只能相应购买或租用本房地产开发项目的一个规划用于停放汽车的车位。房屋所有权人出租房屋时，所拥有的车位应当首先满足承租人的需要。"虽然建筑区划内的车位、车库不同于居住的商品房，但车位依法依附于商品房而存在，功能在于满足小区业主的居住需要，属于商品房所提供居住功能的必要延伸和拓展。在私家车日益成为普通家庭日常交通工具的现代社会，车位使用权与业主居住权密切相关，具有满足居民基本生活需要的属性。对小区业主而言，一定数量的车位、车库的配备，是与其居住权密切相关的一种生活利益，该利益应当受到法律保护。本案中，张若曦系案涉小区的业主，所购买的车位为其购买的住宅的必要生活配套设施，自购买以来，一直用以停放车辆使用至今。因此，可以认定张若曦购买的车位具有《最高人民法院关于人民法院办理执行异议和复议案件若干问题的规定》第二十九条对"消费者购买的商品房"特别保护的必要居住权利属性。

（二）张若曦购买并占有使用案涉车位在先，其权利应当依法予以保护

张若曦与华骏公司于2016年6月17日签订《裕富车位认购书》，约定张若曦认购华骏公司开发的位于广州市天河区××路××号××层××号车位，认购价格387368元，张若曦另享9.5折优惠，实际认购价格为368000元。其后，张若曦向华骏公司支付了全部款项，并占有案涉车位。2016年8月31日，华骏公司向张若曦开具了金额为368000元的广东增值税普通发票，并载明案涉车位的具体信息。2016年7月4日，甘肃银行中央广场支行就案涉车位办理抵押登记。张若曦与华骏公司签订《裕富车位认购书》是双方当事人的真实意思表示，合法有效，张若曦负有支付购买款，华骏公司负有将车位所有权转移给张若曦的义务。张若曦支付了全部购买款，华骏公司也交付了车位，张若曦实际占有并使用了案涉车位，已经履行了《裕富车位认购书》项下的主要义务。张若曦已经取得了购买车位的占有、使用和收益权利，只需要华骏公司履行办理产权登记手续的义务，整个《裕富车位认购书》转让车位所有权目的就能实现，即张若曦取得完整的车位所有权。从双方整个合同履行过程看，符合我国房屋、车位买卖中先交付后登记的习惯做法。此际，张若曦享有的不再是单纯的债权，事实上接近于完整的所有权，华骏公司只是名义上的所有权人。《物权法》规定不动产物权以

登记为生效要件，登记是不动产物权变动的公示方法，经登记不动产受让人取得对抗第三人的排他效力。但不动产物权登记生效只是原则，《物权法》第九条[①]、第一百四十二条[②]等多处规定了例外情形。第一百四十二条规定，“建设用地使用权人建造的建筑物、构筑物及其附属设施的所有权属于建设用地使用权人，但有相反证据证明的除外。”建设用地使用权人建造的建筑物所有权，按照房地一体原则一般归建设用地使用权人，在他人有证据证明时依法也承认他人的所有权，并不以登记为权利取得的生效条件。司法实践中，开发商将开发的商品房预售给他人的情形视为《物权法》第一百四十二条规定的但书情形之一，实际上承认了商品房的买受人在不动产登记之前亦可成为所有权人，是登记生效主义的例外情形。本案中，张若曦对案涉车位所享有的权利因其付款和交付使用，取得了事实上的所有权，并已经具有所有权的权利外观，具有一定的公示力。同时，《物权法》第一百九十条[③]规定，“订立抵押合同前抵押财产已出租的，原租赁关系不受该抵押权的影响。抵押权设立后抵押财产出租的，该租赁关系不得对抗已登记的抵押权。”明确了在后抵押权不得对抗在先承租权的规则。《民法典》第四百零五条对《物权法》第一百九十条修改后增加承租人占有租赁物作为对抗在后抵押权的要件，进一步明确了占有在租赁权对抗在后抵押权中的公示效力。本案中，张若曦与华骏公司虽是买卖关系，不是租赁关系，但《民法典》第四百零五条规定精神在处理在先权利与在后权利的保护顺位时具有参考价值。依此，张若曦就案涉车位取得的权利，应当优于一般债权予以保护，其占有对在后设定的抵押权具有公示力，甘肃银行中央广场支行应对张若曦的权利负有适当的注意义务。

（三）甘肃银行中央广场支行在案涉车位设定抵押权时未尽到必要注意义务

如前所述，案涉车位属于法律明确规定满足小区业主居住需求的商品房的必要配套设施。虽然车位登记在华骏公司名下，但甘肃银行中央广场支行在设定抵押权时对车位的实际状态还负有法定的审查义务。《商业银行法》第三十六条规定：“商业银行贷款，借款人应当提供担保。商业银行应当对保证人的偿还能力，抵押物、质物的权属和价值以及实现抵押权、质权的可行性进行严格审查。”中国人民银行《贷款通则》第二十七条规定：“贷款调查：贷款人受理借款人申请后，应当对借款人的信用等级以及借款的合法性、安全性、盈利性等情况进行调查，核实抵押物、质物、保证人情况，测定贷款的风险度。”上述法律法规明确规定银行对外贷款设定担保时负有对抵押物进

① 对应《民法典》第二百零九条。

② 对应《民法典》第三百五十二条。

③ 对应《民法典》第四百零五条。

行审查的义务。该规定系为了防范银行贷款风险，而银行贷款风险的主要来源之一即是抵押物存在与登记不符等影响抵押权实现的物的瑕疵或者权利负担。根据甘肃银行中央广场支行提交的尽职调查材料显示，办理抵押时案涉车位产权登记在华骏公司名下，车位的现状是“车库均处于使用状态，住宅部分使用部分空置。”甘肃银行中央广场支行已经明知案涉车位在业主的占有使用之下，车位上有他人权利的可能性已经明显存在，却未进一步调查了解车位是否已经出卖或者是否有其他权利人，以至于甘肃银行中央广场支行的抵押权与张若曦在先权利产生冲突，甘肃银行中央广场支行未尽到必要的注意义务。

（四）甘肃银行中央广场支行对案涉交易风险具有防范和控制的优势

本案张若曦与甘肃银行中央广场支行就案涉车位产生权利冲突，根本原因在于华骏公司先出卖后抵押的严重不诚信行为。在我国商品房、车位买卖中普遍存在先交付后登记而且登记时间较长的现实情况下，买受人对于防范开发商“一房二卖”或者“先卖后抵”之交易风险通常欠缺有效的手段，在办理产权登记中处于被动地位。张若曦在开发商华骏公司销售车位过程中，于2016年6月间购买并支付价款，同时占有使用车位，甘肃银行中央广场支行在2016年7月4日即设定抵押权，张若曦基本上没有控制风险的机会，非因自身原因未办理过户登记，如果由其承担该笔交易风险，有违公平。设定抵押权在后的银行，不仅法律法规明确规定其应当对抵押物进行尽职调查，而且作为专业的金融机构，更具有调查的便利和防范风险的优势，赋予其对在先权利的注意义务以避免权利冲突，符合诚信原则和公平要求。本案中，甘肃银行中央广场支行在发现居住区域车位已经被占有使用后，如果不是直接设定抵押权并发放贷款，而是适当了解车位的实际权利情况，评估风险，就会避免在华骏公司不能偿还贷款时与张若曦就案涉车位发生权利冲突产生纠纷。

另外，甘肃银行中央广场支行主张张若曦在签订《裕富车位认购书》时知道案涉车位上设定了抵押权，因而有过错。经查，在案涉车位买卖时确存有案外人的抵押权，但该抵押权与甘肃银行中央广场支行的抵押权并无关联，且在甘肃银行中央广场支行设定抵押权之前已经涂销，甘肃银行中央广场支行以此主张买受人存在过错，依据不足，依法不能成立。

虽然甘肃银行中央广场支行在案涉车位上设定有抵押权，具有对抗第三人的效力，但张若曦在抵押之前已经实际占有该车位，并支付全部价款，对未办理产权登记无过错。甘肃银行中央广场支行在后设定抵押权时未尽到必要注意义务，存在过错。综合考虑上述因素，张若曦的权利具有优先保护的必要。因此，可以认定张若曦对案涉车位享有排除甘肃银行中央广场支行抵押权的执行的合法权益。一审法院仅以张若曦就案涉车位享有的权利为债权为由，依据《最高人民法院关于人民法院办理执行异议和复议案件若干问题的规定》第二十七条规定，驳回张若曦的执行异议，支持甘肃银行中央广场支行的诉讼请求，适用法律不当，本院依法予以纠正。

——中国裁判文书网。

539. 在申请执行人享有抵押权的情况下，不动产买受人可排除强制执行的情形

关键词

申请执行人执行异议之诉　抵押权

最高人民法院裁判文书

民生典当公司、高春英、永鑫公司、苗鑫、孟永红执行异议之诉案［最高人民法院（2021）最高法民申 4646 号民事裁定书］

裁判要旨：关于不动产的执行，《执行异议和复议规定》第二十八条系对"一般的房屋买卖合同的买受人"权利的规定，第二十九条系对"商品房消费者"权利的规定。根据《执行异议与复议规定》第二十七条及《最高人民法院关于建设工程价款优先受偿权问题的批复》的精神，符合《执行异议与复议规定》第二十九条的商品房消费者才能够对抗基于抵押权优先受偿的强制执行。因此，《执行异议和复议规定》第二十七条规定的"除外"之情形包括第二十九条，但不包括第二十八条。

最高人民法院经审查认为，本案系申请执行人执行异议之诉，争议焦点是高春英对执行标的即案涉永济市 ×× 街 ×× 层 ×× 号商铺是否享有足以排除强制执行的民事权益。民生典当公司申请执行的依据是已生效的太原市中级人民法院（2014）并民初字第 566 号民事判决，该判决对苗鑫以其名下位于永济市银杏东街的土地以及该土地上建筑物（含案涉房产）提供抵押担保的事实予以确认，并判决民生典当公司在苗鑫提供的抵押财产范围内享有优先受偿的权利。

《执行异议和复议规定》第二十七条规定："申请执行人对执行标的依法享有对抗案外人的担保物权等优先受偿权，人民法院对案外人提出的排除执行异议不予支持，但法律、司法解释另有规定的除外"。对于前述第二十七条"除外"所指之情形，需要比较执行标的物上存在的不同类型权利的效力

顺位。就实体权利优先顺位而言，商品房消费者的权利优于抵押权。而《执行异议和复议规定》第二十八条系对“一般的房屋买卖合同的买受人”权利的规定；《执行异议和复议规定》第二十九条系对“商品房消费者”权利的规定。因此，《执行异议和复议规定》第二十七条规定的“除外”之情形包括第二十九条，但不包括第二十八条。本案中，虽然高春英在案涉房产被查封前就与永鑫公司签订了《银杏商厦商铺销售合同》、交付了房款并出租使用案涉房产，但至今未办理产权过户手续，不享有物权。而且，高春英购买的案涉房产是商铺，不属于所购商品房系用于居住且买受人名下无其他用于居住房屋的商品房消费者，仅属于一般的房屋买卖合同的买受人。在生效判决已确认民生典当公司对包括案涉商铺在内的抵押房产享有优先受偿权的情况下，二审判决以高春英的主张符合《执行异议和复议规定》第二十八条之情形，继而判决高春英对案涉房产所享有的权利可以排除强制执行，适用法律错误。

——中国裁判文书网。

540. “借名买房”符合《执行异议和复议规定》第二十八条，无规避强制性规定或限购政策情形，也不违背公序良俗，房屋登记在被执行人名下的，能否排除强制执行

关键词

借名买房　强制性规定　公序良俗　强制执行

最高人民法院裁判文书

陈某平与罗某奇及陶某君等案外人执行异议之诉案［最高人民法院（2021）最高法民申3543号民事裁定书］

裁判要旨：不动产物权登记产生的公示公信效力，仅是一种推定效力，登记行为本身并不产生物权，当事人有证据证明其为真正权利人时可以推翻不动产登记的推定，维护真实物权。通过借名买房，将真实物权登记于名下，并非为了规避法律、行政法规的强制性规定或国家、地方政府限购政策，亦不违背公序良俗，符合《最高人民法院关于适用〈中华人民共和国物权法〉若干问题的解释（一）》第二条[①]规定，故据此认定当事人为案涉房屋实际权利人，享有足以排除强制执行的民事权益，适用法律并无不当。

---

① 对应《最高人民法院关于适用〈中华人民共和国民法典〉物权编的解释（一）》第二条。

最高人民法院认为，关于二审判决认定事实是否缺乏证据证明的问题。根据本案查明的事实，为解决住房问题，罗某奇遂以其儿媳陶某君名义签订购房合同，符合日常生活习惯。按一般的生活常理，借名购房中购房人一般会承担全部费用，与家庭成员之间赠与有所区别。从本案的各种出资情况来看，结合汉邦公司章程、股东花名册、汉邦公司及其法定代表人出具的证明、代缴35万元首付款的凭证、支付每月房屋按揭贷款的存取款凭证等证据，可以认定汉邦公司支付的首付款是受罗某奇委托代其付款，每月房屋按揭贷款亦由罗某奇支付，首付款和月付贷款的支付均与陶某君无关。另外，结合房屋使用期间产生的各类费用凭证、费用缴纳凭证、证人证言等亦可以证实上述费用的真实付款人及案涉房屋实际占有、使用人均为罗某奇。故二审判决认定案涉房屋系罗某奇借陶某君名义购买，且首付款及按揭款均由罗某奇支付，从签订合同、交付房屋到至今一直被罗某奇合法占有、使用，具有相应的事实依据并无不当。

关于二审判决适用法律是否错误的问题。不动产物权登记产生的公示公信效力，亦仅是一种推定效力，登记行为本身不产生物权，当事人有证据证明其为真正权利人时可以推翻不动产登记的推定，维护事实上的真实。具体到本案，罗某奇与陶某君之间存在借名购房关系，罗某奇也提供证据证明其系案涉房屋实际出资人及占有人，案涉房屋因尚未还清银行贷款未及时变更产权登记。且罗某奇通过借名买房，将真实物权登记于陶某君名下，并非为了规避法律、行政法规的强制性规定或国家、地方政府限购政策，亦不违背公序良俗，符合《最高人民法院关于适用〈中华人民共和国物权法〉若干问题的解释（一）》第二条之规定，当物权登记与实际权利状况不符时，以实际权利状况为依据认定事实的情形。故二审判决据此认定罗某奇为案涉房屋实际权利人，享有足以排除强制执行的民事权益，适用法律并无不当。

——中国裁判文书网。

541. 满足房屋消费者物权期待条件的，可以排除执行

关键词

物权期待权　优先效力　执行异议之诉

最高人民法院裁判文书

广西恒冠建设集团有限公司与王某某以及北海尚源居房地产开发有限公司案外人执行异议之诉案［最高人民法院（2018）最高法民再450号民事判决书］

裁判要旨：消费者的物权期待权可以排除申请执行人对该房屋享有建设工程价款优先受偿权、担保物权等权利的执行。

最高人民法院认为：

（一）对本案争议问题的判断如何适用法律

在我国现有民事法律的程序设计中，执行异议是执行异议之诉的前置程序，二者是相互衔接的。前者属于强制执行过程中的救济程序，后者属于民事诉讼的实体审理程序。《执行异议和复议规定》适用于执行异议和复议程序，基于执行阶段效率优先、兼顾公平的价值考量，该规定确立了以形式审查为主原则的同时，还规定了实质审查为辅的部分条款。虽然执行异议之诉和执行异议程序性质上的差异决定了审查标准本应有不同，但鉴于二者均具有审查案外人对执行标的是否享有足以排除强制执行的民事权益的功能，故《执行异议和复议规定》中属于实质审查的条款，可以作为执行异议之诉案件审理的参照。《执行异议和复议规定》第二十八条、第二十九条均规定了在金钱债权执行中，不动产买受人对登记在被执行人名下的房屋提出异议时如何进行审查的规则，该两条即属于实质审查条款，可以作为本案执行异议之诉审理的参照。《执行异议和复议规定》第二十八条、第二十九条均规定了在金钱债权执行中，不动产买受人对登记在被执行人名下的房屋提出异议时如何进行审查的规则，该两条即属于实质审查条款，可以作为本案执行异议之诉审理的参照。

根据《执行异议和复议规定》第二十九条的规定，在金钱债权执行中，买受人对登记在被执行的房地产开发企业名下的商品房提出执行异议时，获得人民法院支持应同时满足三个要件，即在人民法院查封之前已签订合法有效的书面买卖合同、所购商品房系用于居住且买受人名下无其他用于居住的房屋以及支付的价款超过合同约定总价款的百分之五十。该条规定基于对消费者生存权这一价值的维护，赋予消费者对买受房屋的物权期待权以排除执行的效力，即便申请执行人对该房屋享有建设工程价款优先受偿权、担保物权等权利，法律也应更优先保护消费者的物权期待权。《执行异议和复议规定》第二十八条亦规定了在金钱债权执行中，买受人对登记在被执行人名下的不动产提出异议，获得人民法院支持所要满足的四个要件，但该条规定仅能对抗对被执行人享有普通债权的债权人。从法律逻辑上看，房屋买受人若要排除普通债权的执行，既可以选择适用《执行异议和复议规定》第二十八条，也可以选择适用第二十九条，但房屋买受人若要排除建设工程价款优先受偿权、担保物权等权利的强制执行，则必须符合《执行异议和复议规定》第二十九条的规定。就本案而言，王某某作为购房者，其对抗的是恒冠公司的建设工程价款优先受偿权，故本案需适用《执行异议和复议规定》第二十九条来判断王某某对案涉房屋是否享有排除强制执行的民事权益。

2002 年施行的《建设工程优先受偿权批复》第二条规定，消费者交付购买商品房的全部或者大部分款项后，承包人就该商品房享有的工程价款优先受偿权不得对抗买受人。虽然该条亦规定了购买房屋的消费者对抗享有工程价款优先受偿权的承包人的条件，但该条规定实质已经融入到 2015 年施行的《执行异议和复议规定》第二十九条规定的条款之中，且第二十九条又进一步细化规定了三个要件。在新的司法解释针对买受人对登记在被执行的房地产开发企业名下的商品房提出异议明确予以规定后，二审判决直接适用该批复进行裁判，属于适用法律不当。

（二）本案是否符合《执行异议和复议规定》第二十九条的情形

《执行异议和复议规定》第二十九条规定："金钱债权执行中，买受人对登记在被执行的房地产开发企业名下的商品房提出异议，符合下列情形且其权利能够排除执行的，人民法院应予支持：（一）在人民法院查封之前已签订合法有效的书面买卖合同；（二）所购商品房系用于居住且买受人名下无其他用于居住的房屋；（三）已支付的价款超过合同约定总价款的百分之五十。"首先，本案证据能够证明，双方在案涉房屋被查封之前已签订合法有效的书面买卖合同。结合原审查明的事实，《商品房预约合同》的真实性应予确认，《商品房预约合同》虽名为预约，但已符合本约的要件，应认定为商品房买卖合同。海城区法院查封案涉房屋的时间是 2015 年 9 月 22 日，而《商品房预约合同》的订立时间是 2014 年 4 月 14 日。可见，《商品房预约合同》订立在前，案涉房屋被查封在后。至于案涉房屋是否存在未经抵押权人同意转让而无效的问题，根据恒冠公司提交的《不动产登记档案查询结果证明》，案涉房屋虽是先办理抵押，后订立转让合同，但商品房买卖合同也不因房屋转让未经抵押权人同意而无效，并不影响本案的审查认定。因此，恒冠公司提交的新证据《不动产登记档案查询结果证明》，并不足以推翻原审判决。其次，本案证据能够证明，王某某已支付全部购房款。根据原审查明的事实，合同签订当日，王某某向尚源居公司支付了购房款 387392 元，该金额和《商品房预约合同》约定的购房款一致，故本案可以认定王某某在案涉房屋被查封之前已向尚源居公司支付全部购房款。恒冠公司在本院再审中提交的证据不足以证明王某某的付款行为系虚假。恒冠公司主张王某某以现金方式支付购房款不符合交易习惯，亦无事实依据，本院不予支持。购房发票不是佐证购房人支付购房款的必要证据，故本案不能以王某某未提供购房发票为由否定其支付购房款的事实。

但是，本案并不符合《执行异议和复议规定》第二十九条第二项规定的情形。根据原审查明的事实，王某某除购买北海市的"尚源大厦"2 单元 2501 号、2503 号、2504 号、2505 号的 4 套房屋外，其名下另有 2 套房屋，即位于北海市公园路 39 号京都花园 ×× 号楼 ×× 单元 ×× 号和北海市湖海路 ×× 银 ×× 公寓 ×× 单元 ×× 号的 2 套房屋。虽然对于《执行异议和复议规定》第二十九条第二项规定中的“买受人名下无其他用于居住的房屋”，不应机械限于套数的理解。如原有住房不能满足现有家庭成员的居住要求，再购买房屋是为了对居住环境进行必要的改善，其仍属于满足生存权的合理消费范畴。但王某某名下已有多套房屋，且其在再审庭审中自述，“尚源大厦”其中 2 套用于居住，另外 2 套用于出租。故难以认定王某某购买本案的 2505 号房屋以及关联案件的房屋系基于对居住环境进行必要的改善，而非进行商业性投资。王某某在再审中还称其已将原登记在名下的 2 套房屋出售，即使该陈述属实，亦是二审判决作出之后新发生的事实，并不符合“买受人名下无其他用于居住的房屋”的情形。综上，本案虽符合《执行异议和复议规定》第二十九条第一项和第三项的情形，但不符合该规定第二项的情形，故王某某对案涉房屋不享有足以排除强制执行的民事权益。

——中国裁判文书网。

542. 以冲抵工程款的方式购买的房屋是否可以排除执行

关键词

冲抵工程款

最高人民法院裁判文书

四川省建筑机械化工程有限公司与成都紫杰投资管理有限公司申请执行人执行异议之诉再审案［最高人民法院（2020）最高法民再 352 号民事判决书］

裁判要旨：施工方以冲抵工程款的方式购买案涉房屋，其实质是通过协商折价抵偿实现其就案涉项目房屋所享有的建设工程价款优先受偿权。工程款债权优先于所涉普通债权得到受偿，案涉房屋系工程款债权的物化载体，本案不适用执行异议和复议规定第二十八条，故本案施工方就案涉房屋享有的权利可排除该债权人的强制执行。

最高人民法院认为，建机工程公司享有的工程价款优先受偿权足以排除紫杰投资公司的强制执行。本院《关于建设工程价款优先受偿权问题的批复》第一条规定：“人民法院在审理房地产纠纷案件和办理执行案件中，应当依照《合同法》第二百八十六条①的规定，认定建筑工程的承包人的优先受偿权优于抵押权和其他债权。"紫杰投资公司对大邑银都公司享有的是普通借贷债权，而建机工程公司作为案涉工程项目的承包人对案涉房屋享有建设工程价款优先受偿权，建机工程公司工程款债权优先于紫杰投资公司的普通债权得到受偿，案涉房屋系工程款债权的物化载体，本案不适用执行异议和复议规定第二十八条，建机工程公司就案涉房屋享有的权利足以排除紫杰投资公司的强制执行。

——中国裁判文书网。

543. 业主唯一车位与住房配套使用，客观上与住房及基本生活形成稳定依赖关系，可排除强制执行

关键词

强制执行

最高人民法院裁判文书

李永虎、李锰等申请执行人执行异议案［最高人民法院（2022）最高法民终326号民事判决书］

裁判要旨：车位、车库作为小区整体环境的组成部分，系为小区业主居住便利而服务，从而赋予了车位用以满足居民基本生活需要的特殊属性。同时，为协调兼顾业主和开发商二者利益，允许开发商结合实际情况与业主通过出售、附赠或者出租等方式对车位归属进行约定。本案中，在法院查封前，债务人（被执行人、开发商）与案涉车位所在小区业主签订车位使用权买卖协议，约定将案涉车位使用权予以转让，业主支付全部合同价款后，一直将该唯一车位与住房配套使用，客观上实现了住房及基本生活与案涉车位间形成稳定的依赖关系。故此，业主符合《执行异议和复议规定》第28条规定的情形，享有足以排除强制执行的民事权益。

最高人民法院认为，根据当事人的上诉及答辩情况，本案主要争议问题为：李锰对案涉车位是否享有足以排除人民法院强制执行的民事权益。

（一）关于本案法律适用的问题

① 对应《民法典》第八百零七条。

李永虎二审虽主张其享有建设工程价款优先受偿权，但其在盛谐公司诉汇博公司建设工程施工合同纠纷一案中，未主张行使该权利，在本案审理中亦未提供证据证明其在法定行使期限内主张过该权利或其与发包方协议将工程折价以行使该优先受偿权，故李永虎以其享有的建设工程价款优先受偿权来对抗案外人权益的理由不能成立。在不存在法定优先权的情况下，对金钱债权执行中李锰购买案涉车位能否排除执行所产生的执行异议之诉，一审法院参照《执行异议和复议规定》第二十八条之规定进行审理并无不当。

（二）关于李锰对案涉车位是否享有足以排除强制执行的民事权益问题

根据《最高人民法院关于适用〈中华人民共和国民法典〉时间效力的若干规定》第一条第二款之规定，案涉车位使用权转让发生在民法典实施前，故对案涉车位买受人权益的认定，应当适用民法典实施之前的相关法律。原《物权法》第七十四条①规定："建筑区划内，规划用于停放汽车的车位、车库应当首先满足业主的需要。建筑区划内，规划用于停放汽车的车位、车库的归属，由当事人通过出售、附赠或者出租等方式约定。占用业主共有的道路或者其他场地用于停放汽车的车位，属于业主共有。"该条明确了车位、车库作为小区整体环境的组成部分，系为小区业主居住便利而服务，从而赋予了车位用以满足居民基本生活需要的特殊属性。同时，为协调兼顾业主和开发商二者利益，允许开发商结合实际情况与业主通过出售、附赠或者出租等方式对车位归属进行约定。本案中，李永虎将建筑区划内暂未办理独立产权的案涉车位作为汇博公司的财产性权益，申请法院查封并强制执行。在法院查封前，汇博公司与案涉车位所在小区业主李锰签订《北方新天地车位使用权买卖协议》，约定将案涉车位使用权予以转让。李锰支付全部合同价款后，一直将该唯一车位与住房配套使用，客观上实现了住房及基本生活与案涉车位间形成稳定的依赖关系。故此，李锰符合《执行异议和复议规定》第二十八条规定的情形，享有足以排除强制执行的民事权益。对李永虎关于继续执行案涉车位的主张，本院不予支持。

对于李永虎主张李锰提出执行异议当时案涉车位处于轮候查封，法院支持李锰执行异议请求违反法定程序的问题。根据一审法院查明事实，李永虎所称"首封"系齐齐哈尔市不动产登记中心依据 2015 年 9 月齐齐哈尔市住房和城乡建设局出具的《关于用新天地商务中心房屋抵押有关事宜的函》，对新天地商务中心负二层所做的内部限制。齐齐哈尔市不动产登记中心收到一审法院裁定书和协助执行通知书后，撤销该"首封"并确认了一审法院的首封效力，一审法院也已依法查封了案涉车位，故李永虎该理由不能成立。

对于李永虎主张案涉车位不在查封区域，且查封区域系人防车位汇博公

① 对应《民法典》第二百七十五条。

司无权交易的问题。《最高人民法院关于适用〈中华人民共和国民事诉讼法〉的解释》第九十条规定："当事人对自己提出的诉讼请求所依据的事实或者反驳对方诉讼请求所依据的事实，应当提供证据加以证明，但法律另有规定的除外。在作出判决前，当事人未能提供证据或者证据不足以证明其事实主张的，由负有举证证明责任的当事人承担不利的后果。"一审法院根据汇博公司提供的竣工验收测绘报告和地下二层平面图认定案涉车位在查封区域且不属于人防车位，李永虎虽提出异议，但提供证据不足以证明其主张。故李永虎前述主张缺乏事实基础，一审法院不予支持并无不当。

——中国裁判文书网。

544. 第三方受房产开发商之债权人指定购房，应根据合同性质等情形裁判能否排除强制执行

关键词

案外人执行异议　合同性质　排除强制执行

最高人民法院审判业务意见（第四巡回法庭观点）

在案外人执行异议之诉案件中，对于房产开发商与其债权人协商，由债权人指定第三方与房产开发商签订购房合同，以购房款项抵顶金钱之债的，应当结合双方签约目的判定该购房合同的性质。在双方存在购买房屋的真实意思表示，且该意思表示不违反法律规定的前提下，应认定双方存在真实的购房合同。若被执行的商品房登记在开发商名下的，在适用《执行异议和复议规定》第二十八条与第二十九条规定上产生竞合，人民法院在判定案外人（该第三方）是否享有足以排除强制执行的民事权益时，可以选择适用。

附：案情简介

2011 年 7 月 26 日，某置业公司与陈某某、案外某公司签订借款合同，陈某某出借 5000 万元给某置业公司，由案外某公司提供连带责任保证。后三方又签订协议约定，某置业公司同意以其开发的位于 Z 市的 14 套房产，面积共计 5194.00 平方米，以 10 000 元 / 平方米的价格与陈某某或其指定主体签订购房合同、办理房产登记备案手续，以抵偿陈某某的借款本息。某置业公司负责与陈某某指定主体签订《商品房买卖合同》并负责交付房屋，仍由案外某公司提供担保。

2011 年 12 月，蒋某某作为陈某某指定的购房主体与某置业公司签订《商品房买卖协议书》，协议书载明：蒋某某购买某置业公司 23e 号楼 2 单元西户

房产一处，建筑面积约为356平方米，房产单价为10 000元/平方米，总价为356万元，购房价款抵偿陈某某相应债权。2013年3月4日，蒋某某缴纳了房产测绘费、燃气管网工程费、物业费、维修基金、房产登记费等各项费用合计43 993元后，某置业公司通知蒋某某领取了房屋钥匙。2014年7月11日，蒋某某与某置业公司进行房屋交接，与某物业公司签订了《前期物业管理服务协议》《消防安全责任书》。蒋某某按照《商品房买卖合同》履行了全部合同义务，但某置业公司未与蒋某某办理该房产的备案登记手续。2015年1月4日，冯某某因他案申请执行某置业公司，并申请法院查封了上述房产。蒋某某作为案外人提出执行异议。

蒋某某向法院起诉称，某置业公司与蒋某某签订《商品房买卖合同》成立在法院查封之前，蒋某某在法院查封前已经支付了全部购房款，案涉房屋在法院查封前已经完成交付，不能办理过户并非蒋某某的原因造成的，故蒋某某对案涉房屋享有足以排除强制执行的民事权益。请求判令：终止对案涉房产的执行，并确认该房产归其所有。

——姜伟主编：《最高人民法院第四巡回法庭疑难案件裁判要点与观点》，人民法院出版社2020年版，第310~318页。

545. 设定抵押的二手房买受人能否排除第三人对原房屋产权人的强制执行

关键词

设定抵押的二手房　第三人

最高人民法院裁判文书

林贞祥申请执行人执行异议之诉再审案［最高人民法院（2020）最高法民再233号民事判决书］

裁判要旨：买受人在购买案涉房屋时知晓该房屋设有银行按揭贷款而未重新办理抵押，该交易安排不具有违法性，因而买受人并不因此而具有法律上的可责难性。买受人对案涉房屋的风险预期，应当限于如未按时、足额偿还按揭贷款而产生的抵押权人主张权利的风险，不应扩大至抵押贷款未还清前房屋仍登记在原权利人名下、因原权利人的行为而产生的一切风险。

最高人民法院认为，关于袁小东、邓常英对案涉房屋是否具有足以排除天府银行高新支行强制执行的民事权益。《最高人民法院关于适用〈中华人民共和国民事诉讼法〉的解释》第三百一十一条[①]规定，“案外人或者申请执行人提起执行异议之诉的，案外人应当就其对执行标的享有足以排除强制执行的民事权益承担举证证明责任。”司法实践中，执行异议之诉案件通常参照执行异议复议规定相关规定，结合案件实际情况判断案外人是否对执行标的享有足以排除强制执行的民事权益。《执行异议复议规定》第二十八条规定，“金钱债权执行中，买受人对登记在被执行人名下的不动产提出异议，符合下列情形且其权利能够排除执行的，人民法院应予支持：（一）在人民法院查封之前已签订合法有效的书面买卖合同；（二）在人民法院查封之前已合法占有该不动产；（三）已支付全部价款，或者已按照合同约定支付部分价款且将剩余价款按照人民法院的要求交付执行；（四）非因买受人自身原因未办理过户登记。”本院认为，袁小东、邓常英符合上述四项要件，分析如下：

（一）关于袁小东、邓常英是否在人民法院查封案涉房屋之前签订合法有效的书面买卖合同

2011 年 1 月 14 日，袁小东与吴娟签订《预约合同》。该合同虽名为“预约合同”，但约定了《商品房销售管理办法》第十六条第二款规定的当事人名称、商品房基本状况、商品房总价款及付款方式、交付使用条件及日期、办理产权登记有关事宜、违约责任等商品房买卖合同的主要内容，且签订合同后吴娟收受购房款、袁小东与邓常英按月还贷。根据《最高人民法院关于审理商品房买卖合同纠纷案件适用法律若干问题的解释》第五条“商品房的认购、订购、预订等协议具备《商品房销售管理办法》第十六条规定的商品房买卖合同的主要内容，并且出卖人已经按照约定收受购房款的，该协议应当认定为商品房买卖合同”之规定，该《预约合同》应当认定为商品房买卖合同。签订《预约合同》当日，吴娟、袁小东申请办理公证，四川省成都市高新公证处出具（2011）成高证民字第 1323 号公证书确认双方当事人签订《预约合同》真实。因《预约合同》签订时间远远早于人民法院的查封时间，亦明显早于天府银行高新支行与号棚山公司之间债权债务的发生时间，不应认定交易双方有通过房屋买卖安排来逃避债务或规避执行的意思。上述交易发生在袁小东、邓常英婚姻关系存续期间，袁小东、吴娟对邓常英亦享有《预约合同》项下权利义务无异议。根据上述事实，本院认定，袁小东、邓常英在人民法院 2015 年 5 月 18 日查封案涉房屋之前已签订合法有效的书面买卖合同。

（二）关于袁小东、邓常英是否在人民法院查封之前合法占有案涉房屋

---

① 现为《最高人民法院关于适用〈中华人民共和国民事诉讼法〉的解释》（2022 年修正）第三百零九条。

袁小东、邓常英举示的 2010 年 3 月至 6 月购买装修材料及家具、物品的票据上，均备注了案涉房屋的地址或房号；结合其举示的物业服务费、水电费、生活垃圾清运费交款收据及物管部门出具的入住证明，能够证明袁小东、邓常英自 2010 年起装修案涉房屋并占有使用。对于在签订《预约合同》前即占有房屋的原因，袁小东在再审庭审中作出了说明，吴娟予以认可。天府银行高新支行对袁小东、邓常英自 2010 年起占有案涉房屋提出异议，但未提交证据否定上述事实。本院认定，袁小东、邓常英在人民法院查封之前已合法占有案涉房屋。

（三）关于袁小东、邓常英是否已支付全部价款

2011 年 1 月 14 日袁小东向吴娟支付 161100 元后，吴娟对案涉房屋在扣除尚欠银行贷款部分以外的权益已经全部转让给袁小东、邓常英，此后均由袁小东、邓常英偿还银行按揭贷款。在袁小东、邓常英按约履行合同义务的情况下，吴娟对案涉房屋不再享有购房款的请求权或其他权利。本院认为，对于吴娟对案涉房屋应有的份额而言，袁小东、邓常英已经支付了全部对价。

（四）关于案涉房屋未办理过户登记是否系因袁小东、邓常英自身原因

袁小东、邓常英在购买案涉房屋时知晓该房屋设有银行按揭贷款但未重新办理抵押，该交易安排不具有违法性，因而袁小东、邓常英并不因此而具有法律上的可责难性。袁小东、邓常英对案涉房屋的风险预期，应当限于如未按时、足额偿还按揭贷款而产生的抵押权人主张权利的风险，不应扩大至抵押贷款未还清前房屋仍登记在原权利人名下、因原权利人的行为而产生的一切风险。2015 年 5 月，袁小东、邓常英曾以提起诉讼的方式主张办理权属变更登记，虽然其在起诉状中称因得知吴娟负债提起诉讼，但是作为已支付了大部分房款并长期居住在案涉房屋的买受人，袁小东、邓常英诉请办理权属变更登记符合常理，并非必然以恶意对抗执行为目的。综合上述情形，本院认为，不应认定未办理过户登记系因袁小东、邓常英自身过错。

此外，综合考虑袁小东、邓常英已实际支付案涉房屋绝大部分房款，自 2010 年即占有使用，邓常英离异后至今仍居住在案涉房屋，且该房屋是邓常英在成都市的唯一住房等因素，相较于天府银行高新支行基于吴娟应当履行保证责任而享有的保证债权，对袁小东及邓常英特别是邓常英对于案涉房屋享有的权利予以优先保护，符合法律保障生存权、居住权的精神，更具有正当性和合理性。

——中国裁判文书网。

546. 一房数卖中权利保护顺位优先的买受人可以排除其他买受人强制过户的执行申请

关键词

一房数卖　权利保护顺位　买受人　强制过户

最高人民法院审判业务意见（第四巡回法庭观点）

在一房数卖情况下，如果数份房屋买卖合同均有效且买受人均要求履行合同的，一般应按照已经办理房屋所有权变更登记、合法占有房屋以及合同履行情况、买卖合同成立先后等顺序确定权利保护顺位。权利保护顺位在前的买受人请求排除权利保护顺位在后的买受人申请的强制过户执行的，应予支持。

附：案情简介

2012 年 7 月 9 日陈某（贷款人）与王某（借款人）及甲公司等（担保人）签订了最高额借款合同，之后王某共向陈某借款 1300 万元。因王某不能按期归还借款，甲公司与陈某 2014 年 7 月 2 日达成了协议书，协议书第 1 条约定：“甲方（甲公司）应归还的借款和利息，乙方（陈某）同意以房产作价归还……”等内容。2014 年 7 月 2 日，甲公司与陈某签订了“商品房买卖合同”，将案涉某小区第 3 幢第 × 单元 ××× 号房出卖给陈某，并出具了收据，收据记载款项为 196636 元。2017 年 5 月 18 日，陈某向 A 仲裁委员会申请仲裁，A 仲裁委员会于 2017 年 9 月 20 日作出仲裁裁决书，裁决陈某与甲公司 2014 年 7 月 2 日签订的 85 份《商品房买卖合同》合法有效，甲公司在裁决生效后 30 日内向陈某交付某小区 85 套房屋（包括本案 3 号楼 × 单元 ××× 室）等。2018 年 8 月 22 日，一审法院执行部门作出协助执行通知书，责令 B 区管委会建设事业部住房保障中心将甲公司名下某花园小区 85 套房产（包括本案 3 号楼 × 单元 ××× 室）过户（含备案）至陈某下。2018 年 9 月 10 日，B 区管委会建设事业部向谢某发出告知书。告知书主要内容：我中心于 2018 年 8 月 27 日接到一审法院协助执行通知书及 A 仲裁委员会裁决书，要求将被执行人甲公司名下所有的某小区 85 套房产过户（备案）至陈某名下。经核实，被执行的房屋 3-×-××× 于 2016 年 10 月 17 日网签备案在你名下，现书面告知，你应于 15 日内向一审法院提起异议并将结果告知我中心，否则我中心将按照一审法院协助执行通知书协助执行。谢某向一审法院提出异议，一审法院于 2018 年 10 月 18 日作出执行裁定书，驳回了谢某的异议请求。2018 年 11 月 1 日，谢某提起本案诉讼。谢某起诉请求：（1）依法停止对甲公司开发的某小区 3 号楼 × 单元 ××× 室房屋的强制执行；（2）依法确认甲公司的某小区 3 号楼 × 单元 ××× 室房屋归谢某所有；（3）诉讼费由陈某承担。

2016 年 8 月 30 日，谢某经建行某分理处向甲公司交纳了 108000 元，注明购房款，2016 年 9 月 29 日谢某与甲公司签订了商品房买卖合同，房屋为凯瑞花园 3 号楼 × 单元 ××× 室，房屋单价 3029.62 元 / 平方米，建筑面积 89.38 平方米。2016 年 10 月 25 日，谢某、中国建设银行股份有限公司某分行、甲公司（保证人）签订了个人住房借款合同，谢某一直按借款合同每月归还 1264.81 元。谢某将该房屋积极装修，于 2018 年 7 月入住。一审法院认为，谢某的起诉不符合"有明确的排除对执行标的执行的诉讼请求，且诉讼请求与原判决、裁定无关"的法律规定，不享有足以排除强制执行的民事权益。二审法院认为，谢某的诉请符合《执行异议和复议规定》第 28 条的规定，谢某主张的民事权益足以排除强制执行，应予以支持。

陈某申请再审称，（1）谢某旨在否认案涉仲裁裁决书的效力，应当依照相关规定向人民法院申请复议，不享有提起案外人执行异议之诉的程序权利。（2）《执行异议和复议规定》第 28 条适用的是执行"金钱债权"的案件，本案不是执行金钱债权案件，不适用该条规定，二审法院适用法律错误。

——姜伟主编：《最高人民法院第四巡回法庭疑难案件裁判要点与观点》，人民法院出版社 2020 年版，第 334~340 页。

547. 根据《执行异议和复议规定》第二十九条规定排除强制执行的，只能是商品房消费者

关键词

申请执行人执行异议之诉　商品房买卖合同

最高人民法院裁判文书

武昌城环公司与国通信托公司等申请执行人执行异议之诉案［最高人民法院（2021）最高法民终 934 号民事判决书］

裁判要旨：在执行异议之诉中判断当事人是否享有消费者物权期待权，主要参照《最高人民法院关于人民法院办理执行异议和复议案件若干问题的规定》第二十九条规定，武昌城环公司是法人而非自然人，购买案涉房屋是作为被拆迁人进行点选的备选房源之一，

而非自己居住，显然不符合该条规定。武昌城环公司称其是代表被拆迁人的利益，但却以自己的名义而非被拆迁人的名义参加诉讼，不符合前述规定，不享有消费者物权期待权。

最高人民法院认为，根据双方当事人的诉辩情况，本案二审期间的争议焦点问题为：一、武昌城环公司就本案一审判决可否提起上诉。二、武昌城环公司是否为消费者购房人，是否享有消费者物权期待权。

关于焦点问题一，武昌城环公司就本案一审判决可否提起上诉的问题。本案一审原告为国通信托公司，一审判决为驳回国通信托公司的诉讼请求。武昌城环公司对一审的裁判结果无异议，但对于其中的部分裁判理由有异议并提起上诉。最高人民法院认为，裁判主文是人民法院就当事人的诉讼请求作出的结论，裁判理由是人民法院在认定案件事实的基础上就裁判主文如何作出进行的阐述，本身不构成判项内容，故原则上，如果当事人对裁判主文认可，不会因为裁判理由遭受不利益。但是本案中，一审判决驳回国通信托公司的诉讼请求主要是基于武汉缤购城置业公司已经进入破产程序，需要解除现有保全措施。武昌城环公司作为武汉缤购城置业公司的债权人，其是否为消费者购房人，是否具有消费者期待权，会影响到其之后在破产程序中权利顺位的认定，故其对于一审判决就“武昌城环公司是否具有消费者期待权”作出的认定具有法律上的利害关系，这种情形下，应当认定其具有上诉利益，可以提起上诉。

关于焦点问题二，武昌城环公司是否为消费者购房人，是否享有消费者物权期待权的问题。本案是执行异议之诉纠纷，在执行异议之诉中判断当事人是否享有消费者物权期待权，从目前规定来看，主要参照《执行异议和复议规定》（法释〔2015〕10号）第二十九条规定。该条规定意在保护自然人的生存权，故规定了较为严格的要件，只有在全部满足几项要件时，才可依据该条规定主张消费者期待权。该条规定：“金钱债权执行中，买受人对登记在被执行的房地产开发企业名下的商品房提出异议，符合下列情形且其权利能够排除执行的，人民法院应予支持：（一）在人民法院查封之前已签订合法有效的书面买卖合同；（二）所购商品房系用于居住且买受人名下无其他用于居住的房屋；（三）已支付的价款超过合同约定总价款的百分之五十”。本案中，武昌城环公司是法人而非自然人，不属于消费者，且购买案涉房屋是作为提供给被拆迁人进行产权调换的备选房源之一，而非用于自己居住，不符合该条规定“所购商品房系用于居住且买受人名下无其他用于居住的房屋”要件。故此种情形下，一审判决认定武昌城环公司在本案中不具有消费者物权期待权并无不当。

应当注意的是，本案中对武昌城环公司是否具有消费者物权期待权的认定，不妨碍与案涉房屋存在利害关系的被拆迁人依据相关法律规定，在破产等程序中依法主张其合法权益。武汉缤购城置业公司的管理人在本案庭审中亦表示在破产程序中，会依法保护被拆迁人的生存权。武昌城环公司称其是代表被拆迁人的利益，但本案中其是以自己的名义而非被拆迁人的名义参加诉讼，故其该项上诉理由不能成立。

——中国裁判文书网。

548. 案外人可以以购房消费者身份，对酒店式公寓排除执行

关键词

购房消费者　酒店式公寓　排除强制执行

最高人民法院裁判文书

陈鹤亭与上海市住安建设发展股份有限公司及常熟市时风房地产开发有限公司案外人执行异议之诉案［最高人民法院（2019）最高法民再49号民事判决书］

裁判要旨：房屋是否具有居住功能，与房屋系商业房还是住宅的属性并无直接对应关系。在没有证据证明案外人尚有其他可供居住房屋、且案涉房屋已被实际用于自住的情况下，案涉房屋对案外人即具有了居住保障功能，案外人有权以购房消费者身份排除执行。

最高人民法院经审查认为：陈鹤亭对案涉房屋具有一定的居住权益，有优先保护的价值和意义

本案中，案涉房屋作为酒店式公寓在2014年被人民法院查封前，陈鹤亭一直委托时风公司对外出租获取收益，而非自住。仅就此而言，一审判决从形式上审查认定陈鹤亭的异议不符合《执行异议与复议规定》第二十九条所列可以排除执行的条件，也并无不当。但根据一、二审法院查明的事实，常熟市不动产登记中心于2017年4月17日出具《证明》，载明：依据查询人陈鹤亭申请，经查询，至2017年4月17日10：34止，查询人个人在我中心不动产登记信息库中，无房产（现手）登记记录。本案一审庭审中，陈鹤亭陈述自己之前居住在儿子名下的小产权房中，目前该房屋已被拆迁，并提交一份《关于对常昆路两侧相关地块进行收储的通知》予以佐证；时风公司确认其向陈鹤亭支付案涉房屋的租金至2016年8月，并当庭陈述2016年8月之后未再支付案涉房屋租金的原因是陈鹤亭自己居住。陈鹤亭再审亦陈述

自己和配偶目前居住在案涉房屋内。尽管住安公司对陈鹤亭的陈述尚有异议，但并无证据证明陈鹤亭及其配偶除案涉房屋外还有其他可用于居住的房屋。

至于房屋是否具有居住功能，与房屋系商业房还是住宅的属性并无直接对应关系，商业房被用于自住、住宅被用于投资炒卖的现象在现实中均不鲜见。虽然案涉房屋系酒店式公寓，可归于商业房范畴，但酒店式公寓的设计仍可用于居住，且不排除自住。在没有证据证明陈鹤亭尚有其他可供居住房屋、且案涉房屋已被实际用于自住的情况下，案涉房屋对陈鹤亭夫妇即具有了居住保障功能。故，相对于住安公司享有的普通金钱债权，陈鹤亭的居住、生存权益就有了优先保护的价值和意义。

关于陈鹤亭在本案中请求确认案涉房屋归其所有的诉求，尽管有《最高人民法院关于适用〈中华人民共和国民事诉讼法〉的解释》第三百一十三条[①]第二款关于“案外人同时提出确认其权利的诉讼请求的，人民法院可以在判决中一并作出裁判”的规定作为依据，但根据《中华人民共和国物权法》第九条关于“不动产物权的设立、变更、转让和消灭，经依法登记，发生效力；未经登记，不发生效力，但法律另有规定的除外”；第十一条关于“当事人申请登记，应当根据不同登记事项提供权属证明和不动产界址、面积等必要资料”以及《不动产登记暂行条例》的相关规定，案涉房屋完全可以经由当事人申请，在登记机构依法审核后办理不动产登记，陈鹤亭基于不动产登记即可依法取得案涉房屋的所有权，目前没有证据证明案涉房屋在解除查封后不能办理过户登记手续。陈鹤亭不能将基于自身财产保障而应履行的申请登记的责任和义务转嫁给司法机关，意图直接通过人民法院司法确权的形式规避本应履行的申请不动产登记的责任，对此不予支持。

——中国裁判文书网。

549. 购房人名下虽有二套房屋（非唯一住宅），但面积仍属于满足基本居住需要时，可以排除强制执行

关键词

非唯一住宅　基本居住需要

最高人民法院裁判文书

中国工商银行股份有限公司北海市云南路支行与钟敏、广西鸿源先科股

---

① 现为《最高人民法院关于适用〈中华人民共和国民事诉讼法〉的解释》（2022 年修正）第三百一十一条。

份有限公司申请执行人执行异议之诉案［最高人民法院（2021）最高法民申7772号民事裁定书］

裁判要旨：《最高人民法院关于人民法院办理执行异议和复议案件若干问题的规定》第二十九条规定："金钱债权执行中，买受人对登记在被执行的房地产开发企业名下的商品房提出异议，符合下列情形且其权利能够排除执行的，人民法院应予支持：（一）在人民法院查封之前已签订合法有效的书面买卖合同；（二）所购商品房系用于居住且买受人名下无其他用于居住的房屋；（三）已支付的价款超过合同约定总价款的百分之五十。"尽管买受人作为商品房消费者名下已有一套房屋，但购买的另一套房屋在面积上仍然属于满足基本居住需要时，可以理解为符合前述司法解释规定的精神，可以认定买受人作为购房消费者针对案涉房屋提出的执行异议符合前述司法解释规定的情形，买受人对案涉房屋享有的民事权益均可以对抗案涉执行（包括对抗抵押权）。

最高人民法院经审查认为：本案再审审查的重点为：一、二审判决认定钟敏对案涉房屋享有足以排除强制执行的民事权益是否有误。

《最高人民法院关于人民法院办理执行异议和复议案件若干问题的规定》第二十九条规定："金钱债权执行中，买受人对登记在被执行的房地产开发企业名下的商品房提出异议，符合下列情形且其权利能够排除执行的，人民法院应予支持：（一）在人民法院查封之前已签订合法有效的书面买卖合同；（二）所购商品房系用于居住且买受人名下无其他用于居住的房屋；（三）已支付的价款超过合同约定总价款的百分之五十。"基于本案已经查明的事实，2003年2月，钟敏与鸿源先科公司签订《商品房买卖合同》，约定钟敏购买鸿源先科公司开发的鸿源生态新城B幢×单元×××号房；2003年2月21日，钟敏交付房款49768元，后以上述房屋作为抵押担保向银行按揭贷款110000元付清了剩余房款。2006年11月1日，钟敏作为买受人又与出卖人鸿源先科公司签订《商品房买卖合同》，约定钟敏购买鸿源生态新城C幢××××号商品房，房屋面积92.32平方米，总价约定为350816元，双方对房屋的基本状况、价款及付款方式和时间、交房条件等作了具体约定；2010年3月6日，钟敏与鸿源先科公司、北海润隆居房地产有限公司签订《鸿源生态新城B栋置换房屋协议书》，约定钟敏同意将鸿源生态新城B栋×单元×××号房与C栋××××室商品房进行置换；2017年7月22日，北海鸿源生态新城物业管理处出具《证明》，载明"鸿源生态新城业主C栋××××号房业主钟敏于2011年6月已装修完毕并已入住。入住后一直正常缴纳物业费”；案涉房屋首次被查封期间届满后未续封，该次查封效力灭失，2011 年 11 月 3 日案涉房屋再次被查封；截至 2017 年 7 月 12 日，经北海市不动产登记中心查询，钟敏名下有一套房屋，面积为 68.2 平方米。尽管钟敏作为商品房消费者名下已有一套房屋，但购买的房屋在面积上仍然属于满足基本居住需要，可以理解为符合前述司法解释规定的精神。由此，结合钟敏提交的中国建设银行贷款转存凭证、中国建设银行个人贷款支付凭证、中国建设银行现金交款单、鸿源先科公司收据等证据材料，基本可以认定钟敏作为购房消费者针对案涉房屋提出的执行异议符合前述司法解释规定的情形。不论工行云南路支行对案涉房屋是否享有抵押权，钟敏对案涉房屋享有的民事权益均可以对抗案涉执行，一、二审判决未支持工行云南路支行继续执行案涉房屋的诉求，并无明显不当，工行云南路支行的该项申请再审事由不能成立。

——中国裁判文书网。

550. 案外人对登记在被执行的房地产开发企业名下的商品房请求排除强制执行的，可以选择适用《异议复议规定》第二十八条或者第二十九条规定

关键词

案外人执行异议　排除强制执行　选择适用

最高人民法院指导性案例

王岩岩诉徐意君、北京市金陛房地产发展有限责任公司案外人执行异议之诉案（最高人民法院指导案例 156 号）

裁判要点：《最高人民法院关于人民法院办理执行异议和复议案件若干问题的规定》第二十八条规定了不动产买受人排除金钱债权执行的权利，第二十九条规定了消费者购房人排除金钱债权执行的权利。案外人对登记在被执行的房地产开发企业名下的商品房请求排除强制执行的，可以选择适用第二十八条或者第二十九条规定；案外人主张适用第二十八条规定的，人民法院应予审查。

法院生效裁判认为：《异议复议规定》第二十八条适用于金钱债权执行中，买受人对登记在被执行人名下的不动产提出异议的情形。而第二十九条则适用于金钱债权执行中，买受人对登记在被执行的房地产开发企业名下的

商品房提出异议的情形。上述两条文虽然适用于不同的情形，但是如果被执行人为房地产开发企业，且被执行的不动产为登记于其名下的商品房，同时符合了"登记在被执行人名下的不动产"与"登记在被执行的房地产开发企业名下的商品房"两种情形，则《异议复议规定》第二十八条与第二十九条适用上产生竞合。案外人对登记在被执行的房地产开发企业名下的商品房请求排除强制执行的，可以选择适用第二十八条或者第二十九条规定；案外人主张适用第二十八条规定的，人民法院应予审查。

——《最高人民法院关于发布第27批指导性案例的通知》(2021年2月19日，法〔2021〕55号)。

说明

指导案例156号王岩岩诉徐意君、北京市金陛房地产发展有限责任公司案外人执行异议之诉案，明确了《最高人民法院关于人民法院办理执行异议和复议案件若干问题的规定》第二十八条、第二十九条的适用关系。案外人对登记在被执行的房地产开发企业名下的商品房请求排除强制执行的，可以选择适用第二十八条或者第二十九条规定；案外人主张适用第二十八条规定的，人民法院应予审查。该案例解决了实践中的分歧，对于正确适用相关法律规定，处理同类案件，具有指导意义。

551. 不动产的后手买受人能否享有足以排除强制执行的民事权益

关键词

执行异议之诉　排除强制执行　前买受人

最高人民法院裁判文书

银丰公司与毛趁荣、富田公司案外人执行异议之诉案［最高人民法院(2021)最高法民申6086号民事裁定书］

裁判要旨：提起执行异议之诉的案外人并非直接从被执行人处购买不动产，而是从前手买受人处购得，除了审查案外人，人民法院亦应审查前手买受人对该不动产是否享有足以排除执行的民事权益。

最高人民法院经审查认为，关于不动产的执行，《执行异议和复议规定》

第二十八条规定了一般不动产买受人排除执行需满足的四个条件，第二十九条规定了商品房消费者排除执行需满足的三个条件。根据《执行异议和复议规定》第二十七条及《最高人民法院关于建设工程价款优先受偿权问题的批复》的精神，符合《执行异议和复议规定》第二十九条的商品房消费者能够对抗基于抵押权优先受偿的强制执行。《执行异议和复议规定》第二十九条规定“金钱债权执行中，买受人对登记在被执行的房地产开发企业名下的商品房提出异议，符合下列情形且其权利能够排除执行的，人民法院应予支持：（一）在人民法院查封之前已签订合法有效的书面买卖合同；（二）所购商品房系用于居住且买受人名下无其他用于居住的房屋；（三）已支付的价款超过合同约定总价款的百分之五十。”本案中，提起案外人执行异议之诉的虽然是毛趁荣，但案涉房屋是孙宝强购买后转给毛趁荣，故本案亦应审查孙宝强对案涉房屋是否享有足以排除执行的民事权益。原审法院对孙宝强是否满足《执行异议和复议规定》第二十九条所规定的条件未予查明，直接认定毛趁荣可排除强制执行，依据不足。

——中国裁判文书网。

552. 当事人购买的房屋属于满足其生存权的合理消费范畴的可排除基于抵押权的强制执行行为

关键词

申请执行人执行异议之诉　排除强制执行

最高人民法院裁判文书

中国信达资产管理股份有限公司甘肃省分公司与冯汉武、庆阳市智霖房地产开发有限公司及庆阳智霖实业有限公司、赵智霖、李小梅申请执行人执行异议之诉案［最高人民法院（2021）最高法民终757号民事判决书］

裁判要旨：本案中，人民法院查封的案涉房产已经办理抵押登记手续，信达甘肃分公司对智霖房地产公司等享有的金钱债权可就案涉抵押财产优先受偿，本案应适用该司法解释第二十九条认定冯汉武对案涉房屋是否享有排除强制执行的民事权益。因冯汉武购买的案涉房屋属于满足其生存权的合理消费范畴，故对于信达甘肃分公司有关原判决认定冯汉武享有足以排除强制执行的消费者物权期待权属系适用法律错误的主张不予支持。

最高人民法院认为，本案的争议焦点为：冯汉武对案涉房屋是否享有排除强制执行的民事权益。本案中，人民法院查封的案涉房产已经办理抵押登记手续，信达甘肃分公司对智霖房地产公司等享有的金钱债权可就案涉抵押财产优先受偿。根据《执行异议和复议规定》第二十七条有关“申请执行人对执行标的依法享有对抗案外人的担保物权等优先受偿权，人民法院对案外人提出的排除执行异议不予支持，但法律、司法解释另有规定的除外”之规定，本案应参照该司法解释第二十九条认定冯汉武对案涉房屋是否享有排除强制执行的民事权益。该解释第二十九条规定：“金钱债权执行中，买受人对登记在被执行的房地产开发企业名下的商品房提出异议，符合下列情形且其权利能够排除执行的，人民法院应予支持：（一）在人民法院查封之前已签订合法有效的书面买卖合同；（二）所购商品房系用于居住且买受人名下无其他用于居住的房屋；（三）已支付的价款超过合同约定总价款的百分之五十。”根据信达甘肃分公司的上诉请求和理由以及原判决查明的事实，本院分析如下：

（一）关于交付房款的问题。据原判决查明的事实，案涉《住宅楼认购协议书》约定房屋及地下室房款合计 934786 元（其中购房款 797190 元、地下室款 65370 元）。智霖房地产公司出具加盖有该公司财务专用章的 2 张《收款收据》载明的金额分别为 797190 元、65370 元，其合计数额与协议书约定的价款相一致，且该付款行为亦有客户回单、支付凭证等证据证明。信达甘肃分公司认为，冯汉武向案外人支付款项不应认定为其履行购房合同项下的付款义务。最高人民法院认为，根据合同的相对性，合同项下的权利与义务多由合同当事人享有或承担。但基于意思自治之原则，法律并不禁止合同当事人就债务人向第三人履行亦即由第三人享有合同履行利益的问题作出约定，《中华人民共和国合同法》[①] 第六十四条即对此作出明确规定。据此，在当事人约定向第三人履行的情况下，虽然接受履行的主体发生变化，但并不改变该给付系债务人履行合同义务之行为的认定。本案中，根据《住宅楼认购协议书》落款栏经办人及《收款收据》的交款方式处的记载内容，可认定该公司已就向案外人付款的问题作出指示。冯汉武根据该指示向案外人付款，当然属于其履行房屋买卖合同项下义务的行为。信达甘肃分公司有关该付款行为并不能直接产生商品房销售价款支付法律后果的主张没有法律依据，本院不予支持。另，信达甘肃分公司虽质疑智霖房地产公司单方出具的《收款收据》的真实性，但其并未提供相应的证据证明其主张。原判决综合考虑案涉认购协议、《收款收据》、银行客户回单、支付凭证等证据，认定冯汉武已经支付案涉价款并无不当，本院予以维持。

---

① 对应《民法典》第五百二十二条。

（二）关于签订合同的问题。据原判决查明的事实，2017 年 7 月 28 日冯汉武与智霖房地产公司签订《住宅楼认购协议书》，2017 年 8 月 10 日甘肃高院对包括该房屋在内的房产予以查封。信达甘肃分公司认为，冯汉武系通过债务抵顶方式从案外人处取得案涉房屋，且《住宅楼认购协议书》既不符合商品房买卖合同的形式要件，也不具备真实交易的实质要求，并非合法有效的商品房买卖合同。就此本院认为，首先，冯汉武向第三人履行的事实并不改变其与智霖房地产公司之间的房屋买卖合同关系，信达甘肃分公司有关冯汉武并非直接从智霖房地产公司购买房产的主张没有事实和法律依据。其次，案涉《住宅楼认购协议书》明确约定了商品房的基本情况、合同价款、付款方式等商品房买卖合同所涉及的主要内容，同时冯汉武依约交付了房款，智霖房地产公司出具了《收款收据》。根据《商品房买卖合同解释》第五条有关“商品房的认购、订购、预订等协议具备《商品房销售管理办法》第十六条规定的商品房买卖合同的主要内容，并且出卖人已经按照约定收受购房款的，该协议应当认定为商品房买卖合同”之规定，原判决认为该《住宅楼认购协议书》具备商品房买卖合同的主要内容，应当认定为商品房买卖合同，并无不当。此外，《执行异议和复议规定》第二十九条有关消费者购房人的规定系出于保护消费者生存利益的考虑，消费者购房人是否知悉房屋的抵押情况，以及房屋买卖合同与抵押权设立的先后等问题，并非认定其能否对抗执行的要件事实。故信达甘肃分公司以智霖房地产公司和冯汉武明知案涉房屋因抵押无法网签而签订《住宅楼认购协议书》为由，主张该协议并非其真实意思表示，没有事实和法律依据，本院不予支持。综上，原判决认定冯汉武在法院查封之前已经签订合法有效的书面买卖合同，并无不当。

另，如上所述，基于保护消费者购房人生存利益的考虑，《执行异议和复议规定》第二十九条规定符合条件的消费者购房人可排除金钱债权甚至是享有抵押权等优先受偿权的金钱债权的执行。“所交易的房屋是否因处于预售阶段而无法办理物权登记”并非适用该条所需审理的要件事实。根据一审查明事实，冯汉武购买的案涉房屋属于满足其生存权的合理消费范畴。信达甘肃分公司有关原判决认定冯汉武享有足以排除强制执行的消费者物权期待权系适用法律错误的主张，本院不予支持。

——中国裁判文书网。

553. 实际施工人对于工程款债权是否享有足以排除强制执行的权益

关键词

实际施工人　工程款债权

最高人民法院裁判文书

戚苏蓉与扬州扬子建筑市政工程有限公司等案外人执行异议之诉案［最高人民法院（2021）最高法民申 5771 号民事裁定书］

裁判要旨：《最高人民法院关于审理建设工程施工合同纠纷案件适用法律问题的解释（二）》第二十四条基于保护处于弱势地位的建筑工人的权益，突破债的相对性原则，规定实际施工人可以发包人为被告主张权利。案涉工程实际施工人在工程已竣工验收合格，实际施工人提交的证据能够证明其有权主张的工程款债权数额能覆盖本案执行法院冻结的工程款债权，故原审法院支持其不得执行案涉工程款债权的诉讼请求并无不当。

最高人民法院认为，关于王学、毕荣、扬子建筑公司对案涉工程款债权是否享有足以排除强制执行的民事权益问题。《最高人民法院关于审理建设工程施工合同纠纷案件适用法律问题的解释（二）》第二十四条规定："实际施工人以发包人为被告主张权利的，人民法院应当追加转包人或者违法分包人为本案第三人，在查明发包人欠付转包人或者违法分包人建设工程价款的数额后，判决发包人在欠付建设工程价款范围内对实际施工人承担责任。"上述司法解释基于保护处于弱势地位的建筑工人的权益，突破债的相对性原则，规定实际施工人可以发包人为被告主张权利。扬子建筑公司、王学、毕荣系案涉工程实际施工人，案涉工程已竣工验收合格，扬子建筑公司、王学、毕荣提交的证据能够证明其有权向优世公司主张的工程款债权数额能覆盖本案执行法院冻结的 2400 万元工程款债权，原审法院综合本案实际情况，对王学、毕荣、扬子建筑公司关于不得执行案涉工程款债权的诉讼请求予以支持，亦无不妥。

——中国裁判文书网。

554. 债权人对保证金账户的款项享有质权，足以排除强制执行

关键词

保证金质押　特定化　放弃质权

最高人民法院裁判文书

陕西秦农农村商业银行股份有限公司沣东支行诉西安沣祥工贸有限责任公司、吴某鸿等案外人执行异议之诉案［最高人民法院（2019）最高法民再198号民事判决书］

裁判要旨：保证金账户系债权人与保证人按约定设立，债权人对该账户实际控制管理，该账户内的款项符合金钱以保证金的形式特定化及移交债权人占有的条件，可以认定债权人与保证人对该账户内的款项设立了质权。经保证人申请，债权人及其相关下属支行层级批准后退还部分保证金是在案涉账户内款项已设立质权的前提下，债权人作为质权人放弃部分质押财产的行为，该行为并未改变债权人对案涉账户内款项的实际控制及账户内剩余款项的性质和用途。债权人对保证金账户的款项享有质权，足以排除强制执行。

最高人民法院经审理认为，案涉671保证金账户是西安一得公司为其加盟商户在秦农银行沣东支行借款提供担保而专门开立的保证金账户，转入该账户内的款项均是西安一得公司根据贷款发放额度，按照约定的比例向该账户缴存的保证金，该账户内的款项既能与西安一得公司的其他财产相区分，又独立于秦农银行沣东支行自己的财产，故该账户内的款项符合以保证金形式特定化的要求。结合秦农银行沣东支行与西安一得公司签订的《合作协议书》中关于债务人未偿还贷款本息时，秦农银行沣东支行有权直接扣收西安一得公司质押保证金的约定，以及西安一得公司经秦农银行沣东支行及其相关下属支行层级批准后才得退还部分保证金的事实，可以认定秦农银行沣东支行作为债权人实际控制和管理案涉671保证金账户，符合出质金钱移交债权人占有的要求。根据我国法律规定，质权人可以放弃质权。经西安一得公司申请，秦农银行沣东支行及其相关下属支行层级批准后退还部分保证金是在671账户内保证金已设立质权的前提下，秦农银行沣东支行作为质权人放弃部分质押财产的行为。该行为并未改变秦农银行沣东支行对案涉671号账户内款项的实际控制，亦未改变该账户内剩余款项的性质和用途，案涉671

保证金账户内的款项仍符合以保证金形式特定化和移交债权人占有的条件。在案涉保证金担保的主债权未获清偿的情况下，秦农银行沣东支行作为质权人对 671 保证金账户内的款项享有优先受偿的权利，沣祥公司与吴某鸿（西安一得公司）借款合同纠纷一案的执行标的为普通债权，秦农银行沣东支行对 671 保证金账户内款项所享有的质权足以排除该案的强制执行。

——最高人民法院第六巡回法庭 2019 年度参考案例。

555. 对保证金账户内的资金享有质权并能够排除强制执行的要件

关键词

保证金账户　质权　排除强制执行　案外人执行异议之诉

最高人民法院公报案例

富滇银行股份有限公司大理分行与杨凤鸣、大理建标房地产开发有限公司案外人执行异议之诉案

裁判摘要：保证人与债权银行之间约定设立保证金账户，按比例存入一定金额的保证金用于履行某项保证责任，未经同意保证人不得使用保证金，债权银行有权从该账户直接扣收有关款项，并约定了保证期间等，应认定双方存在金钱质押的合意。保证金账户内资金的特定化不等于固定化，只要资金的浮动均与保证金业务对应、有关，未作日常结算使用，即应认定符合《最高人民法院关于适用〈中华人民共和国担保法〉若干问题的解释》第八十五条规定的金钱以特户形式特定化的要求。如债权银行实际控制和管理保证金账户，应认定已符合对出质金钱占有的要求。

最高人民法院认为：富滇银行大理分行是否对案涉保证金账户内的资金享有质权。

一、关于 0990 账户性质及其与 6596 账户的关系问题。根据已查明的案件事实，0990 账户性质为保证金账户，开设该账户的双方当事人对此无争议。虽该账户开设时科目处理出现瑕疵，但不影响其保证金专户的性质，且具体科目的处理属于银行内部的会计核算方式，对双方当事人开设该账户为保证金账户的合意不产生影响。0990 账户销户后，其资金全部转入 6596 保证金账户，同时后续发生的按揭贷款的保证金存入该账户，两账户之间的关系为替换关系。

二、关于富滇银行大理分行与建标公司是否存在保证金质押的合意问题。《中华人民共和国物权法》第二百一十条①规定：设立质权，当事人应当采取书面形式订立质权合同。质权合同一般包括下列条款：（一）被担保债权的种类和数额；（二）债务人履行债务的期限；（三）质押财产的名称、数量、质量、状况；（四）担保的范围；（五）质押财产交付的时间。虽然富滇银行大理分行陈述因职工离职原因无法提交2010年10月至2011年8月期间的贷款合作协议书，但根据2010年建标公司按揭额度的申请、富滇银行审批的相关材料、2011年和2012年的《个人住房贷款合作协议书》《个人购房（抵押）担保借款合同》，以及自2010年10月建标公司即开始交存保证金担保按揭贷款的客观事实等可以形成证据链，证实富滇银行大理分行与建标公司自2010年10月即存在贷款合作关系，双方对建标公司自2010年10月11日起，对购买"建标华城"项目的购房户提供连带保证担保，在富滇银行大理分行开立保证金账户，保持存放不低于富滇银行大理分行发放贷款最高额的5%的保证金，用于履行该公司的连带保证责任，未经富滇银行大理分行同意，该公司不得将保证金挪作他用，若保证人不按合同履行保证责任，富滇银行大理分行有权从其账户直接扣收有关款项，保证期间至抵押合同生效且抵押凭证送交富滇银行大理分行为止达成了合意，该合意具备质押合同的一般要件，故双方之间存在保证金质押关系。

三、关于质权是否设立即资金是否特定化及交付占有的问题。根据《中华人民共和国物权法》第二百一十二条②"质权自出质人交付质押财产时设立"，以及最高人民法院《关于适用〈中华人民共和国担保法〉若干问题的解释》第八十五条"债务人或者第三人将其金钱以特户、封金、保证金等形式特定化后，移交债权人占有作为债权的担保，债务人不履行债务时，债权人可以以该金钱优先受偿"的规定，金钱质押生效的条件包括金钱特定化和移交债权人占有两方面。本案0990、6596两个保证金专户开立后，存入的款项均注明为保证金，转出款项只有两次，一次为部分购房户还清贷款后银行退回相应保证金，一次为扣划清偿购房户的逾期欠款，款项进出均能一一对应。保证金以专户形式特定化并不等于固定化，案涉账户内的资金因业务发生浮动，但均与保证金业务相对应，除缴存保证金外，支出的款项均用于保证金的退还和扣划，未作日常结算使用，符合最高人民法院《关于适用〈中华人民共和国担保法〉若干问题的解释》第八十五条规定的金钱以特户形式特定化的要求。另外，占有是指对物进行控制和管理的事实状态，因案涉账

① 对应《民法典》第四百二十七条。

② 对应《民法典》第四百二十九条。

户开立在富滇银行大理分行，该行实际控制和管理该账户，符合出质金钱移交债权人占有的要求，故案涉保证金质权依法设立。此外，扣划款项表明富滇银行大理分行对该账户资金享有处置权，属于实现质权的情形。另建标公司申请按揭贷款的额度为 4.5 亿元，富滇银行大理分行授信的额度也为 4.5 亿元，故杨凤鸣关于保证金账户内的最高金额超出对应的贷款总额的主张也不能成立。

——《最高人民法院公报》2020 年第 6 期。

556. 有效设立并符合条件的保证金质权，可以排除执行

关键词

保证金质权　执行异议之诉

最高人民法院裁判文书

刘某与江苏银行股份有限公司淮安分行、江苏省共赢担保有限公司执行异议纠纷案［最高人民法院（2017）最高法民申 230 号民事裁定书］

裁判要旨：案外人与被执行人约定有效质权合同，开设保证金账户，可认定质权成立，可以排除强制执行。

最高人民法院认为：（1）《担保法解释》第八十五条规定："债务人或者第三人将其金钱以特户、封金、保证金等形式特定化后，移交债权人占有作为债权的担保，债务人不履行债务时，债权人可以以该金钱优先受偿。"本案中，共赢公司与江苏银行淮安分行签订了《江苏银行贷款担保合作协议书》《江苏银行中小企业贷款担保合作协议书》，约定了所担保债权的数额、保证金数额、担保范围、质权行使条件等。共赢公司并在江苏银行淮安分行的下属分支机构王营支行开设了 9276 账户，按上述协议约定存入相应保证金，实行专项储存、专户管理，未用作日常结算使用，资金转入或者转出须经王营支行书面审批。因此，二审法院认定 9276 账户符合《担保法解释》第八十五条规定的保证金账户，江苏银行淮安分行对该账户内担保债务额度范围内的保证金享有优先受偿权，并无不当。刘玲关于 9276 账户非保证金账户，江苏银行淮安分行对该账户内资金不享有优先受偿权的主张，无事实和法律依据。刘玲提出的因 9276 账户内保证金对应的部分贷款清偿，相应保证金转化为普通存款，可供执行，以及该转化为存款的资金在被冻结的情况下，不能再转化为保证金的问题，可在执行程序中予以解决。（2）《物权法》关于动产质权

的规定与《担保法解释》第八十五条的规定一致，二审法院依据《担保法解释》第八十五条规定认定9276账户为保证金账户，并无不当。刘玲提出的本案应适用《物权法》关于动产质权的规定，二审法院适用《担保法解释》第八十五条规定错误的主张，不能成立。

——中国裁判文书网。

557. 当事人误汇款后是否能够排除执行

关键词

误汇款

最高人民法院裁判文书

十堰市人民医院与安徽阳光半岛混凝土有限公司案外人执行异议之诉案

［最高人民法院（2020）最高法民申4522号民事裁定书］

裁判要旨：在涉案款项未发生混同的情况下，因案涉账户的公司取得该款项没有合法根据，应当将取得的不当利益返还给汇款人。所以，该误汇行为并非法律行为，并不当然产生该款项实体权益变化的法律效果。另一方面，因人民法院已冻结案涉账户，案涉账户的公司并未实际占有或控制上述款项，其不宜认定为该款项的实际权利人。

最高人民法院认为，本案二审中的证据不能表明案涉600万元款项与中太公司其他款项混同。二审判决认定该600万元款项发生混同，事实依据不足。在上述600万元款项未发生混同的情况下，因湖北省十堰市茅箭区人民法院认定中太公司取得案涉600万元没有合法根据，应当将取得的不当利益返还给十堰医院。所以，湖北省十堰市茅箭区人民法院的认定表明十堰医院并无向中太公司支付该600万元的意思表示，中太公司也缺乏接受该款项的意思表示，该误汇行为并非法律行为。十堰医院的误汇行为并不当然产生该款项实体权益变化的法律效果。另一方面，因人民法院已冻结中太公司的案涉账户，中太公司并未实际占有或控制上述款项，中太公司不宜认定为该款项的实际权利人。二审判决将600万元款项作为阳光半岛公司申请执行的标的并相应支持安徽省六安市中级人民法院执行，有失妥当。

——中国裁判文书网。

558. 误汇的款项可以排除强制执行

关键词

排除强制执行

最高人民法院裁判文书

中国信达资产管理股份有限公司山西省分公司与山西北方纵横汽贸有限公司等案外人执行异议之诉案［最高人民法院（2021）最高法民申3856号民事裁定书］

裁判要旨：虽然货币属特殊种类物，在一般情况下适用“占有即所有”原则，但本案中纵横公司向众聚通公司误汇160万元系通过银行账户转账实现，并非以交付作为“物”的货币实现；且案涉款项所汇入的账户已被冻结，众聚通公司并未实际占有、控制或支配上述款项。故纵横公司就向众聚通公司误汇的160万元享有足以排除强制执行的民事权益。

最高人民法院经审查认为，本案系案外人执行异议之诉，应重点审查纵横公司对众聚通公司被查封账户内的160万元是否享有足以排除强制执行的民事权益。

《最高人民法院关于适用〈中华人民共和国民事诉讼法〉的解释》第一百零八条第一款规定：“对负有举证证明责任的当事人提供的证据，人民法院经审查并结合相关事实，确信待证事实的存在具有高度可能性的，应当认定该事实存在。”具体到本案中，纵横公司对其所称的误汇，提供了银行业务回单、证人证言、《同意退款说明》以及电话通话记录等证据，二审认定上述证据已基本形成证据链，并据此认定纵横公司存在向众聚通公司账户误汇款的高度可能性并不缺乏依据。信达山西分公司再审称纵横公司、众聚通公司之间涉嫌恶意串通捏造事实，但对此并未提供充分证据予以佐证，其主张二审认定的上述事实缺乏证据证明理据不足，对其该部分再审申请理由，本院不予采信。同时，信达山西分公司主张货币属于一种特殊的种类物，其性质和职能决定货币的所有权不得与对货币的占有相分离，即货币“占有即所有”原则，并据此认为纵横公司应根据不当得利之债的相关规定另案主张权益，无权以此为据排除执行。本院经审查后认为，虽然货币属特殊种类物，在一般情况下适用“占有即所有”原则，但本案中纵横公司向众聚通公司误汇

160 万元系通过银行账户转账实现，并非以交付作为“物”的货币实现；且案涉款项所汇入的账户已被冻结，众聚通公司并未实际占有、控制或支配上述款项。二审据此对案涉误汇款项未适用货币“占有即所有”原则并不缺乏依据。信达山西分公司主张二审适用法律错误理据不足，本院不予支持。

——中国裁判文书网。

559. 通过占有改定的方式完成交付可以排除法院强制执行

关键词

占有改定　以物抵债　排除强制执行

最高人民法院裁判文书

鸡东县华盛煤炭有限公司与黑龙江省八五一〇农场及黑龙江省牡丹江农垦发展热电有限责任公司案外人执行异议之诉案［最高人民法院（2020）最高法民申 3126 号民事裁定书］

裁判要旨：案涉设备通过占有改定的方式交付，抵债权利人间接占有案涉设备，案涉执行和解协议中约定的以物抵债内容已经履行完毕。动产以交付为物权变动生效要件，抵债权利人取得对案涉设备的实体权利，享有可以排除对案涉设备强制执行的民事权益

最高人民法院认为，本案为案外人执行异议之诉，根据华盛公司的申请再审理由，本案审查的重点是八五一〇农场对案涉设备是否享有足以排除强制执行的权利。

案涉执行和解协议已约定案涉设备所有权归八五一〇农场所有，八五一〇农场提交的《租赁合同》《委托经营合同》和《供热合同》等证据，能够证明其取得案涉设备所有权后，又将案涉设备出租给农垦热电公司使用的事实。因双方在《设备置换协议》中约定案涉设备仍由农垦热电公司使用、维护，表明双方在转移案涉设备所有权时，又约定农垦热电公司继续占有案涉设备，上述行为符合《物权法》第二十七条①规定的占有改定的法律要件。自《设备置换协议》生效时，视为完成案涉设备的交付，八五一〇农场间接占有案涉设备，案涉执行和解协议中约定的以物抵债内容已经履行完毕。动产以交付为物权变动生效要件，八五一〇农场取得对案涉设备的实体权利，享有可

① 对应《民法典》第二百二十八条。

以排除对案涉设备强制执行的民事权益。二审法院认定八五一〇农场与农垦热电公司约定抵债的设备继续由农垦热电公司使用构成占有改定，并无不当。华盛公司主张八五一〇农场对案涉设备不享有实体权利的申请再审理由，不能成立，本院不予采信。

——中国裁判文书网。

560. 始终在案外人控制下的账户内资金，可以排除强制执行

关键词

排除强制执行　被执行人的责任财产

最高人民法院裁判文书

江西煤炭储备中心有限公司与中油长运渤海石油化工（大连）有限公司，大连恒达动力石油化工有限公司、景德镇景禹新能源开发有限公司等案外人执行异议之诉案［最高人民法院（2018）最高法民终873号民事判决书］

裁判要旨：强制执行应当以被执行人的责任财产为限。若系争执行标的物属于被执行人的责任财产，则应继续强制执行；若系争执行标的物不属于被执行人的责任财产，则应排除强制执行。

最高人民法院认为：强制执行应当以被执行人的责任财产为限。执行异议之诉作为排除不当执行的诉讼制度，审理重点应当围绕着系争执行标的物是否属于被执行人的责任财产而展开。若系争执行标的物属于被执行人的责任财产，则应继续强制执行；若系争执行标的物不属于被执行人的责任财产，则应排除强制执行。根据民法基本原理，责任财产，由当事人所有的具有金钱价值的各种权利的总体所构成，义务并不属于责任财产的范围。据此，案涉账户内的资金能否继续执行，取决于景禹能源公司对案涉账户资金是否拥有实体性的民事权利。根据一审法院已经查明的事实，中油长运公司为经营燃料油的需要，先是与山东永鑫公司、山东滨阳公司签订了《燃料油委托加工合同》，由中油长运公司提供燃料油生产的原料或指定两公司采购第三方原料，采购的数量、价格由中油长运公司确定，资金由中油长运公司提供，委托山东永鑫公司、山东滨阳公司代为加工。上述合同签订后，中油长运公司与景禹能源公司、允衡公司签订《合作协议》，约定三方合作经营燃料油，中油长运公司负责燃料油的采购和销售，并负责提供资金，景禹能源公司负责与上、下游公司签订购销合同，并负责在平安银行上海分行开立专用账户，

专用账户的网银和U盾均由中油长运公司指定专人保管，允衡公司负责监督资金支付，所得利润按比例分成。《合作协议》签订后，景禹能源公司分别与上、下游公司签订了《购销合同》，即景禹能源公司从孤儿村油厂购买燃料油，山东滨阳公司、山东永鑫公司再从景禹能源公司购买同品质、同数量的燃料油，上游公司孤儿村油厂、下游公司山东滨阳公司和山东永鑫公司均由中油长运公司指定，所需货款亦由中油长运公司承担。本案中，中油长运公司将40829664元资金分两笔分别支付至山东滨阳公司、山东永鑫公司，再由两公司支付至景禹能源公司，是为履行《燃料油委托加工合同》和《合作协议》项下的付款义务，景禹能源公司在收到案涉40829664元款项后，负有保证将资金及时支付给上游供货商孤儿村油厂的合同义务。《合作协议》虽然约定了中油长运公司、景禹能源公司、允衡公司三方按固定比例分配每吨利润，但在该款因司法冻结导致合同无法履行的情况下，景禹能源公司并不享有请求分享利润的合同权利。由此可见，景禹能源公司对案涉账户内的40829664元款项并未取得控制和支配的权利，仅负有保证专款专用的义务。本案中，江西煤储公司作为景禹能源公司的查封债权人，其对被执行人景禹能源公司案涉账户内的资金依法所能主张的权利，不得大于景禹能源公司自身对案涉款项依法所能主张的权利。因景禹能源公司对案涉账户内的资金并不享有实体民事权利，案涉账户内的资金并非景禹能源公司的责任财产，江西煤储公司不得申请对案涉款项进行强制执行。《物权法》第二十三条[①]关于动产物权的设立与转让自交付时生效的规定，系关于权利推定的规定，意在保护基于这一权利外观而与之交易的善意第三人的利益，江西煤储公司作为查封债权人，不是景禹能源公司的交易相对人，并非公示公信原则的保护对象。而且，本案争议并非在商业银行与其客户之间产生，并不适用“谁的钱进谁的账归谁所有”这一支付结算规则。故本院对江西煤储公司关于资金一经进入景禹能源公司的账户即应归属于景禹能源公司所有，其有权申请强制执行的诉讼理由，不予支持。一审法院关于景禹能源公司仅系提供资质、账户给中油长运公司使用的认定，与当事人的合同约定不符，亦无充分的事实依据，本院予以纠正。本案作为执行异议之诉，在认定讼争款项并非被执行人景禹能源公司的责任财产之后，即可排除强制执行。一审判决关于案涉账户内资金的所有权仍归中油长运公司所有、并未转移至景禹能源公司的认定，虽然论理难言充分，但契合特定目的存款账户的法理逻辑，且其关于不得就案涉款项加以强制执行的判决结果正确，本院在指出其论理瑕疵的同时维持其判决结果，不再就此予以展开。

——中国裁判文书网。

---

① 对应《民法典》第二百二十四条。

561. 房屋被拆迁后所获得的拆迁补偿收益属于能够排除强制执行的民事权益

关键词

拆迁补偿收益　排除强制执行

最高人民法院审判业务意见（第四巡回法庭观点）

“小产权房”在未被行政机关认定为违章建筑而强制拆除前具有一定的使用价值。实际投资建设并占有、使用房屋的改扩建人，因该房屋具有使用价值而被列入拆迁征收范围时，可以享有拆迁补偿收益，该实际可以获得的拆迁补偿收益属于能够排除强制执行的民事权益。

附：案情简介

2003 年 11 月 18 日，叶某取得位于 Z 市某地住宅 1 栋 1-2 层的房屋所有权证书，面积 177.25 平方米。2009 年 9 月 25 日，叶某（甲方）与刘某某、王某某、熊某某（同为乙方）签订《协议》，约定：甲方将案涉房屋以 30 万元的价格转让给乙方，乙方每人付给甲方现金 10 万元。乙方对该房进行改造，甲方拥有改造后房屋的 177.25 平方米的产权和使用权，其余面积归乙方共有。如遇拆迁情况，双方按照上述面积分配拥有房屋相应面积的受偿权和支配权。刘某某等三人向叶某支付了 30 万元购房款并对案涉房屋进行了改扩建并居住至拆迁前搬离。经房屋拆迁负责人确认，案涉房屋改扩建后的面积为 1000 平方米左右均纳入拆迁补偿面积，享有拆迁补偿权益，并与刘某某等三人签订了拆迁补偿协议。

另查明，第一，案涉房屋使用的土地为农村集体土地，叶某、刘某某、王某某、熊某某均非该村村民。第二，某银行因另案向法院申请执行叶某的财产。因案涉房屋已列入拆迁征收范围，法院要求有关房地产公司协助提取被执行人叶某在该公司的所有拆迁补偿款（限额 1 亿元以内）至法院账户。刘某某等三人提出执行异议，一审法院认为异议理由成立，于 2017 年 9 月 25 日裁定中止案涉房屋拆迁补偿款的执行（不包括证载面积为 177.25 平方米的部分）。某银行不服，提起了申请执行人执行异议之诉。某银行起诉称，案涉房屋属于农村集体土地上建造的房产，其实质为“小产权房”，该房屋对应的土地使用权为农村集体所有的宅基地使用权。根据相关法律规定，刘某某、王某某、熊某某与叶某某签订的房屋买卖协议无效，刘某某等三人不得依据无效的合同主张相应的房屋的拆迁利益。请求判令：继续对案涉房屋的所有拆迁补偿款提存。

再审审查中，刘某某、王某某、熊某某向法院提交了两组证据作为再审申请新的证据：第一组证据为拆迁公司向一审法院递交的《联系函》，拟证明其是拆迁部门所认可的被拆迁人，对案涉房屋享有拆迁权益。该联系函载明：目前除叶某外的所有案外产权人（刘某某、王某某、熊某某）已在产权双登双录时向该公司提交了产权证明文件，该公司已与相关产权人达成和签订拆迁补偿协议，并在征得案外产权人同意的情况下，该栋房屋已于 2017 年 5 月拆除。第二组证据为某房屋征收服务公司与刘某某、王某某、熊某某签订的《集体土地城中村综合改造房屋拆迁安置补偿结算单》，拟证明其对拆迁补偿款享有权益。该《结算单》载明：被拆迁人为熊某某，被拆迁房屋坐落于某村 G-212-1 号，住宅房屋面积 930.57 平方米。补偿款总计 927 428 元。还建安置总面积为 837.52 平方米，剩余还建住宅面积 837.52 平方米。落款处有被拆迁人的刘某某、王某某、熊某某签字以及某房屋征收服务公司的盖章。

——姜伟主编：《最高人民法院第四巡回法庭疑难案件裁判要点与观点》，人民法院出版社 2020 年版，第 318~326 页。

562. 当土地被强制执行时，次承租人提起执行异议之诉能否排除强制执行

关键词

强制执行　地上附着物　执行异议

最高人民法院公报案例、最高人民法院裁判文书

武汉和平华裕物流有限公司与乐昌市粤汉钢铁贸易有限公司等案外人执行异议之诉案［最高人民法院（2019）最高法民终 1790 号民事判决书］

裁判摘要：出租人将土地出租给承租人，当该土地被强制执行时，案外人主张承租人向其转租土地，且其在土地上兴建建筑物并对之享有足以排除强制执行的合法权益时，可通过案外人执行异议之诉主张权利。人民法院在审理次承租人以案外人提起的执行异议之诉案件时，既要依法维护次承租人的正当权利，也要防止其滥用案外人执行异议之诉，妨害强制执行程序的正常进行。对于次承租人提起的执行异议能否排除强制执行，应当依据《最高人民法院关于适用〈中华人民共和国民事诉讼法〉的解释》第三百一十一条（修改后第三百零九条）的规定进行审查。

最高人民法院认为，首先，关于龚家岭地块上所建地上建筑物的权属问题。根据《最高人民法院关于适用〈中华人民共和国民事诉讼法〉的解释》第三百一十一条[①]“案外人或者申请执行人提起执行异议之诉的，案外人应当就其对执行标的享有足以排除强制执行的民事权益承担举证证明责任”的规定，华裕物流公司应当提交证据证明其对龚家岭地块形成转租关系，并实际投资建设了龚家岭地块上的厂房、仓库等地上建筑物，进而证明其对龚家岭地块上所建地上建筑物享有足以排除强制执行的民事权益。因本案原审已查明，华裕物流公司在原审提交的《建设工程设计合同》《施工图》《建筑工程施工合同》等证据对应的工程项目系路面、围墙、护坡、给排水等构筑物附属工程，与案涉厂房、仓库等主体建筑物并不一致，即使华裕物流公司提交的《工程结算书》《法定代表人授权委托书》为真实，也不能以此证明华裕物流公司投资建设了案涉厂房、仓库等主体建筑物。而《情况说明》显示华裕物流公司向武汉农村商业银行股份有限公司青山支行申请该笔贷款的申请理由，为支付室内仓库露天货场改造道路及场坪等工程款，尚不能证明该笔贷款实际用于案涉厂房、仓库等建筑物的建设。因此，华裕物流公司提交的上述新证据亦不能充分证明其投资建设了龚家岭地块上的建筑物。故原审认定华裕物流公司提交的证据无法证明其对龚家岭地块上所建地上建筑物享有足以排除强制执行的民事权益并无不当。华裕物流公司关于“其已提交充分证据的前提下，原审未认定华裕物流公司系案涉建（构）筑物实际权利人，属认定事实错误”等上诉理由不能成立，本院予以驳回。

其次，关于和平镀锌板厂地块上所建建筑物的权属问题。本案已查明，和平镀锌板厂的全部资产经过改制后已全部移交至总观园公司。总观园公司股东李少华、李安华将上述部分资产以实物作价的方式出资设立了华裕李氏公司。华裕物流公司提交的现有证据无法证明总观园公司在和平镀锌板厂处置过程中移交的厂房、仓库等不动产已依法进行物权变更登记，因此，即便华裕物流公司对和平镀锌板厂的相关资产行使管理和收益的权利，在没有相关权属登记证明的情况下，华裕物流公司提交的现有证据不能证明华裕物流公司系上述资产的实际权利人。而本案也查明，和平镀锌板厂的厂房、仓库等地上建筑物在和平镀锌板厂 2003 年改制前就已经存在，华裕物流公司在原审提交的《建设工程设计合同》《施工图》《建筑工程施工合同》均形成于 2008 年 6 月后，晚于和平镀锌板厂地上建筑物形成时间。而且，对应的工程项目系路面、围墙、护坡、给排水等构筑物附属工程，与案涉厂房、仓库等主体建筑物并不一致，华裕物流公司即使在本案二审期间又提交了《工程结

---

① 现为《最高人民法院关于适用〈中华人民共和国民事诉讼法〉的解释》（2022 年修正）第三百零九条。

算书》《法定代表人授权委托书》《情况说明》等证据，也并不能形成完整的证据链条证明其为和平镀锌板厂相关资产的实际权利人。因此，原审关于华裕物流公司对和平镀锌板厂的厂房、仓库等地上建筑物不享有实体权利及不足以阻却执行的事实认定亦无不当，对华裕物流公司主张"其为上述资产的实际权利人"不予支持正确，本院予以维持。关于华裕物流公司主张武汉市房产测绘中心出具的《武汉市房屋面积调查测丈表》以及武汉市青山区房产测绘站出具的《武汉市房地产平面图》可作为认定该公司系上述资产产权人的依据的问题。原审已查明，华裕物流公司、华裕李氏公司以及华裕李氏公司物流仓储分公司均有物流仓储经营项目，而且，部分管理人员和财务人员还存在重合，华裕物流公司与华裕李氏公司之间存在一定的关联关系，而《武汉市房屋面积调查测丈表》《武汉市房地产平面图》中记载的产权人为"华裕物流"以及"华裕物流仓储公司"，在华裕物流公司未提供其他证据相互印证的情况下，上述记载无法明确指向华裕物流公司，亦不能证明华裕物流公司为上述文件所涉房产的权利人。而且，上述文件均系房产测绘文件，即对房屋进行位置、面积、结构等内容的测定，而对于权属的审核和登记，不属于测绘部门的职责范围。因此，原审认定上述测绘资料不能作为认定争议执行标的物权属的依据并无不当。综上，华裕物流公司主张其对和平镀锌板厂地块上所建建筑物享有权益并足以排除强制执行的上诉理由亦不能成立，本院予以驳回。

关于原审对案涉建筑物能否享有收益权及收益权归属的事实认定是否清楚、对执行标的实体权益的认定以及证明标准适用法律是否正确的问题。本案为案外人执行异议之诉，根据《最高人民法院关于适用〈中华人民共和国民事诉讼法〉的解释》第三百一十一条"案外人或者申请执行人提起执行异议之诉的，案外人应当就其对执行标的享有足以排除强制执行的民事权益承担举证证明责任"的规定，本案的审理范围主要为"案外人华裕物流公司对其主张的案涉建筑物能否享有足以排除强制执行的民事权益"，而华裕物流公司上诉所主张的原审法院对案涉建（构）筑物采取的查封措施错误、未对执行行为的正当性进行审查等理由，并非本案的审理范围。所以，原审法院仅就华裕物流公司提供的证据是否足以排除强制执行进行审理认定，并无不当。根据《最高人民法院关于适用〈中华人民共和国民事诉讼法〉的解释》第三百一十二条[①]第一款第二项"案外人就执行标的不享有足以排除强制执行的民事权益的，判决驳回诉讼请求"的规定，原审经审理后，认定华裕物流公司提交的证据不足以证明其为案涉建筑物的权利人且不享有足以排除强制执行

① 现为《最高人民法院关于适用〈中华人民共和国民事诉讼法〉的解释》（2022年修正）第三百一十条。

的民事权益，并据此规定驳回诉讼请求适用法律亦无不当。

——《最高人民法院公报》2022 年第 9 期（总第 313 期）。

563. 配电房属于小区公共设施，业主享有足以排除强制执行共有权

关键词

案外人执行异议之诉　公共设施

最高人民法院裁判文书

白小维与王江梅等七人案外人执行异议之诉案［最高人民法院（2021）最高法民申 1731 号民事裁定书］

裁判要旨：小区共有物业通常为小区正常居住生活的必要配套设施。实践中应结合法律规定的立法精神，综合判断认定建筑区划内的共有场所、共用设施和物业服务用房等。本案中，天诚小区包括天诚大厦主楼、辅楼和公寓楼；从实际使用情况看，案涉配电房和新建配电房共同为天诚小区楼体提供供电服务。因此，结合日常生活经验法则，案涉配电房属于天诚小区公共设施，王江梅等七人作为业主享有共有权，享有足以排除强制执行的民事权益。

最高人民法院经审查认为，本案的审查重点是原审法院认为王江梅等七人对案涉配电房享有足以排除强制执行的民事权益是否妥当等问题。

根据原审法院查明的事实，以及《最高人民法院关于适用〈中华人民共和国民法典〉时间效力的若干规定》第五条的相关规定，海南省海口市中级人民法院（2016）琼 01 民终 1946 号一案中，王江梅、胡蓉的天诚小区业主身份，已经生效法律文书确认；而李秀林、王国彬、刘建良、陈田富、孔明月等五人均提交了天诚公寓楼的购房合同或确权文书，证明其具有天诚公寓楼的业主身份。因此，原审法院认为王江梅等七人为业主，事实依据充分，本院予以确认。《物权法》第七十三条[①]规定："建筑区划内的道路，属于业主共有，但属于城镇共有道路的除外。建筑区划内的绿地，属于业主共有，但属于城镇共有绿地或者明示属于个人的除外。建筑区划内的其他共有场所，共用设施和物业服务用房，属于业主共有。"因此，一般认为，小区共有物业

① 对应《民法典》第二百七十四条。

通常为该小区正常居住生活的必要配套设施，是业主实现对住宅居住不可缺少的条件，包括共有配套设施和共有基地。其中，共有配套设施是指与小区建设和居住使用分不开，依法必须配套修建的，由整个小区全体业主享有共有权的小区配套设施。另一方面，从功能用途看，建筑区划内的公用设施具有作为共有部分对于全体业主而言的公共性及非排他使用性。因此，除专有部分以外的其他公共场所和公用设施，实践中应结合前述法律规定的立法精神，综合判断认定建筑区划内的共有场所、共用设施和物业服务用房等。经查，天诚小区包括天诚大厦主楼、辅楼和公寓楼；从实际使用情况看，案涉配电房和新建配电房共同为天诚小区楼体提供供电服务；特别是白小维提供的证据材料亦显示案涉不动产在设计时的功能定位也是配电房。因此，原审法院根据前述案件事实并结合日常生活经验法则，认为案涉配电房属于天诚小区公共设施，王江梅等七人作为天诚公寓楼的业主对案涉配电房享有共有权；相较于白小维对阳光天诚公司享有的普通债权，王江梅等七人就案涉执行标的享有足以排除强制执行的民事权益；遂作出不得执行案涉配电房的处理意见，理据充分，亦较为公允，本院予以认可。而白小维虽主张原审适用法律错误、举证责任分配不当等，但却没有提供充分、有效的证据予以证明，故本院不予支持。

——中国裁判文书网。

564. 在申请执行人有抵押权或建设工程价款优先受偿权的情况下，不动产买受人可排除强制执行的情形

关键词

案外人执行异议之诉　优先受偿权　排除强制执行

最高人民法院裁判文书

民生典当公司与景选民等执行异议之诉案［最高人民法院（2021）最高法民申4662号民事裁定书］

裁判要旨：关于不动产的执行，《执行异议和复议规定》第二十八条系对“一般的房屋买卖合同的买受人”权利的规定，第二十九条系对“商品房消费者”权利的规定。根据《执行异议与复议规定》第二十七条及《最高人民法院关于建设工程价款优先受偿权问题的批复》的精神，符合《执行异议与复议规定》第二十九条的商品房消费者才能够对抗基于抵押权优先受偿的强制执行。因此，《执行异

议和复议规定》第二十七条规定的“除外”之情形包括第二十九条，但不包括第二十八条。

最高人民法院经审查认为，本案系申请执行人执行异议之诉，争议焦点是景选民对执行标的即案涉永济市银杏东街银杏商厦第一层A区×××、×××号商铺是否享有足以排除强制执行的民事权益。民生典当公司申请执行的依据是已生效的太原市中级人民法院（2014）并民初字第566号民事判决，该判决对苗鑫以其名下位于永济市银杏东街的土地以及该土地上建筑物（含案涉房产）提供抵押担保的事实予以确认，并判决民生典当公司在苗鑫提供的抵押财产范围内享有优先受偿的权利。

《执行异议和复议规定》第二十七条规定："申请执行人对执行标的依法享有对抗案外人的担保物权等优先受偿权，人民法院对案外人提出的排除执行异议不予支持，但法律、司法解释另有规定的除外。"对于前述第二十七条"除外"所指之情形，需要比较执行标的物上存在的不同类型权利的效力顺位。就实体权利优先顺位而言，商品房消费者的权利优于抵押权。而《执行异议和复议规定》第二十八条系对"一般的房屋买卖合同的买受人"权利的规定；《执行异议和复议规定》第二十九条系对"商品房消费者"权利的规定。因此，《执行异议和复议规定》第二十七条规定的"除外"之情形包括第二十九条，但不包括第二十八条。本案中，虽然景选民在案涉房产被查封前就与永鑫公司签订了《银杏商厦商铺销售合同》、交付了房款并出租使用案涉房产，但至今未办理产权过户手续，不享有物权。而且，景选民购买的案涉房产是商铺，不属于所购商品房系用于居住且买受人名下无其他用于居住房屋的商品房消费者，仅属于一般的房屋买卖合同的买受人。在生效判决已确认民生典当公司对包括案涉商铺在内的抵押房产享有优先受偿权的情况下，二审判决以景选民的主张符合《执行异议和复议规定》第二十八条之情形，继而判决景选民对案涉房产所享有的权利可以排除强制执行，适用法律错误。

——中国裁判文书网。

565. 房屋买受人对房屋的请求权能够排除出卖人的一般金钱债权人对房屋的强制执行

关键词

房屋买受人　金钱债权人　排除强制执行　执行异议之诉

最高人民法院裁判文书

刘某生与杜某清案外人执行异议之诉案［最高人民法院（2017）最高法民再 355 号民事判决书］

裁判要旨：《最高人民法院关于人民法院民事执行中查封、扣押、冻结财产的规定》是执行程序中对案外人的异议进行形式审查的判断标准，并非是对案外人权利的最终确认，案外人实体民事权利的内容是执行异议之诉的审理范围。债务人将其房屋以市场价格出卖的行为，客观上导致其责任财产中的一部分从实物形态转化为货币形态，但其责任财产的范围并未因此而不当减损，债权人的权利并未因此而受到损害，仍然有权就房屋价款中债务人的应有份额主张相应的权利。而房屋买受人的权利内容则以买受房屋这一特定财产为唯一客体，在房屋买卖合同合法有效的情况下，买受人在履行合同义务的同时依法享有要求办理过户登记的物权期待权，得以排除出卖人的一般金钱债权人对房屋的强制执行。

最高人民法院认为：本案中，杜丹清对陈胜明的担保债权业经人民法院生效判决予以确认，而刘爱生与陈胜明、陈新玲签订的《房产买卖协议》的效力亦经人民法院的生效判决予以确认，杜丹清和刘爱生均系陈胜明的债权人，二者的法律地位平等，但各自的债权内容有别。具体而言，杜丹清作为债权人，在债务人厦门圣达威服饰有限公司和其他保证人未清偿债务的情况下，有权要求保证人陈胜明以其全部财产承担连带清偿责任，其债权指向的责任财产范围，是陈胜明的全部个人财产，包括陈胜明在案涉房屋中扣除尚欠银行贷款部分的应有份额。而刘爱生作为债权人，在案涉《房产买卖协议》签订后，已经依约定支付了大部分房屋价款，并实际占有了案涉房屋，虽然并未办理过户登记，但刘爱生作为合法占有人有权要求出卖人陈胜明、陈新玲为其办理案涉房屋的过户登记手续。由此可见，杜丹清作为债权人的权利内容，指向的是陈胜明的一般责任财产，并非指向案涉房屋这一特定财产；而刘爱生作为债权人的权利内容，则以案涉房屋这一特定财产为唯一客体。《物权法》第二百四十五条①规定："占有的不动产或动产被侵占的，占有人有权请求返还原物；对妨害占有的行为，占有人有权请求排除妨害或者消除危险；因侵占或妨害造成损害的，占有人有权请求损害赔偿。"由此可见，刘爱生作为案涉房屋的买受人，除依法享有要求办理过户登记的物权期待权之外，

① 对应《民法典》第四百六十二条。

其作为合法占有人还依法享有向任何人主张房屋的所有人能够主张的排他性权利。本案中，陈胜明将案涉房屋出售给刘爱生并取得房屋价款的行为，虽然在客观上导致了其责任财产中的一部分从实物形态转化为货币形态，但其责任财产的范围并未因此而不当减损，杜丹清作为债权人的权利并未因此而受到损害，其仍然有权就房屋价款中陈胜明的应有份额主张相应的权利。相反，在案涉《房产买卖协议》合法成立、且已经实际履行的情况下，查封案涉房屋并将其作为杜丹清债权执行标的的结果，不仅在客观上不当扩张了陈胜明的责任财产范围，亦直接损害了刘爱生的合法权利。《最高人民法院关于人民法院民事执行中查封、扣押、冻结财产的规定》第十七条[①]的规定，是执行程序中对案外人的异议进行形式审查的判断标准，并非是对案外人权利的最终确认，案外人实体民事权利的内容是执行异议之诉的审理范围。原审法院将该条规定作为审理本案的法律依据，混淆了执行异议的审查与执行异议之诉的审理之间的差别，本院予以纠正。被申请人杜丹清关于不能排除陈胜明与刘爱生恶意串通损害其合法权益等诉讼理由，不仅未能提供相应的证据予以支持，亦明显与本院认定的案件事实不符，本院不予支持。

——法信网。

566. 承包人对商品房享有建设工程价款优先受偿权，消费者可请求排除强制执行

关键词

商品房　优先受偿权　案外人　排除强制执行

最高人民法院裁判文书

贾琼与中天建设集团有限公司、白山和丰置业有限公司案外人执行异议之诉案［最高人民法院（2019）最高法民再375号民事裁定书］

裁判要旨：当事人主张其权益在特定标的的执行上优于对方的权益，不能等同于否定对方权益的存在；当事人主张其权益会影响生效裁判的执行，也不能等同于其认为生效裁判错误。买受人对执行异议裁定不服的，有权提起执行异议之诉。

---

① 现为《最高人民法院关于人民法院民事执行中拍卖、变卖财产的规定》(2020年修正）第十五条。

最高人民法院认为：本案为案外人执行异议之诉。根据贾琼在再审中的主张，本案再审审理的重点是贾琼提起的执行异议之诉是否属于《民事诉讼法》第二百二十七条[①]规定的案外人的执行异议“与原判决、裁定无关”的情形。

根据《民事诉讼法》第二百二十七条规定的文义，该条法律规定的案外人的执行异议“与原判决、裁定无关”是指案外人提出的执行异议不含有其认为原判决、裁定错误的主张。案外人主张排除建设工程价款优先受偿权的执行与否定建设工程价款优先受偿权权利本身并非同一概念。前者是案外人在不否认对方权利的前提下，对两种权利的执行顺位进行比较，主张其根据有关法律和司法解释的规定享有的民事权益可以排除他人建设工程价款优先受偿权的执行；后者是从根本上否定建设工程价款优先受偿权权利本身，主张诉争建设工程价款优先受偿权本身不存在。简而言之，当事人主张其权益在特定标的的执行上优于对方的权益，不能等同于否定对方权益的存在；当事人主张其权益会影响生效裁判的执行，也不能等同于其认为生效裁判错误。根据贾琼提起案外人执行异议之诉的请求和具体理由，贾琼并没有否定原生效判决确认的中天公司所享有的建设工程价款优先受偿权，贾琼提起案外执行异议之诉意在请求法院确认其对案涉房屋享有可以排除强制执行的民事权益。如果一、二审法院支持贾琼关于执行异议的主张也并不动摇生效判决关于中天公司享有建设工程价款优先受偿权的认定，仅可能影响该生效判决的具体执行。因此，贾琼的执行异议并不包含其认为已生效的（2016）吉民初19号民事判决存在错误的主张，属于《民事诉讼法》第二百二十七条规定的案外人的执行异议“与原判决、裁定无关”的情形。一、二审法院认定贾琼作为案外人对执行标的物主张排除执行的异议实质上是对上述生效判决的异议，应当依照审判监督程序办理，据此裁定驳回贾琼的起诉，适用法律错误，本院予以纠正。

——中国裁判文书网。

567. 一房多卖时买受人的权利顺位应结合登记、占有、合同签订先后等因素进行判断，实际占有房屋的买受人，可排除未实际占有房屋买受人的申请执行

关键词

一房数卖　案外人　执行异议之诉

① 现为《民事诉讼法》（2021年修正）第二百三十四条。

最高人民法院司法解释

第二十八条　金钱债权执行中，买受人对登记在被执行人名下的不动产提出异议，符合下列情形且其权利能够排除执行的，人民法院应予支持：

（一）在人民法院查封之前已签订合法有效的书面买卖合同；

（二）在人民法院查封之前已合法占有该不动产；

（三）已支付全部价款，或者已按照合同约定支付部分价款且将剩余价款按照人民法院的要求交付执行；

（四）非因买受人自身原因未办理过户登记。

第二十九条　金钱债权执行中，买受人对登记在被执行的房地产开发企业名下的商品房提出异议，符合下列情形且其权利能够排除执行的，人民法院应予支持：

（一）在人民法院查封之前已签订合法有效的书面买卖合同；

（二）所购商品房系用于居住且买受人名下无其他用于居住的房屋；

（三）已支付的价款超过合同约定总价款的百分之五十。

——《最高人民法院〈关于人民法院办理执行异议和复议案件若干问题的规定〉(2020 年 12 月 29 日修正)。

最高人民法院司法政策精神

15. 审理一房数卖纠纷案件时，如果数份合同均有效且买受人均要求履行合同的，一般应按照已经办理房屋所有权变更登记、合法占有房屋以及合同履行情况、买卖合同成立先后等顺序确定权利保护顺位。但恶意办理登记的买受人，其权利不能优先于已经合法占有该房屋的买受人。

——《最高人民法院印发〈第八次全国法院民事商事审判工作会议（民事部分）纪要〉的通知》(2016 年 11 月 21 日，法〔2016〕399 号)。

最高人民法院裁判文书

陈正德与谢国际、陕西远正投资管理有限公司案外人执行异议之诉纠纷案〔最高人民法院（2019）最高法民申 6866 号民事裁定书〕

裁判要旨：在一房数卖情况下，如果数份房屋买卖合同均有效且买受人均要求履行合同的，一般应按照已经办理房屋所有权变更登记、合法占有房屋以及合同履行情况、买卖合同成立先后等顺序确定权利保护顺位。均未办理变更登记，但已实际占有房屋的买受人，可排除未实际占有房屋买受人的申请执行。

最高人民法院认为：关于谢国际对案涉房屋是否享有足以排除强制执行的民事权益。在一房数卖情况下，如果数份房屋买卖合同均有效且买受人均要求履行合同的，一般应按照已经办理房屋所有权变更登记、合法占有房屋以及合同履行情况、买卖合同成立先后等顺序确定权利保护顺位。本案中，陈正德与远正公司于2014年7月2日签订《商品房买卖合同》，购买案涉房屋，陈正德以其对远正公司原法定代表人王序凯的债权抵顶了案涉房屋的购房款。谢国际与远正公司于2016年9月29日签订《商品房买卖合同》，谢国际于2016年10月25日付清了全部购房款，并对案涉房屋进行装修，于2018年7月份入住。陈正德、谢国际均系案涉房屋购买人，均未办理房屋过户登记手续，谢国际已合法占有案涉房屋，但陈正德一直未占有案涉房屋，故谢国际对案涉房屋的权利优先于陈正德，其对案涉房屋享有足以排除案涉强制执行的民事权益。陈正德并非对金钱债权申请执行，二审法院直接适用《最高人民法院关于人民法院办理执行异议和复议案件若干问题的规定》第二十八条规定确存不当之处，但处理结果正确。陈正德以二审法院适用法律错误为由申请再审，不予支持。

——中国裁判文书网。

568. 买受人对在途货物享有的权益是否足以排除强制执行

关键词

案外人执行异议之诉　在途货物

最高人民法院裁判文书

河北银行青岛分行与中色国贸案外人执行异议之诉纠纷案［最高人民法院（2020）最高法民终1241号民事判决书］

裁判要旨：从原《物权法》及《民法典》的相关规定看，让与人可以将其享有的对第三人的返还请求权让与受让人。出卖人与买受人签订购销合同，对在途货物的转让、交付、货权转移时间进行约定，并明确出卖人已向买受人交付了包括案涉货物在内的货权转移证明等提货凭证，可以认定案涉货物所有权已经转移给买受人。即便不考虑当事人间约定的因素，也从当事人将货权转移的事实通知负有返还义务的仓储方之日认定所有权发生转移。买受人在法院查封前已经取得案涉货物的所有权，其对案涉货物享有足以排除强制执行的民事权益。

最高人民法院认为，关于中色国贸是否享有足以排除强制执行的民事权益问题，主要取决于其是否已经基于买卖合同取得案涉货物的所有权。原《物权法》第二十六条[①]规定："动产物权设立和转让前，第三人依法占有该动产的，负有交付义务的人可以通过转让请求第三人返还原物的权利代替交付。"本案中，中色物流和中色国贸就案涉在途货物买卖签订《铬锰矿石购销合同》，约定将提货凭证原件（包括但不限于提货单、提货指令、仓单等）提交给中色国贸作为中色物流完成交付的标志，并且明确一经完成交付，货权即转移至中色国贸名下。2014 年 4 月 30 日，双方签订《交货确认书》，确认中色物流已经向中色国贸交付了包括案涉铬矿在内的货权转移证明等提货凭证，一般可以认定案涉货物所有权已经转移给了中色国贸。退一步说，即便不考虑当事人间约定的因素，从当事人将货权转移的事实通知负有返还义务的仓储方之日认定所有权发生转移，结合中色国贸于 2015 年 3 月 25 日以存储方的名义通知仓储方汇盛码头对案涉铬矿石、锰矿石的数量等情况进行核验，天港货运中心对相关情况进行确认等事实，原审判决认定中色国贸至迟于 2015 年 3 月 25 日起取得了案涉铬矿石的所有权于法有据。鉴于（2014）鲁商初字第 33-1 号民事裁定及协助执行通知书于 2015 年 4 月 24 日才送达仓储方汇盛码头，此时案涉铬矿石已归中色国贸所有，原审判决认定中色国贸对案涉执行标的享有足以排除强制执行的民事权益并无不当。

——中国裁判文书网。

569. 抵押登记必须具体、特定、明确，如果只是笼统登记，不能产生涉案房屋被抵押登记的效果，案外人可提起执行异议之诉

关键词

抵押登记　执行人　执行异议之诉　排除强制执行

最高人民法院裁判文书

新疆聚鼎典当有限责任公司与丁维生、新疆普瑞铭房地产开发有限公司克拉玛依分公司申请执行人执行异议之诉纠纷案［最高人民法院（2017）最高法民申 2274 号民事裁定书］

裁判要旨：抵押登记的不动产要在法律上产生抵押权设立的效力，其登记必须具体、特定、明确。如果只是笼统在不动产登记簿

① 对应《民法典》第二百二十七条。

上登记多少平方米的房屋被抵押，以至于社会上通常的第三人都认为案涉房屋不在抵押登记的房屋之内，则不能产生案涉房屋被抵押登记的效果。此外，抵押登记的不动产要在法律上产生抵押权设立的效力，还必须能够被查阅。

最高人民法院认为：聚鼎公司的申请再审事由不成立，理由如下：

第一，依据《物权法》第六条[①]的规定，不动产物权的设立，应当依照法律规定登记。依据《物权法》第十四条[②]的规定，不动产物权的设立，依照法律规定应当登记的，自记载于不动产登记簿时发生效力。依据《物权法》第一百八十七条[③]的规定，正在建造的建筑物抵押的，应当办理抵押登记。《物权法》第十六条第一款[④]规定："不动产登记簿是物权归属和内容的根据。"据此，因为丁维生 2011 年 8 月购买并实际占有的芙蓉花园第 ××－× 号商铺到目前为止还没有办理产权证，属于《物权法》第一百八十七条规定的正在建造的建筑物，所以聚鼎公司申请再审的理由是否成立，关键是看该房屋在 2010 年 3 月 25 日第一次抵押登记时是否已经登记为抵押财产，购房人能否查阅不动产登记簿。如果登记为抵押财产，购房人又能够查阅，那么聚鼎公司的申请再审理由就成立。相反，就不成立。经查，克拉玛依市房地产抵押登记簿记载：序号 0622；抵押人新疆普瑞铭房地产开发有限公司克分公司；抵押权人新疆聚鼎典当有限责任公司；房地产面积 2220.01m^2；房地产用途商铺；房地产位置白区芙蓉 ×－× 栋（30 间）；贷款期限 6 个月；房地产价值 9990000；贷款金额 7500000；房地产证号空白；办理时间 2010.3.25。从抵押登记簿记载的内容来看，对丁维生而言，其购买的芙蓉花园第 ××－× 号商铺并没有明确登记为抵押财产。既然如此，其购买的案涉商铺在法律上就应当认为没有被抵押登记，聚鼎公司就不是该商铺的抵押权人。既然聚鼎公司不是该商铺的抵押权人，其就不享有优先于丁维生对该商铺享有的权利。聚鼎公司申请再审时提出，案涉商铺属于抵押登记簿记载的 2220.01m^2 中的一部分。本院认为，根据《物权法》第六条规定的公示原则和第十六条规定的公信原则，某项不动产上是否设立了抵押权，应当以是否在不动产登记簿上登记公示为准，而不能有其他标准。对不动产登记簿上记载的内容理解有歧义时，应当以社会上通常的第三人如何理解为标准，而不能以抵押权人如何理解为标准。这是因为，由于抵押权是就抵押财产优先受

---

① 对应《民法典》第二百零八条。

② 对应《民法典》第二百一十四条。

③ 对应《民法典》第四百零二条。

④ 对应《民法典》第二百一十六第一款。

偿的物权，任何当事人设立抵押权时，都会涉及第三人的利益，因此，该标准只能以社会上通常的第三人如何理解为标准。本案中，不动产登记簿上记载的抵押财产是克拉玛依市白碱滩区芙蓉花园的 2220.01m² 商铺，但芙蓉花园第 ××-× 号商铺是否包括其中，由于登记簿上对此没有记载，社会上通常的第三人只能认为不包括。即使事实真的如聚鼎公司所称，登记簿记载的 2220.01m² 商铺的确包括案涉商铺，但是，因为登记簿上没有明确记载，没有向社会公示，社会上通常的第三人都会认为案涉商铺没有进行抵押登记，由此产生的风险也只能由聚鼎公司承担，而不能由第三人承担。就本案而言，由于登记簿上没有明确将芙蓉花园第 ××-× 号商铺登记为抵押财产，因此，丁维生即使查看了不动产登记簿，也不负有弄清楚该商铺是否属于登记记载的 2220.01m² 商铺中的一部分的义务，否则，不动产抵押登记制度的功能会大打折扣，危及交易安全，影响交易效率。因此，抵押登记的不动产要在法律上产生抵押权设立的效力，必须符合《物权法》第六条关于公示的要求，必须具体、特定、明确。至于实践中怎么把握，就是上述所说的以社会上通常的第三人如何理解不动产登记簿上的记载内容为标准。特别需要注意的是，整栋楼都抵押的，也要让社会上通常的第三人都认为从不动产登记簿上就能看出来整栋楼都已经抵押了，否则，不发生整栋楼都已经抵押的法律效果。

之所以要求抵押登记的不动产必须具体、特定、明确，其法理基础还在于不动产抵押登记有三项主要功能：其一，实现社会活动中的“动的安全”即交易安全。通过登记簿展现抵押物上的权利状态及其内容，便于第三人与抵押人进行与抵押物有关的法律交易时，作出合理的预期，避免遭受突如其来的损害，同时也极大地节省了交易成本，能够有效地实现鼓励交易、融通资金的市场经济目标。其二，强化抵押权的担保效力。在不动产抵押权经过登记而成立的前提下，法律就认为当事人已经知晓抵押权的存在。其三，预防纠纷。通过不动产抵押权登记，在第三人能够查阅的情况下，能够合理地规范同一抵押物上多项抵押权以及抵押权与其他权利之间的关系，减少纠纷并在发生纠纷之后提供强有力的证据。本案中，由于抵押登记簿上记载的抵押财产不具体、特定、明确，对丁维生而言，就不能产生其购买的商铺在其购买之前已经被抵押给了聚鼎公司的效果，丁维生就案涉商铺享有足以排除强制执行的民事权益。

需要特别指出的是，从本院到新疆维吾尔自治区克拉玛依市中级人民法院询问丁维生了解的情况看，实际上丁维生购买案涉商铺前后，都没有到当地房地产管理部门查看案涉商铺的抵押登记情况。如果当地房地产管理部门的抵押登记簿明确记载克拉玛依市白碱滩区芙蓉花园第 ××-× 号商铺为抵押财产，该抵押登记簿又能够被丁维生查阅，那么丁维生就不享有足以排除强制执行的民事权益。因此，作为普通公民而言，一定要切记：购买房屋，无论是在建房屋，还是已经颁发过产权证的房屋，都应当到本地房地产管理部门查阅抵押登记簿，确认自己准备购买的房屋无抵押登记之后再行购买，否则很容易引发纠纷。就抵押权人而言，也要切记：其要成为法律上认可的抵押权人，必须要求房地产主管部门负责抵押登记的工作人员将抵押的财产在不动产登记簿上登记的具体、特定、明确。如果登记的不具体、特定、明确，就应当要求登记的工作人员修改，使登记的抵押财产具体、特定、明确。如果没有提出这个要求，登记的不特定，即使在登记簿上已经登记为抵押权人，对讼争不动产也不享有抵押权。对负责在抵押登记簿上登记的工作人员而言，也要切记：对抵押登记的财产，应当按照申请人的要求，登记的具体、特定、明确。房地产管理部门应当让准备购房的普通公民能够查阅抵押登记簿。

第二，丁维生与普瑞铭克分公司签订《商品房买卖合同》后当即支付了总房款的 95.7%（188000 元）及全部税费，普瑞铭克分公司亦向其交付了商铺，后由丁维生占有使用至今。该商铺未办理过户登记不是丁维生自身的原因，案涉芙蓉花园小区商铺均未办理大产权证，所以丁维生不可能办理小产权证。因丁维生是以取得案涉商铺所有权为目的订立合同和支付相应价款，对案涉不动产已经实际占有使用至今，且非因自身原因未办理过户登记；加之案涉商铺在法律上应当认定为没有在抵押登记簿上登记公示，该商铺不是抵押财产，故丁维生就案涉商铺享有足以排除强制执行的民事权益，二审判决理由虽然不充分，但结果正确。

——中国裁判文书网。

说明

在不动产抵押登记簿登记的房屋要产生其上设立抵押权的效果，其登记必须具体、特定、明确。如果只是笼统地登记多少平方米的房屋被抵押，以至于社会上通常的第三人都认为案涉房屋不在登记的房屋之内，则不能产生案涉房屋上已设立抵押权的效果。这是这篇文书的亮点之一。亮点之二是，这篇文书洞悉我国不少地方的抵押登记簿还不能被一般人查阅的实际，特别强调，要产生抵押权设立的效果，抵押登记簿还必须能够被查阅即公示。这一点往往被忽视，审判实践中不少人想当然认为抵押登记簿肯定能够被一般人查阅。这篇文书在论理时多处提到，在当事人能够查阅抵押登记簿的前提下，抵押登记产生什么效果。在同类裁判文书中几乎没有谈到此点的。这也是这篇裁判文书的贡献之一。亮点之三是，这篇文书社会意义巨大。为从制度上预防普通公民因购房、出借人因房屋抵押可能发生的纠纷，文书中提醒市场各方主体应当做哪些事，以尽可能减少纠纷。文书中写到：作为普通公民而言，一定要切记：购买房屋，应当到本地房地产管理部门查阅抵押登记簿，确认自己准备购买的房屋无抵押登记之后再行购买。就抵押权人而言，也要切记：应当要求负责抵押登记的工作人员将抵押的房屋在不动产登记簿上登记的具体、特定、明确。对负责在抵押登记簿上登记的工作人员而言，也要切记：对抵押登记的财产，应当按照申请人的要求，登记的具体、特定、明确。房地产管理部门应当让准备购房的普通公民能够查阅抵押登记簿。[①]

570. 夫妻双方签订的离婚协议中关于房屋归子女所有的约定，且房屋具有生活保障功能，虽未过户，能否申请排除强制执行

关键词

离婚协议　过户登记请求权　排除强制执行

最高人民法院裁判文书

郑州市顺德丰投资担保有限公司与李某远、朱某、邓某红案外人执行异议之诉案［最高人民法院（2021）最高法民申7090号民事裁定书］

裁判要旨：离婚协议书中对案涉房屋的约定虽然不直接产生物权变动的法律效力，但案涉房屋作为夫妻共同财产，双方在婚姻关系解除时约定案涉房屋归子女所有，具有生活保障功能。子女享有将案涉房屋的所有权变更登记至其名下的请求权，该请求权具有特定指向性，且该权利早于本案金钱债权，应当优于该金钱债权受到保护。

最高人民法院经审查认为：顺德丰公司申请再审的事由不能成立。原审查明，2009年11月30日，邓某红与李某签订的离婚协议书载明，案涉房屋归李某远所有。离婚协议书中对案涉房屋的约定虽然不直接产生物权变动的法律效力，但案涉房屋作为邓某红与李某原婚姻关系存续期间的夫妻共同财产，双方在婚姻关系解除时约定案涉房屋归儿子李某远所有，具有生活保障功能。李某远享有将案涉房屋的所有权变更登记至其名下的请求权。2016年，顺德丰公司基于金钱债权请求查封案涉房屋。综合比较李某远的请求权与顺德丰公司的金钱债权，李某远的请求权具有特定指向性，且该权利早于顺德丰公司对邓某红所形成的金钱债权，李某远的请求权应当优于顺德丰公

① 最高人民法院审判管理办公室编：《全国法院百篇优秀裁判文书》，法律出版社2019年版，第960~965页。

司的金钱债权受到保护。

——中国裁判文书网。

571. 夫妻一方有权基于先于债务产生的离婚析产协议，排除强制执行

关键词

离婚协议　金钱债权　过户登记　排除强制执行

最高人民法院裁判文书

周东方与刘会艳、邢台依林山庄食品有限公司、河北融投担保集团有限公司、中元宝盛（北京）资产管理有限公司、郑磊案外人执行异议之诉纠纷案［最高人民法院（2019）最高法民申5165号民事裁定书］

裁判要旨：夫妻签订离婚协议书解除婚姻关系后的借款，属于个人债务。在诉争房产办理过户登记之前，夫妻一方享有的是针对案涉房产要求变更登记为所有权人的请求权，而债权人享有的是针对债务人的一般金钱债权，该金钱债权并非基于对案涉房产公示的信赖而产生。故，此金钱债权请求权与所有权变更登记请求权比较，在性质和内容上亦不具有优先性。

最高人民法院经审查认为：关于刘会艳对案涉房产是否享有足以排除强制执行的民事权益的问题。周东方与郑磊之间的金钱债权，系刘会艳与郑磊的婚姻关系解除后发生的。根据《最高人民法院民一庭关于夫妻一方对外担保之债能否认定为夫妻共同债务的复函》(〔2015〕民一他字第9号）关于"夫妻一方对外担保之债不应当适用《最高人民法院关于适用〈中华人民共和国婚姻法〉若干问题的解释（二）》[①] 第二十四条的规定认定为夫妻共同债务"之规定可知，上述涉案债务应属于郑磊的个人债务。本案中，在诉争房产办理过户登记之前，刘会艳享有的是将诉争房产的所有权变更登记至其名下的请求权，该请求权是基于2012年其与郑磊合法有效的《离婚协议书》产生，且该《离婚协议书》已在相关民政部门登记备案。而周东方享有的请求权是基于2014年与郑磊之间的债务产生，故刘会艳的请求权不仅早于而且优于周

---

① 已被《最高人民法院关于废止部分司法解释及相关规范性文件的决定》（2020年12月29日）废止。

东方的请求权。同时，从两种请求权的性质和内容来看，刘会艳享有的是针对案涉房产要求变更登记为所有权人的请求权，而周东方享有的是针对郑磊的一般金钱债权，该金钱债权并非基于对案涉房产公示的信赖而产生。具体而言，郑磊为借款提供连带责任保证时，周东方并非基于郑磊名下登记有案涉房产而同意其为借款人提供保证。因此，周东方的金钱债权请求权与刘会艳的所有权变更登记请求权比较，在性质和内容上亦不具有优先性。故原判决在审理中参照相关案件精神，综合考量上述因素等，支持刘会艳关于停止对案涉房产强制执行的请求，并无不当。

——中国裁判文书网。

572. 利害关系人系案涉采矿权实际权利人，且不存在需要让位的优先权利和保护的信赖利益的情况下，人民法院能否排除采矿权的强制执行

关键词

采矿权　实际权利人　排除强制执行

最高人民法院公报案例、最高人民法院裁判文书

荔波县茂兰镇富奇煤矿与张学新、贵州甲盛龙集团矿业投资有限公司案外人执行异议之诉案［最高人民法院（2021）最高法民再141号民事判决书］

裁判摘要：支付定金后即变更采矿权人登记系兼并重组政策的要求，登记权利人仅支付定金未实际经营，申请执行人应当知晓案外人系案涉采矿权的实际权利人，对采矿权登记在登记权利人名下不产生信赖利益保护，案外人提出执行异议的，人民法院应予支持。

执行异议之诉中，案涉采矿权在判决作出前已通过以物抵债裁定变更到申请执行人名下，当人民法院判决不得执行该采矿权时，如不涉及维护司法拍卖、变卖程序安定性及不特定第三人利益保护等问题，则不得执行的范围可以及于该以物抵债裁定书，以物抵债裁定书应予以撤销，并解除查封等强制执行措施。

最高人民法院经审查认为：关于富奇煤矿对案涉采矿权享有的民事权益是否足以排除本案强制执行。富奇煤矿作为案涉采矿权的实际权利人，对案涉采矿权享有的民事权益，足以排除本案强制执行。理由如下：

一方面，本案不存在实际权利人需要让位优先权利的情形。本案案涉采

矿权被查封，系依据张学新诉甲盛龙公司民间借贷纠纷一案的生效判决，张学新依据该生效判决对甲盛龙公司享有普通金钱债权，张学新并未在案涉采矿权上设立担保物权。本案亦不存在建筑工程优先受偿权和居住权等其他优先权利的情形。

另一方面，张学新向甲盛龙公司提供借款时，案涉采矿权未登记在甲盛龙公司名下。张学新请求执行的债权形成于 2013 年 9 月至 10 月，此时案涉采矿权尚未变更登记至甲盛龙公司名下。张学新在向甲盛龙公司提供借款时，并未对甲盛龙公司名下采矿权情况进行查询，案涉采矿权及其无抵押等相关信息系由黔南州中院在执行程序中向原贵州省国土资源厅查询所知，张学新向甲盛龙公司提供借款并未受到案涉采矿权的影响。此外，根据查明的事实，张学新知晓贵州省煤矿企业兼并重组政策，且经授权代甲盛龙公司行使作为所收购煤矿出资人享有的所有权利，甲盛龙公司为兼并重组开设的两个银行账户上存款资金使用均需经张学新同意。由此可知，张学新对于甲盛龙公司与富奇煤矿之间的兼并重组交易、转让款支付情况以及富奇煤矿属于实际权利人应当是知晓的。

二审判决认为，“采矿权系经行政审批许可取得的开采矿产资源的特许权利，不同于一般物权。富奇煤矿与甲盛龙公司之间关于双方就该矿采矿权系挂靠关系、富奇煤矿仍然系案涉煤矿实际采矿权人的主张，于法无据，不能否定行政主管机关对甲盛龙公司依法颁发的采矿许可证。”二审判决实际上是严格按照行政许可登记来确认案涉采矿权的权利人。这涉及到采矿权行政许可登记的公信效力。物权登记的公信效力是物权公示制度的法律效果。所谓公信效力，是指登记的采矿权权利人在法律上推定为真正的权利人。对于信赖该登记而从事交易的人，即使后来证明该登记是错误的，法律仍然承认其具有与真实的采矿权相同的法律效果，这是为保护依据登记内容进行交易的第三人的信赖利益，但在登记的权利人和利害关系人之间，不适用公示公信的推定效力。本案中，张学新对贵州省煤矿企业兼并重组政策是知晓的，而且经授权代甲盛龙公司行使作为所收购煤矿出资人享有的所有权利，张学新事实上对于案涉采矿权登记在甲盛龙公司名下系根据兼并重组政策要求而进行且甲盛龙公司未按约定支付案涉采矿权转让对价应当知晓。在这种情况下，张学新并非对富奇煤矿与甲盛龙公司之间的兼并重组交易或者说对富奇煤矿系案涉采矿权的实际权利人毫不知情的第三人。因此，案涉采矿权登记在甲盛龙公司名下，对于张学新来说，不产生信赖利益保护的问题。

此外，张学新主张，在最高人民法院裁定提审本案前，案涉采矿权已经通过执行程序变更至案外人名下，富奇煤矿已经没有诉的利益。对此，最高人民法院认为，本案中，执行法院作出（2020）黔 27 执恢 51 号执行裁定书，以流拍的案涉采矿权抵债，并非通过拍卖、变卖方式予以执行并变更至本案案外人名下，应当属于人民法院在执行程序中作出的以物抵债裁定书。《最高人民法院关于人民法院办理执行异议和复议案件若干问题的规定》第六条第二款规定："案外人依照民事诉讼法第二百二十七条[①]规定提出异议的，应当在异议指向的执行标的执行终结之前提出；执行标的由当事人受让的，应当在执行程序终结之前提出。"富奇煤矿提起本案诉讼符合上述法律规定，案涉采矿权虽然经过以物抵债裁定变更至贵州亿盛龙矿业有限公司名下，但是富奇煤矿在执行标的查封之后、执行程序终结之前，有权提起执行异议之诉维护其合法权益。此外，(2020)黔27执恢51号执行裁定书虽然确认案涉采矿权交付贵州亿盛龙矿业有限公司，但该裁定书属于人民法院在执行程序中作出的以物抵债裁定书，将案涉采矿权变更登记至贵州亿盛龙矿业有限公司名下不涉及维护司法拍卖、变卖程序安定性以及不特定第三人利益保护等问题，本案判决不得执行的范围可以及于该裁定书。

综上，富奇煤矿对案涉采矿权享有足以排除强制执行的民事权益。

——《最高人民法院公报》2022年第11期。

(七)不能排除强制执行的情形

573. 案外人能否向轮候查封法院提出执行标的异议

关键词

执行异议

最高人民法院裁判文书

李艳华与杨晓燕、鞠钟影、杨睿琦、杨智承、杨博石、王铭莲案外人执行异议之诉案［最高人民法院(2021)最高法民申5359号民事裁定书］

裁判要旨：司法解释规定："对已被人民法院查封、扣押、冻结的财产，其他人民法院可以进行轮候查封、扣押、冻结。查封、扣押、冻结解除的，登记在先的轮候查封、扣押、冻结即自动生效。"故轮候查封自始未产生查封效力，起不到限制权利转移或限制标的物上被设置抵押权等作用，轮候查封法院的裁定其实也没有起到裁定书中所用"查封"的作用。案外人依据轮候查封裁定就查封标的提起执行异议之诉，不符合执行异议案件的受理条件。

① 现为《民事诉讼法》(2021年修正)第二百三十四条。

最高人民法院经审查认为，本案再审审查的主要问题是李艳华就案涉宾馆与案涉房屋是否享有足以排除强制执行的民事权益。

关于李艳华对案涉宾馆是否享有足以排除强制执行的民事权益问题。经查，（2017）吉2426民初891号之一民事裁定对案涉宾馆的查封期限为自2017年8月11日起至2020年8月10日止，（2017）吉24执恢49号之八执行裁定对案涉宾馆属轮候查封。根据相关法律规定，对已被人民法院查封、扣押、冻结的财产，其他人民法院可以进行轮候查封、扣押、冻结。查封、扣押、冻结解除的，登记在先的轮候查封、扣押、冻结即自动生效。《最高人民法院关于查封法院全部处分标的物后轮候查封的效力问题的批复》（法函〔2007〕100号）指出：人民法院对已查封、扣押、冻结的全部财产进行处分后，该财产上的轮候查封自始未产生查封、扣押、冻结的效力。因此，（2017）吉24执恢49号之八执行裁定并未实际产生查封的效果，未起到限制案涉宾馆权利转移或其他处分行为的法律作用。李艳华依据该裁定就案涉宾馆提起执行异议之诉，不符合执行异议案件的受理条件，原审对其主张确认案涉宾馆归其所有并停止查封及执行的诉讼请求不予审理，并无不当。

关于李艳华就案涉房屋是否享有足以排除强制执行的民事权益问题。李艳华主张案涉房屋系登记在安图开发公司名下，故如李艳华主张其具有足以排除对案涉房屋执行的民事权益，应举证证明其同时符合《执行异议和复议案件规定》第二十八条规定中的四种情形。原一、二审期间，李艳华主张系用工资和借款抵顶案涉房屋价款，但并无证据予以证明，故原审认定李艳华对案涉房屋不享有足以排除强制执行的民事权益，并无不当。李艳华该项再审理由，依法不能成立。

——中国裁判文书网。

574. 不动产买受人的普通物权期待权能否对抗他人的建设工程价款优先受偿权

关键词

申请执行人执行异议之诉　物权期待权　建设工程价款优先受偿权

最高人民法院裁判文书

任周良与长青建设集团有限公司、云南润红房地产开发有限责任公司申请执行人执行异议案［最高人民法院（2021）最高法民终606号民事判决书］

裁判要旨：《执行异议和复议规定》第二十八条和第二十九条适

用上产生竞合。案外人对登记在被执行的房地产开发企业名下的商品房请求排除强制执行的，可以选择适用第二十八条或者第二十九条的规定；案外人主张适用第二十八条规定的，人民法院应予审查。执行异议之诉的关键实体问题在于比较执行标的物上存在的不同类型权利的效力顺位。不动产买受人的普通物权期待权虽被赋予“物权”名义，其本质上仍属于债权请求权，故虽优先于普通债权，但应劣后于工程价款优先权及担保物权等。也就是说，《执行异议和复议规定》第二十七条规定的“除外”内容包括第二十九条，但不包括第二十八条。

最高人民法院认为，本案的争议焦点为：第一，本案是否可以适用《执行异议和复议规定》第二十八条来审查任周良排除执行的主张；第二，任周良是否已经支付了全部购房款并占有了案涉房屋；第三，任周良对案涉房屋的“物权期待权”是否能够对抗长青公司的建设工程价款优先受偿权。

一、关于本案是否可以适用《执行异议和复议规定》第二十八条来审查任周良排除执行的主张的问题

《执行异议和复议规定》第二十八条适用于金钱债权执行中，买受人对登记在被执行人名下的不动产提出异议的情形，而第二十九条则适用于金钱债权执行中，买受人对登记在被执行的房地产开发企业名下的商品房提出异议的情形。上述两条文虽然适用于不同的情形，但是如果被执行人为房地产开发企业，且被执行的不动产为登记其名下的商品房，同时符合“登记在被执行人名下的不动产”与“登记在被执行的房地产开发企业名下的商品房”两种情形，则《执行异议和复议规定》第二十八条和第二十九条适用上产生竞合。案外人对登记在被执行的房地产开发企业名下的商品房请求排除强制执行的，可以选择适用第二十八条或者第二十九条的规定；案外人主张适用第二十八条规定的，人民法院应予审查。本案中，任周良购买了润红公司开发的商铺，而润红公司属于房地产开发企业，且为被执行人，任周良主张本案应适用第二十八条的规定进行审查，本院予以采纳。一审法院未采纳任周良关于适用第二十八条的规定进行审查的主张而径行适用第二十九条的规定，属于适用法律错误，本院予以纠正。

二、关于任周良是否已经支付了全部购房款并占有了案涉房屋的问题

虽然任周良支付的购房款有部分款项是支付到润红威信分公司的法定代表人账户的，但润红公司扎西尚城项目部已经向任周良出具了收据，确认了收到全部购房款，故对长青公司关于任周良未支付全款的辩称，本院不予采纳。占有既包括直接占有，也包括间接占有。长青公司主张案涉房屋的实际交付时间为 2017 年 7 月，但并未举示相应的证据予以证明。根据任周良已经

收到租金收益的情况，本院认定任周良已经实际占有案涉房屋。

三、关于任周良对案涉房屋的物权期待权是否能够对抗长青公司的建设工程价款优先受偿权的问题

执行异议之诉的关键实体问题在于比较执行标的物上存在的不同类型权利的效力顺位。原则上，物权优先于债权，法律规定的特殊债权优先于普通债权。由于民事权利体系和类型较为复杂，且可能以不同形态出现，故需要根据具体案情确定民事权利种类，并进行效力优先性比较。《执行异议和复议规定》第二十七条规定："申请执行人对执行标的依法享有对抗案外人的担保物权等优先受偿权，人民法院对案外人提出的排除执行异议不予支持，但法律、司法解释另有规定的除外。"第二十八条和第二十九条则分别规定了不动产买受人的普通物权期待权和作为商品房消费者的物权期待权与强制执行的关系。商品房消费者物权期待权属于特殊的物权期待权，基于保护消费者生存利益的特殊价值，其效力优先于工程价款优先权、担保物权、不动产买受人的普通物权期待权等权利。因此，如前所述，《执行异议和复议规定》第二十九条为第二十八条规定的特殊情形，当事人可以选择适用以排除金钱债权的执行。同时，就本案所涉实体权利优先顺位而言，商品房消费者物权期待权最优，工程价款优先权次之；不动产买受人的普通物权期待权虽被赋予"物权"名义，但毕竟不是既得物权，其本质上仍属于债权请求权，故虽优先于普通债权，但应劣后于工程价款优先权及担保物权等。也就是说，《执行异议和复议规定》第二十七条规定的"除外"内容包括第二十九条，但不包括第二十八条。本案虽然任周良对案涉房屋享有普通物权期待权，但长青公司对案涉房屋享有建设工程价款优先权，故任周良关于排除对案涉房屋执行的请求不予支持。

——中国裁判文书网。

575. 案外人以新增建筑物不属于抵押财产为由主张排除对抵押建设用地使用权及新增建筑物的执行处分的，人民法院不予支持

关键词

执行异议之诉　抵押建设用地使用权

最高人民法院裁判文书（第六巡回法庭裁判规则）

常×与中国农业银行股份有限公司兰州高新技术开发区支行等案外人执行异议案［最高人民法院（2021）最高法民申3602号民事裁定书］

裁判要旨：建设用地使用权抵押后，案外人在该土地上新建了建筑物。根据《民法典》第 417 条关于建设用地使用权及地上建筑物在实现抵押权时应当“一体处分、分别受偿”之规定，案外人以新增建筑物不属于抵押财产为由主张排除对抵押建设用地使用权及新增建筑物的执行处分的，人民法院不予支持。但是，应当保障案外人依法参加执行分配程序，抵押权人对新增建筑物所得价款不享有优先受偿权。

基本案情

甘肃省兰州市中级人民法院（以下简称兰州中院）受理农行高新支行与佶业公司、永固公司、众金公司、郭 ××、常 ×× 金融借款合同纠纷一案，依农行高新支行申请，作出（2017）甘 01 民初 187 号裁定，于 2017 年 5 月 11 日对佶业公司所有的位于定西市经济开发区南川开发区［土地证号为定国用（2012）第 26533989 号、定国用（2012）第 26533990 号］的两宗国有土地使用权进行了查封。2017 年 11 月 14 日，该院作出（2017）甘 01 民初 187 号判决，认定：（1）2015 年 5 月 14 日，农行高新支行与佶业公司签订抵押合同，约定佶业公司以其所有的坐落于定西市经济开发区南川开发区［土地证号为定国用（2012）第 26533989 号、定国用（2012）第 26533990 号］抵押的两处国有土地使用权为永固公司与农行高新支行形成的债务提供抵押担保，并办理了他项权证。（2）农行高新支行有权对佶业公司所有的位于定西市经济开发区南川开发区［土地证号为定国用（2012）第 26533989 号、定国用（2012）第 2653999 号］抵押的两处土地使用权拍卖、变卖或者以该财产折价所得价款优先受偿。该判决已经生效，佶业公司、永固公司、众金公司、郭 ××、常 ×× 未履行该判决所确定的义务，农行高新支行申请强制执行。执行过程中，兰州中院对案涉诉争财产价值委托第三方兰州三信房地产评估有限公司进行司法鉴定、评估，兰州三信房地产评估有限公司于 2019 年 4 月 10 日分别作出三信地估字 2019（0015）号、三信地估字 2019（0016）号土地估价报告两份，并向佶业公司等发出执行通知、财产处置通知等。常 × 以其为佶业公司所有的案涉两宗国有土地使用证上的地上建筑物及附属物的所有人为由提出执行异议，兰州中院受理后，于 2019 年 9 月 30 日作出（2019）甘 01 执异 597 号裁定，裁定：驳回常 × 的异议请求。

内资企业登记注册基本信息显示，佶业公司成立于 1999 年 12 月 13 日，注册资本金 1500 万元，2016 年 7 月 19 日，投资人由永固公司、常 ×× 变更为常 ×、常 ××。常 ×× 与常 × 系父子关系。

2019 年 10 月 25 日，常 × 向兰州中院起诉，请求：（1）不予执行兰州中院（2017）甘 01 民初 187 号民事判决；（2）确认定国用（2012）第

26533989 号、定国用（2012）第 26533990 号国有土地使用证上的地上建筑物及附属物属于常 × 所有。

——杨临萍主编、最高人民法院第六巡回法庭编:《最高人民法院第六巡回法庭裁判规则》，人民法院出版社 2022 年版，第 384~391 页。

576. 非消费者购房人不能排除抵押权人就抵押房屋的强制执行

关键词

案外人执行异议　物权期待权　排除强制执行

最高人民法院裁判文书

杨莹与甘肃银行股份有限公司兰州市七里河支行及甘肃万源汽车服务有限公司、甘肃和润房地产开发有限公司等申请执行人执行异议纠纷案［最高人民法院（2021）最高法民申 7921 号民事裁定书］

裁判要旨：商铺的性质及用途不符合商品房消费者的认定标准，通常并不优先于抵押权。《最高人民法院关于人民法院办理执行异议和复议案件若干问题的规定》第 29 条应当理解为：消费者购房人基于生存利益的考虑，有居住利益优先保护的价值，该权利优先于抵押权。

最高人民法院经审查认为，本案需要审查的问题为：杨莹是否就案涉房屋享有足以排除强制执行的民事权益。物权优先于债权是民法上的一项基本原则，未办理过户登记的购房人的权利是否优先于抵押权，取决于其是一般购房人还是消费购房人，与抵押权设定在出售前后无关。消费者购房人基于生存利益的考虑，有居住利益优先保护的价值，其权利优先于抵押权，而非消费者购房人的权利通常并不优先于抵押权。本案中，甘肃银行七里河支行已就案涉房屋办理了抵押登记，依法取得抵押权。杨莹所购买的房屋为商铺，未提供证据证明其属于消费者购房人，不符合《最高人民法院关于人民法院办理执行异议和复议案件若干问题的规定》第二十九条关于房屋消费者物权期待权规定的情形。因此，杨莹作为一般不动产买受人不能排除甘肃银行七里河支行抵押权的强制执行。杨莹在原审中并未就支付房款数额问题提起上诉，其所交房款数额也与其是否为消费者购房人无关。原判决未适用《最高人民法院关于人民法院办理执行异议和复议案件若干问题的规定》第二十八条规定，并无不当。

——中国裁判文书网。

577. 一般不动产买卖中无过错买受人的权利不能对抗申请执行人依法享有的担保物权等优先受偿权

关键词

执行异议　不动产买受人　优先受偿权

最高人民法院裁判文书

刘敏与中鼎公司、中驰公司以及胡定海等案外人执行异议之诉案［最高人民法院（2021）最高法民申5426号民事裁定书］

裁判要旨：《最高人民法院关于人民法院办理执行异议和复议案件若干问题的规定》（法释〔2015〕10号）第二十八条保护的是一般不动产买卖合同关系中无过错买受人的权利，该权利不能对抗该规定第二十七条规定的申请执行人对执行标的依法享有的担保物权等优先受偿权，除非符合该规定第二十九条规定的情形，即所购商品房系用于居住且买受人名下无其他用于居住的房屋。

最高人民法院经审查认为，本案再审审查的主要问题是：刘敏对案涉房屋是否享有足以排除强制执行的民事权益。

本案中驰公司与北京银行股份有限公司复兴支行于2012年10月25日签订《抵押合同》并于2012年10月30日办理了案涉房屋抵押权登记。而刘敏与中驰公司所签关于案涉房屋的《商品房买卖合同》并无落款时间，中驰公司出具的购房收据时间为2015年1月15日，晚于案涉房屋抵押权设立时间，且案涉房屋未办理过户登记。《最高人民法院关于人民法院办理执行异议和复议案件若干问题的规定》（法释〔2015〕10号）（以下简称《执行异议和复议规定》）第二十七条规定："申请执行人对执行标的依法享有对抗案外人的担保物权等优先受偿权，人民法院对案外人提出的排除执行异议不予支持，但法律、司法解释另有规定的除外。"因申请执行人中鼎公司对案涉房屋享有足以对抗案外人的抵押权，具有优先受偿的权利，原审判决对刘敏提出的执行异议未予支持，有事实与法律依据，并无不当。此外，《执行异议和复议规定》第二十八条保护的是一般不动产买卖合同关系中无过错买受人的权利，该权利亦不能对抗《执行异议和复议规定》第二十七条规定的申请执行人对执行标的依法享有的担保物权等优先受偿权。

——中国裁判文书网。

578. 一般不动产买受人的物权期待权不能对抗担保物权的优先受偿权

关键词

物权期待权　担保物权　优先受偿权

最高人民法院裁判文书

陈宣羽与中铁建设集团有限公司等案外人执行异议之诉案［最高人民法院（2022）最高法民终72号民事判决书］

裁判要旨：《执行异议和复议规定》第二十八条规定的不动产买受人的物权期待权虽被赋予“物权”名义，但毕竟不是物权，其本质上仍属于债权请求权，该债权虽优先于普通债权，但应劣后于建设工程价款优先受偿权及担保物权等优先受偿权。

最高人民法院认为：本案二审当事人争议的焦点问题为：陈宣羽关于排除对上饶市信州区××道××号××小区××幢××号××号××号××号××号××幢××号××号房屋强制执行的诉讼请求应否予以支持。

执行异议之诉案件，从实体上来说，主要是比较执行标的物上存在的不同类型权利的优先保护顺位。《执行异议和复议规定》第二十七条规定：“申请执行人对执行标的依法享有对抗案外人的担保物权等优先受偿权，人民法院对案外人提出的排除执行异议不予支持，但法律、司法解释另有规定的除外。”第二十八条规定：“金钱债权执行中，买受人对登记在被执行人名下的不动产提出异议，符合下列情形且其权利能够排除执行的，人民法院应予支持：（一）在人民法院查封之前已签订合法有效的书面买卖合同；（二）在人民法院查封之前已合法占有该不动产；（三）已支付全部价款，或者已按照合同约定支付部分价款且将剩余价款按照人民法院的要求交付执行；（四）非因买受人自身原因未办理过户登记。”案外人对执行标的物享有《执行异议和复议规定》第二十八条规定的物权期待权，申请执行人对执行标的物享有《执行异议和复议规定》第二十七条规定的优先受偿权，案外人提出的排除强制执行异议，不应予以支持。因为《执行异议和复议规定》第二十八条规定的不动产买受人的物权期待权虽被赋予“物权”名义，但毕竟不是物权，其本质上仍属于债权请求权，该债权虽优先于普通债权，但应劣后于建设工程价款优先受偿权及担保物权等优先受偿权。也就是说，《执行异议和复议规定》第二十七条规定的"除外"内容不包括《执行异议和复议规定》第二十八条规定。本案中铁建设公司对案涉房屋享有建设工程价款优先受偿权，即便陈宣羽的主张符合《执行异议和复议规定》第二十八条规定的情形，其对案涉房屋享有物权期待权，也不能对抗中铁建设公司对案涉房屋享有的建设工程价款优先受偿权，故陈宣羽提出的本案应当排除案涉房屋强制执行的主张不能成立，本院不予支持。

——中国裁判文书网。

579. 案外人享有的物权期待权能否排除担保物权人申请的强制执行

关键词

案外人执行异议之诉　物权期待权　担保物权　排除强制执行

最高人民法院裁判文书

华孟均与进出口担保公司、全新石化公司案外人执行异议之诉案［最高人民法院（2021）最高法民终 1245 号民事判决书］

裁判要旨：《执行异议和复议规定》第二十八条和第二十九条分别规定了案外人的"物权期待权"和"消费者生存权"成立的条件，但对该规定第二十七条"除外"具体指向，需要比较执行标的物上存在的不同类型权利的效力顺位，此为执行异议之诉的本质所在。就本案所涉实体权利优先顺位而言，"消费者生存权"最优，担保物权次之，"物权期待权"虽被赋予"物权"名义，但毕竟不是既得的物权，本质上仍属于债权请求权，故虽优先于普通债权，但应劣后于担保物权。

最高人民法院认为，本案的争议焦点为：华孟均对案涉房屋是否享有足以排除强制执行的民事权益。

《执行异议和复议规定》第二十七条规定："申请执行人对执行标的依法享有对抗案外人的担保物权等优先受偿权，人民法院对案外人提出的排除执行异议不予支持，但法律、司法解释另有规定的除外。"第二十八条规定："金钱债权执行中，买受人对登记在被执行人名下的不动产提出异议，符合下列情形且其权利能够排除执行的，人民法院应予支持：（一）在人民法院查封之前已签订合法有效的书面买卖合同；（二）在人民法院查封之前已合法占有该不动产；（三）已支付全部价款，或者已按照合同约定支付部分价款且将剩余价款按照人民法院的要求交付执行；（四）非因买受人自身原因未办理过户登记。”第二十九条规定：“金钱债权执行中，买受人对登记在被执行的房地产开发企业名下的商品房提出异议，符合下列情形且其权利能够排除执行的，人民法院应予支持：（一）在人民法院查封之前已签订合法有效的书面买卖合同；（二）所购商品房系用于居住且买受人名下无其他用于居住的房屋；（三）已支付的价款超过合同约定总价款的百分之五十。”《执行异议和复议规定》第二十八条和第二十九条分别规定了案外人的“物权期待权”和“消费者生存权”成立的条件，但对上述第二十七条“除外”具体指向，需要比较执行标的物上存在的不同类型权利的效力顺位，此为执行异议之诉的本质所在。就本案所涉实体权利优先顺位而言，“消费者生存权”最优，担保物权次之，“物权期待权”虽被赋予“物权”名义，但毕竟不是既得的物权，本质上仍属于债权请求权，故虽优先于普通债权，但应劣后于担保物权。也就是说，《执行异议和复议规定》第二十七条规定的“除外”内容包括第二十九条，但不包括第二十八条。本案中，根据生效判决确认进出口担保公司对案涉房屋享有抵押权，华孟均主张以《执行异议和复议规定》第二十八条规定排除进出口担保公司债权执行的请求，最高人民法院不予支持。根据本案查明事实，即便陈祥银、何小元、杨岚、陈祥金、陈秀英、杨映桂、张晓梅、余素芳、雷曙光等人出具的《情况说明》属实，华孟均主张权利的房屋多达7套，亦不符合《执行异议和复议规定》第二十九条规定的情形。故，华孟均对案涉房屋不享有足以排除强制执行的民事权益。

——中国裁判文书网。

580. 给付性质的判决不具有直接变更房产权属的法律效果

关键词

执行异议之诉　给付性质的判决　物权变动

最高人民法院裁判文书

焦作中旅银行与焦作中山公司案外人执行异议之诉案［最高人民法院（2021）最高法民申1489号民事裁定书］

裁判要旨：被执行房产的权属虽因另案判决执行而发生了变动，

但另案民事判决属于给付性法律文书，判决本身不具直接导致房产物权变更的法律效果。当事人主张该民事判决具有变更物权效力，并依据该判决的执行后果主张排除执行，依法不应支持。

最高人民法院经审查认为，《最高人民法院关于人民法院办理执行异议和复议案件若干问题的规定》（法释〔2015〕10 号）第二十七条规定，申请执行人对执行标的依法享有对抗案外人的担保物权等优先受偿权，人民法院对案外人提出的排除执行异议不予支持，但法律、司法解释另有规定的除外。

《最高人民法院关于适用〈中华人民共和国物权法〉若干问题的解释（一）》（法释〔2016〕5 号）第七条规定，人民法院、仲裁委员会在分割共有不动产或者动产等案件中作出并依法生效的改变原有物权关系的判决书、裁决书、调解书，以及人民法院在执行程序中作出的拍卖成交裁定书、以物抵债裁定书，应当认定为物权法第二十八条所称导致物权设立、变更、转让或者消灭的人民法院、仲裁委员会的法律文书。

根据原审查明，河南省博爱县人民法院（2015）博民重初字第 00009 号民事判决，判令焦作中山公司向张伟、陈利霞交付涉案房屋，该院（2017）豫 0822 民初 2968 号民事判决判令焦作中山公司协助张伟、陈利霞办理涉案房屋的产权变更手续。虽然涉案房产的权属因判决执行而发生了变动，但前述民事判决本质上属于给付性法律文书，不具有直接导致涉案房产物权变更的法律效果。所以，张伟、陈利霞认为上述民事判决作为法律文书具有变更物权效力，并进而依据判决的执行情况主张排除对涉案房产执行的主张，依法不能成立。

《中华人民共和国担保法》第五十二条规定，抵押权与其担保的债权同时存在，债权消灭的，抵押权也消灭。所以张伟、陈利霞关于焦作中旅银行因抵押登记期限届满而不享有优先受偿权的主张，与法律规定不符。《最高人民法院关于适用〈中华人民共和国担保法〉若干问题的解释》（法释〔2000〕44 号）第七十一条第一款规定，主债权未受全部清偿的，抵押权人可以就抵押物的全部行使其抵押权。张伟、陈利霞申请再审所称可以按比例代为清偿部分债务的方式消灭相应部分房产的抵押权，亦与法律规定不符。况且，张伟、陈利霞也未实际代为清偿债务并因而消灭抵押权，故其所称可以涤除涉案房产抵押权并由此主张排除执行的理由，不能成立。

本案系执行异议之诉。张伟、陈利霞以一审法院（2017）豫 08 民初 81 号、82 号民事调解书存在不合法情形为由质疑执行依据的意见，不属本案审查范围。涉案房屋系商业用房，张伟、陈利霞作为房屋买受人故非《最高人民法院关于人民法院办理执行异议和复议案件若干问题的规定》（法释〔2015〕10 号）第二十九条规定的商品房消费者。在张伟、陈利霞不能证明对涉案房屋享有足以排除执行的民事权益的情况下，其所称购房养老、法院查封致其遭受损失等其他理由，均不能推翻原审认定。

——中国裁判文书网。

581. 执行法院冻结到期债权后，次债务人以新增债权提出抵销时，法院能否停止执行

关键词

债权执行　冻结债权　债权抵销

最高人民法院裁判文书

漯河市利源运输有限公司与漯河市源汇区源鑫皮革制品厂等借款合同纠纷执行案［最高人民法院（2022）最高法执监 61 号执行裁定书］

裁判要旨：第三人收到人民法院要求其履行到期债务的通知后，擅自向被执行人履行，造成已向被执行人履行的财产不能追回的，除在已履行的财产范围内与被执行人承担连带清偿责任外，可以追究其妨害执行的责任。据此，协助执行的义务人在法院冻结债权并明确不得向被执行人清偿后仍通过以新增债权抵销方式擅自向被执行人履行，应当在已履行的财产范围内与被执行人承担连带清偿责任。原审法院认为应对协助义务人所提异议不予审查并停止执行该到期债权的，缺乏法律依据。

最高人民法院认为：本案的争议焦点为，万宝公司对履行到期债权通知提出的异议是否属于依法不得审查的异议。

《执行工作规定》第 45 条第 2 款规定："履行通知应当包含下列内容：（1）第三人直接向申请执行人履行其对被执行人所负的债务，不得向被执行人清偿；（2）第三人应当在收到履行通知后的十五日内向申请执行人履行债务；（3）第三人对履行到期债权有异议的，应当在收到履行通知后的十五日内向执行法院提出；（4）第三人违背上述义务的法律后果。"第 47 条规定，"第三人在履行通知指定的期间内提出异议的，人民法院不得对第三人强制执行，对提出的异议不进行审查。"该条规定中的第三人异议，是指第三人对其与被执行人之间是否存在到期债权、债权给付条件是否成就以及到期债权的具体数额等有异议。本案中，结合万宝公司提交的异议书和借款凭证，万宝公司提出异议的主要理由并不否认到期租金及租金数额，而是认为其与被执

行人寨内村委会有其他借款纠纷，主张已经通过抵销的方式导致租金债权消灭。万宝公司与寨内村委会发生借款的事实发生在漯河中院冻结寨内村委会对万宝公司的租金债权之后，万宝公司以此为由主张租金债权消灭，其实质是在漯河中院冻结债权之后又通过抵销的方式向寨内村委会清偿了债权，违反了（2017）豫 11 执恢 8 号协助执行通知书的要求。《执行工作规定》第 51 条规定："第三人收到人民法院要求其履行到期债务的通知后，擅自向被执行人履行，造成已向被执行人履行的财产不能追回的，除在已履行的财产范围内与被执行人承担连带清偿责任外，可以追究其妨害执行的责任。"根据该条规定，万宝公司在法院冻结债权并明确不得向被执行人清偿后仍通过以新增债权抵销方式擅自向被执行人履行，应当在已履行的 121 万元财产范围内与被执行人寨内村委会承担连带清偿责任。河南高院和漯河中院认为应对万宝公司所提异议不予审查并停止执行寨内村委会对万宝公司的到期债权，缺乏法律依据，依法应予纠正。

——中国裁判文书网。

582. 股权受让未经工商登记，能否排除强制执行

关键词

股权转让　工商登记　排除强制执行

最高人民法院裁判文书

刘其财与刘建忠、郑光荣等案外人执行异议之诉案［最高人民法院（2021）最高法民申 7699 号民事裁定书］

裁判要旨：案外人或申请人执行异议之诉中有关诉争股权的审理和确认，应当按照工商登记管理机关的登记和企业信用信息公示系统公示的信息来进行判断。人民法院根据当事人的申请采取财产保全措施查封诉争股权时，案涉股权在工商行政管理机关有关工商档案中未登记在案外人或申请人名下的，其就案涉股权不享有足以排除强制执行的民事权益。

最高人民法院经审查认为：本案再审审查的焦点问题在于刘其财就案涉股权是否享有足以排除强制执行的民事权益。《最高人民法院关于适用〈中华

人民共和国民事诉讼法〉的解释》第三百一十一条[①]规定，案外人或者申请执行人提起执行异议之诉的，案外人应当就其对执行标的享有足以排除强制执行的民事权益承担举证证明责任。刘其财主张其基于股权转让行为享有案涉股权的所有权并足以排除强制执行，应当对此承担举证证明责任。本案中，刘其财提交了《国家企业信用信息公示系统企业信用信息公示报告》，该报告记载，公司登记机关已经受理其与刘建忠之间因案涉股权转让而修改公司章程的备案申请，并于 2014 年 9 月 12 日将备案信息公示于企业信用信息公示系统。最高人民法院认为，根据《最高人民法院关于人民法院办理执行异议和复议案件若干问题的规定》第二十五条第一款第四项规定，案外人或申请人执行异议之诉中有关诉争股权的审理和确认，应当按照工商登记管理机关的登记和企业信用信息公示系统公示的信息来进行判断。就本案而言，对于刘其财是否通过受让行为取得案涉股权的所有权并足以排除强制执行，重点应当审查在前案诉讼程序中人民法院根据当事人的申请采取财产保全措施查封诉争股权时，案涉股权在工商行政管理机关有关工商档案中是否登记在刘其财名下。现刘其财所提交的《国家企业信用信息公示系统企业信用信息公示报告》虽然显示案涉股权于 2014 年 6 月 6 日发生变更，但未能体现人民法院采取保全措施时案涉股权的权属状态。而刘其财所举示的一审法院作出的（2018）闽 01 民初 677 号生效民事判决同样不足以支持其所提主张。因此，刘其财所举证据不能证明其就案涉股权享有足以排除强制执行的民事权益，其应当承担举证不能的不利后果。

——中国裁判文书网。

583. 案外人与被执行人关于煤矿采矿权权属的约定是否足以排除强制执行

关键词

案外人执行异议之诉　权利人　排除强制执行

最高人民法院裁判文书

化磋窝煤矿与中信银行贵阳分行、顺时房开公司、韩钊武、刘海燕、付昭成、程维、张爱华、鑫盛源公司案外人执行异议之诉纠纷审案［最高人民法院（2021）最高法民终 686 号民事裁定书］

① 现为《最高人民法院关于适用〈中华人民共和国民事诉讼法〉的解释》（2022 年修正）第三百零九条。

裁判要旨：采矿权转让合同系应当依法办理批准手续后生效的合同，受让人在办理矿业权变更登记后依法取得采矿权。案外人与被执行人关于煤矿采矿权权属的约定，仅对协议双方具有约束力，不能对抗经依法批准、登记取得的采矿权公示公信效力。

最高人民法院认为，本案为案外人执行异议之诉，争议焦点为：化磋窝煤矿对案涉采矿权是否享有足以排除强制执行的民事权益。

《物权法》第九条[①]第一款规定："不动产物权的设立、变更、转让和消灭，经依法登记，发生效力；未经登记，不发生效力，但法律另有规定的除外"。《矿产资源法》第六条第一款第二项规定："已取得采矿权的矿山企业，因企业合并、分立，与他人合资、合作经营，或者因企业资产出售以及有其他变更企业资产产权的情形而需要变更采矿权主体的，经依法批准可以将采矿权转让他人采矿"。《探矿权采矿权转让管理办法》第十条的规定："申请转让探矿权、采矿权的，审批管理机关应当自收到转让申请之日起40日内，作出准予转让或者不准转让的决定，并通知转让人和受让人。准予转让的，转让人和受让人应当自收到批准转让通知之日起60日内，到原发证机关办理变更登记手续；受让人按照国家规定缴纳有关费用后，领取勘查许可证或者采矿许可证，成为探矿权人或者采矿权人。批准转让的，转让合同自批准之日起生效。不准转让的，审批管理机关应当说明理由"。据上述规定，采矿权转让合同系《合同法》第四十四条[②]第二款规定的应当依法办理批准手续后生效的合同，受让人在办理矿业权变更登记后才能依法取得采矿权。根据《物权法》第九条第一款的规定，鑫盛源公司取得的采矿权具有公示公信效力。化磋窝煤矿与鑫盛源公司签订的《合作协议书》中关于案涉煤矿采矿权权属的约定，仅对协议双方具有约束力，不能对抗鑫盛源公司经依法批准、登记取得的采矿权公示公信效力。

据原审查明，按照贵州省兼并重组政策和相关法律规定，纳雍县化磋窝煤矿与鑫盛源公司在贵州省矿权储备交易局签订《纳雍县化磋窝煤矿（兼并重组）采矿权转让合同》，约定将化磋窝煤矿采矿权整体转让给鑫盛源公司。2014年2月20日，经贵州省国土资源厅批准，化磋窝煤矿采矿权变更登记到鑫盛源公司名下，且采矿权至今仍登记在鑫盛源公司。中信银行贵阳分行根据生效判决确定的对鑫盛源公司享有的金钱债权，申请执行鑫盛源公司名下包括案涉采矿权在内的财产，符合《最高人民法院关于人民法院办理执行异议和复议案件若干问题的规定》第二十五条第一款第五项"对案外人的异

① 对应《民法典》第二百零九条。
② 对应《民法典》第五百零二条。

议，人民法院应当按照下列标准判断其是否系权利人：（五）其他财产和权利，有登记的，按照登记机构的登记判断；无登记的，按照合同等证明财产权属或者权利人的证据判断”之规定。

此外，据原审查明，案涉化磋窝煤矿采矿权于 2014 年 2 月 20 日变更登记至鑫盛源公司名下，中信银行贵阳分行与鑫盛源公司在 2015 年 1 月 28 日至 2015 年 4 月 14 日期间签订七份贷款合同。中信银行贵阳分行的金融借款债权形成于案涉采矿权变更登记至鑫盛源公司名下之后。化磋窝煤矿未提供证据证明中信银行贵阳分行在与鑫盛源公司签订贷款合同前知道或应当知道化磋窝煤矿与鑫盛源公司之间就案涉煤矿存在挂靠关系，中信银行贵阳分行基于对采矿权登记所产生的物权公示公信效力存在需要保护的信赖利益，符合物权法关于保护交易安全的立法精神。因此，化磋窝煤矿称其为案涉煤矿的实际采矿权人、享有足以排除中信银行贵阳分行的强制执行民事权益的上诉理由不能成立，不予支持。原审根据《最高人民法院关于适用〈中华人民共和国民事诉讼法〉的解释》第三百一十二条[①]第一款第二项之规定，判决驳回化磋窝煤矿的诉讼请求并无不当。

——中国裁判文书网。

584. 房产代持协议不具有物权变动效力，能否据此排除强制执行

关键词

不动产登记　房产代持协议　排除强制执行

最高人民法院裁判文书

钧帝公司与山东高速公路及吴影案外人执行异议之诉案［最高人民法院（2021）最高法民终 390、391 号民事判决书］

裁判要旨：除法律另有规定外，不动产物权的变动应履行变更登记程序才能发生相应的法律效力。《物权法》第九条[②]所指的“法律另有规定”，指非基于法律行为导致物权变动、法律规定不以登记为生效要件或者登记错误等情形，并不包括当事人故意将不动产登

① 现为《最高人民法院关于适用〈中华人民共和国民事诉讼法〉的解释》（2022 年修正）第三百一十条。

② 对应《民法典》第二百零九条。

记在他人名下的情形。被执行人与案外人签订的房产代持协议只能在二者之间产生债权债务法律关系，不能直接导致物权变动，案外人不能基于代持协议所享有的债权排除强制执行。

最高人民法院认为，本案争议的焦点是，钩帝公司对案涉房屋是否享有足以排除强制执行的民事权益。

《最高人民法院关于适用〈中华人民共和国民法典〉时间效力的若干规定》第一条第二款规定，民法典施行前的法律事实引起的民事纠纷案件，适用当时的法律、司法解释的规定，但是法律、司法解释另有规定的除外。案涉合同签订及履行均发生在《中华人民共和国民法典》施行以前，故本案应适用当时的法律、司法解释的规定。《物权法》第九条规定："不动产物权的设立、变更、转让和消灭，经依法登记，发生效力；未经登记，不发生效力，但法律另有规定的除外。"第十六条[①]规定："不动产登记簿是物权归属和内容的根据。"根据前述法律确立的物权公示基本原则和不动产物权登记生效原则，除法律另有规定外，不动产物权的变动应履行变更登记程序才能发生相应的法律效力。《物权法》第九条所指的"法律另有规定"，指非基于法律行为导致物权变动、法律规定不以登记为生效要件或者登记错误等情形，并不包括当事人故意将不动产登记在他人名下的情形。案涉房屋登记在吴影名下，钩帝公司与吴影签订的《房产合作购置及代持协议》只能在钩帝公司与吴影之间产生债权债务法律关系，也不能直接导致物权变动，故钩帝公司并非案涉房屋的所有权人。一审法院判决驳回钩帝公司关于确认其对案涉房屋享有50% 所有权的诉讼请求，并无不当。

案涉房屋登记的所有权人吴影与山东高速公司签订《抵押合同》，约定以案涉房屋设定抵押并依法办理了抵押登记。根据《物权法》第一百八十七条[②]的规定，该抵押权已经设立，山东高速公司对案涉房屋依法享有担保物权。钩帝公司基于《房产合作购置及代持协议》所享有的债权，不能对抗山东高速公司对案涉房屋所享有的担保物权，钩帝公司就案涉房屋不享有足以排除强制执行的民事权益。

——中国裁判文书网。

① 对应《民法典》第二百一十六条。

② 对应《民法典》第四百零二条。

585. 执行标的被查封后案外人依据另案生效裁判提出执行异议是否应予支持

关键词

执行异议　财产保全

最高人民法院裁判文书

河南宏光正商置业有限公司与周某某、刘某某案外人执行异议之诉案

［最高人民法院（2020）最高法民申1103号民事裁定书］

裁判要旨：房地产开发企业因执行标的被查封，人民法院作出解除合同另案生效法律文书，而提出案外人执行异议之诉，请求排除强制执行的，人民法院不予支持。房地产开发企业为被执行人的按揭贷款提供反担保或阶段性担保并为被执行人偿还的按揭贷款部分，可以从该房屋变价票款中优先支付。

最高人民法院经审理认为，刘某某在合同签订后通过现金转账和银行按揭贷款支付了购房款，应视为其与宏光正商置业公司的商品房买卖合同关系成立。根据刘某某与宏光正商置业公司签订的商品房买卖合同约定，宏光正商置业公司应当在2016年6月15日交房，并在8月15日前（房屋交付的60日内）办理房屋权属的初始登记。涉案房屋2014年10月21日在郑州市住房保障和房地产管理局直属分局办理合同信息备案，该合同信息备案登记具有对外的公示效力，刘某某对于涉案的房产也享有相应的财产权利，当刘某某成为被执行人时，涉案的房产可以成为人民法院执行的对象。宏光正商置业公司以刘某某违约，商品房买卖合同的目的不能实现为由，向郑州高新区法院起诉请求解除八套房屋的商品房买卖合同，获得了相应的生效调解书和判决书，要求排除执行。但因宏光正商置业公司起诉，郑州高新区法院作出解除商品房买卖合同判决书、调解书的时间均在执行法院2015年1月21日查封涉案房产之后，依据《执行异议复议规定》第26条第2款“金钱债权执行中，案外人依据执行标的被查封、扣押、冻结后作出的另案生效法律文书提出排除执行异议的，人民法院不予支持”的规定，依法不能对抗人民法院的执行。但经人民法院的生效裁判认定，宏光正商置业公司已为被执行人刘某某偿还的按揭贷款部分，应当从拍卖房产的变价款中优先支付给宏光正商置业公司。

——中国裁判文书网。

附录：本案解析

案外人对已购买且支付全部或部分价款的不动产被查封提出执行异议的审理路径。关于宏光正商置业公司能否依据查封后的生效法律文书阻却执行的问题。宏光正商置业公司起诉后八套房屋买卖合同已经解除。《关于人民法院民事执行中查封、扣押、冻结财产的规定》(2020 年修正)第 16 条规定"被执行人购买第三人的财产，已经支付部分价款并实际占有该财产，第三人依合同约定保留所有权的，人民法院可以查封、扣押、冻结。保留所有权已办理登记的，第三人的剩余价款从该财产变价款中优先支付；第三人主张取回该财产的，可以依据《民事诉讼法》第二百二十七条规定提出异议。"第 17 条规定："被执行人购买需要办理过户登记的第三人的财产，已经支付部分或者全部价款并实际占有该财产，虽未办理产权过户登记手续，但申请执行人已向第三人支付剩余价款或者第三人同意剩余价款从该财产变价款中优先支付的，人民法院可以查封、扣押、冻结。"

根据上述规定，执行法院对被执行人向案外人购买且已支付部分或全部价款的不动产采取执行措施，案外人在提出执行异议以及执行异议之诉的同时，请求解除合同、撤销合同或者赔偿损失等其他诉讼请求的，应由执行法院分别立案，合并审理。是否支持其解除或撤销合同的请求，应根据下列情形处理：(1)案外人以行使约定解除权为由，请求解除合同、撤销合同的，不予支持；(2)案外人主张行使法定解除权、撤销权的，应根据案件具体情况依法审理认定；(3)判决支持解除或撤销合同的，裁判理由中应载明案外人应当将被执行人已经支付的购房价款交付执行。

执行法院对被执行人向案外人购买且已支付全部或部分价款的不动产采取查封或其他执行措施，案外人提出执行异议，请求解除查封或排除执行的，根据下列情形处理：(1)申请执行人愿意支付剩余价款或者同意从不动产变价款中优先支付剩余价款的，应驳回其异议申请；案外人因此提起执行异议之诉的，驳回其诉讼请求。案外人同时提出的解除或撤销合同请求，不予支持。(2)被执行人购买房地产开发企业的不动产，已通过银行按揭贷款支付购房款，房地产开发企业作为案外人以其为被执行人的按揭贷款提供反担保或阶段性担保为由，提出执行异议以及执行异议之诉，请求解除查封或停止执行的，不予支持。案外人同时提出解除或撤销合同请求的，不予支持。但案外人已为被执行人偿还的按揭贷款部分，可从该房屋变价款中优先支付。

——包剑平：《河南宏光正商置业有限公司与周某某、刘某某案外人执行异议之诉案——执行标的被查封后案外人依据另案生效裁判提出执行异议是否应予支持》，载中国应用法学研究所主编：《中华人民共和国最高人民法院案例选》（第五辑），法律出版社 2021 年版，第 180~181 页。

586. 案外人依据另案生效裁判对非金钱债权的执行提起执行异议之诉，主张排除执行的判定

关键词

案外人　非金钱债权　执行异议之诉

最高人民法院司法政策精神

123.【案外人依据另案生效裁判对非金钱债权的执行提起执行异议之诉】审判实践中，案外人有时依据另案生效裁判所认定的与执行标的物有关的权利提起执行异议之诉，请求排除对标的物的执行。此时，鉴于作为执行依据的生效裁判与作为案外人提出执行异议依据的生效裁判，均涉及对同一标的物权属或给付的认定，性质上属于两个生效裁判所认定的权利之间可能产生的冲突，人民法院在审理执行异议之诉时，需区别不同情况作出判断：如果作为执行依据的生效裁判是确权裁判，不论作为执行异议依据的裁判是确权裁判还是给付裁判，一般不应据此排除执行，但人民法院应当告知案外人对作为执行依据的确权裁判申请再审；如果作为执行依据的生效裁判是给付标的物的裁判，而作为提出异议之诉依据的裁判是确权裁判，一般应据此排除执行，此时人民法院应告知其对该确权裁判申请再审；如果两个裁判均属给付标的物的裁判，人民法院需依法判断哪个裁判所认定的给付权利具有优先性，进而判断是否可以排除执行。

——《最高人民法院关于印发〈全国法院民商事审判工作会议纪要〉的通知》（2019 年 11 月 8 日，法〔2019〕254 号）。

附录：最高人民法院主流观点

一是要正确理解确权裁判和给付裁判的效力。确权裁判和给付裁判本身并不改变当事人之间的权利义务关系，确权裁判是对当事人对执行标的物权利状态的确认，给付裁判是在认定当事人享有请求权的基础上，判令对方当事人履行原已存在的义务。[①] 因此，申请执行人依据确权裁判申请法院对执行标的物不正确的物权登记状态进行更正时，案外人若依据另一确权裁判提出执行异议，则属于对执行依据有异议，不应当在执行异议之诉中解决，而是应当对作为执行依据的确权裁判申请再审。确权裁判与给付裁判的性质存

---

① 参见房绍坤：《导致物权变动之法院判决类型》，载《法学研究》2015 年第 1 期。

在本质区别，给付裁判本身不会对确权裁判的执行产生任何影响，如作为执行依据的确权裁判确认申请执行人对某处房屋享有所有权，同时案外人可以依据另一给付裁判合法占有该房屋，案外人不能因为自己有权占有该房屋就要求排除对该房屋进行更正登记的执行。如案外人认为该房屋的所有权不应属于申请执行人所有，则亦应当提起对作为执行依据的确权裁判的再审程序。同样地，若作为执行依据的是给付裁判，案外人依据确权裁判亦不能排除对给付裁判的执行。试举一例：如某甲基于法院生效给付裁判，有权承租某乙所有之房屋，某甲遂申请法院强制执行，要求某乙将房屋出租给自己。与此同时，某丙基于法院生效裁判，而对该房屋享有所有权，某丙并不能据此生效确权裁判排除某甲的强制执行申请，这是因为某丙虽有所有权，但根据“买卖不破租赁”的规则并不享有对该房屋的直接占有。而某甲是否有权要求某丙移转占有的关键在于，某丙相对于某甲是否构成无权占有。

二是要合理判断给付裁判的优先性。给付裁判本身并不改变当事人之间的权利义务关系，而只是赋予权利人基于请求权要求义务人为一定行为的强制执行力。当不同的给付裁判之间产生抵牾之时，特别是案外人基于另一给付裁判要求排除作为执行依据的给付裁判的执行时，就需要对二者的优先地位进行排序。从给付裁判的性质来看，何者处于优先地位取决于给付裁判所基于的请求权的优先顺位，而请求权的优先地位又基于其实体权利的优先性。基本判断思路是，除法律、司法解释另有规定外，物权优先于债权，特殊债权优先于普通债权。即当作为执行依据的给付裁判中确定具有强制执行效力的给付行为本身是基于申请执行人对执行标的物享有所有权，而案外人申请执行异议的给付裁判中确定具有强制执行效力的给付行为是基于案外人对执行标的物享有债权的，则申请执行人的执行权利基础优先于案外人的权利基础，不应当认为案外人有权排除执行。如申请执行人依据对执行标的物享有抵押权的基础，取得了法院裁定拍卖执行标的物的给付裁判，案外人基于对执行标的物享有承租权（租赁发生在抵押之后）的基础，取得了法院判决承租人接收执行标的物的给付裁判，案外人不能依据该基于承租权的给付裁判排除申请执行人基于抵押权的给付裁判的执行。

对于特殊债权的保护顺位则基于法律、司法解释的特别规定，如《最高人民法院关于建设工程价款优先受偿权问题的批复》第2条规定，消费者交付购买商品房的全部或者大部分款项后，承包人就该商品房享有的工程价款优先受偿权不得对抗买受人。若承包人基于工程价款优先受偿权已取得对案涉房屋进行拍卖、变卖的给付裁判，消费者基于上述规定取得了有权继续占有、使用案涉房屋的给付裁判，则消费者作为案外人，有权据此排除作为执行依据的给付裁判的执行。

纪要中提到的“如果作为执行依据的生效裁判是给付标的物的裁判，而作为提出异议之诉依据的裁判是确权裁判，一般应排除执行，此时人民法院应告知其对该确权裁判申请再审"，这里的"给付标的物的裁判"，指的是裁判将标的物给付某人。其裁判基础是该标的物的所有权归某人。这与本条理解与适用中谈到的一个确权判决将房确权给某人，而一个给付判决是某人应当将该房屋交给他人使用不同，因这二者实质是不矛盾的，但前者实质是矛盾的，因为一物只能归一人所有，除非存在共有关系。

——最高人民法院民事审判第二庭编著：《〈全国法院民商事审判工作会议纪要〉理解与适用》，人民法院出版社 2019 年版，第 622~623 页。

587. 次债务人在冻结债权的法律文书生效后，以履行另案法律文书为由对履行到期债权通知提出的异议是否可以阻却执行

关键词

次债务人　法律文书

附录：执行信箱

问： 次债务人在冻结债权的法律文书生效后，以履行另案法律文书为由对履行到期债权通知提出的异议是否可以阻却执行？

答： 在执行案件中，若被执行人的财产不足以清偿债务，而又对次债务人享有到期债权，就会产生对次债务人到期债权的执行问题。次债务人到期债权执行制度，增加了申请执行人实现债权的可能性，有效提升了执行的效率。这一制度涉及申请执行人、被执行人、次债务人等多方主体的利益，在执行过程中，既需要保护申请执行人的权利，也需要保护次债务人的合法权益，精准把握两者之间的平衡点尤为重要。

首先，次债务人就履行到期债权通知提出的异议，并非当然产生阻却执行的效力。对次债务人到期债权执行涉及次债务人及债务人（被执行人）之间的实体法律关系，在未经审判程序等法定程序确定相关实体权利义务关系的情况下，执行程序对次债务人直接执行需要有严格的前提条件，其核心是次债务人认可到期债权，一旦次债务人否认到期债权，则应当通过诉讼等程序解决实体争议。因此，《最高人民法院关于适用〈中华人民共和国民事诉讼法〉的解释》第五百零一条①第二款、《最高人民法院关于人民法院执行工作

① 现为《最高人民法院关于适用〈中华人民共和国民事诉讼法〉的解释》（2022 年修正）第四百九十九条。

若干问题的规定（试行）》第六十三条[①]均明确规定，次债务人对到期债权有异议，申请执行人请求对异议部分强制执行的，人民法院不予支持。但是，为了提高执行效率，司法解释也明确有关非实质否认债权债务的异议事由不具有阻却执行的效果。例如，《最高人民法院关于人民法院执行工作若干问题的规定（试行）》第六十四条[②]规定："第三人提出自己无履行能力或其与申请执行人无直接法律关系，不属于本规定所指的异议。"在这种情况下，次债务人并非否定到期债权，对其强制执行与实体法律关系并不冲突。此外，《最高人民法院关于适用〈中华人民共和国民事诉讼法〉的解释》第五百零一条第三款明确规定，对生效法律文书确定的到期债权，该他人予以否认的，人民法院不予支持。在有生效法律文书确定到期债权的情况下，相关的实体权利义务已经通过法定程序得到确定，直接执行并不会损害次债务人的诉讼权利等程序保障权利。因此，有关次债务人一旦提出异议就一律产生阻却执行效力的观点，具有片面性。

其次，次债务人以履行冻结债权后生效的另案法律文书为由提出异议，不能当然产生阻却执行的效力。实践中，执行法院在诸如调解书等法律文书生效前发出协助执行通知或履行到期债权通知，并根据上述通知要求次债务人不得擅自支付到期债权，采取冻结债权措施。根据《最高人民法院关于人民法院民事执行中查封、扣押、冻结财产的规定》第二十六条[③]第一款规定，被执行人就已经查封、扣押、冻结的财产所作的移转、设定权利负担或者其他有碍执行的行为，不得对抗申请执行人。根据该规定精神，冻结债权的法律文书具有固定债务人与次债务人之间债权债务关系的法律效力，在冻结债权的法律文书生效后，对债务人及次债务人之间债权债务关系进行的变更、解除、债权转让或者其他有碍执行的行为均不能对抗申请执行人，申请执行人仍可以按法定程序向次债务人主张权利。换言之，次债务人不能以协助执行通知或履行到期债权通知生效后权利义务关系发生变化为由提出不履行债务的异议。否则无异于认可在冻结债权的法律文书生效后仍可以对债权进行处分，这将导致实质性否定冻结的法律效力。在冻结法律文书生效后，次债务人如果要清偿债务，只能根据要求向执行法院支付，向其他主体支付的行为与冻结法律文书要求相违背。一般来说，冻结的法律文书生效后另案生效法律文书改变了债权债务关系，如果不涉及优先债权等情况，不能对抗申请冻结债权的申请执行人，次债权人所提出的异议不能当然阻却执行。

① 现为《最高人民法院关于适用〈中华人民共和国民事诉讼法〉的解释》（2022年修正）第四十七条。

② 现为《最高人民法院关于人民法院执行工作若干问题的规定（试行）》（2020年修正）第四十八条。

③ 现为《最高人民法院关于人民法院民事执行中查封、扣押、冻结财产的规定》（2020年修正）第二十四条。

关于对已履行了诸如调解书等法律文书所确定义务的次债务人以及另案债权人的权利救济问题，因实践中情况较为复杂且尚未形成统一的意见，需进一步研究后予以答复。

——向国慧、叶欣：《执行审查部分问题解答》，载最高人民法院执行局编：《执行工作指导》2021年第1辑（总第77辑），人民法院出版社2021年版，第118~120页。

588. 借用资质开发房地产中的借用人能否排除执行

关键词

借用资质　借用人

最高人民法院裁判文书

阜阳市海利食品有限公司、阜阳市海利房地产开发有限责任公司案外人执行异议之诉再审案［最高人民法院（2021）最高法民申1618号民事裁定书］

裁判要旨：房地产开发关系国计民生和社会公共安全，国家将房地产开发作为特种行业，实行市场准入许可限制。借用房地产开发资质违反法律及行政法规相关规定，与房地产行业行政管理基本政策相悖。故借用人借用资质开发房地产存在过错，其不享有足以排除强制执行的民事权利。

最高人民法院认为：《最高人民法院关于人民法院办理执行异议和复议案件若干问题的规定》第二十六条第二款规定："金钱债权执行中，案外人依据执行标的被查封、扣押、冻结后作出的另案生效法律文书提出排除执行异议的，人民法院不予支持。"具体到本案中，根据一、二审查明的事实，一审法院系在2014年10月14日分别根据丰源贷款公司、夏元龙的申请作出民事裁定，对涉案房产进行了查封。而海利食品公司、蒋北平是在2014年11月10日对相关房产提出确认之诉，该诉一、二审判决的作出时间分别为2018年6月14日、2018年12月19日，晚于查封时间。海利食品公司、海利房地产公司、蒋北平以生效判决对相关房产权属已作出认定为由要求排除执行理据不足，二审法院未支持其该部分诉请并不缺乏依据。同时，对于借用房地产开发资质问题。现行法律及司法解释虽未明确规定借用资质合同无效，但探究城市房地产开发相关法律及行政法规，国家对于借用房地产开发资质，明显采用禁止、限制至少是不鼓励的态度。《中华人民共和国城市房地产管理法》第三十条规定房地产开发企业应当具备名称、组织机构、固定经营场所、注册资本、足够的专业技术人员等条件。《城市房地产开发经营管理条例》第五条规定房地产开发企业应当具备100万元以上的注册资本，4名以上持有资格证书的房地产专业、建筑工程专业的专职技术人员，2名以上持有资格证书的专职会计人员；第九条规定房地产开发主管部门对房地产开发企业核定资质等级，房地产开发企业按照核定的资质等级承担相应的房地产开发项目；第三十四条规定未取得资质等级证书或者超越资质等级从事房地产开发经营的，由房地产开发主管部门责令限期整改，处5万元以上10万元以下的罚款；逾期不改正的，由工商行政管理部门吊销营业执照。基于上述规定，可以认为，房地产开发关系国计民生和社会公共安全，故国家将房地产开发作为特种行业，实行市场准入许可限制。借用房地产开发资质违反法律及行政法规相关规定，与房地产行业行政管理基本政策相悖。二审法院认定海利食品公司、海利房地产公司、蒋北平借用资质开发房地产存在过错，并据此认定其不享有足以排除强制执行的民事权利并不缺乏依据，海利食品公司、海利房地产公司、蒋北平申请再审理据不足，本院不予支持。

——中国裁判文书网。

589. 案涉房屋系在被查封后转卖，购房合同表现为倒签或改底单，需要审查第一手购房人是否符合排除执行的条件

关键词

案外人执行异议之诉　查封后转卖

最高人民法院裁判文书

银丰公司与刘攀、富田公司案外人执行异议之诉案［最高人民法院（2021）最高法民申6040号民事裁定书］

裁判要旨：若后手购房人是在案涉房屋被查封后，从原购房人处受让的案涉房屋，且在后手购房人与原购房人转让行为的真实性可以认定的情况下，后手购房人如欲排除执行，须以原购房人原有的对案涉房屋的权益足以排除执行为前提。

最高人民法院经审查认为，本案系案外人执行异议之诉，争议焦点是刘攀对执行标的即案涉长垣市博爱路西侧富田第一国际5幢×单元×层北户房屋是否享有足以排除强制执行的民事权益。银丰公司申请执行的依据是已

生效的郑州市中级人民法院（2013）郑民四初字第234号民事调解书，该调解书确认银丰公司在富田公司提供的抵押财产范围内享有优先受偿的权利。

《执行异议和复议规定》第二十七条规定："申请执行人对执行标的依法享有对抗案外人的担保物权等优先受偿权，人民法院对案外人提出的排除执行异议不予支持，但法律、司法解释另有规定的除外"。对于前述第二十七条"除外"所指之情形，需要比较执行标的物上存在的不同类型权利的效力顺位。就实体权利优先顺位而言，商品房消费者的权利优于抵押权。而《执行异议和复议规定》第二十八条系对"一般的房屋买卖合同的买受人"权利的规定；《执行异议和复议规定》第二十九条系对"商品房消费者"权利的规定。因此，《执行异议和复议规定》第二十七条规定的"除外"之情形包括第二十九条，但不包括第二十八条。《执行异议和复议规定》第二十九条规定："金钱债权执行中，买受人对登记在被执行的房地产开发企业名下的商品房提出异议，符合下列情形且其权利能够排除执行的，人民法院应予支持：（一）在人民法院查封之前已签订合法有效的书面买卖合同；（二）所购商品房系用于居住且买受人名下无其他用于居住的房屋；（三）已支付的价款超过合同约定总价款的百分之五十。"本案中，因为刘攀是在案涉房屋被查封后，从李茂鑫处受让的案涉房屋的权益，即便刘攀符合前述第二十九条规定的第二项、第三项。但判断刘攀受让的权益能否排除执行，须以李茂鑫原有的对案涉房屋的权益足以排除执行为前提。原审法院对此未予查明，直接认定刘攀对案涉房屋享有足以排除执行的民事权益，事实依据不足。

——中国裁判文书网。

590. 案外人以购买车位为由主张排除抵押权人强制执行，不符合商品房消费者的优先保护相关规定

关键词

民事再审审查　案外人执行异议之诉　排除强制执行

最高人民法院裁判文书

汪霞、罗曦案外人异议之诉纠纷案［最高人民法院（2021）最高法民申179号民事裁定书］

裁判要旨：依照《全国法院民商事审判工作会议纪要》第126条之规定，案外人排除执行的实体权利与申请执行人就抵押物的担保物权产生冲突时，《执行异议复议规定》第二十七条的"除外情

形”仅为商品房消费者购房情形，即符合《执行异议复议规定》第二十九条规定情形的，因涉及商品房消费者生存权保护的问题，商品房消费者对设立抵押权的抵押房产提出执行异议的，人民法院予以支持。案外人以此作为法律依据，主张排除对其购买车位的强制执行，不符合《执行异议复议规定》第二十九条规定商品房购买者的情形。

最高人民法院认为，本案再审审查主要围绕以下问题：汪霞、罗曦对案涉车位是否享有足以排除强制执行的民事权益。

《执行异议复议规定》第二十七条规定："申请执行人对执行标的依法享有对抗案外人的担保物权等优先受偿权，人民法院对案外人提出的排除执行异议不予支持，但法律、司法解释另有规定的除外。"该条是关于案外人排除执行的实体权利与申请执行人就抵押物的担保物权产生冲突时的处理规则。本案一、二审受理时，依照《全国法院民商事审判工作会议纪要》第126条之规定，《执行异议复议规定》第二十七条的"除外情形"仅为商品房消费者购房情形，即符合《执行异议复议规定》第二十九条规定情形的，因涉及商品房消费者生存权保护的问题，商品房消费者对设立抵押权的抵押房产提出执行异议的，人民法院予以支持。本案中，汪霞、罗曦购买的系小区车位，不符合《执行异议复议规定》第二十九条规定商品房购买者的情形。即便参照该规定将小区车位购买者理解为消费者，其亦未提交其名下无其他车位的相关证据。至于抵押权设立的时间，《执行异议复议规定》第二十七条并未规定案外人在抵押权设立前签订买卖合同的可以排除执行。综上，原审适用法律、认定事实并无不当，申请人的主张不能成立。

——中国裁判文书网。

591. 另案查封之后签订不动产买卖合同的，能否排除执行

关键词

另案查封　不动产买卖合同　排除强制执行

最高人民法院审判业务意见（第一巡回法庭法官会议纪要）

即便系另案查封，且另案所依据的基础法律关系并非本案当事人之间的法律关系，但只要是在查封状态中签订的不动产买卖合同，就不符合《最高人民法院关于人民法院办理执行异议和复议案件若干问题的规定》第二十八条第一项规定的"在人民法院查封之前已签订合法有效书面买卖合同"之情

形。且在查封状态下签订不动产买卖合同，执行异议申请人对不动产不能办理过户是有预期的，其对未办理过户存在过错，亦不符合《最高人民法院关于人民法院办理执行异议和复议案件若干问题的规定》第二十八条第四项规定的“非因买受人自身原因未办理过户登记”之情形。故不能排除执行。

附：案情简介

2014 年 1 月 21 日，甲公司以工程建设需要为由，向李某借款 120 万元，双方签订《借款协议书》，并约定以甲公司名下案涉房产作为抵押。双方未到相关部门办理抵押登记手续，甲公司仅将案涉房产产权证原件交由李某保管。借款到期后，甲公司未偿还借款本息。双方于 2014 年 9 月 17 日进行协商并签订《转让协议》，约定将案涉房产以 96 万元的价格出售给李某，房款从甲公司所欠借款本息中扣除，并约定 3 个月内完成过户手续。后李某多次要求甲公司协助其过户，但一直无法过户。原来双方在签订《转让协议》前，甲公司已将案涉房产租赁给刘某，甲公司将该房产租赁合同原件及租金收取权一并转交给李某，现该门面由李某实际占有使用。

谭某因与甲公司、中国建设银行股份有限公司邵阳市某支行房屋买卖合同纠纷一案，向湖南省邵阳市中级人民法院提起诉讼，诉讼过程中谭某申请财产保全。该院于 2015 年 5 月 18 日作出财产保全民事裁定，查封了包含案涉房产在内的甲公司相关财产。对于谭某提起的诉讼一案，该院作出（2015）邵中民三初字第 17 号民事判决。判决生效后，甲公司未主动履行义务，谭某申请执行。该院于 2016 年 4 月 25 日作出执行裁定，裁定拍卖案涉房产。执行过程中，李某提出书面异议，该院裁定驳回李某的执行异议申请。

另，案涉房产因另案在 2014 年 6 月 25 日已经被湖南省邵阳市北塔区人民法院裁定查封，查封期限 2 年，自 2014 年 7 月 1 日至 2016 年 6 月 30 日。2016 年 4 月 14 日，该院解除查封。

——最高人民法院第一巡回法庭编著：《最高人民法院第一巡回法庭民商事主审法官会议纪要》（第 1 卷），中国法制出版社 2020 年版，第 36~54 页。

592. 未取得预售许可证签署的商品房买卖合同不得排除执行

关键词

案外人执行异议　预售许可证　商品房买卖合同　排除强制执行

最高人民法院裁判文书

周文军与李剑、郑州市九基房地产开发有限公司、河南省天助镀膜玻璃

有限公司、何保军、何丽案外人执行异议之诉案［最高人民法院（2020）最高法民申 5999 号民事裁定书］

裁判要旨：案外人在被查封房屋取得商品房预售许可证前即与作为被执行人的开发商签订商品房买卖合同，在案外人起诉前开发商未取得商品房预售许可证的，应认定商品房买卖合同无效，案外人与被执行人之间不存在合法有效的商品房买卖合同关系。

最高人民法院经审查认为，根据一审、二审查明的事实，周文军在案涉房屋取得商品房预售许可证前即与九基公司签订了具有商品房买卖合同性质的房位确认单，在起诉前九基公司亦未取得商品房预售许可证，因此该房位确认单应认定为无效。由于周文军与九基公司之间并不存在合法有效的商品房买卖合同关系。不符合《最高人民法院关于人民法院办理执行异议和复议案件若干问题的规定》第二十八条规定的可以排除执行的情形，因此周文军申请再审的理由不能成立。

——中国裁判文书网。

593. 以民事调解书形式达成的以物抵债协议能否排除强制执行

关键词

民事调解书　以物抵债　排除强制执行

最高人民法院裁判文书

郭荣田与姚长义、泌阳鸿运来实业有限公司案外人执行异议之诉案［最高人民法院（2018）最高法民再 445 号民事判决书］

裁判要旨：民事调解书是对当事人之间达成的以物抵债调解协议的确认，而以物抵债调解协议的本质属于债的范畴，只能表明当事人之间达成以物抵偿债务的利益安排，产生的直接后果是债权人取得要求债务人转移抵债物所有权的请求权，此时创设物权仍要按照法律规定的物权变动规则进行。

最高人民法院经审查认为：案涉民事调解书是对鸿运来公司与姚长义达成的以物抵债调解协议的确认，而以物抵债调解协议的本质属于债的范畴，只能表明鸿运来公司与姚长义达成以土地使用权抵偿债务的利益安排，产生的直接后果是姚长义取得要求鸿运来公司转移案涉土地使用权的请求权。此时创设物权仍要按照法律规定的物权变动规则进行，即办理过户登记，方可发生物权变动之效果。在变更登记之前，案涉土地使用权仍属于鸿运来公司，姚长义享有的民事权益并不优于郭荣田，因此不足以排除另案的强制执行，其诉讼请求应予驳回。姚长义辩称，本案应适用《执行查封规定》第十七条①、《异议复议规定》第二十八条的规定，但上述规定不适用于本案就土地使用权达成以物抵债协议的情形，故该抗辩理由，不予采信。

——中国裁判文书网。

594. 房屋备案登记并非预告登记，不能产生物权效力，不可排除强制执行

关键词

房屋备案登记　排除强制执行

最高人民法院裁判文书

李海峰与吉林冶建有限公司、吉林省翔达房地产开发有限公司案外人执行异议之诉案［最高人民法院（2019）最高法民申 3875 号民事裁定书］

裁判要旨：当事人之间达成的执行和解协议本质上属于合同的范畴，并不必然导致物权变动。并且，买卖双方签订的商品房买卖合同，虽然经过备案登记，但备案登记作为一种行政管理方式，不是预告登记，不能产生物权效力。

最高人民法院认为：本案争议的焦点问题是，李海峰对原审判决不予停止执行的 26 套房屋，是否享有足以排除强制执行的民事权益。《最高人民法院关于适用〈中华人民共和国民事诉讼法〉的解释》第三百一十二条②规定，“对案外人提起的执行异议之诉，人民法院经审理，按照下列情形分别处理：（一）案外人就执行标的享有足以排除强制执行的民事权益的，判决不得执行该执行标的；（二）案外人就执行标的不享有足以排除强制执行的民事权

① 现为《最高人民法院关于人民法院民事执行中查封、扣押、冻结财产的规定》（2020 年修正）第十五条。

② 现为《最高人民法院关于适用〈中华人民共和国民事诉讼法〉的解释》（2022 年修正）第三百一十条。

益的，判决驳回诉讼请求。案外人同时提出确认其权利的诉讼请求的，人民法院可以在判决中一并作出裁判。”本案中，李海峰基于与翔达公司在另案执行程序中达成的和解协议，主张对案涉 26 套房屋享有排除强制执行的民事权益。该和解协议系李海峰与翔达公司意思自治的结果，本质上属于合同的范畴，并不必然导致物权变动。同时，李海峰与翔达公司签订的商品房买卖合同，虽然经过备案登记，但备案登记作为一种行政管理方式，不是预告登记，不能产生物权效力。参照《最高人民法院关于人民法院办理执行异议和复议案件若干问题的规定》第二十八条关于“金钱债权执行中，买受人对登记在被执行人名下的不动产提出异议，符合下列情形且其权利能够排除执行的，人民法院应予支持：（一）在人民法院查封前已签订合法有效的书面买卖合同；（二）在人民法院查封前已合法占有该不动产；（三）已支付全部价款，或者已按照合同约定支付部分价款，将剩余价款按照人民法院的要求交付执行；（四）非因买受人自身原因未办理过户登记”的规定，本案中，李海峰提交的维修基金发票、商品房备案单、商品房包销合同等证据，只能证明李海峰与翔达公司在案涉 26 套房屋被查封前存在着以房抵债的执行和解行为，因李海峰并未办理入住手续，亦未缴纳水、暖、电费和物业费等费用，原审法院认定李海峰并未占有案涉房屋，不予支持李海峰对案涉 26 套房屋排除强制执行的诉讼请求并无不当。

——法信网。

595. 以物抵债权利人能否排除一般债权人的执行

关键词

以物抵债　一般债权人

最高人民法院审判业务意见（第二巡回法庭法官会议纪要）

《执行异议和复议规定》第 28 条规定了无过错不动产买受人可以排除金钱债权人执行的四个条件，只要有一个要件不符合则不能排除金钱债权的强制执行。以物抵债协议不同于买卖合同，其性质或者是新债清偿，或者是债务更新。在新债清偿场合，同时存在新旧两个债，与单一之债性质的买卖合同判然有别；在债务更新场合，债权人仅享有权利而无须履行付款义务，与需要支付对价的买卖合同亦不相同。因此，仅依据以物抵债协议，并不足以排除另一个金钱债权的执行。

附：案情简介

甲诉乙公司借款合同纠纷案，根据甲的申请，人民法院于2017年8月2日作出民事裁定，查封了乙公司包括案涉房屋在内的多套房屋。生效判决支持甲的诉讼请求后，甲向人民法院申请强制执行。丙以其系《执行异议和复议规定》第28条规定的无过错买受人为由提出执行异议，主要依据为：乙欠丙39万元，以案涉房屋抵债，双方签订了落款时间为2017年6月6日的内部认购书；物业公司于同日出具了进户收费明细单。

——《以物抵债权利人能否排除一般债权人的执行》，载贺小荣主编：《最高人民法院第二巡回法庭法官会议纪要》（第三辑），人民法院出版社2021年版，第15~17页。

596. 买受人对扣除使用价值的处置措施，不能排除执行

关键词

买受人　案外人　执行异议之诉　排除强制执行

最高人民法院裁判文书

杨某某与谭某某、云南金冠源房地产开发有限公司等案外人执行异议之诉案［最高人民法院（2019）最高法民终56号民事判决书］

裁判要旨：案涉车位、储藏室的使用权并非法定的用益物权，亦不同于以转移所有权为目的的物权期待权，而使用权与所有权的分离并不能阻碍所有权的变更，故对案涉车位、储藏室的使用权不足以排除处置案涉车位、储藏室所有权的执行行为。

最高人民法院认为：杨某某与云南金冠源房地产公司签订《停车位租赁合同》，获得案涉车位的租赁使用权，又与云南金冠源房地产公司在签订《商品房购销合同》的同时签订《溪谷雅苑储藏室使用权赠与协议》，获得案涉储藏室的赠与使用权。杨某某、云南金冠源房地产公司对此不存在争议，执行法院亦未否认。但案涉车位、储藏室的使用权并非法定的用益物权，亦不同于以转移所有权为目的的物权期待权，而使用权与所有权的分离并不能阻碍所有权的变更，故杨某某对案涉车位、储藏室的使用权不足以排除处置案涉车位、储藏室所有权的执行行为。

对案外人提出的执行异议之诉，其目的在于判定案外人就执行标的享有的权益是否足以排除强制执行，案外人同时提出确认其权利的诉请可一并裁判，因杨某某对案涉车位、储藏室的使用权不足以排除强制执行行为，各方

当事人以及执行法院对其享有的使用权亦无异议，自无需在执行异议之诉中对此进行专门确认，故一审对杨某某确认案涉储藏室使用权的请求不予支持并无不当。

从相关裁定中可知执行法院已注意到杨某某作为使用权受赠人、租赁人的权益，杨某某在二审中亦自述案涉储藏室执行中的司法评估报告已去除了储藏室使用权的价值，杨某某亦未举证证明法院在执行过程中要求其腾退房屋，其要求阻止案涉储藏室移交占有缺乏事实依据，本院不予支持。若评估拍卖等执行行为影响了其对案涉储藏室的使用，其可另寻救济。

——中国裁判文书网。

597. 房屋买受人期待权阻却执行的要件

关键词

房屋买受人期待权　阻却执行

最高人民法院裁判文书

黄雪贞与蔡福英案外人执行异议之诉案［最高人民法院（2014）民一终字第 202 号民事判决书］

裁判要旨：第三人在尚未办理被执行人名下房屋产权变更登记的情形下，必须满足支付全部价款并实际占有使用且对未办理过户手续没有过错的条件，才能产生阻却执行措施的结果。在第三人对诉争房产未支付全部价款且未实际占有入住的情况下，其主张对诉争房产享有的实体权利足以阻却执行措施，缺乏相应的事实和法律依据。

最高人民法院认为，执行异议之诉的关键是审查购房者享有的实体权利是否足以阻却执行措施。

其一，"二轻大厦"系繁荣公司与二轻联社共同开发建设，繁荣公司依约可取得"二轻大厦"中 49% 的权益。而阜承公司因受让繁荣公司在"二轻大厦"项目中所享有的 49% 权益分得"二轻大厦"第 6、7、8、11、12、15、16、23、24、25 层房产。现有证据已经佐证阜承公司是在繁荣公司控制之下，阜承公司受让繁荣公司所享有的"二轻大厦"49% 权益并未支付相应对价，其无偿占有被执行人繁荣公司的财产，一审法院依据有关规定查封诉争房产并无不当。黄雪贞以被查封的房产不是被执行人繁荣公司的财产以及阜承公司不是被执行人为由主张解除查封，理由不能成立。

其二，根据《最高人民法院关于人民法院民事执行中查封、扣押、冻结财产的规定》第十七条[①]“被执行人将其所有的需要办理过户登记的财产出卖给第三人，第三人已经支付部分或者全部价款并实际占有该财产，但尚未办理产权过户登记手续的，人民法院可以查封、扣押、冻结；第三人已经支付全部价款并实际占有，但未办理过户登记手续的，如果第三人对此没有过错，人民法院不得查封、扣押、冻结”之规定，黄雪贞在尚未办理涉案房屋产权变更登记的情形下，必须满足支付全部价款并实际占有使用且对未办理过户手续没有过错的条件，才能产生阻却执行措施的结果。但根据本案查明的事实，黄雪贞与繁荣公司签订《房产认购协议书》，其在起诉时主张已支付合同总价款50%购房款共计1424905元，此种情况并不符合“已经支付全部价款”的条件，黄雪贞在一审庭审时也确认并未实际入住诉争房产。因此，在黄雪贞对诉争房产未支付全部价款且未实际占有入住的情况下，其主张对诉争房产享有的实体权利足以阻却执行措施，缺乏相应的事实和法律依据，本院不予支持。

——中国裁判文书网。

附录：本案解析

民事强制执行是实现权利义务的一种方法。当债务人或义务人拒不履行其债务或义务时，债权人或权利人可以借助国家公权力，由执行机关强制相对人履行执行根据，以实现其权利义务并达至维护司法裁判的权威和社会法律秩序的目的。为了保证强制执行的有效性及其在实体上和程序上的正当性，须有一整套法律规定加以规范，尤其是强制执行乃国家公权力的行使，具有强制性，如果没有相应的约束和救济，容易侵害债务人（义务人）或案外人（第三人）的正当权利或权益。作为一种体系、结构完整的、具有程序正当性的执行制度就必须设置相应的救济措施，以避免或减少因违法或不当执行所造成的损害。这一救济措施作为一个完善的救济系统又应当包括各种具体的救济方法和手段。同时，由于执行权是国家的公权力，阻却执行必须有合法的依据，否则会将这种权力架空，而使生效判决成为一纸空文。因此，从这种意义上说，应当对于当事人提出的执行异议之诉进行严格的审查，对于其享有的权利性质作出认真的分析，以妥善地平衡各方当事人之间的关系。

在司法实践中，针对《查封规定》第十七条规定的理解与适用存在争议。执行过程中，案外人依据《查封规定》第十七条的规定提出异议，要求停止

---

① 现为《最高人民法院关于人民法院民事执行中查封、扣押、冻结财产的规定》（2020年修正）第十五条。

对其已购房屋的执行，是应当依据《民事诉讼法》第二百二十五条[①]的执行复议制度还是依据该法第二百二十七条[②]的执行异议之诉制度处理，争议较大。一种意见认为，依据物权法的相关规定，不动产物权变动未经登记不发生物权效力，房屋买受人在办理房屋过户登记前尚未取得房屋的所有权，享有的仅是要求出卖人依据合同约定办理房屋过户登记的债权，一般情况下与其他债权相比其并不具有优先性。另一种意见认为，基于我国现阶段房屋交易和登记程序均不完善等原因，前述司法解释对于符合其规定条件的部分买受人予以特殊保护，即买受人已经支付全部房屋价款并实际占有该房屋，且对未办理产权过户登记手续没有过错的，其享有的特定合同债权属于足以停止对该房屋执行的实体权利。因此，购买该房屋的案外人基于前述规定赋予的实体权利提起的诉讼属于《民事诉讼法》第二百二十七条规定的执行异议之诉的范围，审判庭在审理该类案件中可以援引适用该规定，并作为判决是否停止执行的法律依据。我们认为，房屋买受人享有的权利性质看，应属于物权期待权。不动产受让人的物权期待权可以区分为买受人物权期待权和预告登记期待权。买受人物权期待权最早滥觞于德国，经德国帝国法院确认并逐渐被其他大陆法系国家所接受。它是指对于已经签订买卖合同的买受人，在已经履行合同部分义务的情况下，虽然尚未取得合同标的物的物权，但赋予其类似物权人的地位，其对物权的期待权具有排除执行的效力。从逻辑上看，买受人享有的类似物权的权利，其优先于债权。物权期待权的保护，最早见于2002年《最高人民法院关于建设工程价款优先受偿权的批复》中，对具有消费者身份的房屋买受人物权期待权的保护。其后，又在《查封规定》第十七条，将物权期待权保护的对象扩大到所有登记财产的买受人。对预告登记的物权期待权进行保护源于物权法的规定，保护的对象包括买受人在内的所有受让人。《物权法》第二十条规定：”当事人签订买卖房屋或者其他不动产物权的协议，为保障将来实现物权，按照约定可以向登记机构申请预告登记。预告登记后，未经预告登记的权利人同意，处分该不动产的，不发生物权效力。预告登记后，债权消灭或者自能够进行不动产登记之日起三个月内未申请登记的，预告登记失效。”《最高人民法院关于人民法院办理执行异议和复议案件若干问题的规定》(以下简称《规定》)在继续贯彻对受让人物权期待权进行保护精神的同时，对保护范围作了一定调整：将标的物缩小为不动产，主要原因是实践中主张此类异议的基本是不动产，其他有登记的财产，例如股权、商标权能否适用占有存在争议，而且问题并不突出。同时，区分不同的受让人主体，规定了不同保护要件：

① 现为《民事诉讼法》(2021年修正)第二百三十二条。

② 现为《民事诉讼法》(2021年修正)第二百三十四条。

1. 对一般买受人物权期待权的保护

《规定》第二十八条对一般买受人物权期待权保护的要件，和查封规定第十七条相比有所区别：第一，受让人与被执行人签订有合法有效的书面转让合同。要求必须有书面合同，是基于城市房地产管理法第四十一条”房地产转让，应当签订书面转让合同，合同中应当载明土地使用权取得的方式”的规定。同时，也为执行机构甄别真实的买受人提供证据。第二，在价款交付上，和《查封规定》第十七条要求全部交付价款不同，买受人按照约定支付部分价款并且在人民法院指定的期限内将剩余价款交付执行的，也纳入保护范围。主要是实践中不动产买卖合同多是分期付款，案外人虽仅支付部分款项，但系按照合同约定的进度支付，如其将剩余价款按照人民法院指定的期限交付执行，不影响债权受偿，自然没有拒绝保护的道理。第三，查封前占有不动产。买受人物权期待权之所以要保护，就是因为买受人已经为取得物权履行了一定义务并以一定的方式对外进行了公示，尽管这种公示的方式较之法定的登记公示方式在效力上较弱。同时，要求在查封前已经占有不动产，也是为了减少被执行人与第三人恶意串通的可能性。第四，没有登记的原因，主观上要求是属于案外人意志以外的客观障碍，否则，则应判断为其有过错。

2. 对消费者物权期待权的保护

根据《最高人民法院关于建设工程价款优先受偿权问题的批复》明示，建设工程价款优先权优先于抵押权；建设工程价款优先权不能对抗已经交付所购商品房全部或者大部分价款的消费者。基于此，从逻辑上可以推论，抵押权和一般债权均不能对抗消费者的物权期待权。《规定》第二十九条对消费者物权期待权保护，除了和一般买受人物权期待权保护一样要求合法有效的书面合同之外，还要求另外三个条件：第一，保护的对象必须是消费者。消费者是相对于经营者而言，是从经营者处购买商品或者接受服务的人。《规定》限定消费者物权期待权保护的对象是从房地产开发企业处购买商品房的买受人。普通民事主体之间的二手房买卖，不属于保护的范围。第二，依据消费者权益保护法第二条规定，消费者是为生活消费需要购买商品或者接受服务的人，因此，消费者一定是自然人，法人或者其他组织不在保护之列。《规定》限定案外人所购商品房系用于居住，也就是说保护的是买受人的生存权。至于买受人买房的真实目的是否用于居住，实践中形成了以房屋的性质是居住用房还是经营用房来区分是不是消费者的所谓”客观标准”。为了降低判断的难度，《规定》明确要求”受让人名下无其他用于居住的房屋”。这里的”无其他用于居住的房屋”，一般是指买受人在被执行房屋所在地长期居住，而其名下在同一地方无其他能够用于居住的房屋。第三，必须交付了百分之五十以上的购房款。前述建设工程价款司法解释将交付价款规定为”大部分”，自然产生了”大部分”的具体标准问题，《规定》从有利于消费者的原则出发，将大部分价款的标准确定为超过百分之五十即可。

《规定》第二十八条、第二十九条是对《查封规定》第十七条的细化。两者并不矛盾，均可以适用。司法实践中，买受人作为案外人对登记在被执行人名下的不动产提起执行异议之诉应如何处理，法律与司法解释并未作出规定。《规定》是关于人民法院办理执行异议和复议案件的规定，第二十八条、第二十九条应适用于执行异议审查阶段，能否适用于执行异议之诉，在实践中存在争议。我们认为，案外人异议之诉虽为实体审理程序，但和执行异议审查程序存在关联性和共同性，目的在于审查案外人对执行标的是否存在实体权利以及该实体权利能否排除强制执行，且执行异议审查程序系案外人执行异议之诉的前置程序，因此，这两条规定可以适用于执行异议之诉。

本案处理时，《规定》并未生效，适用的是《查封规定》第十七条的规定，该条规定：被执行人将其所有的需要办理过户登记的财产出卖给第三人，第三人已经支付全部价款并实际占有，但未办理过户登记手续的，如果第三人对此没有过错，人民法院不得查封、扣押、冻结。本案适用的即是该条。司法实践中对于该规定的适用范围、过错如何认定、利益如何权衡等问题均存在争议，我们认为，首先，案外人（第三人）应当在法院针对执行标的物的强制执行程序开始前，已经支付全部价款并实际占有该标的物。法院在处理时应当根据当事人提交的买卖合同、付款发票、付款收据、物业服务合同、物业费缴费发票等证据予以综合判断。其次，”第三人对此没有过错”，是指案外人（第三人）未办理产权过户登记手续是由于被执行人不予协助、办理登记存在客观障碍、登记机关原因等案外人意志以外的原因造成的。案外人为规避法律、行政法规规定或逃避债务，故意将财产登记在被执行人名下的，应当认定其具有过错。最后，在适用该规定时对案外人与被执行人之间是否存在真实的买卖关系、案外人是否已经支付全部价款并实际居住等事实应当严格审查；在判断案外人是否存在过错时不宜过于严苛；在利益冲突的权衡时，应当在依法的前提下，兼顾购房业主（案外人）的生存利益与银行、企业（申请执行人）之间的经营利益。从本案的实际情况看，黄雪贞在一审庭审时也确认并未实际入住诉争房产，而且其也不符合”已经支付全部价款”的条件，因此，对于其提出的阻却执行的诉讼请求不应得到支持。从上述案件的审理可以看出，应当对于当事人提出的执行异议之诉进行严格的审查，对于其享有的权利性质作出认真的分析，以妥善地平衡各方当事人之间的关系。

——王毓莹：《房屋买受人期待权阻却执行的要件分析——黄雪贞与蔡福英执行异议之诉二审案》，载杜万华主编、最高人民法院民事审判第一庭编：《民事审判指导与参考》2016 年第 3 辑，第 237~251 页。

598. 买受人未支付价款、未占有房屋且有用于居住的其他房屋的，不享有足以排除强制执行的民事权益

关键词

案外人执行异议　排除强制执行

最高人民法院裁判文书

武淑梅与农商行大东支行、宏缘公司、谷实、北方公司案外人执行异议之诉申请再审案［最高人民法院（2021）最高法民申5730号民事裁定书］

裁判要旨：买受人在法院查封案涉房产之前与开发商签订购房合同，但是买受人并未支付价款、未占有房屋，且名下确有可用于居住的其他房屋的，不享有足以排除强制执行的民事权益。

最高人民法院经审查认为，根据案件事实及法律规定，武淑梅的申请再审事由不能成立，理由如下：

根据原审查明，2014年3月13日武淑梅就案涉房产与宏缘公司签订《商品房买卖合同》及《补充协议》，合同中载明武淑梅于签约当日已交齐全部房款。一审法院于2014年10月8日作出（2014）辽民二初字第00054号民事裁定书，并于2014年10月23日查封了宏缘公司开发的案涉房产。2015年11月23日武淑梅签收验房收楼确认单，并于同日交纳了电费、水费、建筑垃圾清运费等。2016年11月15日一审法院作出（2015）辽执二字65号执行裁定，再次查封了案涉房产。武淑梅提供的2012年8月2日宏缘公司开具的团购预收款收据所载姓名为武淑芬，金额为466480元。武淑梅提供的2014年12月31日其通过银行取款的流水显示的金额为380000元。此外，2019年4月4日沈阳市不动产登记中心出具的房屋电子登记（簿）查询证明记载，武淑梅名下拥有位于沈阳市大东区大什字街房屋住宅一处，面积44.98平方米，登记日期为2007年11月12日。武淑梅在一审期间办理了离婚手续，并将其名下的沈阳市大东区大什字街34号1-4-1号房屋于2019年11月8日登记在赵书谦名下。从上述事实可见，虽然武淑梅在一审法院2014年10月23日查封案涉房产之前与宏缘公司签订了购房合同，但是由于武淑梅验房收楼是在案涉房产被法院查封之后，而且案涉房产交款情况的收款收据所载付款人姓名并非武淑梅本人，金额也与合同约定存在较大差异，武淑梅提供的个人账户支取现金的日期在购房合同签订之后且亦与合

同约定的已经交款的内容存在矛盾，同时武淑梅名下确实有可用于居住的其他房屋。原判决据此认定本案中“不能认定武淑梅已就案涉房产支付了相应的价款”及武淑梅在法院查封之前并未占有案涉房产，在案涉房产执行过程中武淑梅名下有其他用于居住的房屋，武淑梅不符合《最高人民法院关于人民法院办理执行异议和复议案件若干问题的规定》第二十八条第二项、第三项和第二十九条第二项的规定，对案涉房产不享有足以排除强制执行的民事权益。原判决认定事实证据充分，适用法律并无不当。经查，原审在组织双方当事人进行证据交换和质证的情况下，根据双方无异议的证据并综合双方质证意见后，作出上述事实的认定，诉讼程序符合法律规定。武淑梅关于原判决认定事实的主要证据未经质证，仅以《最高人民法院关于人民法院办理执行异议和复议案件若干问题的规定》第二十九条作为审核条件，适用法律错误的再审申请主张不能成立。

——中国裁判文书网。

599. 在未办理不动产转移手续的售后回租合同中，买受人未对不动产形成事实上的管理、控制的，其对执行标的享有的权益是否足以排除强制执行

关键词

执行异议之诉　售后回租　占有

最高人民法院裁判文书

恒丰银行福州分行与海川公司、南华公司等执行异议之诉案［最高人民法院（2021）最高法民再313号民事判决书］

裁判要旨：买受人主张在人民法院查封之前已合法占有不动产的，该“占有”须对不动产形成事实上的管理和支配，即买受人为取得物权对外进行了公示。在未办理不动产转移手续的售后回租合同中，若买受人仅收取租金，但未对不动产形成事实上的管理、控制，出卖人在外在表现形式上仍是不动产的所有权人和实际占有、使用权人，则不满足合法占有不动产的条件，其对执行标的享有的权益不足以排除强制执行。

最高人民法院再审认为，本案再审的争议焦点为：海川公司对案涉不动产是否享有足以排除强制执行的民事权益。

本案系海川公司作为一般的不动产买受人提出执行异议而引起的纠纷，根据《最高人民法院关于人民法院办理执行异议和复议案件若干问题的规定》第二十八条的规定，金钱债权执行中，买受人对登记在被执行人名下的不动产提出异议，符合下列情形且其权利能够排除执行的，人民法院应予支持：（一）在人民法院查封之前已签订合法有效的书面买卖合同；（二）在人民法院查封之前已合法占有该不动产；（三）已支付全部价款，或者已按照合同约定支付部分价款且将剩余价款按照人民法院的要求交付执行；（四）非因买受人自身原因未办理过户登记。因双方对于海川公司已经支付全部价款的事实并无异议，故本案主要审查其他三个条件是否成立。

首先，关于海川公司是否在人民法院查封之前已签订合法有效的书面买卖合同的问题。经查，在一审法院查封案涉不动产前，海川公司已于 2017 年 1 月 12 日与华昌公司签订《回租、回购协议书》，该协议书的签订过程经过公证，能够认定系各方当事人真实意思表示，且协议内容不违反法律、行政法规的强制性规定，应属合法有效的合同。恒丰银行福州分行主张海川公司与华昌公司签订《回租、回购协议书》系恶意串通转移财产，应属无效，但对此未提交证据证明，故其该项主张不能成立，本院不予支持。

其次，关于海川公司是否在人民法院查封之前已合法占有案涉不动产的问题。海川公司主张，在未办理过户情况下将案涉不动产回租给华昌公司使用，租金有实际交付，说明案涉不动产被一审法院查封前已转由海川公司实际控制和占有使用。最高人民法院认为，上述法律规定的“占有”是指对不动产事实上的管理和支配，系买受人为取得物权对外所进行的一种公示。本案中，《回租、回购协议书》约定，“在海川公司经公证取得所收购资产的产权后，海川公司把收购标的物转租给华昌公司，转租租金由海川公司收取……由于收购之前，本协议房地产由华昌公司实际占有和使用，所以在华昌公司租用本协议房地产时，视为海川公司已实际取得该房地产产权并已将本协议房地产移交给华昌公司实际使用。”实际上，案涉协议书签订后，双方亦按照上述约定履行，即案涉不动产仍由华昌公司实际占有和使用，并向海川公司支付租金。此外，根据已查明的事实，海川公司与华昌公司在协议履行过程中未办理案涉不动产交接手续，亦未通过留存案涉房屋钥匙等方式对案涉不动产进行管理。可见，在外在表现形式上华昌公司仍是案涉不动产的所有权人和实际占有、使用权人，海川公司并未对案涉不动产形成事实上的管理、控制，故不足以认定其已构成实际占有。海川公司再审中所提交的证据虽然能够证明，案涉不动产拟用于北京理工大学东南信息技术研究院建设以及出借给博雅学校，但上述事实均发生于案涉不动产 2019 年 5 月被人民法院依法查封之后，故亦未满足在人民法院查封前合法占有案涉不动产的条件，最高人民法院对其证明目的，不予认可。故原审法院以海川公司已收取租金为由，认定其已占有案涉不动产，认定事实错误，本院予以纠正。

再次，关于海川公司是否非因自身原因未办理过户登记的问题。根据已查明的事实，2019 年 7 月 9 日莆田市涵江区人民政府向莆田市中级人民法院出具的《莆田市涵江区人民政府关于商请解除华昌珠宝有限公司部分资产查封的函》载明，“2017 年 1 月海川公司以 25667 万元收购华昌公司位于涵江区白塘镇的土地、房产，鉴于该地块我区已列入收储计划，因测算房产过户需缴纳税费达 6000 多万元，为了节约资金，经收购双方协商同意已于 2017 年 1 月 12 日采取公证方式对产权进行确认，上述收购资产已归属区属国企海川公司所有。”同日，海川公司向一审法院出具《关于申请解除对华昌珠宝有限公司部分资产查封的报告》，确认了前述函件所陈述的事实。由此可见，海川公司未能办理案涉不动产变更登记的原因，系为规避税费，属于消极不行使自身权利。此外，根据案涉《回租、回购协议书》第二条第 3 项的约定，海川公司直接将收购款中的 9535 万元受托支付给华昌公司在工商银行的账户，用于归还华昌公司在工商银行城厢支行的抵押贷款本息，华昌公司应在三天内办理完解押手续并抵押登记给兴业银行涵江支行。可见，《回租、回购协议书》签订时，案涉不动产尚处于抵押给工商银行城厢支行的状态，无法办理变更登记手续，海川公司对此应系明知。在将收购款用于偿还工商银行城厢支行的借款并解除上述抵押后，海川公司亦未及时将案涉不动产办理变更登记至自己名下，而是同意由华昌公司继续办理抵押登记至兴业银行涵江支行名下，导致案涉不动产仍因存在抵押无法办理过户登记。据此，海川公司对于案涉不动产未能办理过户登记亦存在一定过错。综上，原审认定案涉不动产未能变更登记不属于可归责于买受人海川公司的原因，属于认定事实错误，本院对此予以纠正。恒丰银行福州分行的相关申请理由成立，本院予以支持。

综上，本院认为，海川公司未在人民法院依法查封前合法占有案涉不动产，且对于案涉不动产未办理过户亦存在过错，故其提出的异议不符合《最高人民法院关于人民法院办理执行异议和复议案件若干问题的规定》第二十八条的规定，不足以排除对案涉不动产的执行。

——中国裁判文书网。

600. 若认购协议书不符合法律法规的规定，购房人则能否依据《执行异议和复议规定》第二十九条排除执行

关键词

申请执行人执行异议之诉　房屋认购协议书

最高人民法院裁判文书

秦宁与华融公司等案外人执行异议之诉案［最高人民法院（2021）最高法民申 3575 号民事裁定书］

裁判要旨：在对执行标的享有抵押权的情形下，当事人要排除抵押权人的抵押权优先受偿权，必须符合《执行异议和复议规定》第二十七条的规定。该条确立了享有担保物权的申请执行人的优先受偿地位，同时基于对一些特定权益优先保护的必要，通过“但书”予以排除。根据《最高人民法院关于建设工程价款优先受偿权问题的批复》第一条、第二条的规定，交付全部或者大部分款项的商品房消费者的权利优先于抵押权人优先受偿权。此即属于“但书”条款所言的例外规定。该规定是基于生存权至上的考虑，突破合同相对性和债权平等而设置的特别规定，实践中需要严格审查和把握，以免动摇抵押权的优先性基础。《执行异议和复议规定》第二十九条规定体现了对商品房消费者物权期待权的优先保护。

案涉认购协议书未对案涉房屋交付条件及日期、产权登记、面积差异处理以及违约责任等合同主要内容作出明确约定，不符合有关法律法规的规定；且上述协议书还约定双方须订立正式的商品房买卖合同，但双方又未签订正式的商品房买卖合同。故原判决据此认定，案涉认购书不是正式的商品房买卖合同，双方并无签订合法有效的书面买卖合同，秦宁的诉请不符合《执异和复议规定》第二十九条的规定，并无不当。

最高人民法院经审查认为，本案系案外人执行异议之诉再审审查案件，应当围绕秦宁的再审理由是否成立进行审查。故本案的审查重点是秦宁对案涉房产享有的民事权益能否排除强制执行。

在原审法院已经查明并认定华融公司对执行标的享有抵押权的情形下，秦宁要排除华融公司对案涉房屋享有的抵押权优先受偿权，必须符合《最高人民法院关于人民法院办理执行异议和复议案件若干问题的规定》（以下简称《执行异议和复议规定》）第二十七条的规定。该条确立了享有担保物权的申请执行人的优先受偿地位；同时基于对一些特定权益优先保护的必要，通过“但书”予以排除。根据《最高人民法院关于建设工程价款优先受偿权问题的批复》第一条、第二条的规定，交付全部或者大部分款项的商品房消费者的权利优先于抵押权人优先受偿权。此即属于“但书”条款所言的例外规定。该规定是基于生存权至上的考虑，突破合同相对性和债权平等而设置的特别规定，实践中需要严格审查和把握，以免动摇抵押权的优先性基础。《执行异议和复议规定》第二十九条规定体现了对商品房消费者物权期待权的优先保护。因此，在华融公司对执行标的享有抵押权的情形下，秦宁作为案外人对案涉房屋享有的权益，如要对抗已办理登记的抵押权的优先地位，必须符合《执行异议和复议规定》第二十九条的规定。

根据原审查明的事实，秦宁与金中海公司没有签订正式的商品房买卖合同，而是签订了认购协议书，该协议书未对案涉房屋交付条件及日期、产权登记、面积差异处理以及违约责任等合同主要内容作出明确约定，不符合有关法律法规的规定；且上述协议书还约定双方须订立正式的商品房买卖合同，但双方又未签订正式的商品房买卖合同。故原判决据此认定，案涉认购书不是正式的商品房买卖合同，双方并无签订合法有效的书面买卖合同，秦宁的诉请不符合《执异和复议规定》第二十九条的规定，并无不当。

秦宁在购买房屋过程中存在过错。如前所述，原审查明本案存在先抵押后签订商品房认购书的情况，秦宁在购买房屋时没有注意到房屋所有权登记存在他项权利阻碍房产过户的瑕疵，在签订案涉商品房认购协议书时未尽到向房产登记部门了解案涉商品房物权状态的注意义务，应承担所购房屋无法办理过户的相应责任。故原判决驳回秦宁关于确认案涉房屋归其所有并办理产权过户登记的诉讼请求，适用法律亦无不当。

——中国裁判文书网。

601. 小区商铺买受人享有的物权期待权是否足以排除被抵押商铺的强制执行

关键词

案外人执行异议之诉　优先受偿权　排除强制执行

最高人民法院裁判文书

贺绍军与浦发银行贵阳分行、湘企房地产公司等案外人执行异议之诉案

［最高人民法院（2021）最高法民申 3541 号民事裁定书］

裁判要旨：申请执行人基于担保物权等优先受偿权对执行标的申请执行的，只有商品房买受人符合《最高人民法院关于人民法院办理执行异议和复议案件若干问题的规定》第二十九条规定情形的，才能排除强制执行。该条规定旨在保护房屋消费者物权期待权，案涉商铺为商业用房，案外人购买该房屋亦用作经营并非居住，不涉

及该项权益保护问题，无权依据第二十九条规定排除强制执行。

最高人民法院经审查认为，根据《最高人民法院关于适用〈中华人民共和国民事诉讼法〉的解释》第三百一十一条规定，对于案外人提出执行异议之诉的，应当审理案外人对执行标的是否享有足以排除强制执行的民事权益。在执行异议之诉案件中，对案外人要求排除抵押权执行的，参照《最高人民法院关于办理执行异议和复议案件若干问题的规定》第二十七条的规定，除法律、司法解释另有规定的除外，对案外人提出的排除执行异议不予支持。本案原审已查明，贺绍军在人民法院查封前购买了案涉房屋，但未办理权属登记，尚未取得案涉房屋所有权，而生效判决已经确认贵州湘企房地产开发有限公司系案涉房屋的抵押权人，依法对案涉房屋享有优先受偿权。而依据《最高人民法院关于办理执行异议和复议案件若干问题的规定》第二十九条的规定，对于购买房屋用于居住的消费者的权利可以优先于抵押权，但本案原审也查明，案涉房屋为商业用房，贺绍军购买该房屋亦用作经营并非居住，故原审判决认定贺绍军享有的权利不能排除执行，适用法律并无不当。

——中国裁判文书网。

602. 当事人无正当理由故意将房屋交由他人代持，不享有对案涉房屋排除强制执行的民事权益

关键词

代持　过户登记　排除强制执行

最高人民法院裁判文书

杨文静与王雪松、王海容等申请执行人执行异议之诉案［最高人民法院（2020）最高法民再378号民事判决书］

裁判要旨：当事人无正当理由故意将房屋交由他人代持，属于对房屋未过户登记存在明显过错情形。

最高人民法院经审查认为：根据各方当事人的诉辩主张，本案再审争议焦点为，王雪松对案涉房屋是否享有《执行异议和复议规定》第二十八条规定的排除强制执行的民事权益。《执行异议和复议规定》第二十八条规定，金钱债权执行中，买受人对登记在被执行人名下的不动产提出异议，符合下列情形且其权利能够排除执行的，人民法院应予支持：（一）在人民法院查封

之前已签订合法有效的书面买卖合同;(二)在人民法院查封之前已合法占有该不动产;(三)已支付全部价款,或者已按照合同约定支付部分价款且将剩余价款按照人民法院的要求交付执行;(四)非因买受人自身原因未办理过户登记。本案中,王雪松提交的证据不足以证明其在人民法院查封案涉房产时符合上述排除强制执行情形。首先,王雪松对人民法院查封案涉房屋前房屋未过户至其名下存在明显过错。王雪松虽提交了其起诉要求办理过户登记的相关证据,但该证据表明其起诉系在人民法院查封案涉房产之后。且本案一、二审期间,王雪松对为何由他人代持房屋问题未作出合理解释。最高人民法院再审庭审中,王雪松称,系因买房不想让配偶知晓,才故意将房屋交由穆萨公司代持。对此,最高人民法院认为,当事人无正当理由故意将房屋交由他人代持,属于对房屋未过户登记存在明显过错情形。其次,王雪松在人民法院查封案涉房屋前未与出卖人签订合法有效的书面买卖合同。王雪松提交的《房屋买卖合同》和不动产销售发票记载的案涉房屋买受人为穆萨公司,王雪松并未在法院查封案涉房屋前就案涉房屋与出卖人签订房屋买卖合同。王雪松所签《房产代持协议》是王雪松与穆萨公司之间关于代持案涉房产的约定,无论在形式上还是内容上均与商品房买卖合同不同。再次,在案证据无法证明王雪松在人民法院查封之前已合法占有案涉房屋。王雪松提交的其缴纳物业费、停车费、电费等凭据均形成于 2017 年 12 月 4 日人民法院查封案涉房屋之后,相关购买家具家电票据显示购买人并非王雪松。现有证据不能证明王雪松在人民法院查封之前已实际占有案涉房屋。最后,在案相关票据中并无任何王雪松支付案涉房屋价款的转账记录或票据,无法印证王雪松交纳案涉房屋购房款的主张。因此,王雪松的异议不符合上述规定情形。虽王雪松在本案二审判决作出后,申请解除了对案涉房产的查封,并取得案涉房屋不动产登记证书,但不能改变案涉房屋被人民法院查封时,王雪松对案涉房屋不享有排除强制执行的民事权益这一基本事实。

——中国裁判文书网。

603. 为担保债权实现而办理的预告登记能否排除执行

关键词

担保债权实现　预告登记　排除强制执行

最高人民法院裁判文书

四川盛鸿投资发展有限公司与四川蜀通建设集团有限责任公司、四川省巴中市集洲房地产开发有限公司，成都润洲房地产开发有限公司等申请执行

人执行异议之诉案［最高人民法院（2019）最高法民申 6881 号民事裁定书］

裁判要旨：双方签订《商品房买卖合同》的真实目的是为借款提供担保，并未建立真实的房屋买卖合同关系的，办理预告登记也是为了担保债权得以实现，并非为了实现物权转移，故不享有物权期待权，其为了担保而办理的预告登记不足以排除执行。

最高人民法院经审查认为：关于盛鸿投资公司对案涉房屋是否享有足以排除执行的民事权益问题。盛鸿投资公司主张，依据《最高人民法院关于人民法院办理执行异议和复议案件若干问题的规定》第三十条规定，金钱债权执行中，对被查封的办理了受让物权预告登记的不动产，受让人提出停止处分异议的，人民法院应予支持。但本案中，盛鸿投资公司与集洲房产公司签订《商品房买卖合同》的真实目的是为借款提供担保，双方并未建立真实的房屋买卖合同关系。盛鸿投资公司于 2012 年 11 月 29 日办理预告登记也是为了担保债权得以实现，并非为了实现物权转移，故盛鸿投资公司不享有物权期待权，其为了担保而办理的预告登记不足以排除执行。故二审法院认为盛鸿投资公司的执行异议不符合《最高人民法院关于人民法院办理执行异议和复议案件若干问题的规定》第二十八条、第三十条的规定，改判准予执行案涉房屋并无不当。

——中国裁判文书网。

604. 误汇款后形成的不当得利请求权是否可以阻却该款项的执行

关键词

误汇款　不当得利请求权　阻却执行

最高人民法院裁判文书

深圳市华海粮食有限公司与中国民生银行股份有限公司沈阳分行、锦州市金港粮食贸易有限公司案外人执行异议之诉纠纷案［最高人民法院（2018）最高法民申 1742 号民事裁定书］

裁判要旨：即使申请人主张的存在误汇款的事实成立，其基于涉案存款形成的法律关系应为不当得利之债，而案外人据以提出执行异议主张的实体权利应为物权及特殊情况下的债权，但本案申请

人享有的不当得利请求权属于普通债权，不属于足以阻却执行的特殊债权。

最高人民法院认为，要认定华海公司就涉案存款享有足以排除强制执行的民事权益，须以判定涉案存款的归属为前提。

根据一、二审查明的事实和认定，金港公司和金海洋公司住所地均为XXX，原审判决认为“结合华海公司与金港公司曾存在业务往来关系，金港公司与金海洋公司间存在业务往来和可能的关联关系，不排除本案华海公司向金港公司转款为基于双方间买卖合同关系的结算行为，或华海公司根据金海洋公司指示付款”。《最高人民法院关于适用〈中华人民共和国民事诉讼法〉的解释》第一百零八条第一款规定，对负有举证证明责任的当事人提供的证据，人民法院经审查并结合相关事实，确信待证事实的存在具有高度可能性的，应当认定该事实存在。原审判决依据证据的高度可能性原则，认定华海公司提供的证据尚不能充分证明其主张。如若华海公司主张的存在误汇款的事实成立，其基于涉案存款与金港公司形成的法律关系应为不当得利之债，华海公司享有请求金港公司返还不当利益的债权请求权。依照《最高人民法院关于适用〈中华人民共和国民事诉讼法〉执行程序若干问题的解释》规定，案外人据以提出执行异议主张的实体权利应为物权及特殊情况下的债权，而本案华海公司享有的不当得利请求权属普通债权，不属于足以阻却执行的特殊债权。故，对于华海公司提出的再审申请，因不符合阻却执行的法定情形，本院依照《最高人民法院关于适用〈中华人民共和国民事诉讼法〉的解释》，依法不予支持。

——中国裁判文书网。

605. 案外人不能以被执行人账户中的资金系其误汇为由排除强制执行

关键词

案外人　排除强制执行

最高人民法院审判业务意见（民一庭法官会议意见）

被执行人账户中的资金被执行法院冻结后，案外人以该账户中的资金系其误汇，其系资金的实际所有权人等为由，提起执行异议之诉，请求排除强制执行的，人民法院不予支持。理由：

一、货币作为一种特殊动产，同时作为不特定物，流通性系其基本属性，在银行执行了汇款人意图的情况下，即发生资金交付的效力，货币合法转入产生的民事权利由账户所有人享有，汇入被执行人账户的资金为被执行人责任财产，属于可供执行的财产。

二、基于货币占有即所有的基本原则，即使错误汇款确属事实，对于汇款人而言，错误汇款的法律后果是其对汇入款项账户所有权人享有不当得利请求权，属于债权范畴，而非物权，该不当得利请求权并无优先于其他普通金钱债权的效力，不能排除强制执行。

三、案外人虽然不能以被执行人账户中的资金系其误汇为由排除强制执行，但如果案外人确有证据证明其系错误汇款的，其可依法另行向被执行人主张不当得利返还等。

——最高人民法院民一庭微信公众号，2022 年 1 月 24 日。

606. 案外人将其所有的款项误汇至被执行人账户后被法院冻结扣划，案外人请求排除强制执行的，应否支持

关键词

账户冻结　排除强制执行

附录：最高人民法院法官著述

问：案外人将其所有的款项误汇至被执行人账户，该账户此后因被执行人的债权人申请强制执行而冻结，现案外人以其汇入该账户上的款项系误汇为由，在提出执行异议被驳回后又提起执行异议之诉，请求排除对该款项强制执行的，应否支持？

答：虽然案外人将其所有的款项误汇至被执行人账户的行为缺乏当事人的真实意思表示，但除非法律、司法解释有明确规定的以外（如担保法司法解释规定的保证金质押），对于货币这一种类物，一般均应适用“占有即所有”的规则认定其权属，故该行为并不因欠缺真实意思表示而不能产生转移款项实体权益的法律效果；相反，汇款在到达被执行人账户之时即发生权属转移。

这种受益并没有法律上的理由，可能构成不当得利。《民法典》第九百八十五条规定：“得利人没有法律根据取得不当利益的，受损失的人可以请求得利人返还取得的利益，但是有下列情形之一的除外：（一）为履行道德义务进行的给付；（二）债务到期之前的清偿；（三）明知无给付义务而进行的债务清偿。”据此，不当得利的构成要件为：一方获利，他方受损，一方受利与他方受损具有因果关系，获利无合法根据。在错汇款项的情况下，被执行人虽

然没有相应的意思表示，但在事实上已经因此而获利，即使该款项又因其债权人的申请而被法院强制执行，也不改变其已经获得的事实，因为这导致被执行人因此而清偿了对其债权人相应的债务，案外人当然因此遭受了相应的损失；而被执行人的获利没有合法依据。因此，案外人将其所有的款项误汇至被执行人账户的行为，在案外人与被执行人之间构成了典型的不当得利之债。由此，案外人享有的是不当得利债权，其可以基于不当得利而请求被执行人返还相应款项，法律已经赋予了案外人此种救济途径。

从性质上看，不当得利债权属于普通债权，并不具有优先受偿性。而如果支持了案外人针对该错汇款项提出的执行异议请求，则在实质上是赋予了此种债权优先于其他普通债权获得清偿的权利，这无疑违背了对于普通债权而言的债权平等的基本原则。比如，对于参与分配案件中的普通债权，《最高人民法院关于适用〈中华人民共和国民事诉讼法〉的解释》第五百一十条[①]规定："参与分配执行中，执行所得价款扣除执行费用，并清偿应当优先受偿的债权后，对于普通债权，原则上按照其占全部申请参与分配债权数额的比例受偿。清偿后的剩余债务，被执行人应当继续清偿。债权人发现被执行人有其他财产的，可以随时请求人民法院执行。"因此，对于此种情形下案外人提出的排除执行请求，法院一般不应支持。

——最高人民法院民事审判第一庭编：《民事审判实务问答》，法律出版社 2021 年版，第 394~395 页。

607. 案外人将其所有的款项误划至被执行人账户后被法院冻结扣划的，案外人请求排除强制执行的，不应支持

关键词

案外人　排除强制执行

附录：民事审判信箱

问：案外人将其所有的款项误汇至被执行人账户，该账户此后因被执行人的债权人申请强制执行而被冻结，现案外人以其汇入该账户上的款项系误汇为由，在提出执行异议被驳回后又提起执行异议之诉，请求排除对该款项强制执行的，应否支持？

答：虽然案外人将其所有的款项误划至被执行人账户的行为缺乏当事人

---

① 现为《最高人民法院关于适用〈中华人民共和国民事诉讼法〉的解释》（2022 年修正）第五百零八条。

的真实意思表示，但除非法律、司法解释有明确规定的以外（如担保法司法解释规定的保证金账户质押），对于货币这一种类物，一般均应适用占有即所有的规则认定其权属，故该行为并非因此而不能产生转移款项实体权益的法律效果，相反，汇款在到达被执行人账户之时即发生权属转移。当然，这种受益并没有法律上的理由。《民法总则》第一百二十二条[①]规定：因他人没有合法根据，取得不当利益，受损失的人有权请求其返还不当利益。据此，不当得利的构成要件为：一方获利，他方受损，一方受利与他方受损具有因果关系，获利无合法根据。在错汇款项的情况下，被执行人虽然没有相应的意思表示，但在事实上已经因此而获利，即使该款项又因其债权人的申请而被法院强制执行，也不改变其已经获得的事实，因为这导致被执行人因此而清偿了对其债权人相应的债务；案外人当然因此遭受了相应的损失；而被执行人的获利没有合法依据。因此，案外人将其所有的款项误划至被执行人账户的行为，在案外人与被执行人之间构成了典型的不当得利之债。由此，案外人享有的是不当得利债权，其可以基于不当得利而请求被执行人返还相应款项，法律已经赋予了案外人此种救济途径。从性质上看，该债权属于普通债权，并不具有优先受偿性。而如果支持了案外人针对该错汇款项提出的执行异议请求，则在实质上是赋予了此种债权优先于其他普通债权获得清偿的权利，无疑违背了对于普通债权而言债权平等的基本原则。因此，对于此种情形下案外人提出的排除执行请求，一般不应支持。

此外，需要指出的是，执行异议之诉往往涉及不同当事人的权利冲突，因此在执行异议之诉案件审理中，一定要秉承严格、谨慎的原则，对案外人提出的理由加以严格审查。对于当事人提出的权利保护请求，应当首先基于维护法律规则的稳定与权威、维护交易制度和规则的简明与可预期加以审查，尽可能在现行法律框架内寻求相应的制度和规则依据，而不宜对此轻易突破，否则将可能导致相关当事人权利的失衡乃至法律规则的破坏。

——本书研究组：《案外人将其所有的款项误划至被执行人账户后被法院冻结扣划的，案外人请求排除强制执行的，应否支持》，载最高人民法院民事审判第一庭编：《民事审判指导与参考》2018 年第 3 辑（总第 75 辑），人民法院出版社 2018 年版，第 243~244 页。

---

① 对应《民法典》第一百二十二条。

608. 所有权保留中的取回权行使有障碍，不足以排除执行

关键词

取回权 所有权保留 排除强制执行 执行异议之诉

最高人民法院裁判文书

舟山潍柴产品销售服务有限公司与宁波市江北创源船舶物资有限公司、台州中洲船舶制造有限公司等案外人执行异议之诉案［最高人民法院（2018）最高法民申3732号民事裁定书］

裁判要旨：案外人执行异议之诉中，舟山潍柴公司不能提供证据证明其就案涉执行标的享有足以排除执行的民事权益。一、二审判决驳回其诉讼请求并无不当。

最高人民法院认为：本案为案外人执行异议之诉，审查的核心问题在于舟山潍柴公司对案涉执行标的是否享有足以排除强制执行的民事权益。一、二审判决根据舟山潍柴公司提交的案涉产品购销合同、大额支付系统专用凭证以及2013年9月3日对账函等证据认定截至2013年12月30日华海公司支付舟山潍柴公司案涉设备款项430万元，有相关证据证明。相关执行案件所执行的标的系案涉两艘船舶，而非案涉机组设备。根据原审法院现场查看情况，案涉“兴航21”和“兴航22”轮建造进度已过大半，案涉机组设备除1台GWC6675齿轮箱外，均已安装于两艘船舶内部的固定位置，已经与船舶其他部件形成了一个整体。二审判决认为如果拆除案涉机组设备，不仅会产生较大的费用，还将对案涉船舶的整体价值产生重大影响，与经济原则不符，并无不当。舟山潍柴公司关于案涉机组设备未实际安装并与船舶形成一个整体，脱离船舶不会损坏船舶，以及对船舶整体价值不会产生重大影响的主张不能成立。舟山潍柴公司不能提供证据证明其就案涉执行标的享有足以排除执行的民事权益。一、二审判决驳回其诉讼请求并无不当。

——中国裁判文书网。

609. 账户借用人能否排除强制执行

关键词

财产冻结　执行异议　排除强制执行　账户借用人　实际权利人

最高人民法院审判业务意见（民事审判第一庭法官会议纪要）

人民法院因执行被执行人财产冻结了被执行人名下账户，案外人以其系该被冻结账户的借用人和该账户中资金的实际权利人为由，请求排除强制执行的，人民法院能否支持其诉讼请求？

被执行人账户被执行法院冻结后，案外人以其系账户的借用人和账户中资金的实际权利人为由提起执行异议之诉，请求排除强制执行的，除法律、行政法规另有规定外，人民法院应不予支持。理由：一、《民法典》第二百二十四条规定："动产物权的设立和转让，自交付时发生效力，但法律另有规定的除外。"《人民币银行结算账户管理办法》（中国人民银行令〔2003〕第5号）第四十五条第二款规定，存款人不得出租、出借银行结算账户，第六十五条第一款第四项亦规定，存款人使用银行结算账户，不得有出租、出借银行结算账户的行为。二、货币作为一种特殊动产，同时作为不特定物，流通性系其基本属性，货币占用即所有，账户借用人违规借用银行账户，由此带来的风险应自行承担。三、"法律、行政法规另有规定"，主要是指，法律或司法解释等明确特殊账户有专款专用的安排，实质上不属于开户人所有，经法定程序可以解除冻结相应款项。如以相关基金会、政府监管账户名义开立的生态损害修复赔偿金账户。再如，最高人民法院、人力资源社会保障部、中国银保监会发布的《关于做好防止农民工工资专用账户资金和工资保证金被查封、冻结或者划拨有关工作的通知》对农民工工资账户的安排。

——《账户借用人不能排除强制执行（最高人民法院民事审判第一庭2021年第22次专业法官会议纪要）》，载最高人民法院民事审判第一庭编：《民事审判指导与参考》2021年第4辑（总第88辑），人民法院出版社2022年版，第228~229页。

610. 借名账户为被执行人实际控制使用，可以采取执行措施

关键词

借名账户　执行措施　执行异议之诉

最高人民法院裁判文书

抚顺市顺新经济建设投资有限公司与薛亚珍、抚顺市春泉房地产开发有限公司案外人执行异议之诉案［最高人民法院（2018）最高法民申 1192 号民事裁定书］

裁判要旨：有证据证明登记在案外人名下的账户实际为被执行人所有的，对案外人名下的财产可以采取执行措施。

最高人民法院认为：根据案情及法律规定，顺新公司的申请再审事由不能成立，理由如下：

《最高人民法院关于适用〈中华人民共和国民事诉讼法〉的解释》第三百一十二条①规定，对案外人提起的执行异议之诉，人民法院经审理，按照下列情形分别处理：（一）案外人就执行标的享有足以排除强制执行的民事权益的，判决不得执行该执行标的；（二）案外人就执行标的不享有足以排除强制执行的民事权益的，判决驳回诉讼请求。原审判决驳回顺新公司的诉讼请求合法有据。一方面，涉案账户的权利人应认定为春泉公司。根据本案事实，涉案账户是依据春泉公司与抚顺市顺城区政府之间《借用专项资金协议书》关于资金出借、监管的约定而由顺新公司设立的，账户内资金除来源于春泉公司向顺城区政府借款 3300 万元外，另有春泉公司售房款、物业费等收入 29028539.31 元，而上述资金收入总额 62067571.27 元，无论是向政府借款还是经营收入，均属春泉公司所有。该账户支出的 45267462.32 元系收款方春泉公司卧龙湾项目的施工企业和材料供应商等，亦属于春泉公司经营支出。根据涉案账户的设立、使用及资金收支情况，应认定春泉公司为权利人。在此情况下，顺新公司仅以涉案账户登记在其名下为由主张其为该账户权利人，与事实不符，其主张不应支持。原审判决认定事实和适用法律并无不当。另一方面，顺新公司没有证据证明其对账户内资金享有排除执行的合法权益。涉案《借用专项资金协议书》虽约定，"春泉公司所有收入必须存入顺城区政府指定的账户，顺城区政府扣除春泉公司应承担借款本息后剩余部分归还春泉公司。"但顺新公司没有证据证明涉案账户为指定还款账户或者账户内资金为春泉公司偿还政府借款。即使账户确为指定还款账户，因春泉公司作为企业法人应以其全部资产对其债权人承担偿还欠款的责任，上述约定损害了春泉公司其他债权人的合法权益，也不能以此对抗春泉公司的其他具有同等地

① 现为《最高人民法院关于适用〈中华人民共和国民事诉讼法〉的解释》（2022 年修正）第三百一十条。

位的债权人。

——中国裁判文书网。

611. 案外人与被执行人关于银行账户使用的内部约定是否足以排除强制执行

关键词

案外人执行异议之诉　内部约定　排除强制执行

最高人民法院裁判文书

张玉林与眢加清、邓安国案外人执行异议之诉纠纷案［最高人民法院（2021）最高法民申 3526 号民事裁定书］

裁判要旨：货币属于具有高度可替代性的种类物，自交付时发生转移而成为银行账户载明的权利人的责任财产，故权利人应按照金融机构登记的账户名称进行判断。案外人与被执行人关于银行账户借用、使用等内部约定不能对抗善意第三人，不能排除对账户资金的强制执行。

最高人民法院经审查认为，关于张玉林称不能因案涉银行卡曾在特殊情况下用于公司经营活动而归属于公司，卡内资金为其个人所有且案涉资金为其投资收益的主张，根据《物权法》第二十三条[①]规定，货币作为特殊动产，属于种类物，具有高度可替代性，交付后不能发生返还请求权，仅能基于债权关系提出相应的请求。只要货币合法转入银行账户，自交付时发生转移而成为银行账户载明的权利人的责任财产。张玉林主张其借用邓安国名义办理银行卡，其与邓安国关于借用银行卡的内部约定不能对抗善意第三人，不能排除邓安国的债权人对该资金账户的执行。张玉林未能举证证明其对执行标的享有足以排除强制执行的民事权益，应承担举证不利的法律后果。原审判决认定张玉林对案涉账户内被冻结的 285990 元并不享有排除执行的民事权益并无不当，张玉林申请再审的理由不能成立。

——中国裁判文书网。

---

① 对应《民法典》第二百二十四条。

612. 名为买卖实为借贷的债权人能否排除房屋的强制执行

关键词

排除强制执行

最高人民法院裁判文书

李东东等与盘锦龙驿房地产开发有限公司案外人执行异议之诉案［最高人民法院（2021）最高法民申 4142 号民事裁定书］

裁判要旨：《最高人民法院关于审理民间借贷案件适用法律若干问题的规定》（法释〔2015〕18 号）第二十四条规定："当事人以签订买卖合同作为民间借贷合同的担保，借款到期后借款人不能还款，出借人请求履行买卖合同的，人民法院应当按照民间借贷法律关系审理，并向当事人释明变更诉讼请求。当事人拒绝变更的，人民法院裁定驳回起诉。"如案涉《商品房买卖合同》真实法律关系性质并非房屋买卖，而系作为债务履行的一种非典型担保，则相关债权人不属于买受人，其对案涉房屋不享有足以排除强制执行的民事权益。

最高人民法院认为，本案再审审查焦点问题为：案涉 17 份《商品房买卖合同》真实法律关系及李东东、王可对案涉 17 套房屋是否享有足以排除强制执行的民事权益。结合本案事实及相关法律规定，本院对上述争议焦点综合评判如下：

首先，在李东东、王可与龙驿公司签订案涉 17 份《商品房买卖合同》后，李东东个人又与龙驿公司签订了 1 份《借款协议》，借款协议明确约定出借款项的付款方式为案外人李长江（李东东叔叔）通过其工商银行账户向案外人长安国际信托股份有限公司（以下简称长安信托）转账 485 万元。后李长江按约向长安信托转账 485 万元。李东东、王可虽称该转账系支付购房款，但该支付方式与支付金额与《借款协议》中约定一致，且李东东、王可在向一审法院执行庭提出书面异议时自认其与龙驿公司签订的包含本案 17 份《商品房买卖合同》在内的 22 份合同均为龙驿公司为向其借款而提供的担保。《最高人民法院关于审理民间借贷案件适用法律若干问题的规定》（法释〔2015〕18 号）第二十四条[①]规定："当事人以签订买卖合同作为民间借贷合同的担保，借款到期后借款人不能还款，出借人请求履行买卖合同的，人民法院应当按照民间借贷法律关系审理，并向当事人释明变更诉讼请求。当事人拒绝变更的，人民法院裁定驳回起诉。"故案涉 17 份《商品房买卖合同》真实法律关系性质并非房屋买卖，而系作为债务履行的一种非典型担保。因李东东、王可与龙驿公司之间不具备房屋买卖关系，李东东、王可不属于买受人，故一、二审法院认定其对案涉房屋不享有足以排除强制执行的民事权益并无不当。

其次，案涉房屋并未登记在李东东、王可名下，其二人仅进行了商品房买卖合同的备案登记，其不具有物权变动性质，仅为行政机关对于商品房买卖合同进行管理的一项措施。故李东东、王可关于其对案涉房屋进行备案登记，所以案涉房屋已不在龙驿公司名下的再审主张不成立。

最后，关于龙驿公司与李延英债权债务是否消灭的问题。因龙驿公司并未提交案件终结执行的相关法律文书，如其认为已经偿还李延英相关债务，应向执行法院主张，本案系案外人执行异议之诉案件，该主张不属于本案审查范围，故对李东东、王可该项再审事由不予审查。

——中国裁判文书网。

613. 借名人依据规避国家限购政策的借名买房合同关系，不能排除对案涉房屋的执行

关键词

限购政策　借名买房　公序良俗　排除强制执行

最高人民法院裁判文书

辽宁中集哈深冷气体液化设备有限公司与徐沛欣、曾塞外案外人执行异议之诉案［最高人民法院（2020）最高法民再 328 号民事判决书］

裁判要旨：借名人与出名人为规避国家限购政策签订的借名买房合同，目的在于规避国务院和北京市的限购政策，通过投机性购

① 现为《最高人民法院关于审理民间借贷案件适用法律若干问题的规定》（2020 年修正）第二十四条，内容改为：当事人以订立买卖合同作为民间借贷合同的担保，借款到期后借款人不能还款，出借人请求履行买卖合同的，人民法院应当按照民间借贷法律关系审理，当事人根据法律审理情况变更诉讼请求的，人民法院应当准许。

房获取额外不当利益。司法对于此种行为如不加限制而任其泛滥，则无异于纵容不合理住房需求和投机性购房快速增长，鼓励不诚信的当事人通过规避国家政策红线获取不当利益，不但与司法维护社会诚信和公平正义的职责不符，而且势必导致国家房地产宏观调控政策落空，阻碍国家宏观经济政策落实，影响经济社会协调发展，损害社会公共利益和社会秩序。故借名人与出名人为规避国家限购政策签订的借名买房合同因违背公序良俗而无效，借名人依据规避国家限购政策的借名买房合同关系，不能排除对案涉房屋的执行。

最高人民法院认为：关于案涉房屋过户前徐沛欣能否依据规避国家限购政策的借名买房合同关系成为房屋所有权人并排除执行。2010年4月17日发布的《国务院关于坚决遏制部分城市房价过快上涨的通知》（国发〔2010〕10号），是基于部分城市房价、地价出现过快上涨势头，投机性购房再度活跃，增加了金融风险，不利于经济社会协调发展的现状，为切实稳定房价、抑制不合理住房需求、严格限制各种名目的炒房和投机性购房，切实解决城镇居民住房问题而制定的维护社会公共利益和社会经济发展的国家宏观经济政策。该通知授权“地方人民政府可根据实际情况，采取临时性措施，在一定时期内限定购房套数。”北京市人民政府为贯彻落实该通知要求而提出有关具体限购措施的京政办发〔2011〕8号文件，系依据上述国务院授权所作，符合国家宏观政策精神和要求。徐沛欣在当时已有两套住房的情况下仍借曾塞外之名另行买房，目的在于规避国务院和北京市的限购政策，通过投机性购房获取额外不当利益。司法对于此种行为如不加限制而任其泛滥，则无异于纵容不合理住房需求和投机性购房快速增长，鼓励不诚信的当事人通过规避国家政策红线获取不当利益，不但与司法维护社会诚信和公平正义的职责不符，而且势必导致国家房地产宏观调控政策落空，阻碍国家宏观经济政策落实，影响经济社会协调发展，损害社会公共利益和社会秩序。故徐沛欣与曾塞外为规避国家限购政策签订的《房产代持协议》因违背公序良俗而应认定无效，徐沛欣依据规避国家限购政策的借名买房合同关系，不能排除对案涉房屋的执行。

614. 当事人主张通过民事调解书取得案涉财产物权请求停止执行的请求能否获得支持

关键词

民事调解书

最高人民法院裁判文书

惠民农商行与蔡京元、惠民化工公司申请执行人执行异议之诉纠纷案

［最高人民法院（2021）最高法民申 3715 号民事裁定书］

裁判要旨：就人民法院出具的民事调解书而言，应限于导致物权变动的形成性文书，即在实体上具有在当事人之间形成或创设某种物权变动效果的调解书才属于法律规定的“导致物权设立、变更、转让或者消灭的”法律文书。且形成性文书在确定之时，无须强制执行即自动发生法律关系变动的效果。

结合惠民农商行的诉讼请求、人民法院出具的调解书以及惠民农商行申请强制执行的事实等分析，惠民农商行依据的调解书性质为给付性文书，并不属于前述法律和司法解释规定的导致物权变动的形成性文书，其对案涉房产土地并不享有物权。二审判决认定惠民农商行对案涉土地房产不享有排除强制执行的民事权益，并无不当。

最高人民法院认为，结合惠民农商行再审申请书载明的事由及其提供的证据，最高人民法院应主要审查的问题为：惠民农商行对案涉土地房产是否享有足以排除强制执行的民事权益。

根据已查明的有关事实，惠民农商行与惠民化工公司、赵林元、赵静、张爱民、丁惠田、魏晶晶以及第三人山东滨州魏氏庄园酒业有限公司、赵文金融借款合同纠纷，起诉至山东省惠民县人民法院，请求依法判令惠民化工公司、赵林元、赵静、张爱民、丁惠田、魏晶晶偿还贷款本金及利息。2011年5月21日，山东省惠民县人民法院作出（2011）惠商初字第491号民事调解书，对惠民农商行与惠民化工公司等金融借款合同纠纷一案的调解协议进行了确认。而从本案的纠纷情况看，本案为申请执行人执行异议之诉，针对蔡京元提出的有关准许案涉土地房产的诉讼请求，惠民农商行提出阻却蔡京元对案涉土地房产申请强制执行的诉讼请求，理由主要为根据山东省惠民县人民法院作出（2011）惠商初字第491号民事调解书取得案涉财产的物权，能够足以排除强制执行。由此，惠民农商行能否基于前述民事调解书取得案涉土地房产的物权，享有排除强制执行的民事权益则是本案的关键所在。

《物权法》第二十八条[①]规定：“因人民法院、仲裁委员会的法律文书或者人民政府的征收决定等，导致物权设立、变更、转让或者消灭的，自法律

① 对应《民法典》第二百二十九条。

文书或者人民政府的征收决定等生效时发生效力。"根据前述规定，已发生法律效力的法律文书为引起物权变动的原因之一。而针对发生物权变动效力的人民法院、仲裁委员会的法律文书的类型或者范围，根据《最高人民法院关于适用〈中华人民共和国物权法〉若干问题的解释（一）》第七条[①]有关"人民法院、仲裁委员会在分割共有不动产或者动产等案件中作出并依法生效的改变原有物权关系的判决书、裁决书、调解书，以及人民法院在执行程序中作出的拍卖成交裁定书、以物抵债裁定书，应当认定为物权法第二十八条所称导致物权设立、变更、转让或者消灭的人民法院、仲裁委员会的法律文书"的规定，就人民法院出具的民事调解书而言，应限于导致物权变动的形成性文书，即在实体上具有在当事人之间形成或创设某种物权变动效果的调解书才属于法律规定的"导致物权设立、变更、转让或者消灭的"法律文书。且形成性文书在确定之时，无须强制执行即自动发生法律关系变动的效果。结合惠民农商行的诉讼请求、人民法院出具的调解书以及惠民农商行申请强制执行的事实等分析，惠民农商行依据的调解书性质为给付性文书，并不属于前述法律和司法解释规定的导致物权变动的形成性文书，其对案涉房产土地并不享有物权。二审判决认定惠民农商行对案涉土地房产不享有排除强制执行的民事权益，并无不当。

——中国裁判文书网。

615. 执行过程中，案外人对未作房屋初始登记的执行标的物主张所有权并请求中止执行，法院不予认可

关键词

房屋初始登记　执行异议

最高人民法院裁判文书

上海鼎一仓储物流有限公司与上海金工建设（集团）有限公司、上海宏峰金属制品有限公司案外人执行异议之诉案［最高人民法院（2015）民申字第3301号民事裁定书］

裁判要旨：实际占有、使用未进行产权登记的房屋的案外人，如不能证明其对该房屋享有所有权或其他足以排除执行的权利，则即便被执行人明确认可该案外人的权利，法院仍不会支持其中止执

① 对应《最高人民法院关于适用〈中华人民共和国民法典〉物权编的解释（一）》第七条。

行的诉请。

最高人民法院经审查认为：根据鼎一公司与宏峰公司签订的《土地使用权及房屋租赁协议》和《土地使用权及房屋租赁补充协议》以及宏峰公司与金工公司签订的施工合同，由金工公司施工所建的涉案房屋的所有权归属于宏峰公司，在合同约定的期限内由鼎一公司向宏峰公司交纳租金并进行租赁使用。新建成的 2 号厂房尚未办理房屋产权初始登记，根据相关规定，未登记的建筑物和土地使用权，依据土地使用权的审批文件和其他相关证据确定权属。因此，根据已经查明的相关事实，直至本案原审期间宏峰公司仍是华丹路 ××× 号房地产（包括 × 号厂房）的用地单位，故原判决认定 × 号厂房为宏峰公司所有是正确的。即使鼎一公司提供了一些证据材料以证明金工公司在其他场合表述过该厂房系由鼎一公司出资建设的意见，但该证据并不足以否定原判决认定该厂房属于宏峰公司所有的事实。因此，本案中鼎一公司只举证证明了其与宏峰公司之间曾经签订过租赁合同，但确实并未完成证明其对 × 号厂房享有所有权或有其他足以阻止对该厂房转让、交付实体权利的举证责任，原判决认定鼎一公司没有提供充分证据证明其对 × 号厂房享有所有权或有其他足以阻止对该厂房转让、交付的实体权利，因此不支持其要求停止对 × 号厂房的执行并确认该厂房归其所有的诉讼请求，不存在鼎一公司在再审申请中提出的基本事实缺乏证据证明和适用法律错误的情形。

虽然被执行人宏峰公司对鼎一公司的权利主张表示认可，并认为作为执行依据的仲裁裁决和人民法院驳回宏峰公司申请撤销仲裁裁决的裁定是错误的，但仲裁机构作出的（2011）沪仲案字第 0314 号仲裁裁决和人民法院驳回宏峰公司申请撤销裁决的（2013）沪一中民四（商）撤字第 2 号裁定是否正确，均非本执行异议之诉案件的审理范围，鼎一公司和宏峰公司要求对上述裁决和裁定进行审理，缺乏法律依据，本院对此不予审查。

——中国裁判文书网。

616. 案外人明知房屋未依法登记取得房产证依旧受让的，不能排除强制执行

关键词

未取得房屋产权证　以房抵债

最高人民法院裁判文书

抚顺市国信典当有限公司与抚顺银行股份有限公司东洲支行及辽宁巨融

融资担保有限公司等案外人执行异议之诉案［最高人民法院（2021）最高法民申 3814 号民事裁定书］

裁判要旨：《城市房地产管理法》第三十八条规定："下列房地产，不得转让……（六）未依法登记领取权属证书的"，自建房屋仍在尚未取得案涉扩建房屋的产权登记证书情况下，与案外人就扩建房屋签订以房抵债协议，且案外人对此系明知，案外人享有物权期待权，亦不享有足以排除强制执行的民事权利。

最高人民法院经审查认为，本案再审审查焦点问题为：国信典当公司对案涉房屋是否享有足以排除强制执行的民事权利。结合本案事实及相关法律规定，最高人民法院对上述争议焦点综合评判如下：

《城市房地产管理法》第三十八条规定："下列房地产，不得转让……（六）未依法登记领取权属证书的"，王涛、柳昭日在尚未取得案涉扩建房屋的产权登记证书情况下，即与国信典当公司就扩建房屋签订以房抵债协议，且国信典当公司对此系明知，故国信典当公司不能依据与其二人签订的以房抵债协议对案涉房屋享有物权期待权，亦不享有足以排除强制执行的民事权利。另，本案系案外人异议之诉案件，审理范围应为案外人对执行标的是否享有足以排除强制执行的权利，一、二审对国信典当公司不属于案外人异议之诉审理范围的诉请不予审理并无不当。

——中国裁判文书网。

617. 仅依据以房抵债协议能否主张排除强制执行

关键词

案外人执行异议之诉　以房抵债　排除强制执行

最高人民法院裁判文书

曹金川与黄劲松等案外人执行异议之诉案［最高人民法院（2021）最高法民申 3231 号民事裁定书］

裁判要旨：以房抵债协议系以消灭金钱之债为目的的抵债方式，当事人并不享有房屋买受人的物权期待权，亦不属于建设工程价款优先受偿的主体范畴。在未完成物权变动登记的情况下，仅依据《以房抵债协议》主张排除对案涉房产的强制执行，人民法院不

予支持。

最高人民法院经审查认为，热力公司与玄凯公司签订《以房抵债协议》并约定将涉案房屋抵偿至曹金川名下，仅系以消灭金钱之债为目的的抵债方式。曹金川并不享有房屋买受人的物权期待权，亦不属于建设工程价款优先受偿的主体范畴。在未完成物权变动登记的情况下，曹金川仅依据《以房抵债协议》主张排除对案涉房产的强制执行，不能成立。

——中国裁判文书网。

618. 争议股权登记在被执行人名下，隐名股东不能对抗名义股东的债权人对该股权申请强制执行

关键词

争议股权　隐名股东　显名股东　强制执行

最高人民法院裁判文书

青海百通高纯材料开发有限公司与交通银行股份有限公司青海省分行及青海鑫通矿业有限公司案外人执行异议之诉案［最高人民法院（2017）最高法民终100号民事判决书］

裁判要旨：对股权的强制执行，涉及内部关系的，基于当事人的意思自治来解决。涉及外部关系的，根据工商登记来处理。工商登记是对公司股权情况的公示，与登记股东进行交易的善意第三人及登记股东的债权人有权信赖工商机关登记的股权情况，该信赖利益应当得到法律的保护。在案涉股份的实际出资人与公示出来的登记股东不符的情况下，法律优先保护信赖公示的与登记股东进行交易的善意第三人及登记股东的债权人的权利，而将实际投资人的权利保护置于这些人之后。

最高人民法院经审查认为：本案的争议焦点是：百通材料公司关于其系案涉股权实际出资人的事实，能否排除人民法院的强制执行。百通材料公司就案涉股权不享有足以排除强制执行的民事权益，不能排除人民法院的强制执行，具体理由如下：

第一，根据公示公信原则，对股权的强制执行，涉及内部关系的，基于当事人的意思自治来解决。涉及外部关系的，根据工商登记来处理。《中华人

民共和国公司法》（以下简称《公司法》）第三十二条第三款规定：“公司应当将股东的姓名或者名称及其出资额向公司登记机关登记；登记事项发生变更的，应当办理变更登记。未经登记或者变更登记的，不得对抗第三人。”据此，最高人民法院认为，工商登记是对公司股权情况的公示，与登记股东进行交易的善意第三人及登记股东的债权人有权信赖工商机关登记的股权情况，该信赖利益应当得到法律的保护。换言之，根据《公司法》该条款的规定，经过公示体现出来的权利外观，导致第三人对该权利外观产生信赖，即使真实状况与第三人的信赖不符，只要第三人的信赖合理，第三人的信赖利益就应当受到法律的优先保护。这里所说的优先保护，就本案而言，是指在案涉股份的实际出资人与公示出来的登记股东不符的情况下，法律优先保护信赖公示的与登记股东进行交易的善意第三人及登记股东的债权人的权利，而将实际投资人的权利保护置于这些人之后。据此，由于股权的实际出资人在对外关系上不具有登记股东的法律地位，所以其不能以其与登记股东之间的内部约定，来对抗与登记股东进行交易的善意第三人及登记股东的债权人。因此，当登记股东因其未能清偿到期债务而成为被执行人时，该股份的实际出资人不得以此对抗登记股东的债权人对该股权申请强制执行。也就是说，登记股东的债权人依据工商登记中记载的股权归属，有权申请对该股权强制执行。本案中，百通材料公司虽然是案涉股权的实际出资人，但是鑫通公司却是案涉股权的登记股东，交通银行青海省分行是鑫通公司的债权人，基于上述法律规定，百通材料公司就案涉股权不享有对抗交通银行青海省分行申请强制执行的权利。

第二，百通材料公司在上诉时提到，案涉股权资产已经处分，不应当也不可能再成为执行标的。最高人民法院认为，不论该主张是否属实，但是该问题与本案所要解决的百通材料公司能否排除人民法院的强制执行的问题，不是一回事。本案所要解决的是能否排除强制执行的问题，而百通材料公司上诉时提到的该问题是能否实际执行到位的问题。本案所要解决的问题是百通材料公司上诉时提到的该问题的前提。故该上诉理由不能成立。

第三，百通材料公司在上诉时提到的“一审判决未能准确区分执行异议审查和执行异议之诉的区别，以异议审查方式处理异议之诉涉及的实体问题，显为不当”这一理由也不成立。最高人民法院认为，和审判程序不同，执行程序的主要目的是迅速实现债权人经过生效法律文书确定的债权，效率是其基本价值取向。执行异议和复议程序的目的是解决执行过程中衍生的程序和实体争议，实际是执行程序的子程序，其价值取向毫无疑问仍是效率。效率主要体现在三个方面：一是救济有限。为了防止异议人滥用异议权阻止执行，《执行异议复议规定》第六条对异议人提出异议的情形作了明确规定。二是书面审查。执行行为是公法行为，其合法与否根据卷宗记载即可判明。对案外人异议，由于定位为异议之诉前的程序审查，根据当事人提交的证据材料和执行卷宗一般亦可满足形式审查的要求。所以，为了避免拖延，书面审查是审查执行异议和复议案件的主要方式。只有案情复杂、争议较大的案件，才开庭听证。三是形式审查。由于只有 15 日的审查期间，且有异议之诉最终裁判，所以原则上根据这些标的的权利外观表象来判断权属，只有无法根据权利外观判断或者法律和司法解释有特殊规定时，才进行实质审查。虽然如此，但并不能据此就得出这样的结论：执行异议和复议的审查方法是形式审查，执行异议之诉的审查方法是实质审查。形式审查就是要保护形式上的权利人，就本案而言就是要保护登记股东的债权人，实质审查就是要保护实际权利人，就本案而言就是要保护实际出资人的权利。这是上诉人的误解，这种观点也没有法律依据。实际上，形式审查也好，实质审查也罢，法律的精神应该是一致的，二者本应该统一。二者的区别只是在于，因为执行异议和复议程序强调的是效率，审查的期间只有 15 日，所以多用形式审查，但并不排除其也可以进行实质审查。执行异议之诉所要解决的是依法应该优先保护谁，进行实质审查的目的只是在于将争议事实查得更清楚、更明白，而不是说因为进行了实质审查，所以就要优先保护实际权利人，就本案而言就要优先保护实际出资人。究竟应该保护登记股东的债权人，还是争议股权的实际出资人，那要看法律如何规定。《公司法》第三十二条第三款对此规定的已经很明确，于此不赘。

第四，实际出资人百通材料公司让登记股东鑫通公司代持股权，其一定获得某种利益。根据风险与利益相一致的原则，百通材料公司在获得利益的同时，也应当承担相应的风险，该风险就包括登记股东代持的股权被登记股东的债权人申请强制执行，本案就属于这种情况。当然，该风险还包括登记股东转让代持的股权或者将该股权出质。

第五，从司法的引导规范功能来看，案涉股权登记在被执行人鑫通公司名下，依法判决实际出资人百通材料公司不能对抗被执行人鑫通公司的债权人对该股权申请强制执行，还有利于净化社会关系，防止实际出资人违法让他人代持股份或者规避法律。

——中国裁判文书网。

619. 股权实际出资人享有的权益是否足以排除强制执行

关键词

案外人执行异议之诉　股权代持

最高人民法院裁判文书

高速物流公司与新富公司、马云普案外人执行异议之诉案［最高人民法院（2021）最高法民终 397 号民事裁定书］

裁判要旨：《公司法》第三十二条第三款规定公司股东未经登记或者变更登记的，不得对抗第三人。股权登记在特定人名下，该股权就成为该特定人对外公示的责任财产的一部分，第三人基于对该人总体责任财产的信赖与该人发生交易，此时第三人对总体责任财产形成的信赖应予保护。在诉讼中第三人就股权申请执行，实际是其实现信赖利益的法律方式。因案涉股权一直登记在代持股东名下，债权人在接受担保时可以对代持股东名下包括案涉股权在内的所有责任财产产生信赖，该信赖利益在诉讼执行中应予保护，股权实际出资人不能阻却执行。

最高人民法院认为，本案争议焦点是新富公司对案涉股权是否享有足以排除强制执行的权利。新富公司以其与马云普之间构成股权代持为由主张排除高速物流公司申请的执行。实际上，即使马云普与新富公司间系股权代持关系，新富公司系案涉股权的实际出资人，新富公司也不能阻却高速物流公司申请的执行。理由是：一方面，从信赖利益保护的角度看新富公司不能阻却执行。《公司法》第三十二条第三款规定公司股东未经登记或者变更登记的，不得对抗第三人。参照这一法理，股权登记在特定人名下，该股权就成为该特定人对外公示的责任财产的一部分，第三人基于对该人总体责任财产的信赖与该人发生交易，此时第三人对总体责任财产形成的信赖应予保护。在诉讼中第三人就股权申请执行，实际是其实现信赖利益的法律方式。本案中，即使马云普是在高速物流公司与泰恒特钢发生交易后才向高速物流公司提供担保，但因案涉股权一直登记在马云普名下，所以高速物流公司在接受担保时可以对马云普名下包括案涉股权在内的所有责任财产产生信赖。经侯珊珊申请岫岩法院虽于 2016 年 1 月冻结了案涉股权，但因最高人民法院 1819 号民事判决终审判令驳回侯珊珊提出的高速物流公司不得执行案涉股权的诉讼请求，所以高速物流公司享有的上述信赖利益在诉讼执行中应予保护。新富公司主张马云普的事后担保只是加强保证而谈不上高速物流公司享有信赖利益，难以成立，最高人民法院对其主张不予支持。另一方面，金融机构的出资人采取代持方式来持有股权，应当承担不利后果。马云普、新富公司出资时仍生效的《村镇银行管理暂行规定》第二十五条规定，单一非银行金融机构或单一非金融机构企业法人及其关联方持股比例不得超过村镇银行股本总额的 10%。如果马云普系代新富公司持有案涉股权，那么新富公司及其关联方马云普的持股比例将达到 19.8%，大幅超过 10% 的限额，这种代持显然违反上述暂行规定。新富公司、马云普间如果构成代持，这种代持关系不仅对正常金融监管中识别持股超限额的股东造成困扰，而且将导致单一出资人新富公司对金融机构金玉村镇银行的过度控制，威胁金玉村镇银行稳健经营，增加了金融风险。此时，如果还承认和保护新富公司通过代持创设的利益和权利格局，客观上会产生鼓励实际出资人逃避金融监管的后果。本案中即使构成代持，由新富公司承担不能阻却执行的不利后果有利于与国家金融监管相向而行，形成合力，制止金融机构中的违法股权代持行为。

综上，新富公司提出的不得执行案涉股权之主张，事实和法律依据不足。高速物流公司的上诉请求成立，本院予以支持。一审判决认定事实基本清楚，但适用法律欠当，本院予以纠正。

——中国裁判文书网。

620. 投资收益分配请求权是普通债权，不能排除强制执行

关键词

执行异议之诉　投资收益分配请求权　排除强制执行

最高人民法院裁判文书

埃克森公司执行异议之诉案［最高人民法院（2021）最高法民申 5867 号民事裁定书］

裁判要旨：合伙投资人将项目的所谓“投资收益权”转让给第三人，实际上转让的是投资收益分配请求权，是一种普通债权。第三人不能依据该权利对在先执行的普通债权排除强制执行。

最高人民法院认为，关于埃克森公司依据《协议书》受让的权利是否能够排除强制执行的问题。首先，依据 2011 年 12 月 22 日华商科技公司与安泰公司、案外人严永有和陆华平就东方丽都项目签订的《项目投资协议书》，华商科技公司按照投资金额对项目享有 20% 的投资收益。按照合同约定投资权益转让应经过其他三方投资人的同意，华商科技公司的投资收益权为投资权益的一部分，未经其他投资人同意不能单独转让。埃克森公司依据 2014 年 9 月 24 日华商科技公司、埃克森公司、华商钢铁公司、骆垠旭四方签订的《协议书》，所取得的是在投资收益确定后请求给付的权利，本质上还是一

种普通债权，并非埃克森公司所主张的投资收益权，埃克森公司也并未取代华商科技公司享有投资收益权。其次，由于债权转让时东方丽都项目尚未决定分配投资收益，埃克森公司可在合伙人会议作出分配的决议后，依据《协议书》的约定请求安泰公司向其给付应当分配给华商科技公司的投资收益。2017年6月5日，安泰公司东方丽都项目合伙人会议最终确认了东方丽都项目投资收益分配，从而确定了华商科技公司应享有的投资收益。投资收益系分配给华商科技公司，并非埃克森公司。故，埃克森公司并未实际取得案涉债权，在项目合伙人会议决定分配后，其请求给付投资收益的债权，不能优先于蓝海公司对华商科技公司查封在先的债权，不能排除本案标的物的执行。

案涉投资收益已经固化为房产，但该房产系分配给华商科技公司，并未分配给埃克森公司，埃克森公司的债权亦不能排除执行，埃克森公司要求解除房屋的查封并要求确认所有权以及要求安泰公司协助办理房屋权属转移登记手续，无事实和法律依据，依法不予支持。

——中国裁判文书网。

621. 显名股东的债权人是否有权申请强制执行其代持股份

关键词

隐名股东　代持股权　显名股东　强制执行

最高人民法院裁判文书

龚喻军与肖金华、百乐公司等案外人执行异议之诉案［最高人民法院（2021）最高法民申4220号民事裁定书］

裁判要旨：公司名义股东与隐名股东之间属代持股关系，隐名股东为因合同关系享有投资权益的公司外部人，其取得投资权益的基础是与显名股东之间的合同关系，而非对公司的显名持股关系，即其因实际出资而享有收益权，但并非直接取得股东资格。依法进行登记的公司股东，对外具有公示效力，对公司债权人及显名股东的债权人产生信赖利益。因此，当显名股东因其未能清偿到期债务而成为被执行人时，其债权人依据工商登记中记载的股份归属，有权向人民法院申请对该股份的强制执行。

最高人民法院经审查认为，根据新泰公司工商登记记载，新泰公司由百乐公司和新钢公司两个股东组成，分别占新泰公司60%和40%股份。2016

年6月21日龚喻军与百乐公司签订的《代持股协议书》约定，百乐公司作为名义股东代龚喻军持有新泰公司的股份，即龚喻军系百乐公司持有的新泰公司60%股份的隐名股东。根据《公司法》的规定，依法进行登记的股东，对外具有公示效力。隐名股东在公司对外关系上不具有公示股东的法律地位。因此，当显名股东因其未能清偿到期债务而成为被执行人时，其债权人依据工商登记中记载的股份归属，有权向人民法院申请对该股份的强制执行。就本案而言，百乐公司因其未能清偿到期债务而成为被执行人时，肖金华作为百乐公司债权人依据工商登记中记载的股份归属，有权向人民法院申请对案涉股份的强制执行。故，一、二审判决驳回龚喻军要求终止执行案涉股份的诉请，适用法律并无不当。

在代持股关系中，隐名股东为因合同关系享有投资权益的公司外部人，其取得投资权益的基础是与显名股东之间的合同关系，而非对公司的持股关系，即其因实际出资而享有收益权，但并非直接取得股东资格。根据《〈公司法〉解释（三）》第二十四条的规定，取得股东资格是以具备法定外观形式为必要条件，若隐名股东请求成为公司股东，则需经过半数以上股东同意。本案中，龚喻军为隐名股东的原因为新钢公司有仅与法人合作的商业惯例，这也说明，新钢公司从签订协议之初亦无同意龚喻军成为新泰公司对外公示股东的意思表示。且新钢公司作为新泰公司另一个大股东并未参与本案诉讼，龚喻军亦没有提交证据证明新钢公司同意其成为新泰公司对外公示的股东。故，一、二审判决驳回龚喻军股份变更登记的诉请，适用法律并无不当。

——中国裁判文书网。

622. 股权登记具有公信力，隐名股东不得以其实际出资为由排除法院对显名股东股权的强制执行

关键词

隐名股东　显名股东　股权代持协议　股权强制执行

最高人民法院裁判文书

王仁岐与刘爱苹、长春中安房地产开发有限公司、詹志才等案外人执行异议之诉案［最高人民法院（2016）最高法民申3132号民事裁定书］

裁判要旨：“股权代持协议”仅具有内部效力，对于外部第三人而言，股权登记具有公信力，隐名股东对外不具有公示股东的法律地位，不得以内部股权代持协议有效为由对抗外部债权人对显名股

东的正当权利。其中，外部债权人不限于基于股权处分的债权人，对于显名股东的非基于股权处分的债权人也可申请强制执行其股权，股东不得以其实际出资为由排除强制执行。

最高人民法院经审查认为：首先，关于《公司法》第三十二条第三款规定的理解与适用问题，该条款规定："公司应当将股东的姓名或者名称向公司登记机关登记；登记事项发生变更的，应当办理变更登记。未经登记或者变更登记的，不得对抗第三人。"工商登记是对股权情况的公示，与公司交易的善意第三人及登记股东之债权人有权信赖工商机关登记的股权情况并据此作出判断。本案中，王仁岐与詹志才之间的《委托持股协议》已经一、二审法院认定真实有效，但其股权代持协议仅具有内部效力，对于外部第三人而言，股权登记具有公信力，隐名股东对外不具有公示股东的法律地位，不得以内部股权代持协议有效为由对抗外部债权人对显名股东的正当权利。本院认为，《公司法》第三十二条第三款所称的第三人，并不限缩于与显名股东存在股权交易关系的债权人。根据商事外观主义原则，有关公示体现出来的权利外观，导致第三人对该权利外观产生信赖，即使真实状况与第三人的信赖不符，只要第三人的信赖合理，第三人的民事法律行为效力即应受到法律的优先保护。基于上述原则，名义股东的非基于股权处分的债权人亦应属于法律保护的"第三人"范畴。因此，本案中詹志才因其未能清偿到期债务而成为被执行人时，刘爱苹作为债权人依据工商登记中记载的股权归属，有权向人民法院申请对该股权强制执行。

——中国裁判文书网。

623. 隐名股东不能依据其与显名股东之间的内部约定对抗申请执行人

关键词

隐名股东　显名股东　内部约定

最高人民法院裁判文书

滨州市众成融资担保有限公司与邹平县联鑫小额贷款有限公司、山东芳绿农业科技有限公司等案外人执行异议之诉案［最高人民法院（2019）最高法民申6275号民事裁定书］

裁判要旨：股权登记具有公示效力，根据商事外观主义原则，

第三人对公示所体现的权利外观具有信赖利益，名义股东的非基于股权处分的债权人亦应属于法律保护的第三人范畴。债权人基于公示登记对名义股东名下的股权进行保全并通过执行程序变价受偿具有信赖利益，故债权人与名义股东之间虽无股权交易关系，但无论隐名股东对名义股东名下股权是否拥有实体权利，隐名股东均不能依据其与名义股东之间的内部约定对抗债权人。

最高人民法院经审查认为：《公司法》第三十三条第三款规定，公司股东名称等事项未经登记或者变更登记的，不得对抗第三人。据此，在公司对外关系上，名义股东具有股东的法律地位，隐名股东不能以其与名义股东之间的内部约定对抗外部第三人对名义股东的正当权利。股权登记具有公示效力，根据商事外观主义原则，第三人对公示所体现的权利外观具有信赖利益，名义股东的非基于股权处分的债权人亦应属于法律保护的第三人范畴。在联鑫公司与三宝公司、芳绿公司等之间的借贷纠纷诉讼中，芳绿公司名下财产均是对外承担债务的责任财产，联鑫公司作为债权人，基于公示登记对芳绿公司名下的天成公司股权进行保全并通过执行程序变价受偿具有信赖利益，故联鑫公司与芳绿公司之间虽无股权交易关系，但无论众成公司对芳绿公司名下天成公司的股权是否拥有实体权利，众成公司均不能依据其与芳绿公司之间的内部约定对抗联鑫公司。众成公司自愿提供260万元保证金代替已被保全的涉案股权，联鑫公司即对该260万元具有信赖利益。据此，二审判决认定众成公司即便是涉案股权实际投资人也不影响联鑫公司请求对260万元保证金进行强制执行，并无不当。

——中国裁判文书网。

624. 显名股东的债权人有权申请执行显名股东代持的股权

关键词

显名股东　隐名股东　债权人　代持股权

最高人民法院裁判文书

黄德鸣、李开俊与皮涛及广元市蜀川矿业有限责任公司案外人执行异议之诉案［最高人民法院（2019）最高法民再45号民事判决书］

裁判要旨：股权登记具有公信力，隐名股东对外不具有公示股东的法律地位，不得以内部股权代持关系有效为由对抗外部债权人

对显名股东的正当权利，无权排除外部债权人申请强制执行。

最高人民法院经审查认为：本案的焦点问题为黄德鸣、李开俊对案涉股权享有的实际权益，能否阻却其他债权人对名义股东名下持有的案涉股权的执行。

首先，关于投资权益显名化其实质是否是变相请求对处于查封状态下的案涉股权权属进行变更和处分的问题。根据《最高人民法院关于人民法院民事执行中查封、扣押、冻结财产的规定》第二十六条①规定："被执行人就已经查封、扣押、冻结的财产所作的转移、设定权利负担或者其他有碍执行的行为，不得对抗申请执行人。"而本案系因代持股权引发的纠纷，投资权益显名化的核心是确认代持股权的法律关系，并非是对已查封股权的处分和转移，仅仅是恢复事物的本来面目，进而保护实际出资人对案涉股权享有的实际权益。故对黄德鸣、李开俊的该项主张，本院予以采纳。二审法院对该部分的理解有误，本院予以纠正。但仅该项理由成立，并不能引起本院对案件实质结果的改变。

其次，根据已查明事实不足以证明新设小贷公司需要至少一家企业法人作为出资人的强制性规定，且在新津小贷公司的出资人中蜀川公司并非唯一的企业法人。同时，在股权锁定期届满后，黄德鸣、李开俊也未举示证据证明其曾积极督促蜀川公司进行股权变更登记，黄德鸣、李开俊作为具有完全民事行为能力的自然人，应当具有预知法律风险的能力，基于对风险的认知黄德鸣、李开俊仍选择蜀川公司作为代持股权人系其对自身权利的处分，发生的不利后果也应由其承担。对于黄德鸣、李开俊称因债务纠纷导致蜀川公司下落不明，无法办理股权变更的意见，因自股权锁定期届满至股权被查封前，黄德鸣仍担任蜀川公司的法定代表人长达一年多时间，其陈述蜀川公司下落不明无法办理股权变更的意见明显不成立，本院不予采信。且按照一般的商事裁判规则，动态利益和静态利益之间产生权利冲突时，原则上优先保护动态利益。本案所涉民间借贷关系中债权人皮涛享有的利益是动态利益，而黄德鸣、李开俊作为隐名股东享有的利益是静态利益。根据权利形成的先后时间，如果代为持股形成在先，则根据商事外观主义，债权人的权利应当更为优先地得到保护；如果债权形成在先，则没有商事外观主义的适用条件，隐名股东的实际权利应当得到更为优先的保护。因案涉股权代持形成在先，诉争的名义股东蜀川公司名下的股权可被视为债务人的责任财产，债权人皮涛的利益应当得到优先保护。故黄德鸣、李开俊的该项再审理由不成立，本

① 现为《最高人民法院关于人民法院民事执行中查封、扣押、冻结财产的规定》（2020 年修正）第二十四条。

院不予支持。

另外，关于《公司法》第三十二条的理解与适用问题。该条规定："公司应当将股东的姓名或者名称向公司登记机关登记；登记事项发生变更的，应当办理变更登记。未经登记或者变更登记的，不得对抗第三人。"工商登记是对股权情况的公示，与公司交易的善意第三人及登记股东之债权人有权信赖工商机关登记的股权情况并据此作出判断。其中"第三人"并不限缩于与显名股东存在股权交易关系的债权人。根据商事外观主义原则，有关公示体现出来的权利外观，导致第三人对该权利外观产生信赖，即使真实状况与第三人信赖不符，只要第三人的信赖合理，第三人的民事法律行为效力即应受到法律的优先保护。基于上述原则，名义股东的非基于股权处分的债权人亦应属于法律保护的"第三人"范畴。本案中，李开俊、黄德鸣与蜀川公司之间的股权代持关系虽真实有效，但其仅在双方之间存在内部效力，对于外部第三人而言，股权登记具有公信力，隐名股东对外不具有公示股东的法律地位，不得以内部股权代持关系有效为由对抗外部债权人对显名股东的正当权利。故皮涛作为债权人依据工商登记中记载的股权归属，有权向人民法院申请对该股权强制执行。二审法院的认定并无不当。

——中国裁判文书网。

625. 父母离婚协议约定房屋归子女所有但未办理过户登记的，子女能否以此对抗强制执行

关键词

父母离婚协议　过户登记　对抗强制执行

最高人民法院裁判文书

刘芳邑与上海睿银盛嘉资产管理有限公司等案外人执行异议之诉案［最高人民法院（2020）最高法民终 1226 号民事判决书］

裁判要旨：父母离婚时约定房屋归子女所有，该子女也对该房屋进行实际管理，但一直未办理过户登记手续。依据《物权法》第九条[①]关于"不动产的设立、变更、转让和消灭，经依法登记，发生效力；未经登记，不发生效力，但法律另有规定的除外"的规定，该房产不发生物权变动的效力。该子女主张通过父母离婚协议书约

① 对应《民法典》第二百零九条第一款。

定的受赠方式取得房产，实际系依据夫妻内部处分行为排斥对外法定公示物权效力，并无依据。

最高人民法院认为，根据刘芳邑的上诉请求，本案的争议焦点是刘芳邑对案涉房屋是否享有足以排除强制执行的民事权益。

根据一审法院查明的事实，刘芳邑提交案涉房产档案、离婚协议书、林左军证人证言等证据，用以证明案涉房产在刘芳邑父母离婚时约定归刘芳邑所有，案涉房产一直未办理过户登记手续，后其委托亲属对案涉房产进行实际管理。但是，依据《物权法》第九条关于"不动产的设立、变更、转让和消灭，经依法登记，发生效力；未经登记，不发生效力，但法律另有规定的除外"的规定，案涉房产未经登记，不发生物权变动的效力。刘芳邑主张通过父母离婚协议书约定的受赠方式取得案涉房产，但其因自身原因一直未办理过户登记，并未取得案涉房产所有权。刘芳邑主张依据离婚协议书已取得案涉房产的所有权，但其仅依据夫妻内部处分行为排斥对外法定公示物权效力，并无依据。另外，案涉房产用途为商用，并非住宅，总面积达 1340 平方米，不属于为保障刘芳邑最基本生活居住条件用途。因此，刘芳邑对案涉房产不享有足以排除强制执行的民事权益。一审法院鉴于案涉房产仍然登记在刘新发名下，对作为登记的权利人财产予以执行并无不当，刘芳邑的上诉请求缺乏事实和法律依据，本院不予支持。

——中国裁判文书网。

626. 挂靠转包分包情形下的实际施工人，不能排除强制执行

关键词

挂靠转包分包　实际施工人　排除强制执行　执行异议之诉

最高人民法院裁判文书

黑龙江省和佳人力资源服务有限公司与淄博凯宾商贸有限公司、江苏中顺建设集团有限公司济南分公司、江苏中顺建设集团有限公司、大庆联谊石化股份有限公司案外人执行异议之诉案［最高人民法院（2018）最高法民申3869号民事裁定书］

裁判要旨：和佳公司作为本案的利害关系人提起执行异议之诉，应当就其对执行标的享有足以排除强制执行的民事权益承担举证证明责任。

最高人民法院认为：凯宾公司根据已经生效的（2016）鲁民终 140 号民事判决申请强制执行，一审法院发出协助执行通知书，要求联谊公司协助冻结被执行人中顺公司在联谊公司助剂厂工程款及保证金 700 万元，故（2016）鲁民终 140 号案件中执行标的为中顺公司对联谊公司的到期债权。《最高人民法院关于适用〈中华人民共和国民事诉讼法〉的解释》第五百零一条[①]规定“人民法院执行被执行人对他人的到期债权，可以作出冻结债权的裁定，并通知该他人向申请执行人履行。该他人对到期债权有异议，申请执行人请求对异议部分强制执行的，人民法院不予支持。利害关系人对到期债权有异议的，人民法院应当按照民事诉讼法第二百二十七条[②]规定处理……”本案中，一审法院向联谊公司发出协助执行通知书，要求协助冻结中顺公司在联谊公司助剂厂的工程款及保证金时，联谊公司工作人员予以签收，并未提出异议，只是在备注栏写明其与中顺公司之间尚未结算，双方之间的债权债务不清。现和佳公司作为利害关系人提出异议，应当按照《民事诉讼法》第二百二十七条有关案外人执行异议及执行异议之诉的规定处理。依据《最高人民法院关于适用〈中华人民共和国民事诉讼法〉的解释》第三百一十一条[③]规定，和佳公司作为（2016）鲁民终 140 号案件的案外人，提起执行异议之诉，应当就其对执行标的享有足以排除强制执行的民事权益承担举证证明责任。本案中，根据一审、二审查明的事实，中顺公司和和佳公司属于关联公司，存在法定代表人和财务人员同时在两公司任职、两者之间存在多笔资金往来等情形，故和佳公司要证明中顺公司在法院执行裁定作出之前已经将被执行的到期债权转让给其，除了其和中顺公司之间的协议外，还需要提交更充足、更客观的证据证明。和佳公司提交大庆仲裁委员会（2014）庆仲调字第 73 号仲裁调解书等证据，证明其是联谊公司助剂厂新建 2 台 45 吨循环硫化床锅炉系统施工的实际施工人，该工程款为其所有。但根据已查明的事实，上述仲裁调解书仅是对仲裁双方当事人，即和佳公司与中顺公司达成合意后，按照当事人意愿而出具的调解内容，发包人联谊公司并未参与仲裁。和佳公司主张其挂靠中顺公司对该工程进行实际施工，但没有提交与中顺公司签订的有关挂靠的书面合同，亦不能提供其实际履行合同的设计图纸、工程签证

---

① 现为《最高人民法院关于适用〈中华人民共和国民事诉讼法〉的解释》（2022 年修正）第四百九十九条，内容修改为：人民法院执行被执行人对他人的到期债权，可以作出冻结债权的裁定，并通知该他人向申请执行人履行。该他人对到期债权有异议，申请执行人请求对异议部分强制执行的，人民法院不予支持。利害关系人对到期债权有异议的，人民法院应当按照民事诉讼法第二百三十四条规定处理。对生效法律文书确定的到期债权，该他人予以否认的，人民法院不予支持。

② 现为《民事诉讼法》（2021 年修正）第二百三十四条。

③ 现为《最高人民法院关于适用〈中华人民共和国民事诉讼法〉的解释》（2022 年修正）第三百零九条。

和结算等施工资料。和佳公司在二审中主张中顺公司将新建2台45吨循环硫化床锅炉房项目土建工程、油罐防腐保温防爆系统安装及其他维修工程等其他工程的工程款债权也已经转让给和佳公司，但是其提交的债权转让通知书上仅有中顺公司和和佳公司的签章，没有债务人的签章。综合上述情形，二审判决认定和佳公司提交的证据不足以证明其对于（2016）鲁民终140号案件执行的到期债权享有可排除强制执行的权益并无不当，其有关此点的申请再审的理由不能成立。

——中国裁判文书网。

627. 以物抵债协议达成后，债权人未实际受领抵债物，该债权人主张对抵债物排除强制执行能否被支持

关键词

以物抵债协议　排除强制执行

最高人民法院审判业务意见（第二巡回法庭法官会议纪要）

以物抵债协议属于诺成合同，自双方达成合意时成立。但是，以物抵债协议成立不能当然排除强制执行。如果以物抵债协议实际履行，抵债物的权属已经发生变动，受领人主张排除对抵债物的强制执行，应予以支持。以物抵债协议成立后未实际受领的，不能作为对抗强制执行的正当理由。

附：案情简介

2009年12月，甲某向乙某出具100万元借据一张。2010年1月，甲某向乙某出具250万元借据一张。2010年5月，甲某将诉争房屋出租给他人。2010年8月，甲某与乙某签订抵账协议约定：甲某自愿用诉争房屋抵顶所欠乙某债务，房屋面积419平方米，作价400万元。因诉争房屋甲已出租给他人，甲、乙约定房屋到期后，由甲某配合乙某收回，并负责配合乙某办理产权过户手续。因房屋租期尚未届满，该房屋未办理过户手续。2011年2月，在李某与甲某合同纠纷案件执行过程中，法院依李某申请查封了诉争房屋。乙某以诉争房屋已于2010年抵顶给乙某为由，提出执行异议，被驳回后提起案外人执行异议之诉。

——《以物抵债能否排除强制执行》，载贺小荣主编：《最高人民法院第二巡回法庭法官会议纪要》（第一辑），人民法院出版社2019年版，第190~192页。

628. 案件终结执行后，当事人再就执行款计算方法错误提出申诉，法院不予支持

关键词

终结执行

最高人民法院裁判文书

吉林市巨辰实业有限责任公司与吉林市蔬菜副食品公司青岛副食商场留守处企业转让合同纠纷执行案［最高人民法院（2017）最高法执监80号执行裁定书］

裁判要旨：当事人对执行款的计算方法有异议的，应及时行使权利，向执行法院提出异议。如认为已提出异议，但执行法院既不立案又不作出异议裁定的，可根据相关司法解释规定向上一级人民法院提出异议，及时维护自己的合法权益。当事人未作出相关行为，且书面申请终结案件的执行，应视为对执行法院执行行为的认可。案件终结执行后，当事人再就执行款计算方法错误提出申诉的，不予支持。

最高人民法院经审查认为：关于申诉人提出的执行款计算错误的申诉请求应如何处理问题。经查，执行法院于2014年12月30日向申诉人送达的执行通知书及“利息计算表”载明的迟延履行利息计算基准日以及利息计算方法与2016年5月24日送达的“执行清单”载明的执行款计算方法相同，且就上述执行款计算方法，青岛副食曾提出了异议，并经过异议、复议程序，其计算方法并没有得到改变，但相关裁定中并无申诉人就此问题提出异议的内容。申诉人在2014年12月30日收到“利息计算表”时即已明知执行款的计算方法，如对计算方法有异议，应及时行使权利，向执行法院提出异议。如认为已提出异议，但执行法院既不立案又不作出异议裁定的，可根据相关司法解释规定向上一级人民法院提出异议，及时维护自己的合法权益。申诉人未作出相关行为，且书面申请终结案件的执行，应视为对执行法院执行行为的认可。案件终结执行后，申诉人再就执行款计算方法错误提出申诉，不予支持。

——中国裁判文书网。

（八）其他问题

629. 执行标的权属的判断标准——对《执行异议和复议规定》第二十五条的理解与适用

关键词

执行标的权属　判断标准

最高人民法院司法解释

第二十五条　对案外人的异议，人民法院应当按照下列标准判断其是否系权利人：

（一）已登记的不动产，按照不动产登记簿判断；未登记的建筑物、构筑物及其附属设施，按照土地使用权登记簿、建设工程规划许可、施工许可等相关证据判断；

（二）已登记的机动车、船舶、航空器等特定动产，按照相关管理部门的登记判断；未登记的特定动产和其他动产，按照实际占有情况判断；

（三）银行存款和存管在金融机构的有价证券，按照金融机构和登记结算机构登记的账户名称判断；有价证券由具备合法经营资质的托管机构名义持有的，按照该机构登记的实际出资人账户名称判断；

（四）股权按照工商行政管理机关的登记和企业信用信息公示系统公示的信息判断；

（五）其他财产和权利，有登记的，按照登记机构的登记判断；无登记的，按照合同等证明财产权属或者权利人的证据判断。

案外人依据另案生效法律文书提出排除执行异议，该法律文书认定的执行标的权利人与依照前款规定得出的判断不一致的，依照本规定第二十六条规定处理。

——《最高人民法院关于人民法院办理执行异议和复议案件若干问题的规定》（2020 年 12 月 29 日修正）。

附录：最高人民法院主流观点

关于执行标的权属的判断标准。案外人异议审查中，对案外人的实体权利是坚持程序审查还是实质审查，是《最高人民法院关于人民法院办理执行异议和复议案件若干问题的规定》（以下简称《规定》）起草过程中争议最大的问题之一。一种意见认为，案外人异议审查一般应当坚持形式审查，即根据登记、占有等执行标的外观权利表征来判断权属。主要的理由是：（1）案外人异议制度建立执行前置审查程序的初衷，就是为了过滤掉一些明显成立或者不成立的案外人异议，例如查封登记在案外人名下的不动产，而把实质审查的任务交给执行异议之诉承担。（2）案外人异议审查的主要目的在于对案外人的实体权利主张成立与否迅速判断，只有十五日的审查期间，程序上对各方当事人的保障并不周全，难以承担实质审查的任务。（3）案外人异议审查的结论并非终局结论，无论什么样的结果，当事人或者案外人不服的，可提起执行异议之诉进行救济。反之，如果实质审查，势必混淆案外人异议和执行异议之诉不同功能。当然，如果法律或者司法解释赋予执行机构实质审查权，则属例外。例如，《最高人民法院关于人民法院民事执行中查封、扣押、冻结财产的规定》第十七条①所规定的无过错买受人的物权期待权，即属于此例。

另一种意见认为，从公平保护案外人合法权利的目的出发，案外人异议应当是实质审查，即应当根据执行标的实际权属状况来确定权属。因为，目前查封时对执行标的权属的判断坚持的就是形式审查的原则，如果异议审查和查封时的权属判断标准一致，则案外人异议制度没有意义，所以案外人对执行标的实体权属的确定，不受登记等制度限制，应当按照实际权属进行认定。

经最高人民法院审委会充分讨论，《规定》第二十五条原则采纳第一种意见，即以形式审查为原则，以实质审查为例外。在审查案外人异议时，在权利人的判断上，尤其是在权属判断上，应当坚持以下具体标准：（1）执行标的为不动产时，如果有登记的，应当按照不动产登记簿记载。对于没有登记的建筑物、构筑物及其附属设施，可以根据土地使用权登记簿、建设工程规划许可、施工许可等行政审批资料来判断，如果土地使用登记和行政审批一致，应当认定权利人为土地登记权利人；如果二者不一致，还要结合其他证据判断。（2）对于已登记的汽车、船舶、航空器等特定动产，应根据登记进行判断。这和物权法关于特定动产物权变动的标准有一定差异。因为，对执行程序而言，汽车、船舶、航空器作为高度移动的物，如果以占有作为判断标准，占有情况的瞬息变化，将成为执行机构的难以承受之重。当然，如果特定动产没有登记或者是其他不需要登记的动产，才退而求其次，根据实际占有情况进行判断。（3）银行存款和存管在金融机构的有价证券，根据金融机构和登记结算机构登记的账户名称判断。有的公司出于经营需要，借用别人的账户进行资金和证券的存管，一方面，违反了相关管理制度；另一方面，

① 现为《最高人民法院关于人民法院民事执行中查封、扣押、冻结财产的规定》（2020年修正）第十五条。

其借用账户的信息并不对外进行公示，申请执行人和执行法院难以从技术上进行判断，如果其对被执行人名下账户中的存款和证券主张所有权，不应支持。但是，有的有价证券，例如国债，可能由信托公司等具备合法经营资质的托管机构名义持有，应当按照托管机构登记的实际投资人账户名称判断权属。（4）对于股权，可以分为两类，一类是上市公司股权，属于有价证券的范畴，应当以登记结算机构和证券公司的登记作为判断权属的标准；一类是非上市公司的股权，在公司法修改之后，工商管理部门仅仅登记股东名单，不再登记具体股权数额，具体的股权数额在企业信息公示系统进行公示，应按照工商行政管理机关的登记信息和公示系统公示的信息进行判断。（5）对于前四类没有穷尽的其他财产权，例如商标权、著作权、债权，有登记的，按照登记判断；无登记的，则按照当事人之间的合同、持有财产的情况等证据进行判断。

需要提醒的是，案外人异议审查标准并非对案外人权利进行最终确权，而是为适应案外人异议的形式审查要求而采取的技术判断标准，案外人异议是否成立最终还要靠执行异议之诉判断。

——刘贵祥、范向阳：《解读〈关于人民法院办理执行异议和复议案件若干问题的规定〉》，载杜万华主编：《解读最高人民法院司法解释、指导性案例（民事诉讼卷）》，人民出版社 2016 年版，第 721~722 页。

630. 办理了预告登记的物权期待权的保护——对《执行异议和复议规定》第三十条的理解与适用

关键词

预告登记　物权期待权

最高人民法院司法解释

第三十条　金钱债权执行中，对被查封的办理了受让物权预告登记的不动产，受让人提出停止处分异议的，人民法院应予支持；符合物权登记条件，受让人提出排除执行异议的，应予支持。

——《最高人民法院关于人民法院办理执行异议和复议案件若干问题的规定》（2020 年 12 月 29 日修正）。

附录：最高人民法院主流观点

预告登记，是指为保全一项请求权而进行的不动产登记，该项请求权所要达到的目的，是在将来发生不动产物权变动。这种登记是不动产登记的特殊类型。其他的不动产登记都是对现实的不动产物权进行登记，而预告登记所登记的，不是不动产物权，而是目的在于将来发生不动产物权变动的请求权。预告登记的本质特征是使被登记的请求权具有物权的效力，也就是说，进行了预告登记的请求权，对后来发生的与该项请求权内容相同的不动产物权的处分行为，具有对抗的效力，这样，所登记的请求权就得到了保护。预告登记是与本登记相对应的概念。本登记就是指对于已经实际发生的物权变动进行的登记，通常所说的登记都是指本登记。预告登记的法律性质，其实就是一种特殊的担保，即借助于不动产登记的作用，以物权的法律效力来保障债权目的的实现。预告登记效力属于物权性质，但是纳入登记的请求权本身却没有物权效力，只是登记这种公示的行为使得这种请求权具有了排他效力。经预告登记保全的请求权，不但可以对抗不动产的所有权人和其他物权人，也可以对抗任意第三人，这就达到了保障请求权中的物权取得权的法律效果。

《物权法》第 20 条[①]规定：当事人签订买卖房屋或者其他不动产物权的协议，为保障将来实现物权，按照约定可以向登记机构申请预告登记。预告登记后，未经预告登记的权利人同意，处分该不动产的，不发生物权效力。预告登记后，债权消灭或者自能够进行不动产登记之日起 3 个月内未申请登记的，预告登记失效。本条司法解释根据物权法关于预告登记法律效力的规定，对金钱债权执行过程中，不动产物权受让人基于其请求权已经办理预告登记的事实提出案外人异议的，人民法院应当如何审查，确立了具体标准。所谓金钱债权，指以给付一定数额之金钱为目的之债权而言。[②]预告登记的权利人对不动产享有的是物权期待权，并未完成本登记，尚未取得不动产所有权。其案外人异议能否被支持，还要视异议的具体内容而定。本条司法解释对预告登记权利人提出的案外人异议区分了两种情况：一是如果受让人请求停止处分不动产，因预告登记的目的就是为了排除包括强制执行在内的处分行为，人民法院对停止处分的异议请求应予支持；二是如果受让人请求排除人民法院查封，则应审查其是否符合取得物权的条件，如果符合，则受让人应确定无疑地取得不动产物权，人民法院应当解除查封。

一、受让人提出异议请求停止处分已查封的不动产

本条司法解释适用的执行标的是不动产。实践中，以办理了预告登记为由提出案外人异议的主体，主要是该不动产物权的受让人。根据《物权法》第 20 条，不动产物权受让人既可以是房屋的买受人，也可以是其他不动产物权协议的权利人。预告登记期内，预告登记权利人的不动产物权期待权（物

---

① 对应《民法典》第二百二十一条。

② 杨与龄：《强制执行法论》（最新修正），中国政法大学出版社 2002 年版，第 254 页。

权取得权），虽然尚处于债权状态，但已经具备了对抗所有权人和第三人的物权效力，未经预告登记权利人同意，处分该不动产的，不发生物权效力。预告登记权利人的请求权，在性质上属于能够阻止人民法院处分该不动产的实体权利，执行程序中，对预告登记权利人的物权期待权也应依法予以保护。被执行人转让不动产物权，受让人尚未完成物权变更登记，但对人民法院查封的该不动产已经办理了受让物权预告登记的，对于受让人提出的停止处分该不动产的案外人异议，人民法院应予支持。办理了受让物权预告登记的不动产被人民法院查封期间，预告登记权利人无法再按照不动产物权协议完成不动产物权登记。

如果执行法院依法查封该不动产时，预告登记尚未办理，受让人的物权期待权还没有通过预告登记获得物权效力，根据《查封、扣押、冻结规定》第26条[①]，受让人对已查封财产申请不动产预告登记的行为，不得对抗申请执行人，不能停止执行法院对该不动产的处分；只有在人民法院查封不动产没有公示的情况下，其效力才不得对抗善意第三人。

二、受让人提出异议请求排除对已查封不动产的强制执行

如果只是停止处分已办理预告登记的不动产，而不解除查封的话，不动产受让人仍然无法完成本登记。停止处分不动产和排除对不动产的执行，对于预告登记权利人的影响是不同的。因此，本条司法解释对人民法院停止处分不动产和排除对不动产的强制执行，分别规定了不同的审查标准。受让人对被查封的不动产提出停止处分的异议，只要符合该不动产已经办理了受让物权预告登记的条件，即可获得人民法院支持；而受让人提出异议，请求排除对该不动产的强制执行，则应视是否符合预告登记物权的取得条件而定。如果受让人能够提出证据证明，其按照约定已经符合取得预告登记物权的条件，可以确定地取得不动产物权，人民法院对其异议请求应予支持，将相关执行措施予以解除，以利受让人办理物权登记。反之，则不应解除对该不动产的查封等执行措施。

实践中应当注意的问题：

《民事诉讼法解释》第316条[②]规定：人民法院对执行标的裁定中止执行后，申请执行人在法律规定的期间内未提起执行异议之诉的，人民法院应当自起诉期限届满之日起7日内解除对该执行标的采取的执行措施。据此，买受人关于停止处分已办理预告登记不动产的异议获得人民法院支持，执行法

① 现为《最高人民法院关于人民法院民事执行中查封、扣押、冻结财产的规定》（2020年修正）第24条。

② 现为《最高人民法院关于适用〈中华人民共和国民事诉讼法〉的解释》（2022年修正）第314条。

院裁定中止对该不动产的执行后，如果申请执行人没有在法律规定的期间内提起申请执行人许可执行之诉的，人民法院也应当在司法解释规定的期限内解除对该不动产的查封。

——江必新、刘贵祥主编、最高人民法院执行局编著:《最高人民法院关于人民法院办理执行异议和复议案件若干问题规定理解与适用》，人民法院出版社 2015 年版，第 438~441 页。

631. 执行被执行人的工程款债权是否适用执行到期债权程序

关键词

强制执行　工程款债权　执行到期债权程序

最高人民法院裁判文书

新疆亚中集团建设工程有限公司执行决定书［最高人民法院（2016）最高法执监 351 号执行决定书］

裁判要旨：执行被执行人在第三人处的工程款债权，属于执行到期债权，而非执行被执行人收入，两者适用的规则、程序与救济均存在差异。第三人对此有异议的，执行法院不得强制执行，申请执行人可以另行起诉。

最高人民法院认为，本案争议的焦点问题为，乌鲁木齐中院对亚中公司的执行行为是否违反法律规定，对亚中公司的罚款是否正确。

乌鲁木齐中院在本案执行过程中并未认定所扣留鲁兴在亚中公司处的款项的性质是收入、到期债权，还是其他财产。《最高人民法院关于人民法院执行工作若干问题的规定（试行）》第 37 条是关于执行被执行人在其他单位处收入的规定，《最高人民法院关于人民法院执行工作若干问题的规定（试行）》第 38 条是关于执行被执行人其他财产的规定，对同一财产的执行不能同时适用这两条规定。乌鲁木齐中院在（2015）乌中执字第 63 号协助执行通知书中适用《最高人民法院关于人民法院执行工作若干问题的规定（试行）》第 38 条规定，而之后又在（2015）乌中执字第 63 号责令协助单位追款通知书中适用《最高人民法院关于人民法院执行工作若干问题的规定（试行）》第 37 条规定，乌鲁木齐中院对扣留鲁兴在亚中公司处的款项的性质认定及适用法律，存在矛盾冲突的问题。

而根据本案情况，乌鲁木齐中院之所以执行鲁兴在亚中公司处的款项，是认定鲁兴与亚中公司之间存在建筑施工合同关系，亚中公司未支付给鲁兴工程款，因此，本案应当以执行被执行人到期债权的程序执行。《最高人民法院关于人民法院执行工作若干问题的规定（试行）》61 条规定："被执行人不能清偿债务，但对本案以外的第三人享有到期债权的，人民法院可以依申请执行人或被执行人的申请，向第三人发出履行到期债务的通知（以下简称履行通知）。履行通知必须直接送达第三人。"根据本条规定，乌鲁木齐中院在执行时，应当向亚中公司发出履行到期债务的通知，而非协助执行通知书。《最高人民法院关于人民法院执行工作若干问题的规定（试行）》专门规定了到期债权的执行程序和救济程序，《最高人民法院关于适用的解释》第五百零一条对到期债权的执行程序也有补充规定。对到期债权的执行与对收入或者其他财产的执行在程序上存在重大区别，第三人的权利救济程序不同。乌鲁木齐中院在本案执行中未以执行到期债权的有关程序执行，属执行程序不当，适用法律错误。而基于该错误执行行为对亚中公司的罚款，应当予以纠正。新疆高院在复议程序中未纠正该错误，应予撤销。

——中国裁判文书网。

632. 保证金账户排除执行的关键因素是质押合意、账户特定化和移交占有

关键词

保证金账户　质权　排除强制执行

最高人民法院裁判文书

四川绵竹农村商业银行股份有限公司与杨强、四川省欣融融资性担保有限公司案外人执行异议之诉案［最高人民法院（2019）最高法民再 44 号民事判决书］

裁判要旨：担保人与银行签订的协议明确约定担保人在银行开设账户的用途为担保，且银行在特定情形下有权止付，即可认定该账户为专户且银行已实际占有和控制担保人的担保专户。银行基于对专户内资金享有的质权享有优先受偿权，足以排除另案一般债权人对该账户申请的强制执行。

最高人民法院经审查认为：本案再审的争议焦点为：绵竹农商行是否对欣融担保公司在绵竹农商行处开立的 6691 账户的资金享有质权，是否足以排

除人民法院的强制执行。

欣融担保公司与绵竹信用社就融资担保曾于 2018 年签订《合作协议》，2010 年至 2012 年连续三年签订《融资担保业务合作协议》，2012 年 11 月 22 日签订《全面合作协议书》《融资性担保公司保证金监管协议》，一致约定双方将欣融担保公司在绵竹农商行开立的担保基金专户（即 6691 账户），为企业贷款提供质押担保。双方成立书面质押合同。该担保系欣融担保公司为其履行连带保证责任提供的特定账户内的金钱质押担保，与其向绵竹农商行提供连带责任保证并不矛盾。

根据《最高人民法院关于适用〈中华人民共和国担保法〉若干问题的解释》第八十五条的规定，金钱质押作为特殊的动产质押，还应符合金钱特定化和移交债权人占有两个要件。首先，欣融担保公司在绵竹农商行开立的 6691 账户与《合作协议》约定的账号一致，绵竹农商行向一审法院提交的 6691 账户流水清单及向本院提交的第一、二组证据，可以证明欣融担保公司按照约定根据每次担保贷款额度的一定比例向 6691 账户缴存保证金，该账户除存入和退还保证金外未作其他结算，符合金钱特定化的要求。该账户流水清单显示仅有一笔 2010 年 6 月 23 日存入的 150000 元为“叶贤洪担保费”，绵竹农商行主张系欣融担保公司填写错误，应为保证金，且绵竹农商行向一审法院提交的 2011 年 6 月 29 日的转账支票载明，6691 账户向叶贤洪转账 150000 元，用途为“退保证金”，也与叶贤洪与绵竹农商行签订的《个人借款合同》、欣融担保公司就叶贤洪的借款与绵竹农商行签订的《借款担保合同》相印证，本院对绵竹农商行的该主张予以采信。其次，6691 账户开立在绵竹农商行，《合作协议》及之后的协议均约定欣融担保公司担保的借款人债务到期，借款人未在到期日依约清偿债务，欣融担保公司也未及时履行保证责任的，绵竹农商行有权直接扣收担保基金用于偿还借款人到期债务。《融资性担保公司保证金监管协议》还约定：对于欣融担保公司不符合本协议规定用途的支付行为，绵竹农商行有权止付，并向当地融资性担保业务监管部门报告。上述约定及履行情况表明，绵竹农商行占有和控制了 6691 账户。据此，应当认定绵竹农商行和欣融担保公司已就 6691 账户内的资金设立质权。根据绵竹农商行向本院提交的欣融担保公司保证贷款欠款明细及相关民事判决书、执行裁定书，绵竹农商行对欣融担保公司提供担保的四笔贷款以诉讼方式主张权利的欠款余额远超 180 万元，欣融担保公司存在不及时履行债务的情形，绵竹农商行对 6691 账户内的资金享有优先受偿权，足以排除杨强因一般债权对该账户申请的强制执行。杨强辩称绵竹农商行已起诉的四笔款项保证金额一共只有 69.5 万元，即使要杨强返还，也只能在 69.5 万元的范围内要求。因保证金账户内的全部资金为设立期间的全部债权作担保，而非仅以每次存入的保证金为每次的债权作担保，故对其该主张不予采信。杨强还辩称，绵竹农商行与欣融担保公司的合作合同期满后，案涉账户资金不再具有保证金性质。因6691账户内金钱的特定化和绵竹农商行对账户的控制与占有并未改变，涉案债权亦尚未被消灭，故质权仍存在，本院对其该主张不予采信。

绵竹农商行再审请求判令杨强返还执行款180万元。杨强辩称，杨强在申请查封欣融担保公司账户时，法院查封了包括6691账户在内的两个账户，两个账户内均有钱，后来杨强解除了另一个账户的查封，由于绵竹农商行没有及时提出异议，给杨强造成的损失应当由绵竹农商行承担。因本案系案外人执行异议之诉，根据《最高人民法院关于适用〈中华人民共和国民事诉讼法〉的解释》第三百一十二条[①]的规定，绵竹农商行的该项再审请求与杨强的该答辩意见不属于本案审理范围，双方可另行依法主张权利。

——中国裁判文书网。

633.在法律没有特别规定的情况下，人民法院应依据银行账户名称认定银行账户内存款的所有权人

关键词

银行账户内存款　所有权人　执行异议之诉

最高人民法院裁判文书

林甲诉何某飞案外人执行异议之诉案［最高人民法院（2018）最高法民申884号民事裁定书］

裁判要旨：货币作为特殊的动产及种类物，自交付时所有权即发生转移。在法律没有特别规定的情况下，人民法院应依据银行账户名称认定银行账户内存款的所有权人。非银行账户户主即便实际控制了该银行账户，也不影响银行账户内存款的所有权归属。

最高人民法院认为：

1.关于林某对案涉执行标的是否享有足以排除强制执行的民事权益问题。货币作为特殊的动产及种类物，自交付时所有权即发生转移。银行账户中的存款，一般情况下，第三人可直接根据该账户名称判断存款的所有权人。林

---

① 现为《最高人民法院关于适用〈中华人民共和国民事诉讼法〉的解释》(2022年修正)第三百一十条。

某自认其和建瓯市加丰贸易有限公司（简称加丰公司）汇给坤源公司股东的2000万元款项系为坤源公司增资目的。该款项经坤源公司两股东收取后又转至坤源公司验资账户，坤源公司即成为账户上该存款的权利人，林某主张其对该2000万元存款享有所有权，无事实与法律依据。林某及加丰公司汇给坤源公司股东2000万元，其可依法向接受该款项的坤源公司股东主张权利。至于林某主张的其对坤源公司案涉账户的实际控制问题，即便其实际控制了该账户，其控制行为也仅是其确保债权实现所采取的手段，并不影响案涉存款的所有权归属，林某应自行承担其债权不能实现的法律风险。关于林某认为二审法院在案外人执行异议之诉中对银行账户存款权利归属应进行实质审查问题，本院认为，就银行账户存款而言，在法律没有特别规定的情况下，无论是采用形式审查标准，还是实质审查标准，都应依据账户名称认定账户内存款的所有权人。据此，二审法院认定林某对案涉执行标的不享有足以排除强制执行的民事权益，并无不当。

2. 关于人民法院裁定受理对坤源公司的破产清算申请是否影响本案审理问题。《最高人民法院关于适用〈中华人民共和国民事诉讼法〉的解释》第五百一十五条规定："被执行人住所地人民法院裁定受理破产案件的，执行法院应当解除对被执行人财产的保全措施。被执行人住所地人民法院裁定宣告被执行人破产的，执行法院应当裁定终结对该被执行人的执行。被执行人住所地人民法院不受理破产案件的，执行法院应当恢复执行。"本案执行异议之诉于2015年7月15日立案，一审法院于2015年12月24日又裁定受理案外人黄伟、林曦对坤源公司的破产清算申请，但目前坤源公司尚未被宣告破产，案涉执行程序也未终结。故一、二审法院对本案执行异议之诉审理并作出判决，并无不当。案涉执行程序应否中止属于执行程序中的审查事项，不属于本案案外人执行异议之诉的审理范围。

——法信网。

634. 认定当事人对银行专户的质权是否成立的要素

关键词

银行专户　质权　执行异议

最高人民法院裁判文书

褚玉民与南阳市宛城区农村信用合作联社及河南省社旗中小企业信用担保有限公司案外人执行异议之诉案［最高人民法院（2018）最高法民申3609号民事裁定书］

裁判要旨：认定当事人对银行专户的质权是否成立时，以当事人之间的约定、合同履行情况认定当事人之间是否具有设定质权的合意；以账户的开立、后续账户资金的变动、账户资金转入转出情况认定账户是否特定化；以账户资金变动的控制和管理认定当事人是否移交占有。

最高人民法院经审查认为：根据《最高人民法院关于适用〈中华人民共和国担保法〉若干问题的解释》① 第八十五条的规定，债务人或者第三人将其金钱以特户、封金、保证金等形式特定化后，移交债权人占有作为债权的担保，债务人不履行债务时，债权人可以以该金钱优先受偿。本案中，社旗担保公司与宛城信用联社2014年4月1日、2015年4月1日所签《合作协议》约定，社旗担保公司提供连带保证责任担保之前，其须在宛城信用联社开立保证金专户，账户余额在任一时点不低于1000万元，社旗担保公司累计担保余额不超过保证金账户余额的5倍，期限一年；社旗担保公司的保证金专户资金作为借款人归还宛城信用联社贷款的保证金，不经宛城信用联社、社旗担保公司同意，均不得挪作他用。能够认定宛城信用联社与社旗担保公司已达成设立保证金账户的合意，且根据双方的实际履行情况亦能够确认案涉保证金账户即是双方为履行《合作协议》所设立的账户。但从一审查明的事实看，案涉保证金账户在2014年10月至2016年9月期间存在9笔对外转款，除2015年5月15日、2016年6月30日两笔转款系履行担保义务扣款外，其余转款的用途并不确定为履行担保义务，社旗担保公司单方财务记账亦不足以认定转出款项与案涉担保业务相关。上述转款的用途以及是否经过宛城信用联社同意、案涉保证金账户的控制和管理是否有别于一般结算账户等事实，将直接影响宛城信用联社能否实际控制案涉保证金账户、该账户内资金是否已特定化和移交占有的认定，需要进一步审理查明。

——中国裁判文书网。

635. 拆迁补偿安置权益的效力是否优先于已经设定的抵押权

关键词

案外人执行异议　抵押权

① 该条规定已被《最高人民法院关于废止部分司法解释及相关规范性文件的决定》（法释〔2020〕16号）删除。

最高人民法院裁判文书

中原银行农业路支行与燕庄三村民组、发展置业公司案外人执行异议之诉案［最高人民法院（2021）最高法民申5083号民事裁定书］

裁判要旨：在法律、司法解释规定商品房消费者的权利可以排除对执行标的依法享有的担保物权等优先受偿权的情况下，基于拆迁补偿安置权益效力优先于就同一特定房屋与拆迁人签订房屋买卖合同的包括商品房消费者及一般买受人在内的第三人的权利，兼顾被拆迁人的集体利益保护，拆迁补偿安置权益的效力优先于已经设定的抵押权。

最高人民法院经审查认为，本案再审审查的重点是，燕庄三村民组对案涉房屋是否享有足以排除执行的民事权益。

根据原审查明事实，发展置业公司与燕庄三村民组签订协议约定发展置业公司给予燕庄三村民组房屋作为使用土地的补偿，双方并非联合开发建房法律关系。燕庄三村民组对案涉房屋享有权利源于其集体土地被征用，案涉房屋属于拆迁补偿安置房屋。根据发展置业公司与燕庄三村民组签订的协议约定，燕庄三村民组应获补偿的房屋25500平方米，案涉发展国际写字楼共22层，《房屋产权范围确认协议书》《房屋位置楼层确认协议书》载明燕庄三村民组所得房屋所在位置为2至20楼。可见，燕庄三村民组所获补偿房屋占发展国际写字楼大部分面积，燕庄三村民组在查封前即按照约定的固定面积收取租金，可据此认为本案补偿安置房屋位置具有一定特定性。《最高人民法院关于审理商品房买卖合同纠纷案件适用法律若干问题的解释》第七条第一款规定，拆迁人与被拆迁人按照所有权调换形式订立拆迁补偿安置协议，明确约定拆迁人以位置、用途特定的房屋对被拆迁人予以补偿安置，如果拆迁人将该补偿安置房屋另行出卖给第三人，被拆迁人请求优先取得补偿安置房屋的，应予支持。在法律司法解释规定商品房消费者的权利可以排除对执行标的依法享有担保物权等优先受偿权的情况下，二审判决基于拆迁补偿安置权益效力优先于就同一特定房屋与拆迁人签订房屋买卖合同的包括商品房消费者及一般买受人在内的第三人，兼顾本案被拆迁人的集体利益保护，从而认定拆迁补偿安置权益效力优先于已经设定的抵押权，具有事实和法律依据。

——中国裁判文书网。

636. 在建设工程价款强制执行过程中，房屋买受人对强制执行的房屋提起案外人执行异议之诉，但不否定债权人建设工程价款优先受偿权的，人民法院应予受理

关键词

案外人执行异议　建设工程价款优先受偿权

最高人民法院指导性案例、最高人民法院裁判文书

王四光诉中天建设集团有限公司、白山和丰置业有限公司案外人执行异议之诉案（最高人民法院指导案例154号、最高人民法院（2019）最高法民再39号民事裁定书）

裁判要点：在建设工程价款强制执行过程中，房屋买受人对强制执行的房屋提起案外人执行异议之诉，请求确认其对案涉房屋享有可以排除强制执行的民事权益，但不否定原生效判决确认的债权人所享有的建设工程价款优先受偿权的，属于民事诉讼法第二百二十七条[①]规定的"与原判决、裁定无关"的情形，人民法院应予依法受理。

法院生效裁判认为：根据王四光在再审中的主张，本案再审审理的重点是王四光提起的执行异议之诉是否属于民事诉讼法第二百二十七条规定的案外人的执行异议"与原判决、裁定无关"的情形。

根据民事诉讼法第二百二十七条规定的文义，该条法律规定的案外人的执行异议"与原判决、裁定无关"是指案外人提出的执行异议不含有其认为原判决、裁定错误的主张。案外人主张排除建设工程价款优先受偿权的执行与否定建设工程价款优先受偿权权利本身并非同一概念。前者是案外人在承认或至少不否认对方权利的前提下，对两种权利的执行顺位进行比较，主张其根据有关法律和司法解释的规定享有的民事权益可以排除他人建设工程价款优先受偿权的执行；后者是从根本上否定建设工程价款优先受偿权权利本身，主张诉争建设工程价款优先受偿权不存在。简而言之，当事人主张其权益在特定标的的执行上优于对方的权益，不能等同于否定对方权益的存在；当事人主张其权益会影响生效裁判的执行，也不能等同于其认为生效裁判错

① 现为《民事诉讼法》（2021年修正）第二百三十四条。

误。根据王四光提起案外人执行异议之诉的请求和具体理由，并没有否定原生效判决确认的中天公司所享有的建设工程价款优先受偿权，王四光提起案外执行异议之诉意在请求法院确认其对案涉房屋享有可以排除强制执行的民事权益；如果一、二审法院支持王四光关于执行异议的主张也并不动摇生效判决关于中天公司享有建设工程价款优先受偿权的认定，仅可能影响该生效判决的具体执行。王四光的执行异议并不包含其认为已生效的（2016）吉民初 19 号民事判决存在错误的主张，属于民事诉讼法第二百二十七条规定的案外人的执行异议“与原判决、裁定无关”的情形。二审法院认定王四光作为案外人对执行标的物主张排除执行的异议实质上是对上述生效判决的异议，应当依照审判监督程序办理，据此裁定驳回王四光的起诉，属于适用法律错误，再审法院予以纠正。

——《最高人民法院关于发布第 27 批指导性案例的通知》（2021 年 2 月 19 日，法〔2021〕55 号）。

说明

指导案例 154 号王四光诉中天建设集团有限公司、白山和丰置业有限公司案外人执行异议之诉案，明确了在建设工程价款强制执行过程中，房屋买受人对强制执行的房屋提起案外人执行异议之诉，请求确认其对案涉房屋享有可以排除强制执行的民事权益，但不否定原生效判决确认的债权人所享有的建设工程价款优先受偿权的，属于《民事诉讼法》第二百二十七条规定的“与原判决、裁定无关”的情形。该案例确认的裁判规则，有利于各级法院准确把握案外人执行异议之诉与审判监督程序两种救济程序的区别，对审判实践具有重要的指导意义。

637. 被执行人未经执行法院允许而进行施工时其施工利益是否予以保护

关键词

施工利益

最高人民法院裁判文书

濮阳创想生态园投资开发有限公司与中国长城资产管理股份有限公司河南省分公司等借款合同纠纷执行案［最高人民法院（2021）最高法执监 280 号执行裁定书］

裁判要旨：已办理建设工程规划许可证但尚未办理施工许可证而进行建设施工的，并不必然导致建设施工行为无效。执行异议、复议程序中，应当对于法院查封时是否知晓已施工建设、是否对施工建设采取明确的禁止措施、施工建设行为是否减损土地价值、是否有碍执行等基本事实予以审查认定。原审法院仅以被执行人未经查封法院允许、未办理建设工程施工许可证、未经抵押权人书面同意即进行施工行为为由认定建设施工行为违法，地上建设工程的施工利益不应予以保护，进而认定案涉建设工程不予一并评估拍卖，显属适用法律错误。

最高人民法院认为：本案争议焦点问题是，申诉人创想公司关于执行法院应当对涉案土地使用权及地上建设工程一并评估拍卖的主张是否符合法律规定。

《最高人民法院关于人民法院民事执行中拍卖、变卖财产的规定》（2020年修正）第十五条规定，拍卖的多项财产在使用上不可分，或者分别拍卖可能严重减损其价值的，应当合并拍卖。《最高人民法院关于人民法院民事执行中查封、扣押、冻结财产的规定》（2020年修正）第二十四条规定，被执行人就已经查封、扣押、冻结的财产所作的移转、设定权利负担或者其他有碍执行的行为，不得对抗申请执行人。第三人未经人民法院准许占有查封、扣押、冻结的财产或者实施其他有碍执行的行为的，人民法院可以依据申请执行人的申请或者依职权解除其占有或者排除其妨害。人民法院的查封、扣押、冻结没有公示的，其效力不得对抗善意第三人。根据上述法律规定，本案中，判断土地使用权及地上建设工程应否合并处置，首先应对地上建设工程是否为可供执行财产、建设施工行为是否有碍执行等基本事实予以查明。根据《城乡规划法》的有关规定，建设工程规划许可证是有关建设工程符合城乡规划要求准予进行施工建设的法律凭证。根据《建筑法》的有关规定，建筑工程开工前，建设单位应当按照国家有关规定向工程所在地县级以上人民政府建设行政主管部门申请领取施工许可证，未取得施工许可证或者开工报告未经批准擅自施工的，责令改正，对不符合开工条件的责令停止施工，可以处以罚款。结合《城乡规划法》《建筑法》的规定，已办理建设工程规划许可证但尚未办理施工许可证而进行建设施工的，并不必然导致建设施工行为无效。根据申诉人所述，其早已取得涉案土地的《建设用地规划许可证》，且已取得了《建设工程规划许可证》，后在办理建设工程施工许可证前与中如公司签订了施工合同，并实际开展了施工行为。本院认为，在此情况下，执行异议、复议程序中，应当对于法院查封时是否知晓申诉人已施工建设、是否对申诉人的施工建设采取明确的禁止措施、施工建设行为是否减损土地价值、是否有碍执行等基本事实予以审查认定。河南高院、濮阳中院仅以被执行人未经查封法院允许、未办理建设工程施工许可证、未经抵押权人书面同意即进行施工行为为由认定建设施工行为违法，地上建设工程的施工利益不应予以保护，进而认定案涉建设工程不予一并评估拍卖，显属认定基本事实不清，适用法律错误。河南高院、濮阳中院应当充分结合本案实际，查明上述基本事实，再行判断涉案土地使用权及该土地上的建设工程一并评估拍卖是否符合法律规定。故，濮阳中院、河南高院的异议、复议裁定均应予以撤销，濮阳中院应当进一步查明事实，重新审查处理。

——中国裁判文书网。

638. 实际施工人提出异议，主张对工程款享有优先受偿权，人民法院如何审查处理

关键词

实际施工人　建设工程价款优先受偿权

附录：执行信箱

问：实际施工人提出异议，主张对工程款享有优先受偿权，人民法院如何审查处理？

答：在执行过程中，法院执行承包人享有的工程款债权，准备处置发包人名下的不动产时，经常会碰到实际施工人主张对该不动产享有建设工程价款优先受偿权的情形。

首先，关于何为实际施工人。实际施工人不是法律规定的民事主体。已经废止的《最高人民法院关于审理建设工程施工合同纠纷案件适用法律问题的解释》[法释〔2004〕14号，以下简称原《建设工程解释（一）》]第一次使用了“实际施工人”概念。该解释在多个条文中涉及“实际施工人”，相关理解适用观点认为，“实际施工人”一般是指建设工程施工合同被认定无效后，具体实施工程施工的建设单位和个人，如转承包方、违法分包的承包方、不具有建筑资质的承包方等，但在不同条文、不同语境下，“实际施工人”的内涵略有差异，也存在一定争议。之后，已经废止的《最高人民法院关于审理建设工程施工合同纠纷案件适用法律问题的解释（二）》[法释〔2018〕20号，以下简称原《建设工程解释（二）》]以及现行的《最高人民法院关于审理建设工程施工合同纠纷案件适用法律问题的解释（一）》[法释〔2020〕25号，以下简称《建设工程解释（一）》]，均继续使用“实际施工人”概念，概念内涵与原《建设工程解释（一）》基本一致。

其次，关于实际施工人是否享有建设工程价款的优先受偿权。《民法典》第八百零七条规定："发包人未按照约定支付价款的，承包人可以催告发包人在合理期限内支付价款。发包人逾期不支付的，除根据建设工程的性质不宜折价、拍卖外，承包人可以与发包人协议将该工程折价，也可以请求人民法院将该工程依法拍卖。建设工程的价款就该工程折价或者拍卖的价款优先受偿"。《建设工程解释（一）》第三十五条规定："与发包人订立建设工程施工合同的承包人，依据民法典第八百零七条的规定请求其承建工程的价款就工程折价或者拍卖的价款优先受偿的，人民法院应予支持。"第三十六条规定："承包人根据民法典第八百零七条规定享有的建设工程价款优先受偿权优于抵押权和其他债权。"上述法律及司法解释中均未明确规定实际施工人享有优先受偿权。《建设工程解释（一）》第三十五条是在原《建设工程解释（二）》第十七条规定的基础上作的修改，仅仅将该条的"根据合同法第二百八十六条规定"修改为"依据民法典第八百零七条的规定"，实际规则没有变化，有关原《建设工程解释（二）》第十七条规定的规则精神，仍可资借鉴。根据原《建设工程解释（二）》第十七条理解与适用观点，依法享有工程价款优先受偿权的人必须与发包人存在直接的施工合同关系，建设工程的勘察人、设计人、分包人、实际施工人、监理人以及与发包人无合同关系的装饰装修工程的施工人均不应享有此项权利。因此，《建设工程解释（一）》第四十三条规定实际施工人可以有条件地向发包人主张工程价款，但并未赋予实际施工人直接向发包人主张工程价款优先受偿权的权利。毕竟司法解释突破债权相对性，赋予实际施工人有条件地向发包人主张工程价款的权利，是基于保护处于弱势地位的建筑工人权益的目的，与优先权并无必然联系。另外，《建设工程解释（一）》第四十四条规定："实际施工人依据民法典第五百三十五条规定，以转包人或者违法分包人怠于向发包人行使到期债权或者与该债权有关的从权利，影响其到期债权实现，提起代位权诉讼的，人民法院应予支持。"根据《民法典》第五百三十五条规定的理解适用观点，"与该债权有关的从权利"是指附属于主债权的权利，比如担保物权和建设工程价款优先受偿权等。因此，如果转包人或者违法分包人系与发包人签订合同的承包人的，在其怠于主张优先受偿权的情况下，实际施工人可以行使代位权，代承包人向发包人主张优先受偿权。综上，实际施工人一般不得向发包人主张优先受偿权，但在特定情形下，可以代位主张优先受偿权。

最后，关于对于实际施工人优先受偿的主张如何处理。我们认为，尽管《最高人民法院关于适用〈中华人民共和国民事诉讼法〉的解释》[法释〔2020〕20号，以下简称《民事诉讼法解释》］第五百零八条[①]将参与分配程序的适用主体限定为被执行人为公民或者其他组织，但对于企业法人为被执行人的案件，在执行的特定财产上存在优先权、担保物权，且该财产不足以清偿全部债务的情况下，人民法院仍然需要对所得案款进行分配，并制作分配方案。因此，人民法院在对建设工程变价款进行分配的过程中，需要对所得案款进行分配，并制作分配方案。在制作分配方案时，对于承包人的优先受偿主张，人民法院可以结合施工合同履行情况、征询发包人等各方的意见确定优先受偿数额；但对实际施工人的优先受偿主张，可以引导其通过《民事诉讼法解释》第五百一十一条、第五百一十二条[②]规定的分配方案异议及分配方案异议之诉程序，对相关争议予以解决，确定最终的分配方案。

——薛圣海、何东奇：《执行审查部分问题解答》，载最高人民法院执行局编：《执行工作指导》2020年第3辑（总第75辑），人民法院出版社2020年版。

639. 案外人与被执行人之间订立的房屋买卖合同的真实性、合同效力以及履行情况等，均属于案外人执行异议之诉本应审理的范畴

关键词

案外人执行异议　房屋买卖合同

最高人民法院公报案例、最高人民法院裁判文书

汤国伟与广州市海顺房地产发展有限公司、长春高斯达生物科技集团股份有限公司案外人执行异议之诉纠纷案［最高人民法院（2017）最高法民申3075号民事裁定书］

裁判摘要：案外人与被执行人之间订立的房屋买卖合同的真实性、合同效力以及履行情况等，均属于案外人执行异议之诉本应审理的范畴。在执行异议之诉之外，案外人和被执行人另行单独就执行标的提出有关合同效力、继续履行等诉讼的，存在串通诉讼的嫌

---

① 现为《最高人民法院关于适用〈中华人民共和国民事诉讼法〉的解释》（2022年修正）第五百零六条。

② 现为《最高人民法院关于适用〈中华人民共和国民事诉讼法〉的解释》（2022年修正）第五百零九条、第五百一十条。

疑，可能损害到执行申请人的利益，故该另案诉讼不应继续审理，执行异议之诉不因另案诉讼而中止审理。

最高人民法院认为：关于二审程序是否违法，是否应中止审理的问题。对于执行异议之诉，根据《最高人民法院关于适用〈中华人民共和国民事诉讼法〉的解释》第三百一十二条[①]的规定，案外人同时提出确认其权利的诉讼请求的，人民法院可以在判决中一并作出裁判。本案中，案外人汤国伟提出的诉讼请求包括了确权之诉的内容，即请求依法确认案涉房屋归其所有。因此，汤国伟与海顺公司之间的《房屋买卖协议书》是否真实存在、合同效力以及履行情况等内容，均属于本案执行异议之诉中有关确权部分本应审理的范畴。

根据原审查明的事实看，广州市中级人民法院（以下简称广州中院）于2009年8月12日查封了案涉房产后，汤国伟于2010年3月18日作为原告以海顺公司为被告另案提起确认《房屋买卖协议书》有效的诉讼。此后，汤国伟于2010年7月2日就针对案涉房产的强制执行程序提出执行异议，广州中院驳回其执行异议后，汤国伟提起本案执行异议之诉。不难看出，汤国伟另案提起确认《房屋买卖协议书》有效的诉讼，是为其提出执行异议和执行异议之诉进行证据准备的。但是，汤国伟在案涉房产被查封之后另案提起确认《房屋买卖协议书》有效的诉讼，其审理结果明显与查封案涉房屋的申请执行人高斯达公司具有利害关系，在不追加高斯达公司作为第三人参加诉讼的情况下，汤国伟和海顺公司另案单独进行诉讼，存在串通诉讼的嫌疑，有可能损害高斯达公司的利益。而且，在执行异议之诉和确认合同有效之诉的两种诉讼中，有关举证责任的要求也是不同的。因此，在本案执行异议之诉立案之后，汤国伟另案提出的确认《房屋买卖协议书》有效的诉讼不应继续审理，而应由本案执行异议之诉针对《房屋买卖协议书》是否真实存在、合同效力以及履行情况等内容进行查明和认定。综上，本案二审无需以另案确认《房屋买卖协议书》有效之诉的裁判结果为依据，无需中止审理，二审审理程序并不违法。

——《最高人民法院公报》2020年第11期。

---

① 现为《最高人民法院关于适用〈中华人民共和国民事诉讼法〉的解释》（2022年修正）第三百一十条。

640. 交付全部或者大部分款项的商品房消费者的权利优先于抵押权人的抵押权

关键词

商品房消费者　抵押权　执行异议之诉

最高人民法院司法政策精神

126.【商品房消费者的权利与抵押权的关系】根据《最高人民法院关于建设工程价款优先受偿权问题的批复》第 1 条、第 2 条的规定，交付全部或者大部分款项的商品房消费者的权利优先于抵押权人的抵押权，故抵押权人申请执行登记在房地产开发企业名下但已销售给消费者的商品房，消费者提出执行异议的，人民法院依法予以支持。但应当特别注意的是，此情况是针对实践中存在的商品房预售不规范现象为保护消费者生存权而作出的例外规定，必须严格把握条件，避免扩大范围，以免动摇抵押权具有优先性的基本原则。因此，这里的商品房消费者应当仅限于符合本纪要第 125 条规定的商品房消费者。买受人不是本纪要第 125 条规定的商品房消费者，而是一般的房屋买卖合同的买受人，不适用上述处理规则。

——《最高人民法院关于印发〈全国法院民商事审判工作会议纪要〉的通知》（2019 年 11 月 8 日，法〔2019〕254 号）。

最高人民法院答复

山东省高级人民法院：

你院在办理有关案件中，就“开发商未建成房产时购房者的购房款能否优先于建筑工程价款和土地使用权抵押债权受偿问题”形成两种意见。多数人认为交付全部或者大部分款项的购房者享有的购房款返还请求权优先于承包人的建设工程价款优先权和抵押权人的抵押权。少数人认为债权应当平等保护，购房者享有的购房款请求权不应优先于其他一般债权。因该问题涉及《最高人民法院关于建设工程价款优先受偿权问题的批复》（法释〔2002〕16 号，下称《批复》）的理解和适用，你院向我院提交（2014）鲁执三他字第 9 号、第 10 号两个报告进行请示。因两个报告请示的系同一法律问题，经研究，一并答复如下：

一、《批复》第一条规定：人民法院在审理房地产纠纷案件和办理执行案件中，应当依照《中华人民共和国合同法》第二百八十六条[①]的规定，认定建筑工程的承包人的优先受偿权优于抵押权和其他债权。第二条规定：消费者交付购买商品房的全部或者大部分款项后，承包人就该商品房享有的工程价款优先受偿权不得对抗买受人。上述两个条文明确规定了房屋买受人的权利优先于建筑工程承包人的优先受偿权与抵押权人的抵押权，体现了优先保护处于相对弱势地位的房屋买受人的精神。

二、基于《批复》保护处于弱势地位的房屋买受人的精神，对于《批复》第二条"承包人的工程价款优先受偿权不得对抗买受人"的规定，应当理解为既不得对抗买受人在房屋建成情况下的房屋交付请求权，也不得对抗买受人在房屋未建成等情况下的购房款返还请求权。

三、综合考虑《批复》的立法目的、相关制度的衔接、各方主体的利益平衡等多种因素，我院认为你院审判委员会的多数人意见更符合《批复》的精神，处理结果更为妥当。我院原则同意你院审判委员会的多数人意见。

四、请你院依照《批复》的规定与精神，以你院审判委员会的多数人意见为基础，结合具体案情依法妥善处理相关案件。同时注意以下几个问题：

1. 对于房屋买受人主张的违约金是否优先保护问题，你院应当在兼顾建筑工程承包人、抵押权人等各方当事人合法权益的基础上妥善处理，避免相关主体之间的利益失衡。

2. 与执行程序相比，破产程序能更好地清理债权债务。在破产程序中，《批复》关于优先保护商品房买受人权利的规定也应予以适用，请你院考虑可否引导相关案件通过破产程序处理。

3. 如相关案件债务人不能进入破产程序，在房屋买受人的购房款返还请求权未经生效法律文书确认的情况下，根据现行法律规定，应通过参与分配程序实现其优先受偿。在参与分配程序中，应注意确保对各方当事人依法进行程序性救济。

你院请示问题涉及相关案件中大量房屋买受人的利益保护，关系到社会稳定的大局，山东省委、省政府一直予以密切关注。你院要紧紧依靠山东省委的领导，积极争取山东省政府的支持，坚持司法为民，严格把握法律规定与政策精神，针对可能出现的问题制定相应预案，依法妥善处理相关案件，切实防止出现社会性群体事件，依法保护各方当事人的合法权益。

——《最高人民法院对山东省高级人民法院就处置济南彩石山庄房屋买卖合同纠纷案请示的答复》（2014 年 7 月 28 日，〔2014〕执他字第 23、24 号）。

① 对应《民法典》第八百零七条。

最高人民法院裁判文书

王忠诚与中国建设银行股份有限公司青海省分行金融借款合同纠纷案

［最高人民法院（2019）最高法民再245号民事判决书］

裁判要旨：本案涉及商品房买卖合同和商品房担保贷款合同双重法律关系，因开发商违约不能交房导致各方合同解除，但却实际占有使用购房者支付的首付款及银行的按揭贷款；银行依据合同约定既享有抵押权，又同时享有对开发商、购房者的债权；购房者未取得房屋，却既支付了首付款，又需偿还按揭贷款。若按合同约定的权利义务关系处理，则在购房者对合同解除无过错的情况下，仍要求其对剩余贷款承担还款责任，明显不合理地加重了其负担，各方权利义务失衡，有违公平原则。

最高人民法院认为，根据各方当事人诉辩意见，本案再审争议焦点为，案涉《借款合同》解除后王忠诚等三人应否承担剩余贷款的还款责任。对此，评析如下：

第一，关于案涉《借款合同》解除后的贷款返还责任主体问题。《商品房买卖合同司法解释》第二十五条第二款规定："商品房买卖合同被确认无效或者被撤销、解除后，商品房担保贷款合同也被解除的、出卖人应当将收取的购房贷款和购房款的本金及利息分别返还担保权人和买受人。"本案中，因越州公司未按照约定期限交付房屋，致使案涉《商品房预售合同》解除，《借款合同》《抵押合同》因合同目的无法实现亦被解除。根据前述规定，应由出卖人越州公司将收取的购房贷款本金及利息返还建行青海分行，王忠诚等三人不负有返还义务。

第二，关于案涉《借款合同》中相关格式条款的适用问题。案涉《借款合同》第十九条载明："贷款人与借款人的借贷关系解除的，借款人应当立即返还其所欠贷款的本金、利息、罚息及实现债权的费用，或委托售房人直接将上述款项归还贷款人。"该条款系建行青海分行为重复使用而提前拟定的格式条款。在《商品房买卖合同司法解释》已经明确规定，商品房买卖合同和商品房担保贷款合同解除后，出卖人将收取的购房贷款的本金及利息直接返还给贷款人而非购房人（借款人）的情况下，建行青海分行拟定该条内容，意味着要求王忠诚等三人在既未取得所购房屋亦未实际占有购房贷款的情况下归还贷款，明显不合理地加重了王忠诚等三人的责任，根据《合同法》第四十条[①]“……提供格式条款一方免除其责任、加重对方责任、排除对方主要权利的，该条款无效”之规定，该条款对王忠诚等三人不具有拘束力。

第三，关于商品房按揭贷款商业模式下各方当事人权利义务关系问题。本案涉及商品房买卖合同和商品房担保贷款合同双重法律关系。从合同内容来看，在商品房买卖合同中，王忠诚等三人支付房款，越州公司交付房屋；在商品房担保贷款合同中，建行青海分行将王忠诚等三人所贷款项直接支付给越州公司，越州公司实际用款。王忠诚等三人并不支配购房贷款，但需偿付贷款本息。如果案涉合同正常履行，王忠诚等三人取得房屋，各方权利义务亦可保持平衡。但本案中，因越州公司不能交付房屋而致使合同解除，导致合同约定的各方权利义务严重失衡。具体表现为：越州公司违约不能交房导致各方合同解除，但却实际占有使用王忠诚等三人支付的首付款及建行青海分行按揭贷款；建行青海分行依据合同约定既享有抵押权，又同时享有对越州公司、王忠诚等三人的债权；王忠诚等三人未取得房屋，却既支付了首付款，又需偿还按揭贷款。若按合同约定的权利义务关系处理，则在王忠诚等三人对合同解除无过错的情况下，仍要求其对剩余贷款承担还款责任，明显不合理地加重了其负担，各方权利义务失衡，有违公平原则。因此，审理案件时，必须充分考虑商品房按揭贷款商业模式下各合同之间的密切联系和各方权利义务关系的平衡问题，避免因强调单个合同的相对性而造成三方权利义务的失衡。

——中国裁判文书网。

附录：最高人民法院主流观点

1. 未取得商品房预售许可证，购房人的权利是否优先于抵押权？该问题在司法实践中争议很大。有观点认为即使是消费者购房人，在交易时也应当审查房地产企业是否取得商品房预售许可证。在房地产企业取得商品房预售许可证时，消费者购房人才有值得保护的信赖利益，反之，消费者购房人的权利则不应优先得到保护。换言之，在满足纪要规定的消费者购房人排除执行的条件的同时，还应满足房地产企业取得商品房预售许可证的条件，消费者购房人的权利才优先于抵押权。我们认为，不应当区分是否取得商品房预售许可证，无论是否取得商品房预售许可证，消费者购房人的权利均应优先于抵押权，这是基于“生存利益至上”的考虑。《最高人民法院关于建设工程价款优先受偿权的批复》中并未对消费者购房人的权利作限定条件，因此，即使没有取得商品房预许可证，消费者购房人的权利也优先于抵押权。另外，预售许可证是行政管理手段，没有预售许可证，开发商应当受到行政处罚，

① 对应《民法典》第四百九十七条。

但不应当影响民事合同的效力。没有预售许可证，购房合同无效的法律规定属于管理性强制性规定，而非效力性强制性规定。

2. 消费者购房人的权利与建设工程价款优先受偿权冲突时，何者优先？按照《最高人民法院关于建设工程价款优先受偿权问题的批复》，当两者发生冲突时，消费者购房人的权利优先，从权利的排序看，消费者购房人的权利优先于建设工程价款优先受偿权，优先于抵押权。同理，当建设工程价款优先受偿权人与抵押权人的权利发生冲突时，前者的权利优先。

3. 出售在先，抵押权设定在后，购房人的权利优先还是抵押权优先？应当区分是否为消费者购房人，如果是一般购房人，其取得的不是物权期待权，本质是债权，其并不优先于抵押权。如果是消费者购房人，基于生存利益至上的考虑，其权利优先于抵押权。实际上，购房人的权利是否优先于抵押权，取决于其是一般购房人还是消费购房人，而与抵押权设定在出售之前还是出售之后无关。

4. 如果消费者购房人明知存在抵押权，其权利能否优先保护？我们认为，不应当区分是否明知，只要符合消费者购房人排除执行的条件，就应当优先保护消费者购房人的权利。从物权法与相关行政法规规定的协调上，也应该保护购房人的利益。物权法规定买卖抵押物需要征得抵押权人同意，并且需要将买卖价款优先清偿抵押权人的债务。对于购房人来说，其在开发商已经对商品房进行预售的情况下，能够相信抵押权人同意转让抵押物，且相信其所交付的购房款已经按照物权法的规定用于提前清偿抵押权所担保的债务。在此基础上，即使购房人明知所购买的房屋有抵押权负担，也应该优先保护购房人的利益。至于行政法规中所规定的预售条件则应通过完善行政管理的途径来解决，而不能让购房人来承担此种风险。①

5. 对于在房地产开发企业没有建成房屋的情况下，交付全部或者大部分款项的购房者享有的购房款返还请求权是否优先于抵押权人的抵押权的问题，在司法实践中也存在争议。一种观点认为，购房者的购房款返还请求权属于债权请求权，根据物权优先于债权的原则，其不能优先于抵押权。另一种观点认为，从《最高人民法院关于建设工程价款优先受偿权的批复》规定的精神看，根据生存权至上的原则，其应优先于抵押权。我们倾向于第二种观点。对于《最高人民法院关于建设工程价款优先受偿权的批复》不能作机械的理解。基于《最高人民法院关于建设工程价款优先受偿权的批复》保护处于弱势地位的房屋买受人的精神，对于《最高人民法院关于建设工程价款优先受偿权的批复》第2条“承包人的工程价款优先受偿权不得对抗买受人”的规

① 张燕、仲伟珩：《银行抵押权、预售商品房购房人权利的冲突与解决》，载《人民司法》2017年第16期。

定，应当理解为既不得对抗买受人在房屋建成情况下的房屋交付请求权，也不得对抗买受人在房屋未建成等情况下的购房款返还请求权。综合考虑《最高人民法院关于建设工程价款优先受偿权的批复》的立法目的、相关制度的衔接、各方主体的利益平衡等多种因素，对于房地产开发企业没有建成房屋的情况，交付全部或者大部分款项的购房者享有的购房款返还请求权应当优先于抵押权人的抵押权。

——最高人民法院民事审判第二庭编著：《〈全国法院民商事审判工作会议纪要〉理解与适用》，人民法院出版社2019年版，第637~638页。

641. 房屋不能交付且无实际交付可能时，商品房消费者能否主张价款返还请求权优先于建设工程优先受偿权、抵押权以及其他债权

关键词

执行异议　商品房消费者　价款返还请求权

最高人民法院司法解释

河南省高级人民法院：

你院《关于明确房企风险化解中权利顺位问题的请示》（豫高法〔2023〕36号）收悉。就人民法院在审理房地产开发企业因商品房已售逾期难交付引发的相关纠纷案件中涉及的商品房消费者权利保护问题，经研究，批复如下：

一、建设工程价款优先受偿权、抵押权以及其他债权之间的权利顺位关系，按照《最高人民法院关于审理建设工程施工合同纠纷案件适用法律问题的解释（一）》第三十六条的规定处理。

二、商品房消费者以居住为目的购买房屋并已支付全部价款，主张其房屋交付请求权优先于建设工程价款优先受偿权、抵押权以及其他债权的，人民法院应当予以支持。

只支付了部分价款的商品房消费者，在一审法庭辩论终结前已实际支付剩余价款的，可以适用前款规定。

三、在房屋不能交付且无实际交付可能的情况下，商品房消费者主张价款返还请求权优先于建设工程价款优先受偿权、抵押权以及其他债权的，人民法院应当予以支持。

——《最高人民法院关于商品房消费者权利保护问题的批复》（法释〔2023〕1号，2023年4月21日）。

附录：最高人民法院主流观点

在具体执行中，由于被执行的房屋千差万别，有的消费者可能并不主张排除执行异议，而是主张就其购房款对房屋变价款优先受偿。《规定》原本拟对此作出规定，后来考虑到该问题并不属于异议复议的问题，且涉及案外人在分配顺序上的优先权问题，较为复杂，留待在参与分配司法解释中作出规定。我们认为，购房人在本来可以排除执行的情况下，放弃物权期待权，转而就价款优先受偿，有利于执行，应予支持。

——江必新、刘贵祥主编、最高人民法院执行局编著：《最高人民法院关于人民法院办理执行异议和复议案件若干问题规定理解与适用》，人民法院出版社 2015 年版，第 436 页。

642. 当事人关于附带租期拍卖的异议构成执行行为异议

关键词

案外人执行异议之诉　附带租期拍卖

最高人民法院裁判文书

郑玉梅与黄汉超、茂名市电白区农机管理局案外人执行异议之诉案［最高人民法院（2020）最高法民申 572 号民事裁定书］

裁判要旨：执行行为异议的目的在于将违反法律规定的执行行为予以更正或撤销，并不以排除执行为必要。本案当事人的诉讼请求为案涉房屋应附带租期拍卖，并提出确认其优先购买权的诉讼请求。事实上，无论当事人关于执行法院没有附带租期的拍卖行为违法的主张，还是其要求执行法院确认其优先购买权的请求，均是针对执行过程中的拍卖行为，诉讼目的是变更、纠正执行行为，而非以享有租赁权为由请求排除对案涉房屋的执行措施。因此其所提执行异议系执行行为异议。

最高人民法院认为：本案的争议焦点是郑玉梅所提异议系对执行行为的异议还是对执行标的排除执行的异议。

根据《民事诉讼法》第二百二十五条[①]和第二百二十七条[②]的规定，当事人因违法执行或不当执行，导致权益受到侵害时，根据不同情况，救济途径分为程序和实体两种，即根据《民事诉讼法》第二百二十五条提出执行行为异议，或根据《民事诉讼法》第二百二十七条，对执行标的提出排除执行的异议。执行行为异议的目的在于将违反法律规定的执行行为予以更正或撤销，并不以排除执行为必要。本案中，郑玉梅的诉讼请求为案涉房屋应附带租期拍卖，并提出确认其优先购买权的诉讼请求。原审法院曾向其释明不同救济途径的差别，郑玉梅坚持其诉讼请求。事实上，无论是郑玉梅关于执行法院没有附带租期的拍卖行为违法的主张，还是其要求执行法院确认其优先购买权的请求，均是针对执行过程中的拍卖行为，诉讼目的是变更、纠正执行行为，而非以享有租赁权为由请求排除对案涉房屋的执行措施。因此，郑玉梅所提执行异议系执行行为异议，应依据《民事诉讼法》第二百二十五条提出异议，如被驳回，可向上一级人民法院申请复议，不能依据《民事诉讼法》第二百二十七条，提起案外人执行异议之诉。因此，原审法院裁定驳回郑玉梅的起诉，于法有据。此外，《最高人民法院关于适用〈中华人民共和国民事诉讼法〉的解释》第三百三十三条[③]规定，第二审人民法院对不服驳回起诉裁定的上诉案件，依照《民事诉讼法》第一百六十九条[④]规定可以不开庭审理。因此，郑玉梅关于原审法院未开庭审理本案，程序违法，损害其辩论权利的主张，没有事实和法律依据，不予支持。

——中国裁判文书网。

643. 承包人可向对建设工程采取强制执行措施的执行法院主张建设工程价款优先受偿权

关键词

建设工程价款　优先受偿权　强制执行

---

① 现为《民事诉讼法》(2021 年修正) 第二百三十二条。

② 现为《民事诉讼法》(2021 年修正) 第二百三十四条。

③ 现为《最高人民法院关于适用〈中华人民共和国民事诉讼法〉的解释》(2022 年修正) 第三百一十一条。

④ 现为《最高人民法院关于适用〈中华人民共和国民事诉讼法〉的解释》(2022 年修正) 第三百三十一条。

附录：最高人民法院法官著述

《合同法》第286条[①]规定："发包人未按照约定支付价款的，承包人可以催告发包人在合理期限内支付价款。发包人逾期不支付的，除按照建设工程的性质不宜折价、拍卖的以外，承包人可以与发包人协议将该工程折价，也可以申请人民法院将该工程依法拍卖。建设工程的价款就该工程折价或者拍卖的价款优先受偿。"关于承包人应以何种方式行使建设工程价款优先受偿权的问题，实践中存在争议，主要有以下几种观点：第一种观点认为，承包人应当通过诉讼的方式行使建设工程价款优先受偿权。主要理由是，承包人是否享有建设工程价款优先受偿权、在多大范围内行使建设工程价款优先受偿权、行使权利时是否超出了规定的除斥期间等问题都应当由人民法院作出认定。如果承包人不通过诉讼的方式行使建设工程价款优先受偿权，上述争议无法解决。第二种观点认为，诉讼不是建设工程承包人行使建设工程价款优先受偿权的唯一方式。承包人不仅可以通过诉讼的方式行使建设工程价款优先受偿权，还可以通过与发包人协商折价的方式行使建设工程价款优先受偿权。根据《合同法》第286条规定，承包人行使建设工程价款优先受偿权的方式有二：一是与发包人协议将该工程折价，二是申请人民法院将该工程依法拍卖。将承包人行使建设工程价款优先受偿权的方式限定为诉讼方式，与《合同法》第286条的规定不符。第三种观点认为，承包人不应当以诉讼的方式行使建设工程价款优先受偿权。根据《合同法》第286条规定，承包人可以与发包人协议将该工程折价，也可以申请人民法院将该工程依法拍卖。其建设工程的价款可就该工程折价或拍卖的价款优先受偿。该条所规定的申请人民法院将该工程依法拍卖不属于普通的民事诉讼，而是一种特殊救济程序，类似于申请人民法院强制执行公证债权文书，属于非诉程序。

上述观点中，第二种观点具有合理性。第一种观点与《合同法》第286条的规定不符，缺乏依据。第三种观点过于机械，也没有诉讼法上的依据。但上述观点都是关于承包人在通常情况下行使建设工程价款优先受偿权的认识。现实中的情况较为复杂。通常情况下，如果承包人在继续对建设工程进行施工，原则上不应当行使建设工程价款优先受偿权。一方面，承包人的建设工程价款债权尚未最终确定；另一方面，施工中的建设工程亦不便进行折价或者拍卖。根据《建设工程价款优先受偿权批复》第1条规定，建设工程价款优先受偿权的效力优先于设立在建设工程上的抵押权和发包人其他债权人所享有的普通债权。如果施工中的建设工程被发包人的其他债权人申请强制执行，债权人与发包人已经准备折价偿债或者人民法院已经准备拍卖的，

① 对应《民法典》第八百零七条。

承包人就有权向执行法院主张建设工程价款优先受偿权，否则会对其建设工程价款优先受偿权造成损害。因此，即使在施工过程中，承包人如果发现发包人其他债权人或者抵押权人申请对建设工程进行强制执行时，向执行法院主张其对建设工程享有建设工程价款优先受偿权的，也属于承包人行使建设工程价款优先受偿权的合理方式。

本案中，甲公司和乙公司共同委托的造价机构丙公司于 2014 年 11 月 3 日对案涉工程价款出具《审核报告》。2014 年 11 月 24 日，乙公司收到通知，河南省焦作市中级人民法院依据甲公司其他债权人的申请将对案涉工程进行拍卖。2014 年 12 月 1 日，乙公司第九建设公司向河南省焦作市中级人民法院提交《关于恒和国际商务会展中心在建工程拍卖联系函》，请求依法确认对案涉建设工程的优先受偿权。2015 年 2 月 5 日，乙公司对案涉工程停止施工。2015 年 8 月 4 日，乙公司向甲公司发送《关于主张恒和国际商务会展中心工程价款优先受偿权的工作联系单》，要求对案涉工程价款享有优先受偿权。2016 年 5 月 5 日，乙公司第九建设公司又向河南省洛阳市中级人民法院提交《优先受偿权参与分配申请书》请求参与分配，依法确认并保障其对案涉建设工程价款享有的优先受偿权。因此，甲公司关于乙公司未在 6 个月除斥期间内以诉讼方式主张优先受偿权，其优先受偿权主张不应得到支持的上诉理由不能成立。《合同法》第 286 条的规定，《民法典》相应条文为第 807 条，未作实质性修改。

附：案情简介

乙公司向法院起诉称：2012 年 9 月 17 日，乙公司和甲公司签订《建设工程施工合同》，由乙公司对恒和国际商务会展中心项目进行施工，双方在合同中就工期、工程价款、违约责任等内容进行了约定。后因案涉工程开工手续不全，施工合同无法备案以及甲公司拖欠工程款等原因，乙公司中途停止施工。双方委托丙公司对案涉工程进行结算审核，审核结算金额为 394478042.29 元。乙公司因无资金继续垫资施工，在书面通知甲公司后，被迫于 2015 年 3 月全面正式停工。双方就欠付工程价款及违约事宜一直协商未果。截至本案庭审结束前，案涉工程未取得建设工程规划许可证、建设工程施工许可证等相关手续。

——谢勇、郭培培：《承包人可向对建设工程采取强制执行措施的执行法院主张建设工程价款优先受偿权——上诉人甲公司与被上诉人乙公司建设工程施工合同纠纷案》，载姜伟主编：《最高人民法院第四巡回法庭疑难案件裁判要点与观点》，人民法院出版社 2020 年版，第 48~52 页。

644. 未签订以房抵债书面协议能否认定已支付购房款

关键词

案外人执行异议之诉　以房抵债

最高人民法院裁判文书

胡平月与黄劲松、左立兵以及玄凯公司案外人执行异议之诉案［最高人民法院（2021）最高法民申5479号民事裁定书］

裁判要旨：以债权抵顶购房款并不违反法律的强制性规定，双方虽未达成以房抵债的书面协议，但从双方的借款事实、转账凭证、买卖合同以及备案、出具发票等一系列证据可以认定双方实际形成了以房抵债的一致意思表示，可以认定案外人已实际支付了购房款。

最高人民法院经审查认为，关于胡平月是否提交充分证据证明支付了案涉购房款问题。

胡平月原审中提交了2011年7月22日由玄凯公司出具的借条，载明玄凯公司借用胡平月人民币1000万元，并注明“此款由王广鹏个人卡于2011年7月22日转账汇入安徽玄凯房地产开发有限公司建行账户”。同日，王广鹏与胡平月签订借条，共计1000万元，并载明公司借用，已汇出。胡平月亦提交了相关汇款凭证。本次询问中，玄凯公司亦认可与胡平月存在借款1000万元的事实。原判决认定胡平月与玄凯公司未签订借款协议，缺乏证据证明。

2014年8月13日，胡平月与玄凯公司签订了共计25份《商品房买卖合同》（含案涉4套房屋），并随后办理了备案登记。玄凯公司亦开具了发票。胡平月与玄凯公司虽未达成以房抵债的书面协议，但实际形成了以25套房屋抵偿1000万元借款的一致意思表示，胡平月与玄凯公司亦予以认可。以债权抵顶购房款并不违反法律的强制性规定，从双方的借款事实、转账凭证、买卖合同以及备案、出具发票等一系列证据可以认定胡平月已实际支付了购房款。原判决关于无法证明胡平月是否向玄凯公司支付了案涉购房款的认定不当。

——中国裁判文书网。

645. 经过网签或者销售合同备案的房产，如果买受人以案外人身份提出异议的，人民法院应给予和预告登记权利人相同的保护

关键词

网签 销售合同备案

附录：最高人民法院主流观点

实践中，在北京、上海等房地产交易较为规范的城市，对房地产买卖合同曾经先后采取过销售合同备案和网签的公示方式。从效力上看，经过销售合同备案和网签的房屋不允许再处分，如果要再处分，必须解除销售合同备案和网签，和预告登记的效力基本相同。从此角度来看，经过网签或者销售合同备案的房产，如果买受人以案外人身份提出异议的，人民法院应当给予和预告登记权利人相同的保护。司法解释草案稿中本来将办理了销售合同备案和网签的买受人处于同等保护的地位，但在征求专家意见时，因一些专家提出了不同意见而删除。这个问题应当放在案外人异议之诉的审理中解决，如果买受人就买受房屋办理了网签或者销售合同备案并且已经缴纳了全部价款，或者虽然买受人仅仅缴纳部分价款但愿意按照人民法院的要求缴纳剩余价款的，即使没有占有，也应当判决解除对买受人已经买受房屋的执行。

——江必新、刘贵祥主编、最高人民法院执行局编：《最高人民法院执行最新司法解释统一理解与适用》，中国法制出版社 2016 年版，第 223 页。

646. 执行异议之诉中保证金优先受偿权的审查标准

关键词

保证金 优先受偿权 案外人 执行异议之诉

最高人民法院裁判文书

天津银行股份有限公司唐山分行、天津银行股份有限公司唐山迁安支行与浙江物产融资租赁有限公司等案外人执行异议之诉案［最高人民法院（2018）最高法民再 27 号民事判决书］

裁判要旨：案外人执行异议之诉的目的在于排除对异议标的的强制执行，而其前提则是享有对于执行标的的实体权利。根据《最

高人民法院关于适用〈中华人民共和国担保法〉若干问题的解释》第八十五条规定，“债务人或者第三人将其金钱以特户、封金、保证金等形式特定化后，移交债权人占有作为债权的担保，债务人不履行债务时，债权人可以以该金钱优先受偿”。如何界定上述法律规定中的“金钱特定化”和“移交占有”问题，是判断案涉资金是否为信用证开证保证金的前提条件。

最高人民法院认为：

一、唐山分行、迁安支行在原审中及再审中提交的证据，能够形成证据链证明1142账户为信用证开证保证金账户。（一）根据1142账户的表面形式、天津银行及中国人民银行天津分行有关账户管理规定，可以认定1142账户为信用证保证金账户。（1）根据《天津银行会计制度实施细则》（试行）第八十条账户管理规定，客户账号长度为18位数字，首位表示账户的性质，1表示基本存款账户，2表示一般存款账户，3表示专用存款账户。本案中，争议账户首位为3，即表明该争议账户性质为专用存款账户。（2）根据《天津银行会计科目使用说明》（试行）（2015版）第二章会计科目使用说明，25103为国际信用证保证金，25104为国内信用证保证金，25105为人民币保函保证金。案涉账号的中间数为“25104”，根据上述说明，1142账户属于国内信用证保证金账户。3. 唐山分行、迁安支行再审中提交的中国人民银行天津分行办公室文件《关于调整天津银行财政存款和准备金存款交存范围的通知》中也规定251为保证金。由此，唐山分行、迁安支行主张从案涉1142账户的表面形式上可以直观地反映出该账户为信用证开证保证金账户，有事实依据。（二）根据鑫达矿业公司与迁安支行开户时对1142账户性质的约定，以及该公司开立案涉信用证及履行所涉合同的情况，亦足以证明该账户为信用证开证保证金账户，其内的3000万元为开证保证金。（1）《人民币银行结算账户管理办法》第三条规定，单位银行结算账户按用途分为基本存款账户、一般存款账户、专用存款账户、临时存款账户。本案中，鑫达矿业公司与迁安支行签订的《人民币单位银行结算账户管理协议》中约定鑫达矿业公司在迁安支行开立专用存款账户，账号为1142号，表明该账户就是专用存款账户，而非一般存款账户。（2）案涉两份《开立国内跟单信用证申请书》项下的金额分别是2000万元、4000万元，两份对应的《减免保证金开立国内信用证协议》第一条开证金额及保证金缴付中均约定“开立信用证前缴付等值于开证金额百分之五十的保证金”。同一日，鑫达矿业公司向1142账户分别转款1000万元、2000万元，均符合《减免保证金开立国内信用证协议》约定的保证金金额。（3）唐山分行国际业务部向该行风险管理部提交的《专业审查意见书》中就案涉信用证开证信息，表述保证金比例50%。（4）迁安支行就案涉信用证项下放款，向该行会计部门提交的《放款通知书》中明确保证金账号为 1142 号。（5）唐山分行、迁安支行在原审中提交的证据显示，1142 账户发生的款项均为其与鑫达矿业公司之间因开立信用证而发生的款项。鑫达矿业公司与迁安公司签订《人民币单位银行结算账户管理协议》约定开立 1142 账户的时间是 2014 年 7 月 10 日，该账户资金流水明细显示，2014 年 7 月 15 日，账户进入资金 1000 万元，与该日唐山分行向鑫达矿业公司开立信用证的时间为同一日。2015 年 1 月 13 日、1 月 27 日，该账户分别进账 1000 万元、2000 万元，与唐山分行向鑫达矿业公司开立的另外两份信用证的时间也为同一日。该账户另有两笔交易即是本案所涉两份信用证项下款项。上述事实表明，1142 账户除双方当事人之间用于开立信用证缴纳保证金外，未有其他性质的资金往来。唐山分行、迁安支行主张该账户为鑫达矿业公司因开立信用证而设立的保证金专用存款账户，有事实依据。（6）本案诉讼中，鑫达矿业公司一直主张 1142 账户是其向唐山分行申请开立信用证时缴纳保证金的账户，且其对该账户无支配权和使用权。在无相反证据证明情形下，鑫达矿业公司的陈述亦可以作为有效证据采信。由此，综合唐山分行、迁安支行提交的证据以及当事人的陈述，足以证明 1142 账户为信用证开证保证金账户，该账户内的 3000 万元属于案涉信用证项下保证金。原审判决以唐山分行、迁安支行在原审中提交的证据为其内部文件，第三人无从知晓不能显示出质押外观为由，认定该账户为一般存款账户，认定事实错误，适用法律不当，本院予以纠正。

二、关于唐山分行是否占有 1142 账户内保证金的问题。虽然从民事诉讼主体资格而言，原审判决根据民事诉讼法律规定，认定商业银行分支机构具有民事诉讼主体资格，并无不当。但是，就商业银行分支机构经营管理的财产而言，根据《商业银行法》第二十二条规定，商业银行对其分支机构实行全行统一核算，统一调度资金，分级管理的财务制度；商业银行分支机构不具有法人资格，在总行授权范围内依法开展业务，其民事责任由总行承担。可见，商业银行分支机构经营管理的财产权属属于总行。由此本案中唐山分行、迁安支行所经营管理的财产均属于其总行天津银行所有。同时，根据上述法律规定，唐山分行、迁安支行依据天津银行业务规则办理案涉信用证业务亦不违反法律规定。唐山分行、迁安分行据此主张 1142 账户中的保证金已经由唐山分行占有，理由成立，本院予以支持。原审判决认定 1142 账户内的款项未移交唐山分行占有，适用法律不当，本院予以纠正。

——法信网。

647. 对租赁权实体权利存续有争议，应提起执行异议之诉

关键词

租赁权　强制执行　执行异议之诉

最高人民法院裁判文书

合肥共前贸易有限公司与中国信达资产管理股份有限公司安徽省分公司、张某案外人执行异议之诉案［最高人民法院（2018）最高法民再 352 号民事裁定书］

裁判要旨：如果法院否定承租人租赁权的成立或者存续的，系涉及实体权利的争议，承租人主张其享有足以排除强制执行的租赁权的，在其执行异议被驳回后，可以提起执行异议之诉。

最高人民法院认为：根据“买卖不破租赁”的原则，承租人租赁的标的物被人民法院强制执行时，并不必然导致承租人租赁权的消灭。因此，如果人民法院在强制执行过程中未否定承租人享有租赁权，承租人只是对人民法院要求其腾退房屋的执行行为有异议，属于《民事诉讼法》第二百二十五条①规定的执行行为异议，应当通过执行复议程序解决。但如果人民法院否定承租人租赁权的成立或存续的，系涉及实体权利的争议，承租人主张其享有足以排除强制执行的租赁权的，在其执行异议被驳回后，可以提起执行异议之诉。本案中，一审法院于 2016 年 4 月 27 日作出的（2015）合执字第 00276 号通知载明：对共前贸易公司提交的 2012 年 8 月 1 日《房屋租赁合同》的真实性不予认可；共前贸易公司在收到通知后二十日内迁出涉案房产。在共前贸易公司提出执行异议后，一审法院又于 2016 年 10 月 19 日作出（2016）皖 01 执异 42 号执行裁定，认为由于共前贸易公司在工商部门备案的租赁合同签订时间为 2013 年 9 月 1 日，是涉案房产抵押权设立之后，该租赁关系不得对抗已登记的抵押权；共前贸易公司异议称其与张伦的租赁合同是于 2012 年 8 月 1 日签订，不仅与共前贸易公司在工商部门备案的租赁合同不符，也与张伦在授信业务抵押核保书的签字相悖，其异议理由不能成立。可见，一审法院虽然没有否定共前贸易公司与张伦之间存在租赁关系，但否定了共前贸易公司提出租赁合同系于 2012 年 8 月 1 日签订的主张，对认定共前贸易公

① 现为《民事诉讼法》（2021 年修正）第二百三十二条。

司所享有的租赁权能否对抗已登记的抵押权产生实际影响。故共前贸易公司提起本案诉讼，请求确认2012年8月1日《房屋租赁合同》的效力，保障其租赁权，涉及实体权利的争议，属于执行异议之诉的受案范围。至于2012年8月1日《房屋租赁合同》与2013年9月1日《商铺租赁合同》的效力、涉案房屋租赁权和抵押权设立的时间顺序等问题，均属实体审理的内容，需要进一步审理、认定。二审法院根据《民事诉讼法》第二百二十五条的规定，驳回共前贸易公司的起诉不当，应予纠正。

——中国裁判文书网。

648. 承揽人完成的工作成果被作为定作人的财产查封、扣押，承揽人提起案外人执行异议之诉的，人民法院不予受理

关键词

承揽人　查封　扣押　执行异议

附录：最高人民法院主流观点

人民法院在执行过程中，将承揽人完成工作成果作为定作人财产查封、扣押，承揽人以其对该工作成果享有优先权提起案外人执行异议之诉，人民法院不予受理。承揽人可以依据《民事诉讼法司法解释》第508条[①]的规定直接参与执行分配，主张优先受偿权。

——最高人民法院民法典贯彻实施工作领导小组主编：《中华人民共和国民法典合同编理解与适用》，人民法院出版社2020年版，第1879页。

649. 隐名股东对强制执行显名股东股权提出执行异议之诉时，可以同时请求法院确认其股东资格

关键词

显名股东　隐名股东　执行异议　股东资格

最高人民法院裁判文书

谢优春与卢新生等案外人执行异议之诉案［最高人民法院（2016）最高

---

① 现为《最高人民法院关于适用〈中华人民共和国民事诉讼法〉的解释》（2022年修正）第506条。

法民终 701 号民事判决书］

裁判要旨：在案外人执行异议之诉中，无论案外人是否对执行标的提出确权的诉讼请求，审查实体权利的归属和性质，都是判断能否排除执行的前提和基础，如果案外人同时提出确认其权利的诉讼请求，人民法院应当进行审理，且一并作出裁判。故隐名股东对强制执行显名股东股权提出执行异议之诉时，可以同时请求法院确认其股东资格。

最高人民法院经审查认为：关于谢优春主张确认其股东资格的诉讼请求是否应当在本案中进行审理。一审法院认为两个不同的法律关系不能在一个案件中合并审理，系审理大多数民事案件的一般性规则，其效力并不及于民事案件审理的所有领域，案外人执行异议之诉的审理程序即为特殊性规则。《民事案件案由规定》将案外人执行异议之诉列入适用特殊程序案件案由，《最高人民法院关于适用〈中华人民共和国民事诉讼法〉的解释》将案外人执行异议之诉列为专门一章进行规定，均由此类案件特殊性所决定。《最高人民法院关于适用〈中华人民共和国民事诉讼法〉的解释》第三百一十二条①第二款规定："对案外人提起的执行异议之诉，人民法院经审理，按照下列情形分别处理：案外人就执行标的享有足以排除强制执行的民事权益的，判决不得执行该执行标的；案外人就执行标的不享有足以排除强制执行的民事权益的，判决驳回诉讼请求。案外人同时提出确认其权利的诉讼请求的，人民法院可以在判决中一并作出裁判。"按照该条规定，无论案外人是否对执行标的提出确权的诉讼请求，审查实体权利的归属和性质，都是判断能否排除执行的前提和基础，如果案外人同时提出确认其权利的诉讼请求，人民法院应当进行审理，且一并作出裁判。此外，《最高人民法院关于执行权合理配置和科学运行的若干意见》《最高人民法院关于人民法院办理执行异议和复议案件若干问题的规定》的相关规定，已明确排除了人民法院查封的其他法院关于该查封物的另案确权，也不支持当事人另案确权。一审法院以确认股东资格之诉与案外人执行异议之诉系两种不同的法律关系不宜合并审理而应另案解决为由，对谢优春主张确认其股东资格的诉讼请求未进行实体性审理，系适用法律不当，本院予以纠正。

——中国裁判文书网。

① 现为《最高人民法院关于适用〈中华人民共和国民事诉讼法〉的解释》（2022 年修正）第三百一十条。

650. 执行异议之诉中异议人是否享有阻却执行的民事权益需综合判断

关键词

案外人　执行异议之诉　民事权益

最高人民法院裁判文书

易某萍与萍乡市富新节能服务有限公司、熊某、刘某等案外人执行异议之诉纠纷案［最高人民法院（2018）最高法民申 3511 号民事裁定书］

裁判要旨：1. 判断执行标的能否执行，需查明案外人就执行标的是否享有足以排除强制执行的民事权益，以此确定异议人所享有的权利在效力上是否优先于申请执行人的权利。

2. 执行异议之诉中，在考量权利优先性问题时，应当结合案外人与执行标的的关系的性质、被执行人对执行标的的支配权的范围、执行标的是否构成交易的信赖等因素予以综合判断。

最高人民法院认为：本案再审审查的重点为：富新节能公司等所主张的对执行标的享有的实体权利是否足以排除易某萍基于对太红洲公司的债权而申请执行太红洲公司所持有的萍乡农商行股份。

《最高人民法院关于适用〈中华人民共和国民事诉讼法〉的解释》第三百一十二条[①]第一款规定："对案外人提起的执行异议之诉，人民法院经审理，按照下列情形分别处理：（一）案外人就执行标的享有足以排除强制执行的民事权益的，判决不得执行该执行标的；（二）案外人就执行标的不享有足以排除强制执行的民事权益的，判决驳回诉讼请求。"据此，判断执行标的能否执行，需查明案外人就执行标的是否享有民事权益，以此确定执行异议人所享有的权利在效力上是否优先于申请执行人的权利，以排除强制执行。本案中应首先查明富新节能公司等对执行标的是否具有正当权利，再判断富新节能公司等对执行标的所拥有的权利是否足以阻却执行。

（一）富新节能公司等对萍乡农商行的股权享有正当权益

1. 富新节能公司是于 2014 年 12 月 9 日通过《股权转让协议书》受让太

① 现为《最高人民法院关于适用〈中华人民共和国民事诉讼法〉的解释》（2022 年修正）第三百一十条。

红洲公司持有的萍乡市湘东区农村信用合作联社500万股的股权。届时萍乡农商行尚未设立，富新节能公司通过此次股权转让购买的是萍乡市湘东区农村信用合作联社的股权。因萍乡农商行是由包括萍乡市湘东区农村信用合作联社的两家公司转制而来，通过此次股权转让，富新节能公司实际上取得了成为萍乡农商行股东的潜在资格。萍乡农商行设立后，富新节能公司可以依据发起设立协议书，成为萍乡农商行的股东。2015年5月31日萍乡农商行在更新股东名册时将太红洲公司的股东身份删除，并向富新节能公司签发记名股权凭证。富新节能公司所持有的萍乡农商行股权证所记载的股权数额及股权转让时间也反映了案涉股权的实际权属状况。据此，二审判决认定富新节能公司是萍乡农商行的股东，享有500万股份的实体权益，并无不当。关于易某萍认为根据《公司法》第一百四十一条的规定，太红洲公司作为发起人在股份公司成立后一年不得转让公司股份，否则股权转让协议无效的意见。鉴于太红洲公司在萍乡农商行设立前的发起阶段转让的是萍乡市湘东区农村信用合作联社的股权而非萍乡农商行的股权，并未违反《公司法》第一百四十一条关于对发起人转让股份的标的、时间的限制性规定。易某萍的该项申请再审事由，不能成立。

2. 太红洲公司对另外1500万股萍乡农商行的股份，实际上并不享有股东权益，只是为了公司设立登记便宜而将熊某等人分散持有的股份整体登记于太红洲公司名下，该1500万股的真实权利人是熊某等人。基于萍乡农商行的股东名册、签发给股东的记名股权证以及股权分红等证据和事实，二审判决确认熊某等人对该部分股份享有实体权益，有相应的事实依据。

3. 股份有限公司的资本划分为等额股份，股东以持有股票的形式持有公司股份，股票转让便捷，仅需背书或者交付即可转让，股东变更频率高，如果每次股权转让均进行公司股东变更登记，显然不符合股份有限公司股权转让便捷性的要求。《公司登记管理条例》第九条规定的登记事项中，没有要求对股份有限公司的股东进行登记，只是要求登记股份有限公司发起人的信息。因此，股份有限公司实际股权状况应当结合公司股权证、股东名册等予以判断。太红洲公司将500万股权转让给富新节能公司后，其股权证在2014年12月9日记载投资余额为0，熊某等人在萍乡农商行设立后即取得该公司签发的记名股权凭证，分别享有份额不等的股份。2015年5月31日萍乡农商行更新了公司名册，已经没有了太红洲公司的股权记载。因此，二审法院根据股份有限公司股权结构的特点，并依据《公司登记条例》第九条关于股份有限公司登记事项的规定，对本案萍乡农商行股东股权进行实质性判断，适用法律正确。

（二）富新节能公司等案外人对执行标的所拥有的权利能够阻却执行

本案富新节能公司等被申请人对案涉股份享有的实际权利与萍乡农商行

股权登记外观上存在冲突，在考虑权利优先性问题时应当综合案外人与执行标的关系的性质、被执行人对执行标的支配权的范围以及执行标的是否构成交易的信赖等因素综合予以判断。

1. 富新节能公司通过继受取得萍乡农商行的股份，熊某等人因公司转制而取得萍乡农商行的股份，富新节能公司、熊某等人均是基于股东身份而享有股东权益，太红洲公司仅是基于登记外观，虽有股东之名而无股东之实，太红洲公司对案涉股权并无支配权利，实体股东权利为富新节能公司、熊某等人所享有。易某萍申请执行的是实体权利已经虚化的股东权，不能对抗已经查明的富新节能公司、熊某等人对执行标的所享有的实体权益。

2. 本案执行标的并不构成太红洲公司与易某萍交易的责任财产，对易某萍的债权并不因丧失信赖而造成损害。易某萍与太红洲公司的债权债务关系发生于萍乡农商行成立之前，太红洲公司所持有的萍乡农商行的股份尚未对外公示，并不存在易某萍对太红洲公司所持股权的信赖问题。因此，易某萍仅依据对事后的公司股东登记信赖申请执行案涉股权，不能对抗富新节能公司、熊某等人的实体权利。

至于本案一、二审诉讼费用的收取问题，因本案是执行异议之诉，因此类案件当事人的请求涉及财产权益，属于财产案件，应当按照财产案件标准计收案件受理费。本案当事人诉争的标的是能否对登记于太红洲公司名下的萍乡农商行 2000 万股的股份排除执行，一、二审据此收取诉讼费用并无不当。易某萍申请再审中提出应当按照申请执行的 545 万元的债权为标的收取诉讼费用，混淆了本案诉讼标的与另案诉讼标的的不同，该申请再审请求不予支持。至于易某萍主张本案存在应当参加诉讼而因不能归责于自身原因未参加诉讼当事人的问题，因易某萍未提出具体当事人以及具体的事证，本院不予审查。

——法信网。

651. 被执行人的配偶可以请求法院为其保留夫妻共同房产拍卖款一半的份额

关键词

被执行人的配偶　夫妻共同财产　保留份额

最高人民法院裁判文书

章为真与陈建华、宁兆田案外人执行异议之诉案［最高人民法院（2019）最高法民终 1868 号民事判决书］

裁判要旨：在执行程序过程中，虽然当事人没有在执行程序规定的期间内提出异议，但其实体权利并未丧失，其依然享有夫妻共同财产的相应份额，故案涉房屋在执行过程中依法应当保留属于其一半的份额，如法院将该房屋的拍卖款全部支付给执行申请人的，则属于执行错误。

最高人民法院经审查认为：关于被拍卖的案涉 102 号房屋，是否应当保留章为真一半的执行款份额，章为真是否需要另行提起不当得利之诉的问题。最高人民法院认为，案涉 102 号房屋登记在宁兆田名下，但该房屋系在章为真与宁兆田婚姻存续期间取得，依法应当认定为夫妻共同财产，原审法院执行该房产时，应当保留属于章为真的一半份额。根据《最高人民法院关于人民法院办理执行异议和复议案件若干问题规定》第六条第二款的规定，案外人依照《民事诉讼法》第二百二十七条[①]规定提出异议的，应当在异议指向的执行标的执行终结之前提出；执行标的由当事人受让的，应当在执行程序终结之前提出。陈建华认为，章为真未在执行标的执行终结之前提出，故应当视为章为真放弃该部分权利。最高人民法院认为，在执行程序过程中，虽然当事人没有在执行程序规定的期间内提出异议，但其实体权利并未丧失，章为真依然享有夫妻共同财产的相应份额，故案涉 102 号房屋在执行过程中依法应当保留属于章为真的一半份额，原审法院将 102 号房屋的拍卖款全部支付给陈建华，属于执行错误。虽然原审法院赋予章为真另案提起不当得利之诉的救济途径，但陈建华申请执行的案涉两套房产系基于同一执行依据，该案执行程序并未终结。在案涉 1288 号房屋尚未开始执行时，可以对此一并予以处理，即执行案涉 1288 号房屋时，对于拍卖价款的一半应归属于章为真所有，执行属于宁兆田的另一半执行款时，应扣除 102 号房屋拍卖款 4684134.3 元的一半 2342067.15 元。

——中国裁判文书网。

652. 原告（执行异议申请人）的配偶（被执行人）所负的债务系属于夫妻共同债务还是属于其个人债务，不属于案外人执行异议之诉的审理范围

关键词

案外人执行异议　夫妻共同债务

① 现为《民事诉讼法》（2021 年修正）第二百三十四条。

最高人民法院裁判文书

章为真与陈建华、宁兆田案外人执行异议之诉案［最高人民法院（2019）最高法民终1868号民事判决书］

裁判要旨：案外人执行异议之诉中，原告（执行异议申请人）请求排除被告对自己及配偶（被执行人）名下的房产执行，人民法院依法应当按照案外人执行异议之诉的相关规定加以审理，认定案涉执行财产是否足以排除执行。至于原告的配偶（被执行人）所负的债务系属于夫妻共同债务还是属于其个人债务，并不属于案外人执行异议之诉的审理范围，人民法院不应予以审理。

最高人民法院经审查认为：关于陈建华申请执行的案涉债务是否属于夫妻共同债务问题。本案章为真提起的系案外人执行异议之诉，请求排除陈建华对自己及宁兆田名下的房产执行，依法应当按照案外人执行异议之诉的相关规定加以审理，认定案涉执行财产是否足以排除执行，宁兆田所负的债务属于夫妻共同债务还是属于其个人债务，不属于案外人执行异议之诉的审理范围。

——中国裁判文书网。

二、执行监督

653. 申请执行监督案件的立案与受理

关键词

申请执行监督案件　受理

最高人民法院司法政策精神

为进一步完善申请执行监督案件办理程序，推动法律正确统一适用，根据《中华人民共和国民事诉讼法》的规定和《最高人民法院关于进一步完善执行权制约机制加强执行监督的意见》的要求，结合执行工作实际，制定本意见。

第一条　当事人、利害关系人对于人民法院依照民事诉讼法第二百三十二条规定作出的执行复议裁定不服，向上一级人民法院申请执行监督，人民法院应当立案，但法律、司法解释或者本意见另有规定的除外。

申请人依法应当提出执行异议而未提出，直接向异议法院的上一级人民法院申请执行监督的，人民法院应当告知其向异议法院提出执行异议或者申请执行监督；申请人依法应当申请复议而未申请，直接向复议法院的上一级人民法院申请执行监督的，人民法院应当告知其向复议法院申请复议或者申请执行监督。

人民法院在办理执行申诉信访过程中，发现信访诉求符合前两款规定情形的，按照前两款规定处理。

第二条 申请执行人认为人民法院应当采取执行措施而未采取，向执行法院请求采取执行措施的，人民法院应当及时审查处理，一般不立执行异议案件。

执行法院在法定期限内未执行，申请执行人依照民事诉讼法第二百三十三条规定请求上一级人民法院提级执行、责令下级人民法院限期执行或者指令其他人民法院执行的，应当立案办理。

第三条 当事人对执行裁定不服，向人民法院申请复议或者申请执行监督，有下列情形之一的，人民法院应当以适当的方式向其释明法律规定或者法定救济途径，一般不作为执行复议或者执行监督案件受理：

（一）依照民事诉讼法第二百三十四条规定，对案外人异议裁定不服，依照审判监督程序办理或者向人民法院提起诉讼的；

（二）依照《最高人民法院关于民事执行中变更、追加当事人若干问题的规定》第三十二条规定，对处理变更、追加当事人申请的裁定不服，可以向人民法院提起执行异议之诉的；

（三）依照民事诉讼法第二百四十四条规定，仲裁裁决被人民法院裁定不予执行，当事人可以重新申请仲裁或者向人民法院起诉的；

（四）依照《最高人民法院关于公证债权文书执行若干问题的规定》第二十条规定，公证债权文书被裁定不予执行或者部分不予执行，当事人可以向人民法院提起诉讼的；

（五）法律或者司法解释规定不通过执行复议程序进行救济的其他情形。

第四条 申请人向人民法院申请执行监督，有下列情形之一的，不予受理：

（一）针对人民法院就复议裁定作出的执行监督裁定提出执行监督申请的；

（二）在人民检察院对申请人的申请作出不予提出检察建议后又提出执行监督申请的。

前款第一项规定情形，人民法院应当告知当事人可以向人民检察院申请检察建议，但因人民检察院提出检察建议而作出执行监督裁定的除外。

第五条 申请人对执行复议裁定不服向人民法院申请执行监督的，参照民事诉讼法第二百一十二条规定，应当在执行复议裁定发生法律效力后六个月内提出。

申请人因超过提出执行异议期限或者申请复议期限向人民法院申请执行监督的，应当在提出异议期限或者申请复议期限届满之日起六个月内提出。

申请人超过上述期限向人民法院申请执行监督的，人民法院不予受理；已经受理的，裁定终结审查。

第六条 申请人对高级人民法院作出的执行复议裁定不服的，应当向原审高级人民法院申请执行监督；申请人向最高人民法院申请执行监督，符合下列情形之一的，最高人民法院应当受理：

（一）申请人对执行复议裁定认定的基本事实和审查程序无异议，但认为适用法律有错误的；

（二）执行复议裁定经高级人民法院审判委员会讨论决定的。

第七条 向最高人民法院申请执行监督的，执行监督申请书除依法必须载明的事项外，还应当声明对原裁定认定的基本事实、适用的审查程序没有异议，同时载明案件所涉法律适用问题的争议焦点、论证裁定适用法律存在错误的理由和依据。

申请人提交的执行监督申请书不符合前款规定要求的，最高人民法院应当给予指导和释明，一次性全面告知其在十日内予以补正；申请人无正当理由逾期未予补正的，按撤回监督申请处理。

第八条 高级人民法院作出的执行复议裁定适用法律确有错误，且符合下列情形之一的，最高人民法院可以立执行监督案件：

（一）具有普遍法律适用指导意义的；

（二）最高人民法院或者不同高级人民法院之间近三年裁判生效的同类案件存在重大法律适用分歧，截至案件审查时仍未解决的；

（三）最高人民法院认为应当立执行监督案件的其他情形。

最高人民法院对地方各级人民法院、专门人民法院已经发生法律效力的执行裁定，发现确有错误，且符合前款所列情形之一的，可以立案监督。

第九条 向最高人民法院申请的执行监督案件符合下列情形之一的，最高人民法院可以决定由原审高级人民法院审查：

（一）案件可能存在基本事实不清、审查程序违法、遗漏异议请求情形的；

（二）原执行复议裁定适用法律可能存在错误，但不具有普遍法律适用指导意义的。

第十条 高级人民法院经审查，认为原裁定适用法律确有错误，且符合本意见第八条第一项、第二项规定情形之一，需要由最高人民法院审查的，经该院审判委员会讨论决定后，可以报请最高人民法院审查。

最高人民法院收到高级人民法院根据前款规定提出的报请后，认为有必要由本院审查的，应当立案审查；认为没有必要的，不予立案，并决定交高级人民法院立案审查。

第十一条 最高人民法院应当自收到执行监督申请书之日起三十日内，决定由本院或者作出执行复议裁定的高级人民法院立案审查。

最高人民法院决定由原审高级人民法院审查的，应当在作出决定之日起十日内将执行监督申请书和相关材料交原审高级人民法院立案审查，并及时通知申请人。

——《最高人民法院关于办理申请执行监督案件若干问题的意见》(2023年1月19日，法发〔2023〕4号)。

654. 人民检察院对生效民事判决提出的暂缓执行建议没有法律依据

关键词

人民检察院　暂缓执行建议　执行监督

最高人民法院司法解释

广东省高级人民法院：

你院粤高法民〔1998〕186号《关于检察机关对法院生效民事判决建议暂缓执行是否采纳的请示》收悉。经研究，答复如下：

根据《中华人民共和国民事诉讼法》的规定，人民检察院对人民法院生效民事判决提出暂缓执行的建议没有法律依据。

此复

——《最高人民法院关于如何处理人民检察院提出的暂缓执行建议问题的批复》(2000年7月10日，法释〔2000〕16号)。

最高人民法院司法政策精神

第十一条 人民检察院向人民法院提出民事执行监督检察建议，应当经检察长批准或者检察委员会决定，制作检察建议书，在决定之日起十五日内将检察建议书连同案件卷宗移送同级人民法院。

二、人民检察院可以依当事人、利害关系人的申请，对下列民事执行活动实施法律监督：

（一）人民法院收到执行案款后超过规定期限未将案款支付给申请执行人的，有正当理由的除外；

（二）当事人、利害关系人依据《中华人民共和国民事诉讼法》第二百零二条[①]之规定向人民法院提出书面异议或者复议申请，人民法院在收到书面异议、复议申请后，无正当理由未在法定期限内作出裁定的；

（三）人民法院自立案之日起超过两年未采取适当执行措施，且无正当理由的；

（四）被执行人提供了足以保障执行的款物，并经申请执行人认可后，人民法院无正当理由仍然执行被执行人其他财产，严重损害当事人合法权益的；

（五）人民法院的执行行为严重损害国家利益、社会公共利益的。

——《最高人民法院、最高人民检察院关于在部门地方开展民事执行活动法律监督试点工作的通知》（2011 年 3 月 10 日，高检会〔2011〕2 号）。

655. 人民检察院对执行程序中裁定的抗诉，人民法院不予受理

关键词

人民检察院　抗诉　查封财产

最高人民法院司法解释

山东省高级人民法院：

你院鲁高法函〔1998〕57 号《关于人民法院在执行程序中作出的裁定如发现确有错误应按何种程序纠正的请示》和鲁高法函〔1998〕58 号《关于人民法院发现本院作出的诉前保全裁定确有错误或者人民检察院对人民法院作出的诉前保全提出抗诉人民法院应如何处理的请示》收悉。经研究，答复如下：

一、人民法院院长对本院已经发生法律效力的诉前保全裁定和在执行程序中作出的裁定，发现确有错误，认为需要撤销的，应当提交审判委员会讨论决定后，裁定撤销原裁定。

二、人民检察院对人民法院作出的诉前保全裁定提出抗诉，没有法律依据，人民法院应当通知其不予受理。

——《最高人民法院关于人民法院发现本院作出的诉前保全裁定和在执行程序中作出的裁定确有错误以及人民检察院对人民法院作出的诉前保全裁定提出抗诉人民法院应当如何处理的批复》（1998 年 7 月 30 日，法释〔1998〕

① 现为《民事诉讼法》（2021 年修正）第二百三十二条。

17号）。

广东省高级人民法院：

你院粤高法〔1995〕37号《关于人民法院在执行程序中作出的裁定检察院是否有权抗诉的请示》收悉。经研究，答复如下：

根据《中华人民共和国民事诉讼法》的有关规定，人民法院为了保证已发生法律效力的判决、裁定或者其他法律文书的执行而在执行程序中作出的裁定，不属于抗诉的范围。因此，人民检察院针对人民法院在执行程序中作出的查封财产裁定提出抗诉，于法无据。对于坚持抗诉的，人民法院应通知不予受理。

此复

——《最高人民法院关于对执行程序中的裁定的抗诉不予受理的批复》（1995年8月10日，法复〔1995〕5号）。

656. 执行监督程序中裁定不予执行仲裁裁决的问题

关键词

执行监督　不予执行仲裁裁决

最高人民法院司法政策精神

第三条　当事人对执行裁定不服，向人民法院申请复议或者申请执行监督，有下列情形之一的，人民法院应当以适当的方式向其释明法律规定或者法定救济途径，一般不作为执行复议或者执行监督案件受理：

（一）依照民事诉讼法第二百三十四条规定，对案外人异议裁定不服，依照审判监督程序办理或者向人民法院提起诉讼的；

（二）依照《最高人民法院关于民事执行中变更、追加当事人若干问题的规定》第三十二条规定，对处理变更、追加当事人申请的裁定不服，可以向人民法院提起执行异议之诉的；

（三）依照民事诉讼法第二百四十四条规定，仲裁裁决被人民法院裁定不予执行，当事人可以重新申请仲裁或者向人民法院起诉的；

（四）依照《最高人民法院关于公证债权文书执行若干问题的规定》第二十条规定，公证债权文书被裁定不予执行或者部分不予执行，当事人可以向人民法院提起诉讼的；

（五）法律或者司法解释规定不通过执行复议程序进行救济的其他情形。

——《最高人民法院关于办理申请执行监督案件若干问题的意见》（法

发〔2023〕4 号)。

最高人民法院答复

广东省高级人民法院:

你院《关于执行监督程序中裁定不予执行仲裁裁决几个问题的请示》收悉。经研究，答复如下:

一、关于审判部门裁定驳回当事人撤销仲裁裁决的申请后，执行部门能否再裁定不予受理的问题。

本院正在起草适用《中华人民共和国仲裁法》司法解释，其中涉及此问题已有意见，请你院待该司法解释生效后，按有关规定办理。

二、关于当事人未向审判部门提出撤销仲裁裁决的申请而在执行阶段申请不予执行的，是否由执行部门审查并依法作出裁定的问题。

《中华人民共和国民事诉讼法》第二百一十七条[①]规定:“被申请人提出证据证明仲裁裁决有下列情形之一的，经人民法院组成合议庭审查核实，裁定不予执行……”据此，只要是人民法院的审判人员组成的合议庭都符合法律规定。各法院可按照法院内部各部门之间业务分工的规定办理。

三、关于上级法院执行部门是否有权监督下级法院作出的不予执行仲裁裁决裁定，是否适用法复〔1996〕8 号批复的问题。

本院《关于人民法院执行工作若干问题的规定（试行）》(以下简称《执行规定》)第一百三十条[②]第一款规定:“上级法院发现下级法院在执行中作出的裁定、决定、通知或具体执行行为不当或有错误的，应当及时指令下级法院纠正，并可以通知有关法院暂缓执行。”该条规定赋予了上级法院对下级法院在执行中作出的不当或错误裁定的监督权。上级法院的执行部门代表人民法院行使职权，有权依据《执行规定》第一百三十条监督纠正下级法院作出的不予执行仲裁裁决的裁定。而最高人民法院法复〔1996〕8 号批复是针对当事人申请再审而言的，并不影响上级法院对下级法院执行工作的监督权。

此复

——《最高人民法院关于执行监督程序中裁定不予执行仲裁裁决几个问题的请示案的复函》(2004 年 12 月 24 日，〔2004〕执他字第 13 号)，载江必新主编:《人民法院执行工作规范全集》，人民法院出版社 2017 年版，第 44~46 页。

---

① 现为《民事诉讼法》(2021 年修正)第二百四十四条。

② 现为《最高人民法院关于人民法院执行工作若干问题的规定（试行）》(2020 年修正)第七十二条。

657. 人民法院围绕哪些内容对公证债权文书进行监督

关键词

公证债权文书　执行监督

最高人民法院司法政策精神

第三条　当事人对执行裁定不服，向人民法院申请复议或者申请执行监督，有下列情形之一的，人民法院应当以适当的方式向其释明法律规定或者法定救济途径，一般不作为执行复议或者执行监督案件受理：

（一）依照民事诉讼法第二百三十四条规定，对案外人异议裁定不服，依照审判监督程序办理或者向人民法院提起诉讼的；

（二）依照《最高人民法院关于民事执行中变更、追加当事人若干问题的规定》第三十二条规定，对处理变更、追加当事人申请的裁定不服，可以向人民法院提起执行异议之诉的；

（三）依照民事诉讼法第二百四十四条规定，仲裁裁决被人民法院裁定不予执行，当事人可以重新申请仲裁或者向人民法院起诉的；

（四）依照《最高人民法院关于公证债权文书执行若干问题的规定》第二十条规定，公证债权文书被裁定不予执行或者部分不予执行，当事人可以向人民法院提起诉讼的；

（五）法律或者司法解释规定不通过执行复议程序进行救济的其他情形。

——《最高人民法院关于办理申请执行监督案件若干问题的意见》（法发〔2023〕4号）。

最高人民法院裁判文书

北京安鼎信用担保有限公司与无锡亿仁肿瘤医院有限公司等公证债权文书执行异议申诉案［最高人民法院（2011）执监字第180号执行裁定书］

裁判要旨：人民法院对公证债权文书的监督主要应围绕两个方面：一是债权人的债权是否真实存在并且合法。二是当事人是否自愿接受强制执行。只要公证债权文书能够反映债权合法存在，债权的数额和种类确定，当事人自愿接受强制执行的意思表示清楚，人民法院就应当予以执行。

最高人民法院认为，人民法院对公证债权文书的监督主要应围绕两个方面：一是债权人的债权是否真实存在并且合法。二是当事人是否自愿接受强制执行。只要公证债权文书能够反映债权合法存在，债权的数额和种类确定，当事人自愿接受强制执行的意思表示清楚，人民法院就应当予以执行。就本案而言，则涉及三个焦点问题，即：（1）《委托贷款合同》和《还款协议》是否违反金融管理的强制性规定；（2）是否只能对三方当事人之间的《委托贷款借款合同》进行公证；（3）执行证书的签发程序是否存在足以不予执行的违法情形。分析如下：

（一）关于《委托贷款合同》和《还款协议》是否违反金融管理的强制性规定

企业委托银行进行贷款的行为，根据银行业管理部门的有关规定，并不违法。从本案当事人双方所签合同中，无论是《委托贷款合同》还是《还款协议》均明确指出，双方的借贷款是通过杭州银行北京分行进行委托贷款，其后在履行合同时也通过杭州银行北京分行发放了贷款，说明《委托贷款合同》和《还款协议》指向的标的是委托贷款法律关系。622号裁定割裂《委托贷款合同》《还款协议》与通过杭州银行北京分行进行的委托贷款之间的联系，抛开委托贷款关系的实质，将《委托贷款合同》和《还款协议》等同于资金拆借行为，显属不当。

（二）关于是否只能对三方当事人之间的《委托贷款借款合同》进行公证

本案当事人之间存在多个合同，其中《委托贷款合同》《还款协议》《委托贷款借款合同》之间关于委托贷款事项的约定，除关于违约金数额的计算标准不同外，利率、期限等核心条款均不存在冲突。根据《委托贷款借款合同》，在委托贷款关系的三方当事人中，杭州银行北京分行仅负有通知、提醒和监管职责，不承担任何实体义务，所有的违约责任均由安鼎公司和无锡亿仁自行承担。故安鼎公司作为实际权利人和委托人，与借款人另行签订《还款协议》，与委托贷款业务的性质并无不合。在当事人之间对同一笔债权存在多个合同时，公证哪一个合同属于当事人意思自治的范围，人民法院不应当干预。安鼎公司和无锡亿仁选择最有利于债权实现的《委托贷款合同》和《还款协议》进行公证，不违反法律的禁止性规定。107号裁定以当事人之间的债权债务的基础法律关系是委托贷款关系，就必须公证《委托贷款借款合同》的结论没有法律依据。

（三）关于执行证书的签发程序是否存在足以不予执行的违法情形

第一，关于未对安鼎公司违约放款的事实核查的问题。根据三方签订的《委托贷款借款合同》第四条约定，借款实际放款日和到期日以借款借据为准，说明该期限是可变期限。安鼎公司在申请执行证书时，已经将第二笔款项的到期日按照实际放款日相应予以顺延，对第二笔贷款的计息日也按照实际放款日进行计算。同时，如果安鼎公司确实存在违约情形，无锡亿仁应当对违约放款的问题提出异议，但直至安鼎公司申请执行，该公司始终未对第二笔款项放款的期限提出异议，而且一直在使用该笔借款。北京一中院仅仅依据双方当事人之间合同的某一个条款就判断安鼎公司违约放款，显然没有对当事人之间的合同约定进行全面审查。622号裁定关于此点的认定事实有误。

第二，关于未询问债务人的问题。中信公证处除对担保人济南亿仁的核实在执行证书签发之后，其他时间均是在执行证书签发当天。而且当天接受询问的债务人提出的数额问题，安鼎公司在申请时已经认可。对济南亿仁的核实虽在执行证书签发之后，但是，由于其是从债务人，在主债务人对债权债务关系并无异议的情况下，对其是否核实并不构成对执行证书签发程序的重大影响，且其在事后的核实程序中也并无异议。因此，622号裁定关于此点的事实认定亦属错误。

第三，关于执行证书多计算债权数额的问题。执行证书是否多计算债权数额，不能构成人民法院不予执行的理由。如果确实存在多计算债权数额的问题，人民法院查实后在执行程序中可以进行核减。

另外，关于被执行人在北京一中院审查时所提出的违约金数额过高的问题，由于违约金数额是否过高不能构成不予执行公证债权文书的理由，且北京一中院和北京高院对此问题均未审查，本院在执行监督程序中亦不予审查。

——中国裁判文书网。

三、执行协调

658. 甲地法院能否通过诉讼程序确认乙地法院的拍卖行为无效

关键词

拍卖无效　执行协调

附录：司法信息

问题：在办理某公司申请执行某煤矿一案中，乙地人民法院委托甲地拍卖公司对登记在某煤矿名下的房产进行拍卖。经过公开拍卖程序，涉案房产由李某竞得，乙地人民法院下达了拍卖成交裁定。事后，案外人张庆以拥有对拍卖房产的所有权为由，以拍卖公司和李某为被告，向甲地法院提起民事诉讼，要求确认拍卖程序无效。请问：甲地人民法院有权通过诉讼程序确定乙地人民法院的拍卖行为无效吗?

《人民司法》研究组认为： 甲地人民法院的做法是错误的。与平等主体之间的委托拍卖不同，强制拍卖是人民法院执行措施的一种，拍卖当事人之间的法律地位并不平等。本案中，拍卖公司作为专业机构，受人民法院的委托对涉案房产进行拍卖的行为性质上属于公法行为，拍卖机构的地位类似于鉴定人，该行为依法不可诉。当事人或者利害关系人如果不服，只能向执行法院或者执行法院的上级法院通过执行监督程序进行救济。因此，案外人张某可以向乙地人民法院或者其上级法院提起执行异议，要求乙地法院纠正执行错误，而不能向人民法院提起诉讼确认强制拍卖房产的行为无效。

——《人民司法》2007 年第 15 期。

659. 拍卖无效的认定只能是原执行法院或者上级法院

关键词

拍卖无效　执行协调

最高人民法院答复

河北省高级人民法院、辽宁省高级人民法院：

邯郸市峰峰矿区人民法院（下称矿区法院）与营口市中级人民法院（下称营口中院）、营口市鲅鱼圈区人民法院（下称鲅鱼圈法院）围绕中国煤炭物资沈阳公司（下称煤炭公司）相关房产的执行和审判所产生的争议协调一案，我院已经审查完毕，现提出如下处理意见：

一、矿区法院查封与营口中院轮候查封的位于营口市经济技术开发区三家子街的房产，虽然房产证号不同，但均指向同一幢房产，矿区法院查封在先，且查封面积大于营口中院的轮候查封面积，营口中院的查封依法不能生效。在矿区法院依法于 2005 年 7 月 18 日作出拍卖成交裁定后，依据我院《关于人民法院民事执行中拍卖、变卖财产的规定》第二十九条之规定，上述涉案房产的所有权就依法转移给竞买人徐万龙所有，营口中院不得将已经转移给徐万龙的房产作为煤炭公司的财产予以执行，不得阻拦矿区法院将拍卖成交的房产交付竞买人徐万龙。

二、人民法院的强制拍卖属于公法意义上的拍卖，如果竞买人或者相关利害关系人对强制拍卖的效力存在异议，可以依法向执行法院或者执行法院的上级法院提出，其他任何机构和个人均无权认定。鲅鱼圈法院无权通过民事诉讼程序判定矿区法院的强制拍卖无效。

以上意见，请遵照执行。

——《最高人民法院关于河北峰峰矿区法院与辽宁营口中院执行中煤沈阳公司争议协调案的处理意见函》（2008 年 4 月 17 日，〔2006〕执协字第 15—1 号），载江必新主编：《人民法院执行工作规范全集》，人民法院出版社 2017 年版，第 431~433 页。

附录：理解与适用

执行程序中的强制拍卖不同于普通民事拍卖，在性质上属于公法拍卖，强制拍卖的公法性由这样几个因素决定：（1）强制执行的公法性。强制执行是执行机关基于债权人的申请，运用国家公权力，强制债务人履行债务，以实现债权人权利的行为。此种行为系执行机关行使国家权力的行为，属于公法上行为应无疑义。而拍卖正是强制执行机关在行使强制执行权的过程中，对查封标的物的一项变价措施，属于强制执行措施的一种，当然也应当属于公法上的行为。（2）拍卖主体的特定性。和任意拍卖中委托人为拍卖标的物的所有权人和优先权人，拍卖人为从事拍卖行业的中介组织不同。强制拍卖中实施拍卖的主体必然是执行机关，很多国家和地区，都是执行机关亲自实施拍卖行为，以体现强制拍卖的公法性质。我国虽然出于种种考虑，采用委托社会拍卖中介机的办法实施拍卖，但此时拍卖机构只不过处于协助人民法院完成拍卖工作的地位，并不是独立的拍卖主体，无权判定公法措施的对错与否，其受人民法院委托进行拍卖活动的一切法律后果都由人民法院承担。（3）处分标的物的非合意性。在任意拍卖中，拍卖人对标的物的拍卖必须有权利人的授权，否则所进行的处分为无权处分。而在强制拍卖中，执行机关对债务人财产的拍卖并不征求债务人的同意，人民法院在强制拍卖中对拍卖物所进行的处分显然不同于任意拍卖中的出卖人，只不过是基于公法上的处分权对执行标的物所进行的处分。（4）拍卖法律关系中权利义务的不对等性。在任意拍卖中，委托人、拍卖人、竞买人之间权利义务是对等的，不存在只享有权利而不履行义务的法律关系主体。而在强制拍卖中，执行机关与受委托从事拍卖的中介机构、竞买人之间在法律上是不对等的：首先，表现在执行机关与拍卖机构之间，拍卖机构必须接受执行机关的监督，如果出现违反拍卖程序的行为，执行机关有权予以纠正；拍卖机构要按照执行机关的指令行事，比如在拍卖过程中，要按照执行机关的中止、暂缓指令而中止、暂缓拍卖程序。其次，表现在执行机关与竞买人之间，执行机关要审查竞买人的竞买资格，在竞买人不缴纳或者不及时缴纳竞买价金时，按照最高人民法院司法解释规定，可以依职权直接裁定竞买人承担由此造成的损失，而不需要通过诉讼确定。

强制拍卖的公法性特点决定了认定拍卖无效的权力主体只能是原执行法院或者上级法院，由他们通过执行监督程序或者执行异议程序认定，这是因为：首先，强制拍卖法律关系主体之间的不平等性，决定了强制拍卖无效不能成为普通民事案件的受案范围，不能按照普通民事程序审理法院拍卖的效力。其次，如果允许通过诉讼程序确认拍卖无效，则为地方保护打开了制度缺口，因为执行法院在异地执行时，可能会发生被执行人串通案外人通过当地法院直接宣布外地法院的拍卖无效的情形。基于上述理由，鲅鱼圈区法院宣布峰峰矿区法院的拍卖无效不当。如果乾坤公司认为矿区法院的拍卖行为损害了其利益，应当以向矿区法院或者矿区法院的上级法院提出异议的方式进行救济。此案暴露出当前在强制拍卖效力的认定程序上，各地法院各行其是的混乱现象，亟须尽快予以规范。

——范向阳:《河北峰峰矿区法院与辽宁营口中院执行中煤沈阳公司争议协调案》，载最高人民法院执行工作办公室编:《执行工作指导》2008 年第 2 辑（总第 26 辑），人民法院出版社 2008 年版，第 66~73 页。

660. 执行监督案件的结案方式

关键词

执行监督案件　结案方式

最高人民法院司法政策精神

第二十六条　执行监督案件的结案方式包括：

（一）准许撤回申请，即当事人撤回监督申请的；

（二）驳回申请，即监督申请不成立的；

（三）限期改正，即监督申请成立，指定执行法院在一定期限内改正的；

（四）撤销并改正，即监督申请成立，撤销执行法院的裁定直接改正的；

（五）提级执行，即监督申请成立，上级人民法院决定提级自行执行的；

（六）指定执行，即监督申请成立，上级人民法院决定指定其他法院执行的；

（七）其他，即其他可以报结的情形。

——《最高人民法院印发〈关于执行案件立案、结案若干问题的意见〉的通知》（2014 年 12 月 17 日，法发〔2014〕26 号）。

第十二条　除《最高人民法院关于执行案件立案、结案若干问题的意见》第二十六条规定的结案方式外，执行监督案件还可采用以下方式结案：

（一）撤销执行异议裁定和执行复议裁定，发回异议法院重新审查；或者撤销执行复议裁定，发回复议法院重新审查；

（二）按撤回执行监督申请处理；

（三）终结审查。

——《最高人民法院关于办理申请执行监督案件若干问题的意见》（2023年1月19日，法发〔2023〕4号）。

第四章　其　他

661. 执行法院可以向不动产登记机构发出协助执行通知书，为申请执行人办理居住权登记，最大限度地保障申请执行人的居住权

关键词

居住权　不动产登记机构　协助执行

最高人民法院公布的典型案例

邱某光与董某军居住权执行案

裁判要旨：民法典物权编正式确立了居住权制度。执行法院依照民法典规定的居住权登记制度，向不动产登记机构发出协助执行通知书，为申请执行人办理了居住权登记，最大限度地保障了申请执行人既有的房屋居住使用权利。

（一）典型意义

民法典物权编正式确立了居住权制度，有利于更好地保障弱势群体的居住生存权益，对平衡房屋所有权人和居住权人的利益具有重要制度价值。本案申请执行人作为丧偶独居老人，其对案涉房屋的居住使用权益取得于民法典实施之前，执行法院依照民法典规定的居住权登记制度，向不动产登记机构发出协助执行通知书，为申请执行人办理了居住权登记，最大限度地保障了申请执行人既有的房屋居住使用权利，对于引导当事人尊重法院判决，推动民法典有关居住权制度的新规则真正惠及人民群众，具有积极的示范意义。

（二）基本案情

邱某光与董某峰于2006年登记结婚，双方均系再婚，婚后未生育子女，董某军系董某峰之弟。董某峰于2016年3月去世，生前写下遗嘱，其内容为："我名下位于洪山区珞狮路某房遗赠给我弟弟董某军，在我丈夫邱某光没再婚前拥有居住权，此房是我毕生心血，不许分割、不许转让、不许卖

出……”董某峰离世后，董某军等人与邱某光发生遗嘱继承纠纷并诉至法院。法院判决被继承人董某峰名下位于武汉市洪山区珞狮路某房所有权归董某军享有，邱某光在其再婚前享有该房屋的居住使用权。判决生效后，邱某光一直居住在该房屋内。2021 年初，邱某光发现所住房屋被董某军挂在某房产中介出售，其担心房屋出售后自己被赶出家门，遂向法院申请居住权强制执行。

（三）裁判结果

生效裁判认为，案涉房屋虽为董某军所有，但是董某峰通过遗嘱方式使得邱某光享有案涉房屋的居住使用权。执行法院遂依照《民法典》第三百六十八条等关于居住权的规定，裁定将董某军所有的案涉房屋的居住权登记在邱某光名下。

（四）民法典条文指引

第三百六十八条　居住权无偿设立，但是当事人另有约定的除外。设立居住权的，应当向登记机构申请居住权登记。居住权自登记时设立。

——《最高法发布人民法院贯彻实施民法典典型案例（第一批）》，载《人民法院报》2022 年 2 月 27 日。

662. 抵押权人收取孳息不以人民法院生效判决对被担保债权进行确认和进入执行程序为前提

关键词

抵押权人　孳息　生效判决　执行程序

最高人民法院裁判文书

唐东晋与山西同世达煤化工集团隆顺焦铁有限公司借款合同纠纷案［最高人民法院（2019）最高法执监 479 号执行裁定书］

裁判要旨：抵押权的效力不及于抵押物被抵押权行权扣押前的法定孳息，但自抵押物被扣押之日起抵押权人有权收取该抵押财产的孳息；首封法院和优先权执行法院不同一的，法定孳息的收取权转移给优先债权执行法院更有利于保障抵押权人收取法定孳息的权利。

最高人民法院认为，本案的焦点问题是，（1）抵押权人对抵押物优先受偿的效力是否及于抵押物的法定孳息；（2）抵押物的法定孳息因另案普通金钱债权被其他法院查封，抵押权人是否有权收取法定孳息。

1. 抵押权人对抵押物优先受偿的效力是否及于抵押物的法定孳息

依据《物权法》第一百九十七条[①]规定，抵押债权人在满足抵押债权已届期满且法院采取扣押措施的条件下可以收取担保物的法定孳息。抵押权的效力不及于查封扣押前的法定孳息，但法院对抵押财产采取查封扣押措施就意味着抵押权进入实现程序，自扣押之日起抵押权人有权收取该抵押财产的天然孳息或者法定孳息。抵押权的本质是以抵押物的交换价值保证抵押债权的实现，在法院查封该财产后，租金作为抵押物交换价值的一部分，应当算入抵押权优先受偿的范围内。本案作为执行优先债权的执行法院尧都区人民法院于2018年7月20日通知该房屋承租人即协助执行人中国农业发展银行临汾市分行协助提取房屋租金，故在2018年7月20日之后的房屋租金可以作为抵押房产的法定孳息由尧都区人民法院取得。

2. 抵押物的法定孳息因另案普通金钱债权被其他法院查封，抵押权人是否有权收取法定孳息

《物权法》第一百九十七条关于债权人收取孳息的规定是否意味着该债权人可以直接以该孳息获得清偿。“有权收取”系指债权人对法定孳息享有管理权而非处分权。抵押权人享有孳息收取权，并不影响孳息所有权的归属，该孳息仍属抵押人所有。因此，本案无论何方债权人取得该孳息，均不能获得直接受到清偿的法律效力。抵押物不论被哪个债权的执行法院扣押，均不影响抵押权人优先受偿权。

——中国裁判文书网。

附录：最高人民法院主流观点

实务中，有观点认为，抵押权人收取孳息须以法院生效判决对被担保债权进行确认和案件进入执行程序为前提。我们认为，该观点并不符合《民法典》第四百一十二条规定，具体理由有二：第一，从文义解释的角度，《民法典》第四百一十二条明确规定自扣押之日抵押权人即有权收取租金，并未规定必须以法院生效判决对被担保债权进行确认和案件须进入执行程序为前提。第二，从目的解释的角度，如上所述，《民法典》第四百一十二条的立法理由之一为防止抵押人为收取孳息而拖延处理抵押财产，保护抵押权人利益，故上述观点与《民法典》第四百一十二条的立法本意明显不符。因此，抵押权人收取孳息不以人民法院生效判决对被担保债权进行确认和进入执行程序为前提。

——最高人民法院民法典贯彻实施工作领导小组主编：《中华人民共和国民法典物权编理解与适用》，人民法院出版社2020年版，第1117页。

---

① 对应《民法典》第四百一十二条。

663. 注重心理疏导、沟通化解矛盾，多措并举以主动腾退代替强制腾退，实现法拍房顺利交付

关键词

法拍房　腾退房屋　承租人　程序正义

最高人民法院公布的典型案例

法拍房买受人韦某申请强制腾退信访案

裁判要旨：法拍房成交后出现承租人异议，买受人信访要求法院强制腾退，北京市第三中级人民法院在保证程序正义基础上，引入心理疏导等多手段联动机制，促使法拍房实际占用人主动腾退。

基本案情

张某与李某、庞某仲裁执行案，2020年12月，案涉不动产经拍卖成交。此后，被执行人亲属李某1与法院联系，称其之前出过买房款，故对该房产享有使用权，法院不能要求其腾退，态度强硬。而后，同系被执行人亲属的张某1、李某2向法院申请执行异议，主张其是案涉房产承租人。异议审查期间，北京市第三中级人民法院中止对案涉不动产的强制腾退工作。异议被裁定驳回后，当事人又向北京市高级人民法院复议。复议案件审查期间，买受人韦某信访称其认为本案存在消极执行问题，要求法院考虑其实际困难，尽快腾房。法院考虑到买受人孕晚期的特殊身体、心理状况，与其多次进行恳切沟通，充分释明本案因程序原因暂时中止执行的客观情况，晓之以理，动之以情，对其进行情绪疏导和宽慰，尽可能减少对其身体的不利影响。2021年8月30日，北京市高级人民法院裁定驳回张某1、李某2的复议请求。租赁权阻碍消失后，北京市第三中级人民法院多措并举，力求以最短时间、最小伤害、最好效果完成案涉房产的腾退工作。经调查，案涉房产的实际占用人为被执行人的父母，两位老人年龄较大，且被执行人父亲患有癌症，强制腾退风险较高。同时，李某1在与法院沟通过程中多次表示，如果强制腾退，其也不会善罢甘休。为妥善解决纠纷，保障各方人身财产安全，法院有针对性地作出尽可能以劝说主动腾退为主、强制腾退为辅的基本工作方案。一方面，法官多次前往案涉不动产所在地并与实际占用人及被执行人沟通，晓以利害，分析主动腾退的好处及强制腾退的风险。另一方面，立即启动强制腾退准备工作，充分考虑强制腾退可能出现的意外情况，制定包含腾退后

安置场所、物品运输、警力、医疗、消防、罚款、拘留等强制腾退预案，张贴强制腾退公告，以强制腾退的威慑力为辅助手段。同时，北京市第三中级人民法院与申请执行人积极沟通，申请执行人对实际占用人及被执行人的实际情况表示理解与同情，主动减免一部分被执行人所欠债务，促使实际占用人主动腾退。经过多方沟通协调，实际占用人愿意主动配合腾退，北京市第三中级人民法院于2021年10月将案涉不动产交付至买受人手中，实质化解信访。

典型意义

本案是人民法院注重心理疏导、沟通化解矛盾，多措并举以主动腾退代替强制腾退，实现法拍房顺利交付，有效化解信访矛盾的典型案例。法拍房的腾退交付工作是涉执行信访的突出矛盾之一，不动产拍卖成交后出现以承租为由的异议已成为阻碍法拍房交付的常见因素。本案中，北京市第三中级人民法院在保障程序正义的前提下，全面把握腾退工作所涉各方的核心诉求，制定有针对性的腾退方案，采取张弛有度的执行行为，同时将心理疏导机制引入信访化解，体现了人民法院切实解决人民群众诉求的信心和决心，实现了社会效果与法律效果的统一。

——《第二批涉执信访实质性化解典型案例》，载《人民法院报》2021年12月22日。

664. 创新运用附条件托管被执行人债权债务的模式，善意文明执行，最大限度实现胜诉当事人的合法权益

关键词

附条件托管　善意文明执行

最高人民法院公布的典型案例

灌南县某房地产公司系列信访案

裁判要旨：执行法院与申请执行人、被执行人保持良性沟通，克服诸多执行难点，有效衔接司法审判权与行政审批权，创新运用附条件托管被执行人债权债务的模式，善意文明执行，最大限度实现胜诉当事人的合法权益，充分发挥了执行职能作用。

基本案情

江苏省灌南县人民法院自2016年起，立案受理原告李某等人分别起诉被

告灌南县某房地产公司商品房销售合同纠纷、建设工程施工合同纠纷、金融借款合同纠纷共 31 件案件，案涉金额达 6000 多万元，其中金额最大的为原告连云港某建设公司诉被告灌南县某房地产公司建设工程施工合同纠纷一案。

2016 年 1 月，被告灌南县某房地产公司将自己开发的总面积约为 46700 平方米的商业用房和面积约为 2600 平方米的地下人防工程承包给原告连云港某建设公司施工建设，工程总价为 6700 万元。合同签订后，连云港某建设公司按约进行施工，施工过程中，灌南县某房地产公司一直变更相关要求，双方于同年 11 月 20 日签订了建设工程施工补充协议，建筑总面积变更为 5 万平方米，总价款变更为 8500 万元，工程付款方式变更为 20#、21# 楼达到二层时，灌南县某房地产公司付款 2000 万元，建设到五层时，付至 3000 万元，建至九层时付至 4000 万元，20#、21# 楼竣工验收时付至总造价的 97%。在连云港某建设公司已建超过 9 层时，灌南县某房地产公司未能按约定的进度支付工程款。连云港某建设公司于 2017 年 1 月 13 日起诉，要求灌南县某房地产公司暂支付原告工程款 4000 万元。案件审理过程中，经江苏省灌南县人民法院主持调解，双方当事人自愿达成如下协议：被告灌南县某房地产公司于 2017 年 1 月 20 日前支付原告连云港某建设公司工程款 4000 万元。另外，原告连云港某建设公司通过江苏省灌南县人民法院（2016）苏 0724 财保 141 号民事裁定保全被告灌南县某房地产公司所有的龙都花园三期的相关房产，享有了对其优先受偿的权利。

被告灌南县某房地产公司除无法支付连云港某建设公司工程款、无法偿还对其他债权人的融资款外，因资金断裂，其房地产开发项目不得不停工，大量已经预售的商品房无法完成交付，但这部分商品房买受人并未通过民事诉讼方式维护自身合法权益，而是采取集体上访的方式，试图挽回自身的损失。

灌南县某房地产系列民事案件判决先后生效，因该公司未主动履行法律文书确定的义务，申请执行人先后向江苏省灌南县人民法院申请执行，其中最大的债权人连云港某建设公司最先于 2017 年 1 月 22 日向江苏省灌南县人民法院申请执行。立案执行后，执行法院向被执行人送达执行通知书、报告财产令等执行文书，执行指挥中心发起网络查控，实施团队对被执行人进行传统查控。2017 年 2 月 5 日，执行法官对被执行人灌南县某房地产公司开发的建设工程进行了现场勘察，了解开发楼盘的完成情况并向部分商品房买受人调查商品房交付情况。2017 年 6 月 6 日，执行法官接待了部分案涉信访群众，了解到案涉三期建设工程尚未完工，已预售的房产因水电等附属工程不完善而无法进行交付且无法办理产权变更登记手续，致信访群发。2017 年 9 月 27 日，向供水、供电、人防、税务、住建等多部门了解被执行人欠费情况。2018 年初，召开债权人会议，通报本案情况。2018 年 4 月 27 日，召开首次被执行人、债权人代表、信访群众代表会议，充分进行沟通协调，但因各方之间矛盾较大，未就案涉财产处置方案达成一致意见。执行法院综合各方因素，认为案涉三期工程暂不宜处置。2019 年，执行法院又多次组织召开各方代表会议，仍未能达成一致意见。故执行法院依法对灌南县某房地产公司所有的剩余未开发的土地使用权进行了询价，2020 年 9 月 22 日，询价结果为：灌南县某房地产公司所有的土地使用权总价为 5620500 元，钢筋混凝土预应力桩基础总价为 1341000 元。无论是执行法院预判之被执行人资产价值还是实际询价结果，被执行人所有可处置资产根本不足以偿付向江苏省灌南县人民法院申请执行的申请人的债权，遑论尚未导入司法程序的大量信访房屋买受人之权益保护。并且，如果将该地块拍卖，所有权人变更后，因行政法规定楼间距等问题，新所有权人使用该地块建设建筑物数量将少于原可以建设数量，且原先已经快要施工完成的工程项目也会因为再没有资金注入而彻底变成“烂尾楼”，债权人实现利益与债务人付出的代价不符合比例原则。

执行法院积极争取党委政府的支持，积极与申请执行人、被执行人沟通，2020 年，多次召开多方主体参加的联席会议，探索创新和解模式，最终达成采用申请执行人托管被执行人可处置资产以及债务的方式，兼顾各方当事人的利益诉求的方案。2020 年 12 月 17 日，被执行人灌南县某房地产公司与连云港某建设公司、孟某元（申请执行灌南县某房地产公司的第二大申请执行人）达成和解托管协议。和解托管协议约定，灌南县某房地产公司将前期的扫尾工作及 22#、23#、24# 共三幢楼的开发事宜以及建筑安装、房屋销售及整体小区的收盘全部委托给债权人连云港某建设公司、孟某元经营管理，涉及土地使用权后期开发的房产中，以 2020 年 11 月 19 日执行法院确定的土地评估价作为其抵偿债权人债务的资产，灌南县某房地产公司对该土地上新建楼盘不享有任何财产权益，不参与新建房产销售利润分配，申请执行人连云港某建设公司、孟某元与被执行人灌南县某房地产公司债权债务关系消灭，且二申请执行人承受灌南县某房地产公司欠政府债务 1100 万元，员工工资 235 万元，经执行法院判决和调解生效的债务 450 万元。和解托管协议已在履行过程中，案涉土地上工程项目已经施工建设，上访群众也已经息访。

2021 年，执行法院对案涉三期工程施工情况、相关债权的履行情况、完工商品房交付等情况进行了跟进回访，目前和解托管协议履行良好。

典型意义

在灌南县某房地产公司附条件托管系列案件执行过程中，江苏省灌南县人民法院充分发挥政府有关部门的协调、组织作用，与申请执行人、被执行人保持良性沟通，克服诸多执行难点，有效衔接司法审判权与行政审批权，创新运用附条件托管被执行人债权债务的模式，善意文明执行，最大限度实现胜诉当事人的合法权益，充分发挥了执行职能作用，有效推动了法治化营商环境建设，对于推进国家治理体系和治理能力现代化、推进社会诚信体系建设起到了积极作用。

——《第二批涉执信访实质性化解典型案例》，载《人民法院报》2021 年 12 月 22 日。

665. 设置履约宽限期最大限度维护双方当事人权益

关键词

善意文明执行　执行和解　履约宽限期

最高人民法院公布的典型案例

刘某某与郭某买卖合同纠纷执行案

执行要旨：大庆市让胡路区法院积极贯彻落实《最高人民法院关于在执行工作中进一步强化善意文明执行理念的意见》，注重在强制执行中把握善意要求，通过找准双方利益平衡点，充分运用“宽限期”推动解决“执行难”、实现共赢，既保障胜诉当事人合法权益，又最大限度避免给被执行人带来不利影响，有力实现政治效果、社会效果、法律效果的有机统一。

基本案情

申请执行人：刘某某

被执行人：郭某

执行法院：黑龙江省大庆市让胡路区人民法院

2022 年 5 月，大庆让胡路法院对刘某某与郭某买卖合同纠纷一案作出一审判决，判决郭某于 2022 年 5 月 20 日前给付刘某某合同价款 40000 元。2022 年 6 月 23 日，刘某某申请对郭某强制执行，经初步财产查询反馈，未发现被执行人郭某名下有可供执行财产。2022 年 7 月 5 日，刘某某进一步提供线索，申请法院到郭某当前所居住的肇东市新华村进行现场调查，执行法官当即带队赶赴新华村并顺利找到郭某。经调查，郭某刚刚在村里宅基地圈养了 25 头猪崽，于是刘某某主张将猪崽强制执行变现。

经进一步了解，这 25 头猪崽是郭某在亲属处借款 12500 元购买的，如现在强制执行变卖猪崽，根据市场价值仅能执行到位 1 万余元，一方面刘某某的胜诉权益目前无法全部兑现，另一方面郭某的债务负担将会进一步加重。

为更好保护双方权益，执行法官经综合考虑提议，由郭某暂时喂养这 25 头猪崽，待 6 个月时间猪崽全部长成后再予处置。同时，执行法官向郭某言明利害、释法说理，告知其若擅自处置将承担的法律责任，申请执行人亦对此执行方案表示认可，双方达成执行和解。2023 年 1 月 10 日，被执行人郭某主动联系执行法院，表明猪崽已经养成可以变卖。在执行干警的见证下，25 头生猪共计变卖 83100 元，被执行人郭某现场给付申请执行人刘某某全部欠款 40423 元，郭某在偿还亲属 12500 元购买猪崽的借款后剩余款项 3 万余元。案涉双方均对执行干警表达了谢意。申请执行人表示多亏了法官的执行方案，他的欠款得以一次性全部清偿，案件顺利执结；被执行人则表示感谢法院给予他履行的宽限期，让其不仅清偿了两笔债务，自己还能有剩余款项。

典型意义

党的二十大报告指出，要“推进多层次多领域依法治理，提升社会治理法治化水平”。执行工作关乎民生福祉，关乎社会和谐稳定，作为司法机关，人民法院负有参与社会治理的重任，而执行工作则是人民法院参与社会治理的重要一环。本案是贯彻善意文明执行理念，将“以人民为中心”落到实处的典型执行案例。在这起案件中，人民法院通过设置履约宽限期，兼顾了执行工作的刚性与柔性，平衡了执行力度与执行温度，有力促进了“两难”变“多赢”，切实维护了社会和谐稳定。

——《最高人民法院发布能动执行典型案例》，载《人民法院报》2023 年 5 月 20 日。

666. 运用协同执行机制化解重大、疑难、复杂或长期未结等执行案件

关键词

协同执行机制　实质性化解

最高人民法院公布的典型案例

陈某某等 124 名农民工申请强制执行劳动报酬信访案

裁判要旨：被执行人欠下巨额债务，无力支付 203 万元工资，引发农民工集体信访。萍乡两级法院运用“协同执行”机制成功化解信访矛盾。

基本案情

陈某某等 124 名农民工与萍乡市某烟花爆竹制造有限公司追索劳动报酬纠纷案，2020 年 10 月，江西省芦溪县人民法院作出多份民事判决书，判令由萍乡市某烟花爆竹制造有限公司支付劳动报酬合计 203 万元。判决生效后，被执行人萍乡市某烟花爆竹制造有限公司未履行判决义务，同年 12 月，陈某某等 124 名农民工申请法院强制执行。执行中，江西省芦溪县人民法院调查发现被执行人萍乡市某烟花爆竹制造有限公司在萍乡市中级人民法院、安源区人民法院、上栗县人民法院均有借款纠纷案件在执，欠款金额高达 2000 余万元，无财产可供执行，致本案执行不能，暂以终结本次执行程序结案。期间，江西省芦溪县人民法院根据举报线索，查实并冻结了被执行人退出烟花爆竹生产政府奖补金 80 万元。但该奖补金也被江西省萍乡市中级人民法院等其他 3 家法院冻结。2021 年 6 月，陈某某等 124 名农民工得知情况后到市、县集体信访，请求优先受偿。为妥善化解农民工集体信访矛盾，江西省芦溪县人民法院报请萍乡市中级人民法院启动协同执行机制。该院经审查决定协同执行，并同意由江西省芦溪县人民法院扣划、提取奖补金和主持分配。江西省芦溪县人民法院将该笔奖补金扣划到位，并组织召开债权人会议。陈某某等 124 名农民工以其债权为工资为由要求优先受偿。其他债权人以其案件首先有效冻结为由要求按比例分配。各方未达成一致分配意见。江西省芦溪县人民法院采取见证执行方式，与债权人一同前往相关单位调查，确认该院冻结为首先有效冻结。同时该院采取执行听证方式，释明农民工生活困难情况，消除其他债权人猜疑，获得了大多数借款债权人支持。2021 年 8 月，该院制作并送达财产分配方案，确定由陈某某等 124 名农民工受偿，各方均未提出异议，现已将 80 万元发放完毕，矛盾得以顺利化解。

典型意义

本案是运用协同执行机制成功化解农民工集体涉执信访的典型案例。协同执行机制是最高人民法院建立的针对重大、疑难、复杂或长期未结等执行案件，上级法院发挥统一协调职能优势，统一调度使用辖区法院执行力量，协同、帮助辖区法院实施强制执行，切实为基层法院减负的一项工作机制。本案中，江西省萍乡市中级人民法院决定启动协同执行机制，并协调辖区其他法院同意统一由江西省芦溪县人民法院提取奖补金。执行中，江西省芦溪县人民法院采取见证执行、执行听证、债权人会议等方式，充分保障各方当事人的知情权、异议权，有效解决了首先冻结、财产分配争议问题，顺利将款项发放给陈某某等 124 名农民工，将一起群体性信访事件及时消化在基层，取得了较好法律效果和政治效果。

——《最高人民法院发布第一批涉执信访实质性化解典型案例》，载最高人民法院官网 https：//www.court.gov.cn/zixun-xiangqing-332151.html。

667. 运用国家司法救助制度有效化解小标的涉民生执行信访案件

关键词

国家司法救助制度　无力履行

最高人民法院公布的典型案例

曾某某申请强制执行交通事故赔偿信访案

裁判要旨：被执行人患严重疾病危及生命致生活困难，根本无力履行赔偿义务。江西省广昌县人民法院运用司法救助制度促化解。

基本案情

曾某某与张某富道路交通事故损害赔偿纠纷案，2018年6月，江西省广昌县人民法院作出民事判决书，判令由张某富赔偿5.6万元。判决生效后，被执行人张某富未履行判决义务。同年9月，曾某某申请法院强制执行。执行中，江西省广昌县人民法院认真开展调查，被执行人张某富已离婚和外出务工，仅有一未成年儿子和60岁母亲在家，家庭生活十分困难，未发现可供执行财产。但根据举报线索在车站蹲守成功将被执行人张某富拘传到法院。江西省广昌县人民法院拟进一步采取司法拘留措施，但体检时发现被执行人张某富患严重强直性脊椎炎，随时有生命危险，且因无力支付高额医疗费至今未就医，不宜收拘，案件执行陷入困境。为此，江西省广昌县人民法院一方面协调村干部和被执行人亲属做其履行赔偿义务的思想工作，另一方面将被执行人家庭和身体状况反馈给申请人，得到其理解。考虑双方当事人家庭均十分困难，江西省广昌县人民法院主动向当地党委政法委报告案件情况争取支持，帮助申请人申报国家司法救助资金，以解燃眉之急。2021年7月，该案通过司法救助方式成功化解。

典型意义

本案是成功运用国家司法救助制度有效化解小标的涉民生执行信访的典型案例。类似该案的执行实践中，人民法院往往遇到双方当事人家庭生活均十分困难的情况，被执行人根本无力履行致案件执行不能而引发信访。本案执行中，江西省广昌县人民法院除加大执行力度外，还多措并举，协调各方做好当事人的思想工作，积极运用国家司法救助制度帮助申请人纾解生活困难，既维护了胜诉当事人的合法权益，也赢得了双方当事人的满意，最大限度地化解信访矛盾，促进社会和谐稳定，具有较强的指导意义。

——《最高人民法院发布第一批涉执信访实质性化解典型案例》，载最高人民法院官网 https：//www.court.gov.cn/zixun-xiangqing-332151.html。

668. 运用信用承诺和信用修复机制双向化解矛盾，有效帮助被执行人恢复生产经营、重获盈利能力

关键词

信用承诺和信用修复机制　复产复工

最高人民法院公布的典型案例

杨某某申请强制执行企业偿还欠款信访案

裁判要旨：被执行人受疫情影响生产经营陷入困难，难以履行判决义务，被纳入失信名单。江西省南昌市西湖区人民法院运用信用承诺和信用修复机制双向化解信访矛盾。

基本案情

杨某某与南昌某建筑有限公司借款合同纠纷案，2017 年 9 月，江西省南昌市西湖区人民法院作出民事判决书，判令由南昌某建筑有限公司偿还 28 万元及利息。判决生效后，被执行人南昌某建筑有限公司未履行判决义务。2018 年 4 月，杨某某申请法院强制执行。执行中，江西省南昌市西湖区人民法院深入开展线上线下调查，发现被执行人南昌某建筑有限公司在该院涉案较多且未能全部执行到位，存在执行不能的风险。经多次做思想工作，被执行人陆续履行大部分款项。期间，受疫情影响且被纳入失信名单，被执行人银行贷款审批受阻、企业重组遇到困难和无法正常进行工程投标，致无力偿还剩余借款。考虑此种情况，江西省南昌市西湖区人民法院决定采取执行和解方式对被执行人进行信用修复，且多次组织双方当事人协商，最终促成分期还款的和解方案，并由杨某某申请法院暂时解除失信名单。信用修复后，被执行人南昌某建筑有限公司履行了全部还款义务。2021 年 3 月，该案得以顺利执结。

典型意义

本案是人民法院秉持善意文明执行理念，成功运用信用承诺和信用修复机制双向化解信访矛盾的典型案例。本案中，江西省南昌市西湖区人民法院面对执行不能的困难，组织双方当事人协商促成和解，并征得申请人同意后

实施信用修复措施，有效帮助被执行人恢复生产经营、重获盈利能力，全部偿清债务。该案执行既保障了胜诉当事人的合法权益得以兑现，又帮助被执行企业得以复产复工，起到了“办理一个案件救活一个企业”示范作用，对全国法院类似案件的办理具有较强的指导意义。

——《最高人民法院发布第一批涉执信访实质性化解典型案例》，载最高人民法院官网 https：//www.court.gov.cn/zixun-xiangqing-332151.html。

669. 创新运用“预告知＋预通知”执行模式，让被执行人意识到规避执行的法律后果，促使其主动履行判决义务

关键词

“预告知＋预通知”执行模式　善意文明执行

最高人民法院公布的典型案例

某电梯有限公司申请强制执行货款信访案

裁判要旨：被执行人的法定代表人伙同他人转移公司租金收入，拒不履行还款义务。江西省宜春市袁州区人民法院创新使用“预告知＋预通知”执行措施攻克执行不能难题

基本案情

某电梯有限公司与江西某物流有限公司买卖合同纠纷案，2020 年 3 月，江西省宜春市袁州区人民法院作出民事调解书，确认由江西某物流有限公司支付货款 92.7 万元。调解生效后，江西某物流有限公司未履行还款义务。同年 6 月，某电梯有限公司申请法院强制执行。执行中，江西省宜春市袁州区人民法院线上调查发现，被执行人名下除一块被另案多次查封的土地外无其他登记财产。该院派员现场调查发现，被执行人已搬离原址，但原址处新建的一栋办公楼，引起了办案人员注意。经过走访了解，被执行人建起该栋办公楼但未办理产权证书，并将其出租给其他公司办公，年租金收入 100 万元。江西省宜春市袁州区人民法院遂对租金流向进行调查，发现被执行人的法定代表人李某东伙同员工李某安以该员工的银行账号将租金转移，存在规避执行的违法行为，涉嫌构成拒执犯罪。在查清事实后，该院创新使用罚款和追究拒执罪等强制措施，于 2021 年 3 月 12 日分别向被执行人的法定代表人李某东和员工李某安发出《涉嫌拒执犯罪预告书》和《预罚款通知书》，限在七日内清偿全部货款，否则将其涉嫌拒不执行判决、裁定罪线索移送公安机关

侦查，并分别罚款 10 万元。被执行人于七日内清偿了全部货款。李某东和员工李某安向法院出具了悔过书。同年 3 月 19 日，该案得以执行完毕。

典型意义

本案是人民法院创新使用罚款和追究拒执犯罪措施，采取预罚款和涉嫌拒执犯罪预告等方式成功推动案件执行完毕和有效化解信访矛盾的典型案例。执行实践中，被执行人对办案人员的“涉嫌拒执犯罪”口头警告往往不以为然，根本没充分意识到转移财产规避执行所产生的严重法律后果。本案中，江西省宜春市袁州区人民法院创新运用“预告知 + 预通知”执行模式，让被执行人意识到规避执行的法律后果，给予其权衡利弊作出选择的时间，同时给予被执行企业法定代表人李某东和员工李某安悔改的机会，促使其主动履行判决义务，充分体现了善意文明的执行理念，彰显司法的权威和温度。

——《最高人民法院发布第一批涉执信访实质性化解典型案例》，载最高人民法院官网 https：//www.court.gov.cn。

670. 打好“预罚款”+“司法建议”组合拳满足新能源车主多样化需求

关键词

善意文明执行　能动司法　“预罚款”+“司法建议”执行模式

最高人民法院公布的典型案例

周某、王某某与南京某物业公司物业服务合同纠纷执行案

执行要旨：本案是关涉国家新能源汽车发展战略中，基础设施建设落实落地问题的行为类执行案件，具有较高的社会关注度。执行法院秉持善意文明、能动司法的工作理念，通过“预罚款”方式既警示被执行物业公司履行协助安装汽车充电桩义务，又给予其一定的宽限期，促使其在信用信息不受影响的情况下主动履行。同时，执行法院还充分发挥统筹协调、释法明理工作作用，在充分沟通的基础上，向被执行人发出“司法建议”，引导其更新管理理念、改进工作方法，从源头预防、化解类似潜在纠纷，起到了较好的示范作用。

基本案情

申请执行人：周某、王某某

被执行人：南京某物业公司

执行法院：江苏省南京市栖霞区人民法院

周某、王某某与南京某物业公司物业服务合同纠纷一案判决生效后，南京某物业公司以涉案小区地下车库曾发生电动车充电自燃事故，且其仅为小区管理方而非产权人为由，拒绝履行协助安装新能源汽车充电桩的义务，周某、王某某遂向法院申请强制执行。执行过程中，南京栖霞法院充分发挥司法能动作用，向怠于履行义务的被执行人南京某物业公司送达《预罚款通知书》，责令其与车位产权方区分责任，15 天内提出解决方案，否则将处以 10 万元罚款。同时，该院还积极组织涉案车位产权方、管理方、业主方三方座谈，就新能源汽车充电桩安装问题进行释法明理，并向被执行人送达《司法建议书》，指明其在车位管理中存在的不当之处，建议重新调整管理理念，对消防设施进行整改，强化安全管理责任，不得禁止业主依法依规安装充电设施。最终，被执行人南京某物业公司与涉案车位产权方均表示接受法院提出的建议，愿意协助业主安装新能源汽车充电桩。该物业公司在对栖霞法院《司法建议书》的回函中表示，充分认可法院的执行行为，今后会主动履行法律义务，并在后续管理中主动协调产权方、社区、消防部门等单位，统筹规划建设新能源汽车充电设施，满足业主的多样性需求。

典型意义

从政治效果上看，发展新能源汽车是我国从汽车大国迈向汽车强国的必由之路，是应对气候变化、推动绿色发展的战略举措，而加强新能源汽车基础设施建设，则是该战略的一个重要组成部分。本案的成功执行，为新能源汽车基础设施在基层社区的推广、落地提供了有益的实践范本，为国家战略的贯彻落实提供了有力的司法保障。从社会效果上看，民生权益无小事。新能源汽车充电设备在基层社区的落地，既大大提升了人民群众使用相关车辆出行的便捷程度，又促使物业公司转换管理思路、提升服务品质，从而更好满足业主的多样化需求，取得了各方当事人的一致认可，起到了良好的示范效果。从法律效果上看，执行法院积极创新工作方式方法，综合运用“预罚款”措施和“司法建议”机制，既展示强制力警示被执行人履行义务，又设定宽限期给予其维护信用、“改过自新”的机会，并有力发挥建议机制的柔性司法监督优势，全方位激励当事人主动履行。该案执行充分体现了善意文明执行理念和能动司法工作的良好成效。

——《最高人民法院发布能动执行典型案例》，载《人民法院报》2023 年 5 月 20 日。

671. 规避判决确定义务的司法认定

关键词

执行　执行复议　撤销权　强制执行

最高人民法院指导性案例、最高人民法院裁判文书

东北电气发展股份有限公司与国家开发银行股份有限公司借款合同、撤销权纠纷执行复议案［最高人民法院指导案例 118 号、最高人民法院（2017）最高法执复 27 号执行裁定书］

裁判要点：1. 债权人撤销权诉讼的生效判决撤销了债务人与受让人的财产转让合同，并判令受让人向债务人返还财产，受让人未履行返还义务的，债权人可以债务人、受让人为被执行人申请强制执行。

2. 受让人未通知债权人，自行向债务人返还财产，债务人将返还的财产立即转移，致使债权人丧失申请法院采取查封、冻结等措施的机会，撤销权诉讼目的无法实现的，不能认定生效判决已经得到有效履行。债权人申请对受让人执行生效判决确定的财产返还义务的，人民法院应予支持。

最高人民法院认为：

一、关于国开行是否具备申请执行人的主体资格问题

经查，北京高院 2016 年 12 月 20 日的谈话笔录中显示，东北电气的委托代理人雷爱民明确表示放弃执行程序违法、国开行不具备主体资格两个异议请求。从雷爱民的委托代理权限看，其权限为：代为申请执行异议、应诉、答辩，代为承认、放弃、变更执行异议请求，代为接收法律文书。因此，雷爱民在异议审查程序中所作的意思表示，依法由委托人东北电气承担。故，东北电气在异议审查中放弃了关于国开行不具备申请执行人的主体资格的主张，在复议审查程序再次提出该项主张，本院依法可不予审查。即使东北电气未放弃该主张，国开行申请执行的主体资格也无疑问。本案诉讼案由是借款合同、撤销权纠纷，法院经审理，判决支持了国开行的请求，判令东北电气偿还借款，并撤销了东北电气与沈阳高开股权置换的行为，判令东北电气和沈阳高开之间相互返还股权，东北电气如不能返还股权，则承担相应的赔偿责任。相互返还这一判决结果不是基于东北电气与沈阳高开双方之间的争

议，而是基于国开行的诉讼请求。东北电气向沈阳高开返还股权，不仅是对沈阳高开的义务，而且实质上主要是对胜诉债权人国开行的义务。故国开行完全有权利向人民法院申请强制有关义务人履行该判决确定的义务。

二、关于东北电气是否履行了判决确定的义务问题

（一）不能认可本案返还行为的正当性

法律设置债权人撤销权制度的目的，在于纠正债务人损害债权的不当处分财产行为，恢复债务人责任财产以向债权人清偿债务。东北电气返还股权、恢复沈阳高开的偿债能力的目的，是为了向国开行偿还其债务。只有在通知胜诉债权人，以使其有机会申请法院采取冻结措施，从而能够以返还的财产实现债权的情况下，完成财产返还行为，才是符合本案诉讼目的的履行行为。任何使国开行诉讼目的落空的所谓返还行为，都是严重背离该判决实质要求的行为。因此，认定东北电气所主张的履行是否构成符合判决要求的履行，都应以该判决的目的为基本指引。尽管在本案诉讼期间及判决生效后，东北电气与沈阳高开之间确实有运作股权返还的行为，但其事前不向人民法院和债权人作出任何通知，且股权变更登记到沈阳高开名下的次日即被转移给其他公司，在此情况下，该种行为实质上应认定为规避判决义务的行为。

（二）不能确定东北电气协调各方履行无偿返还义务的真实性

东北电气主张因为案涉股权已实际分别转由新东北高开、恒宇机械、阜新母线等三家公司持有，无法由东北电气直接从自己名下返还给沈阳高开，故由东北电气协调新东北高开、恒宇机械、阜新母线等三家公司将案涉股权无偿返还给沈阳高开。如其所主张的该事实成立，则也可以视为其履行了判决确定的返还义务。但依据本案证据不能认定该事实。

1. 东北电气的证据前后矛盾，不能作合理解释。本案在执行过程中，东北电气向北京高院提交过两次说明，即 2009 年 4 月 16 日提交的说明一和 2013 年 9 月 2 日提交的说明二。其中，说明一显示，东北电气与沈阳高开于 2007 年 12 月 18 日签订协议，鉴于双方无法按判决要求相互返还股权和债权，约定东北电气向沈阳高开支付股权转让对价款，东北电气已于 2007 年 12 月 20 日（二审期间）向沈阳高开支付了 17046 万元，并以 2007 年 12 月 18 日东北电气与沈阳高开签订的《协议书》、2007 年 12 月 20 日中信银行沈阳分行铁西支行的三张银行进账单作为证据。说明二则称，2008 年 9 月 18 日，东北电气与沈阳高开、新东北高开、恒宇机械签订四方协议，约定由新东北高开、恒宁机械代东北电气向沈阳高开返还了北富机械 95% 股权、东利物流 95% 股权；同日，东北电气与沈阳高开、阜新母线、辽宁新泰亦签订四方协议，约定由阜新母线代东北电气向沈阳高开返还新东北隔离 74.4% 的股权；2008 年 9 月 22 日，各方按照上述协议交割了股权，并完成了股权变更工商登记。

对于其所称的履行究竟是返还上述股权还是以现金赔偿，东北电气的前后两个说明自相矛盾。第一，说明一表明，东北电气在二审期间已履行了支付股权对价款义务，而对于该支付行为，经过北京高院调查，该款项经封闭循环，又返回到东北电气，属虚假给付。第二，在执行程序中，东北电气2009年4月16日提交说明一时，案涉股权的交割已经完成，但东北电气并未提及2008年9月18日东北电气与沈阳高开、新东北高开、恒宇机械签订的四方协议；第三，既然2007年12月20日东北电气与沈阳高开已就股权对价款进行了交付，那么2008年9月22日又通过四方协议，将案涉股权返还给沈阳高开，明显不符合常理。第四，东北电气的《重大诉讼公告》于2008年9月26日发布，其中提到接受本院判决结果，但并未提到其已经于9月22日履行了判决，且称其收到诉讼代理律师转交的本案判决书的日期是9月24日，现在又坚持其在9月22日履行了判决，难以自圆其说。由此只能判断其在执行过程中所谓履行最高人民法院判决的说法，可能是对过去不同时期已经发生了的某种与涉案股权相关的转让行为，自行解释为是对本案判决的履行行为。故对四方协议的真实性及东北电气的不同阶段的解释的可信度高度存疑。

2. 经东北电气协调无偿返还涉案股权的事实不能认定。工商管理机关有关登记备案的材料载明，2008年9月22日，恒宇机械持有的东利物流的股权、新东北高开持有的北富机械的股权、阜新母线持有的新东北隔离的股权已过户至沈阳高开名下。但登记资料显示，沈阳高开与新东北高开、沈阳高开与恒宇机械、沈阳高开与阜新母线签订的《股权转让协议书》中约定有沈阳高开应分别向三公司支付相应的股权转让对价款。东北电气称，《股权转让协议书》系按照工商管理部门的要求而制作，实际上没有也无须支付股权转让对价款。对此，东北电气不能提供充分的证据予以证明，北京高院到沈阳市有关工商管理部门调查，亦未发现足以证明提交《股权转让协议书》确系为了满足工商备案登记要求的证据。且北京高院经查询案涉股权变更登记的工商登记档案，其中除了有《股权转让协议书》，还有主管部门同意股权转让的批复、相关公司同意转让、受让或接收股权的股东会决议、董事会决议等材料，这些材料均未提及作为本案执行依据的生效判决以及两份四方协议。在四方协议本身存在重大疑问的情况下，人民法院判断相关事实应当以经工商备案的资料为准，认定本案相关股权转让和变更登记是以备案的相关协议为基础的，即案涉股权于2008年9月22日登记到沈阳高开名下，属于沈阳高开依据转让协议有偿取得，与四方协议无关。沈阳高开自取得案涉股权至今是否实际上未支付对价，以及东北电气在异议复议过程中所提出的恒宇机械已经注销的事实，新东北高开、阜新母线关于放弃向沈阳高开要求支付股权对价的承诺等，并不具有最终意义，因其不能排除新东北高开、恒宇机械、阜新母线的债权人依据经工商登记备案的有偿《股权转让协议》，向沈阳高开主张权利，故不能改变《股权转让协议》的有偿性质。因此，依据现有证据无法认定案涉股权曾经变更登记到沈阳高开名下系经东北电气协调履行四方协议的结果，无法认定系东北电气履行了生效判决确定的返还股权义务。

——《最高人民法院关于发布第23批指导性案例的通知》（2019年12月24日，法〔2019〕294号）。

说明

指导案例118号东北电气发展股份有限公司与国家开发银行股份有限公司借款合同、撤销权纠纷执行复议案，涉及债权人撤销权诉讼的生效判决如何执行的问题，为在执行程序中实现债权人行使撤销权的目的，本案明确了债权人可以债务人、受让人为被执行人申请强制执行，如果受让人自行向债务人履行返还义务时，未提前通知债权人，且债务人将返还的财产立即转移，致使债权人丧失申请法院采取查封、冻结等措施机会，导致撤销权诉讼目的落空的，属于规避执行的情形，不能认定生效判决已经得到有效履行。

672. 生效法律文书中执行内容不明确的处理方法

关键词

生效法律文书　执行内容　执行机构

最高人民法院司法政策精神

15. 执行机构发现本院作出的生效法律文书执行内容不明确的，应书面征询审判部门的意见。审判部门应在15日内作出书面答复或者裁定予以补正。审判部门未及时答复或者不予答复的，执行机构可层报院长督促审判部门答复。

执行内容不明确的生效法律文书是上级法院作出的，执行法院的执行机构应当层报上级法院执行机构，由上级法院执行机构向审判部门征询意见。审判部门应在15日内作出书面答复或者裁定予以补正。上级法院的审判部门未及时答复或者不予答复的，上级法院执行机构层报院长督促审判部门答复。

执行内容不明确的生效法律文书是其他法院作出的，执行法院的执行机构可以向作出生效法律文书的法院执行机构发函，由该法院执行机构向审判部门征询意见。审判部门应在15日内作出书面答复或者裁定予以补正。审判部门未及时答复或者不予答复的，作出生效法律文书的法院执行机构层报院长督促审判部门答复。

——《最高人民法院关于人民法院立案、审判与执行工作协调运行的意见》（2018 年 5 月 28 日，法发〔2018〕9 号）。

673. 已为生效判决支持的内容，不可因未予执行而再次判决

关键词

生效判决　执行

最高人民法院裁判文书

锦州市中医医院与锦州环城房地产开发有限责任公司合资、合作开发房地产合同纠纷案［最高人民法院（2016）最高法民再 27 号民事判决书］

裁判要旨：守约方的损失已经被前次生效判决认定并支持，违约行为持续的，守约方仅可就新产生的损失予以主张，不能因为前次生效判决未执行而再次得到支持。

最高人民法院认为：关于原判决判令由中医院承担环城开发公司 7 号楼损失是否存在适用法律错误的问题是本案审理中的焦点问题。本案判决中将原判决认定的 7 号楼损失的利息起算时间进行了改判，现将此部分判决内容摘录如下：

经审理查明，辽宁省锦州市中级人民法院于 2004 年 6 月 8 日作出的（2004）锦民一房初字第 7 号民事判决中，已经确定环城开发公司因涉案项目中 7 号楼未建而产生的相应损失，并认定应当由中医院赔偿损失及相应的利息。因此，在该判决已经生效的前提下，中医院在本案审理中否认承担 7 号楼损失的主张缺乏事实和法律依据。但经进一步审理查明，辽宁省锦州市中级人民法院（2004）锦民一房初字第 7 号民事判决中已经判决中医院赔偿的范围为：“建设费损失 29750 元及利息（其中 25000 元本金的利息自 2003 年 5 月 22 日至 2004 年 2 月 29 日按中国人民银行同期贷款利率计付，4750 元本金的利息自 2003 年 6 月 27 日至 2004 年 2 月 29 日按中国人民银行同期贷款利率计付）；‘新园旅社’动迁费 135 万元的利息损失（自 2003 年 5 月 22 日至 2004 年 2 月 29 日按中国人民银行同期贷款利率计付）；预售 7 号楼房屋款 100 万元的利息损失（自 2003 年 5 月 22 日至 2004 年 2 月 29 日按中国人民银行同期贷款利率计付）。”而在本案原判决中，对应予支持的 7 号楼损失起算点的认定与（2004）锦民一房初字第 7 号民事判决所确定的起算日期一致。最高人民法院认为，另案民事判决中确认的 7 号楼损失，系由于中

医院的前次违约行为给环城开发公司造成的损失，而本案应当就前次判决之后发生的损失予以认定，即应当仅支持7号楼建设费、“新园旅社”动迁费、预售房屋款自前次判决利息截止日即2004年2月29日之后的利息。因此，原判决中将已经经过生效判决认定的损失再次判令由中医院承担属于适用法律错误，最高人民法院对此予以纠正。

——法信网。

附录：最高人民法院法官著述

原判决存在多处费用计算错误的问题，最高人民法院最终查实后依法予以纠正。但最为关键的错误在于，本案为中医院与环城开发公司之间因7号楼问题产生的第二次诉讼，原一、二审判决在认定中医院应当承担的7号楼损失时没有考虑到第一次诉讼的判决内容，从而将利息部分进行了重复判决。

辽宁省锦州市中级人民法院于2004年6月8日作出的（2004）锦民一房初字第7号民事判决中，已经确定环城开发公司因涉案项目中7号楼未建而产生的相应损失，并认定应当由中医院赔偿损失及相应的利息，利息的起算点为2003年5月22日，截止日期为2004年2月29日。本案中，因中医院的违约行为一直持续，故应当判决其赔偿环城开发公司新产生的损失，利息应当从上次判决利息截止日期之后（2004年3月1日）起算，而原判决却仍然将利息支付期限判决为“自2003年5月22日至给付之日”，从而导致本案原判决将“2003年5月22日至2004年2月29日”期间内的利息重复保护。需要特别说明的是，（2004）锦民一房初字第7号民事判决生效后中医院未主动履行，环城开发公司亦未申请法院强制执行。在超过申请执行期限的情形下，环城开发公司已经因自己不积极主张而丧失了申请法院执行的权利。然而，环城开发公司虽然不能再通过强制执行程序来实现自己的债权，但并不丧失生效裁判确认的实体权利，更不能成为请求法院再次判决的依据，人民法院亦不能将已经得到保护的利益重复予以判决。

——《已为生效判决支持的内容，不可因未予执行而再次判决》，载郑学林主编、最高人民法院第二巡回法庭编著：《民商事再审典型案例及审判经验》，人民法院出版社2019年版，第244~245页。

674. 引入个人债务重整制度，实现个人破产制度与强制执行制度的充分衔接

关键词

个人债务重整 个人破产 强制执行

最高人民法院公布的典型案例

王某某申请个人债务重整信访案

裁判要旨：积极引入个人债务重整制度，将“有履行能力而拒不履行生效法律文书确定义务”的债务人与“诚实而不幸”的债务人予以区分，对前者采取强制执行措施，对后者可以通过个人债务集中清理进行集中执行，让债务人从债务的“锁链”中解脱出来。

基本案情

2014年12月24日，浙江省遂昌县人民法院立案执行申请执行人叶某某和被执行人王某某民间借贷一案，执行标的额190000元。执行过程中，该院通过“点对点”财产查询、线下调查等方式，均未发现被执行人王某某有可供执行的财产。2015年6月9日，该院将王某某纳入失信被执行人名单，并对该案予以程序终结。此后，该院又陆续立案执行王某某为被执行人的案件10件，累计执行标的额达260余万元，均以程序终结结案。

浙江省遂昌县人民法院在王某某系列案件执行过程中发现，王某某早年因做工程失败而背负300余万元巨额债务，拖欠至今已长达20余年。由于债务多、金额大，尤其是逾期利息逐年增加，加之自2002年起王某某母亲生病瘫痪在床需人照顾，长期以来王某某一边照顾母亲，一边靠打零工维持基本生活，根本无力清偿巨额债务，也没有偿还债务的想法。每当债权人上门讨债时，他就四处逃避，因此多次遭到债权人的威胁甚至殴打。有的申请执行人因未能执行到款项，就迁怒于法院，认为法院执行不力，到处向有关部门信访。

2020年下半年，浙江省遂昌县人民法院被浙江省高级人民法院确定为全省个人债务集中清理试点法院，探索开展个人债务集中清理工作。2021年4月，因王某某父亲（已故）的房产被征迁，王某某继承了237万元拆迁款。2021年4月21日，王某某在得知浙江省遂昌县人民法院正在试行通过个人债务重整一揽子解决债务的做法后，为了彻底解决自己长达20多年的债务问题，不再过四处躲债、担惊受怕的日子，便主动向该院提交了个人债务重整申请书。

申请个人债务重整期间，除已进入执行程序的11件案件外，王某某还主动申报了未进入司法程序的32笔债务，这些债务大部分已过诉讼时效。重整过程中，浙江省遂昌县人民法院审查确认王某某对外欠债355万余元，可分配款项为237万元，由于债权人之一的遂昌县某商业银行以内部规定不允许为由不愿作出让步，导致重整陷入僵局。为妥善化解矛盾，该院多次与遂昌县某商业银行等债权人进行沟通协调，最终促使遂昌县某商业银行修改内部规定，并组织各方债权人就债权受偿比例达成一致。成功达成协议后，遂昌县某商业银行表示该行将以此案为一个起点，依托浙江省遂昌县人民法院个人债务重整制度对其个人不良贷款处置机制进行全面改革，力争在最大程度实现其自身不良贷款回收的同时，帮助更多债务人摆脱债务危机过上正常生活，实现整体共赢。

2021年6月21日，各方债权人正式达成按一定比例受偿的重整方案。2021年6月24日，浙江省遂昌县人民法院将全部执行款项汇至各债权人银行账户。2021年6月25日，该院作出终结申请人王某某的个人债务重整程序的裁定，对王某某为被执行人的11件案件全部以执行完毕方式结案，并解除对王某某的所有强制执行措施。至此，长达20余年的王某某系列债务案得以圆满化解。

典型意义

2019年2月27日，最高人民法院在《关于深化人民法院司法体制综合配套改革的意见》中首次提出研究推动建立个人破产制度。本案系浙江省遂昌县人民法院积极引入个人债务重整制度成功化解信访矛盾纠纷的典型案例。浙江是民营经济大省、改革开放先行省份，浙江法院在个人破产领域实践先行，自2018年起开展试点探索个人债务集中清理工作。2020年12月2日，在全面总结试点经验的基础上，浙江省高级人民法院出台《浙江法院个人债务集中清理（类个人破产）工作指引（试行）》，将“有履行能力而拒不履行生效法律文书确定义务”的债务人与“诚实而不幸”的债务人予以区分，对前者采取强制执行措施，对后者可以通过个人债务集中清理进行集中执行，让债务人从债务的“锁链”中解脱出来。个人债务集中清理工作实现了个人破产制度与强制执行制度的充分衔接，具有债务人“破产保护”、债权人公平清偿、教育和风险警示等作用，有利于促进市场经济健全运行和完善社会主义市场经济法律体系。本案中，浙江省遂昌县人民法院为畅通执行不能案件依法退出路径，积极开展具有个人破产制度性质的“个人债务重整”工作，为后续个人破产制度立法提供了重要的实践素材和浙江样本。

——《第二批涉执信访实质性化解典型案例》，载《人民法院报》2021年12月22日。

675. 被执行人破产的，执行程序中止但执行异议之诉并不中止

关键词

执行人　破产　执行程序　执行异议之诉

最高人民法院司法解释

第六条 当事人、利害关系人依照民事诉讼法第二百二十五条[①]规定提出异议的，应当在执行程序终结之前提出，但对终结执行措施提出异议的除外。案外人依照民事诉讼法第二百二十七条[②]规定提出异议的，应当在异议指向的执行标的执行终结之前提出；执行标的由当事人受让的，应当在执行程序终结之前提出。

——《最高人民法院关于人民法院办理执行异议和复议案件若干问题的规定》（2020 年 12 月 29 日修正）。

最高人民法院裁判文书

贵州天下家政有限公司与中国长城资产管理股份有限公司贵州省分公司、贵州金晨置业投资开发有限公司申请执行人执行异议之诉案［最高人民法院（2019）最高法民终 333 号民事判决书］

裁判要旨：1. 针对被执行人的破产申请被受理后，执行程序依法应当中止，但通过执行异议之诉对执行标的权属作出判断，将使得该执行标的在执行法律关系中从争议状态转为确定状态，具有独立的程序及实体价值，故不应因执行程序中止而中止本案审理。

2. 虽然执行异议之诉裁判的效力范围限于是否得以排除特定案外人对执行标的的执行，在被执行人进入破产程序之后，对执行标的的权利归属进行认定则需通过破产法规定的其他程序予以完成，但无论债务人企业最终是破产重整或者清算，通过执行异议之诉案件的审理对案外人针对执行标的享有何种民事权益加以认定，对于债务人财产范围的确认，均具有一定的参考价值。

最高人民法院认为：因本案一审判决作出之后、二审受理之前，人民法院受理了针对金晨公司的破产重整申请，故在对该焦点问题进行评判之前，首先需要对金晨公司提出的金晨公司进入破产重整程序后，本案应当如何处理的问题予以分析。对此，本院认为，首先，长城公司对金晨公司名下的房屋申请强制执行，但该强制执行因案外人天下家政公司提出执行异议而中止。长城公司作为申请执行人向一审法院提起执行异议之诉，以通过强制执行程

① 现为《民事诉讼法》（2021 年修正）第二百三十二条。
② 现为《民事诉讼法》（2021 年修正）第二百三十四条。

序实现其债权，符合《中华人民共和国民事诉讼法》第一百一十九条[①]规定的起诉条件以及《最高人民法院关于适用〈中华人民共和国民事诉讼法〉的解释》第三百零六条[②]规定的申请执行人提起执行异议之诉的起诉条件，当事人对于一审法院受理本案也并无异议，故不再赘述。其次，《企业破产法》第十九条规定："人民法院受理破产申请后，有关债务人财产的保全措施应当解除，执行程序应当中止。"因此，在人民法院受理破产申请后，执行程序并未终结，仅处于暂时中止的状态，是否终结则需根据破产程序的进展和走向而定。本案中，针对金晨公司的破产重整申请被受理后，执行程序依法应当中止，故在此情形下，通过执行异议之诉对申请执行人提出的是否可以继续执行该执行标的进行审理判断，使得该执行标的在执行法律关系中从争议状态转为确定状态，具有独立的程序及实体价值，且不应因执行程序中止而中止本案审理。再次，《企业破产法》第八十八条规定："重整计划草案未获得通过且未依照本法第八十七条的规定获得批准，或者已通过的重整计划未获得批准的，人民法院应当裁定终止重整程序，并宣告债务人破产。"可见，破产重整程序的最终走向存在不确定性，可能会因法定情形而终止，从而转为破产清算程序。因此，虽然执行异议之诉裁判的效力范围限于是否得以排除特定案外人对执行标的的执行，在被执行人进入破产程序之后，对执行标的的权利归属进行认定则需通过破产法规定的其他程序予以完成，但无论债务人企业最终是破产重整或者清算，通过执行异议之诉案件的审理对案外人针对执行标的享有何种民事权益加以认定，对于债务人财产范围的确认，均具有一定的参考价值。此外，《企业破产法》第二十条规定："人民法院受理破产申请后，已经开始而尚未终结的有关债务人的民事诉讼或者仲裁应当中止；在管理人接管债务人的财产后，该诉讼或者仲裁继续进行。"本案二审期间，被执行人的管理人已经确定，可以代表被执行人继续参与诉讼。综上所述，金晨公司进入破产重整程序并不影响本案的实体审理。

对于天下家政公司对案涉房屋是否享有足以排除依据（2016）黔执 49－3 号执行裁定书强制执行的民事权益问题，本院认为，首先，一般而言，商品房买卖认购书是商品房买卖合同双方当事人在签署商品房预售契约或者商品房现房买卖契约前所签订的文书，是对双方交易房屋有关事宜的初步确认。《最高人民法院关于审理商品房买卖合同纠纷案件适用法律若干问题的解释》第五条规定："商品房的认购、订购、预订等协议具备《商品房销售管理办法》第十六条规定的商品房买卖合同的主张内容，并且出卖人已经按照约

---

① 现为《民事诉讼法》（2021 年修正）第一百二十二条。

② 现为《最高人民法院关于适用〈中华人民共和国民事诉讼法〉的解释》（2022 年修正）第三百零四条。

定收受房款的，该协议应当认定为商品房买卖合同。”本案中，《认购协议书》约定，天下家政公司认购阳晨·总部基地房屋B××、B××两栋房屋，天下家政公司需于该认购协议签订之日起十日内与金晨公司签订正式《阳晨·总部基地房屋招商入驻合同》并缴纳相应款项以保障其优先购买权。可见，当事人在《认购协议书》中明确表达了自认购协议签订之日起十日内签订正式合同的意思，故该《认购协议书》并非商品房买卖本约，而是商品房买卖的预约合同，天下家政公司主张该协议书与《阳晨·总部基地房屋招商入驻合同》及补充协议是一个整体的理由不能成立。而且，从《认购协议书》的内容看，其也不具备商品房买卖合同的主要内容，合同的条款并不齐备，更不具备实际履行的条件。因此，案涉房屋买卖合同的签订时间应以天下家政公司与金晨公司签订《阳晨·总部基地房屋招商入驻合同》及补充协议的时间为准，即2016年5月30日。据此，房屋买卖合同的签订时间晚于案涉房屋被查封时间。

其次，2016年5月25日，案涉房屋被一审法院查封，而天下家政公司于本案二审中提交的验房交接表中载明的签署时间是2016年6月10日，已在案涉房屋被查封之后；其于二审中提交的照片，则无法确定拍摄的时间和场所，且长城公司、金晨公司对上述证据的真实性、合法性与关联性均不认可，天下家政公司也未能提交其他证据证明其主张。因此，天下家政公司不能证明其于案涉房屋被查封之前已经合法占有案涉房屋。

再次，《阳晨·总部基地房屋招商入驻合同》及补充协议约定B区××、××栋入驻总价款为11342728元，天下家政于2016年5月30日向金晨公司支付保证金1500000元，2016年7月4日支付分期款155712元、保证金500000元，2016年8月8日支付分期款155712元，2016年11月23日支付分期款100000元，2017年6月20日支付分期款501622.76元。以上总计支付的房屋价款仅为2913046.76元，刚刚超过总价款的1/4。可见，天下家政公司的付款义务并未履行完毕。

最后，案涉房屋所占用的土地已于2014年7月30日抵押给了兴业银行股份有限公司贵阳支行，另案作出的对案涉房屋的查封也发生在房屋买卖合同签订之前，但作为一个商事主体，天下家政公司并未对案涉房屋存在的权利瑕疵尽到合理的审查注意义务，而在这种情况下案涉房屋显然无法办理权属转移登记，故其理应对此承担相应的不利后果。

因此，天下家政公司对案涉房屋不享有足以排除强制执行的民事权益。

——中国裁判文书网。

676. 破产清算申请受理后，执行程序中已执行到法院账户但未发放的款项应移交给受理破产案件的法院处置

关键词

破产清算 执行款项 财产归属

最高人民法院裁判文书

安徽永禾置业有限公司与安徽国信建设集团有限公司执行监督案［最高人民法院（2017）最高法执监422号执行裁定书］

裁判要旨：在执行款实际支付给申请执行人前，人民法院已受理被执行人的破产清算申请的，执行款不应再支付给申请执行人，应当将其移交给受理破产案件的法院或管理人。

最高人民法院审查认为：在人民法院受理对被执行人的破产清算申请情况下，执行程序中已执行到法院账户但未发放给申请执行人的款项，应移交给受理破产案件的法院处置。根据《执行案件移送破产审查的指导意见》第16条、第17条规定精神来看，对已完成向申请执行人转账、现金交付的执行款，因财产权利归属已经发生变动，不属于被执行人的财产。已经扣划到执行法院账户的银行存款等执行款，但未完成向由申请执行人转账、汇款、现金交付的，财产权利归属未发生变动，仍属于被执行人的财产，执行法院收到受移送法院受理裁定后，不应再支付给申请执行人，应当将其移交给受理破产案件的法院或管理人。

——中国裁判文书网。

附录：本案解析

关于执行程序中已执行到法院账户但未发放给申请执行人的款项的财产归属问题。本案中安徽省合肥市中级人民法院和安徽省高级人民法院对此存在不同的看法，安徽省合肥市中级人民法院认为，已执行到法院账户的1332万元土地出让金至今并未实际交付给该案申请执行人，对该款项的执行程序并未终结，该款项的所有权仍然属于被执行人永禾置业公司，安徽省高级人民法院根据该专户资金实质上已由执行法院为申请执行人代管，该款项已脱离了债务人的实际控制，视为已向权利人交付。本案中认为移交给受理破产案件的法院处置。

首先，根据《执行案件移送破产审查指导意见》第 16 条[①]、第 17 条[②]规定的精神来看，已经扣划到执行法院的银行存款等执行款，但未完成向申请执行人转账、汇款、现金交付的，财产权利归属未发生变动，仍属于被执行人的财产，执行法院收到受移送法院受理裁定后，不应再支付给申请执行人，应当将其移交给受理破产案件的法院或管理人。

其次，《最高人民法院关于如何理解〈最高人民法院关于破产法司法解释〉第六十八条的请示的答复》(〔2003〕民二他字第 52 号，以下简称《关于破产法司法解释第六十八条答复》)不应再作为处理相关问题的法律依据。《关于破产法司法解释第六十八条答复》明确了不应列入破产财产的两种具体情形："一、正在进行的执行程序不仅作出了生效的执行裁定，而且就被执行财产的处理履行了必要的评估拍卖程序，相关人已支付了对价，此时虽未办理变更登记手续，且非该相关人的过错，应视为执行财产已向申请人交付，该执行已完毕，该财产不应列入破产财产；二、人民法院针对被执行财产采取了相应执行措施，该财产已脱离债务人实际控制，视为已向权利人交付，该执行已完毕，该财产不应列入破产财产。"

第一种情形主要针对需要变更登记手续的不动产，第二种情形主要从被执行财产是否已经脱离债务人实际控制角度明确是否列入破产财产，未具体区分财产类型。本案安徽省高级人民法院认定涉案款项已向权利人交付的主要理由就是涉案款项已经脱离了债务人的实际控制，与《关于破产法司法解释第六十八条答复》的精神基本一致。但该答复内容已与《物权法》《物权法司法解释一》的精神不符。且《关于破产法司法解释第六十八条答复》作出时间为 2004 年 12 月 22 日，其以"脱离债务人实际控制"为界限将被执行财产视为已向权利人交付的观点，与自 2015 年 2 月 4 日起施行的《民事诉讼法司法解释》有关规定精神及 2017 年 1 月 20 日最高人民法院印发的《执行案件移送破产审查指导意见》精神并不完全一致，不应再作为处理相关问题的法律依据。

——向国慧：《安徽永禾置业有限公司与安徽国信建设集团有限公司执行监督案——破产清算申请受理后，执行程序中已执行到法院账户但未发放的款项应移交给受理破产案件的法院处置》，载中国应用法学研究所主编：《中

---

① 《执行案件移送破产审查指导意见》第 16 条规定，执行法院收到受移送法院受理裁定后，应当于七日内将已经扣划到账的银行存款、实际扣押的动产、有价证券等被执行人财产移交给受理破产案件的法院或管理人。

② 《执行案件移送破产审查指导意见》第 17 条规定，执行法院收到受移送法院受理裁定时，已通过拍卖程序处置且成交裁定已送达买受人的拍卖财产，通过以物抵债偿还债务且抵债裁定已送达债权人的抵债财产，已完成转账、汇款、现金交付的执行款，因财产所有权已经发生变动，不属于被执行人的财产，不再移交。

华人民共和国最高人民法院案例选》(第一辑),法律出版社2019年版,第227~232页。

677. 因错误执行申请国家赔偿案件的启动标准

关键词

错误执行　国家赔偿

最高人民法院公布的典型案例

某某投资有限公司申请某市中级人民法院错误执行赔偿案

裁判要旨：人民法院执行行为确有错误造成申请执行人损害，被执行人无清偿能力且不可能再有清偿能力而终结本次执行的，不影响申请执行人依法申请国家赔偿。

典型意义

根据《国家赔偿法》及相关司法解释的规定，人民法院在民事、行政诉讼过程中，对判决、裁定及其他生效法律文书执行错误，造成损害的，受害人有取得赔偿的权利。本案是最高人民法院赔偿委员会提审的首例错误执行国家赔偿案，明确了人民法院执行行为确有错误造成申请执行人损害，被执行人无清偿能力且不可能再有清偿能力而终结本次执行的，不影响申请执行人依法申请国家赔偿。本案进一步明确了因错误执行申请国家赔偿案件的启动标准，对进一步提升人民法院国家赔偿审判工作质效，规范法院执行行为，加强产权司法保障，具有积极促进作用。

基本案情

在某某投资有限公司诉某市轮胎厂借款纠纷一案中，某市中级人民法院根据某某投资有限公司的财产保全申请，裁定对某市轮胎厂相应财产进行保全，并向某市国土资源局发出协助执行通知书，查封了某市轮胎厂的6宗土地。之后，某市中级人民法院判决某市轮胎厂于判决发生法律效力后10日内偿还某某投资有限公司欠款本金及利息共计1042余万元。案件执行过程中，某市国土资源局依据该市政府办公会议议定，在有关报纸刊登将某市轮胎厂总厂土地挂牌出让公告，后某市中级人民法院裁定解除对某市轮胎厂名下3宗土地的查封。随后，上述6宗土地被整体出让，出让款4680万元由轮胎厂用于偿还职工内债、职工集资、医药费、普通债务等，但没有给付某某投资有限公司。2009年起，某某投资有限公司多次向某市中级人民法院递交国家赔偿申请。某市中级人民法院于2013年8月13日立案受理，但一直未作决定。后某某投资有限公司向辽宁省高级人民法院赔偿委员会申请作出赔偿决定，2015年10月28日辽宁省高级人民法院赔偿委员会予以立案。在审理过程中，2016年3月1日，某市中级人民法院针对某某投资有限公司申请民事执行案，裁定终结本次执行程序。

裁判结果

辽宁省高级人民法院赔偿委员会认为，某某投资有限公司认为某市中级人民法院错误执行给其造成损害，应当在执行程序终结后提出赔偿请求，因此决定驳回其国家赔偿申请。

最高人民法院赔偿委员会提审后认为，某市中级人民法院的解封行为属于执行行为，其为配合政府部门出让涉案土地，可以解除对案涉土地的查封，但未有效控制土地出让款并依法予以分配，致使某某投资有限公司的债权未受任何清偿，损害了某某投资有限公司的合法权益。在被执行人实际上已经彻底丧失清偿能力，该错误执行行为也已被证实给某某投资有限公司造成了无法通过其他渠道挽回的实际损失的情况下，人民法院应当依法受理相应国家赔偿申请。最高人民法院赔偿委员会组织双方进行协商，当庭达成赔偿协议，某市中级人民法院给予某某投资有限公司相应国家赔偿。

——《人民法院充分发挥审判职能作用保护产权和企业家合法权益典型案例（第三批）》，载最高人民法院官网 https：//www.court.gov.cn。

678. 因错误执行行为造成损害可以申请赔偿的情形

关键词

错误执行　司法赔偿

最高人民法院司法解释

第一条　人民法院在执行判决、裁定及其他生效法律文书过程中，错误采取财产调查、控制、处置、交付、分配等执行措施或者罚款、拘留等强制措施，侵犯公民、法人和其他组织合法权益并造成损害，受害人依照国家赔偿法第三十八条规定申请赔偿的，适用本解释。

第二条　公民、法人和其他组织认为有下列错误执行行为造成损害申请赔偿的，人民法院应当依法受理：

（一）执行未生效法律文书，或者明显超出生效法律文书确定的数额和范围执行的；

（二）发现被执行人有可供执行的财产，但故意拖延执行、不执行，或者应当依法恢复执行而不恢复的；

（三）违法执行案外人财产，或者违法将案件执行款物交付给其他当事人、案外人的；

（四）对抵押、质押、留置、保留所有权等财产采取执行措施，未依法保护上述权利人优先受偿权等合法权益的；

（五）对其他人民法院已经依法采取保全或者执行措施的财产违法执行的；

（六）对执行中查封、扣押、冻结的财产故意不履行或者怠于履行监管职责的；

（七）对不宜长期保存或者易贬值的财产采取执行措施，未及时处理或者违法处理的；

（八）违法拍卖、变卖、以物抵债，或者依法应当评估而未评估，依法应当拍卖而未拍卖的；

（九）违法撤销拍卖、变卖或者以物抵债的；

（十）违法采取纳入失信被执行人名单、限制消费、限制出境等措施的；

（十一）因违法或者过错采取执行措施或者强制措施的其他行为。

——《最高人民法院关于审理涉执行司法赔偿案件适用法律若干问题的解释》（2022 年 2 月 8 日，法释〔2022〕3 号）。

679. 不属于错误执行或人民法院不承担赔偿责任的情形

关键词

错误执行　司法赔偿

最高人民法院司法解释

第八条　根据当时有效的执行依据或者依法认定的基本事实作出的执行行为，不因下列情形而认定为错误执行：

（一）采取执行措施或者强制措施后，据以执行的判决、裁定及其他生效法律文书被撤销或者变更的；

（二）被执行人足以对抗执行的实体事由，系在执行措施完成后发生或者被依法确认的；

（三）案外人对执行标的享有足以排除执行的实体权利，系在执行措施完成后经法定程序确认的；

（四）人民法院作出准予执行行政行为的裁定并实施后，该行政行为被依法变更、撤销、确认违法或者确认无效的；

（五）根据财产登记采取执行措施后，该登记被依法确认错误的；

（六）执行依据或者基本事实嗣后改变的其他情形。

第十三条 属于下列情形之一的，人民法院不承担赔偿责任：

（一）申请执行人提供财产线索错误的；

（二）执行措施系根据依法提供的担保而采取或者解除的；

（三）人民法院工作人员实施与行使职权无关的个人行为的；

（四）评估或者拍卖机构实施违法行为造成损害的；

（五）因不可抗力、正当防卫或者紧急避险造成损害的；

（六）依法不应由人民法院承担赔偿责任的其他情形。

前款情形中，人民法院有错误执行行为的，应当根据其在损害发生过程和结果中所起的作用承担相应的赔偿责任。

——《最高人民法院关于审理涉执行司法赔偿案件适用法律若干问题的解释》（2022年2月8日，法释〔2022〕3号）。

680. 因错误执行造成损失时赔偿额的计算方法

关键词

错误执行　司法赔偿

最高人民法院司法解释

第十四条 错误执行造成公民、法人和其他组织利息、租金等实际损失的，适用国家赔偿法第三十六条第八项的规定予以赔偿。

第十五条 侵犯公民、法人和其他组织的财产权，按照错误执行行为发生时的市场价格不足以弥补受害人损失或者该价格无法确定的，可以采用下列方式计算损失：

（一）按照错误执行行为发生时的市场价格计算财产损失并支付利息，利息计算期间从错误执行行为实施之日起至赔偿决定作出之日止；

（二）错误执行行为发生时的市场价格无法确定，或者因时间跨度长、市场价格波动大等因素按照错误执行行为发生时的市场价格计算显失公平的，可以参照赔偿决定作出时同类财产市场价格计算；

（三）其他合理方式。

第十六条 错误执行造成受害人停产停业的，下列损失属于停产停业期间必要的经常性费用开支：

（一）必要留守职工工资；

（二）必须缴纳的税款、社会保险费；

（三）应当缴纳的水电费、保管费、仓储费、承包费；

（四）合理的房屋场地租金、设备租金、设备折旧费；

（五）维系停产停业期间运营所需的其他基本开支。

错误执行生产设备、用于营运的运输工具，致使受害人丧失唯一生活来源的，按照其实际损失予以赔偿。

第十七条 错误执行侵犯债权的，赔偿范围一般应当以债权标的额为限。债权受让人申请赔偿的，赔偿范围以其受让债权时支付的对价为限。

——《最高人民法院关于审理涉执行司法赔偿案件适用法律若干问题的解释》（2022年2月8日，法释〔2022〕3号）。

681. 人民法院确有错误执行行为，确已造成损害，即使执行程序尚未终结，也可以进行国家赔偿

关键词

错误执行 国家赔偿

最高人民法院公报案例、最高人民法院裁判文书

丹东益阳投资有限公司申请辽宁省丹东市中级人民法院错误执行赔偿案

［最高人民法院（2018）最高法委赔提3号国家赔偿决定书］

裁判摘要：对于人民法院确有错误执行行为，确已造成损害，被执行人毫无清偿能力、也不可能再有清偿能力的案件，即使执行程序尚未终结，也可以进行国家赔偿。

最高人民法院赔偿委员会认为：本案基本事实清楚，证据确实、充分，申诉双方并无实质争议。双方争议焦点主要在于三个法律适用问题：第一，丹东中院的解封行为在性质上属于保全行为还是执行行为。第二，丹东中院的解封行为是否构成错误执行，相应的具体法律依据是什么。第三，丹东中院是否应当承担国家赔偿责任。

关于第一个焦点问题。益阳公司认为，丹东中院的解封行为不是该院的执行行为，而是该院在案件之外独立实施的一次违法保全行为。对此，丹东中院认为属于执行行为。本院赔偿委员会认为，丹东中院在审理益阳公司诉丹东轮胎厂债权转让合同纠纷一案过程中，依法采取了财产保全措施，查封了丹东轮胎厂的有关土地。在民事判决生效进入执行程序后，根据《最高人民法院关于人民法院民事执行中查封、扣押、冻结财产的规定》第四条的规

定，诉讼中的保全查封措施已经自动转为执行中的查封措施。因此，丹东中院的解封行为属于执行行为。

关于第二个焦点问题。益阳公司称，丹东中院的解封行为未经益阳公司同意且最终造成益阳公司巨额债权落空，存在违法。丹东中院辩称，其解封行为是在市政府要求下进行的，且符合最高人民法院的有关政策精神。对此，本院赔偿委员会认为，丹东中院为配合政府部门出让涉案土地，可以解除对涉案土地的查封，但必须有效控制土地出让款，并依法定顺位分配该笔款项，以确保生效判决的执行。但丹东中院在实施解封行为后，并未有效控制土地出让款并依法予以分配，致使益阳公司的债权未受任何清偿，该行为不符合最高人民法院关于依法妥善审理金融不良资产案件的司法政策精神，侵害了益阳公司的合法权益，属于错误执行行为。

至于错误执行的具体法律依据，因丹东中院解封行为发生在 2008 年，故应适用当时有效的司法解释，即最高人民法院 2000 年发布的《关于民事、行政诉讼中司法赔偿若干问题的解释》。由于丹东中院的行为发生在民事判决生效后的执行阶段，属于擅自解封致使民事判决得不到执行的错误行为，故应当适用该解释第四条第七项规定的违反法律规定的其他执行错误情形。

关于第三个焦点问题。益阳公司认为，被执行人丹东轮胎厂并非暂无财产可供执行，而是已经彻底丧失清偿能力，执行程序不应长期保持“终本”状态，而应实质终结，故本案应予受理并作出由丹东中院赔偿益阳公司落空债权本金、利息及相关诉讼费用的决定。丹东中院辩称，案涉执行程序尚未终结，被执行人丹东轮胎厂尚有财产可供执行，益阳公司的申请不符合国家赔偿受案条件。对此，本院赔偿委员会认为，执行程序终结不是国家赔偿程序启动的绝对标准。一般来讲，执行程序只有终结以后，才能确定错误执行行为给当事人造成的损失数额，才能避免执行程序和赔偿程序之间的并存交叉，也才能对赔偿案件在穷尽其他救济措施后进行终局性的审查处理。但是，这种理解不应当绝对化和形式化，应当从实质意义上进行理解。在人民法院执行行为长期无任何进展、也不可能再有进展，被执行人实际上已经彻底丧失清偿能力，申请执行人等已因错误执行行为遭受无法挽回的损失的情况下，应当允许其提出国家赔偿申请。否则，有错误执行行为的法院只要不作出执行程序终结的结论，国家赔偿程序就不能启动，这样的理解与国家赔偿法以及司法解释制定的初衷是背道而驰的。本案中，丹东中院的执行行为已经长达十一年没有任何进展，其错误执行行为亦已被证实给益阳公司造成了无法通过其他渠道挽回的实际损失，故应依法承担国家赔偿责任。辽宁高院赔偿委员会以执行程序尚未终结为由决定驳回益阳公司的赔偿申请，属于适用法律错误，应予纠正。

至于具体损害情况和赔偿金额，经本院赔偿委员会组织申诉人和被申诉人进行协商，双方就丹东中院（2007）丹民三初字第32号民事判决的执行行为自愿达成如下协议：（一）丹东中院于本决定书生效后5日内，支付益阳公司国家赔偿款300万元；（二）益阳公司自愿放弃其他国家赔偿请求；（三）益阳公司自愿放弃对该民事判决的执行，由丹东中院裁定该民事案件执行终结。

——《最高人民法院公报》2019年第2期。

附录：本案解析

本案是最高人民法院赔偿委员会提审的首例涉及执行程序尚未终结而申请错误执行赔偿案。据了解，近年来，各级人民法院赔偿委员会受理的司法赔偿纠纷中，约一半为错误执行赔偿纠纷，其中很大一部分赔偿申请因执行程序尚未终结而被驳回。之所以出现这种情况，一方面与国家赔偿的制度设计有关，损害已确定且已穷尽其他救济渠道被认为是申请国家赔偿的前提。据此，如果被执行人确实只是暂无财产可供执行，那么对申请执行人所受损害的救济仍应以执行程序为主，国家赔偿不宜"提前介入"，否则会导致两种救济渠道的混同，最终影响整个司法制度的效益。另一方面与司法解释规定不够细致以及实务适用不够精准有关。此前，关于国家赔偿与执行程序衔接的司法解释规定都比较原则，加之个别法院理解适用有所偏颇，导致一些存在执行错误的案件发生，却因被执行人已实际丧失清偿能力，而长期处于"终结本次执行"状态。这些案件既执行不了，又难以进入国家赔偿程序，不仅给人民群众留下"执行难""赔偿难"的负面印象，影响了司法公正高效权威的形象，而且给人民群众造成了"二次伤害"，必须予以纠正。最高人民法院赔偿委员会提审本案，为处理此类纠纷树立了标杆，具有积极明确的典型示范意义，即对于人民法院确有错误执行行为，确已造成损害，且被执行人毫无清偿能力，也不可能再有清偿能力的案件，即使执行程序尚未终结，也可以进行国家赔偿。最高人民法院审结本案，对于全国法院进一步提升国家赔偿审判工作质效，切实加强人权司法保障，倒逼和规范法院执行行为，实现基本解决执行难目标，将起到重要的示范引领和助推促进作用。

——陶凯元、祝二军：《丹东益阳投资有限公司申请丹东市中级人民法院错误执行国家赔偿申诉案——错误执行的构成条件及其赔偿责任》，载中国应用法学研究所主编：《中华人民共和国最高人民法院案例选》（第二辑），法律出版社2019年版，第60~62页。

682. 错误以物抵债裁定的司法救济

关键词

以物抵债 司法救济

最高人民法院审判业务意见（第二巡回法庭法官会议纪要）

以物抵债裁定有别于一般的执行措施，错误的以物抵债裁定，原则上应当通过执行监督程序救济，但在一定情况下也可以通过提起执行异议之诉进行救济。在通过执行异议之诉救济的情况下，应当对案外人的权利进行确认，并在判项中作出撤销以物抵债裁定中直接导致物权变动的内容。此外，通过法院内部的沟通协调，促成执行法院自行撤销以物抵债裁定。

附：案情简介

甲公司依据生效判决，向法院申请执行乙公司财产，法院对乙公司房产进行拍卖，两次流拍后，经甲公司同意，法院作出以物抵债裁定，将乙公司房产抵给甲公司。以物抵债裁定作出后，丙认为该裁定存在错误，以其系案涉房产的真实权利人为由向法院提出书面异议，被驳回后提起执行异议之诉。

——《错误以物抵债裁定的司法救济》，载贺小荣主编：《最高人民法院第二巡回法庭法官会议纪要》（第三辑），人民法院出版社 2021 年版，第 35~36 页。

683. 法院能否要求税务机关不得向被执行人提供发票

关键词

税务机关 被执行人

最高人民法院裁判文书

刘某与河北某公司建设工程施工合同纠纷执行审查类执行裁定书［最高人民法院（2020）最高法执监 7 号执行裁定书］

裁判要旨：《税收管理法》授予税务机关可以对违法企业实施停止向其出售发票的行政执法权，并非等同于赋予人民法院强制税务机关行使行政执法权的权利。人民法院不能要求税务机关不得向被

执行人提供税务发票，也不能要求税务机关不得为其办理跨区域涉税事项报告手续。

最高人民法院认为：（1）人民法院的执行行为，应当遵循“法无授权即禁止”的原则。人民法院的执行行为属于公权力，应当遵循该原则。《民事诉讼法》规定的“法律规定的其他措施”不得作任意扩大解释，应理解为法律法规、司法解释明文规定可以采取措施。（2）《税收管理法》未赋予人民法院强制税务机关行使行政执法权的权利。《税收管理法》授予税务机关可以对违法企业实施停止向其出售发票的行政执法权，并非等同于赋予人民法院强制税务机关行使行政执法权的权利。（3）针对被执行人的拒执行为，人民法院可以采取法律、司法解释规定的措施。若在执行过程中发现被执行人存在财务账目与真实情况不符，被执行人拒不报告财产状况的，可以依法对被执行人进行财务审计，依法对被执行人采取拘留、罚款措施，涉嫌拒执罪的，还可以依法移送公安机关追究其刑事责任。

综上，唐山中院要求协助单位不得向被执行人提供税务发票以及不得为其办理跨区域涉税事项报告手续的协助执行通知书的执行行为不符合法律规定。

——中国裁判文书网。

关键词索引

A

B

C

D

E

F

G

H

J

K

L

M

N

P

Q

R

S

T

W

X

Y

Z